古文县志

（1986—2010）

古文县地方志编纂委员会　编

方志出版社
Publishing House of Local Records

图书在版编目（CIP）数据

古丈县志：1986—2010 / 古丈县地方志编纂委员会编. -- 北京：方志出版社，2019.12

ISBN 978-7-5144-4061-4

Ⅰ. ①古… Ⅱ. ①古… Ⅲ. ①古丈县—地方志—1986-2010 Ⅳ. ① K296.44

中国版本图书馆 CIP 数据核字（2020）第 078348 号

古丈县志（1986—2010）

编　　者：古丈县地方志编纂委员会

责任编辑：徐　宏

出 版 者：方志出版社

地址　北京市朝阳区潘家园东里 9 号（国家方志馆 4 层）

邮编　100021

网址　http://www.fzph.org

发　　行：方志出版社图书经销中心

电话　（010）67110500

经　　销：各地新华书店

排　　版：北京纺印图文设计制作有限公司

印　　刷：北京中科印刷有限公司

开　　本：889 × 1194　　1/16

印　　张：65.5

字　　数：2016 千字

版　　次：2019 年 12 月第 1 版　2019 年 12 月第 1 次印刷

印　　数：0001 ～ 2200 册

ISBN 978-7-5144-4061-4　　**定价**：518.00 元

序 一

贫困问题一直是困扰人类社会发展的重大问题。中国作为世界上最大的发展中国家，为解决贫困问题进行了长期不懈的努力。改革开放以来，特别是党的十八大以来，以习近平同志为核心的党中央把脱贫攻坚作为全面建成小康社会的底线任务和标志性指标，纳入“五位一体”总体布局和“四个全面”战略布局，以前所未有的力度推进精准扶贫、精准脱贫，扶贫开发成就举世瞩目，显著改善了贫困地区和贫困群众生产生活条件，具有重大的现实意义和深远的历史意义。身处中华民族几千年发展历史上将首次整体消除绝对贫困现象的伟大时代，如何更好地发挥地方志的存史、育人、资政的作用，是新时代全国地方志系统必须深入研究和着力解决的重大课题。

党的十八大以来，在党中央国务院的正确领导下，全国地方志系统深入学习贯彻习近平新时代中国特色社会主义思想和党的十九大精神，紧紧围绕党和国家事业发展需要，深入推进地方志改革创新发展，凝心聚力，稳扎稳打，勇于担当，主动作为，全国地方志形势和地方志工作者的精神面貌发生了深刻变化，取得了优异成绩。其中，为贯彻落实《全国地方志事业发展规划纲要（2015—2020年）》，经中国地方志指导小组领导批准，中国地方志指导小组办公室于2015年、2017年先后启动民族地区与贫困地区志书、年鉴出版资助工程（以下简称“志鉴出版资助工程”），对国家级贫困县（区、旗、县级市），中西部地区、少数民族边疆地区面临出版经费困难的志书和综合年鉴给予出版资助。实施志鉴出版资助工程是紧扣时代脉搏、坚持创新发展、传承弘扬中华优秀传统文化的一项创举，不仅有力推动了“两全目标”的实现，而且数十部资助出版的志书、年鉴及时记述了民族地区与贫困地区在全面建成小康社会伟大征程中取得的新成绩和新经验、出现的新情况和新问题、涌现的优秀人物和典型事迹，留住地方文化的“根”和“魂”，为这些地区的经济社会发展、地域文化传播、爱国主义教育、精神文明建设等提供了历史借鉴和智力支持，对全面提升民族地区与贫困地区文化建设水平、确保民族地区与贫困地区和全国其他地区同步全面建成小康社会具有重要意义。

尤为可喜的是，志鉴出版资助工程促成了一批扶贫志书的编纂出版，在文化脱贫攻坚中发挥了独特的作用。例如，《贵州省减贫志》全面系统客观记述了从1978

年至 2015 年贵州省扶贫、减贫工作的历程及取得的经验，为贵州省实施大扶贫战略提供了有力的资政辅治参考，集中体现了地方志工作因时而动、顺势而为的新作为。前不久，由福建省地方志编委会和人民网共同编纂的《闽宁扶贫协作图志》，是全国首部扶贫协作图志，图文并茂、直观立体、全方位地展现闽宁扶贫协作波澜壮阔的历程，弘扬“闽宁一家亲”“携手奔小康”的深厚情谊和滴水穿石、久久为功的精神，是贯彻落实习近平总书记扶贫工作重要论述精神，服务国家精准扶贫、精准脱贫战略的有力举措。希望各地以此为鉴，编纂出版更多、更好的扶贫志书、年鉴，助力国家精准扶贫、精准脱贫战略的实施，充分展现地方志的独特价值和作用。

当前，我国脱贫攻坚已进入全面决战决胜的关键时期，尚未脱贫的贫困地区集中分布在中西部深山区、极端干旱山区、高寒阴湿地区等，文化建设还比较薄弱，文化产品还不够丰富，文化精品更是少之甚少。同时，这些地区往往是民族文化、历史文化、红色文化、生态文化富集区，具有发展文化旅游、推进文化扶贫的巨大潜在优势，也是繁荣发展地方志事业的巨大文化宝库。要发挥好文化扶贫凝聚人心的优势，善于利用方志文化优势为贫困地区“赋能”，在脱贫攻坚中做出方志人应有的贡献。要发挥好中国名镇志文化工程、中国名村志文化工程的引领作用，大力加强乡镇村志编纂，让百姓记得起乡情、记得住乡愁，凝聚贫困乡镇村庄的强大民心，补齐贫困乡镇村庄的文化短板，以“扶智”的方式“扶志”，践行习近平总书记强调的“扶贫先扶志，扶贫必扶智”的重要理念。

求木之长者，必固其根本；欲流之远者，必浚其泉源。扶贫扶起的是志气骨气，传承的是家国情怀，守护的是绿水青山。扶贫既要富口袋，也要富脑袋。必须坚持文化脱贫和物质脱贫两手抓，筑牢贫困地区文化之基，补足信仰精神之钙，引领脱贫发展之舵。全国地方志系统要围绕中心、服务大局，坚决投入脱贫攻坚这场必须打赢的硬仗，积极参与脱贫攻坚战，发挥优势和特长，深入挖掘文化资源，着力补齐文化短板，努力帮助民族地区与贫困地区的文化建设实现较大的发展提升，在全面建成小康社会、实现中华民族伟大复兴中国梦的征程中贡献方志人的力量。

是为序。

中国社会科学院院长
中国地方志指导小组组长　谢伏瞻

序　二

当前，在以习近平同志为核心的党中央的坚强领导下，全国各族人民正在全面建成小康社会的决胜阶段奋勇向前、阔步迈进。全面建成小康社会，最艰巨最繁重的任务是在革命老区、民族地区、边疆地区、贫困地区。消除贫困、改善民生、实现共同富裕，是中国特色社会主义的本质要求，是中国共产党的重要使命。为了全面实现小康，党中央高度重视扶贫开发工作，全力推进脱贫攻坚工程，实施精准扶贫、精准脱贫。习近平总书记明确提出，全面实现小康，一个民族也不能少，不能落下一个贫困家庭，丢下一个贫困群众。扶贫开发是个系统工程，发展是第一要务，只有发展，因地制宜找准路子，才能最终实现精准扶贫、精准脱贫。“治贫”必先“治愚”，在加强经济和基础设施建设、提高教育水平等方面的同时，扶贫开发还要注重文化扶贫，特别是通过挖掘革命老区、民族地区、边疆地区、贫困地区的文化内涵、历史底蕴、地情资源，让广大干部群众了解地情、了解历史、了解本地区的优势和劣势，在思想上脱贫，尤为关键。

赓续不断地编修地方志是我国独有的优秀文化传统，绵延千年而不断。党中央、国务院高度重视地方志工作，近几年来，习近平总书记、李克强总理、刘延东副总理作出了一系列的重要指示。2015 年 8 月，国务院办公厅印发《全国地方志事业发展规划纲要（2015—2020 年）》（以下简称《规划纲要》），明确要求到 2020 年必须全面完成第二轮修志规划任务，这是全国地方志工作在全面建成小康社会进程中的硬性任务，也是全国地方志系统为全面建成小康社会的献礼。届时，将同步实现省省有省志、市市有市志、县县有县志，这不仅在中国文化发展史上是绝无仅有的，在世界文化发展史上也是罕见的。从目前来看，要实现这一目标任务，还存在不少困难和问题，特别是民族地区与贫困地区，面临着缺乏人才、资金等诸多困难。实现到 2020 年必须全面完成第二轮修志规划任务，一个省、一个市、一个县都不能少。自 2015 年 8 月，经中国地方志指导小组批准，中国地方志指导小组办公室启动民族地区与贫困地区志书出版资助工程（以下简称“资助工程”），对经国务院扶贫开发领导小组办公室认定的国家级贫困县（区、旗、县级市），中西部地区、少数民族边疆地区、经济欠发达地区存在出版经费困难的省市县三级综合志书进行出版资助。截至目前，已经确定资助两批 20 多部志书。2016 年 4 月，该工程成功入选国家新闻出版广电总局实施的“十三五”国家重点图书、音像、电子出版物出版规划项目。当前正处于全面推进扶贫开发工程的攻坚阶段，深入推进资助工程，是全国地方志系统配合推进精准扶贫、精准脱贫的重要工作，必须引起高度重视。

资助工程是地方志系统的政治工程。革命老区、民族地区、边疆地区、贫困地区蕴含着极为丰富的文化内容，编纂出版志书，对于继承和发扬优秀传统文化、民族文化、革命文化，加强民族团结、促进当地经济社会建设意义重大。革命老区、民族地区、边疆地区、贫困地区的志书是充分展示在中国共产党领导下这些地区经济社会建设取得的巨大成就、各族人民生活幸福安定的历史依据。特别是边疆地区的志书，是历代王朝、社会主义新中国对该地区行使主权的文化宣示，是真实记录边疆地区与祖国一脉相承、荣辱与共的重要载体。《规划纲要》明确要求到2020年全面完成第二轮修志规划任务，是党中央、国务院对各级政府和地方志工作机构的政治要求，必须不打折扣坚决完成，革命老区、民族地区、边疆地区、贫困地区也不能例外。资助工程既是全国地方志系统的文化扶贫工程，又是确保到2020年全面完成第二轮修志规划任务的推进工程，具有重要的政治意义。

资助工程是促进民族地区与贫困地区文化建设的基础工程。地方志书是全面系统地记述本行政区域自然、政治、经济、文化和社会的历史与现状的资料性文献，记述内容包罗万象，记述对象丰富多彩，是对一个地方的文化普查和历史资料的全面梳理。一个地方的经济社会建设，离不开文化支持。发展是硬道理，只有真正实现全面、协调、可持续发展，才能最终实现小康。与此同时，发展也必须是有序的而不是盲目的，必须是实事求是的而不是凭空设想的，必须是因地制宜的而不是照搬照抄的。实践证明，脱离当地的自然条件、历史基础、文化传承、人文习俗等搞所谓的建设，要么是盲人摸象、坐井观天，要么是揠苗助长、掩耳盗铃，要么是削足适履、画蛇添足，最终会落得个水土不服、无疾而终。对于民族地区与贫困地区来说，立足本地的资源、市场、人文旅游等优势，因地制宜找准发展路子，是确保科学发展的首要任务。民族地区与贫困地区，尤其是那些自古以来还没有编修过志书的地区，开展志书编纂既是对当地自然、政治、经济、文化、社会、生态等方面的发展历史、发展脉络、发展规律的全面摸底和调查，又是总结历史经验、汲取历史教训、挖掘历史智慧的全面梳理和探求。通过学习、利用地方志书，让各级领导干部、广大人民群众了解当地的历史、了解实实在在的地情，从历史中汲取营养和智慧为现实提供借鉴和服务，是确保民族地区与贫困地区发展不走弯路、不走冤枉路的有效手段。

资助工程是全国地方志事业协调发展的促进工程。第五届中国地方志指导小组成立以来，一直把走基层、探实情作为一项重要任务，截至目前，已经到30个省（自治区、直辖市）开展了调研。通过座谈、实地考察等多种形式，充分了解了当前全国地方志事业发展面临的主要困难和问题。其中，区域发展不平衡，中西部地区特别是边疆少数民族地区地方志工作与东部地区相比还存在不少差距，是制约全国地方志事业实现全面、协调、可持续发展的瓶颈所在。有的地方甚至出现了花费了大量的人力、物力，经过十余年的艰辛努力编纂出志书，因为缺乏出版经费迟迟未能出版的状况。正是基于以上了解到的情况，中国地方志指导小组及其办公室才下定决心启动资助工程。到2020年全面建成小康社会时，地方志事业区域发展不平衡问题必须得到妥善解决，这也是深入贯彻《规划纲要》的应有之义。而作为主业的修志编鉴，到2020年全面完成第二轮修志规划任务、实现综合年鉴编纂全覆盖的"两全目标"，是中西部地区特别是边疆少数民族地区地方志工作发展的重中之重。从现实意义来说，资助工程对于实现全国地方志事业全面、协调、可持续发展具有重要的促进作用。

在党中央、国务院的高度重视下，全国地方志事业发展迎来重大战略机遇。越是发展的关键时期，越要有大局观，越要从全国一盘棋的角度考虑问题。《规划纲要》作为顶层设计，确定的各项目标任务都要落到实处，而作为"两全目标"之一的到2020年全面完成第二轮修志规划任务，实现省、市、县一个都不能少的目标，是关键中的关键。希望借助资助工程的深入推进，进一步引起全国地方志系统对实现"两全目标"的重视，确保按期保质完成，用志书客观而忠实地记述中国共产党人带领全国各族人民全面建成小康社会的光荣与曲折历程，为全面建成小康社会贡献"志"礼。

是为序。

中国社会科学院原院长
中国地方志指导小组原组长 王伟光

民族地区与贫困地区志书出版资助工程领导小组

组　　长：谢伏瞻

常务副组长：高　翔

副 组 长：冀祥德

成　　员：高京斋　邱新立

民族地区与贫困地区志书出版资助工程领导小组办公室

主　任：冀祥德

副主任：邱新立

成　员：于伟平　陈　旭　杨海峰　王丹林　徐　宏

计生局
交警大队
竹溪湾开发区
至张家界
狮子口
艺体校
移民开发局
体育局
县委党校
广场
消防大队
加油站
苗圃
技监局
三巴枯森林公园
人民医院
卫生局
镇小
教育局
农业局
古丈火车站
水务局
汽车站
古丈一中
气象局
车站
林业局
烟草公司
市场
总工会
茶叶局
县政府
至高峰
古丈坪
古小
粮食局
人武部
就业局
交通局
国税局
农行
至双溪
中医院
古阳镇
残联
古阳中学
国土局
公路局
会展中心
社保局
红星
信用联社
移动公司
法院
地税局
青少年校外活动中心
自来水厂
检察院
民政局
财政局
公安局
武警中队
至吉首
至吉首

古丈县城平面图

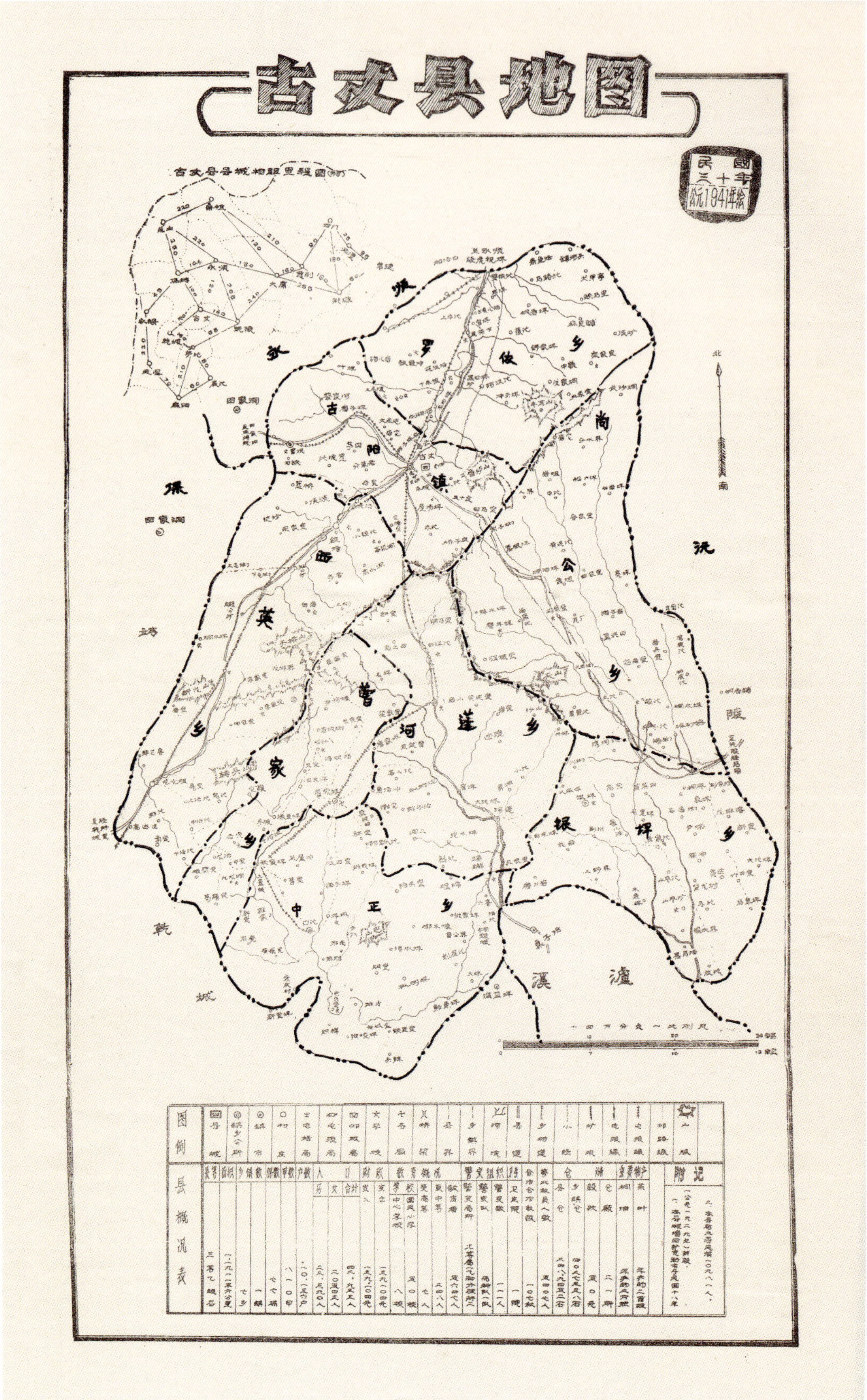

1941 年的古丈县地图

◎茶城鸟瞰
CHACHENGNIAOKAN

（张世德摄于2010年7月）

◎茶乡关怀
CHAXIANGGUANHUAI

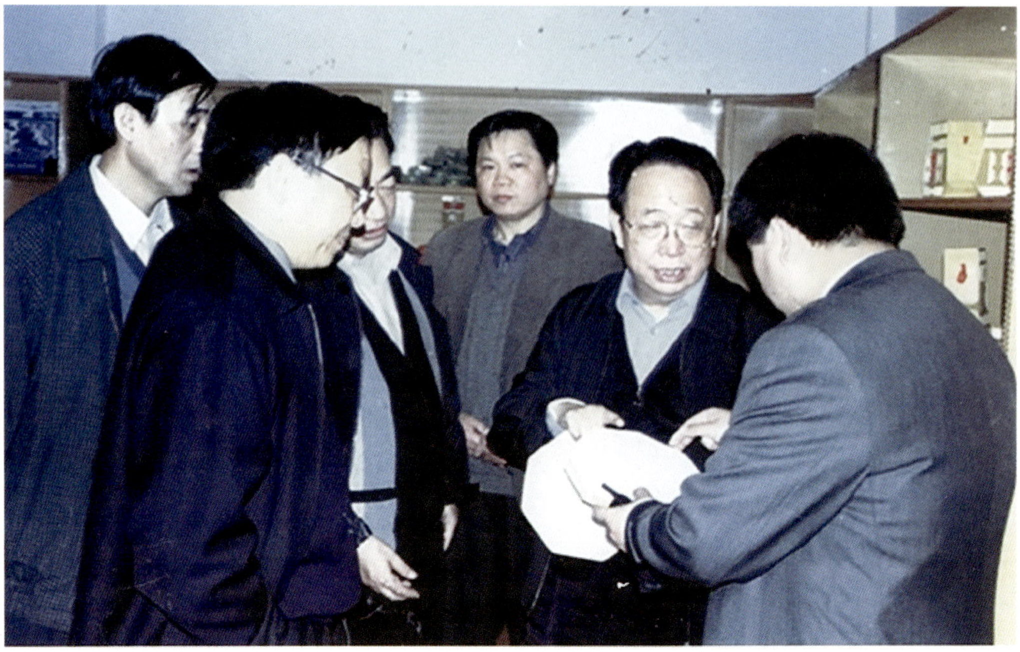

2001年3月20日，中共湖南省委书记杨正午（右二）到古丈县考察（县委办提供）

2006年3月，中共湖南省委副书记、省长周伯华（中）到古丈县考察（县政府办提供）

2014 年 10 月 31 日，州委书记叶红专（中）深入鑫科牧业公司现场调研（县委办提供）

2013 年 7 月 28 日，州委副书记、州长郭建群（右二）深入断龙山乡猛虎州村现场调研（县政府办提供）

2017 年 8 月 10 日，州委常委、县委书记杨彦芳（左三）深入汉瑞钒业公司现场调研（县委办提供）

2013 年 7 月 18 日，县委副书记、县长邓晓东（左）深入红石林镇张家坡村了解稻田受旱情况（县政府办提供）

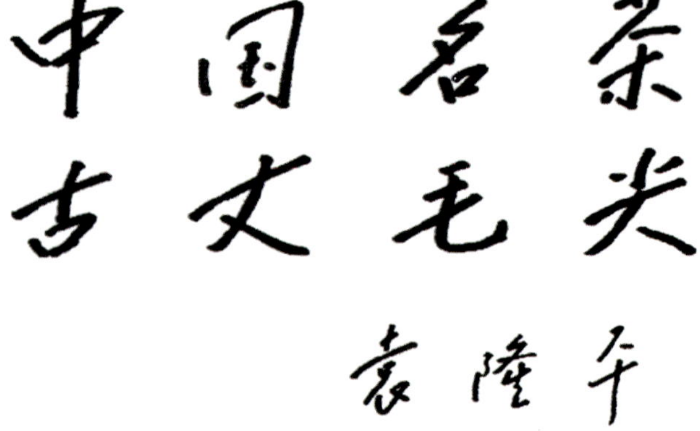

世界杂交水稻之父袁隆平为古丈毛尖题词（县委办提供）

著名书画家黄永玉为古丈毛尖题词（县委办提供）

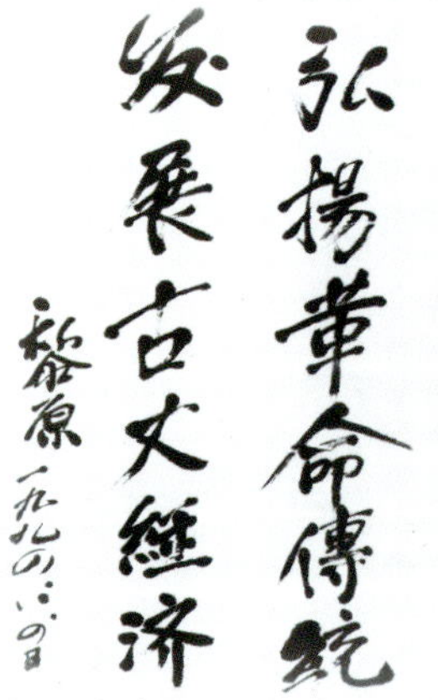

1994 年 8 月，黎原（解放古丈时任中国人民解放军 47 军 418 团团长）重返古丈并题词（县委办提供）

2017 年 6 月 16 日，著名歌唱家宋祖英回家乡在石板街现场清唱《古丈茶歌》（县委宣传部提供）

◎茶乡农业
CHAXIANGNONGYE

种植业

河西村柑橘基地（李祖干提供）

金橘入仓（李祖干提供）

绿油油的千亩烟叶基地（李祖干提供）

张家坪稻田（罗春波摄于 2017 年 8 月）

曹家坪油茶基地（罗春波摄于 2017 年 8 月）

龙潭坪大棚蔬菜基地（李祖干提供）

标准化烟叶育苗（李祖干提供）

地膜玉米（李祖干提供）

八月瓜丰收在望（李祖干提供）

养殖业

罗依溪网箱养鱼（罗春波摄于 2017 年 8 月）

牛角山黑跑猪养殖基地（李祖干提供）

茶下养殖——贵妃鸡（罗春波摄于 2017 年 7 月）

罗依溪特种养殖——娃娃鱼（张世德摄于 2012 年 11 月）

罗马公司特种养殖——五步蛇（熊泽金摄于 2016 年 11 月）

小白村特种养殖——七里蜂（罗春波摄于 2017 年 4 月）

林下养殖——湘西黄牛、山羊（罗三多提供）

茶业

梳头溪有机茶园（张世德摄于 2014 年 10 月）

牛角山茶叶专业合作社（罗春波摄于 2017 年 7 月）

2008 中国绿茶（古丈）高峰论坛（县茶叶局提供）

古丈绿茶（罗三多提供）

古丈红茶（罗三多提供）

古丈黑茶（罗三多提供）

中国驰名商标——古丈毛尖（熊泽金摄于 2013 年 9 月）

茶叶主题公园——绿香亭（罗春波摄于 2017 年 8 月）

斗茶会（熊泽金摄于 2017 年 4 月）

林业

高望界林海（罗春波摄于 2017 年 7 月）

大溪原始次生林区一角（石可君摄于 2008 年 12 月）

断龙山新造松树林区一角（罗春波摄于 2017 年 8 月）

龙虾花（罗春波摄于 2014 年 5 月）

杜鹃花（罗春波摄于 2013 年 5 月）

古树名木——毛红椿树（600 年，断龙山中学）（罗春波摄于 2017 年 7 月）

古树名木——枫香树（500 年，白果树村）（罗春波摄于 2013 年 12 月）

栖凤湖上憩息的白鹭群（张世德摄于 2010 年 5 月）

河西至红石林酉水沿岸活跃的野生猕猴群（熊泽金摄于 2015 年 7 月）

公路防护林（罗春波摄于 2017 年 8 月）

◎茶乡工业
CHAXIANGGONGYE

湘茶集团——古丈县有机茶业（罗春波摄于 2017 年 8 月）

鑫科牧业厂区（罗三多提供）

王家五牌腊制品（罗三多提供）

汉瑞钒业厂区（罗三多提供）

高纯钒（罗三多提供）

钒电池（罗三多提供）

隆永新材料生产车间（罗三多提供）

宏泰电解锰生产线（罗三多提供）

南方牌水泥（罗三多提供）

南方水泥厂区（罗三多提供）

湘泉酒业窖池（罗三多提供）

湘晶食品生产车间（罗三多提供）

神土地农副特产品（罗春波摄于 2017 年 7 月）

天下武陵（古丈）茶产业园（罗春波摄于 2017 年 8 月）

◎茶乡商业
CHAXIANGSHANGYE

古丈农村商业银行（罗春波摄于 2017 年 8 月）

茶城服装市场（罗春波摄于 2017 年 8 月）

20 世纪 80 年代的县城集市一角（县档案局提供）

城北建材市场（罗春波摄于 2017 年 8 月）

茶城夜市一条街（罗春波摄于 2017 年 8 月）

古丈场上生猪交易（李琳筠摄于 2013 年 4 月）

红太阳超市（罗春波摄于 2017 年 8 月）

茶城肉类市场（罗春波摄于 2017 年 8 月）

田家洞场（罗春波摄于 2017 年 7 月）

河蓬场（罗春波摄于 2017 年 7 月）

◎茶乡民生
CHAXIANGMINSHENG

城建

北看茶城（罗春波摄于 2017 年 8 月）

城市雕塑　鼓舞茶乡（罗春波摄于 2017 年 7 月）

古丈茶文化街（罗春波摄于 2017 年 7 月）

1944 年的古丈县城（李琳筠提供）

茶城会展中心（罗春波摄于 2017 年 7 月）

茶城广场（罗春波摄于 2017 年 7 月）

连城隧道（罗春波摄于 2017 年 9 月）

红星居民住宅小区（罗春波摄于 2017 年 8 月）

古丈县社会福利院（罗春波摄于 2017 年 8 月）

新建中的异地搬迁扶贫城南安置区（罗春波摄于 2017 年 8 月）

田马寨微波站（张世德摄于 2011 年 2 月）

栖凤大道（罗春波摄于 2017 年 8 月）

城区污水处理厂（罗春波摄于 2017 年 8 月）

交通

三桥叠立：3 座桥位于吉（首）罗（依溪）公路猫儿潭地段，分别建于 1964 年、1972 年和 1994 年，是古丈县交通事业发展的时代印记（罗春波摄于 2017 年 7 月）

酉水航道（罗春波摄于 2014 年 7 月）

梓木村通村公路（向邦金摄于 2008 年 1 月）

2016 年 12 月 18 日，张吉怀高铁开工仪式在古丈县九龙村举行（罗三多提供）

古丈汽车站（罗春波摄于 2017 年 8 月）

新建成的龙吉高速龙鼻嘴大桥（罗春波摄于 2017 年 7 月）

古丈火车站（罗春波摄于 2017 年 8 月）

龙吉高速古丈段长潭出入口（罗春波摄于 2017 年 7 月）

S229 古丈栖凤隧道（罗春波摄于 2017 年 7 月）

火车通过罗依溪大桥（罗春波摄于 2017 年 8 月）

教育

古丈一中（古丈一中提供）

状元榜（古丈一中提供）

古丈县职业中学（罗春波摄于 2017 年 8 月）

古丈一小（罗春波摄于 2017 年 8 月）

古丈县玉玲举重运动学校（罗春波摄于 2017 年 8 月）

2013 年 11 月，世界举重冠军向艳梅回古丈并为母校学生做举重训练示范（县体育局提供）

卫生

古丈县人民医院（罗春波摄于 2017 年 8 月）

新城医院（罗春波摄于 2017 年 8 月）

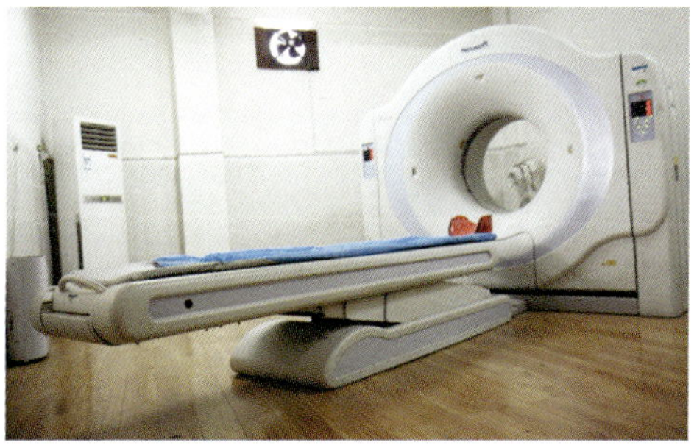
县人民医院CT断层扫描仪（罗春波摄于 2017年8月）

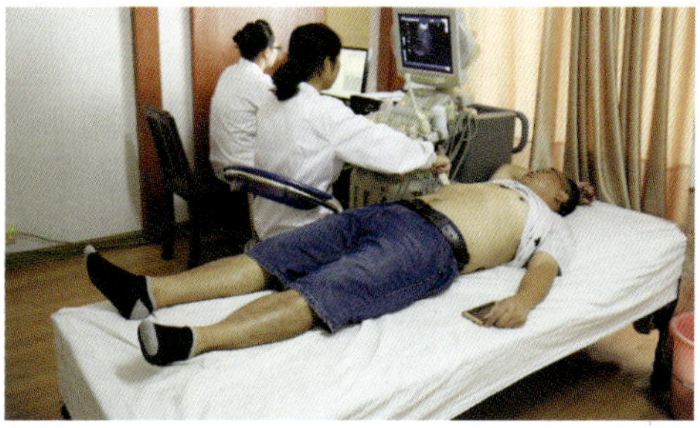
医生在给患者做彩超检查（罗春波摄于 2017年8月）

罗依溪镇中心医院（罗春波摄于 2017 年 8 月）

县中医院药房（罗春波摄于 2017 年 8 月）

水利

古阳河水库（罗春波摄于 2017 年 7 月）

白溪关水电站（罗春波摄于 2017 年 8 月）

栖凤大坝（罗春波摄于 2017 年 8 月）

接龙渠一角（罗春波摄于 2017 年 8 月）

2017 年 7 月 17 日洪灾，默戎镇龙鼻嘴村排几娄山体滑坡处（默戎镇提供）

◎茶乡山水
CHAXIANGSHANSHUI

高望界云海（张世德摄于 2015 年 12 月）

红石林巨人石（县旅游局提供）

坐龙峡攀岩（石可君摄于 2006 年 8 月）

红石林一角（向黎明摄于 2007 年 5 月）

古丈金钉子（罗春波摄于 2017 年 7 月）

坐龙峡一线天（向邦金摄于 2011 年 10 月）

天桥山（田志信提供）

红色之旅（张世德摄于 2016 年 6 月）

栖凤湖夕照（田志信提供）

栖凤湖远眺（向代坤摄于 2010 年 5 月）

高望界顶堂观光塔（罗春波摄于 2017 年 7 月）

森林氧吧（罗春波摄于 2016 年 6 月）

河蓬穿洞（张世德摄于 2016 年 7 月）

◎茶乡记忆
CHAXIANGJIYI

2010 中华茶祖节 · 古文毛尖万人品评会（罗春波摄于 2010 年 4 月）

1995 年 7 月，“旺旺杯” 全国少年举重运动会在古文县茶城广场举行（县体育局提供）

2006 年 9 月，深圳卫视 “中国功夫之星” 大赛在栖凤湖上举行，古老的毛古斯舞开场表演（县文化局提供）

总理亭（2014 年梳头溪村立）（罗春波摄于 2017 年 7 月）

龙鼻嘴赶秋场上打苗拳（熊泽金摄于 2015 年 8 月）

太坪跳马节（李琳筠摄于 2013 年 1 月）

古丈县首届“移动杯”茶艺表演大赛（熊泽金摄于 2014 年 3 月）

土家族哭嫁（县文化局提供）

默戎四方鼓队在 2008 年北京奥运会青岛奥帆赛开幕式上一展鼓技（默戎镇提供）

苗族童子鼓舞（李琳筠摄于 2009 年 5 月）

土家族厄巴舞（向邦金摄于 2012 年 5 月）

苗族团圆鼓舞（李琳筠摄于 2009 年 5 月）

苗族打花带（张世德摄于 2012 年 5 月）

断龙山乡第 27 届土家族舍巴节摆手舞现场（张世德摄于 2017 年 3 月）

坪坝乡苗族七月八节（张世德摄于 2011 年 8 月）

土家族打溜子（田志信提供）

土家族长号（熊泽金摄于 2015 年 8 月）

纺车（田志信提供）

舂碓（田志信提供）

水碾坊（田志信提供）

手工制瓦（向代坤摄于 2009 年 7 月）

◎茶乡文物
CHAXIANGWENWU

历史文物

岩排溪（省级文物保护单位　向邦金摄于 2008 年 9 月）

新莽大布皇千币（县文物局提供）

战国古陶（县文物局提供）

双凤 · 太阳 · 鱼璧（县文物局提供）

四山铜镜（县文物局提供）

凤鸟镦（县文物局提供）

铭文戈（县文物局提供）

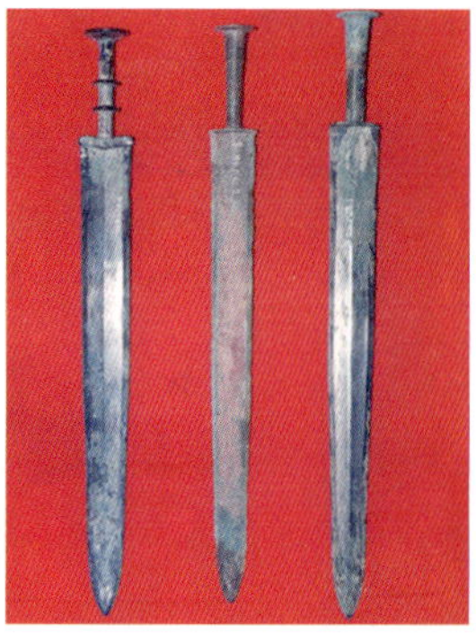

青铜剑（县文物局提供）

老司岩（省级文物保护单位）古民居一角（罗春波摄于 2012 年 8 月）

奖状（田志信提供）

老司岩（省级文物保护单位）伏波庙壁画（罗春波摄于 2012 年 8 月）

九龙洞葬（县文物局提供）

革命遗址

古丈县烈士陵园（罗春波摄于 2017 年 8 月）

少先队员向革命烈士敬献花圈（熊金泽摄于 2015 年 4 月）

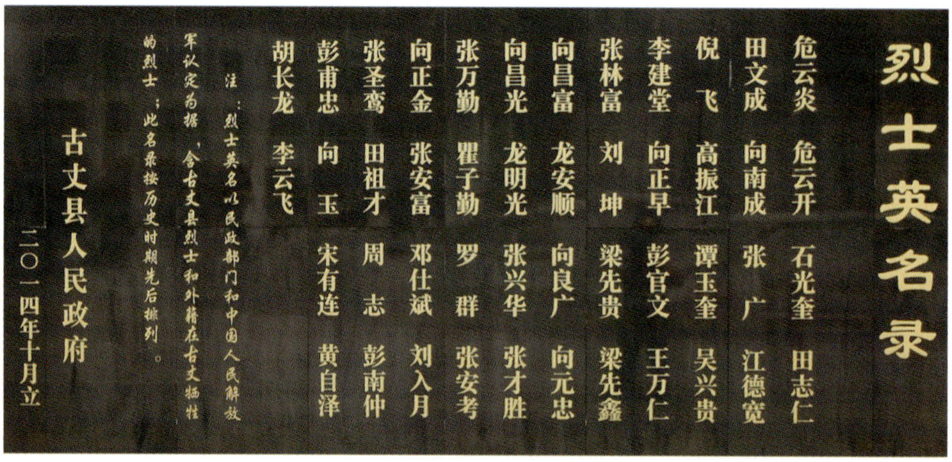

烈士英名录（罗春波摄于 2017 年 8 月）

抗美援朝标语（老司岩）：踊跃交爱国公粮，支援中国人民志愿军打败美国野心狼；坏粮不交公，大家交好粮（熊金泽摄于 2013 年 6 月）

剿匪标语（康家寨）：古丈人决不替大土匪张平卖命（罗春波摄于 2015 年 5 月）

抗日标语（三坪）：投笔从军，诛杀敌人，宁肯做战场死鬼，不肯做亡国奴隶（葛文前摄于 2014 年 9 月）

◎茶乡书画
CHAXIANGSHUHUA

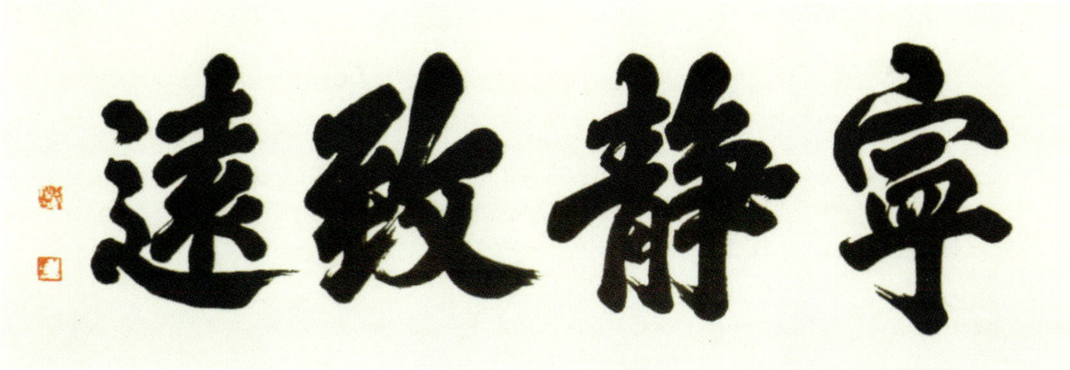

榜书（清·杨占鳌作）

国画（秦明道作）

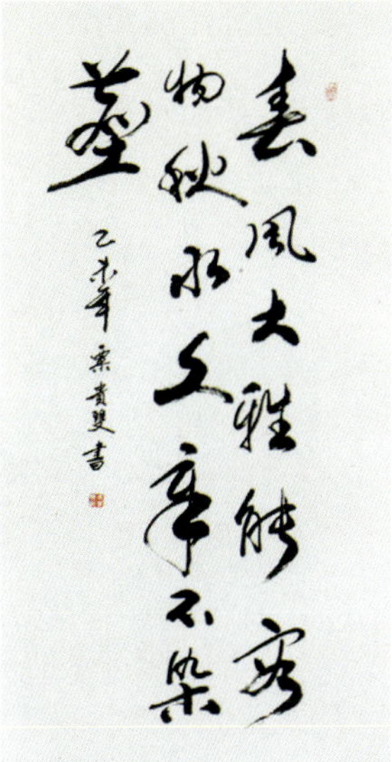

行草（粟贵双作）

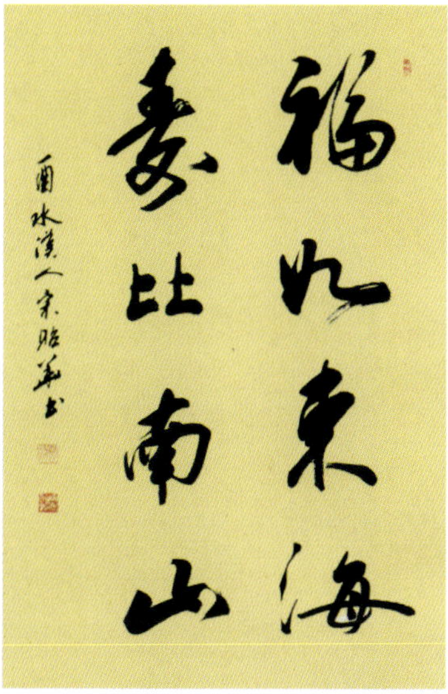

行草（宋贻华作）

国画（龙清廉作）

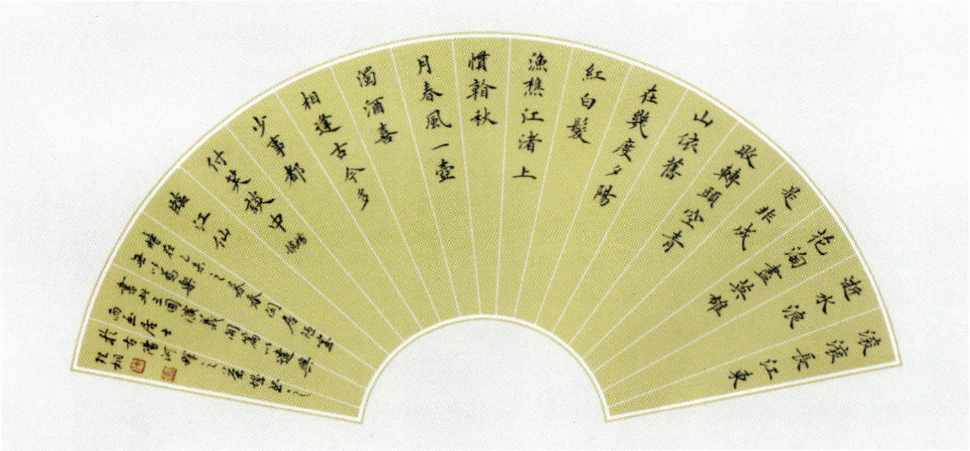

楷书（张顺荣作）

行草（邓长和作）

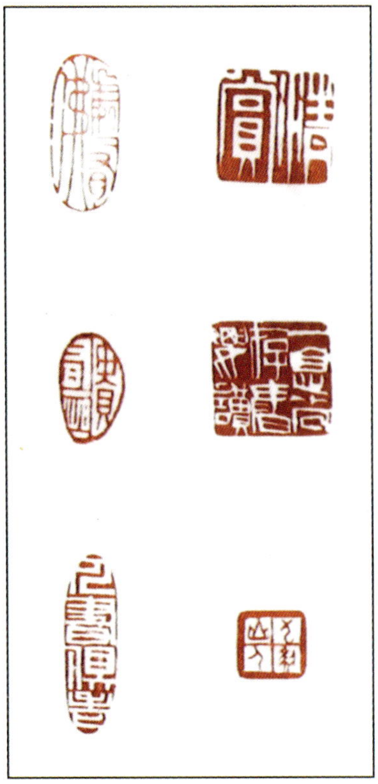

篆刻（龙党权作）

甲骨文（龙庆作）

赶秋　油画（张爱民作）

隶书（石源稳作）

栖凤小景　水彩画（张发兴作）

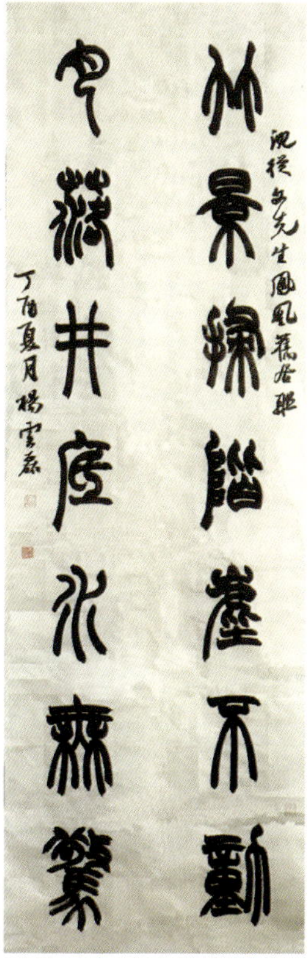
篆书（杨云磊作）

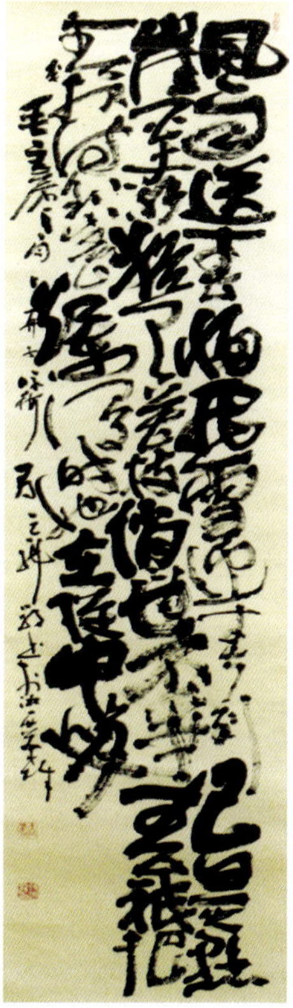
行书（符元龙作）

国画（王良玉作）

◎茶乡修志
CHAXIANGXIUZHI

2012 年 6 月 8 日，编辑部就《古丈县志（1986—2010）》试写稿进行讲评与交流（葛文前摄）

2013 年 5 月 15 日，全州第二轮县市志初稿点评暨培训会在古丈县召开（葛文前摄）

2014 年 12 月 23 日，《古丈县志（1986—2010）》稿县级评议会召开（葛文前摄）

2015 年 5 月 27 日，省地方志编委会领导、专家到古丈检查指导工作并听取县志编纂情况汇报（葛文前摄）

2015 年 11 月 26 日，《古丈县志（1986—2010）》州级评议会后，省州专家、县领导与参会人员合影（覃高喜摄）

《古丈县志（1986—2010）》编纂委员会

2010 年 4 月至 2013 年 2 月

名誉主任 向顶天

主　　任 杨彦芳

副 主 任 彭仕炳　胡恩平　宋贻华　瞿家湘　向代坤

委　　员 郑良武　姚祖军　宋友富　罗春波　石盛文　张道金
向功付　徐　金　程方国　向水林　陈孝东　龙化成
杨孝平　向银燕　梁世锋　谢云鹏　陈鸣峰　向　上
田　利　张仕荣　聂可可　向明洪　石忠思　唐运龙
文启发　张二平　田志林　宋贻刚　刘　平　龙　欣
刘朝安　向贤利　张　亚　敖金耀　李　俊　杨世军
姚祖超　龙文高　李宗贵　张建军　彭桂君　田吉利
向旭东　向云贵

2013 年 3 月至 2017 年 12 月

名誉主任 杨彦芳

主　　任 邓晓东

副 主 任 余晓泓　向加茂　樊忠清　邓　锋　梁章兴　祁光怀
向代坤　石忠思

委　　员 李绍锋　龙献生　郑良武　向　军　姚祖军　文明军
罗春波　向霞玲　舒长茂　向廷虎　姚　伟　向功付
粟长江　唐　勇　龙　辉　彭玲玲　郑云华　向银燕
梁世锋　彭桂君　田志林　李永生　向贤利　李林华
张仕荣　聂可可　张建军　王道平　刘　平　张二平

《古丈县志（1986—2010）》编辑部

名誉主编 郑良武

主　　编 罗春波

副 主 编 向卫华　彭志斌　葛文前

编　　辑 尹立柱　伍秉纯　向俊炎　祁清林　余善敏　刘启芳
李琳君

古丈县人民政府地方志办公室

主　　任 罗春波

副 主 任 张含笑　葛文前　向卫华

工作人员 彭思旷　彭志斌　刘启芳

湘西土家族苗族自治州人民政府地方志办公室

终　　审　谢绍猛　李雄野　刘忠明　黄文军

湖南省地方志编纂委员会

验　　收　易介南　邓建平　隆清华　杨　帆　李章进　阳雍悦
谭文美

乡镇、县直单位撰稿人员

（按篇顺序排名）

龙乔华	向明仲	黄庭谊	向德阳	张世君	韦　佳	肖文楚
彭　宇	粟腾霏	张顺军	刘成京	宋贻兴	黄庭万	田开生
周召志	周　宇	罗晓波	陈玉良	杨志龙	赵江明	杨　斐
廖振宇	邓　波	田丽萍	张正玉	曹玉蔷	龚安群	杨小平
瞿永平	向前云	覃启平	李光华	宋明海	向　群	李卫华
彭继坤	王焕驰	张大友	陈　新	彭志斌	宋太平	彭　亮
宋春辉	楚　明	张承林	向明胜	罗贤辉	胡文玉	胡如海
庹　芳	唐运龙	肖英涛	黄清军	杜元民	宋卫平	刘启芳
尹立柱	伍秉纯	向卫华	向俊炎	彭昭君	向思栩	李明祥
曾　彦	黄　波	张亮亮	陈　真	袁　敏	李德宁	李冬梅
李家华	刘万金	彭　涛	向煜圭	梁世锋	田学林	叶玉洁
张培好	向东方	张德龙	石　慧	阙道成	彭阳育	莫贤海
向　涛	吴　粘	丁亚威	肖　航	梁　伟	文　俊	李宗武
向云峰	刘建军	龙　霄	向德东	王润莲	张金治	瞿道兵
万　春	向　椿	向小刚	龙　渊	田　浩	李忠文	向朝晖
宋太熙	向德顺	吴明瑶	杨　剑	宋勇云	田宏林	向　安
羊　凡	付发生	李自兵	何刻华	吴涧清	龙安笔	向宏明
向宏波	王素文	梁　伟	吴　喆	鲁选仁	周　露	黄佳佳
郭连娥	向心元	向　薇	向功政	符　彬	石　明	

序　三

“郡邑之有志，犹国之有史。”一方历史沿革、山川地理、政治经济、民生百态，常以志记之，以求通古今、观兴衰、知得失、察未来。在全面打赢精准扶贫攻坚战和建设小康社会的关键时刻，《古丈县志（1986—2010）》付梓问世，意义深远而重大，堪称茶乡文化之盛事，可喜可贺。

古丈地处湘西土家族苗族自治州中部偏东，是少数民族聚居县、革命老区县、国家扶贫开发工作重点县、全国重点产茶县，素有“林业之乡、茶叶之乡、举重之乡、歌舞之乡”的美称。苗族鼓舞，土家族茅古斯、摆手舞等独具特色，世界地质遗址古丈金钉子，国家地质公园红石林，国家级自然保护区高望界，国家级森林公园坐龙峡，省级风景名胜区、湘西北第一大内湖栖凤湖，犹如一颗颗绿色明珠镶嵌于境内，实乃古丈人民之福祉。

古丈人民吃苦耐劳，敢闯敢拼，民风淳朴，历代精英才俊层出不穷，不绝于书。革命战争年代，许多有志青年奔赴沙场，前仆后继，舍生忘死，成为后世楷模。新中国成立后，人民当家做主，奋发图强，各项事业欣欣向荣，旧貌换新颜。改革开放以来更是千帆竞发，经济突飞猛进，城乡竞相发展，社会和谐稳定，人民幸福安康。特别是迈入新的世纪，全县工农业生产跨越式发展，文化教育卫生事业硕果累累，老城提质改造、新城扩容建设都取得前所未有的成就。正如毛泽东同志词中所述：“萧瑟秋风今又是，换了人间。”

盛世修志，志载盛世，古丈历来就有编史修志的传统。清光绪年间即有第一本志书《古丈坪厅志》问世。20世纪80年代，编纂完成新中国成立后第一部社会主义新方志。1986年至今，全县经济社会发展翻天覆地，修志记之，势在必行。中共古丈县委、县政府顺应时势，聘有识之士，集各方之力，续前人遗绪，补断章空白，历七载寒暑，六易其稿，终成百万言新志。其工程之浩繁，工作之艰辛，诚非常人所及；专家指导之求精，编辑采编之严谨，部门配合之密切，社会贤达相助之踊跃，令人钦佩。在此，谨向关心、支持和从事县志编修的同志们，表示诚挚的敬意和衷心的感谢！

《古丈县志（1986—2010）》，以马列主义、毛泽东思想、邓小平理论、“三个代表”重要思想、科学发展观和习近平总书记系列重要讲话精神为指导，认真贯彻“四个全面”战略部署，运用辩证唯物主义与历史唯物主义观点和方法，以述、记、志、传、图、表、录等体裁，广征博采，取精存真，揽经年于一瞬，记历史之更替，熔百业为一炉，叙事物之兴衰。既有宏观鸟瞰，寓褒贬于记事之中；又有微观透视，明规律于兴替之内。略古详今，条分缕析，文风朴实，平易晓畅，彰显地方特色和改革开放新风貌，坚持观点与史实相印证、思想性与科学性相统一，实为一部当代古丈的百科全书，一部爱国主义的乡土教材。

鉴古方知今，继往为开来。修志旨在激励当代，启迪后人，兴我古丈。当前，县委、县政府举全县之力，实施“生态文明立县、特色产业富民、发展环境创优”发展战略，着力打造特色产业，发展重点项目，构建新型城镇，不断推动生态文明和各项民生事业进步，加快建设生态古丈、活力古丈、精致古丈、幸福古丈。诚望全县父老乡亲尤其是各级领导和党员干部带头学好志、用好志，承先辈壮志，扬拼搏精神，人尽其才，物尽其用，货畅其流，凝心聚力，艰苦奋斗，为打赢精准扶贫攻坚战，全面建成小康社会，早日实现“生态、活力、精致、幸福”新古丈，再谱新篇章。

愿古丈明天更美好！

是为序。

中共湘西土家族苗族自治州委常委
中共古丈县委书记　杨彦芳

2017年9月5日

序　四

遵照省州新一轮方志工作部署，《古丈县志（1986—2010）》始于20世纪初，2010年全面启动，历经七个春秋，六易其稿，即将付梓。这是举全县之力、集全县之智的又一重大文化成果，也是全县人民政治文化生活中的一大喜事，它的诞生具有深远的历史和现实意义。

"国不可无史，邑不可无志。"有了地方志，地方历史就有了厚重积淀和可供追溯与传承久远的典籍，就有了凝聚人心、积聚力量和促进发展的载体。历史启示未来。本轮续修县志紧接上部志书，上限起于1986年，下限止于2010年，以中国从计划经济体制到社会主义市场经济体制这段波澜壮阔的历史大变革为背景，以改革、开放、发展为主题，以县域经济社会建设为主线，真实、客观、全面、系统地记录了古丈的历史和现状，充分反映出古丈的县情和社会风貌，展现了全县25年间改革开放的伟大成就，是一部承前启后、继往开来的社会主义新方志。

一县之志，是全面记载一个时期一个地方的地情专书，堪称一县之"百科全书"。本轮县志编纂坚持"党委领导、政府主持、专家修志、三审定稿"的原则，层层把关，精挑细选，反复打磨，众人参与，众手成志。全志史料翔实，文风朴实严谨，篇幅文字得当，时代特色鲜明，民族地方特点突出，可读耐读，是一部古丈政治、经济、军事、民生和山川地理、风土人情的文献集成，是进行"知我古丈、爱我古丈、兴我古丈"教育的良好教材。历史是最好的教科书，历史是最好的清醒剂。这将有助于我们进一步了解和把准时代变迁的脉搏，把握历史发展的规律，总结和吸取前人智慧，不断探索出又好又快的县域经济社会发展的新途径。

依法修志是地方政府的法定职责。在《古丈县志（1986—2010）》编纂过程中，县委、县政府高度重视，精心安排，扎实推动，终成全志。其间，省地方志编纂委员会、州人民政府地方志办公室领导和专家数次亲临指导，县直各部门和乡镇积极协作配合，全体修志人员不忘初心，不计名利，突重点，破难关，史海钩沉，经年不怠，付出了艰辛努力。史志编纂之难，莫过于此。在此，谨向为全书付出辛勤劳动的全体纂修人员，积极提供资料的部门、单位和社会各界人士，以及精心给予指导的各位领导和专家俯首致谢！

"治天下者以史为鉴，治郡国者以志为鉴。"地方志因其综合性、区域性、时代性和科学性而独具魅力，在资政决策、推进地方发展和文明传承中发挥着不可替代的作用。《古丈县志（1986—2010）》作为一方之信史，为过往岁月中全县人民的奋发图强、后发赶超，留下弥足珍贵的历史见证。历史已然书写，未来我辈创造。当前，县委、县政府正带领全县各族人民深入学习和贯彻落实习近平总书记系列重要讲话精神，决战精准扶贫，全面建设小康社会，不断加快产业优化升级步伐，不断推进城乡建设发展，为实现生态古丈、活力古丈、精致古丈、幸福古丈的既定目标而不懈奋斗。

人和事兴，盛世修志，修志贵在史识，重在致用。相信《古丈县志（1986—2010）》的编纂出版，必将进一步激发古丈人民热爱古丈、建设家乡的自信心和责任感，更好地凝聚社会各方面的智慧和力量，在古丈这块充满生机和蕴藏着无限希望的热土上，创造出新的辉煌！

是为序。

中共古丈县委副书记
古丈县人民政府县长　邓晓东

2017 年 9 月 16 日

凡 例

一、《古丈县志（1986—2010）》以马克思列宁主义、毛泽东思想、邓小平理论、“三个代表”重要思想、科学发展观、习近平新时代中国特色社会主义思想为指导，坚持辩证唯物主义和历史唯物主义的立场、观点和方法，客观、全面、系统地记述古丈县自然、政治、经济、文化、社会等方面的历史与现状。

二、全志上限起于1986年，下限止于2010年，其中第十三篇茶叶上限为有文字记载古丈茶叶历史以来，下限止于2010年。记述的空间范围为2010年古丈县县境区域。本书采用规范的语体文记述。全书采用述、记、志、传、图、表、录等体裁，以志为主体，分设25篇，各篇一般设章、节、目三个层次。

三、大事记以编年体为主，辅以纪事本末体，按时序纵述大事、要事、新事。

四、人物传收录对社会有重大贡献和影响的已故人物，以古丈县本籍人士为主，兼收外籍在古丈县工作的人士。入志人物按卒年排序。

五、本书纪年，中华民国以前采用历史纪年，括注公元纪年；民国时期采用民国纪年，括注公元纪年；中华人民共和国成立后用公元纪年。

六、本书采用第三人称记述。各历史时期的政治机构、官职等，均依当时历史名称直书其名，不加褒贬。地名依历史名称为准，并括注现行标准地名。所有名称在第一次出现时均用全称并括注简称。涉及外国名称，均使用新华通讯社发表的译名。

七、入志数据以省、州、县统计部门公布的统计数据为准。统计部门没有统计的，采用业务主管部门数据。

八、本书计量单位采用国家规定的法定计量单位，数字用法、标点符号用法都遵守国家相关规定。

九、所有（入志）资料来源于历史档案、旧志、县直单位和乡镇提供的资料、报刊、网络及社会调查，一般不注明出处。

十、用汉语拼音记录土家语、苗语及汉语方言。

目录

第三篇　人口

第四篇　中国共产党古丈县地方组织

第五篇　人民代表大会

第六篇　县人民政府

第七篇　人民政协

第八篇　群众团体

第九篇　政法　军事

第十篇　编制　人事　劳动　民政

第十一篇　经济综述

第十二篇 农业与农村经济

第十三篇　茶叶

第十四篇 扶贫开发

第十五篇　工业

第十六篇　商业　服务业

第十七篇 交通 邮政 通信

第十八篇 财政 税务 金融

第十九篇 城乡建设 环境保护

第二十篇 旅游

第二十一篇 经济综合管理

第二十二篇 教育

第二十三篇　科技　文化

第二十四篇　卫生　体育

第二十五篇　宗教　民俗　方言

人物

附录

总 述

一

古丈县位于湖南省西北部、湘西土家族苗族自治州中部偏东区域。境域1286.47平方千米，总人口142689人。县境山峰林立，溪谷纵横，地形复杂，属山地为主，山地、丘陵、岗地、坪地、水面相互交错的地貌类型。地势从东南到西北由低到高再到低，从剖面上看似“M”形双峰曲线。全县平均海拔623米，有大小山峰1305座。其中海拔1000米以上山峰27座。最高点为高望界山脉主峰顶堂峰，海拔1146.2米。最低点在高峰乡陈家村花椒坪，海拔147.3米。县域属中亚热带季风湿润气候。年平均气温16.1℃，降水量1392.9毫米，日照时数1311.8小时，平均风速1.1米/秒，平均相对湿度81%，无霜期276天。

古丈资源丰富，山川秀丽，历史悠久，人文荟萃。

全县林地总面积1050.58平方千米，占全县国土总面积的81.67%。活立木蓄积量513万立方米。森林覆盖率68.8%，林木绿化率73.32%，均居湘西州首位，为湖南省林业重点县。县内高望界国有林场是湘西州最大国有林场。作为全国百强重点产茶县，茶叶种植面积43.3平方千米（4330公顷）。古丈毛尖久负盛名。1929年，荣获法国国际博览会国际名茶奖。1988年，获中国首届食品博览会金奖。1999年，荣获中国国际农业博览会名牌产品称号，并被评为“湖南名牌产品”“'99湖南市场占有率最高品牌”和“'99湖南消费者购买首选品牌”。2005年被评为湖南十大名茶，2010年获世界绿茶评比金奖。

县境内已发现矿种17种，矿床（点）46处。磷矿储量约2.6亿吨，品位20%～28%，居全州第一。锰矿远景储量1400万吨，品位11%～20%，位居全州第二。水泥用石灰岩，储量3747万吨，居全州第二。钒矿储量约1万亿吨，品位0.25～0.67，居全州第一。县内旅游资源丰富。有中南第一奇峡坐龙峡，国家地质公园红石林，省级风景名胜区栖凤湖、高望界。

县域历史悠久。远古时，县境之酉水沿岸即有先民居住，为古“五溪”之地。《复溪州铜柱记》载“上古以之要服”，僻处边远。春秋战国时，属楚黔中郡。因县境扼酉水入沅江之水路要冲，为楚、巴争战之所。《古丈坪厅志》（1907）载“古丈”为“古仗（战）场”。五代时，属南楚之溪州（曾设州城于今罗依溪镇会溪坪）。后晋天福四年（939），楚王马希范与溪州刺史彭士愁爆发溪州之战。次年，停战议和，双方盟誓“永无兵革之虞，克保耕桑之业”，并立铜柱于会溪坪，将盟约镌刻柱面（1971年，因会溪坪为凤滩水库淹没区，铜柱迁至永顺县王村镇）。清道光二年（1822），析出永顺县罗依、西英、功全、冲正4保之地设古丈坪厅，厅治古丈坪（今属古阳镇）。民国2年（1913），废厅置县。1950年3月，古丈解放，县政府成立。

县内土家、苗、汉各族人民创造了丰富多姿的民族文化。1955 年，默戎镇苗族姑娘龙彩莲将苗族鼓舞带出国门，参加波兰华沙第五届世界青年歌欢节，表演的女子单人鼓舞受到各国朋友称赞。2005 年，“湘西苗族鼓舞”公布为全国首批非物质文化遗产名录项目。2008 年，默戎镇被文化部命名为“中国民间文化艺术之乡”。列为国家级、省级非物质文化遗产名录项目有“摆手歌”“梯玛神歌”“土家族织锦”“土家族挖土锣鼓歌”“哭嫁歌”等。“湘西苗绣”公布为湘西州非物质文化遗产名录项目，

县域人杰地灵。清末甘肃提督杨占鳌，在甘肃修复驿站，广储粮草，为清政府收复新疆做出积极贡献。苗王龙廷久，举起抗捐罢税大旗，率领 58 寨苗民起义，反抗北洋政府暴政。共产党人危云开、危云炎，领导古丈工农运动，播下革命火种。老红军彭祖贵，随红二、六军团长征后，又随八路军 120 师 359 旅战斗在抗日救亡前线；1940 年 6 月至 1945 年 1 月，任周恩来在重庆工作时的警卫队长；中华人民共和国成立后担任湘西土家族苗族自治州副州长，为湘西自治州社会主义建设奋斗不止。黄埔军人田仲达，先后率部参加“一・二八”“八一三”淞沪抗战、松山战役，1950 年 1 月，在云南曲溪率国民党第 8 军 3 师起义，后回湘西积极从事统战工作。作家萧离，为家乡走出贫困和落后而呼吁。男高音歌唱家何纪光，用充满湖湘特色的歌喉，讴歌家乡社会主义建设。湖南省军区副司令员彭楚政，率领解放军官兵战斗在湘西扶贫攻坚主战场，被群众亲切地称为“扶贫司令”。女高音歌唱家宋祖英，以《小背篓》《辣妹子》《爱我中华》《东西南北兵》等一大批具有浓郁民族特色歌曲唱响中外舞台，荣获中国民族声乐最杰出成就奖、国际慈善名人奖、肯尼迪艺术金奖。

二

1986—1991 年，县委、县政府坚持物质文明和精神文明两手抓，继续深化经济体制改革；以治穷脱贫为中心，全面发展“农、林、牧、副、渔，工、商、运、建、服”，全县经济稳步增长。国内生产总值由 1986 年的 4716 万元增加到 1991 年的 8549 万元（占全州国内生产总值的 3.8%），地方一般预算收入由 1986 年的 284 万元增加到 1991 年的 724.7 万元，农民人均纯收入由 1986 年的 278 元增加到 1991 年的 429 元。

1986 年，古丈县被湖南省政府确定为扶贫县。县委、县政府立足山区优势，合理规划开发项目，在抓好粮食生产的同时，念好“山”字经，大搞山地开发，迈开治穷脱贫的新步伐。当年，以杂交水稻、杂交玉米为主的粮食作物种植面积 91.6 平方千米，粮食总产量 30283 吨。家畜、家禽养殖和凤滩库区沿岸乡镇水产养殖发展较快，出现一大批养殖专业户。全县生猪存栏 49591 头、羊 14539 只、牛 20963 头。工业企业推行厂长（经理）组阁制，车间、班组组合制，改革工资、奖金发放办法，实行任务、工资、奖金三挂钩，实行目标管理，简政放权，奖罚兑现，进一步完善内部经济责任制。实行国家所有、集体经营、照章纳税、自负盈亏的承包经营责任制，打破行业、工种界限，赋予工商企业比较灵活的经营自主权。鼓励个体经济发展，大办乡镇企业。通过改革，企业经济效益明显增长。全县先后放开大部分农产品和工业消费品价格，同时，重要工业生产资料价格实行“双轨制”。至年底，原属县以上定价的 293 种日用工业品，除 35 种继续由国家统一定价，58 种实行国家指导价外，其余 200 种下放企业自主定价。

1988 年，继续深化农村改革，完善双层经营体制，调整产业结构，有计划地退耕还林、还经（经济作物）、还渔，对“三退”采取一系列优惠政策和鼓励措施。在“林、果、茶，种（种殖）、养（养殖）、加（农产品加工）”上做文章。1989 年，全县深化企业改革主要围绕转换企业经营机制，商业、供销系统进一步稳定完善承包经营责任制，积极探索租赁、拍卖、股份制等两权分离形式，搞好企业内部人事、分配、用工制度改革，建立企业自主经营、自负盈亏、自我发展、自我约束机制，进

一步增强企业活力。但是，工业企业在经历了短暂好转以后，由于资金短缺、技术落后及市场竞争激烈等原因，开始出现停产和亏损。

1990年，县委作出《关于深入开展社会主义思想教育的决定》，抽调300名干部奔赴农村、工厂、学校开展社会主义思想教育。因市场疲软，加上全县工业是以建材为主的单一结构，在国家压缩基建投资规模的情况下，年初，全县20家企业停产。乡镇骨干企业停产面达71.5%。1989—1991年，全县造林56.23平方千米，封山育林300平方千米。1991年茶叶种植面积发展到9平方千米。粮食总产量由1986年的30285吨增加到1991年的33946吨，农业总产值由1986年的2459万元增加到1991年的4132万元。5000户2.35万人解决温饱问题，贫困户的比重由1985年45%下降到1991年40%。全县林、茶、果、药材、牧业五大支柱产业发展较快。1991年底，全县植树造林12733.34公顷（成活面积），森林蓄积量已达301万立方米；以椪柑为主的水果种植面积5.1平方千米，其中1986年以来新开发面积4.38平方千米；新开发板栗种植面积2.95平方千米，新开发药材种植面积8.38平方千米。全县共养牛2.8万头，户平养牛1.1头；能繁殖母猪2641头，产仔猪4.8万头，出栏肥猪3.5万头。1986—1991年出售木材17.29万立方米、松脂油227.1吨、桐油17.8吨、茶油818吨、板栗551吨、山竹2.2万吨、木炭1100吨，乌桕和五倍子11.7吨，年均产茶叶138.5吨。1991年1—6月，全县工业企业盈亏相抵后仍亏损123.5万元。亏损12家，亏损面达48%。全县工业总产值由1986年的857万元增加到1991年的1332万元。工业总产值仅为农业总产值的三分之一。

三

1992—2001年，在市场经济大潮的冲击下，全县经济经历了发展的十年。

1992年，县委作出3个发展经济的决定：即《关于大力发展工业的决定》《关于放手发展个体私营经济的决定》《关于加快发展乡镇企业的决定》。县委、县政府着力抓好“三个转移”、完善“四个系列”、兴办“五个经济试验示范区”（“三个转移”：重工业向轻工业转移，高能耗向低能耗转移，低税率向高税率转移。“四个系列”：以茶叶为主的食品工业系列，以水泥为龙头的建材工业系列，以木材加工为重点的森工系列，以电石硅酸、硫酸、农药为骨干的冶金化工系列。“五个经济试验示范区”：以罗依溪镇、高望界林场为中心的旅游经济试验示范区；以高峰乡、岩头寨乡为中心的优质高效农业综合开发试验示范区；以断龙山乡、默戎镇、坪坝乡、草潭乡、山枣乡为中心的个体私营经济试验示范区；以古阳镇为中心的商业、劳务、技术等第三产业试验示范区；以河西镇、城关乡、双溪乡、茄通乡为中心的乡镇企业试验示范区）。按照省委确定的实现小康“六条标准”，发挥古丈的资源优势，积极引导群众，把信社会主义和干社会主义结合起来，自力更生、艰苦奋斗，走好山地开发、建设高效农业的路子。制定“44111”山地开发工程规划，即到1995年末，完成4万亩茶叶、4万亩药材、1万亩板栗、1万亩椪柑为主的水果、1万亩蚕桑。积极稳妥地推进价格改革。3月1日，放开卷烟零售价格，实行市场调节；从4月1日起，在粮食定购价格的基础上，适当提高粮食统销价格。11月1日，全面放开粮食销价，取消城镇居民定量粮食平价供应和农村粮食统、定、销平价供应，价格随行就市，各种粮（油）票、粮券、指标划拨证，居民结存的粮油指标不再流通；取消原油、钢材等计划外生产资料限价；进一步放开72种工业生产资料和55种工业消费品价格。1993年6月，引进德国的EWSD交换设备，电话号码由5位数升至7位数。8月，开通无线寻呼BB机。现代通信技术在县域内逐步发展。年底，全县有林地113万亩，活立木蓄积量310万立方米，森林覆盖率达70.7%，成为湘西自治州第一个消灭荒山的县，被国家绿化委员会、人事部、林业部评为全国造林绿化先进县。全县林业和林副产品产值达2100万元，利税200万元；茶、果、药、桑产值达1090万元，利税168万元，农民人均从山地开发中获得收入245元。

1994年9月，中共湖南省委下发《关于支持湘西土家族苗族自治州实施“八七扶贫攻坚计划”的意见》，将湘西自治州作为全省扶贫攻坚主战场，并明确常德市对口扶持古丈县。12月，县委、县政府制定印发1994—2000年《古丈县扶贫攻坚计划》，提出“强农治穷，兴工致富，活商聚财，科教兴县”战略。当年，经济体制改革重点是转换国有企业经营机制，积极探索建立现代企业制度的有效途径；加快财政、金融体制改革。围绕这个重点，配套进行价格改革、农村经济体制改革、政府机构改革、社会保障制度和住房制度改革。以水泥厂、三保厂为试点，进行县国有企业改革。县冶化厂异地扩建5000吨硅锰厂已建成投产，新上6万吨钙镁磷肥生产线，已争取资金500万元。县政府进行机构改革，撤销合并机构5个，行政单位转为事业单位9个、转为经济实体4个，新设机构1个，机构设置得到优化。1995年，县委、县政府作出《关于加快发展山羊生产的决定》，把山羊生产作为“八七”扶贫攻坚、农村稳定脱贫的骨干项目来抓。从县直、乡镇选派41名优秀青年干部到村任党支部第一书记和扶贫攻坚指导员，任职时间为3年。县委、县政府作出《关于一九九六年发展烟叶生产的决定》。制定优惠政策，大搞科技兴烟，实行重点推进，切实加强领导。造林绿化在全州率先达标。实行“分税制”财政体制改革，中央税和地方税分开。全县工业企业发展到32家，工业总产值首次突破亿元大关。加强交通基础设施建设力度，努力实施交通扶贫攻坚计划，全县交通事业快速发展，通村公路建设全面启动。突出抓好10个乡镇场基地规模养羊，以“公司+基地+农户”形式，积极推进“万只乡、千只村、百只户”建设。1995年，全县地方财政收入1520万元。国民生产总值21929万元，占全州国民生产总值的4.5%，财政收入仅占全州地方财政收入的0.02%。由于财政总量小，经济建设资金投入不足。1996年8月底，全县山羊饲养量达10.25万只。10月，全州最大的水利工程——投资600万元的接龙渠1、2期工程建成通水。以茶叶、药材、水果、干果、蚕桑为主要内容的“44111”工程已见成效，开发面积达66.67平方千米，年创产值达1500万元。招商引资，引进首家私人独资企业——古丈县劳武化工厂（2000年更名为古丈县顺杰锰业公司）。工业实现税金占县财政收入的51.08%，形成建材、冶金、化工、食品四大支柱产业。县委成立推行公务员制度领导小组，制定《古丈县国家公务员制度实施方案》和《古丈县国家行政机关工作人员向国家公务员过渡实施意见》，首次面向社会招考国家公务员。

1997年，县内开通互联网。1998年，随着县第二化工厂、山源公司等一批国有集体企业破产和改制，县域经济出现短暂停滞。当年国内生产总值比1997年减少279万元。地方财政收入499万元，更是回落到接近1988年的水平。全县开展农村第二轮土地承包工作。稳定农村土地承包关系，严格执行“增人不增地，减人不减地”政策。除将全部农转非户、全部外迁户和死亡注销户的承包土地收归集体，重新发包给因国家征地（征地补偿费已交集体）、集体基本建设占地和自然灾害毁地无法恢复等人地矛盾突出的农户外，其他农户按照第一轮承包及其他完善责任制承包合同直接顺延承包期，一定30年不变。全县185个村第二轮土地承包发证2.8万户，承包面积78平方千米。

1999年，19户国有工业企业进行改革改制。县冶化厂、县水泥厂、化工厂、县磷肥厂实行租赁经营，罗依溪纸厂完成租赁经营并转产。河西磷肥厂实行承包经营。48户乡镇集体企业改制28户，改制面58%。因企业适应不了市场经济大潮的冲击，生产经营难以为继，效益滑坡，多数企业处于停产半停产的状态，虽然一部分企业经过改革走上民营化道路，但经济效益回升缓慢。当年，全县开始实施城镇居民最低生活保障制度，共为城镇低保对象362人发放低保金3.8万元。2000年，县委根据中央、省委和州委统一部署，深入开展以“讲学习、讲政治、讲正气”为主要内容的党性党风集中教育。2001年，为广泛深入开展“三个代表”重要思想学习教育活动，县委成立“三个代表”重要思想学习教育活动领导小组，并印发《古丈县“三个代表”重要思想学习教育活动实施方案》。全县参加学教活动的单位533个，其中乡镇场16个，县直副科级以上单位115个，县直部门驻乡镇场站所217个，建制村185个；参加学教对象6470人，其中副科级以上干部705人，党员3936人。县直党政机构实行改革，转变职能，理顺关系，调整机构，精简人员编制。县委设置机构7个，设部门管理机构2个。县政府工作部门由31个减至20个，设部门管理机构2个。全县国民生产总值32176万元，占全州国内生产总值的4.1%，地方财政收入756万元。

四

2002—2010年，县委、县政府确定新的兴县战略，开发生态旅游，发展民营工业，全县经济逐步实现又好又快发展。

2002年，针对古丈人口小县、资源大县、工业弱县、财政穷县、生态优势突出的基本县情，县委、县政府确定“绿色产业兴县，生态家园富民”兴县战略，突出抓好石材、木材、食品加工为主的生态工业，抓好以茶叶、柑橘、烟叶、蔬菜种植为主的特色生态农业，开发生态旅游业，走高效生态良性循环脱贫路子。当年，全县启动退耕还林，历时两年，共退耕还林114平方千米。大力开发生态旅游。中南第一大峡谷坐龙峡景区试营业，门票收入5.6万元，实现县旅游门票收入零的突破。2003年，县委、县政府引进首家股份制企业古丈县宏泰锰业公司；完成县属国有企业煤炭公司、三保厂、县酒厂、华湘棉纺厂破产改制，安置职工183人，消化债务2762万元；县茶叶总厂转让给猛洞河天然植物制品公司，实现国有民营；商业、粮食、供销系统累计置换职工身份400人。

2004年，红石林景区试营业。红石林景区是中国唯一在4.5亿年前奥陶纪形成的红色碳酸盐石林，被誉为“中国最红的石林”。常德市政府投入资金1700万元，建成茶文化一条街。

2005年，红石林景区被国土资源部批准为国家地质公园，县政府与湖南华厦科技公司签订红石林景区开发经营合同，红石林景区招商引资成功。全县生产总值由2000年的2.6亿元增至2005年的5.1亿元，年均增长7.4%。工业总产值由2000年的1亿元增至2005年的2.5亿元。全县有民营企业3261户（含个体户），民营经济从业人员5080人，实现生产总值3.1亿元，占全县国民生产总值4.95亿元的62.6%。其中民营工业企业完成生产总值7535万元，占全县第二产业生产总值10250万元的73.5%；全县民营经济实现税收2131万元，占全县财政总收入的76.1%；民营工业企业实缴税金582万元，占全县财政总收入的20.7%，实现利润同比增长10%。财政总收入由2000年的630万元增至2005年的2800万元，年均增长20.5%，农民人均纯收入由2000年的1103元增至2005年的1592元，年均增长7.6%。农村交通基础设施建设发展很快。全县185个建制村已通公路村154个，公路通村率83%。2005年12月，全县行政区划调整，16个乡（镇、场）调整为12个乡（镇），建制村由185个合并为140个。

2006年，成立2户湖南省农业产业龙头企业：大型林业加工民营企业古丈县卓良木业有限责任公司、湘西雅洁食品有限公司神土地农副特产制品厂。全县实行新型农村合作医疗。按照个人缴费、集体扶持和政府资助相结合的资金筹集机制，农民按规定缴纳个人基金，享受大病住院治疗费用补助及特殊疾病、慢性病门诊费用补助，这是全县第一次由政府为解决农民的基本医疗卫生问题进行大规模的投入。当年，全县24574户、94704人参加新型农村合作医疗，参合率达83.5%。农村最低生活保障制度开始在全县农村全面铺开。全县农村845户2214人按每月人均补助8元的标准享受低保，共发放低保金21.17万元。

2007年，县境内罗依溪地层剖面被国际地质科学联合会授予寒武系第3统第7阶底界“金钉子”剖面称号。罗依溪“金钉子”是中国第六枚以地名命名的“金钉子”，也是中国境内第九枚“金钉子”，是世界上极其珍贵的地质遗迹资源。当年，新建红石林镇、古阳镇、高望界乡、默戎镇九龙村敬老院，入住“五保”老人100人。截至年底，累计投入资金166万元，全面完成12所乡镇敬老院和1所村级敬老院建设。

2008 年，古丈县被湖南省政府批准为革命老区县。

2009 年，县委、县政府大力推进农业产业化、新型工业化，发展第三产业，重点抓“三大工程”建设。第一产业抓“两叶一果”工程，全力发展好茶叶、烟叶和以柑橘为重点的水果产业。第二产业抓“百千万工程”，全力实施好 100 万吨水泥厂、5000 吨以上精钒加工、3000 吨电解锰整合等重点项目，迅速提升全县经济总量。第三产业抓“一线四区”工程，全力打造好张家界至凤凰 S229 黄金旅游线路古丈段（一线）和红石林、坐龙峡、栖凤湖、高望界四大景区。积极推进河西滨河片区、红石林国家地质公园和金钉子地质观光、夯吾苗寨等项目开发。全县开始在默戎镇、断龙山乡等乡镇的 10 个村建农家书屋，丰富农民文化生活。

2010 年，县委、县政府为优化产业布局，加快产业结构，促进经济发展方式转变，提高质量和效益，打造工业强县，首次提出“新型工业兴县、绿色产业富民”的发展战略。“三大工程”取得明显成效。新扩万亩茶园项目进展良好，新开茶园 9.34 平方千米；全年茶叶生产加工总量 1803 吨，产值首次突破 1 亿元。成功举办“中华茶祖节 · 古丈毛尖万人品评会”，古丈毛尖申报中国驰名商标进展顺利，茶叶品质品牌和效益大幅提升，营销市场开拓取得实效，成功进入上海、北京市场。完成烟叶种植面积 8.93 平方千米，新建烤房 206 栋，实现烟叶收购 1085 吨，产值 3000 万元。柑橘培管、品改和病虫害防治得到加强，新扩橘园 0.53 平方千米，品改 0.8 平方千米，创建“柑橘病虫综合防治示范园”1.6 平方千米；全县柑橘总产量 4 万吨，销售价格大幅上扬。2010 年，南方水泥厂 100 万吨水泥生产项目正式进场施工，完成投资 3000 万元。5000 吨以上精钒加工项目前期工作进展良好，岩头寨镇 31 平方千米钒矿区探矿完成，探明钒金属储量达 315 万吨，居全国前列，潜在价值 3000 亿元以上。3 万吨锰产业整合项目稳步推进，环评等手续完成。华源 10 万吨硫酸项目完成投资 2000 万元，顺利建成投产。恒兴木业 60 万张杉木集成板一期工程完成投资 1900 万元，正式竣工投产。惠闽、连旺、龙腾 3 个石材项目建设进展顺利，进入征地建厂阶段。坐龙峡国家森林公园、高望界自然保护区通过评审。2010 年，全年接待游客 46.5 万人次，实现旅游收入 1.77 亿元。全县 140 个村有 135 个村通公路，公路通村率为 96%。县政府机构实行改革，设置工作部门 21 个，撤销 2 个部门管理机构。2010 年，全县完成生产总值 10.7 亿元，增长 11.5%，是新世纪以来增速最快的一年。其中第一产业实现增加值 2.34 亿元，增长 3.6%；第二产业实现增加值 2.53 亿元，增长 15.5%；第三产业实现增加值 5.83 亿元，增长 13%。完成全社会固定资产投资 9.26 亿元，增长 35%。实现社会消费品零售总额 2.61 亿元，增长 16.6%。完成地方财政收入 7738 万元，增长 22.8%。城镇居民人均可支配收入达到 9635 元，增长 10.7%；农民人均纯收入达到 2620 元，增长 10%。

五

1986—2010 年，县委、县政府坚持以经济建设为中心，坚持四项基本原则，坚持改革开放，率领全县各族人民取得了社会主义现代化建设的新成就，迈开了全面建设小康社会的新步伐。全县生产总值由 1986 年的 4716 万元增至 2010 年的 10.7 亿元，增长 21.69 倍，年均增长 6.6%。地方财政收入由 1986 年的 284 万元增至 2010 年的 7738 万元，增长 26.25 倍，年均增长 14.76%。农民人均纯收入由 1986 年的 279 元增至 2010 年的 2620 元，增长 8.39 倍，年均增长 9.78%。城镇居民人均支配收入由 2005 年的 5133 元增至 2010 年的 9635 元，年均增长 13.4%。

20 余年间，县委、县政府不断探索全县脱贫致富奔小康的路子，探索振兴县域经济发展战略。进入 21 世纪后，抓住国家西部大开发、支持民族地区发展的机遇，调整产业结构，大力开展基础设施建设，优化经济发展环境。全县经济发展重点由念好“山”字经、大力开展山地开发、发展乡镇企业，转移到坚持“绿水青山就是金山银山”，开展生态建设，发展绿色环保新型工业上来。经济快速发展，民生不断改善。但是，古丈作为湖南省人口最少的县，经济总量小，人才资源缺乏。工业基础薄弱、结构单一、农村经济增长缓慢的问题没有根本解决，完成农民稳定脱贫致富的任务仍十分艰巨。在转变政府职能、加大招商引资力度、统筹城乡发展、优化发展环境等方面还须付出艰辛努力。国家实施中部崛起战略，开展西部开发和支持民族地区发展，县委、县政府抢抓机遇，致力古丈后发赶超，推动富民强县，推动全县经济又好又快发展。努力建成富裕、文明、和谐、幸福的社会主义新古丈。

特 记

托起大山的希望

——贾庆林调研湖南武陵山区发展纪实（摘录）

李勇 陈亚静

“十一五”以来，省委、省政府将湖南武陵山区所属范围全部纳入大湘西地区，实施了“五年打基础，十年上台阶”的湘西地区大开发战略，制定了40条扶持政策，突出发展特色优势产业，分两轮规划建设了364个产业项目。

………

苗鼓阵阵，花灯高悬，雄浑的牛角号激荡山谷，深山苗寨迎来了北京的客人。

武陵山区各族群众的生活，牵挂着贾庆林的心。穿越茫茫林海，贾庆林走进了古丈县默戎镇毛坪村的夯吾苗寨。乡亲们身着鲜艳的对襟彩衣迎了出来。贾庆林快步上前，与热情的苗族群众一一握手，嘘寒问暖。

年近6旬的石远莲邀请贾庆林进屋尝一尝自家的古丈毛尖。

走进石远莲家的堂屋，室内陈设简单而整洁。多年来，左腿残疾的石远莲独自一人把儿子拉扯大。儿子长大后外出打工，石远莲一人在家照料孙子孙女，靠卖豆腐维持生计，日子一度十分艰难。

接过一杯热气腾腾的茶水，贾庆林与乡亲们围坐在堂屋里，拉起了家常。

石远莲说：“去年寨子成立了旅游开发公司，优先让我就业。每年4000多元租下我的房子，加上平时给游客烧水泡茶，还有7000多元收入，日子宽裕多了。”

贾庆林满意地点点头，接着问依偎在自己身边的石远莲9岁小孙女龙临琴：“你上几年级啊，小姑娘？学校离家远不远？”

小临琴说：“三年级。学校有20几里路远，有时候在学校吃饭。”

“学校伙食怎么样？”

“没有家里的好！”小临琴脱口而出，大伙都笑了。

贾庆林也笑了：“小姑娘实话实说，好！”

话锋一转，贾庆林神情凝重地对当地负责人说，武陵山区要改变面貌，希望在下一代，关键要靠教育。能不能给在学校吃饭的孩子们一些生活补贴，让他们吃得像家里一样好？孩子正在长身体，这个问题希望你们认真考虑并加以解决。

“扶贫要有硬措施，不要大道理”，贾庆林充满感情地说，“请乡亲们放心，国家会集中力量，出台更硬的措施，给予少数民族地区人民群众更大扶持，让我们手拉着手，共同改变落后贫困面貌，一起奔小康！”

………

“干部群众齐心协力、加快发展的愿望很强烈，自力更生、艰苦奋斗的精神很可贵，改变落后面貌、建设幸福家园的劲头很饱满”，贾庆林深情寄语，湖南武陵山区大有希望、大有可为！

湖南武陵山区各族干部群众深信，在党中央、国务院的坚强领导下，武陵山区一定能托起明天的希望，走进跨越发展的新时代！

（本文原载于2011年6月5日《湖南日报》）

注：2011年5月31日至6月4日，中共中央政治局常委、全国政协主席贾庆林先后来到贵州铜仁地区，重庆秀山县，湖南湘西土家族苗族自治州、张家界市等地，深入农村乡镇、工厂企业、城市社区和高等院校，就加快推进扶贫开发，促进武陵山区发展进行调研。6月2日，贾庆林主席到古丈县默戎镇毛坪村视察，并与村民亲切座谈。

情满三湘　潮动武陵

——温家宝总理在湖南武陵山区调研纪实（摘录）

记者　李勇　陈亚静

初夏的湖南，绿意盎然，生机勃发。

5月25日至27日，中共中央政治局常委、国务院总理温家宝带着对湖南武陵山区人民的深情牵挂，又一次踏上三湘大地。

武陵山片区跨湘鄂渝黔4省市，包括71个县（市、区），跨省市交界面积大、少数民族聚居多、贫困人口分布广。我省有37个县（市、区）纳入国家武陵山片区区域发展与扶贫攻坚试点范围。

作为进入国家区域发展战略层面的湖南三大区域经济板块之一，湖南武陵山区的发展关系到湖南发展全局，关系到国家新一轮集中连片扶贫开发的顺利实施。

山高路远，长途颠簸。从深山苗寨到土家茶园，从农家堂屋到企业车间，温家宝总理在省委书记、省人大常委会主任周强，省委副书记、省长徐守盛等陪同下，来到湘西土家族苗族自治州和张家界市实地考察，调研武陵山区如何加快区域发展与扶贫攻坚步伐。

一路看，一路问，一路深情叮嘱，一路寄望殷殷。温家宝希望湖南用好重大战略机遇，以西部大开发和武陵山区扶贫开发为契机，充分发挥区位优势，实现联动发展，率先成为中部崛起的重要增长极，谱写科学发展、富民强省的新篇章。

……

“带我到最困难的老乡家看看”

林海茫茫，大山深处传来阵阵唢呐声。

古丈县双溪乡梳头溪村的土家儿女们穿上节日盛装，迎接远道而来的贵客。总理的到来，让这个土家村寨热闹起来。

梳头溪村是一个山区村寨，有200多户人家，去年人均纯收入3100元，但一些乡亲们的生活还有困难。踏着泥泞的乡间小道，温家宝走进村民向德靠家。

向德靠告诉总理，现在种粮有直补，看病能报销，家里种茶一年收入4000多元，两个女儿在县城打工还有收入。虽然温饱问题已经解决，但日子过得紧巴。

望着简陋的堂屋和四面被烟熏黑的墙壁，总理关切地问：“你家这个房子有多久了？”

向德靠回答：“有100多年了，是木头房子。”

“下雨会漏吗？”

“下小雨还好。”

“冬天很冷吧？”

“天冷我们烧炭火盆。”

听到这里，温家宝的神情有些凝重。

面对总理，村民们你一言我一语介绍着自家的情况。听完村民的介绍，总理问坐在身边的村民彭武坤：“其他乡亲生活得怎么样，能不能带我到最困难的老乡家看看？”

彭武坤拉着温家宝的手，走过一段崎岖的山路，来到 79 岁的村民杨清忠家。

杨清忠患有风湿性关节炎，独自一人生活，靠政府发的养老金和在外务工的儿孙们的接济过日子。温家宝仔细询问杨清忠的生活情况，叮嘱当地政府好好照顾老人的生活。

接连走访了几户困难群众后，温家宝说，去年 11 月，国家大幅度提高扶贫标准，将 2010 年农村人均纯收入 2300 元作为新的国家扶贫标准。我们必须清醒地看到，虽然以温饱标准衡量的贫困现象总体上大幅度减少，但是以新标准衡量的扶贫任务，仍然非常艰巨，特别是城乡区域不协调的问题相当突出，扶贫开发还需长期艰苦努力。

“发展特色优势产业，增强造血功能”

产业建设是增强贫困地区自我发展能力的重中之重。温家宝十分关心湖南武陵山区产业建设情况。

雨过青山分外翠。在梳头溪村的半山腰上，茶园里嫩芽吐露，身着民族服饰的土家族妇女们穿梭其中，三五成群，忙碌采茶。温家宝来到这里，和大家一起采茶。

在武陵山区，种茶是许多农民重要的收入来源。梳头溪村人均茶园面积达 2 亩。去年，每亩茶园实现产值 3300 元，嫩绿的茶尖儿成了乡亲们脱贫的“小金叶”。

“你们一天能采多少茶叶？效益怎么样？”温家宝一边采茶，一边与大家交谈。

“一天能采 15 公斤左右。旺季每天能有 150 元左右收入。”杨爱梅答道。

距离茶园数百米处，英妹子茶业科技有限公司前坪的空地上，茶农们正将刚采的一筐筐新茶过秤，制茶车间里一片忙碌。企业负责人告诉温家宝，公司全年生产茶叶约 200 吨，市场销路非常好。

“要把利润多分一些给乡亲们，让他们能享受更多发展成果。”温家宝叮嘱企业负责人。他还对当地负责人说，要大力发展特色优势产业，立足武陵山区的区位优势和资源条件，以市场为导向，形成具有本地特色的产业体系和支柱产业，增强造血功能。

（本文原载于 2012 年 5 月 28 日《湖南日报》）

注：2012 年 5 月 25—27 日，中共中央政治局常委、国务院总理温家宝来到湖南省湘西土家族苗族自治州古丈县、吉首市、花垣县就推进武陵山连片特困地区扶贫开发工作进行调研。他深入武陵山区腹地，走访村寨、农户、学校、企业，了解群众生产生活情况，并在吉首市主持召开武陵山片区扶贫攻坚工作座谈会。

温家宝在湖南湘西武陵山区
专程看望当地留守儿童

新华社长沙5月30日电（记者赵承、张旭东）“六一”国际儿童节前夕，中共中央政治局常委、国务院总理温家宝在湖南湘西武陵山区调研扶贫开发工作时，专程到当地农村小学，看望慰问师生，特别是在校的留守儿童，祝他们节日快乐。

随着工业化进程加快，外出务工人员增多，农村留守儿童大量增加。目前，全国农村留守儿童约有5800万人。仅湖南湘西土家族苗族自治州外出务工人员就有57万人，留守儿童14万人，双亲在外的留守儿童超过8万人。如何安排好留守儿童的学习生活，成为一个重要的社会问题。

5月25日，温家宝冒着蒙蒙细雨来到古丈县双溪乡中心完全小学。学校依山而建，四周高山对峙。这所农村寄宿制学校的学生大半是留守儿童。

温家宝察看了学生宿舍、食堂以及食品储存室，又到教学楼三楼音乐教室，与教师、留守儿童和家长座谈。学生家长大多是孩子们的爷爷奶奶。

校长梁慧聪介绍说，2005年当地学校调整布局，双溪乡8个村适龄学生都集中到这里寄宿上学。现在学校有355名土家族、苗族学生，280名是留守儿童。他们的父母大多远在沿海地区打工，往往春节才能回家看看孩子。有的多年不回家。不少孩子入学时因父母长期不在身边显得有些孤僻。在老师的关爱下，他们性格开朗了许多。

同学们对总理说，学校配有爱心移动电话，想父母时可以打电话。不过，有时控制不住要哭鼻子的。

温家宝对孩子们说，没有父母在身边呵护，你们格外需要社会的关爱。老师、爷爷奶奶、外公外婆、叔叔阿姨都会关心你们。我们要让你们生活在一个充满爱的大家庭里。

六年级学生龙敏是一个苗族女孩子。她告诉总理，现在读书不用家里出钱，还能吃到营养餐。龙敏提到的“营养餐”，就是去年国家启动实施的农村义务教育阶段学生营养改善计划，这项计划先在集中连片特困地区试点，中央财政按照每生每天3元的标准为学生提供营养膳食补助。

温家宝说，孩子们的身体和学业是祖国的未来。给农村地区特别是贫困地区的孩子补充营养，这些钱是用在了刀刃上。有关部门和学校一定要抓好食品质量，让孩子吃得安全，让家长放心。

教室的黑板上写着：“没有爱心，就没有教育”。五年级乙班的班主任陈超说，我们做老师的希望党和政府，希望更多的爱心人士，能更多地关心这些留守儿童，因为我们老师的力量毕竟是有限的。作为老师，我们会用爱去呵护他们孤单的心灵，让孩子们在同一片蓝天下享受到同一片爱。

温家宝说，感谢辛勤工作的老师们，尤其要感谢那些从事寄宿制教育，专心照顾和培养留守儿童的老师们。你们既要传授知识，又要照顾孩子们生活。爱是人类最伟大的情感。有了爱，社会才有光芒。有了爱，孩子们心里从小才有希望。有了爱，很多困难你们就能克服。党和政府不会忘记你们，会尽全力支持你们把学校办好，让成千上万的留守儿童有一个好的学习与生活环境。

年近七十的龙显友与自己的孙子一起参加了座谈，他感谢总理专门到贫困山区看望孩子。

温家宝说，近些年来，我国工业化、城镇化快速发展，农民工做出很大贡献。我想对家长们讲两句话：一是在推进工业化和城镇化的同时，要继续努力实现农业现代化，建设社会主义新农村，让农民和农村的孩子生活得更好。二是我们的城镇化还是一个不完整的城镇化，许多农民工不得不奔波在城市和农村两个地方。他们更辛苦，付出更多。这是我们整个建设过程中需要解决的问题。我们要感谢农民工朋友，同时要帮助他们把孩子照顾好。这不是一个村的问题，是整个社会的问题。看到孩子们一张张笑脸，知道他们对未来充满希望，我们每个人都有责任关爱他们。

古丈县默戎镇毛坪村教学点——毛坪小学，建在与村子隔河相望的一个山坡上，河水从门前流过。25 日下午，温家宝来到这里。他沿着泥泞的堤坝路和窄窄的石板桥，爬上一个陡坡后，走进这所大山深处的小学。

校园里只有一座 20 世纪 80 年代建成的两层教学楼和一个简易的篮球场。全校仅两名老师，管了来自毛坪 4 个自然村寨的 30 名学生，其中留守儿童 18 名。他们分成两个教学班：学前和一年级合并在一个班，另外还有一个二年级班。

一层教室里，学前班和一年级的 24 名学生正在合并上音乐课。46 岁的龙心亮老师 26 年前从湖南吉首师范中专毕业后，就一直在农村教书，在毛坪小学已经 13 年。这个合并班的所有课程都由他一人来教。

温家宝对他说："26 年扎根农村、扎根山区、扎根贫困地区，不容易啊。这得有献身教育的精神，得有对农村特别是贫困地区的孩子特别深的爱。"

一些孩子穿着比较破旧，绽放着笑容的脸上还沾着泥巴。温家宝疼爱地看着孩子们说："大家唱个歌吧！"孩子们高兴地喊道："好！"这时，一个 5 岁的苗族小姑娘跑上讲台主动要当指挥。孩子们稚嫩的歌声打动着现场的人们。

温家宝又来到二楼，二年级只有 6 名学生，老师龙明志已过花甲之年，正在上语文课。黑板上写着一段话：遇到困难，你总是说，我能行！遇到失败，你总是想，再来一次！别人有难处，你总是伸出友谊的手来……啊，你长大了。

温家宝看了说："这段话讲得太好了！我带着孩子们念一遍。"他走上讲台，领着孩子们高声朗读，并向他们讲解这段话的意思。

温爷爷为孩子们带来了新书包。当工作人员递上一个粉红色书包让总理给 8 岁的龙英俊时，他不要，"我是男生，不要这个颜色"。这情景把大家都逗乐了。

"哦，忘了你是个男子汉！"温家宝赶紧让人换了一个蓝色书包。这个富有个性的"小男子汉"接在手中，站起来给总理敬了个礼……

毛坪村地处偏远，这个教学点方便了孩子们就近入学。但是，有的乡镇由于教学点撤并太多，不少学生上学困难。在考察中，一些村民向总理反映，学校离村子远，接送很不方便。孩子太小，每天早出晚归，来回要走两三个小时。

温家宝说，学校调整布局要实事求是，从农村实际出发。要根据实际情况，充分考虑学生年龄、上学路途、安全等问题，建立或恢复一些农村教学点，不要让孩子们的精力都花在路上。有的教学点学生虽然少，但也要办好，要想办法帮助边远的教学点提高教学质量。

（本文系 2012 年 5 月 30 日新华社通讯）

大事记

1986年

1月4日　根据《革命烈士褒扬条例》规定，经湖南省政府批准，追认危云开、危云炎为革命烈士。

1月5—6日　湘西州委整党工作领导小组从州直机关抽调干部到古丈县，帮助县、乡（镇）两级开展为期半年的整党工作。

2月　湖南省名优特新食品芙蓉奖揭晓，古丈毛尖特级茶、古丈糕点厂的牛皮糖、古丈茶竹篓包装（黄永玉设计）3种产品榜上有名。

3月　古阳铁架桥建成，投资5万元，历时4个月。

3月7日　县委、县政府决定建立抢救、整理少数民族古籍领导小组，张其鸾任组长，李祖金任副组长。

4月26日至5月2日　古丈县遭到强冷空气袭击，出现持续7天低温阴雨天气，平均气温12.5℃。

5月16日　古丈县人民武装部改归地方建制，由正县级降为副县级。

6月　恢复县工商业联合会。6月26—27日，召开工商业联合会第6次代表大会，新老会员代表75人参加。选举向万选为名誉主任，杨国民、罗治前为副主任。

6月　投资2.05万元、动工修建的河街路竣工，南起白腊池、北至龟溪坪，长2千米、宽10米、面积2万平方米，柏油路。

7月25日　县委、县政府作出《关于扶贫建校有关问题的决定》，要求实行扶贫建校，做到校校无危房，班班有教室，学生人人有课桌凳；扶贫建校材料由物资部门解决；并向干部职工集资办学经费。

7月　默戎镇龙鼻嘴村苗族女青年龙自莲到新疆乌鲁木齐参加全国第二届少数民族传统体育运动会，表演苗族跳鼓，获优秀节目奖和个人表演奖。

7月　湖南省名茶审评会上，古丈毛尖和狮口银芽被评定为湖南省十大名茶。

8月　县城至双溪公路老塘坊大桥建成通车，总投资16.5万元，历时2年。

9月　县第一搬运公司（集体）集资9万元，购进大客车2辆，从事客运，与湘运古丈分公司竞争，线路为县城至高峰，县城至山枣。古丈县首次出现集体企业从事客运业务。

10月6日　古丈县自来水厂开工，总投资97万元。

12月4日　广州军区原副参谋长（曾任中国人民解放军第四野战军47军141师422团团长）郑波到古丈，重访当年剿匪战斗过的地方李家洞。

12月　县政府向县农业银行申请贷款5万元，种植柑橘6.67公顷，其中罗依镇且茶下村2.67公顷、河西镇河南村2公顷、茄通乡科布车村2公顷。

12月　古丈县电石厂建成投产。

是年　春节后，谢晋带领电影《芙蓉镇》剧组到古丈县外景拍摄。在历时3个月外景拍摄期间，古丈县为剧组提供必要物质设备。7月，拍摄结束后，谢晋、刘晓庆一行游览栖凤湖。

是年　县城至双溪乡公路建成通车。

是年　全县开展农村整党工作，全县16个乡镇场党委，100个党支部，736名党员参加（其中预备党员78名），分学习整党文件、对照检查和整改、组织处理和党员登记3个阶段。在658名应登记党员中，予以登记634名，缓期登记5名，不予登记2名，暂时不办理登记手续17名。给予党纪处分14人，其中撤销职务1人，留党察看2人，严重警告3人，警告8人。

是年　中国医药科学院、药物资源开发研究所副研究员王丽华到古丈考察扶贫项目，引种美国名贵药材“花旗参”（又名西洋参）。

是年　全县发生森林火灾52起，受灾山林面积912.33公顷，损失各种林木14.9万株。

是年　筹建古丈县冶炼化工厂，该厂拥有固定资产4800万元，企业员工540人，各类专业技术人员78人，熟练技术工人250人。

1987年

1月5日　选民以选区为单位，直接进行差额选举，选出第十届县人大代表155名。

1月18日　县自来水厂供水，日供水3000吨。

2月24日至3月3日　召开第十届人民代表大会，149名代表参会。选举向汉林为县人大常委会主任，田志海为县政府县长。

4月　征收耕地占用税。省定每平方米征税4元，全县执行3.64元/平方米，由财政部门征收。

8月　县政府投入8万元专款，在狮子口建起全县第一座电视地面接收站。

8月18日　兰州军区原副司令员、基建工程兵原副司令黎原到古丈，在高峰乡李家洞考察当年剿匪地方。

10月6—9日　中共湘西土家族苗族自治州委、州政府在古丈县召开全州林业工作会议，中心议题是深化林业改革，完善林业政策，保护林业资源，发展林业生产。

10月25日至11月1日　县长吴池莲当选为中国共产党第十三次全国代表大会代表，出席在北京召开的中国共产党第十三次全国代表大会。

11月　宋祖英参加湖南省电视歌手大奖赛，获民族唱法一等奖。

12月27日　县委、县政府召开全县完善双层经营工作会议，专题研究完善双层经营，转发罗依溪镇试点经验，提出工作部署和做法，抽调103名机关干部入驻乡镇场，帮助完善经营工作。

12月　宋祖英参加第二届全国少数民族青年歌手声乐比赛，夺得“金凤奖”。

12月　百货商场开工，该商场总投资80万元，建筑面积3520平方米。

是年　在中国医药科学院、药物资源开发研究所副研究员王丽华指导下，古丈县西洋参试栽成功0.2公顷。

1988年

2月3—5日　中共中央政治局常委、中央纪委书记、国务院副总理乔石在中共湖南省委书记毛致用等陪同下到古丈考察，就加强党的建设以及纪检、政法等工作作出指示。

2月12日　电视地面接收站安装完毕，当晚正式转播电视节目，节目套数增至3套（中央1台、2台，湖南台）。

2月25日　全县174个村建立合作经营管理委员会，与16671人签订田土承包合同书。

3月　刘光林任中共古丈县委书记。

3月26—29日　中国共产党古丈县第六次代表大会召开，190名代表参会。选举刘光林、田志海、徐纪毕、龙书生、朱新秋、李祖仁、钟以品、石维松、胡家模为县委常委；刘光林为县委书记，田志海、徐纪毕为县委副书记，石维松为县纪委书记。

3月至4月　古阳镇苗族妇女张光玉被选为第七届全国人民代表大会代表，于4月初到北京参加第七届全国人民代表大会。

春　何纪光回古丈，配合湖南电视台拍摄反映其艺术生涯的《那山·那水·那歌》音乐专题片。

春　出现春旱，1—4月总降水量为150.6毫米。4月份，降水量为34.6毫米。

8月17日　省委书记熊清泉到古丈农村考察旱情。

8月上旬至11月底　根据州委、州政府统一安排，在岩头寨乡进行“实施村民委员会组织法”试点工作。

10月　在北京举行的全国“金龙杯”歌手大奖赛中，宋祖英以最高分获得金奖第一名。

10月　开始输送劳务人员到沿海一带工厂务工，当月输送劳务人员25名。

12月4—6日　中共中央政治局常委、书记处书记胡启立在国家民委副主任赵延年、省委书记兼省长熊清泉和州委书记杨正午、州长石玉珍陪同下到古丈考察。

12月　在北京举行的中国首届食品博览会上，县土产公司的古叶牌古丈毛尖荣获金奖，县茶叶示范场的古峰牌古丈茉莉花茶荣获银奖。古阳茶叶精制厂的“倩云牌七叶参茶”作为湖南省唯一茶类产品进入国家综合馆，被推荐给国家优质保健产品评选委员会，获中国优秀保健产品新星杯奖。

是月　彭继宽与彭勃合作，以断龙山乡田光南的讲唱为蓝本，整理出土家族大型史诗作品《摆手歌》，由岳麓书社作为民族古籍出版。全书40万字，记录人类来源、民族迁徙、英雄故事以及狩猎农事生产，1989年荣获全国民间文学优秀作品二等奖。

是年　遭受历史上罕见的春、夏、秋连续干旱。4月28日，县委、县政府成立抗旱指挥部；8月17日，省长熊清泉及省有关部门领导，同州委、州政府领导到古丈县考察了解灾情；9月10日，县委、县政府成立生产自救领导小组。

是年　全县粮食总产量1571吨。

是年　全县茶叶种植面积800公顷，年产量15吨，产值150万元，税利32万元。

是年　县城个体户发展到494户，从业人员534人，其中，个体商店279个，从业人员294人；个体服务业88户，从业人员95人；个体餐饮业127户，从业人员145人。个体营业额1169万元，占县城销售总额4621万元的25.3%。

1989 年

2 月 10 日　湖南、湘西电视台“湘西行”摄制组到城关乡太平村录制恢复中断 40 多年的“土家跳马节”活动，3 万名群众观看表演。

2 月　首轮《古丈县志》由巴蜀书社出版发行，共 65 万字，从自然、政治、经济、文化、民族、社会、人物等方面，记载了 1986 年以前古丈的历史，是继清光绪三十三年（1907）抚民同知董鸿勋组织编写《古丈坪厅志》后又一部地方志，也是中华人民共和国成立后古丈县第一部县志。

5 月 18 日　9 时，岩头寨乡岩头寨村上寨组发生特大山体断裂陷位沉移，长 400 米，宽 150 米，森林埋设，河流堵塞，交通破坏，无人员伤亡。

6 月　在城关乡高坳村实行完善农村双层经营承包合同书试点。

8 月 8 日　县委、县政府在《关于设立绿化古丈贡献奖的决定》中指出：为实现“四年消灭荒山，八年绿化古丈”目标，决定设立“绿化古丈贡献奖”，对在消灭宜林荒山行动中表现优异的劳动、宣传、科研和组织领导工作者给予表彰。

10 月　通过检查，被定为基本消灭疟疾标准县。

是年　在英国伦敦市场，古丈毛尖售价到达每 100 克 70 美元。

1990 年

1 月 10 日　中共古丈县委发出《关于深入开展社会主义思想教育的决定》。在 70 个村及古丈一中、县水泥厂、县民贸局开展为期一年的社会主义思想教育工作，县委试点村在罗依溪镇龙潭坪村。

1 月 15 日　县委、县政府下发《关于成立古丈县社会主义思想教育工作团的通知》，乡镇成立社会主义思想教育工作队，开展社会主义思想教育的重点村成立工作组。

是月　启动全县社会主义思想教育（简称“社教”）活动，组建首批社教工作队 83 个，选派工作队员 422 人，其中，县直机关 158 人、乡镇场 131 人、退休干部 12 人、聘请队员 48 人。开展社教单位 83 个，其中，建制村 70 个、医疗卫生单位 6 个、乡镇企业单位 4 个，县级企业 2 个，学校 1 所。

2 月　县政府作出“四年消灭荒山，八年绿化古丈”决定。

3 月 24 日　县文化局、县民委在断龙山乡田家洞村恢复举办中断 50 年的土家社巴节。同年，中央《民族画报》第 9 期以两整版篇幅，刊载活动内容和 9 张彩色照片。

4 月 14 日　徐纪毕任中共古丈县委书记。

4 月 29—30 日　县委常委（扩大）会议在县城召开，94 人参加会议，通过《中共古丈县委贯彻落实〈中共中央关于加强同人民群众联系的决定〉的意见》，就坚持党的群众路线、牢固树立群众观点等 6 个方面 18 项工作作出具体规定和要求。

5 月 17 日　省委副书记杨正午带领副州长刘殿兴及有关单位负责人到古丈考察，对厂矿生产存在的困难进行研究。杨正午指示要理顺关系，强化企业管理，抓好销售；同时对搞好农业生产等问题作重要讲话。

6 月 6 日至 7 月 1 日　县域连续遭受特大暴雨灾害，造成山洪暴发，成灾田土 1813.4 公顷，淹没稻田 1314.07 公顷，冲走木材 1100 立方米，冲毁公路 27.5 千米，房屋倒塌 104 栋，166 个村 937 个组受灾，直接经营损失 1130 万元，无人员伤亡。

9 月 16—17 日　来自全国各地的专家、教授和技术员到古丈，对高峰乡大面山林场栽培的 4 年生西洋参进行鉴定。

10 月 15 日　县委、县政府发出《关于进一步完善农村双层经营若干问题的意见》，完善双层经营体系、完善各业承包等 7 个方面的内容。

11 月中旬　县委宣传部组织县民委等单位对土家族跳马进行排练，参加全州《把丰收喜悦跳起来》节目拍摄，同时参加国家傩文化研讨会表演。

是月　县民族工艺厂刺绣大型壁挂“英雄节日”获由轻工业部举办的中国工艺美术“百花奖”二等奖。

是年　县城开通有线电视。

1991 年

1 月　全县组建第二批社教工作队，选派工作队员 350 人。其中，县直机关 165 人，乡镇 84 人，聘请队员 42 人。开展社教的建制村 52 个、乡镇企业 5 个、学校 8 个，县直机关开展社教的单位有 109 个。

3 月 10 日　县冶化厂电石炉发生爆炸，死亡 1 人，重伤 10 人。县工会、共青团、妇联 3 家联合发出《紧急援救烧伤十兄弟生命的倡议书》，募集捐款 3.5 万元。

3 月下旬　河蓬乡苏家村被国务院授予“民族团结进步先进集体”称号。

4 月 8—15 日　在中国国际展览中心举办的北京第二届国际博览会上，古阳镇茶叶精制厂产品“七叶参茶”获金奖。

5 月 5 日　国务院贫困地区经济开发领导小组专职副组长、开发办主任杨钟到古丈进行为期 3 天的考察，指出古丈脱贫致富希望很大；要把握时机，脚踏实地地做好工作；要加强对扶贫工作的领导。

7 月 11 日　上午 11 时，坪坝乡张家坪村背后山林出现大面积裂缝和下沉，裂带长 400 米，裂口宽 0.2 米，下沉面积 5.33 公顷，整个山体下滑 0.3 米，42 户 185 人处在危险区内；下午 4 时，地面继续下沉，下滑 4 ~ 5 米；无人员伤亡。

7 月 12 日　全县普降大雨，总降雨量 443.5 毫米，16 个乡镇场受灾，受灾村达 177 个，死亡 1 人，损坏房屋 90 间，经济损失 165.99 万元。

是日　县委组织社教文艺宣传队到灾区进行慰问演出。至 8 月中旬，宣传队行程千余里，演出 40 场，观众达 50000 人次。

8 月 25 日　双溪乡官坝村 16 岁苗族运动员龙玉玲在印度尼西亚第四届亚洲女子举重锦标赛上，打破 54 公斤世界纪录，夺得抓举、挺举、总成绩三枚金牌，为湘西州体育史上首次破世界纪录。

9 月 24 日　城关乡高坳村发生火灾，30 户 128 人受灾，无人员伤亡。

9 月 27 日　中国扶贫基金会理事李特特（李富春、蔡畅之女）到古丈考察扶贫开发情况，并走访双溪乡蔡家村 5 户农户。

10 月 7 日　匈牙利大使馆商务参赞处商务秘书彼得·法拉果从北京发函反映古丈七叶参茶在该国很受欢迎。县里派古阳镇镇长梁必忠带领古阳镇茶叶精制厂负责人许益源、向登告前往北京送样，洽谈建立贸易联系事宜。

10 月 21 日　在吉首参加“中国少数民族傩戏国际学术讨论会”的国内外专家学者 120 人，到默戎镇河滩观摩古丈县和永顺县土家族原始傩艺节目“跳马”“茅古斯”表演，赠送古丈表演队“乡情达四海·傩艺传五洲”锦旗一面。

10 月　举办全县“林业杯”农民运动会，男女篮球队各 14 支；象棋队 12 个，500 人参赛。

11月14日　晚上11时，高峰乡李家洞村甘溪猪楼门一带发生森林火灾，乡政府民政助理李云飞在救火中跌下悬崖牺牲。同年12月，被县人民政府追认为革命烈士。

是年　古丈县被评为“全国造林绿化先进县”。

是年　县西水化工厂建成投产。

1992年

1月17日　县委办、县政府办发出《通知》，要求公务活动需用餐时一律吃工作餐；国家机关工作人员在公务活动中不得赠送和接受礼物；各单位不得以任何借口，以任何形式滥发奖金、补贴、津贴、购物券和实物；不准以出公差、开会、考察等名义公款旅游。对违反者，一律严肃查处。

1月　县委、县政府组建第三批社教工作队30个，选派工作队员360人，其中县直单位200人，乡镇110人。开展社教活动的乡镇（场）机关16个，建制村66个、工商企业10个、学校2所，居委会和非公有制企业各1个。

4月24日　断龙山乡对门冲水利工程破土动工。该工程全长5万米，总投资1000万元。

6月20日　县委常委会研究决定，着重抓紧抓好5件大事：打通三坡湾隧道，扩建一条街，开辟农贸市场和体育场；开发罗依溪栖凤湖经济区；建设断龙山、茄通2个乡，默戎、古阳、罗依溪、河西4个镇的百里乡镇企业走廊；继续抓好十万亩茶、果、药开发基地建设；发展地方工业，创办年产1000吨茶叶加工厂。

7月5—8日　山枣乡农贸市场开场。5日，5000多名群众在集市上参加贸易活动。

7月6日　县委、县政府作出《关于建立栖凤湖经济开发区的决定》。《决定》对开发区范围、开发区的组织领导、开发区的优惠政策3个方面的7个具体问题作出明确规定。还规定对资金的引进者按有关规定给予奖励。建立该经济开发区的主要目的在于充分开发利用罗依溪栖凤湖旅游资源，促进古丈县经济发展。

7月26—29日　县委、县政府召开全县林业开发工作会议，作出《关于一九九五年实现森林绿化达标和“44111”山地开发工程规划的决定》，到1995年，全县森林覆盖率达75%以上；实行山地种植4万亩茶叶、4万亩药材、1万亩板栗、1万亩以椪柑为主的水果、1万亩桑蚕。

8月21—23日　县委、县政府召开全县绿化达标、山地开发现场会。各乡镇场党政负责人，县直各部门和社教工作队负责人参加会议。与会人员参观山枣乡高寨村山地开发现场。

是月　县旅游局成立。

10月　古丈一中高级教师杨玖华当选为中国共产党第十四届党代会代表。10月12—18日，出席在北京召开的中国共产党第十四次全国代表大会。

10月25—29日　中国共产党古丈县第七次代表大会在县城召开，出席大会代表232名。选举田志海、尹友明、胡家模、刘万云、李绍丰、向清国、向精华、彭明健、向顶天、戴照华、钟以品11人为常委，田志海为县委书记，尹友明、胡家模、刘万云为县委副书记，李绍丰为县纪律检查委员会书记。

11月25—30日　古丈县第十二届人民代表大会第一次会议在县城召开，出席大会代表144名。选举朱新秋为县人大常委会主任，尹友明为县政府县长。

是年　全县营造用材林面积达到4000公顷、经济林面积达到2666.67公顷，封山育林面积30000公顷，有国营林场1个、乡办林场9个、村办林场18个、组办林场5个、联户办林场25个。

1993 年

3 月 1 日　从是日起，全县农村实行“农民负担卡制度”。

5 月中旬　湖南省人大常委会主任刘夫生调研栖凤湖旅游开发区。

6 月　古丈县民族工艺厂厂长王钊获共青团中央和国家民委授予的“全国各族青年团结进步先进人物”称号。

7 月 3 日　副省长王克英带领省直有关部门负责人在野竹乡洞坪村专题调查特贫户衣、食、住状况及贫困原因，指出搞活农村经济，一是要饱肚子，二是要抓票子。

7 月中旬　栖凤湖风景区被湖南省政府公布为第三批省级风景名胜区，景区总面积 431.55 平方千米，其中水面 25.43 平方千米。

7 月 19—31 日　连遭特大暴雨袭击，粮食作物损失 824.9 万公斤（折款 587.4 万元），经济作物损失 482 万元，水利设施损失 215.8 万元，其他损失 200 万元，共计 3154 万元。县委成立抗洪救灾指挥部和赈灾领导小组，组织全县人民抗灾自救，解决救济粮食 400 万千克、救灾款 150 万元。

9 月 15—18 日　湘西州武警支队在武警湖南省第四届军事业务大比武中，古丈县中队副中队长张放里获比赛冠军。

10 月 23 日　省委书记王茂林到古丈考察。

12 月 15 日　河西镇土家族运动员罗红卫，在第六届亚洲女子举重锦标赛上，五次破 46 公斤级抓举、挺举和总成绩三项女子举重世界纪录，获“最佳运动员”称号。为表彰她在比赛中杰出表现，国家体委授予其体育运动荣誉勋章。

是年　全县“希望工程”正式实施。

是年　县城民族大市场于年初动工，投资 680 万元，1994 年底完工，占地面积 2.2 平方米，固定摊位 1300 个。

是年　默戎镇被湖南省文化厅授予“苗族花鼓之乡”。

1994 年

4 月 23 日　湘鄂川黔四省边区茶叶经营集团理事会在县城召开，17 个成员单位及茶叶专家和科研人员 150 人参加会议，选举古丈继续担任理事县。会议还进行技术交流和名茶评比。

4 月　罗依溪、高峰、双溪、默戎 4 个乡镇遭受冰雹和飓风袭击，24 个村 139 个组 1681 户 7552 人受灾。

5 月 5—6 日　宋祖英在龙天坪茶场和古阳镇茶叶精制厂为湖南省电视台专题艺术片《云雾茶乡》配唱主题歌《古丈茶》；同时在龙天坪茶场为 MTV《小背篓》拍摄外景。

5 月 14 日　林业部部长徐有芳、湖南省林业厅厅长刘永寿一行实地考察古丈县林业发展情况。徐有芳指出：湘西的潜力在山、希望在林，山区开发的实质就是林业开发，要以此为龙头带动湘西经济的发展。

5 月　经省林业部门验收，成为全州第一个消灭宜林荒山达标县。

7 月 14—17 日　湖南省青少年举重比赛在古丈举行。全省 14 个地市代表队参加 9 个组、8 个组别的比赛。零陵地区、湘西自治州、常德市获总分前三名。本届比赛有 8 人 23 次打破省青少年举重纪录。

8月7日　省委书记王茂林与省政协副主席石玉珍到古丈调研扶贫开发工作，强调要打好扶贫攻坚战，加快经济发展。并将断龙山乡“对门冲引水工程”更名为“接龙渠工程”。

8月　古丈一中学生胡岚以总分554分摘取湘西州文科状元，这是自恢复高考以来古丈一中学生第一次名列全州第一。

9月26日　县委成立接龙渠工程指挥部，县委书记田志海任指挥长，县长刘万云任副指挥长。该工程由引水主体工程（6200米）、枢纽配套主干渠工程（8870米）、灌区支干渠工程（22000米）三大部分组成。工程竣工后，浇灌稻田面积518.8公顷，解决3000人饮水困难。

7—9月　全县15个乡镇场遭受百年不遇的旱灾。

10月上旬　古丈七叶参茶在林业部举办的全国林业名特新产品博览会上获银质奖。

10月22日　县委农村工作队进驻47个村开展“八七”扶贫攻坚工作。

10月31日　常德市委派出以副市长莫道宏为团长的21人扶贫考察团，到古丈进行实地考察。考察团表示与古丈联合修建“连城大桥”；为古丈工业献计出力；扶持开发农业；为古丈培养各方面人才。

12月9日　副省长郑培民、团中央书记处书记赵实、团省委书记吕滨到默戎镇小学参加全州兴建100所希望小学奠基典礼。郑培民代表省委、省政府表示祝贺。

12月26日　县委印发《古丈县扶贫攻坚计划》，具体工作任务为：解决温饱，解决人畜饮水困难，解决农村通电，加快农村公路建设，发展农村广播电视事业，加快农村通讯设施建设，发展农村教育事业，加快农村卫生事业建设，帮助特困无房户修建住房。

是年　县委、县政府提出“旅游搭台，经贸唱戏，引凤筑巢，招商引资”的发展战略。

1995年

1月9日　下午2时，湘运古丈县174车队向某驾驶车队湖南38-17412东风牌大客车从山枣开往县城，车上有乘客40人。车行至城关乡田麻寨村大田湾地段下坡转弯处时，发生车祸，6人遇难，33人受伤。

2月　体育活动中心竣工。该项目总投资1084万元，征地3.8公顷，打通连城隧道1座，长218米，搬掉小山2座，填平深沟3条。

3月下旬　全州重点工程古丈花果山至保靖110千伏输变电工程竣工输电，工程投资1.5亿元，线路长45千米。

5月1日　全县机关单位实行每周5天工作制。

5月30—31日　全县普降大到暴雨，局部地方特大暴雨，山洪暴发，河水陡涨，洪涝成灾。

7月1日至8月15日　对全县“六六”温饱脱贫工程进行调查摸底。全县特困户20114户、占总户数的74.9%；贫困人口85137人，占总人口的66%；分布于默戎等8个特贫乡镇及其他乡镇48个贫困村。

7月12—24日，全县持续高温，干旱无雨，稻田脱水面积3000公顷，占总面积的52.7%，其中开折面积1400公顷，旱粮和经济作物受旱面积3066.67公顷。

8月中旬　茄通乡、断龙山乡被湖南省列为商品粮基地乡镇。

8月20—23日　“1995旺旺杯”全国少年举重运动会在古丈县城举行，来自全国21个省、市、自治区的22支代表队，328名运动员、教练员、裁判员参加，其中运动员195人。湖南、辽宁、福建队分列团体总分前三名。

11 月 6—8 日　湘西州委、州政府在古丈县召开全州山羊开发工作会议。

11 月 27 日　县委、县政府作出《关于加快发展山羊生产的决定》。提出：坚持以资源为依托，以市场为导向，以科技为先导，以效益为目标的发展方针。

11 月 30 日　县委、县政府作出《关于一九九六年发展烟叶生产的决定》，认为烟叶生产是发展古丈县农村经济的重要支柱产业。

12 月 24 日　接龙渠工程竣工通水。该工程明渠 5000 米，隧洞长 1800 米，倒虹吸管 630 米，洞内拦河坝高 15 米，为湖南省少数民族地区重点工程，以工代赈投资 800 万元。

是年　经林业部、湖南省林业厅检查验收，古丈县绿化各项指标达到省颁标准。全县林业用地绿化率 99.5%，疏林地改造率 89.2%，铁路绿化率 100%，省道公路绿化率 89.3%、县乡公路绿化率 71%、等外级公路绿化率 83.7%，绿化率 40.6%，水域、溪河沿岸绿化率 98%。

是年　常德市对口扶持古丈县 100 万元。

是年　全县建成“希望小学”15 所。

1996 年

2 月 28 日至 4 月底　古丈与吉首两县市边界发生群体性纠纷，造成 1 人死亡、2 人重伤、11 人轻伤，损坏车辆 3 台，阻断省道 1828 线交通长达 3 天。经两县市调处，4 月底事态平息。

3 月上旬　省委书记王茂林到古丈县考察。考察期间，王茂林就“百乡千村万户大调查”活动，深入村组农户，召开座谈会，与村组干部和农民交谈。

4 月 1 日　古丈县人民武装部收归军队建制，升为正团级。

是月　刘万云任古丈县政府县长。

5 月 26—28 日　常德市市长张昌平率领考察团到古丈进行考察，考察栖凤湖、山羊养殖场、罗依溪造纸厂等项目，听取古丈扶贫攻坚情况汇报。28 日，举行古常友谊大桥通车剪彩；在庆典仪式上，常德市向古丈捐款 118 万元。

6 月 6—8 日　湘西州委、州政府在古丈县召开全州乡镇财政“8511”工程总结表彰会，表彰奖励财政收入 80 万元以上乡镇和成绩突出先进单位、先进个人和文明财政所。

6 月中旬　湖南省委副书记储波到古丈县考察。

6 月 28—30 日　湘西州首届“酉水杯”龙舟赛在保靖县城酉水河段举行，古丈县河西队夺得第一名。

9 月　省委书记王茂林到古丈县作“百乡千村万户大调查”。在调查中强调：要把扶贫攻坚重点放在扶持贫困村稳定脱贫上。

10 月　由县委宣传部干部罗隆、王虹摄制的电视新闻《接龙壮歌》荣获全国少数民族新闻“骏马奖”。这是湘西自治州新闻部门首次获国家级大奖。《接龙壮歌》反映断龙山乡人民劈山引水建造接龙渠动人事迹。

10 月 15 日　省委副书记储波到古丈考察农村、厂矿和建设工地。强调要加大扶贫力度、加快脱贫速度，认真贯彻落实省委 17 号文件精神。

11 月 9 日　县委从县直、乡镇派 41 名优秀青年干部到村任党支部第一书记和扶贫攻坚指导员，任职时间为三年。

12 月 10 日　副省长庞道沐率省政府督察组一行 17 人到古丈调查冬种和山地开发情况。

是年　全县粮食总产量 37238 吨，农业总产值 10540 万元。

1997年

4月8日　省委常委、省委宣传部长文选德到古丈考察扶贫开发工作，指出要针对贫困地区实际，着力抓好精神文明建设。

4月8—15日　在中国国际展览中心举办的北京第二届国际博览会上，古阳镇茶叶精制厂产品“七叶参茶”获金奖。

4月25日　县委、县政府作出《关于加强环境保护工作的决定》。《决定》对严格执法、加快治理老污染和防止新污染、加强生态环境保护、实行环保目标管理责任制、增加环保投入、开发环保科技和发展环保产业、强化环保监督以及加大环保宣传力度等作出明确的规定。

7月1日　县政协组织社会各界人士举行庆“七一”、庆香港回归活动。

7月5—6日　常德市常务副市长钦时中率领市对口扶贫考察团一行20人到古丈检查指导扶贫工作，查看部分基础设施建设、古丈一中教学设施和支柱产业山羊开发情况，捐赠扶贫资金122万元。

8月29日　县委、县政府作出《关于进一步加快个体私营经济发展的决定》，要认清个体经济发展形势，明确以后发展任务；加强引导，放宽经营范围和形式；放宽登记条件，简化审批手续；严格执行收费项目和标准，减轻负担；改善经营环境，吸引外来客商；切实加强领导，促进个体私营经济发展；统一政令，步调一致，加强个体私营经济发展。

是月　朱采任中共古丈县委书记。

10月28—30日　中国共产党古丈县第八次代表大会在县城召开，到会代表205名。选举朱采、刘万云、梁明金、彭明健、唐力、傅世友、钟以品、龙文辉、高文化、向邦金、张春华、张仕金为县委常委；朱采为县委书记，刘万云、梁明金、彭明健、唐力为县委副书记；傅世友为县纪律检查委员会书记。

12月7—12日　古丈县第十三届人民代表大会第一次会议在县城召开，出席大会代表152名。选举李绍丰为县人大常委会主任，刘万云为县政府县长。同期，政协召开古丈县第五届委员会会议，145名委员参会，选举李祖仁为县政协主席。

1998年

3月8—10日　省委副书记胡彪率省财政厅、省农业厅、省扶贫开发办、省移民局、省计委、省农行一行19人到古丈考察指导工作。胡彪一行考察接龙渠引水工程，走访断龙山乡部分贫困户，听取县委、县政府扶贫攻坚及财政现状的情况汇报。

3月18日　国家教委督学李家林到坪坝乡、河西镇、罗依溪镇等地就扫盲预检工作进行实地考察。

3月22日　断龙山乡举行传统土家社巴节活动，省民委副主任彭继宽代表省民委前来祝贺，并发表书面贺词。

4月9日　省委副书记郑培民及省委政法委、省文化厅领导一行7人到古丈考察指导工作。郑培民听取县委、县政府关于扶贫攻坚及财政现状和政法、宣传、教育工作情况汇报；到断龙山乡考察接龙渠引水工程。

4月21—23日　“1998湘、鄂、渝、黔四省市边区茶叶集团理事会议暨名茶评比、茶叶看样订货会”在古丈召开。评选出名茶20个，茄通乡张军、彭标和河西镇王齐华选送的样品茶荣获一等奖。

是月　中共湖南省委副书记郑培民到古丈就经济建设、扶贫攻坚、教育事业和政法工作进行考察。

5月7—8日　境内普降特大暴雨。5月7日22时至8日12时总降雨量为118.9毫米，仅7日22时10分至8日1时40分降雨达100毫米。全县16个乡镇场中有123个村1.74万户7.5万人受灾，死亡4人，重伤7人。倒塌房屋75栋，致使70多户285人无家可归；农作物受灾面积3320公顷，占全县种植面积的42.5%。全县直接经济损失8500万元。灾情发生后，县委、县政府成立抗洪抢险临时指挥部，部署全县抗洪抢险工作，动员2000名干部，230名公安干警和民兵奔赴28个重灾区组织抗旱救灾。

5月12—13日　国家防总办公室副总工程师郭孔文、国家防总减灾处工程师万群志，长江防总办公室工程师韩东平、黄思平和省水利厅副总工程师黄国强及省民政厅副厅长高家余、社救处副处长王方艾一行，到双溪乡宋家村、默戎镇毛坪村实地察看灾情，听取县委、县政府灾情汇报。

5月19日　全国政协常委、中国气象局名誉局长、世界气象组织原主席邹竞蒙到古丈考察，详细考察气象基础业务、预报服务和气象现代化建设等情况。

5月23—24日　为宣传吉首军分区司令员彭楚政的扶贫事迹，介绍湘西自治州的扶贫攻坚情况，《人民日报》《光明日报》《中国青年报》《农民日报》《北京广播电视报》、北京电视台等多家新闻媒体组成20余人的“首都新闻记者考察团”，到断龙山乡尚家村，双溪乡宋家村进行考察。

7月5日 县委、县政府作出《关于加强基本农田建设的决定》，自1998年起，用3年时间在全县建设基本口粮田1000公顷，改造原有稻田水利条件，新增旱涝保收口粮田533.33公顷，实现全县农民人平旱涝保收口粮田300平方米。

7月13日　县委副书记唐力、副县长向清平受县委、县政府委托，到常德灾区慰问，将全县募捐款4万元捐给灾区。

7月22日　全县遭受特大暴雨袭击，断龙山、茄通、河西、罗依溪、高望界、高峰等6个移民乡镇场在l4个小时内降雨量211.1毫米。凤滩库区水位超过警戒水位2.5米，沿岸34个村2908户11638人遭灾，直接经济损失3840万元。

是月　实施的世界银行贷款造林二期工程“森林资源发展和保护项目”通过省级验收，被评为全省世界银行贷款造林优质工程。

8月13日　默戎镇狗脑山发生首例“二号病”病例。县委、县政府拨款14万元，派出16名县级领导深入疫点，出动公安干警80人次，医务人员100人次，对疫点进行封锁隔离。8月25日，全县发现“二号病”患者和带菌者49例，其中患病者29例（含8月15日死亡1例），带菌者20例。对默戎镇新窝村狗脑山组、龙鼻嘴村两个疫点实行隔离封锁治疗。9月15日，狗脑山疫点经省州卫生防疫部门同意，解除封锁。

9月19日　双溪乡溪流墨发生1例“二号病”和8例带菌者，县领导傅世友、向邦金带领医务人员到双溪乡指挥“二号病”防治工作。9月30日，双溪乡疫情得到控制，病人全部出院，双溪乡解除封锁。

是月　县委办、县政府办发出通知，从10月份起，全面开展延长农村土地承包期工作，合同期在前一轮基础上再延长30年不变。

10月16日　由中央电视台、广州军区政治部、湖南省委宣传部、长沙电视台联合拍摄的8集电视连续剧《扶贫司令》在古丈开机。长沙市广播电视局向古丈县广播电视局捐赠一套摄录设备，并向古丈希望工程捐献价值2万元的图书和1.5万元现金。

10月28日　在断龙山乡召开“扒泽千亩口粮田建设通水通路庆典暨全县开垦新田动员大会”。

是月　县科协从永州市道县引进“巴西旱稻”试种成功，亩产300千克。

11 月 17 日　省委常委、省委政法委书记李贻衡到古丈检查指导工作。县领导朱采、刘万云、向邦金、张仕金向各级领导汇报古丈县政法工作情况。

11 月 28 日　县委、县政府作出《关于对凤滩库区古丈沿岸实行封山育林的决定》。为保护库区森林资源，防止水土流失，维护生态平衡，改善库区移民生产生活条件，从 1999 年 1 月起对凤滩库区 19 万亩山林实行封山育林。

12 月 1 日　省道 1828 线吉罗公路改造工程建设开工。该公路改建为山区重丘二级公路，路基宽 8.5 米，城镇（区）宽 12 米，投资 3.65 亿元，全长 61.5 千米，在古丈县境内长 45.5 千米。

12 月 11—17 日　县委组织副县级以上领导到 15 个乡镇指导乡镇人大、政府换届选举工作。

是年　全县开展第二轮农村土地延包工作。

1999 年

1 月 13 日　县委下发《关于用整风的精神开展三讲教育，增强三个观念活动的意见》。决定集中一段时期，在全县各级党组织和广大党员干部尤其是领导班子和党员领导干部中，用整风精神，深入开展以讲学习、讲政治、讲正气和增强群众观念、政策法制观念和勤政廉政观念为主要内容的专题教育。

4 月 8 日　罗依溪镇饮水工程开工，该工程投资 300 万元，工程规模为日供水量 6.000 吨。

4 月 20 日　湘西州委、州政府在吉首召开普及九年义务教育工作动员大会。提出 1999 年古丈县接受省政府验收，实现基本“普九”目标。

6 月 21—25 日　宋祖英应县委、县政府邀请，回古丈自费拍摄 MTV《古丈茶歌》，中央电视台摄制组负责摄制。《古丈茶歌》荣获十九届全国电视文艺“星光”奖，音乐电视一等奖。

8 月 18 日　古丈县劳武化工厂被湖南省政府评选为百强私营企业。

8 月 22 日　省委常委、常务副省长周伯华一行到古丈考察古丈茶叶厂和磷肥厂。

11 月 5 日　默戎镇翁草村发生火灾，烧毁房屋 17 栋 56 间、损坏房屋 15 栋，经济损失 165 万元。

12 月 3 日　湖南省委、省政府下发《关于继续支持湘西土家族苗族自治州扶贫攻坚的意见》，决定继续把湘西州作为全省扶贫攻坚的主战场，倾全省之力支持湘西州扶贫攻坚。其中明确提出将古丈库区移民、特困村纳入省直机关定点扶贫点；对古丈县库区移民企业继续执行优惠电价。

是年　古丈县被列为全国茶叶产业化生产县。

是年　县委、县政府提出“绿色产业兴县、生态家园富民”经济发展战略。

2000 年

4 月　岩头寨乡政府成立“民间矛盾调处中心”，经验在全州进行推广。

5 月 26—28 日　体育总局检查组在督察员张秀敏的率领下，对古丈县创“全国体育先进县”工作进行检查验收，认为古丈县申报“国家体育先进县”已基本达标。12 月 6 日，古丈县荣获“全国体育先进县”称号。

6 月 3—10 日　县气象部门发射增雨炮弹 104 发，实现人工增雨。

9 月　古阳中学初三女学生刘亚平被评为全国贫困地区校外女童学科技先进个人，在西安参加全国贫困地区校外女童学科技经验交流会。

10月16日　水利部移民开发局局长唐传利一行到河西镇龙天坪村和高峰乡镇溪村等地考察，并查看了凤滩库区移民生产生活状况以及库区周围滑坡体情况。

11月29日至12月1日　常德市委书记吴定宪、市委常委、常务副市长陈君文率相关部门到古丈考察新一轮对口扶贫工作。

11月　“古丈毛尖”正式通过国家商标局审批。

是年　全县有林场64个，营林总面积13533.33公顷。其中国营林场1个，营林面积6293.33公顷；乡办林场9个，营林面积4133.33公顷；村办林场24个，营林面积2373.33公顷；个体林场30个，营林面积733.33公顷。

是年　湖南中医学院将试验成功的茶多酚技术转让给古丈县，学院帮助将罗依溪造纸厂改造成环保型工厂——茶多酚厂，当年实现产值2500万元，创利税120万元。

是年　率先在全州组建辅助警察队伍。

2001年

3月6日　省委副书记、省长储波到古丈考察农村工作。

3月20日　省委书记杨正午、省长储波一行20多人到古丈县调研指导工作。

8月　县委规定，全县35岁以下、副科级以上干部，没有大专以上文凭者免去其职务，待获得大专以上文凭后再复任原职。

6月5日　彭武长任中共古丈县委书记。

6月5—6日　省计委副主任易鹏飞、省以工代赈办主任欧阳彪率相关部门负责人参加古丈茶叶开发工程二期项目论证协调会。

7月26日　省委常委、省军区司令员张德仁到古丈检查指导人民武装工作。

8月4日　县民族茶艺代表队代表湖南省参加“刘三姐”杯全国首届茶道茶艺大奖赛，由县文化局干部伍秉纯根据古丈民间故事和茶俗编导的《土司擂茶》荣获优胜奖。

8月　古丈一中学生翟民以高考文科成绩605分，被清华大学录取，为古丈一中首个被清华大学录取学生。

8月　被林业局确定为湘西州唯一的国家级森林病虫害中心测报点。

8月　龙文辉任古丈县政府县长。

9月7日　省民委主任石昌禄为默戎镇、马颈坳镇民族团结试范点授牌。在默戎镇授牌时，举行丰富多彩的民族文化活动。

9月9日　中国工程院院士、湖南省杂交水稻研究所所长袁隆平在听取县委书记彭武长关于茶叶产业化建设情况后，题写“中国名茶·古丈毛尖”8个大字。

11月　启动退耕还林工程，县委、县政府在河蓬乡凤鸣溪村创办退耕还林示范点。

12月14—18日　全县15个乡镇召开人民代表大会，选举产生新一届乡镇人大主席团和乡镇人民政府。

是年　全县集中开展“缉枪治爆”专项行动，收缴各类非法枪支2301支，摧毁制贩枪支窝点3个。

是年　古丈毛尖在日本举行的国际名茶评比会上，荣获国际名茶金奖。

是年　常德市援助古丈县330万元，建红星商业街，启动城南红星商居小区开发。

是年　全县总人口13.69万人。

2002年

1月29日　河蓬乡官坪村发生火灾，烧毁房屋5栋18间，吊脚楼3栋4间，殃及房屋7栋8间，18户71人无家可归，直接经济损失27.84万元；无人员伤亡。

2月9日　农业部计划司巡视员徐殿试一行4人受农业部党组委托，到河西镇、罗依溪镇、古阳镇慰问特困户、军属和孤寡老人，送去棉被、肉、农业资料及现金等，价值26万元。

3月2日　常德市委、市政府主要领导带领市直有关部门负责人23人，在湘西州领导陪同下，来到古丈，听取对口扶持古丈工作情况汇报。

3月11日　公安部纪委书记祝春林到古丈检查指导公安工作，考察公安系统经费保障情况，并听取县公安局2001年度工作情况汇报。

3月27日　湖南农业大学校长周清明一行13人到古丈考察，上午到罗依溪镇考察栖凤湖和马路溪渔场拦河大坝，到枫树坪考察农业高科技示范园；下午，就有关WTO的基本知识和古丈县农业如何面对入世后的机遇与挑战，给县级领导、县直局以上单位负责人和机关干部上辅导课。

4月3—5日　宋祖英回家乡古丈，到县茶多酚厂、县茶叶总厂、古阳镇红星小区等地考察茶叶产业化建设和小城镇建设情况。

是月　全县农村税费改革全面开展。10月结束。

5月15日　农业部微水电中心主任钟挺、南京爱德基会副秘书长顾仁发到古丈县援助开发微水电项目，并到默戎镇岩槽河电站和野竹乡蒿根村查看，听取古丈县“水、电、气”三位一体综合开发项目专题汇报。

是月　红石林镇老司岩古民居被列为湖南省级文物保护单位。

6月14日　县委、县政府召开全县农村税费改革工作会议。会后，185个农村税费改革工作队、534名工作人员进村入户，调查核实土地承包面积6924.73公顷，确定计税面积6187.27公顷，核定常年产量2787万千克。

7月17日　县委、县政府作出《关于大力发展种草养羊的决定》。

8月21—22日　省委常委、省政协副主席、省委统战部部长石玉珍，省政协副主席游碧竹等一行15人，到古丈进行西部开发调研。先后考察坐龙峡、农业科技示范园，并听取县委、县政府有关工作情况汇报。

9月13日　下午，双溪乡梳头溪村一组村民田某驾驶湘U40006号桔州牌农用车由县城返回双溪乡，途中翻下6米高坎，导致16人遇难，25人受伤。

9月19日　何纪光在长沙逝世，县领导杜晓勇、梁明金、张春华等到长沙参加悼念活动。

10月15日　郭建群任古丈县政府县长。

10月28—30日　中国共产党古丈县第九次代表大会在县城召开，出席代表213人，应邀列席代表76人。选举彭武长为县委书记，郭建群、高文化、杜晓勇、龙永金、刘保国为县委副书记；刘保国为纪委书记。

11月8日　县长郭建群当选中国共产党十六大党代会代表，11月8—14日出席在北京召开的中国共产党第十六次全国代表大会。16日赶回古丈，到默戎镇宣讲党的十六大会议精神。湘西电视台、古丈记者站将其录制成电视记录片，在中央电视台《新闻联播》节目、湖南电视台、湘西州电视台播出，社会反响强烈。

11月21日　在波兰华沙举行的第72届世界举重锦标赛上，古丈籍运动员陈初富在男子举重69公斤级比赛中，以157.5公斤成绩夺得抓举金牌，以187.5公斤挺举成绩和345公斤总成绩获得两枚银牌。

12月16—19日 古丈县第十四届人民代表大会第一次会议在县城召开，出席大会代表154名。选举梁明金为县人大常委会主任；郭建群为县长。同期，政协古丈县第六届委员会召开，142名委员参加会议，选举向邦金为县政协主席。

12月21日 王村特大桥吊装合龙。

12月26日 省道1828线吉罗二级公路竣工通车。

是年 古丈县茶叶协会成立。

2003年

1月22日 县政府在罗依溪举行栖凤湖大坝工程开工典礼。栖凤湖大坝工程位于罗依溪镇，工程概算投资2497.89万元，工程枢纽总库容0.53亿立方米，坝内水域面积333.34公顷，主要为土石方工程。工程建成后，改变了栖凤湖水位不稳现状，可以调节栖凤湖水位、增强抗洪能力、发展水产养殖，解决罗依溪镇移民生产、生活和脱贫致富问题。

3月 高峰中学、高峰完小、古阳中学爆发流行性感冒，高峰中学和高峰完小954名学生、古阳中学187名学生致病。经省、州、县医务人员治疗，全部康复。

3月 组织体育彩票发行活动，发行额96万元，收益额86万元。

4月下旬 省委常委、省政协副主席、省委统战部部长石玉珍到古丈督查传染性非典型肺炎防治和防汛救灾工作。

5月10日 省委副书记、省政协主席胡彪到古丈考察非典防治、经济建设、领导班子建设、基层组织建设和社会治安综合治理情况。

6月23—24日 副省长许云昭率省教育厅和湖南农业大学等12所高校及长沙市第一中学专家教授60人到古丈商谈对口扶贫开发项目，拉开湖南省教育系统全面扶助湘西建设发展的大幕。

8月27日 第一届文学艺术界代表大会召开，向午平当选县文联主席。

9月21日 在吉首市马颈坳镇团结村与古丈县默戎镇龙鼻嘴村交界处喊娘坳举行团结亭落成剪彩仪式。州民委、州内8县市民族事业局负责人及两镇党政负责人、近千群众参加庆典。亭内树立一面苗鼓雕塑，两面镌刻有《团结亭记》和《乡规民约》。

是年秋 国家对义务教育实行“一费制”收费，小学生每学期96元，中学生每学期156元，集资办学不复存在。

11月7日 副省长许云昭到古丈县考察教育工作。

11月17日 副省长贺同新到古丈就身体小城镇建设工作进行调研。

是年 全县开展防治“非典”群众性运动。全县无病例发生。

是年 高望界被湖南省政府批准为省级自然保护区。

是年 默戎镇盘草村石莲花荣获全国孝亲敬老之星。

2004年

2月22日 省委副书记、常务副省长于幼军到古丈考察花果山畜牧场、双力电池公司和茶多酚厂。

3月14—15日 欧盟国际助老会代表克里斯托夫·约瑟夫、国家老龄办主任张志鑫到山枣乡竹山村、默戎镇九龙村考察。

4月1日 宋祖英回到母校岩头寨乡中心完小，捐资30万元，成立"宋祖英教育助学基金会"。其声乐指导教师金铁林、著名作曲家徐沛东、北京宏鑫源文化交流有限公司总经理郭建华分别捐款1万元，州交通局局长龙文辉个人捐款1000元。同年11月5日，宋祖英向古丈县青少年活动中心捐赠电脑40台。

6月27日 省委副书记、省长周伯华到古丈考察工作。

11月 无线数字电话"富民通"开通，城关乡茶坪村成为第一个无线通话村

是年 县政府在茄通乡泽禾溪村花枯组实施退人还山试点，投资万元，搬迁11户45人。

是年 县政府为河西镇龙天坪村征地66.67公顷，缓解移民生产用地困难。

2005年

1月10日 省委副书记、常务副省长于幼军率省发改委副主任易鹏飞和省扶贫开发办主任张英维，到高望界考察旅游资源，同时考察茶多酚厂和双力电池厂。

2月21日 副省长贺同新到古丈就商务、旅游工作进行调研。

4月21日 古丈县"土家族摆手舞""苗族鼓舞"等5项民族民间文化遗产，被公布为全国首批非物质文化遗产保护名目。

5月1日 县政府与湖南省华夏科技投资公司在省会长沙签约，将红石林景区经营权进行转让，华夏科技将斥资2.16亿元经营红石林景区50年。公司将在1年内完成旅游规划设计，保证前3年投资4000万元进行景区内基础设施建设。

5月 高文化任古丈县委副书记、县政府代县长 。

6月7日 清华大学教授梁任生到古丈进行为期四天的考察。考察期间，围绕古丈县文化、旅游、茶叶的开发，作"发现古丈，发扬古丈"为主题思想的知识讲座。县委、县政府聘其为古丈县域经济发展研究特邀顾问。

6月27日 中国文联副主席、中国影协主席、上海市文联主席吴贻弓到古丈就旅游资源和民族文化艺术发展状况进行为期7天的考察。

8月17日 交通部部长张春贤到古丈检查县道三道河至高峰公路田马段，询问工程进展情况，以及当地在征地、拆迁、补偿中是否执行"一事一议"政策。

9月5日 红石林被批准为国家级地质公园。该公园由红石林岩溶地貌景区、坐龙峡峡谷地貌景区和栖凤湖河谷地貌景区组成。红石林景区被誉为"中国最红的景区"，形成于4.8亿年前的奥陶纪时期的红色碳酸、盐岩石林，极具观赏价值。

9月 在双溪乡实行集中办学试点，撤销13所村小学，实行寄宿制集中办学。

10月14日 县茅古斯、四方鼓队一行55人，赴上海参加民乐、民谣、民舞国际艺术节演出，获"优秀贡献奖""优秀组织奖"。

12月 全县完成行政区划调整，由16个乡镇场调整为8个乡、4个镇；185个村调整为140个村。

是年 城北竹溪新区综合开发启动。至2007年，投资7000万元，劈除山头9个，完成109313.33平方米的土地平整工程。

是年 按国家税收政策，全县取消农业税。

2006 年

1 月　高文化当选古丈县政府县长。

1 月 31 日　县人民医院张某等 5 人各持猎枪一支去高望界林场小茶坪后山狩猎，当天中午 12 时许，张某某被张某误伤身亡。经县法院审理，张某犯有过失致人死亡罪、非法买卖枪支罪、私藏枪支罪；鉴于其有自首情节，并与被害人亲属达成赔偿协议，被判处有期徒刑二年，缓刑三年。

5 月 23 日　古阳镇树栖柯村、罗依溪镇龙潭坪村、红石林镇岩仁坪村、张家坡村被中共湘西州委、州政府确定为全州社会主义新农村建设示范村。

7 月 21 日　老司岩民族民间文化遗产保护协会在古丈县红石林镇老司岩村挂牌成立，这是湘西州民间自发成立的首家民族民间文化保护协会。协会经县民间组织管理局依法批准成立，县文化局指导其业务活动，会员 200 人。

9 月 14 日　深圳卫视《功夫之星》节目在栖凤湖录制，来自世界各国 27 名选手在栖凤湖上对决，经过长达 5 个小时的才艺表演、武术展示，决出十八强中的 6 个席位。

9 月 20 日　大型电视连续剧《血色湘西》在古丈县红石林景区举行开机仪式。

10 月 1—6 日　默戎镇“墨戎苗寨苗族四方鼓”表演队参加中央电视台中国民族歌舞盛典演出，与朝鲜族长鼓舞、彝族绿春大鼓表演队同台竞技，鸣奏一曲民族大团结赞歌。

10 月　在红石林镇花兰村启动实施全省第一批抗旱集水窖示范工程。到 2010 年底，累计投资 600 万元修建饮水灌溉集水窖 1550 口，各类畜水池 1580 口。

11 月　吴凌频任中共古丈县委书记。

2007 年

7 月 9 日　省委书记、省人大常委会主任张春贤率省直相关部门主要负责人到古阳镇树栖柯村、小背篓茶业有限公司、中科牧业、罗依溪镇龙潭坪村进行新农村建设调研。

7 月 24 日　发生特大洪灾，县人民武装部组织 10 支民兵应急分队进行抗洪抢险，转移群众 15800 人，挽回经济损失 5000 万元。

10 月 18 日　寒武系古丈阶层型揭牌仪式举行。

12 月 26 日　国家监督检验检疫总局发布《关于批准对古丈毛尖实施地理标志产品保护的公告》。

是年　开展农村土地承包经营权证的核发换发工作，全县 12 个乡镇，换发农村土地经营权证 11162 本，农村土地承包合同 11162 本。

是年　投入资金 166 万元，兴建红石林镇、古阳镇、高望界乡、默戎镇九龙村 4 所敬老院，入住“五保老人”100 人。

是年　古丈毛尖成功申报为国家地理标志保护产品。湖南省技术质量监督局发布“古丈毛尖茶地方标准”原地认证和 QS 认证。

是年　高望界申报国家级自然保护区通过国家林业局评审。

2008 年

1 月 13 日至 2 月 7 日　县境内连续普降中到大雪，最低气温达零下 4.1 摄氏度，为 50 年一遇的持续低温冰雪灾害。

1 月 11—12 日　常德市委副书记、市长卿渐伟，市委副书记曹儒国，市政协主席刘春林，市委常委、常务副市长陈文浩，市委常委、市委秘书长刘明，市委常委、市委组织部部长李平率常德市党政代表团到古丈考察对口支援工作。

4 月 13—15 日　中共中央政治局常委、中央纪律检查委员会书记贺国强到古丈视察，在小背篓茶叶公司召开座谈会。

4 月 15—16 日　举办中加可持续农业发展项目“小型反刍动物饲养管理培训班”，加拿大驻湖南湘西州项目长期专家张润厚、吉首大学李俊年博士以及州畜牧专家就山羊等小型反刍动物的饲养管理、疫病防治、牧草栽培和加工技术等进行专题授课，县畜牧局及项目区乡镇动物防疫检疫站的技术人员、养殖户代表 50 人参加培训。

4 月 28—29 日　在常德街举行以“茶·生态·新农村建设”为主题的“2008 中国绿茶高峰论坛”，包括全国名茶评比、优秀论文评比、茶产业发展论坛、茶艺茶道表演、武陵山区茶叶集团联谊活动和新闻发布会等内容。谢流华、向春辉、胡维霞的参评茶叶获金奖。

5 月 16 日　省民政厅印发《关于认定古丈县为革命老根据地的批复》，古丈县被认定为革命老区县。

5 月 22 日　全国政协常委、副秘书长，中国国民党革命委员会中央副主席修福金到古丈开展社会工作调研。

6 月 11 日　省政协主席胡彪到古丈调研，在罗依溪镇龙潭坪村、县有机茶叶有限公司了解情况。

7 月 17 日　中共湖南省委副书记梅克保到古丈调研，在县有机茶叶有限公司了解古丈茶业发展和企业生产经营情况。

8 月　默戎苗鼓队代表湖南省在奥运会青岛帆赛分会场开幕式进行文艺表演。

8 月　县委选派 14 名机关党员干部到重点移民村担任第一书记。

11 月 5 日　副省长徐明华就扶贫开发和新农村建设到古丈调研。

11 月 7 日　河迁公路工程建设开工。河迁公路起于红石林镇河南村芙蓉镇大桥头，止于保靖县迁陵镇，全长 42 千米，其中县境内长 27 千米，项目总造价 18672 万元，建设工期为 24 个月。

11 月　默戎镇被文化部命名为“中国民间文化艺术之乡”。

12 月 26—27 日　红石林国家地质公园揭碑开园庆典活动举行。国土资源部地质环境司副司长陶庆华、湖南省国土资源厅副厅长杨维刚、州委常委兼副州长陈潇、县委书记吴凌频为公园揭碑。

是年　全县开展“八百里绿色行动”，在省道 S229 线古丈段绿化面积 433.33 公顷。

是年　总投资 4900 万元的县垃圾填埋场投入使用。

是年　县委、县政府把粮食补贴、农机补贴、油价补贴、退耕还林、学生“两免一补”发放，作为减轻农民负担主要内容。粮食直补每亩 13.5 元，发放 238.7 万元；良种补贴每亩 15 元，发放 250 万元；油价提高综合直接补贴 31.8 万元，发放 276 万元；发放农资综合补贴 690.25 万元；发放农机补贴 77 万元、共 279 台（套）；发放义务教育“两免一补”资金 978.16 万元。

2009 年

2 月 24 日　由中德合作组织派遣，德国资深记者尤拉·唐佳到高望界乡石门村考察中德农业生物多样性可持续管理项目。中德农业生物多样性可持续管理项目旨在提高所有项目参与者共同管理农业生物多样性能力，促进传统作物和野生品种的恢复和保持，该项目仅在中国实施，项目执行区为湖南武陵山区和海南五指山区。

4 月 9 日　城市污水处理厂工程开工，投资 5848 万元。

4 月　古丈县和沅陵县在现场召开边界纠纷协调会，解决高峰乡小鲤溪与沅陵县二酉乡桐木溪山地纠纷。

6 月 28 日至 7 月 6 日　古丈县土家族茅古斯表演队与永顺县茅古斯代表队一道赴成都参加国际非物质文化遗产节，表演原生态土家毛古斯舞蹈，受到国际友人称赞。

6 月 29 日　德国驻华使馆参赞贺德到高望界乡石门村进行考察，听取中德（德国）合作农业生物多样性可持续管理项目在古丈实施情况汇报。

7 月 21 日　凌晨 3 点，默戎镇毛坪村夯吾苗寨突发大火，烧毁木楼 24 栋，损坏民房 7 栋，受灾 31 户、139 人，直接经济损失 200 多万元。县内外干部及群众捐款 210 万元；年底，新修两层砖房 17 栋，整修木楼 6 栋。

是月　向顶天任中共古丈县委书记。

9 月 25 日　县总工会发出“真情帮扶，爱心助困”活动倡议。成立“古丈县特困企业职工和城镇居民帮扶工作领导小组”，活动旨在搭建一条帮助特困企业职工和城镇困居民的绿色通道，采取自愿原则，爱心人士与帮扶对象结成“一帮一、几帮一”帮扶对子。

11 月　全县开展“千名干部下基层，结对帮扶保民生”活动。

是年　“古丈毛尖”“青青背篓”2 个古丈绿茶品牌被认定为湖南省著名商标。

是年　县委、县政府确定“新型工业兴县，绿色产业富民”发展战略。

是年　被列入中央财政现代农业油茶产业示范建设项目县。

2010 年

1 月 5 日　在湖南省工农业旅游示范点评选中，古丈县小背篓茶厂通过检查验收，被评为新一批“湖南省农（工、茶）业旅游示范点”，系此次湘西州唯一通过检查验收的单位。

1 月 28 日　城市污水处理厂投入运行。该厂位于古阳镇树栖柯村，占地 2.8 公顷，投资 7000 万元，设计总规模为日处理生活污水 2 万吨，枯水季节日处理污水 7000 吨，采用改良型氧化沟二级生化处理工艺，污泥处置采用机械压滤脱水后外运填埋。

1 月　杨彦芳当选县政府县长。

2 月　污水处理厂委托湖南湘牛环保实业有限公司进行营运。

2 月　在全县经济工作会议上，县委首次提出“新型工业兴县、绿色产业富民”经济发展战略。

3 月 12 日　全县开展“八百里绿化行动”，当天，全县 112 个县直机关单位的 2000 名干部，自备工具，到省道 S229 公路两旁、古沅公路两旁、古阳河两岸、栖凤湖周边等地段，开展义务植树、种花、种草绿化和花草树木抚育管护活动。

3 月 15 日　南京水科院教授顾颖受国家防汛抗旱总指挥部委托，到古丈检查旱情并指导抗旱工作。

3 月 18 日 县政府与湖南南方水泥厂集团公司总裁谢家振签订年产 100 万吨新型干法顺生产线投资合同书。

4 月 22—23 日 省政协副主席何报翔带领调研组一行到古丈开展城乡统筹发展专题调研，调研组到树栖柯村就农业产业建设、城镇化建设和新农村建设情况进行实地考察。

4 月 28 日 举办“2010 中华茶祖节·古丈毛尖万人品评会”。农业部、中国茶叶流通协会、中国茶叶科学文化研究会、中国国际茶文化研究会的专家、学者以及省、州、县领导和万名群众参加品评会。原省委书记杨正午、宋祖英发来贺信。古阳镇树栖柯村向春辉获金茶王奖。并对获奖 6 个样品茶进行拍卖，所得 21 万元资金捐献给甘肃玉树地震灾区。

5 月 14 日 湖南古丈南方水泥有限公司在湘西州工商局注册成立。

5 月 18 日 台湾“中央研究院”近代史研究所研究员康豹一行四人到古丈采风，就民俗、宗教、民族文化等方面与古丈相关人员进行交流与探讨。

5 月 县公安局高峰派出所民警经过 12 天缜密侦查和深挖细查，辗转古丈、保靖、永顺 3 个县，成功侦破团伙系列盗窃山羊案件 10 起，打掉偷盗、运输、销赃团伙一个，抓获犯罪嫌疑人 2 名，追回被盗山羊 23 只，挽回经济损失 18000 元。

6 月 19 日 境内突降暴雨，省道 S229 线罗依溪镇猫儿潭桥路段和古阳镇太平路段出现大面积塌方，大雨冲毁路面，造成 S229 线黄金旅游线道路中断 2 小时。

8 月 5 日 《古丈神茶》专题片在央视国际频道播出，片中对古丈茶技、茶文化、茶俗进行介绍。

8 月 11 日 在长沙召开小型农田水利建设重点县建设方案与标准文本审查会，古丈县入选全国第二批湖南省小型农田水利设施建设重点县。

8 月 12 日 由世界茶联合会主办，在杭州举办的“第八届国际名茶评选”揭幕式及首轮评选中，“古丈毛尖”荣获金奖。

9 月 10 日 湖南宋祖英助学基金古丈县发放大会暨庆祝第二十六个教师节优秀教师、优秀班主任表彰大会在县会展中心举行。全县 184 名大、中学生贫困学子获得赞助。“基金会”自 2004 年成立以来累计助资 260 万元。

10 月 18 日 县委、县政府举办寒武系古丈阶全球层型揭碑庆典。古丈阶“金钉子”剖面保护项目位于酉水河畔箭潭口附近，保护面积 0.3 平方千米，投资 530 万元建立金钉子标志碑、科普广场，在栖凤大道建立金钉子地质博物馆、科普教育展示系统、保护区地质遗迹数据库。

10 月 由神土地农副特产制品厂选送的蒿菜粑、纯野生葛粉、特色方便粉丝、糍粑、苗家酸鱼、辣椒酱等土特产在上海世博园湖南馆参加展览。

11 月 湖南省第五次民族团结进步表彰大会在长沙召开，古丈一中获“全省民族团结进步先进集体”称号。

是年 筹措资金 1300 万元，全县新扩茶园 933.33 公顷；为农民新扩茶园每亩补助 1300 元，茶园品种改良每亩补助 1500 元，茶园低产改造每亩补助 500 元。当年实现茶叶生产加工总量 1803 吨，茶叶产值首次达到 1 亿元。

是年 被评为“全省人口和计划生育工作一类”先进单位。2005—2010 年，连续 6 年位居全省“一类县”行列。

是年 全县完成生产总值 10.48 亿元，完成全社会固定资产投资 9.26 亿元，实现社会消费品零售总额 4.14 亿元；完成财税收入 7300 万元，城镇居民人均可支配收入 9600 元，农民人均纯收入 2619 元，全县招商引资实际到位资金 3.52 亿元。

是年 默戎镇苗族“四方鼓舞”表演队参加上海世博会表演。

第一篇　政　区

第一章 建置 沿革

第一节 境域 建置

一、境域

清道光二年（1822），设古丈坪厅（散厅），其疆域为：东与辰州府沅陵县草潭铺接界，距城80里；西与保靖县白溪关接界，距城50里；南与乾州直隶厅喜鹊营接界，距城90里；北滨河与永顺县王村相望，距城45里；东南至山枣溪与沅陵县拱胜坪接界，距城90里，偏东南至铜鼓坡与辰州府泸溪县烂草坪接界，距城100里；东北至高望界与永顺县李家洞接界；偏东北至罗依溪与永顺县王村、沅陵县会溪坪接界，距城30里；西南至宋家若与保靖县夯水接界，距城25里；西北至惹鼻溪与永顺县田家洞接界，距城30里；偏西北至蔡家庄塘与永顺县梳头溪接界，距城15里。

民国32年（1943），调整县界，县境疆域为：东至永宁乡草潭、松溪与沅陵县清水坪接界，南至中正乡坪坝与乾城县章武接界，西至亲民乡排若与保靖县排花接界，北至酉南乡河西与永顺县王村隔河相望；东北至保安乡土墙坡与沅陵县凤滩接界，偏东北至保安乡陈家与沅陵县施溪接界；东南至银坪乡马草坪与沅陵县棋坪接界，偏东南至银坪乡磨刀岩与泸溪县八什坪接界；西北至仁爱乡田家洞与保靖县白溪关接界，偏西北古阳镇梳头溪与保靖县仙仁岩接界，西南至亲民乡摆角与保靖县葫芦接界；偏西南至西英乡龙鼻嘴与保靖县大岩、乾城县凼坨接界。境域面积1267.35平方米。

1976年12月，保靖县仙仁公社白溪、白家、梅塔、尚家4个大队划归古丈县。县域变化为西北至断龙山公社白溪关与保靖县阳朝公社马儿冲隔河相望，境域面积1286.47平方千米。

2005年，县域为东至岩头寨镇草潭、松溪与沅陵县二酉乡戴家坡接界，南至坪坝乡溪口与吉首市丹青镇章武接界，西至双溪乡排若与保靖县葫芦镇排花接界，北至红石林镇河西与永顺县王村隔河相望；东北至高峰乡土墙坡与沅陵县明溪口镇凤滩接界，偏东北至高峰乡陈家与沅陵县二酉乡施溪接界；东南至山枣乡马草坪与沅陵县二酉乡棋坪接界，偏东南至山枣乡磨刀岩与泸溪县八什坪乡李什坪接界；西北至断龙山乡白溪关与保靖县阳朝乡马儿冲接界，偏西北双溪乡梳头溪与保靖县阳朝乡仙仁岩接界，西南至默戎镇摆角与保靖县葫芦镇接界；偏西南至默戎镇龙鼻嘴与保靖县葫芦镇大岩、吉首市马颈坳镇团结村接界。

二、建置

古丈县位于湖南省西北部、湘西土家族苗族自治州中部偏东，地处武陵山脉中段、酉水南岸。东与怀化市沅陵县接壤，南与泸溪县、吉首市毗邻，西与保靖县交界，北隔酉水与永顺县相望（仅在酉水北岸铜柱溪段有1.5千米陆上边界）。地理坐标：北纬28°24′05～28°45′57，东经109°44′42～110°16′13。东西宽51.36千米，南北长40.52千米。地域面积1286.47平方千米，占全省总面积的0.61%、全州总面积的8.3%。焦柳铁路过境35千米，县内设猛洞河、古丈、排口、万岩、龙鼻嘴5个火车站。省道S229线过境45.08千米。县城古阳镇沿县道X023线东到沅陵县城76千米，沿省道S229线南至吉首市区43千米，沿张花高速古丈连接线（省道S318线）西抵保靖县城42千米，沿省道S229线和省道S230线北至永顺县城70千米，沿省道S229线往北到张家界市，再沿长张高速公路经常德市、益阳市至省府长沙市区438千米。

2010年，全县辖古阳镇、罗依溪镇、默戎镇、红石林镇、岩头寨镇、断龙山乡、双溪乡、高峰乡、高望界乡、河蓬乡、山枣乡、坪坝乡计5镇7乡。全县总人口142689人，汉族14338人，占总人口10%；少数民族18个，其中苗族65684人，占总人口46%；土家族57207人，占总人口40%；侗族、瑶族、彝族、满族、布依族、回族、壮族、黎族、白族、水族、哈萨克族、佤族、土族、仫佬族、藏族、维吾尔族等民族5460人，占总人口4%。古丈是湘西土家族苗族自治州人口最少的县，县政府驻古阳镇。

第二节　县治　沿革

一、县治

清雍正十年（1732），永顺府督捕同知自旦武营移至古丈坪，并建同知署。嘉庆二年（1797），古丈坪设营，驻兵470名。嘉庆二十四年（1819），古丈坪始垒石砌城。城墙长801.9米（二百四十三丈）。建城门3座：南门名迎薰门，通乾州（今吉首市）、镇筸（今凤凰县）；北门名召平门，通永顺、保靖；西门名瑞金门。东靠山，建有炮楼1座。道光二年（1822）设古丈坪厅后，厅抚民同知府署设于原督捕同知府署，厅城古丈坪为内冲正保（本城保）。光绪三十三年（1907），全城共336户，1368人。有正街（今后街）、兵房街（今古阳路）、西门外街（今沿河中路）3条街。正街铺青石板，长约200米，宽不足3米。

民国11年（1922），内冲正保改为首乡，又称本城乡。民国23年（1934），首乡改为古阳镇。全城除豪绅庄园外，全是破旧草木房。县政府设于原抚民同知府署。民国35年（1946），县城有400户、2000人，总面积0.04平方千米。

1950年3月，古阳镇改为古阳乡，县委、县政府设在后街（今县人民武装部驻地）。1951年7月，县第一座电厂——光明电厂建成发电，可供县城用电。1952年8月，撤古阳乡，设县城镇。1956年，县委机关迁入后街北门处（1942年建的县初级中学校舍）。1958年9月，撤销县城镇，并入巨龙人民公社。1959年，县城至吉首公路建成通车。1964年1月，县城设城关镇。1968年9月，城关镇改名县城镇。1978年，贯穿县城的枝柳铁路建成通车。

1979年4月，县政府撤除原砖木结构办公楼，动工兴建县政府新办公楼。1981年5月竣工，建筑面积1540平方米。1982年，因县城镇为通用名，县城镇改为古阳镇。1985年，县政府办公楼北侧墙体倾斜，县政府投资13万元进行加固处理，在主办公楼北端修全框架支承，建筑面积900平方米。1986年，县城人口9673人，城区面积1.5平方千米。

1992年，县政府投资1800万元建设连城隧道和体育场、民族大市场，称“一洞两场”工程。连城隧道连接老城区和新建区，长218米。民族大市场占地面积15000平方米，总投资599.1万元；体育场占地37333.5平方米，投资390万元。

1993年12月，县政府制定县城发展总体规划。规划至2010年，县城总人口1.9万人，城区规划以东西两侧山瘠为界，南至楠竹山，北至龙潭坪，面积10平方千米。1994年，投资170万元，撤除县委机关原4栋砖木结构办公楼，新建县委办公大楼（6层），建筑面积3460平方米。

2001 年，实施旧城改造，城市扩容提质。2004 年，常德市委、市政府对口援建项目茶文化一条街建成。工程总占地面积 0.34 平方千米，累计投资 1700 万元。街道宽 24 米，长 595 米，是湘西州最宽最长的一条青石板步行街。2005 年，县委、县政府在城北竹溪湾开发建设太阳城。太阳城占地 0.13 平方千米，建筑面积 231.8 平方千米，总投资 23200 万元。2006 年，县城组建栖凤湖出租汽车有限公司，出租汽车取代“慢慢游”（三轮摩托车），成为县城居民主要营运交通工具，县城居民出行更方便快捷。

2010 年，县城人口增至 32000 人，城区面积 3.5 平方千米。

二、沿革

战国时，县域属楚黔中郡。秦统一后，县境属黔中郡。汉代至南朝宋、齐，属荆州武陵郡酉阳县。南朝梁、陈时，属郢州。隋朝，属荆州沅陵郡大乡县。唐代，为黔中道灵溪郡大乡县辖地。五代时，属南楚之溪州（曾设州城于今罗依溪镇会溪坪）。后晋天福四年（939），楚王马希范与溪州刺史彭士愁爆发溪州之战。次年，停战议和，双方盟誓“永无兵革之虞，克保耕桑之业”，并立铜柱于会溪坪，将盟约镌刻柱面。宋朝，属荆湖北路施溶州。元代，属湖广行省恩州军民安抚司。明朝，属永顺军民宣慰使司。

清雍正五年（1727），改土归流，废土司，设流官（中央政府委派官员）。清雍正七年（1729），县境属永顺府永顺县。道光二年（1822），析永顺县罗依、西英、功全、冲正 4 保之地置古丈坪厅，厅治古丈坪（今属古阳镇）。古丈坪厅与凤凰厅（今凤凰县）、乾州厅（今吉首市）、永绥厅（今花垣县）并称“苗疆四厅”。

民国 2 年（1913），废厅置县，设县知事公署，隶属湖南省辰沅道。民国 9 年，撤道，直属于省。民国 17 年，县知事公署改为县政府。民国 24 年，属湘西绥靖处乾凤古绥督察区。民国 25 年，属湘西绥靖行政公署第三行政督察区。民国 26 年，湘西绥靖行政公署撤销，直属于省。民国 27 年，属湖南省第四行政督察区。民国 29 年，改属湖南省第八行政督察区。

1950 年 3 月，古丈解放，县人民政府成立，隶属湘西行政公署永顺专署。1952 年，隶属湘西苗族自治区。1955 年，隶属湘西苗族自治州。1957 年至今，隶属湘西土家族苗族自治州。

第二章　政区管理

第一节　乡镇设置与调整

1986年，全县辖16个乡、镇、场，即断龙山、茄通、双溪、高峰、河蓬、草潭、山枣、坪坝、城关、野竹、岩头寨11个乡，古阳、罗依溪、河西、默戎4个镇，国营高望界林场1个乡级林场。辖180个建制村、16个社区居委会，1039个村民小组、38个居民小组。

1988年6月，默戎镇桐木村分设为桐木村和岩寨村，全县建制村增至181个。1990年，默戎镇李家寨村分设为李家寨村和向家村，己戎村分设为己戎村和中寨村，全县建制村增至183个。1991年，坪坝乡叭喇村分设为叭喇村和新寨村，全县建制村增至184个。古阳镇居委会分设为城东、城西两个居委会，全县居委会增至17个。

1998年10月，城关乡太坪村分设为太坪村和小寨村，全县建制村增至185个。2000年，撤销城东、城西居委会，古阳镇社区居委会分设为古丈坪社区居委会、车站社区居委会、广场社区居委会、红星社区居委会，全县居委会增至19个。

1986—2004年古丈县行政区划一览表

表1-1　　单位：个

乡镇名称	所辖村、居委会	村数	社区、居委会数
古阳镇	建制村：柑子坪村、思源桥村、树栖柯村、红星村。社区居委会：城东居委会、城西居委会	4	2
河西镇	建制村：河西村、河南村、龙天坪村、列溪村。社区居委会：河西居委会	4	1
罗依溪镇	建制村：大龙村、龙潭坪村、黑潭坪村、罗依溪村、石碧村、江洋溪村、牛儿山村、康家寨村、且茶下村、毛坪村、青鱼潭村、茶叶村、坳家湖村、会溪坪村、箭潭口村、五里坡村。社区居委会：罗依溪居委会	16	1
默戎镇	建制村：翁草村、盘草村、潭溪村、万岩村、九龙村、排布坪村、己戎村、中寨村（1990年设）、龙鼻嘴村、桐木村、新窝村、夯娄村、茶场村、李家寨村、排达牛村、向家村（1990年设）、毛坪村、岩寨村（1988年设）、四方坡村。社区居委会：默戎居委会	19	1
城关乡	建制村：南山村、太坪村、小寨村（1998年设）、长潭村、老寨村、白岩村、二岗村、高坳村、田马寨村、茶坪村。社区居委会：城关居委会	10	1
岩头寨乡	建制村：岩嘴村、银坪村、崩山村、老寨村、鲁家村、岩头寨村、湾坪村、白洋洞村、白竹坪村、岩山村。社区居委会：岩头寨居委会	10	1
断龙山乡	建制村：细塔村、报吾列村、田家洞村、喜其哈村、米多村、猛虎洲村、坐苦坝村、梅塔村、尚家村、白溪村、白家村、小白村、大龙热村、胡家坪村、杨家河村、龙叫河村、溪龙车村。社区居委会：断龙山居委会	17	1

续表 1-1

乡镇名称	所辖村、居委会	村数	社区、居委会数
茄通乡	建制村：张家坡村、先锋村、下布尺村、铁马洲村、科布车村、花兰村、老司岩村、泽禾溪村、岩仁坪村、茄通村、马达坪村、白果树村、小龙热村、业者湖村。社区居委会：茄通居委会	14	1
双溪乡	建制村：排若村、夯水村、宋家村、达沙村、西歧村、官坝村、溪流墨村、洞上村、梳头溪村、蔡家村、大塘村、茅坡村、竹坪村。社区居委会：双溪居委会	13	1
高峰乡	建制村：陈家村、凉水村、淘金村、八水村、岩坳村、三坪村、镇溪村、铅厂村、老官坪村、李家洞村、观音山村、葛连溪村、岩排溪村。社区居委会：高峰居委会	13	1
野竹乡	建制村：梓木坪村、坪家村、丫施溪村、鲇溪村、芭蕉溪村、湾沟溪村、洞坪村、磨子坪村、两岔溪村、蒿根坪村、土溪村、野竹坪村、巩寨村。社区居委会：野竹居委会	13	1
草潭乡	建制村：洞溪村、占潭村、千金村、草潭村、长冲村、松溪村、栋楸树村。社区居委会：草潭居委会	7	1
河蓬乡	建制村：白洋溪村、丫角村、凤鸣村、官坪村、沙坪村、苏家村、岩寨村、上河蓬村、下河蓬村。社区居委会：河蓬居委会	9	1
山枣乡	建制村：磨刀村、筲箕田村、高寨村、山枣村、枞树溶村、竹山村、火麻村、林场村、农科村。社区居委会：山枣居委会	9	1
坪坝乡	建制村：上窝喇村、亚家村、板栗村、窝米村、窝瓢村、旦武营村、叭喇村、张家坪村、大寨村、对冲村、溪口村、曹家坪村、新寨村（1991 年设）、排夯两村、排抽村、窝塔村、椰木村。社区居委会：坪坝居委会	17	1
高望界林场	建制村：麻溪村、公洋坪村、葫芦坪村、高望界村、焦坪村、烂泥池村、石门寨村、吴家坪村、岩坨村、冲天坪村。社区居委会：高望界居委会	10	1

2005 年，行政区划调整。河西镇与茄通乡合并为红石林镇；城关乡并入古阳镇；草潭乡、野竹乡并入岩头寨乡；新建高望界乡，高望界国有林场行政管理职能划归高望界乡。全县 16 个乡（镇、场）合并为 12 个，即并为断龙山乡、高峰乡、高望界乡、山枣乡、河蓬乡、坪坝乡、双溪乡、岩头寨乡和古阳镇、罗依溪镇、默戎镇、红石林镇，计 8 乡 4 镇。部分建制村合并，全县建制村由 185 个并为 140 个，村民小组、居民小组分别合并至 1029 个、37 个。2009 年，岩头寨乡撤乡建镇，全县辖 7 乡 5 镇。至 2010 年 12 月，乡、镇、村设置不变。

2005—2010 年古文县行政区划一览表

表 1-2　　　　单位：个

乡镇名称	所辖村、居委会	村数	社区、居委会数
古阳镇	建制村：柑子坪村、思源桥村、树栖柯村、南山村、太坪村、长潭村、天桥山村、高坳村、田马寨村。社区居委会：古丈坪社区、车站社区、红星社区、广场社区	9	4
红石林镇	建制村：河西村、河南村、龙天坪村、列溪村、张家坡村、先锋村、下布尺村、铁马洲村、科布车村、花兰村、老司岩村、泽禾溪村、岩仁坪村、茄通村、马达坪村、白果树村。社区居委会：茄通居委会、河西居委会	16	2
罗依溪镇	建制村：大龙村、龙潭坪村、黑潭坪村、罗依溪村、石碧村、江洋溪村、牛儿山村、康家寨村、且茶下村、毛坪村、青鱼潭村、茶叶村、坳家湖村、会溪坪村。社区居委会：罗依溪居委会	14	1
默戎镇	建制村：翁草村、盘草村、潭溪村、万岩村、九龙村、中寨村、龙鼻嘴村、新窝村、夯娄村、李家寨村、毛坪村。社区居委会：默戎居委会	11	1
岩头寨镇（2009 年撤乡建镇）	建制村：梓木坪村、坪家村、鲇溪村、芭蕉村、洞坪村、磨子坪村、蒿根坪村、土溪村、野竹坪村、洞溪村、占潭村、千金村、草潭村、长冲村、岩嘴村、崩山村、老寨村、鲁家村、岩头寨村、湾坪村、白竹坪村。社区居委会：岩头寨居委会、野竹居委会、草潭居委会	21	3
断龙山乡	建制村：细塔村、报吾列村、田家洞村、喜其哈村、米多村、猛虎洲村、坐苦坝村、梅塔村、尚家村、白溪村、白家村、小白村、龙王湖村、杨家河村、溪龙车村。社区居委会：断龙山居委会	15	1

续表 1-2

乡镇名称	所辖村、居委会	村数	社区、居委会数
双溪乡	建制村：排若村、夯水村、宋家村、官坝村、溪流墨村、梳头溪村、蔡家村、茅坡村。社区居委会：双溪居委会	8	1
高峰乡	建制村：陈家村、凉水村、淘金村、八水村、岩坳村、三坪村、镇溪村、铅厂村、老官坪村、李家洞村、岩排溪村。社区居委会：高峰居委会	11	1
河蓬乡	建制村：白洋溪村、丫角村、凤鸣村、官坪村、沙坪村、苏家村、岩寨村、河蓬村。社区居委会：河蓬居委会	8	1
山枣乡	建制村：磨刀村、筲箕田村、山枣村、枞树溶村、竹山村、火麻村、林场村。社区居委会：山枣居委会	7	1
坪坝乡	建制村：上窝喇村、亚家村、板栗村、窝米村、窝瓢村、旦武营村、叭喇村、张家坪村、大寨村、对冲村、溪口村、曹家坪村。社区居委会：坪坝居委会	12	1
高望界乡	建制村：麻溪村、公洋坪村、葫芦坪村、高望界村、焦坪村、烂泥池村、石门寨村、岩坨村。社区居委会：高望界居委会	8	1

第二节　区域勘界

根据《国务院开展勘定省、县两级行政区域界线工作有关问题的通知》《湖南省政府关于开展勘定行政区域界线工作有关问题的通知》《湖南省勘定地、州、市行政区域界线总体方案》，1996 年，启动县界勘界工作，成立县勘界工作领导小组，制定勘界工作方案。

1997 年 9 月，古丈、保靖两县勘界小组工作人员对古保边界进行勘界。12 月，边界线勘定，两县签订边界协议书。

古保边界由北向南，全长 57.1 千米。自保靖、古丈、永顺三县边界线交界点 312526270 起，至古丈、吉首、保靖三县（市）边界线交界点 310125260 止。界点中段埋设两个界桩：312526001 号、312526002 号。312526001 号界桩埋设在双溪乡官坝村堂西岐自然寨与保靖县阳朝乡米溪村山坳交界处（平面直角坐标：X=3165361.2，Y=19384843。高程 663.9），312526002 号界桩埋设默戎镇龙鼻嘴村与保靖县葫芦镇阿着村交界处（平面直角坐标 X=3154061.6，Y=19385364.8。高程 328.9）。涉及两县 6 个乡镇，即保靖县迁陵镇、阳朝乡、葫芦镇，古丈县断龙山乡、双溪乡、默戎镇。

1998 年 3 月，古丈、永顺两县勘界小组工作人员对古永边界进行勘界。5 月，边界线勘定，两县签订边界协议书。

古永边界大体走向为东西向，边界线西起保靖、古丈、永顺三县边界交会点 312526270（位于保靖县迁陵镇杨家村、古丈县断龙山乡坐苦坝村、永顺县列夕乡龙车村交界处酉水与白溪河交汇的河流中心，平面直角坐标：X=3180119，Y=19379945。高程 195。未埋设界桩），东至古丈、永顺、怀化市沅陵三县交会界点 312627120。边界线涉及古丈县断龙山乡、红石林镇、罗依溪镇、高望界乡、高峰乡和永顺县列夕乡、芙蓉镇、小溪乡。界点中段在隔酉水相望的永顺县芙蓉镇南（酉水河东北岸边）和红石林镇河南村（酉水河西南岸边）埋设 312627001A、312627001B 两个石质同号双立界桩。在永顺县小溪乡野竹村（酉水河北岸）和高望界乡公羊坪村（酉水河南岸）埋设 312627002A、312627002B 两个石质同号双立界桩。

古永边界全长 61.5 千米。其中 60 千米是以酉水中心线为界的水上边界，罗依溪镇会溪坪村酉水河北岸铜柱溪段 1.5 千米为陆上边界。陆上边界为：自酉水河中心至铜柱溪与酉水相交处，向西北方向沿铜柱溪上行，穿过枝柳铁路桥及公路桥行约 100 米，折向东偏东北方向沿陡岩脚下至鸡笼门，从鸡笼门向东偏东南方向顺山坡下行至公路北边，跨过公路，向南越过焦柳铁路隧道，转向南偏东南方向至西水河中心。

1999 年 1 月，古丈、泸溪两县勘界小组工作人员对古泸边界进行勘界。3 月，边界线勘定，两县签订边界协议书。

古泸边界大体为东西走向，全长 6.6 千米。从吉首市排绸乡三坪村、泸溪县八什坪乡李什坪村、古丈县山枣乡磨刀村的三县市交界点 310122260 号界桩（地名矮均，又称大均）起，至泸溪县八什坪乡李什坪村、古丈县山枣乡林场村，怀化市沅陵县二酉苗族乡田坳村处的三县交会点 312226120（431231004）号界点（因在山枣溪电站下游河中，未埋设界桩。平面直角坐标：X=3149275，Y=19211900。高程 189）止。界点间未埋设界桩。经过古丈、泸溪两个县的 2 个乡、3 个村，即古丈县山枣乡磨刀村、林场村，泸溪县八什坪乡李什坪村。

1999 年 4 月，古丈、沅陵县两县勘界小组工作人员对古沅边界进行勘界。6 月，边界线勘定，两县签订边界协议书。

古沅边界呈南北走向，全长 77 千米。从古丈、泸溪、沅陵三县边界交界点 312226120（431231004）（在山枣乡漆树界电站下游河中，未埋设界桩）起，至古丈、沅陵、永顺三县边界交界点 312627120（431231002）（在高峰乡铅厂村、永顺县小溪乡新立村和沅陵县明溪口镇黄秧坪居委会交界处西水河中。平面直角坐标：X=3178325，Y=3742865。高程 170）。经过山枣乡、岩头寨镇、高峰乡和沅陵县二酉苗族乡、明溪口镇共 5 个乡（镇）。

1999 年 4 月，古丈、吉首边界勘界工作与古沅边界勘界工作同时启动，1999 年 10 月，边界线勘定，两县市签订边界协议书。

古吉边界大体为东西走向，全长 60 千米。从吉首、保靖、古丈三县（市）交界点 310125260 号界桩（地名上岩蹬，别名上海厅、强盗洞包。平面直角坐标：X=3151842.3，Y=19384360.7。高程 681.6）起，至吉首、泸溪、古丈三县（市）交界点 310122260 号界桩（地名矮均。平面直角坐标：X=3147693.8，Y=19407734.6。高程 399.8）止。界点章树立 2 个界桩 310126001（地名夯喇，在岩坎寨北面山鞍部。平面直角坐标：X=3149504.5，Y=37370670.63。高程 325.81）、310126002（位于县道洗田公路苏家村段南边沿。平面直角坐标：X=3148320.71，Y=37406210.95。高程 213.57）。界线涉及 8 个乡（镇）：吉首市马劲坳镇、白岩乡、丹青镇、排绸乡，古丈县默戎镇、坪坝乡、河蓬乡、山枣乡。

至 1999 年 10 月底，勘界工作全部结束，勘定边界线 262.2 千米。

2001 年 12 月，湖南省政府批复同意古丈与邻近五县市签订的 5 个边界协议书。

第三章　乡镇概况

第一节　古阳镇

古阳镇位于县境中部偏西，全镇区域面积 72.4 平方千米，东接岩头寨镇，西连双溪乡，北与罗依溪镇、高望界乡接壤，南与默戎镇、坪坝乡、河蓬乡交界。焦柳铁路、省道 S229 线纵贯全镇。为县政府驻地，全县政治、经济、文化中心。镇政府驻小古丈坪。

境内属中低山地貌，群山起伏，峰峦叠嶂，溪河纵横，镇域东部有高望界南脉、田马至高粱洞山脉，南部有天桥山、牛角山，西部有夯岔闹界、竹溪界、大面地界。中部为古阳河谷盆地，东、南、西三面为山地，海拔较高，中部和北部为河谷，海拔较低，地貌呈“U”字形，境内平均海拔 500 米，最高点在田马寨村老界山峰，海拔 1012 米，最低点在树栖柯村古阳河水面，海拔 215 米，地表成土母岩主要有紫色砂页岩和石灰岩，土壤以黄壤、红壤为主，古阳河谷分布有冲积砂壤。矿产资源有分布在太坪、长潭、南山、天桥山 4 个村的磷矿和天桥山村的钒矿。属古阳河水系，古阳河发源于狗脑山，旧称罗江，全长 46.5 千米，从县城中部流过，在镇境内全长 21 千米，一般流量为 0.7157 亿立方米 / 年，平均坡降 6.5%，标高 130 ~ 840 米，集雨面积 274.2 平方千米，水能蕴藏量 22648 千瓦。境内支流有白岩河、水甜溪、恶浊溪、仁溪河、蔡家河。全境有耕地 564.55 公顷，其中水田 175.6 公顷，旱地 388.95 公顷。森林面积 6100.1 公顷，森林覆盖率 73.1%，主要树种有马尾松、杉、柏、枫香、樟树、香椿、香桂、板栗等，天桥山村夯苦分布有古老黄杉天然林，面积 13.34 公顷。境内气候温凉湿润，年均气温 16.7℃，最高气温出现在 7 月，达 39.1℃，最低气温出现在 2 月，达 -2.3℃，年降水量 1500.6 毫米，无霜期 297 天。

镇北有青云山，山上茶园遍布，山顶青云寺（又名二龙庵）建于清初，“文化大革命”中被毁，20 世纪 80 年代复建后香火不断。青云山下有北泉，泉水清冽甘甜。湖南农业大学教授朱先明曾赋诗：“古丈北泉水，青云山上茶。毛尖今胜昔，品质誉中华。”城东水甜溪，溪水明净清澈，是居民汲水、浣衣、游玩、休闲的理想场所。溯溪而上五里处有香炉岩，平地突起一石峰，形如香炉。镇南有天桥山，主峰海拔 847.1 米，山中两峰绝壁间有巨石横卧，仰望若云端天桥。

古阳镇代出名人。清咸丰、同治年间（1851—1874），杨占鳌（1832—1909）22 岁参加湘军，任甘肃提督期间，修复驿站，广积粮草，为清政府收复新疆做出贡献。大革命时期，共产党员危云开（1884—1927）、危云炎（1887—1927）在县城播下农运革命火种。国家一级演员、男高音歌唱家何纪光（1939—2002）演唱《挑担茶叶上北京》《洞庭鱼米乡》等湘韵醇厚的歌曲，风靡全国。

1986 年，古阳镇地域面积 21 平方千米，辖柑子坪、红星、思源桥、树栖柯 4 个村，城镇 1 个居委会，22 个村民小组。总人口 10228 人，其中土家族 4661 人，占 45.57%，苗族 2649 人，占 25.90%，汉族及其他少数民族 2918 人。有耕地 49 公顷，其中水田 31 公顷，旱地 18 公顷。有林地 480 公顷，茶园 49 公顷。是年，全镇粮食总产量 196 吨，农业总产值 72 万元，农民人均纯收入 304 元。

1989 年，引进企业发展资金 93 万元，引进各种技术 17 项，新建镇饮料厂、镇茶叶精制厂、镇社会福利厂等乡镇企业，全镇有各类企业 180 家。1990 年，全镇茶叶种植面积 67 公顷，年产量 38 吨。1991 年，在青云山新建镇敬老院，占地 1000 平方米，集中供养五保老人 27 人。1992 年，始安装有线电视，全镇安装有线电视 1651 户。全镇企业总收入 400 万元，有个体私营企业 379 家，从业人员 664 人。

1993 年，由 1 个城镇居委会分设为城东、城西 2 个居委会。1995 年，全镇企业总收入 1446 万元，有个体私营企业 909 家，从业人员 1092 人。1999 年，镇财政总收入 110 万元，为实施分税制财政体制改革以来，全县第一个财政收入上百万元的乡镇。

2000 年 5 月，在古丈县第一届“茶王杯”斗茶会上，思源桥村茶农杨祖民获“茶王”称号。同年，撤销城东、城西 2 个居委会，建古丈坪、车站、广场、红星 4 个社区居委会。2002 年，始安装宽带，全镇安装电信宽带 930 户。2003 年，全镇发放农村和城镇居民社会最低生活保障金 494.7 万元。

2004 年，全镇总人口 22003 人。有茶园 109.2 公顷，年产量 82 吨。果园 114 公顷，年产量 716 吨，其中柑橘 77 公顷，年产量 570 吨。

1986 年，城关乡地域面积 51.4 平方千米，乡政府驻古阳镇红沙溪。辖南山、太坪、长潭、白岩、二岗、高坳、田马寨、老寨、茶坪 9 个村，1 个城关居委会，45 个村民小组。总人口 4261 人，其中土家族 2822 人，苗族 1194 人。有耕地 242 公顷，其中水田 179 公顷，旱地 63 公顷。有林地 1904 公顷，茶园 47.8 公顷。全乡粮食总产量 1114 吨，农民人均纯收入 180 元。

1998 年，从太坪村析出小寨村，城关乡辖村增至 10 个。2004 年，全乡总人口 4685 人。茶园面积 77 公顷，年产量 58 吨。果园面积 28 公顷，年产量 156 吨。

2005 年 12 月，行政区划调整。城关乡并入古阳镇。城关乡辖 10 个村并为 6 个村，即白岩村与二岗村合并，更名为天桥山村；小寨村并入太坪村，老寨村并入长潭村，茶坪村并入田马寨村。古阳镇辖 4 个村并为 3 个村，即红星村并入柑子坪村。调整后，全镇辖柑子坪、思源桥、树栖柯、南山、太坪、长潭、天桥山、高坳、田马寨 9 个村。

2006 年，镇内有 3 个茶叶协会，3 个有机茶基地，110 户茶叶生产大户，13 个中型茶叶加工销售企业。2010 年，全镇茶园面积 388 公顷，年产量 230 吨。2007 年，镇党委、镇政府建设 5 个产业带，即古阳河沿河两岸无公害绿色蔬菜产业带、中海拔山地绿色茶叶产业带、高海拔地区林果业和特色经济作物产业带、田马寨和高坳 2 个村种草养羊产业带、城镇绿色民营经济产业带。是年，古丈县举办第四届“茶王杯”斗茶会，树栖柯村茶农向春辉获“茶王”称号。2008 年，为全镇 30 名分散供养五保老人垫交农村新型合作医疗筹金。

2010 年，全镇辖 4 个社区、9 个村、86 个村（居）民小组，12340 户、28525 人。全镇退耕还林面积 410 公顷。是年，全镇粮食总产量 1580.4 吨，蔬菜总产量 3263 吨，水果总产量 2512 吨，农村经济总收入 2316.1 万元，镇财政收入 435 万元，农民人均纯收入 2473 元。境内有国营企业 2 家，私营企业 132 家，其中工业企业 47 家，从业人员 893 人，销售收入 3900 万元，实现工业税收 95 万元。全镇有农村低保户 459 户、1080 人，全年发放农村低保金 84.24 万元；城市低保户 1385 户、3582 人，全年发放城镇居民低保金 525.76 万元。是年，被文化部确定为全国文化信息资源共享基层服务点。全镇有线电视用户 6350 户，宽带用户 3165 户。

1986—2010 年古阳镇负责人名录

镇党委书记：龚天保、刘绍健、李全、龙永金、彭美玉、王宪生、傅建华、向发英、彭秀顺、梁章兴。

镇人大主席：张心文、张显柏、向群梅、文启珍、张忠富、张安乐、吴光勇、双程波、陈德好、宋彬。

镇人民政府镇长：覃兴德、刘绍健、李全、梁必忠、鲁帮奇、傅建华、向发英、李清江、向银燕、宋祖林、梁章兴、张亚。

1986—2005 年城关乡负责人名录

乡党委书记：李启龙、彭善扬、向胜友、张学成、田宏明、向莲玉、向贤利、彭波。

乡人大主席：鲁帮玉、彭善扬、符兴国、向水发、石泽毅、向顺友。

乡人民政府乡长：向代海、熊祥、龙洪森、向代坤、彭祖润、杜芳富、向莲玉、向贤利、田开娥。

第二节　石林镇

红石林镇位于县境西北部，是土家族聚居镇。东接罗依溪镇，南邻双溪乡，西连断龙山乡，北隔酉水河与永顺县芙蓉镇相望。省道 S229 线过境后向北入永顺县，县道河迁公路贯穿全镇，向西经断龙山乡可达保靖县城迁陵镇。镇域面积 103.87 平方千米。镇政府驻茄通村，距古丈县城 33 千米。

镇域地势南高北低，属丘陵、中低山台地地貌，为典型的喀斯特地貌，天坑、溶洞、阴河较多，地表水源奇缺，易受干旱。成土母岩为石灰岩、硅质石灰岩、白云岩及少量板页岩。土壤主要以水稻土、石灰土、红壤和黄壤为主。最高点在下布尺村插旗尾，海拔 992.9 米；最低点在河南村酉水河面，海拔 205 米；平均海拔 400 米。境内河流属酉水水系，酉水流经花兰、老司岩、泽禾溪、岩仁坪、龙天坪、河西、河南等村；广潭河源于断龙山脉北麓，流经下布尺、白果树、铁马洲、先锋、茄通、龙天坪、河南 7 个村，在河西村汇入酉水，全长 15 千米。年均气温 16℃，无霜期 283 天，年均日照 1304 小时。年均降水量 1240.8 毫米

镇域山清水秀，人杰地灵。有“中国最红的石林”——红石林国家地质公园，中南第一奇峡——坐龙峡，老司岩明清古民居，白鹤湾战国古墓群遗址。老红军、周恩来总理警卫队长、湘西土家族苗族自治州副州长彭祖贵（1920—2009），爱国将领、国民党第八军副军长、湘西土家族苗族自治州第五届政协主席田仲达（1906—1992）均出生于红石林镇。

1984 年 3 月，撤茄通公社，建茄通乡。1986 年，茄通乡地域面积 85 平方千米，辖张家坡、先锋、下布尺、铁马洲、科布车、花兰、老司岩、泽禾溪、岩仁坪、茄通、马达坪、白果树、小龙热、业者湖 14 个村，76 个村民小组，乡政府驻茄通。总人口 8080 人，其中土家族 6847 人，苗族 47 人。全乡有耕地 578 公顷，其中水田 462 公顷，旱地 116 公顷。林地面积 1536 公顷，茶园面积 27 公顷。是年，全乡粮食总产量 2896 吨，农民人均纯收入 195 元。是年，县种子公司在茄通村实施杂交水稻制种，制种面积 8 公顷，产杂交水稻种 7.2 吨。

1994 年，茄通乡被湘西州政府确定为商品粮基地乡。1996 年，茄通乡开始安装有线电视，安装用户 432 户。1999 年，茄通乡通程控电话，安装固定电话 150 部。

2003 年 9 月，湖南鸿仪投资发展集团与县政府签署《湖南省古丈县坐龙峡景区开发经营合同》。12 月，组建湘西坐龙峡旅游开发有限公司，坐龙峡景区旅游试营业，门票创收 5.6 万元。

2004 年，鸿仪集团与张家界旅游股份开发有限公司签订《坐龙峡景区股权转让协议》。是年，茄通乡总人口 9224 人。粮食播种面积 604.6 公顷，总产量 3428 吨。茶园面积 190 公顷，产量 36 吨。水果面积 150 公顷，产量 735 吨。

1984 年 10 月，经湖南省人民政府批准，划出茄通乡的河西、河南、龙天坪、列溪 4 个村及张家坡村沙土湖组，设立河西镇，镇政府驻河南村。全镇地域面积 22.03 平方千米，辖河西、河南、龙天

坪、列溪4个村，21个村民小组，总人口3251人，其中土家族2126人，苗族335人。全镇有耕地120公顷，其中水田93公顷，旱地27公顷。有林地742公顷，茶园51.67公顷。1986年，全镇粮食总产量579吨，农民人均纯收入249元。

1990年，县水产站在河西镇进行网箱养草鱼、鲤鱼试验，选定3户示范户，示范网箱10口，其中草鱼8口、鲤鱼2口。每个网箱投放大规格草鱼和杂交鲤鱼种66.8千克，年产鲜鱼3820千克，箱均382千克，箱均纯利1142元，其中鲤鱼箱均750千克，草鱼箱均369千克，箱均纯利1164元。1995年，县林科所人工养蛇获得成功。

2004年，古丈县第二中学和河西镇中心完小合并为河西镇九年制学校。是年，全镇总人口4346人。全镇茶园面积98.6公顷，年产量31吨；水果面积246.6公顷，年产量2721吨。

2005年，河西镇与茄通乡合并，设立新镇，以境内红石林景区而命名为红石林镇。是年，行政区划调整，茄通乡的小龙热村并入马达坪村，业者湖村并入白果树村。调整后，全镇辖河西、河南、龙天坪、列溪、张家坡、先锋、下布尺、铁马洲、科布车、花兰、老司岩、泽禾溪、岩仁坪、茄通、马达坪、白果树16个村，河西、茄通2个居委会。

是年，红石林景区被国土资源部批准为国家级地质公园。7月，县政府与湖南华夏科技投资有限公司签订《特许经营古丈红石林等旅游资源的合同》，投资3.4亿元进行景区建设。

2006年，在原河西镇政府大院建红石林镇敬老院，建筑面积1600平方米，集中供养孤寡老人35人。年末，全镇茶园面积294公顷，主要分布在龙天坪、岩仁坪、铁马洲、河南等村，柑橘种植面积530公顷，主要分布在河南、河西、先锋、龙天坪、岩仁坪、马达坪、泽禾溪、铁马洲、茄通等村。2007年，全镇烟叶种植面积240公顷。主要分布在花兰、马达坪、泽禾溪、科布车、岩仁坪、铁马洲、列溪、先锋、张家坡等村。2009年，投资350万元进行广潭河小I型水库大坝除险加固，投资300万元进行广潭河水库引水渠补漏防渗。

2010年，全镇辖16个建制村，2个居委会，96个村民小组，总人口13687人，移民人口3100人。其中土家族11878人，占全镇总人口的86.78%，苗族和其他民族1809人。有耕地1130公顷，其中稻田578公顷，旱地552公顷。有林地8200公顷。

2010年，在红石林工业园区开工建设湖南南方水泥集团有限公司100万吨新型干法水泥生产线项目及道路等附属设施。11月，侨兴集团惠闽石材、龙腾石材2家企业实施厂址建设征地。是年，建成红石林11万伏变电站，解决红石林工业园区用电困难问题。全镇有饮食、百货、运输、加工等个体工商户470户，从业人员1880人。全镇实现4个村通自来水，村村通电、通公路、通电视电话，宽带用户220户。镇内有镇九年制学校和镇中心完小2所学校，在校中、小学生1081人。有镇中心卫生院和镇中心卫生院河西分院2所卫生院。全镇农村低保户606户、941人，全年发放农村低保资金61.8万元。

2010年，全镇烟叶种植面积395公顷，居全县第一；茶园面积637公顷，居全县第二；柑橘开发1013公顷，居全县第一。2010年全镇粮食总产量4650吨，水果总产量4200吨，烟叶总产量1.61万担，农业总产值2900万元，人均纯收入1760元。是年，全镇有线电视用户1180户，卫星电视接收器用户2105户。

1986—2005年茄通乡负责人名录

乡党委书记：张朝远、田祖忠、龙洪森、周忠科、彭祖兴、彭仕炳、赵慧、周大发。

乡人大主席：向加生、梁福旺、宋顺勤、彭玉萍、向银燕、向德纯。

乡人民政府乡长：张朝远、田志友、彭祖兴、彭南阶、周大发、田志林。

1986—2005年河西镇负责人名录

镇党委书记：田祖忠、吴善言、潘贤官、吴良平、龙辉、汪立东、杨孝平。

镇人大主席：彭祖实、张兰翠、黄昌运、胡光清。

镇人民政府镇长：田祖忠、田齐生、向光珍、向国兴、彭英槐、陈德菊、谢云鹏、鲁平。

2006—2010 年红石林镇负责人名录

镇党委书记：彭武利

镇人大主席：胡光清

镇人民政府镇长：田志林

第三节　罗依溪镇

罗依溪镇位于县境北部，地处张家界—猛洞河—凤凰旅游线路中段。1984 年 4 月，撤东方人民公社，建东方乡。10 月，撤东方乡，建罗依溪镇。全镇地域面积 109.79 平方千米。东与高望界乡接壤、南与古阳镇、双溪乡相邻、西与红石林镇相连、北隔酉水河与永顺县相望。酉水河自西向东流经镇境北部，焦柳铁路和省道 S229 线纵贯全镇，境内的猛洞河火车站是湘西州第二大客货运混编站。镇政府驻打烂坳，距古丈县城 13 千米，是凤滩水库重点移民镇。

镇域以中低山地貌为主，东部属高望界山脉西麓，西部属断龙山山脉东麓，中部为古阳河谷地，北部为酉水沿河谷地。境内最高点在江洋溪村与高望界乡葫芦坪村交界的凉风垭，海拔 1010 米；最低点在茶叶村马路溪，海拔 205 米。土壤主要有红壤、黄壤、石灰土及水稻土，黄壤主要分布于大龙村、江洋溪村、会溪坪村、康家寨村、毛坪村；石灰土分布于坳家湖村及龙潭坪村。镇内主要河流有古阳河、酉水河。古阳河从龙潭坪村入境，流经黑潭坪、且茶下、罗依溪 3 个村，在茶叶村汇入酉水。酉水从坳家湖村箭潭口入境，流经青鱼潭、会溪坪、江洋溪 3 个村。矿产资源有主要分布在大龙、龙潭坪、黑潭坪、且茶下、青鱼潭、会溪坪等村的磷矿，大龙村的锰矿，江洋溪村的铜矿，大龙、会溪坪、江洋溪及坳家湖等村的矾矿，罗依溪、坳家湖等村的煤矸石。全镇气候温和，雨季明显，年均气温 16℃，35℃的高温日数年均 15 天。降水量年均 1475.9 毫米，全年无霜期 275 天，全年均日照 1304 小时。凤滩水库畜水后在境内形成大面积淹没区，可开发利用水面 12 平方千米。

1986 年，全镇辖大龙、龙潭坪、黑潭坪、罗依溪、石碧溪、江洋溪、牛儿山、康家寨、且茶下、毛坪、青鱼潭、茶叶、坳家湖、会溪坪、箭潭口、五里坡 16 个村，罗依溪 1 个居委会，95 个村民小组。总人口 8933 人，其中土家族 4916 人，苗族 1098 人。全镇有耕地 404 公顷，其中水田 280 公顷，旱地 122 公顷；有林地 2610 公顷；茶园 36.87 公顷。

1986 年，全镇工业总产值 300 万元，其中镇办企业总产值 100 万元。主要企业有镇办造纸厂。农业总产值 1000 万元，粮食总产量 1200 吨，农民人均纯收入 203 元。全镇有中小学校 19 所，其中初级中学 1 所，中心完小 1 所，片小 2 所，村小 15 所；有中小学生 1519 人，教师 77 人。校舍质量差，危房多，全镇中小学 74 间教室中有危房 11 间，教室危房占教室总数的 14.9%；教室缺桌少椅。1988 年，县属企业古丈县化工厂在镇内喇叭冲建厂。

1989 年，全镇中小学基本实现“一无两有”（学校无危房，班班有教室，学生人人有课桌椅）。当年，且茶下村官坪组村民李顺运投入 2 万元养甲鱼，建甲鱼养殖池 2666.8 平方米，养殖甲鱼 300 只。

1990 年，全镇调整产业结构，打造五大产业，即江洋溪村、会溪坪村发展柑橘产业，毛坪村、茶叶村、且茶下村发展茶叶产业，毛坪村、罗依溪村、茶叶村发展水产养殖产业，龙潭坪村发展无公害大棚蔬菜产业，坳家湖村、罗依溪村发展民营企业。是年，镇办集体所有制企业倒闭和改制完成，民营企业异军突起。1991 年，组建镇网箱养鱼技术协会，会员 58 人，通过《罗依溪镇网箱养鱼技术协会章程》，1992 年，县水产站对 24 口草鱼网箱开展技术承包示范服务。1993 年，境内栖凤湖风景区被省政府批准为省级风景名胜区，面积 431 平方千米。当年，罗依溪村民杨清海等人出资入股，创建罗依溪包装纸品有限公司，生产再生纸，为全县首家股份合作制民营企业。12 月，县茶叶总厂在黑潭坪村王家堡建厂。

1999 年 10 月，县化工厂实行租赁经营，2000 年 3 月，新建成硫化锌脱硫制酸技改项目，新增一条年产 4000 吨的脱水硫酸生产线，当年产硫酸 9045.3 吨。是年，罗依溪造纸厂改制，在原址新建猛洞河天然植物制品公司，生产茶多酚。2001 年 10 月，民营企业—湖南双力电池有限公司建成投产，当年生产 5 号、7 号碱性锌锰电池 6000 万只。

2002 年，进行网箱精养试点，养殖美国斑点叉尾鮰、银鲫、鲤、草鱼等鱼类，产量 10 吨。2003 年 9 月，栖凤湖大坝竣工，形成 293.3 公顷养殖水面。2004 年，有网箱 1500 口，其中精养 200 口，主要养殖美国斑点叉尾鮰。是年，因市场销路不畅，湖南双力电池有限公司停产。

2005 年，行政区划调整，箭潭口村并入坳家湖村，五里坡村并入会溪坪村，调整后，全镇辖大龙、龙潭坪、黑潭坪、罗依溪、石碧溪、江洋溪、牛儿山、康家寨、且茶下、毛坪、青鱼潭、茶叶、坳家湖、会溪坪 14 个村。10 月，境内的县茶叶总厂由湖南省茶业有限公司收购，成立古丈县有机茶业有限公司，生产加工“倩云”牌古丈毛尖、有机茶、珍眉茶、低农残茶、袋泡茶、珠茶、茶坯、绞股蓝茶等系列茶产品。同年，县化工厂破产改制。

2007 年，罗依溪包装纸品有限公司搬迁扩建，主要生产条纹纸、包装纸等再生纸系列产品。11 月，地质专家在坳家湖村箭潭口发现该地一处地层剖面为寒武系第 3 统第 7 阶底界“金钉子”剖面，并竖立“寒武系古丈阶金钉子”标志牌。2008 年，罗依溪村民李永花投入 2000 万元用于大鲵养殖，建 40000 平方米的养殖场地，有养鱼池 2000 口，投放 8 千克以上的种鱼 400 尾。是年，罗依溪包装纸品有限公司更名为古丈移民纸业有限责任公司。

2010 年，全镇总人口 12324 人，其中移民人口 8669 人。全镇有耕地 403 公顷，森林覆盖率 78.4%。县招商引资重点项目、投资上亿元的青岛华仁世纪集团 3 万吨电解锰整合项目在坳家湖村落户，华仁古丈矿业有限责任公司成立。全镇有民营企业 53 家，其中规模以上企业 3 家，实现总产值 1000 万元，创税 170 万元。成为湘西自治州工业强镇之一。是年，全镇柑橘面积 320 公顷，茶叶面积 427 公顷，水面养殖面积 120 公顷，蔬菜大棚 1800 个。全镇农业总产值 5800 万元，粮食总产量 1900 吨，农民人均纯收入 1770 元。

1986—2010 年罗依溪镇负责人名录

镇党委书记：向仍才、邓长好、李顺乾、向汉成、田宏明、张培、罗时衡、符家学、李清江、张二平、粟长江。

镇人大主席：杜高潜、向自德、向心武、李新良、向德云、苏世亮。

镇人民政府镇长：何钟鸣、邓长好、李全、朱锋、宋谋福、罗时衡、彭继平、宋波、鲁建军、粟长江、杨世军。

第四节 默戎镇

默戎镇位于县境西南部，1984 年 4 月，撤默戎人民公社，建龙鼻乡，10 月，撤龙鼻乡，建默戎镇。全镇地域面积 116.18 平方千米。东与坪坝乡交界，西与保靖县葫芦镇接壤，南与吉首市马颈坳镇毗邻，北靠古阳镇、双溪乡。省道 S229 线和焦柳铁路纵贯全镇。镇政府驻龙鼻嘴，距古丈县城 29 千米。

境域为中低山区，平均海拔 420 米，最高点在龙鼻嘴村齐天坡海拔 885.6 米，最低点在九龙村通口桥，海拔257米。年降雨量1471毫米，年均气温15.9℃，全年无霜期320天。地势北高南低，镇北部有牛角山，主峰海拔808米，为镇境内第二高峰。龙鼻河发源于新窝村摆角，自西北而东南流经盘草村、万岩村、龙鼻嘴村、潭溪村、中寨村、九龙村，出镇境入坪坝乡。另有发源于牛角山北侧的古阳河，上源毛坪村段称毛坪河。全镇森林覆盖率78%。矿产资源有页岩、钒、锰、磷、重晶石、大理石等，主要分布于龙鼻嘴、夯娄、新窝、盘草、翁草、毛坪、潭溪、中寨、九龙等村。民族民间文化有苗族跳鼓、舞狮、上刀梯、苗歌、山歌、武术等，尤以苗族四方鼓享誉海内外。龙鼻嘴市场是古丈、吉首、保靖三县市边区最大的集贸市场，逢农历五、十日赶集，赶集群众多时可达万人。

1986年，全镇辖龙鼻嘴、九龙、排布坪、己戎、潭溪、李家寨、排达牛、桐木、万岩、盘草、四方坡、新窝、夯娄、翁草、毛坪、茶场16个村，默戎1个居委会，65个村民小组。总人口12091人，其中苗族8166人，占67.5%，土家族2053人，占16.98%。全镇有耕地881.27公顷，林地9833.33公顷，茶园74.67公顷。是年，全镇粮食总产量3107吨，农民人均纯收入163元。

1988年6月，从桐木村析出岩寨村，全镇建制村增至17个村。1990年，从李家寨村析出向家村，从己戎村析出中寨村，全镇建制村增至19个。

1991年，以工代赈项目—龙鼻嘴农贸市场建设工程竣工并投入使用。市场占地3200平方米，设摊位300个。1992年，建设以龙鼻嘴农贸市场为中心的商品贸易基地，以万岩、龙鼻嘴、李家寨3个村为中心的万吨粮生产基地，以新窝、四方坡、盘草3个村为中心的万吨矿石开采加工基地，由县默戎职业中学牵头建设镇农村实用技术人才培训基地。10月，镇政府驻地架通地面卫星电视接收站，开通闭路电视。同年，各村配齐乡村医生和接生员。

1993年5月，国际“傩文化”研讨会在湘西州召开，同时在默戎设分会场，与会专家观看在默戎分会场展演的“苗族傩文化”“土家族茅古斯”节目。是年，默戎镇被省文化厅授予“湖南省文化艺术之乡”称号。县默戎职业中学（1985年由古丈县第三中学改设）更名为县综合职业技术学校，为全县唯一培训职业技术人才的中等专业学校。

1995年，全镇16个建制村全部通电，12个建制村通公路。2000年，镇内始开通宽带。2001年，全镇有个体工商户206户，私营企业32户。

2005年，村级行政区划调整。排布坪村并入九龙村，己戎村并入中寨村，桐木村并入龙鼻嘴村，四方坡村并入新窝村，茶场并入夯娄村，排达牛村、向家村并入李家寨村，岩寨村并入毛坪村。调整后，全镇辖翁草、盘草、潭溪、万岩、九龙、中寨、龙鼻嘴、新窝、夯娄、李家寨、毛坪11个村。

2006年，在境内坪坝河沿河两岸村寨建成橙柚基地160公顷，在盘草、新窝2个村建成猕猴桃、金秋梨基地33公顷。同年，修通向家、李家寨、排达牛3个村通村公路，全镇实现村村通公路。是年，龙鼻嘴村四方鼓队应邀参加“CCTV2006飘柔·中国民族民间歌舞盛典”“2006中国杭州·大众电影百花奖颁奖盛典开幕式”“2006中国郑州农博会开幕式”“2006中国长沙·国际文化遗产日开幕式”等大型活动。9月，龙鼻嘴村“苗族鼓舞”被列入国家非物资文化遗产保护名录。

2007年，全镇农业生产总值1942万元，粮食总产量4200吨，农民人均纯收入1163元。2008年8月，龙鼻嘴村四方鼓队应邀参加“2008中国青岛·奥帆赛开幕式”汇演。12月，湘西牛角山生态农业科技开发有限公司在毛坪村成立。是年，默戎镇被文化部命名为“中国民间文化艺术之乡”。

2010年，全镇辖11个建制村，1个居委会，90个村民小组，总人口14282人，其中苗族11256人，占78.81%。全镇耕地面积903公顷，茶园面积302.13公顷，种植烟叶33公顷，开发柑橘166公顷。形成三大农业产业基地，即牛角山、盘草等地有机茶基地，排达牛、李家寨等地烟叶基地，坪坝河沿岸柑橘基地。全年农民人均纯收入1643元。是年，夯吾苗寨、墨戎苗寨开发以民族风情为主生态旅游项目，实施特色民居保护，夯吾苗寨景点始对外营业，日接待游客600人次。同年，牛角山科技生态开发有限公司开发生态养殖项目。惠闽石业、连旺石材等石材精深加工企业落户默戎镇。镇内有中心完小1所，村小学9所，学生504人；县综合职业技术学校有学生216人。有宽带用户289户。

是年，镇政府驻地街道硬化一期工程竣工，完成潭溪、中寨、九龙、龙鼻嘴4个村通村公路硬化，实施万岩、盘草、新窝、桐木4个村公路通畅工程。镇自来水厂投入使用，解决镇直机关、居委会、龙鼻嘴、潭溪、中寨等地5000人的饮水困难问题。启动坪坝河龙鼻嘴段疏浚治理。毛坪、龙鼻嘴2个村防洪堤建设竣工。

镇籍名人有：民国初年，古丈县五十八寨苗民抗捐抗税斗争首领——苗王龙廷久，中国美术家协会、中国书法家协会会员，新疆书法家协会常务理事、国家一级美术师龙清廉，湖南省发展计划委员会以工代赈办公室主任、“模范公务员”龙清秀。

1986—2010年默戎镇负责人名录

镇党委书记：向清国、张清翔、石富文、张心文、彭民建、龙自辉、向代坤、李军、张忠富、龙元敬、彭仕炳、石远配、罗其辉、龙晓霞。

镇人大主席：张安柱、张心文、龙顺荣、龙自辉、洪安国、田开龙、向汉国、周孝学。

镇人民政府镇长：张清翔、向代坤、龙自辉、龙自国、张明滔、唐勇、龙元敬、石元良、罗其辉、张亚、向旭东。

第五节　岩头寨镇

岩头寨镇位于县境东部，全镇地域面积195.31平方千米。东与沅陵县二酉苗族乡交界，南与山枣乡、河蓬乡接壤，北与高峰乡、高望界乡相邻，西靠古阳镇。古丈至沅陵公路穿境而过。镇政府驻野竹坪，距古丈县城25千米。

属中低山地貌，高望界山脉东麓，境内群山起伏，溪谷交错，地势西北高、东南低。主要山脉有李子埔界、千金界、诸天山、仙人岩、沙子坨、三月山、高包、桃子山等，平均海拔500米，最高点在蒿根坪村梨子坳，海拔1011.12千米，最低点在草潭村文家湾，海拔160.0千米。成土母岩以砂页岩和紫色砂页岩为主，土壤以黄壤、黄红壤、红壤为主。全镇有耕地1066.67公顷，其中稻田813.33公顷，旱地253.34公顷。镇域河流属西溪河支流草潭河水系，流向为从西向东。草潭河北源发源于蒿根坪，南源发源于梓木坪，两源在磨子坪村两岔溪汇合，其支流有岩头寨河、白洋洞河、岩山河、鲇溪河、芭蕉溪。芭蕉溪发源于芭蕉村境内，在土溪汇入草潭河。鲇溪河北源发源于矮落界，南源发源于丫施溪，两源在猫儿潭汇合，流经鲇溪寨，在两河口汇入草潭河。岩头寨河发源于高望界乡高望界村，流经银坪、岩头寨、老寨、桐木、庄上等地，在草潭汇入草潭河。白洋洞河发源于高望界乡老实坪，流经老鱼塘、白洋洞、唐家、金黄洞、李子铺河头、白竹坪河头、松溪等地，在沅陵县二酉苗族乡戴家坡汇入草潭河。岩山河发源于高望界乡葛竹溪，流经大石溪、岩山、瓦窑溪等地，在沅陵县二酉苗族乡施溪汇入草潭河。草潭河在沅陵县二酉苗族乡的两岔溪汇入西溪河，在境内全长24.6千米，水能蕴藏量16934千瓦。矿产资源有分布在烂泥田的锰矿，分布在岩头寨村的钒矿及全镇范围内的磷矿、硫铁矿等。其中岩头寨钒矿床，已探明储存量为315万吨，居全省第一位。全镇森林覆盖率76.5%，主要有针叶林、阔叶林、阔叶混交林等，主要树种有马尾松、杉木、松柏、青冈、樟木、枫香、椿木、梓木、板栗等，境内气候温凉湿润，冬冷夏热，年均气温16.2℃，年降水量1500毫米，无霜期275天。

镇境内至今还保留着苗族特色文化活动，有湾坪村“跳香”、野竹坪村“三月三”和诸天山庙会。苗族人民能歌善舞，在农闲或节假日经常打“九节鞭”、跳“筒子舞”、说“渔鼓词”、唱“傩阳腔”。歌唱家宋祖英出生于老寨村，演唱《小背篓》《爱我中华》《辣妹子》、《好日子》《东西南北兵》《古丈茶歌》等歌曲，传唱不衰。

1984年3月，撤销野竹人民公社，建野竹乡，地域面积96.2平方千米。

1986年，野竹乡辖野竹坪、土溪、洞坪、鲇溪、巩寨、湾沟溪、丫施溪、两岔溪、芭蕉溪、磨子坪、蒿根坪、梓木坪、坪家13个村，野竹1个居委会，84个村民小组，乡政府驻野竹坪。总人口6350人，其中土家族83人，苗族4421人，汉族1800人。全乡耕地面积475.47公顷，其中水田340.94公顷，旱地134.53公顷。有林地2915公顷。茶园8.6公顷。全乡粮食总产量1654吨，农村经济总收入129万元，农民人均纯收入156元。

1990年，修通丫施溪至棉花寨公路，长2.52千米。1995年，实施农村"四通"（即通电、公路、自来水、电话）工程，全乡7个村通电，2个村通公路，3个村通电话。

2002年，实施坪家、芭蕉溪、草潭、鲇溪、土溪、洞溪、湾坪、银坪8个村人畜饮水工程。2004年，野竹乡总人口7226人。茶园面积30公顷，年产量2吨。水果面积48公顷，年产量58吨。农村经济总收入676万元，农民人均纯收入844元。乡初级中学与乡中心完小合并成乡九年制学校

1984年10月，撤草潭林场，设草潭乡，地域面积36.91平方千米。1986年，草潭乡辖草潭、千金、长冲、占潭、松溪、栋秋树、洞溪7个建制村，草潭1个居委会，28个村民小组，乡政府驻草潭。总人口2724人，其中土家族11人，苗族578人，汉族2100人。全乡耕地面积257.73公顷，其中水田234.27公顷，旱地23.46公顷。有林地794公顷，茶园1公顷。全乡农村经济总收入58万元，农民人均纯收入144元。

1993年，草潭乡修通杨梅山至松溪公路，长3.12千米。1994年，修通大亮坡至占潭公路，长1.96千米。1998年，修通松溪至长冲公路，长8.54千米。1995年，除松溪、长冲、占潭3个村外，其他4个村均通电。2004年，草潭乡总人口3150人。茶园面积42公顷，年产量1吨。水果面积20公顷，年产量257吨。全乡农村经济总收入353万元，农民人均纯收入910元。

1984年3月，撤岩头寨人民公社，建岩头寨乡，地域面积62.17平方千米。1986年，岩头寨乡辖岩头寨、老寨、崩山、鲁家、岩嘴、白竹坪、岩山、银坪、白洋洞、湾坪10个村，岩头寨1个居委会，49个村民小组，乡政府驻岩头寨。全乡总人口3618人，其中土家族25人，苗族1582人，汉族2011人。全乡耕地面积381.54公顷，其中水田298.07公顷，旱地83.47公顷。林地2459公顷。7月，岩头寨乡初级中学停办，1990年9月恢复，1995年9月再次停办，改为乡中心完小。1996年，修通岩头寨至白洋洞公路，长10.84千米。

2004年，岩头寨乡总人口4172人。茶园总面积67公顷，年产量1吨。水果面积54公顷，年产量255吨。农村经济总收入513万元，农民人均纯收入938元。

2005年12月，野竹乡、草潭乡并入岩头寨乡。是年，行政区划调整，野竹乡两岔溪村并入磨子坪村，丫施溪村并入蒿根坪村，碗沟溪村并入土溪村，巩寨村并入野竹坪村。草潭乡栋秋树村并入草潭村，松溪村并入长冲村。岩头寨乡银坪村并入岩头寨村，白洋洞村并入湾坪村，岩山村并入白竹村。调整后，全乡辖梓木坪、坪家、鲇溪、芭蕉溪、洞坪、磨子坪、蒿根坪、土溪、野竹坪、洞溪、占潭、千金、草潭、长冲、岩嘴、崩山、老寨、鲁家、岩头寨、湾坪、白竹坪21个建制村，岩头寨、草潭、野竹坪3个居委会。

2007年，建成草潭七层岩电站。完成鲇溪、崩山、磨子坪、洞坪、坪家、洞溪、芭蕉溪、碗沟溪8座移动基站建设，完成长冲、野竹坪、巩寨、土溪、崩山、白竹坪6个村农网改造工程。

2009年，撤销岩头寨乡，建岩头寨镇。是年，镇党委、镇政府发展烟叶、茶叶和柑橘为主的"两叶一果"产业。全镇茶叶新扩33.3公顷，种植烤烟9.3公顷。草潭河、岩头寨河流域100公顷的柑橘基地通过品种改良、技术改良，实现增产提质。是年，全镇外出务工人员4350人，实现劳务收入3780万元。全年生产总值完成6300万元，农民人均纯收入1308元。

2010 年，全镇辖 21 个建制村、1 个镇办龙岩林场、3 个居委会、166 个村民小组，3836 户、14962 人。是年，全镇退耕还林面积 836 公顷。烟叶种植面积 20 公顷，油茶新扩及品改 14 公顷，柑橘种植面积 107 公顷。全镇 21 个村、135 个村民小组实现通公路。完成人畜饮水项目 10 个，解决 10 个村、6800 人饮水困难问题；实现村村通电、村村通移动电话。2008—2010 年，维修山塘水库 4 座，建成 13 个村农田灌溉水渠 37 千米，完成土地复垦 26 公顷，建沼气池 1100 口、节柴灶 450 个。农村“三改”（改电、改水、改厕）125 户。投资 90 万元，改造 106 户贫困户危房。

2010 年，全镇农业总产值 3580 万元，农民人均纯收入 1536 元。

是年，境内有镇九年制学校（驻野竹坪）、岩头寨中心完小、草潭中心完小，计 3 所，在校中、小学生 736 人。有镇中心卫生院（驻野竹坪）、岩头寨卫生院、草潭卫生院，计 3 所，在编卫生专业技术人员 25 人，业务收入 134 万元。是年，全镇有农村低保户 612 户、1102 人，发放低保金 60.56 万元；农村五保 145 人，其中集中供养 43 人、分散供养 102 人；国家抚恤、补助各类优抚对象 32 人，抚恤费支出 21.15 万元；新型农村合作医疗参合 12332 人，参合率 92%。

1986—2005 年野竹乡负责人名录

乡党委书记：龙永金、吴加宏、张显位、陈光厚、张培好、鲁邦奇、黄昌松。

乡人大主席：吴加宏（兼）、刘万华、向心友、鲁邦奇、张文政、张万东。

乡人民政府乡长：吴加宏、向代海、周孝义、向锦华、石忠思、向元义、刘平、向青山。

1986—2005 年草潭乡负责人名录

乡党委书记：张古其、刘万华、张昌吉、张自祥、覃祖达、周孝义、李军、鲁德平、向东、李树森。

乡人大主席：张从台、彭光富、周孝义、向东、张万东、周勇。

乡人民政府乡长：向汉成、宋开尧、赵顺林、刘支顺、李宗武、邓仕权、刘朝安、向前。

1986—2005 年岩头寨乡负责人名录

乡党委书记：胡长仁、张学成、李顺乾、瞿昌华、向西林、向汉忠、胡恩平、张仕荣。

乡人大主席：胡德泉、施果全、胡恩平、罗贤顺、胡长义、张仕荣、田永华、鲁小平。

乡人民政府乡长：张学成、向西林、李忠友、胡德泉、邓仕权、胡长义、龙文高。

2006—2009 年岩头寨乡负责人名录

乡党委书记：张仕荣、向青山。

乡人大主席：宋建宏。

乡人民政府乡长：向青山。

2010 年岩头寨镇负责人名录

镇党委书记：向青山。

镇人大主席：宋建宏、张文军。

镇人民政府镇长：李宗贵。

第六节　断龙山乡

断龙山乡位于县境西北部，酉水南岸。1984 年 4 月，撤断龙山人民公社，以境内断龙山而得名，建断龙山乡。全乡地域面积 99.55 平方千米。东与红石林镇交界，南与双溪乡相连，西与保靖县阳朝乡、梅花乡毗邻，北与永顺县列夕乡接壤。县道河迁公路贯穿全境。乡政府驻田家洞，距古丈县城 40 千米。

乡域属典型喀斯特地貌，地势东南高、西北低，最高点在杨家河村断龙山主峰，海拔1049.3米，是县内第三高峰。最低点在白溪关电站机房旁水面，海拔207米。主要山脉有南部的断龙山脉。地形为中山台地，平均海拔500米。成土母岩主要为石灰岩，地表多为溶丘、洼地，有少量的漏斗式溶水坑，地下多阴河、天坑，地面水源奇缺。土壤类型主要为红壤，土层深厚肥沃，质地黏重，易板结和干旱。境内蕴藏丰富的白云石、石灰石、硝石等矿产资源。境内四季分明，气候温和，平均气温在15℃～35℃，最高气温可达39℃，最低气温在-5℃，年降水量为1400毫米，相对湿度81.0%，年均日照1310小时，年均无霜期275.5天。森林覆盖率63.7%。境内坐苦坝村6.67平方千米的范围内遍布4.5亿年前的红石林，与红石林镇的红石林共同组成独具特色的红石林旅游景区；一年一度的土家族“社巴节”，令省内外游客心驰神往。

乡境内土家族民族文化深厚，传统歌谣有“土家山歌、哭嫁歌、劳动歌、孝歌”，戏剧有辰河高腔、阳戏、灯戏、傩愿戏等，群众娱乐活动有舞龙灯、狮子灯等，民俗节日有“社巴节”、六月六、晒龙袍节、七月半年节、过赶年等，传统舞蹈有茅古斯舞、谷斯帕帕舞、摆手舞、梅嫦舞、牛角舞等，传统乐曲有打镏子、“咚咚喹”。

田家洞设有墟场，逢农历五、十日为场期，辐射周边永顺县王村、保靖县仙仁、阳朝及本县茄通、双溪等地。交易商品主要有板栗、枞菌、茶油等土特产品，以及畜禽、粮油、日用百货、服装等，每集交易金额可达20万～40万元。

1986年，全乡辖细塔、报吾列、田家洞、喜其哈、米多、猛虎洲、坐苦坝、梅塔、尚家、白溪、白家、小白、胡家坪、大龙热、龙叫河、杨家河、溪龙车17个村，断龙山1个居委会，131个村民小组。总人口11080人，其中土家族10495人，苗族208人。有耕地953.47公顷，其中水田701.87公顷，旱地251.6公顷。有林地1135公顷。茶园4.34公顷。是年，人工造林573公顷。细塔村民彭武凡，全家养牛11头，其中水牛3头、黄牛8头，是全县养牛最多的专业户。是年，县政府在白溪关建县冶炼化工厂，各村在县冶炼化工厂就业500人。

1989—1991年，全乡人工营造马尾松6667公顷，其中县直机关干部职工造林66.6公顷。1991年，梳头河公路桥通车，连通古丈、保靖两县。1992年冬，开发厚朴、杜仲、黄柏等三木药材400公顷。1994年，利用世界银行贷款，建万亩马尾松管护林场，由乡政府和县林业局共同管理，县林业局、乡政府、乡林业站、各村委及各农户联合经营。是年，全乡林地面积5013公顷，其中人工造林1467公顷。

1994年，接龙渠引水枢纽工程动工。工程由引水主体渠坝、枢纽配套主干渠、灌区支干渠三大部分组成。9月，县委成立接龙渠引水枢纽工程指挥部，由县委书记田志海任指挥长。当年，乡政府驻地开通程控电话。同年，在田家洞村举办古丈县首届土家族“社巴节”庆祝活动，以后每年断龙山乡土家族人民定期举办“社巴节”庆祝活动，期间表演土家族传统节目。1995年12月，接龙渠对门冲至细塔水库引水主体工程竣工，建成引水渠道7300米。当年，全乡有养羊、养牛专业户85户，山羊饲养量3800只，牛饲养量2500头。始实施农村“五通”工程，全乡17个村实现通电。1996年10月，接龙渠水利工程全面竣工，修建干渠1条，长27900米，支渠12条，长40000米，连接小I型水库2座、小II型水库2座和山塘9口。是年，断龙山乡被州政府确定为商品粮基地乡。

1998年，全乡新扩茶园24公顷，柑橘园33公顷。是年，河迁公路拓宽改造一期工程开工，设计路基宽7.5米，路面宽7米，经过猛虎洲、溪龙车、米多、田家洞、喜其哈、尚家、白溪7个村。当年，米多、溪龙车、猛虎洲、梅塔、田家洞、白溪、大龙热、百家、尚家、喜其哈、田家洞11个村开通程控电话。2000年，细塔、报吾烈、小白、坐苦坝4个村开通程控电话。同年，杨家河、龙叫河2个村开通无线电话，实现村村通电话，装机250部。2002年10月，乡政府驻地移动基站竣工，开通移动手机信号。

2005年8月，在乡粮站旧址修建乡敬老院，集中供养五保老人17人。是年，行政区划调整，胡家坪村与大龙热村合并，设龙王湖村；撤销龙叫河村，龙叫河村茶叶坡自然寨并入杨家河村，龙叫河自然寨并入溪龙车村。调整后，全乡辖细塔、报吾列、田家洞、喜其哈、米多、猛虎洲、坐苦坝、梅塔、尚家、白溪、白家、小白、龙王湖、杨家河、溪龙车15个建制村。同年，境内开通邮政快传，邮购实现快传快递。

2006年，全乡有退耕还林工程营造的速生丰产林1400公顷。2007年，始实施农村居民最低生活保障制度，月人均补助水平在15 ~ 30元。2008年，建成米多村、龙爬溪、梅塔、溪龙车4处移动基站，境内移动、联通信号实现全覆盖，手机拥有量10000部，占人口比例的80%。是年，乡政府驻地、米多、白溪关开通3G宽带互联网。

2009年，杨家河、胡家坪、龙叫河、坐苦坝、细塔6个村进行农网改造。年末，村村完成农网改造，实现电价同网同价。

2010年，全乡辖15个建制村和1个居委会，131个村民小组，总人口13350人，其中土家族13053人，占98%。耕地面积972公顷，其中稻田面积716公顷，旱地面积256公顷。全乡有林地5400公顷，木材蓄积量67800立方米，森林覆盖率54%。是年，全乡开发椪柑、橙柚、板栗、薄壳核桃等果木467公顷，烤烟种植355公顷，新扩茶园168公顷。输出富余劳动力6000人，劳务收入1000万元。农业总产值3500万元，农民人均纯收入1860元。境内白溪关工业园内有华源硫酸厂、宏泰锰业有限公司、恒源锰业有限公司3家企业，是一个以电解金属锰、铁合金、硫酸等精深加工集群工业园，园区工业总产值1亿元，年创工业利税800万元，提供就业岗位500个。

是年，境内有乡初级中学1所，学生240人；乡中心完小1所，学生800人。乡中心卫生院1所。村村实现通公路、通电、通电视、通电话。有农村低保户968户，发放低保金64.68万元。农村合作医疗参合率达91%，受益参合群众达8547人次，兑付医疗补偿资金59.81万元。

乡籍名人有：出生于杨家河村的湖南省军区副司令员彭楚政，1983—1998年任吉首军分区副司令员、司令员的15年期间，带领解放军官兵战斗在湘西扶贫工作第一线，被湘西各族群众亲切地称为“扶贫司令”。1997年10月，被评为全国第四届“十大扶贫状元”。

1986—2010年断龙山乡负责人名录

乡党委书记：杨显绪、龙永金、向汉成、叶永青、彭武湘、田金龙、彭英槐、梁福荣、彭武利、田开鸿、周大钊。

乡人大主席：彭楚祥、梁福旺、刘支顺、龙秀姣、符文富、田开峰。

乡人民政府乡长：吴善言、向昌柱、向汉成、宋顺勤、彭英槐、李俊峰、梁福荣、彭武利、李文、周大钊、敖金耀。

第七节　双溪乡

双溪乡位于县境西部。1984年4月，撤双溪人民公社，建双溪乡，东与古阳镇交界，南邻默戎镇，西靠保靖县阳朝乡、葫芦镇，北与断龙山乡、红石林镇、罗依溪镇接壤。乡政府驻官坝村堂上，距古丈县城9.5千米。

境内溪谷相间，属中山地貌，地势西北高，东南低。最高点在蔡家村牛路坡，海拔1049.5米。最低点在洞上村河面，海拔284米。平均海拔400米。境内大小溪河10条，其中流域面积20平方千米。干流长5千米以上的溪河有4条，分别为官坝河、宋家河、蔡家河、茅坡河，均系古阳河一级支流，流向为从西流向东，溪河两岸分布着平坦谷地，多为耕地。成土母岩主要以石灰岩、砂页岩、板页岩为主。土壤主要以黄壤为主。矿产资源主要有排若村的石煤，溪流墨村的磷矿、钒矿、硫铁矿，官坝村的钒矿，蔡家村的磷矿、硫铁矿，茅坡村的锰矿和磷矿。全年气候温和，冬无严寒，夏无酷暑，常年均气温16℃，最高气温37℃，最低气温-2℃，年降雨量1400毫米。森林覆盖率76%。

1986年，全乡地域面积78.92平方千米，辖排若、夯水、宋家、官坝、溪流墨、梳头溪、蔡家、茅坡、西歧、达沙、洞上、大塘、竹坪13个村，双溪1个居委会，74个村民小组。总人口6855人，其中土家族3505人，苗族2892人。土家族主要居住在梳头溪、溪流墨、宋家、蔡家4个村，苗族主要居住在官坝、夯水、排若3个村。有耕地517.8公顷，其中水田337.13公顷，旱地180.67公顷。全乡有林地2210公顷。全乡茶园面积137.4公顷，占全县茶园总面积的25%，位居全县首位，是古丈毛尖茶主产乡之一。

1986年，全乡有1所中心完小，13所村组小学，学生758人。全乡13个村均已通电，梳头溪、官坝、蔡家、溪流墨、洞上5个村通公路。乡卫生院仅有木房两栋，占地666平方米。社会保障事业以民政救灾救济为主，当年发放民政救灾救济款8000元。是年，县城至双溪公路建成通车，长9.5千米，宽6.5米，公路等级为山区重丘四级公路。

1990年，全乡外出务工350人，外出务工收入成为村民一项重要收入来源。1992年，乡政府投资10万元，在原公社农科站旧址建乡敬老院，当年入住五保老人8人。1993年，架通7千米长的城关乡南山村至双溪乡官坝村10万伏高压线路，全乡村村实现24小时供电。1995年，乡敬老院因救济款和救济粮不足而停办。当年，乡内开通有线电视。1998年，县委、县政府在梳头溪村创办茶叶低产改造示范基地，确定梳头溪、蔡家、溪流墨3个村为茶叶专业村，启动茶业产业化建设。是年，始启动通村公路建设，开工修建蔡家至大塘通村公路。

2000年，全乡外出务工人员1512人，劳务经济收入1000万元。是年，全乡始启动农网改造工程，当年完成蔡家、梳头溪2个村农网改造。架设梳头溪、西歧、官坝3个村通信光缆线路，共长15千米，境内开通程控电话，覆盖官坝、梳头溪、西歧、蔡家4个村，安装电话机200部。2001年，始实施退耕还林。2002年，在乡政府驻地建移动通信基站1座。是年，全乡完成退耕还林80公顷，配套荒山造林33.3公顷，发放退耕还林补助款2.6万元。同年，始实行良种补贴、粮食直补，发放各种惠农资金8万元。2003年，全乡165户、325人享受农村低保，发放低保救助金27300元。

2005年12月，行政区划调整，西歧村并入官坝村，达沙村并入宋家村，洞上村并入溪流墨村，大塘村并入蔡家村，竹坪并入茅坡村。调整后，全乡辖排若、夯水、宋家、官坝、溪流墨、梳头溪、蔡家、茅坡8个村。年内，撤并全乡13所村组小学，州、县筹资280万元，在双溪乡中心完小进行寄宿制小学试点，各村小学生均在乡中心完小就读，乡中心完小成为县内第一所农村寄宿制学校。是年，全乡累计完成退耕还林548公顷，配套荒山造林273公顷。中国电信、中国移动在乡直机关、官坝村、梳头溪村开通宽带服务。

2006年，投资20万元，恢复和扩建乡敬老院，占地3500平方米，建筑面积850平方米，修建食堂、娱乐室等设施，配齐电视、影碟机等设备。当年乡敬老院入住五保老人32人，资金来源主要是五保供养专项金。是年，湖南群博公司在梳头溪村创办种植、养殖、加工一体化的牧业企业，种植饲料草8公顷，发展养殖草场66.6公顷，养羊500只。

2007年，修通官坝村经排若至保靖县葫芦网络公路，长21千米。是年，境内乡村公路通车里程60.3千米，实现村村通公路。当年，始实施新型农村合作医疗，参合农民7215人，参合率95%，享受国家医疗补助5.2万元。

2008年，县广播电视局利用光缆线路开通乡直机关、官坝村、梳头溪村有线数字电视网络，三地均能收看中央、各省市、湘西州、古丈县等电视台传播的46套电视节目。其他村寨采用户户通卫星接收器，收看电视节目。

2009年，移动信号覆盖全乡。至年底，全乡完成退耕还林546.6公顷，配套荒山造林166.6公顷。是年，划国家级生态公益林2479.3公顷。同年，县政府投资4000万元，在蔡家村建垃圾处理填埋场，

2010年，全乡村村完成农网改造。95%的农民参加新型农村合作医疗；7个村设有卫生室。乡卫生院年门诊量3000人次，年住院量200人次。农村低保户207户、526人，发放低保救助金98680元。五保老人59人，其中集中供养30人，分散供养29人，发放供养金88500元。全乡实现劳务输出2019人。是年，全乡辖8个建制村，1个居委会，74个村民小组，1902户、8368人，其中土家族4081人，苗族3418人，另有汉族、土族、布依族、侗族、羌族、瑶族、壮族7个民族。有耕地504公顷，其中稻田338公顷，旱地166公顷。有林地6334公顷。全乡茶叶种植面积712.2公顷，其中可采摘面积394公顷。茶叶年产值600万元，茶叶产业成为主导产业。同年，湖南英妹子茶业科技有限公司投资2000万元，在梳头溪村建厂，建绿茶、红茶、茶籽油加工生产线各一条。是年，全乡国民生产总值1500万元，农民人均纯收入1549元。

乡籍名人有：1926年在县内组织开展党建及农运活动的古丈县第一个共产党员孔韬（1905—1927），第六届亚洲举重锦标赛女子举重冠军龙玉玲。

1986—2010年双溪乡负责人名录

乡党委书记：向功林、向明林、吴良平、向昌柱、田金龙、向光金、李俊峰、向功旷、向汉国。

乡人大主席：向明林（兼）、向水发、向功金、向先举、吴良平、向安贵、向福生、向寒梅。

乡人民政府乡长：向明林、陈千根、向昌柱、傅建华、邓峰、向廷虎、梁松、向入朝、龙晓霞、向云贵。

第八节　高峰乡

高峰乡位于县境东北部。1984年4月，撤高峰人民公社，建高峰乡，全乡地域面积123.9平方千米。东与怀化市沅陵县二酉苗族乡、明溪口镇交界，南靠岩头寨镇，西连高望界乡，北隔酉水河与永顺县小溪乡相望。乡政府驻李家洞，距古丈县城44千米。

地势东南低，西北高，高望界山脉横贯乡境，地貌以中、低山为主，溪谷深切，山高坡陡，平均海拔700米，最高点在大面山林场的大面山主峰，海拔903.9米，最低点在陈家村花椒坪，海拔147.3米。境内主要河流有酉水河、徐家岭河、凤溪等，酉水河在境内长12千米，流经观音山、镇溪、铅厂等地，在铅厂村凤溪口出境，流入沅陵县凤滩。徐家岭河发源于李家洞村，流经老官坪、八水坪、淘金3个村境内，于八水坪村沙地里出境，往南流入岩头寨镇境内，折向东南在陈家村八家复入乡境内，境内的沙溪汇入，南流出乡境，于沅陵县施溪汇入酉溪河。凤溪发源于沅陵县境内，流经三坪村，往北汇入酉水。境内还有漫沙溪、淘金溪、镇溪、小里溪等溪流。成土母岩以砂页岩、紫色砂页岩为主，土壤以黄壤、红壤为主。矿产资源主要有分布在铅厂村的铅锌矿，淘金、岩排溪2个村的金砂矿，李家洞、岩排溪村葛连溪两地的磷矿、褐铁矿，岩坳村的硫铁矿，李家洞、老官坪、八水坪3个村的石灰石，李家洞村的褐色木纹石，该石色彩红润，质地坚实，犹如花岗，是建筑雕刻的好材料。全乡森林覆盖率78.6%，是古丈县重点林业乡。乔木主要树种有杉、松、柏等；阔叶主要树种有桂花、杨梅、八角香、桂香皮、木浆籽、花椒等；藤本植物有猕猴桃、八月瓜等。境内有国家一级珍稀濒危保护植物红豆杉野生群落。野生动物多山鸡、山兔、野山羊、野猪等。境内气候冬冷夏凉，昼夜温差大，阴雨天多云雾。冰冻天气长达90天，无霜期220—240天，年均气温14摄氏度，年均降水量1500毫米。

境内民族文化活动有山歌傩阳腔（男女对唱）、拍渔鼓、舞草龙、打典子、打“九节鞭”“跳香”。

1986年，全乡辖观音山、葛连溪、陈家、凉水、淘金、八水坪、岩坳、三坪、镇溪、铅厂、老

官坪、李家洞、岩排溪13个村，高峰1个居委会，大面山1个村级林场，76个村民小组。总人口8722人，其中土家族776人，苗族568人，汉族7300人。有耕地813.8公顷，其中水田697.07公顷，旱地116.73公顷。茶园50.4公顷。有林地9740.0公顷，木材蓄积量19.6万立方米。林地面积和木材蓄积量均居全县各乡镇之首。高峰集市每周一次，星期天为集日，赶集地在乡政府门外大街上。集市特色农副产品有鲜鱼、黄膳、板栗、药材、山鸡、山兔、野菜等。是年，全乡发展林业生产和茶叶生产，人工造林2694.8公顷，新扩茶园480公顷，建村办集体林场13个，组办集体林场4个，村办集体茶场7个，实现村村办有集体林场，被林业部授予“全国造林先进单位”称号。

1986年，全乡深化农村改革，建立统分结合的双层经营体制，实现国民生产总值256.9万元，粮食总产量38960吨，农民人均纯收入208元。

1987年，由县民委、县科委、乡政府组建的西洋参开发工作组进驻大面山林场，1991年10月，第一批种植的0.2公顷西洋参收获，平均亩产干参80千克，亩均获利10万元。经中国医学科学院药用植物研究所和湖南药检所鉴定，大面山林场种植的西洋参中人参皂甙总量和氨基酸含量均高于国内外同类产品。

1989年，投入资金6万元，修乡敬老院，建筑面积250平方米。

1993年，高峰初级中学改为四年制职业初中教育，第四年是职业技术教育。1995年，以“八七”扶贫攻坚为契机，全乡经济快速发展，实现社会总产值1268万元，农民人均纯收入444元，农民温饱问题得到解决。

2001年，架设县城至李家洞电信光缆线，开通程控电话，装机200部。2003年，李家洞移动基站建成使用，移动电话信号开通。是年，高峰集市改星期天集日为逢农历四、九日为集日。

2005年，行政区划调整，观音山村并入李家洞村，葛连溪村并入岩排溪村，调整后，全乡辖陈家、凉水、淘金、八水坪、岩坳、三坪、镇溪、铅厂、老官坪、李家洞、岩排溪11个建制村。

2006年，中国电信、中国移动在李家洞村开通3G宽带互联网。2007年，新建乡敬老院，占地面积350平方米，新扩乡敬老院福利茶园基地15公顷，集中供养五保老人28人，其中残疾老人12人，有2名工作人员对五保老人进行监护。

2009年，全乡累计完成退耕还林657.83公顷。境内划生态公益林2780.8公顷，其中李家洞村963.2公顷、镇溪村1103.8公顷、铅厂村347.7公顷、大面山林场299.9公顷、县木材公司高峰基地66.2公顷，生态公益林中有银杏、榉木、楠木、红豆杉等珍稀树种群落。

2010年，全乡辖11个建制村，1个大面山林场，1个居委会，76个村民小组，总人口10031人。有村办集体林场14个，组办集体林场3个，林木蓄积量590122立方米，年产木材3000立方米。全乡耕地面积828公顷，其中稻田704公顷，旱地124公顷。有林地9865公顷；茶园398.2公顷，其中可采摘152.73公顷。境内有山塘水库10座，其中小Ⅰ型水库2座，小Ⅱ型水库4座。

2010年，完成小型农田水利重点县建设高峰片区项目，总投资569.06万元，改造引水渠道45处、75条，长28.07千米，新增和恢复灌溉面积580公顷，改善灌溉面积420公顷。12月，投资112.79万元的高峰乡集中供水工程竣工，解决乡直机关、学校、李家洞村人畜饮水困难问题。是年，全乡烤烟种植户218户，种植烤烟164公顷，全年烟叶收入460万元。全乡人工造林2695公顷，其中退耕还林658公顷，新扩茶园480公顷。全乡国民生产总值2035万元，农民人均纯收入1866元。

1986—2010年高峰乡负责人名录

乡党委书记：何钟鸣、向顶天、熊祥、田志友、石庭荣、宋泽新、杜晓勇、向明洪、杨友平、黄华、胡浩中。

乡人大主席：胡长贵、张学成、黄云、胡延刚、毛先明。

乡人民政府乡长：胡长贵、朱峰、田志友、宋泽新、向明洪、杨友平、陈鸣锋、黄华、胡延刚、宋友强、姚祖超。

第九节 河蓬乡

河蓬乡位于县境东南部。1984 年 4 月，撤河蓬人民公社，建河蓬乡，全乡地域面积 75.57 平方千米。东连岩头寨镇、山枣乡，南邻吉首市排绸乡，西靠坪坝乡，北抵古阳镇。县道洗田公路贯穿全境。乡政府驻河蓬村大溪坪，距古丈县城 32 千米。

乡域属中山地貌，地势北高南低。地形狭长，由北往南延伸，为左右两大山脉夹击，状如沟槽。山势雄拔高峻，重峦叠嶂。最高点在官坪村望仙台，海拔 809.3 米。最低点在苏家村长潭河，海拔 230 米。境内为剥蚀性构造区，山峰上部坡陡，下部坡平缓，中间谷地开阔。

河蓬河发源于白洋溪村窝土田，在境内全长 25 千米，流经白洋溪、丫角山、官坪、河蓬、沙坪、苏家 6 个村，在苏家村出境，流入泸溪县地段称酉溪河，支流有凤鸣溪、对冲溪、穿洞河、沙溪、雄溪、报木溪。成土母岩为砂页岩和紫色砂页岩，土壤类型分别为沙壤土 4606.7 公顷，红壤土 937.1 公顷，黏壤土 1320.8 公顷，土层深厚，厚度 80 厘米以上的占 71.6%。矿产资源主要有分布在丫角山、凤鸣溪、官坪的磷矿；分布在丫角山、葛藤寨的硫铁矿；分布在丫角山、凤鸣溪的锰矿。森林覆盖率 76.5%。年均气温 18.5℃，年降雨量 1500 毫米，无霜期 286 天，年均气温 18.5℃，降雨量 1500 毫米，无霜期 286 天。

河蓬乡是一个苗族聚居乡，苗族“团圆鼓舞”“猴儿鼓”独具特色。官坪村女村民陈万玉是湘西州非物资文化遗产项目“团圆鼓舞”传承人。民间流传戏剧有阳戏、辰河高腔、汉剧。阳戏流行于白洋溪、岩坎寨、河蓬村。辰河高腔由丫角山村民印四方传授，其祖孙几代经营木偶戏，演唱辰河高腔。汉剧流行于河蓬村。河蓬墟场设在乡政府驻地河蓬村大溪坪，逢农历三、八日为场期，是古丈、吉首、泸溪三县市边界主要农副产品集散地。

1986 年，全乡辖白洋溪、丫角山、凤鸣溪、官坪、沙坪、苏家、岩寨、上河蓬、下河蓬 9 个村，大溪坪 1 个居委会，48 个村民小组，1505 户、5572 人，其中苗族 4532 人，土家族 71 人。全乡有耕地 426.67 公顷，其中水田 282.2 公顷，旱地 144.47 公顷。有林地 1498 公顷，茶园 7.13 公顷。全乡农业生产总值 308 万元，农民人均纯收入 154 元。

1988 年，河蓬至泸溪县梁家潭乡桌子潭村公路建成通车，长 8 千米，古丈至泸溪实现公路贯通。

1992 年，推广烟叶种植、水稻旱育早发、蚕桑养殖、松茯苓种植、油菜育苗移栽等各类实用技术。当年，乡政府与县粮食局共同投资 42 万元，在罗依溪镇黑潭坪村建河粮磷肥厂，设土窑生产线 1 条，年加工磷肥 50 吨，产值 25 万元。同年，在乡政府驻地架设地面卫星接收站，乡直机关、大溪坪、上河蓬、下河蓬、官坪开通闭路电视，能收看中央 1、2、3 套，湖南、山东、浙江、四川、贵州等 8 套电视节目。是年，全乡村村设卫生室，配备医生和接生员 9 名。

1993 年，建乡民政综合福利厂，经营水泥制品、照相、茶叶加工等业务。

1995 年，成立乡农村合作基金会，通过扶持大户开发方式支持农村产业发展，全乡开发茶叶 23.8 公顷、水果 10 公顷、干果 10 公顷、蚕桑 6.6 公顷、药村 115.6 公顷，发展养牛、养羊、养猪专业户 65 户，实现山羊饲养量 5600 只、牛饲养量 2800 头、猪饲养量 2500 头；并在丫角村实施室内天麻种植。是年，架通乡政府至岩寨、丫角山至岩坎寨高压输电线路，白洋溪、岩寨 2 个村通电。

1996 年，乡中心完小和乡初级中学合并，成立乡九年制学校。是年，上河蓬村、苏家村被列为全乡椪柑开发示范村，当年开发椪柑 13.3 公顷。

2000 年，全乡进行产业结构调整，提出“山上建基地、山下办工厂、庭园抓养殖、市场活经商”

发展思路，全乡粮食总产量1482吨，农业总产值453万元，农民人均纯收入571元。是年，架通下河蓬至甘溪高压输电线路，全乡实现寨寨通电。

2001年，在白洋溪村建桑蚕基地66.6公顷，在白洋溪、丫角山、凤鸣溪3个村始实施退耕还林，营造生态林166.6公顷，其中马尾松133.3公顷（含马尾松套种楠竹100公顷）；经济林53.3公顷，其中板栗26.6公顷、柑橘26.7公顷。全年发放退耕还林补助金52.5万元。是年，白洋溪、丫角山、官坪、上河蓬、下河蓬、沙坪、苏家7个村开通程控电话，岩寨、凤鸣溪2个村开通无线电话，全乡电话装机250台，实现村村通电话。同时也实现村村通有线电视。同年，建白洋溪兴宇希望小学、凤鸣溪世荣希望小学、丫角希望小学、岩寨希望小学4所希望小学。香港慈善基金会援建乡中心卫生院医务大楼1栋，建筑面积800平方米。

2002年，随着产业结构调整推进，全乡粮食作物种植面积由562.1公顷减至469公顷，粮食总产量下降17.7%。山地开发面积增加，当年开发板栗53.3公顷，脐橙40公顷，发展蔬菜大棚10个。是年，湖南省林业厅投资35万元，建成9千米苏家至洞上通组公路。同年，湘西州人民医院投资15万元，建成白洋溪至阿土田3千米通组公路；投资8万元，建成2千米葛藤寨通组公路。

2004年，乡政府驻地开通电信宽带互联网。

2005年，行政区划调整，上河蓬村与下河蓬村合并为河蓬村，全乡辖白洋溪、丫角、凤鸣、官坪、沙坪、苏家、岩寨、河蓬8个村，河蓬1个居委会。是年，投资200万元，建河蓬移动基站，移动电话网络信号实现全覆盖。

2006年，利用光缆输送方式，开通乡直机关、河蓬、官坪、大溪坪有线数字电视，可收看中央各套、各省市、湘西州、古丈县等46套电视节目。

2007年，实施新型农村合作医疗，参合农民6215人，筹集合作医疗金62150元，参合率95%，享受国家医疗补助5.2万元。是年，全乡完成农村电网改造，实现城乡同网同价。

2010年，全乡辖8个建制村和1个居委会，51个村民小组，1532户，6309人，其中苗族6019人，占95.4%。是年，全乡实现村村通公路、村村通电话、村村通宽带。全乡粮食总产量1409吨，农业经济总收入865万元，农民人均纯收入1650元。乡九年制学校有教职工55人，在校学生934人。学校占地面积18577平方米，总建筑面积11252平方米。乡中心卫生院占地2000平方米，有卫生专业技术人员15人。

1986—2010年河蓬乡负责人名录

乡党委书记：尹立柱、张心文、向发鹏、傅世友、向汉成、瞿昌华、龙洪淼、张培、曾传海、罗贤顺、舒长茂、向勇平、李绍锋。

乡人大主席：张时淦、向自高、向加中、石忠思、鲁新、张宇河、向德顺、吕林。

乡人民政府乡长：鲁邦玉、向发鹏、向汉成、张培、舒长茂、向加中、李绍锋、向春艳、彭桂君。

第十节　山枣乡

山枣乡位于县境东南部。1984年4月，撤山枣人民公社，建山枣乡，全乡地域面积71.73平方千米。东与沅陵县二酉苗族乡接壤，南接泸溪县八什坪乡、吉首市排绸乡，西靠河蓬乡，北与岩头寨镇接界。乡政府驻山枣溪，距古丈县城44千米。

属低山丘陵地貌，境内群山起伏，溪谷交错，地势西北高、东南低，平均海拔300米，最高点在火麻村高河蓬，海拔626.7米，最低点在竹山村马草坪，海拔136米。成土母岩以紫色砂页岩为主，其次有少量的石灰岩、磷质页岩、板页岩，分别发育成红壤、黄壤、青砂壤。主要溪流有山枣溪、坳上溪、坨坪溪、磨刀岩溪，其中山枣溪水流量最大，境内溪流均由北向南汇入西溪河。森林覆盖率75%，主要有针叶林、阔叶林、阔叶混交林，主要树种有马尾松、杉木、柏木、枫香、椿木、樟木、板栗、青冈、栗木等。气候温和，雨量充沛，四季分明，年均气温16摄氏度，最高气温36.3摄氏度，最低气温-1.5摄氏度，年降雨量1480毫米，年无霜期275天。苗族民间艺术保存较为完整，苗绣闻名。

1986年，全乡辖磨刀、筲箕田、山枣、枞树溶、竹山、火麻、林场、农科、高寨9个村，山枣1个居委会，62个村民小组。总人口5659人，其中苗族3993人，土家族10人。全乡有耕地525.53公顷，其中水田434.93公顷，旱地90.6公顷。有林地1729公顷，茶园25.53公顷。全乡粮食总产量1350吨，农业总产值71万元，农民人均纯收入120元。是年，修建乡敬老院。

1991年，设乡九年制学校，占地24970平方米，建筑面积3962平方米。1992年，全乡新开茶叶93公顷，新开水果34公顷，新开板栗67公顷。

2004年，乡敬老院新建宿舍楼一栋，设房间16间，建筑面积500平方米。集中供养五保老人28人。2005年，行政区划调整，农科村并入林场村，高寨村并入火麻村。调整后，全乡辖磨刀、筲箕田、山枣、枞树溶、竹山、火麻、林场7个村。2009年，全乡柑橘种植面积123公顷，年产量201吨；茶叶种植面积199公顷，年产量12吨。

2010年，全乡辖7个建制村，1个居委会，58个村民小组，总人口6223人。是年，全乡粮食总产量2400吨，工农业总产值2450万元，乡财政收入45万元，农民人均纯收入1356元。全年劳务输出2100人，创收1000万元。是年，全乡新建沼气池450口，沼气入户率90%，配套“三改”（改厕、改厨、改栏）率100%。全乡7个村58个村民小组中53个村民小组通公路，公路通车里程82.6千米。竹山、山枣、磨刀、林场、枞树5个村完成农村电网改造，实现电价同网同价。全乡有移动、电信、联通基站7座，通信网络实现全覆盖。是年，乡九年制学校有教职工48人，学生286人；学校藏书1万余册。乡卫生院有医务人员8人、聘请人员4人，床位12张。7个村均设有卫生室。

1986—2010年山枣乡负责人名录

乡党委书记：吴光敏、邓长和、张昌吉、向自高、印圣勇、曾传海、向锦华、杜芳富、谢云鹏、向加茂、张建军。

乡人大主席：吴光敏（兼）、张秀珍、向水发、杜芳富、张文政、周圣军、周自爱、龙开禄、宋泽民。

乡人民政府乡长：向发鹏、张忠良、向仁志、赵慧、邓锋、杜芳富、向加茂、张建军、李俊。

第十一节　坪坝乡

坪坝乡位于县境南部。1984年4月，撤坪坝人民公社，建坪坝乡，全乡地域面积109.35平方千米。东与河蓬乡接壤，南与吉首市丹青镇、排绸乡、白岩乡毗邻，西与默戎镇相连，北与古阳镇交界。乡政府驻溪口，距古丈县城41千米。

全乡以中低山地貌为主，地势由西北向东南倾斜，境内崇山峻岭、河谷深壑，平均海拔500米，最高点在对冲村尖山，海拔962.66米，最低点在溪口村桥头，海拔197.2米。成土母岩以砂页岩和紫色砂页岩为主，土壤以黄砂壤、黄壤、红壤为主。主要溪流有坪坝河、张家坪河、对冲溪、窝瓢溪、穿洞河、窝塔溪、窝米溪等。坪坝河，上游称龙鼻河，从通口桥入境，流经亚家、溪口等地，流入吉首市丹青镇，汇入武水。张家坪河发源于叭喇，流经兴寨、小古丈坪，绿豆坪、上窝喇、北坡、张家坪等地，在通口桥汇入坪坝河。窝塔溪发源于板栗村猫子溪，流经窝塔，在溪口汇入坪坝河。窝米溪发源于窝米，在丹青镇境内汇入坪坝河。穿洞河发源于曹家坪村排阿溪，流经大寨，在溪口汇入坪坝河。窝瓢溪流入吉首市茶溪，对冲溪汇入河蓬河。主要矿产有分布在张家坪、上窝喇、叭喇、曹家坪4个村的钒矿，分布在对冲、旦武营、叭喇3个村的磷矿。有耕地831公顷，其中稻田520公顷，旱地311公顷。森林植被以针叶林、阔叶林、阔叶混交林为主，森林覆盖率70%，主要树种有马尾松、杉木、松柏、梓木、青冈、枫香、椿木等为主。全年气候温和，雨量充沛，年均气温16.2℃，年均降水量1500毫米，无霜期280天。境内有4座水库：排抽水库、杨柳冲水库、黄雀寨水库和翘水水库。土特产以桐油、生漆、茶油、酸鱼、药材最为著名。

坪坝乡是一个苗族聚居乡。苗族传统节日有三月三、六月六、赶秋等，工艺品有苗绣。旦武营村是明代修筑的苗疆边墙终点。坪坝墟场逢农历三、八赶集，集市贸易较为繁荣。

1986年，全乡辖上窝喇、亚家、板栗、窝米、窝瓢、旦武营、叭喇、张家坪、大寨、对冲、溪口、曹家坪、新寨、排夯两、排抽、窝塔、椤木17个村，坪坝1个居委会，75个村民小组。总人口9319人，其中苗族9218人，土家族32人。全乡粮食总产量2530吨，农业总产值299万元，农民人均纯收入161元。

1995年末，全乡实现村村通电，8个村通公路。2004年7月，实现电视光纤，与县城联网，溪口、大寨、窝塔等地开通有线电视，能收看中央各套、各省市、湘西州、古丈县等电视节目38套。

2005年，行政区划调整，新寨村并入叭喇村，排夯两村一组（瓦屋坪组）并入张家坪村，排夯两村二组（排夯两组）并入大寨村，排抽村并入对冲村，窝塔村并入溪口村，椤木村并入曹家坪村。调整后，全乡辖上窝喇、亚家、板栗、窝米、窝瓢、旦武营、叭喇、张家坪、大寨、对冲、溪口、曹家坪12个村。

2007年，亚家、张家坪2个村有线电视实现与县城联网。2009年，对有线电视传输网进行整改，能收看126套电视节目。是年，硬化龙鼻嘴至坪坝通乡公路。

2010年，全乡辖12个建制村，79个村民小组，2610户，11048人。其中苗族10901人，占总人口98%。全乡有耕地837公顷，其中稻田520公顷，旱地317公顷。退耕还林面积1002公顷，其中荒山造林304公顷。全乡椪柑、脐橙种植400公顷，形成以亚家、溪口、大寨等村为基地的种植示范片。油菜种植面积4.60公顷，其中良种油菜320公，油菜产量为500吨；蔬菜轮作面积达到300公顷，大棚基地8个。种草50公顷，培植养殖大户399户，其中养猪95户、养羊246户、养牛58户。养羊6210只，生猪存栏8050头，家禽1.86万羽。全乡粮食总产量3305吨，农业经济总产值1378万元，农民人均纯收入1715元。全乡农村劳动力转移就业1947人，劳务收入1782.5万元。

2010年，全乡12个村全部通公路。投资1800万元的通口桥至鸡公山公路工程改造接近尾声；投资50万元的坪坝至吉首市丹青镇公路贯通；投资20万元的翘水大桥维修工程全面竣工；投资118万元安全饮水厂项目工程已完成工程量的50%；启动学校和政府的60套廉租房建设，面积3047平方米，总投资274万元。是年，乡九年制校舍建筑面积6067平方米，教职工63人，学生974人，藏书1.9万册。坪坝乡卫生院占地面积3800平方米，有医务人员12人，病床16张，X光机、B超机、心电图、全自动血液分析仪各1台，业务收入68万元。12个村设有卫生室。

1986—2010年坪坝乡负责人名录

乡党委书记：张心文、刘万云、向心科、龙辉、向国兴、彭图华、张忠富、刘朝安、张道金、向廷虎。

乡人大主席：向代坤、周恢泉、张安机、向心武、张圣富、石泽义、周奉安、陈云、向汉国、向国迎。

乡人民政府乡长：张其慧、向心科、向心武、向昌文、彭善云、向元义、徐德华、张道金、龙化成、田吉利。

第十二节　高望界乡

高望界乡位于县境东北部。1986 年，高望界国营林场代行乡级行政管理机构职能，辖麻溪、公洋坪、葫芦坪、高望界、焦坪、烂泥池、吴家坪、石门寨、岩坨、冲天坪 10 个建制村，40 个村民小组，761 户、全场总人口 3325 人。

2005 年 12 月，新建高望界乡，高望界国有林场代管的建制村划归高望界乡管辖。是年，村级行政区划调整，吴家坪村并入石门寨村，冲天坪村并入岩坨村。调整后，全乡辖麻溪、公洋坪、葫芦坪、高望界、焦坪、烂泥池、石门寨、岩坨 8 个建制村。东与高峰乡接壤，南与岩头寨镇相连，西与罗依溪镇、古阳镇毗邻，北隔酉水河与永顺县相望。全乡地域面积 129.92 平方千米。有林地 7520 公顷，耕地 283.07 公顷，其中稻田 206.67 公顷、旱地 76.4 公顷。场部和乡政府驻高望界村，距古丈县城 27 千米。全乡森林覆盖率 88.9%，林木畜积量 46.3 万立方米。

高望界乡属古丈县高寒山区。境内高山险峻，群峰交迭，主要山脉是高望界，山脉走向自南向东北延伸，西南高，东北低。境内最高点在高望界顶堂主峰，海拔 1146.2 米，最低点在酉水河南岸鱼儿溪口，海拔 170 米，相对高差 976.2 米。溪谷发育多呈“V”形，开阔度小，山坡下部多陡峭，中上部较平缓，平均坡度 34 ~ 40 度。成土母岩以砂页岩和紫色砂页岩为主，土壤以黄壤、黄红壤为主。光照充分，四季垂直分布明显，空气清新，年均气温 12.5℃，极端高温 36℃，极端低温 –11.6℃，年降雨量 1640 毫米，无霜期 240 天。夏季温度较高而不炎热，冬季温度较低而不寒冷。

境内河流属酉水河及支流酉溪河水系，酉水干流流经境内 10 千米。境内切割强烈，溪流交错，溪流有葛竹溪、麻溪、大溪、石门溪等大小溪流 4 条。烂泥池村、石门寨村有一定储量的铜矿、硫铁矿、磷矿等。

境内植被丰富，植物类型与植物群落多样，有维管束植物 204 科 846 属 1883 种，其中国家一级保护植物 4 种，二级保护植物 32 种，另外，兰科植物 36 种。境内有脊椎动物 279 种，隶属 29 目 87 科，其中国家一级保护动物 3 种，国家二级保护动物 28 种，国家保护的有益的或者有重要经济、科学研究价值的陆生脊椎野生动物 162 种。大型真菌 61 种，分属 7 目 16 科 38 属，其中 16 种为湖南新记录。国家一级保护植物 4 种：钟萼木、南方红豆杉、红豆杉、银杏；国家二级重点保护植物 32 种：黄杉、篦子三尖杉、巴山榧树、黄连、银鹊树等。有中国特有属植物 25 属，占中国特有属 3.56%，中国特有种植物 1000 多种。国家一、二、三级保护动物有白颈长尾雉、林麝、果子狸、红腹角雉、穿山甲、飞狐、武陵岩蛙等珍稀野生动物 35 种。是天然的“动植物基因库”。

乡境是高望界自然保护区中心区，占高望界自然保护区总面积的 75%，素有“天然氧吧”和“放大的山水丛林盆景”美誉，可科考探险，泛舟垂钓，避暑休闲。登上主峰顶堂，远望群峦叠翠，入耳林涛浩荡，令人神清气爽。

2006 年，发展多种经营，在海拔较高的高望界、烂泥池、焦坪发展以核桃、板栗为主的干果产业，在海拔较低的葫芦坪、公洋坪发展以椪柑、橙橘为主的水果产业，在高望界、焦坪、岩坨、石门寨、麻溪、烂泥池 6 个村发展家禽、山羊、黑跑猪等为主的林下养殖业。

2006—2010 年，全乡完成封山育林 5534 公顷，其中重点公益林 4000 公顷。依托优越生态条件，发展“林下羊”“林下鸡”“高望界生态猪”生态养殖产业。

2010 年，全乡辖 8 个建制村，1 个居委会，40 个村民小组，890 户、3542 人。是年，新扩茶园 25 公顷，金银花 10 公顷，板栗 260 公顷。全乡实现村村通公路，通车里程 97.5 千米。村村通广播电视、通移动电话，全境移动信号无盲区。新建沼气池 124 口、节柴灶 237 座。乡农业总产值 430.7 万元，农民人均纯收入 1478 元。

2005—2010年高望界乡负责人名录

乡党委书记：黄云山、宋祖林。

乡人大主席：罗孝武、张铮。

乡人民政府乡长：黄云山、宋祖林。

第二篇　自然资源

第一章　地质　地貌

第一节　地　质

古丈县地处武陵山脉中段。境内山峰林立，溪谷纵横，地形复杂。属山地为主，山、丘、岗、坪、水相互交错的地貌类型。山地、丘陵、岗地、坪地、水域分别占古丈县总面积 87.96%、7.9%、0.54%、1.68%、1.92%。

一、地层

县境内地层主要有冷家溪群、板溪群、震旦系、寒武系、奥陶系、志留系、白垩系及第四系。

古丈县地层简表

表 2-1

系	统	组	代号	厚度（米）	岩性
第四系	全新统	—	Qh	0 ~ 9	褐色亚砂土、亚黏土及砂砾层
	更新统	—	Qp	5 ~ 10	上部黄红色至棕红色网纹状黏土；下部灰黄色砂砾层
白垩系	下统	栏垅组	K1I	>500	暗紫红色块状砾岩、砂砾岩、间夹薄层含砾砂岩、砂质泥岩
		东井组	K1d	33 ~ 1836	紫红色、棕红色厚层块状长石石英砂岩夹粉砂岩，局部夹含砾砂岩、砂砾岩
		石门组	K1S	349 ~ 431	棕红色灰质泥岩、泥质粉砂岩与砂质泥岩间互，底部为块状砾岩
志留系	下统	新滩组	Sx	755	灰绿、灰黑色粉砂质页岩、夹薄至中层状石英砂岩
奥陶系	上统	五峰组	Ow	12	黑色粉砂质页岩、薄层硅质岩，局部见含磷硅质岩结核
		临湘组	O1	10 ~ 13	下部深灰色至灰黑色中层瘤状泥质灰岩，上部深灰色薄层状泥灰岩
	下统	大湾组	Od	94 ~ 134	上部黄绿色、青灰色薄至中层状泥灰岩，产三叶虫及笔石化石；中部紫红色薄至中层瘤状泥灰岩，产头足类化石；下部为灰色薄至中层状生物碎屑灰岩及含泥质灰岩
		红花园组	Oh	45 ~ 73	浅灰至灰黑色中至厚层状结晶灰岩，产丰富的古杯及头足类化石
奥陶系		分乡组	Of	27 ~ 40	深灰—灰黑色中至厚层状灰岩与白云质灰岩，顶部见一层黄色、青灰色页岩，局部夹鲕状灰岩与薄层灰岩，产三叶虫及笔石化石
		南津关组	On	300	下部灰—灰白色中至厚层状致密灰岩与灰质白云岩互层；上部为灰—灰黑色厚层状结晶灰岩、白云质灰岩与白云岩，夹钙质页岩及生物碎屑灰岩

续表 2-1

系	统	组	代号	厚度（米）	岩性
寒武系	上统	追屯组	∈z	488	下部灰白色至深灰色厚层状白云质灰岩夹少量薄层灰岩；上部为浅灰白色厚层细至中粒结晶白云岩，顶部白云质灰岩夹白云岩
		比条组	∈b	799	下部深灰色薄层状灰岩、钙质页岩；中部深灰色中至厚层状含白云质灰岩，具泥质条带；上部深灰色厚层状泥质条带灰岩夹少量白云质灰岩，富产三叶虫化石
		车夫组	∈c	266	深灰色薄层状泥灰岩夹灰岩透镜体，顶部为一层竹叶状白云质灰岩
	中统	花桥组	∈h	318	下部深灰色薄层状白云质灰岩；中部灰色略带红色中层状白云质灰岩；上部深灰色中至厚层状灰岩与薄层泥灰岩互层
		敖溪组	∈a	323	下部深灰至青灰色含硅质页岩夹灰岩透镜体及泥灰岩；中部深灰色薄层状泥灰岩、条带状含泥质白云岩及灰岩；上部深灰色薄层状致密灰岩、白云质灰岩
	下统	清虚洞组	∈q	955	下部深灰色薄至厚层状灰岩、泥质灰岩及白云质灰岩；上部灰白至灰黑色厚层状白云岩、豹皮状灰岩
		石牌组	∈s	196	黄色页岩、钙质页岩、薄层状泥灰岩及灰岩
		牛蹄塘组	∈n	70	黑色页岩、炭质页岩夹石煤层，底部为一层厚 1.2 米的硅质页岩与一层含磷结核黑色炭质页岩
震旦系	上统	留茶坡组	Z1	50	灰黑色、钢灰色薄层状硅质岩夹硅质页岩及灰岩
		陡山沱组	Zds	40	灰白色、浅灰色薄至中层状含磷硅质白云岩，具纹层状构造
	下统	南沱组	Zn	53 ~ 168	青灰、灰绿色冰碛泥砾岩、层理不清，砾石成分复杂
		大塘坡组	Zd	3 ~ 6	黑色含锰页岩夹含锰灰岩透镜体
		富禄组	Zf	>5	灰白色厚至巨厚层细—中粒长石石英砂岩，夹泥质粉砂岩
板溪群		五强溪组	Pt3w	>100	青灰色中厚层状砂质板岩，条带状板岩夹绢云母板岩及中层状石英砂岩
		通塔湾组	Pt3t	—	灰绿色偶见灰紫色浅变质凝灰质长石石英砂岩、凝灰质长石砂岩、长石石英砂岩夹少量灰绿色砂质板岩，厚 <1198 米。
		马底驿组	Pt3m	500	紫红色砂质板岩、条带状粉砂质板岩、绢云母板岩夹紫红色薄至中层条带状钙质板岩
冷家溪群		小木坪组	Pt2x	—	灰绿、灰紫色千枚状板岩、条带状砂质板岩、浅变质粉砂岩及细砂岩。砂质板岩、石英砂岩、长石砂岩、绢云母板岩、钙质板岩、千枚状板岩、粉砂岩、细砂岩

二、构造

县域地质构造属中国东部新华夏系构造第三隆起带中段，古丈—凤凰新华夏亚带。构造走向主要向北北东展布。燕山运动后，被剥蚀为准平原。由于喜山运动和第四系新构造影响，准平原有所抬升，褶皱断裂极为发育。

（一）褶皱

红石林镇、断龙山乡、罗依溪镇部分地区属列夕向斜和保靖背斜。

列夕向斜，轴向北 45° 东，轴部由奥陶纪中晚世及志留纪早世地层组成，岩层倾角近似水平，两翼为寒武纪和奥陶纪早世地层，岩层倾角 15° ~ 30°，为一开阔平缓向斜。

保靖背斜，呈拱状，走向北 40° 东，轴部由寒武纪早世地层组成，两翼受保靖散溪—平头司压扭性断裂所破坏，岩层倾角 10° ~ 30°。

万岩溪背斜，轴线北东向，由于脊线起伏和地形的切割，板溪群断续出露于轴部，县境属此图区之东翼较陡，倾角为 20° ~ 50° 。

涂乍向斜，轴线北北东向，倾角 5° ~ 15° 。在东翼的断龙山乡，倾角 5° ~ 10° 。

河蓬乡、坪坝乡大部分地区属李家坪—吉信向斜。此向斜轴向北北东向。脊线两端扬起，中段倾角 5° ~ 15° ，受断裂破坏，形态不完整，两翼倾角 20° ~ 50° 。

罗依溪镇、高峰乡沿酉水地区，属大庸后坪—贺西坪断裂带。此向斜走向北 30° 东。由于四都坪扬起隆起带，受吴家坪—焦坪背斜、新寨背斜、四斗坪向斜、长官寨袁耳坪压性断裂影响，构造形迹走向北 50° 东，南西端北 30° ~ 40° 东，东北端北 60° ~ 70° 东，褶皱一般较开阔，岩层倾角一般 15° ~ 25° ，轴面近于直立，褶皱很发育。

高峰乡南部，岩头寨镇、河蓬乡东部，山枣乡全部，属武陵山褶皱带一、二级隆起带，有北 50° 东向斜，为寒武系，地层倾角 13° ~ 26° 。

（二）断裂

全县主要有保靖、列夕断裂带，罗依溪断裂带，列夕断裂带，贺喜坪—长官寨压性断裂 4 条断裂带。

保靖、列夕断裂带。贯穿断龙山乡、红石林镇、双溪乡。以压扭性断裂为主，北北东向二次纵张断裂和北北东至北东东向张扭性断裂次之。断裂规模大，倾向南东，倾角，沿断裂带均可见到麻棱岩。一般宽度 10 ~ 15 米，最宽达 400 米。涂乍向斜，脊线起伏，自南而北，构成短轴向斜，岩层倾角 5° ~ 10° ，两翼倾角 10° ~ 15° ，东翼被断裂破坏，残缺不全，造成古丈坪压性断裂、万岩压性断裂、张家坪断裂、牛角山张性断裂。

罗依溪断裂带。贯穿罗依溪镇、古阳镇、高峰乡。主要有大官坪压性断裂，罗依溪—下布尺压扭性断裂。前者倾向东北，倾角 50° ；后者向北东延伸，倾向北西，倾角 20° ~ 50° ，贯穿罗依溪镇、古阳镇。

列夕断裂带。主要有两组互相交切断裂：一组为杉树坪—张家溪张性断裂；一组为矮坡张扭性断裂、古丈压性断裂、沿断裂带，见有角砾石分布于红石林镇、断龙山乡。

贺喜坪—长官寨压性断裂。分布于罗依溪镇以下一带，走向北 30° 东，属后坪—古丈断裂带北段。

三、岩石

县内主要有七大岩类：奥陶系下统、寒武系上、中统，震旦系上统石灰岩；志留系下统，奥陶系上统，寒武系下统，震旦系下统砂页岩；震旦系中元古界板溪群，水旺溪群的变质岩；白垩系上统、下统红岩；震旦系上、下统砂砾岩；震旦系元古界燕山时期花岗岩；第四系松散堆积物。七大岩类中，石灰岩面积最大，花岗岩面积最小。从东南到西北，岩类由单一红岩过渡到砂页岩、变质岩，再过渡到单一石灰岩。可分为三个不同岩相区：东南红岩区，中部砂页岩、变质岩区，西北部石灰岩区。在三个岩相区交界处，又有两个过渡带：东南侧红岩、砂砾岩、砂页岩混杂带，西北侧石灰岩、砂砾岩、变质岩混杂带。

第二节 地 貌

县境原始地貌整个是一个较大山体，与腊尔山同一山原地貌。后因侵蚀、溶蚀、切割及地质营力多次作用，境内山体切割成许多小山体。现仅高峰乡岩门一带还残存着小块山原地貌。在侵蚀、溶蚀、切割过程中，东南、西北部下切特别强烈，形成东南、西北两个大坡面。在中部由于古阳河大断层作用，使中部下陷成北东、南西走向大山槽，大山槽两侧形成高望界—天桥山、梯子岩—断龙山两条大山脉。两条大山脉在古阳河山槽尾部汇合，形成一条近似“凹”形朝北开口高脊线。以高望界顶端为中心，其四周坡降是：东面52.6‰（顶端至高峰陈家），南面39.2‰（顶端至河蓬出境点），西面31.4‰（顶端至断龙山乡唐家河），北面91.3‰（顶端至江洋溪河边）。全县有1305个山头，平均海拔623米，其中1000米以上山头27个，大多数山头海拔在550 ~ 650米之间。

一、地貌类型

全县地形地貌可分为平原、丘陵、山地三个类型。

（一）山地地貌

侵蚀剥蚀中山地貌　分布于县境中部高望界至禁山界和尖山一带，山脉走向呈东北、西南向。坡度陡，一般30° ~ 60°。山顶较尖，山峰海拔一般在1000米以上，山脊呈锯齿状。河谷大湾急拐，主河谷多为背斜或断层，支河谷横切岩层。溪沟下切强烈，坡度大，滩陡，有跌水，溪流短，地表水发育，形成梳齿状谷地。

侵蚀剥蚀低山地貌　主要分布于县境东部高峰至岩头寨至河蓬一带，山脉溪谷走向与断层方向一致。山峰尖而坡陡，一般30° ~ 40°，山峰海拔一般在500 ~ 800米之间，上半部较平缓，越近谷底越陡，甚至两岸悬崖峭壁，高不可攀。但一般山势下部坡度较平缓，溪河谷地较为开阔。

（二）岩溶侵蚀丘陵地貌

即碳酸盐岩溶蚀地区。主要有断龙山、红石林、默戎、坪坝、河蓬等乡镇少部分地区。断龙山乡、红石林镇大部分地区被4条河（酉水河、白溪关河、细塔河、龙叫河）环绕，呈一大片台地，仅一角与断龙山山脉相连。河岸相接处多为悬崖峭壁，海拔标高300 ~ 500米，溶丘、洼地密布，每平方千米有5 ~ 8个溶丘、洼地。多漏斗状溶水洞、天坑、竖井、天窗、地下阴河。地面无溪河水系，大气降水几乎全部渗入地下阴河。由于岩层均向四周河谷倾斜，阴河极少流出地表面，仅断龙山乡溪龙车村软巴泽、坐苦坝村三百洞、白家村溶上，红石林镇茄通村洗巴泽、洞上等处有较大地下水可见。溶丘地表岩头突出，溶石之间有溶沟、溶槽、溶坑、溶洞。

（三）河谷平原地貌

主要分布于县境酉水河与古阳河两岸，堆积地形极不发育，仅在河流两岸零星的阶地分布，宽一般50 ~ 140米，上部为淡黄色砂质黏土，厚约6米，下部为黏土质砾石层，厚约5米。

二、地貌分区

县境地势主要受北东向构造影响，形成中部两侧高，东南、西北两边低，中部凹陷。全县地貌类型水平分布从东南到西北，可分为六个地貌带：低山地貌带，中低山地貌带，中山地貌带，中低山、低山带，中山地貌带，丘、岗地貌带。

低山地貌带　包括山枣乡全部，岩头寨、高峰两乡镇部分地区。岩性全为白垩系红岩，海拔最高579米，最低147.3米，平均海拔380米，地貌类型以红岩低山为主，少有丘、岗、坪地。

中低山地貌带　包括高峰、岩头寨、河蓬、坪坝各乡镇大部。岩性以白垩系、奥陶系的红岩和变质岩为主。其次是砂页岩、砂砾岩。海拔最高为998.5米，最低为157.3米，平均海拔595米左右。地貌类型为中低山为主，少有中山和丘、岗。

中山地貌带　包括高峰、岩头寨、河蓬、坪坝、默戎、双溪、古阳、罗依溪等乡镇部分地区，高望界乡全部。岩性以奥陶系、震旦系的变质岩、砂页岩为主，其次为砂砾岩。海拔最高为1146.2米，最低为169.8米，平均海拔820米左右。地貌类型主要是砂页岩中山、变质岩中山。

中低山、低山带　主要在古阳河大山槽两侧，包括罗依溪、双溪、默戎等乡镇部分地区。岩性以奥陶系、震旦系的砂页岩、变质岩、石灰岩为主，其次是砂砾岩。海拔最高为788米，最低为205米，平均海拔542米，地貌类型以变质岩中低山、砂页岩中低山、石灰岩中低山、砂砾岩低山为主，其次为丘陵坪地。

中山地貌带　主要在牛路坡、断龙山山脉，包括断龙山、红石林、双溪、罗依溪4个乡镇部分地区。岩性绝大多数为寒武系石灰岩，海拔最高1046.2米，最低205米，平均海拔877米，地貌类型绝大多数为石灰岩中山，其次为石灰岩中低山，石灰岩低山。

丘、岗地貌带　主要包括断龙山、红石林2个乡镇大部分地区，岩性全为寒武系石灰岩，海拔最高为689米，最低为205米，平均海拔262米。地貌类型主要是石灰岩高丘、石灰岩低丘、石灰岩高岗等，也有少量石灰岩低山，溶蚀性洼地。

第二章 山脉 河流

第一节 山 脉

古丈县山脉系保靖吕洞山脉自默戎镇新窝入境，分北向和北东向两大主脉构成。

向北经狗脑山、黑山、鱼塘坳、营盘山、断龙山、牛路坡、狗儿岩、里朝、梯子岩、腊洞界，直插罗依溪为一支山脉。从黑山向东分支经龙劲坳、烂桥界直插太平两河口为一子脉；从牛路坡向东南分支经蕨菜坡、毛田界直插新寨为一子脉；从狗儿岩东南分支经大塘界、竹溪界直插龙潭坪为一子脉；从里朝向东南分支经白毛直插打拦坳为一子脉。以上为西北部山区。

向东北经牛角山、天桥山、轿顶山、五里坡、岩坨、高望界、凉风丫、大面山为一支山脉，构成中南部和东北部山区。从天桥山向南分支，经仙门山、李家寨、扒友洞，直插九龙洞为一子脉；从轿顶山向南分支，经尖山，直插曹家、坪坝、苏家等地为一子脉，构成南部山区；从五里坡向东南分支经梓木、望仙台、凤鸣溪、穿洞、南插床机坡、山枣、天门星等地，东经高寨直插青岩坳，亮坡等地为一子脉，构成东南部山区；从岩坨向东南部分支经鲁家寨、矮坳、千金洞直插草潭为一子脉；从高望界向东分支经岩板铺、干田坳直插沅陵清水坪为一子脉；向北分支经凉风丫至鲤鱼池为一子脉。向东至大面山，东南至岩坳、八水坪、凉水坡，东北至观音山、土墙坡等地，构成东部高峰山区。

中部主脉属高望界山脉，山岭相接，连绵不断，蜿蜒近百千米，海拔多在 800 ~ 1000 米之间。其中高望界顶堂为全县最高峰，海拔 1146.2 米；高峰乡陈家村花椒坪为全县最低点，海拔 147.3 米。其次为北部主脉，统属断龙山山脉，连绵数十千米，平均海拔 800 米左右。南侧多悬崖绝壁，地形险要。

古丈县主要山峰海拔一览表

表 2-2 单位：米

山峰名称	坐落乡（镇）	海拔高度	山峰名称	坐落乡（镇）	海拔高度
大面山	高峰乡	902.9	牛路坡	双溪乡	1049.4
樵东包	高峰乡	727.7	梯子岩	红石林镇	870.2
先见坡	坪坝乡	879.5	松鸡尾	红石林镇	993.2
尖山	坪坝乡	926.2	梨子坳	古阳镇	1011.6
望仙台	河蓬乡	809.3	笔架山	古阳镇	1048.5
齐天坡	默戎镇	885.6	净山界	高望界乡	1013.6
牛角山	默戎镇	808.0	高望界	高望界乡	1146.2

续表 2-2

山峰名称	坐落乡（镇）	海拔高度	山峰名称	坐落乡（镇）	海拔高度
天桥山	古阳镇	847.1	凉风丫	高望界乡	1010.0
天坪界	断龙山乡	740.0	鲤鱼池	高望界乡	1110.3
断龙山	断龙山乡	947.5			

第二节 河 流

县境地处长江流域沅江水系酉水、武水流域。境内溪河纵横、水系繁多，全县有干流长 5 千米以上的溪河有 44 条，其中流域面积大于 200 平方千米的河流有 1 条，流域面积 100 ~ 200 平方千米的河流有 2 条，流域面积 50 ~ 100 平方千米的河流有 5 条，流域面积小于 50 平方千米的河流有 36 条。过境河流有白溪关河和酉水。所有河流分别注入酉水和武水，汇集成沅水水系，其中一级支流 10 条、二级支流 24 条、三级支流 6 条、四级支流 4 条。广潭河、古阳河、草潭河、酉溪河注入酉水；丹青河注入武水。除酉水外，其他溪河因径流量较小，不能通航，但在灌溉、发电、放排、渔业等方面有开发利用价值。

古丈县域河流水系一览表

表 2-3

水系	流域面积（平方千米）	河流条数（条）				
		>5 平方千米	≥ 200 平方千米	200 ~ 100 平方千米	100 ~ 50 平方千米	<50 平方千米
酉水	1114.1442	36	1	1	4	30
武水	183.3085	8	0	1	1	6
合　计	1297.4527	44	1	2	5	36

酉水是县境内最大河流，从保靖县入境，沿着北部百里边界，东向汇入沅水。因凤滩水电站建成，酉水过境河道成为凤滩水库。中部有古阳河（古称罗江），发源于默戎镇狗脑山，由南往北，流经县城，于罗依溪注入酉水。主干流长46.5千米，流域面积274.2平方千米。南部有草潭河、酉溪河、丹青河。草潭河发源于岩头寨镇梓木村上洞溪，上游称野竹河，主要支流有鲇溪河、岩头寨河，流经岩头寨镇，在沅陵县两叉溪汇入酉溪河。酉溪河发源于河蓬乡老寨，县境内称河蓬河，在河蓬乡苏家出境，出境后称酉溪河。丹青河发源于默戎镇摆谷，县境内称坪坝河，主要支流有张家坪河，流经默戎镇、坪坝乡，于坪坝乡溪口出境后汇于峒河。西部边界有白溪关河（又称唐家河、涂乍河）汇入酉水。北部有广潭河，发源于断龙山北侧，流经断龙山乡、红石林镇，于红石林镇河西村汇入酉水。全县境内有地下阴河 12 条，总长 47 千米，大小井泉 1430 眼。

古阳河　又称罗江，发源于默戎镇狗脑山，流经毛坪、古丈坪，至罗依溪镇罗依溪村汇入酉水。干流全长 46.5 千米，一般流量为 0.7157 亿立方米 / 年，平均坡降 6.5‰，标高 130 ~ 840 米，集水面积 274.2 平方千米，水能资源理论蕴藏量 9516 千瓦。

丹青河　县境内称坪坝河。发源于默戎镇新窝村，流经盘草村、万岩村、龙鼻嘴村、九龙村及坪坝乡张家坪村、亚家村，在坪坝乡溪口村出县境，汇入峒河。县境内全长 31.5 千米，一般流量为

0.3164 亿立方米 / 年，平均坡降 4.4‰，标高 190 ~ 840 米，集水面积 216.5 平方千米，水能资源理论蕴藏量 17531 千瓦。

酉溪河　县境内称河蓬河。发源于河蓬乡老寨，流经河蓬乡白洋溪村、丫角村、官坪村、河蓬村、沙坪村，在河蓬乡苏家村出县境，汇入酉水。县境内全长 25 千米，一般流量为 0.1703 亿立方米 / 米，平均坡降 9.9‰，标高 190 ~ 900 米，集水面积 126 平方千米，水能资源理论蕴藏量 1884 千瓦。

草潭河　发源于岩头寨镇梓木坪村，流经磨子坪村、野竹村、土溪村、洞坪村，在草潭村出县境，至沅陵县二酉苗族乡两岔溪汇入酉溪河。县境内全长 24.6 千米，一般流量为 0.2705 亿立方米 / 年，平均坡降 5.7‰，标高 190 ~ 820 米，集水面积 216 平方千米，水能资源理论蕴藏量 12244 千瓦。

广潭河　发源于断龙山北麓，流经断龙山乡、红石林镇，在红石林镇河西村汇入酉水。全长 20 千米。一般流量为 0.2218 亿立方米 / 年，平均坡降 10.4‰，标高 190 ~ 860 米，集水面积 64 平方千米，水能资源理论蕴藏量 11172 千瓦。

古文县溪河情况一览表

表 2-4

编号	干流	支流名称及级别					流域面积 F（平方千米）	河流长度 L（千米）	河流坡降（‰）	河源地点	河口地点
		名称	2	3	4	5					
1	沅江	武水	丹青河	—	—	—	369	74	2.96	默戎镇四方坡	泸溪县潭溪
2	沅江	—	—	阿着溪	—	—	26.9	13	13.2	保靖县夯木芽	默戎镇排己娄
3	沅江	—	—	龙鼻嘴	—	—	7.6	7.0	64.3	默戎镇齐天坡	龙鼻嘴
4	沅江	—	—	窝喇溪	—	—	29.9	15	20.1	坪坝乡叭喇	默戎镇通口桥
5	沅江	—	—	猫子溪	—	—	12.2	8.0	34.2	坪坝乡猫子溪	排几堵
6	沅江	—	—	夯南溪	—	—	28.1	12	18.6	坪坝乡唐家坪	坪坝乡溪口
7	沅江	—	—	窝米溪	—	—	16.4	10	40.6	坪坝乡桃花坪	吉首市阿沛冲
8	沅江	—	—	剥落溪	—	—	78.2	32	23.1	坪坝乡烂泥田	泸溪县剥落
9	沅江	酉水	广潭河	—	—	—	90.3	24	9.27	断龙山乡芭蕉湾	红石林镇河西
10	沅江	酉水	古阳河	—	—	—	266	47	6.12	默戎镇狗脑山	罗依溪镇
11	沅江	—	—	排达牛	—	—	14.6	7.0	54.7	默戎镇齐天坡	古阳镇白岩
12	沅江	—	—	宋家河	—	—	24.6	12	16.2	双溪乡唐夯坨	古阳镇排口
13	沅江	—	—	官坝河	—	—	37.8	15	20.8	双溪乡梳头溪	古阳镇太坪
14	沅江	—	—	—	西歧河	—	10.2	6.7	36.2	双溪乡唐西歧	双溪乡塘上
15	沅江	—	—	恶浊溪	—	—	—	—	—	古阳镇高粱洞	古阳镇长潭
16	沅江	—	—	蔡家河	—	—	10.1	8.0	30.6	双溪乡牛路坡	古阳镇红沙溪
17	沅江	—	—	水甜溪	—	—	7.9	6.0	39.4	古阳镇岩坳	古阳镇南门桥
18	沅江	—	—	人溪	—	—	—	—	—	古阳镇五十庄	古阳镇三道河
19	沅江	—	—	涧潮溪	—	—	—	—	—	古阳镇大茶坪	古阳镇树栖柯
20	沅江	—	—	龙潭溪	—	—	—	—	—	古阳镇大茶坪	罗依溪龙潭坪
21	沅江	—	—	茅坡河	—	—	23.0	11	33.3	双溪乡泽信	罗依溪下茅坡

续表 2-4

编号	干流	支流名称及级别					流域面积F（平方千米）	河流长度L（千米）	河流坡降（‰）	河源地点	河口地点
		名称	2	3	4	5					
22	沅江	—	—	阿汉溪	—	—	7.5	7.0	78.3	高望界乡净山界	罗依溪枞树坪
23	沅江	—	—	鲁家溪	—	—	10.6	8.0	70.6	高望界乡栽挡垭	罗依溪镇且茶
24	沅江	—	—	焦　溪	—	—	16.5	8.0	60.3	高望界乡栽挡垭	罗依溪镇焦溪
25	沅江	酉水	石碧溪	—	—	—	21.8	13	17.0	罗依溪列巴阿其	罗依溪喇叭冲
26	沅江	酉水	麻溪	—	—	—	21.5	11	38.6	高望界乡椿木垭	罗依溪镇会溪
27	沅江	酉水	江洋溪	—	—	—	12.9	8.0	57.5	高望界乡凉风垭	罗依溪镇王司坪
28	沅江	酉水	葫芦溪	—	—	—	—	—	—	高望界乡凉风垭	高望界乡葫芦坪
29	沅江	酉水	沙鱼溪	—	—	—	28.4	8.6	43.4	高望界乡焦坪	高望界乡石家坳
30	沅江	酉水	鱼儿溪	—	—	—	16.9	8.0	60.2	高望界乡烂泥池	高望界乡鱼儿溪
31	沅江	酉水	凤溪	—	—	—	16.9	6.2	46.2	高峰乡近岩溶	高峰乡河口
32	沅江	酉水	酉溪河	—	—	—	887	84	2.10	河蓬乡老寨	沅陵县乌宿
33	沅江	—	—	穿洞河	—	—	13.8	8.0	32.1	岩头寨镇望乡台	河蓬乡上河蓬
34	沅江	—	—	干溪	—	—	6.4	7.0	13.5	山枣乡姚家坪	河蓬乡尾巴坪
35	沅江	—	—	濠溪口	—	—	15.9	13	22.1	山枣乡茨秋坪	泸溪县濠溪口
36	沅江	—	—	河子河	—	—	59.2	23	10.8	山枣乡高寨	沅陵县船渡口
37	沅江	—	—	—	边龙溪	—	21.9	14	77.1	山枣乡边龙溪	沅陵县岩板溪
38	沅江	—	—	茶溪	—	—	47.5	22	6.26	岩头寨镇大亮坡	沅陵县龚史坡
39	沅江	—	—	草潭河	—	—	388	59	4.15	岩头寨镇上洞溪	沅陵县两岔溪
40	沅江	—	—	—	鲇溪	—	14.8	10	41.3	高望界乡矮落界	岩头寨镇两河口
41	沅江	—	—	—	—	中溪	9.0	6.4	59.7	高望界乡净山界	岩头寨镇田家
42	沅江	—	—	—	蒿根溪	—	46.5	19	12.6	岩头寨镇五里坡	岩头寨镇两叉溪
43	沅江	—	—	—	岩头寨河	——	40.7	19	18.8	高望界乡长沙洞	岩头寨镇草潭
44	沅江	—	—	—	松溪	—	27.5	19	23.6	高望界乡老实坪	沅陵县戴家坡
45	沅江	—	—	—	施溪	沙地	21.3	9.0	26.3	高望界乡花椒坨	岩头寨镇仲坪
46	沅江	—	—	—	—	大石溪	11.7	7.0	40.7	高望界乡歇场界	沅陵县施溪
47	沅江	酉水	白溪河	—	—	—	515	59	6.09	花垣县排腊	断龙山乡白溪口
48	沅江	—	—	细塔溪	—	—	31.6	10	31.2	保靖县阿托坭	断龙山乡白家

第三章　气候　水文

第一节　气　候

一、气候

古丈县属中亚热带季风湿润气候。四季分明，降水丰沛，雨量集中。海拔500米以下地带，年均气温为16.2℃，最冷月（1月）平均气温4.7℃，最热月（7月）平均气温26.7℃。日平均气温≥10℃，积温4993.5℃，年较差22.0℃。年降水量1392.9毫米，但时空分布不匀，4—9月降水集中，占全年总量的75%左右，且年际变化大。全年日照时数为1311.8小时，属光能低值区，但利用潜力较大。全年蒸发量1018.8小时，年均风速1.1米/秒，全年盛行西南风。年均相对湿度81%。全年无霜期天气276天。

（一）四季特征

春季　日平均气温稳定在10℃时为春季开始，从3月下旬起至6月上旬止，持续80天左右。早春气温低，寒潮频繁。雨后寒潮之间，有一段较短的回春天气，“春分”前后最为常见。冷暖两股空气旋进旋退，乍晴乍雨，春天天气过寒时暖。3—5月常有雨量491.9毫米，占全年雨量的33%，雨日52天左右。少数年份在这一时期出现冰雹、龙卷风。

夏季　当日平均气温稳定在22℃以上时，进入夏季。大致从6月上旬开始至9月上旬止，为期91天。高温高湿，雨量集中。极端最高气温。每年6—8月雨量总计达587.4毫米，占全年雨量的40%。夏末伏旱比较严重。本地农谚有“头伏日头二伏雨，三伏太阳晒死鬼”。

秋季　9月上半月入秋，至11月下旬止，为时70天。初秋仍保持短期炎夏余威，龙卷风、暴雨时有出现。秋季雨量为270.3毫米，占全年雨量的18%。“白露”以后，随着冬季风突起，冷暖空气相遇，秋雨出现。9月中、下旬，由于北方冷空气南侵，导致规律性寒露风。正常年分，“秋分”过后出现秋高气爽天气。多秋旱。

冬季　11月下旬开始至次年3月下旬止，为时110多天。日均气温在10℃以下。常年冬季雨量仅126.4毫米，占全年雨量的9%。11月初出现初霜。12月中、下旬开始降雪。

（二）分区特征

开阔向阳早熟区　在海拔300米以下，全年无霜期283天。7月份平均气温27.5℃。

低山河谷中熟区　海拔在300～500米之间。全年无霜期270天。7月份平均气温27.3℃。

低山狭谷迟熟区　海拔500～650米之间。季节比一类地区迟10～15天。7月份平均气温27℃。

中山高地晚熟区　海拔650米以上。季节比一类地区迟20～25天。7月份平均气温27℃以下。

1986—2010 年古文县年降水量一览表

表 2-5

单位：毫米

年度	降水	年度	降水	年度	降水
1986	1606.1	1995	1501.9	2004	1499.4
1987	1289.9	1996	1418.6	2005	1057.1
1988	1042.2	1997	1188.6	2006	1288.3
1989	1637.5	1998	1824.1	2007	1423.1
1990	1381.4	1999	1762.0	2008	1472.9
1991	1419.7	2000	1112.3	2009	1120.3
1992	1176.8	2001	1148.2	2010	1568.6
1993	1655.2	2002	1866.4		
1994	982.3	2003	1371.1		

古丈县气象状况一览表

表 2-6

项目	平均值	极值
气温（℃）	16.1	最高 39.7℃（1988），最低 -4.6℃（2006）
降水量（毫米）	1389.0	1866.4（1986）
蒸发量（毫米）	1041.9	1174.1（2006）
无霜期日数（天）	276	318（1997）
降雪日数（天）	15.5	28（2007）
降雹日数（天）	1.2	6（1992/2005）
日照时数（小时）	1311.8	最高 1565 小时（1988）最低 1116.9 小时（1996）
蒸发量（毫米）	1018.8	最高 1159.5 毫米（2006）最低 905.6 毫米（1987）
相对湿度	82%	最少 8%（1992）

二、物候

燕子一般在“惊蛰”前后出现，“寒露”前后离去。白鹭一般在夏季出现，冬季离去。杜鹃在“清明”后出现，入秋以后离去，有谚语“清明三朝阳雀叫”（杜鹃鸟别名阳雀）。野鸭，一般冬来春去。雁鹅，一般“春分”后飞往北方，“秋分”飞回南方。报春子，又名“夜鹰”，“立春”后即早啼报春。布谷鸟，叫声像“快种苞谷”四字音，古丈俗名叫“苞谷雀”，下种季节开叫。

三、气候谚语

数九歌

一九还是九，行人要袖手；

二九一十八，冷风脸上刮；

三九二十七，檐前雨不滴；
四九三十六，行人冰上足；
五九四十五，行人口打鼓；
六九五十四，软泥长硬刺；
七九六十三，行人把衣担；
八九七十二，守牛娃子吹笛儿；
九九八十一，蓑衣共斗笠。

农事季节歌

正月是立春，积肥迎春耕；
二月惊蛰节，备耕莫闲歇；
三月是清明，下种忙不赢；
四月立夏到，闲田把水泡；
五月是端阳，吃了粽粑去插秧；
六月天气热，薅草歇不得；
七月是立秋，快把粮食收；
八月中秋节，种荞莫迟疑；
九月是重阳，收摘桐茶忙；
十月小阳春，油麦一片青；
冬月是冬至，护牛是大事；
腊月大寒天，杀猪迎新年。

物象谚语

癞蛤蟆叫，雨天快到。
螃蟹上坡，雨如瓢泼。
泥鳅吐泡，雷雨就到。
屋基岩发汗，水涨一丈。
大雨欲来山羊舞，天将下雨群燕飞。

第二节 水 文

一、地表水

县境年均水资源总量为11.299亿立方米，其中客水约6亿立方米，地下水0.8436亿立方米。

县域年降水量平均为1471.3毫米，平均径流深815毫米，河川径流总量达11.299亿立方米，平均径流系数为0.55。地表径流在丰水年（P=50%）可达11.8605亿立方米，枯水年（P=90%）仅8.7455亿立方米，为丰水年的73.74%。2010年，全县蓄引、提总水量为4367.7万立方米，仅占总径流量的3.87%。

全县水资源状况分五个区：西北部广潭河流域蓄、提干旱缺水区，中部古阳河流域引、提小型水利灌区，西南部坪坝河流域引、蓄、提水利开发区，东南部草潭河流域引、蓄、提水资、水能择优开发区，东北部凤滩水库引、蓄淹没区。

西北部广潭河流域蓄、提干旱缺水区　位于县城西北部，包括红石林镇、断龙山乡31个村259个村民小组，总面积203.42平方千米。有耕地面积1864.47公顷，其中水田1418.87公顷。农业人口 26557 人。年均降水量 1358.3 毫米，年均径流量 1.6323 亿立方米，年均径流深 800 毫米。全区灌溉设施有小（一）型水库 3 座，小（二）型水库 8 座，山塘 99 口，小溪坝 42 座，机灌 66 台 253.6 千瓦。电灌站 3 台 51 千瓦，水电站 5 处 6 台 2730 千瓦，有蓄、引、提水量 581.222 万立方米。全区有效灌溉面积 824.93 公顷，旱涝保收面积 351.2 公顷。

中部古阳河流域引、提小型水利灌区 包括古阳镇、双溪乡全部和默戎镇、罗依溪镇、高望界乡大部 31 个村 295 个组，总面积 261.1 平方千米。有耕地面积 1211.87 公顷，其中水田 806.07 公顷。农业人口 28925 人。年均降雨量 1471.3 毫米，年均径流深 825 毫米，年均径流量 2.22 亿立方米。区内水系众多，地表水资源丰富。水利设施以固定坝或临时小型引水为主。有小（二）型水库两座，山塘 42 口，固定坝 7 条，临时坝 573 条，泉井 403 眼，水轮泵 1 台，电灌 16 台 332 千瓦、机灌 39 台 198.45 千瓦，蓄、引、提水量 494.156 万立方米，小水电 5 处 6 台 725.5 千瓦。有效灌溉面积 437.4 公顷，其中旱涝保收面积 316.73 公顷。

西南部坪坝河流域引、蓄、提水利开发区 包括默戎镇、坪坝乡两乡镇部分地区 23 个村 197 个组，总面积 225.53 平方千米。有耕地面积 1566.87 公顷，其中水田 1052.13 公顷。农业人口 25820 人。年均降雨量 1309.7 毫米，年均径流深 844 毫米、年均径流量 1.6529 亿立方米。有小（一）型水库 1 座，小（二）型水库 5 座，山塘 20 口，机灌 28 台 116.13 千瓦，泉井 132 处，小水电 4 处 4 台装机 308.5 千瓦，电灌 5 台 78 千瓦，有蓄、引、提水量 402.778 万立方米。有效灌溉面积 474.07 公顷，其中旱涝保收面积 187.53 公顷。

东南部草潭河流域引、蓄、提水资、水能择优开发区 包括岩头寨镇、河蓬乡、山枣乡全部和高望界乡、高峰乡、坪坝乡部分村组，36 个村 349 个组。土地总面积 342.61 平方千米，耕地面积 1987.47 公顷，其中水田 1550.8 公顷。农业人口 27368 人。年均降雨量 1400 毫米，年均径流深 800 毫米，年均径流量 3.652 亿立方米。有小（一）型水库 3 座，小（二）型水库 10 座，山塘 119 口，小溪坝 1188 条，泉井 500 眼，水轮泵 10 处，机灌 40 处 220.5 千瓦，电灌 3 处 51 千瓦，小水电站 4 处 4 台 476 千瓦。

东北部凤滩水库引、蓄淹没区 包括高峰乡、高望界乡、罗依溪镇部分村组，19 个村 87 个组，总面积 253.82 平方千米。耕地面积 1234.13 公顷，其中水田 914.07 公顷。农业人口 13723 人。年均降雨量 1350 毫米，年均径流深 800 毫米，年均径流量 1.298 亿立方米。有小（二）型水库 3 座，山塘 41 口，溪坝 265 条，井泉 17 眼，小水电 2 处 2 台，装机 50 千瓦，机灌 5 处 18.4 千瓦，计有蓄、引、提水量 147.454 万立方米。有效灌溉面积 194.07 公顷，旱涝保收水田面积 157.27 公顷。

古文县水资源分区基本情况一览表

表 2-7

分区项目			I	II	III	IV	V	合计
基本情况	村（个）		31	31	23	36	19	140
	农村人口（人）		26557	28925	25820	27388	13723	122413
	总面积（平方千米）		203.42	261.1	225.53	342.61	253.82	1286.47
	耕地	总面积（公顷）	1864.47	1211.87	1566.87	1987.47	1234.13	7864.80
		水田（公顷）	1418.87	806.07	1052.13	1550.8	918.07	5745.94
水文特性	年均降水量（毫米）		1358.3	1471.3	1309.7	1400	1350	1471.3
	年均径流深（米）		0.8	0.825	0.84	0.8	0.8	0.815
	年均径流量（亿立方米）		1.6323	2.22019	1.6529	3.652	1.298	10.45539

续表 2-7

分区项目		Ⅰ	Ⅱ	Ⅲ	Ⅳ	Ⅴ	合计
水资源	总量（万立方米）	17828.05	24102.34	18048.95	38662.69	14348.39	112990.43
	其中地下水（万立方米）	1505.05	1900.44	1519.95	2142.69	1368.39	8436.53
水能	理论蕴藏量（千瓦）	20539	9516	17531	14128	10656	72370
	可开发量（千瓦）	7525	1700	1580	7200	1645	19650

古文县分区水量一览表

表 2-8

频率	分区 水方量万立方米	Ⅰ	Ⅱ	Ⅲ	Ⅳ	Ⅴ	合计
多年平均	径流量	17828.0545	24102.3411	18048.9500	38662.6920	14348.3918	112990.4294
	还原水量	573.0	323.6	387.9	810.2	96.6	2191.3
	总量	18401.0545	24425.9411	18436.8300	39472.8920	1444.9918	102181.7094
P=50%	径流量	17649.7740	24861.3180	17868.4605	38276.0650	14204.9080	112860.5255
	还原水量	573.0	323.6	387.9	810.2	96.6	2191.3
	总量	18222.7740	25184.9180	18256.3605	39086.2650	14301.5080	115051.8255
P=75%	径流量	15456.9230	20896.7300	15648.4400	33520.5540	12440.0560	97962.7030
	还原水量	573.0	323.6	387.9	810.2	96.6	2191.3
	总量	16029.9230	21220.3300	16036.3400	39330.7540	12536.6560	105154.0030
P=90%	径流量	13798.9140	18655.2120	13969.8780	29924.9240	11105.6550	87454.5830
	还原水量	573.0	323.6	387.9	810.2	96.6	2191.3
	总量	14371.9141	18978.8120	13757.7780	30735.1240	11202.2550	89045.8830

发源于县外流入县域的河水主要有酉水和白溪河，总水量约 6 亿立方米，给全县水能、水运、渔业、灌溉等提供有利条件。

二、地下水

县境内有地下阴河 12 条，总长 47 千米，大小泉井 1430 处。地下水储量 0.8436529 亿立方米，已开发利用 294.436 万立方米。按成因分为碳酸盐岩岩溶水和基础裂隙水两大类，碎屑岩孔裂隙水及碎屑岩裂隙水、浅变质碎屑岩裂隙水、炭酸岩裂隙岩溶水三亚类。基础裂隙水，主要分布于东南部默戎、坪坝、河蓬、山枣、野竹、岩头寨、高峰等乡镇部分地区。坪坝河、河蓬河、草潭河中下游属碎屑岩裂隙水。古阳镇、高峰乡酉水沿岸，以及坪坝河、河蓬河、草潭河上游占全县 50% 以上地区属浅变质碎屑岩裂隙水。浅变质碎屑岩裂隙水，岩溶不发育，溶洞少，甚至没有溶洞，地下水一般沿裂隙运移，多由井泉排出地面，径流途径短，汇成溪河，为近源出。炭酸岩裂隙岩溶水，因岩溶发育程度极不一致，并受岩性构造和地貌诸因素控制，赋水和运移也极不均一，多以地下河形式排泄，而断裂构造又对地下水赋集有明显控制作用。断龙山、红石林、默戎 3 个乡镇一部分地下水、溶洞泉、基岩裂隙水沿断裂带分布，形成断裂赋水带。岩溶水由大气降水，通过洼地、漏斗、天窗、落水洞等转入地下，汇成阴河。

碎屑岩孔隙裂隙水 以石灰岩和白云岩为主，约占 60% ~ 70%。其次为粉沙岩和硅质岩，钙质和泥质胶结，岩石表面形成溶沟、溶槽等溶蚀现象。但含水岩组构造裂隙和风化裂隙发育。主要走向北 20° 东，北 60° 东，表面裂隙率 0.96% ~ 2.5%。裂隙宽 0.2 ~ 2 毫米。大部分被填充，微含孔隙裂隙水，泉流量 0.01 ~ 1.5 升 / 秒。地下径流模数为每平方千米 0.07 ~ 2.161 升 / 秒，一般小于 0.5 升 / 秒。久旱则泉水枯干。其化学类型以 HCO_3-Ca 型水为主，次为 HCO_3-Mg 型，总硬度 5.1 ~ 8 德国度，pH 值为 6 ~ 7.28，矿化度 0.45 ~ 0.331 克 / 升。

碎屑岩裂隙水 含水岩由寒武系组成。主要岩性为紫红黄绿色砂质页岩、钙质粉砂岩、薄至中厚层石英砂岩、板状页岩等。主要含水岩层为石英砂岩，分布不连续，夹于页岩之中。单层厚 30 ~ 60 米，总厚 100 米左右。常见走向北 50° 东和北 70° 东两组。裂隙宽 0.2 ~ 4.5 毫米，基本无填充，相互连通较差。石英砂岩出露面积狭窄，而且分散，接受降水面积小，因此裂隙泉水流量小，变化也小。虽然浅部风化裂隙发育，裂隙率 0.37% ~ 5%，但由于被风化岩层充填，不利于降雨下渗，故赋水性差，地表流失严重。泉流量一般为 0.1 ~ 0.5 升 / 秒，最大流量 2.552 升 / 秒。地下径流模数为每平方千米 0.519 ~ 0.911 升 / 秒。枯水季节，无水而断流。其化学类型以 HCO_3-Ca、HCO_3CL-Ca、Na 型水为主，总硬度一般小于 2 德国度，pH 值 5 ~ 7.5，矿化度小于 0.21 克 / 升。

浅变质碎隙岩裂隙水 由元古界板溪群、震旦系地质组成。含水岩为紫红色砂质板岩，浅变质石英砂岩，石英砂岩，含砾砂岩和冰积砾岩等组成。牛角山至高望界、断龙山至杨家河山脊上半部分泉流量一般为 0.1 ~ 1 升 / 秒，地下径流模数为每平方千米 0.5 ~ 1 升 / 秒，最小 0.014 升 / 秒，最大 2.97 升 / 秒，为含重碳酸钙钠水型，pH 值 6 ~ 7.6，矿化度 0.03 ~ 0.19 克 / 升。下半部分古阳河流域，岩层发育，裂隙率 0.7% ~ 3.38%。走向以北 65° 东为主，北 30° 东次之。裂隙面平直，延伸较远，宽 0.3 ~ 0.5 毫米，无充填，连通性好，含裂隙水。泉流量一般为 0.1 ~ 0.5 升 / 秒，最大流量 0.555 升 / 秒，最小流量 0.01 升 / 秒。平均地下径流模数为每平方千米 0.802 升 / 秒。山脚山谷中断层沿线，多有一系列泉水流出地面，或浸湿出地面，流量 0.014 ~ 0.05 升 / 秒，多数泉水常年不易枯干。其化学类型以 HCO_3-CaMg、HCO_3CL、CaMg 型为主，总硬度一般为 5 ~ 8 德国度，pH 值 5.5 ~ 7.6，矿化度 0.23 ~ 0.79 克 / 升。

裸露型碳酸岩岩溶水 主要分布于断龙山乡、红石林镇。岩溶发育强烈，地下河发达，岩石露出面积大，岩性主要为薄至厚层灰岩、白云质灰岩、灰质白云岩、白云岩等。岩溶区为溶丘洼地。除地下阴河外，井泉水大多分布在地面以下，地下河以上，受局部因素所控制、动态变化大，久旱即干枯。灰岩分布地下水化学类型以 HCO_3-Ca 型为主，矿化度一般为 0.206 ~ 0.21 克 / 升。白云岩分布地下水化学类型以 HCO_3-CaMg 型为主，矿化度一般为 0.216 ~ 0.238 克 / 升。

碳酸岩夹碎屑岩裂隙岩溶水 分布于龙鼻嘴万岩背斜。含水地层岩性为薄层结晶灰岩、泥质条带灰岩。白云岩灰岩夹硅质页岩、砂岩页岩等。由于可溶岩与非可溶岩互间，岩溶不发育，仅见溶蚀裂隙，裂隙率为 0.63%，赋存裂隙水不富，且分布不均匀。一般流量为 0.155 ~ 0.454 升 / 秒，地下径流模数为每平方千米 0.038 ~ 0.731 升 / 秒。泉水流量随季节稍有变化，但常年不易干。其化学类型复杂，主要为 HCO_3-HCO_3CL 和 CaMg-Na、CaMg 型，矿化度 0.6 克 / 升，总硬度 5.1 ~ 8 德国度，pH 值 6 ~ 6.8。

埋葬型裂隙岩溶承压水 主要分布在坪坝乡亚家村、河蓬乡河蓬村和白洋溪村、岩头寨镇野竹村、岩头寨镇岩头寨村、高峰乡老官坪村和岩坳村，成长条带状分布，约长 40 千米，宽 4 千米，面积 150 平方千米。含水地层岩性主要是寒武系和震旦系，岩灰为灰岩、泥质条带灰岩、白云质灰岩、白云岩、灰至灰黑色白云质灰岩、硅质白云岩、硅质岩等构成。岩溶不发育，仅见溶

蚀裂隙，赋存裂隙岩溶承压水，承压水头高出含水层顶板，但水量不丰富，与岩溶发育程度即随深度增加而减弱有关。其化学类型为 HCO_3-Mg 和 HCO_3-CaMg 型，矿化度 0.22 ～ 0.29 克 / 升，总硬度 13.8 德国度，pH 值 7.9 ～ 8。

古文县地下水储量计算成果一览表

表 2-9

水系及流域	面积（平方千米）	地下水储量（亿立方米 / 年）		
		径流	渗入	合计
古阳河	200	0.4491	0.2666	0.7157
坪坝河	192	0.0474	0.2690	0.3164
河蓬河	123	0.0233	0.1470	0.1703
草潭河	195	0.0234	0.2471	0.2705
山枣河	74	0.0093	0.1031	0.1124
岩山河	88	0.0099	0.1164	0.1263
会溪至镇溪	164	0.1395	0.1511	0.2906
广潭河	65	0.0480	0.1738	0.2218
红石林、断龙山地下水	176	0.1298	0.4705	0.6003
合计	1277	0.8797	1.9446	2.8243

三、水能

县境东南部地表水较发育、河谷多深窄，有坪坝河、西溪河、草潭河等，西北部有广塘河、白溪关河，水能资源丰富；中部有古阳河，水能资源较少。全县水能资源理论蕴藏量 72370 千瓦，技术可开发量 19650 千瓦，已开发 8685 千瓦，占可开发量的 44.2%。其中西溪河理论蕴藏量 23128 千瓦，技术可开发量 8275 千瓦，已开发量 1275 千瓦；白溪关河理论蕴藏量 9367 千瓦，技术可开发量 6400 千瓦，已开发量 6050 千瓦；坪坝河理论蕴藏量 17531 千瓦，技术可开发量 1580 千瓦，已开发量 440 千瓦；广潭河理论蕴藏量 11172 千瓦，技术可开发量 1125 千瓦，已开发量 20 千瓦；古阳河理论蕴藏量 9516 千瓦，技术可开发量 1700 千瓦，已开发量 720 千瓦。

第四章 土地 土壤

第一节 土 地

一、土地分类

古丈县土地总面积128647.01公顷，可分为8类，即：耕地、园地、林地、草地、城镇村及工矿用地、交通运输用地、水域及水利设施用地、其他土地。林地面积105071.83公顷，其中有林地96179.4公顷，灌木林地3238.01公顷，其他林地5654.42公顷。耕地面积10192.71公顷，占全县土地总面积的7.92%，且以中低等地较多。

2010年古丈县土地类别一览表

表2-10 单位：公顷、%

土地类别		面积	占总面积比重
耕地	水田	8939.93	6.95
	水浇地	0	0.00
	旱地	1252.78	0.97
	小计	10192.71	7.92
园地	果园	2403.4	1.87
	茶园	955.02	0.74
	其他园地	1641.19	1.28
	小计	4999.61	3.89
林地	有林地	96179.4	74.77
	灌木林地	3238.01	2.52
	其他林地	5654.42	4.39
	小计	105071.83	81.67
草地	天然牧草地	0	0.00
	人工牧草地	0	0.00
	其他草地	1040.97	0.81
	小计	1040.97	0.81

续表 2-10

土地类别		面积	占总面积比重
交通运输用地	铁路用地	130.35	0.10
	公路用地	251.26	0.20
	农村道路	365.69	0.28
	机场用地	0	0.00
	港口码头用地	0.22	0.00
	管道运输用地	0	0.00
	小计	747.52	0.58
水域及水利设施用地	河流水面	2253.84	1.75
	湖泊水面	0	0.00
	水库水面	84.4	0.07
	坑塘水面	51.43	0.04
	沿海滩涂	0	0.00
	内陆滩涂	5.45	0.00
	沟渠	370.93	0.29
	水工建筑用地	4.85	0.00
	冰川及永久积雪	0	0.00
	小计	2770.90	2.15
其他土地	空闲地	0	0.00
	设施农用地	3.65	0.00
	田坎	1690.23	1.31
	盐碱地	0	0.00
	沼泽地	0	0.00
	沙地	0	0.00
	裸地	76.72	0.06
	小计	1770.60	1.38
城镇村及工矿用地	城市	0	0.00
	建制镇	286.98	0.22
	村庄	1653.53	1.29
	采矿用地	106.73	0.08
	风景名胜及特殊用地	5.63	0.00
	小计	2052.87	1.60
全县土地总面积		128647.01	100.00

二、基本农田

1997 年，初次划定基本农田保护区。2004 年，因自然灾害和上级下达指标调整等原因，重新调整划定基本农田保护区。第二次土地调查基本农田净面积 7686.92 公顷，其中水田 6886.64 公顷，占基本农田 89.59%，旱地 800.28 公顷，占基本农田面积 10.41%。2010 年，各乡镇基本农田面积是：

古阳镇，面积 338.09 公顷，其中水田 271.88 公顷，旱地 66.21 公顷。

罗依溪镇，面积 124.64 公顷，其中水田 121.48 公顷，旱地 3.16 公顷。

红石林镇，面积 782.65 公顷，其中水田 688.87 公顷，旱地 93.78 公顷。

默戎镇，面积 771.79 公顷，其中水田 659.78 公顷，旱地 112.01 公顷。

岩头寨镇，面积 1192.10 公顷，其中水田 1128.97 公顷，旱地 63.13 公顷。

双溪乡，面积 449.91 公顷，其中水田 373.75 公顷，旱地 76.16 公顷。

断龙山乡，面积 1046.73 公顷，其中水田 837.28 公顷，旱地 209.45 公顷。

坪坝乡，面积 690.27 公顷，其中水田 608.95 公顷，旱地 81.32 公顷。

河蓬乡，面积 383.83 公顷，其中水田 336.92 公顷，旱地 46.91 公顷。

高望界乡，面积 197.49 公顷，其中水田 195.00 公顷，旱地 2.49 公顷。

山枣乡，面积 702.97 公顷，其中水田 668.77 公顷，旱地 34.20 公顷。

高峰乡，面积 1006.45 公顷，其中水田 994.99 公顷，旱地 11.46 公顷。

第二节　土　壤

一、类型

全县 7 个土类，即水稻土、菜园土、红壤、黄壤、黑色石灰土、红色石灰土、紫色石灰土。还可分为 16 个亚类、58 个土属、117 个土种。水稻土根据不同成土条件、过程和属性可分为 5 个亚类，24 个土属，50 个土种。5 个亚类，即：淹育性水稻土、潴育性水稻土、渗育性水稻土、潜育性水稻土、沼泽性水稻土。土壤氧化铁水化程度高，黄化过程明显，山脚河谷低地发育成黄红壤；淋溶作用强烈，土壤中钙、镁等盐基大量流失，酸性土壤多；土壤中有机质含量较高，土层薄而不瘠，土壤质地较好。全县土壤表土有机质含量一般为 2% ~ 4%，全氮含量 0.1% ~ 0.2%。

二、分布

垂直分布：全县土壤垂直差异明显，自然土壤自下而上分别发育成黄红壤、黄壤，黄壤之上有极少典型黄棕壤，呈现不完整垂直带谱。黄壤与黄红壤分界线海拔 460 米。水稻土从山坡向下至谷底一般依次分布着淹育性、潴育性、潜育性、沼泽性水稻土，其性质差异很大。海拔 460 米以下大部分是潴育性水稻土，是产量较高的农田。海拔 460 ~ 800 米，黄壤广为分布，地势高，水源缺，多为天水田，三年两不收。海拔 800 米以上，旱土分布在山顶和山坡，多为挂坡土。

区域分布：县分为三大土区，即东南部紫色土区，多为非地带性紫色土。中部黄壤红壤区，多属地带性土壤，但局部地区存在小片石灰土区和紫色土。西北部为石灰土区，多为非地带性石灰土。

微域分布：由于成土母岩常呈现上下互层和水平交错出露，导致微域分布错综复杂，在一个小范围内，就有几个土种甚至土类的更替。高峰乡李家洞村境内四大母岩形成的土壤，有 5 个土类，9 个亚类，20 个土属，26 个土种，“坎上坎下不一般，岭岭弯弯两个样”。自然土壤一般山脊、凸坡土层薄，凹地、弯槽土层较厚。水稻土一般呈阶梯状分布，即依次为淹、潴、潜、沼。由于灌溉等原因，也有下潴下淹或潴、淹、潴和上潜下潴分布。耕作土壤土体构型，养分含量以村寨为中心由近到远逐渐变差，即具有同心圆分布规律。

三、肥力

全县土壤有机质含量加权平均值3.18%，全氮0.185%。自然土壤中，黄壤地区植被繁茂，气候凉湿，有利于有机质积累，有机质含量较高，加权平均值为3.74%，全氮含量为0.187%。其次是黄红壤、红色石灰土。紫色土最低。在农业土壤中，有机质含量因土壤种类不同及人为活动影响，差异很大。稻田施肥量较多，在淹水条件下有机质分解相对缓慢，水稻土有机质及全氮含量加权平均值为8.18%和0.198%；旱土有机质及全氮含量加权平均值为2.85%和0.167%。古阳镇、罗依溪镇人多耕地少，有机肥施用水平较高，冬种绿肥面积较大，土壤有机质含量也较高；而山枣、河蓬、坪坝等乡，土壤有机质含量较低。同一地区，土壤有机质、全氮含量离村寨近的高，远的低，成同心圆分布状态。土壤速效氮含量全县加权平均值为149.6ppm，约占全氮含量8%左右。其中水稻土高于山地，山地高于旱土。加权平均值分别为185.2ppm、144.4ppm、140.0ppm。按丰、中、缺分类，丰的占31.2%，中等占56%，缺的占12.8%。

土壤全磷含量加权平均值为0.131%，多数分布值在0.05% ~ 0.2%之间。砂岩母质发育土壤含磷量最高，平均为0.169%。其次是板页岩、石灰岩母质，分别为0.134%和0.128%。紫色岩母质最低，0.093%。速效磷的含量则普遍较低，多在1 ~ 10ppm之间，加权平均值为7.3ppm。以水稻土最高平均10.68ppm。其次是旱土，平均5.87ppm。山地最低，3.62ppm。

土壤全钾含量一般比较丰富，加权平均值为2.25%。自然土壤中，石灰岩母质发育土壤，平均值为2.62%，砂岩母质发育土壤为2.01%，板页岩母质土壤为1.87%，紫色砂页岩母质土壤为1.84%。全县速效钾加权平均值为119.2ppm。水稻土为107.5ppm，旱土为144.4ppm，山地为117.9ppm。

第五章　动植物资源

第一节　植物资源

一、植被

古丈县植被区划，属中亚热带北部常绿阔叶亚林地带湘西北山地丘陵植被区武陵植被片，是湖南省自然植被保存较完整的地区之一。中亚热带地带性植被在这里生长繁茂，保存面积较大，群落结构完整，有完整的生态系统、典型的亚热带森林植被类型和自然的生态演替过程，在我国亚热带地区具有很强代表性。

二、植物

县境内有维管束植物 1883 种（包括种下等级和个别栽培植物），隶属 846 属、204 科。其中蕨类植物中蕨类植物 37 科、83 属、201 种；裸子植物 7 科、12 属、16 种，占我国裸子植物 11 科的 63.63%，湖南 9 科的 77.7%。被子植物 160 科、751 属、1666 种（双子叶植物 138 科、602 属、1406 种；单子叶植物 22 科、149 属、260 种），其中有 2 个中国特有科，25 个中国特有属。超过 40 种以上大科有 6 科，其中菊科 96 种、禾本科 89 种、蔷薇科 85 种、蝶形花科 64 种、唇形科 52 种、樟科 46 种。国家一级保护植物有 4 种：钟萼木、南方红豆杉、红豆杉、银杏。国家二级保护植物有 32 种：黄杉、篦子三尖杉、穗花杉、巴山榧树、鹅掌楸、厚朴、凹叶厚朴、樟树、沉水樟、闽楠、黄连、八角莲、金荞麦、任木、山豆根、野大豆、花榈木、杜仲、华榛、榉树、青檀、蛇柱麻、川黄檗、红椿、伞花木、银鹊树、青钱柳、喜树、银钟花、白辛树、香果树、中华结缕草。湖南省地方重点保护植物 25 种：福建观音莲座蕨、大平鳞毛蕨、罗汉松、中华猕猴桃、毛花猕猴桃、刺楸、钩栲、赤皮青冈、水青冈、山羊角树、山拐枣、湖南山核桃、青钱柳、猴樟、黄樟、少花桂、川桂、重楼属 4 种、川黔紫薇、乐昌含笑、长穗桑。

第二节　动物资源

县内有野生动物 1083 种。其中鱼类 32 种，隶属 4 目，10 科；两栖动物 22 种，隶属 2 目 7 科；爬行动物 45 种，隶属 2 目 10 科；鸟类 137 种，隶属 14 目，41 科；野生哺乳动物 43 种，隶属于 7 目，19 科；昆虫 804 种，隶属 17 目 131 科。

国家一级保护动物 3 种：云豹、林麝、白颈长尾雉。

国家二级保护动物 27 种：大鲵、虎纹蛙、鸢、苍鹰、赤腹鹰、雀鹰、松雀鹰、普通鵟、蛇雕、燕隼、红隼、红腹角雉、白鹇、勺鸡、白冠长尾雉、红腹锦鸡、草鸮、红角鸮、领角鸮、雕鸮、斑头鸺鹠、穿山甲、大灵猫、小灵猫、金猫、鬣羚、斑羚。

其中，列入国家濒危物种17种：蛇雕、红腹角雉、白冠长尾雉、白颈长尾雉、红腹锦鸡、雕鸮、穿山甲、黄鼬、黄腹鼬、花面狸、大灵猫、小灵猫、云豹、豹猫、金猫、鬣羚、斑羚。

第六章 矿产资源

2010年，古丈县已发现矿种17种，矿床（点）46处。矿种类型主要有能源矿产、黑金属、有色金属、贵金属、非金属矿产等5类。能源矿产石煤、铀矿资料不详，储量不明。黑色金属矿产以铁、锰、钒为主，其中锰矿远景储量达1400万吨，品位11%～20%，位居全州第二。钒矿储量1亿万吨，品位0.25%～0.67%，居全州第一。有色金属矿产探明储量1382万吨。贵金属矿产主要是金矿，但资料不详，储量不明。非金属矿探明储量的有磷矿，储量约2.6亿吨，品位20%～28%，居全州第一。全县磷矿分布广，但矿床分散，品位低，开发难度大。硫铁矿储量2.3亿吨，品位25%～35%。水泥用石灰岩，储量3747万吨，居全州第二。

第一节 金属矿产

锰矿 主要分布在岩头寨镇烂泥田、双溪乡茅坡和罗依溪镇龙家寨，河蓬乡丫角山也有发现。其中烂泥田地质储量最大，含锰品位18.02%。茅坡、龙家寨、丫角山未做地质工作，情况不明。

钒矿 钒矿资源分布广泛，资源较丰富，坪坝乡、双溪乡、岩头寨镇储量较大。已探明岩头寨镇特大型矿床1处，V_2O_5品位在0.9%，探明V_2O_5金属资源量311万吨。

金矿 分布在高峰乡淘金溪、葛连溪、小里溪、寺坪、岩排溪等地，因未做过地质工作，品位、储量情况不明。

铜矿 分布在高望界乡石门寨、庙溪等地。其中庙溪铜矿做过地质工作，求得D级储量1644吨，品位Cu ≥ 0.93%。

铁矿 分布在高望界乡大溪，高峰乡枫溪、葛连溪。大溪和葛连溪做过踏勘地质工作，大溪铁矿属赤铁矿，品位高达58%以上。葛连溪铁矿属褐铁矿，储量14万吨，品位35%以上。

黄铁矿 除断龙山乡、红石林镇外，其他乡镇均有分布。在坪坝乡曹家坪、默戎镇热达树、古阳镇红沙溪初查、普查，曹家坪矿区远景储量17.8万吨，品位为13.56%～16.01%；夯娄村矿区工业C级储量44.1万吨，D级23.86万吨，平均品位S含量13.90%；红沙溪矿区D级储量161.4万吨，表外7.5万吨，平均品位S含量26.57%。

能源矿 县内已发现能源矿只有铀矿1种，矿点2处，在岩头寨镇岩头寨村和坪坝乡曹家坪村，储量不明，品位在0.032%左右，最高可达1.134%。

第二节 非金属矿产

磷矿 与黄铁矿为伴生矿。除断龙山乡、红石林镇外，其他各乡镇均有分布。有 10 个矿段，磷矿资源储量 2.6 亿吨，平均品位地表风化矿 $P_2O_5$18% ~ 22%，地下原生矿一般 $P_2O_5$14% ~ 15%。

重晶石 分布在默戎镇盘草、桐木、万岩、己戎、鬼溪一带，未做过地质工作，储量不明，品位 $BaSO_4$ 含量≥ 94% ~ 97%。

白云石 分布在红石林镇，做过评查工作，求得工业 C 级储量 235.1 万吨，地质储量 2.3 亿吨，品位 MgO 含量 21.41%。

大理石 主要分布在默戎镇万岩，红石林镇有零星分布。其中万岩辉绿岩做地质工作，求得 C 级储量 222.8 万立方米。

石煤矿 主要分布在默戎镇牛营至排口，储量约 1 亿吨，发热量在 300 ~ 800 大卡 / 千克。可作为烧石灰燃料，煤矸石可回五氧化二钒，其渣可作为水泥添加料，还可制碳化砖。

方解石 主要分布在红石林镇、断龙山乡一带。未做过地质工作，其储量和品位情况不明。

水泥用灰岩 分布在红石林镇科地坝一带。属优质水泥用石灰岩，查明储量 3747 万吨。

矿泉水 发现默戎镇万岩村 1 处矿点，属偏硅酸、碳酸钠型矿泉水，可作瓶装和桶装矿泉水开发。

第七章 自然灾害

古丈县自然灾害主要有气象灾害、地质灾害及作物病虫害、瘟疫等。其中气象灾害主要有旱灾、水灾、暴风、冰雹、冰雪灾等。

第一节 水 灾

1986年8月20日上午11时，高望界林场岩坨村一栋房屋遭雷击，死5人（3女2男），伤10人（重伤4人）。

1990年6月6—8日，全县降雨量150毫米；6月14日2时到7时，全县再次降特大暴雨，降雨量250毫米，降雨主要集中在县境东南部河蓬、山枣、草潭、坪坝、城关5个乡镇，其中河蓬、山枣一带降雨量350毫米。两次大暴雨导致全县16个乡镇场、166个村、973个村民小组10081户38045人受灾，其中特重灾民1848人，34人无家可归，2人死亡、2人重伤，损坏房屋132栋295间，冲走房屋51间，因灾造成危房95间；全县农作物受灾面积3933.33公顷，其中成灾2266.66公顷、绝收706.66公顷；冲垮山塘10口，冲毁河道护岸7437米，冲毁大小渠道16136米，冲垮拦河溪坝956处，冲走水轮泵11处，冲毁水电站3处，损坏变压器5台，倒塌通信、输配电杆141根，冲垮公路226处76.7千米，冲垮桥梁36座，造成河蓬、山枣、草潭、坪坝、野竹、岩头寨6个乡镇交通中断，河蓬、山枣、草潭、坪坝4个乡镇通信中断；河蓬乡2所小学被冲毁；河蓬乡卫生院进水深2米，药品损失价值2.6万元、损失医疗器械127台（件）、宿舍裂缝、手术室下沉、厕所倒塌。灾害直接经济损失1065.3万元。

1991年7月1—12日20时，县内连续降雨12天，累计降雨量836.2毫米。其中7月11—20日，两天时间降雨量437.4毫米。7月10日，坪坝乡张家坪村山体严重滑坡4800立方米，村民石光宝房屋被淹埋。古阳镇碑岩山大面积滑坡，5户居民房屋被淹埋。7月11日11时，草潭乡千斤水库大坝决堤。7月12日下午，高峰乡三叉溶水库大坝决堤。全县16个乡镇（场）177个村的12610户57354人受灾。倒塌房屋54间，损坏房屋90间。洪水冲走粮食5吨、化肥21吨、木材307立方米。垮塌山塘1口、河堤461处、渠道1278处、大小桥梁24座、公路99处。全县4乡1镇交通中断。因灾死亡1人。经济损失372.45万元，其中农作物经济损失250万元。

1993年7月19—30日，县内连降大到暴雨，降雨量482.1毫米，其中19日降雨量165.6毫米、23日降雨量184.5毫米、30日降雨量143.1毫米。全县农作物受灾面积4013.33公顷，其中重灾2680公顷、绝收1326.67公顷，减产粮食600吨；损坏房屋58栋，倒塌房屋17间；冲走牲畜2892头、毁坏养鱼水面2.2公顷，冲走成鱼45吨；倒塌通信路杆82根，损坏通信线路20千米，倒塌电杆158根，损坏输电线路14.5千米，7月30日上午，断龙山乡白溪关降雨145.1毫米，白溪关电站水库入库流量5300

立方米/秒，4扇闸门全开泄洪，由于下泄水量大，下游凤滩水库水位抬高1.8米。洪灾造成直接经济损失2200万元。

1995年6月25日早晨6点30分至下午20点，县境内普降特大暴雨，13个小时内降雨量149.5毫米，暴雨集中在6点30分至10点间3个小时内，降雨量138毫米。河蓬乡、默戎镇、罗依溪镇、双溪乡电排站和水轮泵站被冲毁，直接经济损失56万元。

1998年，年降雨量1824.1毫米，全县2次遭遇洪灾。5月8日降雨量119.9毫米，其中凌晨3点到早上6点3个小时内降雨量118.9毫米，降雨区域主要集中在古阳河流域，其中双溪乡5月8日凌晨3点到早上6点3个小时内降雨量123.5毫米，为全县最大降雨点。洪灾造成全县16个乡镇场123个村1.74万户7.5万人受灾，其中重灾户4314户，18550人。古阳镇、双溪乡、城关乡3个沿河乡镇为重灾区。全县因灾死亡4人，重伤7人，其中双溪乡排若村九组向昌顺家，因屋后山体滑坡冲塌房屋，致3人死亡，2人重伤。倒塌房屋75栋225间，损坏房屋448间，造成70户285人无家可归。农作物受灾面积3320公顷，直接经济损失5980万元。县自来水厂、县水泥制品厂、县三保厂、县机械厂等6家企业受灾严重，直接经济损失320万元。高望界宾馆被水冲击成危房。全县冲毁桥梁32座，冲毁公路34条473处108.5千米，毁坏水渠236处33135米，直接经济损失1759.8万元。7月22日，全县普降大暴雨，断龙山、茄通、河西、罗依溪、高望界、高峰6个乡镇场14个小时降雨量211.1毫米，白溪关电站水库水位达到241.2米，最大泄流量达到1600立方米/秒，泄洪总量37500立方米/秒，最高水位和最大泄洪流量及最大泄流量均为建站以来最大值。凤滩水库水位超警戒水位2.5米。

1999年，年降雨量1762毫米。全县3次遭遇洪灾袭击，16个乡镇场、135个村的10.5万人受灾，农作物受灾面积10000公顷，成灾6000公顷，绝收1533.33公顷，减产粮食1000吨。倒塌房屋116栋269间，损坏房屋379栋551间，冲毁网箱500口。毁坏引水渠道7200米、溪坝72处、水轮泵站9处12台、电排2处、小水电站4座。毁坏输变电线路67千米，电路倒杆450根，通信倒杆160根15千米。直接经济损失9130万元。从6月22日到7月18日，连续中到大雨，25天降雨量707毫米，创历史新高。7月8日，断龙山、茄通、河西、双溪等地24小时降雨195毫米；7月15日20时到16日16时，全县降雨161毫米，断龙山乡白溪关从8月8日23点30分到9日凌晨2点10分，2个小时降雨量115.4毫米，县水泥厂、县磷肥厂等3家厂矿受灾停产。白溪关电站冲毁进厂公路350米，冲毁护坝27米。

2002年，全县于5月13日、6月19日、6月25日、7月24日遭4次大暴雨袭击，降雨量分别为130毫米、120毫米、122毫米、135毫米。接龙渠主干渠损坏110处1700米，15个乡70个村公路交通中断，冲毁房屋32栋98间、变压器23台、高压线路138处43千米。洪灾造成5人死亡。直接经济损失3700万元。

2004年6月23日凌晨2点到下午2点30分，县境南部连降特大暴雨，坪坝、默戎2个乡镇为降雨集中区，10个小时内坪坝乡降雨量140毫米，默戎镇降雨量150毫米。洪灾淹没稻田100公顷，旱地12公顷，水冲砂压稻田160公顷。坪坝乡翘水水库因洪水冲击导致3处管道涌水严重威胁大坝安全。公路塌方80处，其中省道S229线塌方30处总长2500米，损坏公路路基15千米。省道S229线及5个乡镇交通中断。淹没小水电站1处，损失变压器12台，低压电杆倒杆71根。淹没房屋95栋313间，倒塌房屋21栋69间，其中坪坝乡淹没房屋58栋，倒塌房屋5栋。全县受灾人口25400人，直接经济损失2500万元。

2007年7月24—25日，县境内持续降雨14个小时。古阳镇、双溪乡降雨量220.7毫米，其他10个乡镇降雨量超过150毫米。古阳河水位迅速上涨至254.6米，超警戒水位0.8米，县城沿河路河街进水。“7·24”洪灾造成倒塌房屋35栋105间、损坏房屋78栋234间、因灾进水120栋365间；公路塌方80处、损坏路基路面24800米；倒塌电杆198根，毁坏变压器15台，毁坏供电线路19800千米、通信线路8500米；冲毁堤防、护岸等防洪设施95处6100米，毁坏溪坝、山塘、渠道、提排灌等水利灌溉设施728处，毁坏人饮设施380处、冲毁饮水管道22500米，2.1万人饮水困难，水利设施直接经济损失达3000多万元；农作物受灾面积6866.67公顷，绝收面积1520公顷；水面养殖损失各类鱼苗300万尾，其中冲毁养殖网箱612口、损坏网箱1200口，因灾死亡大小牲畜210头。全县受灾人口9.24万人，直接经济损失1.32亿元。

2010年6月19日，降大暴雨，12小时平均降水量123.8毫米，最高达211毫米。全县12个乡镇140个村受灾，受灾人口9.16万人，其中死亡1人，直接经济损失2.75亿元。岩头寨镇草潭村28栋房屋被淹，2栋房屋被滑坡山体淹埋，132名群众被洪水围困。

第二节 旱 灾

1988年，全县遭受特大旱灾，从入春至入秋，全县多晴少雨，历经春、夏、秋连旱。

1993年入春至立夏，全县基本无雨，春旱严重。断龙山、茄通2个乡镇稻田受旱，无法插秧，严重影响春耕生产。

1994年，全县遭遇历史上罕见春夏连旱。全年降雨982.3毫米，比多年均降雨量1405.3毫米减少423毫米。1—7月，全县总降雨量只有418.3毫米，比正常年少53.5%。旱灾导致全县稻田脱水4153.33公顷，开拆2800公顷，绝收333.33公顷，稻田改种1733.33公顷；经济作物受灾面积2600公顷。导致39100人、15100头大牲畜饮水困难。其中断龙山乡稻田干旱开拆540公顷，禾苗干死320公顷。全乡139口水井有98口干涸，细塔河、阿吉河2条溪河断流，53口山塘开拆见底，4座水库干涸见底，白溪关水库蓄水位为220米，为建站以来最低水位；梅塔村所有耕牛全部赶到8千米以外白溪关河喂养。

1997年，全年降雨量830毫米。6—8月，连续2个月晴热高温天气，导致全县3800公顷稻田脱水，其中绝收600公顷。旱地受旱面积866.67公顷，其中断龙山乡稻田脱水面积480公顷，茄通乡稻田脱水面积313.33公顷。

2000年，旱情集中在春夏两季，1—7月降雨量为602.9毫米，比多年均值减少402.9毫米。蒸发量585.7毫米，比多年均值多9个百分点，3月、5月、7月蒸发量分别比多年均值多33%、38%、11%，4—7月出现7段高温天气，最高气温达38.5℃，气象部门认定为40年一遇旱灾。旱灾导致16个乡镇185个村1036个组不同程度受灾，全县3533.33公顷稻田脱水，其中开拆1800公顷、枯苗800公顷、死苗8公顷。全县43座水库、366口山塘、1156口水井干涸，造成35000人、11000头大牲畜饮水困难。断龙山、茄通、河西、罗依溪、山枣5个乡镇为重灾区，断龙山乡梅塔村、山枣乡枞树村2个村旱情特别严重，全村稻田基本绝收，人畜饮水极度困难。

2005年，遇特大旱灾。全年总降雨1057毫米，较历年平均降水量降低24.8%，连续无降雨天数16天，降雨集中在2—4月，进入5月雨量明显减少，雨季提前结束，自6月1日出现一次53毫米降水，6月2日至8月10日持续68天为晴热高温天气。境内6条小溪河断流，全县16个乡镇场、185个村、28000户农户不同程度受灾。水稻受旱面积4026.66公顷，占稻田总面积的71%，其中开裂2620公顷，占稻田受旱面积的90%，绝收1133.33公顷，占稻田受旱面积的20%，旱粮受旱面积2666.66公顷。全县有重灾村60个、重灾户5000户、粮食绝收户900户。造成4.98万人、1.9万头大牲畜饮水困难。

2009年7—8月，连续31天晴热高温无雨。全县12个乡镇140个村不同程度受灾，受灾人口6.1万，成灾人口4.8万。农作物受灾面积5640公顷，其中稻田受灾面积3580公顷，其中脱水1526.67公顷、开拆1126.67公顷、过白453.33公顷、枯萎480公顷。旱地作物受灾面积2060公顷，其中枯萎1600公顷、绝收460公顷。全县17座水库、121口山塘枯竭，15条溪河断流，80%饮水水源和水井干涸。造成60个村130个村民小组3.46万人和6600头大牲口饮水困难。断龙山、红石林、山枣、岩头寨等乡镇为重旱区，其中断龙山乡梅塔村、红石林镇科布车村为全县干旱重灾村。梅塔村受灾面积47.74公顷，占全村种植面积的98.9%。

第三节　冰雪灾

1994年4月19日，高峰、罗依溪、默戎、双溪4个乡镇和高望界林场遭受百年未遇冰雹袭击，重伤3人，死亡1人，大牲畜死亡36头，损坏房屋768栋2304间，322.8公顷小麦和油菜、80.67公顷茶叶、106.67公顷柑橘半收或无收，直接经济损失850万元。

2008年1月上旬至2月上旬，县境内连降中到大雪，持续冰冻1个月。冻损人饮工程101处、抽水机电设备1套、防洪启闭设施2台、变电设备15台、水库大坝内外护坡2280平方米。冻裂引水管道209.3千米、蓄水池20个、渠道4750米、砼6650立方米。冻死鱼苗、鱼种90万尾。断线66处5千米，倒杆140基。17处小水电站因灾不能发电。因灾死亡1人。直接经济损失4995.9万元。

第四节　地质灾害

一、地质灾害类型

全县各类地质灾害67处，其中重大地质灾害隐患点11处。灾种有滑坡、崩塌、泥石流、岩溶塌陷、采空塌陷、不稳定斜坡，以滑坡、崩塌和泥石流为主。

（一）滑坡与崩塌

县境内滑坡和崩塌、不稳定斜坡较为发育。全县共有滑坡、崩塌隐患50处，其中规模为100万立方米以上有5处，位于岩头寨镇岩头寨村上寨、古阳镇思源桥村凉水井、古阳镇思源桥村崩岩山、高峰乡镇溪村镇溪组、坪坝乡张家坪村。

（二）泥石流

县境内固体物资矿渣流中型1条，位于岩头寨镇坪家村砂子坨组。

二、地质灾害分布

县内地质灾害点主要分布在古阳、罗依溪、双溪、岩头寨、山枣、高望界等乡镇。有2个高易发区、1个中易发区、2个低易发区。

（一）地质灾害高易发区

古阳镇、焦柳铁路、省道S229沿线崩、滑、流高易发区，区内有古阳、罗依溪、双溪等乡镇，面积306.31平方千米。

山枣—岩头寨崩、滑、流高易发区，位于县境东南部，面积287.37平方千米。

（二）地质灾害中易发区

分布于县境北东部高峰、高望界、岩头寨等乡镇，面积391.68平方千米。

（三）地质灾害低易发区

红石林—断龙山崩滑低易发区，分布于县境西北部红石林镇、断龙山乡，面积158.78平方千米。

默戎—河蓬崩、滑、流低易发区，分布于县境南部的坪坝、默戎、河蓬等乡镇，面积153.31平方千米。

三、重点地质灾害隐患点

古阳镇思源桥村凉水井滑坡点：长 220 米，宽 700 米，厚 10 米，属特大型滑坡。后缘自 2002 年 6 月开始出现拉线裂缝。

古阳镇思源桥村崩岩山滑坡点：长 150 米，宽 1000 米，厚 8 米，属大型滑坡。后缘自 2001 年 5 月开始出现拉张裂缝。裂缝宽 0.4 米，长 150 米，前缘局部有沉降现象，并出现两处坠落，暴雨期间渗冒混水。

岩头寨镇鲁家村鲁家寨斜坡点：长 1200 米，宽 200 米，属大型滑坡。

岩头寨镇岩头寨村上寨滑坡点：长 350 米，宽 800 米，厚 10 米，属大型滑坡。

岩头寨镇草潭村草上组、草下组滑坡点：长 300 米，宽 200 米，厚 8 米，属中型滑坡。

坪坝乡张家坪村 3、4 组滑坡点：长 300 米，宽 300 米，厚 5 米，属中型滑坡。

坪坝乡溪口村 4 组滑坡点：长 100 米，宽 50 米，厚 10 米，属小型滑坡。

山枣乡磨刀村小学滑坡点：长 120 米，宽 100 米，厚 5 米，属小型滑坡。

第三篇　人　口

第一章 人口状况

第一节 人口总量与分布

1986年，全县户籍人口110219人。其中，农业人口100101人，非农业人口10118人。县域人口密度为每平方千米85人。县境北部地势较平缓之地以及中部、南部和西部河谷地带人口密度较大，东部山地及河谷地带人口密度较小。1990年，全县户籍人口增至119888人。其中农业人口107692人，非农业人口12196人。2000年，全县户籍人口136333人。其中农业人口111735人，非农业人口24598人。

2005年，全县户籍人口138462人，比上年增加825人。其中农业人口113421人，非农业人口25041人。位于县境中部的古阳镇人口密度最大，每平方千米373人；其次为县境西北部的断龙山乡、红石林镇，分别为每平方千米131人和130人；县境东北部的高望界乡人口密度最小，每平方千米仅有23人。

2010年，全县户籍人口142689人，比2000年增加6356人，其中，农业人口119287人，非农业人口23402人。全县户籍人口位居湘西州8县市之末，仅占全州户籍人口（2850143人）5%，不到龙山县人口（573604人）的四分之一；比全州户籍人口数排第七位的吉首市（290402人）少147713人，不到吉首市人口一半。全县人口密度仅为每平方千米110人。

2005年古文县人口密度一览表

表3-1

乡镇	土地面积（平方千米）	人口（人）	密度（人/平方千米）
古阳镇	72.32	26974	373
默戎镇	116.07	12569	108
红石林镇	103.89	13527	130
罗依溪镇	109.74	11343	103
断龙山乡	99.52	13040	131
高峰乡	123.96	9924	80
岩头寨乡	195.28	14685	75
山枣乡	71.74	6588	92
河蓬乡	75.58	6260	83
坪坝乡	109.27	12201	112
双溪乡	78.92	7944	101
高望界乡	147.71	3407	23

第二节 人口结构

一、年龄结构

1990年7月1日零时，第四次全国人口普查。全县常住人口118652人中，0～14岁的35874人，占30.2%；15～64岁的76853人，占64.8%；65岁以上的5925人，占5.0%。

2000年11月1日零时，第五次全国人口普查。全县常住人口131186人中，0～14岁的36009人，占27.4%；15～64岁的85362人，占65.1%；65岁以上的9815人，占7.5%。

2010年11月1日零时，第六次全国人口普查。全县常住人口137439中，0～14岁的24846人，占18.1%；15～64岁的98161人，占71.4%；65岁以上的14432人，占10.5%。因统计口径不同以及户籍管理等原因，故县公安局户籍人口数高于普查年份常住人口数，全书中1990、2000、2010年常住人口普查数与当年县公安局户籍人口数有差异。

二、性别结构

1990年7月1日零时，第四次全国人口普查。全县男性61524人，占总人口51.85%；女性57128人，占总人数48.15%。男女性别比为107.7。

2000年11月1日零时，第五次全国人口普查。全县男性69368人，占总人口52.88%；女性61818人，占总人数47.12%。男女性别比为112.21。

2010年11月1日零时，第六次全国人口普查。全县男性71442人，占总人口51.98%；女性65997人，占总人数48.02%。男女性别比为108.25。全县人口中，男性总人数始终多于女性。

男女性别比在1990年时（107.69）最为接近正常值（102～107），2000年时（112.21）较为异常。总的趋势是性别比渐趋合理。

1986—2010年古文县人口性别结构一览表

表3-2 单位：人

年份	户籍人口	男	女
1986	110219	57127	53092
1987	112473	58127	54346
1988	115696	59798	55898
1989	118260	60807	57453
1990	119888（普查常住人口数118652）	61705	58183
1991	121966	62545	59421
1992	123502	63150	60352
1993	126373	64708	61665
1994	129125	66369	62756
1995	130773	67419	63354
1996	133072	68428	64644
1997	133777	68808	64969

续表 3-2

年份	户籍人口	男	女
1998	135322	69792	65530
1999	136522	70243	66279
2000	136333（普查常住人口数 131186）	70648	65685
2001	136935	71324	65611
2002	137183	71445	65738
2003	137404	71123	66281
2004	137637	71549	66088
2005	138462	71829	66633
2006	141341	73333	68008
2007	143035	74299	68736
2008	143192	74308	68884
2009	140828	73047	67781
2010	142689（普查常住人口数 137439）	74201	68488

说明：因统计口径不同，故县公安局户籍人口数高于普查年份常住人口普查数

三、民族结构

1990 年 7 月 1 日零时，第四次全国人口普查。全县苗族人口 48086 人，占全县总人口的 40.53%；土家族人口 42340 人，占 35.68%；汉族人口 28102 人，占 23.68%。其他少数民族人口 124 人，其中侗族 33 人，彝族 9 人，满族 9 人，瑶族 9 人，布依族 11 人，回族 24 人，壮族 3 人，黎族 2 人，仡佬族 1 人，白族 21 人，水族 1 人。全县人口中，苗族、土家族、汉族是县内三大主要民族。随着经济社会发展，人口流动日益频繁，因婚配和谋生经商等到县定居的其他少数民族逐渐增多。

2000 年 11 月 1 日零时，第五次全国人口普查。全县苗族人口 60038 人，占全县总人口的 45.77%；土家族人口 51903 人，占 39.56%；汉族人口 19099 人，占 14.56%。其他少数民族人口 146 人，分别为侗族 46 人、彝族 2 人、满族 15 人、瑶族 18 人、布依族 7 人、回族 25 人、壮族 11 人、黎族 2 人、蒙古族 2 人、维吾尔族 9 人、白族 2 人、藏族 1 人、哈尼族 2 人、东乡族 1 人、仡佬族 2 人、土族 1 人。汉族人口由 1990 年全国第三次人口普查时 28102 人降至 19099 人，减少 9003 人。原因是高峰乡、岩头寨乡、高望界乡大部分人口原被认定为汉族，后被认定为苗族；也因汉族人口与少数民族人口通婚后，其子女随父母一方登记为少数民族。

2010 年 11 月 1 日零时，第六次全国人口普查。全县苗族人口 65684 人，占全县总人口的 47.79%；土家族人口 57207 人，占 41.62%；汉族人口 14338 人，占 10.43%。其他少数民族人口 210 人，分别为侗族 42 人、彝族 5 人、满族 17 人、瑶族 24 人、布依族 15 人、回族 33 人、壮族 22 人、黎族 2 人、白族 25 人、水族 2 人、哈萨克族 2 人、佤族 1 人、土族 5 人、仫佬族 10 人、藏族 1 人、维吾尔族 4 人。

四、文化结构

1990 年，第四次全国人口普查。全县小学以上文化程度人口 75940 人，占全县总人口的 64%，占 6 周岁以上人口的 74.82%。各种文化程度人口依次为：大学本科及专科以上 682 人，每万人拥有

57人，分别比1982年“三普”（全国第三次人口普查）时增长96.56%。中专及高中8958人，每万人中有755人，比1982年“三普”时增长39.06%。初中19274人，每万人中有1624人，比1982年“三普”时增长36.21%。小学47026人，每万人中有3963人，比1982年“三普”时增长19.85%。6周岁以上文盲半文盲25557人，比1982年“三普”时减少7325人，文盲率在“三普”31.53%的基础上下降10%。

2000年，第五次全国人口普查。全县研究生6人，大学本科255人，大专1672人，中专4573人，高中7718人，初中29125人，小学53558人，未上过学进过扫盲班13231人，15岁及以上文盲人口10546人。各种受教育程度人口包括各类学校毕业生、肄业生和在读生。

2010年，第六次全国人口普查。全县大专以上6807人，高中（含中专）13735人，初中44690人，小学70351人，文盲7106人，分别占户籍总人口的4.77%、9.63%、31.32%、49.30%和4.98%。

五、职业结构

1990年，第四次全国人口普查。全县就业人口68527人，占总人口的57.75%，占15周岁以上人口的82.78%，其中男性36906人，占男性总人口的60%，女性31621人，占女性总人口的55.35%。就业人口按三大产业分，第一产业58755人，第二产业（工业、建筑业）2803人，第三产业6969人。按职业分，种类专业技术人员2626人，国家机关党群组织企事业单位负责人717人，办事人员和有关人员816人，商业工作人员1186人，服务性工作人员848人，农林牧渔业58678人，生产工人、运输工人和相关人员3616人，不便分类其他劳动者40人。

2000年，第五次全国人口普查。全县就业人口86582人，其中国有和集体职工人数7137人，私营经济1532人，城镇个体8410人，农村劳动者69415人，其他从业人员88人。

2010年，第六次全国人口普查。全县单位就业人员6118人。其中国有单位5796人，城镇集体单位247人，其他75人。

六、姓氏

（一）姓氏总数

2010年，全县姓氏总数281个。

艾、安、敖、白、柏、包、毕、卞、卜、蔡、藏、曹、查、柴、昌、常、车、陈、成、程、池、楚、崔、戴、代、单、邓、翟、奠、刁、丁、董、杜、段、顿、樊、范、方、房、费、丰、冯、奉、符、傅、付、甘、高、葛、耿、龚、辜、古、谷、顾、关、官、管、桂、郭、韩、郝、何、贺、洪、候、侯、胡、花、华、黄、霍、纪、贾、姜、江、蒋、焦、解、金、康、柯、孔、寇、匡、旷、况、赖、蓝、兰、劳、乐、雷、黎、李、栗、廉、练、梁、廖、林、凌、刘、柳、龙、隆、娄、芦、卢、鲁、路、陆、吕、罗、麻、马、满、毛、梅、蒙、孟、糜、米、苗、明、莫、牟、穆、倪、聂、宁、牛、农、欧、潘、盘、庞、裴、彭、皮、蒲、戚、齐、祁、钱、乔、秦、青、卿、丘、邱、曲、屈、全、冉、饶、任、荣、阮、沙、尚、邵、申、沈、盛、圣、师、施、石、时、史、舒、双、宋、苏、粟、孙、潭、谭、谈、汤、唐、陶、腾、田、铁、童、涂、屠、万、汪、王、危、韦、巍、温、文、闻、翁、巫、吴、武、伍、席、夏、项、向、萧、肖、谢、辛、邢、幸、熊、徐、许、薛、严、言、颜、阎、秧、杨、扬、羊、阳、姚、叶、易、义、殷、银、尹、印、尤、游、于、虞、余、喻、袁、岳、曾、詹、湛、章、张、赵、甄、郑、钟、周、朱、祝、庄、卓、资、宗、邹、左、仝、佘、谌、邝、邬、鄢、岑、庹、闫、闵、阙、缪、臧、晏、虢、滕、窦、胥、覃、綦、瞿。

（二）主要姓氏

向姓：26711人，占2010年全县户籍人口的18.7%。主要分布于坪坝、断龙山、红石林、高峰、双溪等乡镇。其中汉族 2652 人，苗族 11073 人，土家族 12967 人。

张姓：21942 人，占 2010 年全县户籍人口的 15.38%。主要分布于山枣、坪坝、岩头寨、河蓬、红石林等乡镇。其中汉族 1468 人，苗族 17353 人，土家族 3121 人。

龙姓：9983 人，占 2010 年全县户籍人口的 7%。主要分布于默戎、坪坝等乡镇。其中汉族 231 人，苗族 7604 人，土家族 2148 人。

田姓：8301 人，占 2010 年全县总人口的 5.82%。主要分布于断龙山、红石林、双溪、古阳等乡镇。其中汉族 383 人，苗族 521 人，土家族 7383 人。

李姓：7400 人，占 2010 年全县户籍人口的 5.15%。主要分布于默戎、高峰、双溪、岩头寨等乡镇。其中汉族 2327 人，苗族 2786 人，土家族 2311 人。

彭姓：7261 人，占 2010 年全县户籍人口的 4.95%。主要分布于断龙山、红石林、双溪等乡镇。其中汉族 155 人，苗族 356 人，土家族 6750 人。

石姓：7215 人，占 2010 年全县户籍人口的 5.06%。主要分布于默戎、坪坝等乡镇。其中汉族 225 人，苗族 5903 人，土家族 1077 人。

杨姓：5340 人，占 2010 年全县户籍人口的 3.74%。主要分布于古阳、坪坝、山枣、河蓬等乡镇。其中汉族 808 人，苗族 2562 人，土家族 1970 人。

王姓：4022 人，占 2010 年全县户籍人口的 2.82%。全县均有分布，主要分布于山枣、河蓬、双溪、罗依溪、红石林等乡镇。其中汉族 509 人，苗族 793 人，土家族 2720 人。

陈姓：3362 人，占 2010 年全县户籍人口 2.36%。主要分布于河蓬、高峰、山枣等乡镇。其中汉族 586 人，苗族 1875 人，土家族 893 人。

鲁姓：3004 人，占 2010 年全县户籍人口的 2.1%。主要分布在古阳镇，岩头寨镇，罗依溪镇，红石林镇等地。

刘姓：2715 人，占 2010 年全县户籍人口的 1.89%。主要分布于河蓬、山枣等乡。其中汉族 691 人，苗族 1207 人，土家族 817 人。

黄姓：2704 人，占 2010 年全县户籍人口的 1.90%。主要分布于高峰、古阳、红石林等乡镇。其中汉族 767 人，苗族 389 人，土家族 1548 人。

宋姓：2643 人，占 2010 年全县户籍人口的 1.85%。要主分布在岩头寨镇、古阳镇、高峰乡、断龙山乡等地。

吴姓：2440 人，占 2010 年全县户籍人口的 1.71%。主要分布于红石林、岩头寨、高望界、默戎、断龙山等乡镇。其中汉族 238 人，苗族 993 人，土家族 1209 人。

罗姓：2360 人，占 2010 年全县户籍人口的 1.64%。主要分布于罗依溪、红石林等乡镇。其中汉族 593 人，苗族 521 人，土家族 1246 人。

梁姓：2224 人，占 2010 年全县户籍人口的 1.56%。主要分布在双溪乡、断龙山乡、古阳镇等地。

周姓：1926 人，占 2010 年全县户籍人口的 1.34%。主要分布于默戎、山枣、岩头寨等乡镇。其中汉族 487 人，苗族 917 人，土家族 522 人。

瞿姓：1117 人，占 2010 年全县户籍人口的 0.78%。主要分布在罗依溪镇、古阳镇、高峰乡等地。

覃姓：1070 人，占 2010 年全县户籍人口的 0.75%。主要分布在岩头寨镇、坪坝乡等地。

胡姓：1065 人，占 2010 年全县户籍人口的 0.75%。主要分布于河蓬、岩头寨、古阳等乡镇。其中，汉族 231 人，苗族 523 人，土家族 311 人。

符姓：1057 人，占 2010 年全县户籍人口的 0.72%。主要分布于河蓬、山枣、双溪等乡镇。

胡姓：1065 人，占全县总人口 0.73%。主要分布于河蓬、岩头寨、古阳等乡镇。其中，汉族 305 人，苗族 523 人，土家族 311 人。

2010年古文县人口在500人以上30个姓氏排名

表3-3　　单位：人

序号	姓氏	人数
1	向	26711
2	张	21942
3	龙	9983
4	田	8301
5	李	7400
6	彭	7261
7	石	7215
8	杨	5340
9	王	4022
10	陈	3362
11	鲁	3004
12	刘	2715
13	黄	2704
14	宋	2643
15	吴	2440
16	罗	2360
17	梁	2224
18	周	1926
19	瞿	1117
20	覃	1070
21	胡	1065
22	符	1057
23	邓	922
24	杜	851
25	粟	847
26	唐	807
27	谢	614
28	曾	608
29	孙	553
30	徐	528

第三节 人口变动

一、自然变动

1986 年，由于放宽少数民族地区生育两胎政策，出现 1949 年以来第三次生育高峰。年末全县总人口 110219 人，人口自然增长率 14.77‰。1990 年增至 119888 人，人口自然增长率达到最高值，为 21.72‰。1990 年比 1986 年增加 9669 人。1986—1990 年，5 年均增加 1934 人，年均增长 17.5‰。1990—2000 年，随着人民群众对计划生育认识提高，全县人口增长过快的势头放缓。至 2000 年，全县总人口 136333 人，人口自然增长率降至 6.5‰。2000 年比 1990 年增加 16445 人，年均增加 1644.5 人，年均增长 10‰。2000—2010 年，全县人口增长速度放缓。

2010 年，全县总人口 142689 人，人口自然增长率为 9.06‰，比 2000 年增加 6356 人，年均增加 635.6 人，年均增长 4.6‰；比 1986 年增加 32470 人，增加 29.5%

1986—2010 年古丈县人口自然变动情况一览表

表 3-4

年份	出生人口（人）	年出生率（‰）	死亡人口（人）	死亡率（‰）	人口自然增长率（‰）
1986	2230	20.23	602	5.46	14.77
1987	2571	22.86	639	5.52	17.34
1988	2745	23.73	675	5.83	17.90
1989	2677	23.14	616	5.21	17.93
1990	3487	29.73	939	8.01	21.72
1991	3213	25.94	960	7.98	17.96
1992	2675	21.68	653	5.29	16.39
1993	2426	19.36	647	5.16	14.20
1994	2312	18.21	648	5.10	13.11
1995	2266	17.44	968	7.45	9.99
1996	2142	16.52	1027	7.92	8.60
1997	2050	15.35	1069	8.00	7.35
1998	2066	15.38	1055	7.85	7.53
1999	1974	14.53	1052	7.75	6.78
2000	1939	14.14	1047	7.64	6.50
2001	1243	9.10	488	3.57	5.53
2002	1183	8.64	519	3.79	4.85
2003	1062	7.70	564	4.1	3.6
2004	1610	11.70	323	2.34	9.36
2005	475	3.43	112	0.80	2.63
2006	1168	8.26	143	1.01	7.25
2007	1077	7.53	262	1.83	5.70
2008	1044	7.29	1421	9.92	−2.63
2009	1439	10.22	1201	8.53	1.69
2010	1569	11.00	277	1.94	9.06

二、人口流动

1986 年，全县流动人口 823 人，占总人口的 0.7%。没有流入人口。流出地主要是广东省深圳市，多为务工经商。1988 年，始有流入人口。此后，流动人口逐年增多，流出人口增长较快。流出地除广东省外，逐步向福建、上海、浙江、江苏等其他沿海省市扩散。2000 年，流出人口 8455 人，流入人口 12 人。

2010 年，县域流动人口 19685 人，其中流出 18800 人，流入 585 人。流动人口占全县总人口的 13.8%。流出地主要为长沙市、广州市、深圳市、珠海市、福建省、浙江省、上海市、江苏省、北京市等。2010 年，县域流动人口 19685 人，其中流出 18800 人，流入 585 人。流动人口占全县总人口 13.8%。流出地为长沙市、广州市、深圳经济特区、珠海经济特区、福建省、浙江省、上海市、江苏省、北京市等。

1986—2010 年古文县人口流动情况一览表

表 3-5

单位：人

年份	流出人口	流入人口	流动人口合计
1986	823	0	823
1987	1189	0	1189
1988	1719	1	1720
1989	2288	1	2289
1990	3515	2	3517
1991	4191	2	4193
1992	4757	3	4760
1993	5132	3	5135
1994	5769	6	5775
1995	6153	6	6159
1996	6960	8	6968
1997	7118	8	7126
1998	7404	10	7414
1999	7721	10	7731
2000	8455	12	8467
2001	8197	18	8215
2002	8776	26	8802
2003	8962	29	8991
2004	9725	30	9755
2005	9962	56	10018
2006	10357	60	10417
2007	10801	80	10881
2008	10927	106	11033
2009	14449	154	14603
2010	18800	585	19385

第二章 婚姻 家庭

第一节 婚 姻

1986 年，全县登记结婚 989 对 1978 人，结婚率 8.97‰，离婚登记 37 对 74 人，离婚率 0.34‰。至 1993 年，结婚率达到最高峰，年结婚 1357 对，结婚率 10.73‰。此后逐年回落。离婚 49 对 98 人，离婚率 0.38‰。离婚率除个别年份有所回落外，一直处于增长中。

20 世纪 90 年代，随着改革开放逐步深入，由县内外出务工人员较多，始出现涉台、港、澳及涉外婚姻。在县内农村开展“婚育新风进万家”宣传活动，提倡晚婚、少生优生等科学、文明婚育新风。晚婚年龄男 25 岁，女 23 岁。晚婚人数增长。1999 年，结婚 654 对，离婚 61 对。结婚率下降，离婚率上升。

2007 年，结婚 808 对，结婚率降至 5.64‰。当年离婚对数首次突破 100 对，达 115 对 230 人，离婚率升至 0.80‰。

2010 年，结婚 1083 对 2166 人，结婚率 7.58‰，比 1986 年下降 1.39‰。离婚 150 对 300 人，离婚率 1.05‰，比 1986 年上升 0.71‰。2003—2010 年，涉台、港、澳婚姻增长。其中以涉台婚姻人数居首，有 11 人。

第二节 家 庭

1986 年，全县家庭户 24865 户，家庭成员户均 4.43 人。其中，农村家庭户 21918 户，城镇居民家庭户 2947 户。农村家庭户均全年总收入 92372 元，总支出 96911 元，农民人均纯收入 279 元；家庭人均生活消费支出 289.5 元，其中消费食品 193.9 元、衣着消费 27.3 元、住房消费 37.8 元。

1990 年，全县 28500 户，其中 4 人户最多，有 6722 户，5 人户次之，有 6206 户。10 人及以上户 81 户。二代户 18914 户，四世同堂户 87 户。1992 年，全县家庭户 30466 户，家庭成员户均 4.05 人。其中，农村家庭户 26010 户，城镇居民家庭户 4456 户。农村家庭户均全年总收入 182379 元，总支出 177429 元，农民人均纯收入 499 元；家庭人均生活消费支出 440.3 元，其中消费食品 344 元、衣着 28.1 元、住房 7.1 元。

1999 年，全县家庭户 36198 户，家庭成员户均 3.77 人，其中农村家庭户 27144 户，城镇居民家庭户 9054 户。农村家庭人均总收入 1420.99 元，其中，劳动者报酬收入 104.87 元，家庭经营收入 1147.78 元。人均纯收入 1047.10 元，比全州农民人均纯收入平均值 1225 元少 177.90 元。家庭人均总支出 1296.07 元，生活消费支出 926.33 元。生活消费支出中，食品消费 679.64 元，衣着消费 32.61 元，居住消费 47.15 元，医疗消费 25.97 元。

2000 年，全县有 36621 户，其中 4 人户最多，有 8320 户，占总户数的 22.72%；3 人户次之，有 7462 户，占 20.38%；10 人及以上户最少，有 51 户，占 0.14%。二代户最多，有 19743 户，占总户数的 53.91%；四代户最少，有 212 户，占 0.58%。

2004 年，全县家庭户 40383 户，家庭成员户均 3.41 人。农村家庭人均总收入 1984 元，其中，工资性收入 311.04 元，家庭经营收入 1432.24 元。人均纯收入 1430.69 元，比全州农民人均收入平均值 1602 元少 171.31 元。家庭人均总支出 2030.85 元，其中人均家庭经营支出 466.76 元，生活消费支出 1361.73 元。生活消费支出中，食品支出 847.51 元，衣着支出 54.75 元，居住支出 109.31 元，医疗支出 66.43 元，文教娱乐支出 167.39 元。食品支出中，人均消费粮食 247.97 千克，肉禽 21.09 千克，食糖 0.20 千克，水果 9.96 千克。

2010 年，全县家庭户 43171 户。其中，4 人户最多，有 7790 户，占总户数的 18.04%；3 人户次之，有 6195 户，占 14.35%；10 人及以上户最少，有 250 户，占 0.58%，家庭成员户均 3.3 人。农村家庭人均总收入 3658.12 元，其中，工资性收入 745.90 元，家庭经营收入 2535.61 元。人均纯收入 2619.75 元，比全州农民人均收入平均值 3173 元少 553.25 元。家庭人均总支出 3637.44 元，其中人均家庭经营支出 990.63 元，生活消费支出 2403.70 元。生活消费支出中，食品支出 1432.10 元，衣着支出 124.45 元，居住支出 214.75 元，医疗支出 128.01 元，文教娱乐支出 176.55 元。食品支出中，人均消费粮食 238.27 千克，肉禽 29.20 千克，食糖 1.35 千克，水果 16.95 千克。城镇居民家庭人均总收入 10073 元，人均可支配收入 9635.33 元，比全州居民可支配收入平均值 12115.37 元少 2480.04 元；人均消费食品 3071.18 元，衣着消费 647.22 元，居住消费 228.73 元，医疗保健消费 374.8 元。

第三章　计划生育

1986年，县计划生育委员会设办公室、计划统计股、政策法规股，在县城新建区古阳河西岸办公，有工作人员6人。2002年1月，更名为县计划生育局，增设财务股。2004年9月，县计划生育局迁至龟溪坪的河对岸，新址占地3560平方米，建筑面积2500平方米，总投资280万元。2005年1月，更名为县人口和计划生育局，增设科技股、避孕药具管理站。政策法规股增加流动人口计划生育管理职责。2006年6月，县流动人口计划生育管理站成立。2010年10月，下设计划生育社会抚养费征收局。至年底，县人口和计划生育局内设办公室、政策法规股、统计信息股、财务资产管理股、政工股、科学技术股、利益导向股、宣传教育股，归口管理县计划生育协会，下设县流动人口计划生育管理站、县人口和计划生育社会抚养费征收局2个副科级事业单位和县药具站、县计生服务站2个事业股室，有工作人员43人。

1986—1991年，全县平均每年增加1666人；1991—1995年，平均每年增加2000人；1995—2006年，平均每年增加833人；2006—2010年，平均每年增加372人。1986—2010年，全县人口增长率由1986年的14.77‰降至2010年的9.06‰。人口高增长趋势开始减缓，人口素质提高，婚育新风深入人心，但仍然存在计划生育总体水平不高、基础薄弱等问题。1999—2010年，古丈县连续11年被评为湖南省计划生育工作先进县。

1986—2010年，县人口与计划生育局（委员会）历任局长（主任）：张林瑞，张春华，龙洪森，田金龙，向贤利。

第一节　计划生育宣传

1986年，绘制大型宣传画、制作展板、召开会议、发放自编宣传资料等形式宣传计生政策。

1990年，宣传《湖南省计划生育条例》和县委、县政府《关于贯彻执行〈湖南省计划生育条例〉的若干规定》。利用大型彩车，在县城大街和罗依溪镇、默戎镇、河蓬乡、坪坝乡等乡镇开展宣传。1995年，摄制完成计划生育专题片《国策新歌》，展示《湖南省计划生育条例》实施后罗依溪镇坳家湖村新变化，在县广播电视台播放。

1999年，按照县委、县政府安排部署，开展“婚育新风进万家”活动。县直机关、各乡镇（场）建立宣传阵地，利用办公室、会议室等场所，设置宣传栏、黑板报；乡镇所在地路口用水泥砖设置固定标语碑，碑高3米、宽2米，书写计划生育警句，宣传人口理论、计生科普知识、节育知识等内容。

2000年，人口理论列入县委理论学习中心组学习内容和县委党校教学计划。凡半月以上的县委党校培训班，安排人口理论学习4课时。各乡镇计划生育学校对乡镇干部、村计划生育专干和三大主干

（村支部书记、村主任、村秘书）进行人口理论学习培训。全县各村计划生育活动室有计划生育资料供村民阅读。全县中学开设计划生育青春期教育课，由县计划生育专业医生到校讲课。

2001 年，在县广播电视台开设《茶乡人家》专栏，每月两次播放计生政策法规、科普知识、本县计划生育典型事件和人物。2004 年，按照省、州统一部署，全县范围内清理、规范计划生育宣传标语，对过时、过激和不科学、不文明内容标语予以取消，增添符合时代发展新内容。

2010 年，围绕稳定低生育水平，由宣传节制生育为主转为以宣传优生优育、提高人口素质为主。县计生局与县电视台共同制作计划生育系列短片、专题片、公益广告等，在每周一、周三晚上进行播放。在县交通主要干道上和人口聚集地，强化标语、横幅、宣传品等环境舆论宣传。下乡开展“三查一治”（查环、查孕、查病、治疗）等义诊服务活动，免费发放药品、宣传单，张贴宣传标语，入户走访、开展咨询，宣传计划生育法律法规、避孕节育、优生优育、生殖保健等计生知识。开展打击“两非”（非医学需要的胎儿性别鉴定和非医学需要的人工终止妊娠行为）专项行动中，出动车辆 18 台次，张贴宣传标语 150 条。

第二节　计划生育管理

1986 年，全县计划生育由乡镇提供计生对象信息，县计划生育委员会组织工作队员分乡、分片区逐一落实节育措施。落实各类节育 3399 例，落实率 80.85%。当年，全县出生人口 2230 人，人口出生率 20.23‰，计划生育率 48.27%，多孩率控制在 5.87%，自然增长率 14.77‰。

1989 年 11 月，全县开始实行计划生育准生证制度。是年，为使计划生育逐步纳入依法管理，县政府决定，确有特殊情况不能落实节育措施育龄夫妇签订《保证不再生育合同》，由县公证处进行公证。

1990 年，县委、县政府《关于贯彻实施〈湖南省计划生育条例〉的有关具体问题的规定》实施。全县计划生育工作重点是降低人口出生率和提高节育措施落实率。落实各类节育措施 1420 例，落实率 87%。全年出生人口 3487 人，人口出生率 29.73‰，人口自然增长率 21.72‰，计划内出生 1623 人，计划生育率为 63.5%，多孩率控制在 28.1%。1992 年，全县人口出生率继续攀升，计划生育开始实行“大突击”活动（春、冬二次。县直各单位抽调干部到各乡镇开展计划生育工作）。落实各类节育措施 2996 例，落实率 88.9 %。出生人口 2675 人，人口出生率 21.68‰，人口自然增长率 16.39‰，计划生育率 63.9 %，多孩率控制在 27.1%；计划生育工作村为主比例 79.2%。

1994 年，落实各类节育措施 3226 例，落实率 93.01%。全年出生人口 2312 人，人口出生率 18.21‰，人口自然增长 13.11‰，计划生育率 73.44%，多孩率控制在 6.83%，计划生育工作村为主比例 79.8%。是年，县计划生育实行目标管理机制，高望界国有林场、河西镇、古阳镇、高峰乡被评为全县计划生育工作先进单位。

1995 年，注重提高行政执法水平，实现正确执法、文明执法。计划生育“既要抓紧、又要抓好”。对育龄群众进行孕环情检测，澄清底子，分类落实。实施计划生育“三结合”，即扶贫与计划生育相结合、计划生育与引导农民致富奔小康相结合、计划生育与密切党群干群关系相结合。落实各类节育措施 4404 例，措施落实率 91.43%。全年人口出生率 17.44‰，计划生育率 71.27%，多孩率控制在 5.87%，计划生育工作村为主比例 78.5%。

1997 年，开展计划生育优质服务，建设乡镇“国策楼”，计划生育学校、计划生育办公室、计划生育服务室、计划生育协会“四位一体”建设配套完成。村级计划生育活动室、计划生育服务室、计划生育协会“三位一体”建设也落实启用。各村把计划生育工作列为村民自治重要内容。计划生育管理形成“县领导、乡负责、村为主、组配合、户落实”计生工作新格局。全年落实各类节育措施 2890 例，措施落实率达 66.59%。全年出生人口 2050 人，人口出生率 15.35‰，计划生育率 80.48%；计划生育村为主比例 75.8%。

2002 年，落实各类节育措施 2448 例，措施落实率达 95.62%。全县出生人口 1183 人，人口出生率 8.64‰，计划生育率 91.4%，多孩率控制在 1.99%；计划生育村为主比例 81.2%；综合治理到位率达 95%；统计准确率 95%。2005 年，开始实行农村部分计划生育家庭奖励政策。确认上报对象 106 人，标准为每人每年 600 元，共计发放奖扶资金 63600 元。经年度目标管理考核，高望界国有林场、城关乡、高峰乡、罗依溪镇、古阳镇被评为全县年度计划生育工作先进单位。县劳动和社会保障局、县公路局、县交通局、县委组织部、县电力公司、县粮食局等 13 个单位被评为县直机关计划生育先进单位。

2008 年，落实各类节育措施 825 例，措施落实率达 94.29%。全县共出生人口 1044 人，人口出生率 6.47‰，人口自然增长率控制在 6.02‰以内；符合政策生育 1364 人，符合政策生育率 92.03%，多孩率 2.27%；出生性别比较上年同期的 114.61 下降到 113.98。全县共落实农村部分计划生育家庭奖励扶助对象 169 人，发放奖扶资金 10.87 万元；落实独生子女伤残死亡家庭扶助对象 32 人，兑现扶助金 3.44 万元；对符合条件再生育夫妇施行出生缺陷干预。是年，河蓬乡、山枣乡、罗依溪镇、古阳镇、高望界乡被评为全县人口和计划生育工作先进单位。县公路局、县水务局、县交通局、县一中、县国税局、县发改局、县财政局、县移动公司、县教育局、县计生局 10 个单位被为县直机关人口和计划生育工作先进单位。

2010 年，全县计划生育经费增加到 199.65 万元，每个乡镇配备 1 台计划生育工作车辆，12 个乡镇共配备计划生育工作车辆 12 台，每台 7 万元，价值 84 万元。

是年，落实各类节育手术 1259 例，措施落实率 91.2%。全县共出生人口 1569 人，人口出生率 5.87‰，出生性别比 113.41，人口自然增长率 6.66‰，符合政策生育率 88.91%。落实确定农村部分计划生育家庭奖励扶助对象 268 人，落实计划生育家庭特别扶助对象 41 人，兑现奖扶资金 192960 元。全县 1200 个独生子女、两女结扎户家庭子女享受入学生活补助 28.4 万元，1939 户计划生育家庭共 6561 人免费参加农村合作医疗，减免参加合作医疗费 13.12 万元，发放独生子女保健费 20000 元，发放两女户结扎一次性奖励 19 户，2.85 万元，对 46 名高中毕业考入二类本科院校以上的独生子女、农村两女结扎户子女进行助学奖励，发放奖金 4.6 万元。

是年，河蓬乡被评为人口和计划生育工作模范单位，岩头寨镇、高望界乡、山枣乡、双溪乡被评为人口和计划生育工作先进单位，县计生局、县交通局、县教育局、县财政局、县委组织部、县人大常委会办公室、县供销联社、县监察局、县水务局、县发改局、县妇联、县国税局、县公路局、县委办公室、县民族事务局、县安监局、县环境保护局、县畜牧水产局、县科技局、县就业局 20 个单位被评为县直机关人口和计划生育工作先进单位。

第三节　计划生育服务

1986 年，从县文化部门调入宣传人员 1 名，从卫生部门先后调入医生 3 名，组成县计划生育宣传技术指导站。

1987 年 11 月，开展计划生育技术服务和业务指导，负责 16 个乡镇（场）避孕药具发放。孕环情检查育龄妇女 610 人次。1989 年，全县 16 个乡镇（场）相继配齐计划生育手术医生，大乡 2 名、小乡 1 名，共 19 名。分别建立计划生育手术室，配有常规医疗器械。所有乡镇手术医生轮流参加省、州、县三级培训学习。孕环情检查育龄妇女 655 人次。

1992 年，建成县计划生育宣传技术指导站、乡镇计生服务所、村级计生服务室三级计划生育服务网，全县计划生育技术服务水平提高。为使乡镇计划生育技术人员尽快熟悉所有医疗设备，县计划生育宣传技术指导站对乡镇技术人员进行轮训。全年检查育龄妇女803人次。

2000年，扩大全县计划生育技术服务队伍，县计划生育服务站医务人员增至16名，乡镇计划生育服务站医务人员增至35名。县级技术服务设施齐全，配备B超、乳透、麻醉呼吸机、精子分析仪、心电监督仪、红外光治疗仪、双目显微镜、多功能手术床、尿液分析仪等医疗器械。乡镇技术服务所配置B超、无影灯、显微镜、手术床、手术包等器械。同时，全县村级计划生育服务室也设置计划生育避孕药具发放所需药柜、药架、药袋等设备。全年孕环情检查育龄妇女1206人次。

2001年，县计生宣传技术指导站开展男性输精管和女性输卵管吻合手术，计划生育技术服务领域拓宽。指导站组织手术医生深入各乡镇186个村开展免费查环、查孕、查病、治病“三查一治”活动，深受欢迎。全年开展“三查一治”2654人次，其中“三查”1346人次，治病1308人次。岩头寨乡崩山村育龄妇女向某，45岁，在“三查一治”活动中发现左侧卵巢囊肿，经B超检查囊肿扩大，建议手术治疗，后经治疗痊愈。

2010年，全面开展对育龄群众生育、节育、不育等方面的优质服务，推行节育措施“知情选择”，开展“三查一治”1856人次。其中“三查”1346人次，治病510人次，发放药具2000盒，药物500盒。开展“生育关怀”主题活动，为全县1800户计划生育家庭购买意外伤害保险，支付保险金5.4万元。

第四节　计划生育协会

1988年12月，县计划生育协会成立，会员100人。

1989年，成立16个乡镇（场）计划生育协会，会员240人。协会全年给计划生育家庭送慰问金600元，大米400公斤，送棉被10床。1990年，全县所有村建立计划生育协会，会员13718人。至年底，全县各级计生协会组织169个，会员14058人。1996年，在罗依溪镇坳家湖村开展文艺宣传演出，宣传计划生育政策，举办知识抢答赛。

2000年，在断龙山乡政府大院开展慰问活动，为落实节育措施户送衣物20件，棉被10床，慰问金1000元。2003年，在野竹乡土溪村顺发养猪场为6户落实节育措施户送猪仔15头。2006年，在河蓬乡政府大院开展“5·29”（计划生育协会成立日）活动，举办知识抢答赛，发放资料2000份，给落实节育措施的22户送慰问金2200元。2008年，在红石林镇河南村开展慰问活动，开展“三查一治”服务、拔河、知识抢答等活动，为落实节育措施户发放慰问金3200元。

2010年，在坪坝乡开展“5·29”暨“三查一治”生殖健康服务活动，活动中，义诊215人，举办知识抢答赛，发放价值1000元的奖品，给落实节育措施户发放慰问金1500元。是年，县计生协会为部分计划生育贫困家庭购买意外伤害保险，到计划生育扶贫联系村—古阳镇高坳村给10户计划生育困难家庭送慰问金2000元，另筹集5000元，帮助高坳村落实节育措施户发展种植业和养殖业，解决他们的生活困难问题。

第四篇　中国共产党古丈县地方组织

第一章　党的代表大会

第一节　党代会代表

一、代表产生

1988年，在中共古丈县第六次代表大会召开前，全县17个党总支部、361个党支部，根据县委、基层党委分配的代表名额，酝酿讨论、推荐候选人；经过23个基层党委（其中6个县直机关党委）召开党代表会议，选出出席中共古丈县第六次代表大会正式代表201人，代表全县4052名党员（其中男党员3472名，女党员580名）。

1992年，在中共古丈县第七次代表大会召开前，全县16个党总支部、389个党支部，根据县委、基层党委分配的代表名额，酝酿讨论、推荐候选人，经过23个基层党委（其中5个县直机关党委）召开党代表会议，选出出席中共古丈县第七次代表大会正式代表215人，代表全县4443名党员（其中男党员3832名，女党员611名）。

1997年，在中共古丈县第八次代表大会召开前，全县17个党总支部、415个党支部，根据县委、基层党委分配的代表名额，酝酿、讨论、推荐候选人，经过27个基层党委（其中8个县直机关党委）召开党代表会议，选出出席中共古丈县第八次代表大会正式代表205名，代表全县5214名党员（其中男党员4451名，女党员763名）。

2002年，在中共古丈县第九次代表大会召开前，全县19个党总支部，422个党支部，根据县委、基层党委分配的代表名额，酝酿讨论、推荐候选人，经过32个基层党委（其中14个县直机关党委）召开党代表会议，选出出席中共古丈县第九次代表大会正式代表213名，代表全县5573名党员（其中男党员4685名，女党员888名）。

2006年，在中共古丈县第十次代表大会召开前，全县15个党总支部、378个党支部，根据县委、基层党委分配的代表名额，酝酿讨论、推荐候选人，经过27个基层党委（其中15个县直机关党委）召开党代表会议，选出出席中共古丈县第十次代表大会正式代表223名，代表全县5972名党员（其中男党员4940名，女党员1032名）。

二、代表构成

1988年，中共古丈县第六次代表大会201名代表中，各级领导干部114名；经济、科技、文化教育等方面专业技术人员代表31名；少数民族代表144名；妇女代表38名；年龄在45岁以下中青年代表112名，高中、中专文化程度代表80名。

1992年，中共古丈县第七次代表大会215名代表中，各级领导干部代表133名；经济、科技、文化教育等各类专业技术人员代表45名；各条战线先进模范人物代表43名；妇女代表41名；少数民族代表 182 名；45 岁以下中青年代表 168 名。

1997 年，中共古丈县第八次代表大会 205 名代表中，各级领导干部代表 147 名；经济、科技、文教等方面专业技术人员代表 34 名；各条战线先进模范人物代表 70 名；女代表 41 名；具有大专以上文化程度代表 35 名；少数民族代表 194 名。

2002 年，中共古丈县第九次代表大会 213 名代表中，各级领导干部代表 129 名；经济、科技、文化教育等方面专业技术人员代表 31 名；解放军、武警、消防部队代表 2 名；妇女代表 41 名；少数民族代表 179 名；年龄在 45 岁以下中青年代表 163 名；具有大学本科文化程度的代表 33 名，大学专科 102 名，高中、中专 55 名，初中 15 名，小学 8 名。

2006 年，中共古丈县第十次代表大会 223 名代表中，各级领导干部代表 131 名；经济、科技、文化教育等方面专业技术人员代表 26 名；先进模范人物代表 64 名；解放军、武警、消防部队代表 2 名；妇女代表 35 名；少数民族代表 191 名；年龄在 45 岁以下中青年代表有 160 名；具有大专以上文化程度代表 142 名。

第二节　历次代表大会

一、中共古丈县第六次代表大会

1988 年 3 月 26—29 日，中共古丈县第六次代表大会在县城召开，出席大会应到代表 201 人，实到 190 人，因事因病请假 11 人。牛成歧等 11 名副县级以上离退休老干部和向用明等 31 名非代表的副县级干部和有关党组织负责人、上届县委委员、上届纪委委员列席大会。大会议程：听取和审议中共古丈县第五届委员会工作报告和中共古丈县纪律检查委员会工作报告；选举产生中共古丈县第六届委员会和纪律检查委员会。县委书记刘光林向大会作题为《团结起来，沿着党的十三大路线前进》工作报告，石维松作中共古丈县纪律检查委员会工作报告。大会一致同意县委和县纪委工作报告。大会采用无记名投票方式，选举产生中共古丈县第六届委员会委员 20 名、候补委员 3 名，纪律检查委员会委员 11 名。3 月 30 日，县委第一次全体会议选举（以姓氏笔划为序）龙书生、石维松、田志海、朱新秋、刘光林、李祖仁、胡家模、钟以品、徐纪毕为县委常委，刘光林为县委书记，徐纪毕、田志海为县委副书记。同日，纪委第一次会议选举产生石维松、石元振、张耀汉、石远涛、杨国民为县纪委常委，石维松为县纪委书记。

二、中共古丈县第七次代表大会

1992 年 10 月 25—29 日，中共古丈县第七次代表大会在古丈县城召开，应到代表 215 人，实到 209 人。张良泉 1 名正县级，牛成歧等 9 名副县级离休干部；张开宏、向元好 2 名正县级，吴明富等 12 名副县级退休老干部和中共十四大代表杨玖华为特邀代表（共 25 名），熊泽金等 18 名非代表的副县级干部、胡长仁等 5 名非代表的有关党组织负责人、唐璞 1 名上届县委委员、杨国民等 7 名非代表的上届纪委委员为列席代表。大会议程：听取和审议中共古丈县第六届委员会工作报告和中共古丈县纪律检查委员会工作报告；选举产生中共古丈县第七届委员会和纪律检查委员会。县委书记田志海向大会作题为《加快改革开放和经济建设步伐，为夺取我县社会主义事业的更大胜利而奋斗》工作报告。大会审议并通过县委、县纪委工作报告及相关决议。大会采取无记名投票方式，选举产生中共古丈县第七届委员会和县纪律检查委员会。选出县委委员 21 人、候补委员 4 人，平均年龄 43.2 岁；其中 35 岁以下 1 名；35 ~ 45 岁 14 名；45 岁以上 10 名；大专以上文化程度 15 名；女委员 3 名；少数民族委员 18 名。选出县纪委委员 11 人，平均年龄 41.8 岁；其中 35 岁以下 4 名，；35 ~ 45 岁 4 名；45 岁以上 3

名；大专以上文化程度5名；女委员2名；少数民族委员10名。10月28日，县委第一次全体会议选举产生县委常委11人，田志海为县委书记，尹友明、胡家模、刘万云为县委副书记；县委常委平均年龄43.1岁；大专以上文化程度9名；少数民族委员8名。同日，纪委第一次全体会议选举产生县纪委常委5人，李绍丰为县纪委书记；平均年龄40.6岁，大专以上文化程度1人，女委员1人，少数民族委员4人。

三、中共古丈县第八次代表大会

1997年10月28—30日，中共古丈县第八次代表大会在古丈县城召开。与会代表205人。张良泉1名正县级离休干部，张开宏、向汉林、熊泽金、田家义、朱新秋5名正县级退休干部和县委副书记夏松林（挂职）为特邀代表；彭南楚等15名非代表的副县级干部，田世金、陈柏枝2名挂职副县长，向汉成等8名上届纪委委员，张培好等12名有关党组织负责人为列席代表；石召伦等15名其他列席代表，张勇等5名非党副县级干部为大会来宾。大会议程：听取和审议中共古丈县第七届委员会工作报告和中共古丈县纪律检查委员会工作报告；选举产生中共古丈县第八届委员会和纪律检查委员会。县委书记朱采向大会作题为《高举邓小平理论伟大旗帜，同心同德，努力开拓，把一个前进发展的古丈带入21世纪》工作报告，傅世友作中共古丈县纪律检查委员会工作报告。大会一致同意县委和县纪委工作报告。大会采用先无记名投票进行差额预选、再进行正式选举方式，产生中共古丈县第八届委员会和县纪律检查委员会。选出县委委员23人、候补委员4人，平均年龄42.6岁；其中35岁以下5名；35～45岁17名；45岁以上5名；大中专以上文化程度21名；女委员4名；少数民族委员21名。选举产生县纪律检查委员会委员13人，平均年龄41.4岁；其中35岁以下3名；35～45岁5名；45岁以上5名；大专以上文化程度7名；女委员1名；少数民族委员9名。10月30日，县委第一次全体会议，选举产生县委常委12人，朱采为县委书记，刘万云、梁明金、彭民健、唐力为县委副书记；县委常委平均年龄41.3岁；具有大专以上文化程度10名；女委员1名，少数民族委员7名。同日，县纪委第一次全体会议，选举产生县纪委常委9人，傅世友为县纪委书记；平均年龄40.6岁，大专以上文化程度5人，少数民族委员1人。

四、中共古丈县第九次代表大会

2002年10月28—30日，中共古丈县第九次代表大会在县城召开。应到代表213人，全部出席大会。2名挂职县委领导、6名离退休正县级老干部、第八届县委委员（含候补委员）4名和纪委委员6名，16名副县级在职党员干部、23名党总支以上党组织负责人、13名其他列席代表、6名非党在职副县级领导，共68人列席大会。县委书记彭武长向大会作题为《坚决贯彻“三个代表”重要思想，与时俱进、开拓创新，大力推进古丈经济社会跨越式发展》工作报告，县纪委书记刘保国作中共古丈县纪律检查委员会工作报告。大会一致同意县委和县纪委工作报告，并通过县委和县纪委工作报告决议。大会采用先无记名投票进行差额预选，再进行正式选举方式，产生中共古丈县第九届委员会和县纪律检查委员会。选出县委委员25名、候补委员4名，平均年龄40.3岁；其中35岁以下5名；35～45岁13名；45岁以上11名；大专以上文化程度27名；女委员5名；少数民族委员24名。同日，选举产生县纪律检查委员会委员13名，平均年龄39.6岁；其中35岁以下3名；35～45岁8名；45岁以上2名；大专以上文化程度11名；女委员2名；少数民族委员9名。10月30日，县委第一次全体会议选举产生县委常委13名、彭武长为县委书记，郭建群、高文化、龙永金、杜晓勇、刘保国为县委副书记，县委常委平均年龄39.8岁；全部为大专以上文化程度；女委员2名，少数民族委员12名。同日，县纪委第一次全体会议选举产生纪委常委9名，刘保国为书记；平均年龄41.8岁；大专以上文化程度7名；女委员2名，少数民族委员6名。

五、中共古丈县第十次代表大会

2006 年 6 月 26—28 日，中共古丈县第十次代表大会在古丈县城召开。应到代表 223 人，实到 217 人。8 名正县级党员离退休干部、10 名副县级以上在职党员干部、28 名党总支以上党组织负责人、第九届县委委员 1 名和县纪委委员 10 名、18 名非代表的十届县委委员、候补委员及纪委委员，7 名非党副县级在职领导，共 88 人列席大会。大会议程：听取和审议中共古丈县第九届委员会工作报告和中共古丈县纪律检查委员会工作报告；选举产生中共古丈县第十届委员会和纪律检查委员会；选举产生古丈县出席中共湘西州第九次代表大会代表。县委书记彭武长向大会作题为《抢抓机遇，科学发展，努力建设富裕文明生态和谐新古丈》工作报告，县纪委书记刘保国作中共古丈县纪律检查委员会工作报告。大会采用先无记名投票进行差额预选，再进行正式选举方式，选举产生中共古丈县第十届委员会、县纪律检查委员会和出席中共湘西州第九次代表大会代表。选举产生县委委员 31 名、县委候补委员 6 名，平均年龄 43.3 岁；其中 35 岁以下 3 名；35 ~ 45 岁 23 名；45 ~ 55 岁 14 名；大专以上文化程度 35 名；女委员 4 名；少数民族委员 30 名。大会选举产生县纪律检查委员会委员 21 名，平均 41.7 岁；其中 35 岁以上 1 名；35 ~ 45 岁 18 名；45 岁以上 2 名；大专以上文化程度 19 名；女委员 4 名；少数民族委员 18 名。大会选举产生出席中共湘西州第九次代表大会代表 27 名，其中各级领导干部 20 名，各类专业技术人员 6 名，先进模范人物 1 名。6 月 28 日，县委第一次全体会议，全会采取无记名投票方式，差额选举产生县委常委 13 名，等额选举产生书记 1 名、副书记 2 名；彭武长为县委书记，高文化、龙永金为县委副书记；县委常委平均年龄 43.6 岁；大专以上文化程度 12 名，占 92.3%；少数民族干部 10 名，占 77%。同日，县纪委第一次全体会议，差额选举产生县纪委常务委员会委员 9 名，刘保国为书记；平均年龄 43 岁；大专以上文化程度 8 名；女委员 1 名；少数民族委员 7 名。

第二章 中共古丈县委员会

第一节 领导成员

1986—2010 年，中共古丈县委任期为第五届至第十届领导班子。贾长岳、刘光林、徐纪毕、田志海、朱采、彭武长、吴凌频、向顶天先后任县委书记。

1985—1988 年第五届中共古丈县委常委一览表

表 4-6

职 务	姓 名	性别	民族	籍贯	任职年限
书 记	贾长岳	男	土家族	湖南保靖	1985 年 4 月至 1988 年 3 月
副书记	吴池莲	女	苗族	湖南凤凰	1985 年 4 月至 1987 年 2 月
副书记	徐纪毕	男	汉族	湖南汉寿	1985 年 4 月至 1988 年 3 月
副书记	田志海	男	土家族	湖南古丈	1987 年 3 月至 1988 年 3 月
常 委	张开宏	男	苗族	湖南古丈	1985 年 4 月至 1988 年 3 月
常 委	向用明	男	土家族	湖南保靖	1985 年 4 月至 1987 年 9 月
常 委	麻昌元	男	苗族	湖南花垣	1985 年 4 月至 1986 年 2 月
常 委	尹友明	男	汉族	湖南常德	1985 年 4 月至 1987 年 3 月
常 委	胡家模	男	汉族	湖南永顺	1985 年 4 月至 1988 年 3 月
常 委	肖昌基	男	汉族	湖南道县	1985 年 4 月至 1986 年 6 月
常 委	朱新秋	男	汉族	湖南祁东	1986 年 2 月至 1988 年 3 月
常 委	李祖仁	男	土家族	湖南古丈	1986 年 4 月至 1988 年 3 月
常 委	钟以品	男	白族	湖南桑植	1986 年 7 月至 1988 年 3 月
常 委	龙书生	男	苗族	湖南花垣	1987 年 12 月至 1988 年 3 月
常 委	孔宪翠	男	土家族	湖南古丈	1987 年 4 月至 1988 年 3 月

1988—1992 年第六届中共古丈县委常委一览表

表 4-7

职 务	姓 名	性别	民族	籍贯	任职年限
书 记	刘光林	男	汉族	湖南桑植	1988 年 3 月至 1990 年 4 月

续表 4-7

职　务	姓　名	性别	民族	籍贯	任职年限
书　记	徐纪毕	男	汉族	湖南汉寿	1990 年 4 月至 1992 年 5 月
书　记	田志海	男	土家族	湖南古丈	1992 年 5 月至 1992 年 10 月
副书记	徐纪毕	男	汉族	湖南汉寿	1988 年 3 月至 1990 年 4 月
副书记	田志海	男	土家族	湖南古丈	1988 年 3 月至 1992 年 5 月
副书记	朱新秋	男	汉族	湖南祁东	1990 年 6 月至 1992 年 10 月
副书记	尹友明	男	汉族	湖南常德	1992 年 5 月至 1992 年 10 月
常　委	龙书生	男	苗族	湖南花垣	1988 年 3 月至 1990 年 1 月
常　委	朱新秋	男	汉族	湖南祁东	1988 年 3 月至 1990 年 6 月
常　委	李祖仁	男	土家族	湖南古丈	1988 年 3 月至 1989 年 9 月
常　委	钟以品	男	白族	湖南桑植	1988 年 3 月至 1992 年 10 月
常　委	石维松	男	苗族	湖南花垣	1988 年 3 月至 1992 年 9 月
常　委	胡家模	男	汉族	湖南永顺	1988 年 3 月至 1992 年 10 月
常　委	向汉林	男	土家族	湖南古丈	1989 年 2 月至 1992 年 10 月
常　委	尹友明	男	汉族	湖南常德	1990 年 1 月至 1992 年 5 月
常　委	张其鸾	男	苗族	湖南古丈	1990 年 3 月至 1992 年 10 月
常　委	向顶天	男	土家族	湖南永顺	1990 年 4 月至 1992 年 10 月
常　委	向精华	男	土家族	湖南古丈	1990 年 11 月至 1992 年 10 月
常　委	黄绍萍	女	土家族	湖南古丈	1990 年 11 月至 1992 年 10 月

1992—1997 年第七届中共古文县委常委一览表

表 4-8

职　务	姓　名	性别	民族	籍贯	任职年限
书　记	田志海	男	土家族	湖南古丈	1992 年 10 月至 1997 年 9 月
书　记	朱　采	男	汉族	湖南吉首	1997 年 9 月至 1997 年 10 月
副书记	尹友明	男	汉族	湖南常德	1992 年 10 月至 1995 年 6 月
副书记	胡家模	男	汉族	湖南永顺	1992 年 10 月至 1995 年 8 月
副书记	刘万云	男	苗族	湖南古丈	1992 年 10 月至 1997 年 10 月
副书记	朱　采	男	汉族	湖南凤凰	1994 年 12 月至 1997 年 9 月
副书记	李绍丰	男	土家族	湖南古丈	1995 年 8 月至 1997 年 10 月
副书记	梁明金	男	土家族	湖南古丈	1996 年 1 月至 1997 年 9 月
副书记	夏松林	男	汉族	湖南常德	1996 年 5 月至 1997 年 10 月，挂职
常　委	向清国	男	苗族	湖南古丈	1992 年 10 月至 1997 年 10 月
常　委	向精华	男	土家族	湖南古丈	1992 年 10 月至 1997 年 3 月
常　委	向顶天	男	土家族	湖南永顺	1992 年 10 月至 1994 年 12 月
常　委	李绍丰	男	土家族	湖南古丈	1992 年 10 月至 1995 年 8 月

续表 4-8

职务	姓名	性别	民族	籍贯	任职年限
常委	钟以品	男	白族	湖南桑植	1992 年 10 月至 1997 年 10 月
常委	彭民健	男	汉族	湖南汨罗	1992 年 10 月至 1997 年 10 月
常委	戴照华	男	汉族	湖南古丈	1992 年 10 月至 1997 年 10 月
常委	唐力	男	汉族	湖南吉首	1994 年 12 月至 1997 年 10 月
常委	张其贵	男	苗族	湖南古丈	1995 年 8 月至 1997 年 10 月
常委	龙文辉	男	苗族	湖南吉首	1997 年 3 月至 1997 年 10 月

1997—2002 年第八届中共古丈县委常委一览表

表 4-9

职务	姓名	性别	民族	籍贯	任职年限
书记	朱采	男	汉族	湖南凤凰	1997 年 10 月至 2001 年 6 月
书记	彭武长	男	土家族	湖南永顺	2001 年 6 月至 2002 年 10 月
副书记	刘万云	男	苗族	湖南古丈	1997 年 10 月至 2001 年 6 月
副书记	梁明金	男	土家族	湖南古丈	1997 年 10 月至 2001 年 1 月
副书记	彭民健	男	汉族	湖南汨罗	1997 年 10 月至 2000 年 12 月
副书记	唐力	男	汉族	湖南吉首	1997 年 10 月至 1999 年 4 月
副书记	吴罡	男	汉族	湖南凤凰	1999 年 6 月至 2001 年 8 月
副书记	高文化	男	汉族	湖南石门	2001 年 2 月至 2002 年 10 月
副书记	傅世友	男	土家族	湖南古丈	2001 年 2 月至 2002 年 10 月
副书记	朱超珍	男	汉族	湖南桃源	2001 年 4 月至 2002 年 10 月，挂职
副书记	龙文辉	男	苗族	湖南吉首	2001 年 8 月至 2002 年 10 月
副书记	杜晓勇	男	苗族	湖南古丈	2001 年 8 月至 2002 年 10 月
副书记	罗健	男	汉族	北京市	2002 年 6 月至 2002 年 10 月，挂职
常委	高文化	男	汉族	湖南石门	1997 年 10 月至 2001 年 2 月
常委	傅世友	男	土家族	湖南古丈	1997 年 10 月至 2001 年 2 月
常委	龙文辉	男	苗族	湖南吉首	1997 年 10 月至 2001 年 8 月
常委	向邦金	男	汉族	湖南古丈	1997 年 10 月至 2002 年 10 月
常委	张仕金	男	苗族	湖南古丈	1997 年 10 月至 2002 年 10 月
常委	张春华	女	苗族	湖南古丈	1997 年 10 月至 2002 年 10 月
常委	钟以品	男	白族	湖南桑植	1997 年 10 月至 1998 年 6 月
常委	梁世华	男	土家族	湖南古丈	1998 年 6 月至 2000 年 7 月
常委	周贤德	男	苗族	湖南保靖	2000 年 7 月至 2002 年 10 月
常委	龙生贵	男	苗族	湖南凤凰	2001 年 2 月至 2002 年 10 月
常委	胡恩平	男	侗族	湖南新晃	2001 年 2 月至 2002 年 10 月
常委	宋顺吉	男	土家族	湖南古丈	2001 年 8 月至 2002 年 10 月

2002—2006 年第九届中共古文县委常委一览表

表 4-10

职　务	姓　名	性别	民族	籍贯	任职年限
书　记	彭武长	男	土家族	湖南永顺	2002 年 10 月至 2006 年 6 月
副书记	郭建群	女	苗族	湖南凤凰	2002 年 10 月至 2005 年 5 月
副书记	高文化	男	汉族	湖南石门	2002 年 10 月至 2006 年 6 月
副书记	龙永金	男	苗族	湖南古丈	2002 年 10 月至 2006 年 6 月
副书记	杜晓勇	男	苗族	湖南古丈	2002 年 10 月至 2005 年 1 月
副书记	刘保国	男	苗族	湖南泸溪	2002 年 10 月至 2006 年 6 月
副书记	罗　健	男	汉族	湖南常德	2002 年 10 月至 2003 年 6 月，挂职
副书记	文承辉	男	汉族	—	2003 年 9 月至 2004 年 9 月，挂职
副书记	邓东亮	男	汉族	湖南常德	2004 年 5 月至 2006 年 3 月，挂职
副书记	胡云武	男	汉族	湖南常德	2004 年 11 月至 2006 年 6 月，挂职
副书记	龙生贵	男	苗族	湖南凤凰	2005 年 6 月至 2006 年 6 月
副书记	陆荣宝	男	汉族	—	2005 年 9 月至 2006 年 6 月，挂职
常　委	张仕金	男	苗族	湖南古丈	2002 年 10 月至 2006 年 6 月
常　委	周贤德	男	苗族	湖南保靖	2002 年 10 月至 2003 年 4 月
常　委	龙生贵	男	苗族	湖南凤凰	2002 年 10 月至 2005 年 6 月
常　委	宋顺吉	男	土家族	湖南古丈	2002 年 10 月至 2006 年 6 月
常　委	彭世炳	男	土家族	湖南古丈	2002 年 10 月至 2006 年 6 月
常　委	余晓泓	男	土家族	湖南古丈	2002 年 10 月至 2006 年 6 月
常　委	汪立东	女	土家族	湖南永顺	2002 年 10 月至 2006 年 6 月
常　委	罗哲春	男	汉族	湖南永州	2003 年 4 月至 2006 年 3 月
常　委	胡恩平	男	侗族	湖南新晃	2005 年 6 月至 2006 年 6 月
常　委	刘建中	男	汉族	湖南常德	2006 年 3 月至 2006 年 6 月
常　委	赵耀辉	男	汉族	—	2004 年 9 月至 2005 年 9 月，挂职
常　委	石灿琪	男	汉族	—	2005 年 5 月至 2006 年 6 月，挂职
常　委	欧阳国良	男	汉族	—	2005 年 5 月至 2006 年 6 月，挂职

2006—2010 年第十届中共古文县委常委一览表

表 4-11

职　务	姓　名	性别	民族	籍贯	任职年限
书　记	彭武长	男	土家族	湖南永顺	2006 年 6 月至 2006 年 11 月）
书　记	吴凌频	女	苗族	湖南花垣	2006 年 11 月至 2009 年 7 月
书　记	向顶天	男	土家族	湖南永顺	2009 年 7 月至 2011 年 6 月
副书记	高文化	男	汉族	湖南石门	2006 年 6 月至 2009 年 7 月
副书记	杨彦芳	女	苗族	湖南泸溪	2009 年 7 月至 2011 年 6 月
副书记	龙永金	男	苗族	湖南古丈	2006 年 6 月至 2009 年 12 月

续表 4-11

职 务	姓 名	性别	民族	籍贯	任职年限
副书记	胡云武	男	汉族	湖南常德	2006 年 6 月至 2007 年 4 月，挂职
副书记	罗先东	男	汉族	湖南常德	2007 年 4 月至 2009 年 9 月，挂职
副书记	胡恩平	男	侗族	湖南新晃	2010 年 8 月至 2011 年 6 月
常 委	刘保国	男	苗族	湖南泸溪	2006 年 6 月至 2010 年 4 月
常 委	刘建中	男	汉族	湖南常德	2006 年 6 月至 2007 年 4 月
常 委	张仕金	男	苗族	湖南古丈	2006 年 6 月至 2011 年 6 月
常 委	宋顺吉	男	土家族	湖南古丈	2006 年 6 月至 2007 年 11 月
常 委	彭仕炳	男	土家族	湖南古丈	2006 年 6 月至 2011 年 6 月
常 委	余晓泓	男	土家族	湖南古丈	2006 年 6 月至 2011 年 6 月
常 委	汪立东	女	土家族	湖南永顺	2006 年 6 月至 2011 年 6 月
常 委	胡恩平	男	侗族	湖南新晃	2006 年 6 月至 2010 年 8 月
常 委	宋贻华	男	汉族	湖南古丈	2006 年 6 月至 2011 年 6 月
常 委	向加茂	男	苗族	湖南古丈	2006 年 6 月至 2011 年 6 月
常 委	欧阳国良	男	汉族	—	2006 年 6 月至 2007 年 5 月，挂职
常 委	谢小成	男	汉族	—	2006 年 6 月至 2007 年 5 月，挂职
常 委	安晓宁	男	汉族	—	2006 年 9 月至 2007 年 9 月，挂职
常 委	杨民主	男	汉族	湖南湘阴	2007 年 4 月至 2009 年 5 月
常 委	钱本章	男	汉族	—	2007 年 5 月至 2008 年 8 月，挂职
常 委	曾传文	男	土家族	湖南古丈	2007 年 11 月至 2011 年 6 月
常 委	徐新刚	男	汉族	—	2008 年 8 月至 2009 年 7 月，挂职
常 委	陈 辉	男	汉族	—	2008 年 10 月至 2009 年 11 月，挂职
常 委	刘干荣	男	汉族	湖南益阳	2009 年 5 月至 2011 年 6 月
常 委	郑利红	女	汉族	湖南常德	2010 年 4 月至 2011 年 6 月，挂职
常 委	周群星	男	汉族	湖南安化	2009 年 6 月至 2011 年 6 月，挂职
常 委	石利民	男	苗族	湖南花垣	2010 年 7 月至 2011 年 6 月
常 委	王本刚	男	汉族	—	2011 年 2 月至 2011 年 6 月，挂职

第二节 工作机构

1986 年，中共古丈县委设县委办公室、组织部、宣传部、统战部、政法委员会、编制委员会办公室、档案局、直属机关党委、老干部局、信访办公室、党校等 11 个正科级工作机构。1991 年 5 月，恢复设立县委农村工作部，与县政府农村经济委员会（1994 年更名为县政府农村工作办公室）合署办公。

1991 年 8 月，设立县社会治安综合治理委员会办公室，与县委政法委合署办公。1994 年 12 月，县编制委员会办公室与县委组织部合署办公，1995 年 11 月从县委组织部分出，为县委工作机构。

1999年5月，对台办从县委统战部内设机构分出，更名为县委台湾工作办公室，与县政府台湾事务办公室合署办公，归口县委统战部管理。

2001年10月，县委农村工作部更名为县农村工作领导小组办公室；县委办公室内设机构党史办更名为县委党史研究室；县信访办公室更名为县信访局，由县委办公室和县政府办公室共同管理，以县政府办公室管理为主；县直属机关党委并入县委组织部。2010年12月，县委设县委办公室、组织部、宣传部、统战部、政法委、机构编制委员会办公室、档案局、党史研究室、老干部局、台湾工作办公室、党校等11个工作机构。

第三节　常务委员会会议

县委常委会议主要是传达省委和州委会议精神，听取省委和州委职能部门召开的重要会议精神汇报，研究贯彻落实意见；研究部署经济工作中的重大问题；研究讨论全县党的建设、廉政建设、社会稳定、人大、政协、宣传、统战、民族等重要工作；讨论决定乡局级领导班子配备、调整和乡局级干部任免，对违法违纪乡局级干部处理等。县委根据工作需要每年不定期举行常委会议，出席人员为县委常委，县人大常委会主任和县政协主席列席。根据会议内容，县委办及有关部门主要负责人列席会议。县委常委会议由县委书记主持，议题由书记办公会确定，或由县委办收集、筛选后报县委书记审定。会务组织工作由县委办负责。县委常委会议决定事项（除干部调整任免、纪律处分外）一般以县委常委会议纪要形式发县委常委及县人大、县政府、县政协党组成员和有关部门执行，由县委办负责检查落实。

一、第五届常委会议

1986年4月12日，县委常委举行会议，决定1986年县委总的工作任务是坚持改革，坚持两个文明建设一起抓，在1985年基础上，物资文明建设和精神文明建设要有一个新发展；物资文明建设力争实现工农业总产值增长10%，人均收入增长50元，实现财政税收持续稳定上升，人民生活继续改善；精神文明建设力争实现党风和社会风气好转，实现社会治安好转，实现机关作风基本转变。1986年县委工作要点是贯彻中央文件精神，继续调整农村产业结构，农业经济重点抓好商品生产发展和乡镇企业；新建电石厂、开发大理石，筹建“两镁”和山果加工厂；搞活流通，加速县城农贸市场建设，规划和筹建龙鼻嘴、田家洞边贸市场；完成县直二级机构和农村整党任务；按照干部“四化”方针，调整完善部委办局和乡镇场领导班子；抓好城镇综合治理；打击各种刑事犯罪和经济犯罪活动，制止乱砍滥伐森林和乱建乱占土地歪风；抓机关作风转变，抓干部学习理论和法律，提高干部政治和业务素质；抓民主和法制建设，广泛做好党内、干部群众和各民族团结工作；抓落实党的各项政策。会后，按照集体领导和个人分工相结合原则，对县委常委成员进行具体分工。

1987年7月，县委、县政府召开县委常委会议，传达贯彻6月份州计划生育工作会议精神，学习中央领导讲话、省委文件精神，对照检查过去在计划生育工作中存在的问题，采取坚决措施，抓好计划生育，全面发动，统一认识，把全县党员干部思想统一到省委文件精神上来。决定各乡镇场召开党员干部会议，传达贯彻州县计划生育工作会议精神；各级党组织、各部门联系实际，对过去计划生育工作进行一次全面回头检查；集中领导，集中人员，集中时间，开展夏季计划生育工作突击，全面落实节育措施；层层建立计划生育责任制，县里五大家班子成员分片包干负责各自联系点，各乡镇场、县直各局级单位实行包村负责制，机关干部包农村党员、农村党员包群众办法，把计划生育落到实处；在调查研究基础上，以省委文件为依据修订《古丈县计划生育工作的规定》，开展计划生育宣传教育，加强部门配合，搞好综合治理，做到全党抓计划生育工作、全民抓计划生育工作，大力表扬和奖励成绩突出的先进单位和个人，力争赶上和超过先进县市。

1988 年 3 月 2 日，县委常委举行会议研究信访工作。决定充实乡镇场司法信访办公室力量，完善各项工作制度，乡镇所属各单位要主动配合协助，尽心尽职尽责，共同做好信访工作，县直局以上单位确定一名专职或兼职信访干部，做到来访有人接待、来信有人处理、纠纷有人解决。建立健全信访工作各项制度，层层落实“分级负责、归口办理”负责制，各级各单位应按照体制和业务分工，包干负责处理本级本单位职责范围内的信访问题；实行目标管理，建立健全各项规章制度，根据新时期信访工作任务和要求，建立接待对话、处理来信、查办案件等规章制度。

二、第六届常委会议

1989 年 6 月 8 日，县委常委会议决定，农业方面抓 3 项工作：6 月 10 日前全面完成插秧任务，6 月 10 日后抓发展庭院经济和乡镇企业工作，安排 60 万元贷款用于发展庭院经济；安排好群众生产生活，由各乡镇场负责调查摸底群众生活困难情况，保证群众有饭吃。工业方面，针对产品积压滞销、领导班子不团结等问题，抓好 4 项工作：成立推销积压产品班子，由主管工业副县长和联系工业的政府办副主任等组成推销组，对县水泥厂积压的 9 万吨水泥进行联系和推销；以主管工业副县长和县经委党委书记为主，组成整顿组，抓企业班子建设，搞好电力调度，组织抢电生产，协调处理好经营者和生产者的矛盾，调动广大职工积极性；抓好化工厂、电石厂等新建项目投产工作；6 月 8—9 日，对全县工农业生产形势进行一次全面综合分析，保证工农业生产增产增收。采取措施解决资金问题，组织群众搞好储蓄存款，开展清资挖潜活动。

1989 年 7 月 3—4 日，县委召开副县级以上党员领导干部会议，传达学习党的十三届四中全会和省委扩大会议精神，联系实际，研究贯彻措施。决定在近期内办好 4 件实事：全县各级党组织组织专门班子，对党内腐败现象进行清理，严肃查处群众反映强烈的腐败案子；全县各级党政机关干部在公务活动中，特别是公务接待，不准上烟酒饮料和水果待客，不准用公款赠送礼品、发放纪念品，严肃查处违规行为；各级领导干部要经常深入实际，深入基层，倾听群众呼声，广泛调查研究，帮助人民群众解决生产生活中的困难，不讲空话、套话、官话，做脱离群众、脱离人民的事；采取各种措施，发动群众，打一场整顿社会治安的人民战争。

1990 年 5 月 6 日，县委常委举行会议，学习《中共中央关于加强党同人民群众联系的决定》，结合学习马克思主义群众观点和党的群众路线的有关论著，研究解决领导干部脱离群众的突出问题，提出贯彻落实《决定》意见。要求各级领导干部必须结交 2 名以上敢于反映真实情况的朋友，定期了解群众意见和要求，认真解决人民群众反映的问题；对于听不进群众意见，在工作中造成严重失误的，必须坚决进行查处。

1991 年 6 月 27 日，县委常委会议决定把组织夏秋季山地开发作为农业生产的“第四战役”来抓。统一规划，集中开发，突出茶叶，兼顾其他，大战 7 月、8 月、9 月 3 个月，全面完成开发经济林 853.33 公顷任务。抓好消灭荒山，做好迎接省、州验收各项准备工作；炼山整地，完成 266.67 公顷茶叶、186.67 公顷果木和 400 公顷药材任务；完成原定人饮工程，维修和配套好当年能受益的水利、机械等设施和器材，做好防洪抗旱准备；为建设“电器化县”向省里和州里作好汇报；全县进行“社教”活动的村普及集体绿色企业，其他应有三分之一的村有集体绿色企业；农业技术员下村对群众进行指导，开展“双百”活动（即通过扩面多种实现户平增收百斤粮，通过多养牲畜、开矿等，实现户增收 100 元）。要求各级领导干部把夏秋季开发作为一项政治任务来抓；各乡镇场成立开发办公室，实行挂牌办公，确定 1 名副职主抓，保证 1 名干部专抓；县委、县政府带头办点，各乡镇场相应办点；县扶贫开发办组织 8 名干部到各乡镇场进行规划并绘制图表，抓好总规划和制订各个项目实施计划，各村制定开发规划；银行、农技、茶叶公司等部门保证资金、物资、技术服务到位；用足用活中央扶贫贴息贷款，把育林资金向经济林倾斜；7 月 20 日采取流动现场会形式，检查各乡镇场党委书记样板基地，现场评比记分，表彰优胜者；8 月 20 日结进度账，看效果；9 月 20 日结完成任务账，发通报；搞好抗旱工作，调人工降雨大炮一门。

1992 年 6 月 20 日，召开县委常委会议，决定加快全县改革开放和经济发展步伐，着重抓紧抓好 5 件大事：打通三坡湾连城隧道，扩建下溶湾至连城隧洞街道，开辟农贸市场和体育活动广场；开发罗依溪镇“栖凤湖”经济区；建设默戎镇、双溪乡、古阳镇、罗依溪镇、河西镇、茄通乡两乡四镇百里乡镇企业走廊；继续抓好 10 万亩茶叶、果木、药材开发基地建设，实现“44111”规划；发展地方工业，创办年产 1000 吨的茶叶加工厂。围绕办好 5 件大事，县委常委进行分工，明确职责。

三、第七届常委会议

1993 年 2 月 22 日，县委书记田志海主持常委会议，听取县纪委、县委组织部、宣传部、统战部关于 1993 年工作安排。

组织工作　突出改革精神，抓机构改革，改变传统用人观念；解放思想，大胆任用那些有本事但有小错误的能人；加强后备干部培养，特别是企业干部培养；注意并防止政治思想工作滑坡；在下半年县级机构改革中抓好组织工作；为经济建设服务，管好干部，加强培训，提高干部做经济工作本领；用好干部，按照邓小平南方谈话中的“三个有利于”，起用德才兼备能人，调动干部为经济建设服务的积极性；搞好党的基本路线教育、党的宗旨教育和市场经济意识教育，增强市场经济意识，适应市场经济需要；在选拔任用干部上，由重个人表现转变到重干部工作实绩和成果上来；在领导班子配备上，由只注重个人素质转变到注重领导班子整体素质上来，发挥班子集体作用。会议同意县委党校请示，校址由罗依溪镇龙潭坪村王家堡搬迁到县城老寨坪，原土地和房屋以不低于 80 万元价格转让给县茶叶总厂。

宣传工作　配合县委中心工作，为改革开放服务，抓典型，写出一批高质量文章；抓新闻报道，提高古丈知名度；抓党的十四大会议精神、建设有中国特色社会主义理论、市场经济理论、党的基本路线、党建基本理论等教育；利用广播电视，抓好新闻报道，为改革开放和经济建设造舆论，为企业宣传商品信息，促进经济建设；县有线电视台每周一、三晚上播放古丈新闻，周五晚上播放党教活动项目，县委宣传部可适当购买一批教学录像带；在全县继续深入开展双文明创建活动，年终搞好总结表彰，机关厂矿和农村各树立 1 个典型，奖励经费为 1000 元；抓县委中心组学习，3 月上旬举行第一季度中心组学习，时间 3 天。

统战工作　总结一些统战对象发展民营经济的经验，并加以推广；突出服务重点，发挥统战优势，调动社会各界力量，为古丈经济建设服务；办 2 个实事，引进资金 500 万元，发展纳税 1000 元个体户 500 户、为县财政创收 50 万元，年终县里将按一定比例奖励统战部；统战理论研讨会和统战对象建档建卡所需经费由县政府解决，统战部办公用房待县委办公楼竣工后由县委统一解决。

纪检工作　抓住主要问题，突出为经济建设保驾护航这个主题；县委在思想上和行动上都不能放松纪检工作，越是改革开放，越要抓好党风党纪教育，搞好廉政建设；坚持“两手抓，两手都要硬”方针，做到常抓不懈，持之以恒；正确履行“保护、教育、惩处”纪检工作三种职能，保护改革者、教育失误失足者、惩处贪污受贿以权谋私者，为经济建设和改革开放服务。

1994 年 6 月 27—29 日，县委书记田志海主持常委民主生活会议。11 名县委常委除县委副书记刘万云参加州政府组织的考察队赴恩施考察外全部到会。10 名常委认真思考，准备发言稿，对常委集体和个人自身存在的主要问题进行全面自查，深挖思想根源，分析产生原因。大家联系古丈实际就发展经济提出看法和建议，并就半年来的思想、工作、作风情况进行回顾检查。组织常委学习上级关于召开民主生活会通知的文件；县纪委、县委组织部抽出6人，向县人大、县政协和部分县直部委办局、乡镇场44名主要负责人征求意见；梳辫子，分析意见，确定主题。通过分析意见，解决的主要问题是以经济建设为中心，联系古丈实际，解放思想、抓住机遇、加快发展；围绕主题进行自查自纠，开展批评与自我批评，对个别问题予以说明；找准主要问题，找准经济发展的路子；从有利于团结、有利于古丈经济建设出发，互相批评，互相帮助，提建议，提意见，实事求是，客观公正。

1995年11月2日，县委书记田志海主持常委会议，听取县委政法委关于全州政法工作会议及省电视会议精神和县农村整治工作汇报。要求正确认清形势，即大局稳定，形势严峻。会议确定：第二次农村社会治安整治方案，由公安局、检察院、法院、司法局协商研究；成立领导班子和工作班子；整治试点为古阳镇，进行集中整治，带动全县；对政法干警集中进行培训；召开整治农村社会治安动员会；在12月份实行公开打击，公捕公判，各乡镇场派人参加，县直机关干部职工和中学生、小学高年级学生参加，扩大受教育面。

1996年1月3日，县委书记田志海主持常委会议，传达和贯彻全省经济工作会议精神，做好1995年工作总结和1996年工作计划。1996年工作思路是抓住机遇，开放带动，依靠科教，强农兴工。重点是兴工、强农、治水、修路、办电。自默戎镇至罗依溪镇、河西镇铁路沿线为战略重点，县城是重点地区，依靠县城辐射带动乡镇。抓好“四业”（即林业、矿产业、畜牧水产业和种植业）奠基，实现“五龙”腾飞（即发展养羊、养鱼等畜牧水产业；完成接龙渠水利工程配套建设，新开稻田133.33公顷；完成冶化厂改造和扩建，新建年产6万吨的钙镁磷肥厂，实现产值过亿元，利税过千万元；开采烂泥田锰矿3万～5万吨；开通移动电话“大哥大”）。

1996年1月29日，县委书记田志海主持常委会议，听取和研究发展山羊工作汇报，要求抓住州政府将古丈县定为发展山羊重点县契机，统一思想，采取特殊措施，排除干扰，想尽办法，把发展山羊工作搞上去。会议决定把发展山羊作为1996年第一大重点项目，成立县山羊开发公司，由县畜牧水产局局长兼任公司经理，编委下文，并到县工商局注册登记，集中技术力量，发展山羊；资金捆绑使用，山羊开发领导小组做方案，从扶贫开发资金中借支10万元作为启动资金。

1996年11月8日，县委书记田志海主持常委会议，听取全省扶贫攻坚工作会议精神汇报，要求认清形势、明确任务，坚定不移地完成扶贫攻坚计划；坚持开发式扶贫与自力更生相结合，突出重点，把特贫村作为扶贫攻坚主战场；加强领导、加大投入，开创全县扶贫攻坚新局面。决定开好扶贫攻坚2个重要会议；成立县扶贫攻坚工作团和办公室，下设组织、宣传、后勤联络3个组，人员从有关部门抽调；从县直机关和各乡镇场抽调163名优秀年轻干部组成扶贫攻坚工作队，从中挑选41名干部到41个特贫村担任村支书或指导员，任职时间为3年；争取扶贫项目贷款，加大扶贫攻坚的投入。

1997年3月28日，县委书记田志海主持常委会议，听取教育工作情况汇报。要求贯彻落实省教育工作会议精神，把全县“普九”“扫盲”“职教”等工作抓好抓落实；“普九”工作主要是财政资金到位问题；“扫盲”工作经费按有关政策逐步到位；“职教”经费用城市教育费附加的50%解决；农村教育费附加控制在2%，按省里文件执行；城区学校借资办学，撤销县里文件，按州里文件执行；教师补贴看情况考虑。听取县委党校修建教学楼等情况汇报，认为党校修建教学楼，关键是资金问题，其办法是抓住机遇，立足向上争取，县里领导出面协调联系，县财政解决差旅费；县委党校建设要从大处着眼，小处着手，逐步完善教学设施。

1997年7月11日，县委书记田志海主持常委会议，听取全州烟叶收购工作会议精神汇报和研究全县烟叶收购工作。要求抓好烟叶收购宣传工作，7月15日召开县烟叶收购工作会议；协调好烟叶收购资金，不准给烟农打白条；把好收购烟叶质量关，既要坚持级别标准，又要掌握灵活性，保护烟农积极性；维护好烟叶收购秩序，不准外收内流；加强对烟叶收购工作领导，由县长负总责，成立4

个组，分管烟叶生产、收购的县级领导和挂乡县级领导深入下去，分工负责。

四、第八届常委会议

1998年9月16日，县委书记朱采主持常委会议，县委副书记、县长刘万云就凤滩库区移民数次集体赴县上访有关情况进行通报。决定县委副书记彭民健，县委常委、县委组织部部长高文化，县委常委、县人民武装部长梁世华到河西镇龙天坪村配合镇党委、镇政府做好说服工作；县委常委、纪委书记傅世友，县政府助理调研员叶永青到罗依溪火车站做劝阻工作；县委副书记唐力牵头组织县委办和县政府办把4次移民集体赴县上访情况，向省委、省政府和州委、州政府发明传电报进行报告；如果移民赴省上访，叶永青、县移民局局长彭祖润和公安局局长宋祥生，与罗依溪镇、河西镇党委、政府主要领导赶赴长沙，向省政府和省移民局汇报移民上访情况；坚持正面引导，讲道理、讲政策，做好疏导和规劝工作。

1998年10月27日，县委书记朱采主持常委会议，审查《中共古丈县委、古丈县人民政府关于切实加强省道1828线古丈段公路改造工程建设的决定》（送审稿），围绕省道1828线古丈段公路改造工程建设急需筹措2520万元配套资金问题进行讨论。决定在自筹资金问题上，向上争取，加大县内聚财力度，组织全县各机关单位和广大干部、职工踊跃捐款；捐资筹款以单位为主，鼓励和号召全县干部、职工、工人、农民、居民个人和社会各界力量自愿捐款，完成50万元筹资任务。

1999年10月29日，县委副书记彭民健主持常委（扩大）会议。彭民健传达全省公安专线电话会议关于解决邪教“法轮功”问题，保持全县社会政治稳定、生活安定。

2000年1月6日，县委副书记、县长刘万云主持常委会议，听取县扶贫开发办主任宋贻华就省、州、县单位扶贫联系村汇报。决定全县90个扶贫村，先由省州工作队认定18个村，剩下的72个村再由县里确定；全县副科以上行政企事业单位（特困企业除外）包扶一个村；坚持县直大单位扶大村、小单位扶小村或几个小单位扶1个村，对各乡镇场扶贫力量安排部署保持基本平衡；上轮扶贫未脱贫的村，其扶贫单位不变；继续实行县级领导联系乡镇场、挂村扶贫政策；从近两年毕业的古丈籍大中专毕业生中选30人作为扶贫工作队员，聘期为3年，月工资300元，月补助100元，每人每月共计400元包干，3年后，由有关部门考察考核，择优录用为乡镇干部。

2000年5月8—9日，县委书记朱采主持常委会议，研究茶叶产业化建设。坚持以经济效益为中心，抓好茶叶促销，搞活经营机制，业务人员使用实现聘任制；拓展茶叶销售市场，抓大宗绿茶和七叶参茶加工和销售；争取古丈茶叶注册商标，解决茶叶市场混乱问题；有茶叶村的乡镇确定1名副职领导主抓，每个专业村安排1名乡干部专抓；县茶叶局办公经费由县财政分期安排；茶多酚厂筹建问题由县委副书记彭民健召集县农业银行、县国土资源管理局、县乡镇企业局、县供销联社和罗依溪镇等单位负责人开会协商解决；县政府驻长沙办事处为古丈茶叶公司销售网点。

2001年5月12日，县委副书记、县长刘万云主持常委会议，研究“三个代表”重要思想学习教育等问题，听取县委常委、县委组织部部长龙生贵关于全州农村第二批“三个代表”重要思想学习教育工作会议精神汇报。指出前段全县开展乡镇一级“三个代表”重要思想学习教育活动，基本实现“让干部受到教育，使农民得到实惠”目标；为巩固和扩大活动成果，按照省委、州委统一部署开展全县农村第二批“三个代表”重要思想学习教育活动。决定5月16—22日，对县直机关一把手进行封闭式集中学习。同意县“学教办”提出的“古丈县委驻县直战线‘三个代表’学习教育活动指导小组成员建议名单”，每名副县级以上党员干部联系1个县直单位；5月15日上午在县委六楼会议室召开全县第二批“三个代表”重要思想学习教育工作会议；县直机关主要负责人、各乡镇场党群副书记、全体指导小组成员、3个试点村党支部书记等人员参会；已开展学教活动的县直单位也纳入第二批“学教”工作范围。

2002年6月12日，县委书记彭武长主持召开县委常委会议，研究农村税费改革，县委常委、常务副县长宋顺吉汇报全县农村税费改革前期准备工作。会议要求县里要向州、省争取农村税费改革差价补贴600万元以上；近期由县委副书记、县长龙文辉带队向州政府和州农村税费改革领导小组作一次专题汇报；确定6月14—15日召开全县农村税费改革工作动员大会。

2002年6月24—25日，县委书记彭武长主持常委会议，讨论研究大中专毕业生和退伍军人安置就业问题。指出全县有215名国家统招或带指标的毕业生还未安排工作、45名居民退伍军人没有安排就业。要求全县上下统一思想，形成共识，妥善做好安置工作。确定对大中专毕业生安置采取分期选拔、择优录用办法；每年进行一次公开选拔考试，从215名大中专毕业生中择优录取50名，送到外地务工学习1年，务工学习期间财政不发工资，不出路费；结束后，经人事部门综合考核合格，再根据全县企事业单位人员需求和编职情况进行统筹安排。退伍军人安置实行一次性经济补偿，标准按古丈县在职干部职工年工资平均水平的2.5倍进行补偿，鼓励自谋职业。

五、第九届常委会议

2002年12月11日，县委书记彭武长主持常委会议，听取县政府助理调研员叶永青、县移民局局长向仍才就栖凤湖大坝工程建设与国家电力公司中南勘测设计院洽谈总承包合同情况汇报，州移民局局长杨胜刚参加会议并作出相关承诺。决定栖凤湖大坝工程建设概算2500万元，总承包价格2260万元，其中省、州移民局负责解决资金1800万元；协调领导小组要切实负起责任，抽调人员组建工作组，做好开工前各项准备；解决栖凤湖大坝和栖凤大道工程建设的各种矛盾和纠纷解决。会议还听取县国土资源局局长邓锋关于栖凤大道工程建设前期工作及贷款资金争取情况汇报，指出栖凤大道工程建设事关县域经济发展大局，有利于全县旅游产业开发和小城镇建设，全县上下要高度统一思想，提高认识，齐心协力抓好此项工程；同意将高望界林场作为栖凤大道工程建设贷款的第二抵押物，工程如果出现风险，由县财政负责发放林场职工工资。

2003年4月7日，县委书记彭武长主持常委会议，研究工业和商业、粮食、供销企业改革改制，听取相关部门改革改制方案汇报。会议要求统一认识，把企业改革改制作为实现县域经济跨越式发展的重中之重；加强领导，确保各企业改革改制顺利进行；落实县级领导和部门负责人挂点联系民营企业制度，准备开工的县松脂油厂由县委副书记龙永金联系，默戎镇五氧化二钒厂由副县长宋贻华挂点；粮食、供销企业改革改制和工业园区建设要成立相应领导班子。

2003年5月29日，县委书记彭武长率财政局、发展计划局等部门负责人到建设局主持召开书记现场办公会议，听取建设局局长陈孝东关于老城改造工程情况汇报。要求把县城搞得干净、整洁、明亮，打造好古丈小城镇建设品牌；增强县城文化品位，把县城规划和建设好；把握“规划、建设、管理”3个环节，出台县城小城镇建设详细规划；建设局抽出技术力量做好老城改造第三期工程项目预算；加快老城改造二期工程建设进度，争取后续资金；建设局与电力公司搞好协调，确保县城路灯亮化；建立县城卫生长效保洁机制；加强管护县城绿化，确保成活率；计划部门加大城市防洪、污水处理、管网入地等项目申报力度；县财政增加环卫工作经费，2003年从财政预算的预备经费中解决3万元，2004年后按每月5000元标准列入财政预算；建设部门协调资金帮助自来水公司修建水厂净化池，帮助环卫所购买垃圾清运车1台。

2003年8月22日，县委副书记、县长郭建群主持常委扩大会议，研究招商引资工作。要求全县上下统一思想，力争在中国（深圳）国际投资贸易洽谈会上的招商引资工作有突破。同意招商部门制定的招商引资开发项目“一票制”收费方案；在税费和土地出让金问题上，既要确保国家政策的执行，又要有利于优化经济发展环境，规定各种税费收取标准不得超过总投资额的8%；土地出让金严格按照州办有关文件执行；全力支持和培植发展支柱产业的招商项目，在税费收取上总额不突破投资总额的3%；招商引资项目“一票制”收费由县招商局负责收取，县财政局按相关比例进行分配；抓好招商项目跟踪工作，各部门做好各自本职工作，加大新建项目论证力度，加快县招商项目库建设。

2004年5月24日，县委书记彭武长主持常委会，研究信贷资金支持农村产业建设和农村能源建设。信贷资金支持农村产业建设：要求尽快研究制定切实可行的扶贫资金投向长效机制；按照县委、县政府关于产业化建设的总体部署加强资金监管，减少金融部门风险；5月底前出台财政扶持资金、信贷资金支持农村产业化建设实施细则，由县扶贫开发办、县财政局、县信用联社联合行文；猕猴桃开发贷款面需达80%以上，6月份要到位；对已经申请中扶贷款的几家企业和大户，县农业银行要帮助完善相关手续和资料。农村能源建设：2000年至2004年5月，全县共建沼气池2657个、省柴省煤灶1.68万个，覆盖16个乡镇77个村；修建微水电（即装机容量在100千瓦以下的水力发电机设备）16处，沼气保鲜库1座；逐年增加投资，其中2000年为20万元、2001年为100万元、2002年为319万元、2003年为310万元、2004年计划为300万元。

2004年12月19日，县委副书记邓东亮主持常委会议，研究红石林国家地质公园申报工作，县政府副县长邓锋，省国土资源厅专家组成员马文翰、王永民、陈建平、曾庆龙、贺湘波、李玉汉，县委办、政府办、国土资源局、旅游局、发展计划局、林业局等部门负责人参加。听取专家组科学考察情况介绍，11月以来，专家组3次到古丈开展红石林国家地质公园申报的前期工作，并集中10天时间专门对全县旅游资源进行全面考察，初步确定纳入申报的景区和面积；认定红石林属奥陶系地质结构，地质学价值较高；坐龙峡景区、酉水风光带、栖凤湖景区均符合申报国家地质公园相关条件，建议一并纳入申报范围；加大旅游资源保护力度，坚持在保护中开发，切忌破坏资源。会议要求各部门配合专家组做好申报前期工作，尽快取得“国字号”旅游品牌，把旅游产业作为龙头支柱产业来抓，景区景点和配套设施规划设计做到高起点、大手笔；所涉及部门通力协助，为专家组提供各种相关资料，年底完成各项基础性工作；成立红石林国家地质公园申报领导小组，以“湖南古丈红石林国家地质公园”为名称组织申报。

2005年1月19日，县委书记彭武长主持常委会议，研究政法综治工作，听取县委常委、县委政法委书记张仕金传达全州政法综治工作会议精神。要求各位常委必须高度重视，全社会共同参与，把确保稳定放在首位；乡镇、县直单位被一票否决后，联系领导年终考察不能评为优秀；突出重点地区和薄弱环节领导，县委副书记高文化联系古阳镇，县委常委、政法委书记张仕金联系罗依溪镇，县委常委、常务副县长宋顺吉联系默戎镇，政法部门要分工负责抓这3个镇；把责任落实到基层，启动责任追究；司法员配备到位，各级建立调解组织，村设调解员和治保员；年内坪坝乡和断龙山乡设警务室；每个乡镇选1个社区或1个村办好“平安古丈”示范点，县级领导所联系的村作为示范点；县安监局、县信访局纳入统一管理、统一协调，搞好情报信息和信访工作；公安局、检察院、法院、司法局干警津贴列入财政预算，工作经费在安排财政预算时统筹安排。

2005年3月25日，县委书记彭武长主持常委会议，研究保持共产党员先进性教育活动工作，听取县委常委、县委组织部部长龙生贵汇报全县保持共产党员先进性教育活动工作情况。要求所有县级领导在4月10日前下基层3天以上，听取和征求意见，开展乡镇领导谈心活动，写好党性分析材料，4月8日前交县保持共产党员先进性教育办公室（以下简称“先教办”）；开好县委、人大、政府、政协领导班子民主生活会；举办“优秀共产党员先进事迹”报告会，由县委副书记高文化，县委副书记、县纪委书记刘保国，县委常委、县委组织部部长龙生贵负责；选好试点单位，抓党员“三卡”管理试点。

2006年1月7日，县委书记彭武长主持常委扩大会议，传达贯彻州委经济工作会议精神，研究2006年全县经济工作，听取高文化传达州委经济工作会议精神，研究2006年全县经济工作主要目标。认为加快全县经济发展是逐步缩小与全国、全省、全州差距的需要。要求策划全年，抓好当前，抓好退耕还林、工程建设、项目建设、招商引资、计划生育、综治维稳等各项工作，确保社会大局稳定，为全年工作开好局面；2006年全县生产总值确保增长12%，财税收入确保增长15%，固定资产投资增长20%，招商引资实际到位资金增长40%，社会消费品零售总额增长15%，农民人均纯收入增长180元，人口自然增长率控制在7.7‰以内。

六、第十届常委会议

2007年5月9日，县委书记吴凌频主持常委会议，研究重点项目及新型工业化等问题，审议并通过《关于对全县重点建设项目实行目标管理的通知》《关于加速推进新型工业化发展的决定》。会议分析全县经济运行情况，提出下步工作重点和工作措施，要求对已开工的重点建设项目要加快施工进度，未开工的要争取尽早开工；抓好县委经济工作会议、全县党务工作会议精神的贯彻落实，抓好矿山整治工作，规范磷矿、锰矿开采，禁止采运钒矿；规范好矿山开采秩序，抓好矿山安全工作；加强饮食、交通、消防、森林防火等安全生产工作；做好接访工作，特别是做好县级领导接访和信访问题的交办；在汛期来临时，各级各有关单位要高度重视，强化责任，抓好山体滑坡应急处理、古阳河防汛、城市防汛等工作。

2007年9月11日，县委书记吴凌频主持常委办公会议，研究茶叶产业化基地建设，县委副书记、县委高文化，县长副书记龙永金，县委常委、县政府常务副县长宋贻华，扶贫开发办、发改局、农办、茶叶局、农业局、移民局、财政局、外资外援办等单位负责人参加。2007年茶叶产业化基地建设任务为200公顷，重点分布在断龙山乡、红石林镇、古阳镇、罗依溪镇、双溪乡和默戎镇等片区；协调捆绑资金550万元，其中从扶贫开发办协调资金100万元，从发改局协调资金100万元，从移民局协调资金150万元，从外资外援办协调资金150万元，从国土资源局协调资金50万元，重点扶持片区基地和产业空白村；组建茶叶协会，以大户和协会的带动作用推进茶叶产业化基地建设，成立茶叶产业化基地开发领导小组，由县委副书记龙永金任组长，农办、茶叶局、财政局、发改局、农业局、国土资源局、移民局、外资外援办等单位负责人为成员；相关乡镇相应成立领导班子，确定分管领导和专抓人员，茶叶局、农业局抽调技术人员，实行技术包乡包片责任制。

2008年1月31日，县委书记吴凌频主持常委会议，研究全县抗冻救灾。会议认为在灾害期间，全县各级各部门落实“六个确保”（即确保人民群众生命安全、电力供应、交通畅通、水油汽供应、市场供应、困难群众生活）；强调要树立抗大灾、抗久灾思想准备，加强物资调运，加强防冻知识宣传，全面启动应急预警机制，抓好值班信息工作；要求明确抗冻救灾目标，强化责任，明确纪律，做好综治维稳工作。

2008年5月4日，县委书记吴凌频主持常委会议，研究重点项目建设，组建专门班子，明确牵头领导；交通瓶颈问题由县委副书记、县长高文化总协调，县委副书记、县人大常委会主任梁明金，县委常委、常委副县长宋贻华协助。河迁公路（河西镇至保靖县迁陵镇）由副县长石远配、县政府助理调研员叶永青向上级领导汇报。白溪关工业园区，由县委副书记、县长高文化现场办公，解决原材料运输问题；由县委常委、常委副县长宋贻华请州公路局等单位领导到古丈现场办公，确保河西大桥维修工程顺利实施；列夕坪至茄通公路，按县政府会议纪要落实。栖凤大道由副县长余晓泓牵头，加强向开发银行汇报。

2008年11月12日，县委书记吴凌频主持常委会议，研究党风廉政建设、清理在编不在岗工作人员、纪检监察案件等工作。决定贯彻落实全国党风廉政建设责任制电视电话会议精神，严格执行党风廉政建设责任制，不断完善惩防腐败体系，全面推进党风廉政建设和反腐败工作；县纪委、县监察局要对全县各级各部门2008年党风廉政建设工作情况进行检查，对工作不落实、不到位的单位责令限期整改。会议听取关于全县清理在编不在岗人员工作情况汇报，要求对全县在编不在岗人员情况进行清理，确认身份，澄清底子，按照上级规定及时上报清查情况。

2009年1月18日，县委书记吴凌频主持办公会议，专题研究张家界至凤凰、泸溪至里耶两条风景线“八百里绿色行动”古丈段绿化工作。会议听取古丈段绿化工作指挥部办公室关于前段工作进展情况汇报，决定县直各单位组织干部职工在春节前后集中做好练山整地挖穴，确保2009年2月底完成古丈段绿化工作任务；因地制宜，突出地方特色，确保展示S229线和红石林、坐龙峡的景观效应；林业局、建设局完善绿化规划，细化责任，发挥林业站作用，出台管护办法，保护绿化成果；默戎镇重点突出政府所在地和公路沿线村寨的绿化美化，古阳镇重点抓好城区周边绿化美化，罗依溪镇重点抓好栖凤大道绿化美化，同时抓好S229线罗依溪镇路段卫生环境，红石林镇重点做好红石林、坐龙峡景区道路和景区内外绿化美化，县林业局把好苗木质量关和绿化美化检查验收。

2009年8月18日，县委书记向顶天主持常委会议，专题研究依法处置县顺杰锰业公司非法集资，听取县处置非法集资办公室、县公安局有关处置非法集资工作的情况汇报。原则同意县处置非法集资办公室关于《古丈县顺杰锰业公司集资清退工作方案》《古丈县政府关于非法集资企业顺杰锰业公司集资清退的公告》《中共古丈县委办公室、古丈县人民政府办公室关于处置顺杰锰业公司非法集资清退期间实现县级领导信访接待日制度的通知》《关于处置顺杰锰业公司非法集资工作相关问题的说明》《古丈县处置县顺杰锰业公司非法集资问题维护社会大局稳定工作方案》。

2010年6月10日，县委书记向顶天主持常委会议，研究综治维稳、县城自来水厂改扩建等工作，学习《中共湖南省委关于切实做好维护社会稳定工作的紧急通知》，听取关于综治维稳工作情况汇报。决定成立全县综治维稳协调工作领导小组，与县矛盾纠纷调处中心两块牌子，一套人马，由县委副书记胡恩平任组长，县委常委、政法委书记张仕金，县委常委、常务副县长宋贻华、县委办主任彭仕炳为副组长；各乡镇、县直各单位相应成立工作领导小组；健全信访联席会议制度，加大信访案件交办力度，在县政府一楼设立信访接待大厅，将信访局、“县委书记、县长热线办”和县矛盾纠纷调处中心等资源进行整合，畅通群众利益诉求渠道；创新调解工作方法，多渠道、多层次做好群众来信来访工作。会议原则同意《古丈县城区供水扩建和管网改造工程总体方案》，认为自来水改扩建项目是民生和民心工程，要高度重视，精心组织落实；成立县城自来水厂改扩建工作领导小组，加强项目建设调度和指挥；推进取水点选址、审计预算、招投标、银行贷款等工作，确保项目早日建成投产。

第三章 决策纪要

第一节 发展战略

1986年，县委、县政府延续1985年形成的“古丈潜力在山，优势在山，脱贫希望也在山”共识，继续念起“利用山区优势，因地制宜，大力发展茶叶等支柱产业”山字经，实施以“林业为主”的发展战略。

1992年7月，县委、县政府作出《关于一九九五年实现森林绿化达标和“44111”山地开发工程规划的决定》，发挥资源优势，“念好山字经”“画好山水画”。抓营林生产，到1995年，全县森林活立木蓄积量达500万立方米，覆盖率达75%以上；调整林业结构，实现“44111”山地开发，即4万亩茶叶、4万亩药材、1万亩板栗、1万亩以椪柑为主的水果、1万亩桑蚕。鼓励机关干部、个人到农村为林业绿化、山地开发做贡献。

1994年，县委、县政府实施“强农治穷、兴工致富、活商聚财、科教兴县”的战略目标。

2001年10月，县委、县政府审时度势、与时俱进，提出“绿色产业兴县，生态家园富民”的发展战略，符合科学发展观要求，符合古丈实际。确定特色生态农业、民营环保工业、生态旅游业及生态小城镇四个建设重点。实施“四大支柱农业产业”（无公害蔬菜、茶叶产业、以椪柑为主的林果业、山羊养殖业），沿1828线，依托小城镇，加速“五化”进程（产地布局合理化、基地建设园区化、生产管理标准化、合作经营规模化、市场营销网络化），发展生态特色观光农业带。推进农村生态能源建设。坚持工业强县、项目立县、开放活县、民生稳县。

2010年4月，县委、县政府在广泛调研，摸清家底，借鉴外地经验，组织干部群众讨论和专家论证等基础上，凝聚社会各界和群众智慧，科学决策，提出“新型工业兴县，绿色产业富民”的发展战略。树立“三种意识”（项目带动意识，招商引资意识，优质服务意识），围绕三大产业推进“三大工程”，实施以“两叶一果”（茶叶、烟叶、柑橘）为重点的农业产业化建设；实施“百千万”工程（100万吨水泥项目、5000吨精钒加工项目、3万吨电解锰整合项目），推进新型工业化，提升全县经济总量；实施“一线四区”工程（张家界至凤凰S229黄金旅游线路古丈段和红石林、坐龙峡、栖凤湖、高望界四大景区），发展第三产业。

第二节 重点项目

1994年9月26日，县委、县政府决定成立“古丈县接龙渠工程指挥部”。县委书记田志海任指挥长，县委副书记刘万云任常务副指挥长，县委常委、纪委书记李绍丰，副县长陈光家任副指挥长；以工代赈办主任鲁开玉、水电局副局长文体武、公安局副局长彭武银、农委副主任杨显绪、断龙山乡党委书记彭武湘为成员。指挥部下设办公室、技术施工处、安全保卫处、后勤供给处、民事纠纷调解处、资金调度处。

1998 年 6 月 16 日，召开县委常委会议，研究省道 1828 线公路改造筹建工作。1828 线公路全长 61.9 千米，按山区二级公路标准改建，路面宽为 8.5 米，概算总投资 5.08 亿元；其中古丈段 41.16 千米，投资 3.65 亿元。会议决定把省道 1828 线古丈段公路改造作为全县基本建设工程的重中之重来抓，组建领导班子，成立省道 1828 线古丈段公路改造工程指挥部，县委副书记、县长刘万云任指挥长，县委常委、常务副县长龙文辉任常务副指挥长；做好前期工作准备；制定 2400 万元建设资金筹措方案。

2003 年 7 月 22 日，县委专题研究栖凤大坝工程建设相关事宜。2003 年度工程缺口资金解决办法：自筹资金缺口部分，由县扶贫开发办落实 80 万元，县以工代赈办落实 200 万元，县移民局落实前期费用 50 万元；将栖凤大坝建设已征收的土地划入栖凤湖开发有限公司进行管理；工程必须在 2004 年 4 月份之前按计划完成整个工程建设；协调领导小组严格按总承包合同要求对工程质量进行监督管理，对已完工的工程督促参与总承包方组织技术人员进行监测，确保工程质量达到合同要求；抓工程施工环境管理，确保施工顺利进行。

2004 年 9 月 9 日，召开县委常委办公会议，就如何搞好县城城北竹溪湾（又名太阳城）建设提出要求：加强领导，搞好城北太阳城建设是发展旅游业、建设生态小城镇需要，是提高群众生活质量需要，是充分发挥资源优势、发展县域经济需要；按政策、依法律、按程序征收土地；发挥基层组织作用，做好征地户思想政治工作；摸清征地户资源和生活状况，解决好征地户生活出路问题；征地补偿方案广泛听取意见后，由县政府行文。

2005 年 6 月 10 日，县委常委在罗依溪镇召开现场办公会议，研究栖凤大道开发建设工作。认为栖凤大道建设项目经过民主决策、科学决策，是全县发展的优势所在、潜力所在；建设好栖凤大道，有利于拉动县域经济发展；严格规划，突出特色，安置区新建砖房要有民族特色；环保局对古阳河流域各企业加强监管；已征收土地有计划地搞好绿化；加强工程管理、资金管理，保证建设质量。

2007 年 10 月 22 日，县委研究红星小区、会展中心和常德市第 5 轮援建项目建设。关于红星小区，定位为县城宜居新区、湘西茶文化一条街和湘西旅游黄金走廊定点购物一条街；做好路灯亮化，下水道疏通和街道绿化；物业管理走市场化运作；由县政府出台各项优惠政策。关于会展中心，定位为古丈县集会议、演出、展览、电影等多功能于一体，资金从常德市第 5 轮援建项目州安排 150 万元，整合宣传口文化活动中心项目 150 万元。关于常德市第 5 轮援建项目建设，县一中教学楼安排 250 万元，会展中心安排 150 万元，县中医院综合楼安排 100 万元；同意常德市追加 30 万元资金使用方案。

第三节　产业推进

1993 年 1 月 7 日，县委发出《关于放手发展个体私营经济的规定》。凡经批准的停薪留职人员、精简机构后的富余人员、企业停工待业人员、离（退）休人员都可以从事个体工商业或创办私营企业。鼓励外商和外地区个体工商户、私营企业经营者到古丈县投资办厂、开店。放宽经营范围和经营方式，凡已放开的商品，可由本人申请，经县工商局批准后，允许区域性、阶段性、季节性或一次性经营。简化办照手续，除国务院、省政府和国家工商总局明文规定需要办理的许可证以外，其他部门自行规定的许可证或专项审批手续一律不作为登记发放营业执照依据。解决生产经营场地，各级政府将个体工商户和私营企业的生产经营场地问题纳入城乡建设规划，统筹安排。坚决制止“三乱”（乱搭、乱建、乱占），维护个体工商户和私营企业合法权益。对个体工商户、私营企业合理征税，实行“广税源，轻税赋，重扶持”的税收政策，按规定依法查账征收。鼓励发展个人股份合作企业，凡城乡个体劳动者以资金、技术、实物等作为股份自愿结合，联合兴办的个人股份合作企业在税收、贷款、原材料供应、经营范围核定、企业评级等方面享受集体企业待遇。为个体工商户和私营企业发展创造宽松环境，保护合法经营，取缔无照经营。切实加强对个体、私营企业领导。

1996 年 11 月 27 日，县委召开常委会议，对扶贫攻坚进行研究。认为提高对扶贫攻坚工作认识，贫困不能跨世纪；用 3 年解决 5 万人口脱贫问题，把进村入户、帮贫到村到户作为扶贫攻坚重点，要求贫困人口年均粮食达到 375 千克、人均纯收入达到 1200 元，每个特贫村集体经济收入达到 5000 元。在措施上，建立四大支柱产业，即以山羊为主的畜牧水产业，以烟叶为主的种植业，以椪柑为主的林果业，以磷矿为主的矿产业。在基础设施上，坚持修路、办电、治水三大建设，重点突出水利和公路建设。加强对扶贫攻坚工作领导，成立扶贫攻坚工作队办公室，从县直机关抽调 108 名干部组建工作队。

2000 年 1 月 16 日，县委、县政府出台《关于加快推进茶叶产业化建设的意见》。指出推进茶叶产业化，要以市场为导向，以提高经济效益为中心，对茶叶支柱产业和名优产品实行区域化布局、基地化生产、科学化培管、机械化加工、集团化经营、社会化服务、企业化管理，把产供销、贸工农、经科教结合起来，形成“一条龙”经营机制。从 2000 年起，全县茶叶产业化总体目标是建设 1 个茶叶良种繁育基地，新上 1 个茶多酚项目；到 2005 年，全县茶园总面积达 3733.33 公顷，年产茶叶 0.4 万吨、保健茶 0.05 万吨，年产值过亿元，税收 3000 万元，使古丈县成为湘鄂渝黔四省市边区名优茶叶良种繁育、加工、销售和茶文化交流中心。完善和落实扶持茶叶产业化政策，加强对茶叶产业化建设的领导，对茶叶产业化建设中成绩显著的单位和个人进行奖励，对完成任务差的进行通报批评。

2001 年 9 月 20 日，县委召开常委会议研究退耕还林工作，决定各乡镇把规划做好做实；县乡两级示范样板抓紧落实；加强领导，实行工作责任制；每个乡镇建立用材林、经济林样板，每个村办好一个技术示范点；集中县直机关力量在默戎镇万岩村办 1 个规模较大的示范样板；加强协调配合，加大资金保障力度；凡能退耕的地就退耕，按林业局提出的方案搞好项目布局，争取配套荒山造林政策。

2006 年 10 月，县委、县政府决定加快结构调整，推进新型工业化进程。加快白溪关矿产品加工工业小区、罗依溪食品药品工业小区和古阳林产品工业小区基础设施建设，结合城镇规划，按照专业化分工协作和规模经济原则，促进产业相关的企业向园区聚集；立足古丈优势资源，实施茶叶加工、林产品加工、农产品加工、旅游产品加工、矿产品加工等一批重点工业项目，引进和实施一批市场前景好、竞争力强的大项目；培育龙头企业，形成一批拥有知名品牌、核心竞争力强的大公司、大企业。推进能源、原材料、矿产、水、土地等经济节约工程；严格土地管理，优化用地结构，做到依法用地、集约用地、保障用地；加大对重点流域、重点区域环境的污染整治力度；加强地质环境保护和地质灾害防治工作；建立完善职工基本养老保险、失业保险、医疗保险、工伤和生育保险等制度，完善劳动合同制度、改善劳动关系，落实促进就业、再就业各项扶持政策；加强安全生产工作，建立安全生产长效机制。

第四节　政权建设

1986 年 1 月 5 日，县委出台《关于全县农村整党工作的安排意见》，指出各乡镇场在农村整党中的主要任务和着重解决的主要问题，是清除“左”的思想和其他错误思想影响；增强党性，树立全心全意为人民服务思想；严肃党的纪律，解决组织不纯问题；发挥党的优良传统，密切与人民群众联系；搞好班子建设，解决党不管党问题；村一级主要任务是对党员进行党的根本宗旨教育，纠正不正之风，处理极少数犯有严重错误的党员，做好村党支部和村级领导班子建设。

1988年8月23日，县委出台《关于进一步加强人民政协“政治协商、民主监督”的意见》，指出县政协应围绕全县经济和社会发展宏观战略决策、社会主义精神文明建设重大决策、有关人民生活重大问题进行协商、监督；县委、人大、政府有关重大问题决策，事前同县政协进行协商，征求意见；政协要不断提高协商质量，坚持四项基本原则，坚持改革总揽全局的指导思想，结合本县实际，就地方工作或政协内部重大问题搞好调查研究，有重点、有准备地进行协商。

1993年11月25日，县委出台《关于县委常委廉洁自律的规定》，指出模范执行中纪委提出的廉洁自律规定，不准收受来访或请求解决问题的干部群众的任何礼物和礼金；不准利用职权为配偶、子女和亲友谋求任何特殊利益；不准接受下属单位或分管单位的各类红包、奖金和实物，在县内开展公务活动，除特殊需要外一律按规定实行工作餐；不准接受任何形式宴请；不准接受赠送现金和有价证券；主动接受组织部门和纪检部门监督，正确对待来自群众的检举和批评；每年过好2次以上以廉洁自律为主要内容的民主生活会，勇于开展批评与自我批评。

1999年7月22日，县委印发《古丈县领导干部任前公示暂行办法》。指出凡经县委研究决定提拔担任领导职务的或由非领导职务改任领导职务的干部，均实行任前公示；公示期限为10天；公示期间，各单位或个人均可对公示对象德、能、勤、绩、廉等方面存在的问题，以书面或口头形式向县委组织部反映或举报。

1994年，是《中华人民共和国民族区域自治法》（以下简称《民族区域自治法》）颁布10周年、《中华人民共和国全国人民代表大会和地方各级人民代表大会代表法》（以下简称《代表法》）颁布2周年。县委决定：开展学习宣传纪念活动；宣传、文化、广播电视部门宣传人民代表大会制度，宣传《民族区域自治法》和《代表法》，宣传各级人民代表中的先进典型；县民委主要领导在县电视台发表贯彻实施《民族区域自治法》电视讲话；通过纪念活动加强党委对人大工作的领导，支持人大及其常委会依法行使职权、尊重代表的意愿和权利。

2006年1月8日，县委下发《关于进一步加强人大工作的意见》。指出加强和改善党对人大工作的领导；人大及其常委会要在同级党委领导下，围绕党的中心工作，发挥国家权力机关作用；发挥人大常委会党组的领导核心作用；党委要及时向同级人大常委会党组传达党委的重要决策和重大工作部署；党委、政府对涉及本行政区域内经济、政治、文化和社会事务的重大事项，要作为建议或议案提交同级人大常委会审议决定；支持人大及其常委会依法行使监督权；支持人大及其常委会依法行使选举权和任免权；支持人大代表依法执行代表职务，为其履行职务提供保障；加强人大及其常委会思想和作风建设，不断改善人大机关工作条件。

2008年5月25日，县委下发《中共古丈县委关于建立村党支部第一书记制度的实施方案》，指出：选派党员干部到村任党支部第一书记，选派条件为参加工作3年以上、有一定农村工作经验的党员干部；主要职责是抓好基层组织建设，抓好基本产业建设，抓好基础设施建设，抓稳定和谐建设；县委加强对村党支部第一书记的工作督促和检查，加强指导，总结经验，推介典型，不断完善村党支部第一书记制度。

2009年8月，县委、县政府提出“五个第一”工作思路。把发展作为第一目标，理清思路，因地制宜，依托资源优势，按照全县产业发展规划，做大做强富县、富乡、富民支柱产业。把民族团结、和谐稳定作为第一基础，全县各族干部形成合力，办好事、做实事，团结一心、共谋发展。把坚持廉洁执政、公平公正办事作为第一纪律，选拔优秀年轻干部充实基层、加强基层，配齐配强各级班子；加强作风建设，提高办事效率和服务质量；树立激励干事创业的舆论导向和用人导向，形成想干事、会干事、干成事氛围，激发全县上下齐心协力干事创业、一心一意谋发展。把关心、关爱弱势群体作为第一实事，改善贫困人口基本生存和生活条件，健全社会保障体系。把改善人民群众衣食住行条件作为第一要求，抓教育强县建设，发展普通高中教育，改善办学条件；每个乡镇建好一所卫生院，每个村建好一所卫生室。把为人民服务作为一切工作的根本出发点和落脚点，解决广大人民群众最关心、最直接、最现实问题，让人民群众共享改革发展成果。

2010 年 8 月 9 日，县委推行以党建责任制、党员承诺制、考核评价制和党员行动卡为内容的“三制一卡”党建工作模式，全面提升基层党建科学化运转水平；同时加强以基本队伍、基本阵地、基本载体、基本制度、基本保障为内容的“五个基本”建设。全县有计划地向基层选派大学生村官 21 名，向重点移民村选派党支部第一书记 14 名，向规模以上非公有制企业选派党建指导员 4 名；组织树栖柯、梳头溪等产业村的 28 名党员干部，赴东部沿海地区考察学习农村基层组织建设和产业开发经验。

第五节　社会事业

1987 年 12 月，县委、县政府决定在全县范围内开展农村双层经营机制，设立办公室，在罗依溪镇办试点。12 月 27 日召开全县双层经营工作会议，进行全面部署。抽调 103 名机关干部帮助乡镇完善双层经营工作。到 1988 年 2 月，全县 16 个乡镇场 174 个村建立合作经济管理委员会，16671 户农民签订田土承包合同书。

1988 年 3 月 1 日，县委、县政府制定优惠政策，鼓励外地企事业单位和个人到古丈县开办工厂、矿山、商店和开发旅游；利用本地资源与外地联合兴办企业，合资期间所得利润外地方拿 70% ~ 80%，并减免所得税和产品税；可采取合资联办、独资兴办、联营生产、来料加工、补偿贸易等经营方式，县政府为其优惠提供资源、材料、劳务和场地，县直有关部门提供各种服务；联营合资企业实现利润后，县里给予专项贷款，并安排其他支出费用；对外来的科技人员签订工作合同，工资、住房从优照顾，工作期满后仍可回原单位工作；对华侨、港澳同胞投资兴办的企业，按《国务院关于华侨投资优惠的暂行规定》办理；凡提供各类经济信息、咨询服务、合理化建议和转让新技术、新产品，帮助企业进行技术改造，县政府对取得较大经济效益的单位和个人给予奖励。

1999 年 3 月 11 日，县委作出《关于普及九年义务教育的决定》，指出提高认识，确保全县 1999 年实现基本普及九年义务教育；加强领导，把普及九年义务教育纳入法制轨道；突出重点，打好“普九”攻坚战；抓好入学保生工作，提高普及程度；多渠道筹措经费改善办学条件；各部门支持、配合、协作，履行“普九”工作职责。

2002 年 9 月 24 日，县委就减轻农民负担发出通知。要求建立健全监督管理体系，强化党政“一把手”亲自抓、负总责领导责任制，签订责任状，实行目标管理；农民负担监督管理办公室主要负责宣传减负政策，会同有关部门审查涉农收费项目和有关文件，开展涉农收费检查；纪检监察机关负责减负执法监察，查处涉农涉负案件；做好农民负担监督卡和农民负担警示卡发放；各乡镇在发放负担卡时，张榜公布，接受群众监督；实行“四项制度”，加强监督管理；实行涉农税收、价格和收费公示制；实行国家扶贫重点县农村中小学收费“一费制”，在农村发行报刊杂志实行“限额制”，涉农事件查处实行“责任追究制”；开展农民负担专项治理和执法大检查，抓好农村中小学乱收费、农村用电、农民建房和农民进城务工乱收费等专项治理实施、检查、督促工作；做好农村税费改革后农民负担的监督管理，把减轻农民负担作为改革的基本出发点，不得在改革前突击收费和集中清欠，不得通过提高收费基数加重农民负担。

2008 年 10 月 6 日，县委常委会研究“处非”（处置非法集资事件）问题。要求统一思想，贯彻落实省州“处非”精神，与上级保持一致，抓好各项工作落实，减少集资人员损失；维护全县稳定大局，开展打黑除恶行动；强化领导责任，落实省州各项安排部署，做好单位干部职工及家属思想工作；加快清理，组织干部下基层逐户做宣传，鼓励群众主动登记；加强资产清理，督促油管企业制定恢复生产方案和偿还方案；加强工作督促，县委办、政府办、纪委、组织部加强工作督查，追究出问题的单位负责人和相关责任人的责任。

2009 年 8 月 18 日，书记、县长热线办公室成立。县委通过墙体广告、政府网、电视台等形式向全县人民公布热线办服务宗旨和电话号码，工作流程和相关人员职责。实行 8 小时坐班制、热线电话 24 小时专人接听；群众有困难需向县委书记、县长反应的，可到热线办座谈，也可直接打热线电话；记录人员须在来电、来访登记册上客观、翔实记录群众诉求，然后向县委书记、县长如实汇报；县委书记、县长听取汇报后，批示相关部门落实，并责令县委督查室、政府督查室跟踪督查落实情况；重大问题需县委书记、县长直接研究解决的，由县委书记、县长批示，热线办与群众预约，县委书记、县长按预约直接到基层一线办公。

第六节 文明创建

1986 年 9 月 25 日，县委批转县广播电视局《关于恢复农村广播网、发展广播电视事业的报告》，指出古丈县广播电视事业、特别是农村广播网建设十分落后，普遍存在宣传效益差、质量不高、服务手段不完善、服务效率低等问题；广播信号只能送到 11 个乡镇，全县 179 个村，只有 19 个村通专线并有喇叭，有效通播率只有 10.6%。会议决定解决以下问题：加强广播工作领导，各级党委和政府、各个部门把办广播、管广播、用广播当作两个文明建设的一项重要内容来抓；整顿、恢复、发展农村广播网，提高电视覆盖面，把工作重点和精力转移到农村广播网建设上来；加强对乡镇机线员管理，实行责权利相结合的目标管理责任制，广播电视部门根据责任制内容定人员；加强部门协作，维护线路安全；扩大节目种类，提高节目质量；恢复发展农村广播网，县、乡两级广播站在节目形式和内容上进行改革和充实，办好富有地方特色、群众喜闻乐见的节目，倡议各级领导和各个部门利用广播指导工作，宣传政策，使广播成为党委、政府的工具，反映群众愿望和要求的喉舌，成为新闻舆论中心、科技知识和经济信息传播中心、文化娱乐中心。

1990 年 1 月 10 日，县委决定在全县范围内深入开展社会主义思想教育活动，主要任务是用社会主义思想占领农村阵地，占领各个阵地；完善统分结合的双层经营，发展和壮大社会主义集体经济，抓好扶贫开发和当年生产；加强农村基层组织建设。步骤分为：2—4 月，学习教育，提高认识，统一思想；5—7 月，抓住主要矛盾，解决实际问题；8—10 月，民主评议党员，进行组织整顿和抓好组织建设；11—12 月，建章建制，组织验收，总结评比。

1992 年 3 月 5 日，县委召开学雷锋先进事迹报告会。会上，学雷锋先进个人、河西镇河南村民兵营长康家喜，见义勇为助人为乐典型、古阳镇柑子坪村青年李道平，介绍立足岗位践行雷锋精神先进事迹。会议要求把学雷锋与进行社会主义思想教育结合起来，提高广大干部群众社会主义觉悟，坚定社会主义信念；把学雷锋与开展全民国防教育和拥军优属活动结合起来，提高全民国防观念，促进征兵优抚和复退军人安置工作落实；把学雷锋与做好本职工作结合起来，立足本职岗位，为人民建功立业；把学雷锋与学本地、本部门、本单位先进典型结合起来，掀起学先进、赶先进热潮；全县各级领导既要带头学雷锋，又要加强对干部群众学雷锋活动的经常性指导，解决干部群众学雷锋活动中遇到的新情况、新问题；注意抓好学雷锋典型培养、表彰和宣传工作，把全县学雷锋活动不断推向深入。

2000 年 5 月 31 日，县委下发《关于认真学习贯彻“三个代表”重要思想的通知》，要求充分认识“三个代表”重要思想的重大意义，增强学习自觉性；认真学习“三个代表”重要思想，深刻领会意义内涵和精神实质；按照“三个代表”重要思想要求认真开展“讲学习、讲政治、讲正气”教育，全面加强新时期党的建设；以“三个代表”重要思想为指导，推进改革开放和经济社会健康发展。

2005 年 5 月 24 日，县委常委专题研究红石林国家地质公园申报有关工作，决定全面启动红石林国家地质公园申报工作，完善申报所需各种资料，各有关部门大力配合、通力协作，为省国土资源厅专家组提供各种相关资料，力争尽快取得“国字号”品牌；成立申报领导小组，所需经费由省国土资源厅支持 55 万元，县里加强汇报，跟踪落实；县里配套资金，包括前期工作已开支的 8.5 万元和后期各项工作开支，所需经费 30 万元由县政府筹措。

2007 年 1 月，县委、县政府提出“实力古丈、活力古丈、魅力古丈、和谐古丈”创建思路。加快经济结构战略性调整，大力发展特色经济，努力构建实力古丈。落实粮食直补、良种补贴等惠农政策；落实移民后扶政策，维护库区稳定、促进库区发展；按照“公司 + 基地 + 农户”发展模式，依托资源优势发展茶叶产业、山羊产业、林业产业、水产养殖业和特色果业。实施扶贫通达工程，实现村村通公路；每年投入 5000 吨水泥实施村道硬化工程；各村建设一个村部、一个卫生室、一个图书室、一个文化室等。推进白溪关、罗依溪工业小区建设，重点扶持省茶业公司古丈分公司、茶多酚厂、神宝牧业、卓良木业、青林化工等企业，实施茶叶加工、林产品加工、农产品加工、旅游产品加工等项目；把坐龙峡、红石林建设成著名旅游景区。坚持开放带动战略，强化项目建设，努力构建活力古丈。参加国家和省州举办的重大招商活动，推介茶叶、农产品、林产品、旅游资源，引进战略投资者；建好古丈至高峰等县乡公路改造工程、扶贫通达工程、城乡电网改造、栖凤湖滨湖片区管网建设工程、城关九年制学校、垃圾处理场等项目；优化政务环境、执法环境、人文环境和社会环境，促进社会和谐。着力提升县城品位，改善城乡生产居住环境，努力构建魅力古丈。抓好县城扩容提质，把古阳镇建成功能齐全、环境优良、第三产业及茶文化活跃精品县城；把罗依溪镇建成旅游休闲接待基地和湘西州北部物流中心；把默戎镇建成具有浓厚民族特色的小城镇。做好小城镇规划编制，抓好县城和古阳河流域综合治理，建好垃圾处理场项目，县城建房全面推行“地埋式”污水处理；完成退耕还林总面积 1260 公顷，加强“四边”绿化和村寨绿化；新建沼气池 800 口，两省灶 1000 个。坚持以人为本，统筹发展各项社会事业，努力构建和谐古丈。抓为民办实事和六大保障体系建设，解决弱势群体就医难、入学难、就业难等问题；城关九年制学校建成并投入使用，推行寄宿制集中办学；全县农民参合率达 85.9%；开展“平安乡镇”“平安社区”“平安村寨”创建活动，提高人民群众对社会治安的满意度和参与率；抓好安全生产工作，确保人民群众生命财产安全。

2009 年 3 月 22 日，县委召开常委会议，研究部署在全县深入开展学习实践科学发展观活动，要求确保深入学习实践科学发展观活动扎实有序推进；全县第一批深入学习实践科学发展观活动从 2009 年 3 月开始，到 8 月底结束，共分学习调研、分析检查、整改落实三个阶段；解决影响全县科学发展的突出问题。

2010 年 9 月 20 日，县委召开常委办公会议，研究县茶城体育文化中心设计方案，决定成立领导小组。茶城体育文化中心建设分体育运动区、休闲健身区、游憩集会区 3 个片区，先实施体育运动区的建设，再逐步实施游憩集会区和休闲健身区的建设。

第四章 纪检监察

1983 年 12 月，中共古丈县委纪律检查委员会升格为中共古丈县纪律检查委员会（以下简称县纪委）。1985 年 4 月，在古丈县第五次党代会上，选举产生中共古丈县纪律检查委员会。1987 年 8 月，成立监察领导小组，履行监察职能。1988 年 1 月，成立县监察局。1993 年 4 月，县纪委与县监察局合署办公，设办公室、案件检查室、案件审理室、信访室、监察综合室、执法监察廉政室、宣传教育室。2010 年 12 月，设办公室、监察综合室、宣传教育室、调研室、党风廉政建设室、信访室、案件检查室、案件审理室、纠风室、执法监察室、行政效能监察室、财务监察室、干部室、县政府投诉中心等副科级机构 14 个。

1986—2010 年，中共古丈县纪律检查委员会历任书记：向用明、石维松、李绍丰、傅世友、刘保国、汪立东。

1988—2010 年，历任县监察局局长：彭善令、宋清富、傅世友、杨再生、宋贻刚、舒长茂。

第一节 党风党纪教育

1986 年，成立整党工作领导小组，组织全县党组织学习中纪委《新形势下增强党性，端正党员思想作风的若干问题》等文件，对搞不正之风的违法乱纪的党员干部进行追究；组织学习党的十三大精神，对广大党员进行党的社会主义基本理论教育。1989 年，抓形势和党风党纪教育，坚决抵制资产阶级自由化思潮的影响。

1992 年，组织广大党员学习邓小平南方谈话。编印《党纪政纪条规学习读本》4000 册，条规问答 10000 份，供全县共产党员及干部学习。举办各种学习班 65 期，上廉政党课 1050 课时，向全县党员全面讲授党风廉政教育内容。开展“向孔繁森学习”宣传教育活动，各乡镇场、县直机关办墙报、壁报，宣传孔繁森先进事迹。领导干部和党员联系实际写学习心得和总结材料 5000 份。举办全县纪检监察工作培训班，61 名纪检监察干部参加培训。县纪委、监察局向全县党员进行警示教育，组织观看《厦门走私大案警示录》《铁窗下的忏悔》等廉政警示片 2000 场。加大领导干部和纪检监察干部培训力度，选送 100 人次副县级以上党员领导干部和纪检监察干部参加中纪委、省纪委和州纪委举办的培训班。

1996 年，组织广大党员学习中纪委《关于领导干部廉洁自律的规定》等文件，开展“刹吃喝玩乐歪风，树清正廉洁形象”反腐倡廉活动，开展以“讲学习、讲政治、讲正气”为主要内容的党性党纪党风教育活动。到党校和各单位上廉政党课 300 堂，向全县党员全面讲授党风廉政教育内容。对党员进行警示教育，组织党员及干部观看《赌之害》等廉政警示片 1000 场。在各级报刊杂志上发表反腐倡廉新闻、通信和调研文章 200 篇。

2001年，开展“三个代表”重要思想学习教育活动，开展“改进作风，拒腐防变”主题思想教育活动。到党校和乡镇场、县直单位上廉政党课和反腐败形势报告会400堂，向全县党员全面讲授党风廉政教育内容。2006年，在全县党员中深入学习《中国共产党纪律处分条例》《中国共产党内监督条例》等党内法规。开展保持“共产党员先进性教育活动”“反腐倡廉、拒腐防变”“转变干部作风，提高工作效率”等系列活动，使广大党员受到党性教育，举办古丈县“首届廉政文化艺术节”，组织党员及干部观看反腐倡廉警示片1000场。

2009年，开展“科学发展观”学习教育活动。全县纪检监察干部积极参加，委局机关派出5人参加指导组。机关党员干部参学率达100%，写学习心得及调研文章100篇。结合调研，充分发挥职能，围绕“保增长，保民生，保稳定，促发展”要求，加强对中央、省、州、县的重大决策部署落实情况的督查，对乡镇党风廉政建设示范点工作情况、中央支农惠农政策落实情况、扩大内需项目资金使用情况等进行监督检查，以学习调研的成效促进工作取得实效。

2010年，在全县纪检监察系统开展思想作风纪律整顿活动和“做党的忠诚卫士，当群众贴心人”主题实践活动，用科学发展观统领纪检监察工作。创办默戎镇龙鼻嘴村和古丈一中2个廉政文化示范点。开展“勤政为民，科学发展”主题教育活动。组织参加“全省反腐倡廉诗词大赛”，编排苗鼓说唱《先锋作用不能忘》。开展反腐倡廉警示教育，组织县处级领导干部、县直机关党政“一把手”及有关干部到吉首监狱进行警示教育17次；组织全县党员观看《廉政中国》《领导干部忏悔录》等警示教育片175场次。县纪委同下级党政主要负责人谈话120人次，新提拔干部任前廉政谈话122人次并签订廉政承诺书，受理个人重大事项报告112人次，领导干部述职述廉420人次，廉政诫勉谈话11人次。

第二节　风纪纠察

1986年，开展党员整风运动，反对资产阶级自由化。清理党政干部违纪建私房，清理私房152户，涉及党员113人，建房户和工程队共补交各种费用9.46万元，立案查处党员6人。对全县执法单位乱着装和用公款接送子女上学问题进行清理，刹公款吃喝风。

1999年，县纪委开展清理干部职工拖欠公款行动，收回62万元。对全县公路检查站卡进行集中清理，撤销2个税务检查站和2个财税检查站。对全县公务开支情况进行检查，刹大吃大喝、请客送礼和乱发钱物等不正之风。对全县移民专项资金开展监督检查，提出监察建议4条。对全县贯彻落实住房制度改革情况进行专项检查，纠正违纪行为。开展清理“三乱”工作，清理出乱收费项目49个，金额30万元；组织开展清理整顿农民负担文件，对行政事业单位收费和预算外资金进行检查，查出违纪金额10万元，收缴违纪资金8万元。审查执法监察项目81项，查出违纪金额379万元。切实开展纠风工作，刹医药购销等不正之风，集中整治中小学乱收费，减轻农民和企业负担。

2005年，开展基础设施执法监察行动，规范全县工程建设招投标工作。清理309名干部职工拖欠公款行为，拖欠金额321.82万元，归还180多万元。治理教育乱收费，清理违规资金44万元，规范教育收费公示制度，全面推行中小学“一费制”收费，落实“两免一补”资金146万元。开展对中央农业政策兑现、农民负担警示卡等执行情况的监督检查，狠抓粮食直补、免征农业税政策落实，农民直接收益214万元。清理整顿拖欠农民工工资288万元，追回250万元。对国家机关工作人员和国有企业负责人投资入股煤矿进行清理纠正。

2008年，开展对抗冰救灾资金、财政扶贫资金、劳动社保资金和住房公积金的管理使用情况监督检查，查出违纪资金21万元，收缴违纪资金3万元。查处商业贿赂案件4件，涉案违纪金额28.1万元，涉案科级干部4人，刑事处罚2人，党纪政纪处分4人。开展处置非法集资工作，对党员干部参与非法集资情况进行摸底和登记。开展矿山执法检查60次，依法取缔非法磷矿洗矿点7家，取缔非法新建矾矿2家；参与查处安全责任事故5起，给予党纪处分1人。对廉租房建设、县城垃圾填埋场、城市生活污水处理厂等重大项目进行专项效能监察。认真开展“小金库”专项治理工作，查实2个单位私设“小金库”115.11万元，涉案4名相关人员受到党纪政纪处分。组成4个联合调查组，对近三年各级财政预算安排用于“三农”建设的强农惠农资金的使用管理情况开展专项检查，对少数部门存在的滞留、占用、超范围列支强农惠农资金问题进行整改。

2010年，治理教育乱收费，对22所中小学春秋季教育收费进行5次检查，查出并退还违规资金19万元；落实“两免一补”资金823万元，受益学生达5.85万人。纠正医药购销和医疗服务中的不正之风，建立医药购销集中采购制度，让利患者127万元；打击制售假劣药品、医疗器械行为，查处销毁不合格药品145种次。开展治理商业贿赂专项工作，对药品集中采购行为和医疗服务中收受“红包”、开单提成等问题加大整治力度。在元旦、春节期间，给全县副处级以上领导干部和乡镇场、县直单位党政一把手赠送廉政贺卡，领导干部自觉上缴红包礼金1.6万元；从严控制各类庆典活动，继续狠刹奢侈浪费歪风。围绕栖凤湖生态经济开发区等重点单位的重点资金和重点项目，开展对财政性非税收入、专项资金及小金库的财务监察，查出违纪资金45万多元，收缴12万元。对全县71个预算单位2005—2006年公务接待经费开支情况进行监督检查，巩固公务消费改革成果；落实《中共中央纪委关于严格禁止领导干部利用职务上便利谋取不正当利益的若干规定》，执行《古丈县关于从严控制各类庆典活动的有关规定》，纠正2起未经组织批准的宴请行为，落实《关于严禁党员和国家工作人员参与赌博的暂行规定》，清理纠正领导干部、国有企业领导人参与赌博或以赌博等形式收钱敛财的问题，对1名为他人提供赌博条件的县直机关干部进行立案查处。

第三节　查处违纪案件

1986年，受理各类信访举报89件次，立案21件，处分党员干部11人，其中科级党员干部1人，一般党员干部3人，一般党员7人。1991年，受理信访举报件41件，立案15件，办结13件，给予党纪处分13人，其中，科级党员干部7人，一般党员干部3人，一般党员3人。县监察局立案19件，给予政纪处分19人。1992年，受理信访举报件172件，立案10件，办结9件，交检察机关1件，给予党纪处分8人，免于纪律处分1人。县监察局共受理来信来访57件次，立案10件，给予8人行政处分，其中副科级以上干部3人，挽回经济损失4万元。1994年，受理来信来访举报件26件，立案10件，给予17人党纪政纪处分，其中，乡科级干部5人，一般党员干部9人，其他人员3人，查处违纪金额8.5万元，挽回经济损失3.58万元。

1998年，受理群众来信来访107件次，立案27件，给予28人党纪政纪处分，收缴违纪资金4.8万元，挽回经济损失12万元。2001年，受理各种信访举报133件次，立案22件，给予26人党纪政纪处分，收缴违纪资金4万元，为国家挽回经济损失20万元。2004年，受理信访举报45件，立案33件，给予29人党纪政纪处分，3人免于处分，办理责任追究案件11起11人，其中科级3起3人；收缴违纪资金46万元。

2006年，纪检监察机关共受理群众信访举报50件次，其中涉及乡科级领导干部5件次；全年立案30件，办结24件，给予25人党纪政纪处分，其中给予21人党纪处分，给予4人政纪处分；收缴违纪资金36万元。2008年，受理各种信访举报41起，初查核实案件线索41件，其中来信20件，来访20件，电话举报1件。立案28件，办结21件。处理违纪人员20人，其中12人受到党纪处分，同时5人受到行政处分，8人受到行政处分，1人免于处分，收缴违纪资金13万元。

2009 年，受理各种信访举报 54 件，立案 28 件，办结 27 件；审理各类党纪政纪案件 31 件，审结 31 件；共处分违纪人员 30 人，其中 25 人受到党纪处分，11 人受到政纪处分，处分科局级干部 5 人。2010 年，受理各种信访举报 39 件，办结 38 件；立案 26 件，其中委局机关自办案 4 件、基层办案 22 件，办结 23 件；审理各类党纪政纪案件 20 件，审结 20 件，处分违纪人员 20 人，其中科级干部 3 人。通过办案，为国家挽回经济损失 260 万元，为 6 名干部澄清问题。

第五章 组织工作

1986年，县委组织部设办公室、干部组、组织组。1997年，增设党员电化教育中心，为自收自支事业单位。2002年3月，核定县委组织部编制18名。2004年3月，县党员电化教育中心更名为农村党员干部现代远程教育管理中心。是年，归口县委组织部管理的单位有：县直属机关党委、县编制办、县委党校、县委老干部局、团县委、县妇联、县总工会。

1986—2010年，历任县委组织部部长：朱新秋、胡家模、彭民健、高文化、龙生贵、胡恩平、石利民。

第一节 党 员

一、党员发展

1986年，全县党员4012名，其中女党员578名，占党员总数的14.34%。按职业划分：在岗干部职工党员991名，乡镇企业劳动者党员64名，农村党员2673名，离退休党员261名，个体劳动者党员8名，其他职业党员15名。1989年，全县党员4074名，占全县总人口的3.4%，其中女党员565名。1995年，全县党员4906名，占全县总人口的3.8%，其中女党员687名。2001年，全县党员5474名，占全县总人口的4%，其中女党员863名。2006年，全县党员5972名，占全县总人口的4.3%，其中女党员1032名。2010年，全县党员6408名。其构成为：女党员1227人，占党员总数的19.15%；少数民族党员5182名，占80.87%；35岁以下党员840名，占13.11%；60岁以上党员2129名，占33.22%。党员队伍中：农民党员3199名，占49.92%；在岗职工2272名，占35.46%；离退休党员767名，占11.97%；其他党员170名，占2.65%。

1986—2010年古文县党员发展情况一览表

表4-12　　单位：人

年份	发展党员数	其中		女性
		中专以上文化	35岁以下	
1986	23	4	7	3
1987	21	5	6	3
1988	13	2	3	3
1989	22	3	4	4

续表 4-12

年份	发展党员数	其中		女性
		中专以上文化	35 岁以下	
1990	33	9	8	5
1991	135	52	58	30
1992	166	55	56	33
1993	155	50	55	38
1994	132	46	49	30
1995	156	42	43	37
1996	148	48	45	33
1997	140	45	51	31
1998	43	26	20	15
1999	55	28	24	16
2000	91	33	30	22
2001	71	30	29	19
2002	99	35	29	21
2003	137	66	69	28
2004	132	68	71	26
2005	112	64	67	25
2006	107	62	64	28
2007	150	85	68	37
2008	126	70	68	34
2009	108	52	58	25
2010	143	70	60	24

古文县部分年份党员职业分布情况一览表

表 4-13 单位：人

年份	在岗职工	乡镇企业劳动者	农民	城镇个体劳动者	离退休人员	其他	合计
1986	991	64	2673	8	261	15	4012
2005	1993	65	3092	27	722	40	5939
2006	1992	75	3067	27	716	95	5972
2007	1960	80	3163	29	791	125	6148
2008	2117	75	3120	31	782	85	6210
2009	2169	81	3150	33	755	116	6304
2010	2272	79	3199	35	767	56	6408

二、党员教育

“四个观念”教育活动 8月28日，县委出台《关于在全县乡镇场干部中开展增强政治组织观念、群众观念、政策法制观念、勤政廉政观念教育活动的实施方案》，决定从8月下旬至9月底在全县乡镇干部（含县直机关及县有关部门驻乡镇单位的干部）集中开展增强“四个观念”教育活动，重点是抓好乡镇场领导班子成员的教育。县委成立领导小组，县委书记朱采任组长，县委向每个乡镇场派驻由2名同志组成的指导小组，并由联系该乡镇场的县级领导具体负责。

“三讲”教育活动 2000年6—8月，在县级党委、人大、政府、政协、机关领导班子和领导干部中开展为期3个月的“讲学习、讲政治、讲正气”为主要内容的教育活动，办公室设在县委组织部。在“三讲”教育活动中，征求群众意见和建议1232条，梳理归纳为259条，其中对县级领导班子的意见和建议为168条，对县级领导干部个人的意见和建议91条。通过“三讲”教育，县级领导班子和领导干部受到一次马克思主义理论教育，政治敏锐性得到增强，领导班子和领导干部整体素质得到提高。

“三个代表”重要思想教育活动 2001年1月至2002年9月，全县开展“三个代表”重要思想学习教育活动，围绕“让干部受到教育，使农民得到实惠”目标开展工作。全县参学单位533个，其中乡镇场16个，县直副科级以上单位115个，县直部门驻乡镇场站所217个，建制村185个；学教对象6470人，其中副科级以上干部705人，党员3936人。通过具体安排，精心组织，学教活动取得明显效果，达到预期目的。全县523个学教单位对群众反映的意见，认真进行整改，召开座谈会892场次，举办实用技术培训班970场次，为民办实事10475件；为村民解决各类纠纷8133件，解决6800多人人饮困难，劝学保生1256名；完成退耕还林面积2666.67公顷，落实烤烟种植面积233.33公顷，协调修路资金310万元，解决生产生活急需资金600多万元；建立70个茶叶专业村，20个水果专业村，10个药材专业村。

保持共产党员先进性教育活动 2005年1月至2006年6月，在全县组织开展以实践“三个代表”重要思想为主要内容的保持共产党员先进性教育活动。各教育活动单位共成立领导小组453个，抽调工作人员906人；在整个教育活动中，全县各种媒体开辟教育活动宣传栏目3个，播放、刊发稿件200件，在州电视台、《团结报》等媒体分别播发、刊发稿件185件，在省级以上报刊发稿11件。县委“先教办”编印《简报》72期，出墙报17期，办宣传展版12个，悬挂横幅16幅。县委常委召开5次座谈会，征求意见，并利用县里召开县党代会、县人代会机会，征求意见800条，经梳理后归纳为142条。各教育活动单位征求群众意见和建议892条，开展谈心6074人次。全县共表彰优秀党员120名，其中县委表彰50名；表彰先进基层组织50个，其中县委表彰30个。全县帮助教育落后党员62名，处置不合格党员11名，其中开除党籍1名，留党察看1年1名，严重警告4名，警告3名，立案查处2名。

学习实践科学发展观教育活动 2009年3月至2010年12月，利用一年时间分两批在410个党组织和6210名党员中开展深入学习实践科学发展观活动。县委6次召开常委会研究部署学习实践活动，制定实施意见和方案，成立领导小组及办公机构。组织编印学习实践活动明白卡、《科学发展50问》等辅导材料。举办培训班、研讨班、专题讲座300期，受教育党员群众累计达3万人次，党员干部理论学习覆盖面达100%。突出“问计于民促发展，群策群力建古丈”主题，组织党员干部开展“进百村（企）、入千户、访万民”调研活动，撰写调研报告208篇，收集群众意见建议690条，发放征求意见函4800份，征求到各类意见建议3000条。县委常委领导班子专题民主生活会坚持做到“三不怕”“三个心”，即亮出问题不怕丑、剖析根源不怕严、触及灵魂不怕痛，批评他人诚心、互相批评公心、听取批评虚心；撰写领导班子分析检查报告128篇。全县参与评议群众达2600人，收到

修改意见和建议 747 条，采纳意见和建议 540 条。县委常委会整改落实方案确立整改任务 29 项，其中中长期整改任务 25 项。县委书记向顶天在综合调研的基础上，提出“五个第一”的工作要求（即把古丈的发展作为第一目标，把民族团结、和谐稳定作为第一基础，把坚持廉洁执政、公平公正办事作为第一纪律，把关心、关爱弱势群体作为第一实事，把努力改善各族人民群众衣食住行条件作为第一要务）。在发展工业经济上，县委提出“百千万”工程（即百万吨水泥厂项目、5000 吨钒矿生产项目和 3 万吨电解锰项目）；在发展特色农业产业上，提出加快“两叶一果”（茶叶、烟叶、柑橘）发展思路；在小城镇建设上，提出把县城打造成经典山水小城镇要求；在发展旅游产业上，明确做强生态文化品牌的工作重点。全力推进项目建设，实施县乡公路建设、电力基础设施、生态保护及日元贷款等一系列重大基础设施项目、产业项目、生态项目和社会事业项目。培育龙头企业，协调和支持宏泰锰业公司、恒源锰业公司等工业龙头企业加大技改投入；以神宝牧业、有机茶厂等企业为重点，推进农业产业化建设。做大做强特色产业，完成新扩良种茶叶 286.67 公顷，春茶总产量 580 吨，总产值 4700 多万元；完成烟叶种植面积 933.33 公顷，同比增长 58%；新扩柑橘园 26.67 公顷，品种改良 225.33 公顷。

创先争优教育活动　2010 年 4 月底启动，围绕“固本强基聚力量，整合资源兴产业，服务民生促和谐”活动主题，把工作重点放在公开承诺、领导点评、典型推荐等方面，通过创新载体，完善机制，使创先争优活动取得成效。县委常委召开专题会议进行研究部署，成立县委创先争优活动领导小组，制定《关于在党的基层组织和党员中深入开展创先争优活动的实施意见》。

2010 年 8 月，县委下发《关于进一步加强整改落实工作的通知》，全县各单位就州委、县委整改落实方案分解的任务，集中时间，集中人力，认真组织自查，对整改承诺落实情况进行全面梳理，查漏补缺，细化州委整改落实方案涉及古丈县的 8 项整改任务（近期整改任务 1 项、中长期整改任务 7 项），县委整改落实方案涉及的 54 项整改任务（近期任务 29 项、中长期任务 25 项）。致力公开承诺全面覆盖。做到突出责任落实、分门别类、重点环节、岗位特色。勤于走访、深入调研，抓领导点评推动工作，在点评过程中，做到明确点评对象、内容和程序；做到点评与群众期盼相结合，与工作实绩相结合，与目标考核相结合，与典型推介相结合。做到落实整改时限、奖惩制度、台账管理。向湘西州委推荐 3 名优秀共产党员，向县委推荐 2 个基层党组织和 4 名优秀共产党员。全县召开不同层次和不同类型座谈会 650 次，召开评议会 400 场次，发放评议问卷 2 万份，参与评议人员 3 万人次，共征求到评议意见和建议 3212 条，群众满意度达 95.1%。在向州委报送 3 名优秀共产党员过程中，组织群众参与投票达 33 万人次。

三、党员管理

党员培训　1986 年，全县培训建党积极分子 106 人次，1996 年培训建党积极分子 152 人次。1997—1998 年，建乡镇电教站 16 个，村级播放点 185 个，机关播放点 130 个。2004 年，县党员电化教育中心更名为农村党员干部现代远程教育管理中心。2010 年，全县建农村党员干部现代远程教育站点 155 个，其中村级站点 140 个，乡镇站点 12 个，其他站点 3 个；培训农村党员干部群众 42000 人次。同时，组织拍摄 4 部党员教育专题片。

民主评议党员　通过民主生活会等制度落实开展批评和自我批评，加强党员党性修养。1988 年，为贯彻党的十三大关于从严治党精神，县委组织部转发省委组织部《关于经常地妥善处置不合格党员的意见》。全县有 2897 名党员参加民主评议，占党员总数的 78.6%，经过支部评议和基层党委批准，评选出优秀党员 41 名，对 16 名不合格党员进行组织处理。1994 年 3 月，县委组织部会同县纪委联合下发《关于县直局以上单位党组织就廉洁自律问题召开民主生活会的通知》，规定民主生活会的时间和内容，保证民主生活会的质量和效果。2000 年，集中开展民主评议党员工作，全县 5257 名党员中有4995人参加评议，参评人达95%，共评出合格党员4980人，不合格党员15人。

流动党员管理 2001年，制定《关于加强和改进流动党员管理工作的意见》。在各乡镇建立流动党员服务站点，为流动党员登记和发放中国共产党流动党员活动证。2006年，对流动党员管理工作采取建台账，澄清流动党员；建立组织，管住流动党员；强化服务，管好流动党员；创新载体，管活流动党员。在流动党员中开展“争当信息员、宣传员和招商引资联络员”活动。2007年2月，下发《关于春节期间进一步做好流动党员管理工作的通知》，对整顿和建立健全党的基层组织，加强流动党员队伍的管理，做好流动党员管理专题调研及召开流动党员座谈会提出要求。县委、各乡镇党委及县直机关党组织走访慰问流动党员，发放流动党员活动证200本。丰富党员信息平台，有75名流动党员通过信息网络与县流动党员服务站或乡镇分站建立经常性联系。2010年，全县有流动党员209人，其中流出195名，流入14名。

第二节 基层组织建设

一、基层党组织概况

1986年12月，全县有基层党委18个，其中乡镇党委16个，其他行业党委2个；全县有党总支部16个，其中机关党总支部2个；全县有党支部356个，其中农村党支部186个，机关63个。1996年12月，全县有党组11个，其中县团机关党组3个；全县有基层党委27个，其中县直机关党委10个；全县有党总支部17个，党支部406个。2006年12月，全县有党组37个，其中县团级机关党组3个；全县有基层党委27个，其中县直机关党委15个；全县有党总支部15个，党支部378个。2010年12月，全县有党的基层组织411个。设基层党委29个，党总支15个，支部367个。其中乡镇党委12个，县直机关党委17个。建制村支部140个，社区、居委会支部15个，企业支部36个，事业单位支部36个，县直和乡镇机关支部140个。

二、农村党支部建设

1986年9—11月，181个村党支部2463名党员参加农村整党。经过整党文件学习，对照检查和整改，组织处理和党员登记，农村党支部战斗堡垒作用和党员的先锋模范作用得到发挥。

1989年，省委《关于加强以村党支部为核心的村级组织建设的通知》下发后，县委于1990年3月选派600名干部组成社教工作队，深入农村开展以推动经济发展为中心，以加强基层党组织建设为重点的社会主义思想教育活动。社教期间整顿后进党支部65个，其中28个后进支部变为先进支部。

1994年3月，省委组织部、省委农村工作部印发《关于加强以村党支部为核心的村级组织建设、维护农村社会稳定的通知》，县乡党委派出1300名党员干部帮助整顿软弱涣散的党支部，对能力很弱、群众意见大的党支部领导班子坚决予以调整。10月，县委批准县委组织部提出的《关于加强农村党支部建设和整顿的工作方案》，用3年时间对全县185个农村党支部进行全面建设和整顿。对先进党支部以正面教育、自我整改为主；对处于中间状态的党支部，主要是按照发挥领导核心作用的要求，缺什么补什么，有什么问题解决什么问题；对于那些形不成领导核心的后进党支部作为重点予以整顿。

1996年，转发中共中央组织部《关于进一步整顿农村软弱涣散和瘫痪状态党支部的意见》，下发《后进乡镇党委整顿意见》和《后进村党支部整顿意见》，提出后进党支部整顿的五项标准，即建设一个好的领导班子，尤其是要有一个好的书记；培养锻炼一支好队伍；选准一条发展经济的好路子；完善一个好的经济机制；健全一套好的管理制度。围绕“五个好”目标要求集中整顿后进乡镇党委2

个和后进村党支部 26 个，调整支部书记 18 名，充实调整支部委员 41 名；新上农村开发项目 110 个，修复水利工程 90 处。

2000 年，根据湘西州委《关于大力推进边远特困村扶贫攻坚的决定》和《关于选派干部到边远特困村工作的通知》精神，县委选派 24 名党员干部到 10 个边远特困村任第一支书、科技副主任和村小校长（其中选派 10 名第一支书、10 名科技副主任和 4 名村小校长），充实和加强基层组织建设。

2005 年 7 月，县委下发《关于在全县开展党员“三卡”管理试点工作的实施方案》（党委书记抓基层党组织建设责任卡、支部书记抓党支部发挥战斗堡垒作用目标卡，共产党员发挥先锋模范作用行动卡），成立“三卡”管理领导小组，确定野竹乡党委和城关乡党委为党员“三卡”管理试点。

2006 年 3 月，把党员“三卡”管理作为构建保持共产党员先进性的长效机制和巩固先进性教育活动成果的有效载体，制定下发《关于在全县农村基层党组织中推行党员“三卡”管理、深入开展农村党的建设“三级联创”活动实施方案》，对各乡镇推行党员“三卡”管理实行目标管理考核。全县 12 个乡镇党委均成立“三卡”管理工作机构，有专人抓“三卡”管理示范点及推广工作。

2006—2007 年，全县建设 28 所村级组织活动场所。在项目实施中，县委组织部与各项目村所在乡镇党委签订村级活动场所建设责任状，出台《古丈县村级组织活动场所建设资金管理办法》，对活动场所实行验收制与报账制；明确一名副部长专抓，确定专人严把质量关；加强与各职能部门间协调。到 2007 年底，全县 28 所村级组织活动场所全面完工并投入使用。2008—2010 年底，全县有 72 所村级组织活动场所全面完工并投入使用。

三、企业党组织建设

1990 年 3 月，为贯彻落实省委组织部《关于加强全民所有制企业党的建设的几点意见》，县委组织部转发省委组织部《意见》，明确企业党委主要职责：搞好党的思想、组织、作风建设；领导企业思想政治工作和精神文明建设；监督党和国家的方针政策在本企业贯彻执行；加强对职代会和工会等群众组织的思想政治领导；支持厂长独立负责经营管理、生产和技术开发；明确企业党委对企业重大问题要召开党委会讨论并提出建议，参与企业重大问题决策。

1994 年 8 月，县委组织部下发《关于加强股份制企业党的建设的通知》，要求具备条件而没有建立党组织的股份制企业组建党组织；不具备条件的要积极创造条件组建党组织；股份制企业党组织要围绕企业改革和生产经营积极开展工作，发挥政治核心作用。

1995 年 3 月，县委组织部下发《关于〈企业党组织参与重大问题决策和坚持党管干部原则〉的实施意见》，要求企业党组织认真履行党章规定的“参加企业重大问题决策”的职责，保证、监督党和国家方针政策的贯彻执行；坚持党管干部原则，推进企业人事制度改革，把坚持党管干部原则同落实厂长用人权统一起来。

1997 年 1 月，县委从抓企业党建入手，在全县 14 家亏损的工业企业中开展“抓党建、促效益”活动。设立专门办公室，从县委组织部、县委办等部门抽调 5 人集中办公，负责综合、协调、督查工作。从县直 20 个单位抽调 37 名懂经营善管理的同志下到 14 家亏损企业，帮助企业抓好组织建设，促进企业生产经营。依靠职工队伍，使工业企业亏损额比上年下降 10% 以上。是年 2 月，县委组织部转发省委组织部《关于加强和改进乡镇企业党的建设的几点意见》，对乡镇企业党组织工作的指导思想、地位作用、党组织设置、领导班子建设、党员教育管理工作提出具体意见和措施，强调乡镇企业党组织在企业的领导核心作用。同年 5 月，县委组织部下发《关于建立战线党委抓国有企业党组织建设责任制的意见》，要求当年在企业新发展党员 12 人，培养建党积极分子 39 人，下派 77 名“支、帮、促”工作队员进驻 28 家；1998 年 3 月，在县劳武化工厂设立党组织，该厂有员工 150 人，其中党员 13 名。

2002 年 5 月，县委在县直机关事业单位选派 12 名干部，下到县茶叶总厂、顺杰锰业、雅洁食品等 6 家国有和民营企业开展党建工作，在企业任党建指导员、企业厂长（经理）助理。

2005 年 3 月，下发《关于加强非公有制经济组织党建工作的通知》，对在非公有制经济组织中党建工作的指导思想、党组织设置、地位作用、党员教育管理工作等提出具体意见和措施。要求在全县非公有制经济组织中建立党支部 4 个。

2007 年，为贯彻落实省委组织部《关于抓紧做好规模以上非公有制企业党组织组建工作的通知》精神，把在规模以上非公有制企业党建工作作为迎接党的十七大胜利召开的重点工程之一，县委组织部采取措施抓非公有制企业党建工作。对全县规模以上非公有制企业宏泰锰业公司和顺杰锰业公司进行详细调查，对已建立党组织的顺杰锰业公司党支部建设进行指导，对尚未建立党支部的宏泰锰业公司，进行支部筹建工作。对达不到规模，但在县内有一定影响的神宝牧业有限公司、中科牧业有限公司等 26 家非公制企业的党建情况进行调查摸底，对于达到建立党组织条件的中科牧业有限公司等企业，建立党组织。同时对全县非公企业选派党建指导员，向宏泰锰业、顺杰锰业、卓良木业等 4 家非公企业选派党建指导员 4 名。

2010 年，向在县的宏泰锰业、顺杰锰业、卓良木业、恒兴木业 4 家非公企业选派党建指导员 4 人。

四、机关基层党组织建设

1986 年，经过整党，县直机关单位建立健全党的组织，充实党组织的领导力量，夯实机关组织基础。2001 年 3 月，县委下发《县直单位党组织设置及管理的意见》，将直属机关党委的工作任务、职能作出明确规定：由县直属机关党委直接领导县委办机关党委等 12 个机关党委和人大办等 4 个党支部（总支部）党的工作，县直属机关党委主要职能为主抓全县机关党建工作，负责县直机关、企、事业单位党员的教育和管理工作，负责县直机关基层党组织的审批手续，并督促搞好县直机关基层党组织的换届选举；负责县直机关党员教育管理制度的落实。2002 年下半年，县直机关 14 个党委进行换届，126 名党员干部进入机关党委班子和纪委班子，14 名党员干部担任党委专职书记。2003 年，调整充实 6 个机关党委的 12 名党委班子成员。2005 年，在县公安局党委、县工商局党总支、县地税局党支部等基层组织中开展党员“三卡”管理试点工作。2010 年，党员“三卡”管理试点经验在县直机关单位党组织中全面铺开。

第三节　干部管理

一、干部选拔

1988 年，根据省委组织部《关于推荐选配科技副县长的试行意见》和州委有关文件精神，全县选配 16 人任科技副乡镇场长。1994 年，从县直机关选派 28 名中青年干部到乡镇、工矿企业以及农村挂职锻炼。1995 年 5 月，县委出台《古丈县跨世纪领导干部培养选拔工作方案》，制定和完善科级后备干部的培养和选拔措施，从现有干部队伍中挑选 30 名 45 岁以上的科局级领导干部作为县级后备干部，挑选 100 名 40 岁以下的副科局级干部作为县级后备干部，挑选 100 名 40 岁以下的副科局级干部作为局级和乡镇（含企业）党政一把手后备干部，300 名 35 岁以下的干部作为副局级和乡镇场班子成员后备干部，600 名优秀农民作为村级三大主干的后备干部。

1996 年，县委确定县直机关 21 名党员和 20 名干部分别担任村党支部第一书记和扶贫攻坚指导员，县委组织部把选派人员作为科级后备干部进行管理。1998 年，为贯彻执行《党政领导干部选拔任用工作暂行条例》，推进人事制度改革，县委组织部向县委推荐提拔任用优秀干部 105 名，免职 24

名，改职131名，辞退2名；同时，在公开选拔、竞争上岗、试用期制、完善考核制度、诫勉制度等方面进行积极探索和实践。以乡镇党委、人大、政府换届为契机，从县直机关选拔15名优秀青年干部充实乡镇领导班子，加大乡镇干部交流力度；在县扶贫开发办、县体委、团县委等单位公开选拔副职3名；在县企业局、文化局、妇联等单位推行领导干部试用制；运用考核结果推动干部能上能下，破格提拔干部1名。同时，通过跟踪管理和调查，综合各方面意见，对1997年公开选拔的副职中的4名不能胜任现职更改职位；诫勉谈话4人次，其中对2名乡镇党委书记经组织谈话后仍没有充分认识错误并闹情绪影响工作的，分别给予改职和免职处理。2002年，中共中央正式颁布实施《党政干部选拔任用工作条例》，县委把认真学习贯彻执行《条例》当作一项重要工作来抓。2003年，针对全县干部队伍建设存在的人才总量不足、队伍结构不合理、整体素质不高、视野不够开阔等实际情况，县委组织部出台《关于选派干部外出务工学习锻炼的决定》，先后选派86名在职干部带职带薪外出到经济发达地区务工、学习、锻炼。

2004年，为认真贯彻落实《中共中央关于加强党的执政能力建设的决定》精神，县委组织部下发《关于进一步加强科局级后备干部队伍建设的通知》，提出抓紧做好科局级后备干部的推荐工作，制定和落实培养措施，确保后备干部工作落到实处。

2006年，县委积极创新干部管理方法，强力推行书记、县长联络员制度、县委巡察工作制度、重大事项督查督办制度、重大贡献奖励制度，各级领导干部工作作风得到好转。在廉政工作上，县委围绕廉洁自律要求，推行“点题述廉”，严禁干部尤其是领导干部利用新居落成等庆典活动借机敛财、在公务活动中铺张浪费，违纪违规，并加大对违纪案件查处力度。

二、干部培训

1986年，开展干部教育培训2期，培训学员154人。1996年，全县举办干部短期培训班3期，培训学员达191人，向州以上党校送训干部33人，到训率100%。2000年，全县有25人参加党干校大专以上学历教育，县委党校函授站还被省党校函授学院评为先进函授站。2005年11月，省里选派张轩杰等4名省派科技特派员入驻罗依溪、古阳、红石林、默戎4个镇开展试点工作；县委把开展科技特派员工作作为农业增效、农民增收的重要举措抓好抓落实。

2007年，省、州、县三级向全县农村选派20名科技特派员，其中省级9名，州级1名，县级10名。通过科技服务、项目带动等，促进全县农村经济社会的发展。科技特派员先后举办各种科技培训317次，培训人数达25080人次，分发各种培训材料25760份，推广新技术32项，引进新品种29个，建立示范基地33个，创建和完善专业协会8个，组建经济利益共同体7个，形成龙头企业5家，为农民增加收入260万元。医卫特派员帮助建立7个特色医疗专科，临床带教医生10人，开展义诊26次，指导实施各种手术108台次，诊治病人11830人次，为病人减负13.8万元，为医院增收53万元。

2007年，为认真落实《古丈县“十一五”人才规划》，县委出台《古丈县干部教育培训五年规划（2007—2011年）》《2007—2011年古丈县培养选拔少数民族干部工作规划》《2007—2011年古丈县培养选拔女干部、发展女党员工作规划》《关于加强党外干部培养选拔工作的意见》等一系列人才培养、选拔任用工作制度，并建立监督检查制度。2010年，举办干部培训班8期，培训干部567人次，完成国家、省、州干部调训53人次。

三、考察任免

1986年，贯彻落实选拔任用干部，对县直单位和乡镇领导班子进行考察工作。2006年，贯彻实施《干部选拔任用条例》，推行科级领导班子及领导干部的年度考察制度，对县直75个科局级和16

个乡镇场领导班子及班子成员进行考察，并相应对科局级后备干部进行推荐考察。在干部调整中坚持民主推荐和组织考察相结合。在推荐、考察同时，对拟提拔干部充分征求纪委、政法、审计、信访、计生等部门意见。规范干部任用程序。2006—2010年，按要求向州委、州委组织部提请任命干部51名；征求州直16个协管单位的人事调整意见；提交需县人大、县政府、县政协任命的177名人选。健全完善干部任用制度。实行干部考察预告制、差额考察制、任前公示制、票决制、试用期制及考察责任追究制等制度，规范干部任用工作，增强干部工作透明度。对137名新提拔干部实行组织部部务会和县委常委会议两次票决，并实行任前公示，对其中的65人实行试用期管理。抓好公开选拔工作。2006—2010年，全县有208人参加团县委副书记等7个副科级职位的公开考录；同时发动28人参加全州副处级领导干部公开选拔。

四、考核奖惩

1986年，县委制定干部考核制度，干部考核工作纳入党委日常议事日程。1994年，县委批转县委组织部《在职科局级领导干部个人重大事项向组织请示报告制度》，要求在职科局级领导干部有下列情形之一者，必须向党组织请示或报告，由县委组织部区别情况给予备案、审定批复或作其他处理：本人及家属修建、出租、买卖私房，公款装修住房；本人在经济实体中应聘兼职；配偶、子女户口“农转非”、招工、招干、公费委培；因特殊情况需要申请生育二胎；在公务活动中接收礼金和贵重礼物；本人结婚、离婚；添置属个人及家庭使用的每件价值超过1万元的器材设备等。

1995年，县委组织部印发《中共古丈县委组织部关于对县管干部实行回复和谈话的制度》，要求在职县管领导干部执行，接受监督。各级党组织贯彻落实，干部管理监督工作走上制度化、规范化轨道。2002年，干部监督工作关口前移，将科局级“一把手”离任审计改为任期经济责任审计；把审计结果归入干部考核档案，作为干部选拔任用依据。2002—2004年，对45名干部进行审计，运用审计成果提拔2名，交流11名，免职2人，诫勉谈话7人。

2004年，县委出台《乡镇和县直科局级单位党政主要负责人“一岗五责”工作绩效考评办法》，按照统筹兼顾、突出重点、分块考核、奖惩兑现基本思路，把各级领导干部应担负的本职岗位责任、经济建设责任、党的建设责任、计划生育责任、综治安全责任等重点工作进行捆绑。2005年，县委组织部与有关部门联合下发《关于进一步加强对县委管理的干部个人重大事项向组织请示报告的规定》，明确报告对象、内容和程序；明确各单位举行的各类庆典活动和发生重大事件，按县委管理权限进行报告；全县其他公职人员个人及家庭成员举行的婚庆、丧事、新居落成等活动，按干部管理权限审批。2010年，全县经济责任审计6人，严格执行领导干部个人有关事项报告，共办理25人。

五、人事档案

1986年来，按照省委组织部关于开展干部档案“达标升级”活动要求，执行《干部档案工作条例》有关规定，抓干部档案质量和档案管理人员素质建设。1994年，经省委组织部验收，档案管理达到二级标准。1995年，档案室占地面积达到110平方米，实现库房、阅档室、办公室、微机室“四室”分开。1996年，购置铁质柜，空调、计算机、复印机、打印机等设备，安装防盗门窗，更换防虫药品等，使库房达到防火、防潮、防蛀、防盗、防光、防高温的“六防”要求，并对干部档案进行全面清理，达到干部人事档案目标管理一级标准。1999年，申报国家一级档案馆，对照中共中央组织部《干部档案工资目标管理考评一级标准》进行认真自我检查，制定相应整改措施，建立和健全各项规章制度，更新和添置计算机、数码照相机、扫描仪，空调、切纸机、打孔机、碎纸机等设备；抓好材料收集、鉴别和整理，提高档案质量；建立干部全员信息库，及时维护更新，为干部工作提供服务；是年，顺利通过检查验收。2000 年，中共中央组织部授予古丈县“干部人事档案工作目标管理一级单位”称号。2006—2007 年，注重保持和完善一级干部档案室，完善干部全员信息库，维护本级管理的干部信息，完成干部档案目录的打印任务，实现用管理软件来处理档案日常工作；投入 5 万元，对档案室进行全面维修，更新空调、防盗门，更换 110 平方米的防火复合地板；出台《关于进一步规范查（借）阅干部档案的通知》，规范查（借）阅档案，提高干部档案的科学管理水平。2010 年，档案室淘汰原有铁质柜，购置档案密集架；档案室有专职档案管理人员 2 人，干部档案 2634 卷，其中在职干部 1725 卷，非在职干部 909 卷；干部档案管理工作和干部信息管理工作使用计算机软件系统管理。

第六章　宣传工作

1986年，经县委研究，县文化局、县广播电视局、县新华书店归口县委宣传部管理。2007年，县委宣传部设办公室、理论办、新闻办、职工职评办，编制10人；2002年3月，增设文明办，增加编制1名；2007年，增设外宣办、文化艺术办、企业宣传办；2010年，设办公室、理论办、新闻办、文艺宣传办、文明办，辖县文化局、县广播电视局、县新华书店、县文学艺术界联合会、微波站。

1986—2010年，历任县委宣传部部长：胡家模、向顶天、唐力、张其贵、张春华、余晓泓、曾传文。

第一节　理论教育

1986—1989年，开展“认真学习、贯彻党的十三届三中全会精神，努力完成三中全会提出的任务”形势教育。组建210名形势教育报告员队伍，印发宣传资料1000份，举行形势教育报告会270场次。1990年，开展县委理论学习中心组学习，发行《哲学纲要》1000册，国情教育读本600册，《关于社会主义若干问题学习纲要》（试用本）800册。举办报告会24场，6700人次参加学习。

1991年，突出“八五”计划和十年规划宣传主题，组织各级党员干部和群众学习社会主义理论。以“认识党、热爱党、歌颂党、建设党、为党添光彩、为国做贡献”为主题，开展学习党的历史、宣传党的业绩、继承党的优良传统等活动。举办庆祝建党70周年文艺晚会和群众歌咏大赛。订购新版《毛泽东选集》（一至四卷）4000册，江泽民总书记“七一”讲话辅导资料2100份，《科学技术是第一生产力》300册，《建党70周年历史挂图》120幅，《湘西纵横》300份，《党史党建理论学习文选》100册。播放《毛泽东和他的儿子》《焦裕禄》等影片4620场次，观众达1149289人次。1993年，利用订购和印发学习资料、电视、广播、宣传窗、墙报、黑板报、简报和文艺表演等形式开展邓小平建设有中国特色社会主义理论的宣传教育。举办7期培训班，对组织政工干部、企业工厂经理、建党积极分子、村委会主任、中青年干部和科局级干部等共350人进行培训。1994年，抓理论学习，用建设有中国特色社会主义理论武装党员、教育干部群众，组织县委理论学习中心组、县直各单位、各乡镇场学习。

1996年，成立思想政治工作研究会，开展2次研讨活动，撰写理论文章60篇，其中《加强思想政治工作促进农村两个根本性的转变》一文编入省委宣传部组织主编的《转型时期农村政治思想工作的思考与对策》一书。1998年，全县深入学习邓小平理论。组织培训班24期，780人次参加培训；开办理论学习专栏1200期。县委理论学习中心组45名成员写心得体会192篇，调查报告及论文65篇，其中15篇在《团结报》《湘西工作》等州以上刊物发表。

2002年，利用会议、墙报和电教设备对广大党员干部开展反腐蚀教育、“改进作风，拒腐防变”和“团结、纪律、发展”主题思想教育；开展“三个代表”重要思想学习教育活动。2003年，县委理论学习中心组4次集中学习“三个代表”重要思想，为民服务先进典型；邀请20名省、州有关专家和学者就计划生育、财税法规、旅游产业建设等作辅导专题报告。

2005年，组织6次县委理论学习中心组学习，邀请农业部计划司副处长李睿、全国畜牧总站处长刘海良、湖南农业大学校长周清明、国务院西部地区开发领导小组办公室综合规划组组长胡长顺、中国科学院地理科学与资源研究所研究员方创琳、中国旅游干部学院原副院长王洪滨、中南大学教授吴金明、中国茶道专业委员会常务理事刘秋萍、省委讲师团主任李官生、州依法治州办黄昌华等专家作专题讲座；启动“创建学习型党组织、争当学习型党员”活动。2006年，开展科学发展观学习活动，在全县党员干部中树立社会主义核心价值观，通过拿制度管、用活动推、请专家点、要自己学等形式抓好理论学习教育。

2007年，以建设和谐文化为主题，以实现富民强县为目标，动员各方力量促进经济又好又快发展。抓县委理论学习中心组学习，学习宣传贯彻党的十七大精神，邀请湖南师范大学教授朱翔、省科技厅副厅长陈伯仲为县委理论学习中心组成员、县直机关主要负责人、骨干企业负责人作“新型工业化与协调发展”“新型工业化的科技创新”理论讲座；邀请州委讲师团副主任姚本润、州委党校教授谭和平为县委理论学习中心组上辅导课和十七大精神辅导报告。全县各级领导干部在《湖南日报》《团结报》等省、州党报党刊上发表理论文章30篇，其中县委书记吴凌频撰写的《依托资源，发展生态农业》《深化民本理念，促进社会和谐》2篇理论文章在省委内刊《决策天地》发表。

2008年，坚持理论学习与指导实际工作相结合、理论宣传与形势政策教育相结合、理论考核与推动理论进基层相结合、解放思想与科学发展相结合深化理论武装工作，举办大型形势报告会2场，县直各单位、各乡镇举办形势政策报告会20场，发行《走向和谐》书本和光碟资料115套,《湖南和谐20题》160本。县委讲师团成员到县直机关、乡镇开展宣讲活动30场；县委宣传部组织召开专题座谈会28次，举办“解放思想大家谈”活动12场，征集意见和建议50条。

2010年，在县委理论学习中心组集中学习中，邀请省委巡视组第三组组长、省纪委正厅级巡视员徐泽高作“反腐倡廉专题教育讲座”，省委政策研究室副主任张富泉作“新型城市化与富民强县”专题讲座。组织参加全州学习型党组织建设座谈会，开展读书学习活动，全县各级党组织订阅《科学发展观在湖南的认识与实践之二》《七个怎么看——理论热点面对面·2010》《热点话题谈心录》《德行潇湘》等辅导读物共3000册。

第二节　新闻宣传

1989年6月，举办全县通信员培训班，县直机关政工干部、乡镇宣传委员及特约、业余通信员共70人参加培训。全年报刊发行数达16183份。1991年,《团结报》采用稿件60篇，省级以上报刊采用稿件80篇，县广播站收到稿件4728篇、播发1800篇。协助州电视台拍摄《中国土家族（古丈部分）》《古峰飘香》等介绍古丈自然风光和民俗民情宣传片。1993年，被各级党报党刊采用稿件400篇，其中《湖南日报》采用18篇,《团结报》采用304篇。

1994年,《人民日报》采用稿件1篇,《湖南日报》《团结报》采用稿件290篇。1995年，各级报刊采用稿件449片，其中国家级22篇，省级47篇，州级380篇；省、州广播电视台、电视台采用稿件200篇。1997年，围绕经济建设，加大宣传报道力度，在州以上新闻媒体刊发文字和图像新闻230件，其中在国家级刊发9篇、省级刊发23篇，电视新闻消息《好媳妇》《古丈25年无退兵》在州委宣传部组织的全州新闻评奖中获二等奖。1998 年，举办培训班，对全县 38 名骨干通信员进行培训，在《湖南日报》刊发稿件 5 篇,《团结报》头版刊发头条新闻稿件 6 篇。

2001 年，加大新闻宣传力度，出台新闻兑奖政策。抓新闻队伍建设，于 3 月、5 月对全县 46 名骨干通信员进行 2 期培训，表彰 1 名优秀通信员；在《湖南日报》刊发稿件 25 篇，在《团结报》刊发稿件 450 篇，湘西电视台采用稿件 100 篇。2003 年，以“三个代表”重要思想为指导，围绕县委“绿色产业兴县、生态家园富民”经济发展战略，坚持“三贴近”，在各级报刊和新闻媒体刊发稿件 644 篇，其中,《湖南日报》刊发 12 篇,《湖南卫视》播发 12 篇（其中《湖南新闻联播》6 篇）,《团结报》刊发 420 篇,《湘西电视台》播发 200 篇。2005 年 5 月 13 日，举办“全县新闻宣传工作暨通信员培训表彰会”，邀请团结报社副社长胡德利、资深摄影记者张谨等人对全县 40 名骨干通信员进行新闻写作、新闻摄影知识培训，并表彰 10 名优秀通信员。《湖南日报》采用稿件 10 篇、湖南卫视播出新闻稿件 20 篇;《团结报》采用稿件 580 篇，其中头版刊登 10 篇；在湘西电视台发稿 250 篇。

2006 年，紧扣中心、突出主题，宣传构建“和谐古丈”新思路、新办法和新成果。县有线电视台播发稿件 2650 篇;《人民日报》采用稿件 2 篇，中央电视台播发稿件 3 篇,《湖南日报》采用稿件 10 篇，湖南卫视播发稿件 20 篇,《团结报》采用稿件 647 篇，其中头版头条刊发 13 篇，湘西电视台播发 300 篇。2007 年,《团结报》采用稿件 260 篇，其中头版头条 5 件；县本级电视台播发稿件 1416 篇，在州以上电视台上播发古丈新闻 89 篇；省级以上报刊采用稿件 8 篇、省级以上电视台播发古丈新闻 12 篇；各级网络媒体采用稿件 2500 篇。

2008 年，策划“抗冰救灾”“聚焦工业化发展”“发展特色产业，推动新农村建设”“平安奥运、平安古丈”等宣传报道；抓《古丈新闻》摄制、编辑和播出 3 个环节，提高电视新闻及相关专题节目质量。

2010 年，围绕县委“新型工业兴县，绿色产业富民”发展战略，策划宣传报道。县电视台策划《毛坪火灾专题》《环境整治专题》《发改专题》《巾帼风采专题》《财政专题》《烟叶专题》《教育普法专题》《公安专题》《水务专题》《岩排溪专题》《2·18 贩毒网络案专题》《打响城市防空袭保卫战专题》等 12 部（期）宣传片、汇报片摄制；策划《人大代表、政协委员风采》《聚焦春运》《悠悠风情古丈茶》《洪灾汇报片》等系列有关社会热点报道。县人大、政协“两会”期间，县电视台主办人大代表、政协委员与局长“面对面”谈话活动。县电视台播发《古丈新闻》256 期，播出稿件 1800 篇，播发《百姓话题》42 期，稿件 42 篇，播发各类广播专题 150 期，湘西州电视台播发古丈新闻 120 篇，省电视台播发古丈新闻 10 篇，在湘西州人民广播电台播发广播古丈新闻 110 篇，在省广播电台播发广播古丈新闻 10 篇。《人民日报》《湖南日报》《团结报》共采用稿件 300 篇，各级网络媒体采用稿件 1200 篇。

第三节　社会宣传

1986—1991 年，社会宣传重点是农村体制改革，实行家庭联产承包责任制。县委先后抽调干部组成工作组，深入乡、镇、村，宣传中共中央《关于进一步活跃农村经济的十项政策》等文件精神，深化农村经济体制改革，完善不同形式的生产责任制。

1992 年，配合全县“社教”活动，建立一个“社教”电影放映队和一支“社教”文艺宣传队。县委“社教”工作队在全县共召开学习、宣传会议 1164 次，集中培训 263 次，张贴宣传标语 1489 条，印发宣传资料 3569 份，办墙报、黑板报 51 块、共 297 期，编写社教简报 98 期，影像宣传 17 场次，组织文艺演出、山歌苗歌演唱 57 场，广播宣传 96 次，创办乡镇党校 16 所，政治夜校 71 所，建立党员活动室38个。

1994年，邀请中央、长沙、州各级电视台拍摄《古丈茶》《云雾茶乡》等宣传古丈茶叶专题片，邀请宋祖英参加拍摄和演唱主题歌；组织全县通信员开展宣传报道优稿竞赛活动，鼓励通信员多写稿、上优稿，被中央对外电视台采用稿件2篇，被境外海外报刊电台采用稿件5篇；举办首届“花卉、盆景、根雕”展览，开发地方资源，加强外界联系。

1995年，组织人员拍摄栖凤湖、社巴节、接龙渠、跳马等大型图片组版湘西画册，拍摄编制介绍投资环境的资料《茶乡指南》、电视专题片《接龙壮歌》《茶乡古丈》《星移斗转话茶乡》《农民的好兄弟鲁开玉》。

1996年4月，开展城乡爱国卫生月活动，1659人参与卫生活动，出动宣传车15辆次，清运垃圾230吨，硬化路面890平方米，发放卫生资料3365份。

2005年，邀请湖南卫视《乡村发现》栏目组到古丈制作2期节目，在省级媒体播出茄通乡老司岩村民族民间文化、山枣乡龚家寨平安创建工作经验。

2006年，组织苗鼓、苗歌、土家打溜子等队伍参加“首届CCTV中国民族民间歌舞盛典”活动。邀请著名作家彭学明、王跃文到古丈采风，创作以古丈为背景反映社会主义新农村建设电视剧本。与长沙电视台联合拍摄彭学明创作的电视散文《古丈风景》，在中央电视台文艺频道播出。促成深圳卫视“中国功夫之星”全球电视大赛中国民族文化之旅在古丈举行，欧美、东南亚等地区38个国家转播实况，新华社、中央电视台、加拿大中文电视台、日本放送协会NHK综合频道、《河南商报》《潇湘晨报》等20家境内外媒体跟踪报道，新浪、网易、文星娱乐等网站共播发8370件相关新闻。引进33集电视连续剧《血色湘西》到古丈拍摄；湖南省广电集团把古丈作为省广电集团首个电视基地，并签订协议。落实民族民间非物资文化遗产保护工作，成立县“民保”工作领导小组，出台文件，建立由21人组成的“民保”专家班子，成立普查队伍，落实经费，收集民族民间文化遗产。

2007年，在“斗茶会”发放外宣品120套，在各级媒体及网络媒体发布新闻40篇，在长沙举行的世界茶叶研讨会上发放外宣品300套。借助建州50周年大庆，接待采访“魅力湘西”13家媒体记者50人次，推介旅游产业、交通事业、生态建设和茶叶产业化建设。利用茅古斯舞、团圆鼓舞等民俗文化对外交流契机，发放宣传品，在兰州举办的“全国民俗文化展演会”上，发放外宣品500套。

2008年，策划“2008中国绿茶（古丈）高峰论坛”。

2010年，在《人民日报》头版刊发《湘西北生态建设农民受益》，在《湖南日报》头版刊发《古丈为500特困户解决改造危房》，在《团结报》头版头条刊发《古丈干群合力推进“八百里绿色工程”》《爱，在春天里尽情绽放》《古丈规模工业一季度高歌猛进传捷报》《中华茶祖节·古丈毛尖万人品评会为茶乡喝彩》《古丈经济全面提速》等文章。是年，接待国内媒体记者采访30人次，宣传古丈，推介古丈。

第四节　精神文明建设

1990年3月，县委、县政府下发《在全县进一步广泛深入地开展学雷锋活动的决定》，召开学习雷锋动员大会，在家副县级以上领导干部、县直单位班子成员、副科级单位主要负责人、乡镇场班子成员、村（居委会）党支部书记等800人参会。各乡镇场根据县委要求召开动员大会。县委成立学雷锋活动办公室，编印学习资料，制定活动方案。7月，召开学雷锋活动表彰大会，对15个“学雷锋先进集体”和52名“学雷锋先进个人”进行表彰。8月，组织学习雷锋巡回报告团巡回各乡镇场作报告，观众达4000人次。

1991年，县委成立“扫黄”领导小组，办公室设在县委宣传部，联合文化、公安、工商等部门，对录像、图书等文化市场进行清理整顿，收缴非法出版的薄膜年画171张，伪造书号小说8本，油印农历12册，迷信书刊484本，明信片569张，清理街头算命人员13人次。评出州级文明建设先进单位3个，“双文明户”20户；县级文明单位（村）8个，“双文明户”14户。

1993年，开展纪念毛泽东同志诞辰一百周年活动，组织少儿合唱队参加省委宣传部组织的“心中的红太阳”少儿歌咏比赛活动，获2个特等奖和1个三等奖；全县250名干部群众参加学习毛泽东思想知识竞赛；县直机关800名党员和干部群众举行毛泽东思想学术报告会；举办县直机关“毛泽东颂”歌咏大赛活动；播放反映毛泽东同志生平业绩的电影，组织党员干部和专业人员撰写宣传毛泽东思想的优秀理论文章。

1995年，在全县范围内开展向孔繁森学习活动。全县16个乡镇场和89个县直机关和厂矿企业成立活动领导小组，召开党员大会和群众动员大会共340次，参加人员达4800人次。办黑板报、墙报、宣传窗、宣传栏等240期，制作固定标语60条。下发《光辉的典型·学习的楷模——孔繁森》一书1300册，征订《人民公仆孔繁森》一书450册。组织2万名党员干部和群众收看“孔繁森之歌”音乐会和孔繁森事迹报告会。开展“深入学习孔繁森，勤政廉洁为人民”“冶化杯”演讲比赛。

1997年，组织文化送戏下乡、科技下乡、电影下乡、图书下乡等活动。为省定60个特贫村举行送戏下乡演出40场次，开展送电影下乡30场次，送书下乡活动10次，送书6525册。

2001年，举办大小文化活动31次，其中万人以上活动3次，千人文化活动19次。组织送戏下乡活动31场次，观众达2万人次，送电影下乡1140场次，送电影进学校60场次。8月6—8日，派茶艺表演队参加在广西横县举办的全国首届“刘三姐杯”茶艺茶道大奖赛，表演的《土司擂茶》节目获优秀节目表演奖。

2003年，开展省道S229线文明大道创建活动，抓住全州创建永顺—吉首—凤凰“百里精神文明走廊”契机，把省道S229线古丈段建成生态大道、文化大道、旅游大道、畅安大道。开展先进文化进村入户活动，把省道S229沿线的默戎镇、古阳镇、罗依溪镇、河西镇和双溪乡4镇1乡的10个村作为示范村。

2005年，组织开展社会治安综合治理、人口与计划生育、食品卫生、安全生产、政策法制、科技教育、森林防火、环境保护等宣传活动，围绕党员先进性教育，推出高峰乡葛连溪村原党支部书记黄秀兰、车站社区主任彭继美等3名典型人物。以开展《公民道德建设实施纲要》学习教育活动为契机，抓红星小区茶文化一条街等文明城镇、文明街道创建活动。组织县科技局、县司法局、县卫生局、县文化局等单位到河西镇、罗依溪镇、断龙山乡、高峰乡、高望界林场的12个村，为村民们发放科技、法律、政策等方面图书、宣传资料5000册，表演文艺节目12场。

2008年，以特色教育、创建活动、为民办实事、宣传教育、创建文明县城为载体，加强精神文明建设。创建66个民主法治示范村（社区、居委会），开展“县城是我家，环境靠大家”优化城区环境活动，组织群众喜闻乐见的城区文体活动20场，营造“风气良好、治安稳定、环境优美、生活方便、文化活跃”文明城区。

2010年，全县创建省级文明单位2个、省级文明村1个，州级文明单位3个、州级文明标兵单位1个、州级文明村1个，州级文明乡镇1个。组织科技、文化、卫生等下乡活动，参加活动的科技局、司法局、卫生局、文联等12家单位为罗依溪镇村民送科技书籍2000册，法律、法规宣传资料2500份，开展科技咨询1000人次，义务为群众看病150人次，送药折价达3000元，书写春联200幅。

第七章　统战工作

1986年，县委统战部设办公室、对台办、工商联办，编制6人。1990年，工商联分出独立办公。1998年，增设县海外联谊会（无专编），为归口县委统战部管理的群团组织。1999年5月，县委对台办更名为县委台湾工作办公室，从县委统战部划出，与台湾事务办公室合并，实行两块牌子、一套人马，为副科级办事机构。2005年，县委台湾工作办公室为正科级办事机构。2010年，县委统战部核定编制5名，其中领导职数为3人，部长1名，副部长2名。

1986—2010年，历任县委统战部部长：罗会武、李世文、汪立东、彭仕炳。

第一节　党外人士工作

1986年4月，落实政协委员政策工作。至1988年，为22名政协委员落实有关政策，其中冤假错案2人，结论上有政治尾巴3人，被查抄财物5人，被挤占私房2人，被认为有其他问题10人。1991年，做好党外人士考察安排工作，增补7名非党派人士为县政协委员，全县135名县政协委员中党外人士有93人。抓好党内外合作共事，总结宣传县委、气象局、古丈坪完小等党内外干部合作共事先进典型。1994年，配合县委组织部、人事局培养、选拔一批党外干部进入各级领导班子，建立一支党外后备干部队伍，其中县级领导6名，副科级以上干部46名，选送3名党外干部到省、州党校学习。

1997年，以迎接香港回归为契机做好党外人士培养、选拔工作，在人大、政府、政协换届中，党外领导干部全部配齐，所占比例合理。1999年，抗议以美国为首的北约轰炸我国驻南斯拉夫联盟大使馆、谴责李登辉分裂祖国言论和揭批邪教“法轮功”，统战部门在县委领导下，组织各基层统战力量，开展系列有影响活动。通过座谈、报告会等形式对广大统战成员进行社会主义、爱国主义和崇尚科学、坚持唯物史观、坚持四项基本原则系列再教育。

2009年，深化多党合作和政治协商，完善党外干部选拔工作。全县副科级以上党外干部79人，其中县处级7人，正科级5人，副科级67人，县监察局、县农业局、县教育局等16个单位配备党外副职，文联、工商联2个正科级单位和2个副科级单位配备党外正职。全县12个乡镇有党外干部18人，其中10个乡镇配备党外副乡（镇）长。2010年，撰写《古丈县党外代表人士队伍建设初探》《古丈县少数民族代表人士队伍建设现状及对策》等调研文章，为县委级组织部加强党外代表人士队伍建设提供参考。

1984—2010 年古丈县政协非党派人士参政比重表

表 4-14

届次	任期	政协常委			政协委员			非党政协副主席（人）
		总数（人）	非党人士（人）	所占比例（%）	总数（人）	非党人士（人）	所占比例（%）	
第一届	1984.4—1987.2	14	8	57.14	86	62	72.09	3
第二届	1987.3—1990.2	16	11	64.75	130	89	68.46	4
第三届	1990.2—1992.11	21	12	57.14	130	88	67.69	3
第四届	1992.12—1997.12	25	15	60.00	141	88	62.41	4
第五届	1997.12—2002.12	21	13	61.90	130	89	68.46	4
第六届	2002.12—2007.12	22	13	59.09	143	90	62.94	4
第七届	2007.12—2010.12	25	16	64.00	155	94	60.65	3

第二节　经济统战工作

1986 年，倡议县政协委员为“四化”建设服务。县政协委员刘志生 1987 年承包思源桥旅社，活跃古丈经济，为南来北往旅客提供食宿服务。1992 年，抓好高峰乡凉水村联系点，解决上土人坡组通电，架设一座小桥，新修村小学，组织村民新造用材林 20 公顷。1994 年，发挥统战对象优势，选拔 20 名文化素质高、有科技知识的人士参加培训，抓好个体私营经济，总结推广统战对象中诚实劳动和科技致富典型。指导港澳同胞、台湾同胞、海外侨胞（简称“三胞”）亲属和起义投诚人员用好“三胞”馈赠资金和上级下拨的困难生活补助，发展生产。

1996 年，接待到县考察民营企业家 5 批，其中签订合同并投资进行运作的有 3 户，引进资金 40 万元。1997 年，引进光彩项目液化气站 1 个，资金 90 万元；改造河蓬乡丫角村输电线路，实现并网通电；引进 3 条开矿索道，年开矿约 3 万吨。1999 年，为河蓬乡丫角山村维修防渗水沟 34 条，全长 7176 米；为五保户特困户送去棉被、衣物等 40 件套，现金 1000 元。

2002—2004 年，为河蓬乡凤鸣村整修进村公路 4 千米和磷矿山公路 4 千米。筹集资金 105 万元，修建 5 所农村小学。2005 年，山西瑞丰制药集团有限公司董事长王志强为默戎镇潭溪村修建光彩小学捐资 8 万元；古丈籍企业家张巍、张峰为古丈一中捐赠助学基金 5 万元。2006 年，筹资 35 万元，在红石林镇张家坡村落实“猪、沼、果”生态农业模式和村道硬化 2 个建设项目。2007 年，按照“项目推动、优势互补、合作共事、自愿参与”原则，全县有 8 家民营企业与 8 个建制村实现活动对接，非公企业安置农村剩余劳动力就地转移就业 800 人；投资 60 万元，帮助农村修建公路、实施村道硬化、修建人饮工程；扶持村民开发优质茶叶基地 33.34 公顷，捐资助学资金 7 万元。2008 年，全县非公有制企业出资 90 万元，支持抗冰救灾；非公有制经济人士及企业员工为四川灾区捐款 15.5 万元。长沙市雨花区洞井镇为河蓬乡捐资 36.5 万元用于基础设施建设和贫困生救助。

2010 年，参与“2010 中华茶祖节・古丈毛尖万人品评会”筹备工作，邀请县内 40 个民营企业（其中 12 个规模以上企业）参与茶叶竞买义卖活动，将所得款项 21 万元全部捐给青海省玉树地震灾区。在“6・19”抗洪救灾工作中，与省委统战部和南京爱德基金会联系，筹措价值 64 万元救灾物资送往灾区；争取到全省 2 个救助贫困生名额中的 1 个。

第三节 对台湾及海外联谊活动

一、对台工作

1986年，县委对台办为县委统战部内设机构，加挂“古丈县台湾同胞接待站”牌子，工作人员3名。是年，通过沟通联系，去台人员向平于1986年3月打听到他姨娘下落后，2次为其汇寄5000港元。全年统战部收到海外汇款1.5万港元。1988年，开展对台贸易联系，旅台人士彭继安夫妇回古丈探亲，受到县领导热情接待，回台后组建30人的古丈县旅台人员同乡会，表示愿为家乡建设出力。

1990年，台胞胡绵昌拿出1万元，以投资保证金形式交给县钒厂，支持家乡建设；资助0.9万元，用以修建胡家岭村民及高峰中学人畜饮水工程。古阳镇树栖柯村台属向诞生等人，利用台胞捐款创建“敬老奖学基金会”，参加基金会人数达270人，2次向本县5名在外地读书的学生发放助学金，上门慰问70岁以上老人18人。县台办编写《党的对台政策好》《对台政策放光彩》《难忘乡情》等80首诗词。

1991年6月，县委成立台湾事务办公室，与对台办“两块牌子，一套人马”。1992年，引进台资65万元，创办“湖南竹联木制品有限公司”。1996年，县台湾工作办公室3次召开全县“三胞”亲属座谈会，到全县8个乡镇走访“三胞”亲属30户，宣传党的对台方针政策。通过宣传教育，提高广大干部群众和“三胞”亲属对对台方针政策认识，消除思想顾虑，调动“三胞”亲属对台工作积极性。1999年5月，县对台办更名为县委台湾工作办公室，为副科级机构，工作人员2名。

2003年，由台湾无线卫视、中央电视台、海峡之声广播电台、台湾《中国时报》等媒体18名记者组成的“海峡两岸记者湘西采访团”到古丈进行采访，制作电视专题片4集。2004年，对台方针政策和《中华人民共和国台湾同胞投资保护法》等法律纳入县委理论学习中心组学习内容及党校授课内容，在全县10所中学的政治课程中穿插涉台知识内容。

2005年，县委台湾工作办公室机构升格为正科级机构，隶属关系、人员编制、经费渠道不变。是年，台湾台塑集团出资72万元援建茄通“明德小学”。2007年，台湾台塑集团出资23万元援建高峰“明德小学”。2008年，县有关单位和台属给台胞赠送古丈毛尖茶20千克，七叶参茶50盒。县台办向台胞寄贺年卡50张，互通书信72封，电话联系80次。

2009年8月，县委统战部负责人随湖南省中小企业经贸考察团一行赴台进行为期10天的经贸考察活动，拜会国民党、亲民党、新党等高层人士，接触台湾工商界人士，拜访台湾工商协进会、工业总会、商业总会、中小企业协会、工业协进会等岛内六大工商团体，拜访台湾重要工商团体及工商界负责人20批100人；并将制作的1000册宣传画册赠送给有关人士。12月6—14日，县委再次组织专人，完成去台交流任务，向台湾推介古丈旅游产业和茶叶产业开发。2010年，台湾台塑集团出资40万元援建县第三小学“明德小学”。台塑集团为县三小捐赠价值1.5万元的娃哈哈饮料。

二、海外联谊会

成立于1998年，是古丈县各界人士与海外华人、华侨、港澳台胞以及各类海外社团加强联系，增进友谊、促进合作的民间组织，是具有独立法人地位的社会团体，属县委统战部管理。2009年，组织相关人员赴台湾进行经贸考察1次。2010年4月，借助“中华茶祖节·2010古丈毛尖万人品评会”平台，给台湾同胞寄送古丈毛尖100份（200克1份），招商项目1000份。

第八章　其他党务

第一节　综合调研与政策研究

1986年，全县24名县团级领导干部下基层调研达1640人次，撰写调研文章12篇。210名科局级领导干部下基层调研1.3万人次，撰写调研文章65篇。县委书记贾长岳撰写的《领导干部要做遵纪守法的表率》一文被省委政法委主管主办的《法制生活报》采用,《论领导干部党员的先锋模范作用》一文被州委“共产党员在新时期如何发挥先锋模范作用理论探讨”征文活动采用，其摘要被《团结报》采用。县委办编辑《古丈通信》《参阅件》。1987年，配合州委政研室到坪坝、河蓬、草潭、山枣4个特贫乡进行调查；开展全县农村基层组织情况调查、干部队伍建设状况调查、扶贫工作情况调查。全年撰写6篇专题综合性调研文章，全部被州以上报刊和电视台采用，其中3篇被州委举办的全州党员先锋模范作用理论讨论会和第三梯队建设理论讨论会采用，2篇被州委政研室编印的《调查研究》采用，调查报告《当前农村中党的组织建设必须加强》被湘西州委办公室编印的《自治州情况》第8期采用。《因地制宜发展生产，广开门路狠抓扶贫——全县扶贫工作调查综述》，由省委政策研究室呈省委主要领导参阅。调查报告《突出贫困片，认真抓扶贫》由州委政策研究室送州委主要领导参阅。结合县征兵和县乡两级人大换届选举工作，开展专题性调研活动，进行民兵思想状况和应征适龄青年思想状况调查，进行民主与法制建设、基层政权建设等方面调查，协助县征兵办和县选举办撰写简报20期。

1990年，聘请50人担任县委特约调研信息员，州委在古丈县聘请5名特约研究员，全年撰写调研文章113篇，其中被中央级报刊采用4篇，省级报刊电台采用8篇，州级内部刊物和《团结报》采用45篇，县级内部刊物采用35篇，直接形成县级文件9篇。1991年，组织2次调研活动，开展少数民族地区政策调查和扶贫情况调查，调查材料被州以上刊物采用，被编入《少数民族地区政策研究文集》；开展特约调研员、办公室工作人员撰写全州民族政策调研征文，征集调研文章8篇，其中1篇被评为优秀文章。州政府主办的《湘西工作》采用调查报告、人物通信5篇。

1994年，组织调研员到乡镇、工厂、项目工程工地进行实地采访和调研。开展10次专题调研活动，撰写调查报告和调研文章33篇，其中《南山村农民负担现状及对策》《县办工业企业扭转情况及建议》等调查报告被省委办和州委办采用,《走好“县直＋乡镇＋村组”开发扶贫之路》等调研文章被省委办公厅编印的《内参》采用,《团结报》等州级报刊、电台采用21篇。

2000年，被《湖南日报》《团结报》采用调研文章和通信报道12篇。组织对全县民族经济社会发展情况、生态县建设情况、计划生育工作中存在的突出问题、改善党群干群关系情况、茶叶产业化建设、国有工商企业的改革改制情况进行调研，为领导决策提供资料。2002年，编辑并内部发行《茶乡古丈概况》一书。2003年，开展4次调研活动，撰写调研材料12篇，在州以上刊物发表37篇次，省委办采用1篇，其中《内参》采用1篇,《自治州情况》采用8篇；撰写各类会议报告及工作汇报40篇，调研成果转化率达78%。组织6次外出考察调研，通过对湖北鹤峰县考察，撰写考察报告《以产业化建设为核心，推进农业结构调整》，为推进古丈县农业结构调整起到借鉴作用。

2004年，围绕县委“绿色产业兴县，生态家园富民”发展战略，突出基础设施建设、产业建设和生态建设，以促进农民增收为主题的经济社会发展重大问题，开展3次调研活动，撰写10篇有关县域经济发展专题调研报告，装订成册供县委领导决策参考。上报调研综合材料25篇，其中省委《内参》等省级刊物采用9篇,《州委通报》《自治州情况》等州级刊物采用14篇，县级刊物采用2篇；撰写各类会议报告及工作汇报40篇，调研成果转化率达70%。

2007年，完成调研课题26个、撰写调研文章32篇，上报省州材料采用3篇，其中湖南省委主办的《决策天地》采用2篇，省民委主办的《民族论坛》采用1篇,《自治州情况》采用3篇,《湘西工作》采用4篇,《团结报》采用6篇。组织撰写调研课题20个、调研文章40篇，被《新湘评论》《湖南日报》《决策天地》等省级刊物采用5篇，被《团结报》《自治州情况》《湘西工作》等州级刊物采用18篇。

2010年5月24日，县委书记向顶天主持召开全县工作会议。要求5月24日下午至28日上午，各级各部门主要领导到基层开展集中调研活动。当日下午，向顶天率县委常委、副县长余晓泓及县茶叶局、县移民局、县民政局、县经济局、县农办、县发改局等部门负责人到罗依溪镇坳家湖、毛坪、罗依溪、茶叶、江洋溪、会溪坪等村实地走访调研。县直各部门和乡镇落实24日会议精神，组织干部进行走访调研。是年6月，县委组织开展古丈县经济发展战略及经济发展提速调研论文评比活动，收到调研论文144篇，其中33篇优秀论文由县委宣传部结集出版。

第二节　工作督查

县委督查室成立于1993年，编制2人，其中专职1人。是年，围绕县委及上级党委重大决策和重要工作部署抓好决策督查、督查调研、民情调查和督查队伍建设，发挥督促检查职能和参谋服务作用，建立督查工作各项规章制度。1994年，开展查办工作，抓造林绿化、春耕生产、工业扭亏增盈、计划生育、社会治安等中心工作的督促检查。1995年，县委督查室配备1名副主任，抽调2名干部到督查室。1996年12月，县里组织冬油冬种督查、计划生育督查、两烟生产督查、春耕备耕督查、社会治安治理督查。1999年，对处理和解决邪教“法轮功”问题进行专项督查督办，全县10名原邪教“法轮功”练习者思想转化彻底。上报《督查专报》48期，下发《古丈督查》13期，重大决策督查事项18项，办结率98%；领导批示交办事项7项，其中州委书记批件1件，办结率为100%；撰写督查调研文章8篇，州内报刊发表4篇。

2000年，发《古丈督查》10期，上报《督查专报》32期，被州委督查室单篇采用3篇，被《湘西工作》采用1篇，被《团结报》采用7篇；完成县委、县政府领导交办的督查督办事项10项，查办领导批件3件，其中州委书记批办件1件，办结率100%；撰写督查调研文章6篇。

2004年，按照“全面工作定期督查，重点工作专项督查，中心工作跟踪督查，领导批示随即督查”指导思想，推动县委及上级党委决策部署的落实。开展15次决策督查，下发督查通报13期，其中《古丈督查》10期，以两办文件下发通报3期；开展4次督查调研、3次民情调查，编报《督查专报》10期,《古丈民情》3期。上报材料被州委督查室《督查专报》采用2篇,《民情调查》采用1篇,《湘西督查》采用2篇。茄通乡下布尺村村民向功明因退耕还林中与大户承包造林引发纠纷，到州、县上访，县委督查室会同县政府督查室、林业局和茄通乡政府进行调查，提出处理意见，使问题得到解决。建立健全民情调查报告制度、民情调查保密制度、民情调查台账制度、民情调查通报制度等制度；聘请民情调查员，设立民情意见箱，收集社会各方面社情民意，为县委、政府了解社情民意，处理有关问题发挥作用。

2007年，开展11次决策督查，下发督查通报13期，开展5次督查调研、3次民情调查，编报《督查专报》18期、《古丈民情》4期。上报材料被州委督查室《督查专报》综合采用3篇，《湘西督查》综合采用5篇。2010年，围绕社会热点、工作难点，积极开展民情调查和督查调研，撰写督查调研材料；下发《古丈督查》8期，专项查办件3件；开展督查调研4次、民情调查6次，编报《督查专报》12期、《民情调查》6期，上报材料被州委督查室综合采用6篇。

第三节　党史编研

一、工作机构

1986年，县委党史资料征集研究办公室归口县委办管理，编制5名，实有3名。1989年，成立党史联络组，聘请15名老干部参与党史研究工作。2001年10月，更名为县委党史研究室。2002年3月，加挂县政府地方志办公室牌子，为正科级事业单位，参照公务员法管理，编制4名。2010年，编制4人，实有3人。

1986—2010年，历任县委党史研究室主任：彭南岳、向胜友、聂忠宇、石元振、李顺乾、彭武湘、彭思旷、罗春波。

二、资料征集

1986年，重点搜集古丈县解放前及解放初期党的历史资料；至1988年完成1953—1958年时期资料搜集工作。整理出《古丈概况》等文史资料；编写古丈农业互助合作化专题资料；完成全县100名南下干部登记造册上报工作；完成解放初期古丈县剿匪专题资料搜集；完成民主革命时期党史大事年表编写。

1990年，主要搜集记录新中国成立到改革开放这段时间，中共古丈县党组织的自身建设和领导全县各族人民进行社会主义建设的情况资料。资料主要包括土地改革、农业合作社、农村人民公社等内容。1996年，组织全县离退休老干部和部分在职老同志撰写回忆录。

2000年，围绕党史“存史资政、教化育人、服务社会、服务现实”要求，重点征集反映党的十一届三中全会后古丈县改革、发展情况资料。党史资料搜集、整理、编研工作由注重思想、政治方面，向注重文化、科技、经济建设等领域扩展。在离退休老干部中开展历史回忆资料征集工作。为充分发挥老同志亲闻、亲历、亲见的特殊优势，挖掘老同志掌握的史料资源，推进党史征集研究工作，县委党史联络组、县委党史研究室发动老同志撰写回忆录、出版个人专集。2004年，与州委党史研究室合编老干部回忆录《岁月留痕》，全县上报文稿46篇30万字，其中编入文稿41篇28万字。

2008年，编辑老干部回忆录《古阳春秋》，收到文稿71篇27万字，编入文稿52篇20万字，其中退休老教师张加任（77岁）撰写6篇回忆录，帮助其他老同志整理回忆文章10篇；家住吉首的原县委书记、退休老干部彭操为保证回忆录质量，3次托人将3篇长达11800字回忆录带到古丈，请9名熟悉情况的退休老干部帮助修改。

三、资料编研

1986年，注重党史资料的编纂、研究。根据征集掌握的古丈解放初期剿匪资料，编纂出版《群魔覆灭记》《古丈县剿匪故事》2 辑文史资料。1987 年，编纂《古丈英烈》专题文集，收录史料 8 篇、英烈 9 人。1988 年，收集整理《南下干部花名册》，编纂《老干部回忆录》纪念文集，收集回忆录 10 篇 4.6 万字，内部印刷 300 册。1989 年,《中共古丈党史大事年表（1926—1988）》，经讨论修改和审查，内部出版印刷 300 册，收录党史大事 940 条，计 15 万字。《古丈县志》经省、州审查验收，公开出版发行，全书 55 万字。

1990 年，开展社会主义时期党史资料专题研究。编写“中央领导视察古丈工作情况”和“古丈县反右倾”“落实党的政策”3 个专题材料；编纂《古丈四十年》《古丈党史讲义》《古丈土地改革》《古丈农业合作化》《古丈农村人民公社》5 辑专题资料。1991 年，与县委组织部合编《中共古丈党建史略（1926—1991）》，计 9 万字，内部出版发行；由县委组织部牵头，与档案局合编《中共古丈县组织史资料》，内部发行，计 34.5 万字。1992 年，编辑出版《公仆之光》一书，收录先模人物 19 人，收录名人 35 人；完成《落实党的政策》党史专题资料编写。1993 年，编辑《古丈县历任县委、人大、政府、政协正副职干部名录》，收录 95 人，1994 年，编纂《解放古丈史记》专题文集。

1995 年，完成《古丈的整风“反右倾”运动》资料汇编。1996 年，县党史联络组出台《征集出版社会主义时期党史回忆资料十年规划（1996—2005）》。1998 年，完成 1990—1998 年全县大事记征集和整理工作。2002 年，完成州地方志《湘西名人录》组稿任务，选送材料 50 篇；完成《湘西第一》组稿任务，其中收录古丈在《湘西第一》信息 66 条；完成《共和国之最》资料收集、整理和报送；组织相关人员参与州委党史研究室《峥嵘岁月》和县委办《茶乡古丈概况》编撰任务。

2003 年，参与州委编撰《培民书记在湘西》组稿，报送的 5 篇回忆录被采用。与州委党史研究室合编以在古丈工作过的老干部为主的回忆录《岁月留痕》，与县财政局合编《古丈县财政志》。2005 年，启动《中国共产党古丈县历史》编纂工作，解决启动工作经费 2 万元。2006 年，完成《中国共产党古丈县历史大事记（1919—2005）》编写和审查，内部印刷 500 册。2010 年，公开出版《中国共产党古丈历史》第一卷（1921—1978）；参与中央、省、州党史部门组织的《三湘之最》《湘西名人录》《湘西第一》等大型历史书籍组稿。

四、发挥党史作用

2006 年，为纪念中国共产党成立 85 周年和红军长征胜利 70 周年，湘西州委办决定在全州范围内开展党史“资政育人”理论研讨征文活动，组织人员撰写 10 篇论文参加应征，经评审,《湘西州扶贫开发的历史经验及发展思考》获二等奖,《茶文化与旅游开发的思考》《以古丈生态县的状况看湘西生态州建设的今天与明天》获三等奖；县委党史研究室获组织奖。

2007 年，参与建州 60 周年庆祝活动，负责《魅力湘西（1959—2007）》一书古丈部分编撰；参加州庆入场式表演设计及州庆 50 年成就展古丈厅设计方案制定和解说词编写。是年，参与第 2 次革命老区县申报工作（第一次为 1997 年），组织人员到吉首市、保靖县和永顺县党史研究室、档案馆查阅资料，访问健在红军老战士，完成《古丈县关于申请确认为湘鄂川黔革命根据地老区县申报材料》编写任务;《申报材料》计 20 万字，含“请示”“古丈县第二次国内革命战争根据地概述”及相关图片资料、文献资料、档案资料等。

第四节　党校教育

一、工作机构

1986 年，县委党校为正科级全额拨款事业单位，归口县委组织部管理，设办公室、教研室、后勤组，编制 24 人，实有教职工 20 人，其中，管理干部 7 人，教师 8 人，工人 5 人。1993 年，确定编制 20 人，实有干部职工 18 人，其中，教师 8 人。

1995 年 4 月，加挂古丈县行政干部学校牌子；1998 年 6 月，加挂古丈县社会主义学校牌子，实行“三校”合一,一套人马。2010 年，设办公室、教研室、后勤组，编制 20 人，实有干部职工 18 人，其中教师 10 人，管理人员 2 人，工人 6 人。

1986—2010 年，历任县委党校校长：戴照华、梁清平、田祖学、胡长仁、郑云华。

二、教师队伍建设

1986 年，有教师 8 人，其中大学本科 1 人，大专 4 人，中专 3 人；两年脱产理论专业培训 4 人。专业岗位设置：哲学 2 人，经济学 2 人，科学社会主义 2 人，党史党建 2 人。1988 年，党校教师实行专业技术职称制度， 3 名教师参加技术职称评审， 1 人获高级讲师职称， 2 人获讲师职称；6 月，从邵阳师范专科学校、吉首大学引进政治、历史专业大专生 5 人，充实政治经济学、科学社会主义等学科师资力量。1989 年，吉首大学政教专业毕业生 2 人分配到县党校，充实党建党史学科力量。是年，教师 12 人，占教职工人数 55%。

1990 年，选派 5 名骨干教师参加县委第一、二、三批“社教”工作队。1992 年，实施提升干部职工学历计划， 7 名教师参加省委党校函授大专班和中共中央党校函授本科班学习。是年，从古丈一中等 3 所中学调入 5 名政教、政史专业教师。1995 年 2 月，启动函授学历大专班招生工作；7 月，经入学考试，录取经济管理大专班学员 58 人。1997 年，选派 2 名教师参加省州党校举办的党的十五大报告辅导班培训；制定《中共古丈县委党校关于干部职工思想作风建设的决定》。

2002 年，选派 1 名教师到罗依溪镇挂职锻炼， 4 人到省委和州委党校参加党的十六大报告辅导班培训。2003 年，4 名教师参加党的十六届三中、四中、五中、六中全会《决定》专题班学习；教学课题调整为 35 个，主要有“中国特色社会主义理论体系”“社会主义市场经济理论”“科学发展观的内涵与要求”“新时期党的执政能力建设”“构建社会主义和谐社会”“社会主义荣辱观”等。2007 年，组织教师学习党的十七大报告，选出专题进行研讨，选派 4 名教师参加专业培训。2008 年，2 名教师被评为全省党校系统优秀教师。

2010 年， 7 名教师取得本科文凭，全校 12 名教师全为本科学历。是年，有高级讲师 4 人，讲师 4 人，助理讲师 1 人，员级教师 2 人；教师专业岗位：哲学专业 2 人，经济学专业 2 人，经济管理专业 2 人，科学社会主义专业 2 人，党建专业 2 人，科技专业 1 人、法律专业 1 人。

三、社会科学研究

1992 年，教师高振翼撰写《贵在实践》一文在湖南省委党校主办的《湖湘论坛》刊发。1994 年，副校长向俊炎撰写的《发展市场经济与提高干部素质》一文收入湖南省社会科学联合会省级重点课题《市场哲学》一书，其《论在社会主义市场经济条件下突出党的思想建设的重要意义》一文在中央党校举办的全国党风学会理论研讨会上获优秀科研成果奖。1995 年，制定《古丈县委党校科研制度》，将优秀科研成果纳入年终业绩考核内容。1998 年，完善《教学、科研优秀成果奖励制度》，提出“上档次、创精品”目标要求，优秀科研成果实行重奖。是年，副校长向俊炎、教师李光远同州委党校廖报白副教授联合申报中央党校关于“三农问题”子课题——“挖掘土地潜力，提高土地产出率”，经湖南省委党校课题组专家评审验收，获课题合格证书。1999 年，教师梁世生撰写的《构建相对独立、垂直领导的党内监督体制的思考》一文在湖南省纪委主办的《廉政论坛》刊发。

2001 年，教师龚兴林撰写的《浅谈民族贫困地区精神文明建设》一文、彭善花撰写的《坚持“五个结合”加强农民教育》一文收入州委党校编印的《农村发展与创新》一书。2004 年，校长郑云华撰写的《对党内监督机制与制度创新的思考》一文在《湖湘论坛》，刊发；教师李光远撰写的《紧贴“第一要务”把反腐倡廉工作落到实处》一文在湖南行政学院主办的《湖南行政学院学报》刊发。

2005年，李平良撰写的《从党群关系的角度保持党的先进性》一文在《湖南行政学院学报》刊发，李光远撰写的《领导干部执政能力建设的创新之举》一文在吉林省委党校主办的《长白学刊》刊发，2006年，李光远撰写的《乡镇干部队伍建设面临的困难及出路》一文在《领导科学》刊发，彭善花撰写的《关于古丈县建立农村农民合作组织的思考》一文在湖南省民委主办的《民族论坛》刊发，郑云华撰写的《消除制度性障碍为党校在干部教育培训中发挥主渠道作用创造良好环境》一文在湖南省委组织部主办的《湘组研究》刊发。2007年，校委提出“创科研精品，树党校形象”目标要求，科研成果实行分级奖励。同年，李明祥撰写的《中小民营业主心态分析》一文在《民营经济研究》刊发。

2008年，彭善花撰写的《改革开放30年党的执政方式回顾与思考》一文在《民族论坛》刊发。2009年，全校教师撰写12篇论文，2篇在省级刊物上刊发，获全省党校理论研讨会一等奖1篇，二等奖2篇，优秀奖3篇，6篇论文分获全州党校系统理论研讨会二、三等奖；其中，副校长向俊炎撰写的《对县级党校干部教育培训工作的思考》一文在《湘组研究》刊发。2010年，教师彭善花与梁世生合写的《职业病预防：政府该怎样办》一文在商务部主办的《中国外资》刊发。

四、干部教学管理

1986年，举办村级党支部书记培训班、建党积极分子培训班、妇女干部培训班等7期，培训各类干部688人次。是年，制定《党校班级管理制度》《学员考勤登记制度》《学员学习听课制度》《学员请销假制度》等制度。1987年，举办哲学、政治经济学、科学社会主义等理论培训班，培训547人。1988年，省委党校函授学院在古丈设立函授站，招生行政法专业大专班学员29人，招生行政管理专业中专班走读生27名。1991年，古丈县委党校函授站停止招生。是年，培训班课程增设党的基本路线、党的群众路线等课题。1992年，培训班次设置中青年干部、乡科级干部、村干部和建党积极分子培训班等，开设马克思列宁主义、毛泽东思想、建设有中国特色社会主义理论等基本理论课，基本路线、基本方针、基本纲领、基本经验等专题课，法律法规、党规党纪、党风廉政、党性修养等必备知识课。

1993年，全州党校系统实行教学评比，副校长向俊炎获教学一等奖。1994年，增设公务员、部门干部等培训班，教学课题增加《国家公务员暂行条例》专题。1995年，组织教师编写校本教材《学习〈中共中央十四届四中全会关于加强党的建设的若干决定〉的辅导》，主体班增开校本教材五讲专题和《党政领导干部选拔任用工作暂行条例》专题，制定《学员党性锻炼制度》《异地教育教学制度》。是年，恢复县党校函授站招生，经入学考试，录取经济管理大专班学员58人。1996年，各类培训、进修班配备班主任，建立临时党支部、班委会，主体班编辑《茶乡论坛》2期、《中青班论文集》1集。1997年，聘请县级领导讲县情、党性教育课，聘请部门领导讲部门必备知识课。1998年，改革教学管理，组织主体班学员到县内民营工业小区、产业建设基地、省重点项目现场等考察；到改革开放前沿阵地上海、海口等地考察；要求学员撰写结业论文或调研报告，表彰优秀结业调研论文，颁发证书。是年，设立教学成果奖，组织教师参加全州党校系统教学比赛，教师龚兴林、彭善花和副校长向俊炎3人分别参加教师组、教学校长组比赛，获一、二、三等奖。

2000年，调整教学布局，确定邓小平理论、“三个代表”重要思想、古丈小城镇建设、社会主义新农村建设、古丈环保工业发展研究、社会保障与民生、现代企业制度等30个教学专题。2001年，省委党校函授学院在古丈设立函授本科教学点。是年，经入学考试，201人被省委党校函授学院录取为经济管理和法律专业大专班学员，92人录取为财税和法律专业本科班学员。2002年，实行小课堂与大课堂、理论与实际、党校教师讲课与部门领导讲课、请专家学者到校讲课与走出校园异地上课相结合。是年，中央党校函授总部在古丈招收经济管理本科学员 47 人、法律专业本科学员 58 人。2005 年，创新教学课题 29 个，其中邓小平理论、科学发展观、党的执政能力建设、构建社会主义和谐社会、WTO 知识综述、社会主义荣辱观等课得到学员认可和社会好评。

2006 年，班级管理实行“教、学、管”三统一，上课做到“三不”“三认真”（不会客、不打电话、不上街办事，认真听、认真记、认真思考）。2007 年，主体班重大课题实行社会招标，请县领导和专家评审评分。吉首大学教师、县直机关部门领导、党校教师等报名参与竞标，其中“立足古丈实际，切实增加农民收入”课题由教师彭善花中标，“强化措施，提高古丈党政干部公共服务能力”课题由教师李平良中标。省函授学院在古丈招生函授大专生 15 个班次 613 人、本科 3 个班次 100 人。中央党校函授部先后招生 8 个班次 296 人。2010 年，培训各类干部 450 人，开设“新形势下党的建设”“农村改革与农民增收”“特色农业与科技创新”“正确的政绩观”“茶叶产业化建设”等 36 个课题。编集《中青班论文集》5 集，《茶乡论坛》4 集。

1986—2010 年古丈县委党校培训情况一览表

表 4-15　　单位：期、人

年份	期数	人数	男生	女生	其中			
					中青班		科干班	
					期数	人数	期数	人数
1986	7	688	597	91	—	—	—	—
1987	6	547	476	71	—	—	—	—
1988	3	156	146	10	—	—	—	—
1989	3	270	229	41	—	—	—	—
1990	6	571	504	67	—	—	—	—
1991	8	779	657	122	—	—	—	—
1992	6	666	549	117	1	44	—	—
1993	6	535	470	65	1	49	1	45
1994	6	315	226	89	1	47	—	—
1995	8	620	527	93	1	44	1	45
1996	8	682	522	160	1	46	1	42
1997	5	330	231	99	1	44	—	—
1998	4	403	349	54	1	46	—	—
1999	1	45	31	14	1	45	—	—
2000	3	200	144	56	1	48	1	42
2001	3	187	123	64	1	44	—	—
2002	4	251	167	84	1	44	1	42
2003	7	363	201	162	1	44	1	42
2004	5	313	196	117	1	40	1	42
2005	6	341	181	160	1	44	1	40
2006	5	306	160	146	1	39	1	44

续表 4-15

年份	期数	人数	男生	女生	其中			
					中青班		科干班	
					期数	人数	期数	人数
2007	6	431	307	124	1	45	1	38
2008	7	394	290	104	1	44	1	31
2009	7	401	222	179	1	44	1	32
2010	6	450	283	167	1	47	—	—

五、教学设施建设

1986年，校址在罗依溪镇龙潭坪村王家堡（为原“三线建设”铁十二局十三处机关住址），校园面积18700平方米，校舍面积2810平方米，其中砖混办公房一栋250平方米、学员宿舍3栋970平方米、教职工宿舍450平方米、厨房160平方米，原铁二局十三处机关油毛毡房改用教室2栋4间280平方米、职工宿舍1栋240平方米、礼堂兼餐厅300平方米、澡堂锅炉房160平方米。1987年，投入7.5万元，撤掉2栋油毡房教室，修建1栋1间230平方米大教室、70平方米2间教室教学楼、1栋150平方米锅炉房、蒸汽室与学员澡堂，改造1栋300平方米大礼堂。1990年，向州财政争取资金7万元，修建3栋520平方米职工宿舍、1栋142平方米医务室。1993年2月，县委决定搬迁校址，其房地产及不动产以80万元转让给古丈县茶叶总厂。1994年1月，校址迁往县城古阳镇老寨坪；2月，开始征地、办理修建手续、房屋设计；4月，破土动工；12月，建成1栋5层2个单元20套1520平方米职工宿舍楼。1994年10月，筹措资金12万元，规划教学综合楼建设。1997年1月，面对党校“五无”状况（无教室、无办公室、无学员宿舍、无学员食堂、无活动场所），向上争得资金2万元。1998年，用积累资金7万元，修建1栋210平方米的平房教室和1个标准球场。

2002年，通过“向上要一点、部门支持一点、党校自己凑一点、职工集一点”办法，筹措资金352万元（其中集资132万元），2006年，修建1栋2100平方米集学员住宿、厨房、餐厅、大小教室、办公室、档案室、储藏室等于一体的干部教育培训综合大楼。2007年，干部职工集资修建1栋2200平方米商住房宿舍，整修标准球场1个。

2010年，校园面积4800平方米，教工宿舍2栋3725平方米，培训综合楼一栋2100平方米，多媒体教室1间，大报告厅1间，普通教室1间，办公室7间，学员宿舍21间，厨房1间，大餐厅1间，小餐厅2间，球场1个。投入设施设备资金13万元，配置报告厅、教室桌椅250套、五匹立式空调3台，挂式空调6台，多媒体设备2套，多功能复印机1台，教师办公室和财务室、廉政办、校委办配备办公电脑12台。

1986—2010年古丈县委党校学员情况一览表

表 4-16　　单位：期、人

年份	期数	人数	男生	女生	少数民族	科级	大专	本科
1986	7	688	597	91	461	142	41	5
1987	6	547	476	71	388	128	37	6

续表 4-16

年份	期数	人数	男生	女生	少数民族	科级	大专	本科
1988	3	156	146	10	107	38	20	3
1989	3	270	229	41	199	110	33	3
1990	6	571	504	67	428	173	93	12
1991	8	779	657	122	560	47	79	4
1992	6	666	549	117	546	116	145	11
1993	6	535	470	65	444	98	90	14
1994	6	315	226	89	267	39	68	10
1995	8	620	527	93	504	170	116	21
1996	8	682	522	160	568	139	151	26
1997	5	330	231	99	274	25	103	12
1998	4	403	349	54	342	43	78	10
1999	1	45	31	14	35	6	29	1
2000	3	200	144	56	177	54	59	12
2001	3	187	123	64	150	2	58	9
2002	4	251	167	84	196	60	92	23
2003	7	363	201	162	286	93	218	64
2004	5	313	196	117	235	125	190	53
2005	6	341	181	160	243	108	191	90
2006	5	306	160	146	226	72	134	141
2007	6	431	307	124	326	114	145	127
2008	7	394	290	104	277	193	205	150
2009	7	401	222	179	280	107	163	144
2010	6	450	283	167	310	214	257	170

第五节　老干部工作

一、工作机构

1986 年，县委老干局全称“中共古丈县老干部工作局”，归口县委组织部管理，行政编制 3 名；下设县老干部活动室，编制 2 名。1994 年，为正科级事业单位。2001 年 10 月，更名为县委老干部局，设办公室，编制 4 人；加挂古丈县关心下一代工作委员会办公室牌子。下属县老干部活动中心，编制 3 名。2004 年 5 月，增加全额拨款事业编制 1 名（从事关心下一代工作）。2010 年，实有干部 8 人。

1986—2010 年，历任县委老干部工作局局长：罗来庚、刘立凡、向光荣、王发兴、张仕良。

二、落实老干部待遇

1986 年，对全县（29 名）离休干部开展政治、经济待遇落实情况大检查，身体健康状况大检查；

为每位老同志订阅《湖南党史通信》《大家健康》2份杂志。11月，在红沙溪修建的3栋6套离休干部住房竣工。

1987年，解决5名离休干部配偶、子女转为城镇居民户口问题。企业离休干部家属按有关规定享受医疗政策。从1月起，全县13名副县级以上离休干部实行小车费包干，每人每月8元。解决5名离休干部家属农转非问题，每个老同志有配偶或子女在身边工作。落实离休干部安置工作，就地安置31人，异地安置7人。

1988年，对一般离休干部实行小车费包干，每人每月发给乘车费6元。12月，在县中医院开设老干部病室1间4个床位。

1990年，离休干部健康疗养费按40%发放到人。提高离休干部交通费，县级干部每人由8元/月增至12元/月，一般干部每人由6元/月增至8元/月。

自1991年4月起，县级退休干部发放交通费，标准为每人每月12元；自11月起，离休干部按每人每月60元标准发给护理费。

1992年，按政策规定落实老干部住房和遗属住房待遇。无固定收入的南下干部配偶每月补助生活费35元。提高离休干部交通费，县级每人每月16元，科级（含科级）以下每人每月12元。

1993年，在全县公费医疗管理办法改革中，离休干部医药费仍执行实报实销政策。县民贸局、县供销联社在企业改革中实行统筹，按时发放本单位离休干部工资。

1994年，从7月起，增加离休老干部遗孀生活补助费。其中抗日战争时期参加革命的离休干部遗孀，每月补助100元；解放战争时期参加革命的离休干部遗孀，每月补助90元；无固定收入的离休干部遗孀，每月补助50元。

1995年，落实老干部政治待遇、看文件、听报告、参加重要会议和重大活动制度，住院看望、祝寿、丧葬制度，联系走访制度，通报工作情况和形势报告制度。加强离退休党支部建设，全县共建立离退休党支部10个；组织老同志参与党风廉政建设、基层组织建设、计划生育、社会治安、关心下一代和考核干部等工作。

1996年，提高离休干部护理费。其中抗日战争时期参加革命工作、年满70周岁的，由原每月60元增至90元；年满80周岁的，由原每月90元增至120元；解放战争时期参加革命工作、年满80周岁的，由原每月60元增至90元。离休干部医药费实报实销，作特殊检查的费用自负5%。健康疗养和参观工农业生产项目费，县级离休干部（含享受待遇的）每年350元、科级以下离休干部（含科级）每年300元，全额发放、包干使用。老干部特需经费，由原200元增至250元。发给县级离退休干部（含享受待遇的）电话费，每月30元。

1997年，提高离休干部配偶、遗孀生活补助费。其中抗日战争时期参加革命的，其配偶每月生活补助增至120元、遗孀每月增至200元；解放战争时期参加革命的，其配偶每月增至100元、遗孀每月增至180元；无固定收入的，生活补助费优先发放。

1998年，县电影公司（为自收自支单位）离休干部张景云因单位亏损领不到工资，县政府将其工资纳入县财政预算解决。在医药费报销难的情况下，为全县老干部优先解决医药费33.5万元。

2001年，县财政单独解决企业离休干部医药费5.2万元。

2002年，县政府下发《关于对行政企事业单位离休干部医药费实行专项统筹的通知》，规定所有离休干部医药费按人均7000元统筹，纳入县医保中心统一管理。为老同志每人订阅《老年人》《当代党建》《人民日报》《湖南日报》《团结报》各1份。

2003年，针对老同志“两项待遇”落实中出现的新情况和问题，对“两费”保障机制和财政支持机制运行情况进行专题调查，并向县委常委会议作专题汇报。县委出台《中共古丈县委办公室、古丈县政府办公室关于转发〈县委组织部、县劳动和社会保障局、县经贸局、县财政局、县人事局、县委老干部局关于建立离休干部离休费、医药费保障机制和财政支持机制的暂行办法〉的通知》，规定全部离休干部从4月1日起，医药费纳入县医保中心统一支付。

2004年，全县12名企业和自收自支事业单位离休干部，3名由本单位解决，9名进入医疗统筹。

2006年，县长办公会议决定企业离休干部由企业主管部门负责管理，艰苦边远地区津贴、民族补贴、误餐费、适当生活补贴、交通费5项政策性待遇纳入基本养老保险统筹范围，由县社会保障局实行社会化发放，电话费、配偶生活补助费、护理费等3项待遇由其主管部门解决；县木材公司离休干部医疗费由县财政解决。

2008年，提高离休干部护理费标准。其中抗日战争时期参加革命工作的，每月增至300元；解放战争时期参加革命工作且年满75周岁以上的，每月增至200元，具体从2007年8月1日起执行。25名无固定收入的离休干部配偶、遗孀参加城镇居民基本医疗保险。

2010年，把24名无固定收入离休干部的遗孀、配偶生活补助费纳入县财政发放，补发2008年生活补助费88040元；在国庆节期间，拿出3万元走访慰问老干部；解决老干部活动中心维修费5万元。

三、组织老干部活动

1986年3月，以离休干部为主的老年门球队成立。1987年，组织老干部每月逢农历初一、十五集体学习；举办离休干部书画展，展出书画作品100幅。1989年6月，34名老干部参加气功培训班。

1992年，县委书记田志海和老干部一起学习邓小平讲话和党的十四大精神；6月，县老干部活动中心建成并开放。1993年，围绕纪念中共中央《关于建立老干部离退休制度的决定》发表10周年，广泛开展“活到老、学到老、改造到老”活动；组织发动老干部参与两个文明建设。1994年，县老干部门球队荣获“湘鄂川黔”四省边区老干部门球赛第2名。1998年，县委总结表彰老干部吴家浩先进事迹。吴家浩退休后，回村居住，筹资20万元，支持家乡通电、通路和希望小学建设，得到村民赞扬。

2000年，建立县委常委轮流为老干部通报工作制度，要求每位县委常委每年参加1次老干部学习，并通报工作。2004年，组织老干部参观红石林景区和王村特大桥、栖凤大道、栖凤大坝等；组织开展歌舞、木兰拳、太极拳、木兰扇、棋牌、书画等健身娱乐活动。组织老干部报告团，在古丈一中、古阳中学、艺体校举行3场报告会。是年3月，成立县老年科技工作者协会，会员40名，选举产生第一届理事会。5月，承办全州老干部“长寿杯”门球赛，古丈县参赛的两支老干部门球代表队分获二、三名。全县老年门球协会有会员160人。

2007年，建立离退休老干部党支部37个；组建老年门球队26支、队员186人；是年，古丈代表队获全州老干部“长寿杯”门球赛第一名。2009年9—10月，在县直机关和乡镇党委、人大、政府班子及干部调整中，县委邀请6名县级老干部担任干部考察组长。2010年9月，举办全县离退休党支部书记培训班，35名离退休干部党支部书记参加培训。

四、关心下一代工作

1988年6月，古丈县关心下一代协会（以下简称“关协”）召开首届代表大会，通过《古丈县关心下一代协会章程》，选举产生理事会。1989年，县直40个单位成立“关协”小组；各级“关协”利用暑假组织中小学生和部分社会青年围绕“思想性、知识性、趣味性”开展活动。1991年，县直机关、企事业单位、学校共建“关协”组织80个、会员615人。1992年，开展“五讲”活动，即为广大青少年讲革命故事、讲法规法令、讲理想道德、讲雷锋事迹、讲卫生基本知识。

1993年10月，县关心下一代协会更名为县关心下一代工作委员会（以下简称“关工委”）。1995

年，县“关工委“组织青少年开展纪念抗日战争胜利50周年和红军长征胜利60周年诗文比赛活动，收到征文150篇，进行不忘国耻教育。1997年，围绕香港回归和党的十五大召开，县“关工委”对青少年开展爱国主义教育活动。1999年，县“关工委”组织广大青少年开展“伟大旗帜”征文活动，收到征文200篇。

2001年，县“关工委”在广大青少年中开展“祖国在我心中”庆“六一”等活动，全县28名离退休老同志担任22所中小学校外辅导员。2002年7月，县人大常委会原副主任陈祥云等人与20名青少年一起开展“土家、苗、汉一家亲”活动。2005年，县直局以上单位、各乡镇场和建整扶贫村成立“关协”组织210个，县“关工委”、县教育局、罗依溪镇、车站社区和默戎镇九龙村4个“关协”联系点。县政协原主席张其鸾等老同志被评为全省关心下一代工作先进个人。2007年，全县共建立“关工委”158个，其中县直机关66个、乡镇12个、教育系统25个、村（居委会）45个。

2008年，共建立各级“关工委”252个、成员1516人，其中县直机关89个、468人；乡镇村163个、1048人。2009年，召开全县关心下一代工作暨协调配合部门联席会议，把“关工委”工作分解到各协调配合部门。各级“关工委”开展“手拉手”构建和谐社会主题实践活动。2010年12月，召开全县关心下一代暨老干部工作表彰大会，对20个先进集体和20名先进个人进行表彰。

第六节 档案工作

一、工作机构

1986年，县档案局与县档案馆实行“两块牌子，一套人马”管理模式，归口县委办管理，核定档案局编制3人，档案馆编制5人，其中工勤编1人。1997年9月，转为参照公务员管理事业单位。2002年，定编7人，设办公室、业务法规股。2010年底，核定编制7人。

1986—2010年，历任县档案局局长：彭永隆、徐弟清、向昌林、向银燕。

二、档案收集

1989年，征集收藏清道光十三年（1833）补修的《龙氏族谱》及《向氏族谱》。1990年，收集《古丈县歌谣集成》等民族文化资料60万字。1992年，开放档案全宗5687卷，占应开放的88.2%。1994年，对历史档案和县委、县政府档案全宗进行系统整理，新建立“中国国民党古丈县党部”全宗1个，档案18卷。1999年，抓城区基础设施配套建设、县茶叶总厂保健茶生产线、省道S229线古丈段征地拆迁等3个重点建设项目档案收集整理工作。

2000年，储备和开发档案信息资源，形成以档案室为依托，以档案馆为主体的档案事业体系，手工检索体系形成，有检索工具17521本（张）。2003年，完成县煤建公司等4家破产企业的档案接收进馆工作，收集宋祖英等名人档案资料864卷（册）。对700卷历史档案进行整理，按技术要求进行著录标识，输入软盘。2004年上半年，协同县破产企业清资领导小组办公室对原国营龙天坪茶场文件资料进行整理，完成接收进馆工作。对档案馆馆藏档案、资料进行清理，对150个全宗档案和8114册资料进行归类、排位。是年，下半年，将省道S229线古丈段改造工程古丈县指挥部工程档案接收进馆。

2006年，整理古高公路、太阳城开发区等指挥部重点工程档案，完成红星小区指挥部档案整理进馆等工作。整理馆内档案资料1.2万件，裱糊抢救书籍、报刊等资料3000件，清洗、整理历史印章档案620枚。2010年，接收各单位文书档案179卷，收集“中华茶祖节·古丈毛尖万人品评会”珍贵照片资料1套。2010年，县档案馆共存档案全宗161个，案卷89403卷（盒），照片6660张，光盘40张，图书资料13593册。

三、档案管理

1986年，县委组织部、县教育局、县公安局等单位配备专职档案员。是年4月，全省档案工作检查评比，县档案局（馆）被评为全省档案工作先进单位。1987年9月10日，县委批转县档案局《关于认真组织学习宣传贯彻〈中华人民共和国档案法〉的报告》，各单位开展学习；县委下发《关于加强档案工作的通知》，抓机关档案工作和开展档案专业技术职务评审，出台《档案馆档案管理若干规范》方案，实施档案管理工作规范化；成立县档案系列职称改革领导小组，进行档案系列专业职务评定工作；全县聘任馆员1人、助理馆员4人。

1988年，宣传《中华人民共和国档案法》，开展档案馆室“上等级达标”活动；是年，全县有基层档案室93个，专（兼）职档案员93人，其中党政机关档案室57个，乡镇场档案室15个，企事业单位档案室18个，人民团体档案室3个，分为文书、科技、公安、司法、人事、会计、综合等类型。通过验收，一级档案室8个，二级档案室5个，三级档案室8个。1989年，抓乡镇档案工作和档案资料编研工作。修订《古丈县档案志》9万字；编写《古丈县档案馆简介》《县委全宗介绍》《重要资料简介》等检索工具书，计2万字。

1990年，按照县政府“三项办法”“六项制度”要求，制定目标管理责任制，组织档案员到四川省成都市学习。1991年，完成档案著录卡片2100张，编研资料3种，计3.5万字，举办文书立卷和档案著录培训班，县直机关企事业单位42名档案员参训。为社会提供档案资料服务2100人次、3800卷（册）。开展档案馆、室“上等级达标活动”，县档案馆被定为国家三级档案馆。1992年，县档案馆晋升为湘西州第一家“省二级综合档案馆”。1993年，推行《工业企业档案分类试行规则》，对企业档案进行整理。县档案局（馆）业务人员下基层档案室18人次，帮助各单位立卷归档2300卷档案。是年，县档案馆晋升为省二级档案馆。

1997年，收集整理重点工程档案，完成明清、民国、革命历史档案目录上报任务。出台建立乡镇档案馆工作方案，并在城关乡政府试点。

1998年，制定《古丈县档案局内务管理软件汇集》。7月，选送3人参加全州“档案行政执法”培训班，取得行政执法证；8月，在县直机关开展执法检查活动，依法对15个单位进行7天抽查，提出整改意见100条。抓县档案馆上等达标工作，县档案馆添置温湿度自动记录仪、资料架、消毒箱、检索工具柜等设备，县直27个单位的档案室达到省二级或省三级档案室标准。9—11月，重新分化全宗，理顺15000卷档号，整理零散档案，撰写部分案卷标题，编选案卷目录，按中国图书分类法对6000卷（册）资料进行造册。加强馆、室安全保卫工作，全县93个单位的档案室，1285平方米专用库房，1020平方米合用库房内，安装灭火器38个，铁门8个，铁窗53个。开放旧政权档案和土地、房产档案。

1999年，全县有13个档案室被评为省三级档案室，2个企业档案管理达到省级先进标准。编制《乡镇档案馆全宗设立、档号编排及档案分类》，就分类、卷内文件排列、拟写案卷题名、排列、编号等12个技术环节作出具体规定。

2000年，农业农村档案工作由乡镇延伸到村级，开始筹建村级档案室，推行村级档案室试点工作，建立河蓬乡下河蓬村村级档案室。2001年，加强基层档案管理，新建6个村级档案室。8月上旬，举办为期5天的全县文书立卷改革培训班，43名档案员参加培训。2003年5月，县委、县政府主管领导到县档案局现场办公，解决资金4.5万元用于档案馆维修。

2005年，古阳镇4个社区全部完成建档工作。2006年，档案工作列入“三文明”目标管理。2007年6月，举办全县档案员业务培训班，乡镇、县直机关50名档案员参加培训；9月，对法院、检察院2家省一级档案室进行复查认证和授牌，对申报省一级档案室的县水务局等5家单位进行验收和授牌。2008年，加强档案法制宣传，印制《中华人民共和国档案法》和《湖南省档案管理条例》等法律法规1500份。

2009年，对全县113个机关企事业单位的115名档案员进行11场次集中培训。抓档案室达标升级工作，烟草公司、财政局等5个单位档案室晋升为省一级档案室。开展档案行政执法活动，评出优秀单位23家，合格单位40家，不合格单位37家，对37家不合格单位下达整改通知书。

2010年7月，配合州人大、州档案局开展档案执法调研活动，到地税局、法院、审计局、农机局等单位了解基层档案室工作情况；在默戎镇龙鼻嘴村和古阳镇古丈坪社区办档案工作示范点，做到有档案室、档案柜、制度、档案、管理人员。龙鼻嘴村收集整理各门类载体档案资料19卷，图书3000册，实物档案10件，照片档案2卷5张；古丈坪社区收集整理各门类载体档案资料32卷，图书303册。

四、档案利用

1986年，县档案局（馆）利用档案资料编写《古丈县档案志》，被评为全州档案系统优秀编研成果奖。1990年，与县委党史办合编《古丈四十年》，与县委党史办、组织部合编《中共古丈县组织史资料》。1992年，参与编纂《古丈县档案志》《古丈县林业和茶叶概况》《古丈县百年大事记》《古丈县档案工作纪实》《古丈县历届党代会》《古丈县历届人代会》《古丈县历年自然灾害》等档案资料。是年11月，举办古丈县40年档案工作成就展览。接待查阅档案人员426人次，查阅档案资料23766卷，收入60万元。

1995年，制定档案事业“九五”发展规划，编写《古丈县档案馆指南》，介绍档案馆馆藏信息资源，沟通档案部门与利用者之间的联系，满足社会各方面利用档案的需要。与县委党史办合编《古丈县整风“反右倾”运动》。1998年5月，县“文明委”将档案馆确定为“爱国主义教育基地”，授牌予以确认。

2003年5月，参与湘西州档案局举办的“神秘湘西”大型展览。2005年10月，成立“古丈县现行文件查阅中心”。2006年，创建展览室，从经济、政治、文化、社会、生态和党的建设等方面对全县“十五”期间成果进行图片展览。收集何纪光生前资料1套、珍贵资料12册，采集县里重大活动照片档案2000张，其中包括《血色湘西》开机仪式、《功夫之星》拍摄等档案资料。创办《档案信息》9期，其中第5期刊登在《湘档动态》第4期上。为群众查阅20世纪60～70年代上山下乡知识青年档案72卷、接待60人次，为20人提供上山下乡知识青年证明；为申报《魅力湘西》查阅档案40卷，接待15人次；为拍摄电视剧《血色湘西》查阅档案10卷，接待5人次；为全县工资改革查阅档案235卷（册），接待87人次。

2007年，查阅档案2688卷，接待530人次。2008年，查阅档案资料2967卷（册），接待535人次，其中为编纂“中共古丈县组织史”查阅档案资料2395卷（册），为部门业务查阅档案资料197卷（册），为经济建设查阅档案资料84卷（册），为社会民众查阅档案资料291卷（册）。2009年，共查阅档案912卷（册）、接待328人次，其中为编纂“中共古丈县组织史”查阅档案资料463卷（册），为部门业务查阅档案资料279卷（册）。在全县集体林权制度改革中，为罗依溪、双溪、岩头寨等乡镇查阅1984年山林定权档案资料32卷，复印资料5000页。

2010年，接待查阅档案人员438人次，调卷1295卷，其中为编撰《古丈县志（1986—2010）》查阅档案资料360卷，为“中共古丈县组织史”编纂查阅档案资料328卷，接待44人次，为林权制度改革查阅档案资料140卷，接待351人次，为部门业务、边界纠纷查阅档案资料273卷。

第五篇　人民代表大会

第一章 县人大代表

第一节 代表产生

古丈县人民代表大会（简称县人大）代表是由全县选民依法直接投票选举产生。县人大代表名额和代表产生办法由上级人大常委会依照《中华人民共和国全国人民代表大会和地方各级人民代表大会选举法》讨论确定。县人大常委会主持本级人民代表大会代表选举工作，以建制村（社区）为基础，参照选民多少和代表结构情况，把全县划分为 92 ~ 94 个选区。确定全县统一选举日。经选举工作骨干培训、宣传发动、选民登记、候选人推荐提名与确定，于选举日以无记名投票方式选举产生。代表候选人获得投票选民过半数选票，并经县人大常委会审查，始得当选。县人大常委会设立联络任免工作委员会，指导各个选区选举工作。

第二节 代表组成

县人大代表组成是依照《中华人民共和国全国人民代表大会和地方各级人民代表大会选举法》依法选举产生，通常包括代表年龄、性别、民族、职业、党派、文化程度等内容，代表由工人、农民、干部、知识分子、民主党派和无党派爱国人士、中共党员、非中共党员、少数民族、妇女代表等构成。县第九届人大代表 180 人，其中，工人代表 40 人，占 22%；农民代表 79 人，占 44%；国家干部代表 53 人，占 29%；革命军人代表 3 人，占 2%。代表中的妇女代表 42 人，占 23%；少数民族代表 154 人，占 86%；中共党员代表 103 人，占 57%。县第十届人大代表结构进行调整。工人代表 3 人，占 2%；农民代表 78 人，占 50%；国家干部代表 64 人，占 41%；革命军人 4 人，占 3%。妇女代表比上届减少 8%，少数民族代表减少 19%，中共党员代表增加 23%。第十三届县人大代表结构基本稳定。县第十五届人大代表 155 人，工人代表 7 人，占 5%；农民代表 90 人，占 58%；国家干部代表 56 人，占 36%；革命军人 2 人，占 1.3%。农民代表增加 8%，国家干部代表减少 9%。

1986—2010 年古丈县历届人大代表结构一览表

表 5-1　　单位：人、%

届别	任期年限	代表总数	其中													
			妇女		中共党员		少数民族		工人		农民		国家干部		革命军人	
			人数	占比	人数	占比	人数	占比	人数	占比	人数	占比	人数	占比	人数	占比
九	3	180	42	23	103	57	154	86	40	22	79	44	53	29	3	2

续表 5-1

届别	任期年限	代表总数	其中													
			妇女		中共党员		少数民族		工人		农民		国家干部		革命军人	
			人数	占比	人数	占比	人数	占比	人数	占比	人数	占比	人数	占比	人数	占比
十	3	155	23	15	126	81	105	68	3	2	78	50	62	40	4	3
十一	3	152	11	7	102	67	111	73	8	5	85	56	68	45	3	2
十二	5	151	13	9	122	81	114	76	9	6	67	44	73	48	5	3
十三	5	154	19	12	136	88	134	87	14	9	77	50	66	43	2	1
十四	5	154	18	12	81	53	133	86	6	4	77	50	69	45	2	1
十五	5	155	14	9	134	86	138	89	7	5	90	58	56	36	2	1

第三节　代表活动

1986 年，县人大常委会为密切人大代表之间的联系，把 180 名县人大代表分成 34 个代表小组，实行按组开展代表活动。是年，县人大常委会制定和完善县人大代表小组组长、乡镇县代表联络员、县人大代表等职责，规范开展代表活动。

1987 年，县人大代表 155 人，分成 33 个代表小组，建立代表小组学习制度和碰头汇报制度。是年 6 月，由 10 个乡镇人大主席团分别组织部分代表对乡镇经管站财务情况进行视察调研。

1990 年，县十一届人大常委会组成人员走访代表 253 人次，收到代表来信 54 件。是年底，召开人大代表工作经验交流会，3 名代表介绍代表活动经验。

1992 年，县人大常委会组织在县的省、州、县人大代表 126 人，乡镇人大代表 459 人，对县公安局、县人民检察院、县人民法院、县司法局工作开展评议活动，代表走访选民 27300 人，召开座谈会 622 次，收集代表和选民对公安、检察、审判、司法工作意见和建议 376 条。县人大常委会根据代表评议中提出的问题，综合整理为 85 个问题，分别转交县公安局、县人民检察院、县人民法院、县司法局办理答复。

1995 年，县人大常委会组成人员走访代表 160 人次，收集经济建设、社会治安、干部作风等方面意见建议 132 条，并及时向有关部门反映，部分意见建议得到解决。1996 年 1 月，吉古边界社会治安形势严峻，一些不法分子实施抢劫、杀人、绑架人质、滥伐林木等不法行为，县人大常委会组织在县的省、州、县三级人大代表，对坪坝乡和默戎镇社会治安和林政管理情况进行视察，写出专题调查报告，并向上级汇报，引起省、州领导高度重视，采取措施对不法分子进行严厉打击，确保一方平安。是年底，县人大常委会组织在县的省、州、县三级人大代表对全县工商企业亏损面大、税收任务难以完成、财政极度困难，造成连续 4 个月发不出工资状况进行专题视察，写出专题视察报告，如实向上级反映，引起上级高度重视。

1998 年，县人大常委会组织代表认真学习《中华人民共和国全国人民代表大会和地方各级人民代表大会代表法》《中华人民共和国全国人民代表大会和地方各级人民代表大会选举法》，并对人大代表实施培训，提高代表素质，增强代表参政议政意识。

1999 年，县人大常委会改进人大代表联系方法，坚持深入农村，走访人大代表 68 人，给困难代表赠送农业实用技术资料 200 套。推广代表活动经验，在县州人大代表万召荣、古阳镇柑子坪代表小组在州人大代表活动经验交流会上交流带领群众脱贫致富经验。

2003 年 5 月，县人大常委会组织 14 名在县的省、州、县人大代表开展“防非典”视察，先后约见机关单位和部门负责人 20 人，解决城市环境及综合治理方面问题 10 件，促进防治“非典”工作有序开展。11 月，组织 14 名在县的省、州、县人大代表开展教育工作视察，提出扩大高中办学规模、推进职业教育发展合理建议。

2004 年，县人大常委会进一步实施代表联系制度，走访代表 80 人次，发放慰问金 5000 元，协助代表争取产业开发贷款 14 万元。实行部分人大代表列席常委会制度，发挥代表参与管理政府事务作用。是年，针对全县多处非法开采、加工钒矿产品，造成生态严重破坏，县人大常委会组织 22 名在县的省、州、县三级人大代表开展集中视察，写出视察报告向县委汇报，并督促县政府采取措施进行治理整顿。

2005 年，县人大常委会组织在县的省、州、县人大代表 23 人，就古丈县农业产业化发展、双溪乡集中办学试点和栖凤大道工程建设情况进行视察，如实评价其工作成绩和存在问题，提出批评建议意见，并督促县政府进行调查和整改。

2006 年 11 月，县人大常委会组织在县的省、州、县人大代表 30 人，就古阳河污染治理和全县矿产开采问题进行集中视察，并将视察结果以视察通报形式向县委汇报、向县政府反馈，引起县委、县政府高度重视。

2008 年 9 月，县人大常委会组织在县的省、州、县人大代表 30 人，就全县重点项目建设情况开展视察，先后深入白溪关工业小区、华源硫酸厂、德物华百万吨水泥厂、县城污水处理厂、县城垃圾填埋场、县会展中心等现场进行考察，听取县政府全县重点项目建设情况汇报。代表们就视察情况建言献策，为县委、县政府科学决策发挥参谋作用。

2009 年 10 月，在县的省、州、县人大代表 23 人，就古丈至沅陵公路建设、县城至高峰公路建设、县城污水处理厂建设、县城垃圾填埋场建设和县城环境卫生、交通秩序综合整治情况进行集中视察，代表们提出加强重大项目建设管理、在汛前开展河道清淤、将防洪堤建设与污水管道铺设同步进行等意见和建议，县人大常委会向县委、县政府进行专题汇报，加强交通建设项目管理、县城环境治理等建议引起县政府高度重视。

2010 年 9 月，县人大常委会组织在县的省、州、县人大代表 23 人，就古丈县茶叶产业化建设和县城小河管理情况开展集中视察。通过视察树栖柯村、正味茶场、夯吾苗寨、县城小河等现场，提出以大户带动方式推进茶叶产业化、合理开发夏秋茶、加强茶叶宣传营销力度等可行性建议。

第二章　代表大会

第一节　历届代表大会

一、县第九届人民代表大会

第三次会议　1986年4月26—30日，在县城召开。会议应出席代表180人，实到代表139人。会议期间，代表听取、审议县政府工作报告，县人民法院、县人民检察院工作报告；县计委《关于1985年国民经济和社会发展计划执行情况与1986年计划安排草案报告》、县财政局《关于1985年度财政决算与1986年预算草案报告》，县人大常委会工作报告和代表议案办理报告，会议通过相关决议，会议补选向汉林为县人民代表大会常务委员会主任，补选李绍丰、张荣显为县人民政府副县长。

二、县第十届人民代表大会

第一次会议　1987年2月24日至3月3日，在县城召开。应出席代表155人，实到代表148名。代表听取和审议县人民政府工作报告，县人民法院、县人民检察院工作报告，县计委《关于1986年国民经济和社会发展计划执行情况与“七五规划”草案报告》，县财政局《关于1986年财政决算与1987年预算草案报告》，县人大常委会工作报告和代表议案办理报告，会议通过相关决议。会议选举向汉林为县十届人大常委会主任，吴明富、张良泉、田家义、陈祥云为副主任；选举田志海为县人民政府县长，龙书生、尹友明、刘耀生、李绍丰、游清亮为副县长；张道华为县人民法院院长、张安生为县人民检察院检察长。

第二次会议　1987年12月10—11日，古丈县第十届人民代表大会第二次会议在县城召开，应出席代表155人，实到代表150人。会议期间，大会传达学习党的十三大相关文件精神，代表听取、审议县人民政府工作报告，县人民法院、县人民检察院工作报告，县计委《关于1987年国民经济和社会发展计划执行情况报告》，县财政局《关于1987年财政决算情况报告》，县人大常委会工作报告和代表议案办理报告，会议通过相关决议。会议选举湘西州第八届人民代表大会代表17名。

第三次会议　1988年4月26—29日，古丈县第十届人民代表大会第三次会议在县城召开。应出席代表155人，实到代表130人，因病因事请假25人。会议期间，大会传达贯彻全国人大七届一次会议精神，代表听取和审议县人民政府工作报告，县人民法院、县人民检察院工作报告，县计委《关于1988年国民经济和社会发展计划安排草案报告》，县财政局《关于1988年财政预算草案报告》，县人大常委会工作报告和代表议案办理报告，会议通过相关决议。大会补选张其鸾为古丈县人大常委会副主任，增补县人大常委会委员3人。

第四次会议　1989年3月23—27日，古丈县第十届人民代表大会第四次会议在县城电影院召开。实际出席代表133人。会议听取和审议县政府工作报告、县人民法院、县人民检察院工作报告；县计委《关于 1988 年国民经济和社会发展计划执行情况与 1989 年计划安排草案报告》；县财政局《关于 1988 年度财政决算与 1989 年预算草案报告》；县人大常委会工作报告和议案办理报告，会议通过相关决议。

三、县第十一届人民代表大会

第一次会议　1990年2月26日至3月3日，古丈第一次会议在县城召开。会议应出席代表152名，实到代表 152 名。会议期间，全体代表听取和审议县人民政府工作报告，县人民法院、县人民检察院工作报告，县计委《关于 1989 年国民经济和社会发展计划执行情况与 1990 年计划安排草案报告》，县财政局《关于 1989 年度财政决算与 1990 年预算草案报告》，县人大常委会工作报告和议案办理报告，会议通过相关决议。会议选举向汉林为古丈县第十一届人大常委会主任，田家义、刘耀生、石远涛、张勇为副主任；选举田志海为县人民政府县长，尹友明、李绍丰、向永保、向朝富为副县长；选举孔宪翠为县人民法院院长、张安生为县人民检察院检察长。

第二次会议　1991 年 3 月 14—18 日，在县城召开。应出席代表 152 名，实到代表 152 名。会议期间，代表听取和审议县人民政府工作报告，县人民法院、县人民检察院工作报告，县计委《关于 1990 年国民经济和社会发展计划执行情况与 1991 年计划安排草案报告》，县财政局局长《关于 1990 年财政决算与 1991 年预算安排草案报告》，县人大常委会工作报告和议案办理报告，会议通过相关决议。会议补选彭南楚、张国桂为人大常委会副主任和 1 名州人大代表。

第三次会议　1992 年 3 月 6—10 日，在县城召开。会议应出席代表 152 名，实到代表 148 名。会议期间，代表听取和审议县人民政府工作报告，县人民法院、县人民检察院工作报告，县计委《关于 1991 年国民经济和社会发展计划执行情况及 1992 年计划安排草案报告》，县财政局《关于 1991 年财政决算与 1992 年预算安排草案报告》，县人大常委会工作报告和议案办理报告，会议通过相关决议。会议补选 1 名县十一届人大常委会委员。

四、县第十二届人民代表大会

第一次会议　1992 年 11 月 25—29 日，在县城召开。应出席大会代表 152 人，实到代表 152 人。会议期间，代表听取、审议并通过《关于县、乡（镇）两级人民代表大会换届选举》决议，县人大常委会对当选代表 152 人颁发“代表证”。代表听取、审议县人民政府工作报告，县人民法院和县人民检察院工作报告，县计委《关于 1992 国民经济和社会发展计划执行情况报告》，县财政局《关于 1992 年财政预算执行情况报告》，县人大常委会工作报告和代表议案办理报告，会议通过相关决议会议。会议选举朱新秋为古丈县第十二届人大常委会主任，选举刘耀生、向远秋、彭南楚、张勇、向永保为副主任，选举尹友明为县人民政府县长、向精华、黄绍萍、梁明金、瞿家湘为副县长，选举向发炳为县人民法院院长、张安生为县人民检察院检察长。选举产生湘西州第九届人大代表 17 名。

第二次会议　1993 年 3 月 25—28 日，在县城召开。应出席大会代表 152 人，实到代表 152 名。会议期间，听取和审议县人民政府工作报告，县人民法院和县人民检察院工作报告，县计委《关于 1993 年国民经济和社会发展计划安排草案报告》，县财政局《关于 1993 年财政预算安排草案报告、县人大常委会工作报告和代表议案办理报告，会议通过相关决议。补选汪荣发为县人民政府副县长。

第三次会议　1994 年 3 月 14—18 日，在县城召开。应出席代表 152 人，实到代表 150 人，会议期间，代表听取和审议县人民政府工作报告，县人民法院和县人民检察院工作报告，县计委《关于 1993 年国民经济和社会发展计划执行情况与 1994 年计划安排草案报告》，县财政局《关于 1993 年财政预算执行情况与 1994 年预算安排草案报告》，县人大常委会工作报告和代表议案办理报告，会议通过相关决议。会议补选龙文辉为县人民政府副县长和陈光家、黄书生为挂职副县长。

第四次会议　1995年3月14—18日，在县城召开。会议应出席大会代表152人，实到代表149名。会议期间，代表听取和审议县人民政府工作报告，县人民法院和县人民检察院工作报告，县计物统委《关于1994年国民经济和社会发展计划执行情况与1995年计划草案报告》，县财政局《关于1994年财政预算执行情况与1995年预算安排草案报告》，县人大常委会工作报告和代表议案办理报告，会议通过相关决议。补选县十二届人大常委会委员3名。

第五次会议　1996年3月17—21日，在县城召开。应出席大会代表152人，实到代表150人。会议期间，代表听取和审议县人民政府工作报告，县人民法院和县人民检察院工作报告，县计统委《关于1995年国民经济和社会发展计划执行情况与1996年经济社会发展计划草案报告》，县财政局《关于1995年财政预算执行情况与1996年预算草案报告》，县人大常委会工作报告和代表议案办理报告。会议补选刘万云为县人民政府县长，补选贾祖霞（1995年7月县人大常委会任命为副县长）、龙永金为副县长，补选杨昌和为人民检察院检察长。

第六次会议　1997年3月18—22日，在县城召开。应出席大会代表152人，实到代表147名。会议听取和审议县人民政府工作报告，县人民法院和县人民检察院工作报告，县计委《关于1996年国民经济和社会发展计划执行情况与1997年经济社会发展计划草案报告》，县财政局《关于1996年财政预算执行情况与1997年财政预算草案报告》，县人大常委会工作报告和代表议案办理报告，会议通过相关决议，会议补选李绍丰为县十二届人大常委会主任。

五、县第十三届人民代表大会

第一次会议　1997年12月7—12日，在县城召开。应出席会议代表154人，实际出席会议代表153人。会议期间，代表听取和审议县人民政府工作报告，县人民法院和县人民检察院工作报告，县计统委《关于1997年国民经济和社会发展计划执行情况与本届政府经济社会发展主要指标建议的报告》，县财政局《关于1997年财政预算执行情况与五年财政工作设想的报告》，县人大常委会工作报告和代表议案办理报告，会议通过相关决议。选举李绍丰为古丈县第十三届人大常委会主任，张其贵、瞿家湘、向远秋、李启龙、张勇为副主任；选举刘万云为县人民政府县长，龙文辉、龙永金、向清平、杜晓勇、宋顺吉、田世金（挂职）为副县长；选举杨昌和为县人民检察院检察长，县人民法院院长缺选。选举出席湘西州第十届人民代表大会代表18人。

第二次会议　1998年3月16—18日，在县城电影院召开。应出席会议代表154人，实际出席会议代表154人。会议期间，代表听取 和审议县人民政府工作报告，县人民法院和县人民检察院工作报告，县计统委《关于1997年国民经济和社会发展计划执行情况与1998年经济社会发展计划草案报告》，县财政局《关于1997年财政预算执行情况与1998年财政预算草案报告》，县人大常委会工作报告和代表议案办理报告，会议通过相关决议，会议选举盛天宁为县人民法院院长。

第三次会议　1999年3月9—11日，在县城召开。应出席会议代表154人，实际出席大会议代表154人。会议期间，代表听取和审议县人民政府工作报告，县人民法院和县人民检察院工作报告，县计统委《关于1998年国民经济和社会发展计划执行情况与1999年经济社会发展计划草案报告》，县财政局《关于1998年财政预算执行情况与1999年财政预算草案报告》，县人大常委会工作报告和代表议案办理报告，会议通过相关决议。

第四次会议　2000年3月20—23日，在县城召开。应出席会议代表154人，实际出席会议代表154人。会议期间，听取和审议县人民政府工作报告，县人民法院和县人民检察院工作报告，县计统委《关于1999年国民经济和社会发展计划执行情况与2000年经济社会发展计划草案报告》，县财政局《关于1999年财政预算执行情况与2000年财政预算草案报告》，县人大常委会工作报告和代表议案办理报告，会议通过相关决议。补选1名县十三届人大常委会委员。

第五次会议 2001年3月21—25日，在县城召开。应出席会议代表154人，实际出席会议代表151人。会议期间，代表听取和审议县人民政府工作报告，县人民法院和县人民检察院工作报告，县计统委《关于2000年国民经济和社会发展计划执行情况与2001年计划草案报告》，县财政局《关于2000年财政预算执行情况与2001年财政预算草案报告》，县人大常委会工作报告和代表议案办理报告，会议通过相关决议。会议补选梁明金为县十三届人大常委会主任；补选李卫国为县人民检察院检察长。

第六次会议 2002年3月21—23日，在县城召开，应出席会议代表154人，实际出席会议代表153人。会议期间，听取和审议县人民政府工作报告，县人民法院和县人民检察院工作报告，县计统委《关于2001年国民经济和社会发展计划执行情况与2002年经济社会发展计划草案报告》，县财政局《关于2001年财政预算执行情况与2002年财政预算草案报告》，县人大常委会工作报告和代表议案办理报告，会议通过相关决议。会议补选龙文辉为县人民政府县长、马本江为县人民法院院长。补选县人大常委会委员3人。

六、县第十四届人民代表大会

第一次会议 2002年12月16—19日，在县城召开。应出席会议代表154人，实际出席大会代表154人。会议期间，代表听取和审议县人民政府工作报告，县人民法院和县人民检察院工作报告，县发展计划局《关于古丈县第十三届人民政府国民经济和社会发展计划执行情况及第十四届人民政府经济社会发展主要指标建议的报告》，县财政局《关于古丈县第十三届政府财政预算执行情况与第十四届人民政府财政预算建议报告》，县人大常委会工作报告和代表议案办理报告，会议通过相关报告的决议。会议选举梁明金为县第十四届人大常委会主任，张其贵、瞿家湘、向远秋、向发旺、向国兴、彭世能为副主任，会议选举郭建群为县政府县长、宋顺吉、向清平、胡恩平、宋贻华、曾传文、邓锋、李建伟（挂职）为副县长，会议选举马本江为县人民法院院长、李卫国为县人民检察院检察长，选举出席湘西州第十一届人大代表19人。

第二次会议 2003年3月25—27日，在县城召开。应出席会议代表154人，实际出席大会代表154人。会议听取和审议县人民政府工作报告，县人民法院和县人民检察院工作报告，县发展计划局《关于2002年政府国民经济和社会发展计划执行情况与2003年经济和社会发展计划草案报告》，县财政局《关于2002年政府财政预算执行情况与2003年政府财政预算草案报告》，县人大常委会工作报告和代表议案办理报告，会议通过相关决议。

第三次会议 2004年3月29—31日，在县城召开。应出席会议代表154人，实际出席大会代表153人。会议听取和审议县人民政府工作报告，县人民法院和县人民检察院工作报告，县发展计划局《关于2003年政府国民经济和社会发展计划执行情况与2004年经济和社会发展计划草案报告》，县财政局《关于2003年政府财政预算执行情况与2004年政府财政预算草案报告》，县人大常委会工作报告和代表议案办理报告，会议通过相关决议。补选湘西州第十一届人大代表1名。

第四次会议 2005年3月22—25日，在县城召开。应出席会议代表154人，实际出席大会代表152人。会议听取和审议县人民政府工作报告，县人民法院和县人民检察院工作报告，县发改局《关于2004年政府国民经济和社会发展计划执行情况与2005年政府国民经济和社会发展计划草案报告》，县财政局《关于2004年政府财政预算执行情况与2005年政府财政预算草案报告》，县人大常委会工作报告和代表议案办理报告，会议通过相关决议。选举张海生为古丈县人民法院院长。

第五次会议 2006年1月10—13日，在县城召开。应出席会议代表154人，实际出席大会实到代表153人。会议听取和审议县人民政府工作报告，县人民法院和县人民检察院工作报告，县发改局《关于2005年政府国民经济和社会发展计划执行情况与2006年政府国民经济和社会发展计划草案报告》，县财政局《关于2005年政府财政预算执行情况与2006年政府财政预算草案报告》，县人大常委会工作报告和代表议案办理报告，会议审议古丈县国民经济和社会"十一五"发展规划，会议通过相关决议。会议选举高文化为县人民政府县长，补选县十四届人大常委会委员2名。

第六次会议　2007年3月6—9日，在县城召开。应出席会议代表154人，实际出席大会代表154人。会议听取和审议县人民政府工作报告，县人民法院和县人民检察院工作报告，县发改局《关于2006年政府国民经济和社会发展计划执行情况与2007年政府国民经济和社会发展计划草案报告》，县财政局《关于2006年政府财政预算执行情况与2007年政府财政预算草案报告》，县人大常委会工作报告和代表议案办理报告，会议通过相关决议。会议补选石远配（2006年7月，县人大常委会任命为副县长）、安晓宁（挂职）为副县长。

七、县第十五届人民代表大会

第一次会议　2007年12月4—8日，在县委六楼大会议室召开，应出席大会代表155人，实际出席大会代表155人。会议听取和审议会议听取和审议县人民政府工作报告，县人民法院和县人民检察院工作报告，县发改局《关于古丈县第十四届人民政府国民经济和社会发展计划执行情况及第十五届人民政府经济社会发展主要指标建议的报告》，县财政局《关于古丈县第十四届政府财政预算执行情况与第十五届人民政府财政工作计划建议的报告》，县人大常委会工作报告和代表议案办理报告，会议通过相关决议。会议选举梁明金为古丈县第十五届人大常委会主任，瞿家湘、向发旺、向国兴、石远胜、向莲玉为副主任，高文化为县人民政府县长，张海生为县人民法院院长，陶燕飞为县人民检察院检察长，选举产生出席湘西州十二届人大代表21人。

第二次会议　2008年3月21—23日，在县委六楼大会议室召开，出席大会应到代表155人，实到代表155人。会议听取和审议县人民政府工作报告，县人民法院和县人民检察院工作报告，县发改局《关于2007年国民经济和社会发展计划执行情况及2008年经济社会发展计划草案报告》，县财政局《关于2007年财政预算执行情况及2008年财政预算草案报告》，县人大常委会工作报告和代表议案办理报告，会议通过相关决议。

第三次会议　2009年3月20—23日，在县城会展中心召开，应出席大会代表155人，实际出席大会代表153人。会议听取和审议县人民政府工作报告，县人民法院和县人民检察院工作报告，县发改局《关于2008年国民经济和社会发展计划执行情况及2009年经济社会发展计划草案报告》，县财政局《关于2008年财政预算执行情况及2009年财政预算草案报告》，县人大常委会工作报告和代表议案办理报告，会议通过相关决议。

第四次会议　2010年1月18—21日，在县城会展中心召开，应出席大会代表155人，实到代表155人。会议听取和审议县人民政府工作报告，县人民法院和县人民检察院工作报告，县发改局《关于2009年国民经济和社会发展计划执行情况及2010年经济社会发展计划草案报告》，县财政局《关于2009年财政预算执行情况及2010年预算草案报告》，县人大常委会工作报告和代表议案办理报告，会议通过相关决议。会议选举杨彦芳为县人民政府县长，补选2名县十五届人大常委会委员。

第二节　县人大常委会会议

一、常委会组成人员

县人民代表大会常务委员会（简称县人大常委会）是县人民代表大会常设机构，在县人民代表大会闭会期间行使县人民代表大会职权，对县人民代表大会负责并报告工作。县人大常委会由主任、副主任和委员组成，主任、副主任和委员由各届人民代表大会选举产生。县人大常委会第九届至第十一届任期为 3 年，第十二届至第十五届任期为 5 年。

第九届人大常委会（1984.11—1987.11）由 12 人组成，其中主任 2 名，副主任 5 名，常委会委员 5 人。常委会组成人员中，土家族 5 人，占 41.67%，苗族 3 人，占 25%，汉族 4 人，占 33.33%。中共党员 12 人，占 100%。县人大常委会主任张开宏（1984 年 11 月任）、向汉林（1986 年 4 月任），副主任吴明富、伍寒英（女）、张良泉、田家义、陈祥云（女）。

第十届人大常委会（1987.11—1990.2）由 14 人组成，其中主任 1 人，副主任 5 人，常委会委员 8 人。常委会组成人员中，土家族 6 人，占 42.86%，苗族 5 人，占 35.71%，汉族 3 人，占 21.42%。中共党员 14 人，占 100%。主任向汉林，副主任吴明富、张良泉、田家义、陈祥云（女）、张其鸾（1988 年 12 月任）。

第十一届人大常委会（1990.2—1992.11）由 17 人组成，其中主任 1 人，副主任 5 人，常委会委员 11 人。土家族 9 人，占 52.94%；苗族 5 人，占 29.41%；汉族 3 人，占 17.65%。中共党员 16 人，占 94%，非中共党员 1 人，占 6%。主任向汉林，副主任田家义、石远涛、张勇、彭南楚（1991 年 5 月任）、张国桂（女，1991 年 5 月任）。

第十二届人大常委会（1992.11—1997.12）由 21 人组成，其中主任 2 人，副主任 5 人，常委会委员 14 人。土家族 7 人，占 33.33%；苗族 7 人，占 33.33%；汉族 5 人，占 23.8%。中共党员 19 人，占 90%；非中共党员 2 人，占 10%。主任朱新秋，李绍丰（1997 年 3 月任），副主任彭南楚、刘耀生、向远秋（女）、向永保、张勇。

第十三届人大常委会（1997.12—2002.12）由 22 人组成，其中主任 2 人，副主任 6 人，常委会委员 14 人。土家族 12 人，占 54.55%；苗族 8 人，占 36.4%；汉族 2 人，占 9.1%。中共党员 20 人，占 90.1%，非中共党员 2 人，占 9.1%。主任李绍丰、梁明金（2001 年 3 月任），副主任张其贵、瞿家湘、向远秋（女）、向发旺、李启龙、张勇。

第十四届人大常委会（2002.12—2007.12）由 19 人组成，其中主任 1 人，副主任 6 人，常委会委员 12 人。土家 8 人，占 42%；苗族 6 人，占 31.6%；回族 1 人，占 5.3%；汉族 4 人，占 21.1%。中共党员 17 人，占 89.5%，非中共党员 2 人，占 10.5%。主任梁明金，副主任张其贵、瞿家湘、向远秋（女）、向发旺、向国兴、彭世能。

第十五届人大常委会（2007.12—2010.12）由 21 人组成，其中主任 1 人。副主任 5 人，常委会委员 15 人。土家族 10 人，占 47.6%；苗族 6 人，占 28.6%；回族 1 人，占 4.8%；汉族 4 人，占 19%。中共党员 19 人，占 90.5%，非中共党员 2 人，占 9.5%。主任梁明金、副主任瞿家湘、向发旺、向国兴、石远胜、向莲玉（女）。

1984—2010 年古文县人大常委会主任、副主任一览表

表 5-2

姓名	性别	民族	政治面貌	文化程度	籍贯	任职时间
张开宏	男	苗	中共党员	初中	湖南古丈	1984.1—1986.4
向汉林	男	土家	中共党员	高中	湖南古丈	1986.5—1992.11
朱新秋	男	汉	中共党员	中专	湖南祁东	1992.11—1997.3
李绍丰	男	土家	中共党员	高中	湖南古丈	1997.3—2000.7
梁明金	男	土家	中共党员	大学	湖南古丈	2001.3—2007.12
宋贻华	男	汉	中共党员	大学	湖南古丈	2007.1—2010.12

续表 5-2

姓名	性别	民族	政治面貌	文化程度	籍贯	任职时间
吴明富	男	苗	中共党员	中专	湖南古丈	1984.11—1990.2
伍寒英	女	汉	中共党员	初中	湖南浏阳	1984.11—1986.4
张良泉	男	汉	中共党员	初中	湖南溆浦	1984.11—1990.2
田家义	男	土家	中共党员	高中	湖南古丈	1987.2—1992.11
陈祥云	女	汉	中共党员	高中	湖南永顺	1987.2—1990.2
张其鸾	男	苗	中共党员	大学	湖南古丈	1988.12—1990.2
石远涛	男	苗	中共党员	初中	湖南古丈	1990.2—1992.11
张　勇	男	苗	非中共党员	中专	湖南古丈	1990.2—2002.12
彭南楚	男	土家	中共党员	高中	湖南古丈	1991.5—1997.12
张国桂	女	土家	中共党员	中专	湖南泸溪	1991.5—1992.11
刘耀生	男	汉	中共党员	高中	湖南古丈	1992.11—1997.12
向远秋	女	苗	中共党员	高中	湖南古丈	1992.1—2007.12
向永保	男	苗	中共党员	中专	湖南古丈	1992.1—1997.12
张其贵	男	苗	中共党员	大学	湖南古丈	1997.12—2007.12
瞿家湘	男	苗	中共党员	大专	湖南古丈	1997.12—2010.12
向发旺	男	苗	中共党员	大专	湖南古丈	1997.12—2010.12
李启龙	男	土家	中共党员	初中	湖南古丈	1997.12—2002.12
向国兴	男	土家	中共党员	大专	湖南古丈	2002.12—2010.12
彭世能	男	土家	非中共党员	硕士	湖南古丈	2002.12—2007.12
石远胜	男	苗	非中共党员	大学	湖南古丈	2007.12—2010.12
向莲玉	女	土家	中共党员	大学	湖南古丈	2007.12—2010.12

1984—2010 年古丈县人大常委会委员一览表

表 5-3

姓名	性别	族别	政治面貌	文化	籍贯	任职时间
彭南楚	男	土家	中共党员	高中	湖南古丈	1984.11—1990.4
张之俊	男	汉	中共党员	高中	湖南古丈	1984.11—1997.12
宋太坤	男	苗	中共党员	初中	湖南张家界	1984.11—1990.2
向汉枚	男	土家	中共党员	中专	湖南古丈	1984.11—1997.12
王宗湘	男	土家	中共党员	高中	湖南古丈	1984.11—1997.12
潘孝海	男	土家	中共党员	高中	湖南古丈	1987.11—1990.2
蒋洪基	男	汉	中共党员	大专	湖南古丈	1987.11—1990.2
向福玉	女	土家	中共党员	大专	湖南古丈	1987.11—1990.2
石元雅	男	苗	中共党员	高中	湖南古丈	1987.11—1992.11
张昌胜	男	苗	中共党员	高中	湖南古丈	1987.11—1990.2

续表 5-3

姓名	性别	族别	政治面貌	文化	籍贯	任职时间
向加义	男	土家	中共党员	中专	湖南古丈	1990.2—1992.11
杨正义	男	土家	中共党员	中专	湖南古丈	1990.2—1992.11
张世奎	男	苗	中共党员	初中	湖南古丈	1990.2—1997.12
张其鸾	男	苗	中共党员	大学	湖南古丈	1990.2—1992.11
胡家模	男	土家	中共党员	大学	湖南永顺	1990.2—1992.11
胡菊兰	女	汉	中共党员	中专	湖南古丈	1990.2—1992.11
彭武经	男	土家	中共党员	中专	湖南古丈	1992.3—2002.12
王玉凤	女	汉	中共党员	高中	湖南古丈	1992.11—1997.12
袁代辉	男	汉	中共党员	大学	湖南古丈	1992.11—1997.12
石开荣	男	苗	中共党员	大专	湖南古丈	1992.11—1997.12
张显位	男	苗	中共党员	高中	湖南古丈	1992.11—1995.3
向清平	女	土家	非中共党员	大学	湖南古丈	1992.11—1995.3
刘万发	男	苗	中共党员	高中	湖南古丈	1992.11—1995.3
符兴国	男	苗	中共党员	高中	湖南古丈	1995.3—1997.12
田清习	男	土家	中共党员	高中	湖南古丈	1995.3—1997.12
梁世华	男	土家	中共党员	大专	湖南古丈	1995.3—1997.12
田开旺	男	土家	中共党员	大专	湖南古丈	1997.12—2002.12
向玉梅	女	土家	中共党员	大专	湖南古丈	1997.12—2002.12
向国兴	男	土家	中共党员	大专	湖南古丈	1997.12—2002.12
向圣荣	男	土家	中共党员	中专	湖南古丈	1997.12—2002.12
刘志军	男	汉	中共党员	大专	湖南古丈	1997.12—2002.12
张光秀	女	土家	非 党	大学	湖南古丈	1997.12—2002.12
唐　勇	男	苗	中共党员	大专	湖南会同	1997.12—2010.12
戴光荣	男	土家	中共党员	中专	湖南古丈	1997.12—2010.12
向光金	男	土家	中共党员	大专	湖南古丈	1997.12—2007.12
徐　金	男	汉	中共党员	中专	湖南古丈	1997.12—2010.12
邓长和	男	苗	中共党员	中专	湖南古丈	1997.12—2002.12
向锦华	男	苗	中共党员	大专	湖南古丈	1997.12—2002.12
张美珠	女	苗	中共党员	大学	湖南古丈	2002.12—2010.12
阙道柳	男	汉	中共党员	大专	湖南桑植	2002.12—2006.1
向功金	男	土家	中共党员	中专	湖南古丈	2002.12—2010.12
向功展	男	土家	中共党员	大专	湖南古丈	2002.12—2010.12
向建华	男	土家	非中共党员	大专	湖南古丈	2002.12—2007.12
鲁　荣	男	汉	中共党员	大专	湖南古丈	2002.12—2010.12
龙洪淼	男	回	中共党员	大专	湖南桃源	2006.1—2007.12

续表 5-3

姓名	性别	族别	政治面貌	文化	籍贯	任职时间
吴良平	男	汉	中共党员	高中	湖南古丈	2006.1—2010.12
彭祖兴	男	土家	中共党员	大专	湖南古丈	2007.12—2010.12
向云富	男	土家	中共党员	大专	湖南古丈	2007.12—2010.12
沈仁春	男	汉	非中共党员	大专	湖南古丈	2007.12—2010.1
向水林	男	土家	中共党员	大学	湖南古丈	2007.12—2010.1
龙献生	男	苗	中共党员	大专	湖南古丈	2010.1—2010.12
祁　彪	男	土家	中共党员	大专	湖南古丈	2010.1—2010.12

二、驻会工作机构

1986 年 1 月，县人大常委会下设办公室和联络任免工作委员会、法制工作委员会、财政经济工作委员会、教育科学文化卫生工作委员会 5 个委室。1992 年 12 月，增设民族侨务外事宗教工作委员会。2002 年 12 月，增设农业经济工作委员会。2002 年 12 月，法制工作委员会更名为内务司法工作委员会。2008 年 3 月，内务司法工作委员会下设规范性文件备案审查办公室。增设城市环境工作委员会。

1986—2010 年历任各委室主任：县人大常委会办公室主任彭南楚、彭武经、向圣荣、徐金、龙献生；县人大联络任免工作委员会主任王宗湘、向国兴、向光金、吴良平；内务司法工作委员会主任张之俊、田清习、邓长和、向功展；财政经济工作委员会主任宋太坤、张世奎、戴光荣；民族侨务外事宗教工作委员会主任张显位、彭武经、向锦华、阙道柳、龙洪淼；教育科学文化卫生工作委员会主任向汉枚、田开旺、张美珠；农业经济工作委员会主任向功金。

三、常委会议

1986 年，县九届人大常委会召开第十五次常委会议，听取和审议县政府关于义务教育、农村农业等工作汇报，作出《关于坚决制止乱占滥用耕地的决议》《关于加强同县“一府两院”工作联系的若干规定》等方面决议。1987 年，县十届人大常委会召开第七次常委会议，听取和审议县政府关于工业企业、科学技术、林业资源、城乡集市建设等方面情况汇报，作出《关于贯彻执行〈中华人民共和国土地管理法〉的决议》。1988 年，县十届人大常委会召开第十二次会议，作出《关于加速城乡集市贸易地建设的决议》《关于四年消灭荒山、八年绿化古丈的决定》等决定决议。1989 年，县十届人大常委会召开第二十次会议，作出《关于加强职业教育办好职业中学的决议》《关于禁止向农民乱派款的规定》《关于县乡两级人民代表大会换届选举的决定》等决定决议。

1990 年，县十一届人大常委会召开第五次会议，听取和审议县政府关于工业、农业、财贸、交通、水电、林业等方面情况汇报，作出《关于保护农田水利电力设施的决议》《关于封山育林的决议》、《关于认真搞好扶贫开发的决议》等决定决议。1991 年，县十一届人大常委会召开第十一次会议，作出《关于发展全县广播电视事业的决议》决议。1992 年，县十一届人大常委会召开第十八次会议，作出《关于同意〈古丈县城总体规划修编方案〉的决议》《关于开展土地使用制度改革的决议》等。

1994 年，县十二届人大常委会召开第八次会议，作出《关于进一步抓好增收节支认真执行财政预算的决议》《关于强化森林资源保护的决定》等方面决定决议。1995 年，县十二届人大常委会召开第十三次会议，作出《关于进一步抓好清理“三乱”工作的决议》。1996 年，县十二届人大常委会召开第十七次会议，听取和审议县政府关于工业生产、烟叶生产、山羊发展等的情况汇报。

1998 年，县十三届人大常委会召开第十五次会议，作出《关于批准〈古丈县县域城镇体系规划〉的决定》《关于古丈县乡镇行政区划调整的报告的决议》等决定决议。2000 年，县十三届人大常委会召开第十九次会议，听取和审议县政府关于全县口粮田建设、国土资源管理和利用、工业企业改革和发展、城市建设和管理、全县普及九年义务教育等情况汇报，修正《古丈县人大常委会任免国家机关工作人员办法》。2002 年，县十三届人大常委会召开第二十三次会议，就县城初、高中学校学位不足问题进行专题审议。同意县政府征收县水泥制品厂，采取日元贷款筹资新建古丈县民族中学。

2003 年，县十四届人大常委会召开第八次会议，听取和审议县政府关于种草养羊、橙柚开发、小城镇建设等方面工作情况汇报。2004 年，县十四届人大常委会召开第十一次会议，听取和审议全县乡村公路养护工作情况汇报，要求县政府制定《古丈县乡村公路养护办法》，将养护资金纳入财政预算，解决乡村公路无人管理和养护等问题。2005 年，县十四届人大常委会召开第十七次会议，听取和审议县政府关于县城综合管理及古阳河治理情况汇报，将关停南山砂岩场、规划和修建城区停车场、整顿建材销售市场等事项交办给县政府。

2006 年，县十四届人大常委会召开第十九次会议，听取和审议县政府关于全县社会保障体系建设、全县村级财务管理、全县林政管理等方面情况汇报。2007 年，县十四届人大常委会召开第二十四次会议，作出《关于进一步加强法制宣传教育的决议》《关于同意〈古丈县地方公路养护管理办法〉的决定》《关于同意〈古丈县猛洞河生态经济开发区生态旅游资源保护和管理暂行办法〉的决定》《关于〈古丈县政府关于县城纤维板厂民族木工艺厂民族五金厂所处用地规划调整的情况报告〉的决议》等方面决定决议。

2008 年，县十五届人大常委会召开第九次会议，听取和审议县政府关于县城综合管理和古阳河治理、茶叶产业化建设、钒矿整治及矿产开发利用等方面专题汇报，作出《关于县城饮用水水源保护的决定》《关于批准〈古丈县城综合管理试行办法〉的决定》《关于批准〈古丈县城区监控系统实施方案〉的决定》等。2009 年，县十五届人大常委会召开第十五次会议，听取和审议县政府关于优化经济发展环境、工业“百千万”工程、农业“两叶一果”工程、旅游业“一线四区”工程情况汇报。2010 年，县十五届人大常委会召开第二十二次会议，听取和审议县政府关于重点工业项目、新农合实施情况、茶叶产业化建设工作情况汇报。

第三节　主任会议

1986 年，县九届人大常委会召开主任会议，先后听取县政府关于保护国家、集体和人民财产安全工作情况、国土开发整治工作，县人民检察院关于经济检察工作，县公安局关于执行《治安管理处罚条例》等方面情况汇报。

1987 年，县十届人大常委会召开主任会议，先后听取县政府关于加强村级管理、保护森林资源工作情况汇报。1988 年，县十届人大常委会召开主任会议，先后听取县政府关于开展城镇房屋登记核发权证情况、完善农村双层经营责任制和当前农业生产情况，县人民法院关于民事审判和县人民检察院关于法纪案件和经济检察工作情况汇报。1989 年，县十届人大常委会召开主任会议，先后听取县政府关于监察工作、普及初等教育等工作情况汇报，县人民检察院关于执法检察工作情况汇报。

1990 年，县十一届人大常委会召开主任会议，听取县人民法院关于民事审判工作情况汇报、县人民检察院关于打击经济犯罪、县公安局关于打击破坏农田水利电力设施犯罪情况汇报。1991 年，县十一届人大常委会召开主任会议，先后听取县政府关于乡镇企业工作、行政执法、农村生活安排等情况汇报。1992 年，县十一届人大常委会召开主任会议，先后听取县政府关于科技兴农、建设电气化县及《四年消灭荒山，八年绿化全县的决定》贯彻落实情况汇报。

1993年，县十二届人大常委会召开主任会议，先后听取县政府关于关于搞好清理“三乱”工作情况汇报，县人民检察院关于反腐败和县公安局关于社会治安工作情况汇报。

1994年，县十二届人大常委会召开主任会议，先后听取县政府关于工业企业内部管理、全县山地开发管理、全县科技培训、农村卫生工作及初级卫生保健等方面情况汇报。1995年，县十二届人大常委会召开主任会议，先后听取县政府关于春耕备耕生产、全县畜牧水产工作、全县矿产资源开发管理、全县公路建设等情况汇报。1997年，县十二届人大常委会召开主任会议，先后听取县政府关于全县农机工作、少数民族和民族地区发展经济和社会事业、以工代赈工作情况汇报。

1999年，县十三届人大常委会召开主任会议，先后听取县政府关于全县农村医疗卫生、全县宗教工作情况汇报，县人民法院民事审判和县人民检察院民事检察工作情况汇报。

2000年，县十三届人大常委会召开主任会议，先后听取县政府关于公费医疗费管理、房改资金管理和使用、审计工作情况汇报，县人民检察院关于民事行政检察情况。

2002年，县十三届人大常委会召开主任会议，先后听取县政府关于优化经济发展环境、全县工业改制及运行、全县民营经济发展、全县科技工作及科技人员待遇落实情况汇报。

2003年，县十四届人大常委会召开主任会议，听取县人民法院案件执行及县人民检察院法律监督情况汇报，促进“一府两院“依法行政和公正司法。

2004年，县十四届人大常委会召开主任会议，先后听取县政府关于民族和宗教工作、农产品销售服务工作、社会治安综合治理工作情况汇报。

2005年，县十四届人大常委会召开主任会议，先后听取县司法局关于全县司法工作情况汇报、县林业局关于全县林业林政管理工作情况汇报、县质量技术监督局质量技术监督工作情况汇报、县物价局关于全县物价工作情况汇报、县广播电视局关于全县广播电视工作情况汇报、县民族事务局关于全县民族优惠政策落实情况汇报，县人民法院关于执行工作情况汇报。

2006年，县十四届人大常委会召开主任会议，先后听取县信用联社关于信贷工作、县文化局关于实施“民族民间文化遗产保护工程”、全县寄宿制学校建设工作情况汇报。

2007年，县十四届人大常委会召开主任会议，先后听取县政府关于全县贷款项目建设、解决县城初高中学位不足、农村社会救助、乡村公路养护、第一轮整村推进等工作情况汇报。

2008年，县十五届人大常委会召开主任会议，先后听取县政府关于科技人才队伍建设、罗依溪经济开发区建设、机关社保工作、全县能源建设、宗教等工作情况汇报。

2009年，县十五届人大常委会召开主任会议，听取县政府关于全县柑橘产业建设、茶叶产业化建设及县人民法院关于民商事审判工作、县人民检察院反贪污贿赂和反渎职侦察工作情况汇报。

2010年，县十五届人大常委会召开主任会议，听取县政府关于古阳河治理、县城综合管理、残疾人工作、新型农村合作医疗、农村电网改造和建设及县人民检察院反贪工作情况汇报。

第三章 职能履行

第一节 重大事项决议

1986年，县第九届人大常委会第十五次会议上作出《关于坚决制止乱占滥用耕地的决议》《关于完成农业生产计划及人大代表对整修公路的建议》《关于加强同县“一府两院”工作联系的若干规定》。

1987年，县十届人大常委会作出《关于贯彻执行〈中华人民共和国土地管理法〉的决议》。1988年，作出《关于加速城乡集市贸易地建设的决议》《关于四年消灭荒山、八年绿化古丈的决定》。1989年，作出《关于加强职业教育办好职业中学的决议》《关于禁止向农民乱派款的规定》《关于县乡两级人民代表大会换届选举的决定》。

1990年，县十一届人大常委会作出《关于保护农田水利电力设施的决议》《关于封山育林的决议》《关于认真搞好扶贫开发的决议》《关于批准县政府建立乡镇实体财政实行预算收支包干报告的决议》。1991年，县人大常委会作出《关于发展全县广播电视事业的决议》。1992年作出《关于同意〈古丈县城总体规划修编方案〉的决议》、《关于开展土地使用制度改革的决议》等。

1994年，县十二届人大常委会作出《关于进一步抓好增收节支认真执行财政预算的决议》《关于强化森林资源保护的决定》。1995年作出《关于进一步抓好清理“三乱”工作的决议》等。

1998年，县十三届人大常委会作出《关于批准〈古丈县县域城镇体系规划〉的决定》。

2005年，县十四届人大常委会作出《关于古丈县乡镇行政区划调整的报告的决议》。

2007年，县十五届人大常委会作出《关于进一步加强法制宣传教育的决议》《关于同意〈古丈县地方公路养护管理办法〉的决定》《关于同意〈古丈县猛洞河生态经济开发区生态旅游资源保护和管理暂行办法〉的决定》《关于〈古丈县政府关于县城纤维板厂民族木工艺厂民族五金厂所处用地规划调整的情况报告〉的决议》等。

2008年，县十五届人大常委会作出《关于县城饮用水水源保护的决定》《关于批准〈古丈县城综合管理试行办法〉的决定》《关于批准〈古丈县城区监控系统实施方案〉的决定》等。通过行使重大事项决定权，提高民主决策能力，减轻政府决策风险，依规推进全县经济社会的有序发展。

第二节 “一府两院”工作监督

1986年，县九届人大常委会先后听取和审议县政府关义务教育、农村农业等工作汇报，并作出全面贯彻义务教育法的相关决议和加强与“一府两院”联系的决定。1987年，十届人大常委会先后听取和审议县政府关于工业企业、科学技术、林业资源、城乡集市建设等方面的情况汇报，作出“全面贯彻土地管理法”“加速城乡集市贸易地建设”、“办好职业中学”“严禁向农民乱收乱派款”“消灭荒山”“加快县城农贸大市场建设”等决议决定。1988年，县人大常委会用4个月时间，在全县开展执法检查，督促县政府组织相关部门对工作中违法违规问题进行核实处理，维护法律尊严。

1990年，县人大常委会先后听取工业、农业、财贸、交通、水电、林业、政法等12个方面汇报15次，作出决议、决定6个，并先后听取县人民法院关于民事审判工作情况汇报、县人民检察院关于打击经济犯罪情况汇报。是年7月，县人大常委会组织开展为期3个月的全县执法检查，检查局级单位68个，涉及法律34个，条例、规定106个。其中，重点对《中华人民共和国义务教育法》和《中华人民共和国会计法》《湖南省禁止向农民乱收费、乱派款的规定》《公安部收容审查所管理工作暂行规定》《中华人民共和国看守所条例》《中华人民共和国治安管理处罚条例》等法律法规实施情况进行检查。督促教育部门贯彻落实《中华人民共和国义务教育法》，确保适龄儿童得到就学，是年，小学入学率96.91%，年巩固率为96.51%，13～15岁初等教育普及率为92.84%，提前五年实现普及初等教育目标。

1991年，县人大常委会从全县抽调94名干部职工组成31个检查组，对全县28个国营企业实施《中华人民共和国全民所有制工业企业法》开展检查，查出“三乱”资金12万元，依法对违规资金进行处理，促进企业依法管理。

1996年，县人大常委会听取和审议县政府关于粮食、工业、烟叶生产、山羊发展、社会保险、公费医疗等方面的情况汇报。对发展山羊过程中广大群众普遍关注的热点问题进行调查研究，对县畜牧水产局在发放山羊贷款时提前扣息的错误做法予以纠正。

1999年，县人大常委会先后召开常委会议7次，主任会议14次，听取“一府两院”有关经济社会发展方面议题17个，人大常委会组织力量对实施《中华人民共和国消费者权益保护法》《中华人民共和国产品质量法》《中华人民共和国农业技术推广法》《中华人民共和国森林法》《中华人民共和国水法》《中华人民共和国防洪法》《中华人民共和国水土保持法》《中华人民共和国建筑法》等16部法律法规的执法检查，促进个体私营经济发展、普及九年义务教育、口粮田建设、省道1828线建设。

2002年，县人大常委会就县城初、高中学校学位不足问题进行调查研究。同意县政府关于征收县水泥制品厂，采取日元贷款等措施，筹资新建古丈县民族中学方案，有效解决县一中初、高中学位不足问题。

2003年，县人大常委会先后听取和审议“一府两院”工作议题23个，对县政府关于种草养羊、椪柑开发、旅游开发、小城镇建设、教育、水务、移民等方面工作进行重点监督，对县人民法院案件执行及县人民检察院法律监督情况进行检查，促进“一府两院“依法行政和公正司法。同时，对《中华人民共和国税收征收管理法》《中华人民共和国政府采购法》《中华人民共和国种子法》等法律法规实施情况进行监督检查，促进全县种子市场有序发展，维护广大农民群众的切身利益。

2004年10月，县人大常委会议再次听取政府关于解决城区初、高中学位不足工作情况汇报，同意县政府关于“剥离县一中初中部，扩大高中部办学规模，征收县水泥制品厂，在县艺体校基础上，扩建一所城区九年制学校”方案，缓解城区高、初中学位不足问题。是年，县人大常委会就全县乡村公路养护问题，制定《古丈县乡村公路养护办法》，将养护资金纳入财政预算，督促各乡镇政府落实工作人员开展乡村公路管理和养护工作，解决乡村公路无人管理和养护，乡村级公路通路不通车问题，此项工作得到州人大常委会的充分肯定。

2005年，县人大常委会议多次听取县政府关于县城综合管理及古阳河治理情况汇报，要求政府尽快制定方案、全面整治落实，就关停南山砂岩场、规划和修建城区停车场、整顿建材销售市场、限期取缔县城辖区内载客三轮车营运等10件事情进行交办，进一步改善县城面貌，优化市民生活环境，提高城市品位。2006 年，县人大常委会围绕经济社会发展和人民群众关注的重大问题加强工作监督，先后听取和审议县政府关于县城综合管理及古阳河污染治理、工业、林政管理、社会保障体系建设、村级财务管理等工作汇报，听取县人民法院关于办理涉法上访案件和执行工作情况汇报，提出建议和意见，督促“一府两院”办理落实。

2008 年，县人大常委会先后听取和审议县政府关于县城综合管理和古阳河治理、茶叶产业化建设、钒矿整治及矿产开发利用、城市低保、县教育布局调整等 27 个方面的专题汇报，提出对存在的相关问题进行交办，督促“一府两院”办理落实。同年，组织在县的省、州、县三级人大代表对实施《中华人民共和国中小企业促进法》《中华人民共和国民族区域自治法》《城市居民最低生活保障条例》和《湖南省林业条例》等法律法规情况进行检查，对相关部门提出交办和整改意见。是年 8 月，制定《古丈县人大常委会规范性文件备案审查工作暂行程序》，成立规范性文件备案审查办公室，逐步探索开展规范性文件备案审查工作。

2009 年 5—9 月，县人大常委会组织开展《中华人民共和国土地管理法》执法检查。通过调查研究，就加大国土资源法律法规宣传力度、完善国土队伍管理体制、切实加大国土执法力度等事项向县政府进行交办。贯彻县委“坚持五个第一，树立三种意识，围绕三大产业，推进三大工程”总体工作思路，先后听取和审议县政府关于优化经济发展环境、工业“百千万”工程、农业“两叶一果”工程、旅游业“一线四区”工程以及县人民法院关于民事审判工作、县人民检察院反贪污贿赂和反渎职侦查工作情况汇报，督促县政府出台烟叶产业化发展规划和茶叶产业化建设实施意见。

2010 年 3 月，县人大常委会围绕“新型工业兴县，绿色产业富民”发展战略，对制约全县工业发展瓶颈问题进行调研，就解决企业融资、优化工业经济发展环境、制定工业发展实施办法、制定矿产资源保护办法、打击非法开采和运输矿产资源等问题进行交办和跟踪督办，督促出台《古丈县矿产资源开发利用与保护管理暂行规定》。对《中华人民共和国妇女权益保障法》《中华人民共和国科学技术进步法》《中华人民共和国档案法》《中华人民共和国各级人民代表大会常务委员会监督法》等法律法规实施情况开展检查。听取和审议县政府关于重点工业项目、新农合实施情况、茶叶产业化建设、古阳河治理、县城综合管理以及县人民检察院反贪工作情况汇报，增强监督实效。

第三节　人事任免

1985 年 4 月至 1987 年 3 月，县九届人大常委会按照《中华人民共和国地方各级人民代表大会和地方各级人民政府组织法》，对“一府两院”提请任免干部 106 人进行审议，县人大常委会任免 99 人，其中副县长 3 人，政府组成部门委办局正职 67 人，县人民法院干部 11 人，县人民检察院干部 7 人，县人大常委会办委干部 11 人。有 7 名提请任免干部讨论未获通过。届内，县人大常委会先后制定《古丈县人大常委会关于人事任免若干细则》《古丈县人大常委会关于人事任免暂行规定》。

1987 年 4 月至 1990 年 3 月，县十届人大常委会改举手表决通过为无记名投票表决通过方式，依法任命干部 64 人，其中副县长 1 人，县人大常委会各委办正副主任和县政府各委办局正职 46 人，县人民法院和县人民检察院干部 17 人，免职 10 人，提请任免未获通过 2 人。

1990 年 4 月至 1992 年 11 月，县十一届人大常委会依法任免国家机关工作人员 104 人，其中任命 73 人，免职 30 人，撤职 1 人。提请任免未通过 3 人。

1993 年，县人大常委会废除《古丈县人大常委会关于人事任免暂行规定》，确定《古丈县人大常委会任免国家机关工作人员办法》。1996 年，县人大常委会共任免干部 39 人，其中任命 28 人，免职 11 人，实现县委干部队伍建设安排计划。是年，县人大常委会对任命干部实施监督，对县林业局和县民政局 2 名局长开展述职评议，改变对已任命干部较少过问状况。1998 年始，县人大常委会在任免干部工作中推行“先考法、后任命”制度、任前自我介绍和表态发言制度、任命人员述职报告制度。

2002 年，县人大常委会 5 年共依法任免国家机关工作人员 175 人次，其中决定任命 54 人，决定免职 35 人。是年，制定《古丈县人大常委会关于述职评议暂行办法》，分别对县政府副县长、县人民法院院长、县人民检察院检察长以及县公安局、县政府办、县发改局、县人事局、县劳动与社会保障局、县卫生局、县林业局、县水务局、县住房与城乡建设局、县监察局、县科技局等单位负责人进行会议述职和书面述职。

2003 年，县人大常委会规范拟任表态、集体审议、投票表决、公开任命任免程序，坚持任职标准，任命“一府两院”领导人员。是年，依法任免国家机关工作人员 40 人，同时，对“一府两院”35 名行政负责人、法官、检察官进行述职评议。

2004 年，实行党管干部和依法任免相结合原则，依法任免国家机关工作人员 28 人，其中任命 11 人，免职 17 人。并对县财政局、县人口与计划生育局、县人民法院、县政府办、县科技局、县人事局、县劳动和社会保障局、县经贸局、县发展改革局、县监察局等单位主要负责人进行述职评议。

2005 年，依法任免国家机关工作人员 51 人，其中任命 25 人，免职 17 人，任命联审员 9 人。对 2 名副县长、县公安局长进行会议述职评议，对 5 名县直局长开展书面述职评议。2007 年，县人大常委会对《古丈县人大常委会关于人事任免暂行规定》进行部分修改，保留“先考法、后任命”和任前发言、集体审议、投票表决、公开任命程序，规范和完善人事任免程序。

2008 年，县人大常委会贯彻党管干部与依法任免相结合原则，任免国家机关工作人员 51 人，其中任命 28 人，免职 23 人。2010 年，制定《古丈县人大常委会关于工作评议的暂行规定》，对“一府两院”及其政府组成部门和中央、省、州垂直管理部门实行工作评议，加强国家机关任免干部管理。是年，任免国家机关负责人 30 人，其中任命 15 人，免职 15 人。

第四节　议案审办

1986 年 4 月，县九届人大三次会议收到质询案 5 件，经议案审查委员会审查，不提请大会审议立案，转为其他事项，交由县政府办理。收到议案 32 件，经审查，不提请大会立案，转交有关部门办理，其中转交县人大常委会法制委员会审议 1 件，交县政府审议办理 31 件。收到批评建议意见书 46 件，其中转交县人民法院办理 1 件、县政府办理 45 件。

1987 年 2 月，县十届人大一次会议收到质询案 3 件，议案 38 件，建议批评意见 273 件，对质询案和议案，经主席团会议研究，转交有关部门办理答复；对批评建议意见，分别转交县人大常委会、县政府、县人民法院和县人民检察院研究办理，闭幕会后 3 个月答复有关代表。1988 年 4 月，县十届人大三次会议收到质询案 3 件，议案 25 件，建议批评意见 36 件。经审议，3 件质询案不属于质询案范围，转作建议批评意见交有关部门研究处理。25 件议案立案 3 件，22 件转作建议批评件交有关部门处理。

1990 年 2 月，县十一届人大一次会议收到议案 58 件，其中，不符合议案程序要求，改作建议批评意见 11 件，符合议案程序 47 件，经主席团审议，决定对《关于保护水利电力设施》一案，交县人大常委会办理，另 46 件作批评意见建议转交有关部门研究办理。收到质询案 4 件，经审议，均不属于质询案范围，改作批评意见和建议转交有关部门处理。收到批评意见建议 100 件，经大会主席团研究，全部转交县政府、县人民法院和其他有关部门研究办理，闭幕后三个月内答复有关代表。

1991年3月，县十一届人大二次会议收到议案、质询案、建议批评意见88件，其中议案45件，经审议，作为议案立案3件，其余转作建议批评意见办理。质询案1件，经审议，不属于质询案，转作建议批评意见处理。1992年3月，县十一届人大三次会议收到议案和建议批评意见118件。议案5件全部办理完结。建议批评意见113件，完全解决28件，部分解决43件，因条件限制得不到解决并向代表说明情况42件。

1992年11月，县十二届人大一次会议收到议案、质询案和建议批评意见110件，其中，议案36件，质询案4件，建议批评意见70件。经会议审查，议案和质询案全部转作建议批评意见交县政府及有关部门研究办理。

1993年3月，县十二届人大二次会议收到议案和建议批评意见56件，其中，县政府承办54件，县人民法院和县人民检察院各1件，3个月内全部收到回复。1995年3月，县十二届人大四次会议收到议案和建议批评意见76件，其中议案一件由县政府办理，建议批评意见75件，由县政府交各部门办理。其中解决15件，纳入计划逐步解决37件，因条件限制暂时无法解决、需向代表说明情况23件。

1996年3月，县十二届人大五次会议收到建议批评意见56件，县政府接到交办后，县长刘万云主持召开交办会，提出办复工作具体要求。相关部门对56件建议批评意见均作出答复。其中得到解决12件，纳入计划或部分解决23件，暂时无法解决、需向代表说明情况21件。

1997年3月，县十二届人大六次会议共收到议案、质询案、建议批评意见28件，其中议案5件，质询案1件，建议批评意见22件。经审议，5件议案中4件转作建议批评意见，1件列为议案交有关部门处理。其中1件质询案在会议期间已作答复，22件建议批评意见于会后交由相关部门办理。

1997年12月，县十三届人大一次会议收到议案和建议批评意见71件。1998年3月，县十三届人大二次会议收到议案和建议批评意见5件，全部交由县政府办理。其中解决25件，部分解决或计划解决27件，留作参考并加以说明24件。

1999年3月，县十三届人大三次会议收到议案、质询案和建议批评意见49件，其中议案12件，质询案1件，建议批评意见36件。经会议审查，议案和质询案全部转作建议批评意见交县政府及有关部门研究办理。其中解决10件，部分解决或纳入计划19件，无法解决留作参与并向代表说明情况20件。

2000年，县十三届人大四次会议收到议案、质询案、建议批评意见89件，其中议案29件，质询案1件，建议批评意见59件。经审议，议案2件，转作建议批评意见中27件。1件质询案在会议期间已作答复。86件建议批评意见由县政府直接办理13件，其余交县直相关单位办理。

2001年3月，县十三届人大五次会议收到议案和建议批评意见80件，其中《关于在县城城区禁放烟花爆竹》议案由县政府办理完结。建议批评意见79件中办结25件，部分解决13件，纳入计划解决19件，因条件制约暂时无法解决、需要向代表说明情况22件。2002年3月，县十三届人大六次会议收到议案、质询案、建议批评意见142件。其中议案31件，质询案1件。经会议审查，议案和质询案全部转作建议批评意见交县政府及有关部门研究办理。其中办结62件，部分办结或纳入计划24件，因多种原因无法解决56件。

2002年12月和2003年3月县十四届人大召开第一、二次会议，共收到建议批评意见291件，涉及37个县直部门。其中涉及交通部门63件，水务部门60件，教育部门30件，扶贫开发部门22件，电力部门13件。经一年努力，解决79件，部分解决或纳入计划解决73件，因条件限制无法解决139件。

2004年3月，县十四届人大三次会议收到议案和建议批评意见100件，其中议案1件交由县政府办理。建议批评意见99件由县政府交19个县直部门和3个乡镇办理，截止到2005年3月，建议批评意见得到解决或基本解决 35 件，部分解决或纳入计划逐解决 31 件，因条件限制无法解决 33 件。

2005 年，县十四届人大四次会议收到建议批评意见 103 件，由县政府交 25 个县直部门和 1 个乡办理。其中建议批评意见答复率 100%，得到解决或基本解决的 37 件，部分解决或纳入计划逐步解决 33 件，因条件限制无法解决 33 件。

2006 年 1 月，县十四届人大五次会议收到议案和建议批评意见 112 件，其中议案 1 件，由县政府进行办理，建议批评意见 111 件由县政府交相关部门办理。通过一年努力，建议批评意见得到解决或基本解决 46 件，部分解决或纳入计划逐步解决 38 件，因条件限制暂未法解决 27 件。

2007 年 3 月，县十四届人大六次会议收到议案、质询案和建议批评意见 67 件。其中议案 18 件，质询案 1 件，经审议，全部改作批评意见交县政府办理。到年底，得到解决或基本解决 19 件，部分解决或纳入计划逐步解决 26 件，因条件限制暂未解决 22 件。代表对承办单位办理情况基本满意。

2007 年 12 月和 2008 年 3 月召开县十五届人大第一、二次会议，收到建议批评意见 250 件，其中一次会议 224 件，二次会议 26 件。县政府分别于 2008 年 1 月 25 日和 5 月 7 日召开专题会议，交相关部门办理。其中解决 41 件，正在解决 98 件，因条件限制暂未解决 111 件。

2009 年 3 月，县十五届人大三次会议收到议案和建议批评意见 139 件，其中议案 60 件，经审议，全部改作建议批评意见办理。大会闭幕后，县政府召开专题交办会，各承办单位对所提批评意见和建议均作出答复，代表对承办单位已办理情况基本满意，对暂时无法办理表示理解。

2010 年 1 月，县十五届人大四次会议收到建议批评意见 139 件，其中，议案 7 件，改作建议批评意见办理。对 139 件建议批评意见，承办单位做出答复，到年底，已解决 38 件，正在解决或列入计划逐步解决 89 件，因条件限制留待以后研究解决 12 件，代表对办理结果满意。

第四章　乡镇人民代表大会

1984—2003 年，乡镇人民代表大会每届任期 3 年，自 2004 年始，乡镇人民代表大会每届任期 5 年。

第一节　乡镇人大代表及乡镇人大常设机构

乡镇人大代表选举工作在乡镇选举委员会的主持和组织下进行，受县选举委员会领导，乡镇人大代表由选区选民直接投票选出。1986 年，乡镇人民代表大会的常设机构为主席团，设主席团主席 1 人，负责乡镇人大日常工作。1998 年，乡镇人民代表大会取消常设机构，即主席团，改设乡镇人大主席。2005 年，增设乡镇人大副主席。

第二节　乡镇人民代表大会会议

1986 年，全县有断龙山、茄通、双溪、城关、坪坝、河蓬、山枣、野竹、岩头寨、高峰、草潭 11 个乡人民代表大会，古阳、罗依溪、河西、默戎 4 个镇人民代表大会。其中断龙山、茄通、双溪、城关、坪坝、河蓬、山枣、野竹、岩头寨、高峰、古阳 11 个乡镇为第九届人民代表大会任期。罗依溪、河西、默戎、草潭 4 个乡镇为第一届人民代表大会任期。1987 年，断龙山、茄通、双溪、城关、坪坝、河蓬、山枣、野竹、岩头寨、高峰、古阳 11 个乡镇分别召开第十届人民代表大会第一次会议，选举产生乡镇长、副乡镇长，人大主席团主席。罗依溪、河西、默戎、草潭 4 个乡镇分别召开第二届人民代表大会第一次会议，选举产生乡镇长、副乡镇长，人大主席团主席。

1990 年，断龙山、茄通、双溪、城关、坪坝、河蓬、山枣、野竹、岩头寨、高峰、古阳 11 个乡镇分别召开第十一届人民代表大会第一次会议。罗依溪、河西、默戎、草潭 4 个乡镇分别召开第三届人民代表大会第一次会议。

1992 年，断龙山、茄通、双溪、城关、坪坝、河蓬、山枣、野竹、岩头寨、高峰、古阳 11 个乡镇分别召开第十二届人民代表大会第一次会议。罗依溪、河西、默戎、草潭 4 个乡镇分别召开第四届人民代表大会第一次会议。

1995 年，断龙山、茄通、双溪、城关、坪坝、河蓬、山枣、野竹、岩头寨、高峰、古阳 11 个乡镇分别召开第十三届人民代表大会第一次会议。罗依溪、河西、默戎、草潭 4 个乡镇分别召开第五届人民代表大会第一次会议。

1998年，断龙山、茄通、双溪、城关、坪坝、河蓬、山枣、野竹、岩头寨、高峰、古阳11个乡镇分别召开第十四届人民代表大会第一次会议。罗依溪、河西、默戎、草潭4个乡镇分别召开第六届人民代表大会第一次会议。

2001年，断龙山、茄通、双溪、城关、坪坝、河蓬、山枣、野竹、岩头寨、高峰、古阳11个乡镇分别召开第十五届人民代表大会第一次会议。罗依溪、河西、默戎、草潭4个乡镇分别召开第七届人民代表大会第一次会议。2002年，河蓬乡第十五届人民代表大会第二次会议作出《河蓬乡封河禁渔决议》，在全乡境内所有河流禁止电鱼、炸鱼、毒鱼。

2005年，全县行政区划调整，设断龙山、双溪、坪坝、河蓬、山枣、岩头寨、高望界、高峰8个乡人民代表大会，红石林、罗依溪、古阳、默戎4个镇人民代表大会。

2007年，断龙山、古阳、双溪、坪坝、河蓬、山枣、岩头寨、高峰8个乡镇分别召开第十六届人民代表大会第一次会议，选举产生乡镇长、副乡镇长，人大主席、人大副主席。红石林、高望界2个乡镇分别召开第一届人民代表大会第一次会议，选举产生乡镇长、副乡镇长，人大主席、人大副主席。默戎、罗依溪2个镇分别召开第八届人民代表大会第一次会议，选举产生乡镇长、副乡镇长，人大主席、人大副主席。

2008年，岩头寨乡第十六届人民代表大会第二次会议作出《关于岩头寨乡撤乡建镇决议》。2009年，岩头寨乡撤乡建镇，设岩头寨镇人民代表大会。

第六篇　县人民政府

第一章　机构人员

第一节　机构设置

1986年，古丈县人民政府工作机构37个，即县政府办公室、县计划委员会、县农业委员会、县经济委员会、县科学技术委员会、县城乡建设委员会、县财贸委员会、县农村合作经济管理科、县对外县经济贸易委员会、县国土管理局、县公安局、县司法局、县民政局、县统计局、县物价局、县劳动人事局、县交通局、县农业局、县林业局、县水利电力局、县畜牧水产局、县乡镇企业局、县财政局、县税务局、县民族贸易一局、县粮食局、县工商行政管理局、县审计局、县文化局、县广播电视局、县教育局、县卫生局、县计划生育委员会、县体育运动委员会、县编制委员会、县物资局、县民族贸易二局。

1994年，县人民政府工作机构调整为28个，即县政府办公室、县计划物价委员会、县经济委员会、县科学技术委员会、县财政局、县劳动局、县人事局、县农村工作办公室、县建设委员会、县民政局、县监察局、县审计局、县工商行政管理局、县地方税务局、县技术监督局、县国土管理局、县交通局、县粮食局、县乡镇企业局、县农业局、县林业局、县水利水电局、县文化局、县教育委员会、县卫生局、县计划生育委员会、县公安局、县司法局。

2001年10月，县政府机构改革，工作机构调整为24个，即县政府办公室、县发展计划局、县经济贸易局、县商务局、县民政局、县财政局、县人事局、县劳动和社会保障局、县教育局、县科学技术局、县卫生局、县人口和计划生育局、县建设局、县国土局、县科学技术局、县交通局、县水务局、县农业局、县农村工作办公室、县林业局、县审计局、县文化局、县公安局、县司法局。

2010年，县政府工作机构38个。其中县政府工作部门22个：县政府办公室、县发展和改革局、县经济和信息化局、县教育局、县公安局、县文化广播电视新闻出版局、县民政局、县司法局、县财政局、县人力资源和社会保障局、县国土资源管理局、县住房和城乡建设局、县交通运输局、县水务局、县农业局、县林业局、县卫生局、县人口和计划生育局、县审计局、县环境保护局、县安全生产监督管理局、县食品药品监督管理局。县政府直属机构16个：县农村工作办公室、县扶贫开发办公室、县移民开发局、县农业机械管理局、县旅游局、县社会劳动保险事业管理局、县就业服务管理局、县民族事务局、高望界国有林场、栖凤湖生态经济开发区管理委员会、县茶叶局、县畜牧水产局、县供销联社、县体育局、县公路管理局、县农村合作经济管理局。

第二节 人员组成

1986—2010年，县政府产生第九届至第十五届领导班子。每届领导班子配置县长1名，常务副县长1名，副县长5～7名。历任县长8名，其中土家族1名，苗族5名，汉族2名，女性2名；副县长56名，其中土家族10名，苗族11名，侗族1名，汉族34名，女性4名，挂职19名。吴池莲、田志海、尹友明、刘万云、龙文辉、郭建群、高文化、杨彦芳先后任县长。

1986—2010年古文县政府县长、副县长一览表

表6-1

届别	职　务	姓　名	性别	民族	籍贯	任职时间	备注
九届（1986.1—1987.3）	县　长	吴池莲	女	苗	湖南凤凰	1986.1—1987.3	—
	副县长	尹友明	男	汉	湖南常德	1986.11—1987.3	—
		田志海	男	土家	湖南古丈	1986.3—1987.3	—
		曹清平	男	汉	湖南衡东	1986.1—1987.3	—
		龙卫平	男	汉	—	1986.1—1987.3	—
		李定一	男	汉	湖南平江	1986.1—1987.3	挂职
		李绍丰	男	土家	湖南古丈	1986.8—1987.3	—
		张荣显	男	汉	湖南桃源	1986.8—1987.3	—
十届（1987.3—1990.2）	县长	田志海	男	土家	湖南古丈	1987.11—1990.2	—
	副县长	龙书生	男	苗	湖南花垣	1987.11—1990.2	—
		尹友明	男	汉	湖南常德	1987.11—1990.2	—
		刘耀生	男	汉	湖南古丈	1987.11—1990.2	—
		李绍丰	男	土家	湖南古丈	1987.1—1990.2	—
		游清亮	男	汉	湖南古丈	1987.11—1990.2	—
		李定一	男	汉	湖南平江	1987.11—1989.1	挂职
十一届（1990.2—1992.11）	县　长	田志海	男	土家	湖南古丈	1990.2—1992.6	—
	代县长	尹友明	男	汉	湖南常德	1992.6—1992.11	—
	副县长	尹友明	男	汉	湖南常德	1990.2—1992.6	—
		李绍丰	男	土家	湖南古丈	1990.2—1992.10	—
		向永保	男	苗	湖南古丈	1990.2—1992.11	—
		向朝富	男	苗	湖南古丈	1990.2—1992.11	—
		邓建成	男	汉	湖南湘乡	1991.12—1992.11	挂职
		向精华	男	土家	湖南古丈	1992.6—1992.11	—
		黄绍萍	女	土家	湖南古丈	1992.10—1992.11	—

续表 6-1

届别	职 务	姓 名	性别	民族	籍贯	任职时间	备注
十二届（1992.11—1997.12）	县 长	尹友明	男	汉	湖南常德	1992.11—1995.7	—
	代县长	刘万云	男	苗	湖南古丈	1996.3—1997.12	—
	副县长	向精华	男	土家	湖南古丈	1992.11—1997.3	—
		黄绍萍	女	土家	湖南古丈	1992.11—1995.8	—
		梁明金	男	土家	湖南古丈	1992.11—1996.3	—
		瞿家湘	男	苗	湖南古丈	1992.11—1997.12	—
		汪荣发	男	汉	湖南溆浦	1993.3—1997.12	—
		陈光家	男	汉	—	1994.4—1995.8	挂职
		龙文辉	男	苗	湖南吉首	1994.3—1997.12	—
		黄书生	男	汉	湖南花垣	1994.3—1995.12	挂职
		刘万云	男	苗	湖南古丈	1995.7—1996.3	—
		贾祖霞	女	土家	湖南保靖	1995.8—1997.12	—
		龙永金	男	苗	湖南古丈	1996.3—1997.12	—
		陈柏枝	男	汉	湖南常德	1996.4—1997.12	挂职
十三届（1997.12—2002.12）	县 长	刘万云	男	苗	湖南古丈	1997.12—2001.6	—
	代县长	龙文辉	男	苗	湖南吉首	2001.8—2002.3	—
	县 长	龙文辉	男	苗	湖南吉首	2002.3—2002.10	—
	代县长	郭建群	女	苗	湖南凤凰	2002.10—2002.12	—
	副县长	龙文辉	男	土家	湖南吉首	1997.12—2001.8	—
		龙永金	男	苗	湖南古丈	1997.12—2002.11	—
		向清平	男	土家	湖南古丈	1997.12—2002.12	—
		杜晓勇	男	苗	湖南古丈	1997.12—2001.8	—
		宋顺吉	男	土家	湖南古丈	1997.12—2002.12	—
		田世金	男	汉	湖南常德	1997.12—2000.8	挂职
		张远胜	男	汉	湖南常德	1998.7—2000.8	挂职
		龙生贵	男	苗	湖南凤凰	2000.8—2001.2	—
		陶栋材	男	汉	湖南安化	2001.6—2002.12	挂职
		鄢海范	男	汉	湖南常德	2001.6—2002.12	挂职
		胡恩平	男	侗	湖南新晃	2002.1—2002.12	—
		宋贻华	男	汉	湖南古丈	2002.1—2002.12	—
		李建伟	男	汉	—	2002.2—2002.12	挂职
		全东成	男	汉	湖南长沙	2002.6—2002.12	—
		罗 健	男	汉	北京市	2002.6—2002.12	挂职

续表 6-1

届别	职　务	姓　名	性别	民族	籍贯	任职时间	备注
十四届（2002.12—2007.12）	县　长	郭建群	女	苗	湖南凤凰	2002.12—2005.5	—
	代县长	高文化	男	汉	湖南石门	2005.5—2006.1	—
	县　长	高文化	男	汉	湖南石门	2006.1—2007.12	—
	副县长	宋顺吉	男	土家	湖南古丈	2002.12—2007.12	—
		向清平	女	土家	湖南古丈	2002.12—2007.4	—
		胡恩平	男	侗	湖南新晃	2002.12—2005.6	—
		宋贻华	男	汉	湖南古丈	2002.12—2007.12	—
		曾传文	男	土家	湖南古丈	2002.12—2007.10	—
		邓　锋	男	苗	湖南古丈	2002.12—2007.12	—
		陶栋材	男	汉	湖南安化	2002.12—2004.12	—
		鄢海范	男	汉	湖南临澧	2002.12—2004.12	—
		李建伟	男	汉	—	2002.12—2005.10	挂职
		文承辉	男	汉	—	2003.10—2004.10	挂职
		赵耀辉	男	汉	—	2004.10—2005.10	挂职
		姜湘霞	女	汉	湖南常德	2004.12—2007.4	挂职
		高文化	男	汉	湖南石门	2005.5—2006.1	—
		石胜福	男	苗	湖南花垣	2005.6—2007.6	挂职
		陆荣宝	男	汉	—	2005.10—2006.9	挂职
		姚常雨	男	汉	湖南临湘	2006.6—2007.12	挂职
		石远配	男	苗	湖南古丈	2006.7—2007.12	—
		安晓宁	男	汉	—	2006.9—2009.9	挂职
		王海波	男	汉	湖南安乡	2007.4—2007.12	挂职
		余晓泓	男	土家	湖南古丈	2007.10—2007.12	—
		刘兴国	男	汉	—	2007.10—2007.12	挂职
十五届（2007.12—2009.7）	县　长	高文化	男	汉	湖南石门	2007.12—2009.7	—
	副县长	宋顺吉	男	土家	湖南古丈	2007.12—2009.7	—
		宋贻华	男	汉	湖南古丈	2007.12—2009.7	—
		余晓泓	男	土家	湖南古丈	2007.12—2009.7	—
		石远配	男	苗	湖南古丈	2007.12—2009.7	—
		邓　锋	男	汉	湖南古丈	2007.12—2009.7	—
十五届（2009.7—2010.12）	代县长	杨彦芳	女	苗	湖南泸溪	2009.7—2010.3	—
	县　长	杨彦芳	女	苗	湖南泸溪	2010.3—2010.12	—
	副县长	宋贻华	男	汉	湖南古丈	2009.7—2010.12	—
		余晓泓	男	土家	湖南古丈	2009.7—2010.12	—
		邓　锋	男	汉	湖南古丈	2009.7—2010.12	—
		石远配	男	苗	湖南古丈	2009.7—2010.12	—
		郑利红	女	汉	湖南常德	2010.5—2010.12	挂职

第二章 政务会议

第一节 政府全体会议

1986 年 4 月 14—15 日，县政府召开全体会议，总结第一季度经济工作，要求第二季度争项目、抢速度、出效益，进行农业产业结构调整，从严理财，完成收入任务，实现财政收支平衡。

1987 年 3 月 7 日，县政府召开全体会议，要求提高粮食生产，发展经济作物。粮食作物种植面积要保持 8667 公顷以上，其中杂交水稻种植面积要达到 2667 公顷以上。抓好畜牧业生产。实现今年户均增加半头猪、一只羊、五只禽。增强企业活力。推行厂长负责制和厂长任期目标管理制。推进商业、供销、粮食、金融、财税五项改革。1988 年 3 月 12 日，县政府召开全体会议，安排部署 1988 年政府工作。稳定以家庭联产承包为主的责任制，完善双层经营体制。

1989 年 4 月 4 日，县政府召开全体会议，决定实行扶持农业发展政策，设立粮食丰收奖。对达到或超过粮食历史最高年产量的乡镇场、村给予奖励，向国家出售商品粮 1000 千克、2500 千克的农户分别给予奖励。将每 50 千克粮补 10 千克化肥指标提高到补 15 千克。实施“丰收计划”。继续推广“双杂”（杂交水稻、杂交玉米），进行“两低”（低产田、低产地区）开发，推广水稻规范化栽培，改造低产茶园 200 公顷。深化企业改革，完善承包经营责任制，推行全员风险抵押承包。

1990 年 3 月 4 日，县政府召开全体会议，部署当年工作。争取上级支持架设默戎至县城 3.5 万伏高压输电线路。新修吉首至河西镇柏油路、河蓬乡鸡公山至坪坝乡张家坪村公路，续修高峰至凤滩公路。扩建化工厂普钙车间、冶化厂乙炔黑生产线，续建五氧化二钒厂。继续抓好茶叶、药材、干鲜果、草食动物、6667 公顷速生丰产用材林五大基地建设。县财政除按 1989 年 22 万元数额拨付支农资金外，把农业税和农林特产税收入大部分投入到农业上。

1991 年 3 月 22 日，县政府召开全体会议，决定优化农村产业结构，努力提高农业效益。发展村级企业、草食畜禽。继续制定奖励政策，采取优惠措施优先发展农业。农民新开 1 亩稻田种粮奖励 15 元，新开水平梯土种粮每亩奖 10 元；新扩茶园验收后，每亩奖 20 元；继续执行粮食丰收奖。加强农业综合开发，继续抓好、林、茶、药、果、草食畜禽五大优势产业开发。造林要达到 4 万亩。茶、药、果的开发面积要达到 767 公顷，其中茶叶 267 公顷，药材 233 公顷，干果 267 公顷，肉兔 2 万只。做好冶化厂节能炉改造、化工厂配套产品、钒厂百虫敌项目、皮鞋厂、工艺美术厂规模扩大等各项准备工作。

1994 年 2 月 23 日，县政府召开全体会议，要求把发展“一优两高”农业作为结构调整重点。确定县水泥厂、县汽车修配厂作为国有企业建立现代企业制度改革试点。县水泥厂高炉炼铁，县化工厂硫化锌脱硫、电解金属锌等项目要尽快搞好论证，争取立项。县水泥制品厂紫砂陶生产线要在 1994 年 5 月前搞好培训、组织投产。

1995 年 4 月 1 日，县政府召开全体会议，研究年内 10 件工作。迎接 8 月 20—26 日在古丈召开的“＇95 全国少年举重运动会暨经贸洽谈会”；10 月 1 日前完成接龙渠工程；完成“44111”山地开发工程达标，实现全县绿化达标；实现农村初级电气化县达标；修建茶城宾馆、连城大桥；修建野竹蒿根至烂泥田锰矿公路，改造沾潭口至白溪关公路；兴办 4 个示范基地：罗依溪通明山、默戎镇牛角山开发示范基地、岩头寨高效林业示范基地和 1 个山羊开发示范基地；建设 3 个厂：冶化厂异地扩建、劳武化工厂、茶叶总厂。

1996 年 3 月 23 日，县政府召开全体会议，研究工业、农业和教育卫生工作。抓好断龙山、茄通 2 个乡的商品粮基地建设，力争粮食总产量比上年递增 15% 以上。集中资金，确保山羊开发投入不少于 300 万元，沿省道 1828 线建设百里羊廊，保证实现与州政府签订的饲养 11 万只、出栏 4.5 万只的责任目标。力争饲养量达到 13 万只。县冶炼化工厂争取年内新建一条年产 6 万吨钙镁磷肥生产线。完成连城大桥扫尾工程、白河公路（白溪关至河西镇）改造二期工程、接龙渠三期工程和广潭河水利工程。加强村级公路建设。普及九年义务制教育，发展职业技术教育。组织实施农村初级卫生保健，实现乡镇卫生院达标工作。

1997 年 3 月 27 日，县政府召开全体会议，要求集中精力抓好烂泥田锰矿综合开发，带动全县矿产品加工业发展；建设古丈茶叶专业批发市场，形成湘鄂川黔四省边区茶叶交易中心；扩建罗依溪移民万吨纸厂和默戎重晶石厂，尽快实现规模效益；兴建罗依溪镇移民万吨水厂，解决罗依溪居民和工业供水困难问题。以茶叶、水果为主的山地支柱产业实现产茶 1000 吨，水果 2 万吨，实现山地开发产值 1 亿元。围绕壮大冶化、建材、轻工、食品四大产业，调整企业产品结构。

1998 年 3 月 25 日，县政府召开全体会议，研究制订和实施好三年扶贫规划，继续抓好 60 个特贫村扶贫工作，完善承包合同管理。开展土地再延包 30 年工作，促进农村土地有序流转。

1999 年 3 月 18 日，县政府召开全体会议，研究具体完成 1828 线改造项目征地、拆迁任务，组建茶叶发展中心，加速筹建中密度纤维板厂。在县城古阳镇兴建常古街，建设综合经济开发小区。在罗依溪镇，发挥交通、区位优势，建设民营经济小区。

2000 年 4 月 1 日，县政府召开全体会议，研究“十五”期间经济发展工作，强调工业立县、农业富民、旅游联动战略。

2001 年 3 月 28 日，县政府召开全体会议。研究当年政府 8 件实事：（1）省道及通村公路建设。搞好 1828 线古丈段扫尾和 1801 线古丈段的启动，年内完成 7 个建制村通公路。（2）小城镇建设。完成县城两条主街道硬化，做好县城南北两个小区详细性建设规划和默戎镇规划修编。（3）电网改造。实现投资 1400 万元，完成 32 个建制村改造任务。（4）水利建设。年内完成县城防洪工程投资 100 万元，完成口粮田建设投资 450 万元。（5）茶叶产业化建设。努力实现产值 1500 万元，税收 150 万元。（6）继续抓好 80 个专业村建设。（7）抓好工业、民营及乡镇企业建设。（8）社会发展项目建设。巩固“普九”成果，搞好古丈一中、古阳中学、罗依溪中学扩建；年内完成县人民医院门诊楼和县中医院住院部建设。

2002 年 4 月 1 日，县政府召开全体会议，部署年度工作。抓四大优质农产品基地开发：抓以“古丈毛尖”为主的茶叶产业。以古阳河、酉水河、草潭河流域和高望界山脉四大片区为重点，新建和转换有机茶园 200 公顷，新建七叶参保健园 200 公顷。发展以种草养羊为主的草食牧业。全县种草养羊专业户 300 户，山羊饲养量达 10 万只。发展以椪柚和板栗为主的林果业、抓无公害蔬菜产业开发。抓好工业小区的规划和建设：在省道 1828 公路至栖凤隧道地段建设一个高标准工业小区。茶多酚厂生产规模扩大到 50 吨。县茶业有限公司绿茶生产能力达到 1200 吨，毛尖茶生产能力达到 80 吨，七叶参袋泡茶和纯绞股蓝生产能力达到 100 吨，并开发茶饮料系列产品。以培育旅游新兴产业为重点，促进第三产业发展。突出开发坐龙溪峡谷探险游、高望界原始次生林生态游、栖凤湖平湖游、红石林观光游等神秘湘西游，倾力打造国家级生态旅游品牌。拓宽第三产业领域。以县城扩容提质为重点，加快小城镇建设步伐。重点抓好城南红星小区开发和城北鬼溪坪新区开发。加快“猛洞河生态经济开发区”建设步伐，完成栖凤大道、栖凤湖大坝工程建设。

2003 年 4 月 2 日，县政府召开全体会议，研究重点项目建设、发展特色生态农业、发展科技环保型民营企业、城镇化建设等问题。要求抓好交通、水电、通信等基础设施建设。三道河至高峰旅游公路、河西至保靖公路项目力争年内动工建设；年内新开工通村公路 10 条，完工 7 条；年内启动古丈火车站改造工程；启动城网改造工程，争取年内完成投资 800 万元。建好河西、黑潭花卉园、牛角山等 5 个移动基站，力争在全州首先实现乡乡通移动电话。以 400 个茶叶专业村为载体，高标准建设良种茶园 200 公顷；新建茶叶连锁店 10 家；全县茶叶产值实现 1500 万元，税收 150 万元。以“五通”为主的农村基础设施建设和农民增产增收农业开发项目争取投入扶贫资金 2000 万元。重点扶持双力电池公司、茶叶公司、茶多酚厂、雅洁食品公司、林丰生物宝菌液肥公司、医药公司等企业的生产和营销。积极申报薄荷油加工项目。抓好酉水化工厂、冶化厂等国有企业“破产核呆”工作。抓好罗依溪小城镇建设，重点抓好栖凤湖大坝、栖凤大道和日元贷款项目建设。

2004 年 4 月 5 日，县政府召开全体会议，部署年度工作。要求抓好“古丈毛尖”茶叶基地建设。以 40 个茶叶专业村为主载体，高起点、高标准新建良种茶园 200 公顷，培管良种茶基地 333.34 公顷，完成有机茶改造 100 公顷。加大现有低产茶园改造，提高茶叶单产。做大做强猛洞河天然植物制品有限公司，积极论证上报 1000 吨茶多酚、6000 万瓶茶饮料、1000 吨无咖啡因绿茶、500 吨七叶参皂 4 个项目。全面完成 2004 年退耕还林任务。实施节能工程。新建沼气池 2500 个、“两省灶” 3000 个。以 92 个省定特困村为重点，落实单位包村、干部挂户的包村扶贫责任制，推进扶贫开发

2005 年 3 月 29 日，县政府召开全体会议，部署年度经济工作，重点研究重点项目建设、生态农业和工业园区建设等工作。抓好猛洞河火车站扩建、垃圾处理工程、古沅公路、县乡公路砂改油、县污水处理工程、栖凤湖旅游基础设施建设等项目。以断龙山乡、茄通乡为重点，抓好烟叶生产，力争完成烟叶收购 250 吨。新建有机茶园 66.67 公顷，新建和巩固专业村 50 个、专业户 2000 户。完成宏泰锰业公司年产 1 万吨电解金属锰一期 5000 吨生产线项目建设，力争生产电解金属锰 3000 吨，产值达到 4000 万元。规划白溪关矿产品加工工业园区和罗依溪环保工业园区，引导企业入驻园区。

2006 年 1 月 17 日，县政府召开全体会议，部署推进社会主义新农村建设、发展环保规模工业、城镇基础设施建设和旅游综合开发等工作。提出用 5 年时间完成全县 140 个村 50 万米村道硬化。做大做强茶叶、林业、药材、果业、畜牧 5 个特色农业产业链。支持古丈县德物华矿业发展有限公司 100 万吨新型干法水泥生产线年内竣工投产、古丈常青公司 10 万吨磷矿精选生产线建设。发挥罗依溪镇作为湘西中部区域经济发展关节点优势，实施栖凤大道、猛洞河火车站、边区市场、州贮木场物流中心等重大基础设施建设项目，把罗依溪镇建成湘西州乃至四省边区旅游休闲、物资流通、人流客运集散地。

2007 年 3 月 13 日，县政府召开全体会议，部署年度工作，重点研究发展民营工业、特色农业、生态旅游业及小城镇建设等问题。

2008 年 3 月 28 日，县政府召开全体会议，部署推进新型工业化、新农村建设、招商引资、发展生态文化旅游产业等工作。力争全年工业总产值达到 3.9 亿元以上，同比增长 36% 以上。启动实施红石林至坐苦坝旅游网络公路和红石林、栖凤湖旅游专用码头建设，争取猛洞河二级火车站扩建项目在 6 月底前竣工。配合州政府做好申报湘西（红石林）世界地质公园工作，确保高望

界申报国家级自然保护区年内通过国家评审，力争红石林和坐龙峡尽快申报成为国家 AAA 级旅游景区。

2009 年 3 月 27 日，县政府召开全体会议，部署推进工业园区建设。推进农业产业结构调整、推进扶贫开发等项工作。实施“十百千万”强农富农工程，扶持十户龙头企业，建设百个专业村组，发展千户专业大户，引导万名群众参与。抓好“两叶”（茶叶和烟叶）、“两养”（养畜和养鱼）、“两种”（种蔬菜和种药材）、“两木”（林木和果木）和“三油”（油菜、油茶和油桐）产业，打造生态、绿色、有机、富硒品牌。

2010 年 4 月 24 日，县政府召开全体会议，安排部署加快工业发展、农业产业化、发展旅游、基础设施建设、改善民生等工作。争取南方水泥集团 100 万吨水泥项目一季度投资建设，年内建成试生产。实施投资 1500 万元茶叶产业化项目，推进基地建设和品改低改，发展良种茶园 200 公顷，低改 266.67 公顷，建成示范基地 133.33 公顷，重点打造 S229 沿线茶叶产业带、双溪乡洞上至古阳镇南山茶叶产业带、高望界山脉茶叶产业带。推进“古丈金钉子”地质遗迹保护项目建设，申报高望界国家级自然保护区第一批基础设施项目，争取年内开工。实施“八百里绿色行动”拓展工程。加强吉恩高速古丈走线项目的跟踪和衔接，力争年内开工。尽快完成张花高速古丈连接线施工图的设计批复，力争上半年动工。将廉租住房建设范围扩展到 12 个乡镇，力争完成 500 套建设任务。完成县城数字电视整体平移，规划在乡镇推行数字电视。

第二节　政府常务会议

1986 年 1 月 6 日，县长吴池莲主持召开县政府常务会议，专题研究保护风景资源。决定：西水沿岸古庙、古墓、碑文，均由各所在乡政府安排专人保护，不得毁坏、拍卖、开挖、私占。全县所有溶洞中钟乳石，由乡、镇、场责成所在村寨，安排专人保护。天桥山、古阳河两岸、县境内省道旁，县属酉水河流域高峰乡风溪至断龙山乡白溪口，广潭河河西桥至茄通小河沿岸离水面 200 ~ 300 米内林木、山竹、花、果、鸟、兽，应予妥善保护，严禁擅自砍伐、采挖、盗卖、毁伤和捕猎。

1987 年 2 月 24 日，县长吴池莲主持召开县政府常务会议，研究年度晒烟生产。1988 年 5 月 26 日，县长田志海主持召开县政府常务会议，研究硫铁矿、磷矿和重晶石矿请求列入勘探计划问题。

1990 年 6 月 5 日，县长尹友明主持召开县政府常务会议，研究报送《古丈县山枣片以工代赈改造低产田土项目建议书》问题。决定组织专门技术人员编写《古丈县山枣片以工代赈改造低产田土项目建议书》，上报湘西州政府。会议确定山枣等三个乡低产田改造项目。

1991 年 1 月 5 日，县长田志海主持召开县政府常务会议，就实施《中华人民共和国城市居民委员会组织法》进行专题研究。决定成立古丈县实施《中华人民共和国城市居民委员会组织法》工作领导小组。

1992 年 6 月 26 日，县长尹友明主持召开县政府常务会议，审查《老寨坪、老塘坊、栖凤湖开发区地块出让规划方案》。10 月 12 日，县长尹友明主持召开县政府常务会议，专题研究“省级风景名胜区栖凤湖总体规划”。

1993 年 3 月 5 日，县长尹友明主持召开县政府常务会议，研究全县春季名茶评比会有关准备工作。决定 1993 年 4 月 23 日召开全县春季名茶评比会，由县政府办、经协办、茶叶总厂承办。

1994 年 8 月 13 日，县长尹友明主持召开县政府常务会议，专题研究非公有制问题。

1995年5月28日，县长刘万云主持召开县政府常务会议，研究8月20日承办全国少年举重运动会和开展大型文化活动方案。决定体育搭台、经贸唱戏，在全国少年举重会期间召开招商引资会议。

1996年7月17日，常务副县长向精华主持召开县政府常务会议，专题研究建立优质商品羊生产基地问题。

1997年8月28日，县长刘万云主持召开县政府常务会议，专题研究基本农田保护管理工作。

1998年9月6日，县长刘万云主持召开县政府常务会议，专题研究文物保护单位保护范围。

1999年5月12日，常务副县长龙文辉主持召开县政府常务会议，研究茶叶产业化建设第一期工程问题。重点实施5个项目：改造低产茶园666.67公顷，新建速丰产密植免耕茶园333.33公顷，新建武陵山区茶叶良种繁育基地20公顷，新建七叶参保健茶园基地133.33公顷，扩建大宗绿茶精制加工生产线，增加生产能力1500吨。

2000年3月10日，县长刘万云主持召开县政府常务会议，就外资外援项目工作进行研究。要求各级各部门严格按照外资外援项目管理程序规范运作，把外资外援资金管好、用好、用出效益。

2001年2月8日，县长刘万云主持召开县政府常务会议，听取县财政局关于2000年财政预算执行情况和2001年财政预算方案、汇报。8月3日，代县长龙文辉主持召开县政府常务会议，研究禁放烟花爆竹问题。决定结合已经由县人大审议批准的《古丈县政府关于在县城区域内禁止燃放烟花爆竹的规定》，由政府尽快出台通告，利用宣传车、宣传单、宣传标语等形式广泛宣传，从8月6日起，县有线电视要播放禁放规定。

2002年4月30日，县长龙文辉主持召开县政府常务会议。专题研究石材产业开发，决定成立石材开发协调领导小组。由国土资源管理局牵头出台全县矿产资源管理方案，做好矿产资源管理和开发工作。由石材开发协调领导小组牵头，召集有关部门开协调会，规范收费行为，实行一票制收费；召开有关村组座谈会，做好群众工作。加大招商引资力度，力争年内在石材开发招商引资上有大的突破。

2003年1月13日，县长郭建群主持召开县政府常务会议，研究全县安全生产工作。决定各乡镇场、县直各单位“一把手”为安全生产第一责任人，实行“一把手”负责制。按照属地管理原则，各乡镇场要负责落实好各自责任范围内的各项安全生产措施。

2004年12月14日，常务副县长宋顺吉主持召开县政府常务会议，评审县城总体规划修编成果。原则同意由湖南大学制作的《古丈县城总体规划第二轮修编》，并将该规划提请县人大常委会审议通过。由副县长向清平组织有关部门会同湖南大学专家按会议要求对该方案进行修改完善。必须明确规定规划中工业园区只能上一类企业，不能上有污染企业；县城正街不进行拓宽，重点对沿河道路进行改造，建设沿河风光带，沿古阳河两岸建筑要规划控制；北泉至二龙庵等地质滑坡地带应规划为绿化用地。

2005年7月10日，代县长高文化主持召开县政府常务会议，审议县公务消费改革方案，通过《古丈县公务接待费管理办法（暂行）》《古丈县个人公务通信费管理办法（暂行）》《古丈县县级会议管理办行办法》。

2006年4月4日，县长高文化主持召开县政府常务会议，研究白溪关工业小区建设等问题。决定把县冶化厂改制工作与白溪关工业小区建设同步实施。6月14日，县长高文化主持召开县政府常务会议，研究古阳河综合治理工作方案，要求加大生活污水和工业、企业污水等污染源治理力度。

2007年9月24日，县长高文化主持召开县政府常务会议，专题研究档案工作。

2008年3月10日，县长高文化主持召开县政府常务会议，审议《栖凤湖生态经济开发区招商引资优惠政策》《古丈县县城殡葬管理暂行办法》《关于实施古丈毛尖地理标志产品保护的若干规定》《2007 年度全县村级公路养护工作先进单位和先进个人表彰决定》。

2009 年 12 月 31 日，县长杨彦芳主持召开县政府常务会议，研究全县经济社会发展主要指标和“十二五”规划编制工作，原则同意县发展和改革局、县统计局提交的 2010 年全县经济社会发展主要指标第一方案，决定成立县“十二五”规划编制工作领导小组，领导小组下设办公室，办公室设在县发展和改革局，由县发展和改革局局长兼任办公室主任。

2010 年 12 月 3 日，县长杨彦芳主持召开县政府常务会议，审议《古丈县国民经济与社会发展第十二个五年规划纲要（草案）》。会议原则同意《古丈县国民经济与社会发展第十二个五年规划纲要（草案）》，在征求人大、政协意见后，提交县委常委会议审议。要求抓好 2011 年项目申报工作。

第三节　县长办公会议

1986 年 2 月 7 日，县长吴池莲主持召开县长办公会议，研究庙溪铜矿开发工作，同意古丈县乡镇企业供销公司与麻阳铜矿联营开发庙溪铜矿。

1991 年 11 月 8 日，副县长向朝富主持召开县长办公会议，研究花旗参种植工作。决定扩种花旗参 3.34 公顷，需投资 90 万元，其中县乡自筹 14 万元，尚欠 76 万元，请求上级有关部门予以解决。

1992 年 2 月 14 日，副县长向精华主持召开县长办公会议，研究发展“七叶参茶”生产问题。3 月 18 日，县政府召开县长办公会议，研究加快农村初级电气化建设问题，年内拟新建电气化项目：增装白溪关四号机组一台、改建县城变电站、河西开关站。新建岩头寨、河蓬 3.5 万伏变电站两处，架通罗依溪至岩头寨、县城至河蓬 2 条 3.5 万伏输电线路，新架和改造 400 多千米的 10 千伏输电线以及载波通信设施等。共需投资 1200 万元，上级拨款 400 万元，县内自筹资金 800 万元。

1993 年 1 月 4 日，县政府召开县长办公会议，研究天麻生产基地建设问题。决定建立规模为 1200 户、年产商品麻 80 吨的生产基地，请求省扶贫开发办将此项目列入 1993 年扶贫开发计划，给予专项扶贫资金。

1994 年 9 月 24 日，县政府召开县长办公会议，研究创办希望学校问题。创办一所希望小学，县财政按上级规定比例资金予以配套，鼓励支持乡级自筹和群众集资办教育。创办希望小学需要使用土地由县直接划拨。

1997 年 12 月 6 日，县长刘万云主持召开县长办公会，研究请示湖南省政府重新确定凤滩水电站税费分成比例返回库区县问题。

1998 年 10 月 20 日，县政府召开县长办公会议，专题研究全县开展大种蔬菜问题。决定建立班子，落实面积，抓好样板；鼓励县、乡干部职工分流和下岗职工大种蔬菜；以规模经营为重点，切实抓好基地建设。12 月 21 日，县长刘万云主持召开县长办公会议，专题研究 1999 年发展烤烟生产问题。会议要求遏制全县烤烟生产滑坡势头，稳定烤烟生产这个农村支柱产业项目。

1999 年 6 月 6 日，刘万云主持召开县长办公会议，研究上报《古丈县林业分类经营总体规划》问题。

2000 年 4 月 16 日，县长刘万云主持召开县长办公会议。研究开发河西镇市场及娱乐休闲项目问题。决定由县国土管理局办理土地出让手续，将凤滩电站库区水位 207 米以上建设用地，划拨给湖南金峰源实业有限公司开发、建设、经营、管理。

2001 年 4 月 22 日，县长刘万云主持召开县长办公会议，专题研究全县农网改造工作，要求尽快实施农网改造。县电力公司要尽快上报列入 2001 年第二批农改计划，力争尽早实现全县同网同价。8月31日，龙文辉主持召开县长办公会议，专题研究红星小区开发及常德路建设有关工作，决定按被拆迁户自找宅基地分散安置为主，局部集中安置为辅原则进行。拆迁户宅基地按2.6万元/亩标准给予补偿。开发初始阶段各种税费暂不征收，所需办理手续均只收工本费，所欠税费待土地拍卖后再分割。

2003年4月22日，县长郭建群主持召开县长办公会议。传达湘西州非典型肺炎防治工作会议精神，部署全县非典型肺炎防治工作。实行一把手负总责，分管领导具体抓的工作机制，各级各部门要明确分工，责任到人。挂乡和联系企业的县级领导，必须于4月23日下到联系点，组织开展非典型肺炎防治工作；县防疫部门要采取散发宣传资料、定点宣传、出动宣传车等形式向社会进行广泛宣传。

2004年8月17日，县长郭建群主持召开县长办公会议。研究坐龙峡景区详规等工作，通过湘西州城乡规划服务中心编制的《古丈县坐龙峡景区详细规划》，认为该规划在坐龙峡景区旅游定位、功能布局、生态环保、景观、土地利用等方面规划合理，项目设计切合实际，突出主题，有利于坐龙峡旅游品牌打造。

2005年11月18日，常务副县长宋顺吉主持召开县长办公会议，专题研究乡镇政权基础设施建设有关问题。会议听取古阳、断龙山、默戎、山枣、野竹5个乡镇的政权基础设施建设初步设计方案汇报。要求严格控制乡镇政权基础设施建设建筑面积。落实资金捆绑项目超面积部分，所需资金由乡镇自行负担，但设计面积范围内所需要资金，必须先存入专户。由乡镇与有关主管部门协调捆绑资金和项目问题，报县财政局、县建设局备案。

2006年7月7日，副县长石胜福主持召开县长办公会议，专题研究省级文物保护单位红石林镇老司岩村民居保护及抢修问题，要求文化部门抓紧时间，认真研究，制定《老司岩民居文物保护五年规划》和紧急抢修老司岩民居项目报告，争取上级有关部门支持，加大文物保护力度。

2007年1月10日，常务副县长宋贻华主持召开县长办公会议，专题研究全县供销联社企业改革改制相关问题，要求乡镇、社区一定要服从企业改制大局，配合供销联社做好职工接管安置工作。决定改制企业职工移交社区管理工作按先城镇、后农村顺序进行，整个移交工作力争在春节前完成。移交费用参照县粮食、商业部门企业改革改制时所交纳标准执行。做好企业职工迁移工作。凡符合户口迁移规定的，要尊重职工意愿，任何乡镇、社区不得拒绝接收符合户口迁移规定的改革企业职工。

2008年1月14日，县长高文化主持召开县长办公会议，专题研究启动红星小区茶叶专业市场问题，通过《启动红星茶叶专业市场工作方案》《红星茶叶专业市场若干优惠政策》《关于规范古丈县公务用茶报账管理的通知》。由协调领导小组以政府通告形式将有关政策及措施向社会发布。要求县农口部门要带头在红星茶叶专业市场设立茶叶经销店。

2009年5月31日，县长高文化主持召开县长办公会议，研究2009年度廉租住房建设工作，要求必须超额完成州委、州政府定245套廉租住房建设任务。决定在国有企业较多、城镇居民较为集中、存在较大住房实际困难问题的栖凤湖开发区、国营高望界林场和高峰乡进行试点。具体分配为：县城105套，栖凤湖开发区60套，国有高望界林场50套，高峰乡30套。同意廉租住房保障对象可适度考虑试点乡镇存在实际住房困难的教师、医生和乡镇干部。7月初要开工，年底前完成主体工程。

2010年6月7日，县长杨彦芳主持召开县长办公会议，研究粮食有关工作。会议要求确保粮储储备150万公斤，确保粮食生产安全和流通安全。同意县粮油购销有限责任公司贷款规模由原来221万元增加到320万元。县粮油购销有限责任公司继续按股份制模式运行。

第三章 施政纪略

第一节 “八七”扶贫攻坚

1994年12月，县政府制定《古丈县扶贫攻坚计划》，提出“1997年基本解决温饱，2000年稳定脱贫”。1995年9月，下发《关于实施县直机关联系乡镇场和副科级以上实职干部扶贫联系特困户的意见》，要求用6年时间重点解决8.5万贫困人口温饱和稳定脱贫问题。11月，作出《关于加快发展山羊生产的决定》《关于一九九六年发展烟叶生产的决定》，提出坚持以资源为依托，以市场为导向，以科技为先导，以效益为目标，把山羊生产作为“八七”扶贫攻坚、农村稳定脱贫骨干项目来抓；实施科技兴烟。

1996年，全县山羊饲养量10.25万只，其中存栏7.33万只，出栏2.53万只。水面开发1.33平方千米，水产品产量1050吨。茶叶、药材、水果、干果、蚕桑等山地开发面积66.7平方千米，农民户均2467.9平方米，人均600平方米，年创产值1500万元。实现农村人均增产50千克粮，增收100元钱，脱贫1500人的扶贫攻坚目标。投资600万元，接龙渠一、二期工程建成通水。

1998年，全县有8个特困乡镇、60个特困村。4月，县政府组织60个调查组用1个月时间，到特困村逐户建立扶贫档册，发放扶贫跟踪卡，帮助制定三年脱贫计划。实行县级领导包乡镇、县直单位包村、副科级以上干部包户。全县32名县级领导干部联系到乡镇，65个县直副科级以上单位派出200名干部下到扶贫联系村工作，314名副科级以上干部到村结对扶贫。投放扶贫资金73万元，化肥147吨，水泥118吨，钢材9吨，新修水渠20处64千米，公路5条25千米，新增农村通电线路9条30千米。完成新开高标准口粮田65.7公顷，恢复水毁田0.95公顷，坡土改梯土7.13公顷。至2002年，全县贫困人口下降至4.1万人。

第二节 推进茶叶产业化建设

1998年，实施茶业产业化建设，县政府与湖南农业大学及湖南省茶叶研究所联合编制《湘西古丈茶叶产业化开发工程可行性研究报告》，全面规划茶叶种植、生产、加工、销售。1999年，给全县52个加工大户投入150万元，购置40台套粗加工机械和30台套精加工设备，县内茶叶生产大户基本实现初加工机械化。

2000年3月，成立县茶叶局。同年，全县8个乡镇新扩良种茶叶基地面积140公顷，扶植4户茶叶大户，新建茶叶机械加工厂850平方米。并成功举办全县首届“茶王杯”斗茶会。

12 月，古丈毛尖、七叶参茶获得国家绿色食品认证中心的认证，认证面积 466.67 公顷。2001 年，完成古丈茶叶产业化建设二期工程申报工作，重点支持茶叶基地开发、加工生产线改造、市场开拓等项目建设。完成 200 公顷良种茶基地开发，县茶业公司年产 400 吨名优茶、100 吨七叶参袋泡茶、1000 吨精制绿茶生产线及县茶多酚厂年产 80 吨茶多酚生产线改造，全县茶叶精深加工能力快速提升。8 月，国家商标局批准“古丈毛尖证明商标”，县茶叶发展研究中心为权益人。

2002 年，在县茶叶总厂举办第二届“茶王杯”斗茶会暨湘鄂黔渝四省市边区茶叶集团理事会，古丈县被 23 个县市选为理事长县。同年，瑞士生态市场研究所（IMO）为高峰茶场颁发有机茶证书，认证有机茶面积 40 公顷；县茶业公司申报“深度开发七叶参新产品新技术研究”项目顺利通过省级鉴定。创建武陵茶叶大观园 5.33 公顷。2004 年，湖南省农业厅、省质量监督局共同制定并颁布《古丈毛尖地方标准》。2005 年，国家级龙头企业—湖南省茶业公司进驻古丈，县茶叶总厂与省茶业公司通过股份制重组，注册成立县有机茶业有限公司，实现茶叶龙头企业换代升级。同年，县有机茶公司、县茶多酚厂共同申报“古丈县系列茶叶深加工项目”通过湖南省西部开发办公室审批，获得项目资金投入 500 万元。

2006 年，按照“重点突出，打造精品”产业化建设思路，抓基地开发、发展大户、专业村建设，“大户带基地，基地连农户”茶叶发展模式基本形成。全县开发茶叶面积 106 公顷，其中稻田改种植茶叶面积 18.67 公顷，建立桃源大叶茶基地 6.67 公顷。2007 年，古丈毛尖通过国家质检总局评审，成为湖南省第一个地理标志保护茶产品。2010 年，县政府实施“两叶一果”工程（发展茶叶、烟叶和水果），全县新扩万亩茶园项目进展良好，新开茶园 933.33 公顷。

第三节　发展民族卫生事业

2000 年，全县完成 14 个乡镇卫生院及县人民医院、县中医院、县疾病预防控制中心新建、扩建、维修改造。2002 年，常德市对口扶贫支持 250 万元，修建的面积 3800 平方米的县人民医院门诊综合大楼竣工。

2006 年，投资 190 万元，建成 100 张床位的县医院住院部大楼。至 2007 年，新（扩）建业务用房面积 20900 平方米，维修改造 1900 平方米，总投资 1976 万元。全县医疗卫生单位业务用房中危房面积由原来的 67.7% 下降到 9.7%，乡镇卫生院基本消除危旧业务用房。

2007 年，全县完成 87 所合格村卫生室、13 所标准村卫生室建设。定期开展村医生业务培训，提高村医生医疗卫生服务水平和业务能力。县、乡、村三级医疗网络基本形成。利用扶贫开发资金，完成全县 14 所乡镇卫生院常用设备配置，县人民医院添置腹腔镜、CT 机、彩色 B 超机、120 急救车等设备。县中医院购置腹腔镜、全自动分析仪等大型医疗仪器 20 台（件），总价值 200 万元。同年，全县推行新型农村合作医疗制度。成立县新型农村合作医疗管理局，乡镇合作医疗管理办公室，卫生主管部门切实加强定点医疗机构监管和合作医疗资金运行管理，参合农民患者得到实惠。全县农民参合率 83.5%，补助参合农民患者医疗费用 391 万元。实施贫困孕产妇救助、大病救助，推行城镇居民医疗保险，逐步完善医疗保障体系。

2009 年，投资 2700 万元，兴建 1.23 万平方米县人民医院综合大楼。2010 年，县中医院成功申报中医妇产科特色专科和中药房建设项目。

第四节　发展民族教育事业

1987年，县政府改善办学条件，新建校舍11422平方米，拆除一级危房3360平方米，维修二级危房4727平方米，新修1800平方米标准田径运动场一个。1994年，以办好三校（古丈一中、古丈职校、县教师进修学校）为重点，推进民族教育事业全面发展。将龙鼻职业中学改为县综合职业技术学校，突出职业技术培训。1995年，县政府把优先发展民族教育事业，提高劳动者素质，作为加快全县经济建设和社会发展的根本大计，把实施教育"两基"工程摆上重要议事日程，确保教育优先发展的战略地位。建成县艺术体育学校等11所希望小学。

2001年，全县投入资金260万元新建村小15所，建筑面积1355平方米。教师队伍整体素质不断提高，结构进一步优化。全县876名中小学教师参加继续教育培训，占教师总数的81.5%。举办普通话培训班12期，400名教师参加培训和测试。举办计算机等级考试培训，200名教师取得计算机相应等级证书。招聘111名应届师范毕业生进教师队伍，全部充实到农村教育第一线。

2004年，县政府推进农村寄宿制学校建设。全年获得国家资助484万元，建设项目14个，建筑面积8387平方米，顺利完成2个镇、3所学校的基础设施建设。古丈县青少年校外活动中心竣工投入使用。全县教育体制改革进一步深化，打破传统任命制下校长的"铁交椅"和教师职业的"铁饭碗""大锅饭"，建立"人员能进能出、职务能上能下、待遇能高能低"的竞争激励机制。利用农村中小学现代远程教育设备，提高现代教育技术设备应用水平。投入资金437万元，建设147个现代远程教育试点，确保中心完小以上学校都配备1套现代远程教育设备。年内建中小学计算机教室27间，拥有计算机1411台、多媒体教室25间、语音室13间。

1995—2010年，常德市累计援助项目资金326.5万元，先后拆除8栋危旧房屋，消除校园安全隐患，改善学校办学环境。修建250米标准跑道的"德泽运动场"和建筑面积达4009平方米，拥有23间教室、11间办公室、1间多功能报告厅、1间行政会议室的"德泽楼"，解决学校无多功能报告厅、高中学位不足的问题。

第五节　创建全国体育先进县

1986年9月，建古丈县业余体校，后改为古丈县举重运动学校。1992年，投资1800万元，启动县体育中心建设，征地3.8公顷，打通通向体育中心的连城隧道，长218米。建成标准体育广场，内设田径场和足球场各1个、标准门球场2个、灯光篮球场2个、少儿游乐场1处。建成集青少年游泳中心、玉玲举重运动学校为一体的体育活动中心。结合争创全国体育先进县工作，加强乡镇体育设备建设。各乡镇场按全国体育先进县标准对场地设施进行完善和维修。结合城市建设，加强社区体育，把体育场地设施纳入规划，要求各单位自建体育场地。

1993年，县举重运动学校迁入广场区，占地0.57公顷，校舍建筑面积1126平方米。是年，被湖南省体委命名为"湖南省县级重点举重运动学校"。1994年7月，在古丈县举办全省举重运动会。10月，国家体委主任伍绍祖为县举重运动学校题名"古丈县玉玲举重运动学校"。学校先后向国家举重队输送运动员3名，向湖南省举重队输送运动员11名，向湘西州举重队输送运动员100人。在地区级以上比赛夺得金牌317枚，银牌219枚，铜牌131枚，其中国际大赛金牌11枚，国家级大赛金牌9枚，省级比赛金牌55枚。举重运动员龙玉玲、罗红卫两人获得亚洲女子举重冠军并多次打破世界纪录。

1995 年 8 月，在古丈县城举办“旺旺杯”全国青少年举重赛。1996 年，古丈县被国家体育总局评为“全国体育业余训练先进集体”。2000 年，古丈县被国家体育总局评为“全国体育先进县”。

2002 年 11 月，古丈籍运动员陈初富在波兰华沙第 72 届世界男子举重锦标赛 69 公斤级比赛中，获抓举金牌、挺举和总成绩 2 枚银牌。2003 年，古丈县被湖南省体育总局确定为全省举重后备人才基地。

2010 年，全县有体育场地 156 个，其中 400 米标准运动场 2 个，小运动场 10 个，篮球场 80 个，门球场 5 个，举重馆 1 座，训练房 1 座，其他体育设施 57 个。

第六节　吉罗、张罗公路古丈段改造

吉罗公路（吉首至罗依溪）古丈段改造工程，于 1999 年 1 月开工，2002 年 12 月竣工通车，历时四年，途经默戎、城关、古阳、罗依溪 4 个乡镇、20 个村、46 个村民小组。征用各类土地 184.26 公顷，迁坟 601 座。拆迁房屋 193 栋，涉及 308 户、2140 人，计 37325 平方米，其中拆迁集体房屋 9594.51 平方米，个人住宅 17255 平方米，其他附属建筑屋 10475 平方米，拆迁附属构筑物 9670.52 立方米；拆迁电力杆线 29 处、34.1 千米；拆迁通信杆线 11 处、9.1 千米；拆迁有线电视杆线 5 处、11 千米；拆迁自来水管 11 处、9.16 千米。修复断头路 75 处，行车便道 42 处；恢复灌溉水沟 75 处、拦渣坝 3 处；投入资金 465.9615 万元。施工放炮中损坏的 50 栋 147 间房屋的房主均得到补偿，补偿费达 3.04 万元。督促施工单位清运河道内土石渣 98 万立方米，占总任务数的 97%。吉罗公路古丈段全长 41.99 千米，占吉罗公路全长的 68.71%，路基宽 8.5 米，路面宽 7.5 米，总投资 4.17 亿元，占吉罗公路总投资的 80%。吉罗公路古丈段修成大、中、小桥 22 座，长 1378.47 米；明洞 2 个，长 190 米；涵洞 200 道；挡土墙 19303 米，407773 立方米；挖方 4238363 立方米、填方 42183769 立方米。吉罗公路绿化全线采用栽植矮秆女贞和撒播草籽。古丈段绿化投资 159.5 万元，其中矮秆女贞投资 127.5 万元，绿化长度 5100 米。吉罗公路 12 米宽路基的水泥路面，县城过境 2785.63 米，默戎镇过境 935.46 米，罗依溪镇过境 1000 米。

张罗公路（张家界至罗依溪）古丈段改造工程，于 2000 年 10 月开工，2006 年 9 月 14 日竣工。吉罗公路古丈段改造工程全长 4.001 千米，为张罗公路全长的 6%，途经罗依溪、河西 2 个镇的 2 个建制村和 1 个事业单位。征用各类土地 6.49 公顷，拆除房屋 8 栋 2187.38 平方米，附属建筑屋 698.06 平方米，附属构筑物 948.275 平方米，宅基地补偿 1244.25 平方米，通信光缆杆线 3500 米，电信杆 71 根，3.5 万伏高压线 2700 米，迁坟 4 座，征地拆迁共用去资金 1127929 元。对公路两旁进行公园式绿化，除边沟植女贞绿化带 8000 米外，花园式绿化面积达 2.89 公顷，其中栽植杜英、七里香、红继木、爬山虎等树苗花卉 1.6 万余株，拼花坛 6 个，面积 621 平方米，撒播草种 1.65 公顷，苗木成活率达 99.8%，公路绿化投入资金 35.02 万元。

第七节　弘扬民族传统文化

县政府在全县开展民间文学艺术搜集整理工作，1988 年始，陆续出版《古丈县民间故事集成》《古丈县歌谣集成》《古丈县谚语集成》《茶乡风情》《古丈风土》等书籍。老司岩民居和岩排溪古建筑群公布为省级文物保护单位，河西古墓群等 7 处公布为县级文物保护单位。1987 年，罗依溪镇龙舟队参加在泸溪县举行的“屈原杯”龙舟赛，获冠军，活动盛况刊载于《民族画报》上。

1989 年，恢复土家族跳马节，中央电视台摄制纪录片《土家跳马节》在《神州风采》栏目播出。1990 年，恢复土家族社巴节，活动盛况刊载于《民族画报》《羊城晚报》上。县政府还陆续恢复野竹三月三、河蓬七月七走穿洞、默戎赶秋、坪坝七月八、岩头寨跳香等传统节日活动。断龙山乡社巴舞多次参加全国、省、州会演，荣获嘉奖；古丈籍土家族专家彭继宽根据断龙山乡田光南老艺人演唱整理而成《摆手歌》编印出版，荣获全国少数民族文艺作品二等奖。苗鼓、筒子舞、西水号子、挖土歌、苗歌等民族民间艺术亦得到较系统整理。

2005 年，成立县非物资文化遗产保护中心，开展非物资文化遗产资料的普查及其名录项目、代表性传承人和艺术之乡申报工作。2005—2008 年，普查人员深入全县 12 个乡镇 144 个村（社区），召开民间艺人座谈会 84 场次，采访代表性传承人 312 名，搜集信息 951 条，拍摄普查影像资料 97 时段，照片 4038 张，录音 15 个时段，实物登记 108 件，查阅文献书籍 121 本；初步完成数据库建设，完成各乡镇普查综合汇编文字资料 13 套 38 本。截至 2010 年底，古丈县成功申报国家级名录项目《苗族鼓舞》《土家族哭嫁歌》等 6 项,《古丈跳马节》《古丈毛尖茶手工制作技艺》等 7 项，州级名录项目《古丈茶俗》《苗族团圆鼓舞》等 14 项，公布县级名录项目《会溪坪传说》等 50 项。成功申报国家级代表性传承人 1 人，省级代表性传承人 7 人，州级代表性传承人 9 人，确定县级代表性传承人 101 人。经州非遗中心审定的县级民俗文化村 5 个：断龙山乡田家洞村、米多村、红石林镇老司岩村、默戎镇龙鼻嘴村、高峰乡岩排溪村。默戎镇还被评为国家级民间文化艺术之乡。建立默戎镇苗族鼓舞传习所和断龙山乡茅古斯、摆手舞传习所。苗鼓、摆手舞、茅古斯表演队还应邀赴北京、上海、广州、成都、台湾等地参加节会表演，产生较大社会反响。

第八节　实施县域经济发展“三大工程”

2009 年 9 月，县委、县政府提出推进三大工程建设，即在第一产业上力推“两叶一果”工程，发展茶叶、烟叶和以柑橘为重点的水果产业；在第二产业上力推“百千万工程”，实施 100 万吨水泥厂、5000 吨以上精钒加工、30000 吨电解锰整合等重点项目，迅速提升全县经济总量；在第三产业上力推“一线四区”工程。打造张家界至凤凰 S229 黄金旅游线路古丈段和红石林、坐龙峡、栖凤湖、高望界四大景区。

2010 年，全县完成生产总值 10.7 亿元，比 2009 年增长 11.5%。全县茶叶生产加工总量 1803 吨，产值首次突破 1 亿元；成功举办“中华茶祖节 · 古丈毛尖万人品评会”，古丈毛尖申报中国驰名商标进展顺利，茶叶品质品牌和效益得到提升，营销打入上海、北京市场。完成烟叶种植面积 893.34 公顷，新建烤房 206 栋，实现烟叶收购 1806 吨，产值 3000 万元。柑橘产业培管、品改和病虫害防治得到加强，新扩橘园 53.34 公顷，品改 80 公顷，创建“柑橘病虫综合防治示范园”160 公顷；全县柑橘总产量 40000 吨。完成工业增加值 1.66 亿元，增长 14.7%。其中规模工业完成增加值 1 亿元，增长 16.1%。“百千万”工程推进顺利。100 万吨水泥厂正式进场施工，完成投资 3000 万元；5000 吨以上精钒加工项目完成前期工作。是年，坐龙峡国家森林公园通过专家评审。坐龙峡、红石林景区公路累计完成投资 2500 万元，景区基础设施建设累计完成投资 2080 万元。红石林景区经过扩建开园试营业；栖凤湖环湖游道建设基本完成，土家风情园完成主体部分，完成投资 410 万元。芙蓉镇景点圈河西滨河片区建设进展加快，完成征地 8.8 公顷。张家坡、毛坪、树栖柯等 16 个特色村寨民居保护工程进展顺利，累计完成投资 470 万元。全县全年接待游客 52.7 万人次，比 2009 年增长 13.4%；实现旅游收入 2.1 亿元，比 2009 年增长 19.1%。

第九节　法制建设与综合治理

1986年，县委、县政府开展“一五”普法（第一个五年普法）和依法治理工作。重点对象是国家干部，特别是各级领导干部和青少年。县委、县政府认真搞好普法教育，强化基层组织建设和基础工作，加强司法队伍建设，建立执法责任制、实施依法行政。

1990年12月，县政府设立法制办公室。1992年，运用法律武器，打击严重刑事犯罪活动和严重经济犯罪活动，集中力量，组织重点治乱和专项斗争，为改革开放和经济建设创造安定社会环境。开展治安混乱地区重点整治、“三打两整一查禁”（打击车匪路霸，打击抢劫、盗窃犯罪，打击团伙犯罪，整顿交通秩序，整顿重点路段和重点地区治安秩序，查禁卖淫嫖娼）、整治农村治安等专利行动，社会治安明显好转。完成人民警察首次授衔和民警录用工作，对全县政法队伍进行集中教育整顿，政法队伍纪律和工作作风明显转变。1994年，县委、县政府出台《关于实行社会治安综合治理领导责任制的若干规定》。县综治委下发《关于古丈县社会治安综合治理一票否决权制实施办法》，加强对社会治安综合治理工作领导。

1995年，县委、县政府作出《关于依法治县的决定》和《1996年至2000年依法治县规划》，决定在全县实施行政执法责任制，推进依法行政、公正司法。1996年，实行“普法合格证”制度，对国家公务员、参照公务员管理的干部、经济管理人员、专业技术人员、教师和医务人员等各级各类干部进行年度学法考试。出台执法检查制度、执行监察制度、办事公开制度等各项配套措施，并将其纳入双文明建设目标管理内容。1997年，行政执法主体设立专门法制机构，未建立法制机构的，均有专（兼）职法制员，严把案件审查关。县直行政执法单位也相应设置法制股（室），各行政执法单位调查与处理相分离，处理与执行相分离，完善听证、申述程序。2000年，县法制办抓行政复议工作。当年，受理4起复议案件，经严格查证，依法维持2起，撤销1起，申请人撤回申请1起。

2003年，在全县农村推进以“依法建制，以制治村，民主管理”为主要内容的农村基层民主法制建设，开展“民主法治示范村”创建活动，宣传落实《中华人民共和国村民委员会组织法》，促进农村民主选举、民主决策、民主管理、民主监督和村务公开、财务公开等各项制度建立和完善。完成全县行政执法人员452人行政执法证年检注册和行政执法胸证办理工作。2006年，强化政府法制监督，印发《关于推进行政执法责任制的实施意见》。各行政执法部门建立行政执法责任制及行政执法人员考核评议制、行政执法过错责任追究制、行政执法责任领导小组等相关制度与机制。2007年，培训全县400名行政执法人员，经考试合格后颁发新的湖南省行政执法证。

2010年，全县立各类刑事案件255起，破221起，刑事拘留124人，逮捕114人，收缴枪支7支，移送起诉112人，抓获各类逃犯99名，实现“命案必破”工作目标。

第四章　综合政务

第一节　经济调研

1986 年，县级领导干部下基层调查研究 2100 人次，撰写各种调查研究文章 16 篇。政府办公室创办《茶乡信息》12 期、《情况简报》18 期、《政务信息》24 期，完成《古丈县贫困地区学校建设情况的调研报告》。

1989 年，县政府办会同相关部门，组成 10 人调研组，下基层 28 次，对全县森林资源情况进行调查研究，撰写《古丈县加强林政管理保护森林资源的调研报告》。县委、县政府根据报告，作出《关于设立绿化古丈贡献奖的决定》，提出“四年消灭荒山，八年绿化古丈”目标，为古丈生态建设打下坚实基础。

1990 年，县政府办开展深化农村改革相关调研，编写信息 89 条，其中《政务信息》刊出信息 70 条，湘西州政府办采用 41 条。《古丈县进一步完善农村双层经营若干问题的调研报告》，提出完善统分结合双层经营，深化农村改革。

1992 年，县政府办组织人员对罗依溪镇栖凤湖附近居民生产生活情况及栖凤湖旅游资源开发利用价值进行调查研究，撰写《古丈县建立栖凤湖经济开发区的建议》。

1994 年，县政府办会同相关部门开展扶贫攻坚调研，走访全县 14 个乡镇，访问对象 1320 人次，编制 1994—2000 年《古丈县扶贫攻坚计划（草案）》，明确实施扶贫攻坚必须采取的三项基本措施。

1995 年，县政府安排部署对贫困人口温饱情况进行调查摸底。全县有特贫户 20114 户，占总户数的 74.9%；贫困人口 85137 人，占总人口的 66%。分布在默戎、断龙山等 8 个特困乡镇及古阳、罗依溪等一般贫困乡镇的 48 个村。根据调研情况，县政府办撰写《古丈县“六六”温饱脱贫工程调查摸底情况汇报》。

1996 年，县政府安排部署关于农业、农村、农田水利设施等方面调研，县政府办牵头编制《古丈县山羊生产情况统计》《古丈县农村初级卫生保健达标情况统计》《古丈县大力开展农田水利建设的建议》。

2001 年，县政府办对茶叶产业化建设、异地搬迁扶贫工程、大力发展花卉产业等进行调查研究，向州政府办报送信息 219 条，编写《古丈县加快推进茶叶产业化建设的调研报告》《古丈县万人异地搬迁扶贫工程实施计划》《古丈县发展花卉产业的调研报告》，其中《古丈县万人异地搬迁扶贫工程实施计划》得到省委、省政府肯定。

2005 年，古丈县《土家族摆手舞》《苗族鼓舞》等 5 项民族民间文化遗产，被公布为全国首批非物资文化遗产保护名目。县政府办通过调研撰写《如何做好全县民族民间文化保护工程综合试点工作》。

2008 年，县政府办全年编发《政务动态》30 期、《茶乡信息》12 期。把乡镇及县直部门信息纳入全县“四个文明”目标管理考核，量化信息报送任务，拓宽信息渠道。全年组织撰写综合材料 62 篇、调研文章 30 篇，上报省、州材料 21 篇，在《团结报》《湘西工作》等州级刊物发稿 10 篇。

2009 年，县政府办全年组织撰写调研文章 28 篇、综合材料 60 篇、会议材料 100 篇，在《团结报》《湘西工作》《湖南日报》《决策天地》等州级以上刊物发稿 15 篇，编印《政务动态》30 期、《茶乡信息》12 期。

2010 年，县委、县政府对经济发展战略进行调查研究，收到调研文章 144 篇，其中 33 篇优秀论文入编《古丈县经济发展战略及经济发展提速优秀调研论文集》。

第二节 政务督查

2002 年，县政府督查室依据县委、县政府《2002 年度全县两个文明建设目标管理责任制实施办法》，重点督查全县乡镇场党委、政府及县直局以上单位两个文明建设目标管理落实情况。年终，组织检查验收，表彰先进单位。

2003 年 9 月，县政府督查室联合县委督查室对有关单位落实副省长许云昭一行到县开展科教扶贫活动表态事项进行督查，有力推进各项表态资金争取和落实。

2005 年 8—12 月，县政府督查室联合县委督查室及相关单位，对全县 16 个乡镇场干部职工到岗情况、矿山综合整治情况、县直单位开展赈灾募捐进展情况、全县中小学危房改造和寄宿制学校建设工作、全县 16 个乡镇场和 84 个县直单位公务消费改革 8 月份实施情况、乡镇场秋冬农业生产情况、教育系统“两免一补”政策贯彻落实情况、63 个重点建设项目建设情况、省定 8 件实事落实进展情况、森林重点火险区综合整治情况、县城环境集中整治和综合管理工作进行督查。

2006 年，为贯彻落实省、州、县春季重大动物病防控工作会议精神，根据县政府部署，3 月 14—16 日，县政府督查室联合县畜牧水产局对全县 2006 年春季重大动物疫病防控工作进行督查。经县委、县政府督查室督促检查，县政府于 7 月 19 日下发《古丈县政府关于 2006 年六大保障体系建设上半年工作进展情况的通报》，通报中对工作成绩优秀的县教育局、县劳动和社会保障局、县民政局、县安全生产监督管理局、县畜牧水产局等单位给予通报表扬。

2008 年，针对湘西州忠俊矿业有限责任公司在高望界省级自然保护区试验带和缓冲带非法开采黄铁矿行为，根据县长批示，县政府督查室及时下发古政督办函，明确各相关单位的职责。11 月，县政府督查室下到高望界林场矿区实地查看、检查。针对鼎鑫公司在岩头寨乡龙岩林场无证开采磷矿和非法洗矿行为，根据县长批示，县政府督查室下发古政督办函，要求各相关部门依法履责，对鼎鑫公司实行禁采，要求该公司半个月内自行拆除相关洗矿设备。12 月底，按照县政府工作安排，县政府督查室对全县 12 个乡镇和相关县直单位目标管理完成情况进行检查验收，验收结果报经县政府常务会议研究决定，对罗依溪镇、岩头寨乡 2 个目标管理优秀乡镇和高望界乡、坪坝乡、默戎镇 3 个良好乡镇、县林业局、县民政局、县财政局、县教育局、县交通运输局等 5 个目标管理优秀单位和县水务局、县人口和计划生育局、县住房和城乡建设局、县国土资源管理局、县文化广播电视新闻出版局、栖凤湖管委会、县监察局、县民族事务局、县人事局、县粮食局等 10 个目标管理良好单位进行表彰奖励。

2009 年 10 月，县政府督查室及时深入县劳动和社会保障局等单位进行调查核实，下发古政督办函，责令县劳动和社会保障局及时补发县供销联社龚国旺等 78 位退休人员退休费 22 万元。

2009 年 12 月，按照县政府工作安排，根据《古丈县政府关于对乡镇人民政府和县直单位 2009

年主要工作实行目标管理的通知》文件要求，县政府督查室对全县12个乡镇和60个县直单位目标管理完成情况进行检查验收。本次检查的目标管理涉及356项指标，其中完成任务指标289项，基本完成任务指标有37项，没有完成任务指标有30项，任务完成率为91.6%。通过考核验收，报经县政府常务会议研究，决定对岩头寨镇、罗依溪镇2个目标管理优秀镇和河蓬乡、红石林镇、山枣乡、高望界乡4个良好乡镇以及县水务局、县民政局、县财政局、县建设局、县国土资源局、县农经局6个目标管理优秀单位和县政府办、县发改局、县人事局、县交通局、县教育局、县人口和计划生育局、县监察局、县审计局、县文化局、县国家税务局、县林业局、县畜牧局、县农机局、县移民局、县蔬菜办等15个目标管理良好单位进行表彰奖励。

2010年6月，县政府督查室印发通报，对缺席24日上午全国防汛抗洪救灾工作电视电话会议的县国土资源管理局、县民政局给予通报批评。7月，针对山枣乡、高峰乡和罗依溪镇廉租住房建设进度缓慢的现状，县政府督查室分别向3个乡镇下发《关于加快廉租房建设进度的通知》的督办函，督促加快工程进度。8月中旬，根据县政府工作安排，县政府督查室联合县矿山综合执法大队对县政府第12号专题会议纪要议定事项落实情况进行检查，重点对树栖柯冶化分厂、王家堡、青冈3处磷矿洗矿点、华强矿业公司矿选厂、留心矿业公司锰选厂、鑫源矿业公司锰选厂和高远矿业公司综合整治情况进行检查，建议对高远矿业公司进行停产整顿。9月上旬，县政府督查室联合县物价局对全县中小学开学和收费情况进行检查，督促学校按期开学，规范收费。

1986—2010年，发出书面督查文件780份，现场督办1060人次，电话督办3200次；印发《政务督查》500期；按期办结州政府交办件120件，跟踪督促完成县领导批示和交办事项2950件；按时办理人大代表建议3500件，政协委员提案1800件，办结率均达到100%。

第三节　信访工作

一、信访工作机构

1986年1月，县信访办公室由县委办公室和县政府办公室共同管理，以县政府办公室管理为主。定编4人，实有4人。2001年10月，县信访办公室更名为县信访局。2010年8月，根据《中共古丈县委、县政府关于印发〈古丈县政府机构改革实施方案〉的通知》精神，县信访局列入县委机构序列，由县委、县政府两办共同管理，以县政府办公室管理为主。定编9人，实际在岗5人。

1986—2010年，历任信访办主任、信访局局长：张宇梅（副主任，主持工作）、胡长仁、彭如凤、周孝义、向光珍、向锦华、向俊锋。

二、信访办理

1986年，落实政策、处理遗留问题。根据“分级负责、归口办理”工作要求，落实省、州“过问、动手、督促”信访工作规定。各乡镇、县直局都调整充实信访工作领导小组，确定一名负责分管信访工作领导。乡镇由司法助理员兼任信访干部。

1991年，将信访工作纳入全县“双文明”建设目标管理，各乡镇与村签订信访工作责任状。

1992年，全县贯彻落实《湖南省区、乡、村、街道信访工作暂行规定》，深入开展达标创优活动，并以城关乡作为试点单位，开展以“五看”（即一看是否宣传贯彻《规定》；二看有无领导班子和工作网络；三看是否有牌子和台账；四看是否建立规章制度；五看是否开展工作）活动为载体，促进信访工作网络、信访工作制度完善。

1996年，调整县信访工作领导小组，确定各乡镇场党委（政府）秘书兼信访干部。印发《县委、县人民政府领导办理信访五项制度实施方案》，制定“县级领导定期接访日制度”“合理化建议征集制度”“经常研究信访工作制度”“信访情况报告制度”和“信访源头排查制度”等五项制度。县委书记朱采先后批阅群众来信25件，处理疑难案件8起。县委副书记、县长刘万云接待上访群众75人次，阅批信件49件，解决疑难信访30起。

2001年，县委、县政府下发《关于切实加强信访工作的实施意见》，推行信访公开承诺制、“首问责任制”（即“首遇必接、首问必答、首难必解、首违必究”）。

2004年，建立处理信访突出问题及群体性事件联席会议制度和处理信访突出问题应急机制。县信访联席会议下设企业改制小组、城镇房屋拆迁工作小组、农村土地征用及矿山管理工作小组、涉法涉诉问题工作小组、企业军转干部复员军人问题小组和涉农问题工作小组。

2005年，县信访工作领导小组每2个月具体研究一次信访工作，加强协调处理和督办。县级领导接待上访群众96批325人次。从县直机关中选派优秀中青年干部分期分批到信访局担任协理员，配合信访工作，培养、扩大信访队伍。

2007年，为确保党的“十七大”和国庆期间的稳定和安全，按照“发现得早、处理得好”和“人要回去，事要解决”要求，上下联动，有效劝退越级上访人员15批285人次，其中劝退进京上访人员4批11人，赴省上访人员5批50多人。

2008年，规定每月12—15日由联席会议办、县信访局对群众反映的问题实行统一交办到有关单位。规定每月10日为县委书记、县长接待日，15日为县纪委书记、组织部部长接待日，25日为县政法委书记接待日；7月、8月每个月每个星期一为县委书记、县长接待日；每天有1名县委领导、2名县政府领导到县信访局统一值班接待。采取接访、下访、约访和倾听、感化、教育等形式，接待上访群众256起662人次，当场解决问题92批190人次。

2009年，在全州率先设立书记、县长热线办，减少中间环节，畅通信访渠道。实行公检法和律师联合接访制度。开通“县长信箱”“古丈信访”网站。建立健全一月一排查、特殊期随时排查和台账管理制度，开展积案化解活动。

2010年，县矛盾纠纷调处中心成立，与县信访局合署办公。按照涉法涉诉和涉农林土地两个大类，从县公安局、县人民检察院、县人民法院、县司法局、县国土局、县建设局等12个单位抽调人员，实行“一站式接待，一条龙办理，一揽子解决”化解矛盾。对重复进京上访的每一个老户，由一名县级领导牵头和各归口单位共同组成包案组。

第四节　民族事务管理

一、民族管理机构

1984年1月15日，县政府办公室内设民族事务组，对内为政府办公室内部办事机构，对外挂民族事务委员会牌子。1987年8月8日，设立古丈县民族事务委员会，列为县政府机构序列，编制数2名。1988年11月15日，增加编制1名。2001年，改为县民族事务局。

1986—2010年，县民族事务委员会、县民族事务局历任负责人：陈善良、石绍先、周忠科、麻昌元、李忠友、彭司明、张仕荣。

二、族别管理

公民民族成分确定和更改，个别更改民族成分，依据父母的民族成分确定。不同民族公民结婚所生子女，或收养其他民族的幼儿（经公证部门公证确认收养关系），其民族成分在满18周岁以前由父母或养父母商定，满 20 周岁的，不改变原来的民族成分；凡年满 20 周岁后要求更改个人民族成分的，除非其民族成分与其父母的民族成分都不相同，凡与父母一方民族成分相同的，不再更改民族成分。凡申请个别更改民族成分的，凭本人居民身份证或户口簿到户籍所在的县民族局领取湖南省公民个别更改民族成分申请表，填写好申请表格有关内容。到户口所在地的村委会（居委会）、乡（镇）政府或街道办事处、单位人事部门、公民户籍管理部门审查，签署意见。到户口所在地县民族事务局初审，签署意见。到州民委终审，开具湖南省更改民族成分证明。持湖南省更改民族成分证明到户口所在地派出所办理户口族别更改手续。更改人是国家工作人员的，到组织、劳动人事部门办理更改人事档案民族成分，其民族成分证明材料存入个人人事档案。

2005—2010 年古丈县公民民族成分更改统计表

表 6-2　　单位：人

年份	更改人数	由汉族更改为苗族人数	由汉族更改为土家族人数	其他
2005	6	3	3	—
2006	16	2	14	—
2007	17	4	13	—
2008	26	11	15	—
2009	38	19	17	土家族更改为苗族 1 人，苗族更改为土家族 1 人
2010	32	11	20	土家族更改为苗族 1 人

说明：2004 年前，民族成分更改由公安机关办理，资料无考

三、民族政策落实

县民族事务局对县内“两种考生”（普通高校招生中少数民族考生和少数民族地区汉族考生）民族成分进行初审，使高考中少数民族考生享受 20 分、汉族考生享受 10 分降分录取优惠政策；办理公民个别民族成分更改初审工作；对民族政策、法律、法规通过小册子、宣传牌、党校课堂进行宣传；帮助县内“两民企业”（民族贸易企业、民族特需用品定点生产企业）申请享受正常流动资金贷款利率比正常的一年期流动资金贷款基准利率低 2.88% 个百分点贴息政策。

在培养使用民族干部，发展民族教育，发展卫生事业等方面，实行多项优惠政策。本县少数民族考生参加高考，实行降低 20 分抛档录取，汉族考生实行降低 10 分抛档录取，民族贸易和民族用品生产贷款利率，实行比正常的一年期流动资金贷款基准利率低 2.88 个百分点的优惠利率政策。

1986—2010 年上级投入古丈县民族发展资金一览表

（含支援经济不发达地区发展资金和少数民族地区新增发展资金）

表 6-3　　单位：元

年度	投放金额	其中 有偿资金	其中 无偿资金	10 万元以上项目
1986	45.7	1.3	44.4	草潭等乡购买商品种猪 203 头（10 万元）
1987	22.9	5.0	17.9	—
1988	21.0	11.0	10	—

续表 6-3

年度	投放金额	其中 有偿资金	其中 无偿资金	10 万元以上项目
1989	22.0	8.3	13.7	—
1990	22.0	8.0	14	—
1991	44.0	12.0	32	—
1992	20.0	9.9	10.1	—
1993	16.0	10.1	5.9	—
1994	17.0	6.0	11	—
1995	54.0	40.0	14	西洋参开发公司开发西洋参（20 万元），河西玉环柚基地建设（10 万元）
1996	45.0	19.0	26	河西玉环柚种植场（10 万元）
1997	14.0	5.0	9	—
1998	77.0	—	—	张家坡等三村通村公路（17 万元），河西玉环柚种植场通路、通电、通水（20 万元），猛洞河火车站综合市场（15 万元）
1999	95.0	—	—	高峰乡葛连溪西洋参基地通路通电通水（30 万元），排达牛到 1828 省道公路工程（20 万元）
2000	26.0	—	—	—
2001	26.0	—	—	—
2002	126.0	—	—	岩头寨村、罗依溪村、旦武村通乡通村公路（50 万元），窝瓢村通村公路（11 万元），老寨村开发板栗 400 亩、修桥一座、引水一处（14 万元），种植西洋参 4 亩（10 万元）
2003	150.0	—	—	九龙村民族文化站建设（10 万元），通村公路（26 万元），茄通乡卫生院（20 万元），“百组千户”奔小康示范活动及学校建设（29 万元），蔡家村茶场建设（10 万元），小龙热村修路、水窖、文化设施、种养业（19 万元）
2004	109.0	—	—	石碧、窝瓢、排夯两、镇溪、花兰等村通村公路建设（25 万元），大龙热、丫施溪、柑子坪、罗依溪等村人饮工程（12 万元），马达坪、花兰、泽禾溪、小龙热等村卫生室建设（15 万元），高坳、凉水、江洋、火麻等村小建设（15 万元）
2005	126.0	—	—	默戎镇、岩头寨乡、城关乡等种养及产业开发（23 万元），龙鼻嘴村、高峰乡、古阳镇等民族文化建设（11 万元），断龙山乡、山枣乡、河西镇、坪坝乡、罗依溪镇等学校建设（17 万元），古阳镇、岩头寨镇、草潭乡、双溪乡等人饮工程（25 万元），茄通乡、罗依溪镇、高峰乡、坪坝乡、河蓬乡、岩头寨乡、山枣乡、默戎镇等公路、市场建设（24 万元）
2006	119.0	—	—	岩嘴村修路（27 万元），老官坪村修路（10 万元），龙天坪村种植（12 万元）
2007	210.0	—	—	岩头寨、葫芦坪、龙鼻嘴村基础设施建设（25 万元），默戎村基础设施建设（17 万元），岩嘴村修路（15 万元），翁草村修路（28 万元），红石林镇养殖（10 万元）
2008	206.0	—	—	岩头寨村道路硬化（15 万元），淘金村养殖（27 万元），农业技能培训（14 万元），神宝牧业养殖（20 万元），龙鼻嘴村民族文化建设（20 万元）
2009	258.0	—	—	默戎镇毛坪村民族特色村建设（10 万元），李家洞至三坪公路改造（11 万元），花兰村、岩坨村农业开发（20 万元），小背篓民族工艺品开发（12 万元）潭溪村基础设施建设（50 万元）
2010	316.0	—	—	窝瓢村公路建设（10 万元），张家坡村特色村寨建设（30 万元），民族茶艺有限公司民族工艺品（20 万元），潭溪村修桥、引水、村道建设（60 万元），岩头寨村饮水工程（10 万元）

四、民族团结

民族团结进步典型　1988 年，古丈县人民武装部被国务院授予“全国民族团结先进集体”称号。

1990 年 4 月，河蓬乡苏家村党支部、村委会被国务院、国家民委授予“全国民族团结进步先进集体”称号，坪坝乡叭喇村小学教师邓雪英被国家民委授予“全国民族团结进步先进个人”称号；

1991 年，坪坝乡叭喇村小学教师邓雪英被湖南省委、省政府授予“全省民族团结进步先进个人”称号，河蓬乡苏家村党支部和村委会、古丈县民族贸易局 2 个单位被湖南省委、省政府授予“全省民族团结进步先进集体”称号。

1998 年，古丈县人民武装部被国务院授予“全国民族团结先进集体”称号，坪坝乡叭喇村小学教师邓雪英分别被国家民委授予“全国民族团结进步先进个人”称号，被湖南省委、省政府授予“全省民族团结进步先进个人”称号。

2005 年，县委书记彭武长被国家民委授予“全国民族团结进步先进个人”称号，默戎镇党委被湖南省委、省政府授予“全省民族团结进步先进集体”称号，断龙山乡党委书记彭武利被湖南省委、省政府授予“全省民族团结进步先进个人”称号。

2009 年，县委书记吴凌频被国家民委授予“全国民族团结进步先进个人”称号。

2010 年，古丈县第一中学被湖南省委、省政府授予“全省民族团结进步先进集体”称号，县委书记向顶天被湖南省委、省政府授予“全省民族团结进步先进个人”称号。

1986—2010 年古丈县获全国民族团结进步表彰情况一览表

表 6-4

授奖单位	时　间	奖励名称	获奖单位（个人）
国务院	1988 年 4 月	先进集体	古丈县人民武装部
国家民委	1990 年 4 月	先进集体、先进个人	河蓬乡苏家村党支部、村委会；邓雪英（女）
国家民委	1998 年 7 月	先进个人	邓雪英（女）
国务院	2005 年 5 月	先进个人	彭武长（土家）
国务院	2009 年	先进个人	吴凌频（女，苗）

1986—2010 年古丈县获湖南省民族团结进步表彰情况一览表

表 6-5

会　议	时　间	奖励名称	获奖单位（个人）
第二次	1991 年	先进个人	邓雪英（女）、张自仲（苗族）
		先进集体	河蓬乡苏家村党支部、村委会、古丈县民族贸易局
第三次	1998 年	先进个人	邓雪英
第四次	2005 年	先进集体	中共默戎镇党委
		先进个人	彭武利（土家族）
第五次	2010 年	先进集体	古丈县第一中学
		先进个人	向顶天（土家族）

1998年古丈县民族团结进步先进集体、先进人物情况一览表

表6-6

获奖类别	获奖者	民族	性别	典型材料
全国先进集体	古丈县人民武装部	—	—	发扬我军光荣传统、不断增强民族团结
州先进集体	古丈坪完全小学	—	—	加强民族团结、发展民族教育
州先进人物	王锡玉	土家	女	农村兴工致富的带头人
州先进人物	叶传智	汉	男	扎根山区献身民族教育事业
州先进人物	张友顺	汉	男	为古丈建设做贡献
州先进人物	潘源明	汉	女	扎根山区的长沙姐
州先进人物	向精华	土家	男	向精华事迹简介
州先进人物	向秀生	苗	男	安心边远山区工作、发展民族卫生事业
州先进人物	颜家梅	土家	女	为民行医、尽职尽责

民族团结宣传教育　1991年1月，茄通乡举办民族知识竞赛，5个村代表队参加。

1998年5月22日，断龙山乡举行土家社巴节活动。

2002年11月18日，举办“土家苗汉一家亲”专题演讲比赛，增强民族团结意识，激发全县各族人民“知我古丈，爱我古丈、建我古丈、兴我古丈”热情。

2006年3月8日，县城举办有18支土家族摆手舞队和18支苗族鼓舞队参加的广场舞比赛，默戎镇龙鼻嘴苗鼓队和断龙山乡摆手舞队分别获得分组冠军。

2010年4月，县委党校中青年干部培训班开办民族政策法律法规讲座。

创建民族团结示范点　1996年2月，吉首市马颈坳镇团结村村民与默戎镇龙鼻嘴村村民发生群体性械斗，造成人员伤亡。4月20日，县委、县政府对吉古边界地区社会治安问题予以集中整治，派出工作队分赴默戎镇龙鼻嘴村、李家寨村、万岩村，积极开展治理工作。

1999年，在古丈、吉首两县市民委倡议和共同努力下，默戎镇和马颈坳镇联合制订《吉古边界民族团结实施方案》。

2001年2月，默戎、马颈坳两镇分别被古丈、吉首两县市定为民族团结示范点，开展边界民族联谊活动，建立互访制度，制定承诺实施民族团结的村规民约，联办赶秋节等民族传统文化活动，营造“友谊林”，互赠“民族团结代代相传”匾额。9月7日，省民委主任石昌禄为马颈坳镇、默戎镇民族团结试范点授牌。

2003年9月21日，团结亭落成剪彩仪式在吉首市马颈坳镇团结村与默戎镇龙鼻嘴村交界处喊娘坳举行。

五、古籍整理

1986年3月，县委、县政府联合下发《关于建立抢救、整理少数民族古籍领导小组的通知》。成立抢救、整理少数民族古籍领导小组，负责组织搜集、整理工作，着手抢救流散于民间口头古籍资料，其中苗族《跳香辞》《拦门词》、土家族《挖土歌》《社巴神歌》等13篇为抢救重点。

1988年6月，县民委和县文化局共同搜集、整理民间文学三套集成，即《古丈民间故事集成》《古丈歌谣集成》《古丈谚语集成》。

2003年，县民族事务局对全县少数民族古籍进行清查登记。书籍类25篇，即《湖南省古丈县宗教资料汇编》《道场词》《傩愿戏》《辞和送瘟火二部科》《太上玄灵解结科书》《开亡人路》《无事》

《酬世锦囊》《查嫁娶通用埋葬通用》《油书》《古丈坪厅志》(二部)《古丈百年大事记述》《溪州铜柱考》《下溪州故城会溪坪初探》《民族医药》及龙氏、鲁氏、江夏黄氏、向氏、古丈宋氏、刘氏、湘西黄氏、田氏等族谱。铭刻类13种，即《伏波庙流芳万古碑》《蓄禁桐茶碑序》《工师铭文戈》《花神祠碑》《白虎印章》《凤鸟镦》《天桥山石匾》《老鼠嫁女浮雕》《双鸟戏鱼璧雕》《八水坪永垂不朽碑》《杨大槐墓志铭》《田家洞摆手堂万古流芳、永垂不朽碑》。讲唱类13种，即《梯玛神歌》《梅山词》《湘西苗族情歌》《二十四孝》《跳香词》《土家孝歌》《土家拦门礼词》《土家散花调》《家奠礼词》《十代穷》《土家板凳龙》《土家跳马》《古丈三道茶》。

第五节　宗教事务管理

1986年，县民族事务委员会管理宗教事务。1997年7月，县政府对乱建庙宇进行全面治理，拆、改寺庵3处，对符合条件庙宇依法登记，依法管理。

1997年12月，成立县宗教事务局，归口县委统战部管理。1998年4月，改属县政府副科级工作机构。2001年12月，改为县政府办公室内设机构。

2004年，县宗教事务局对全县38名道教教职人员进行集中培训，并进行登记发证。制定《场所管理制度》《场所财务制度》《场所安全制度》和《场所年检制度》。

2010年，县宗教事务局依据宗教场所6项条件，对全县9处宗教活动场所进行审核，对其中8处予以登记，对1处进行临时登记。全县登记开放宗教活动场所5处，分别为古阳镇二龙庵、天桥山寺，默戎镇天王庙和仙门山庵，红石林镇白果树。有教职人员2人，居士20人。农村散居正一派道士89人，正式登记教职人员38人。全县有信教群众10000人。

古丈县宗教活动场所情况一览表

表6-7　　单位：人

场所名称	宗教类别	教职人员数	登记时间	登记发证部门及编号	场所地址
二龙庵	佛教	1	2007.4	古丈县宗教局F01号	古阳镇二龙庵
天桥山寺	佛教	1	2007.6	古丈县宗教局F02号	古阳镇天桥山村
天王庙	佛教	1	2009.11	古丈县宗教局F042号	默戎镇龙鼻嘴村
仙门山	佛教	1	2010.9	湘西州宗教局F03号	默戎镇排达牛村
白果树	基督教	1	2010.8	湘西州宗教局J141210001	红石林镇白果树村

第六节　方志工作

一、县志编纂

1982年5月，《古丈县志》编纂委员会成立，开始编纂工作。至1988年6月，编纂完成《古丈县志》。1989年，在湖南省县市志质量评比中，《古丈县志》荣获三等奖。

2000年，成立第二轮县志续修领导小组，制定续修《古丈县志》工作规划。2002年4月，制定续修《古丈县志》方案。2006年3月，制定编纂目录。2010年4月，召开地方志工作暨第二轮县志编修动员大会，各单位递交编写责任状。在州地方志办协助下，开展第二轮县志编修业务培训工作，给各单位编修人员提供《编修业务讲义汇编》《二轮志书编纂指南》等修志参考资料。成立《古丈县志（1986—2010）》编辑部，聘请编写人员，开始续修第二轮县志。

二、部门志编纂

1986 年以后，县直一些部门编史修志热情高涨，纷纷编纂部门志，陆续内部出版《古丈县军事志》《古丈县林业志》《古丈县建设志》《古丈县民政志》《古丈县供销合作志》《古丈县民族志》《古丈县商业志》《古丈县财政志》《古丈县档案志》《古丈县工业分志》《古丈县粮食志》《古丈坪完小志》《古丈一中校志》《古丈县环境保护志》《古丈县广播电视志》《古丈县教育志》《古丈县畜牧水产志》《古丈县妇女运动史》《古丈县文化志》《古丈县卫生志》等志书。

第七节　库区移民

一、工作机构

1985 年，成立县政府移民办公室，为县政府办管理的股级事业单位。1996 年 3 月，更名为古丈县移民开发局，升格为正科级事业单位，内设办公室、开发培训股、工程股、计财股。2000 年，开发培训股更名为生产开发股。2006 年 3 月，增设法规股。2007 年，局机关有工作人员 20 人。承担罗依溪、红石林、断龙山、高峰、高望界 5 个乡镇、35 个移民村、161 个村民小组的 1.9 万移民人口管理任务。

1996—2010 年，历任县移民开发局局长：彭祖润、向仍才、龙辉、向廷虎。

二、移民前期安置

1971 年 8 月，县政府始开展移民搬迁安置。发动群众搞好房屋迁建和移民安置，同时兴建部分通道和公益设施。补偿淹没补偿费 448.33 万元，完成 11 个单位、96157 平方米房屋迁建、5385 人安置任务。安置工作原则是：就地后靠为主，远迁插队为辅。房屋搬迁以原拆原建为主，不搞新建。淹没补偿标准为：稻田每亩 157 元，旱土每亩 100 元，油茶每亩 46 元，油桐每亩 990 元，茶叶每亩 263 元，幼林每亩 6 元。淹没的农田水利设施、山地、森林和其他一些生产、生活设施未予补偿。移民远迁为 297.63 元 / 人（含房屋、农具、家具等搬迁），移民后靠为 181.2 元 / 人（含房屋、农具、家具等搬迁），电灌站、水库、拦河坝、渠道、山塘、养鱼设施等场地未补偿。

1974 年 8 月，移民工作重点抓农业生产设施恢复和移民区公益设施建设，新开水田 13.33 公顷，种茶 40 公顷，栽水果 26.67 公顷，兴办林场 1 个，造林 33.34 公顷。移民人均安置费 386.5 元。城镇移民人均安置费 1059.1 元。移民补偿总额 467.6 万元。

1989 年 11 月，县移民搬迁安置工作结束，搬迁安置人口 6108 人（农业人口 5542 人），其中后靠 4614 人，远迁 1494 人。

三、移民资金使用

1986—1990 年，每年投入移民资金 40 万 ~ 50 万元。至 1997 年 6 月底，由湘西州移民局出台《凤滩库区湘西三县移民专项资金分配到县的比例协调会议纪要》，按淹没面积大小分配移民专项资金，其中古丈县 42.49%，保靖县 33.115%，永顺县 24.395%。

1996 年，县移民工作由单纯安置补偿方式转变为扶持移民创业方式，因地制宜，在罗依溪镇开发果园 273.34 公顷。是年 8 月 1 日起，按照“稳定销售，统一价格，定额补贴，钱粮公开，地县包干，共同负责”的思路，对移民粮购销价格和移民口粮供应办法进行改革，实行由直接供应粮食方式改为发放现金补贴方式，全县核定定额补贴移民人口 11987 人，月发放移民口粮补贴款 22 万元。

1997 年，投入移民资金 88 万元，完成凤滩库区移民村水利、电力、道路等基础设施建设 58 处、危房改造 5 栋、修建和改造学校校舍 7 所 3500 平方米。

1999 年，编制《凤滩水库移民解决温饱问题规划》《凤滩库区移民口粮自给暨三年脱贫规划》。是年，为移民征收开发用地 34.67 公顷，安置移民 650 人。

2000 年 9 月，县委、县政府决定，县移民局所有工作人员工资由县财政统一发放，确保移民资金专款专用。2000—2002 年，对移民安置遗留问题进行集中处理，编制《解决移民安置问题实施规划（2000—2002）》，三年内投入项目建设资金 1401.16 万元。

2002 年，编制《处理凤滩水库移民遗留问题的六年规划（2002—2007）》，计划投入移民扶持资金 4515 万元，实施基础设施、生产开发、技术培训等项目 300 个。

2007 年，国家对移民扶持政策进行调整，对大中型水库移民一并扶持，全县对凤滩水库和白溪关水库移民进行核实登记，落实移民直补及扶持人数 17489 人，其中直补 7137 人，每年直补 600 元；项目扶持 10352 人。

2009 年，省财政厅与省移民局下发《湖南省水库移民资金财务管理办法》和《湖南省水库移民资金会计核算办法》，即将各类移民资金、办公经费、人员工资及津补贴统一由县级财政报账，确保各类移民专项资金封闭、安全运行。

1990—2010 年古丈县移民资金使用情况一览表

表 6-8　　单位：万元

序号	年份	拨款金额	备注
1	1990	52.3	库区维护
2	1991	56.7	库区维护
3	1992	57.8	库区维护
4	1993	60.6	库区维护
5	1994	96.8	库区维护
6	1995	103.0	库区维护
7	1996	195.8	开发，库区维护
8	1997	612.0	开发，口粮，库建
9	1998	830.0	开发，口粮，库建
10	1999	484.0	开发，口粮，库建
11	2000	436.5	开发，口粮，库建
12	2001	1082.7	后扶，配套，口粮，库建
13	2002	924.8	后扶，配套，口粮，新库建
14	2003	2112.5	同上，含栖凤大坝资金
15	2004	1582.7	同上，含栖凤湖大坝资金
16	2005	578.8	后扶，口粮，新库建
17	2006	969.7	后扶、避险解困、新库建、后扶结余、应急等
18	2007	2058.8	后扶、避险解困、新库建、后扶结余、应急等

续表 6-8

序号	年份	拨款金额	备注
19	2008	1430.4	后扶、避险解困、新库建、后扶结余、应急等
20	2009	1655.1	后扶、避险解困、新库建、后扶结余、应急等
21	2010	2001.2	后扶、避险解困、新库建、后扶结余、应急等
合计	—	17382.2	各类移民专项资金

四、移民后期产业扶持

水产扶持　1986—2010 年，投入资金 610 万元，投入网箱 1814 口，鱼苗鱼种 85 吨。2001—2004 年，投入资金 3000 万元，移民水产养殖 300 公顷。2010 年底，有网箱 6100 口，产量 10800 吨，产值 1.2 亿元。其中拦汊养鱼 35 处，养殖水面 933.33 公顷，养殖品种有鳜鱼、鲶鱼、翘嘴鱼、叉尾鮰、黄颡鱼、匙吻鲟、甲鱼等十余个名贵鱼种。从事水产养殖的库区移民 917 户、3675 人。

种植扶持　1986—2010 年，投入资金 4500 万元，用于库区山地开发，其中发放劳务费 1217 万元，苗木费 985 万元，培管费（肥料）896 万元，培训费 292 万元。2010 年底，移民开发柑橘面积增至 850.4 公顷，其中椪柑 528.67 公顷，无核蜜橘 170 公顷，橙 90.53 公顷，柚 60 公顷。茶叶面积 390 公顷。小水果 75.2 公顷。种植烤烟 93.33 公顷。人均山地开发面积 0.11 公顷。库区移民人均收入 4168 元。柑橘、茶叶成为库区最重要支柱产业。

第七篇　人民政协

第一章　政协委员

第一节　委员产生

中国人民政治协商会议古丈县委员会（简称县政协）第一、二、三届委员会任期 3 年，每届召开全体委员会议 3 次。第四届始，县政协任期五年。县政协第四、五届召开全体委员会议 5 次；第六届召开全体委员会议 4 次，第七届一次会议至 2010 年七届四次会议，召开全体委员会议 4 次。各次全体委员会议委员列席人大代表会议，听取审议“一府两院”工作报告、财政决算和财政预算（草案）报告、计划执行情况和计划（草案）报告；对全县经济社会发展重大决策、中长发展规划和年度计划、主要干部人事任免、民生工作中重大问题、城乡建设重大事项等同县委、县政府协商。闭会期间，县政协常委会通过会议协商、提案、视察、调研等方式，履行职能，献计献策，服务经济社会发展。

1986 年，县政协委员经协商，由中共党员、民主党派和无党派人士、各界人士、少数民族、特邀人士担任，其名额人选，由单位推荐、县委组织部和县委统战部考察、县政协常委会协商通过（1984 年 4 月，县首届政协委员由筹备小组协商通过）、县委审查批准等程序确定。

1987 年始，县政协第二届委员会在贯彻县政协委员任职条件基础上注重吸收专业户、科技示范户、乡镇企业、经济联合体、私营企业、个体工商户、“三胞”亲属等优秀人物担任县政协委员。

第二节　委员构成

县政协第一届委员会委员由中国共产党、共青团、工会、妇联、工商、农林、教育、社科、科技、宗教、医药卫生、新闻出版、文艺、民族、特邀人士共 15 个界别人士构成，届初 86 名委员，其中中共党员 24 人，占 27.9%；非中共党员 62 人，占 72.1%；少数民族 46 人，占 53.5%；女委员 12 人，占 14%；高中以上学历 54 人，占 62.8%；助工以上职称 17 人，占 19.8%。委员平均年龄 51 岁。届中增补委员 22 人，届末实有委员 108 名。县政协第一届委员会常务委员会（简称县政协常委会）委员 14 人，其中中共党员 8 人，少数民族 6 人，大专以上学历 5 人，高级职称 3 人，女性 2 人。

县政协第二届委员会增设体育界，共 16 个界别。届初委员 130 人，其中连任 69 人，新任 61 人；中共党员 41 人，占 31.5%；非中共党员 89 人，占 68.5%；少数民族 71 人，占 54.6%；女委员 20 人，占 15.4%；高中以上学历 96 人，占 73.9%；助工以上职称 30 人，占 23.1%；委员平均年龄 46.9 岁。届中增补委员 5 人，届末实有委员 135 人，比上届增加 27 人。县政协常委会委员 16 人。其中中共党员 11 人，少数民族 13 人，大专以上学历 7 人，高级职称 3 人，女性 1 人。

县政协第三届委员会撤销工商界，设工商联界，共16个界别。届初委员130人，届中增补委员7名，届末委员137人。县政协常委会委员20人。其中中共党员9名，占45%，非中共党员11名，占55%；常委委员平均年龄49.5岁，比第二届降低2.8岁；大专以上学历11名，占55%；高级技术职称5名，占25%。

县政协第四届委员会增设经济界，共17个界别，届初委员141名。届中增补委员10名，届末实有委员151名。县政协常委会委员25人。其中中共党员12名，占48%；非中共党员13名，占52%；常委委员平均年龄48.8岁，比第三届降低0.7岁；大专以上学历13名，占52%；高级技术职称7名，占28%。

县政协第五届委员会有17个界别，委员145名。县政协常委会委员23人。其中中共党员11名，占48%；非中共党员12名，占52%；常委委员平均年龄47.8岁，比第四届降低1岁；大专以上学历9名，占39%；高级技术职称7名，占30.4%。

县政协第六届委员会有17个届别，届初委员143名。届中增补委员3名，因故辞免2名，逝世1名，届末实有委员143名。县政协常委会委员22人。其中中共党员9名，占41%；非中共党员13名，占59%；常委委员平均年龄46岁，比上届降低1.8岁；大专以上学历20名，占91%；高级技术职称7名，占32%。

县政协第七届委员会撤销体育界与新闻出版界，少数民族界和宗教界合并，设民族宗教界，界别14个。县政协委员155名。县政协常委会委员25人，其中中共党员10名，占40%；非中共党员15名，占60%；常委委员平均年龄45.3岁，比第六届降低0.7岁；大专以上学历23名，占92%。

1984—2010年政协古文县委员会委员名额一览表

表7-1

任期	届次	届初界别及其委员
1984.4—1987.2	第一届	中共界3名、共青团1名、工会1名、妇联1名、工商界10名、农林界16名、教育界8名、少数民族界10名、特邀人士16名、社会科学界4名、科技界3名、宗教界1名、医药卫生界6名、新闻出版界1名、文艺界5名
1987.2—1990.2	第二届	中共界5名、共青团1名、工会2名、妇联2名、工商界21名、农林界24名、教育界18名、少数民族界10名、特邀人士18名、社会科学7名、科技界4名、宗教界1名、医药卫生界8名、体育界1名、新闻出版界3名、文艺界5名
1990.2—1992.11	第三届	中共界6名、工会4名、共青团1名、妇联4名、农林界21名、教育界14名、少数民族界9名、文艺界5名、体育界2名、社科界7名、科技界5名、医卫界9名、工商联22名、特邀16名、宗教界1名、新闻出版界4名
1992.11—1997.12	第四届	中共界8名、工会3名、共青团2名、妇联6名、经济界20名、农林界29名、教育界12名、少数民族界5名、文艺界3名、体育界2名、社科界10名、科技界6名、医卫界7名、工商联9名、特邀14名、宗教界1名、新闻出版界4名
1997.12—2002.12	第五届	中共界8名、工会3名、共青团2名、妇联6名、经济界23名、农林界29名、教育界13名、少数民族界5名、文艺界3名、体育界2名、社科界11名、科技界6名、医卫界5名、工商界14名、特邀11名、宗教界1名、新闻出版界3名
2002.12—2007.12	第六届	中共界7名、工会4名、共青团3名、妇联6名、经济界25名、农林界28名、教育界13名、少数民族界5名、文艺界4名、体育界2名、社科界12名、科技界5名、医卫界5名、工商联15名、特邀6名、宗教界1名、新闻出版界2名
2007.12—2010.12	第七届	中共界7名、工会4名、共青团3名、妇联10名、经济界13名、农林界37名、教育界8名、民族宗教界4名、文艺界8名、社科界19名、科技界6名、医卫界9名、工商联21名、特邀7名

第三节 委员活动

1986年8月，组织政协常委深入默戎镇、坪坝乡等苗族地区考察学校教育情况。9月，组织政协委员对全县茶叶生产情况进行调研，向县政协常委会提交《关于全县茶叶生产调查报告》。

1987年3月，组织委员考察高峰乡大面山林场、八水村林场和徐家岭电站，写出《两大成绩、五个问题、三个建议》考察报告。1989年10月，组织农村委员就全县庭院经济建设进行调研。组织在县城政协委员对城区小学教育、县水泥厂、凤滩水库移民、茶叶生产等问题进行专题调研。

1991年6月，组织在县的州政协委员、县政协委员就全县人才开发、培养和使用等问题进行专题调查。8月，组织委员对凤滩水库淹没区移民生活情况进行考察，提交《抓好山区开发是移民的主要出路》调研报告。9月，组织委员视察古阳镇茶叶精制厂，提交《一个潜力很大急待开发的企业》视察报告。

1993年5月，组织委员就个体私营经济现状和发展进行调研，向县政协常委提交《古丈县个体私营经济现状及加速发展的建议》调研报告。10月，由县政协委员和县委办、县政府办、县计划委员会、县教育局等部门组成联合调查组，深入到茄通、河西、高峰、野竹、坪坝、城关6个乡镇，调研全县普及九年制义务教育情况。1994年7月，组织政协委员参观考察湖南津市、湖北沙市、福建晋江市和厦门特区乡镇企业和个体私营企业发展情况。10月，组织政协委员对坪坝乡张家坪、椰木坪、曹家坪、对冲溪、窝塔等村农业水利设施建设情况进行专题调研。1996年6月，组织工商界委员赴广西壮族自治区凭祥市就边贸市场经济情况进行学习考察。

1997年5月，组织委员视察城关完小、古阳中学、河西完小就普及九年制义务教育情况进行专题调研。1998年9月，组织委员对县水泥厂、县化工厂等6个县属国有工业企业下岗职工再就业、接龙渠第三期配套工程、农村基本口粮田建设等进行调研。1999年7月，组织政协委员就农牧渔业科技队伍及科技推广工作情况进行调研。2000年10月，组织政协委员就农村人畜饮水、民营小区开发进行调研。2001年11月，组织政协委员对退耕还林、乡级林场巩固和发展等问题进行调研。

2003年8月，组织政协委员就全县企业改革改制情况进行视察。10月，组织政协委员就全县计划生育优惠政策落实情况进行调研。2004年，组织政协委员就全县村通公路养护、古沅公路建设、网吧整治、大中专毕业生就业等情况进行调研。2005年5月，组织政协委员对双溪乡实行寄宿制集中办学模式进行专题调研。6月，组织政协委员就群众"看病难、看病贵"问题进行专题调研。8月，组织政协委员深入古丈一中及怀化市、泸溪、保靖、沅陵等周边县市高中学校进行考察调研，形成《关于古丈一中高中教育的调查报告》，提出办学建议。2006年5月，组织政协委员就全县残疾人就业情况和新农村建设进行专题调研，向县委、县政府提交《关注特殊弱势群体，建设和谐古丈》调查报告。2007年，组织政协委员对新型工业发展进程、民办幼儿园办学进行视察调研。2008年，组织政协委员对柑橘生产、县木材综合加工厂改革改制、坪坝中学饮水难等问题进行视察调研。2009年，组织委员对县域经济发展环境优化等课题进行调研。2010年，组织委员对红石林工业园区、栖凤湖环湖游道、乡镇卫生院、罗依溪街道改造、山枣乡红旗水库等建设情况进行视察调研，同相关部门协商施工中的问题。向县政府提交视察报告，供决策参考。

第二章　政协会议

第一节　全体委员会议

一、第一届政协会议

第三次全体委员会议　1986年4月23—30日，在县城召开。应出席委员108人，实际出席委员103人。会议期间，政协委员听取、审议常委会工作报告、提案工作报告和落实政协委员政策情况报告，列席县第九届人民代表大会第三次会议，听取并协商讨论县政府工作报告及其他报告，会议通过政协古丈县第一届委员会第三次会议政治决议和其他相关决议。

二、第二届政协会议

第一次全体委员会议　1987年2月22日至3月2日，在县城召开。应出席委员130人，实际出席委员130人。会议期间，委员听取、审议熊泽金所作常委会工作报告、谢流镛所作提案工作报告、会议通过县政协第二届委员会第一次会议政治决议和其他相关决议，列席县第十届人民代表大会第一次会议，听取并协商讨论县政府工作报告及其他报告，会议以无记名方式选举熊泽金为主席；李香、谢流镛、郑川生、向朝富、文庭芝5人为县政协副主席；李祖金为秘书长；县政协常委9人。

第二次全体委员会议　1988年4月25—29日，在县城召开，应出席委员130人，实际出席委员128人。会议期间，委员听取、审议常委会工作报告和提案工作报告，会议通过县政协第二届委员会第二次会议政治决议和其他相关决议，委员列席县第十届人民代表大会第二次会议，听取并协商讨论县政府工作报告及其他报告。会议补选聂忠宇为政协常委、秘书长。

第三次全体委员会议　1989年3月22—27日，在县城召开，应出席委员135人，实际出席委员126人。会议期间，委员听取、审议常委会工作报告和提案工作报告，会议通过县政协第二届委员会第三次会议政治决议和其他相关决议，委员列席县第十届人民代表大会第三次会议，听取并协商讨论县政府工作报告及其他报告。

三、第三届政协会议

第一次全体委员会议　1990年2月25日至3月1日，在县城召开，应出席委员130人，实际出席委员130人。会议期间，委员听取、审议熊泽金所作常委会工作报告、谢流镛所作提案工作报告，会议通过县政协第三届委员会第一次会议政治决议和其他相关决议。全体委员列席县第十一届人民代表大会第一次会议，听取并协商讨论县政府工作报告及其他报告。会议以无记名投票方式选举张其鸾为县政协主席；向用明、罗会武、文庭芝、谢流镛、肖小章5人为县政协副主席；聂忠宇为秘书长；常委13人。

第二次全体委员会议 1991年3月7—11日，在县城召开。应出席委员130人，实际出席委员128人。会议期间，委员听取、审议县政协常委会工作报告、提案工作报告，会议通过县政协第三届委员会第二次会议政治决议和其他相关决议。委员列席县第十一届人民代表大会第二次会议，听取并协商讨论县政府工作报告及其他报告。。

第三次全体委员会议 1992年3月5—10日，在县城召开。应出席会议委员137人，实际出席委员135人。会议期间，委员听取、审议县政协常委会工作报告和提案工作报告，会议通过县政协第三届委员会第三次会议政治决议和其他相关决议，委员列席县第十一届人民代表大会第三次会议，听取并协商讨论县政府工作报告及其他报告。

四、第四届政协会议

第一次全体委员会议 1992年11月24—29日，在县城召开，应出席委员141人，实际出席委员141人。会议期间，委员听取、审议张其鸾所作政协工作报告和向用明所作提案工作报告，会议通过县政协第四届委员会第一次会议政治决议和其他相关决议，全体委员列席县第十二届人民代表大会第一次会议，听取并协商讨论县政府工作报告及其他报告。会议以无记名投票方式选举张其鸾为主席；向用明、向朝富、李世文、谢流镛、肖小章、贾祖霞6人为副主席；许益世为秘书长；常委17人。

第二次全体委员会议 1994年3月14—18日，在县城召开，应出席委员141人，实际出席委员141人。会议期间，委员听取、审议张其鸾代表县政协常委会所作工作报告和向用明所作提案工作报告，会议通过县政协第四届委员会第二次会议政治决议和其他相关决议。全体委员列席县第十二届人民代表大会第二次会议，听取并协商讨论县政府工作报告及其他报告。

第三次全体委员会议 1995年3月14—18日，在县城召开，应出席委员141人，实际出席委员141人。会议期间，委员听取、审议张其鸾所作政协工作报告和向用明所作提案工作报告，会议通过县政协第四届委员会第三次会议政治决议和其他相关决议。全体委员列席县第十二届人民代表大会第三次会议，听取并协商讨论县政府工作报告及其他报告。

第四次全体委员会议 1996年3月18—22日，在县城召开，应出席委员141人，实际出席委员141人。会议期间，委员听取、审议县政协工作报告、提案工作报告，会议通过县政协第四届委员会第四次会议政治决议和其他相关决议。全体委员列席县第十二届人民代表大会第四次会议，听取并协商讨论县政府工作报告及其他报告。

第五次全体委员会议 1997年3月18—22日，在县城召开。应出席委员151人，实际出席委员151人。会议期间，委员听取、审议县政协工作报告、提案工作报告，会议通过县政协第四届委员会第五次会议政治决议和其他相关决议。全体委员列席县第十二届人民代表大会第五次会议，听取并协商讨论县政府工作报告及其他报告。

五、第五届政协会议

第一次全体委员会议 1997年12月7—12日，在县城召开，应出席委员145人，实际出席委员145名。会议期间，委员听取、审议上届县政协工作报告、提案工作报告，会议通过县政协第五届委员会第一次会议政治决议和其他相关决议。全体委员列席县第十三届人民代表大会第一次会议，听取并协商讨论县政府工作报告及其他报告。会议以无记名方式选举李祖仁为县政协主席；向用明、向朝富、李世文、谢流镛、肖小章、李明祥为县政协副主席；罗晓春为秘书长；常务委员会委员15人。

第二次全体委员会议 1999年3月9—13日，在县城召开，应出席委员145人，实际出席委员145人。会议期间，听取、审议并通过李祖仁所作政协工作报告、向朝富所作提案工作报告，会议通过县政协第五届委员会第二次会议政治决议和其他相关决议。全体委员列席县第十三届人民代表大会第二次会议，委员听取并协商讨论县政府工作报告及其他报告。

第三次全体委员会议　2000年3月20—24日，在县城召开，应出席委员145人，实际出席委员145人。会议期间，委员听取、审议县政协工作报告、提案工作报告，会议通过县政协第五届委员会第三次会议政治决议和其他相关决议，全体委员列席县第十三届人民代表大会第三次会议，听取并协商讨论县政府工作报告及其他报告。

第四次全体委员会议　2001年3月21—25日，在县城召开，应出席委员145人，实际出席委员145人。会议期间，委员听取、审议县政协工作报告、提案工作报告，会议通过县政协第五届委员会第四次会议政治决议和其他相关决议。全体委员列席县第十三届人民代表大会第四次会议，听取并协商讨论县政府工作报告及其他报告。

第五次全体委员会议　2002年3月20—24日，在县城召开，应出席委员145人，实际出席委员145人。会议期间，委员听取、审议县政协工作报告、提案工作报告，会议通过县政协第五届委员会第五次会议政治决议和其他相关决议。全体委员列席县第十三届人民代表大会第五次会议，听取并协商讨论县政府工作报告及其他报告。

六、第六届政协会议

第一次全体委员会议　2002年12月14—18日，在县城召开，应出席委员143人，实际出席委员143人。会议期间，委员听取、审议县政协工作报告、提案工作报告，会议通过县政协第六届委员会第一次会议政治决议和其他相关决议。全体委员列席县第十四届人民代表大会第一次会议，听取并协商讨论县政府工作报告及其他报告。会议以无记名方式选举向邦金为县政协主席；向代坤、邓长和、向东升、杨永芳、李启富、张光秀6人为县政协副主席；常委14人。

第二次全体委员会议　2004年3月27—30日，在县城召开，应出席委员143人，实际出席委员127人。在县省、州政协委员和离退休老干部及有关部门负责人57人列席会议。会议期间，委员听取、审议县政协工作报告、提案工作报告，会议通过县政协第六届委员会第二次会议政治决议和其他相关决议，全体委员列席县十四届人民代表大第三次会议，听取并协商讨论县政府工作报告及其他报告。

第三次全体委员会议　2005年3月22—24日，在县城召开，应出席委员143人，实际出席委员121人。在县省、州政协委员和离退休老干部及有关部门负责人57人列席会议。会议期间，委员听取、审议县政协工作报告、提案工作报告，会议通过县政协第六届委员会第三次会议政治决议和其他相关决议，全体委员列席县第十四届人民代表大会第四次会议，听取并协商讨论县政府工作报告及其他报告。会议同意向东升辞去县政协副主席职务，补选石远胜为县政协副主席、刘万金为秘书长。

第四次全体委员会议　2006年1月10—12日，在县城召开，应出席委员143人，实际出席委员143人。会议期间，委员听取、审议县政协工作报告、提案工作报告，会议通过县政协第六届委员会第四次会议政治决议和其他相关决议，全体委员列席县第十四届人民代表大会第五次会议，听取和协商讨论县政府的工作报告和其他相关报告，协商讨论“古丈县‘十一五’发展纲要”。

第五次全体委员会议　2007年3月6—8日，在县城召开，应出席委员143人，实际出席委员143人；会议期间，委员听取、审议县政协工作报告和提案工作报告，会议通过县政协第六届委员会第五次会议政治决议和其他相关决议，全体委员列席县第十四届人民代表大会第六次会议，听取并协商讨论县政府工作报告及其他报告。

七、第七届政协会议

第一次全体委员会议　2007年12月3—7日，在县城召开，应出席委员155人，实际出席委员

155人。会议期间，委员听取、审议县政协工作报告和提案工作报告，会议通过县政协第七届委员会第一次会议政治决议和其他相关决议，全体委员列席县第十五届人民代表大会第一次会议，听取并协商讨论县政府工作报告及其他报告。会议以无记名方式选举向邦金为县政协主席；向代坤、邓长和、杨永芳、张光秀、向午平5人为县政协副主席；刘万金为秘书长；常委18人。

第二次全体委员会议 2008年3月20—22日，在县城召开。应出席委员158人，实际出席委员158人。会议听取、审议县政协工作报告和提案工作报告，会议通过县政协第七届委员会第二次会议政治决议和其他相关决议，全体委员列席县第十五届人民代表大会第二次会议，听取并协商讨论县政府工作报告及其他报告。

第三次全体委员会议 2009年3月20—22日，在县城召开，应出席委员158人，实际出席委员158人。会议听取、审议县政协工作报告和提案工作报告，会议通过县政协第七届委员会第三次会议政治决议和其他相关决议，全体委员列席古丈县第十五届人民代表大会第三次会议，听取并协商讨论县政府工作报告及其他报告。

第四次全体委员会议 2010年1月17—21日，在县城召开，应出席委员158人，实际出席委员158人。会议期间，委员听取、审议县政协工作报告和提案工作报告，会议通过政协古丈县第七届委员会第四次会议政治决议和其他决议，全体委员列席古丈县第十五届人民代表大会第四次会议，听取并协商讨论县政府工作报告及其他报告。会议补选黄昌松为秘书长，补选常委3名。

第二节　常务委员会会议

1986年4月，县政协一届十次常委会议就一届三次会议议程和工作报告进行协商。8月3日，县政协一届十二次常委（扩大）会议在县林科所召开，会议就古丈县七五计划（草案）和加快治穷脱贫步伐问题与县政府进行专题协商。1987年1月，县政协一届十四次常委会议确定县政协第二届委员名单、审议县政协第一届委员会工作报告和表彰事项。7月，县政协二届二次常委会议学习邓小平同志关于政治体制改革谈话、协商讨论县政府关于“双增双节”通报。向县政府提交关于给古丈县职业中学增调专业教师建议案。

1989年7月，县政协二届十一次常委会议学习中共中央十三届四中全会精神和中央领导同志系列讲话。10月，县政协二届十二次常委会议学习江泽民总书记讲话、传达贯彻湘西州政协主席会议精神。1990年4月，县政协三届一次常委会议就全县杂交水稻制种问题与县政府进行专题协商，并提交《关于建设水稻杂交制种基地的建议案》。9月，县政协三届三次常委（扩大）会议邀请县长田志海、县人大常委会副主任张勇、县农委主任唐璞，就冬季农业开发问题进行协商。1991年7月，县政协三届五次常委会议与县委、县政府就人才开发、培养和使用问题进行协商。1992年6月，县政协三届十一次常委（扩大）会议就建设优质茶叶基地问题与县政府进行专题协商，并提交《关于加速建设优质茶叶基地县的建议案》。

1994年8月，县政协四届七次常委（扩大）会议就全县个体私营经济发展状况进行专题协商，并向县政府提交建议案。1995年7月，县政协四届九次常委会议协商通过向县委、县政府提交《关于全县农村山地开发及特种养殖情况的调查报告》。1996年10月，县政协四届十四次常委（扩大）会议通过关于库区移民生产、生活问题同县政府进行专题协商等事宜。

1998年11月，县政协五届四次常委会议就《县属国有工业企业下岗职工再就业情况》调研报告同县政府进行协商。1999年5月，县政协五届六次常委会议，协商由县农村办、县水务局、县农业局、县开发办、县建整办等单位组建联合调研组，对全县农村基本口粮田建设情况进行专题调研。

2000 年 6 月，县政协五届十次常委会议，协商组织 3 个联合调查组，对全县农村人畜饮水情况进行调查。2003 年 7 月，县政协六届四次常委会议协商组织县直机关政协委员视察红星小区、花果山良种场、武陵茶叶大观园、栖凤湖、坐龙溪等开发建设情况。2005 年 8 月，县政协六届十一次常委会议协商通过《关于古丈一中高中教育的调查报告》，对古丈一中高中教育提出建议，并被县委、县政府采纳。

2008 年 7 月，县政协七届七次常委会议邀请县委、县政府领导及相关部门负责人参加，就全县柑橘业发展进行专题协商。2009 年 4 月，县政协七届九次常委会议就公路建设问题，邀请县政府分管领导进行协商。2010 年 1 月，县政协七届十二次常委会议协商决定增补黄昌松、彭志斌等 10 人为七届县政协委员。

第三节　主席会议

1986年1月，主席会议决定4月24日召开政协一届三次会议，讨论一届三次会议有关事项。11月，主席会议总结一届县政协工作，传达上级换届工作精神，安排部署政协换届工作。

1987 年 1 月，主席会议确定第二届政协委员名单，回顾总结一届委员会工作以及表彰事项。2 月，主席会议研究设立县政协机关常设工作机构。1989 年 3 月，主席会议讨论决定增补田齐生、滕光旭两位委员。10 月，主席会议学习江泽民总书记讲话，传达州政协主席会议精神。

1990 年 5 月，主席会议研究决定深入高峰、茄通等乡镇开展杂交水稻种子纯度情况调查。1991 年 2 月，主席会议研究决定 2 月 26 日召开三届五次常委会议，协商增补胡运满等 7 人为三届县政协委员。1992 年 6 月，主席会议决定向用明副主席协助政府实施“一洞两场”建设，召开县政协三届十一次常委（扩大）会议，协商关于加速优质茶叶基地县建设事项。

1994 年 7 月，主席会议研究县政协四届七次常委会议议题，讨论就全县个体私营经济发展状况开展专题协商的事宜。1995 年 7 月，主席会议研究四届九次常委会议议题，决定开展全县农村山地开发及特种养殖调研活动。1996 年 10 月，主席会议研究县政协四届十四次常委（扩大）会议议题，就库区移民生产、生活状况开展专题协商。1997 年 6 月，主席会议研究，决定召开“迎接香港回归祖国”座谈会，安排座谈会参会人员、专题发言人等筹备工作。10 月，主席会议研究县政协四届十六次常委会议议题，协商县政协秘书长人选。11 月，主席会议研究县政协四届十七次常委会议议题，传达上级会议精神，研究县政协换届工作，决定于 12 月召开五届一次会议。

1998 年 7 月，主席会议研究，决定主席李祖仁协助政府实施口粮田建设。1999 年 4 月，主席会议研究对断龙山、茄通，野竹、山枣、草潭、坪坝 6 个乡镇农牧渔业基层科级队伍服务网络建设开展调研。

2000 年 5 月，主席会议决定组织部分委员与县直有关部门领导组成联合调查组，对全县中小学收费情况进行专题调查。10 月，主席会议研究决定，组织在县州政协委员、县政协委员对罗依溪民营小区开发情况进行视察。

2001 年 4 月，主席会议研究决定组织部分县政协常委、委员深入到河蓬、城关、岩头寨等乡镇调查生态县建设和退耕还林问题。10 月，主席会议听取县政协古丈茶文化产业调查组调研情况汇报，通过《发挥名人效应，弘扬古丈茶文化》调查报告。

2002 年 5 月，主席会议研究，副主席邓长和参加红星小区开发工作，副主席杨永芳参加栖凤大道建设工作。7 月，主席会议研究，联谊委员会接待台湾同胞回乡探亲，协助台胞办理回乡定居手续。10 月，主席会议研究，决定组织县政协委员对罗依溪民营小区开发情况进行视察，调查报告提交五届九次常委会议讨论。12 月，主席会议研究换届选举工作，布署六届一次会议筹备工作。

2003 年 5 月，主席会议研究决定，组织政协委员和有关部门领导对“退耕还林”工作进行调研。2004 年 7 月，主席会议讨论，决定向邦金主席率县政协委员赴茶陵、炎陵、衡阳等地学习考察，与当地政协开展联谊活动。

2005 年 5 月，主席会议研究决定组织政协委员就群众“看病难、看病贵”问题进行专题调研。8 月，主席会议研究，决定组织部分政协委员赴泸溪一中、保靖民中、沅陵一中进行考察，向县委、县政府提交发展高中教育调查报告。

2006 年 5 月，主席会议决定，组织政协委员开展全县残疾人生产生活情况调研活动，向县委、县政府提交助残调查报告。2007 年 5 月，主席会议研究台湾台塑集团出资援建高峰“明德”小学、古阳镇“明德”小学事项。

2008 年 8 月，主席会议决定，就河西大桥维修、城镇居民医疗保险等提案实行现场督办。2009 年 7 月，主席会议决定，组织政协委员赴乡镇就古丈特色村镇、百年老宅保护情况进行调研，撰写调研报告。11 月，主席会议讨论《情满茶乡》出版事宜，研究布置下一步文史征集工作。

2010 年 5 月，主席会议决定，组织委员视察罗依溪镇街道改造和山枣乡红旗水库建设。10 月，主席会议研究决定，组织政协委员就县政法机关工作部门和县政府职能部门执法执收单位开展行风评议。12 月，主席会议讨论参与湖南省政协《锦绣潇湘》和湘西州政协《经典湘西》资料征集工作，收集古丈名胜古迹、历史名人、旅游资源、非物资文化遗产等方面文史资料。

第三章　组织机构

第一节　常务委员会

县政协常委会为县政协委员会常设机构。常委会由主席、副主席、秘书长和常委会委员组成，其候选人由参加全体委员会的各党派、团体、各民族和各界人士协商提名，经全体委员会议选举产生。县政协自成立以来，经历六次换届，产生七届常委会。第一届常委会常委14人，其中，主席1人，副主席3人，1985年4月增补1人。第二届常委会常委16人，其中，主席1人，副主席5人。第三届常委会常委20人，其中，主席1人，副主席5人。第四届常委会常委25人，其中，主席1人，副主席6人。第五届常委会常委23人，其中，主席1人，副主席6人。第六届常委会常委22人，其中，主席1人，副主席7人（2005年3月辞职1人，增补1人）。第七届常委会常委25人，其中，主席1人，副主席5人。

1984—2010年政协古丈县委员会主席一览表

表7-2

届次	姓名	性别	民族	学历	籍贯	任职时间
一届	熊泽金	男	土家族	中师	湖南古丈	1984.4—1987.2
二届	熊泽金	男	土家族	中师	湖南古丈	1987.2—1990.2
三届	张其鸾	男	苗族	大学	湖南古丈	1990.2—1992.11
四届	张其鸾	男	苗族	大学	湖南古丈	1991.11—1997.12
五届	李祖仁	男	土家族	大学	湖南古丈	1997.12—2002.12
六届	向邦金	男	汉族	中专	湖南古丈	2002.12—2007.12
七届	向邦金	男	汉族	中专	湖南古丈	2007.12—2012.12

1984—2010年政协古丈县委员会副主席一览表

表7-3

届次	姓名	性别	民族	学历	政治面貌	职 称	籍贯	任职时间
一届	李　香	男	汉	高中	中共党员	—	湖南沅陵	1984.4—1987.2
	谢流镛	男	汉	大学	非中共党员	高级农艺师	湖南古丈	1984.4—1987.2
	贺世明	男	汉	高中	中共党员	—	湖南宁乡	1984.4—1987.2
	郑川生	男	汉	大学	非中共党员	副主任医师	湖南长沙	1985.4—1987.2

表 7-3

届次	姓名	性别	民族	学历	政治面貌	职 称	籍贯	任职时间
二届	李　香	男	汉	高中	中共党员	—	湖南沅陵	1987.2—1990.2
	谢流镛	男	汉	大学	非中共党员	高级农艺师	湖南古丈	
	郑川生	男	汉	大学	非中共党员	副主任医师	湖南长沙	
	向朝富	男	苗	大专	非中共党员	—	湖南古丈	
	文庭芝	女	汉	中专	非中共党员	—	湖南醴陵	
三届	向用明	男	土家	中专	中共党员	—	湖南保靖	1990.2—1992.11
	罗会武	男	土家	中专	中共党员	—	湖南古丈	
	文庭芝	女	汉	中专	非中共党员	—	湖南醴陵	
	谢流镛	男	汉	大学	非中共党员	高级农艺师	湖南古丈	
	肖小章	女	汉	大专	非中共党员	高级工程师	湖南新化	
四届	向用明	男	土家	中专	中共党员	—	湖南古丈	1992.11—1997.12
	向朝富	男	苗	大专	非中共党员	—	湖南古丈	
	李世文	男	苗	高中	中共党员	—	湖南古丈	
	谢流镛	男	汉	大学	非中共党员	高级农艺师	湖南古丈	
	肖小章	女	汉	大专	非中共党员	高级工程师	湖南新化	
	贾祖霞	女	土家	大学	非中共党员	—	湖南保靖	
五届	向用明	男	土家	中专	中共党员	—	湖南保靖	1997.12—2002.12
	向朝富	男	苗	大专	非中共党员	—	湖南古丈	
	李世文	男	苗	高中	中共党员	—	湖南古丈	
	谢流镛	男	汉	大学	非中共党员	高级农艺师	湖南古丈	
	肖小章	女	汉	大专	非中共党员	高级工程师	湖南新化	
	李明祥	男	汉	大专	中共党员	—	湖南新宁	
六届	向代坤	男	土家	大专	中共党员	—	湖南古丈	2002.12 ~ 2007.12
	邓长和	男	苗	大专	中共党员	—	湖南古丈	2002.12—2007.12 向东升 2005 年 3 月辞职
	向东升	男	土家	大学	非中共党员	—	湖南古丈	
	杨永芳	女	土家	大专	非中共党员	—	湖南古丈	
	李启富	男	土家	大专	非中共党员	高级农艺师	湖南古丈	
	张光秀	女	土家	大学	非中共党员	中学高级教师	湖南古丈	
	石远胜	男	苗	大学	非中共党员	—	湖南古丈	2005.3—2007.12
七届	向代坤	男	土家	大专	中共党员	—	湖南古丈	2007.12—2010.12
	邓长和	男	苗	大专	中共党员	—	湖南古丈	
	杨永芳	女	土家	大专	非中共党员	—	湖南古丈	
	张光秀	女	土家	大学	非中共党员	中学高级教师	湖南古丈	
	向午平	男	苗	大学	非中共党员	—	湖南古丈	

1986—2010 年政协古丈县委员会秘书长一览表

表 7-4

届次	姓名	性别	民族	政治面貌	文化程度	籍贯	任职时间
一届	—	—	—	—	—	—	未设秘书长
二届	李祖金	男	土家	中共党员	大学	湖南古丈	1986.7—1988.2
	聂忠宇	男	汉	中共党员	高中	江西南昌	1988.2—1990.2
三届	聂忠宇	男	汉	中共党员	高中	江西南昌	1990.2—1992.11
四届	许益世	男	土家	中共党员	大专	湖南古丈	1992.11—1997.10
五届	罗晓春	男	汉	中共党员	大专	湖南古丈	1997.11—2001.12
六届	刘万金	男	苗	中共党员	大学	湖南古丈	2005.3—2007.12
七届	刘万金	男	苗	中共党员	大学	湖南古丈	2007.12—2010.12

第二节　工作机构

1986 年 4 月，县政协机关设置办公室和文史资料研究委员会、学习委员会 3 个委办。1987 年 2 月，县政协机关设办公室和文史资料研究委员会、学习委员会、提案工作委员会 4 个委办，定编 14 人，实有 14 人；是年 11 月，设置正、副秘书长各 1 人，秘书长由政协全体委员会议选举产生，副秘书长由秘书长提名、常委会任命。1989 年 3 月，增设联谊委员会。1990 年 3 月，增设民族宗教法制委员会、经济科技委员会、文化教育卫生体育委员会。1997 年 5 月，县政协工作机构调整，内设办公室和提案法制委员会、经科联谊委员会、文教卫体民族宗教委员会、文史学习委员会 5 个委办，定编 16 人，实有 15 人。2001 年 9 月，取消秘书长职位。2004 年 3 月，县政协工作机构调整为办公室、提案委、经科联谊委、教文卫体委、民族宗教法制群团委、文史学习委 6 个委办。县政协室委工作机构正、副主任由县政协常委会任命。

2005 年 3 月，恢复秘书长职位，设秘书长 1 人。2010 年 12 月，县政协机关设置办公室、提案委、经科联谊委、教文卫体委、民族宗教法制群团委、文史学习委 6 个委办。定编 16 人，实有 16 人。

1984—2010 年古丈县政协各委室历届负责人一览表

表 7-5

办委名称	负责人及任职时间
办公室	主任：李祖金（1987.11—1988.4）；聂忠宇（兼，1988.4—1992.11）；许益世（兼，土家族，1992.11—1997.10）；张自祥（土家族，1997.10—2004.9）；张卫东（土家族，2004.9—2005.3）；刘万金（兼，苗族，2005.3—2010.1）；黄昌松（土家族，2010.1—2010.12）
文史资料委员会	主任：贺世明（兼，1987.11—1989.4）；文庭芝（兼，女，1989.4—1993.3）；颜家龙（土家族，1993.3—1997.5）
学习委员会	主任：谢流镛（兼，1987.11—1989.4）；田祖学（土家族，1989.4—1993.3）；罗会武（兼，土家族，1993.3—1994.3）；（1994.3—1997.5，缺）
文史和学习委员会	主任：颜家龙（土家族，1997.5—2001.12）；（2001.12—2003.3，缺）向昌友（2003.3—2010.12）
提案委员会	主任：李　香（兼，1987.11—1991.2）；罗治前（土家族，1991.2—1996.3）；（1996.3—1998.3，缺）；张林瑞（土家族，1998.3—2001.12）；（2001.12—2002.7，缺）；向　东（土家族，2002.7—2003.10）；龙　薇（女，土家族，2003.10—2003.12）；（2003.12—2007.12，缺）；黄晓燕（2007.12—2010.12）

续表 7-5

办委名称	负责人及任职时间
联谊委员会	主任:（1989.3—1993.3，缺）；彭继康（土家族，1993.3—1997.5）
经济科技委员会	主任:（1990.3—1993.3，缺）；陆松林（1993.3—1997.5）
经济科技联谊委员会	主任：彭继康（土家族，1997.5—2001.12）；（2001.12—2002.12）；刘万金（苗族，2002.12—2005.3）；（2005.3—2007.12，缺）；孔涯浪（2007.12—2010.12）
民族宗教法制委员会	主任：石光辉（苗族，1990.3—1993.3）；（1993.3—1997.5，缺）
文教卫体委员会	主任:（1990.3—1991.2，缺）；田齐生（土家族，1991.2—2000.8）；（2000.8—2001.12，缺）；张自祥（土家族，2001.12—2010.3）；向　军（2010.3—2010.10）
民族宗教法制群团委员会	主任:（2004.3—2007.12，缺）；彭图清（2008.12—2010.12）

第四章　职能履行

第一节　政治协商

1986 年 7 月，县政协在县林科所召开第十二次常委（扩大）会，邀请县委副书记徐纪毕、副县长张荣显参加会议，就古丈县七五计划和加快治穷脱贫步伐等问题进行协商，提出意见和建议。

1988 年春节，县政协与县委统战部召开各界人士和部分政协委员座谈会，邀请县委副书记徐纪毕，常务副县长龙书生、副县长李绍丰和有关部、委、办、局负责人参加座谈会，就工商、文教、卫生、“三胞”等工作中问题与县委、县政府进行协商，提出 105 条意见与建议。

1990 年 6 月，县政协召开各届人士纪念鸦片战争 150 周年座谈会，与会 60 人一致拥护中国共产党领导，拥护改革开放政策。9 月，县政协召开三届三次常委（扩大）会议，邀请县长田志海、县人大副主任张勇等领导出席会议，就全县冬季农业开发问题进行协商。1991 年 3 月，在三届二次全会上，委员们就改革发展稳定、工农业生产、财政贸易、文教卫生、社教扶贫、山地开发、科技兴农、廉政建设、社会治安、交通设施建设等重大问题提出协商意见。是年 7 月，县政协就全县工业、农业、教育、卫生人才问题组织委员进行调研，撰写《重视人才资源开发，致力振兴古丈经济》调查报告。

1992 年 5 月，县政协组织委员对全县茶叶生产情况进行专题调研，向县政协常委会提交《关于加速建设优质茶叶基地县》调查报告，6 月，县政协召开三届十一次常委（扩大）会议协商，以建议案形式提请县委、县政府决策。1993 年 10 月，组建联合调查组，深入到茄通、河西、高峰、野竹、坪坝、城关 6 个乡镇就基本实现普及九年制义务教育进行调研，向县政府和县教育局提出《加强领导，完善措施，迎接普九验收》建议。1998 年 11 月，县政协召开五届四次常委会，就下岗职工再就业问题进行讨论协商，向县政府提交《关于县国有工业企业下岗职工再就业问题的建议案》。

2000 年 8 月 20 日，县政协召开五届八次常委会，就全县人畜饮水问题进行讨论协商，向县委、县政府提出《关于尽快解决农村人畜饮水困难的建议案》。全县多渠道筹措资金，新修饮水工程 67 处，解决 1.93 万人及 1.6 万头大牲畜饮水难问题。11 月 15 日，县政协召开五届九次常委会议就民营小区开发进行讨论协商，向县委、县政府提交《关于罗依溪经济小区开发建设的建议》。

2003 年 5 月，县政协组织政协委员和部门负责人对全县“退耕还林”工作进行为期 3 个月调查，撰写《古丈县退耕还林情况调查报告》，提交县委、县政府。

2004 年 3 月，县政协六届二次会议围绕县委“绿色产业兴县、生态家园富民”发展战略，采取全会整体协商，5 位委员以“弘扬优秀民族文化遗产，着力打造神秘茶乡游品牌”“整治网吧，救救孩子”“关于改进当前信访工作”“关于发展我县农村劳务经济”“创新农业产业化经营模式，促进农民增收”提案建议，被县委、县政府采纳。

2005 年 3 月，县政协召开六届三次全体委员会议，委员们以小组讨论和书写提案方式，就全县特色生态农业、民营环保工业、生态小城镇和生态旅游业等建言献策。11 月，县政协就乡镇建立政协联络委员会和配备联络员等事宜同县委进行协商，县委决定在乡镇设立政协联络委员会，2006 年初，全县 12 个乡镇配备乡镇政协联络委员会主任，为副科级，乡镇政协工作纳入全县“三文明”目标管理考核。

2010 年，县政协七届十九次常委会围绕《古丈县“十二五”规划（草案）》战略定位、产业空间布局和重点项目建设提出建议。

第二节　民主监督

1986 年 8 月，针对县医疗机构布局不合理问题，县政协组织委员就医疗机构布局问题进行调研，形成《我县医疗机构布局不合理的提案》，同卫生部门进行协商，调整布局。1988 年 10 月，县政协组织 3 个委员组分别视察县冶炼厂、白溪关电站、县水泥厂、县化工厂、河西镇、罗依溪镇、坪坝乡、高望界林场、高峰乡，向县政府和县经济委员会提出全县工业企业改革发展意见和建议。1995 年 12 月，县政协组织委员对全县医药市场开展监督视察，同县政府进行协商，整顿和规范县域医药市场。

1997 年，部分政协委员受聘任县公安局、县人民法院、县人民检察院、县教育局、县卫生防疫站、县交警大队、县邮政局等重点行业或单位行风评议员、监督员。在县政协全会期间，组织政协委员对县直机关单位整体工作进行评议，评出最满意和最不满意单位，对最不满意单位单位提出整改建议。

1999 年 4 月，县政协组织农业、畜牧等部门委员，对断龙山、茄通、野竹、山枣、草潭、坪坝 6 个乡的农牧渔业基层科技队伍服务网络建设情况视察，向县政协常委会提交视察报告，6 月 29 日，五届六次常委会审议通过视察报告，向县委、县政府提交《关于我县农牧渔业科技队伍建设及农牧渔业科技推广工作的建议案》。

2003 年 7 月，县政协常委会和县人大常委会一道，组织部分人大代表、政协委员对县直 12 个职能部门服务民营经济工作进行民主评议，提出“规范职能部门服务行为、强化部门服务意识、提高部门依法行政水平”等整改建议。2004 年，县政协推荐 20 名政协委员任部门监督员和行风评议员，被聘委员提出 35 条行风改进意见。是年 8 月，县政协派出 2 名委员全程监督县卫生系统和计划生育部门公开招考工作。

2005 年 6 月，针对群众反映“看病难、看病贵”问题，县政协组织政协委员视察县城 2 所医院和 5 所乡镇卫生院，走访城乡居民 90 人，就医疗资源配置不合理、医保覆盖率低、药品价格虚高、医疗单位补偿机制不完善、医疗行为不规范等问题，提出加快改善医疗卫生工作条件和服务环境、努力培养医务人才、提高农村卫生工作水平、合理配置医疗资源、狠抓行业不正之风、全面规范药品市场等建议。2006 年 1 月，县政协六届四次全会期间，委员提交《完成基础设施建设，加大寄宿制学校投入的建议》《关于请求搬迁铁路派出所旁制煤厂的建议》《河西林场至河西完小段公路改造的建议》提案，会后，县政协领导就该提案邀请县委、县政府领导和部分政协委员组成视察组，深入现场，协商整改措施。

2008 年，县政协就河西大桥维修、城镇居民医疗保险等提案开展现场督办，县委、县政府领导作出提案办理批示。2009 年，组织在县州政协委员、县政协委员视察古沅公路建设情况，对建设质量、监管等方面提出意见和建议。组织委员对教育、卫生、审计、农业等部门工作作风进行评议。

2010年8月11日，县委书记向顶天就县政协七届四次全会提案，承办单位负责人到河蓬乡丫角、官坪等村实地调查研究，现场督办提案。

第三节　参政议政

1986年5月，县政协副主席贺世民率旅游勘测小组，对县境内栖凤湖、天桥山等68个风景点进行为期半年的勘测。7月，县政协主席熊泽金率县政协机关干部深入山枣乡磨刀、火麻、筲箕等村进行村小学教育情况调研，与乡党委、乡政府、村支部、村委会协商扶贫建校方案。1987年6月，成立古丈县扶贫领导小组，县政协副主席谢流镛出任常务副组长。1988年，县政协副主席李香协助县政府筹建年产100吨五氧化二钒厂，任古丈县钒厂建设指挥部指挥长。是年8月，县政协组织政协委员对断龙山乡猛虎洲村旱地间作套种试点进行调研，提出“旱地间作套种”是旱粮稳产高产好路子，建议县政府予以推广。

1990年，县政协就非党干部任职问题同县委进行协商，1991年底，县委安排非党副科级以上干部38人，其中副县级6人，正科级4人。1992年6月，县政协副主席向用明协助县政府实施民族大市场、民族体育场、连城隧道工程建设（简称“一洞两场”）。12月，县政协机关在茄通乡铁马洲村扶贫联系点组织村民开发207.792平方千米茶叶基地。

1993年12月，在扶贫联系点默戎镇毛坪村排口组组织村民修建一条长1.68千米防渗引水渠，架通3.8千米万伏输电线路。1995年6月，县政协组织委员对全县农村山地开发及特种养殖情况进行调查研究，向县委、县政府提交《关于全县农村山地开发及特种养殖情况的调查报告》。1996年6月，县政协组织农委、农业、畜牧、科技等部门人员参加政协委员联合调查组，就全县发展山羊养殖与农业产业化接轨问题展开调研，向县政府提交《关于加快发展养羊业的建议案》。

1997年3月，在县政协四届五次会议期间，县政协组织委员围绕古丈县“九五”计划和2010年远景目标进行讨论协商，撰写提案，经主席会议、常委会议审议，筛选出30件重要提案，向县委、县政府提出制定中长计划和远景规划要立足科学发展、可持续发展的建议。

1998年7月，县委、县政府作出《关于加强基本农田建设的决定》，县政协主席李祖仁协助县政府实施粮田建设，任全县口粮田建设领导小组组长。县政协副主席向用明任省道1828线改建工程古丈县协调指挥部副指挥长。是年12月，县政协机关在岩头寨乡岩头寨村扶贫，在亮坪组修建300立方米的蓄水池1个，解决该村500人饮水困难问题；在岩坪组修建三拱15米长的石拱桥1座；全村新开稻田159.99亩。

2000年5月，县政协受县委、县政府委托，由县水电局、县以工代赈办、县扶贫开发办、县移民局、县爱卫办6个单位12人组建3个联合调查组，历经40天，对全县185个村人畜饮水情况进行全面调查，实地查看97个村510个村民小组，召开147次座谈会，了解全县人畜饮水工程现状与困难，向县委和县政府提出解决古丈7.94万人和5.27万头牲畜饮水困难问题，加大人饮工程投入，注重工程建设质量，加强监管措施，保护生态、营造水源林等建议。

2001年4月，县政协向县政府提交《我县退耕还林应注意的几个问题》和《乡级林场巩固和发展的思考》调研报告。2002年，县政协副主席邓长和协助县政府实施红星小区开发、老城改造工程；县政协副主席杨永芳协助县政府实施栖凤大道建设工程。2003年，县政协主席向邦金协助县委、县政府实施“5·18乡乡通移动电话工程”、企业改革改制工作、古高公路改造项目建设。副主席向代坤协助县政府处置栖凤湖仿古街公司破产善后工作。是年5月，县政协向县政府提交《古丈县退耕还林的调查报告》，从科学规划、优化林种结构、强化管理、完善配套政策等方面提出建议。

2004 年 2 月，县政协协助县政府实施古高公路改造工程，主席向邦金任古丈县古高公路改造工程协调指挥部指挥长。2005 年，六届十三次常委会就古丈县国民经济和社会发展“十一五”规划纲要与县政府专题协商，提出充实完善规划纲要建议。

2006 年 5 月，副主席向代坤任古丈县龙鼻嘴至坪坝公路改造工程协调指挥部指挥长。6 月，县政协就全县社会主义新农村建设向县政府提出“推进农业产业化经营、加强农村科技创新、发展小城镇经济、实施退耕还山、稳定低生育水平”等方面建议。是年，县政协机关工作人员分期深入扶贫点河蓬乡沙坪村，扶持村民开发红枣、板栗、柑橘共 133.2 平方千米，实施该村通电、通水、通路、通电视等工程，投入抗旱救灾资金 1 万元。

2009 年，组织政协委员就全县经济建设、教育发展、城市建设、医卫人才队伍建设、环境优化等专题进行调研，形成《古丈旅游文化产业发展的调查与思考》《关于推进古丈城乡市场体系建设的调查报告》《古丈县特色村镇、百年老宅调研报告》《古丈县经济发展战略调研报告》《整合教育资源变更学校名称促进城区小学教育发展》《古丈县城市建设与管理的调研报告》《古丈县人民医院县中医院人才队伍建设的调查报告》《古丈县优化经济发展环境调研报告》等，为县委、县政府决策提供参考。

2010 年，县政协主席向邦金任永吉高速公路古丈县协调指挥部指挥长，县政协副主席向代坤任永吉高速公路古丈县协调指挥部副指挥长。是年，组织政协委员对县工业园区建设、永吉高速公路罗依溪段修建筹备工作、栖凤湖环湖游道建设、默戎镇卫生院、罗依溪镇卫生院和县疾控中心建设进行专题调研，向县委、县政府提交调研报告，为县委、县政府决策提供依据。

第四节　学习研讨

县政协第一届委员会组织县直政协委员每月一次学习，政协机关每周“二、五”学习两次。先后选派干部 7 名到省、州参加业务培训学习。组织委员学习县政府《关于加强同县政协及其工作组、委员会联系的通知》，组织力量编辑《统战的性质、方针、任务和范围》和《政协的性质、地位和作用》等手册，为委员订阅《人民政协报》《湖南政协报》，提供学习资料。自办《政协简报》27 期。

县政协第二届委员会建立中心学习组，由主席、副主席、常务委员、秘书长、各专门委员会正副主任、委员组组长为成员，共 32 人，每季度集中学习 3 天，请专家作辅导报告，确定中心发言人，深化专题学习。先后学习生产力标准，党的十三届三中、四中、五中全会精神，中央领导同志的重要讲话，反腐创廉等专题，学习县委《关于进一步加强人民政协“政治协商、民主监督”的意见》等文件。1989 年春夏之交，县政协召开两次常委扩大会议，组织县直委员学习中央和湖南省委领导同志的重要讲话，学习人民日报社论，与会委员一致拥护党中央的英明决策，拥护以江泽民同志为核心的新的党中央。

县政协第三届委员会给每个委员订《湖南政协报》一份，赠送有关政治历史和科技书籍。政协组织委员学习邓小平《建设有中国特色社会主义理论》《中共中央关于坚持和完善共产党领导的多党合作和政治协商制度的意见》和《中共中央关于加强统一战线工作的通知》以及县委《关于进一步加强全县统战工作的意见》《关于完善落实政治协商、民主监督制度，加强民主政治建设的意见》等文件。1992 年，县政协举行新时期统战工作理论研讨会，大会评选出优秀论文十余篇，研讨论文汇编成册，约 20 万字。

县政协第四届委员会采取集中与分散、自学与辅导相结合的学习方法，组织委员系统学习邓小平南方谈话、建设有中国特色社会主义理论和社会主义市场经济理论、中共十四大精神和政协统战等理论。

县政协第五届委员会建立 17 个委员学习组，制定和完善《委员学习制度》，组织学习“三个代表”重要思想、江泽民在人民政协成立五十周年庆祝大会上的讲话、在庆祝中国共产党成立 80 周年大会上的讲话和中共十六大精神以及学习县委《关于进一步加强人民政协工作的决定》《湖南省政府办公厅办理人大代表建议和政协委员提案工作规定》等文件。

县政协六届委员会把思想理论建设摆在首要位置，把学习当作一种境界、一种责任、一种能力和一种修养实施，组织政协机关干部职工和委员学习中共十六届四中全会精神、学习胡锦涛总书记在庆祝人民政协成立 55 周年大会上的重要讲话，学习新修改的《中华人民共和国宪法》《中国人民政治协商会议章程》，学习中共十六届五中全会精神，学习中共中央《关于进一步加强中国共产党领导的多党合作和政治协商制度的意见》，学习《中共中央关于学习〈江泽民文选〉的决定》《胡锦涛总书记在中共中央学习〈江泽民文选〉报告会上的重要讲话》。改革县政协工作机构，先后制定《县政协党组定期研究工作制度》《县政协常务委员会工作规程》《常委会议制度》《主席会议制度》《专委会工作制度》《联系走访委员制度》《常务委员会工作规则》《专门委员会工作规则》《提案工作条例》《议事程序》《会议制度》《联系委员办法》《关于加强反映社情民意工作意见》。组织力量，深入各届委员中和政协工作一线上采风、采访，先后在《人民政协报》《湖南日报》《湘声报》《团结报》等报刊刊发文章、图片 40 篇（幅），撰写《强化政协界别工作，拓展委员产生方式，更好地发挥人民政协的利益表达和政治参与功能》《加强乡镇政协组织建设，促进基层政协工作发展》等调研文章，得到上级政协的肯定和表彰。

县政协第七届委员会组织政协委员和政协机关工作人员学习《中共中央关于加强人民政协工作的意见》《中国人民政治协商会议章程》。2009 年 3 月开展学习科学发展观，学习十七届三中、四中全会精神和政协理论活动。2010 年，学习胡锦涛总书记“七一”讲话，争创先进党组，争做先进党员。10 月，学习党的十七届五中全会精神，明确制定“十二五”规划的指导思想、经济社会发展主要目标，发展重要举措。

第五节 联谊交流

1986 年，县政协联谊委同在外地工作古丈籍科技人员和各界人士联络，召开“联谊座谈会”，邀请古丈籍在外工作和在古丈工作过知名人士为古丈发展献计献策，推介科技专家到古丈传授技术。是年 11 月，从北京请来专家教授传授西洋参、天麻等名贵药材栽培技术。高峰乡大面山林场西洋参基地经三年开发培管，种植西洋参 7.992 平方千米，每平方千米产参 40 千克，皂甙含量比东北吉林等地西洋参和美国花旗参高，是中南最大西洋参生产基地。

1987 年 9 月，县政协同县统战部、对台办走访“三胞”亲属 47 户。1988 年 10 月，古丈籍台胞彭继安夫妇回古丈探亲，受到县委、县人大、县政府、县政协领导热情接待。彭继安夫妇返台后，在台组建“古丈同乡会”，在台古丈籍台胞 67 人，有 30 人参加“古丈同乡会”。1989 年 3 月，县委、县政府、县政协领导刘光林、徐纪毕、田志海、李香会见回乡探亲古丈籍台胞胡绵昌、向松林、向万保、张自泰、吕从遂，就古丈县工农业生产情况开展座谈，台胞对古丈县兴建钒厂兴趣浓厚，表示回台后，向台湾古丈同乡会汇报，尽快落实投资建厂事宜。为表达对家乡经济建设支持，台胞胡绵昌现场出资 1 万元，以投资保证金形式交给县钒厂，还另捐资 9000 元，用于高峰乡李家洞村胡家岭组和高峰中学人畜饮水工程建设。是年，县政协给回乡探亲和在大陆会亲台胞台属 45 人赠送《古丈风光照片》《张家界画册》《台胞探亲法律手册》《台胞探亲法律指南》等书籍。同年，古丈县台属与台湾同胞通信联系 178 人次，寄入台湾信件 335 封，台湾来信 233 封。

1990 年，台湾同胞、港澳同胞、海外侨胞亲属向海外亲人邮寄信件 517 封，收到海外来信 472 封。是年 5 月，台胞胡绵昌带病回到古丈，欲求叶落归根，逝后葬于故土。县政协热情接待，并安排胡绵昌在县人民医院住院治疗，县里领导多次前往医院看望。胡绵昌深受感动，主动捐款 5 万元，其中 1 万元用于县第二化工厂建设，4 万元给高峰学区作为中小学生奖学基金。台胞彭继安捐款 1.2 万元，台胞向大卓捐款 0.4 万元，为家乡茄通乡架设两条自来水管，修建两口水井。1991 年，寄往台湾信件348封，收到台湾来信281封，收到台湾汇款（含物资折价）计人民币20万元。县政协委员、“三胞”亲属向诞先捐资 6 万元，在古阳镇树栖柯村设立“敬老奖学基金会”。是年，全县接待回乡探亲台胞 17 人。1997 年，县政协联谊委累计接待台湾同胞、港澳同胞、海外侨胞计 105 人次。

2002 年，县政协联谊委走访台胞及其亲属 80 人次，为 2 名台胞办理回乡定居手续。2003 年，县政协先后组织召开有各界代表人士参加的春节茶话会、中秋茶话会，举办书画联展。2005 年以来，台湾茶叶协会会长杨三虎先后三次来到古丈，考察古丈乌龙茶生产基地和加工制作，对乌龙茶生产加工技术提供服务。

2007 年，县政协联谊委组织委员开展对外联谊交流，积极推介古丈。是年，台湾台塑集团出资 45 万元援建高峰乡“明德小学”。2010 年，台湾台塑集团出资 40 万元援建古阳镇“明德小学”。

第六节　提案办理

县政协第一届委员会提出提案 94 件，结案 83 件，提案办理采取请上来、走下去、转出去三种办法处理，提案得到如期办理，办复率 100%。

县政协第二届委员会收到提案 200 件，结案 195 件。经提案委分门别类，编号立卷，县政协常委会决定派专人同县委、县政府及有关部门联系提案办理工作。提案办复率 100%。龙顺美委员撰写《关于发展古丈名茶生产》提案，县政府就古丈茶生产采取制定发展茶叶生产文件、成立茶叶生产办公室、出台发展茶叶生产优惠政策三条措施。

县政协第三届委员会收到委员提案 219 件，立案办理 180 件，作来信来访办理 39 件，涉及办理单位 25 个。县委、县政府召开县直有关单位交办委员提案会议，承办单位领导亲自抓，重要提案领导亲自办复，提案办复函率 100%。钱绪堂委员撰写《关于采取切实措施，加快杂交玉米推广》提案，县政府高度重视，责成农业部门急速办理。该年，全县举办农技培训班 130 次，培训农民 8600 人次，供应杂交种子 30000 千克，安排贴息贷款 21 万元，发放农贷资金 8 万元，全县完成杂交玉米种植 10408.248 平方千米。

县政协第四届委员会委员收到提案 190 件，结案 181 件，提案办复率 100%。1994 年 8 月和 12 月，县政协组织委员视察县水泥厂、县冶化厂、断龙山乡接龙渠引水工程、国营高望界林场和县内医药市场以及教育、凤滩水库移民等情况，了解提案办理效果。1999 年，县政协工商联界委员提交提案 11 件，少数民族特产税减免提案被湖南省政府采纳，县级发展茶叶生产提案得到省、县采纳，茶叶生产被列为县发展经济、农业产业化重点项目。

县政协第五届委员收到提案 377 件，经审查立案 371 件。通过主席督办、会议督办、协商办案、调研跟踪督办、评选和表彰提案承办先进单位等方式，增强提案办理力度和实效。

县政协第六届委员收到提案 315 件，结案 298 件。针对 31 号提案《完善基础设施建设，加大寄宿制学校投入的建议》、51 号提案《关于请求搬迁铁路派出所旁制煤厂的建议》、66 号提案《河西林场至河西完小段公路改造的建议》，县政协采取召开提案交办会，检查提案办理进度，举办提案办理座谈会、邀请县委、县政府、相关单位领导及部分委员组成视察组，深入提案案件现场，督促承办单位落实提案。

县政协第七届委员会收到委员提案 516 件，提案委员会审查立案 505 件，所有提案全部交承办单位办理。县政协提案委会同县政府督查室，深入到县交通局、县水务局、县住房和城乡建设局、县人力资源和劳动保障局等 21 家承办提案数量多的单位督办、检查提案办理情况，提升办理质量。

第七节　文史编研

县政协第一届委员会文史资料委继 1984 年累计征集文史资料 403 篇、214 万字，向湘西州推荐 100 篇,《湘西文史资料》刊登 18 篇。编印《古丈文史资料》第一、二辑。

县政协第二届委员会征集、整理、编写文史资料 280 篇，计 155 万字。其中整理报湘西州政协文史委 86 篇，21 万字。编印《古丈文史》《古丈县百年大事记》《古丈县反抗土地陈报运动》《古丈县政协志》等文史资料。1988 年，发行文史资料 1392 册。1989 年发行 692 册，创历史最高记录。

县政协第三届委员会征集文史资料 35 篇，28 万字。整理报湘西州文史委员会 7 篇 4.5 万字。编辑出版发行《古丈百年大事记》《古丈名茶》《古丈解放》等专辑。

县政协第四届委员会征集文史资料 155 篇、248 万字。1995 年 10 月，县政协主办“古丈诗词书画学会”，编辑出版《古丈诗词书画》和《古丈栖凤诗词》7 期，其中有 17 首诗词在《中华诗刊》上发表、5 首在《泰国诗刊》上发表。配合重大节日和活动举办书画展 9 期，为群众赠送春联书画 2400 幅，举办百尺绸卷诗词书画现场表演。

县政协第五届委员会征集史料 145 篇、330 万字。2001 年 6 月，县政协举办“庆祝中国共产党成立 80 周年”书画展，展出书画作品 320 件。

2003 年，文史委组织召开 10 次座谈会，走访 130 人，收集资料 30 万字，编辑出版古丈文史第四辑《踏歌而行 . 古丈民营经济巡礼》。2004 年，文史学习委坚持“存史、资政、团结、育人”宗旨，搜集整理、补充完善县政协历史档案；编辑出版《古丈风土》第四辑，约 30 万字，介绍古丈风土人情。2005 年，搜集整理文史资料 150 篇、250 万字。出版古丈文史第五辑《古丈风土》，全书介绍古丈神奇的人文风情，秀美的湖光山色。2006 年，编辑《古丈文史》第六辑《古丈政协二十年》，出版《同心》一书，30 万字，征集其他文史资料 20 篇，约 8 万字。2007 年，收集解放以来古丈老干部有关资料，客观真实地记录古丈老干部工作实况。2009 年，征集史料 150 万字，编辑出版《情满茶乡》。2010 年，参与湖南省政协《锦绣潇湘》和湘西州政协《经典湘西》两书的资料征集工作，收集古丈名胜古迹、历史名人、旅游资源、名优特产、非物资文化遗产等文史资料。

第八篇　群众团体

第一章　工　会

第一节　组织机构

一、县工会代表大会

1987 年 5 月 18—21 日，召开古丈县总工会第七次代表大会，代表 101 人。会议提出建设职工队伍，开展社会主义劳动竞赛，抓好民主管理，开展创建先进职工之家，抓好科协等工作。选举李金初为县总工会主席。

1992 年 5 月 26—28 日，召开古丈县总工会第八次代表大会，代表 115 人。选举李文花为县总工会主席。

1997 年 5 月 26—28 日，召开古丈县总工会第九次代表大会，代表 108 人。选举李文花为县总工会主席。

2002 年 7 月 16—18 日，召开古丈县总工会第十次代表大会，代表 108 人。大会选举李文花为县总工会主席。

2007 年 9 月 25—27 日，召开古丈县总工会第十一次代表大会，代表 110 人。大会贯彻落实科学发展观，围绕“绿色产业兴县，生态家园富民”县域经济的发展战略，抓好工会维权工作。选举李文花为县总工会主席。

二、县工会机构

1986 年，古丈县总工会机关设办公室、组织宣传教育部、生产生活部，编制 4 名，实有 5 人。1995 年，增设民主管理社会保障部和财务室。2002 年，增设女工部、实业部、俱乐部、法律保障部。2006 年，成立特困职工帮扶中心。2010 年，县总工会机关编制 7 名，其中行政编 4 名、事业编 3 名，实有 7 人。

1986—2010 年，古丈县总工会历任主席：张献安、李金初、胡运满、李文花。

三、基层工会组织

1986 年，全县党政机关、企事业单位基层工会组织做到“八有”：即有牌子、有班子、有队伍、有场所、有公章、有计划、有总结、有制度。2004 年，对全县各种所有制企业进行大排查，特别是把改制企业和租赁企业组建工会作为重点。年底，全县基层工会有 135 家，会员 4800 人。其中组建民营经济企业工会 13 家。

2010 年，新建社区工会 4 家，发展会员 673 人。是年，全县基层工会组织 185 家，会员 7636 人。其中以农民工会员为主体工会组织有 7 家，农民工会员 2013 人。是年，全县 12 个乡镇 4 个社区建立工会组织，有工会专职、兼职干部 490 人。

第二节 工会工作

一、维护职工权益

1992 年 9 月 10—25 日，县总工会组织已婚女职工进行妇科病普查。1997 年,《中华人民共和国劳动法》颁布，县总工会会同县委宣传部、县劳动局等单位联合下发《关于宣传贯彻劳动法的通知》,维护职工合法权益。县各级工会组织按照《中华人民共和国劳动法》要求，在全县企业推行集体合同制度，履行工会维护职工合法权益社会职能。

2005 年 10 月 27 日，白溪关电站 3 名工人到县总工会反映，要求调整工资，在县总工会主持下，经县劳动局、白溪关电站与工人座谈，达成工资调整协议，即调整 2004 年工人工资，核资 10 万元，2002 年、2003 年、2005 年工人工资不予调整。2007 年 5 月 9 日，县顺杰锰业公司 7 名农民工到县总工会反映，要求公司补发 2004 年 6—7 月工资，县总工会会同县劳动局与公司协商，9 月 15 日，公司给农民工补发所拖欠的工资。

2007 年 8 月，县顺杰锰业公司职工一行 20 人，到县总工会反映公司拖欠职工三年部分工资 20 万元，县总工会通过调查，会同劳动部门与公司协商，为职工追回所拖欠的工资 20 万元。2008 年 11 月 23 日，县恒源公司 2 名农民工到县总工会反映，要求解决 15 个留守人员每月足额发放工资问题，经县总工会会同劳动部门与公司协商，

2009 年 1 月，公司给留守人员补发工资 20000 元。是年，随着私营企业增多，维护私营企业职工合法权益难度加大，启动工资集体协商制度，12 家私营企业签订工资集体协商协议。2010 年，全县 17 家私营企业签订工资集体协商协议，13 家私营企业签订女职工特殊权益保护专项集体协商协议。

二、帮扶困难职工

1991 年 3 月 10 日，县冶炼化工厂发生锅炉爆炸事故，烫伤 10 名工人。为援救 10 名烫伤工人，县总工会与县妇联、团县委联合为 10 名烫伤工人开展募捐活动，募款 44133.71 元。1992 年，县总工会组织开展“进万家门，知万家情，解万家难，暖万家心”送温暖活动，对困难企业和困难职工进行帮扶解困。1995 年，全州遭受特大洪涝灾害，县总工会组织发动全县 27000 名工会会员，捐款 5000 元、衣物 1000 件、学习用品 315 件，送到永顺、泸溪、保靖、龙山等重灾区。1996 年 6 月，县总工会组织开展“庆六一，献爱心”活动，发动全县 39000 名工会会员为特困职工儿童捐款，金额 4248.28 元，购买书包 70 个，送到 78 名特困职工儿童手中。

1998 年 5 月，全县遭受特大洪涝灾害，县总工会组织全县广大职工开展“献爱心”募捐活动。截至 5 月 28 日，全县 98 个单位 5039 名职工参加募捐，资金 41330 元、物资 3133 件，送到野竹、山枣、县机械厂，资助受灾职工、农户抗灾自救。

2002 年，上级工会拨付扶持特困职工资金，开展“双联”暨帮助特困职工活动，全县 108 个县直单位帮扶 98 户特困职工。

2004 年，全县各级工会进行贫困职工摸底建档，为 528 名困难职工建立档案，定为低保救助对象，发放低保救助金 325 万元。同年，推行下岗职工和失业人员再就业，城镇新增就业人数 1400 人，1000 名下岗失业人员实现再就业。

2006 年，成立县特困职工帮扶中心，每年县财政安排 3 万元资金、上级工会拨入资金 10 万元，用于特困职工生活救助、法律援助、金秋助学和大病救助等。

2007 年，救助 19 名特困职工家庭学生。

2008 年，县总工会响应全国总工会、湖南省总工会号召，为“5·12”汶川地震抗灾自救开展“重建家园、再献爱心”募捐大行动，截至 6 月 2 日，捐款 20720 元。

2010 年，向特困职工发放生活救助金 188 万元、医疗救助金 20.06 万元、特困职工家庭子女救助金 25500 元。

三、职工生活

开展社会主义劳动竞赛活动 1987—2007 年，县总工会在职工群众中开展“双增双节”“质量、品种、效益年”“安康杯”“芙蓉杯”等劳动竞赛活动。全县职工通过劳动竞赛提出合理化建议 1520 条，实现技术革新 260 项，创效益 3.5 亿元。其中 2007 年开展节能减排活动，创效益 1000 万元。

开展职工争当劳动模范活动 2003 年，对县级以上劳动模范进行全面调查摸底，建立健全劳动模范档案，健全劳动模范数据库，劳模管理工作更加规范。1987—2007 年，全县有 9 人被评为省部级以上劳动模范。

开展职工文化体育活动 1991 年“三八”期间，县总工会组织全县女职工篮球赛、女职工拔河赛、女职工健身操比赛、文艺晚会、女职工老年门球赛、趣味性游艺活动。1992 年，县总工会与团县委联合举办“五一”“五四”篮球赛，28 个队参赛。举办县城职工拔河赛，男女各 12 支队参赛。与团县委、县文化局联合举办一次全县书法、美术、摄影赛，参赛作品 150 幅，其中 80 幅作品展出。举办卡拉 OK 电视大奖赛，100 名职工参赛。

1995 年 5 月 9—10 日，县总工会举办职工接力赛、拔河赛，参赛代表队 21 个，运动员 470 名。1996 年，举办“红豆杯”“冶化杯”职工体育运动会。1996 年 4 月 25—28 日，县总工会与县烟草公司、醴陵卷烟厂联合举办古丈县首届“红豆·烟草杯”职工体育运动会。1996 年 9 月 25 日至 10 月 3 日，县总工会与县冶化厂联合举办举办古丈县“＇96 冶化杯”职工篮球运动会。

1999 年“五一”期间，县总工会与县体委联合主办篮球精英表演赛，县总工会与县委宣传部、县文化局联合举办“五一”文艺晚会，19 个单位参加演出，演员 100 名，节目 27 个。

2006 年 4 月 25—30 日，县总工会举办庆五一“全球通杯”篮球赛，以战线为单位组建篮球队 25 个。2009 年 9 月 24—29 日，县总工会、县体育局承办古丈县庆国庆第二届“移动杯”体育运动会，组织男女篮球赛、男女混合拔河赛、趣味体育、跳绳，运动员 1500 名，2000 人参加群众游行。

第二章　共青团

第一节　组织机构

一、共青团古丈县代表大会

1987年10月10—12日，共青团古丈县第九次代表大会召开，代表210人。黄春波在大会上作《团结奋斗，致力改革，为振兴古丈建设家乡建功成才》工作报告。大会选举15人为九届委员会委员，黄春波为团县委书记。

1990年9月22—24日，共青团古丈县第十次代表大会召开，代表197人。黄春波在大会上作《艰苦奋斗，建功成才，团结全县各族青年为古丈的治穷脱贫贡献青春》工作报告。大会选举十届委员会和出席州第十次团代会代表，黄春波为团县委书记。

1993年12月1—5日，共青团古丈县第十一次代表大会召开，代表242人。曾传文在大会上代表十届团县委作工作报告。大会选举共青团古丈县十一届委员会，曾传文为团县委书记。

1996年11月11—12日，共青团古丈县第十二次代表大会召开，代表151人。彭波在大会上作《攥紧拳头，苦于实干，为实现我县跨世纪的宏伟目标而努力奋斗》工作报告。大会选举25人为十二届委员会委员，彭波为团县委书记。

1999年11月22—23日，共青团古丈县第十三次代表大会召开。出席会议代表110人。汪立东代表十二届委员会，在大会上作《自立自强，开拓创新，为新纪世的宏伟目标贡献青春和力量》工作报告。大会选举产生共青团古丈县第十三届委员会委员25人，汪立东为团县委书记。

2002年11月2—4日，共青团古丈县第十四次代表大会召开，代表130人。黄华在大会上作《紧扣时代脉博，勇于开拓创新，团结带领全县青年为实现古丈经济跨越发展而努力奋斗》工作报告。大会选举25人为十四届委员会委员，黄华为团县委书记。

2005年9月25—27日，共青团古丈县第十五次代表大会召开，代表107人。梁章兴在大会上作《与时俱进、开拓创新、竭诚服务，全县青年为实现“和谐茶乡、平安古丈”而奋斗》工作报告。大会选举产生共青团古丈县第十五届委员会委员25人，梁章兴为团县委书记。

2008年12月8—9日，共青团古丈县第十六次代表大会召开。出席会议代表131人。吴丹在大会上作《全面贯彻落实科学发展观，团结带领全县团员青年为古丈经济又好又快发展而努力奋斗》工作报告。大会选举十六届委员会委员25人，吴丹为团县委书记。

二、团县委机构

1986年，团县委机关设办公室、组宣部、青工青农部和学少部，人员编制5名，实有4人。1990年，增设权益部。1994年，增设希望工程办公室。2010年，团县委机关编制4人，书记1人，副书记 2 人，干事 1 人。下辖 14 个团委，9 个团总支，170 个团支部，共青团员 9895 人。

1986—2010 年，历任共青团古丈县委书记：刘绍建、黄春波、曾传文、彭波、汪立东、黄华、梁章兴、吴丹。

三、基层团组织建设

1986 年，结合农村整党，加强共青团基层组织建设。团县委对 16 个乡镇场、120 个团支部进行调查。在坪坝乡开展农村整党团建试点。是年，全县 85% 以上团支部恢复有关制度和团员青年活动。1987 年，全县有 5000 名青年向团组织递交入团申请书，有 3253 名青年加入共青团，有 73 名共青团员加入中国共产党，为 1179 名超龄团员办理离团手续，清理 140 名失联团员，对 11 名犯错误的团员作出退团处理。

1987 年 10 月至 1990 年 9 月，团县委对全县基层团组织进行两次全面整顿，重新配备团支部书记 193 名，团委书记 24 名，增补团县委委员 10 名，团县委常委 3 名，发展新团员 3292 名，办理离团手续 980 名，颁发团员证 5320 人，建立以团员证为媒介的团员管理体制。

1991 年，全县 279 个团支部，除个别偏僻村寨外，基本配齐团干部。23 个基层团委全部配齐团干部，23 名基层团委书记中，具有大中专以上文化程度 14 人，占 61%。全县有 2100 名青年向团组织递交入团申请书，发展新团员 1572 名。1993 年，全县整顿团支部 73 个，新建团支部 11 个，配备专（兼）职团干部 146 人，发展新团员 1057 人，使全县 280 个团支部做到有班子、有队伍、有制度、有活动。

1996 年，团县委抓住县、乡两级团委换届契机，对全县团组织进行全面整顿，对团员和团干部进行造册登记，建立团员花名册和团干部花名册，完善档案管理。全县整顿基层团支部 81 个，恢复和新建团支部 9 个，选配新团干 155 名。是年，在“五四”青年节，举行县城百名新团员入团宣誓仪式，200 名新团员在团旗下庄严宣誓。

1997—1999 年，整顿基层团支部 121 个，恢复和新建团支部 16 个，选配新团干 173 名，发展新团员 1752 名。在县委党校培训团员 100 名，选出基层团委 23 个。

2000—2002 年，团县委坚持“党建带团建”工作方针，以创建“五四红旗团委”活动为载体，按照“强乡带村”思路，结合建整扶贫，抓农村、企业、学校和机关事业单位团组织建设。团县委对 90 个特困村和 10 个边远特困村团支部进行整顿，对县直机关团支部进行整改。全县有 70 名共青团员加入中国共产党。

2003—2005 年，选派古阳镇完小少先队大队辅导员到省委党校学习，分别选派共青团干部到州委党校团干班、全省（市）县团委书记培训班，全省共青团办公室主任和信息调研骨干培训班学习。团县委先后 6 次受省、州团组织表彰，县公安局刑侦大队、县国税局等单位获“省级青年文明号”称号，创建州级青年文明号单位 4 个，发展县级青年文明单位 5 个。

2006—2008 年，全县有 200 名共青团员加入中国共产党。

2009 年 4 月 20—24 日，举办古丈县共青团干部培训班，调训 52 名基层团干部到县委党校参加培训，课程包括学习实践科学发展观、团的业务知识、古丈民生改善与保障等课题。

2010 年，在各乡镇、规模以上企业、中小学校以及县直机关团组织中推行团员基层数据库管理系统，建团委 14 个、团总支 9 个、团支部 170 个。对基层团组织班子配备不齐的团委、团支部进行调整充实。

第二节　共青团工作

一、思想政治教育

1984年10月至1987年10月，团县委购买《团员学习文件汇编》350册下发到全县各基层团支部，培训骨干500人次，上团课2000人次，重点学习《团结全国各族青年，向社会主义现代化的光辉前程进军》等有关文献。各乡镇场、中学团委均成立学教委员会，高峰、岩头寨、坪坝、默戎、山枣、茄通、断龙山、草潭、双溪等乡镇结合学教活动，组织团员开展植树造林和文体活动。

1993年，全县各级团组织开展“忠心献给国家、热心献给社会、孝心献给父母、爱心献给亲属、诚心献给朋友”“五心”教育活动。团县委组织开展“全县青年自愿者公路绿化大行动”“全县青年自愿者爱国储蓄大行动”。

1995年7月，成立古丈县青年自愿者服务队。为全国少年举重运动会和接龙渠竣工典礼开展服务。

1996—1999年，团县委发动全县团员青年努力学习邓小平建设中国特色社会主义理论、中国共产党十五大及共青团十四大精神。各级团组织办墙报324期，写学习心得4500篇。一些基层团组织采取演讲、征文、知识抢答赛等方式学习邓小平理论。

2000—2002年，全县各级团组织举行思想政治教育各种座谈会20次，组织团员青年上理论辅导课30课时，学习规定书目20篇，办学习专栏100期，办学习墙报350期，写出5000篇12万字的学习心得。开展主题教育活动，采取演讲比赛、征文比赛、知识抢答赛等多种形式，学习邓小平理论和“三个代表”重要思想。开展纪念建党80周年“党在我心中”和纪念建团80周年“永远跟党走”演讲比赛及共青团发展史“青春辉煌图片展览”。按照《公民道德建设实施纲要》要求，团县委在学校开展“五心”教育和“四有”教育，开展“少年军校”“革命火炬代代传”“山里孩子首都行”等夏令营活动。

2003年，开展全县青少年“知我古丈、爱我古丈、建我古丈、兴我古丈”专题演讲比赛和电视知识大奖赛，让青少年了解古丈县情。同年，团县委举办团干班，学习团中央和党的十五大精神。

2004年4月、9月，分两批次选派16名优秀团干部参加共青团湘西州委举办团干部培训班学习。

2005年9月至2008年12月，组织团员青年学习邓小平理论、“三个代表”重要思想和党的十七大精神。组织开展“民族精神代代传”“我与祖国共奋进”“知荣辱、树新风、创文明”“保持共青团员先进性教育”等主题教育活动。利用“五四”“七一”“国庆”等纪念日，举办“廉政文化艺术节”“唱响新茶乡、宣传十七大”歌舞晚会等活动。发挥青年典型引导作用，开展“古丈县首届十大杰出青年”“青年岗位能手”“农村青年创业致富带头人”评选活动。

2009年，团县委组织基层团组织，学习《科学发展观学习读本》《科学发展观重要论述摘编》以及有关领导重要讲话等文件。5月4日，在古丈一中召开新团员入团宣誓和老团员重温入团誓词仪式，开展以“我的时代、我的五四”为主题交流讲座会。同年6月，在中国少年先锋队成立60周年之际，团县委、少工委组织全县各级少先队开展“歌唱祖国庆六一”主题队日活动，各学校结合实际情况，开展歌咏、游园、游戏等活动。同年9月，为庆祝中华人民共和国成立60周年，举办“迎国庆、颂党恩、明职责、做贡献”演讲比赛。

二、新农村建设活动

1984—1987年，各级团组织在农村建设中，开展扶贫帮扶和学雷锋活动，全县组建136个“扶贫突击队”，涌现680个“学雷锋小组”。平均每年有1万名青少年投身到帮工助耕、扶贫建房活动中。三年来，扶贫建校、建房170栋，投工15900个、帮粮2850千克、捐现金2700元、捐木材35立方米，帮工助耕 34000 人次，有 700 户军烈属、五保户、缺劳户得到团组织帮助。

1988—1990 年，全县农村团员青年在种植水稻“双两大”、地膜苞谷、杂交苞谷、厢垄栽培、绿化造林等项目中发挥先锋作用。全县营造青年林 666.67 公顷。开办各种技术培训夜校 130 所，办技术培训班 500 期。建立各种小开发基地 1300 个，组织各类科技攻关小组、工程突击队 50 个。

1997 年，团县委为 10 个联系村送去衣物 200 件，篮球 20 个。1999 年，团县委为 5 个村建立“青年科技图书室”，图书室藏书 1 万册。

2003 年，团县委配合有关部门举办各类培训班 150 期，直接培训青年农民 2500 人。表彰 10 名“青年科技创业奖”。实施“下岗青工再就业工程”，为长沙商业技工学校“希望之星班”输送 32 名学员，推荐 3 名下岗青工在深圳从事保安工作，输送 300 名青年农民进入中专院校学习实用技能。是年，团县委为野竹乡芭蕉村投入资金 20000 元，购买种山羊 300 头。

2006 年，利用大学暑期“三下乡”活动机会，开展“送医、送药、送科技、送文艺节目”等活动；组织青年农民前往北京西部学院和湘西州职校参加劳动技能培训。2007 年，抓住茶王向春晖获“2007 年度全国农村青年创业致富带头人”这一典型，激发广大青年创业热情。发出“飞扬绿色青春、共建生态文明”倡议书 10000 份，积极开展“万百青年林、绿化新家园”活动。

2009 年，在县移动公司和县联通公司建立“青年就业创业见习基地”，为有需求青年提供 40 个见习岗位。2010 年，开展大学生村官创业活动，默戎镇龙鼻嘴村大学生村官曹洁与毛坪村大学生村官苏各，通过实地考察，在农户家饲养本地山羊 40 只，羊群以放养为主，获利 20000 元。

三、精神文明创建活动

1987 年 10 月至 1990 年 9 月，团县委组织开展“学雷锋、树新风、育新人”主题活动。通过学、写、演、唱、做、比等多种形式，把学雷锋、学赖宁活动推向新高潮。全县成立 500 个青年学雷锋服务队。团县委开展为“烧伤六姐妹”募捐、学雷锋巡回演讲，“百名青年新闻人物评选”“服务上街、服务上门”“送一份温暖，献一片深情”等系列活动。

1998 年，县国税局城关分局被授予省级“青年文明号”服务窗口。同年，全县遭受特大洪涝灾害，17400 户 75000 人受灾。灾情发生后，团县委发动广大团员青年积极投身抗洪抢险第一线，号召全县团员为灾区缴纳一次特殊团费，收特殊团费 8000 元，捐衣物 300 件，及时发放到灾民手中。河西镇团委在抗洪抢险中组织得力，被团中央授予“抗洪英雄青年突击队”称号。

1999 年，在“五四”青年节期间，举办“希望杯卡啦 OK 大奖赛”。同年，举办“爱我家乡”演讲比赛，各团支部经过层层选拔，最终确定 12 名选手参加决赛。选手们或赞美家乡、或为全县经济建设和扶贫攻坚献计献策。

2000 年，根据不同青年群体的思想特点，动员和组织广大青少年踊跃参与“雷锋家乡学雷锋”“青年志愿者”“青年文明号”“三下乡”“保护母亲河”等群体性活动。组织开展“古丈县青年卡拉 OK 暨少儿才艺表演赛”、篮球赛、山歌赛、文艺会演等活动。开展“青年文明号”创建的管理工作。团县委对县级以上“青年文明号”单位进行重新认定，申报县公安局刑侦大队为州级“青年文明号”服务窗口单位，县地税局第二分局为省级“青年文明号”服务窗口单位。

2001 年，县人民检察院反贪局被授予州级“青年文明号”服务窗口。团县委还组织“青年文明号”服务窗口单位广泛开展察民情、送温暖活动，慰问下岗困难职工和农村贫困户 21 户，送慰问资金和物质 6000 多元，并对 5 户下岗青工进行“1+1”帮扶。

2002 年，联合县老干部工作局开展“宏扬革命精神，陶冶爱国情操”大型演讲活动，请老革命、老干部、老党员、老同志、老领导深入到中小学校进行巡回讲演。县公安局、县教育局、团县委各维权岗深入社区开展“青少年维权岗在行动”活动。协同公安机关开展社会“扫黄打非”活动，坚决制止和取缔各种反动、淫秽、色情、暴力、封建迷信音像、图书等制品经营活动，在县城的各个网吧、娱乐场所悬挂“未成年人禁止入内”标志牌。同时，每年还开展了“珍惜生命、远离毒品”“珍爱生命、拒绝邪教”图片展、散发宣传单、禁毒万人大签名活动。

2003 年，抗击非典斗争中，全县团员青年志愿者奋战在抗击非典第一线，为群众送医送药、整治环境，并两次组织青年志愿者来到古丈火车站和猛洞河火车站，给奋战在抗非第一线工作者，送去食品和饮用水。

2004 年，团县委配合开展“三下乡”活动，邀请中南大学、湖南大学、吉首大学、湘潭大学、湖南农业大学、湖南中医学院、长沙民政学院等大专院校到县开展大学生“三下乡”志愿服务活动。同中国新华社、长沙政法频道、湖南公共频道、《深圳晚报》和《潇湘晨报》等多家媒体对全县希望工程、生态旅游进行全方位采访报道。550 名机关干部、中小学生宣誓加入志愿者行列，青年志愿者在团县委安排下，分成 20 个小组，对省道 S229 线古丈段进行认养，并在各认养路段统一挂牌。

2006 年，开展“3·5”学雷锋、“5·2”助残、“手拉手”“关爱留守儿童”“保护母亲河”等青年志愿者活动。与大型网站“1318 网”共同承办“健康上网、拒绝沉迷”宣讲活动，开展“青少年网络文明行动”“五远离、五热爱”“禁毒万人大签名”等活动。

2008 年，“希望之星”“芙蓉学子”“湖南移动富民惠农”等助学行动，累计筹资 144.8 万元，帮助贫困学生 500 人次。

2009 年 2 月 27 日，团县委组织 300 名团员青年在古阳镇太坪村植树，栽植 3000 棵树木。7 月 12 日，团县委和中南大学赴古丈县留守儿童暑期社会实践调查团在断龙山乡、双溪乡、古阳镇开展“三下乡”活动，走访 10 个村，190 名小学、初中留守儿童及其家庭，发放问卷 190 份，给留守儿童送去价值 5000 元衣物、书包等爱心物资。7 月 21 日，默戎镇毛坪村发生火灾，团县委号召全县团员青年为救灾捐款，捐款4611 元。9 月 14 日，团县委召集县直机关团干部及古丈一中 200 名青年志愿者，对古阳河进行全面清扫。

2010 年，团县委与县文明办、县教育局、县交警大队联合开展“温暖 2010·白手套护学行动”，命名一批“护学岗”、开展一次“大走访”、上好一次“护学课”、普检一次“护学车”、开展一次护学主题活动、一次“绿色护考”活动和一次校园护学论坛活动，对校园周边交通秩序整治和安全防护知识宣传教育。9 月，向全县 30600 名团员青年发出倡议，组成由学生、警察、干部职工组成 50 人青年志愿者服务队，经常性开展交通秩序整治志愿服务活动。

四、希望工程助学活动

1993 年，成立县、乡镇两级“希望工程”工作班子，开展调查研究，对 1300 名贫困少儿进行摸底造册，对 9 名家庭贫困、品学兼优学生写出专题材料。在全省“希望工程”爱心券发行工作中，团县委率先完成“爱心券”发行任务。是年，全县发放助学金 50000 元，救助学生 232 人。

1994 年，救助学生 686 名。1995 年，救助学生 1623 名。1996 年，救助学生 3478 名。3 年内，县委、县政府筹措希望工程基金 64 万元。摄制以反映全县教育贫困现状及希望工程实施情况为主题的“古丈期盼希望工程”专题片。协助拍摄电视剧《太阳花》，该剧反映了希望工程状况。

1999 年，全县希望工程累计筹措建设资金 420 万元，其中引进外援资金 200 万元，建设希望小学 24 所；改善办学条件 41 所；筹集救助款 113 万元，救助学生 4500 名。

2000 年，团县委筹措希望工程资金 180 万元，建设希望小学 9 所，改善学校办学条件 10 所，建立希望书库 5 个，救助失学儿童 1500 名。

2002 年，全县希望工程累计筹集资金 1000 万元，建设希望小学 32 所，改善学校办学条件 60 所，建立希望书库 22 个，救助失学儿童 6000 名。

2003—2005 年，3 年内，团县委接到农业部计划司、上海市青少年发展基金会、中国人民保险公司湖南分公司、香港智行教育促进会、长沙“爱心家园”公益团体等捐资 150 万元，援建希望小学 7 所，改善办学条件 11 所，救助失学儿童 1500 名，帮助 53 名特困高中毕业生进入大学。

2010 年，团县委与上海市航头镇团委共同开展“情系贫困学子、爱心成就梦想”为主题的助学活动，为古丈县贫困大学生发放助学金 52000 元。全县各级团组织开展“伴你成长——共青团关爱农民工子女志愿服务行动”，围绕学习辅导、经济帮扶、生活帮助、精神抚慰、爱心陪护等服务内容，深入乡镇、农村、社区开展“结对帮扶”活动，与农村留守儿童结成帮扶对象 150 对，发放慰问帮扶资金 27700 元。

五、引领少年先锋队活动

1984—1987 年，开展“学英雄，建丰碑”活动“学雷锋树新风”“创造型中小队竞赛”活动。在全国少工委举办“勤巧小队友谊赛”活动中，古阳镇完小二乙班中队二小队荣获一等奖，学校少先队辅导员受到全国少工委表彰，古丈坪完小二甲班、五甲班中队受到团湖南省委表彰。

1995 年，对全县 27 所中小学少先队辅导员进行摸底和调整，使少先队工作焕发生机和活力。举行反法西斯战争胜利 50 周年和“一二·九”运动 60 周年纪念活动，开展前途理想教育和民族传统教育，增强青少年历史责任感和使命感。是年，古丈二中少先队员高克勇奋力抢救 5 岁落水儿童，被传为佳话；古阳中学 500 名学生为筹备全国青少年举重运动会捐献爱心款 476.59 元。全县团员青年参与“与灾区同牵手”助学行动，2000 人捐款 10000 元。同年，启动“雏鹰行动”，与县科协、县教委联合组织古丈县青少年科技制作及书画作品展览，展出 200 件作品。

1996 年，选送优秀少先队辅导员参加全州夏令营活动。

1998 年 6 月，团县委和县教育局组织全县小学生参加湖南省“岳阳楼杯”少儿综艺大赛，挑选出 24 幅作品参加评比，其中 9 幅作品获得州级奖励，3 幅作品获得省级奖励。12 月，古丈坪完小少先队队员徐宵代表全县少先队员参加湖南省第三次少先队代表大会。

2000 年，团县委推进“青少年维权岗”创建活动，维护青少年合法权益。开展有关法律执法行动和以“保护明天”为主题活动，全县 20 所全日制中小学聘请法制副校长，完善未成年人保护组织。开展“弘扬革命精神，陶冶爱国情操”大型宣讲活动，请老革命、老干部、老党员、老同志、老领导深入到中小学校进行巡回讲演。2005 年，县公安局治安大队副队长彭仕军被评为“湖南省保护未成年人杰出（优秀）公民”，古丈坪完小的少先队辅导员张波涛被评为“全州十佳优秀辅导员”，古阳镇完小的张颖被评为“全州十佳少先队员”。

2010 年，迎接第 61 个“六一”国际儿童节到来，开展庆祝“六一”儿童节表彰、慰问暨文艺会演，来自城乡中小学校、幼儿园 4000 名少年儿童参加活动。是年，由团县委牵头，会同县公安局、县老干局等相关部门对全县网吧接纳未成年人情况进行彻底清查，查处一批违规网吧，为青少年创造良好上网环境。

第三章 妇女联合会

第一节 组织机构

一、县妇女代表大会

1987 年 3 月 5—8 日，古丈县第九次妇女代表大会召开，应到代表 221 名，实到代表 207 名，特邀代表 11 名。大会紧紧围绕经济建设，以全面提高妇女素质为重点，在全县妇女中开展坚持四项基本原则，反对资产阶级自由化的思想教育，继续组织和动员广大妇女投身“七五”建设，为振兴古丈，为建设四个文明做出新贡献。陈祥云代表上届执行委员会作工作报告。大会选举县妇联第九届执行委员 25 名，常委 7 名，陈祥云为主任；选举出席州第七次妇女代表大会代表 21 名。

1992 年 8 月 7—8 日，古丈县第十次妇女代表大会召开，应到代表 279 名，实到代表 257 名，特邀代表 9 名。向天莲代表上届执行委员会作《姐妹们行动起来，为实现三年脱贫，五年致富，十年奔小康而贡献力量》工作报告。大会选举产生县妇联第十届执行委员会委员 25 名，常委 7 名，向天莲为主任；选举产生出席州第八次妇女代表大会代表 18 名。

1997 年 10 月 21—22 日，古丈县第十一次妇女代表大会在县城召开，应到代表 102 名，实到代表 92 人。大会高举邓小平理论伟大旗帜，以党十五大精神为指针，落实新时期妇女儿童工作方针任务，动员广大妇女为全县稳定脱贫致富奔小康做贡献。向发英代表上届执行委员会作《高举邓小平理论伟大旗帜，奋力推进我县妇女工作再上新台阶》工作报告。大会选举产生县妇联第十一届执行委员会委员 25 名，常委 7 名，向发英为主席；选举产生出席州第九次妇女代表大会代表 20 名。

2002 年 10 月 25 日，县第十二次妇女代表大会召开，应到代表 102 个，实到代表 97 人，特邀代表 14 名。大会以邓小平理论和“三个代表”重要思想为指导，围绕全县经济建设和扶贫攻坚大局，抓住加入世贸组织与进入西部开发发展机遇，提高妇女素质，维护妇女合法权益，动员全县广大妇女在两个文明建设中建功立业，为实现稳定脱贫奔小康的目标做贡献。王宪生代表上届执行委员会作《与时俱进，开拓创新，展巾帼风采，努力开创新世纪妇女工作新局面》工作报告。大会选举县妇联第十二届执行委员会委员 27 人，常委 9 人，王宪生为主席；选举产生出席州第十次妇女代表大会代表 24 名。

2007 年 5 月 30 日，县妇联第十三次妇女代表大会召开，实到代表 100 名，列席代表 9 名，特邀代表 20 名。大会高举邓小平理论伟大旗帜，以“三个代表”重要思想为指导，坚持男女平等基本国策，全面落实科学发展观，着力构建和谐社会，与时俱进，开拓创新，紧紧围绕县委、县政府中心工作，团结和动员全县妇女全面建设小康社会，为古丈“十一五”经济社会发展规划目标实现而奋斗。向莲玉代表上届执行委员会作《坚持科学发展，构建和谐社会，团结动员全县妇女为全面建设小康社会再做新贡献》工作报告。大会选举县妇联第十三届执行委员会委员 27 名，常委 9 名，向莲玉为主席；选举产生出州第十一次代表大会代表26名。

二、县妇联机构

1986年，县妇联机关设办公室、保护妇女儿童权益部，人员编制5名。领导职数，1986—2001年为主任1名，副主任1名；2001—2007年为主席1名，副主席2名。2007—2010年，县妇联连续四年被湖南省妇联评为“宣传思想工作先进单位”。2010年，县妇联机关干部职工5人。

1986—2010年，历任县妇联主任（主席）：黄绍萍、向天莲、向发英、王宪生、向莲玉、田志芳。

三、基层妇女组织

1986年，加强妇联基层组织建设，县妇联按“政治坚定，组织健全，作风过硬，充满活力”要求，配齐15个乡镇妇女联合会和高望界林场妇女联合会妇联主席，配齐180个建制村妇代会主任。2005年，全县区划调整，全县设12个乡镇妇联，配乡镇妇联主席12名。是年，全县140个建制村妇代会均配备1名妇女主任。

2008年，新组建个体私营协会妇委会和县夕阳红协会妇委会。2010年，全县有12个乡镇妇联，48个机关单位妇委会，4个社区妇委会，140个村妇代会，其中古阳镇的5个村配备专职妇女主任，其余135个村妇女主任由村计划生育专干兼任。

第二节　妇女工作

一、“双学双比”与“巾帼建功”活动

1986—1988年，县妇联组织和带领全县农村妇女开展“双学”（学文化、学技术）活动，在16个乡镇场举办扫盲培训班，扫除农村妇女文盲、半文盲。同时，开展“四自”（自尊、自信、自主、自强）、“四有”（有理想、有道德、有文化、有纪律）活动，激发广大农村妇女创业激情。1989年，在农村妇女中进一步开展“双学双比”活动，即学文化、学技术、比成绩、比贡献。开展“识两千字、会两门实用技术”竞赛活动，制定“双学双比”活动五年规划。1995年，组织农村妇女学文化、学技术，开展科技示范能手、三八红旗手、种养女状元等各项竞赛活动。

1999年，组织举办古丈县首届妇女健身操展示赛。2001年，县妇联以多种形式对广大农村妇女进行实用技术培训，引导农村妇女开展“双学双比”活动。举办各类科技培训班237期，培训妇女20000人次。

2002年3月，县妇联与县农业局、县畜牧水产局、县林业局组成科技服务队，深入农村，为妇女群众传授茶、果、林、草等农作物培管、加工、贮藏技术和畜牧养殖技术，举办各类实用技术培训班412期，发放资料、书籍15000册，培训妇女18000人次，其中11200人掌握1 ~ 2门科技实用技术，全县有86名妇女获得绿色证书。河西镇党支部书记王锡玉为农民谋福利，被评为全国“双学双比”女能手；茄通乡河南村向忠兰家庭年收入4万元，被湖南省妇联表彰，评被为“绿证之星”；杨先玉、默戎镇盘草村石莲花带头学科技、依靠科技致富，成为湖南省科技示范户；河蓬乡凤鸣溪村张文梅克服家庭困难，自家完成退耕还林任务27亩，带动全村完成退耕还林任务。

2004年，开展“巾帼建功”活动。城镇妇女开展“五学”（学理论、学文化、学科学、学技术、学管理）、“五一”（创一流工作业绩、精通一门技术、提一条合理化建议、搞一项技术革新、增收节支一百元）及“三争”（争创巾帼标兵、争创巾帼英雄、争创巾帼英雄经理）等系列活动。对女职工

进行思想政治教育和业务技能培训，引导各行各业女职工“精一门、会二门、学三门”，鼓励各单位争创“巾帼文明示范岗”，鼓励广大女职工争创“三八红旗手”。

2005年，县妇联创办家政服务公司，设立再就业培训基地。举办家政、缝纫培训班4期，培训下岗女职工“4050”人员240人次。是年，与长沙颐而康职业学校、长沙职校、湘西州职校达成协议，免费为妇女就业开展培训，通过中介途径，有序输出女劳力3200人。是年，在“双学双比”“巾帼建功”活动中，全县表彰“三八”红旗手117人，红旗集体15个，先进妇女工作者120人。

二、创建五好文明家庭

在农村妇女“双学双比”和城镇女职工“巾帼建功”活动中，县妇联开展全县妇女“五好文明家庭”创建活动。1998年来，全县先后表彰“五好文明家庭”16户、“巾帼建功标兵”27名、“农村新女性”10名。向清莲获全国“双合格家长”称号，罗依溪镇茶叶村李永花家庭获全国“五好文明家庭”称号。

三、维护妇女儿童权益

古丈县妇联第十一届、十二届妇代会执委会工作期间，制定《古丈县妇女儿童发展规划（2001—2010）》《古丈县培养选拔女干部发展女党员五年工作规划》《古丈县城镇职工生育保险办法》《古丈县〈人口与计划生育条例〉实施办法》《关于实施〈古丈县预防和制定家庭暴力暂行规定〉的意见》《古丈县集中整治非法鉴别胎儿性别的办法》等，从制度上保障妇女儿童合法权益。

2003年，实施“春蕾计划”，协调武警湖南总队捐资助学，创办武警“春蕾”班2个，解决100名贫困女童上学难问题。2005年，设立县妇女儿童法律援助工作站，为弱势妇女提供法律咨询和法律援助。是年，县妇联接待来信来访1000人次。实施关爱留守儿童帮扶工程，建立留守儿童电子档案，制定长效帮扶措施，借助社会力量建立关爱网络。开展“关爱女孩行动”“9+2”助学工程行动，协调武警湖南总队、湖南星火计划培训中心、隆平种业等单位在古丈县参与捐资助学。2006年，实施“9+2职业教育扶贫助学”活动，全县20名贫困少年在接受九年义务教育后，免费接受职业教育，增长就业技能。2007年，县妇联对全县留守儿童家庭状况及教育状况进行调查摸底，让社会关注留守儿童健康成长。

2009年7月，湖南省妇联和湖南中医药大学第一附属医院派专家在县人民医院开展先天性心脏病儿童免费普查活动，对34名疑似先天性心脏病儿童进行检查，确诊8名儿童为先天性心脏病。同年，借助湖南省妇联和中国红十字会开展“天使阳光先天性心脏病儿童救治活动”，县妇联争取救助款4万元，对确诊的8名先天性心脏病儿童进行治疗。

是年，全县7名先天性心脏病儿童因家庭困难无力凑足手术所需费用，县妇联了解这一情况后，对7名先天性心脏病儿童家庭进行上门走访。与县民政局、县农村合作医疗管理局协调，为7名先天性心脏病儿童争取医疗救助金20万元。

2010年5月26日，湖南中医药大学第一附属医院院长、心胸外科主任、博士生导师尹晓清一行7人来到古丈，对2009年救治的13名先天性心脏病患儿进行回访复查，确诊13名先天性心脏病患儿全部康复。同时，对32名疑似病患儿进行免费检查，确诊9名儿童患先天性心脏病。是年，县妇女儿童法律援助工作站受理信访投诉和法律咨询168件，接待260人次，为妇女提供法律援助37件。同年，开展妇科病普查普治和母亲“安康”保险工作，为全县6000名妇女进行妇科病普查，为73名妇女患者进行救治，4700名妇女参加“安康”保险。

四、服务县域经济建设

1991年，创办古丈县妇联幼儿园，后由于教育“普九”需要，县妇联幼儿园转置给古阳中学。1996年，县妇联在河西镇河南村鸭笼坡开垦“三八”绿色水果基地，面积73亩。1998年，全县遭受特大洪灾，县妇联机关为灾区捐款10000元，捐衣物1000件。1999年，县妇联到岩头寨乡白洋洞村开展驻村扶贫，修通4.5千米通村公路；投入资金25000元，扶持30户村民进行生猪养殖和黑木耳种植，该村岩板铺组两女结扎户袁中孝种植黑木耳，当年获利7000元。

2002年，县妇联到罗依溪镇坳家湖村进行驻村扶贫，投入资金23万元，物资折价10万元，进行农村农网改造，安装有线电视，修建农村人饮工程。2005年，在县城红星小区设古丈县妇女儿童活动中心，面积672平方米。2008年，筹集资金10万元，修建断龙山乡大拇指春蕾小学；筹集资金76000元，资助古丈一中学生53名。2009年7月24日，组织全县妇女为默戎镇毛坪村火灾捐款41100元、衣物2800件。是年，争取价值10万元1辆健康快车，捐给县人民医院。2010年，筹集资金13700元，慰问218名环卫工人；筹集资金10000元，慰问100名特困儿童。

第四章　科学技术协会

古丈县科学技术协会（简称县科协）成立于1984年1月，与县科委合署办公。1992年，独立建制为正科级机构，内设办公室、学会组宣工作部、科普工作部。是年，县科协被湖南省委组织部、湖南省科协评为“全省农村党员基层干部实用技术培训先进单位”，被国家科协与联合国儿童基金驻中国代表处授予“消除碘缺乏病科普宣传活动优秀组织奖”。2010年，县科协有干部2人。

1992—2010年，历任县科协主席：张勇、陈祥云、龙洪森、李俊峰。

第一节　科技服务

1986年，经县科协牵头，古丈县机械厂与湖南省机械研究所协作联合开发“稀土中锰球铁产品”，被列入1986年湖南省科委“星火计划”。经4个月努力，建成生产600吨钢球车间，11月18日正式试产，生产球铁2吨及其他铸件2.5吨，符合设计要求。

1987年，全县有专业学会、协会、乡科协等科技团体22个，是年，县科协机关扶持罗依溪镇且茶下村，以发展柑橘为主，种植面积126亩，挂果35亩，总产5.04吨，扶贫后加强技术管理，面积增加40亩，挂果增加35亩，总产16.500吨。县农学会在茄通乡茄通村扶持290户农户杂交水稻制种，制种面积600亩，总产37.5吨，亩产1.25吨；扶持山枣乡5个村茶叶低改，投入资金5.3万元，低改茶叶200亩，亩产春茶0.2吨。

1989年，县气象学会利用赶集上街摆摊设点为农民宣讲，散发气象信息资料3000份，面对旱情，组织会员深入重点旱区断龙山、茄通2个乡，动员农民抢水犁田1000亩。县林学会为全县100000亩速生丰产林基地建设，组织科技人员10人，进行分片包干技术指导和管理。同时，省林科所高级工程师唐士俊指导古阳镇、河西镇嫁接良种板栗苗13万株，成活率90%。县水电学会组织科技人员进行低产冷浸田技术改造，全县改造低产冷浸田25000亩。县畜牧学会创办高蛋白浓缩饲料加工厂和养猪场，养猪60头，实现产值6万元。

1990年，古丈县被联合国儿童基金会列入贫困地区科技领域教育合作项目示范县。是年，成立古丈县青少年科技活动中心领导小组，全县16个乡镇场，建立健全乡科协10个，村科普教育小组26个，为边远落后地区少数民族妇女、儿童开展科技服务。

1991年，抓科普文明村建设，在罗依溪镇且茶下村一、二组创办推广科学技术示范点，2个村民小组62户，302人，种植柑橘302亩，其中挂果208亩，吸取落花落果经验，采取早预防、早防治措施，柑橘产量160吨，户均2.6吨，人均收入530元。

1993年，组织青少年课外科技活动。双溪乡完小种茶叶20亩，组织师生炒制古丈毛尖，收入

5000 元；默戎镇毛坪小学种木耳 200 个，创收 2000 元；高望界林场完小种植山东雪梨 2000 株，收梨 2000 千克；古丈县职业中学人工试养果子狸 10 只，获得成功，受到湘西州政府奖励。

1997 年，县科协根据古阳镇、罗依溪镇菜农的要求，组建古阳河蔬菜专业技术协会。

2006 年，县科协协同县农业局、县林业局、县畜牧水产局等涉农部门组织技术骨干 110 名，进村入户，解决农业生产各个环节中存在的技术问题。

2008 年，全县遭受冰灾，县科协组织科技服务队深入灾区，为灾后重建提供科技服务。组织科技专家、农技干部 100 人次，为全县 17 个重灾村，进行柑橘、茶叶、大棚蔬菜、水产养殖等科技服务 22 次。

2010 年，县科协发放茶叶、烤烟、油茶、水果、畜牧、养殖、计生、甲型 H1N1 流感 8 类、12 种、2000 册（份）科普和科技资料，2 名科技人员现场解答农民群众在生产生活遇到难题。2 名医卫人员发放科普知识宣传单，2 人现场接受群众个人咨询，直接受益群众 2000 人次。

第二节　科技培训

1988 年，举办科技培训班，培训 3460 人次，完成年计划的 117%，其中种植业 1263 人，养殖业 850 人，加工业 94 人，服务业 139 人，从效果看，掌握一门技术 2000 人、二门技术 300 人，30 人达到农民技术员标准。是年，县科协批准设立县财政学会、县会计学会、县珠算学会。是年，县科协以罗依溪镇且茶下村 40 亩柑橘基地作为试验培管基点，带动河西、茄通 2 个乡镇柑橘开发。是年，举办 14 期科技培训班，培训 458 人次，其中茶叶 6 期 156 人，食用菌 3 期 210 人，柑桔 1 期 40 人。组织炒茶师到双溪、城关、高峰、罗依溪、默戎、河西 6 个乡镇巡回培训茶叶炒制技术。高峰乡李家洞村梅子坡组茶农彭继武，1987 年全年制干茶产量 70 千克、产值 700 元，通过培训后，仅 1988 年春茶一项制干茶产量 65 千克，产值 1300 元。

1991 年，建立县青少年科技辅导员协会，选配 76 名科技辅导员。在全县 27 所中小学开展青少年科技活动，组建学校科技活动小组和科技兴趣小组 54 个，参加学生 9000 人。是年，青少年科技成果送省、州参加“生物百项科技活动”竞赛，罗依溪中学肖军等同学的科技成果“栖凤湖网箱混合养鱼”，高峰中学吴光翠等同学的科技成果“种子萌芽及种子活力试验”，古丈县职业中学施之刚等同学的科技成果“果子狸人工养殖”，断龙中学向锋金等同学的科技成果“稻麦种子快速测定”，双溪完小向海周等同学的科技成果“茶叶快速成园实验”，默戎镇毛坪小学的科技成果“黑木耳丰产试验”，分别获得湖南省一等奖 2 个，湘西州一等奖 2 个。

1992 年，经县民政局登记，全县有科技协会 11 个，其中有古丈县农业工程学会、古丈县气象学会、古丈县青少年科技辅导员协会、古丈县农学会、古丈县医药卫生学会、县农学会等。是年，在双溪乡举办优质茶制作技术培训，县农业局农艺师李启富等 2 名专业技术人员现场传授技术，使全乡 50 名茶农掌握优质茶制作技术。

1995 年，开展古丈县“ ' 95 消除碘缺乏病科普宣传周”活动，由县科协牵头，县卫生局、县卫生防疫站、县盐业公司、县残联、县教育局、县广播电视局等单位组成古丈县消除碘缺乏病科普宣传队，出动宣传车 2 台，深入到全县 5 个乡镇开展宣传活动。是年，全县发展科技示范户 400 户，其中省级科技示范户 11 户，州级科技示范户 130 户，成立 2 个农村专业技术协会，建设 3 个科普基地。

1996 年，加强农村科普网络建设，全县有省级科技示范户 9 户，州级科技示范户 130 户，县级科技示范户 400 户，青少年科技活动以“小发明、小创造、小论文”为主要内容。在全省第 14 届青少年科技发明创造比赛中，全县参赛作品获科技发明二等奖 1 个，三等奖 7 个，在州内名列榜首。

1998年，建立11个乡、4个镇、1个国营林场科协。农村专业技术协会发展到4个，新建科普示范基地4个，其中省级科普示范基地1个。建立185个村科普小组，配备185名科普员。河西镇椪柑参加湘西自治州首届优质椪柑品评会，获金奖，被湖南省评为优质椪柑银奖产品。

1999年，古丈县被列入1999—2003年为贫困地区青少年提供第二次教育机会项目县。9月，县科协项目工作人员和项目村校外儿童在河南郑州参加中国科协与联合国儿童基金会儿童参与项目设计研讨会。

2001年，成立16个乡镇科学技术协会，185个村科普领导小组。举办科技培训，进行科普宣传，受训1万人次。2002年，配齐乡镇场科协主席，成立乡镇场科普指导小组。建立河西镇河南村、默戎镇盘草村、茄通乡茄通村、城关乡南山村、双溪乡官坝村5个青少年科技活动学习中心，每个学习中心配备DVD和彩电，赠送千册科普图书。学习《中华人民共和国科学技术普及法》。组织干部群众参加全国性《中华人民共和国科学技术普及法》竞答活动，全县17个战线294人参加竞答。

2003年，组织中小学生参加湖南省第二十四届青少年科技创新大赛，一件个人作品、一件集体作品、6幅科幻绘画参加全州创新大赛竞选，全部获奖，参加全省表彰大会。配合湘西州科协在河西镇河南村开展先进文化进村入户示范村启动活动，湘西州科协为河西镇河南村送科普书籍510本，赠送科技光盘。为该村送1头瘦肉型良种猪。推广薄皮橘和优质蜜枣新品种。2005年，举办超级稻栽培技术、先进茶叶炒制技术等各类培训班31期，114个建制村11000名基层干部和农民参加培训。组织编写《古丈县农业实用技术手册》，发放各类科技培训书籍和培训资料3万份。

2007年，全县举办农民技术员培训班22期，培训农民技术员156人；每个农民技术员帮扶3–5户联系户，负责联系户种养项目选择、管理，成为农村实用技术推广和培训“二传手”。2009年，县科协对返乡农民工开展技能培训，引导返乡农民工投入新农村建设，鼓励农民工返乡创业，以创业带就业。组织科技服务队在断龙山乡、红石林镇举办烤烟、水产养殖培训2次，在古阳镇、双溪乡举办茶叶、大棚蔬菜、庭院养殖培训5次，帮助返乡农民工提高就业能力。

2010年，在红石林镇河西村采取“专家+农户”培训模式，面对面地为农户开展科技服务，组织茶叶科技特派员和志愿者，到红石林镇化东茶叶协会开展“竖茶”制作技术培训。是年，建立12个乡镇科技协会，140个村科普小组，明确850个村民小组科普员。

第五章　工商业联合会

1986 年 5 月，恢复古丈县工商业联合会，行政编制 2 人。1992 年 9 月，恢复换届，召开古丈县工商联第七次代表大会，代表 110 人，选举第七届执行委员 15 人，尚心宽为主任委员，配备干部 2 名，设办公室。1997 年 4 月，召开古丈县工商联第八次代表大会，代表 114 人，选举第八届执行委员 15 人，县工商业联合会主任委员改称会长，张勇为会长。2001 年 12 月，召开古丈县工商联第九次代表大会，代表 125 人，选举第九届执行委员 17 人，向东升为会长。2006 年 12 月，召开古丈县工商联第十次代表大会，代表 123 人，选举第十届执行委员 27 人，向建华为会长。

1986—2010 年，历任县工商业联合会主任委员或会长：尚心宽、张勇、向东升、向建华。

第一节　商会和经济社会建设

1986 年 9 月，县工商联协同县政协、县劳动服务公司招收城镇待业青年 50 人，举办 1 次为期两个月的经营管理培训班。

1992 年，全县个体工商户 1890 户，从业人员 2385 人，其中私营企业 4 家，从业人员 49 人，私营联合企业 3 家。个体工商户商品零售额 1967 万元，占社会商品零售额 36%，上缴国家税金 113 万元，占全县工商税收的 22%。

1993—1995 年，县工商联组织 14 家企业单位，到桂林、铜仁、张家界、慈利、吉首等参加商品展销会 7 次，与 79 家企业签订购销合同，标的额 240 万元。

1996 年，全县个体工商户发展到 2024 户，从业人员 2360 人，会员发展到 110 人。

1997 年 10 月，县工商联与常德商会联系引资项目，由常德商会光彩事业推动委员会陈永东、成汉余 2 位民营企业家投资 90 万元，建古丈县液化气站，容量 50 吨。常德民营企业家段民里投资 80 万元，承包县旅游民俗村旅游景点开发。1998 年，建立古阳镇工商分会，选举产生 7 名分会正、副会长。

2001 年，古丈县非公有制经济企业和个体工商户发展到 2334 户，从业人员 3055 人，注册资金 3728 万元；上缴财税 616.8 万元。

2002 年，县工商联贯彻湘西州委、州政府关于大力发展民营经济精神，重点培育民营企业大户和纳税大户。

2006 年，全县非公有制企业注册 187 户，个体工商户发展到 1859 户，注册资金 4.44 亿元，从业人员 12292 人，上缴财税 2300 万元。2007 年，组织工商联会员到各乡镇调查研究，撰写调研报告 1 篇。

2009 年，县工商联和县小背篓茶业公司一行 4 人应邀出席“重庆・秀山首届金银花节”，与重庆市企业签订金银花购销合同，与重庆市鼎元茶业公司达成项目合作。

2010 年，县工商联组织县内 8 家非公有制企业与 5 家金融机构签订超亿元贷款协议，有效缓解企业融资难问题。

第二节　社会公益活动

1995 年，全省动员为“希望工程”捐资，全县 824 户工商企业参加捐资，捐资 54450 元。

1997 年，发动民营业主和个体工商户为希望工程捐款 55000 元。

2002—2006 年，组织县内非公有制经济人士参与赈灾事业，募集资金 40000 元。接受社会各界人士无偿捐资 280 万元，用于修建微水电 89 处、沼气 66 口，修建光彩小学 4 所。向县人民医院捐赠价值 10 万元医疗器材。修通村级公路 3 千米，架设人饮工程引水管 3.5 千米。

2007 年，开展“万企联村”活动，县内 12 家非公有制企业与 18 个建制村结对，为建制村捐资 120 万元。

2008 年，县内非公有制企业出资 90 万元，支持全县抗冰救灾。是年，四川汶川发生地震，县工商联组织非公企业捐款30万元，慰问震后灾民。是年，高远矿业董事长向功平救助10名贫困大学生。

2009 年 7 月，默戎镇毛坪村发生火灾，县工商联组织捐款 30000 元。2010 年，组织非公有制企业在“2010 年中华茶祖节・古丈毛尖万人品评会”上，争相义买“金茶王”“银茶王”样茶，筹得善款 21 万元，捐给青海玉树地震灾区。

第六章 残疾人联合会

1986 年，古丈县残疾人协会为县民政局下属股级机构，编制 2 人，实有 2 人。1991 年 5 月，组建古丈县残疾人联合会，5 月 12 日，在县城召开第一次残疾人代表会议，代表 45 人，选举产生古丈县残疾人联合会主席 1 人、副主席 2 人、理事长 1 人、副理事长 1 人，委员 27 人，副县长龙文辉兼任主席，副县级干部张荣显、县人大副主任彭南楚兼任副主席，石源辉任执行理事长；7 月，县残疾人联合会（以下简称县残联）审批为副科级群团单位，编制 3 人，属县民政局管理。1996 年 1 月，县残联从县民政局分离，由县政府办公室管理，编制 3 人，实有 3 人。1997 年 7 月，召开县残联第二次代表会议，石源辉当选为理事长。7 月，县残联升格为正科级事业单位。2003 年，投入 120 万元，在红星社区红砂溪修建一栋五层 1500 平方米县残联办公楼。2007 年，核定编制 4 人，其中全额拨款事业编制 1 人，差额拨款定编 3 人。2010 年，县残联定编制 9 人，实有工作人员 9 人。是年，被湖南省政府授予“全省为民办实事先进单位”。

1991—2010 年，历届县残联理事长：石源辉、张昌吉、鲁帮奇、向代海、吴良平。

第一节 残疾人康复

1990 年，实施残疾人三项康复工作，为 92 人实施白内障复明手术，为 12 名小儿麻痹后遗症实施矫治，送 6 名聋儿参加听力语言训练。

1991 年，县残联依章开展白内障复明手术、小儿麻痹后遗症矫治、聋儿听力语言训练、唇腭裂的修补、安装假肢康复、精神病康复等工作。制定残疾人工作规划。

1992 年，开展残疾人康复情况调查，全县 2850 人需实施康复手术。是年，为 3 名白内障患者实施复明手术，送 4 名聋儿参加全州聋儿语训、7 名残疾人到湘西州特教班学习。是年，发放残疾人证 321 本。

2001 年，为 97 人实施白内障复明手术，为 20 名肢体残疾矫治手术，送 8 名聋儿参加听力语言训练，培训 15 名聋儿家长，10 名肢体残疾人员参加系统培训。

2004 年，被列为国内第一个消灭白内障试点县，国际社会民间慈善服务机构国际狮子总会深圳狮子会在县人民医院开展“视觉第一中国行动”白内障复明活动，免费为 137 名白内障患者实施复明手术。

2005 年，为 53 人实施白内障复明术，为 15 名肢体残疾患者进行矫治，送 8 名聋儿参加听力语言训练，为 9 人装配假肢矫治器，为 12 名唇腭裂实施矫治，供应用品用具 326 台（件）。

2006 年，全县二级以上残疾人纳入新型农村合作医疗 447 人。确立定点医院长期为白内障患者检查筛选服务，依托“视觉第一中国行动”项目，湖南省医疗队为贫困白内障患者进行免费或优惠手术及治疗，为 11 人实施白内障复明手术，为 15 人实施肢体矫治手术，送 12 名聋儿参加听力语言训练，为 9 人装配普及型假肢，为 12 人唇腭裂实施矫治，供应用品用具 32 台（件）。

2008 年，为 102 人实施白内障复明手术，为 5 人装配假肢，为 9 人装配肢体矫治器，供应用品用具 30 台（件）。

2009 年，107 人实施白内障复明手术，为 14 人装配假肢，为 41 人装配肢体矫治器，送 12 名聋儿参加听力语言训练，为 118 人精神病人免费提供 2 年口服药品、8 人免费住院治疗，供应用品用具 60 台（件）。

2010 年，为 50 人实施白内障复明手术，为 7 人装配假肢，为 57 人肢体矫治手术，送 12 名聋儿参加听力语言训练，为 2 人唇腭裂实施矫治，为 122 名精神病人免费提供 2 年口服药品，供应用品用具 30 台（件），发放残疾人证 1986 本。

第二节　残疾人就业

1987 年，建成古阳镇福利厂，安置残疾人就业 20 人。1994 年，开展为残疾人献爱心活动，解决 158 人残疾人就业，免收各类税费 34000 元。1995 年，行政事业单位实施征收残疾人就业保障金制度，征收残疾人就业保障金 18 万元。自 2000 年始，采取个体从业、集中安置、分散就业等办法，推进残疾人就业工作。

2005 年，行政事业单位累计安排残疾人就业上岗 15 人，分散就业 140 人，集中在企业就业 48 人，征收残疾人就业保障金 21.6 万元。2006 年始，坚持集中就业与分散就业相结合，采取优惠和保护相结合的措施，县直 25 个行政事业单位先后安排残疾人就业上岗 34 人。是年，城镇新增 155 个残疾人就业，农村残疾人就业 3887 人，年征收残疾人就业保障金 26 万元。

2007 年，举办残疾人美容美发、盲人按摩、缝纫、电焊、竹编、种植、养殖等职业技能培训，培训 1610 人次，通过“春风就业援助”、残疾人专场招聘会等活动，异地就业 58 人，个体就业 46 人，自主创业 10 人。是年，征缴残疾人保障金 30 万元。2008 年，征收残疾人保障金 33 万元。2009 年，征收残疾人保障金 38 万元。2010 年，征收残疾人保障金 45 万元。

第三节　残疾人入学

1986 年，全县残疾儿童入学率不到 3%。1991 年，适龄残疾儿童入学率上升到 3.5%。1992 年，4 名聋儿参加湘西州聋儿语训，7 名残疾人到湘西州特教班学习。1994 年，为确保残疾、弱智儿童与正常儿童一样享有平等的教育权利，县教委下发通知，要求各乡镇学校接纳残疾、弱智儿童就近入学，全县接收残疾、弱智儿童 57 人。2005 年，全县视力、听力、语言障碍和弱智儿童就近入学率：城镇为 85%、农村为 65%。2010 年，全县视力、听力、语言障碍和弱智等适龄残疾儿童就近入学 375 人。

第四节　残疾人帮扶

1991 年 5 月 12 日，第一个全国“助残日”（每年 5 月第三个星期日），县委、县政府、县人大、县政协领导走访慰问古阳镇福利厂，慰问残疾职工，上门到户送特困残疾职工慰问金，每人 200 元。1997 年，县残联申请获得国家财政贴息康复扶贫贷款 20 万元，扶持残疾人从事养殖业 60 户。1999 年，县残联获国家贴息康复扶贫贷款 50 万元。其中扶持古阳镇福利厂扩大生产规模，投入贴息康复扶贫贷款 10 万元；扶持残疾人就业基地——古丈县雅洁食品有限公司，投入贴息康复扶贫贷款 10 万元；扶持残疾人养羊 100 户，投入康复扶贫贴息贷款 30 万元。

2002 年，开展助残募捐活动，向社会募集资金 20000 元，救助困难残疾人 50 人。2004 年，县残联获国家财政贴息扶贫贷款 40000 元，扶持残疾人发展种植和养殖业 20 户。2007 年，救助生活困难残疾人 200 人，发放救助金 90000 元。投入国家财政贴息扶贫贷款 11 万元，扶持残疾人家庭种植、养殖户 110 户。2008 年，救助困难残疾人 200 人，发放救助金 70000 元，为二级以上重度残疾人缴纳新农合参保基金 11120 元。

2009 年，给残疾人发放困难救助金 70000 元。2010 年，发放残疾人困难救助金 80000 元；是年，获专项彩票公益金农村扶贫残疾人危房改造项目资金 50 万元，扶助残疾人危房改造 100 户，每户 5000 元；是年，资助下肢残疾人杨崇富参加湖南省残运会，杨崇富获男子 49 公斤级举重银牌。

第七章　红十字会

1989年8月，古丈县红十字会成立，为全额拨款事业单位，由县卫生局管理。1991年，核定事业编制1人，实有工作人员1人。1992年7月，乡镇和县直单位相继成立红十字会。1995年5月，增加事业编1人，经费从卫生费中列支。1999年7月，县红十字会为副科级单位。组建58个红十字团体会员单位，发展新老会员10000人。2010年，县红十字会编制3人，实有工作人员3人。全县基层单位建立红十字会39个。

1989—2010年，历任县红十字会会长：向永保、黄绍平、龙文辉、邓锋。

第一节　募捐救助

1990年5月，县红十字会组织8名医生开展“5·8”红十字会纪念日活动，为县城102人义诊。6月，山枣乡卫生院遭山洪袭击，河堤冲垮，房屋被淹，药品、器械被洪水冲走和浸泡；县红十字会捐资7000元购买药品和医疗器械，使其恢复日常看病治病工作。10月，为茄通乡群众免费诊疗80人次，防疫接种1190人次。

1991年5月，组织县人民医院10名青年医生在县城思源桥头为127人义诊。7月，坪坝乡张家坪村、窝塔村山体滑坡、地裂下陷，99户557人遭受灾害，台湾红十字会救助灾民大米8000千克。9月24日，城关乡高坳村发生火灾，30户128人受灾，县红十字会发放台湾红十字会赈灾大米7500千克。

1994年4月，罗依溪、高峰、双溪、默戎4个乡镇遭受冰雹和飓风袭击，24个村139个组1681户7552人受灾。7—9月，全县15个乡镇场遭受百年不遇的旱灾。香港红十字会为灾区赈灾大米7500千克，棉被100床，消毒液等药品和其他物资、价值16400元。美国救生军为灾区赈灾大米90000千克、毛毯200床，伤痛片90瓶等药品、价值11300元。

1995年5月31日，全县16个乡镇场普降暴雨，42个建制村遭受灾害，县红十字会发放救灾大米27000千克，棉被180床，棉衣200件，毛毯、单衣、药品等物资，价值61000元。

1997年5月，古丈一中红十字会组织青少年50人到古阳镇福利院慰问五保老人，送大米300千克。是年，组织县人民医院、县卫生防疫站、县红十字会医院医生20人到县城古常友谊大桥为群众诊疗200人次，给肿瘤患者免费送“赋新康”药品40瓶，价值4000元。

1999年，高望界林场焦坪村、高峰乡李家洞村、默戎镇万岩村发生火灾。县红十字会将储备大米、衣被、食品、生活用品等发放给灾民。

2000年11月5日，默戎镇翁草村发生火灾，烧毁房屋17栋，县红十字会发动红十字会成员单位干部职工开展募捐，募集衣物3604件，捐款12954元。灾后，县卫生局、县红十字会组织30人医疗队，进村入户开展义诊160人次，体检420人，消毒处置10000平方米，帮助灾民自救，恢复日常生活生产。

2002年1月29日，河蓬乡官坪村发生火灾，烧毁房屋5栋18间，吊脚楼3栋4间，殃及房屋7栋8间，18户71人无家可归，直接经济损失27.84万元。县红十字会在河蓬乡开展募捐活动，募得善款1500元，官坪村村民捐粮1500千克，中国红十字会发放赈灾大米4500千克。

2008年1月，全县遭受冰雪冰冻灾害，香港救世军进入灾区考察，把救灾物资下拨到灾民手中。省、州红十字会发放赈灾大米40000千克、棉被560床、棉衣560件。是年，香港红十字会援助高峰卫生院维修资金15万元，中国红十字会援助高峰九年制学校维修资金21万元。是年5月，四川汶川地震，县红十字会配合县委、县政府和民政、妇联、工会、共青团等部门募捐96000元，捐给汶川灾区。

2009年，县红十字会与浙江省普陀山红十字会结成帮扶对子，普陀山红十字会捐款34800元，救助双溪乡寄宿制完小贫困学生29人。

2010年6月，全县12个乡镇普降暴雨，134个建制村受灾。国家、省、州红十字会、香港救世军捐助赈灾大米70000千克，棉被、服装等物资价值90000元。

第二节　无偿献血

2001年，县政府启动无偿献血活动，将任务分解到各单位。是年，参加无偿献血178人，献血51250毫升。2004年，全县自愿参加献血者322人，献血96600毫升。2010年，全县参加无偿献血369人，献血10.95万毫升。

2001—2010年古丈县无偿献血情况一览表

表8-1

年份	献血人数（人）	献血任务（毫升）	献血总量（毫升）	年份	献血人数（人）	献血任务（毫升）	献血总量（毫升）
2001	178	50000	51250	2007	331	60000	100800
2002	164	50000	52150	2008	332	60000	101600
2003	204	50000	61010	2009	329	60000	108000
2004	322	60000	96600	2010	369	60000	109500
2005	—	—	—	合计	2229	—	680910
2006	—	—	—				

说明：2005—2006年资料缺失

第九篇　政法　军事

第一章 政法委及社会治安综合治理

1986年，全县刑事犯罪增多，恶性案件居高不下。全县政法机关继续开展严厉打击严重危害社会治安刑事犯罪和经济领域刑事犯罪（“严打”）。1991年，实行社会治安综合治理。坚持打防结合，标本兼治。1994年，社会治安综合治理实行目标管理考核。2005年，完善治安防范网络，建设治安防范长效机制，开展“平安古丈”创建活动。2010年，开展公众安全感测评，学习山东济宁经验，各乡镇建立社会治安动态管理信息平台。全县刑事案件发案数量逐步下降，由1990年的381起降至2010年的255起。

1986年，县委政法委工作人员4人。1991年8月，设立县社会治安综合治理委员会办公室，与县委政法委实行两块牌子、一套人马，合署办公。2002年3月，县委政法委内设政办室、执法监督室。2004年，县委政法委增设维护稳定办公室。至2010年，县委政法委内设机构不变，工作人员增至7人。

1986—2010年，县委政法委历任书记：孔宪翠，向精华，向清国，张仕金。

第一节 维护社会稳定

1986年，县委政法委组织全县政法单位整治城区和农村社会治安，扭转治安形势，确保社会稳定。1990年，搜集74条情报信息，预防案件7起，制止群众性上访3起，防止闹事5起。

1994年，县委、县政府制定《关于实行社会治安综合治理领导责任制的若干规定》，县综治委印发《关于古丈县社会治安综合治理一票否决权制实施办法》，对县直机关和各乡镇场进行综合治理工作年度目标管理考核。对治安混乱、治安防控措施不到位的乡镇和单位实行重点管理或“一票否决”。10月，设立“古丈县见义勇为奖励基金会”，表彰、奖励在制止、打击违法犯罪中不顾个人安危，挺身而出，见义勇为，保护社会财产和人民生命安全的有功人员。

1996年，处置古丈、吉首“2·28”边界纠纷，维护边界稳定。2月28日，吉首市马劲坳镇团结村村民与默戎镇万岩村、龙鼻嘴村村民在龙鼻嘴集市发生斗殴。3月5日，因矛盾升级，团结村村民与龙鼻嘴村民在吉首、古丈两县市交界处形成对峙，致交通中断，群体性械斗一触即发。州长向世林、州委副书记彭诗来、州委政法委书记向后兴率州公安局及吉首、古丈两个县市公安局150名民警及时赶到现场处置，逮捕4名主要犯罪嫌疑人。7日，事件平息。事件造成1人死亡，2人重伤，11人轻伤，3辆车辆受损。是年，双溪乡被省社会治安综合治理委员会、省委政法委评为“湖南省社会治安综合治理模范乡”。

1998年，加强情报信息收集，妥善处置群体性事件苗头。全年预防、制止移民上访苗头10起，处置非法组织“梅花党”活动1起，处理邪教组织“门徒会”活动3起。

1999年，县委、县政府印发《关于切实加强社会治安综合治理基层工作的意见》，开创社会治安综合治理以村为主、以居委会为主、以单位为主的“三为主”工作局面。

2000年，开展综治工作“三为主”与建整扶贫相结合，安全文明创建与农村精神文明建设相结合，及时排查调处民间纠纷。配备各中小学校法制副校长。是年，为加强民族团结，召开古丈县与吉首市民族团结座谈会，促进吉、古边界治安稳定。当年，全县安全文明小区、安全文明村和治安模范单位达标率分别为70%、85%和95%，全县实现无“民转刑”案件、无非正常死亡、无群体性械斗、无群体性越级上访的“四无”工作目标。是年，州委政法委书记向后兴到岩头寨乡政府调研，肯定岩头寨乡民间矛盾调处中心把各类民间矛盾纠纷实行“一揽子”调解和处理的做法，并在全州推广。

2006年，重点抓乡镇司法所建设和行政区划调整后的基层人民调解组织重组和调整，全县设12个司法所、159个村（社区）人民调解委员会。同年，建立健全预防和处置群体性事件长效机制，开展不稳定因素排查调处，对较大不稳定因素进行交办。加大民间纠纷调解力度，建立人民调解、司法调解、行政调解对接的“三调联动”调解机制。实现连续7年（1999—2006）无邪教组织成员非法聚集，赴省进京上访滋事。

2007年3月，默戎镇毛坪村路段发生交通事故，事故受害人向某带领家属抬棺堵塞省道S229线通行，致交通阻断数小时。县公安局依法对向某进行刑事拘留。县人民法院以危害公共安全罪判处向某3年有期徒刑。5月5日，古阳镇树栖柯村民向某驾驶喜马牌125型无牌两轮摩托车搭乘村民张某，途经省道S229线62km+400m路段时，追尾撞上贵州省铜仁市三鑫物流有限公司大货车，向、张二人当场死亡。少数村民及死者家属不听劝导，抬棺堵塞省道S229线，阻断交通3小时。县公安局依法行政拘留22人。是年，开创综治“三到村”工作局面，即综治考评到村，综治专干配备到村，综治经费保障到村。全县159个村、社区（居委会）配备综治专干159名，即每个村或社区（居委会）配备1名。

2008年，以“迎奥运、保平安、促和谐”为工作重点，搜集情报信息53条，发现、预防非正常上访苗头35起，排查矛盾纠纷1143起，成功调处1132起。利用“三调联动”工作机制成功调解疑难复杂纠纷33起，预防群体性事件12起。

2010年，整合县“三调联动”办公室、维护稳定办公室、信访局、涉法涉诉问题领导小组办公室、法律援助中心等部门职能，成立古丈县矛盾纠纷调处中心，开展重大矛盾纠纷调解。全县各级人民调解组织调解矛盾纠纷1108起，调解成功1097起，调处成功率达99%，其中调解调处重大矛盾纠纷7起。全县排查出不稳定因素82起，调处82起，化解58起。收集掌握各种深层次、苗头性、预警性信息112条，及时防范化解处置各类非正常上访、滋事事件30起。收缴“法轮功”“门徒会”邪教组织反动宣传单14份，小册子6本，光碟6张。

第二节 “严打”整治

1986年，县委政法委继续组织开展以严厉打击严重刑事犯罪为重点的“严打”整治行动。1989年，开展“整治社会治安人民战争”“查禁赌博”“整治道路交通秩序”“打击流窜犯罪活动”等专项行动。全年侦破各类刑事案件264起，查处治安案件444起。

1990年，县委、县政府制定《关于严厉打击严重刑事犯罪的统一行动方案》。全县抽调120名干警和保卫干部，开展“打击严重暴力犯罪”“打击车匪路霸”“打击拐卖人口”“打击流窜犯罪”等系列“严打”整治专项行动。当年侦破各类刑事案件277起（其中特大案件47起），抓获犯罪嫌疑人200人，摧毁犯罪团伙32个。1991年，开展扫除卖淫嫖娼、制造贩卖传播淫秽物品、拐卖妇女儿童、私种吸食贩运毒品、聚众赌博、利用封建迷信骗财害人的“六害”行动。开展以打击团伙犯罪、打击车匪路霸、打击流窜犯罪、整治重点地区、反盗窃等专项行动。全年侦破刑事案件311起（其中重特大案件70起），抓获犯罪嫌疑人329名，摧毁犯罪团伙85个，追缴赃款及赃物折价30.3万元。1997年，针对全县社会治安状况，部署“春夏严打整治”“酉水水域严打整治”“扫除黄赌毒”等系列专项行动。全年侦破刑事案件119起，抓获犯罪嫌疑人170人；查处治安案件344起，治安处罚717人。

2001年，全县开展“打黑除恶”严打整治行动。开展“缉枪治爆”专项行动，收缴各类非法枪支2301支，摧毁制贩枪窝点3个。2005年，开展追逃、打击“两抢一盗”、扫毒收戒、打击赌博犯罪、打击破坏春耕生产违法犯罪等专项行动，在县城4个社区建立警务室。全年侦破各类刑事案件273起，抓获犯罪嫌疑人154名，刑事拘留92人，逮捕142人，移送起诉142人，抓获逃犯59名。

2009年，“严打”整治行动中，刑事案件立案208起，破案277起，其中破“两抢一盗”案件84起，破严重刑事案件50件。县人民检察院受理公安机关移送审查起诉案件79件141人，审结78起125人，提起公诉66件108人。县人民法院受理各类刑事案件75件，审结65件。

2010年，侦破公安部督办的“2·18”特大贩毒案。开展“春雷”追逃行动，全县现行命案破案率达100%。加强城区街面巡逻防控，对重点地区、重点问题实施重点整治。打击群众反映强烈的“黄赌毒”违法犯罪行为，捣毁“地下六合彩”等赌博窝点7个，抓获赌博违法嫌疑人5人，集中销毁金三色、苹果机、老虎机等赌博器具200台。

第三节　政法队伍建设

1988年，县委政法委组织全县政法系统开展争创先进党支部，争当优秀党员活动。1993年，与县委组织部对政法各单位领导班子进行全面考察，调整和提拔19名政法机关中层业务骨干，完成人民警察首次授衔和民警录用工作，集中教育整顿政法队伍。

1994年，制定《古丈县政法队伍集中教育整顿实施方案》，开展政法队伍集中教育整顿，提高干警整体素质活动。1995年，实行公安局长、人民检察院检察长、人民法院院长异地交流任职制度。1996年底，全县政法系统组织开展集中教育整顿，参训干警达95%以上。与人事、组织、纪检监察部门联合召开政法队伍行风评议座谈会，听取建议意见，进行集中整改。

2001年，全县政法干警开展“三个代表”重要思想学习活动，抓政法机关领导班子建设，抓执法监督等项工作，提高政法队伍整体素质。2002年，制定《古丈县政法干警目标管理等级化考核细则》，加强政法干警教育，完善管理制度，实行量化目标任务，全员全程考核，分级竞争上岗，末位淘汰的竞争机制。2003—2005年，开展“公正执法树形象”集中教育活动，政法部门各机关班子成员落实“一岗双责”（“一岗”：一个领导干部职务所对应的岗位。“双责”：一个领导干部既要对所在岗位具体业务工作负责，又要对所在岗位党风廉政建设责任制负责），全面推行执法质量考评机制，推进干警队伍等级化目标管理，层层签订队伍管理责任状。

2006年，开展以严以律己、严格执法、严守禁令的“三严”警示教育和社会主义法制理念教育。2007—2008年，开展干警执法档案建设，启动“大学习、大讨论”活动。2009年，开展“百户千名大走访”活动，即每名民警年内走访居民家庭百户以上，走访群众1000人以上。全县公安民警走访群众3000户10000人次，走访企事业单位200家次，结对帮扶困难群众25户，为群众办实事 300 件。

2010 年，开展政法干警“六个严禁”（严禁接受当事人、代理人和请托人钱物、吃请、娱乐、旅游；严禁违规使用枪支、警车及其他警用器械；严禁打骂、体罚虐待、刑讯逼供；严禁对待群众作风粗暴；严禁参与任何形式的赌博；严禁参与经营娱乐场所或为非法经营活动提供保护）专项治理，整治警车使用。是年，在全省公众安全感测评中，政法队伍总体形象评价居湘西州第二位。

第二章 公 安

1986 年，古丈县公安局有干警 64 人，全县设 6 个派出所。1996 年，全县公安干警第一次授警衔 63 人，其中二级警督 4 人，三级警督 17 人，一级警司 13 人，二级警司 14 人，三级警司 14 人，二级警员 1 人。1995—1997 年，县公安局连续三年荣获“湖南省优秀县市公安局”称号。2002—2005 年，县公安局在执法质量考核中，连续四年获全州第一、全省优秀。2004—2006 年，在省、州对县级公安机关大练兵考核中，连续三年获全州第一，其中 2004 年度名列全省第三。2006 年，被中共湖南省委、省政府授予“湖南省文明先进单位”。2009—2010 年，连续两年被湖南省公安厅评为“全省综合考评优秀公安局”。2010 年，县公安局人口与出入境办证大厅和古阳派出所户籍室被湖南省公安厅授予“全省公安文明示范窗口”称号，县交警大队和古阳派出所被湖南省公安厅授予“依法办事示范窗口”称号。是年，全局公安干警 210 人，其中辅警 57 人。公安干警共授衔 131 人，其中一级警督 6 人、二级警督 42 人、三级警督 43 人、一级警司 10 人、二级警司 23 人、三级警司 7 人。

1986—2010 年，县公安局历任局长：向功保，宋祥生，李世德，石献坤，龙群。县公安局历任政委（教导员）：向开选（教导员），汪清禄，李军，林志明，陈忠耀。

第一节 机 构

1986 年，县公安局内设办公室、政工室、政保股、刑侦股、保卫股、治安股、消防股、预审股、经保股、看守所、收审所、治安拘留所。辖古阳、罗依溪、高望界、默戎、河蓬 5 个派出所和凤滩水上派出所。

1987 年 3 月，县交通局监理站划归公安机关，6 月，成立交通警察队。1989 年，增设行政股，政工室改为政工股。

1990 年，新设法制室、户政股。同年，撤销县颁发居民身份证小组办公室，业务移交县公安局。1992 年 6 月，交通警察队更名为交通警察大队。1993 年 6 月，县交警大队划归湘西州公安局交警支队直管，升格为正科级机构。1995 年，新设通信股、行财股。消防股改为消防大队，刑侦股改为刑事侦查大队，重设政工室。是年，局监察室与局纪律检查委员会合署办公。1996 年，刑事侦查大队升格为副科级机构。经济文化保卫股改为经济文化保卫大队。同年，撤高望界派出所、凤滩水上派出所，新设高峰派出所、坪坝派出所、断龙山派出所。1997 年，撤河蓬派出所，新设城关、野竹、河西 3 个派出所。是年，新设涉税犯罪案件侦查大队，为副科级机构。1998 年，新设刑侦大队古阳中队、罗依溪中队、龙鼻嘴中队。新设警务督察队、涉税犯罪案件侦查大队。撤销预审股，预审业务归刑侦大队。

2002年，警务督察队改为警务督察室。治安股改为治安警察大队。新设国内安全保卫警察大队（简称国保大队）、经济犯罪侦查大队、科技通信计算机网络监察股、禁毒大队、巡警大队、森林分局。2004年，撤经济文化保卫大队，业务归口国内安全保卫警察大队。2005年，撤城关派出所，河西派出所更名为红石林派出所，野竹派出所更名为岩头寨派出所。

2008年，撤销户政股，业务并入治安大队。法制室改为法制大队，新设警务保障室。12月，撤经济侦查大队、禁毒大队，其业务归口刑事侦查大队。县交警大队由湘西州公安局交警支队直管划归县公安局管辖。是年，县公安局辖1个正科级机构：县交警大队，4个副科级机构：指挥中心（加挂办公室牌子）、刑事侦查大队（加挂禁毒大队牌子）、治安管理大队（加挂爆炸危险物品监管大队牌子）、国内安全保卫大队。

2010年，户政管理职能从治安大队分离，增设人口与出入境管理大队。局机关内设刑侦大队、治安大队、国保大队、指挥中心（办公室）、政治办、纪委、警务保障室、交警大队、法制大队、人口与出入境管理大队。直属机构有看守所、治安拘留所。辖古阳、断龙山、红石林、罗依溪、高峰、岩头寨、坪坝、默戎8个派出所。

第二节　治安管理

一、案件查处

1986年，结合全县“严打”整治行动，开展社会治安重点整治，全年受理治安案件158起，查处150起，案件查处率95%。治安处罚183人，其中治安警告6人、罚款34人、拘留143人。

1988年，加强治安基层基础工作，在全县13个重点乡镇派驻民警13名（每乡镇1名），建立4支乡镇治安联防队。全年查处治安案件262起。1989年，查处治安案件444起，同比上升69.5%，治安处罚430人，同比上升56人。其中拘留121人，罚款205人，警告104人。全年办理劳动教养案件10件10人。

1990年，全县185个建制村恢复建立村级治安保卫委员会（简称治保会）。是年，受理治安案件168起，查处159起。治安处罚245人，其中警告53人、罚款98人、拘留94人，罚款总额2万元。其中查处违反爆炸物品管理治安案件8起，治安拘留4人。收缴非法枪支9支，管制刀具40把。

1991年，抽调公安民警和部分单位干部43人，先后在古阳、双溪、断龙山等10个乡镇举办违法人员法制学习班12期，受教育410人。7月，对全县各村治保会人员以会代训3天，参训140人。9月，对默戎镇盘草村、坪坝乡的打架斗殴、盗窃、抢劫违法犯罪突出问题，开展专项整治。侦破刑事案件25起，治安案件61起，抓获违法犯罪人员4名，追缴赃款赃物价值3700元。是年，全县受理治安案件213起，查处158起，查获违法人员226名。治安处罚221人，其中警告73人、罚款74人、拘留74人，罚款9200元。调解各类民事纠纷139起，办理劳动教养案件13件，劳动教养16人。

1993年，在9个乡镇、5个县直单位设公安执勤室。全年受理治安案件303起，查处287起。查处各类违法人员398人，其中警告55人、罚款130人、拘留56人，罚款额3.4万元，没收财物折价8295元。办理劳动教养案件4起，送劳动教养14人。全年调解纠纷206起。1997年，受理治安案件406起，查处344起，查获违法人员808名，其中警告176人、罚款499人、拘留42人，罚款额24.6万元。

2002年，各基层派出所12名民警兼任12所中、小学法制副校长，开展学校法制辅导和安全教育。是年，开展企业、学校周边治理和集中收缴剧毒物品专项治理行动。查处涉校治安案件7起，刑事案件3起，治安处罚13人，刑事拘留4人，劳动教养2人。全年受理治安案件158起，查处136起，查获各类违法人员195名，其中治安警告14人、罚款74人、行政拘留85人，罚款额11.2万元。治安反弹得以控制。

2003年，实施“扫黄打非”“治爆缉枪”“非典防治期安保”“安全生产月”“学校周边环境整治”和“冬季严打整治”等专项行动。全年受理治安案件174起，查处145起，查处率83.3%，查处各类违法人员231人，其中警告12人，罚款112人，拘留66人，其他处罚35人，劳教5人，移送有关部门处理1人。

2005年，受理各类治安案件466起，查处462件，查处率达99.1%，查处治安案件与去年同比上升17.8%。查处各类违法人员544人，与去年同比净增57人，治安拘留119人，强制戒毒8人，劳动教养1人。调解纠纷119起。

2007年，受理各类治安案件129起，查处129起，查处率达100%。查处各类违法人员181人，治安拘留152人，强制戒毒5人，劳动教养5人。调解纠纷800起。

2010年，一手抓打击，一手抓防范。全县治安平稳。全年受理治安案件409起，查处409起，案件查处率100%。查处违法人员151人，其中治安警告33人、罚款34人、行政拘留42人。

二、危爆物品管理

1986年，清理检查全县4个爆炸物品存储点，清理整顿政法、保卫部门非军用枪支。收缴党政机关用枪7支，对公检法司及保卫干部103支配枪进行建档立卡管理。办理爆破证38本，销售烟花爆竹证24本，收缴炸药6千克、雷管300发、导火索21米。

1987年，规范政法、保卫部门非军用枪支配发范围和标准，逐人逐枪核发证件。前后3次对全县224个贮存、销售和使用爆炸物品、烟花爆竹单位和个人进行安全大检查。为确保湘西州建州三十周年州庆、国庆及中共十三大会议期间安全，开展防爆炸、防火灾、防盗窃、防破坏为主的安全大检查，收缴散失在社会的危爆物品。1989年，清理厂矿企业重点单位39个，收缴炸药4112千克，雷管7200发，导火线1605米，各种枪支6支。

1990年，以保春节、亚运会、国庆节期间安全为重点，对全县经营使用爆炸物品、烟花爆竹单位和个人进行检查整顿，检查摊点80处，没收烟花爆竹15箱80万响，收缴炸药200千克、雷管350发、导火索2500米。查处违反爆炸物品管理的治安案件8起，拘留4人。清理登记民用枪支3400支，收缴土枪9支、管制刀具40把。1991年，与劳动安全监管部门人员先后12次深入断龙山、河西等8个乡镇检查危爆物品管理使用情况，检查炸药库3个、爆破作业点34处，收缴炸药47千克、雷管251发、导火索210米，查处违反管理爆破人员11人。开展枪支清理工作，清理枪支213支。捣毁私自加工火枪地点3处，没收猎枪2支、火枪5支。

1992年，严格危险爆炸物品审批购买手续，对3个炸药库、30处爆炸作业点、172家烟花爆竹经营户进行检查，查出隐患25处，收缴炸药15千克、雷管30发、导火线100米、鞭炮13箱，对清理出的3500支火枪进行换发证和建档管理，收缴非法制造火枪6支，对全县政法和保卫系统213支非军用枪进行清理、换证和建档。1996年，抽调警力会同劳动安全监管部门人员，组织两个组15人检查全县生产、储存、销售和使用危爆物品单位，清理整顿爆破点121个，储存点5个，收缴炸药1080千克、雷管902发、导火索2030米，治安处罚6人。对全县公用枪支进行清理整顿，清理登记民用枪支3200支，端掉造枪窝点7个，收缴短火枪207支，刑事拘留2人，治安处罚7人。1999年，办理爆破员作业证119个，与45个爆炸物品使用单位签订治安责任状。全年收缴各类枪支9支，炸药100千克，雷管3600发，导火索285米，管制刀具11把。

2002年，开展“治爆缉枪”专项整治行动。收缴各类枪支4076支，其中长火枪3609支，短火枪130支，猎枪188支，仿真手枪16支、气枪123支，其他枪支10支。收缴土火炮3门，军用子弹485发，手榴弹3枚，炸药585千克，雷管2780发，导火线130米，爆竹520万响，礼花弹19个，管制刀具168把。端掉制枪窝点4个，收缴制枪工具4套，火药2千克，查处涉枪涉爆案件8起，逮捕犯罪嫌疑人17名，治安处罚5人。

2004年1月，对全县150名爆破员进行安全知识培训、签订治安管理责任状。9月中旬，在全县金融系统、重点部门、县"四大家"机关及幼儿园等38个单位进行安全检查，发现安全隐患27处，发整改通知书27份。是年，抽调警力108人次，出动车辆14台次，对县重点工程栖凤大坝、栖凤大道、古高公路改扩建工程、修建中18条村级公路、65个采石场、5处矿山开采点进行治安隐患大排查，发现安全隐患16处，治安处罚42人。2005年，查处非法使用、储存危险物品案件15起23人。2006年，收缴非法枪支50支（其中仿真六四式手枪4支，自制猎枪7支，火枪39支），子弹28发，收缴管制刀具21把。先后整治不安全隐患、违规场点45处，整改45处，依法查处违反爆炸物品案件9起，查处违法人员9人。2007年，全县收缴各类非法枪支107支，其中火枪72支、气枪16支、仿制枪19支。收缴炸药60千克、雷管183发，导火索350米。

2008年，按照"不打响、不炸响、不流失、不被盗"的安全工作目标，抓危爆物品管理。5月，召开全县涉爆单位法人代表、从业人员教育培训工作会。开展安全生产监管整治行动和安全隐患排查。对全县126家涉爆场点进行4次大检查，停业整顿18家，整治安全隐患34处，下发整改通知书35份，依法查处涉爆治安案件11起11人。2010年，依法收缴非法枪支7支，抓获涉枪犯罪嫌疑人5名。

三、特种行业管理

1986年，开展旅馆业、废旧回收业检查，落实安全措施，签订治安合同。全县从事旅馆、旧货回收、刻制业87家。其中招待所1家、国营旅社3家、集体旅社21家、个体旅社42家，床位1242张，从业人员118人；有国营印刷厂1家，个体刻制业2家，个体修理业4家，旧货回收业13家，从业人员46人。

1988年，特种行业从业人员提供线索抓获违法犯罪分子25名。对14家影剧院和13处录像厅、9处农贸市场进行检查整顿，取缔非法经营录像厅2处。1989年，清理录像放映、书刊摊点70处，收缴非法录像带2盒。清理整顿废旧物资经营商家32家，查获违法犯罪人员15人，治安处罚5人，破案5起。取缔非法收购废旧物资摊点3家，收缴铝线425千克，废钢铁150吨，农用器材和其他金属制品182件。是年，对101家旅店、招待所进行清查，整改安全隐患20处，勒令停业4家，查处案件22起30人。

1993年，清查旅店、酒家63家，发廊6家，查获卖淫嫖娼人员4人，进行治安处罚3人，罚没收入3500元，停业整顿旅店1家，治安处罚200元。1996年，清理整顿特种行业场所117处，换发证210本，整改隐患92处，取缔旅店、舞厅、卡拉OK厅、录像放映厅27家，查处治安案件16起12人，举办治安管理培训班5期。

1999年8—9月，检查全县108个公共娱乐场所，其中15处娱乐场所存在安全隐患，下发整顿通知书15份。10月，对95处公共娱乐场所的133名从业人员进行治安业务培训，发放治安业务培训合格证和上岗证。

2003年，抽调警力46人次，检查38处娱乐场所、1处桑拿室、13个集贸市场、72家旅店、3家刻字店（点）、5家影印业、13家打字复印、8家废旧收购点、1家报废汽车收购业、1家寄卖业和71处爆破场点，发现安全隐患23处，限期整改。查处违反特种行业管理规定治安案件3起3人，当场处罚违章爆破3人。清查影碟出租业14家，收缴非法光盘21张、黄色磁带27盒。

2007 年，对全县 161 家列管特种行业开展专项整治行动和安全大检查，依法查处不按行业管理规定的治安行政案件 12 起，处罚 16 人。是年，清理出租房屋 630 户，与业主签订治安责任书，录入业主及房屋信息。2008 年，抽调警力 12 人次，对 97 家列管特种行业进行检查，依法查处违反收购废旧专用器材的行政案件 7 件，处罚 7 人。查处未经公安机关许可擅自经营的行政案件 2 件，处罚 2 人，查处不按规定登记旅客身份的行政案件 15 件，处罚 15 人。

2010 年，审批、登记备案和列管行业 135 家，旅馆业 55 家，刻字印刷业 22 家、打字复印 13 家，废旧金属收购业 8 家，报废汽车收购业 1 家。开展 4 次安全大检查，整改安全隐患 21 处，依法查处未履行备案手续收购非生产性废旧金属的行政案件 9 起，处罚 9 人；擅自经营需公安机关许可的行业行政案件 3 起，处罚 3 人；不按规定登记住宿旅客信息的行政案件 15 起，处罚 15 人，未履行备案手续经营娱乐场所的行政案件 7 起，处罚 7 人，未按规定核对登记上网消费者有效身份证件的行政案件 15 起，处罚 15 人。清理出租房屋 294 间、流动人口 1089 人，签订责任书 256 份。

四、查禁赌博嫖娼

1989 年，开展查禁赌博专项行动，查获参赌人员 282 人，治安处罚 94 人。11 月，开展扫除卖淫嫖娼、制作贩卖传播淫秽物品、拐卖妇女儿童、私种吸食贩运毒品、聚众赌博和利用封建迷信骗财害人等“六害”专项行动，立案 26 起，查获参赌人员 103 人，解救被拐卖妇女儿童 19 人，逮捕案犯 14 人。

1990 年，开展除“六害”行动和“扫黄”行动，立案查处“六害”案件 101 起，查处“六害”犯罪嫌疑人 285 人。解救被拐卖妇女 11 人，收缴淫秽书籍 29 册。

1993 年 5—8 月，开展查禁卖淫嫖娼的“正风行动”。抽调警力 35 名，清查 26 个录像放映场点，查获传播淫秽录像案件 22 起，扣押淫秽录像带 439 盒，放映设备电视机 6 台、放像机 5 台。抓获播放、复制、出租淫秽录像人员 22 人，处治安罚款 12 人，罚没收入 5500 元，处治安拘留 7 人，罚款 3500 元。检查重点书刊摊点 14 处，清理书籍 5314 册，收缴黄色书刊 18 册。是年，查处卖淫嫖娼案件 4 起 8 人。

1995 年 4—7 月，开展春季“严打”整治行动，查禁取缔卖淫嫖娼和扫除“黄、赌、毒”行动，打击“三陪”（陪吃、陪跳、陪睡）活动。检查歌舞厅 6 家、电子游戏室 11 家、电影院、录像场点 23 处，查获赌博人员 95 名，收缴非法录像带 37 盒，其中淫秽带 6 盒。拆除影院包箱 5 个，查处卖淫嫖娼案件 9 起 17 人。

2000 年，开展“扫黄打非”（扫黄即清理黄色书刊、黄色音像制品及歌舞娱乐场所、服务行业的色情服务，打非即打击非法出版物）专项行动，检查录像厅 18 家次、影碟出租店 38 家次，没收淫秽光盘 52 盘。是年，开展“打拐”专项行动，解救妇女儿童 12 人，抓获犯罪嫌疑人 3 人。2003 年，查处赌博案件 3 起 16 人，收缴“开心天地”赌机 1 台，显示器 17 个、键盘 1 块，没收赌资 2200 元。

2008 年，抽调警力 35 人次，开展“扫黄禁赌”专项行动，清查整顿旅店、宾馆 200 家、公共娱乐场所 52 处。查处地下“六合彩”庄家，刑事拘留 5 人。查处出租淫秽物品、容留卖淫嫖娼违法人员 4 人。

2009 年，开展打击地下“六合彩”“聚众豪赌”和街头电子游戏赌博专项行动，端掉地下赌博窝点 8 个，抓获参赌人员 52 人，收缴赌博机 158 台。

2010 年，开展 4 次禁赌大清查行动，查处涉赌场点 3 处，集中整治 3 处，没收赌博游戏机 151 台，遏制赌博违法犯罪势头，净化社会风气。开展扫黄打非专项行动，出动警力 58 人次，清查洗浴按摩、美容美发休闲等服务场所 14 家、歌舞厅娱乐场所 12 家、旅馆 112 家、印刷业 3 家，缴获涉案物品 460 件，其中淫秽光碟 400 张，侵权盗版出版物品 60 件。

第三节　户政管理

一、户籍管理

1986年，由治安股管理户籍，办理农业户口转非农业户口，指导全县各乡镇场年度人口统计，颁发居民身份证。

1990年，户籍管理由治安股归入户政管理股。加强对常住人口、暂住人口、重点人口和流动人口管理，登记暂住人员3000人，发证率达90%，列管重点人口151人。1991年，加强常住人口、暂住人口、流动人口管理力度，登记暂住人口1205人，发证率95%，列管重点人口322人。全县完成人口基本信息微机录入4万人。

1992年，按每人交费6000元标准，办理"农转非"（农业户口转为非农业户口）"蓝印"居民户口（户口簿为蓝色）指标。1993年，全县办理"蓝印"户口4340人，"蓝印"户口收款上缴财政收款436万元。是年，查验居民身份证116917人次，在查验中发现案件线索，破获重大刑事案4件，一般刑事案22件，治安案57件，清理登记暂住人员3000人。

1996年8月，进行农村户口城市化管理。全县16个乡镇场的农业户口资料于1996年12月、1997年4月、1998年2月、1999年4月和2002年5月分五批次由乡镇人民政府移交给县公安局户政股管理。是年，全年清理暂住人口1906人，列管重点人口239人，对5个乡镇的农村户口实行城市化管理。同年，办理蓝印户口200人。

1999年，全县录入微机人口信息13.65万人，在湘西州率先建成县级人口数据库。扫瞄16周岁以上公民的人像25000人，办理户口迁移842人，办理蓝印户口"农转非"710人。清理出租房屋289户、流动人口2900人、暂住人口2386人。

2001年，户政微机人口数据库实现与省、州公安人口数据库联网，各中心派出所户籍办理实现电脑自动化办公。完成现役军人身份证附码工作。全县80%的16周岁以上公民相片录入微机，办理"农转非"39人，准迁证573人。流动人口录入微机9564人，暂住人口录入微机1531人。2003年，办理"蓝印"户口5764人，财政收费692万元。2009年，清理全县户籍信息，清理1人多户701人，应落户而未落户人口3731人，出生未上户3605人，参军复员2人，户口迁移过期或丢失6人，长期外出户口被注销118人，户口应注销而未注销3257人，死亡未注销3257人。

2010年，办理户口迁移332户348人，清理出租房屋294间、流动人口1089人、暂住人口699人。

二、身份证办理

1987年10月，全县始颁发居民身份证。11月，完成核对户口，照相46000人，送湖南省公安厅制证20544人，制证合格率达80%。

1990年，颁发第一代居民身段证工作基本结束。全县照相72000人，完成省下达指令性任务70955人的101.47%，送省制证71326个，完成任务的100.5%。1991年，颁发正式和临时居民身份证1300个。通过居民身份证识别，抓获违法犯罪人员30名。1993年，为3000人办理身份证，完成上级指令性任务115%，为798人办临时身份证。1994年，为4138人办理正式居民身份证，为2350人办理临时身份证，超额完成省指令性任务。

2002年，为5878人办理居民身份证。

2006年，全县开始换发第二代居民身份证。当年为17105人办理第二代居民身份证。2008年，为47606人换发第二代居民身份证，完成总任务85%。2009年，为7884人办理第二代居民身份证。

2010年，为6138人办理第二代居民身份证。

三、出入境管理

1986年，有3批6人次外国人及香港、澳门、台湾同胞入县境，户口申报率为零。

1987年，全县有1人申请出境，入境9人，均依法办理登记手续。1988年，接受申请出境和入境登记110件，其中1件出境申请因手续不全不予批准。到县旅游观光的外国人和港（香港）澳（澳门）同胞有89人，为21人回乡探亲的台湾同胞办理登记手续。

1990年，入境到古丈县人员50人，其中外国人2名、外籍华人3名、台湾同胞16名、港澳同胞29名。8月，有63人从港、台回乡，其中台湾58人、香港5人。从美国回乡1人。1991年，入境到县人员92人，比去年上升53.3%，其中外国人1人，港澳同胞63人，台湾同胞28人。入境人员中，旅游76人，探亲16人。是年，办理申请赴港澳1人，受理申请出国1人。1996年上半年，入境到县人员7人，其中台湾同胞3人，港澳同胞4人。1997年，台胞申请回县定居的有2人。是年，批准符合条件上报单程去港1人、双程去港3人。1999年，入境到县8人，其中台湾同胞1人，香港同胞5人，外国人2人。受理出国（境）20人，办理边境证931件。

2001年，办理边境通行证576件。受理出国申请2人，赴港6人次。入境到县10人，其中外国人5人、香港同胞1人、台湾同胞4人。2004年，受理因私出国申请15人次，上报批准15人次，受理居民赴港24人次，其中双程赴港17人次，单程赴港7人次，受理去香港定居2人次，受理居民去台1人次。全年接待临时入境到县人员2人次。2008年，出入境管理部门审批办理出入境68件68人。

2010年，办理护照13件，办理往来港澳通行证39件、往来台湾通行证2件。

第四节　刑事侦查

一、打击刑事犯罪

1986年，继续开展“严打”行动，从重从快打击刑事犯罪。全年立刑事案件71起，破案61起，破案率86%。抓获违法犯罪人员70人，缴获赃款及赃物折价2万元。

1989年，以“破大案、反盗窃、打抢劫、制流窜、捣团伙”为重点，抓重特大案件侦破。全年立刑事案件358起，同比上升107%，破案264起，同比上升116起，破案率为73.7%。全年抓获违法犯罪分子292名，捣毁团伙33个130人，逮捕75人，刑拘3人，劳教10人，收审252名。1990年，组织开展“铁路整治行动”“公路整治行动”“侦破大要案行动”“反盗窃行动”及“追捕逃犯行动”等“严打”专项行动。全年刑事立案381件，侦破277件（其中重大刑事案件46件，特大刑事案件1件），破案率72.7%。打掉犯罪团伙32个，瓦解成员126人，抓获各类违法犯罪人员149人（其中逃犯12人）；解救被拐妇女11人。

1991年，开展打击团伙犯罪、拐卖妇女儿童、反盗窃和追捕逃犯等行动，侦破刑事案件246件（其中重特大刑事案30件），打掉犯罪团伙43个，抓获作案人员403人，解救被拐妇女儿童22人，抓获人贩子27名，抓捕逃犯25人。10—11月，连续侦破断龙山、茄通、岩头寨3个乡耕牛被盗案6件，打掉盗耕牛犯罪团伙1个，追回耕牛12头。全年刑事立案407件，侦破311件（其中重大案件69件），抓获作案人员329名，打掉犯罪团伙85个，挽回经济损失36万元。

1993年1月9日，怀化铁路公安处古丈火车站派出所民警许厚禄在排口火车站处理一起盗窃案件时，遭犯罪嫌疑人滕某用利刃袭击，使胸、腹部多处刺伤，许在身受13处刀伤的情况下，仍与行凶犯罪嫌疑人殊死搏斗，终因伤势过重，壮烈牺牲，年仅21岁。是年，开展打击车匪路霸的“金剑”

行动、整顿交通秩序的“畅安行动”、整治卖淫嫖娼的“正风行动”和开展打击地痞地霸的整治农村社会治安专项行动。全年刑事立案325件，侦破268件，破案率82.46%。抓获各类刑事犯罪分子287人，摧毁犯罪团伙99个，瓦解成员327人。

1994年，侦破断龙山乡大龙热村王某、宋某、向某等10人团伙盗窃案，该团伙流窜于古丈、永顺、保靖三县农村，先后实施盗窃作案44起。县公安局根据报案线索，先后派出警力43人次开展侦查，9月，断龙山乡大龙热村盗窃团伙王某、宋某等5人落网。

1996年3月，成功处置古丈、吉首边界默戎镇与马颈坳镇村民之间的“2·28”重大群体性事件。全年刑事立案158件，侦破132件，破案率83.54%。1998年，开展“123”（一稳定二打击三整治）行动、“夏季严打”和“侦防百日会战”专项行动。刑事立案127起，侦破109件，破案率85.82%。其中重大刑事案件发案37起，侦破30起，特大刑事案件发案7起，侦破6起。抓获各类违法犯罪人员164名，打掉犯罪团伙26个，瓦解团伙成员104名。为国家、集体和个人挽回经济损失18.9万元。

2000年，开展网上“打拐”专项行动。抽调警力12名，组成4个专案组，先后辗转山西、浙江等6个省市，抓获在逃拐卖人口案犯53名，解救被拐妇女139人，儿童5人，抓获其他逃犯6名。全年刑事立案127件，侦破89件，破案率70.07%。抓获各类违法犯罪人员135名，刑事拘留115人，拘留转捕71人，转劳动教养11人和治安处罚6人，取保候审20人。

2004年，侦破龙某、杨某、向某等破坏、盗窃变压器系列案，经侦查，犯罪嫌疑人龙某、杨某、向某等人，自2002年起，先后在境内省道S229公路沿线破坏、盗窃变压器作案20起，先后在州内古丈、吉首、泸溪、花垣、保靖、凤凰、永顺7个县市及张家界市慈利、常德津市、贵州松桃等地盗窃变压器作案80起。11月，犯罪嫌疑人龙某、杨某、向某均被抓获归案，追回变压器60台，挽回经济损失100万元。12月，湖南经视《警界》栏目专题播报该案件侦破情况。是年，侦破梁某、张某、万某、吴某等人重大系列骗婚案。5名犯罪嫌疑人自2000年起，先后在省内汨罗、湘潭、韶山、邵阳、宁乡、浏阳、沅陵和江苏南京、浙江衢州等地利用婚姻进行诈骗，作案16起。中央电视台12套政法频道对该案进行专题播报破案情况。全年刑事立案182件，侦破139件，破案率76.37%。

2007年5月，县城发生汽车被盗案，专案组对城区收费站监控资料进行比对，发现嫌疑车辆均用“百年好合”“永结同心”等字样红纸盖住，一辆为张家界市牌照的出租车每次都与赃车前后连续出现，很快抓获此出租车夜班司机袁某。袁某交待其伙同杨某、向某等人，在湘西州、张家界市、湖北来凤和鹤峰等地作案79次，盗窃机动车79辆。2008年1月，专案组抓获犯罪嫌疑人杨某、向某、唐某、毛某等8人，该特大系列盗窃团伙被摧毁，破获案件100起，追回赃车24辆，案件涉及两省四地，涉案经济价值达421万元。

2010年，全县刑事立案255件，破案221件，破案率86.67%。刑事拘留124人，逮捕114人，移送检察机关起诉112人，取保8人。抓获各类逃犯99名。侦破现行命案4起，命案侦破率100%，实现“命案必破”目标。

二、打击吸毒贩毒

1986年，打击吸贩毒工作由刑侦大队负责。

1995年，铲除非法种植罂粟苗155株，没收罂粟果185粒、收割罂粟工具1套。

2001年，加强禁毒宣传，开展“收捕收戒”专项行动。摸清登记吸毒人员底数40人，抓获涉嫌吸食、注射、贩卖毒品嫌疑人14人，刑拘2人，强制戒毒4人，缴获海洛因4克。2002年，打击吸贩毒工作由禁毒大队负责。2003年，开展“扫毒风暴”专项行动。破获各类涉毒案件12起，打掉团伙4个，端掉吸毒窝点3个。抓获吸毒、涉毒、贩毒嫌疑人22名，强制戒毒14人，劳动教养3人，依法逮捕2人。

2008 年，禁毒大队、巡警大队和基层派出所三警联动，开展“春雷”行动。全年侦破涉毒刑事案件 9 起，查处涉毒治安案件 6 起，抓获涉毒人员 42 人。刑事拘留 1 人，强制戒毒 6 人，劳动教养 3 人，治安处罚 36 人。

2009 年，坚持“预防为主，综合治理，四禁并举”禁毒工作方针，抓住遏制毒品来源、危害和吸毒人员滋生三个环节，推进禁毒工作。全年发放禁毒宣传资料 2000 份,《中华人民共和国禁毒法》手册 1200 本，书写固定标语 200 条，悬挂横幅 3 条，更换禁毒宣传专栏 20 期，在全县 16 所中小学校开展禁毒宣传 2 次，受教育师生 1.2 万人。办理涉毒行政案件 5 起 16 人，治安拘留 3 人，罚款 13 人，社区戒毒 11 人。立刑事案件 3 起，依法逮捕 5 人。

2010 年 2 月 18 日，刑侦大队根据线索发现罗依溪镇无业人员李某有吸毒、贩毒嫌疑。3 月 24 日清晨，将嫌疑人李某抓获，当场缴获海洛因 2 克。李供认出一个涉及古丈、永顺两县的贩毒网络。为此，州公安局成立“2・18”专案组，开展侦查。专案组通过 3 个月调查，至 5 月下旬，查清以永顺人刘某为首的贩毒团伙网络。自 2009 年以来，刘某指使永顺人顾某、陈某等人多次从四川成都人黄某手中购买冰毒、麻古，通过下线层层贩毒，最终至第 8 级下线罗依溪镇人李某手中。该团伙涉及永顺、古丈、保靖、花垣、吉首五县市和省内长沙、张家界以及四川、浙江、上海等地，形成一条四川至湖南，再经湖南辐射其他相关省市的贩毒通道。5 月 31 日，案情经省公安厅禁毒总队上报公安部，公安部将此案定为目标督办案件，并及时协调四川成都警方予以支持。在省公安厅和州公安局统一指挥下，县公安局与吉首市公安局、永顺县公安局、龙山县公安局协同作战，7 月 14 日，四川毒枭周某、黄某及永顺毒贩刘某等 33 人全部被抓获归案。扣押涉毒车辆 6 台，收缴制毒工具 1 套，仿“六四”式手枪 1 支，冻结毒资 106 万元。全年破毒品刑事案件 48 起。

三、打击经济犯罪

1986 年，打击经济犯罪由县公安局刑侦大队负责。

1990 年，在内保单位新建保卫科 13 个，确定保卫专干 5 人，组建经济民警队 2 个，培训在职保卫干警业务。全县内保单位添置保险柜 108 个、报警器 64 个、安全箱 38 个，安装改置铁皮门 99 个，加固门窗围墙 448 处，购置其他安防设备工具 188 件。对 104 个县直机关、厂矿企业、学校等单位财务室进行安全整顿。1998 年，受理涉税案件线索 13 起，核查 7 起，立案 3 起，其中虚开增值税专用发票 1 起，偷税 2 起，刑拘 3 人，逮捕 1 人，取保候审 2 人。追回税款 7.28 万元，罚款 1.8 万元。

1999 年，检查金融和邮政营业网点 31 个、金库 16 个、运钞车 4 辆，整改隐患 34 处，更新改造营业网点 2 个，金库 1 个，新安装报警器 7 台，4 台运钞车安装防弹玻璃。

2001 年，以打击“偷税、抗税和虚开增值税专用发票”为重点，严厉打击各类涉税违法犯罪活动，维护全县税收征管秩序。受理各类涉税案件线索 16 起，初查 14 起，立案侦查 1 起，破案 1 起，追缴税款 25.6 万元。2003 年，受理经济案件线索 6 起，立案 2 起，结案 2 起，抓获犯罪嫌疑人 2 名，挽回经济损失 10 万元。

2008 年 8 月，立案侦查顺杰锰业有限责任公司非法集资。9 月，抽调警力 12 名，多次赴吉首、张家界、长沙、北京、厦门、海南等地，走访查证 324 人，形成查证材料 343 份。查明县顺杰锰业有限公司自 2004 年起，至 2008 年 8 月，以月利率 5% ~ 20%，向社会公众 268 人非法集资 2848.45 万元。公司仅清偿本金 987 万元，尚有本金 1800 万元无法偿还。2009 年 1 月，古丈顺杰锰业公司法人代表、董事长李某、总经理罗某、副经理周某等人涉嫌非法吸收公众存款被刑事拘留。追回债款 20 万元、赃款 180 万元、息款 3.8 万元，集资户清退比例 51.82%。

2010 年，先后开展“打击传销专项行动”“打击银行卡犯罪专项行动”和“打击信用卡犯罪、假发票犯罪行动”。办理经济犯罪案件 3 起，破获 3 起，抓获犯罪嫌疑人 3 人，挽回经济损失 7.1 万元。

四、打击信息网络犯罪

1995 年，县公安局设立通信股，主要负责指导、检查全县公安机关有线、无线通信网络建设、安全维护，传递公安信息，做好保密工作。

1996 年，建立“110”报警服务台。2002 年，撤销通信股，新设科技通信计算机网络监察股。5 月至 7 月，开展互联网有害信息专项清理整治。检查全县 35 家网吧，要求提供电子邮件和短信息服务单位限期落实电子邮件、短信息发送和有害信息过滤措施，督促“网吧”完成安全管理软件安装。信息服务、接入服务单位和“网吧”签订网络安全责任书。

2003 年，筹备三级、四级网络计算机应用信息系统公安专网接入。11—12 月，整顿学校周边网吧经营秩序，责令学校周边 200 米以内电脑书屋、帅城、蓝天 3 家网吧停业，梅子、千年网吧迁址经营。与全县 35 个网吧业主签订安全生产责任状。进行 3 次网吧清理，发现隐患 25 处，下发限期整改通知书 15 份，督促整改 10 处。

2004 年，开展金盾（一期）工程，完成机关局域网建设并接入公安主干网，推进基层所队以数字专线方式接入公安主干网。5 月，全县网吧实行“实名制”上网管理，安装刷卡机，控制未成年人上网。2006 年，购置核心网络交换机 1 台和后备电源 USP，实现基层接入网覆盖率 100%，各项业务软件系统接入终端设备。8 月，启动全县所有网吧安全管理软件升级安装。

2007 年 4 月，完成城区 20 家网吧安全管理软件 IC 卡实名系统安装，实行 IC 卡实名登记上网管理。4—9 月，开展打击网络淫秽色情专项行动，规范互联网违法信息巡查处置，加强网吧及网络游戏管理。8 月，开展“公安信息网络安全百日宣传活动”。注册登记、安全审核接入公安网 40 台计算机，专门确定公安网安全负责人和系统维护人，严禁“一机两用”，检查公安网应用保密工作。开展防范“法轮功”等邪教组织利用互联网进行捣乱破坏专项行动。2008 年，县公安局 110、119、122 报警台进行整合，建成公安信息、控制、通信和指挥综合智能管理辅助系统。3 月至 6 月，全县网吧安装视频监控系统，城区网吧安装率达 100%。12 月，完成三级网络提速 100M，新、旧线路 VLAN 划分。

2009 年，县公安局机关、看守所、拘留所公安网并网达到 100M，古阳、罗依溪、默戎、坪坝、岩头寨、高峰、断龙山、红石林 8 个乡镇派出所、交警大队网络升级达到 10M。为全县 135 名 55 周岁以下民警（含交警）配备数字证书。完成警务平台建设与应用，开展计算机基本知识和技能培训及网上执法办案业务培训。进行城区和乡镇网吧二代身份证实名刷卡安装。

2010 年，培训网吧从业人员。对县公安局的计算机移动存储介质，进行使用人员登记备案。

第五节　预审看守

一、预审

1986 年，受理各类刑事案件 27 件 36 人，接转上年案件 2 件 2 人，其中报捕 20 人，批捕 20 人（其中刑事拘留转捕 5 人），批捕和转捕率 100%。直诉 6 人、免诉 9 人、退侦 2 件 2 人，作其他处理 1 件 1 人。办案审结率为 100%，及时率 77.8%，退查率为 3%，准确率为 100%。

1988 年，预审受理初审案件 35 件 66 人。刑拘案件 8 件 9 人，提请批准逮捕 34 件 55 人。

1991 年，预审受理各类刑事案件 67 起，审结率达 98%。全年逮捕人犯 101 名，刑事拘留 24 名，依法收容审查 138 人。

1994 年，受理各类刑事案件 86 件 179 人，审结 73 件 150 人，批捕 51 件 130 人，移送起诉 51

起 120 人。

1998 年，改革侦查、预审体制，实行立案、侦查、审讯、提请逮捕、送起诉一体化。预审股并入刑侦大队。

二、看守

1986 年，动工修建古丈县看守所。

1987 年，收押人员 122 人，投入劳动改造 15 人，劳动教养 3 人，刑满释放 6 人，转外地处理 9 人，取保候审 9 人，治安处罚 6 人，免予起诉 3 人，解除收审 39 人。年末在押 32 人。检查监室 12 次，组织在押人员学习 10 次，会同办案单位、在押人员家属对在押人员开展归劝教育 350 人次。

1989 年，建成监狱、监所民警住房、审讯室、内外围墙和武装警察中队营房及厨房，并投入使用。同年，开展监所“百日安全”竞赛活动。全年收押人员 391 人，投入劳动改造 39 人，劳动教养 10 人，刑满释放 14 人，免诉释放 13 人，取保候审 62 人，解除收审 62 人，转治安处罚 41 人，脱逃 1 人，其他处理 41 人，年末在押 148 人。提审教育在押人员 290 人次。发现安全隐患 10 处，事故苗头 15 起。

1990 年，公、检、法、司“四长”给在押人员上法制课 4 场次。全年收押人犯 121 人，关押收审人员 174 人。1991 年，开展打击“牢头狱霸”专项行动，对在押人员进行打击“牢头狱霸”法律政策教育，在押人员写心得 37 份，检举他人犯罪线索 16 条，揭发“牢头狱霸”线索 8 条，重大抢劫团伙主犯任某以抢劫和充当“牢头狱霸”被判处无期徒刑。

1994 年，组织在押人员开展劳动创收，采摘茶叶、饲养生猪、办水泥砖厂和承包小型工程，收入 3.65 万元。劳动创收用于改善在押人员生活，部分用于修建凉亭、洗澡室、大门、值班室、公路、会见室和堡坎等。是年，州公安局在古丈召开“两所”（拘留所、看守所）安全管理现场会，推介古丈管理经验。1996 年，实行监管人员对所押人员开展“包教育、包管理、包安全”的三包责任制。

2001 年，收押人员 280 人，投劳（投入劳动）服刑 69 人，刑满释放 45 人，劳动教养 17 人，缓刑释放 10 人，取保候审 22 人，其他处理 26 人，年末在押 91 人。2004 年，排查各类事故隐患 18 处，提审在押人员谈话教育 760 人次，提供案件线索破获入室盗窃案 1 起。收押 214 人，投劳服刑 40 人，刑满释放 25 人，其他处理 48 人，年末扣押 99 人。2006 年，脱逃 2 起 2 人，抓获归案 1 人。2008 年，收押人员 219 人，投劳服刑 22 人，刑满释放 27 人，取保候审 52 人，其他处理 33 人，年末在押 84 人。2009 年，收押人员 285 人，投劳服刑 36 人，刑满释放 41 人，缓刑释放 29 人，取保候审 42 人，临时羁押 11 人，其他处理 39 人，年末在押 87 人。

2010 年，收押 189 人。投劳 24 人，刑满释放 33 人，取保候审 44 人，其他处理 72 人，年末在押 96 人。无事故发生。

第六节　交通安全管理

1986 年，县交通局监理站负责交通安全管理。全年发生交通事故 7 起，死 2 人，伤 10 人。

1987 年，公安交警大队负责交通安全管理。全县宣传贯彻《中华人民共和国道路交通安全条例》，整治城乡道路交通秩序。清除占道违章建筑 139 处、摊点 276 个，查处交通违章行为 2491 起。全年发生交通事故 11 起，伤 25 人，直接经济损失 7400 元。

1991 年，举办机动车驾驶员统一考试和职业道德教育培训，受训率 100%。全县机动车集中检测，检车率98.4%。清除违章占道经营建筑7家，58家占道摊点按规定进行整改。查处交通违章2452起。全年发生一般以上交通事故8起，死亡3人，伤9人，直接经济损失5500元。1994年，开展“百日交通安全宣传教育活动”“整顿城镇交通秩序夏季攻势”，交警与工商、城建、交通、公路、农机部门配合，拆迁路边棚架和简易房110处，摊点420个。全年发生一般以上交通事故62起，死亡4人，伤32人，直接经济损失87197元。1995年，发生一般以上交通事故27起，死亡10人，伤48人，直接经济损失34700元，年度交通事故死亡人数首次上升至2位数。

2000年，开展整顿“慢慢游”三轮车载客、违章占道清理、交通安全百日竞赛、交通安全月活动等行动，查处交通违章行为1498起。全年发生一般以上交通事故9起，死亡3人，伤10人，直接经济损失24800元。2001年，开通122交通事故投诉电话。2002年，由于省道S229线全线贯通，来往车辆增多，交通事故大幅上升。9月13日，在双溪乡路段发生特大交通事故，造成16人死亡，其中学生13人。全年发生一般以上交通事故42起，死亡20人，伤77人，直接经济损失22万元。查处交通违章行为2500起，查扣违章载人农用车、拖拉机45台，对农用车、拖拉机违章载人行为一律给予2000元以上的上限处罚。2003年，查处各类交通违章3200起。全年发生交通事故47起，特大事故1起，重大事故10起，死15人，伤41人，直接经济损失19.2万元。侦破交通肇事案件3起，逮捕1人，起诉3人。

2005年，推行干警管车制，综合治理车辆超速超载，开展摩托车交通安全专项整治、预防事故百日竞赛活动。全年查处交通违法4775起，强制拆除非公路标志牌15块，取缔非法加水点12处，铲除非法砖棚2处，清除路障46处，检查渡口13处、渡船14艘、客运船舶38艘次，签订安全责任状45份。2007年，查处交通违法行为12000起，其中超速7737起，非客运车辆违法载客63起，客车超员226起，无牌无证摩托车275起，行政拘留无照驾车人员8名。全年发生一般以上交通事故20起，死亡10人，伤53人，直接经济损失23.38万元。2008年，对300台变形拖拉机、85台盘式拖拉机及78名拖拉机驾驶员进行档案清理和重新造册，推行户籍化管理。落实配套资金5万元，更新改造10艘乡镇渡船。全年查处各类交通违法行为9398起，刑事拘留5人，追究肇事驾驶员刑事责任2人。办理机动车驾驶证283本，输入体检记录926份。新车入户204辆，检验机动车63台。全县发生道路交通事故246起，其中简易事故5起，一般事故20起，死亡9人，伤27人，直接经济损失14.3万元。2009年，开展“安全乘坐车辆”“农村法制宣传月”“酒驾劝导”“交通应急管理”等主题宣传活动。全年出动警力1860人次，检查车辆29260台次，教育违法人员8712人次，查处违法行为15236起，处理6976起，其中无牌无证、超员、违法载人等行为487起，酒后驾驶17起，行政拘留3人。全年发生交通事故311起，死20人，伤108人，直接经济损失4.9万元。

2010年，结合春运工作开展道路交通安全专项整治活动，实现春运期间人员零死亡。检查各类车辆15430辆，查处交通违法行为6133起，治安拘留11人。全年发生交通事故342起，死7人，伤21人，经济损失11.5万元。

第七节　政治保卫

1986年，取缔“荷花同盟”非法集团组织，教育成员32人。

1988年，抓反革命案件线索查证和查破，收审3人。1992年，取缔“双狮会”非法组织。

1993年，内部单位发生刑事案件4起，查处4处，收审作案人员6名，挽回经济损失14.3万元。全县保卫组织增加23个，保卫人员增至240人，门卫值班人员15人，专职治安巡逻队4支、14人。

2000年，调查清理社会气功组织，全县有中功组织成员925人，空悟功6人，香功11人。

2003年，打击、取缔“门徒会”邪教组织3个，劳动教养2人，治安处罚2人。检查内部单位20个、金融部门4个、金融网点27个，发现隐患10处，整改10处。2004年，邪教组织“门徒会”活动涉及全县12个乡镇，参与活动者122人。是年，取缔“门徒会”执教点3个，收缴“门徒会”邪教组织“红十字”旗12面，治安拘留6人。

2005年，开展“崇尚科学、关爱家庭、珍惜生命、反对邪教”“拒绝邪教进校园”主题宣传活动。取缔“门徒会”组织聚会窝点12处，侦破“门徒会”邪教组织案件5起，处理“门徒会”非法活动骨干25人，其中治安拘留12人，警告6人。

2007年，发放反邪教警示教育宣传资料2万份，悬挂横幅14条，粘贴标语250张，播放反邪教警示教育光碟14场次，开展反邪教知识问答14场次。取缔“门徒会”组织活动窝点2个，抓获成员13人，行政处罚骨干分子10人。

2008年，“门徒会”邪教组织在坪坝乡溪口村活动频繁，专案组通过走访和调查取证，依法将两名骨干分子张某英（54岁，溪口村人）和张某珍（58岁，泸溪县潭溪镇人）刑事拘留，向某华等3名骨干被行政拘留，收缴“门徒会”邪教组织红十字旗3面，传教磁带5盒，手抄本和其他邪教资料20份。全县清查出“门徒会”等邪教人员及“三无”人员（无身份证、无暂居证、无用工证明）27名。破获利用邪教致人死亡案1起，抓获嫌疑人2名，

2009年，教育“门徒会”邪教组织成员13名，其中治安拘留2人。妥善处置湘西非法集资事件，全县268名参与非法集资人员落实“一帮一”稳控措施。全年执行警卫任务2次。

2010年，教育“门徒会”邪教组织成员21名，其中治安拘留3人，劳动教养2人。在红石林镇龙天坪村收缴“法轮功”邪教组织宣传单14份，小册子6本，光碟4套6张。

第八节 森林公安

一、工作机构

1985年2月，县公安局林业治安股改为县林业局公安股，增设罗依溪林业派出所和默戎林业派出所，仍属公安序列，实行县公安局、县林业局双重领导，人员、经费、编制归属县林业局，业务以县公安局管理为主。1998年11月，由高望界国有林场管理的高望界林业派出所收归县林业局公安股管理。

2001年，省机构编制委员会、省林业厅、省公安厅发出《关于全省林业机构更名的通知》，将林业公安局更名为森林公安局。2002年，县林业公安股升级为县森林公安分局（副科级），内设文秘政工股、刑侦治安大队、森林消防股、法制办公室，辖高望界、罗依溪、默戎3个森林公安派出所。2008年11月，县林业局森林公安分局更名为县森林公安局，内设机构不变，为副科级单位。2010年，县森林公安局有民警21人。

二、打击林区违法犯罪

1986年，立林业刑事案件14起，破14起，挽回损失1.5万元。

1989年，侦破林业案件67起，其中刑事案件5起，治安案件15起，林政案件47起。

1992年，查处林业行政案件159起，处罚违法人员159人次，没收、征收木材200立方米。侦破治安案件6起，治安拘留5人，警告1人。立森林火灾案件20起，查处15起。

1994年，侦破林业刑事案件11起，逮捕8人；查处林政案件42起，没收木材150立方米。6月，吉首市马颈坳镇团结村的村民用石块袭击龙鼻嘴木材检查站工作人员，默戎林业派出所民警依法鸣枪

制止，致伤不法分子，引发团结村上百人围袭检查站，县内武警、公安、司法干警前往驻勤维持秩序。1995年2月，坪坝乡榔木村发生群众性盗伐集体林木事件。全村有45户农户参与盗伐林木，共盗伐马尾松1286株，材积141立方米。林业公安股集中默戎、罗依溪两所警力，驻村侦查案件，立案6起，追究刑事责任6人。年底，在默戎镇召开古丈县涉林犯罪专场公捕公判大会，公捕公判6人。全年共破林业刑事案件18起，治安案件6起，查处林业行政案件177起，没收木材260立方米。

1998年，侦破林业刑事案件27起，逮捕18人；治安案件34起，治安拘留13人，治安警告3人，治安罚款34人；查处林业行政案件32起，行政处罚34人，没收木材96立方米。10—11月，林业局开展毁林违法犯罪集中整治，林业公安集中警力，对酉水河沿线和龙鼻、坪坝等地进行重点清查。

2000年8—10月，查处高峰乡各村办林场乱砍林木问题，重点打击河蓬乡官坪村部分村民盗伐河蓬乡林场林木的犯罪活动。是年，没收并放回大自然的一级保护动物游隼1只，二级保护动物锦鸡1只，竹鸡6只，岩蛙青蛙400只，蛇400条。全年侦破林业刑事案件15起，林业治安案件26起，查处林政案件298起。

2005年1—5月，县森林公安分局刑侦治安大队和高望界林业派出所侦破1起团伙盗窃古树案，该盗窃团伙在古丈、永顺、沅陵、吉首4县市流窜作案，盗窃古树案值达9.6万元。是年，全年侦破林业刑事案件16起，林业治安案件9起，查处林政案件179起，没收木材286立方米。

2008年，侦破林业刑事案件12起，刑事拘留3人，逮捕8人。查处林业行政案件98起，处罚128人，没收木材312立方米，收缴野生动物131只。8月，侦破岩头寨村毁林开矿非法占用林地案，犯罪嫌疑人在岩头寨镇岩头寨村凤凰坡（小地名）毁林开矿非法占用林地，依法追究刑事责任4人。10月，侦破湘西州首例非法收购国家重点保护动物案，逮捕3人，收缴国家二级保护动物小灵猫1只。

2010年2—4月，开展“火案二号”专项行动，进行防火宣传和森林火灾案件查处。立林业刑事案件16起，破案15起；查处林业行政案件132起，林业行政处罚134人，收缴木材250立方米。

第九节 “110”接警

1997年，县公安局成立“110”报警服务中心，建立快速运作机制。1998年，“110”接处警112起，其中刑事案件43起，治安案件64起，其他5起，接警准确率、处警及时率分别为88%和98%。

2000年，通过公开招聘，从大中专毕业生和退伍军人中录用辅助警察10人，在湘西州率先组建辅助警察队伍。辅警实行统一着装，全天24小时巡逻。公安部纪检书记祝春林肯定了古丈县设立辅助警察的做法，并向全州推介。“110”、巡警全年接警358起，处警354起，其中违法犯罪案件182起，其他172起，接警准确率、处警及时率均达95%。

2004年，接受群众报案报警1694起，处警率达100%。出动警力7919人次，车辆3441台次，船只32艘次。调解纠纷164起，救助伤员群众517次568人。

2007年，接受群众报案报警1918起，处警1918起，处警率100%。出动警力11174人次，车辆4131台次，船只50艘次。调解纠纷800起，救助伤员群众731次731人。

2010年，接警1520起，处警1520起。出动警力6564人次，调解纠纷296起，救助伤员群众212次268人。

1986—2010 年古丈县公安工作情况一览表

表 9-1

年份	刑事案件（件）					治安案件（件）			处理交通事故	
	立案	破案		其中当年杀人案		受理	查处			
		破案数	破案效率	发案数	破案		查处数	查处效率	事故数（件）	死亡人数（人）
1986	71	61	85.9%	1	1	158	150	94.9%	—	—
1987	80	70	87.5%	3	3	—	—	—	11	0
1988	173	148	85.5%	4	4	—	—	—	13	3
1989	335	264	78.8%	3	3	—	—	—	7	4
1990	381	277	72.7%	8	8	168	159	94.6%	6	2
1991	407	311	76.4%	9	9	213	158	74.2%	8	3
1992	325	268	82.5%	4	4	179	151	84.4%	12	3
1993	325	268	82.5%	12	11	303	287	94.7%	12	4
1994	276	219	79.3%	13	12	208	198	95.2%	22	2
1995	227	192	84.6%	8	8	217	210	96.8%	27	10
1996	158	132	83.5%	4	3	317	310	97.8%	29	4
1997	158	119	75.3%	7	7	406	344	84.7%	25	2
1998	127	109	85.8%	9	9	327	283	86.5%	23	5
1999	142	102	71.8%	4	4	220	183	83.2%	29	6
2000	127	89	70.1%	2	1	251	225	89.6%	9	3
2001	—	—	—	0	0	—	—	—	29	7
2002	137	85	62.0%	1	1	158	136	86.1%	42	20
2003	128	67	52.3%	5	5	168	138	82.1%	43	14
2004	182	139	76.4%	5	6	413	402	97.3%	24	17
2005	211	273	129.4%	6	7	466	462	99.1%	19	9
2006	206	250	121.4%	2	2	167	165	98.8%	23	11
2007	148	259	175.0%	1	1	88	88	100%	20	10
2008	229	240	104.8%	2	2	359	306	85.2%	17	9
2009	208	277	133.2%	6	5	420	418	99.5%	21	14
2010	255	221	86.7%	2	2	409	409	100%	6	7

第十节 消 防

一、机构

1983 年 1 月，消防大队纳入人民武装警察序列，转为现役军人。1986 年 5 月，消防大队干部编制及任免权收归湖南省武警消防总队。2003 年 5 月，古丈县消防中队成立，隶属古丈县消防大队。2008 年，古丈县消防应急救援大队成立。至 2010 年，县消防大队被授予州级、省级青年文明号，多次被评为先进集体、先进基层党组织等，官兵中荣立二等功2人，荣立三等功26人次，30人受到各级嘉奖。

1986—2010年，县消防大队扑救火灾15起，抢险救援280起，挽救国家及人民群众财产损失2.1亿元。

1997—2010年，历任古丈县消防大队大队长：彭承凤、李小兵、张岸慧、王平、刘真。1997—2010年，历任县消防大队教导员：熊前征、朱学军、覃毅辉、王平。2003—2010年，历任县消防中队中队长：王平、谭武（副中队长主持工作）、周玉刚（副中队长主持工作）、蒋兴东、高新虎。2006—2010年，历任县消防中队指导员：赖启明（副指导员，主持工作）、谭武、童杰。

二、救灾抢险

1986年，全县有消防水池15个，消防机动泵7台，干粉灭火机400部，还备有水枪、铁桶、沙包等其他消防设施。2000年，古丈县消防大队购置消防车1辆，组建灭火班，结束古丈县靠人力和普通工具灭火历史。2002年，修建县消防大队营房，新添消防车1辆。2004年，县消防大队接警出动35次，扑救火灾10起，抢险救援3次，参加社会保卫2次，社会救助11次，挽回经济损失100万元。

2005年，县消防大队接警出动25次，抢救遇险人员2人，抢救财产价值180万元。12月，县消防大队新添消防车1辆，至此，大队配备消防车3辆，达到普通消防站车辆配备标准。2007年，大队配备抢险救援装备，保证新时期消防部队灭火和抢险救援的需要。2008年，县消防应急救援大队成立后，为不断增强灭火抢险战斗力，围绕“打得赢”目标，突出“练为战”训练思想，加强对辖区重点单位的灭火演练，提高部队灭火作战能力。

2009年10月22日13时，县消防大队值班室接到岩头寨镇烂泥田锰矿洞内透水报警，2人被困洞内。大队组织7名官兵和1辆抢险救援车火速赶往事故现场，调来机动泵和5台大功率潜水泵，对矿洞进行排水。经过持续奋战，铺设水带900米，来回进洞搜寻及水带维护60人次，排水1000立方米，人力运送救援物资1200千克。经持续两昼夜救援，排除险情，安全救出被困人员。

2010年5月28日零时，默戎镇龙鼻嘴村一民宅发生火灾，并有向临边扩展的危险。大队出动2辆消防车及13名指战员赶赴现场实施灭火。到达现场后，指战员携带两台机动泵、水带、水枪、吸水管等器材深入火灾现场，占据水源，连接吸水管、机动泵、水带、水枪，将两台机动泵开足马力，一支水枪阻止火势蔓延，另一支水枪对起火部位进行全面控制。经过消防官兵2小时奋战，大火被完全扑灭。

三、消防监督

1987年3月，在林业部门配合下，消防大队出动消防宣传车14台次，深入乡、镇、场村巡回宣传防火知识，印发防火宣传资料3700份，发至农户。4月18日，县委副书记、县长田志海带领县公安局长、消防股长深入火灾隐患大的罗依溪纸厂进行检查，解决消防资金3000元。11月，对全县防火组织及人员进行调整，确定县直单位及乡镇场防火负责人62名，乡镇场直单位及村防火负责人245名。对全县250个50户以上的自然村寨选配专（兼）职防火员。同年元旦、春节、劳动节、国庆节期间，组织防火检查组27个104人，对227个单位和重点部位进行检查，发现安全隐患436处，其中重大隐患3处，下整改通知书10份。

1989年，与县广播站联合举办“公安消防”和“消防安全宣传周”专题宣传活动，播出时间126天。在元旦、春节、五一、国庆节及冬防安全检查期间，组织检查组54个180人次，先后检查单位和重点部位438个，发现安全隐患1124处，整改1008处，对重大隐患发整改通知书8份。5月，检查油库8个，县汽车站油库有重大安全隐患，两次通知整改无效，进行查封。州驻罗依溪贮木场油库选址不当，采取强制搬迁措施。5月1—15日，对全县20个单位54处静电接电和避雷装置进行检测，发现安全隐患22处并令其进行整改。8月12—13日，对县民贸二局19支义务消防队进行两天训练。9月15—17日，对县石油公司义务消防队进行3天培训。同时，全县新建31支义务消防队伍。

1991年，为落实省政府防火安全委员会关于做好“十大火险隐患排查”工作精神，6月18日至8月7日，在全县开展检查整顿。检查27个单位，发现安全隐患120处，分别下发《重大火险隐患整改通知书》。

1993年5—9月，检查存放化学危险物品40处。对不符合防火规定的1个内部单位油库、3个加油点予以取缔。对5个加油站、20个加油点、13个易燃易爆销售贮存点、2个液化气经营点发放许可证。对县农机公司河西加油站罚款200元。在元旦、春节、五一、国庆期间，先后组织检查组6个，安全检查6次，在110个单位和部位发现隐患571处，其中监督整改501处。审核建筑项目22个，提出改进意见169条，验收项目7个，提出改进意见104条。

1994年7月26—28日，对县城7家歌舞厅、2家电影院、9个重点单位、198个部位进行检查，发现安全隐患54处，及时整改42处。10—11月，对消防列管的30个重点单位，进行消防重点检查，其中28个单位合格，颁发合格证，并进行表彰。11月3—9日，在全县开展消防安全周活动。县广播电视台播放省政府《关于加强消防工作的通告》，播放消防主题片《都市火劫》。是年，审核建筑项目18个，面积34000平方米，提出消防整改意见324条；验收工程12个，提出改进意见21条。对不按消防规定装修的县文化馆舞厅给予1000元罚款。

2002年，消防大队确立61个消防安全重点单位和2个试点单位。取缔不符合消防安全加油点3家，卡拉OK厅1家，处罚美容美发厅3家。在县城增设室外消火栓20个。

2003年1月22—28日、3月1—6日、4月20—29日和9月27—29日，分别组织4次以县城为重点的消防安全大检查，检查消防列管重点单位60家、公共娱乐场所80处，加油站（点）3处、液化气销售点3家，下发责令限期整改通知书32份，现场整改通知书2份，行政处罚18起，罚款10000元。

2004年3月，县消防大队检查组6人对全县建筑工程进行重点检查，检查单位90个，查出违章建筑工程1个，发现火灾隐患30处，下发责令整改通知书36份，对5家经复查未按要求整改单位罚款12500元。

2005年，县消防大队检查防火重点部位216个，发现火灾隐患178处，行政处罚20起，罚款4500元，警告14人。“11·9”消防宣传周期间，组织单位办宣传板报16块，悬挂横幅21条，下发宣传资料2000份。

2006年5月，对建筑工程进行专项整治，检查单位103个，发现违法建筑工程4个，火灾隐患60处，督促进行整改。是年，以古阳派出所为试点，全面推进全县基层派出所三级消防监督管理，在古阳镇树栖柯村创办农村自然村寨消防安全试点，配给消防战斗服8套、水带100米、水枪2支和安装室外消火栓6个，并制定村民防火公约。是年，全县组织消防检查组20个，检查单位和重点部位80个，发现火灾隐患100处，发限期改正通知书38份，督促整改90处，下发复查意见书36份。开业前消防安全检查6家，重新开业3家，警告4人，罚款3500元。审核建筑项目6个，验收项目1个。

2007年，全县组织消防检查组20个，检查单位62个，发现火灾隐患73处，督促整改49处，责令停产停业3家，警告1人。

2008年，利用乡镇赶集机会，给群众开展消防知识宣传，发放宣传资料10000份，宣传农村家庭用火用电安全知识，做到消防安全知识进万家。是年，消防出警20次，下发消防限期整改通知书37份，复查意见书33份，建审项目15个，验收项目5个，对4个公共场所进行开业前消防安全检查。

2009年，消防出警20次，检查消防安全重点单位42个，公共娱乐场所80处，加油站点28处，液化气销售、充装站点4处，公安行政处罚立案11件，发限期整改通知书41份，复查意见书39份，建审项目3个，验收项目1个。

2010年，以推进“防火墙”工程为契机，组织消防监督检查组检查各类单位160个，责令改正火灾隐患和消防违法行为202处，下发《责令改正通知书》94份，责令停产、停业6家，临时查封9处，罚款14.6万元，拘留5人。

2009—2010年，县消防大队组织人员密集性场所从业人员参加消防安全管理培训300人次，培训社会单位60家，做到单位员工会检查火灾隐患、会扑救初期火灾、会疏散逃生、会组织培训。

第三章　检　察

1986年，古丈县人民检察院坚持“严打”方针，从重从快打击刑事犯罪和经济犯罪。2001年，对重特大案件适时介入侦查，推行审查逮捕方式改革，强化主诉检察官办案责任制。2008年，运用相对不起诉制度，在检察环节体现刑罚轻缓化，运用刑事和解司法政策处理轻微刑事案件。

1986—2010年，受理各类提请批准（决定）逮捕犯罪嫌疑人2474人，审查后批准逮捕2208人。受理各类移送审查起诉案件犯罪嫌疑人2531人，审查后提起公诉1990人，移送上级院起诉177人。立案监督31件，在审查中追捕漏犯48人，追诉31人。受理各类经济案件线索502件570人，初查后立案121件147人，为国家和集体挽回经济损失880.77万元。受理各类渎职犯罪案件156件，初查后立案查处30件。

2000年，县人民检察院被评为湖南省检察机关基层建设“五好检察院”。2002年，被评为全省“先进检察院”。2009年4月，检察员龙希万获得湖南省第十一届“五四”青年奖。

1986—2010年，县人民检察院历任检察长：龙清森，张安生，杨昌和，李卫国，陶燕飞，麻宗福。

第一节　机　构

1986年，县人民检察院设办公室、政工股、刑事检察一股、刑事检察二股、法纪检察股、监所检察股。全院干警23人。

1987年4月，设控告申诉检察股。1993年3月，设民事行政检察股和技术检察股。1994年12月，经济检察股更名为反贪污贿赂局。1997年，法纪检察股更名为渎职犯罪侦查局。

2010年，县人民检察院设办公室、纪检监察室、政工科、侦查监督科、公诉科、监所检察科、控告申诉检察科、民事行政检察科、检察技术科、职务犯罪预防科、反贪污贿赂局、反渎职侵权局、法警队。全院有干警39人。

第二节　反贪污贿赂

1986年，受理贪污案件线索12件16人，立案6件9人，逮捕人犯3名。办结3件，其中提起公诉1件，免诉1件，撤案1件，为国家、集体挽回经济损失31303元。

1989年8月，最高人民法院、最高人民检察院联合发布《关于贪污、受贿、投机倒把等犯罪分子必须在限期内自首坦白的通知》。在《通告》规定期限内（8月15日至10月31日），受理举报经济犯罪线索42起56人，自首17人，退赃4.9万元；19人坦白，退赃8.7万元。全年受理经济案线索120件135人，查处线索74件88人，立案侦查18件26人，其中贪污案10件14人，受贿案2件3人，偷税案4件5人，挪用公款案1件1人，投机倒把案1件3人。办结案件17件23人，其中免予起诉16件22人，撤案1件1人。为国家、集体挽回经济损失24.2万元。

1993年，受理线索24件27人，立案10件12人，逮捕8人，侦查终结5件6人，为国家挽回经济损失20万元。坚持大要案优先调查原则。当年查办大案4件，其中茄通信用合作社原负责人龙某贪污5万元案，是中华人民共和国成立以来全县最大贪污案。

1996年，重点查处“三机关一部门”（党政机关、司法机关、行政执法机关和经济管理部门）案件。受理各类经济案件线索55件59人。经初查立案10件13人，其中，贪污案6件7人，抗税案1件3人，挪用公款案3件3人。查处科级干部贪污案件2件3人，依法提起公诉2件2人。为国家、集体挽回、经济损失109万元。在查处县农业局原局长胡某、副局长朱某贪污犯罪案件时，深挖出县蚕桑办主任刘某贪污案、县农业局城关农技站站长田某贪污案和县物价局物价事务所所长钱某挪用公款案。

2000年，执行湘西州中级人民检察院提出“一年两熟制”：自侦案件实现当年立案、当年起诉、当年判决；5月份以前先起诉判决一批，9月份再起诉判决一批，年终全部结案。县检察院落实“谁主办、谁负责”自侦案件办理督查机制，确保案件快侦快结快诉快判。全年受理贪污贿赂案件线索15件15人，初查后立案侦查6件6人，其中正科级干部4件4人，大案1件1人，为国家挽回经济损失20万元。2件获得湘西州检察系统查办职务犯罪案件“快案奖”。

2005年，采取举报奖励措施，发挥主观能动性深挖案源。受理各类经济案件线索10件11人，初查8件9人，经初查立案4件5人，其中涉嫌私分国有资产案件1件2人，贪污案件3件3人，为国家挽回经济损失178万元（包括协助州检察院追赃115万元）。

2007年，受理各类经济案件线索9件8人，经初查立案3件3人，其中涉嫌贪污案件1件1人，涉嫌受贿案1件1人，涉嫌行贿案件1件1人，为国家挽回直接经济损失57.3万元。查处正科级干部2人，政协委员1人。5万元以上大案3件。2008年，办案过程实行全程同步录音录像。全年受理各类经济案件线索4件4人，初查后立案侦查2件2人，挽回经济损失40万元。

2010年，查处商业贿赂案件，遏制不正当市场竞争，规范市场秩序。受理各类经济案件线索4件4人，均为医药系统商业贿赂案件，初查后立案侦查4件4人，其中涉嫌受贿案1件1人，涉嫌行贿案3件3人。查处正科级干部1人，挽回经济损失120万元。

第三节 刑事检察

1986年，坚持依法“从重从快”方针，抓紧严打第三战役（1985.11—1986.12）案件批捕起诉，严厉打击故意杀人、强奸、抢劫、爆炸、重大盗窃等严重危害社会治安的刑事犯罪分子。全年受理公安机关提请逮捕各类刑事案件19件19人，经审查批准逮捕19人，无错捕、漏捕。受理公安机关移送审查起诉人犯24件33人，经审查决定依法向法院提起公诉23件23人，决定免予起诉1件7人，不起诉3人，法院通过开庭审理，均作有罪判决。

1991年，开展反盗窃、挖团伙、打流窜、打击拐卖人口及毒品犯罪等专项行动，突出抓大打恶，重点打击杀人、放火、爆炸、抢劫、流氓、拐卖人口、重大盗窃等7类刑事犯罪。全年批准逮捕7类重大案件31件73人，占批准逮捕案件总数的59.6%。执行提前介入制度（以参与现场勘查、提前讯问被告人等方式提前介入办案）。当年共提前介入重特大刑事案件 39 件。审查批捕案平均审结时间缩短至4.76天，审查起诉案平均审结时间缩短至21天。全年受理各类提请批捕刑事案件52件117人。通过审查，批准逮捕 48 件 101 人，不批准逮捕 2 件 11 人，退回补充侦查 2 件 5 人。受理各类移送审查起诉案件50件101人。通过审查，向法院提起公诉34件66人，免予起诉4件6人，不起诉1件1人，退回补充侦查 1 件 2 人，移送单位撤回 1 件 1 人，移送州检察院 9 件 25 人，审结率为 100%。全年改变公安定性案件 2 件，追加被告 3 人，追捕 2 人，追诉 1 人。同时，建立 14 岁、16 岁、18 岁三个临界年龄复核制度。全年抗诉案件 1 件 1 人。

1994 年，全县刑事发案率急剧上升，故意杀人、强奸、抢劫等恶性暴力案件发案多，盗窃案居高不下。全年受理批捕案件 57 件 146 人，为 1986 年以来批捕案件数和批捕人数最多的一年。经审查批准逮捕 57 件 141 人，不批准逮捕 5 人。受理移送审查起诉案件 70 件 126 人。经审查提起公诉 50 件 84 人，向州检察院移送 10 件 26 人，免于起诉 9 件 15 人，未结案 1 件 1 人。其中，盗窃案占批捕案件总数的 36.8%，占起诉案件总数的 27%，强奸、杀人、抢劫等恶性暴力犯罪占起诉总案件数的 64.3%。林业检察部门受理批捕案件 6 件 13 人，受理起诉案件 6 件 8 人。1995 年，农村人员犯罪比重加大，占起诉总人数的 83.7%。重大恶性案件有增无减，其中，抢劫案、强奸案、故意杀人案、流氓案占起诉总件数的 24%。在逃人员增多，全县在逃人员 43 人。1996 年，根据“严打”从重从快要求，报捕案件在 3 天内审结，起诉案件在 7 天内审结。

1997 年，受理提请批捕案件数和批捕数、受理起诉案件数和提起公诉案件数均大幅下降。全年共受理审查批捕案件 25 件 51 人，经审查批准逮捕 20 件 44 人，不批准逮捕 4 件 6 人，批捕率为 86%。受理公安机关移送起诉各类刑事案件 24 件 46 人。针对公安机关存在有案不立、案件不破不立、案件抓不到人不立情况，积极开展法律监督工作。初查案件线索 6 件 17 人，书面、口头提出检察建议 18 次，纠正违法 22 件 36 人。全年提前介入公安侦查预审指导办案 22 件 46 人。对 15 件 35 人重特大案件全部提前介入办案，提前介入案件平均审结时间不到 3 天，最快仅 4 个小时。州中级人民检察院将县检察院提前介入案件做法推广全州。

2002 年，快审快诉“三类”重点案件：有组织犯罪、带黑社会性质团伙犯罪和流氓恶势力犯罪，爆炸、杀人、抢劫、绑架等严重暴力犯罪，盗窃、抢夺等严重影响群众安全感的多发性犯罪，共起诉 3 类案件 36 件 69 人，占起诉总数的 84%。全年受理各类提请批捕刑事案件 47 件 94 人，审查后批捕 44 件 91 人，不捕 3 件 3 人。受理各类移送审查起诉案件 55 件 96 人，经审查提起公诉 45 件 81 人，不起诉 4 件 10 人，建议公安机关撤回起诉 2 件 2 人，退回补充侦查 3 件 3 人。

2006 年，打击严重暴力犯罪、多发性侵财犯罪，特别是涉枪犯罪和“两抢一盗”（抢劫、抢夺、盗窃）犯罪。受理公安机关提请批准逮捕案件 66 件 149 人，经审查批准逮捕 139 人。受理公安机关移送审查起诉案件 74 件 126 人，县检察院自侦部门移送 4 件 5 人，经审查移送湘西州检察院 2 件 2 人，不起诉 3 件 5 人，向县人民法院提起公诉 73 件 122 人。办理刑事立案监督案件 4 件 6 人，1 件 1 人已获有罪判决。追捕、追诉犯罪嫌疑人 4 人，不批准逮捕 19 人，不予批准逮捕 11 人，建议公安机关撤销案件 2 件 7 人，向公安机关发出书面纠正违法通知书 3 份。

2008 年，受理公安机关提请批准逮捕案件 47 件 135 人，经审查批准逮捕 114 人；不批准逮捕 6 人，不予批准逮捕 12 人，追捕 5 人，立案监督 4 件 5 人。在办案中发出纠正违法通知书 4 份。受理公安机关和检察院自侦部门移送审查起诉案件 71 件 140 人。经审查移送州检察院 4 件 17 人，向县人民法院提起公诉 63 件 126 人，追诉 7 人，发出纠正违法通知书 5 份，检察建议书 2 份。向法院提起公诉抢夺、盗窃等多发性犯罪和故意杀人、抢劫、绑架、强奸等严重危害社会治安暴力犯罪案件 56 件 112 人，占起诉总人数的 89%。办理刑事和解案件 21 起，涉案人员 25 人，不起诉 1 起案件 1 人。

2010 年，受理各类提请批准逮捕案件 53 件 116 人，经审查，批准逮捕 94 人，不批准逮捕 21 人，追捕11人，立案监督1件1人，办理刑事和解案件4件11人，发出纠正违法通知书3份。受理各类移送起诉案件75件165人，经审查提起公诉60件102人，报送州检察院5件19人，不起诉2人，另行起诉2人，未审结10件40人。

第四节 监所检察

1986年，检查看守所12次。发现并纠正看守所干警、武警战士违法1件次。1989年，整顿监内秩序，打击违反监规不服管教顽固罪犯。全年看守所清监14次，发现犯人私带危险物品5件，检查在押犯579人次，纠正武警战士违法行为4次，个别提审教育人犯48人次。健全岗位责任制度、请求报告制度、工作联系制度和检察登记制度。采取提前预告和向办案单位催办，加强超期羁押人犯检察监督。全年无超期羁押。

1991年，给在押人员上法制教育课2次，受教育153人次，教育人犯71人次。监所罪犯检举他人犯罪案件线索32条。全年参加看守所清查监房15次，查出违禁物品31件。检查监外执行人犯15人。办理1件在押罪犯脱逃起诉案件，协助刑检部门批捕案件3件9人。

1998年，重点检察超期羁押和违法会见，以及打骂、体罚、侮辱被监管人员等侵犯被监管人员合法权益违法行为。全年发现超期羁押1件1人，违法会见3件3人，打骂被监管人员3件14人，虐待被监管人4起48人。走访调查19名监外执行人员，将1名丧失保外就医条件罪犯收监执行。

1999年，建议看守所对关押犯罪嫌疑人全面体检，防止企图自杀、伤害同监犯人1次2人。全年纠正各类违法行为9件，下发纠正违法通知书3份，对不符合监外执行条件的2名罪犯依法重新收监。

2003年，“纠超”（纠正超期羁押）小组发现县人民法院审理谢某心等5人盗窃一案时，超过期限还未及时作出判决，及时提出纠正意见。2006年，侦查监所职务犯罪案件1件。落实减刑、假释、暂予监外执行（保外就医）案件审查制度，疾病鉴定制度，开庭听证审理制度。处理罪犯龙某成脱逃一案，经起诉，县人民法院以脱逃罪判处有期徒刑2年。

2007年，开展核查纠正监外执行罪犯脱管、漏管专项行动。核查监外执行罪犯140人，经核查有22人脱管漏管。

2010年，实现监管场所信息、监控联网。驻监所检察室正式挂牌办公，设立驻所检察官联系信箱、监所检察公开栏。全年发出检察建议书10份，每月进行1至2次定期和不定期安全清监，建立罪犯监外执行检察情况数据库，督促检察监外执行情况。

第五节 渎职犯罪侦查

1986年，受理法纪案件线索8件17人，立案3件5人。其中查处科级以上干部违法犯罪案件2件3人。决定免予起诉2件3人，未结案1件2人。

1989—1990年，开展保护公民民主权利、人身权利和重大责任事故法纪检察工作。受理案件线索30件32人，立案5件6人。其中破坏选举2件3人，玩忽职守2件2人，报复陷害1件1人。

1993年，重点查处侵权案件，受理侵权案件线索7件，立案3件6人，逮捕2人，其余5件均作不立案处理。

2000年，受理渎职犯罪案件线索2件3人，初查后立案侦查1件2人，系张某（正科级干部）、李某滥用职权案。县畜牧水产局局长张某、县山羊开发服务总公司经理李某超越职权范围，擅自决定用山羊开发资金、黄牛品改资金和其他资金在怀化招商引资，造成直接经济损失28.9万元。发案单位由于犯罪嫌疑人渎职行为，工作无法正常运行，县山羊开发服务总公司濒临倒闭。提起公诉后，法院依法判决张某判处有期徒刑三年，缓刑三年；判处李某有期徒刑二年，缓刑二年。

2006年，受理案件线索6件8人，立案1件1人，系向某滥用职权案。立案侦查县粮油购销有限责任公司副经理向某滥用职权、受贿案，挽回经济损失6.42万元。

2010年，无渎职犯罪案件。

第六节　技术检察

1993年，县检察院技术股成立。当年受理检验鉴定7件，其中司法会计鉴定3件，文检鉴定3件，法医检验1件；出具鉴定书10份；参加现场勘查进行刑事照像7次，出具现场照片7套。1998年，遵循办案制度和复核制度，坚持逐级送检、个人承办集体复核、领导签发办案程序。受理各类检验鉴定案件26件，其中法医鉴定16件，文检1件，物证录像3件，文证审查4件，现场照像2件。出具检验文书36份，其中鉴定书17份，分析意见17份，检验报告2份。年内无错案发生。

2000年，技术案件受理数大幅增加。受理各项检验鉴定52件。其中，法医活体检验鉴定7件，文证审查27件，司法会计鉴定2件，文件检验1件，现场录像10件，现场照相5件，出具各类法律文书73份。

2006年，根据《全国人大常委会关于司法鉴定管理问题的决定》，技术股不再承办对外司法鉴定业务。全年办理法医检验鉴定1件，录音录像3件。

2007年，申报鉴定人资格2人。当年办理文证审查3件、法医检验鉴定4件、配合公安机关开棺验尸1件、录音录像6件。其中配合自侦部门对犯罪嫌疑人进行录音录像4件。

2009年，加大对检察信息化工作投入，出资33万元购置同步录音录像设备，完成办案工作区监控室建设；为确保内网计算机数据安全，内外网计算机实行物理隔离。全年办理文证审查10件，文件检验鉴定2件，同步录音录像20件。

2010年，县人民检察院有专业鉴定人2人，办理各项检验鉴定39件，其中文件检验鉴定2件，文证审查6件，同步录音录像31件。

第七节　民事行政诉讼监督检察

1986年，控告申诉检察股负责民事行政诉讼检察。1993年，民事行政检察股成立，当年未办理案件。

1994—1996年，受理行政申诉案件5件，决定不予立案终止审查1件，立案审结1件，移交上级检察院1件，依法息诉2件。

1998年，受理民事行政申诉案件6件，经审查立案3件，作息诉处理3件。当年办理湘西州人民法院二审审结的原告张某、许某诉被告许某房产纠纷一案，依法向湘西州检察院提起抗诉，抗诉意见被采纳，湘西州检察院向湖南省检察院提起抗诉。

2003年，向湘西州人民检察院提请抗诉3件，1件作息诉处理，州人民检察院通过审查后向湘西州中级人民法院提起抗诉2件（原一审案件）。

2006—2007年，把握抗诉条件，重办案质量。法院再审的3件抗诉案件中，改判2件。受理各类民事行政申诉案件线索18件，审查后立案6件，息诉5件，发检察建议3件，执行和解1件，作其他处理3件。

2008年，办理提起附带民事诉讼案件6件，法院均判决支持诉讼。受理各类民事行政申诉案件线索10件、审查后立案8件、息诉2件。

2010年，对民营企业在利用国有资源过程中的违法行为，以督促起诉方式立案8件。当年受理各类民事行政案件线索16件，其中刑事附带民事案件3件，执行监督案件1件，息诉3件，督促起诉立案8件，初审1件。

第八节　控诉申诉

1987年，受理信访64件，均作出分流处理。完成上级检察机关交办控告申诉案件1件，纠正错误批捕历史老案1件。

1989年，受理举报案件线索104件，其中经济、法纪案件线索分别为66件、12件，涉及副县级干部3件3人，科级干部20件20人，一般干部职工36件45人，农村基层干部14件15人，均已作出分流处理。受理控告申诉案件19件，转其他机关、部门16件，检察院自办2件，待办1件。

1993年，确定每月农历初八和每周星期六为检察长接待日，受理来访。全年受理来信来访50件，其中控告45件，申诉5件。在城区内设置7个举报箱，向社会公布举报电话，受理公民举报10件，其中大案3件。2000年，受理信访举报45件，直接答复6件，属举报案件线索27件，分流县反贪局初查20件，立案侦查6件6人。涉及科级领导干部6人，科级以上党员干部19人。立案监督2件5人。2004年，受理来信来访17件，举报1件。是年，县民族建材厂（原水泥制品厂）职工多次联名向省、州、县人大、纪委、政法委等部门举报两任厂长贪污150万元公款，要求依法查处。县纪委、建设局、检察院组成调查组进行调查。通过2个月内查外调，查出厂长无贪污事实但财务管理有漏洞。经做工作，集体性上访得到平息。是年，在县城主要街道开展3次法制宣传和咨询活动，张贴标语9条，散发宣传资料3000份，教育群众达万人。

2005年，办理双溪乡龙某不服县公安局中止侦查决定申诉案。双溪乡梳头溪村7组村民张某香被本组村民向某香打死一案，犯罪嫌疑人被逮捕关进看守所后，不说话、不吃东西，致使身体极度虚弱，后取保候审回家，历时10年，案件未能了结。被害人家属不服，年年上访，申请司法精神病鉴定。县检察院公诉科到公安机关调阅卷宗材料，发现州人民检察院补充侦查决定书，要求公安机关作精神病鉴定，但公安机关因经费不足，没有对犯罪嫌疑人作精神病鉴定。经协调，公安机关将犯罪嫌疑人带到中南大学湘雅医院精神卫生研究所进行鉴定，犯罪嫌疑人确实患有精神病，县检察院对申诉人耐心说服，使其结束长达10年上访、申诉生涯。

2008年，全年受理各类举报线索10件（包括湘西州检察院举报中心转交3件）。经初查，转反贪局立案侦查2件，不予立案1件。办理涉法上访案件5件，息诉5件。当年检察长接待来访31人次，办理检察长接待日批办案件3件，息诉3件。

2010年，受理各类举报线索5件6人。其中湘西州中级人民检察院交办4件，该4件线索均已由反贪部门立案侦查。首次利用手机群发方式将举报电话和“举报宣传周”相关信息发送到全县手机用户。

1986—2010年古丈县检察工作情况一览表

表9-2

年份	渎职侵权检察		反贪污贿赂检察			刑事检察		
	立案（件）	起诉（件）	立案（件）	逮捕（人）	起诉（件）	批准逮捕（人）	提起公诉	
							件	人
1986	3	1	6	3	1	19	23	23
1987	4	2	5	0	0	35	18	26
1988	6	3	1	0	1	59	34	50
1989	0	0	18	0	2	74	26	75
1990	5	0	9	—	—	69	38	64
1991	1	1	5	—	3	101	34	66
1992	—	—	4	—	1	45	26	54
1993	3	3	10	8	10	88	33	65
1994	3	3	6	—	3	141	50	84
1995	3	3	8	—	8	106	—	—
1996	1	0	10	—	2	122	58	102
1997	0	0	5	—	0	44	20	41
1998	0	0	5	—	5	69	26	49
1999	0	0	2	—	2	68	43	78
2000	1	1	6	—	6	78	48	79
2001	1	1	9	—	8	110	71	121
2002	0	0	—	—	—	91	45	81
2003	0	0	—	—	—	70	43	64
2004	0	0	2	—	2	135	54	89
2005	0	0	—	—	—	149	74	129
2006	1	1	4	—	4	139	76	127
2007	1	0	3	—	3	82	56	95
2008	0	0	2	—	2	114	67	143
2009	0	0	1	—	0	106	69	112
2010	1	0	4	—	4	94	65	121

第四章 法 院

1986年，古丈县人民法院坚持“严打”方针，快审快判、公审公判严重危害社会秩序的刑事犯罪和经济犯罪分子。当年，全院有干警32人。2000年，县人民法院荣获全省法院执行年活动先进集体。2001年，法警大队被湖南省高级人民法院法警总队授予“十佳警队”称号。2002年，1名法官被评为全省法院优秀审判长。2010年，1名法官被评为全省法院办案能手。1986—2010年，县人民法院审理民事案件8771件、经济案件1517件、行政案件209件。审理刑事案件1527件，判处5年至10年有期徒刑457人，判处10年以上有期徒刑109人。

1986—2010年，县人民法院历任院长：孔宪翠，张道华，向发炳，盛天宁，马本江，张海生。

第一节 机 构

1986年，县人民法院设刑事审判一庭、刑事审判二庭、民事审判庭、经济审判庭、办公室。辖田家洞人民法庭、李家洞人民法庭、河蓬人民法庭、龙鼻嘴人民法庭、野竹人民法庭5个基层人民法庭。

1987年，增设执行庭、行政庭，撤销野竹人民法庭。1989年，增设古阳人民法庭。1990年，刑事审判一庭、刑事审判二庭合并为刑事审判庭，增设告诉申诉庭。撤销田家洞人民法庭，设河西人民法庭。1992年，林业法庭纳入法院管理。

1996年，增设政工室、法医室和法警队。是年，实施《中华人民共和国法官法》，县人民法院一次性评定法官40人。其中四级高级法官4人，一级法官9人，二级法官8人，三级法官8人，四级法官11人。2010年，全院有干警57人，有法官22人。其中四级高级法官8人，一级法官10人，二级法官1人，四级法官1人，五级法官2人。

1997年，撤销告诉申诉庭，增设立案庭和审判监督庭。1999年，增设纪检监察室，同年政工室更名为政治办。2000年，撤销河蓬人民法庭和古阳人民法庭，法医室更名为司法技术室。2002年，撤销民事审判庭和经济审判庭，设民商事审判一庭和民商事审判二庭。2003年，执行庭更名为执行局。2005年，撤销李家洞法庭，设高望界人民法庭。2007年4月，增设审判管理办公室。2009年，撤销河西人民法庭，设罗依溪人民法庭；龙鼻嘴人民法庭更名为默戎人民法庭。

2010年，县人民法院设办公室、刑事审判庭、民商事审判第一庭、民商事审判第二庭、行政审判庭、林业审判庭、立案庭、审判监督庭、审判管理办公室、执行庭、司法警察大队、政治工作室、纪检组、司法技术室，辖罗依溪人民法庭、默戎人民法庭、高望界人民法庭。

第二节 刑事审判

1986年，受理刑事案件50件，审结48件，结案率96%。审判强奸、流氓、重伤害、贪污、盗窃、诈骗等重大案件30件35人，占整个刑事案件总数的60%。平均办案期限21天。其中判处5年以上有期徒刑26人。

1988年，全年受案50件，审结46件，结案率92%。37件公诉案件平均结案时间25天，最短为8天。于9月和10月召开两次公捕公判大会，集中公开宣判强奸、盗窃、伤害等重大案件13件18人，旁听群众达2100人。

1991年12月，山枣乡筲箕田村张某云伙同草潭乡桐木村张某钱在桐木村以威胁、搜身手段抢劫四川锯匠杨某钱财。县人民法院以抢劫罪分别判处张某云、张某钱有期徒刑7年、6年。为教育警醒罪犯，法院"把法庭搬进看守所"，在县看守所开庭审判。在押人犯200人旁听审判，受到深刻法制教育。

1995年，全年受理各类刑事案件72件，审结72件，结案率100%。审结杀人、抢劫、强奸、盗窃等恶性犯罪案件28件，判处刑罚50人。其中判处5年以上不满10年有期徒刑12人，判处10年以上不满15年有期徒刑4人。审结拐卖妇女儿童犯罪案件2件4人，其中判处5年以上不满10年有期徒刑3人。审结贪污犯罪案件2件，其中判处5年以上不满10年有期徒刑3人。全年召开4次公开审判大会，宣判刑事案件22件。双溪乡大塘村孔某以其在任村秘书时村委、乡政府未付工资为由，拒绝缴纳农业税，围攻、谩骂、用拳头和汽酒瓶殴打收缴农业税的乡财政所干部，其行为已构成抗税罪，县人民法院依法判处孔某有期徒刑3年。

2000年，受理各类刑事案件63件，依法审结60件，结案率95%。全年审理贪污、受贿等危害经济秩序和职务犯罪案件7件，判处人犯7人，其中正科级实职干部4人，为国家和集体挽回经济损失9.4万元。罗依溪镇人民政府原镇长宋某在任罗依溪镇政府副镇长、镇长期间，利用职务便利，采取虚列支出报账、冒领等手段，侵吞移民专项资金、支农专项资金12408.8元。县人民法院以贪污罪判处宋某有期徒刑2年，缓刑2年。

2004年，受理刑事案件62件，依法审结61件，结案率为98.4%。其中判处5年至10年有期徒刑10人，依法判处10年以上有期徒刑5人。全年共判处抢劫人犯26人，其中依法判处5至10年有期徒刑9人，依法判处10年以上有期徒刑5人。重点打击盗窃、故意伤害等犯罪分子。全年审结盗窃、故意伤害犯罪案件35件。召开2次公开宣判大会，依法公开宣判罪犯8人，旁听群众8000人。

2005年，受理案件79件，审结78件，审结率98%。判处人犯134人，其中判处有期徒刑75人，判处拘役11人，判处其他刑罚48人。全年审理"两抢一盗"（抢劫、抢夺和盗窃）案件29件，判处人犯56人，其中判处有期徒刑38人。审结刑事自诉案件和刑事附带民事案件24件，民事赔偿全部履行到位。全年审结刑事案件有上诉案件4件，经二审审理后，没有改判和发回重审。年终省法院案件质量考评检查，抽查刑事案件3件，结果全为优秀。

2008年，重点打击抢劫、重大盗窃、故意伤害等严重危害社会治安刑事犯罪，收案84件，旧存5件，审结80件，判处人犯124人，其中5年以上有期徒刑13人，五年以下有期徒刑32人，拘役7人，缓刑66人，免刑3人，单处罚金3人。常德市澧县人唐某伙同张家界市永定区人田某、程某、李某及永顺县灵溪镇人向某，先后以12.7万元的低价购买价值117万元的赃车13辆。县人民法院以掩饰、隐瞒犯罪所得罪分别判处唐某、田某、程某、李某、向某有期徒刑11个月、9个月、8个月、2年5个月14天、管制1年，并处唐某罚金3万元、处田某等4人罚金各2万元。

2010年，受理各类刑事案件80件，审结69件，结案率86.3%。判处被告人101人。其中判处3年以下有期徒刑37人，三年以上有期徒刑18人，单处罚金4人，拘役7人，缓刑40人，管制7人。

第三节 民事审判

1986年，受理民事案件171件，结案151件，结案率88.3%。在审理民事案件中，坚持“三优先”，即容易激化矛盾案件优先审理，涉及“两户一体”（专业户、重点户、经济体）案件优先审理，直接影响工农业生产和经济体制改革案件优先审理。全年“三优先”审理民事案件17件。

1988年，受理案件314件，审结300件，结案率为95.5%。调解结案246件，占结案总数的82%。县人民法院到罗依溪、河蓬、高峰、断龙山、岩头寨5个乡镇开展巡回审判。在巡回审判中审理、调解各类民事案件、纠纷166起，制止公共场所群众性斗殴2起，提供法律咨询207人次。1991年，受理各种民事案件298件，依法审结285件，结案率95.6%。巡回审判审结案件数占到全年审理案件总数的90%，就地审结，就地执行。

1996年，受理各种民事案件261件，依法审结257件。防止群众性械斗11起。及时审理直接影响生产、建设的民事案件10件。常德市政府援助40万元修建县一中运动场。在堡坎施工时，工地下方梁某、吴某、向某3户居民因担心堡坎质量问题危及自身房屋安全，阻挠工程队施工。经法院调解，梁某等3户居民停止妨害行为，保障运动场建设顺利施工。

2001年，受理各种民事案件1121件，依法审结1121件，审结率100%。2002年，受理各类民商事案件333件，依法审结292件，结案率87.7%。受理县栖凤湖开发公司、县茶厂、县汽车修配厂、县煤建公司4家企业破产案件，案件标的2300万元。其中破产债权1480万元，破产债务250万元，申报资产585万元。

2004年，受理各类民商事案件323件，依法审结251件，结案率为77.7%。其中审结民事案件251件，调解结案138件，调解结案率55%。因锰制品价格骤增，县冶化厂承租人唐某生产硅猛利润大幅上升，县冶化厂部分职工认为原租赁合同（年租金5万元）显失公平，要求解除合同，并私自拉闸停电。县人民法院法官召集职工代表与承租方协商，提出承租方增加年租金30万元、合同继续履行，双方达成调解协议。全年共审理破产案件4件，破产资产总额3100万元。2007年，审理民商事案件366件，审结286件，调解结案112件，调解结案率39.2%。

2010年，受理各类民商事案件278件，审结270件，结案率97.1%，其中调解结案民商事案件105件，调解结案率38.9%。

第四节 经济审判

1986年，法院受理经济案件40件，审结31件，结案率77.5%。全年“三优先”审理经济案件14件，其中保护“两户一体”合法利益案件7件，维护经济体制改革案件7件。为企业单位和“两户一体”挽回经济损失15万元。

1990年，受理各类经济案件36件，依法审结33件，审结率91.7%，其中借款合同纠纷3件，购销合同纠纷8件，建筑工程承包合同纠纷2件。1993年，受理各类经济纠纷案件308件，依法审结306件，审结率99.4%。其中诉讼程序15件，督促程序24件，案外调解267件。诉讼标的额544.2万元。县人民法院为全县“缓解金融紧张形势，促进财政好转”提供专项服务，组织10个服务小组，主动上门为40个单位和部门提供法律服务，清理债务。审结县药材公司诉海南省海口市医药总公司药材购销合同纠纷案。原告县药材公司与被告海口市医药总公司业务员签订药材购销合同。原告按合同规定供货后，被告拒不按合同规定给付药材款。县人民法院一审判决，由海口市医药总公司给付原告县药材公司货款4.2万元、利息及违约金。

1996年，受理经济案件163件，标的额1527.5万元，审结162件。其中，借款合同19件，为县金融部门收回逾期贷款57.2万元；购销合同2件，追回货款7.1万元；工程承包，企业承包，其他经济纠纷等19件，为国营、集体企业挽回经济损失165.5万元。

1997年，受理各类经济纠纷案件30件，依法审结30件，结案率100%。涉案标的2167.7万元。其中，受理企业破产案件2件，审结1件，撤诉1件。是年，为县土产公司、县化工厂、县粮油公司等企业收回货款800万元，帮助企业渡过难关。

1999年，受理各类经济案件107件，结案107件，结案率100%。受案总标的额4500万元，为企业挽回损失4000万元。是年，审结湘西州烟草公司诉哈尔滨天阳国际烟草有限公司烟叶购销合同案。原告湘西州烟草公司供应被告哈尔滨天阳国际烟草有限公司初烤烟叶4000吨，原告从被告处调进机烤烟叶和复烤烟叶1193.39吨。在合同履行过程中，原、被告双方因发货数额、货款数额、在途损耗及运费等发生争议。县人民法院一审判决被告哈尔滨天阳国际烟草有限公司给付原告湘西州烟草公司货款1676.2万元及利息，原告湘西州烟草公司给付被告哈尔滨天阳国际烟草有限公司货款436.6万元及利息。

2001年，受理各类经济纠纷案件126件，依法审结124件，审结率为98.4%。其中，审理金融借款合同纠纷87件，涉额标的950万元。

2002年，撤销经济审判庭，经济案件和民事案件并为民商事案件，由民商事法庭审理。

第五节 行政审判

1987年，受理行政执行案件3件。1991年，受理各类行政案件13件，依法审结13件，结案率100%。其中不服土地资源行政处理案件10件，山林资源行政处理案件3件。

1994年，受理各类行政案件10件，审结9件，结案率为90%。其中，不服政府土地确权案9件，房地产确权案1件。判决维持行政机关行政行为4件，行政机关撤销行政行为后原告主动要求撤诉，法院裁定准予撤诉5件。另，受理行政机关申请执行案件5件。1998年，受理行政案件39件，均为不服乡镇人民政府确定山林承包合同纠纷使用权案件。

2001年，受理行政案件11件，依法审结8件，结案率73%。其中，判决维持行政机关处理决定2件，判决撤销行政机关处理决定1件，裁定撤诉5件。

是年，罗依溪镇大龙村五组村民陈某与同组村民向某因稻田使用权发生争议。县政府作出处理决定，将该争议稻田使用权确定给向某。陈某不服，向县人民法院提起行政诉讼，要求法院依法撤销县政府处理决定，将稻田使用权确定给自己。法院经调查查明，争议稻田原为向某所承包荒坪，经向某之父同意，由陈某改造成稻田耕种，后双方协商进行土地自愿互换，并经发包方负责人承认、写进土地使用权证书，本组村民也从未提出任何异议。这种承包行为是合法的。在1998年第二轮土地顺延承包时，双方按互换后承包田土继续承包。向某强行要取回已互换土地是错误的。被告否定合法承包于法无据。法院判决原告胜诉。

2005年，受理行政案件3件，审结3件。在原告彭某金诉县林业局案中，原告以本人向县林业局缴纳野生动物保护费可以经营蛇类动物为由，向法院起诉要求认定县林业局没收其所收购蛇行为违法。法院查明，原告虽有收购证，但无运输证，将收购蛇销往吉首属违法。判决维持县林业局处罚决定。2006 年，受理行政案件 3 件，审结 3 件。2010 年，受理行政案件 7 件，审结 4 件。

第六节　林业审判

1992 年，林业法庭纳入法院管理。全年受理各类林业案件 10 件，依法审结 6 件，结案率 60%。

1994 年，受理各类林业案件 26 件，依法审结 24 件，结案率 92.3%。其中，林业刑事案件 5 件，依法判处 3 年以下有期徒刑 5 人；确定山林权属和其他林业行政案件 8 件，林业民事案件 11 件。1997 年，开展林区严打专项行动。全年受理各类林业案件 51 件，依法审结 51 件，结案率 100%。其中，审结盗伐、滥伐林木等犯罪案件 2 件，判处刑罚 7 人，其中，判处 5 年以上不满 10 年的有期徒刑 2 人，判处 10 年以上有期徒刑的 1 人。高望界林场高望界村李某盗伐国营高望界林场“神龙关”（地名）松树 59 株，活立木材积 45 立方米。县人民法院以盗伐林木罪一审判处李某有期限徒刑 5 年。

2001 年，受理各类林业案件 37 件，依法审结 37 件，结案率 100%。其中审结 9 件盗伐、滥伐林木案件，判处刑罚 15 人；审结山林权属纠纷案件 28 件。2003 年，受理各类林业案件 24 件，依法审结 24 件，结案率 100%。其中审理山林山林权属纠纷案件 20 件。审结 4 件盗伐、滥伐林木案件，判处刑罚 4 人。

2006 年，受理林业案件 11 件，其中刑事 3 件，民事 8 件。永顺县芙蓉镇盘溪村人向某伙同杨某、向某等 5 人先后 5 次在永顺县、古丈县盗伐林木 14.193 立方米，在罗依溪镇猛洞河火车站销赃时被公安机关抓获。县人民法院以盗伐林木罪一审判处向某有期徒刑 1 年零 6 个月，并处罚金 3000 元，所得赃款 1300 元予以没收，上缴国库。

2010 年，审结林权纠纷案 30 件，占全院受理案件总数 10%。

第七节　审判监督

1986 年，复查和再审各类刑事案件 102 件 112 人。其中，撤判纠正 5 件 57 人，维持原判 50 件 50 人。

1990 年，受理各类申诉案件 22 件。其中，依法再审改判 3 件。恢复院长接待日制度（每月院长或副院长亲自接待来访群众两天）。院长接待日接待来访群众 45 人次，处理来信 20 件。在 9 个乡镇设立接待站，接待群众来访 1737 人次，处理来信 726 件，立案 210 件。1995 年，处理群众来信 949 件，接待来访群众 86 人次，立案 112 件。全年受理再审案件 21 件。

2000 年，全面推行审判流程管理。在立审（立案到审理）、审执（审判至执行）、审监（审判到监督）“三个分立”基础上，对立案、收费、送达、按期开庭、审判、执行等审判工作各个环节实行全程跟踪监督。对不具备正当理由、未经批准超审限或故意拖延办案的，按违法审判严肃处理。

是年，检查 1995 年以来 2720 件案件，发现其中 31 件实体处理、审理程序问题，分别进行纠正。

2004 年，处理群众来信 48 件，接待群众来访 535 人次，立案 344 件。全年涉及诉讼上访 19 件，其中到州有关部门上访 2 件，到县委、人大等部门上访 11 件。县人民法院成立处理涉法上访工作领导小组。上门做上访人思想工作 21 次，息访 18 件，再审 1 件。全年审理再审案件 4 件，审结 3 件。其中，维持 1 件，撤诉 1 件，改判 1 件。复查申诉案件 8 件。

2009 年，开展“院长大接访”和“法官携卷下访”活动。受理申诉再审案件 10 件，审结 5 件；

受理群众来信 11 件，办结 11 件；接待群众来访 283 人次。

2010 年，接待处理群众来访 100 人次。涉诉信访交办案件息访率 90%，民事、行政案件上访息访率 85%。

第八节 案件执行

1986 年，案件执行由审判庭负责。1988 年，法院增设执行庭，负责案件执行。全年应执行案件 105 件，实际执行 64 件，执行率 61%。

1991 年，应执行 496 件，执行 471 件，执行率 94.96%。1996 年，受理各类执行案件 816 件，执行 672 件，执行率 82.4%。其中执行经济案件 60 件，标的额 1318.8 万元。1999 年，受理各类执行案件 709 件，执行 494 件，执行率 69.7%。执行中拘留 9 人，罚款 14 人。

2000 年，受理各类执行案件 583 件，执行 472 件，执行率 81%。执行中拘留 9 人，罚款 13 人。执行银行贷款案件 79 件，收回资金 105 万元。湘西州工商银行诉县饮食服务公司贷款一案执行标的 140 万元。县法院采取以资抵债方法，依法将县饮食服务公司固定资产栖凤湖旅游公司抵偿给湘西州工商银行。江苏省宝应县新亚绝缘材料与县铁合金厂欠款纠纷一案判决后，新亚绝缘材料厂申请执行。县法院查封、变卖县铁合金厂库存产品 10 吨。铁合金厂职工 50 人在少数人操纵下，多次到县法院起哄要工资，到县委、县政府上访。法院领导通过对上访职工做说服教育工作，并贷款先期垫付承包人欠付的部分工人工资，上访得以平息。

2002 年，受理各类执行案件 390 件，执结 153 件，执结率 39%。开展治理暴力抗法和清理执行积案专项活动，召开涉及省道 1828 线工程建设工程质量纠纷、承包合同纠纷、工程欠款纠纷案件执行兑现大会 2 次，将执行工程款 50 万元送到承建单位和民工手中。2005 年，贯彻全省集中清理执行积案工作电视电话会议精神，按照州委加强执行工作暨集中清理执行积案统一部署，开展清理执行积案。从乡镇农机服务部门（差额拨款事业单位）聘用 5 名执行法警，解决执行力量不足问题。206 件积案已执行 81 件，执结 27 件。

2007 年，全年新收执行案 57 件，旧存 222 件，执结 174 件。执行中罚款 8 人。每季度开展 1 次集中执行活动，逐乡逐镇逐案执行。2008 年，实施“限制高消费令”“诚信黑名单”“委托调查令”、有偿举报制度等执行方法，采取交叉执行、委托执行等举措，加强法院相互之间交流与协作。全年需执行案件 121 件，执结 55 件，执行标的额 249.5 万元。

2010 年，开展清理执行积案活动。受理各类执行案件 113 件，执结 105 件，执结率 92.9%，执行标的额 4197.1 万元。执行案件全部录入全国法院执行案件系统。

1986—2010 年古丈县人民法院审判工作情况一览表

表 9-2

单位：件

年份	刑事案件审理		民事案件审理		经济案件审理		行政案件审理		民商案件审理		林业案件审理		案件执行	
	受理	审结	受理	审结	受理	审结	受理	审结	受理	审结	受理	审结	执行	执结
1986	50	48	171	151	40	31	—	—	—	—	—	—	—	—
1987	35	34	224	204	30	21	3	3	—	—	—	—	—	—
1988	50	46	314	300	46	36	2	2	—	—	—	—	105	64
1989	58	58	613	600	236	236	9	9	—	—	—	—	108	91

续表 9-2

年份	刑事案件审理		民事案件审理		经济案件审理		行政案件审理		民商案件审理		林业案件审理		案件执行	
	受理	审结	受理	审结	受理	审结	受理	审结	受理	审结	受理	审结	执行	执结
1990	58	55	354	308	36	33	1	1	—	—	—	—	240	104
1991	48	47	298	285	13	13	13	13	—	—	—	—	496	471
1992	39	34	221	216	113	67	10	10	—	—	10	6	369	287
1993	60	51	178	162	308	306	7	7	—	—	29	23	295	231
1994	80	79	201	192	77	77	10	9	—	—	26	24	362	324
1995	72	72	158	156	40	38	8	7	—	—	29	24	279	262
1996	80	80	261	257	163	162	18	17	—	—	34	34	285	237
1997	46	46	321	308	30	30	8	7	—	—	51	51	367	348
1998	49	49	479	468	74	73	39	29	—	—	44	44	359	318
1999	62	62	382	375	107	107	9	9	—	—	40	40	329	295
2000	63	60	390	388	79	71	13	12	—	—	25	25	298	253
2001	78	78	413	367	126	124	11	8	—	—	37	37	409	372
2002	61	61	—	—	—	—	6	6	333	292	29	28	390	153
2003	50	50	—	—	—	—	7	7	323	290	24	24	353	351
2004	62	61	—	—	—	—	15	13	323	251	35	30	316	226
2005	80	79	—	—	—	—	21	20	289	257	—	—	333	61
2006	87	74	—	—	—	—	13	10	283	216	11	11	333	305
2007	79	74	—	—	—	—	9	8	528	504	13	12	371	315
2008	89	86	—	—	—	—	4	3	286	256	25	22	117	55
2009	83	81	—	—	—	—	9	9	326	294	—	—	127	78
2010	80	69	—	—	—	—	7	4	280	257	30	30	114	104

第五章 司法行政

1986 年，古丈县司法局以法制宣传教育和指导人民调解为重点，开展“一五”普法，健全村级人民调解组织，化解民间纠纷。1990 年，乡镇法律服务所开展基层法律服务。1999 年，开展安置帮教工作，安置、帮助、教育刑满释放和解除劳动教养人员，防止重新违法犯罪。2010 年，安置帮教改称社区矫正。律师、公证、司法鉴定、法律援助管理进一步规范和加强。

1991、1997、2001 年，县司法局被州委、州政府评为全州“一五”“二五”“三五”普法先进单位。2009 年，被湖南省司法厅评为全省“司法行政大动员，化解矛盾促和谐”专项维稳活动先进单位和全省法律援助工作先进集体。2010 年，被湖南省司法厅评为“应对金融风险，促进富民强省”专项法律服务活动先进单位。

1986—2010 年，古丈县司法局历任局长：张顺满，向纹，张应寿。

第一节 工作机构

1986 年，县司法局机关设宣传教育工作股、人民调解股、县公证处、县法律顾问处、办公室。全局有工作人员 20 人。有公证员 3 人，其中三级公证员、四级公证、公证员助理各 1 人。律师 2 人，其中二级律师、三级律师各 1 人。

1989 年，人民调解股变更为基层工作股。1990 年，古阳镇、城关乡、罗依溪镇、河西镇、山枣乡、野竹乡、国营高望界林场设立法律服务所，有法律服务工作者 14 人。1996 年 8 月，全县 15 个乡镇设司法所，为副科级机构。1997 年，增设政工股，在默戎镇设宏源法律服务所。撤山枣乡、野竹乡、国营高望界林场法律服务所。古阳镇法律服务所更名为茶林法律服务所，罗依溪镇法律服务所更名为猛洞河法律服务所，河西镇法律服务所更名为昌信法律服务所，城关乡法律服务所更名为心辉法律服务所。2002 年，设县法律援助中心、县卫权法律服务所，撤销乡镇法律服务所。2006 年，设立湘西自治州（古丈）红石林司法鉴定所。局政工股更名为政治办。全县 16 个乡、镇（场）合并为 12 个乡镇，基层司法所随之调整为 12 个，配政法专属编 15 人。

2010 年，增设社区矫正工作股和公证律师法律服务管理股。县司法局内设办公室、政治办、宣教股、基层工作股、公证处、社区矫正股、公证律师法律服务管理股。辖 12 个司法所，即断龙山司法所、红石林司法所、罗依溪司法所、古阳司法所、默戎司法所、坪坝司法所、高峰司法所、高望界司法所、河蓬司法所、岩头寨司法所、山枣司法所、双溪司法所。1 个自收自支事业单位：卫权法律服务所。保留纪检监察室。县法律援助中心仍设在司法局。县司法局有工作人员 32 人（含司法所工作人员），其中公证员 2 人。全县有律师 4 人，基层法律工作者 4 人，司法鉴定资格 8 人。

第二节　法制宣传

1986年，全县开展第一个五年（1986—1990）全民普法（“一五”普法）。“一五”普法重点对国家干部，特别是各级领导干部和青少年普及《宪法》《刑法》《刑事诉讼法》《民法通则》《民事诉讼法》《继承法》《婚姻法》《兵役法》《经济合同法》《民族区域自治法》《治安管理处罚条例》（“10法1条例”）常识。“一五”普法期间，全县培训普法宣传员1000人，开办农民夜校80所，组织各类法律咨询活动40场次，举办法律知识竞赛20场次。6万公民接受普法教育，普法率90%。1989年6月，县司法局与县教育局联合举办“法在生活中——全县中、小学生普法杯美术大奖赛。1990年10月，经过省、州普法领导小组验收，全县“一五”普法工作被评为优秀。

1991年，全县开展第二个五年（1991—1995）全民普法（“二五”普法）。“二五”普法重点对领导干部、国家机关执法人员、宣传教育工作者和青少年普及宪法和部门法常识。“二五”普法期间，全县举办普法骨干培训班20期，培训骨干1100人，举办法律知识竞赛20场次。普法公民7万人。1995年，“二五”普法结束。1996年10月，经省、州“二五”普法领导小组验收，全县普法工作被评为优秀。

1996年，全县开展第三个五年（1996—2000）全民普法（“三五”普法）。“三五”普法重点对领导干部、司法人员、行政执法人员、企业经营管理人员、青少年普及社会主义市场经济法律常识。建立党委（党组）中心组定期学法制度、领导干部学法讲座制度、干部学法培训制度、干部学法考核制度、领导干部任职前法律考试制度。“三五”普法期间，全县有3000名干部获得普法合格证。行政执法人员持证上岗。全县中小学开设法制教育课，县政法部门选聘25名干部兼任城乡25所中小学法制副校长，为学生上法制课125次。2000年，经过省、州普法领导小组验收，全县“三五”普法工作被评为优秀。

2001年，全县开展第四个五年（2001—2005）全民普法（“四五”普法）。“四五”普法重点对领导干部、司法和行政执法人员、青少年、企业经营管理人员普及宪法常识。“四五”普法期间，将干部年度学法与干部年度考核、晋职晋级、评定职称挂钩。每年“12·4”法制宣传日，在城镇中心地带举办大型法律宣传咨询活动。组织开展4届农村法制宣传教育月活动。每个街道社区（居委会）设1个法制宣传专栏、1所社区法律学校、1个法律图书阅览室、1支法律服务自愿者队伍，推进社区依法治理。开展“民主法治示范村”创建活动，推进农村基层民主法制建设。宣传《中华人民共和国村民委员会组织法》，促进农村民主选举、民主决策、民主管理、民主监督和村务公开、财务公开等各项制度的建立和完善。2005年10月，经省、州普法领导小组验收，全县“四五”普法工作合格。

2006年，全县开展第五个五年（2006—2010）全民普法（“五五”普法）。“五五”普法重点对领导干部、国家公职人员、青少年、企业经营管理人员和农民进行以宪法为核心的法律法规宣传教育。“五五”普法期间，以县委党校为基地，以局级领导干部为培训重点，开办领导干部培训班，举办法制讲座30次。全县700名科局级以上领导干部进行法律知识统一集中考试。出宣传栏60期，展览15次，举办法律知识竞赛82场（次），发行法制刊物和普法读本9万份（册），免费发放《农民普法简明读本》1万册、《城镇居民普法简明读本》4000册，广播电视宣传86次，制作固定法制宣传广告牌40块，培训法律骨干200人次，开展法律咨询活动120场次，法制文艺演出18场，悬挂横幅600幅，受教育群众达8万人次。2010年10月，经省、州普法领导小组验收，全县“五五”普法工作被评为合格。

第三节 人民调解

1986年，全县有人民调解委员会189个，人民调解员3820人。全年发生民事纠纷2200起，调解2090件，调解成功1980起，调解率95%，调解成功率94.7%。

1991年5月，开展民间纠纷大排查工作，排查出疑难纠纷253起，调处128起。1992年，全县201个调委会调处各类民间纠纷106起，调解成功103起，成功率97.2%。防止因民间纠纷而可能引起自杀27起27人，防止“民转刑”案件6件。与吉首、泸溪、保靖等毗邻县制定联防联调章程，签订联防联调协议书。

1993年，县司法局组织农村三大主干（村支部书记、村主任、村秘书）学习《人民调解委员会组织条例》《民间纠纷处理办法》。基层调解组织开展创“四无”活动（无民间纠纷激化为刑事案件、无民间纠纷引发自杀案件、无群体性械斗案件、无群体性上访案件）。1995年，山枣乡、河蓬乡与泸溪县八什坪乡就严打整治、处理边界纠纷、法制宣传教育等工作签订《古丈、泸溪两县接边地区联防联调联治联谊协议书》。

2002年，全县16个乡镇建立民间纠纷调处中心。2004年8月，沅陵县棋坪乡灰溪村与山枣乡磨刀村花岩组村民因耕牛赔偿问题发生纠纷。双方纠集村民，矛盾有可能激化。山枣乡政府派司法助理员等人到现场进行调解。双方达成协议，纠纷平息。

2005年，全县调解各类民间纠纷306件，调解成功303件，成功率99%，挽回经济损失50万元。年底，调整11个乡镇调委会，新成立高望界乡调委会。全县乡调委会人员84人，村居社区调委会144个，调解小组1021个，纠纷信息员1052人。全年排查出民间纠纷178起，受理调处178起，调解成功176起，成功率98.9%。

2006年，河蓬乡与泸溪县梁家潭乡、八什坪乡、吉首市排绸乡就联防、联调、联治、联谊等工作在泸溪县梁家潭乡人民政府签订《泸溪、吉首、古丈三县市接边地区联防联调联治联谊协议书》。

2007年，开展“三调联动”（人民调解、司法调解、行政调解三种调解方式对接联动）和“司法行政大动员，化解矛盾促和谐”专项维稳活动。全年排查出民间纠纷439起，调解439起，调解成功432起，成功率98.4%。是年，古丈、保靖、吉首三县市边界联防联调大会在保靖县葫芦镇召开，签订《古丈、保靖、吉首三县市六乡镇边界联防联调公约》。

2010年1月，成功调解1起涉铁路损害赔偿纠纷。在火车站食堂工作的古阳镇太坪村村民向某在横越排口火车站内铁道时，不幸被飞驰而来的火车撞死。太坪村村民数十人聚集排口火车站，要求站方赔偿。村民声称若不达目的，就阻断铁路。闻讯后，县司法局领导带领古阳司法所工作人员前往排口火车站进行调解。经过调解，向某家属与排口火车站达成调解协议，获赔13万元。是年，成立县矛盾纠纷调处中心，开展“人民调解化解矛盾纠纷专项攻坚活动”。全年排查矛盾纠纷834起，调解834起，调解成功825起，调解率达100%，调处成功率98.9%。

第四节 安置帮教与社区矫正

1995年11月，启动安置帮教工作。1997年，制定刑满释放解除劳动教养人员安置帮教工作方案，成立帮教机构200个。全县有刑释解教人员203人，其中刑满释放人员129人，解除劳教人员74人。安置163人。其中城镇回原单位就业10人，农村落实责任田土127人，自谋职业16人，过渡性安置10人。

1999 年，16 个乡镇建立安置帮教工作站。县司法局对刑释解教人员进行全面调查摸底，以村造册，建立档案。开展“1+1”结对帮教，1 个刑释解教人落实 1 名党员或干部帮教。开展“无刑释解教人员重新犯罪”乡镇创建活动。全县 196 名刑释解教人员中安置就业 182 人，安置率 92.9%，重新犯罪 2 人。

2002 年，90 名刑释解教人员逐一登记造册，实行县、乡、村三级建卡管理和“三帮一”帮教（帮教小级 3 人帮 1 个刑释解教人），帮教率 100%，安置率 95%。全县 14 个乡镇 200 个村（居）实现“无刑释解教人员重新犯罪”。

2005 年，全县有刑释解教人员 217 人，其中刑满释放 201 人，解除劳教 16 人。安置帮教小组与刑释解教人员亲属签订帮教责任书。2006 年，县委、政府安排专项资金 5000 元，用于 12 个乡镇安置帮教工作站建设。乡镇安置帮教工作站实现标牌、台账、名册、报表、协议和制度“六统一”。确定劳武化工厂为全县刑释解教人员过渡性安置帮教基地。全县有刑释解教人员 258 人（包括当年新接收 23 人），其中刑满释放 235 人，解除劳教 23 人。落实“三帮一”帮教措施，未发生刑释解教人员重新犯罪现象。

2009 年，建立刑释解教人员信息库，乡镇安帮站建立刑释解教人员管理档案。全年有刑释解教人员 262 人，其中刑释 248 人，解教 14 人。县宏泰电解锰有限责任公司安置刑释解教人员 35 人。

2010 年，全县围绕“严格衔接管控、落实帮教措施、引导促进就业”3 个环节开展刑释解教人员安置帮教工作。年内有刑释解教人员 317 人 . 其中刑释 303 人，解教 14 人。是年，全县启动社区矫正工作。6 月，开始全县社区矫正对象调查摸底。全县社区矫正对象（被处管制、缓刑、假释、暂予监外执行、单处剥夺政治权利 5 类人员）44 人。

第五节　法律服务

一、公证业务

1986 年，办理各类公证事项 1024 件，其中经济类 1016 件（默戎、罗依溪两镇草烟扶贫借款合同公证 696 件），民事类 8 件，实现业务收费 2265 元。接待来信来访 189 人次，拒绝办理不合法公证 21 件。

1989 年，县政府批转县司法局《关于部分经济合同必须办理公证的报告》，规定以下 4 类经济合同必须办理公证：合同标的在 5 万元以上的建筑合同；合同标的在 3 万元以上的购销合同；合同标的在 500 元以上的借款合同；供用电合同。10 月，县政府下发通知，停止计划生育合同公证。全年办理各类公证 536 件，超过州下达任务 85 件，完成收费 5973.5 元。1990 年，开展征缴公路养路费合同公证。

1999 年，因栖凤湖开发、省道 1828 线改造开工，经济合同公证大幅度增加。全年办理经济合同公证 369 件，民事权益公证 12 件，实现业务收费 26518 元。预防、化解矛盾纠纷 5 件，参与经济合同谈判 18 次，为当事人起草、修改合同 20 份。

2001 年，公证收费由行政性收费改为服务性收费。全年办理各类公证 325 件，其中经济合同公证 230 件，民事权益公证 95 件，完成业务收费 3.2 万元。承办公证法律援助 5 件，拒绝不真实不合法公证 5 件，接待来访 168 人次，参与经济合同谈判 14 次，为当事人草拟修改各类合同 50 份，预防化解各类纠纷 20 起。重点公证事项回访率 100%。是年，公证处按照上一自然年度全部公证业务收入总额的 3% 提取本年度公证赔偿基金，按比例上缴中国公证员协会，再由中国公证员协会向中国人民保险公司为每个年检注册公证处投保行业公证责任保险。当年上缴中国公证员协会公证赔偿基金 240 元。

2007 年，县公证处更名为“湖南省古丈县公证处”。

2010 年，办理各类公证事项 73 件，其中经济公证 7 件，民事权益公证 66 件。办理法律援助案件 10 件，接待来访 236 人次，业务收费 19680 元，完成上缴公证赔偿基金 300 元。是年，为全县廉租房分配进行现场公证，为县重点工程田马至野竹、田马至河逢公路改造项目进行协议公证。

二、律师事务

1986 年，律师业务由县法律顾问处承办。当年办理各类诉讼代理 24 件，代写法律文书 171 件，提供法律咨询 20 人次，担任 2 家企事业单位常年法律顾问。

1995 年，县法律顾问处更名为湖南茶源律师事务所。茶源律师事务所成为全县唯一不占国家编制、独立核算的国资律师事务所。1996 年 3 月，茶源律师事务所正式登记开业，有律师 6 人。全年办理各类法律事务 137 件，业务收费 3.8 万元。其中刑事辩护及代理 29 件，经济诉讼代理 20 件，民事诉讼代理 78 件，行政诉讼代理 6 件，非诉讼代理 4 件，担任 22 家企事业单位常年法律顾问，为国家、集体和个人挽回经济损失 200 万元，避免经济损失 400 万元。

2008 年，茶源律师事务所整体转制为合伙制律师事务所，拥有执业律师 3 名。全年办理各类案件 29 件，代写法律文书 187 件，提供法律咨询 320 人次，调解纠纷 48 件，担任 19 家企事业单位常年法律顾问。

2009 年 3 月，律师事务所挂牌成立县优化经济发展环境律师服务中心，开展“法律服务牵手重点工程”活动。全年承办各类案件 94 件，其中承办刑事案件 49 件（包括刑事法律援助案件 4 件），民事案件 39 件，行政案件 2 件，民事法律援助案件 2 件，非诉讼法律援助案件 2 件；代理非诉讼法律事务 13 件，解答法律咨询 300 件，免费代写法律文书 10 件，为 15 家单位担任常年法律顾问，完成业务收入 14.75 万元，为顾问单位及公民个人挽回经济损失 1000 万元。

2010 年，给全县基层公务员上培训课 8 天，培训 800 人。承办各类案件 101 件，其中承办刑事案件 30 件（包括刑事法律援助案件 3 件），民事案件 53 件（包括民事法律援助案件 3 件），行政案件 3 件，代理非诉讼法律事务 15 件，解答法律咨询 300 人次，免费代写法律文书 12 件，为 15 家单位担任常年法律顾问。全年完成业务收入 28.78 万元。

三、司法鉴定

1986 年，全县司法鉴定业务由公安局、检察院、法院 3 个部门司法鉴定人员负责。司法鉴定人员在完成本部门司法鉴定业务任务时，还面向社会从事司法鉴定业务。2006 年，司法鉴定管理体制改革。司法鉴定业务统一由县司法局管理。县公安局、检察院、法院不再接受委托从事社会司法鉴定服务。2007 年 11 月，经湖南省司法厅核准登记，成立湘西州（古丈县）红石林司法鉴定所。红石林司法鉴定所由县新城医院投资组建，有司法鉴定员 8 人。包括高级专业医技人员 2 人，中级专业医技人员 6 人，还聘请公、检、法资深法医兼职。

2008年，出具司法鉴定书37份，其中轻微伤21份，轻伤7份，重伤3份，伤残等级6份。2009年，出具司法鉴定书 48 份，其中轻微伤 26 份，轻伤 9 份，重伤 4 份，伤残等级 9 份。全年无错误鉴定。

2010 年，断龙山乡猛虎洲村村民彭某被不法分子砍伤上肢、背部、臀部多处，在县人民医院治疗，花光家里全部积蓄，拿不出钱做伤情鉴定。红石林司法鉴定所了解到这一情况后，及时提供法律援助，免费给彭某出具轻伤司法鉴定书，为维护彭某合法权益、惩治犯罪嫌疑人提供有力证据。全年出具司法鉴定书 53 份，其中轻微伤 28 份、轻伤 12 份、重伤 3 份、伤残等级 10 份。全年无错误鉴定。

四、基层法律服务

1986 年，全县基层法律服务业务由各乡镇司法办公室负责。1990 年，全县设立 7 个乡镇法律服务所，办理有偿法律服务业务。1993 年，有注册基层法律工作者 7 人，当年办理法律服务业务 130 件，为公民、法人及其他组织挽回经济损失 24.8 万元，避免经济损失 211 万元，宣讲法律 18 场次。

1997 年，全县 5 个法律服务所为 20 家企事业单位担任常年法律顾问，协办公证 20 件，完成诉讼代理和非诉讼代理 83 件，代写法律文书 148 份，为企事业单位挽回经济损失 45.4 万元，避免经济损失 7.2 万元。1999 年，县司法局开通“148”法律服务专线（司法行政机关设立的法律服务专线电话号码，取名来源于“要司法”谐音），提供法律咨询，受理矛盾纠纷。

2002 年，卫权法律服务中心担任 11 家企业常年法律顾问，承办诉讼、非诉讼案件 67 件，代写法律文书 68 份，协办公证 8 件。2006 年，卫权法律服务中心全年代理诉讼案件 26 件，办理非诉讼 4 件，调解纠纷 1 件，办理法律援助 7 件，业务收费 1.2 万元。

2010 年，卫权法律服务中心更名为卫权法律服务所。服务所全年代理诉讼案件 53 件，办理非诉讼事务 5 件，调解纠纷 15 件，解答法律咨询 331 人次，办理法律援助 8 件，为当事人挽回经济损失 56 万元，业务收费 2 万元。

第六节　法律援助

1997 年，县内开始办理法律援助案件。当年，茶源律师事务所办理法律援助案件 3 件。

2002 年，县法律援助中心成立，办理法律援助案件数量增多。当年办理法律援助案件 15 件，为受援人减免收费 8000 元。2006 年，县内各乡镇设立法律援助工作站，法律援助业务延伸至乡镇。当年办理法律援助案件增至 65 件。古阳镇柑子坪村鲁某，曾是抗美援朝军人，膝下 1 子 2 女不尽赡养义务。老人申请县法律援助中心提供法律援助，将其两个子女告上法庭。法律援助中心律师在办理此案时，多次走访老人子女，要求他们主动履行赡养老人义务，均被拒绝。案件开庭时，承办律师陈述案情时，旁听者无不动容。县人民法院判决被告承担赡养费。

2008 年，县法律援助中心加强宣传，探索人民调解、公证法律援助等法律援助方式。全年为当事人办理诉讼法律援助 110 件，其中刑事辩护 8 件，民事代理 102 件，非诉讼代理援助事项 95 件，解答法律咨询 690 人次。

2010 年，县政府将法律援助列入为民办实事项目。全年为困难群众提供免费法律援助 105 件。古阳镇广场社区向某夫妻均为重度残疾人，宅基地被侵占。夫妻二人为维护合法权益，历经 12 年共 6 次诉讼仍然没有得到解决。法律援助中心指派工作人员免费为向某夫妻向县人民法院提出申诉。经法院调解，向某夫妻收回宅基地。

第六章　军　事

第一节　军事机构

一、县人民武装部

1986 年 5 月，中国人民解放军古丈县人民武装部划归地方建制，受吉首军分区和县委双重领导，由正团级改为副团级，内设军事科、政工科、后勤科。1988 年 5 月，增设办公室。1996 年 4 月，县人民武装部收归军队建制，恢复为中国人民解放军湖南省古丈县人民武装部，由副团级改为正团级，撤销办公室，内设军事科、政工科、后勤科，受吉首军分区和县委双重领导。至 2010 年不变。

1988 年 4 月，县人民武装部被国务院评为“全国民族团结先进集体”。1994 年 7 月，被国防部评为“廉洁征兵先进单位”。1997 年 10 月，被湖南省政府、湖南省军区评为“征兵工作先进单位”。2001 年 3 月，被总参谋部评为“民兵武器管理工作先进单位”。2009 年 8 月，被国防部评为“全国征兵工作先进单位”。2009 年 12 月，被湖南省军区评为“全面建设先进团级单位”。

1986—2010 年古丈县人民武装部领导一览表

表 9-3

职务	姓名	籍贯	任职时间
部长	林根忠	湖南永州	1983.9—1986.1
	钟以品	湖南桑植	1986.1—1990
	杜修国	湖南桑植	1990—1994.9
	梁世华	湖南古丈	1994.12—2000.3
	阎北云	湖南桃源	2000.3—2002.5
	罗哲春	湖南永州	2002.5—2006.2
	杨民主	湖南湘阴	2006.2—2009.2
	孙　勇	湖南常德	2009.2—2013.4
	彭计划	湖南桑植	1985.5—1988.5
政委	傅少祥	湖南张家界	1988.5—1990.7
	钟以品	湖南桑植	1990.7—1998.5
	肖永柒	湖南长沙	1998.5—1999.3
	周贤德	湖南保靖	1999.3—2003.3
	刘建中	湖南常德	2003.3—2007.2
	刘干荣	湖南益阳	2007.2—2011.3
	刘干荣	湖南益阳	2007.2-2011.3

二、基层人民武装部

1984 年，全县有 18 个基层人民武装部，包括 16 个乡镇（场）武装部，1 个县直机关武装部，1 个企业（县水泥厂）武装部。各基层武装部编配武装部长 1 人，负责本辖区或本单位的民兵组织整顿、军事训练、政治教育、年度征兵、综治联防、应急处突、两个文明建设等工作。基层武装部长进同级党委班子，受同级党委、政府和县人民武装部双重领导。2006 年，全县乡镇调整至 12 个，设立乡镇人民武装部 12 个，县直机关武装部 1 个，企业（卓良木业）武装部 1 个，共 14 个基层人民武装部。至 2010 年不变。

三、武警古丈县中队

1986 年，中国人民武装警察部队古丈县中队隶属于中国人民武装警察部队湘西土家族苗族自治州支队领导。1990 年、1992 年，县武警中队被武警湖南省总队评为达标先进中队。1997 年，被武警湖南省总队评为落实纲要先进中队。2001—2002 年，连续两年被湖南省总队评为先进中队。2003 年，被武警湖南省总队评为标兵中队。1987—2010 年，22 人荣立三等功，1 人荣立二等功；2 次荣立集体二等功，协助公安机关成功完成 30 起追捕、处决任务。

第二节　兵　役

一、兵役登记

1986—1998 年，实行义务兵役制为主体、义务兵与志愿兵相结合的兵役制度。征兵主要对象是年满 18 ~ 21 岁的男性、女性公民。每年 12 月 31 日前年满 18 周岁男性公民，在 9 月 30 日前，按照当地兵役机关安排，进行兵役登记，登记后经初步审查合格者为应征公民。

1999—2010 年，实行义务兵与志愿兵相结合、民兵与预备役相结合的兵役制度。缩短义务兵服役期限，陆军由 3 年改为 2 年，海军和空军由 4 年改为 2 年，并推行士官制度，三级士官退出现役后，作转业安置。士兵退出现役时，符合预备役条件的，由部队确定服预备役，回到本人居住地后，到当地兵役机关办理预备役登记手续。

二、兵员征集

1986 年，县委、县政府将征兵工作列入政府目标管理，成立以常务副县长任组长，县人民武装部部长、政委任副组长，县委办副主任、县政府办副主任等为委员的领导小组，下设征兵办公室。实行春、冬季每年两次征兵。1991 年，实行冬季每年一次征兵。

2008 年，征集对象以高中（含职高、中专、技校）毕业以上文化程度青年为主，同等条件下，优先征集高学历青年和应届毕业生，特别是普通高等学校应届毕业生入伍。征集农业户口青年，应具备初中毕业以上文化程度。征集女青年，为普通高中应届毕业生、全日制普通高等学校应届毕业生及在校生。适龄青年必须在本人常住户口所在地应征，经政治审查、体格检查合格并符合其他征集条件的，由县政府征兵办公室批准入伍。军龄从征兵办公室批准入伍之日算起，服义务兵年限为 2 年。至 2010 年，县政府征兵办公室已实现 35 年无责任退兵，两次受到国防部通报表彰。

第三节 民 兵

一、民兵组织

1986年，民兵整组与兵役登记、退伍军人预备役统计核对、确定参训对象同时进行。1989年，县人民武装部对专武干部和民兵营长进行业务培训，调整年龄老化或不适应做民兵工作的民兵营长，配专武干部16人、民兵营长180人，将民兵组织实力、退伍军人预备役统计、国防潜力调查统计、民兵营长名册和地方与军事专业对口人员名册等6种资料汇集成册，分类建档。

1990年，开展国防动员潜力调查。重点抓好专武干部，民兵应急分队、专业技术分队和对口专业技术分队等队伍建设。1999年，建立古丈县民兵应急分队独立连，由县直有关单位民兵预备役组成。

2008年，根据湘西州“十一五”期间后备力量规划，进行民兵整组。成立民兵应急连，编制乡镇民兵应急排。另设防空作战分队、勤务保障队伍、抗洪抢险分队、森林防火分队、步兵分队。

二、民兵训练

政治教育 1986年，县人民武装部在对机关干部职工和全县民兵预备役人员中开展“坚持四项基本原则、反对资产阶级自由化”教育。

2000年4月，召开全县民兵政治工作现场会，制定《古丈县民兵预备役政治工作三年规划》。2004年，结合纪念邓小平同志100周年诞辰活动，组织全县广大民兵预备役人员广泛开展邓小平理论、“三个代表”重要思想、中共十六大精神政治理论学习。在全县民兵预备役中开展理想信念教育。

军事训练 1986年，县人民武装部主要负责培训民兵营长、基干民兵连、排长和教员。乡镇、企业武装部负责培训基干班长。对军事基础较差的民兵干部，以学射击、投弹、单兵攻防战术科目为主；对军事技术较高的民兵干部，多采取“以会代训”方法进行集训，主要学会本级战术，统一训练科目。基干民兵训练时间最少14天，最多20天。立足当时装备，着眼打仗需要，步兵分队主要突击射击、投弹、单兵战术的训练，使其会使用手中武器，会利用地形地物，会执行战斗任务。

2003年8月，成立民兵集训队。2006年6月2日，组织一次冲锋舟操作手培训。通过一周理论学习和实际操作培训，6个乡镇、厂矿基干民兵参训。

2007年，县人民武装部按一兵一职落实人员，重点抓好应急分队、勤务保障队伍和其他队伍整编组，把退伍军人、地方与军事专业对口的各类技术人员编入民兵组织，着力解决有组织无兵员、有兵员无组织、一兵多职交叉编组、素质不高、管理不经常、专业不对口等问题，加强民兵应急常驻分队建设。按照《古丈县2007年防洪预案》，组织民兵防洪应急分队，准备防洪彩条布3000平方米，砂卵石2000平方米，编织袋6000条，进行防洪演练。

2010年，在基干民兵军事训练上，坚持依法治训，因材施教，不偏训，不漏训，确保“人员、时间、内容、效果”四落实。据统计，先后分两期训练基干民兵，圆满完成年度训练任务。6月，县民兵防空作战分队在县城进行15天军事训练。7月，县民兵抗洪抢险分队先后在县民族中学和罗依溪码头进行军事训练15天。

三、重大活动

1990年6月，坪坝乡张家坪村背后山体严重断裂，裂缝长达200米，并出现滑坡和泥石流，两栋楼房被淹没。吉首军分区司令员彭楚政带领县人民武装部干部职工，组织当地民兵抢险队，转移400名村民脱险。1993年，县人民武装部组织民兵护村、护校、护店、护林队186个，治安联防队

34个。

2006年3月，县人民武装部带领民兵参加五里坡植树活动。5月，县人民武装部组织民兵应急分队80人，配合公安部门在古丈火车站、古丈汽车站和码头等交通要道维护治安秩序。同年，国庆节期间，县人民武装部组织民兵120人，在全县汽车站、码头、火车站、旅游景区进行安全巡逻，配合县交警队处理交通安全事故2起，配合公安派出所处理安全纠纷3起。

2010年1月，县人民武装部带领民兵150名，赶赴古阳镇五里坡扑灭山火。6月，县人民武装部带领民兵应急分队220人，到岩头寨镇组织抗洪抢险活动，疏通6个村共32处公路塌方，转移群众1300人，挽回经济损失450万元。7月，县人民武装部组织民兵应急分队200人赶赴坪坝乡特大暴雨（降雨量209毫米）受灾村庄，协助当地政府疏通道路28处，转移群众1300人，挽回经济损失350万元。

第四节 国防教育 拥政爱民

一、国防教育

1989年，县国防教育由征兵宣传转变为以“三热爱”（热爱中国共产党、热爱社会主义祖国、热爱人民军队）教育为主的国防知识、法规和理论教育。l990年，举办国防教育演讲和国防知识有奖竞赛。县直机关50名科级以上干部参加国防知识竞赛。县委批转县国防教育办公室《关于全县全民国防教育的意见》。县委宣传部、县教委、县民政局、县文化局、县广播电视局、团县委、县妇联等部门把国防教育作为本部门、本单位重要工作来抓。学校国防教育受教育面达到100%。在春、冬两季征兵工作中，全县各族群众国防教育受教育面达75%以上。1991年，县国防教育委员会成立，全县212所学校、l01个村成立国防教育领导小组。1994年，全县l6个乡镇场全部实现国防教育办事机构、场地、经费、活动四落实。古阳镇中心完小开办少年军校。

1997年，全县先后整顿恢复“青年民兵之家”“民兵联户学习室”2207个，选派现役军人3人对40名高一新生进行军事训练。1998年，开办国防知识讲座，组织党政机关、企事业单位的负责人过“军事日”。组织干部群众10000人参加“国防法规知识竞赛”。至2000年，全县中小学将国防教育列入教学范围，设国防教育辅导员，指导学生开展国防教育活动，把军训列入必修课。

2007年，坚持领导干部国防教育“三个纳入”（纳入政治理沦学习计划、纳入培训计划、纳入评先评优）。在高一新生中开展为期1周的军事训练。组织学生学习《中华人民共和国国防教育法》。宣传部、政府办被评为关心国防建没“双十佳”单位，古阳镇人民武装部等3个乡镇人民武装部被评为“国防教育工作先进单位”。2008年，县委学习中心组每季度安排1堂国防教育课，全年安排4堂国防教育课，受教育领导干部人数达320人次。出两期国防教育宣传板报并参加吉首军分区年终评比，荣获第一名。组织干部职工到永顺县塔卧镇革命教育基地，接受革命传统教育。组织机关全体人员观看《走向和谐》国防教育专题片。在县委党校中青班开展两次专题国防教育活动，受教育人数120人次。在民兵军事训练中，要求对民兵预备役人员上国防教育专题课，受教育民兵人数350人次。

2010年，开办国防教育专栏4期，发送国防教育短信5000条，上国防教育课20场次。组织人民武装部机关全体人员和全县专武干部收听收看中央3台庆祝建军83周年“我是一个兵”国防教育晚会。

二、拥政爱民

1986年，县人民武装部召开转业、复员、退伍军人和烈军属座谈会，教育官兵发扬拥政爱民光荣传统，尊重地方干部群众，增强军政军民团结。

1988 年，县人民武装部被评为“全国民族团结先进单位”。

1994 年 12 月，县武警中队政治指导员石素军带领 12 名战士到县城街道铲雪，疏通阻塞车辆，确保春节平安。1995 年 5 月，中队长陈跃辉带领 15 名战士协助县水利部门疏通古阳河道，确保河道安全。1997 年，县人民武装部被湘西州委、州政府评为“军民共建先进单位”。

2004 年 12 月，县某建筑公司一包工头因拖欠民工工资，其 5 岁小孩被两名民工绑架，藏匿在花垣县民乐镇一带，勒索赎金两万元，县武警中队 6 名官兵同公安干警赴花垣县成功抓获两名犯罪嫌疑人，救出人质。

2006 年 11 月 5 日，县武警中队指导员成功制止古丈汽车站附近一起持刀群殴事件。2007 年 7 月，全县发生特大洪灾，县人民武装部组织 10 支民兵应急分队进行抗洪抢险，转移群众 15800 人，挽回经济损失 5000 万元。

2008 年，县人民武装部为扶贫村岩头寨乡白竹小学协调资金 30000 元，改善村小办公教学条件，修建通村公路 5 千米。筹集资金 40000 元，资助贫困大中学生 5 名。8 月，县人民武装部联系长沙医疗单位专家教授，到扶贫村送医送药。9 月，县人民武装部干部职工和广大民兵预备役人员，为汶川大地震灾区捐款 5000 元、衣被 200 件。2009 年，为县城红星小区、会展中心等基础设施建设协调资金 80 万元。政委刘干荣亦为县里协调教育资金 100 万元。

2010 年，县人民武装部积极开展军民共建活动，协助地方做好部分军队退役人员思想工作。发动并组织民兵预备役人员 700 人参加平安创建活动，积极维护社会治安。组织民兵预备役人员 5000 人次参加湘西州“八百里绿色行动”，沿省道 S229 两侧栽种风景树，打造八百里绿色长廊古丈路段。8 月，县人民武装部机关全体人员对甘肃舟曲特大山洪泥石流灾区捐款 12000 元。12 月，看望慰问 15 户生活困难退伍军人，每户发放慰问金 1000 元。

第十篇　编制　人事
劳动　民政

第一章　机构编制管理

1986 年，古丈县编制委员会办公室有工作人员 3 人。1994 年，更名为县机构编制委员会，与县委组织部合署办公。1995 年 11 月，加挂事业单位法人登记办公室牌子，核定行政编制 4 名。2001 年，县机构编制委员会更名为机构编制委员会办公室（县编办），加挂事业单位登记管理局牌子（两块牌子一套人马）。2002 年 3 月，县编办设综合室、事业单位登记管理办公室，核定行政编制 6 名，实有工作人员 6 人。2010 年，县编办内设机构、人员编制不变。

1986—2010 年，历任县编委（办）主任：朱新秋（兼）、龙安保、刘顺怀、张耀汉、彭辉。

第一节　机构编制

1986年，古丈县辖11个乡、4个镇、1个乡级林场。180个建制村，990个村民小组，4个居委会，11 个居民小组。1987 年，县编委负责工资基金管理的行政事业单位及附属单位、企业行政管理机构 234 个，干部职工 2348 人。

1992 年，全县机关事业单位编制 3984 人。其中，副局级及以上机构 43 个。

1994 年，进行机构、人员编制、经费来源清理调查。1995 年，机构改革。县直党政群行政编制减少 33 名，内设机构减少 17 个，领导职数减少 40 名。

2001 年，全县实行机构改革。县直党政机关从 52 个减少至 47 个，精简 9.6%；人员编制从 430 名减少至 330 名，精简 23%。21 个具有行政职能的事业单位编制由 228 名减少至 205 名，精简 10%。政法单位编制由 141 名减少到 127 名，精简 10%。15 个乡镇行政编制由 261 名减少到 209 名，精简 20%。171 个乡镇事业站所减少至 126 个，精简 26%；人员编制由 510 名减少到 379 名，精简 26%。

2003 年，对中小学教职工核编定岗，共精减人员 177 人，分流 183 人，其中，提前离岗 162 人，因病离岗 21 人。在调整事业单位布局中，有 7 个事业单位被撤销或转为企业，核减编制 115 人。

2005 年，完成乡镇机关事业单位机构设置和编制核定。2006 年，全县 15 个乡镇调整为 12 个，并确认乡镇类型。二类乡镇为古阳镇；参照二类乡镇为红石林镇、岩头寨乡；三类乡镇为罗依溪镇、默戎镇、断龙山乡、高峰乡、坪坝乡、山枣乡、河蓬乡、双溪乡；四类乡镇为高望界乡。乡镇机关领导职数二、三类乡镇配置 9 名，四类乡镇配 7 名。全县乡镇机关行政编制 222 名，按 10% 精减至 200 名；乡镇机关后勤服务人员事业编制仍核定 15 名，实行聘用制管理；乡镇司法所仍使用 15 名政法专项行政编制；乡镇财政所按行政编制 40 名核定，原使用 21 名事业编制全部核销。

2009 年，全县县直党政群机关编制 458 名，乡镇及财政所编制 294 名，公检法司机构编制 317 名，转体事业单位编制 122 名，事业单位编制 3622 名，有在职人员 4390 名。2010 年，全县进行政府机构改革，政府工作部门调整为 21 个。

第二节　机构改革

1994 年，机构改革，调整县直党政群机构。县监察局与县纪律检查委员会合署办公，两块牌子，一套人马；县信访办公室作为县委、县政府信访工作的议事协调机构予以保留，机构级别不变。县直机关事业单位撤销合并 7 个，转为经济实体单位 4 个，更名机构 10 个，新设机构 1 个。

2001 年 10 月，机构改革。县委设置机构 7 个，部门管理机构 3 个，政府工作部门 20 个。县委机构有县纪律检查委员会、县委办、县委组织部、县委宣传部、县委统战部、县委政法委、机构编制委员会。县政府工作部门有政府办公室、发展计划局、经济贸易局、教育局、科学技术局、公安局、监察局（不计机构个数）、民政局、司法局、财政局、人事局、劳动和社会保障局、国土资源管理局、建设局、交通局、水务局、农业局、林业局、卫生局、计划生育局、审计局。行政机构转为承担行政职能的事业单位有县粮食局、县乡镇企业局、县文化局。

2010 年，机构改革。县政府工作部门调整为 21 个，即县政府办公室、发展和改革局、经济和信息化局、教育局、公安局、监察局（不计机构个数）、民政局、司法局、财政局、人力资源和社会保障局、国土资源局、住房和城乡建设局、交通运输局、水务局、农业局、林业局、卫生局、人口和计划生育局、审计局、环境保护局、安全生产监督管理局、食品药品监督管理局。

第三节　编制管理

1987 年，县编委着手全县机构和人员编制调查清理。1990 年，全县共清理出未经批准擅自设立机构 89 个，非正式人员 670 人。

1991 年，全县党政机关、事业单位实行统一代码标识制度。1993 年起，实行核编准调制度。党政群机关及事业单位人员调配，转正、副科级领导调整一律实行核编准调。由调入单位到编委领取《申请调入行政、事业单位人员核编表》，经编委批准后，组织、人事部门凭核编表研究办理有关调动手续。被录用或调入人员凭组织、人事部门介绍信到编委开具核编通知单。无核编通知单，人事部门不得办理工资基金，财政部门不得拨付工资。

1995 年，县直机关机构改革实行“三定”（定职能、定内设机构、定人员编制），妥善安置机关分流人员，县直党政群行政编制减少 33 名，内设机构减少 17 个，领导职数减少 40 名。1997 年，全县事业单位实行年申报登记制度。年底，完成 561 个事业单位申报登记。1998 年，全县 15 个乡镇清理出临时雇请人员 365 人。

2001 年，县企业局、粮食局、文化局等转为事业单位。全县分流 169 人，办理提前离岗手续 70 人、提前退休 2 人，97 人无大专学历人员实行学历教育后再上岗。16 个单位中层干部实行竞争上岗。经清理回收空编 27 名，防止财政供养人员增加。2003 年，对中小学教职工核编定岗，共精减人员 177 人，分流 183 人（其中提前离岗 162 人、因病离岗 21 人）。2004 年，7 个事业单位被撤销转为企业，核减编制 115 名。2005 年，组织拟定县行政区划调整组织、人事、机构编制方案，核定乡镇机关事业单位机构设置和编制。2006 年，对全县乡镇机关事业单位进行设置调整，完成乡镇机关“三定”工作。通过对全县机构编制清理检查，清理出各类临聘编外人员 276 人。

2010 年，全县行政事业单位建立机构编制信息电子台账和人员编制异动电子管理台账，实行机构编制实名制登记。

第二章 人 事

1986年，古丈县劳动人事局负责全县人事管理工作。1989年4月，撤销县劳动人事局，分设县人事局、县劳动局。县人事局内设办公室、干部股、职位职称股、工资福利股，定编12名，实有工作人员12人。1995年，全县推行公务员制度，举办公务员过渡培训，被评为全省“公务员过渡培训先进单位”。1996年1月，成立县机关事业单位社会保险管理所（机关社保所）。1996年、1997年，两次被评为全省“人事工作先进单位”。1999年1月，建立全县人才信息数据库，被评为湘西自治州“文明建设先进单位”。2000年，收集机关、事业、企业单位5063名人才信息数据。其中，收集下岗专业技术人员173人、待岗中专毕业生457人以及农村实用人才632人的信息数据。是年，被评为全州“文明建设标兵单位”。2001年，人事工作实行目标管理，被评为全州“人事工作目标管理二等奖”。2002年3月，机构改革，内设局办公室、公务员管理股、专业技术人员管理股、工资福利股、纪检（监察）室，行政编制8人，后勤编制1人，人才交流培训中心事业编制5人。机关社保所更名为县机关事业单位社会养老保险中心（机关社保中心）。2003年，增设人事争议仲裁股，核定事业编制1人。2010年，县人事局内设5个股室不变，工作人员15人。

1986—2010年，县人事局（劳动人事局）历任局长：李世文、袁灿、宋清富、张耀汉、叶永青、周方规、向上。

第一节 干部队伍

1986年，全县新录用干部主要由统招统分大中专院校毕业生、军人转业以及选拔招录优秀工人、青年村干、社会知识青年3部分构成。是年，全县干部1385人。其中党政机关干部693人，事业单位干部433人，企业单位干部259人。男性1115人，占80.5%；女性270人，占19.5%。中共党员564人，占40.7%。少数民族干部862人，占62.2%。大专以上学历176人，占12.7%；中专（高中）学历900人，占65%；初中以下学历309人，占22.3%。35岁以下645人，占46.6%；36～45岁345人，占24.9%；46岁以上395人，占28.5%。

1988年，干部人事制度改革，招聘乡镇干部，录用民办教师为公办教师。

2003年12月，实行人才分类（党政人才、企事业经营管理人才、专业技术人才）管理。是年，启动技师等级考试制度。2006年，把党政机关、企事业单位工勤人员纳入人才管理范畴。

2010年，全县党政机关公务员1296人，其中女性388人，占29.94%；中共党员982人，占75.77%；少数民族1158人，占89.35%；研究生学历18人，占1.39%；大专以上学历1096人，占84.57%；中专（高中）学历92人，占7.10%；初中以下学历90人，占6.94%；35岁以下262人，占公务员总数的20.21%，36～45岁451人，占34.80%；46岁以上583人，占44.98%。全县事业单位工作人员3105人。其中，职员1019人，占32.8%；专业技术人员2626人，占84.6%；工勤人员310人，占10%；中共党员1765人，占56.8%；少数民族2767人，占89.11%；研究生学历45人，占1.45%；大专以上学历2485人，占80.03%；中专（高中）学历302人，占9.73%；初中以下学历273人，占8.79%；35岁以下653人，占21.03%；36～45岁1119人，占36.04%；46岁以上1333人，占42.93%；女性专业技术人员1126人，占36.26%；高级职称148人，占4.77%；中级职称956人，占30.79%；初级职称1522人，占49.02%。

第二节　干部来源

一、招聘

1986年，从年轻村干部中招聘合同制乡镇干部2名。1987年，从农村优秀青年中招聘合同制乡镇干部16名。

1988年，从村干部中招聘乡镇干部18名。1989年，从社会知识青年中招聘乡镇财税干部23人，乡镇干部35人。1990年，招聘乡镇干部45人。1991年，招聘乡镇干部40人。1992年，招聘乡镇干部12名。1993年，招聘乡镇干部19人。1996年，县教育局、卫生局、工商局、经管科等单位招聘21名基层合同制干部。1997年，改革人事制度，推行企事业干部聘用制。1998年9月，事业单位管理岗位或专业技术岗位工人转为聘用制干部。全县经考试考核过渡为聘用制干部215人。2000年，新进事业单位人员一律实行聘用制。原在事业单位管理岗位上具有中专以上学历的“以工代干”或“以工代技”人员全部纳入聘用制干部管理范围。是年，转聘为聘用制干部113人。2005年，事业单位公开招考工作人员19人（其中复员退伍军人12名），招录聘用制干部213人。2007年，7个事业单位共公开招考聘用17人（复员退伍军人8人）。2008年，7个事业单位共公开招考聘用42人。2009年，全县15个事业单位招聘工作人员49人。

2010年，公开招聘医疗卫生等事业单位职位16个，工作人员30人。

二、录用

1993年，实行考试考核录用党政机关干部。是年，从社会知识青年中录用机关干部109人。1994年，从优秀青年农民中录用干部12人。1996年，从乡镇招聘干部中录用公务员17人，从机关工人中录用公务员26人。1997年，从招聘干部和工人中录用公务员85人，事业单位工人录用为聘用制干部26人。1998年，从招聘干部中录用50人，从机关事业单位工人中录用聘用制干部26人（复员退伍军人安置11人）。1999年9月，从机关事业单位工人中录用事业单位聘用制干部271名。2000年，从优秀工人中录用事业单位聘用制干部14人。2001年，录用在基层工作满3年大学生为公务员14人、聘用制干部16名。2003年，经公开考试考核录用国家公务员15人。2004年，录用在基层工作满3年大学生为公务员30人、录用事业单位聘用制干部20人。2005年，录用公安、法院和乡镇机关公务员11人。2006年，全县录用公务员14人。2009年，录用乡镇公安、森林公安等机关公务员19人。2010年，录用公务员11名。

三、招考

1987年，从民办教师中招考公办教师52人。1991年，招考干部实行笔试与面试相结合。1995年，制定《古丈县关于机关补充工作人员实行考试录用办法的通知》，机关单位补充主任科员以下非领导职务公务员面向社会公开招考，择优录用。招考按“申报计划、发布简章、报名、笔试、面试、体检和全面考核”七个程序进行。1998 年，事业单位补充工作人员实行公开招考，通过笔试、面试、体检、考核等程序选拔优秀人才。

2001 年，全县 31 名民办教师经招考全部转为公办教师。2002 年，公务员招考由湖南省公务员主管部门统一组织实施，省、市（州）、县、乡四级联考，全省统一制卷，统一笔试，由省划分数线。2004 年，公开招考事业单位工作人员 13 人。

2005 年，全县事业单位招考工作人员 19 人（复员退伍军人 12 人）。2010 年，从大专以上毕业生中招考机关公务员 9 人，招考事业单位工作人员 24 人。

四、大中专毕业生分配

1986 年，全县大、中专毕业生实行统一分配安置。是年，分配在党政机关企事业单位 80 人。1989 年，大、中专毕业生由县计划委员会分配安置，人事局办理人事工资和上岗培训。是年安置 47 人，其中，事业单位 20 人。

1997 年，新入学的大、中专毕业生不再统包分配，就业安置实行双向选择。1999 年，全县从尚未分配的统招统分大中专毕业生中选拔优秀人才到农村基层工作，经公开考试选拔、考核体检，筛选 30 人到农村基层工作，暂不进编，3 年后经考核择优录用。2008 年，把 1997 年前统招统分尚未分配的 96 名大、中专毕业全部分配到县直事业单位和乡镇站、所，统招统分工作全面终结。2010 年，分配选调生到乡镇工作 5 人。

五、军队干部转业安置

1986 年，安置军队转业干部 2 人。1987 年，安置军队转业干部 3 人，其中安置在乡镇司法所 1 人，安置在企业 2 人。1988 年，安置军队转业干部到县直机关 2 人。2000 年，安置军队转业干部到县农业银行、县烟草公司各 1 人。2004 年，安置军队转业干部到县国土管理局 1 人。2006 年，安置军队转业干部到坪坝乡政府 1 人。2009 年，安置军队三级士官转业 7 人。

第三节　干部管理

一、管理权限

1986 年，全县副科级以上干部由县委管理，科员以下干部由县人事局管理。1990 年，县委书记、副书记、纪委书记，县政府县长、副县长，县委组织部长、宣传部长、统战部长、政法委书记，县人民法院院长、县人民检察院检察长和其他享受副县级以上待遇干部由州委管理。县委组织部副部长、纪委副书记，县监察局局长、县人事局局长、县财政局局长、县审计局局长，乡镇党委书记和乡镇长任职报州委审批备案。国有企业高层管理人员由县委、县政府管理，中层干部由企业单位自行管理。党群系统和县人大、县政协一般干部，由县委组织部管理；县政府系统一般干部，由县人事局管理。乡镇一般干部由县委组织部、县人事局共同管理。县管干部编制统一由编办（委）管理。后备干部由县委组织部统管，各有关单位协管。离休干部由县老干部工作局管理，原离休单位协管。退休干部由县人事局管理，原退休单位协管。专业技术干部任行政职务的按管理权限管理，无行政职务的干部由县人事局主管、各有关单位协管。

二、任免调配

1986 年，一般干部调动，由县人事局提出方案，常务副县长审批，方可办理调动手续。股级干部由县人事局任免，政工、人事股长由县委组织部任免。跨县或跨省调动，按干部管理权限报批，分别由县委组织部和县人事局办理调动手续。是年，全县调配 57 人，其中调入 7 人，调出 9 人。

1988 年，党政机关和事业单位新提拔的副科级实职干部，实行一年试用期制度。是年，调动干部 165 人。

1996 年，股级干部由主管委、办、局任免，同等条件下，优先任用少数民族干部和妇女干部。是年，实行干部岗位交流，调配干部 106 人。家庭困难和夫妻分居需调动工作的，由本人申请，县人事局提出方案，经政府常务会议审批后办理调动手续。

2001 年，公务员单位和参照公务员管理单位实行竞争上岗制度。10 月，全县 31 个单位 53 个中层领导职位实行竞争上岗，297 人参加竞争考试。全年县内调配 151 人。

2002 年，公务员（含参照公务员管理人员）、事业单位专业技术人员、企事单位一般管理人员、机关事业单位工人流动调配等需经县人事领导小组审批，由县委组织部和县人事局办理调动手续。2010 年，全县共调配 307 人，其中县内调配 280 人，调出县外 27 人。

1989—2010 年古丈县机关事业单位工作人员调配情况一览表

表 10-1　　单位：人

年份	调配总数	县内调动	调入县内	调出县外	年份	调配总数	县内调动	调入县内	调出县外
1989	68	38	9	21	2000	207	157	11	39
1990	157	127	6	24	2001	171	151	6	14
1991	162	130	9	23	2002	183	143	9	31
1992	108	87	4	17	2003	166	131	11	24
1993	117	85	8	24	2004	185	146	7	32
1994	165	124	12	29	2005	191	154	10	27
1995	110	87	5	18	2006	189	162	12	15
1996	106	77	6	23	2007	56	44	3	9
1997	96	57	13	26	2008	89	67	6	16
1998	208	153	5	50	2009	100	68	9	23
1999	126	115	3	8	2010	307	280	0	27

三、考核奖惩

考核　1994 年，启动党政机关事业单位年终考核工作，考核内容包括德、能、勤、绩四个方面，重点考核实绩。考核时限为一年。行政机关考核等次为优秀、称职、不称职，事业单位为优秀、合格、不合格。考核结果作为工资调整、提拔任用、职务晋升、职务培训的依据。2004 年，乡镇和县直科局级单位党政主要主要负责人实行“一岗五责”工作绩效考评。

2006 年，增加一项考核内容“廉”，机关单位考核等次增加“基本称职”，事业单位增加“基本合格”，2010 年，机关事业单位工作人员参加年度考核 4489 人。其中，党政机关工作人员 1748 人。

1994—2010 年古文县机关事业单位干部年终考核情况一览表

表 10-2

单位：人

年份	党政机关单位						事业单位					
	考核人数	优秀人数	称职人数	基本称职	不称职数	不定等数	考核人数	优秀人数	合格人数	基本合格	不合格数	不定等数
1994	1875	273	1601	0	1	0	1874	279	1595	0	0	0
1995	1201	189	1011	0	1	0	2506	363	2143	0	0	0
1996	2060	294	1764	0	2	0	1949	250	1695	0	4	0
1998	1488	215	1239	0	15	19	2748	321	2405	0	11	11
1999	1518	197	1310	0	3	8	2815	308	2467	0	0	40
2000	1266	156	1104	2	4	0	2987	354	2632	1	0	0
2001	1860	222	1632	2	4	0	2478	293	2185	0	0	0
2002	1865	222	1633	1	2	7	2525	296	2226	1	1	1
2003	1582	214	1350	3	3	12	2872	320	2546	1	0	5
2004	1524	254	1260	1	1	8	3020	307	2676	1	1	35
2005	1610	258	1336	6	2	8	3020	307	2678	0	1	34
2006	1586	257	1323	2	—	4	3003	289	2714	0	0	0
2007	1517	274	1223	4	5	11	2802	310	2471	1	0	20
2008	1548	277	1254	0	1	16	2863	383	2470	0	0	10
2009	1579	277	1285	1	4	12	2898	380	2490	0	1	27
2010	1747	330	1396	2	1	18	2741	344	2382	0	0	15

奖励 1986 年，先进个人由个人总结、民主评选，上报党委政府审批。奖励分为记功、记大功等。是年，评出先进工作者 277 人。其中，给予工资浮动固定、工资浮动晋级、记大功、记功奖励共 68 人。1994 年，全县奖励人员比例控制在 15% 以内。奖励等次分为嘉奖、记三等功、记二等功，记一等功和授予劳动模范。其中记三等功人员占奖励人员的 8%；记二等功人员占奖励人员的 2%；记一等功以上人员由呈报单位逐级上报省政府批准。全县嘉奖以上人员 539 人，其中嘉奖 417 人，记三等功 88 人，记二等功 34 人。2006 年，取消考核连续三年优秀晋升一个级别工资的规定。2009 年，考核连续三年优秀的记三等功。2010 年，全县授奖人员 674 人。其中嘉奖 629 人、记三等功 45 人。

1994—2010 年古文县机关事业单位获奖情况一览表

表 10-3

单位：人

年份	合计	嘉奖	记三等功	记二等功	记一等功	三年续优浮动晋级
1994	539	417	88	34	—	—
1995	534	413	87	34	—	—
1996	518	441	52	25	—	—
1997	537	484	42	11	—	—
1998	535	494	31	10	—	—

表 10-3

年份	合计	嘉奖	记三等功	记二等功	记一等功	三年续优浮动晋级
1999	505	458	38	9	—	—
2000	510	462	40	8	—	—
2001	515	481	32	2	—	—
2002	518	469	38	10	1	—
2003	534	481	43	10	—	—
2004	558	496	46	16	—	—
2005	565	510	42	13	—	—
2006	546	491	44	11	—	取消浮动
2007	653	651	2	0	—	—
2008	695	660	35	0	—	—
2009	657	592	65	0	—	记三等功
2010	674	629	45	0	—	—

惩处　1986 年，机关事业单位工作人员违纪处分为警告、记过、记大过、降级、撤职、开除 6 种。违法的移交司法机关处理。开除处分报上级机关备案。受行政处分期间，不得晋升职务和级别。受处分期间有特殊贡献人员，不受规定时间限制可提前解除处分。是年，全县违纪处分和违法处理 22 人，其中，记大过 2 人，记过 1 人，开除留用察看二年 3 人，开除留用察看一年 2 人，停职停薪二年 1 人，停职停薪四年 1 人，违法 5 人（2 人判刑）。

1991 年，处分 11 人，记过 1 人，行政撤职降级 2 人，记大过 3 人，警告 2 人，撤职 3 人。1992 年，解聘 2 人。1994 年，机关事业单位人员考核定不称职（不合格）降低一个工资级别或一个职务工资档次，连续两年定为不称职（不合格）者予以辞退。2007 年，处分 9 人。其中，行政撤职 3 人，行政降级 1 人，行政记过 1 人，行政警告 4 人。2008 年，处分 14 人，开除 2 人，撤职 3 人，行政记大过 2 人，记过 1 人，行政警告 6 人。2010 年，处分 5 人，记过 1 人，行政警告 4 人。

四、公务员登记

1997 年，颁发公务员证 524 人。2001 年 8 月，全县公务员管理单位建立“公务员台账”。2007 年 3 月，对全县七大类别 55 个机关单位和 8 个人民群众团体单位公务员 955 人进行登记，暂缓登记 10 人。其中公务员登记 750 人，参照公务员登记 205 人。2008 年 12 月，湖南省实施公务员法领导小组批准县委党校等 24 个事业单位参照公务员法管理，其中一级事业单位 22 个 240 人，二级事业单位 2 个 19 人。2010 年，全县公务员登记 1389 人。其中县直机关 1167 人，占 84%，乡镇机关 222 人，占 16%；处级干部 44 人，占 3.17%，科级干部 625 人，占 45%，科员及以下 720 人，占 51.84%。参照公务员管理登记事业单位工作人员 639 人。

五、干部培训

1986 年，干部培训分为初任培训、任职培训、专门业务培训和更新知识培训。全县男 55 岁、女 50 岁干部进行正规化理论教育，学习马克思主义哲学、政治经济学、科学社会主义、中国革命史 4 门课程，并进行统一考试。1988 年，启动干部学历教育，培训形式有脱产学习和在职函授学习、自学考试。

1991年，启动干部岗前培训和任职培训。新分配大、中专毕业生，实行岗前入门培训，发给由省人事厅统一印制的培训证书。10月，县人事局同县委党校对136名新分配大中专毕业生进行首次岗前培训。1993年，举办全县人事干部培训班1期，参训学员138人。举办新分配大、中专毕业生岗前培训班1期，参训119人。在中青干部培训班和科级干部进修班开设《国家公务员暂行条例》讲座课。1995年，对新参加工作大中专毕业生63名进行为期1个月岗前培训，系统学习“社会主义市场经济理论”“公务员行为规范”“法律常识”“国情、省情、县情”等知识，考试成绩合格率为95.24%。1996年，实施机关公务员过渡培训，是年，举办培训班8期，培训1032人，考试合格率100%。

1998年，对事业单位管理岗位和专业技术岗位上的工人进行聘干过渡考试培训，参训309人。1999年，启动机关事业单位45周岁以下工作人员计算机知识培训，先后培训1431人，考试合格率100%，颁发计算机应用能力考核水平证书。2005年，举办公务员业务知识培训，办班4期，培训378人。2009年10月，组织1996年前入学尚未分配的96名大、中专毕业生，到州培训中心进行岗前培训。2010年，举办公务员业务知识培训班12期，参训1361人次。

六、专业技术人员管理

1986年，企事业单位实行专业技术职称评聘制度。专业技术职称分初级、中级、高级三个等次30个系列。初级职称由县各系列评委评审，中级职称由州系列评委评审，高级职称由州报省评审。评审通过后，由州县职改领导小组行文，认定资格，所在单位根据职数进行聘任。是年，聘任副高级职称20人，聘任中级职称408人，聘任初级职称789人，聘任技术员职称303人。

1988年，全县有各类专门人才1413人。事业单位评定高级职称24人、中级职称403人、初级职称818人。1989年，评出副高级职称25人，中级职称491人，初级职称852人，员级职称721人。是年，启动农村实用人才工程，实施农民技术职称评审工作，全县50人分别获中、初级职称。

1990年，实行专业技术职称岗位津贴制度。全县享受专业技术职称岗位津贴的有1761人，其中，高级19人、中级404人、助理级717人、技术员621人。是年配合省州复查小组清查217个企事业参评单位，查出不合格人员25人（中级6人、初级19人），取消资格21人，缓聘4人。1991年，对98名专业技术人员进行英语和业务培训。是年，开展专业技术人员任职考核。全县2663人参加考核定等，优秀515人，称职1974名，基本称职158名，不称职16名，优秀率为19.40%，不称职率0.6%。1993年，专业技术人员实行年度考核制度，考核结果作为晋升职务工资、评选先进依据。是年，全县2322名专业技术人员参加考核，优秀407人，优秀率17.53%，称职1805人，基本称职33人，不称职1人，不称职率为0.04%。

2000年，卫生系统中、初级职称实行以考代评。2001年，退休人员恢复职称岗位津贴。7月，举行专业技术人员任职培训，全县参训208人。是年11月，人事制度改革，事业单位工作人员从身份管理向岗位管理转变，专业技术人员逐渐实行岗位职数备案和评聘分开管理。2004年，推荐新世纪“132”人才工程人选10人。

2007年，招聘4名应届临床专业毕业生到山枣、高峰、岩头寨边远乡卫生院支医。向湖南省新世纪“121”人才工程（到2010年，培养100名达到国际或国内先进水平的杰出专家，200名达到国内同行认可、具有较高学术技术水平的学术技术带头人，1000名在省内各产业各学科领域起骨干作用、具有较大发展潜能的年轻优秀人才）推荐1人，向湘西自治州“132”人才工程推荐2人。

2008年，举办龙头企业管理人员培训班，先后选送59人参加省、州举办的农业产业化龙头企业管理人员培训班培训。是年，引进人才11人，输出人才65人。

2009年，向省“121”人才工程推荐1人，向州“132”人才工程推荐10人，享受州政府特殊津贴。

2010年，全县各类在职专业技术人员3315人。其中，高级岗位786人，中级岗位1313人，初级岗位1216人。引进高学历高层次人才6人。其中，博士研究生1人，硕士研究生4人，注册会计师1人。

七、离退休干部管理

1986年，机关事业单位干部退休，男满60岁，女满55岁，女工人50岁，连续工龄（含折算工龄）10年，为正常退休年龄。因公致残完全丧失劳动能力、因病或非因工不能坚持正常工作或完全丧失劳动能力，男50岁，女45岁，连续工龄（含折算工龄）10年；从事井下、高温、高空、特繁工种、有毒有害工种，男55岁、女45岁，连续工龄（含折算工龄）10年，可以提前退休。完全丧失劳动能力，又不具备退休条件，可以退职。个别女性处级干部或少数高级专家因工作需要、能坚持正常工作、本人自愿、经批准可延缓退休。凡办理离退休手续的发给离退休证。退休干部管理按干部管理权限实行管理，即副县级以上干部由县委老干部工作局（后改为县委老干部局）管理，人事局负责离退休费、福利费及增资办理；科级以下退休干部由各单位管理，人事局负责办理退休费及增资手续。2001年，机构改革，科局级公务员不满退休年龄提前离岗70人、本人自愿提前退休2人。2010年，机关事业单位工作人员退休仍按原规定执行。

第四节　工资福利

一、工资

1986年，全县机关事业单位工作人员实行以职务工资为主的结构工资制度。是年，全县机关事业单位工作人员2267人，人均月工资87.3元。其中，机关工作人员705人，人平月工资91.2元；事业单位工作人员1562人，人均月工资85.6元。

1993年10月，实施工资制度改革，党政机关公务员实行职级工资制，机关工勤人员工资技术等级工资制度，事业单位实行专业技术职务（岗位）等级、职员职务等级和工人技术等级工资制度。事业单位工作人员年度考核连续两年在合格以上等次，可晋升一个职务工资档次；党政机关公务员年度考核连续五年在称职以上等次，可在职务对应级别内晋升一个级别工资。是年，全县机关事业单位参加工资改革3519人，套改后年工资总额1504万元，人均月工资362元，全县年增396万元。其中，党政机关1275人，套改后年工资总额558万元，年增144万元，人均月增资94.2元。全额事业单位1506人，套改后年工资总额637.2万元，年增资148.8万元，人均月增资82.3元。差额事业单位428人，套改后年工资总额193.2万元，年增60万元，人均月增资116.8元。自收自支事业单位310人，套改后年工资总额142.8万元，年增51.6万元，人均月增资138.7元。

1995年，建立机关事业单位工勤人员年度考核、职务、级别、工资异动情况登记卡等管理制度。1997年7月，全县机关事业单位工作人员工资标准调整。机关行政人员基础工资由月90元提高到110元；机关工人和事业单位工作人员职务等级工资在原基础上人均月提高20元，津贴部分按国家规定的比例相应提高。技术岗位津贴重新调整为高级20元，中级15元，助理级10元，员级5元。10月，事业单位正常晋升一个职务工资档次3197人，月增5.2万元。

1998年1月，机关公务员1210人在本职务对应级别内晋升一个级别工资。1999年9月，全县机关事业单位工作人员基础工资标准调整，从7月1日起，机关行政人员基础工资由月110元提高到180元，十五级至一级的级别工资由每人每月55～470元，提高到85～720元。机关工人和事业单位工作人员工资固定部分在原基础上每人每月提高120元。津贴部分按国家规定比例相应提高。10月，事业单位正常晋升一个职务工资档次3268人，月增资8.1万元。

2001年1月，全县机关事业单位工作人员基础工资调整。机关行政人员基础工资由每月180元提高到230元，十五级至一级的级别工资由每人每月85～720元，提高到115～1166元。机关工人和事业单位工作人员固定部分工资在原基础上每人每月提高110元。津贴部分按国家规定比例相应提高。是年，全县4276人增加工资。10月1日起，公务员职务工资由每人每月50～480元提高到100～850元。机关工人和事业单位工作人员工资固定部分在原规定的基础上每人每月提高80元。津贴部分按国家规定的比例相应提高。事业单位正常晋升一个职务工资档次3296人，月增资8.2万元。

2003年7月，机关事业单位工作人员工资标准调整。公务员职务工资由每人每月100～850元提高到130～1150元。机关工人和事业单位工作人员职务工资每人每月提高50元。10月，事业单位3312人正常晋升一个职务工资档次，党政机关公务员1011人在职务对应级别内正常晋升一个级别工资。

2006年7月，实施工资制度改革，机关公务员实行职务与级别相结合的工资制度。事业单位实行岗位绩效工资制度。技术工人实行岗位技术等级工资制。普通工人实行岗位工资制。完善机关事业单位津贴补贴制度。调整机关事业单位离退休人员待遇。全县机关事业单位工作人员4419人，套改后，基本工资年增1498.9万元，艰苦边疆地区津贴年增146.6万元。

自2007年1月起，事业单位年度考核合格以上等次工作人员每年增加一个薪级工资。2008年，全县机关公务员五年考核称职（或连续三年优秀）晋升一个级别工资档次。

2009年1月，全县义务教育学校在职人员1483人（含非义务教育226人）实施绩效工资，年增绩效工资759.9万元，年人均13100元，月增427元。是年10月起，公共卫生及基层医疗卫生事业单位216人实施绩效工资。其中，公共卫生事业单位129人，年人均12940元，年增79万元，月人均增510元；基层医疗卫生事业单位87人，年人均13700元，年增63.7万元，月人均增610元。

2010年1月，县委党校、县进修学校、县电大站、县体育局、县人民医院、县中医医院、县房产局等111个事业单位的1419人实施绩效工资。其中，全额事业单位984人，年人均标准12930元，月增加工资8930元；差额事业单位272人，年人均标准13100元，月增加工资9000元；自收自支事业单位163人，年人均标准13300元，月增加工资9300元。

二、离退休费

1986年，机关事业单位退休人员退休费由单位发放。当年离退休94人。

1997年，退休人员退休费由单位发放转为由县机关事业单位社会保险所统发。1999年，全县机关事业单位已办离退休手续人员1074人。从7月1日起，增加离退休人员离退休费。

自2006年7月1日起，全县行政机关事业单位退休人员工作年限满35年的退休费按90%计发；工作年限满30年的按85%计发，满30年后工作年限每满一年增发一个百分比直至工作年限满34年；工作年限满20年的，按80%计发，之后每工作满一年增发零点五个百分比直至工作年限满29年；工作年限满10年的，按70%计发，之后每工作满一年增发一个百分比直至工作年限满19年。事业单位工作人员和机关工人退职生活费计发办法，工作年限不满10年的，按50%计发，工作年限满10年的，按60%计发，之后每工作满一年增发一个百分比直至工作年限满20年。

2009年，离退休人员增加生活补贴，离休人员补贴按照同级在职人员津补贴发放标准的90%发放；退休人员按照同级在职人员津补贴发放标准的78%发放。事业单位离退休人员发放生活补贴标准参照机关离退休人员同职务同条件标准执行。机关离退休人员471人，年人均生活补贴为9360元，月人均增加生活补贴276元，年增资156万元。是年始，5%的独生子女政策优惠改为5000元奖励金，一次性发放给退休父母。

2010年，离退休人员363人。其中，全额事业单位194人，差额事业单位103人，自收自支事业单位66人。

三、福利

公务员津补贴　1986年，全县机关事业单位职工福利费按年工资总额的2.5%提取，人事局统一分配拨付到各机关事业单位。是年，发放福利费1.95万元。1993年，工资制度改革，实行津补贴制度，福利费按新政策规定执行，不再提取和统一管理分配，所需津补贴经费从单位包干经费中调剂解决。自2009年1月1日起，机关单位公务员津补贴年人均标准12000元。机关在职人员1339人，人均月增354元。2010年，全县享受公务员津贴1343人，人均月津补贴527元。县处级、副高级职称260元，乡科级、中级、技师职称225元，科员、办事员、助理级、高工、中级工、初级工195元，离休人员按同职务人员享受。退休人员按同职务在职人员的85%享受。退职人员按同职务在职人员的70%享受。

特殊岗位津补贴　1995年，政法机关、纪检监察等单位实行特殊岗位津贴。享受岗位津贴358人，月津补贴13539元。2000年，享受各类津贴761人，月津补贴29569.9元。2002年，享受各类岗位津贴372人，月津补贴6424元。2006年，享受各类岗位津贴223人，月津补贴11050.2元。2008年，享受各类岗位津贴208人，月增津补贴700元。2010年，享受岗位津贴257人。

艰苦边远地区津贴　2004年1月，全县机关事业单位工作人员实行艰苦边远地区津贴制度，人均月增津贴85.3元，离退休人员人均月发津贴83元。按级别划分，县级（含高级职称）每月120元；科级（含中级职称），每月95元；科员（初级职称以下人员），每月80元。2006年7月，调整艰苦边远地区津贴标准，月人均津贴标准为130元。县级（含高级职称）每人每月170元、科级（含中级职称）140元、科员（初级职称以下人员）120元；离退休人员县级每人每月145元、科级119元、科员102元。2010年，艰苦边疆地区津贴标准县级每人每月260元、科级225元、科员195元；离退休人员县级每人每月221元、科级192元、科员166元。

民族补贴　1994年，全县党政机关事业单位工作人员实行民族补贴制度，每人每月20元。全县3464人享受，年补贴83.1万元。2000年10月，调整补贴标准，工龄30年以上、工龄20～29年的、工龄19年以下的民族补贴每人每月分别80元、60元、40元。全县4316人享受，年补贴135.8万元。2001年，全县享受民族补贴4367人，补贴金额306.8万元，人均月补贴58.3元。2005年，全县享受民族补贴4430人，补贴金额364万元，人均月补贴68.5元。2010年，全县4343人享受，年补贴327.9万元，人均月补贴62.9元。

女职工卫生费补贴　1990年5月，机关事业单位女职工卫生费每人每月2元，每人年补24元。1994年3月，机关事业单位女职工卫生费每人每月4元，每人年补48元。2002年7月，机关事业单位女职工卫生费每人每月15元，每人年补180元。2010年不变。

丧葬费　1986年，工作人员死亡人均丧葬费300元。2005年，工作人员丧葬费，病故4000元，因公死亡5000元。2009年，工作人员丧葬费重新调整，病故5000元，因公死亡6000元。2010年不变。

一次性抚恤金　1986年，因公牺牲，抚恤金为本人生前20个月基本工资或基本退休费，病故为本人生前10个月基本工资或基本退休费。2007年，一次性抚恤金标准调整，因公牺牲的为本人生前40个月基本工资或基本退休费，病故的为本人生前20个月基本工资或基本退休费。2010年，标准不变。

四、节假日待遇

带薪年休假　2008年，启动带薪年休假制度。机关团体企事业单位职工连续工作1年以上的可享受年休假，职工在年休假期间享受与正常工作期间相同的工资收入。累计工作满1年不满10年的，年休假5天；满10年不满20年的，年休假10天；满20年的，年休假15天。国家法定休假日，休息日、探亲假、婚丧假、产假不计入年休假假期。机关事业单位工作人员应休假而未休假的每天按职工本人日工资收入300%支付，日工资收入计算办法为全年工资收入除以全年计薪天数261天。

法定假　1986年，实行每周6天工作制，周末公休1天。全县机关团体企事业单位干部职工均享受国务院法定年休假6天待遇。即元旦1天，国庆3天，春节3天。1995年，实行每周5天工作制，周六、周日公休2天（亦称双休日）。1999年9月起，享受国务院年法定节假日10天。即春节、劳动节、国庆节各3天，元旦节1天。2007年12月，享受国务院年法定节假日11天。即元旦1天，春节3天，清明节1天，劳动节1天，端午节1天，中秋节1天，国庆节3天。

探亲假　1986年，党政机关企事业单位工作满一年的固定职工可享受探亲假。职工与配偶不居住在一起，又不能在公休假日团聚的，可以享受探望配偶待遇；与父亲、母亲不住在一起，又不能在公休假日团聚的，可以享受探望父母待遇。根据实际需要给予路程假。探亲假计算含公休假日和法定节假日。离退休干部每四年可报一次探亲往返车船费。职工在规定探亲假期和路程假期内，按照本人标准工资发给工资。

病假　1986年，工作人员病假在两个月以内的，发给原工资。超两个月不足6个月的，工龄满10年的工资照发，不满10年的发给本人工资的90%；超过6个月，从第7个月起，工龄不满10年的，发给本人工资70%，满10年以上的发给本人工资80%。

产假　1988年，机关企事业单位女职工产假为90天，难产增加产假15天，多胞胎的，每多生育一个婴儿，增加产假15天。1991年1月，晚育的增加产假30天，领取独生子女证的另增加产假30天。产假期间工资照发。女职工产假满后，经单位批准，可请哺乳假半年至1年，请假期间，单位发不低于本人标准工资75%工资，工龄连续计算。

婚丧假　1986年，职工本人结婚或直属亲属（父母、配偶和子女）死亡，单位领导批准，给予1至3天的婚、丧假。职工结婚时双方不在一地工作的，职工直系亲属死亡时需要职工本人去外地料理丧事的，根据路程远近，另计路程假。1991年，机关企事业单位职工晚婚的另增加婚假12天。批准的婚丧假和路程假期间，工资照发，往返车船费自理。

第五节　人事代理　档案托管

一、人事代理

1998年9月，执行《湖南省人事代理暂行办法》，实行人事代理制度。是年，120名大中专毕业生申请人事代理。2005年，办理大中专毕业生登记83人，其中本科30人。2007年，办理大专学历以上毕业生登记24人，其中本科7人、专科17人。2008年办理大专学历以上毕业生登记36人，其中本科14人、专科22人。2009年，办理大专学历以上毕业生登记25人，其中本科生18人、专科7人。2010年，办理人事代理业务29人次，签订人事代理合同29份（人）。

二、档案托管

1996年，启动人事档案托管工作。1998年10月，县人才交流中心开展接收大中专院校古丈籍毕业生学籍档案工作。2005年，办理学籍档案托管54卷（人）。2007年，办理人事档案代理21卷（人），做到人事代理有台账，档案管理规范，合同到期及时办理续签或终止手续。2008年，办理人事档案代理12卷（人）。2010年，办理档案托管45卷，其中，学籍档案托管45卷。

第三章　劳动与社会保障

1986年，古丈县劳动管理由县劳动人事局负责。1989年4月，撤销县劳动人事局，分设县劳动局、县人事局。县劳动局设办公室、计划调配股、培训就业股、工资福利股、社会劳动保险股、劳动争议仲裁股、劳动保护安全监察股、财务股、纪检（监察）组，编制14人。下辖县劳动服务公司。

1991年，社会养老保险股从县劳动局分离出来，成立县社会劳动保险事业管理所，副科级事业单位，由县劳动局管理。1998年，县劳动服务公司更名为县就业服务管理局（简称县就业局），为副科级差额拨款事业单位。县社会劳动保险事业管理所更名为县社会劳动保险事业管理局（社保局）。1999年12月，撤销县公费医疗办，成立县医疗保险基金管理服务中心。

2001年10月，县劳动局更名为县劳动和社会保障局。内设办公室、法制监察股、就业股、保险股（加挂劳动鉴定委员会牌子）、劳动争议仲裁股（加挂县劳动争议仲裁委员会办公室牌子）、纪检组（监察室）、财务股。编制8人，实有干部职工8人。下辖县就业服务管理局、县社会劳动保险事业管理局、县医疗保险基金管理中心。2002年5月，成立县劳动保障监察大队。县人事局管理的县机关事业单位社会养老保险所和县民政局管理的农村社会养老保险办公室划归县劳动和社会保障局管理。

2006年，设立县工伤保险管理中心。2008年9月，劳动争议仲裁股更名为劳动争议仲裁院。2010年，内设机构不变。编制15人，实有干部职工15人。直属单位有就业局、社保局2个正科级单位和医保中心、机关社保中心、工伤保险中心3个副科级单位。是年，被湘西州政府评为“全州劳动就业和社会保障目标管理、为民办实事先进单位”。

1986—2010年，历任县劳动和社会保障局（劳动人事局）局长：李世文、石元振、向圣友、宋清富、龙献生、宋贻刚。

第一节　劳动就业与培训

1987年，县劳动服务公司实施就业培训和在岗技能培训，就业培训225人，技术工人技能培训115人，就业安置175人。

1989年，全县组织就业培训113人，劳务输入1020人，劳务输出913人，企业就业安置218人，劳务管理收入60.47万元。1991年，实行“先培训、后就业”原则。是年，就业培训147人，县内就业安置164名。1993年，为企事业单位调配工人84名、安置城镇待业人员就业1347人。对沈阳、广东、海南、上海等经济开发区输出劳务人员107人。1996年，推行务工许可证制度。1998年3月，成立县再就业工作领导小组，常务副县长任组长，分管工业副县长任副组长。全县建立再就业指导中心 9 个，就业服务中心 107 个，再就业专兼职管理人员 164 人。是年，就业培训 560 人次，就业安置 723 人。全县企业下岗职工 1826 人，其中，国有企业 33 户，下岗职工 1312 人，进再就业服务中心 1256 人，签订再就业协议 297 人。新招企业工人 120 人，安置就业培训人员 28 人。1999 年，县就业局对全县企业下岗职工进行造册建档。全县企业下岗职工 1826 人，其中，进入再就业服务中心 1055 人，自谋职业 257 人，安置再就业 169 人。全年组织转岗培训 3 次，培训 120 人，职业技能培训 4 次，培训 120 人。

2005 年，落实小额担保贷款资金 50 万元，为 1357 人办理“再就业优惠证”。2007 年，全县新增城镇就业 1102 人，下岗失业人员再就业 759 人，“4050”（女 40 岁、男 50 岁以上）人员再就业 364 人。新增农村劳动力转移就业 2417 人。帮助 33 户零就业家庭实现就业，开发保洁保绿和交通协管员等公益性岗位就业 454 人。完成下岗失业人员职业指导 1539 人，实现职业介绍 2000 人，城镇失业登记率控制在 4.5% 以内。是年，为 1685 人办理“再就业优惠证”，为 103 人办理小额贷款、贴息 38.85 万元，5527 人次参加职业技能培训。

2008 年，全县新增城镇就业 1726 人，下岗失业人员再就业 728 人，其中“4050”人员再就业 237 人。新增农村劳动力转移就业 3210 人，农村劳动力转移就业累计 2.46 万人，劳务总收入 1.2 亿元。组织各类职业技能培训 1736 人，职业技能鉴定 850 人，领证 809 人。落实职业培训补贴 522 人 57.81 万元，落实职业介绍补贴 1261 人 6.48 万元，落实社会保险补贴 232 人 31.01 万元，落实小额担保贷款贴息 20.88 万元，落实公益性岗位补贴资金 27.7 万元。

2009 年，全县新增城镇就业 1543 人，下岗失业人员再就业 893 人，其中，“4050”人员再就业 445 人，扶持创业 80 人，乡镇安排城建保洁保绿和城建执法等公益性岗位 512 人，全县城镇零就业家庭动态援助达 100%。农村劳动力转移就业 20023 人。组织职业培训 2978 人，其中农村劳动力转移技能培训 765 人。职业技能鉴定 1085 人，取证人数 953 人。职业介绍 4122 人，其中“4050”人员 879 人，城镇失业人员登记率控制在 4.5% 以内。落实职业培训补贴 1823 人 182.72 万元，落实职业介绍补贴 4306 人 23.8 万元，落实社会保险补贴 348 人 219.1 万元，落实就业特定政策 439 人 139.02 万元，落实公益性岗位补贴 534 人 175.36 万元。

2010 年，新增农村劳动力转移就业 3412 人，城乡劳动力转移就业 2.4 万人。

第二节 劳动管理

1986 年 10 月，推行劳动合同制度，废止“子女顶替”和“单位内招”劳动用工制度。鼓励自谋职业，组织愿意外出打工的城乡劳动力转移输出。

1988 年，全县新招全民合同制工人 190 名，调配跨县以上工人 54 名。1990 年，深化企业用工制度改革，实行“五公开一监督”（招录指标、范围、条件、程序、结果公开，全程接受纪检监察部门监督）招工办法，招录企业合同制工人 199 人。改革企业工资管理，激发职工积极性，增强经济效益。县木材公司等 15 个企业实行工效挂钩（即工资总额同经济效益挂钩），挂钩职工 1005 人，浮动比例 1：0.68。审批劳保用品单位 28 个，审批金额 6.12 万元，享受保健食品单位 13 个，享受人数 188 人，金额 2.5 万元。1991 年，全年下达招工计划 1260 个，实行务工许可证制度。1993 年，改革劳动用工制度，启动用工自主制度，县直企业安置城镇待业人员 1347 人，其中，招工安置 1160 人。

1995 年，坚持企业自主用工与政府宏观调控相结合，实行用工不空招，无岗不招工制度。全县 23 家国营企业、21 户集体企业与职工签订劳动合同。完善企业职工养老保险制度，建立职工个人账户。1997 年，对全县个体工商户、私营企业签订劳动合同情况进行检查。改革企业工资管理办法，对未实行工效挂钩的集体企业实行工资包干。在县木材公司进行年薪制试点。

1998年，贯彻“企业自主用工、劳动者自主择业、市场调节就业和政府促进就业”的方针，对全县国营、集体、私营企业劳动用工实行大检查。全县企业职工4448人，签订劳动合同3463人，补签劳动合同982人，清退临时工3人。开通劳动力信息网站，实行全省信息联网。全县劳务输出3200人，自谋职业257人。

2003年，开展追讨农民工资专项行动，为农民工124人追回工资37万元。2006年，对建筑领域新开工项目的4家企业实行保障金制度，预存保障金总额12万元。2007年，开展女工井下作业、童工使用、女职工劳动保护等专项维权整治行动。

2008年，在12个乡镇巡回开展劳动保障法规政策进乡入村宣传活动，出动宣传车37台次，接待政策咨询1300人次，发放宣传资料10000份。开展农村小煤矿、小矿山、小砖窑、小作坊等企业用工、支付农民工工资和最低工资标准执行等专项检查，优化劳动秩序和就业环境。2009年，全县国有企业签订劳动合同1188份，私营企业签订劳动合同1366份，劳动合同签订率均为100%。全县施行农民工工资保障金制度的单位11户，预存工资保障金30万元。新增农村劳动力转移就业3210人，扶持返乡创业80人。

2010年，全县新建社区劳动保障示范站2个，新建社区劳动保障服务中心1个，解决12个乡镇和4个社区基层劳动保障服务站的独立办公场所，实现工作机构、人员、经费、场地、制度、工作“六到位”，促进劳动力转移就业工作健康发展。

第三节　劳动监察与仲裁

1986年，县域各企业均成立劳动争议调解委员会。1987年，全县69个中央、省、州、县属企业分别成立劳动争议调解委员会，接待来信来访67人次，调解劳动争议3起。1988年，培训安全员、爆破员、司炉工86人，检查厂矿企业事故隐患157处，处理工伤事故7起。处理来信来访26人次，调解劳动争议2起。

1990年，开展乡镇矿山安全整顿和锅炉压力容器安全监察，检查锅炉压力容器21台次，发出监察指令33份。劳动争议仲裁实行“调解为主，裁决为辅”方针，劳动争议调解5起，裁决1起。建立合同书档案1669个，鉴证劳动合同书328份。

1991年，处理厂矿企业伤亡事故10起，依法查封29个矿点，发放“安全合格证”64个。裁决劳动合同纠纷1起、调解2起。

1993年，鉴证劳动合同973份，合同鉴证率为90%。依法审结劳动争议案件2起。1995年，现场监察120天，查出事故隐患18起，发监察指令书39份，提出整改意见75条。接待劳资纠纷上访人员20人次，处理企业扣发职工工资案3件，立案3件，调解1件。全年鉴证劳动合同680人。

2002年，开展追讨农民工资专项行动，受理农民工举报投诉案16件，为农民工124人追回工资37万元。开展安全大检查4次，召开安全生产专题会议3次，签订责任状175份，下发整改通知书57份，整改隐患78处。

2005年，开展“劳动合同、工资支付和社会保险扩面征缴”等专项检查，督促用人单位签订劳动合同280份。受理农民工举报投诉案10件，办结10件。为农民工追回工资18.5万元。

2006年，督促用人单位签订劳动合同1687份。在全县13家国营、集体企业成立调解委员会。受理农民工举报、投诉案8件，调解6起，立案查处2起。实行保障金制度4户，预存工资保证金12万元。受理劳动争议案件7起，结案6起。接待来信来访13人次，办结13件。为农民工追回被拖欠工资 14.811 万元。

2008 年 9 月，劳动争议仲裁股更名为古丈县劳动争议仲裁院，受理劳动争议案件 5 起，办结 5 起。追讨农民工工资 6.16 万元，8 户建筑单位建立农民工工资保障金，预存保障金 28 万元。劳动合同签订 2200 份，签订率 100%。

2010 年，开展整顿职业技能培训和考核鉴定机构、劳动力市场和人才市场秩序、矿山企业安排女职工从事井下作业等专项整治行动。补签劳动合同 860 份，为 475 名劳动者追回拖欠工资 47 万元。全年受理劳动争议案件 11 起，办结 11 起。接待群众来信来访 229 人次。

第四节　劳动工资与福利

一、工资

1986 年，全县劳动工资按照 1985 年省劳动人事厅、省计划委员会等 6 家单位下发的《贯彻国务院〈工资基金暂行管理办法〉的试行办法》规定，核定全县劳动工资，每人每月均工资 71.69 元。

1988 年，对全县 30 户国营企业工资总额基数和实现税利基数进行测算，核定工资总额基数为 220.45 万元，实现税利基数 359.93 万元，办理工资手续 10678 人，月增工资 56991.5 元。1991 年，全县 41 户国营、集体企业实行工资总额同实现税利指标挂钩，为 322 名退休工人办理增加退休生活补助，年增资 1.28 万元。1992 年，进行劳动工资制度改革，企业实行计时、计件和底薪浮动等工资形式。工资总额同经济效益挂钩企业 45 户，其中国营企业 23 户。为 23 户企业进行效益升级，升级人数为 1061 人，月增工资 18877 元，其中 15 户全民企业、880 人，月增工资 15333 元；8 户集体企业、180 人，月增工资 3544 元。为 44 户企业的 1595 名职工工资标准进行浮动升级，月增工资 17947 元。其中 23 户全民企业、1237 人，月增工资 13009 元；21 户集体企业、338 人，月增工资 4938 元。

1995 年，实行工资总额宏观调控，预安排国营企业劳动工资总额 10050 万元、集体企业 450 万元。完善企业工效挂钩办法，改以往单项指标挂钩为复合指标挂钩，把各类津贴和原材料节约奖金全部纳入工效挂钩总额。全年实行工效挂钩企业 23 户、2249 人，挂钩工资总额 985.5 万元，实现税利基数 379.1 万元。对未挂钩集体企业实行工资包干，为推行年薪制，先在县木材公司进行试点。1998 年，取消弹性工资计划，全面推行工资指导线制度，举办劳资人员学习班和职工转正定级班，为 82 人办理工资定级手续，为 393 名离退休人员增加离退休金。

2002 年，会同财政部门对全县 15 户 1553 名国有企业在职职工增资 84.5 万元，对 7 户 624 名集体企业职工增资 12.1 万元，工资指导线企业覆盖面为 100%，最低月工资标准调整至 285 元。2004 年，全县工资指导线划定企业工资增长线为 15%，基准线为 10%，下划线为 2%。全年执行工资增长指导线企业 23 家；完成劳动力市场工资指导价位测算，发布 61 个工种价位工资。全县最低月工资标准 32 元，最低小时工资标准 3 元。2006 年，全县最低每月工资标准为 450 元、最低每小时工资标准为 4.5 元。完成 16 个工种 144 个价位工资调查、测算、汇总上报和发布工作。是年，建筑企业实行保证金制度，确保农民工工资正常支付。2008 年，最低月工资标准调至 520 元、最低小时工资标准调至 5.4 元。

2010 年，最低月工资标准提高到 725 元，最低小时工资提高到 6.8 元。

二、福利

企业职工困难补助　1986 年，对因天灾人祸造成家庭生活困难的，经本人申请，单位领导审批，酌情给予困难补助。2001 年，为 555 名下岗职工发放基本生活费 390 万元。2002 年，为困难职工发放解困资金 280 万元。

企业职工探亲假　自 2003 年起，国有企业、集体企业、民营企业员工休假，依法自行安排。

离（退）休、退职待遇　1986 年，企业职工离退休、退职按照国务院规定执行。男 60 周岁、女 55 周岁，特殊工种男 55 周岁、女 45 周岁，享受离退休待遇。企业离退休人员离退休费实行社会统筹。1990 年，全县全民、集体企业普调工资，离退休人员退休费相应提高。全年办理退休手续 25 人，办理提前退休手续 6 人。1993 年，为 40 名职工办理退休手续。为 333 名离退休人员发放离退休费 895428 元。1998 年，为 393 名离退休人员增加离退休金。全年发放离退休金 165.3 万元，支付率 100%。

2004 年，为 29 户企业、851 名离退休职工发放养老金 530 万元，发放率 100%。2010 年，为 87 名职工办理退休手续，月退休费总额 19.112 万元。

第五节　社会保障

一、企业职工养老保险

1986 年，全县国有企业职工实行养老保险制度。企业离退休人员费用实行社会统筹。是年，全县 50 个独立核算单位离退休人员 2321 人，征缴养老金 8799 万元。

1989 年，全县参加社会养老保险统筹单位 47 户，参保人员 1800 人，征缴基金 40.3 万元，为 300 名退休人员发放养老金 37.8 万元。1990 年，全年收缴养老金 16.5 万元、统筹金 67.56 万元和临时工养老金 1.06 万元。

1991 年，全民所有制企事业单位离退休费用由社会统筹过渡到州级统筹，养老金由县社会劳动保险事业管理所统一发放。是年，征缴 101 个机关事业单位 858 名全民合同制工人的养老金 26 万元，征缴 29 个县属国有企业 1251 名固定职工的养老金 63.3 万元，征缴 55 个机关事业单位 136 名临时工职的养老金 3.04 万元。1993 年，全县国有企业参加全省国有企业固定工退休费社会养老统筹，征缴养老金 124.19 万元。

1995 年，全县国有企业实行养老保险社会统筹与个人账户相结合，建立企业职工养老保险基金。是年，收缴合同制工人养老金 94.4 万元、固定工统筹金 128.14 万元、临时工养老金 1.225 万元，给 388 名离退休人员发放离退休费 124.10 万元。

1997 年，参保对象由全民合同制工人延伸到全民固定工人、集体制工人、私营企业及个体工商户职工。是年，收缴临时工养老金 208.98 万元，给 403 名离退休人员发放离退休费 198.49 万元。

1999 年，养老保险金由委托企业退管组织发放改由社保经办机构委托银行、邮政储蓄所等开户银行统一支付。是年，征缴养老金 170 万元，为 26 个国有企业 12 名离退休人员调整离休金，月增离休金 1744 元。

2003 年，征缴养老金 371.3 万元，为全县 29 户企业 704 名离退休职工发放养老金 477.7 万元。2004 年，全县企业职工养老保险参保对象拓宽到城镇所有用人单位及其从业人员（含户籍关系在农村的城镇务工人员），新增参保对象应缴养老保险费由县地税部门代征。当年征缴养老金 385.7 万元，全年为 29 户企业的 851 名离退休职工发放养老金 530 万元。

2005 年，全县新增 640 名企业职工的养老保险，征缴基金 437.56 万元。为 909 名离退休人员发放养老保险金 559 万元。2006 年，把知青（20 世纪 50 年代，大量城市知识青年响应“知识青年到农村去，接受贫下中农再教育”号召，离开城市，在农村定居和劳动）、城镇集体企业职工及城镇退役军人等纳入企业职工基本养老保险统筹。全年企业养老保险新增参保 472 人，征缴企业养老保险金 631.45 万元（清收企业欠费 51.45 万元），为 951 名离退休职工发放养老金 647.1 万元。2008 年，全县新增企业养老保险参保 461 人，征缴企业养老保险金 715.95 万元，收回企业欠费 139 万元。2009 年，企业离退休人员养老金由上年月均 800 元增加到 987 元。当年新增参保 521 人，征缴企业养老保险金 842 万元，收回企业欠费 90 万元。

2010 年，养老保险实现全州联网。企业退休人员养老金每人每月平均增加 134 元，达到 1104 元，增幅 12.6%。调整社会保险补贴方式，下岗失业人员社会保险补贴实现“同缴同补”。全县养老保险参保单位达到 31 家，参保职工达 5007 人，基金征缴 3354.8 万元。为 1194 名离退休人员发放养老金 1293 万元。

二、机关事业单位职工养老保险

1997 年 1 月，对全县机关事业单位在职人员征收养老金，对离退休人员拨付离退休费。是年，征收养老基金标准为工资总额的 30%。其中，单位缴纳本单位在职职工月工资总额的 27%，个人缴纳本人月工资的 3%。1999 年，征缴养老金 542 万元，支付 520 万元。

2002 年，实行收支两条线管理，全征全收，收支挂钩，先收后支，专户管理。是年，全县征缴养老金 860 万元，支付离退休费 750 万元，累计结余 240 万元。2007 年，全县共有参保单位 214 个。其中行政机关 74 个，全额事业单位 76 个，差额单位 28 个，自收自支单位 36 个。参保人员 4759 人。是年，征缴养老金 2285 万元，支付养老金 2328 万元。

2010 年，暂停公务员养老保险个人缴费。全县有 216 个机关事业单位参保，在职人员参保 4692 人，征缴基金 2911 万元。支付 1310 名离退休人员养老金 2994 万元。

三、农村社会养老保险

1993 年，启动农村社会养老保险。是年，全县农村参保群众 5300 人，收取养老保险基金 86 万元。

四、企事业单位职工失业保险

1986 年，启动待业保险工作。全民所有制企业单位、实行企业化管理的事业单位按本单位上年度全部职工标准工资总 额的 1 %缴纳待业保险基金（缴纳所得税前列支）。救济对象为破产企业职工、濒临破产企业法定整顿期间被精简职工、辞退和终止解除劳动合同工人。救济标准：工龄在 5 年和 5 年以上的最多发给 24 个月待业救济金，第一年每月为本人标准工资的 60% ~ 75%，第二年每月为本人标准工资的 50% ；工龄不足 5 年的最多发给 12 个月待业救济金，每月为本人标准工资的 60% ~ 75%。

1989 年，全县失业保险对象 2305 人，征缴失业保险基金 3 万元，支付失业救济金 3 万元。1993 年，调整待业保险标准。企业按照全部职工工资总额的 0.6% 缴纳待业保险费。职工个人每月缴纳 1 元。是年，集体企业职工纳入参保对象。全县失业保险单位 100 个，其中，国有企业单位 65 个，集体企业单位 35 个。应缴纳失业保险金 7 万元，实际收缴 7.59 万元。

1997 年，待业保险范围扩大到城镇私营企业和个体经济从业人员。1998 年，待业保险基金筹集标准调整，即企业和实行企业化管理的事业单位按全部职工工资总额的 1.5% 缴纳。个人按月工资收入的 0.5% 缴纳，由单位在发放工资时代为扣缴。是年，为 54 人发放失业救济金 6615 元。

2000 年，县内企业生产经营困难，先后实行关、停、并、转、包、租等方式，难以救活的企业实行破产改制。待业职工增多，相继进入再就业服务中心领取生活补贴。是年，发放失业金 13.6 万元，发放下岗职工生活费80万元。

2001年5月，城镇企业、事业单位及其职工、社会团体及其专职人员、民办非企业单位及其职工，缴纳失业保险费。用人单位按照本单位职工月工资总额的2%，用人单位职工按照本人月工资的1%缴纳失业保险费。是年，133个单位4035人参加失业保险，缴纳失业保险费46万元。下岗职工生活费发放66万元。

2004年，全县失业保险新增参保561人，征缴基金35万元，为238名下岗失业人员发放失业保险金15.3万元。2007年，新增557人失业保险，征缴失业保险基金60万元，发放失业保险基金69万元，累计参保人数达7581人。

2010年，全县171家企、事业单位参加失业保险，参保职工8740人，征缴基金350万元，为1775名失业人员发放失业救济金350万元。

五、医疗保险

2000年，全县首批基本医疗保险参保单位97个，其中行政单位34个，事业单位63个，参保人员3820人，其中在职人员2892人，退休人员928人，参保率65%。基本医疗保险费用由用人单位和职工个人共同负担。用人单位按上年度职工工资总额的6%缴纳，职工个人按上年度职工本人工资收入的2%缴纳。将大病医疗互助保险纳入医保范围，大病互助金按每人每年100元缴纳。是年，征缴医保基金198万元，医疗支出153万元。

2004年，全县城镇职工参加大病互助人员5315人，参加率70%。参加生育保险单位147个，参保人员3285人。是年，征缴基本医疗保险金260万元，征缴生育基金和大病互助金53万元，全年支付基本医疗费192万元。支付生育基金12万元。

2007年，调整基本医疗保险基金征缴费率和基本医疗统筹基金最高支付限额。征缴率由8%调整为9%，单位征缴率由6%调整为7%，个人2%不变，基本医疗统筹基金年最高支付限额由2.08万元调整为3万元。医疗保险覆盖所有行政、事业和大部分企业单位及部分灵活就业人员。当年参保单位182家，参保人员7499人。城镇职工基本医疗保险征收基金2769万元，支付2446万元。是年底，将应参加而未参加职工基本医疗保险困难企业职工纳入城镇职工基本医疗保险范畴。

2008年，启动城镇居民基本医疗保险改革试点，参保13057人，征缴基金78万元。

2009年，除全额拨款单位外，其他单位医疗保险缴费费率从7%调整为6.5%，城镇职工基本医疗保险年最高支付限额提高到10万元（基本医疗和大病互助年最高支付限额各提高到5万元），生育保险缴费费率由1%下调为0.9%，城镇居民基本医疗保险年最高支付限额增加到4万元，年满80周岁以上参保对象，每人每年增加800元额度门诊医疗费补助。

2010年，城镇职工基本医疗保险参保单位197家，参保人员9053人，基金征缴1883万元，支出1716万元；大病互助基金征缴209万元，支出257万元。城镇居民基本医疗保险参保人数17214人，征缴基金491万元，支付城镇居民医疗保险待遇202万元。生育保险全县参保单位197家，参保人员7594人，基金征缴183万元。

2000—2010年古丈县城镇职工基本医疗保险金收支一览表

表10-4　　单位：万元

年份	基金征缴	医疗支付	年份	基金征缴	医疗支付
2000	198	153	2006	405	301
2001	202	205	2007	531	492
2002	181	254	2008	846	603

续表 10-4

年份	基金征缴	医疗支付	年份	基金征缴	医疗支付
2003	299	319	2009	1070	811
2004	313	297	2010	856	1022
2005	379	357	合 计	5280	4814

六、工伤保险

1993 年，为 44 名伤残职工进行医务劳动鉴定发证。2004 年，启动工伤保险。参加工伤保险单位 9 个，837 人参保，参保率 9.5%。征缴工伤保险金 1.43 万元。2006 年，参加工伤保险单位 10 个，1923 人参保，参保率 5.2%。征缴工伤保险基金 6.49 万元，支付工伤保险待遇 1.1 万元。2007 年，征缴工伤保险基金 20.3 万元，新增扩面 1653 人。经调查核实，认定工伤 22 例，支付工伤待遇 3.17 万元。

2010 年，实行全州统筹。县参保对象已覆盖到县属国有企业、规模以上民营企业、私营企业、建筑行业、部分矿山企业，累计参加工伤保险单位有 141 户，其中企业 75 户，事业单位 66 家，参保职工达 9120 人，征缴工伤保险基金 123.8 万元。

第四章　民政事务

1986年，县民政局设办公室、社会救济股、优抚股、基层政权建设股、婚姻登记办、残疾人协会，工作人员9人。二级机构有收容遣送站和扶贫站。1987年，扶贫站更名为双扶服务总公司。是年，投放民政扶贫周转金150万元。1990年，双扶服务总公司更名为救灾扶贫福利管理服务站。1992年，全县16个乡镇（场）设立民政办公室。1993年5月，设立县农村社会养老保险办公室，隶属县民政局领导。1998年，县残协与县民政局分离，成立县残疾人联合会。2000年，成立城市居民最低生活保障工作办公室和社区服务工作委员会。2001年，成立县民间组织管理局，与县民政局合署办公，实行“两块牌子，一套人马”。2002年2月，老龄委由县人事局划入县民政局，对外为县老龄办，对内为老龄综合股，编制2人，实有2人。2002年3月，成立社区管理办公室和县城市居民最低生活保障中心。2004年3月，县城市居民最低生活保障工作中心更名为县城市居民最低生活保障管理局。2006年，增设革命老区办公室，收容遣送站更名为救助站。2008年，古丈县被批准为革命老区县。2009年2月，成立“古丈县老革命根据地经济开发促进会办公室”，编制2人。2010年，县民政局设办公室、财务室、优抚股、救灾救济股、社会救助管理局、老龄办、基政股、地名区划股、人事股、民间组织管理局、募捐办、流管站、婚姻登记中心、老区办、殡葬管理中心、监察室，编制45人，实有工作人员48人。

1986—2010年，历任县民政局局长：张远荫、鲁选金、唐璞、吴良平、石忠思。

第一节　基层自治组织建设

一、村民委员会

1986年，全县有16个乡镇（场）180个建制村，建立村民委员会，组成人员由村民大会选举，得赞成票过半数以上者，以高票数当选。选举结果报县民政局备案。1988年6月，默戎镇桐木村析出岩寨村，全县建制村增至181个。是年9月，贯彻《中华人民共和国村民委员会组织法（试行）》，并在岩头寨乡办试点。全县各村学习贯彻《中华人民共和国村民委员会组织法（试行）》，实行村务公开制度。

1990年，默戎镇增设向家村和中寨村，全县建制村增至183个。是年，全县首次实行村委会换届选举，依法选举183个村委会。1991年，坪坝乡增设新寨村，全县建制村增至184个。1993年，全县184个建制村完成换届选举182个，占98.9%。选出村委会委员838名，其中中共党员229人，占27.3%；委员平均年龄39岁，与上届比小4岁；初、高中文化463人，占55.3%；大学文化1人。8月，举办全县村主任培训班，进行村级管理、法律法规、改革发展方针等课题学习，培训184人。

1997年1月，县民政局与县委组织部联合组织评选、表彰百名优秀村民小组长。1998年，城关乡增设小寨村，全县建制村增至185个。2001年，河蓬乡和河西镇进行村务公开试点。2002年1月，第五次村委会换届选举，依法选举产生185个村委会。山枣乡火麻村违法选举，依照《中华人民共和国村民委员会组织法》规定，责成重新选举。

2005年5月，村级行政区划调整，全县185个建制村调整为140个。10月下旬，组织第六次村委会换届选举。137个村依法选举产生新一届村委会，3个村进行补选和重新选举。2008年，组织第七次村委会换届选举，选出村委会委员605人。其中，村主任128人，副主任及委员477人，妇女委员141人。委员平均年龄45岁。

2010年，全县村民委员会140个。

1990—2008年古丈县村委会换届选举情况一览表

表10-5 单位：个、人

届次	年份	总村数	换届村数	新任委员基本情况						
				委员人数	妇女委员	大专以上	中专高中	初中	小学	中共党员
一	1990	183	183	537	123	2	129	361	45	207
二	1993	184	184	668	129	15	128	463	62	229
三	1996	184	184	526	117	34	118	333	41	231
四	1999	185	185	556	121	58	127	326	45	243
五	2002	185	185	567	126	55	131	331	50	239
六	2005	140	140	566	128	56	134	329	47	228
七	2008	140	140	605	141	22	316	214	53	231

二、居民委员会

1986年，全县16个乡镇（场）设立居民委员会（简称居委会）17个，75个居民小组，有居委会委员85人。其中古阳镇设置城东和城西两个居委会。

1991年1月，宣传贯彻《中华人民共和国城市居民委员会组织法》。组织全县居委会进行首次换届选举工作。经民主选举，全县17个居委会选出新一届领导班子。1994年，第二次居委会换届选举，依法选举产生17个居委会，91名居委会委员。1997年8月，第三次居委会换届选举，依法选举产生17个居委会，居委会委员87人。

2000年，成立“社区服务工作委员会”，在古阳镇城东居委会进行社区工作试点，撤销城东居委会和城西居委会，组建古丈坪社区、车站社区、广场社区、红星社区。是年，组织全县19个居委会进行换届选举，依法选举新一届居委会领导班子。古阳镇4个社区建立警务室、劳动保障服务站，开展城乡低保救助、扶贫帮困、医疗救助、社会治安、群众文化、环境整治、就业等便民利民服务工作。社区工作经费和工作人员工资，纳入县财政预算。

2002年，增设“古丈县社区管理办公室”。2003年7月，在古丈坪社区和车站社区开展城市社区建设试点。10月，第五次居委会换届选举和首届社区居委会换届选举。全县19个居委会，依法选举新一届居委会班子。2006年7月，第六次居委会换届选举，一批中青年委员被选入领导班子。

2009年，全县4个社区、14个居委会，其中，古阳镇4个社区，其他乡镇14个居委会，居委会委员74人。5个居委会有办公场所，建筑面积841平方米。是年，进行第七次居委会换届选举，依法选举新一届居委会委员88人，平均年龄49岁。其中，妇女委员25人，大专文化4人，高中（中专）

文化 70 人，初中文化 13 人，小学文化 1 人。

第二节 优抚安置

一、优抚

1986 年，全县优抚对象 4156 人，其中重点优抚 608 人。全年发放优抚金 21.5 万元。

1989 年，优抚对象 263 户 885 人。建军节慰问优抚对象和驻军官兵，发放慰问金 6105 元、粮票 2851 千克。优抚对象定期抚恤和定期安置补助（“双定”）标准调整。抗日战争时期入伍的月定补助由原 21 元调整到 29 元；解放战争时期入伍的由 18 元调整到 22.3 元，中华人民共和国成立后入伍的月定补助由 15 元调整到 18.4 元。1995 年，义务兵优待金以乡统筹改为以县统筹，实行优待金全民负担制度。

2002 年 10 月，40 名优抚对象抚恤补助标准进行调整，补助标准由每人每年 310 ~ 10665 元提高到 360 ~ 11745 元。2005 年，优抚对象 470 人，发放优抚资金 21.60 万元。

2007 年 8 月，落实参战退役人员生活补助待遇。优抚对象 747 人，发放各类优抚资金 43.24 万元。2008 年，义务兵优待标准人均年补助由 665 元提高到 1200 元。全县义务兵优抚对象 709 人，发放各类优抚金 134.41 万元。全县优抚对象 1002 人，发放各类优抚金 225.16 万元。是年，为建设民兵训练基地解决资金 2.5 万元，为县武警中队改善基础设施解决资金 2 万元。与县武警中队联合制定《双拥共建活动实施方案》。

2009 年，落实优待抚恤政策，重点优抚 1134 人，发放抚恤金 309.80 万元。其中，残疾军人 22 人，“三属”（烈士家属，因公牺牲军人遗属，病故军人遗属）20 人，在乡老复员军人 501 人，带病回乡退伍军人 247 人，参战人员 244 人。落实城乡义务兵优待金 10.32 万元。提高优抚标准，年增 24.7 万元。

2010 年，全县优抚对象 1099 人。义务兵家属优待金 12 万元，待安置城镇退役士兵生活补贴资金 2.8 元。建立重点优抚对象医疗保障体制，实行“一站式”医疗救助服务。

二、退役士兵安置

1986 年，安置退伍退役士兵 11 人。至 1992 年，全县安置 83 名退役士兵。2005 年，全县待安置退役士兵 48 人，安置 25 人，其中安置在县水泥厂 8 人。给待安置退役士兵 23 人发放待安置期间生活补助费 2393 元。

2006 年，安置城镇退役士兵 12 人，发放待安置退役士兵生活补助费 2 万元。2007 年，全县待安置退役士兵 15 人，实际安置 11 人。2009 年，全县待安置退役士兵 29 人，其中往年未安置士兵 13 人，2008 年度三级士官转业 7 人、城镇退役士兵 9 人。安置在全额拨款事业单位 13 人，安置在驻县的省、州直属企业 4 人，申请自谋职业 12 人。

2010 年，全县待安置城镇退役士兵和士官 11 人，安置 11 人。其中通过招考安置到乡镇事业单位 5 人，申请自谋职业 6 人。

三、离退休军队干部和职工安置

1986—1990 年，全县无离退休军队干部和职工安置。1991 年 6 月，安置县人民武装部移交无军籍退休职工 1 人。1997 年 8 月，安置县消防大队副营级退休干部 1 人。2005 年 9 月，安置县人民武装部移交无军籍退休职工 1 人。2010 年，无离退休军干回县安置。

第三节 赈灾救济

一、灾害救济

1986年，县政府拨给救助建房款54万元（1984年10月火灾），用于默戎镇万岩村54户受灾户建房。

1987年，下拨救灾款7.95万元，解决全县旱灾重灾户1.43万人生产生活困难。1988年，全县172个村987个村民小组7.69万人遭受春夏旱灾和秋季涝灾，县政府下拨救灾款56.2万元和救灾物资。

1991年7月，坪坝乡张家坪村发生大面积山体裂缝和下沉，危及42户185人生命安全。湘西州纪委书记吴沅生、吉首军分区司令员彭楚政、县长尹友明、县纪委书记石维松等领导赶赴现场疏散群众，组织抢险抗灾。7—9月，连续50天干旱，4.1万人受灾。县政府发放救灾款32万元和衣、被、肥料、大米等物资。

1991年11月14日，高峰乡李家洞村甘溪猪楼门一带发生森林火灾，乡政府民政助理李云飞在救火中跌下悬崖牺牲，后被县人民政府追认为革命烈士。

1993年7月，全县遭受特大暴风雨袭击，经济损失3154万元。县政府下拨救灾款150万元、粮食400万千克，发放棉絮、棉衣、单衣裤等救灾物资。开展社会募捐，筹集救灾款6万元，及时发放给灾民。

1998年5月，连降暴雨，引发洪灾。全县123个村1.74万户7.5万人受灾，其中重灾4314户1.86万人，其中死亡4人、重伤7人，直接经济损失8500万元。县委、县政府成立抗洪抢险指挥部，组织公安干警、机关干部职工赴灾区抗洪救灾。国家防总办公室副总工程师郭孔文、国家防总减灾处工程师万群志、长江防总办公室工程师韩东平、黄思平，省水利厅副总工程师黄国强，省民政厅副厅长高家余、社救处副处长王方艾和州委副书记、州政协主席向邦礼等领导和专家，深入默戎镇毛坪村、罗依溪镇黑潭坪村、双溪乡宋家村、古阳镇茶叶和蔬菜村了解灾情。

1999年11月，默戎镇翁草村发生火灾，烧毁房屋17栋56间、损坏房屋15栋，经济损失165万元。县政府下拨救济款20万元、发放大米2500千克和衣服、生活用品等。

2001年，建立救灾预备金制度，筹措救济资金。是年，遭受旱灾，农作物受灾7753.33公顷，重灾5766.67公顷，导致7.5万人生活困难。县下拨救灾款80万元（含物资折价）。是年，古阳镇思源桥村半坡组发生火灾，烧毁房屋29栋、损坏房屋35栋，直接经济损失160万元。县下拨80万元救灾款物。

2003年，制定《古丈县救灾应急预案》，规范救灾运行程序，确保第一时间有序奔赴现场救灾。2005年6月，全县遭受旱灾68天，全县4.98万人受重灾，经济损失5680万元。县下拨救灾款209.48万元，缓解灾民生活困难。

2007年7月，发生特大洪灾，双溪、坪坝、默戎、古阳等乡镇和县城9.24万人受灾，造成经济损失1.32亿元。县下拨救济款150万元，发放棉被250床、衣物10000件（套、床）、大米100千克，解决重灾1.2万户3.5万人生活困难。

2008年1月，12个乡镇遭受40天五十年不遇雨雪冰冻灾害，全县直接损失14198.50万元。县政府下拨救灾款774万元，棉被3000床，军大衣90件，大米1.5万千克，食用油110箱，面粉20袋，矿泉水200件。

2009年，修订《古丈县救灾应急预案》，建立横向到边、纵向到底救灾应急预案体系，实现国家、省、州、县和乡镇5级预案衔接。7月21日，默戎镇毛坪村发生火灾，烧毁房屋22栋47间，损坏房屋5栋11间，直接经济损失186万元。县政府动员干部群众投入救灾，组织社会募捐，筹措救灾资金，给灾民送去生活用品和帐篷。发放大米2000千克，棉被198床，生活餐具23套，凉席46床，发放救灾款60万元（含35万元建房资金）。

2010年，6月19日、7月12日全县遭受两次特大暴雨，受灾人口9.16万人，直接经济损失2.75亿元。县政府发放救灾棉被1200床、饮用水140件、衣物2000件套，发放救灾款585万元。

二、社会救济

麻风病人救济　1986年，县政府拨付救助金1500元，用于矮洛界麻风病医院对麻风病人进行隔离治疗。是年，收治麻风病人40例。2001年，全县麻风病情得到有效控制，病例明显下降。是年，收治35例，拨付救助金3000元。2007年，拨付救助金5000元，收治病人20人。2010年，民政拨付救助金8000元，收治麻风病人11人。

1986—2010年古丈县麻风病患者获民政救助情况一览表

表10-6　　　　单位：人、元

年份	麻风病患者	民政救助金	年份	麻风病患者	民政救助金
1986	41	1500	1999	36	3000
1987	40	1500	2000	35	3000
1988	40	1500	2001	35	3000
1989	38	1500	2002	30	3000
1990	40	1500	2003	30	3000
1991	40	2000	2004	28	4000
1992	42	2000	2005	23	4000
1993	41	2000	2006	21	4000
1994	40	3000	2007	20	5000
1995	38	3000	2008	15	5000
1996	39	3000	2009	12	5000
1997	38	3000	2010	11	8000
1998	37	3000	合计	810	78500

孤老、孤儿救济　1986年，全县五保老人实行村、组分散供养。由县政府发给衣裤、棉衣、被子、鞋袜等实物，每月日用品补助5元，春节国庆等重大节日补助20元。由村、组每人每年供给稻谷250千克，食油6千克。县政府给城市孤老每人每月12元生活费和衣、被、蚊帐、帽、鞋、袜等物资以及重大节日补助。城乡孤儿集中在县孤儿院实行统一供养管理。

1987年，投入扶贫周转金150万元，修建山枣、默戎、古阳3所敬老院和默戎、古阳两家福利厂。1989年12月，宣传贯彻实施《湖南省农村敬老院管理暂行办法》，推进乡镇敬老院建设。修建高峰、坪坝敬老院，入住五保老人30人。1992年，投入10万元，修建双溪敬老院，入住8人。

2001年，县中心敬老院竣工投入使用，入住五保老人60人。2003年，修建断龙山乡敬老院，2004年修建罗依溪镇、河蓬乡敬老院，2005年，修建岩头寨镇敬老院。2006年，投入20万元扩建双溪敬老院，占地面积由原2000平方米扩大到3500平方米，建筑面积增加到850平方米，设备配置齐全，入住32人。

2007年9月，县社会福利院建设项目报批和土地划拨手续完成。12月，投入166万元，修建红石林镇、高望界乡、默戎镇九龙村敬老院，入住“五保老人”100人。全县完成12个乡镇敬老院建设。2008年，全县五保老人872人，孤儿49人。7月，红石林镇敬老院租用稻田0.37公顷，建成集休闲、娱乐、观赏、创收为一体的养殖基地。10月，县社会福利院开工兴建，占地面积2万平方米，工期三年，总投资500万元，修建1995.16平方米综合大楼一栋。

2009年，落实五保供养和优抚政策，提高入住老人生活水平。全县五保供养对象923人。其中，集中供养438人，集中供养率为47.5%，供养标准每人每年3600元；分散供养485人，供养标准每人每年1200元。

2010年，全县集中供养五保老人379人，县分散供养五保老人638人。集中与分散供养标准仍为3600元、1200元。12个乡镇敬老院和1个村办敬老院兴办种植和养殖经济实体。县政府投入66万元，改扩建红石林镇敬老院。红石林镇敬老院兴办蛋鸡养殖场，年饲养3100只，成为全州窗口敬老院。

特困户救济 2003年5月，古丈县列为湖南省农村特困户救助工作试点县。8月，制定《古丈县农村特困户救助工作实施方案》。9月，实施农村特困户救助工作。全县救助特困户3047户5833人，发放救助金14.09万元，月人均救助6元。2004年，农村特困户分为三类，一类每人每月救助7元、二类每人每月6元、三类每人每月5元。全县救助3582户6597人，发放救助金36.90万元。医疗救助农村特困对象5107户9189人，发放专项医疗救助金45.05万元。2005年10月，农村特困户救助标准提高到每人每月平均8元。是年，救助农村特困户1709户5162人，发放救助金21.66万元。2006年，实行城市居民特困家庭医疗救助。2010年，救助城乡特困居民567人，发放救助金136.98万元。是年，县政府制定《古丈县城乡困难群众临时性生活困难救助实施办法（试行）》，临时救助生活困难群众和贫困大学生2000人次，发放救助金60万元。

农村低保救济 1997年8月，在河蓬乡进行农村最低生活保障线试点工作。制定《古丈县农村最低生活保障线暂行办法》《古丈县农村最低生活保障线实施细则》，进行农村低收入贫困农民生活现状调查。2003年，农村低保金每人每月6元。2006年，实行农村居民最低生活保障。是年，农村低保对象845户2214人，发放低保金21.17万元，每月人均补助8元。2007年1月，农村低保对象1711户3728人，发放低保金67.1万元，人均月补助15元。2008年，农村低保扩面，保障面从3.45%提高到4.56%，低保对象2273户5290人，发放低保金203.44万元，每月人均38.74元。低保对象雪灾救济11.48万元。2009年，农村低保对象2627户6110人，每月人均补差45.26元，发放低保金291.6万元。2010年，农村低保救助分三类，一类每人每月55元，二类每人每月45元，三类每人每月35元。全县低保对象4328户9085人，发放低保金479.8万元。

城市低保救济 1999年7月1日，启动县城市居民最低生活保障。是年，低保对象362人，发放城市低保金3.82万元。2000年，城市低保对象511人，发放城市低保金4.82万元。

2001年，城市低保对象扩面20%，全县城市低保对象增加到867人，每人每月38元，年发放低保金40万元。2003年，低保金标准提高到每人每月45元。12月，落实一类、二类低保户每月免交4吨水费、6千瓦时生活照明电费、不高于11元有线电视收视维护费（一类对象全免）和免就诊挂号费、义务教育附加费五项优惠政策。是年，城市低保对象5949人，发放城市低保金233.28万元，每月人均补助45元。

2005年，城市低保实行动态管理，经审查核实，取消不符合低保政策对象1000人。全年享受城市低保4086人，发放低保金237.13万元，月人均52.85元。2007年，新增城镇低保对象996户1726人，清退因收入增加不符合低保政策640户1242人。是年，城市低保对象2860户5366人，发放城市低保金592.54万元，人均每月补助86.70元。

2010年，城市低保救助分四类，每人每月一类200元，二类150元，三类115元，四类90元。城市低保对象2950户5693人，发放低保金821.42万元，月人均补助由121.97元提高到157元。

医疗救助　2004 年 7 月，启动农村大病医疗救助试点工作，救助五保户、特困户、在乡老复员军人 3 类人 9 种病种（尿毒症、重症胰腺炎、重症大面积烧伤、重症精神病、白血病、重度脑血栓、大面积脑梗塞、癌症）患者。是年，大病救助 5107 户 9189 人，发放救助金 45.05 万元。

2006 年，发放农村大病医疗救助金 33.10 万元，救助 191 人。2007 年 1 月，县政府发布《古丈县特困家庭医疗救助实施办法》，全县实施特困家庭医疗救助工作。全年发放城乡医疗救助金 21.38 万元，救助 107 人。2009 年，农村特困家庭医疗救助 540 人，医疗救助金 118．30 万元。2008 年，发放城乡大病医疗救助金 87.90 万元，救助大病患者 379 人。实施慈善医疗救助，救助大病患者 40 人，发放救助金 2 万元，落实农村大病救助资金 70.34 万元。2010 年，开展特困群众医疗救助结算服务试点。是年，医疗救助 729 人，发放救助金 179.82 万元。

精简退职职工救济　2007 年，提高 1960 年前后精简下放农村干部职工生活救助标准，每人每月不低于 50 元。企事业单位人员由本人所在单位发放，行政单位由县民政局发放。2010 年，仍按此标准执行。

扶贫建房救济　1994 年，实施扶贫建房政策，帮助特困无房户修建住房。2004 年，每乡筛选 15 ~ 20 户贫困无房或危房户，每户救助 2000 元。全县救助农村特困户消灭茅草房和改造危房户共新建房 161 栋。2008 年，扶助 330 户安居建房。2009 年，扶助 500 户安居建房。2010 年，扶助 900 户危房改建。

第四节　社会事务管理

一、婚姻登记

1986 年，乡镇设有婚姻登记处。全县依法办理结婚登记 908 对，依法办理离婚登记 5 对。1990 年，依法办理结婚登记 1102 对，依法办理离婚登记 21 对。是年，婚姻登记工作被评为全省婚姻管理先进单位。

2005 年，全县 12 个乡镇和国营高望界林场的婚姻登记处停止使用，婚姻登记到民政局婚姻登记中心办理。2007 年，开通省内联网婚姻登记业务。是年，办理结婚登记 975 对、离婚登记 112 对、补办结婚登记 25 对、补领结婚证登记 45 对，补录婚姻登记档案 1500 人次。

2010 年，依法办理结婚登记 1082 对、离婚登记 150 对、补办结婚证 126 对，补办离婚证 3 对。

二、殡葬改革

1986 年，县政府宣传倡导文明新风，实行殡葬改革。1999 年 10 月，成立殡葬管理服务所。县城白腊池公墓经几十年入葬，墓穴基本售完，县政府在城郊仁溪征地 2.33 公顷，作为公墓基地。2008 年 6 月，县殡仪馆建成投入运营。殡仪馆占地面积 4333.36 平方米，主体建筑 814 平方米，总投资 60 万元。2010 年，利用电视、广播、报纸、简报、出动宣传车等形式宣传文明办丧事，整治乱埋乱葬行为。是年，县殡仪馆接待丧事 41 次，营业收入 3.5 万元。

三、收容救助

1986 年，流入县城的外籍流浪人员 76 人，按程序遣送 76 人。2005 年，流入人数增至 422 人。2006 年，收容遣送站更名县收容救助站。是年，收容救助 378 人次，其中，外省 18 人。2010 年，收容救助 408 人次，遣送 408 人次。其中，外省 26 人。

四、老龄工作

1986年，全县老龄工作由县老龄问题委员会负责。是年，全县60岁以上老人9864人，其中女性老人5415人；70岁以上4819人，其中女性老人2618人；80岁以上2967人，其中女性老人1859人；90岁以上398人，其中女性老人252人，100岁以上3人，其中女性老人2人。

1987年5月，县老龄问题委员会更名为县老龄工作委员会。1989年，县委、县政府出台《全县开展庆祝湖南省第一个老人节有关事项的意见》，倡导尊老、敬老、爱老、助老。1998年6月，县老龄委下发《关于认真贯彻〈中华人民共和国老年人权益保障法〉的通知》，要求维护老年人合法权益，实现“老有所养、老有所医、老有所教、老有所学、老有所乐、老有所为”。1999年，组织全县党政机关副科级以上干部参加《中华人民共和国老年人权益保障法》知识学习和考试。2000年，实行老年人优待制度，给60岁以上老人发放“湖南省老年人优待证”，享受乘车等优待政策。2001年2月，实施长寿保健补助制度。年满一百周岁以上老人每人每月发放200元。全县百岁老人11人，年发放长寿保健补助费2.64万元。

2002年11月，开展城乡贫困老人情况调查。全县60岁以上贫困老人1.04万人，占全县贫困人口总数的32.3%，占60岁以上老人数的68.8%。2003年，默戎镇九龙村老年人协会荣获全省基层老龄工作先进单位、默戎镇盘草村石莲花荣获全国孝亲敬老之星、古阳镇古丈坪社区荣获全省敬老模范社区、高峰乡李家洞村民印显耀荣获健康百岁寿星。

2004年3月，欧盟国际助老会代表克里斯托夫·约瑟夫、国家老龄办主任张志鑫、省老龄办主任邢志斌一行深入山枣乡竹山村、默戎镇九龙村实地考察，解决助老项目资金80.5万元，其中老人发展生产资金27.5万元，能源项目资金40万元，救灾资金13万元。省老龄办与中南大学湘雅护理学院为两个村免费培训老年人医疗护理人员38名，赠送医疗器材60件（台）。是年，今日女报社记者采访县内百岁寿星，报道百岁老人“老有所为”“老有所乐”事迹。

2005年10月，组织40名老人参加全州首届老年人艺术节。歌舞《欢乐的茶山》获一等奖，老龄科学论文、老年人书法、摄影等获二等奖。2006年，全县开展中小学生敬老、爱老、助老主题教育活动，中学生做好事1985件。古丈一中选送《苦涩雨、甜密露》《木格窗里的黄昏》参加全州敬老论文大赛，获一等奖。是年，古丈县被省政府授予“全省老龄工作先进县”称号。

2010年9月，组织老年人参加全州第一届老年人健步行竞赛活动，荣获第二名。是年，全县60岁以上老人1.92万人，占总人口的14%；其中，农村老年人1.41万人，城镇老年人2216人；80岁以上高龄老人3914人，五保老人831人，100岁以上老人11人，年龄最大的107岁，发放百岁老人长寿保健补助费16.84万元。全县发放“老年人优待证”6080本。

五、社会募捐

募捐　1986年，全县启动募捐活动，倡导党政机关企事单位干部职工向灾区人民捐款。1993年7月，全县遭受洪灾，直接经济损失3154万元。县募捐办收到社会募捐款6万元，全部发放给灾民。2001年4月，成立县募捐管理委员会，办公室设在县民政局。2002年，开展助残募捐活动，向社会募集资金2万元，救助困难残疾人50人。2005年，县内遭受冰冻灾害和旱灾。募捐10.48万元。2008年，全县开展“送温暖、献爱心”和“慈善一日捐”社会捐助活动，募集捐款11万元。5月12日，四川省汶川地区发生地震，组织全县干部群众募捐73.52万元，汇往汶川灾区。2009年7月，默戎镇毛坪村发生火灾，社会各界响应县委、县政府号召，捐钱捐物支援灾民。2010年，将茶祖节评选样茶拍卖所得款21万元，捐给青海玉树地震灾区。7月1日，全国人大代表、湖南省佛教协会会长圣辉大和尚等4人深入到洪水重灾区罗依溪镇黑潭村和山枣乡看望受灾群众，捐赠善款8.8万元。

福利彩票 2001 年，首次发行社会福利彩票（开兑型）25 万元。2005 年，福彩发行销售额 73.45 万元。2006 年，福彩投注站由 8 个增至 12 个，福彩销售额 207 万元。2009 年 11 月底，福利彩票销售总额为 205.43 万元，发放福彩救助金 1.2 万元救助特困大学生 4 人。2010 年，福利彩票销售总额 233 万元。

慈善 2008 年 8 月，召开第一次全县慈善代表大会，成立县慈善会，选举彭继美为第一届慈善会会长。是年，创始会员 66 名。县慈善会于 2008 年、2010 年组织开展捐赠活动，筹集慈善资金计 93.52 万元。

六、烈士陵园管理

1986 年，全县烈士亭 3 座，烈士墓 1 座，即默戎镇龙鼻嘴烈士纪念亭、高峰乡李家洞烈士纪念亭、野竹乡野竹坪烈士纪念亭和高望界林场吴家坪张广、江德宽烈士合葬墓。全县有名烈士 39 人，无名烈士 336 人，其中有名烈士墓 24 座、无名烈士墓 88 座。

1987 年 9 月，县政府投入资金 5000 元，在野竹乡野竹坪村修建野竹坪烈士纪念亭，将草潭乡占潭村亮坡组长坡烈士墓迁葬于亭内。1989 年 5 月，投入资金 5 万元，将默戎镇龙鼻嘴烈士纪念亭从龙鼻嘴村白岩冲迁至该村铁路桥下。

1991 年 10 月，投入资金 2 万元，维修高峰乡李家洞烈士纪念亭。1993 年 4 月，高峰乡李家洞烈士纪念亭、默戎镇龙鼻嘴烈士纪念亭、野竹乡野竹坪烈士纪念亭公布为县级文物保护单位、爱国主义教育基地。2006 年 10 月，投入资金 1 万元，维修在高望界乡石门村吴家坪的张广、江德宽烈士合葬墓。全县有名烈士 46 人。

第五节　民间组织管理

1991 年，成立民间组织管理股。当年社会团体组织登记注册 5 个。2001 年，成立县民间组织管理局，与县民政局合署办公，两块牌子、一套人马。2007 年，对 50 个社会团体和民办非企业单位、农村专业经济协会实行年检年审，依法取消 2 个不合格团体，新登记学术行业团体 2 个，发展农业专业经济协会 4 个。2008 年，登记社会团体 5 个、民办非企业单位 4 个，对 32 个社会团体和 5 个民办非企业单位进行年审年检，年检合格率 100%。2009 年，新发展社会团体 3 个。2010 年，社团参加年检 49 个，依法注销 4 个，新发展 4 个。全县社团组织 53 个。

第六节　地名与勘界

一、地名管理

1986 年，全县地名管理依照法规对 11 个乡 4 个镇 1 个国营林场 180 个建制村 990 个村民小组以及 17 个居委会地特定的自然地理实体名称、行政区划名称实行地名标准化管理。1988 年 6 月，默戎镇增设岩寨村。1990 年，默戎镇增设向家村、中寨村。1991 年，坪坝乡增设兴寨村。1998 年 10 月，城关乡增设小寨村。

2005 年，古丈县行政区划调整，撤销茄通乡、野竹乡、草潭乡、城关乡 4 个乡和河西镇。新建高望界乡。河西镇与茄通乡合并，以国家地质公园红石林冠名为红石林镇。

断龙山乡撤胡家坪、大龙热、龙叫河 3 个村，胡家坪和大龙热村合并为龙王湖村、龙叫河村茶叶坡组划入杨家河村、龙叫河村的龙交河组划归溪龙车村。

红石林镇撤小龙热村、业者湖村，小龙热村并入马达坪村，业者湖村并入白果树村。

罗依溪镇撤箭潭口林场、五里坡村，箭潭口林场并入坳家湖村，五里坡村并入毛坪村。

高峰乡撤观音山村、葛连溪村，观音山村并入李家洞村，葛连溪村并入岩排溪村。

高望界乡撤冲天坪村、吴家坪村，冲天坪村并入岩坨村，吴家坪村并入石门寨村。

岩头寨乡撤两岔溪村、丫施溪村、湾沟溪村、巩寨村、栋秋树村、松溪村、银坪村、白洋洞村、岩山村，两岔溪村并入磨子坪村、丫施溪村并入蒿根坪村、碗沟溪村并入土溪村、巩寨村并入野竹坪村、栋楸树村并入草潭村、松溪村并入长冲村、银坪村并入岩头寨村、白洋洞村并入湾坪村；岩山村并入白竹坪村。

山枣乡撤农科村、高寨村村，农科村并入林场村、高寨村并入火麻村。

河蓬乡，上河蓬村与下河蓬村合并为河蓬村。

坪坝乡撤新寨村、排夯两、排抽村、窝塔村、榔木村，新寨村并入叭喇村、排夯两村瓦屋坪组并入张家坪村、排夯两村排夯两组并入大寨村、排抽村并入对冲村、窝塔村并入溪口村、榔木村并入曹家村。

默戎镇撤排布村、己戎村、桐木村、四方坡村、茶场村、排达牛村、向家村、岩寨村，排布村并入九龙村、己戎村并入中寨村、桐木村并入龙鼻嘴村、四方坡村并入新窝村、茶场并入夯娄村、排达牛、和向家 2 个村并入李家寨村、岩寨村并入毛坪村。

双溪乡撤销西歧村、达沙村、洞上村、大塘村、竹坪村，达沙村并入宋家村、大塘村并入蔡家村、竹坪村并入茅坡村、西歧村并入官坝村。

古阳镇撤销白岩村、二岗村、小寨村、老寨村、茶坪村、红星村，白岩村与二岗村合并，以风景区天桥山冠名天桥山村、茶坪村并入田马村、老寨村并入长潭村、小寨村并入太坪村、红星村并入柑子坪村。

2006 年，县民政局投入资金 5 万元，设置路标路牌 39 块，对县城主要街道进行命名。柑子坪街更名为栖凤路，河街更名为沿河中路，老塘坊路更名为沿河南路，北泉至三道河路更名为沿河北路，正街更名为古阳路，新建区路更名为文苑路，省道 S229 线县城段为茶城路，沿古阳河的林业局门口至恒兴木业有限公司沿河大道为滨河路。

2009 年，撤岩头寨乡，设岩头寨镇。

2010 年，无地名变更。

二、勘界

古吉线　1999 年 4—10 月，古丈和吉首市两县市工作人员对边界进行 3 次勘验。勘界工作严格按照现场踏界、记录、测绘、画图、双方签协议五个程序进行。

古永线　1998 年 3—5 月，古丈与永顺县两县工作人员对边界起先 3 次勘验。参加勘界人员王泽华、刘异生、何平波、杨定文。2009 年，边界线界碑修复及联检区划完成。

古泸线　1999 年 1—3 月，古丈与泸溪两县工作人员对边界起先 3 次勘验。参加勘界人员刘朝支、符海河、宋铭、杨晓虹、何平波、杨定文。2010 年，泸溪县—古丈边界线联检区划完成。

古保线　1997 年 9—12 月，古丈与保靖县两县工作人员对边界进行 3 次勘界。参加勘界人员龚海勇、梁建忠、朱运生、何平波、杨定文。勘界工作严格按照现场踏界、记录、测绘、画图、双方签协议五个程序进行。

古沅线　1999 年 4—6 月，古丈县与怀化市沅陵县两县工作人员对边界进行 3 次勘界。2009 年 4 月，古丈县和沅陵县在现场召开边界纠纷协调会，解决高峰乡小鲤溪与沅陵县二酉乡桐木溪山地纠纷。

第十一篇　经济综述

第一章 经济水平

第一节 生产总值

1986年，古丈县深化经济体制改革，经济呈现较好增长势头。当年生产总值达4716万元。至1991年，县委、县政府实行政企分开、精简机构，提高政府办事效率，释放企业活力。推行和完善农村双层经营体制，调整农村产业结构；企业承包责任制与厂长、经理负责制相结合，转换企业经营机制。生产总值8549万元，占全州生产总值的3.8%。1986—1991年，实现每年以近千万元的增速增长。1988年至1991年，生产总值年均递增3.9%。

1992年，县委、县政府贯彻落实邓小平南方谈话和中共“十四大”精神，解放思想，推动经济发展。是年，全县国民生产总值突破亿元大关，达10647万元。1994年，县委、县政府制定《古丈县扶贫攻坚计划》，全县进行农业结构调整，实施山地开发，发展林、牧、渔、茶、果、药等特色产业。当年生产总值18873万元。至2000年，全县国民生产总值2.89亿元。

2002年，古丈县被列为国家扶贫重点县。国有工业企业改革产权制度，建立现代企业制度。招商引资工作取得突破，先后引进一批私营企业。生产总值增至3.76亿元。2005年，县委、县政府以项目建设为龙头，招商引资，发展新型工业、特色农业、生态旅游和生态小城镇。全县国民生产总值4.95亿元。2000—2005年，全县国民生产总值年均增长7.4%。其中民营经济实现生产总值3.1亿元，占全县国民生产总值的62.6%。

2010年，县委、县政府推进新型工业化，实施工业“百千万工程”，即100万吨水泥厂、5000吨精钒加工和30000吨电解锰整合项目；推进农业产业化，实施农业“两叶一果”产业，即发展烟叶、茶叶和以柑橘为主的水果产业；推进旅游业发展，实施“一线四区”旅游开发，即开发张家界至凤凰黄金旅游线古丈段沿线景点和红石林、坐龙峡、栖凤湖、高望界四大景区，发展生态旅游业。是年，全县国民生产总值10.7亿元，为1986年的22.69倍，比2009年增长16.3%，是历年增长最快的一年。第一、二、三产业分别实现增加值2.34亿元、2.53亿元和5.83亿元。占全州国民生产总值的3.5%。2005—2010年，全县国民生产总值每年增长1亿元，年均增长10.98%。

1986—2010年古丈县国民生产总值统计表

表11-1　（按当年价计算）　单位：万元

年份	合计	第一产业	第二产业			第三产业
				工业	建筑业	
1986	4716	2459	857	663	194	1400
1987	5548	2753	1138	868	270	1657

续表 11-1

年份	合计	第一产业	第二产业			第三产业
				工业	建筑业	
1988	6788	3227	1273	970	303	2288
1989	7453	3496	1574	1293	281	2383
1990	7674	3727	1094	759	335	2853
1991	8549	4132	1332	933	399	3085
1992	10647	4789	1988	1510	478	3870
1993	14041	5956	2842	2270	572	5243
1994	18873	8966	2979	2412	567	6928
1995	21929	10075	3867	3127	740	7987
1996	24431	10726	4475	3929	546	9230
1997	25479	11208	4238	3643	595	10033
1998	25200	10891	3519	2994	525	10790
1999	26138	11205	3369	2482	887	11564
2000	28900	11627	4454	3434	1020	12819
2001	32176	11771	5462	4162	1300	14943
2002	34088	11400	6150	4628	1522	16538
2003	37602	11593	7396	5175	2221	18613
2004	45383	12345	9498	6735	2763	23540
2005	49523	12509	10250	7535	2715	26764
2006	55132	12517	12011	9085	2926	30604
2007	65395	15426	15384	11101	4283	34585
2008	82188	18857	18356	14994	3362	44976
2009	92143	20431	20631	13545	7086	51081
2010	107002	23371	25282	16607	8675	58349

第二节　经济结构

一、产业结构

1986 年，第一产业占全县国民生产总值一半以上，第二、三产业所占比重相对较小。第一、二、三产业产值占全县国民生产总值比重为 52.14%、18.17%、29.69%。此后，随着经济社会发展，国民经济三大产业结构不断优化，第一产业所占比重逐年缩小，第二产业曲折发展，第三产业比重不断提高。

1990 年，县委、县政府调整产业结构，强化经营管理，提高经济效益。第一、二、三产业产值占全县国民生产总值比重为 48.57%、14.26%、37.18%。1995 年，县委、县政府把发展第三产业、个体私营经济作为古丈经济新增长点，用活政策，为个体私营经济发展创造宽松环境。

第一、二、三产业产值占全县国民生产总值比重为45.94%、17.63%、36.42%。与1986年相比，第一产业比重降低6.2%，第二产业比重降低0.54%，第三产业比重增加6.73%。

2000年，第一、二、三产业产值占全县国民生产总值比重为40.23%、15.41%、44.36%。随着个体私营经济持续发展，第三产业占全县国民生产总值比重已超过第一产业。2005年，县委、县政府狠抓基础设施建设、产业建设、生态建设和社会事业建设，突出发展特色生态农业、民营环保工业、生态旅游业和生态小城镇。第一、二、三产业产值占全县国民生产总值比重为25.26%、20.70%、54.04%，与1986年相比，第一产业比重降低26.88%，第二产业比重增加2.52%，第三产业比重增加24.35%。到2010年，第一产业比重为21.84%，第二产业比重为23.63%，第三产业比重为54.53%，与1986年相比，第一产业降低30.3%、第二和第三产业分别上升5.46%和24.84%。

1986—2010年古文县三次产业比重情况一览表

表11-2 （按当年价计算） 单位：%

年份	第一产业占比	第二产业占比	第三产业占比
1986	52.14	18.17	29.69
1987	49.62	20.51	29.87
1988	47.54	18.75	33.71
1989	46.91	21.12	32.01
1990	46.56	14.26	37.18
1991	48.33	15.58	36.09
1992	44.98	18.67	36.35
1993	42.42	20.24	37.34
1994	47.51	15.78	36.71
1995	45.94	17.63	36.42
1996	43.90	16.63	37.78
1997	43.99	13.96	39.38
1998	43.21	13.96	42.82
1999	42.87	12.89	44.24
2000	40.23	15.41	44.36
2001	36.58	16.98	46.44
2002	33.44	18.04	48.52
2003	30.83	19.67	49.50
2004	27.20	20.93	51.87
2005	25.26	20.70	54.04
2006	22.70	21.79	55.51
2007	23.59	23.52	52.89
2008	22.94	22.33	54.72
2009	22.17	22.39	55.44
2010	21.84	23.63	54.53

二、农业结构

1986年，县委、县政府立足山区优势，发展林、茶、果、药、草食牧业，因地制宜办好乡镇企业，扶持农民家庭工业。是年，农总产值（现行价）为3186万元，其中种植业1336万元（现行价，下同），占农业总产值的41.93%；林业产值690万元，占21.66%；畜牧业产值681万元，占21.37%；副业产值357万元，占11.21%；渔业产值122万元，占3.83%。

1990年，念好"山字经"，实施"44111"山地开发工程；立足资源优势，建设高效农业。是年，农总产值为4710万元，其中，种植业产值1828万元、林业产值994万元、牧业产值1171万元、副业产值466万元、渔业产值251万元，分别占农业生产总值的38.8%、21.1%、24.9%、9.9%、5.3%。

1995年，县委、县政府把发展畜牧业摆在农村工作和经济工作重要位置，作出《关于加快发展山羊生产的决定》。是年，种植业产值6638万元，林业产值1363万元，牧业产值有较快增长，达3438万元，副业产值1156万元，渔业产值690万元，分别占农业生产总值13285万元的49.97%、10.26%、25.88%、8.70%和5.19%。

2000年，全县调整农业结构，发展特色生态农业。发展四大特色产业：以橙柚、椪柑和林副产品开发为主的林果业，以古丈毛尖品牌为主的茶叶产业，种草养畜业，以瓜菜花卉为主的高效经济作物。是年，农业生产总值为17260.8万元，其中，种植业和副业产值10992.8万元、林业产值1870.5万元、牧业产值3656.9万元、渔业产值740.6万元，分别占农业生产总值的63.69%、10.83%、21.19%、4.29%。

2005年，加强水利工程建设，发展烟叶生产。是年，农业生产总值为20561万元，其中，种植业产值8624万元、林业产值3712万元、牧业产值6989万元、渔业产值656万元、农林牧渔服务业产值580万元，分别占农业生产总值的41.94%、18.05%、33.99%、3.19%、2.82%。

2010年，推进"两叶一果"（茶叶、烟叶、水果）工程和农业机械化，扶贫开发与农村低保两项制度衔接。是年，农业生产总值为38626.7万元，其中，种植业产值24157.7万元，林业产值3625.3万元，牧业产值9473.6万元，渔业产值904.1万元，农林牧渔服务业产值466万元，分别占农业生产总值的62.54%、9.39%、24.53%、2.34%和1.21%。

1986—2002年古丈县农林牧渔业总产值结构一览表

表11-3　（按当年价计算）　单位：万元

年份	农林牧渔业总产值					
	合计	种植业	林业	畜牧业	副业	渔业
1986	3186	1336	690	681	357	122
1987	3583	1260	789	960	410	164
1988	5117	1893	1349	1093	552	230
1989	4411	1477	1025	1161	501	247
1990	4710	1828	994	1171	466	251
1991	5719	2835	920	1233	468	263
1992	6623	3150	1219	1327	647	280
1993	8272	3332	1140	2274	1190	336
1994	12082	5650	1375	3294	1168	595

续表 11-3

年份	农林牧渔业总产值					
	合计	种植业	林业	畜牧业	副业	渔业
1995	13285	6638	1363	3438	1156	690
1996	14889	7847	1306	3597	1155	984
1997	16522	9217	1448	3515	1350	992
1998	16362	7701	1811	3602	2415	833
1999	16725.8	8025.3	1723	3662.2	2581.9	733.4
2000	17260.8	8432.6	1870.5	3656.9	2560.2	740.6
2001	17548.6	8463.1	1794	3970.3	2500	821.2
2002	17117.2	7665.7	1941.5	4059.6	2642.5	807.9

2003—2010 年古丈县农林牧渔业总产值结构一览表

表 11-4 （按当年价计算） 单位：万元

年份	农林牧渔业总产值					
	合计	农业	林业	畜牧业	渔业	农林牧渔服务业
2003	17800.4	7749.2	4197.1	4485.6	843.5	525.0
2004	20792.0	9174.0	3947.0	6434.0	682.0	555.0
2005	20561.0	8624.0	3712.0	6989.0	656.0	580.0
2006	20630.2	9653.9	3306.3	6411.9	658.1	600.0
2007	25553.3	11947.7	3200.0	8878.6	849.0	678.0
2008	31765.3	16262.3	3503.3	10798.2	780.3	421.2
2009	33906.3	19649.5	3538.1	9448.1	836.8	433.8
2010	38626.7	24157.7	3625.3	9473.6	904.1	466.0

三、工业结构

1986 年，全县全民独立核算工业企业 18 户，完成工业总产值（现行价，下同）1158 万元，占全县工业产值的 67%；实现销售收入 1603.39 万元，固定资产净值达 1876.48 万元，实现利润 162.87 万元，上缴税金 74.91 万元。独立核算集体工业企业 27 户，多为轻工行业，从业人员 391 人，实现工业产值（现行价，下同）236 万元，拥有固定资产净值 276 万元，户均 10.2 万元，实缴税金为 0。

1987 年，全县独立核算集体工业企业 34 个，其中县属 5 个，城镇街道工业企业 1 个，农村乡办工业 28 个，多为小水电发电站。集体工业企业实现工业总产值（现价）304 万元，户均 10.86 万元。实现利润 9.4 万元，户平 0.33 万元。上缴税金 15 万元。全县有固定资产净值 322.2 万元。随着改革开放不断深入，社会主义商品经济逐步繁荣，1989 年，城镇个体工业 23 户，实现总产值（现行价，下同）17 万元，村以下办工业 567 个，以食品加工业、缝纫业和家具制造业等行业为主，当年实现产值 307 万元。

1990 年，全县全民独立核算工业 18 户，总产值 3360 万元，年末固定资产净值 3294 万元，利润总额 -128 万元，上缴税金 27 万元。独立核算集体工业企业 9 个，其中县属 5 个，城镇街道工业企业

1个，农村乡办工业3个。集体工业企业实现工业总产值（现价）457万元。实现利润7万元，拥有固定资产净值529万元。1995年，全县全民独立核算工业24户，总产值7883万元，年末固定资产净值5059万元，利润总额–262万元。1997年，全民独立核算工业29个，完成产值5069万元，固定资产净值为5584万元，实现利润–927万元，税金327万元。

1998年，县委、县政府出台《关于古丈县发展民营经济实施细则》《关于进一步加速个体私经济发展的决定》，民营工业发展壮大。是年，首次出现年销售收入过500万元的私营独资企业1户，销售收入500万元以下的非国有及个体经营1132户，分别实现产值917万元和5912.6万元。按企业性质分：私营企业155个，实现产值2170万元，上缴税金115万元，自有资金2246万元，从业人员558人；个体经营928户，实现产值（现价）2063万元，上缴税金108万元，实收资本（自有资金）1183万元，从业人员973人。此后，随着工业经济实行“抓大放小”和产业结构调整，全县集体工业企业停产或改制破产。

2000年，县轻工供销公司改制，一次性安置职工17人。全民国有工业16户，总产值3352.8万元，年末固定资产净值8599.5万元，利润总额25.7万元。2003年，县酒厂破产改制，一次性安置职工45人。2004年，县民族制鞋厂破产改制，一次性安置职工65人。

2005年，全县年销售500万元以上规模工业企业15户，比2004年减少2户，实现总产值15710万元，其中全民所有制企业7家，产值5854万元。2006年，县民族工艺美术厂改制，一次性安置职工19人。2007年，县民族竹木工艺厂改制，一次性安置职工22人。2008年，县民族服装厂改制，一次性安置职工101人。2009年，全县全民所有制规模工业企业3户，完成产值7020万元。

2010年，全县国有工业企业4家，完成产值9746万元。全县规模以上民营工业企业9户，比1998年增加8户，占全县规模工业企业总数的90%。全县民营规模工业企业实现产值23601.09万元，占规模工业企业总产值30621.99万元的77%。全县实现工业总产值比上年同期增长29%；上缴税金比上年同期增长20%；工业企业产销率98%。

1986—2010年古丈县国有工业情况一览表

表11-5

年度	企业个数（个）	从业人数（人）	产值（现价）（万元）	产品销售收入（万元）	固定资产原值（万元）	固定资产净值（万元）	利润总额（万元）	税金（万元）
1986	18	1087	1158	1603.4	2197.2	1876.5	162.9	74.9
1987	18	1154	1720	1802.0	3041.0	2633.0	366.0	81.0
1988	12	1044	1939	1801.0	2696.0	2298.0	338.0	57.0
1989	12	1106	2247	2038.0	3380.0	2881.0	431.0	65.0
1990	18	1246	1692	1541.0	3896.0	3294.0	−128.0	27.0
1991	18	1295	2222	2342.0	4198.0	3479.0	−272.0	201.0
1992	18	1320	2826	2671.0	4238.0	3391.0	150.0	236.0
1993	20	2028	4608	4619.0	4849.0	3758.0	334.0	320.0
1994	16	1842	5849	4606.0	5431.0	3751.0	−102.0	306.0
1995	16	2223	7883	6163.0	5059.0	5457.0	−262.0	640.0
1996	26	—	8507	4504.0	7817.0	5427.0	−406.0	23.0
1997	29	1867	3560	4189.0	8059.0	5584.0	−927.0	327.0

续表 11-5

年度	企业个数（个）	从业人数（人）	产值（现价）（万元）	产品销售收入（万元）	固定资产原值（万元）	固定资产净值（万元）	利润总额（万元）	税金（万元）
1998	23	—	3124	3444.7	10762.8	8112.0	−296.5	8
1999	15	2176	2596.1	2706.2	10594.5	7862.5	−147.8	11
2000	16	2128	3352.8	3810.4	11483.1	8599.5	25.7.0	308
2001	15	1572	3599.0	4025.0	11483.1	8509.0	35.2.0	356
2002	15	737	3331.0	9104.0	6132.0	101.6	258.0	4026
2003	13	1080	4154.0	14581.0	10611.0	98.0	636.0	8490
2004	13	1200	5510.0	—	12750.0	239.0	821.0	10286
2005	7	1247	5854.0	—	6240.0	725.0	636.0	13185
2006	7	1072	6784.0	—	7590.0	97.0	945.0	15370
2007	4	1258	9424.0	—	4808.0	2017.0	1615.0	22252
2008	3	1516	9600.0	—	7839.0	3471.0	—	29527
2009	2	1251	7020.0	—	7898.0	−1121.0	—	22777
2010	1	163	7020.9	—	—	—	—	—

1986—1998 年古丈县集体工业情况一览表

表 11-6

年度	企业个数（个）	从业人数（人）	产值（现价）（万元）	产品销售收入（万元）	固定资产原值（万元）	固定资产净值（万元）	利润（万元）	税金（万元）
1986	27	391	236	223.0	331.0	276.0	−1.0	—
1987	34	640	304	274.2	396.5	322.2	9.4	15.0
1988	34	590	468	350.0	496.0	411.0	24.0	350.0
1989	34	528	546	405.0	521.0	411.0	−13.0	4.0
1990	34	496	454	426.0	529.0	401.0	7.0	3.0
1991	36	630	625	518.0	624.0	460.0	15.0	38.0
1992	36	641	840	773.0	736.0	545.0	12.0	32.0
1993	36	270	857	883.0	839.0	621.0	−6.0	41.0
1994	31	403	1072	906.0	963.0	639.0	−4.0	51.0
1995	31	464	1341	328.0	399.0	399.0	−8.0	14.0
1996	36	—	1845	1515.0	1608.0	1277.0	−231.0	9.0
1997	43	329	2315	2089.0	2172.0	1604.0	−128.0	12.0
1998	49	755	1679.6	899.4	834.7	737.7	−72.0	126.7

第三节 经济效益

一、社会劳动生产率

1986年，继续完善农村经济体制改革，进行工业经济体制改革，大力发展乡镇企业和个体私营经济。全县国内生产总值4716万元（当年价，下同）。全社会从业人员55863人，社会劳动生产率人均844元。

1988年，全县国内生产总值6788万元，全社会从业人员59898人，社会劳动生产率人均1082.5元。1992年，全县国民生产总值10647万元，全社会从业人员70790人，社会劳动生产率人均1504元。1993年，全县国内生产总值14041万元，全社会从业人员68468人，社会劳动生产率人平2051元。1996年，围绕扶贫攻坚，加快脱贫致富步伐，国民经济得到较快增长。全县国内生产总值24431万元，全社会从业人员74863人，社会劳动生产率人均3263元。

2000年，调整经济结构，深化改革，全县经济运行出现转机。国内生产总值28900万元，全社会从业人员86582人，社会劳动生产率人均3338元。2002年，全县国内生产总值34088万元，全社会从业人员77109人，社会劳动生产率人均4421元。2004年，全县国内生产总值45383万元，比2003年增长20.69%，全社会从业人员78354人，社会劳动生产率人均5792元。

2005年，以项目建设为龙头，以招商引资为特优，突出发展民营环保工业、特色生态农业、生态旅游业和生态小城镇，全县国内生产总值49523万元，全社会从业人员77982人，社会劳动生产率人均6351元。2008年，全县国民生产总值82188万元，同比增长25.684%，全社会从业人员78355人，社会劳动生产率人均10489元。2009年，全县国民生产总值92143万元，比2008年增加近1亿元，全社会从业人员79527人，社会劳动生产率人均11586元。

2010年，围绕“新型工业兴县，绿色产业富民”发展战略，推进项目建设，开展招商引资，新型工业取得突破，茶叶、烟叶、水果等特色农业迅速提升。全县国民生产总值107002万元，比2009年增加14859万元，全社会从业人员79762人，社会劳动生产率人均13415元。

二、农业劳动生产率

1986年，全县推行农业结构调整，开始由传统农业向现代优质高效农业转变。全县农业总产值3186万元（当年价，下同），农业从业人口49662人，农业劳动生产率人均642元。

1988年，全县致力于农业技术试验、示范和推广，在生产战略上稳定粮食播种面积，主攻单产，提高复种。全县农业总产值4317万元，农业从业人口49100人，农业劳动生产率人均879元。

1992年，发展“一优两高”农业，调整农业内部结构，稳定粮油播种面积，推广实用增产技术。全县农业总产值6623万元，农业从业人口59300人，农业劳动生产率人均1117元。1994年，全县农业总产值12082万元，农业从业人口55400人，农业劳动生产率人均2181元。2000年，全县农业总产值17260万元，农业从业人口62520人，农业劳动生产率人均2761元。2004年，全县农业总产值20792万元，农业从业人口61432人，农业劳动生产率人均3385元。2007年，全县农业总产值25553万元，农业从业人口55992人，农业劳动生产率人均4564元。

2010年，调整农业产业结构，建设支柱产业，开展高产优质高效农业开发。柑橘种植以品改低改及优质丰产为栽培重点，茶叶以提升“古丈毛尖”“古丈青龙茶”产品质量和市场竞争力为主，农业生产实现跨越式发展。全县农业从业人口57240人，农业总产值38626万元，农业劳动生产率人均6748元。

三、农作物单位面积产量

1986 年，通过改进耕作制度，加强栽培管理，农作物单位面积产量有较大提高。当年全县粮食播种面积 9160 公顷，其中水稻 5613 公顷，粮食总产量 20283 吨，单位面积产量每公顷 2.214 吨。

1989 年，全县粮食播种面积 9873 公顷，其中水稻实播 5960 公顷，杂交水稻占水稻实播面积的 59%。在遭受自然灾害情况下，粮食仍获得较好收成，总产 24216 吨，单位面积产量每公顷 2.452 吨。全县经济作物播种面积 2690.3 公顷，主要以棉花、油料作物、茶叶、烟叶为主，其中油菜籽播种面积 1910 公顷，单位面积产量每公顷 0.561 吨，烟叶 351 公顷，单位面积产量每公顷 0.607 吨。

1990 年，全县粮食播种面积 9958.8 公顷，总产 16000 吨，超过历史最好水平。1991 年，推广实用增产技术，杂交水稻、杂交玉米、杂交油菜种植面积占比逐年提高。农作物产量除灾害年份外均呈增长态势。到 1997 年，农作物总面积 20491.3 公顷，其中粮食作物 11507.9 公顷，总产量 38018 吨，单产 3.3 吨；油料作物 4188.7 公顷，总产 4017 吨，单产每公顷 0.96 吨；烟叶 854.3 公顷，总产 893 吨，单产每公顷 1.05 吨，茶叶 1782.6 公顷，单产每公顷 0.42 吨；以柑橘为主的水果面积 1039.9 公顷，总产量 2543 吨。

2000 年，围绕农业结构调整和支柱产业建设，发展高产优质高效农业。2002 年，全县农作物种植面积 20658 公顷，其中粮食作物 11041 公顷，单产每公顷 2.96 吨，油料作物 4046 公顷，单产每公顷 0.93 吨，烟叶 374 公顷，单产每公顷 0.83 吨。茶叶单产每公顷 0.38 吨，水果单产每公顷 5.99 吨。

2005 年，全县农作物面积 18703 公顷，但受特大旱灾影响，全县粮食总产量 22351 吨，比上年减少 36.2%，单产仅每公顷 2.28 吨。油料作物未受旱灾影响，单产达每公顷 1.15 吨，烟叶单产每公顷 1.18 吨，茶叶单产每公顷 0.43 吨，水果单产每公顷 6.5 吨。2008 年，全县农作物面积 16948 公顷，比 2007 年减少 544 公顷；其中粮食作物 9356 公顷，单产每公顷 3.8 吨；油料作物 2357 公顷，单产每公顷 1.42 吨，烟叶 738 公顷，单产每公顷 1.71 吨；茶叶 2107 公顷，采摘面积 1161 公顷，单产每公顷 0.40 吨；水果 2288 公顷，单产每公顷 7.85 吨。2009 年，全县农作物面积 19926 公顷，比 2008 年增加 1102 公顷；其中粮食作物 9932 公顷，单产每公顷 3.48 吨；油料作物 2444 公顷，单产每公顷 1.42 吨，烟叶 941 公顷，单产每公顷 1.88 吨；茶叶 3725 公顷，采摘面积 2462 公顷，单产每公顷 0.32 吨；水果 2884 公顷，单产每公顷 6.95 吨。

2010 年，全县农作物面积 19307 公顷，其中粮食作物 9514 公顷，单产每公顷 3.67 吨；油料作物 2409 公顷，单产每公顷 1.42 吨，烟叶 901 公顷，单产每公顷 1.83 吨；茶叶 4359 公顷，采摘面积 2472 公顷，单产每公顷 0.36 吨；水果 2097 公顷，单产每公顷 7.1 吨。

四、农业商品率

1986 年，全县农业商品产值 1258 万元（现价，下同），农业商品率为 39.49%，其中种植业商品产值 345 万元，商品率 25.82%，林业商品产值 423 万元，商品率 61.30%，牧业商品产值 263 万元，商品率 38.62%，副业商品产值 177 万元，商品率 49.58%，渔业商品产值 50 万元，商品率 40.98%。

1991 年，全县农林牧副渔农业商品产值 1986 万元，增长 7.5%，农业商品率 34.7%。其中种植业商品产值 588 万元，商品率 20.7%，林业商品产值 466 万元，商品率 50.7%，牧业商品产值 596 万元，商品率 48.3%，副业商品产值 210 万元，商品率 44.9%，渔业商品产值 126 万元，商品率 47.9%。1992 年，全县农林牧副渔业商品产值 2746 万元，农业商品率 41.46%，其中种植业商品产值 834 万元，商品率 26.48%，林业商品产值 820 万元，商品率 67.27%，牧业商品产值 655 万元，商品率 49.36%，副业商品产值 272 万元，商品率 42.04%，渔业商品产值 165 万元，商品率 58.93%。1993 年，全县农林牧渔业商品产值 3327 万元，商品率为 40.22%，其中种植业商品产值 1205 万元，商品率 30.76%，林业商品产值 846 万元，商品率 74.21%，牧业商品产值 1080 万元，商品率 47.49%，渔业商品产值 196 万元，商品率 58.33%。1996 年，全县农林牧渔业商品产值 5210 万元，商品率为 35.96%，其中农业商品产值 2118 万元，商品率 23.53%，林业商品产值 838 万元，商品率 64.17%，牧业商品产值 1740 万元，商品率 48.37%，渔业商品产值 514 万元，商品率 52.24%。

2000 年，全县农林牧渔业商品产值 7233 万元，商品率 41.9%，其中农业商品产值 3722 万元，商品率 44.14%，林业商品产值 1566 万元，商品率 83.7%，牧业商品产值 1353 万元，商品率 37%，渔业商品产值 592 万元，商品率 79.89%。2003 年，全县农林牧渔业商品产值 6884 万元，商品率 38.67%，其中农业商品产值 2968 万元，商品率 38.3%，林业商品产值 1473 万元，商品率 35.1%，牧业商品产值 1769 万元，商品率 39.43%，渔业商品产值 674 万元，商品率 79.86%，

2010 年，农业商品产值 10923.9 万元，商品率 28.28%。

五、工业劳动生产率

1986 年，全县工业总产值 1724 万元，增加值 601 万元，工业劳动生产率 4265 元 / 人。

1988 年，全县工业总产值 2840 万元，增加值 970 万元。独立核算工业企业全员劳动生产率 8611 元 / 人。

1990 年，全县工业受市场疲软、资金紧张、能源和原材料不足以及企业管理人员素质低等因素制约，工业生产出现负增长。全年工业总产值 2510 万元，增加值 759 万元。经济效益大幅下滑，全民 16 户独立核算企业有 7 户亏损，亏损总额达 221 万元，全民独立核算工业企业全员劳动生产率人均 6303 元。1991 年，全县工业生产稍有回升，全年工业总产值 3221 万元（全民工业 2222 万元，集体工业 625 万元，城乡个体工业及村办工业 374 万元），工业增加值 3125 万元。独立核算工业全员劳动生产率人均 13688 元。1992 年，全县工业总产值 4192 万元，增加值 971 万元。实现利润总额 162 万元，全民独立核算工业企业全员劳动生产率人均 5624 元。1994 年，全县工业总产值 8655 万元，增加值 2387 万元。其中独立核算工业企业 56 个只开工 47 个，工业劳动生产率人均 7233 元。1995 年，工业生产在克服各种困难情况下有新发展。全县工业总产值突破亿元大关，达 11003 万元，增加值 2348 万元。工业劳动生产率人均 10260 元。1997 年，全县工业在资金极度紧张的情况下艰难运行，实现总产值 11329 万元，增加值 3549 万元。工业劳动生产率人均 9339 元。1999 年，由于受 1828 公路改造造成的交通不便和经济低迷因素影响，全县工业总产值仅 7391 万元，比上年减少 28.8%。工业增加值 2393 万元，劳动生产率人均 6136 元。

2000 年，通过深化改革，调整结构，转换经营机制，工业在困境中出现扭亏势头，在连续 3 年下降后出现增长。全县工业总产值 10241 万元，增加值 2850 万元。工业劳动生产率人均 8542 元。2001 年，工业经济快速增长，全县工业总产值 11944 万元，增加值 3917 万元，工业劳动生产率人均 10158 元。2004 年，全县工业主导意识增强，工业生产快速增长，工业经济总量快速提升。全年完成工业总产值 18605 万元，实现增加值 6236 万元，工业劳动生产率人均 16908 元。2005 年，全县工业总产值 21046 万元，工业增加值 6281 万元，工业劳动生产率人均 20702 元。2007 年，全县工业总产值 28463 万元，增加值 11157 万元，比上年增加 15.8%。工业劳动生产率人均 44309 元。

2010 年，全县工业总产值 43284 万元，增加值 16607 万元，工业劳动生产率人均 82090 元。

第四节　固定资产投资

1986 年，全县完成固定资产投资 763.1 万元，其中用于生产性建设 439.6 万元，非生产性建设

323.5万元。施工项目44个，竣工33个。

1990年，全县完成固定资产投资1037万元，比上年减少19.2%，其中全民所有制单位投资995万元，集体所有制单位完成投资42万元，从投资结构来看，农、林、水部门完成投资68万元，比1989年增长74.4%，运输邮电部门完成投资209万元，比1989年增长3.2倍。1992年，全县完成固定资产投资1269万元，其中全民基本建设投资1113万元，全民技改投资71万元，零星基本建设投资85万元，实施项目52个，竣工18个。1995年，固定资产投资回升，全年全社会固定资产投资完成3334万元，比1994年增长17.48%。全年施工项目25个，竣工17个，新增固定资产2433万元。

1996年，受资金短缺影响，固定资产投资规模缩小。全县全社会固定资产仅完成1964万元，比1995年减少41.09%；其中国有经济投资仅1605万元，比1995年减少近50%。1999年，因省道1828公路古丈段改造工程全线铺开，全县固定资产投资迅猛增长。全年完成固定资产投资4030万元，比上年增长77.6%，其中国有经济完成投资2585万元，增长100%。

2000年，全县固定资产投资保持快速增长态势。全年完成固定资产投资额6446万元（不含1828公路改造及广播、电信工程），比1999年增长59.95%，其中国有经济投资4693万元，集体经济投资865万元，城乡个体投资807万元。投资结构明显改善，主要向基础设施和基础产业倾斜。在50万元以上的项目投资中，农、林、水、电力、交通等行业投资占39.2%，制造业投资点45.6%。2002年，全县固定资产投资突破1亿元，达13542万元。全年基本建设、更新改造新开工项目25个，其中7个项目投资额在1000万元以上。2003年，在老城改造、红星小区开发、栖凤湖大坝、栖凤大道、白溪关电站除险加固和增容改造等重点项目带动下，全县固定资产投资再创新高，突破2亿元，达21197万元，是“九五”时期总投资的1.2倍。

2005年，全社会固定资产突破3亿元，达30497万元，其中城镇投资25127万元，农村投资3370万元，跨地区项目投资2000万元。7个千万元以上重点项目投资完成情况较好，为全县全年投资计划完成打下基础。2007年，固定资产投资总量加大。全年完成全社会固定资产投资40757万元，比2006年增长21.76%，其中城镇投资29216万元，增长34.87%。固定资产投资分布仍形成“三二一”的产业结构特征。第一产业投资4524万元，与2006年持平，占总投资11.1%；第二产业投资13369万元，增长21.3%，占总投资32.8%；第三产业投资22864万元，增长15%，占总投资56.1%。国有经济控股投资总量增大，比重加大，全年完成投资18349万元，同比增长30.1%，占城镇总投资的65.4%。

2009年，由于河迁公路、通畅工程、竹溪湾新区开发、污水处理厂、垃圾填埋场、会展中心等一大批重大项目建设推进顺利，全县完成全社会固定资产投资6.86亿元，同比增长30.2%，为近5年来最高增速。

2010年，固定资产投资高速增长。全县完成固定资产投资81498万元，比2009年增长18.8%，是1986年的113倍。其中，全年重点项目完成投资5.75亿元，比2009年增加1.9亿元，增长49%。

第二章 经济体制改革

第一节 农村经济体制改革

一、完善土地承包经营责任制

1987年，县委、县政府完善家庭经营和统一经营相结合的双层经营体制，稳定家庭联产承包责任制，完善土地、山林等承包合同；建立合作经济组织，壮大集体经济。至1988年，全县乡、村两级建立农村土地承包合同管理机构，180个村建立农村土地承包合同档案，174个村建立合作经济管理委员会，16671户农民签订土地承包合同书。1991年，在县乡两级建立农村承包合同管理委员会15个。

1998年，第一轮土地承包到期，开展农村第二轮土地延包工作。全县185个村实行第二轮土地延包2.8万户，延包面积78平方千米，共填制农村土地承包经营权证2.8万本，签订承包合同8.4万份。2007年，结合全县行政区划调整，开展农村土地承包经营权证核发换发和农村土地突出问题专项治理。全县12个乡镇，换发农村土地经营权证11162本。2008年，引导土地流转，规范农村土地流转，建立全县土地流转台账。古阳镇树栖柯村集体土地流转给县小背篓茶叶有限公司用于茶叶开发7.2公顷。红石林镇科布车村用于烟叶开发土地流转85.5公顷。当年全县土地流转共247.5公顷。

2010年10月，双溪乡溪流墨村洞上组流转用于有机茶开发土地44公顷。

二、山林使用制度改革

1986年，县委、县政府贯彻湖南省政府提出“以营林为基础，以封为主，封造结合，以林为主，多种经营，以短养长，长短结合，切实保护和合理利用森林资源”林业建设方针，在明确和维护山林权属前提下，封山造林，发展林业经济。但此后集体山林主体不清、权责不明、经营机制不活、利益分配不合理、产权流转不规范等制约林业发展问题日益显现。2009年，启动集体林权制度改革工作，坚持农村基本经营制度，确保农民平等享有集体林地承包经营权，坚持统筹兼顾各方利益，确保农民得实惠，生态受保护，林业得发展。至2010年12月10日，完成林业勘界994平方千米，占总任务的100%，发证994平方千米，颁发林权证3.63万本，发证率100%。

三、税费改革

1999年，为减轻农村税费负担，全县对“三提五统”（村级三项提留和五项乡统筹）实行一定三年不变、提留统筹方案报批，将减轻农民负担工作首次纳入全县双文明目标管理。

2002年，实行农村税费改革。农业税征收逐步实行代金制，全县农村税率统一确定为6.5%。2004年，国家大幅度减免农业税，当年农业税只收112万元。是年，国家开始对种粮农民实施粮食直补和良种补贴政策，受到广大农民欢迎。2005 年，全面取消农业税及附加税，全县直接减轻农民负担 1201812 元，人均减负 10 元。是年，农机购置补贴政策正式实施。2006 年，取消农业特产税、屠宰税。2007 年，落实国家惠农政策，加强财政补贴农民资金的管理，推行惠农补贴“一卡通”。2009 年，家电下乡政策在正式实施。到 2010 年，全县农村除一事一议筹资筹劳外再无其他税费。

第二节　工业体制改革

1986 年，工业企业进行以承包经营为主的改革。全县 16 户全民所有制工业企业和 27 户集集体企业引入竞争机制，企业内部层层承包，竞争上岗，实行厂长、经理负责制，实现所有权与经营权分离。

1992 年，全县贯彻落实国务院《全民所有制工业企业转换经营机制条例》，县委作出《关于加速发展工业企业的决定》，要求工业企业在深化企业改革中，转换经营机制，政府还权于企业、扩大企业经营自主权；企业内部在完善承包制的同时，条件具备的可以实行股份制。1993 年，工业企业转换经营机制，建立“产权清晰、权责明确、政企分开、管理科学”现代企业制度；推行公司化改组改造，使国有企业真正成为自主经营、自负盈亏、自我发展、自我约束的法人实体和市场竞争主体。工业企业所有制形式由单一的公有制转向多元化。是年，成立首家股份合作制企业县纸品有限公司。

1996 年，招商引进县内首家私人独资企业县劳武化工厂（2000 年更名为县顺杰锰业公司，2008 年因非法集资倒闭）。1997 年，古阳镇茶叶精制厂实行承包，初步试行政企分开、责权明确、企业自主经营、自负盈亏的管理模式。1998 年，对县属 18 户国有工业企业进行不同形式的改革，改革面达 100%。国有企业通过改革，停产半停产面减少，企业产品产量提高，是年 6 月，国有工业企业县水泥厂实行租赁承包。1999 年 10 月，县化工厂实行租赁经营，更名为酉水化工厂。是年，全县集体企业除乡镇小水电站外均已停产。

2000 年，全县工业体制改革鼓励优势企业实行联合、兼并，对劣势企业实行关、停、并、转、包、租，对长期亏损、资不抵债、难以救活的企业实行破产。同时，改革企业产权制度，企业改制有实质性突破。是年，县首家股份合作企业纸品有限公司因制度、管理等方面原因转让给私人经营。2003 年，企业改制，完成县煤炭公司等 4 户企业破产，消化债务 2762 万元；县茶叶总厂完成改制，所有资产转让给猛洞河天然植物制品公司。是年，冶化厂白溪关厂区被宏泰锰业公司租赁，新组建县内唯一股份制企业——宏泰锰业有限责任公司。2004 年，随着企业体制创新，民营企业异军兴起，引进卓良木业、恒兴木业、常青实业、青林化工等私营企业，县内出现猛洞河天然植物制品公司、雅洁食品公司、张氏锰业等一批私营独资企业。2005 年，国有（集体）企业经营机制转换面达 80% 以上，全县有民营工业企业 676 户（民营规模工业 9 户，个体工业 667 户），从业人员 5080 人。2008 年，全县停产的集体企业除县民族印刷厂、县民族五金厂外，全部进行破产改制。

2010 年，引进南方水泥集团年产百万吨新型干法水泥生产线、大赢公司年产 5000 吨精钒生产线、年产 3 万吨锰整合项目及惠闵石材均为股份制企业。截至年底，全县股份制规模工业企业 4 户，占全部规模企业 12 户的三分之一，分别是古丈县宏泰锰业公司、湘西州恒源锰业公司、湘西州高远矿业有限公司、古丈县酉水矿业有限公司。规模国有民营（由私人承包国有企业）、私营和股份制企业共 10 户，占全县规模工业企业总数 12 户的 98%。全县国有工业企业已改制 33 户，除 1 户国有企业外，全部为民营企业（包括国有民营）。

第三节　流通体制改革

一、商业流通体制改革

1986 年，供销联社系统在业务经营上扩大工业品经营，在农副产品经营上实行统一收购、归口经营，在利润分配上让利基层，解决收购上互相争夺资源、互相抬价问题，避免销售上互相降价竞销弊端，发挥主管公司统一对外经营优势。

1987 年，商业供销系统推行和完善企业内部经营管理责任制、承包经营责任制，对少数微利亏损企业实行租赁和拍卖。肉食水产公司通过将 3 个亏损肉食站拍卖出去，把货栈租赁给本公司 7 名职工，实现利润 1.83 万元。供销部门执行茶肥挂钩奖励政策，确定茶叶收购最低保护价。当年供销系统收购茶叶 88.75 吨，比 1986 年同期增长 97.22%，茶叶产品税入库 11.44 万元，比 1986 年同期增收 39.51%。县副食品加工厂挖潜革新，对饴糖生产工艺进行技术改造，出糖率由 68% 上升至 90%，成本由每 500 克的 0.55 元降至 0.41 元。1988 年，民贸供销部门全面推行经理任期目标管理责任制，完善柜组承包、个人承包、租赁或商店经营等多种形式的内部承包经营责任制。县百货大楼全年商品消售完成 135.82 万元，完成年计划的 113.18%，比 1987 年同期增长 25.43%。县糕点厂实行多层次、多形式内部承包，全年完成总产值 71 万元，完成年计划的 142%。1989 年，县副食品加工厂率先推行全员风险抵押承包改革，风险变过去一人承担为全员承担，全厂干部职工人人按照标准交纳风险抵押金，做到利益共享、风险同担。县百货公司在市场销售疲软、购销利润普遍下降的情况下，加强管理，灵活经营，购进、销售、利润分别为 84.2 万元，135.2 万元和 7.66 万元，分别完成年计划的 115.3%、90.1% 和 109.4%，比 1988 年同期增长 41.8%、141% 和 80.2%。

1990 年，全县基层 15 个供销社推行“社有民营”改革，供销系统所属 20 个企业行政管理人员由 121 人精减至 54 人，精减人员全部充实到生产第一线。县民贸局在搞好各种经营承包责任制的同时，将县内四大批发企业集中合署办公、取消交叉经营发挥整体优势。是年，通过改革计划管理体制，计划管理商品减少到 20 种，取消除粮油票外其他票证。取消农副产品统购、派购和日用工业品包销制度。

1992 年，国有商业企业进行经营、价格、分配、用工“四放开”改革。1994 年 4 月，县供销联社从供销社机关分流 15 人兴办经济实体，全县 16 个基层供销社全部推行“社有民营”。

1996 年，县商业集团总公司对大类商品实行归口管理，组建家电商场，实行商品专业经营。副食品公司、食品加工厂两个严重亏损企业实行“国有民营、承包经营”。

2000 年 3 月，县商业集团总公司（县民贸局）实行“两个置换”，撤销县百货公司、县纺织公司等 12 家企业。2001 年，撤销县商业集团总公司，保留县商业行业管理办公室。2003—2007 年，通过清产核资、变现国有资产，累计筹措“两个置换”改制资金 1255.2 万元，为 422 名国合商业企业职工办理“两个置换”手续，并全部移交社区管理。供销联社下属县工业品公司、县生资公司、县日杂公司、县土产公司完成改制，处置拍卖资产收入总额 1190 万元，安置补偿职工 359 人，安置退休人员 198 人。商业流通企业改革改制完成。商业流通全部走向市场化。

二、粮食流通体制改革

1986 年，粮油流通市场实行“双轨制”（平价粮油经营和议价粮油经营并行）。1992 年 11 月，放开粮油销价，取消城镇居民定量粮油平价供应和农村粮食统定销平价供应，价格随行就市。1993 年 1 月，放开粮油购价。取消国家粮油定购任务和对农民“三挂钩”物质平价供应，价格随行就市，取消原包干的平价粮油调拨计划，放开经营。

1994 年，实行政策性经营和商业性经营“两线运行”。经营分开、核算分开、自负盈亏。政策性粮油取代平价粮油，市场粮油取代议价粮油。1998 年，县粮油总公司与粮食局行政机关分开。商业经营性企业归口粮油总公司管理。重新组建 6 个中心粮站，即断龙山（辖茄通）、罗依溪（辖河西）、高峰（辖高望界）、草潭（辖山枣、野竹）、龙鼻嘴（辖坪坝）、城郊（辖岩头寨、河蓬、双溪）中心粮站。

1999 年，执行“三项政策、一项改革”（即三项政策是敞开收购、顺价销售、收购资金封闭运行，一项改革是粮食企业内部改革）。实行政企分开、中央与地方责任分开、储备与经营分开、新老财务账目分开，完善粮食价格机制。2002 年，粮食购销价格和市场全部放开。2003 年，县粮食企业改制实行“两个置换”（企业置换国有产权，职工置换国有身份）。处置柑子坪、默戎、坪坝、双溪、河蓬、高望界、岩头寨、野竹、山枣、草潭、喇叭冲、河西、茄通等 13 个粮店资产，总收益 521.97 万元。撤销 6 个中心粮站和县粮油市场批发中心，成立县粮油购销有限责任公司。完成全县粮食企业人员身份置换。全县粮食企业职工总人数 305 人，其中正常退休 51 人，在职职工总人数 254 人，提前退休 84 人，调出 5 人，置换身份 165 人。

2004 年，依托县粮油购销有限责任公司，按照“公司 + 农户”模式，全县建立高峰乡、山枣乡、坪坝乡、默戎镇等 4 个优质稻生产基地，优质稻订单面积 2.6 万亩。县粮油购销有限责任公司保质保量收购订单粮食，敞开收购农民余粮。

2010 年，粮食企业尚未处置资产有：柑子坪南山综合楼门面 3 间，黑潭坪粮库，打拦坳宿舍 1 栋、土地一宗，断龙山仓库 2 栋、土地一宗，高峰仓库 1 栋、土地一宗。评估价 1195 万元。

第四节　住房制度改革

20 世纪 90 年代以来，全县推行城镇住房制度改革。1991 年，成立住房制度改革领导小组，开展公房上市交易、经济适用住房建设、集资建房发证。

1991—1993 年，统一房租标准，把全县住房月租金提高到占职工收入的 10%。1994 年，抓好现有公房出售，建立公积金制度，推进住房商品化进程。在开展调查、澄清城镇单位职工居住公房底子基础上，县政府出台《关于认真开展以出售公有住宅为中心内容的住房制度改革的通知》。原则是：国家、集体和个人共同负担；“售、租、建”并举；多住房多出钱，少住房少出钱；买房优惠，提租不补。凡租住县城规划区范围内的机关、人民团体、全民和集体企事业单位（不含人民武装部、武警部队和铁路系统）公有住宅的城镇常住职工，均属房改对象。在县城规划区范围内建有私房的职工，暂不参加此次房改。1998 年，县房地产管理局成立。1997 年，职工按规定按月缴纳住房公积金。住房公积金由湘西自州住房公积金管理中心古丈县管理部专设账户管理。1999—2000 年，完成全县房改房产权过渡。

2003 年后，通过招商引资加大房地产开发，全县房地产开发投资累计 7850 万元，建成住房 992 套，建筑面积 11.73 万平方米，住房销售 100%。其中，投资 350 万元，建设 5 栋 50 套经济适用房，建筑面积 8088 平方米，解决 50 户低收入家庭住房问题。

2006 年，完成省道 229 线改造、栖凤大道、旧城改造、红星小区开发、汽车站搬迁、和平商业广场一期建设、城北新区开发等项目工程房屋拆迁，拆除房屋 4.28 万平方米，实现拆迁许可证发放率 100%。至 2007 年，共进行危房鉴定 186 件，鉴定危房面积 2.46 万平方米，出具危房鉴定报告 86 份，发出限期整改、拆除通知书 86 份。完成全县中小学校危旧房调查。县房地产局为县商业行管办、县供销联社、县粮食局、县轻工行业办等单位办理产权过户手续 468 件，建筑面积 2.72

万平方米。公有住房出售收入全部留归产权单位使用，纳入单位住房基金，由住房公积金管理中心统一管理。

2009 年，县政府出台城区居民住房困难户可享受低租补贴政策。古阳镇常驻户口，符合最低生活保障待遇的无房户、危房户和人均住房不足 8 平方米的困难家庭。发放标准是每户每年 600 元。全年补贴 285 户，共 23.94 万元。

第三章　人民生活

第一节　城乡居民收入

一、农村居民收入

1986年，农村发展多种经营，部分农村剩余劳动力外出务工，重点户、专业户增多，农民收入增长。当年全县农民人均纯收入279元，农村信用社农民储蓄余额315.58万元。

1991年，全县出台加快发展乡镇企业和个体私营经济、调整农村产业结构、进行农业综合开发等农村经济发展措施，农村劳动力转移至二、三产业。农民人均纯收入439元，比1986年增加160元，增幅57.35%。农村信用社农民储蓄余额654.21万元，比1986年翻一番。1998年，围绕农民增收，加大扶贫攻坚力度，调整产业结构，在稳定农业生产的同时，发展茶叶、柑橘、药材等经济作物。是年，农民人均纯收入1044元。

2003年，调整农业结构，壮大粮食、茶叶、水果、板栗、蔬菜、药材、林木等主导产业，推进农业产业化经营。发展劳务经济。全县农村剩余劳动力外出务工1.8万人，农民人均纯收入1233元。2005年，涉农税费全部取消，落实国家“三农”政策。当年农民人均纯收入1592元，农村信用社农民储蓄余额14311.81万元。

2010年，全县农民人均纯收入2620元，农村信用社农民储蓄余额49797.98万元，分别是1986年的9.4倍和157.8倍。

二、城镇居民收入

1986年，全县在岗职工5890人，年人均工资1235元。其中全民所有制职工4635人，年人均工资1286元；集体所有制职工1255人，年人均工资1049元。

1990年，全县职工6798人，年人均工资1925.7元。其中全民所有制职工5682人，年人均工资1933.8元；集体所有制职工1116人，年人均工资1884元。1995年，推行工资制度改革，建立工资增长机制，企业推行效益工资制度，职工收入逐年提高。全县在岗职工8777人，年人均工资4082元，比1986年增加2847元。其中机关单位1533人，年人均工资4422元。事业单位2656人，年人均工资4222元。全民所有制企业职工3500人，年人均工资4166元，城镇及集体经济单位职工1088人，年人均工资3008元。1997年，全县在岗职工年人均工资4099元，比1996年减少35元。

2000年，全县在岗职工7225人，年人均6656元，其中机关单位职工1490人，年人均工资7814元，事业单位职工3100人，年人均工资6872元，全民所有制企业职工1785人，年人均工资5423元；城镇及集体经济单位职工850人，年人均工资6572元。2005年，城镇居民人均可支配收入5133元。全县在岗职工年人均收入13430元。2007年，机关事业单位实行工资制度改革，公务员实施机关津补贴，事业单位实行绩效工资制度。全县在岗职工年人均工资19616元，比2006年增加4516元，增长29.9%；城镇居民可支配收入8818元，比2006年增加1587元，增长21.9%。

2010年，全县在岗职工6217人，年人均工资25135元。其中机关单位在岗职工1592人，年人均工资27401元；事业单位在岗职工3457人，年人均工资24142元，国有企业在岗职工715人，年人均工资24122元；城镇集体单位在岗职工247人，年人均工资30124元。城镇居民可支配收入9635元。

第二节　生活消费

一、农村居民消费

1986年，全县农民年人均消费支出298.1元。其中生活消费支出289.5元，非商品支出8.6元。

1990年，农村经济发展，消费水平提高。农民年人均消费支出329元。其中生活消费支出302元，文化服务支出13元，生活服务支出14元。1995年，农民年人均消费支出329元。其中自给性消费373元，商品性消费388元，文化生活服务性消费56元，住房及水电消费17元。

2000年，农民年人均消费支出1217元。其中食品、文化教育娱乐品及服务、居住、医疗消费占总消费支出的86.6%，分别为689元、152元、133元和80元，农村居民家庭恩格乐系数为56.6%。2005年，随着农民收入不断提高，消费水平增长较快。农民年人均消费支出1533元。消费结构发生变化，除食品消费支出和家庭经营性支出外，衣着、居住、娱乐等消费支出所占比重越来越高。其中衣着消费支出59元，居住消费支出91元，娱乐消费支出117元。农村居民家庭恩格尔系数为46%。

2010年，农民年人均消费支出3637元，是1986年12.2倍。年人均生活消费类支出2404元。其中食品消费支出1432元，所占比重逐渐下降，农村居民家庭恩格乐系数39.4%。居住、医疗、衣着消费增加，消费支出分别达到215元、128元、124元。

二、城镇居民消费

1986年，城镇居民年人均消费支出595元。

1990年，城镇居民消费支出969元，比上年增长10.36%。1995年，城镇居民消费支出1945元，5年时间实现翻番。1996年，城镇居民消费支出2459元。到2000年，城镇居民消费支出2819元，为1986年的4 .73倍。2005年，城镇居民人均消费支出4145元，比2000年增长47%。其中食品支出1910元，衣着支出526元，居住支出486元，医疗保健支出369元，家庭设备用品及服务支出348元，交通和通信支出342元。城镇居民恩格尔系数46.1%。2007年，城镇居民人均消费支出5066元，其中食品支出2160元，衣着支出583元，居住支出414元，医疗保健支出370元，教育文化娱乐服务支出543元，家庭设备用品及服务支出362元，交通和通信支出532元。2009年，城镇居民人均消费支出6208元，其中食品支出2951元，衣着支出662元，居住支出529元，医疗保健支出391元，教育文化娱乐服务支出754元，家庭设备用品及服务341元，交通和通信支出385元。

2010年，全县城镇居民人均消费支出6745元，是1986年的11倍。其中食品支出3071元，衣着支出647元，居住支出758元，医疗保健支出375元，教育文化娱乐服务支出707元，家庭设备用品及服务支出472元，交通和通信支出472元。城镇居民的恩格尔系数45.5%。

第三节 居住条件

一、农村住房

1986年，全县农村住房实有52138间，总面积1162226平方米，人均0.52间，11.6平方米。其中木房51311间1139556平方米，砖房827间22670平方米。

1990年，全县新建木房749间17566平方米，砖房170间3226平方米，年末实有房屋56336间1259106平方米，其中木房54410间1213230平方米，砖房1926间45876平方米。1995年，农民收入增加，农村修建楼房较多，其中部分农户开始在建房上讲究建筑风格和内部装饰。2005年，部分农村居民向城镇迁移，在城镇购买商品房。2009年，古丈县被列为全省农村危房改造试点县。当年完成农村危房改造500户，其中新建410户，多为砖房，县财政每栋补贴资金10000元；改造90户，多为木房，上级每栋补贴5000元。

2010年，全县农村危房改造900户。年底，全县有房屋198458间，其中木房113169间，砖房85289间，农村居民人均住房面积35.7平方米，是1986年的3倍。

二、城镇住房

1986年，县直单位改建、扩建或新建职工宿舍，一般4～6层，结构为二室一厅，少部分为三室一厅，面积40～70平方米。至1988年，共改建、扩建或新建职工宿舍95900平方米，城镇居民共建私房1161栋，105283平方米，城镇居民人均住房面积12平方米。

1989年，全县实行公有住房制度改革。1994年，改革完成，职工个人买断公有住房70%产权。2000年，开展第二轮住房改革，房屋产权全部归购房户所有，可以上市交易。是年底，城镇居民住房总面积205400万平方米。2003年，为解决低收入家庭住房问题，建设经济适用房8088平方米。自2005年起，为解决城镇无房户、危房户和人均住房不足8平方米困难家庭住房问题，县委、政府建设廉租房。

2010年，完成廉租房933套46650平方米。通过招商引资，加快全县房地产开发速度。全县累计开发建成住房992套，建筑面积11.73万平方米，销售率100%。

第十二篇　农业与农村经济

第一章 农村经济管理与能源开发

第一节 农村经济管理

一、农村经济管理机构

1986 年，县农村合作经济管理科内设办公室（加挂农民负担监督管理股）、农村经营体制股（加挂农村审计及集体财务资产管理股），有 15 个乡镇经管站和高望界林场经管站。全县有经管干部 24 人，其中县科机关 7 人，乡镇场经管站 15 人。1991 年，增设审计股。1997 年，机构更名为县农村合作经济管理局。2006 年，实行机构改革，16 个乡镇场经管站合并为 12 个乡镇经管站。2007 年，全局有编制 8 名，其中农民负担监督管理办公室编制 2 名，领导职数 3 个，实有干部 12 人。2008 年，分配大中专生 22 人到各乡镇经管站工作。2010 年，县农村合作经济管理局由县政府大院搬迁至栖凤路柑子坪，局机关干部 12 人。

1986 年，被农牧渔业部农村合作经济经营管理总站评为“县级农村合作经济经管站宣传工作先进单位”。1988 年，被湖南省农村经济委员会评为“全省农村合作经济经营管理服务工作先进单位”。1990 年，被湖南省委农村工作部、湖南省农经委评为“县级农村经济管理先进单位”。2006 年，被湖南省农民负担监督管理领导小组评为“县级减轻农民负担监督办先进单位”。2009 年，被湘西州委、州政府评为“县级减负办先进单位”。

1986—2010 年，历任县农村合作经济管理局（科）负责人为王锡珠、苏清爱、张忠富。

二、承包合同管理

1981 年，全县进行农村土地承包经营管理。1987 年，县政府农村合作经济管理科在完善双层经营中按照“以村发包，原生产队权属关系不变，分组立账”办法，建立村级合作经济组织，明确以村发包原则和原生产队经济关系不变。完善承包合同书完善，补充完整承包合同内容。若需要修改合同内容，经双方协商后签订；若没有签订合同，要补签合同；若出现合同纠纷，及时加以解决。1989 年，全县完成农村承包合同签订、补签和建档任务，每年每份承包合同书收取 40 元档案管理费。同年，在城关乡高坳村实行完善农村双层经营承包合同书试点，依靠村党支部和村委会，全村 6 个村民小组，160 户都进行完善双层经营承包合同签订、补签和建档工作。

1991 年，县、乡两级建立农村承包合同管理委员会 15 个，配备 88 人，配备兼职合同仲裁员 26 人。全县 130 个村建立农村承包合同管理机构，配备 476 人。1994 年，全县宣传“土地承包期再延长 30 年”和“增人不增地，减人不减地”土地承包政策。1998 年，第一轮土地承包到期，开展第二轮农村土地延包工作，全县 185 个村完成第二轮土地延包 28000 户，延包面积 78 公顷，填制农村土地承包经营权证 28000 本，签订承包合同书 84000 份。

2003年，县农村合作经济管理局规范全县农村土地流转秩序，对红石林和坐龙峡2个风景区的土地流转进行指导。2007年，县农村合作经济管理局开展农村土地承包经营权证核发换发工作和农村土地突出问题专项治理工作。全县12个乡镇，换发农村土地经营权证11162本，农村土地承包合同11162份。11月，通过湖南省土地流转专项治理检查组工作验收。

2008年，县农村合作经济管理局到红石林镇、罗依溪镇、默戎镇、河蓬乡4个乡镇部分村组，以走访农户方式，进行为期一个月调查，撰写《返还农民工土地承包权益问题调研》调查报告。是年，引导农村土地流转，明确农村土地流转专抓人员，建立土地流转台账。指导古丈县小背篓茶业有限公司与古阳镇树栖柯村进行土地流转7.2公顷，红石林镇科布车村烟叶开发土地流转85.33公顷，双溪乡溪流墨村洞上组有机茶开发土地流转44公顷。

三、村级财务管理

1986年，村级管理资金有联产承包前大队和生产队积累资金、联产承包后村民上缴提留、村统一经营项目收入、村办企业上缴收入及国家下拨各种款项。是年，全县有32人参加第一届农业会计函授班学习，其中县经管干部10人，乡镇经管站从业人员13人，村专业会计及社会青年9人。

1988年，乡级人民政府对乡村统筹提留进行审核、提取和使用，部分用于弥补全县乡村两级在财政资金不足情况下正常运转。1989年，开展村级财务管理规范化建设，对村级财务进行全面清理，在15个村进行财务管理规范化试点。同年，培训村级财会人员，办好“八七”“八八”农业会计函授学校。1991年，设立农村会计函授教育固定教学场所。

1992年，规范本县村级财务管理，结合“村财乡管”方式，严格按照财务公开规范标准，在全县开展财务公开公示，全县52个村财务管理达到规范化要求。2002年，县农村合作经济管理局配合财政部门开展税费改革。是年，完成16个乡镇145个建制村税费改革任务。2003年，加强对村级管理费的管理监督，制定《古丈县村级组织管理费管理办法》，对村级管理费资金来源、开支范围、管理原则、审批制度作出明确规定。

2005年，配合全县村级区划调整和村级换届工作，对全县16个乡镇场、185个村、1039个村民小组财务、资产、债权、债务进行全面清理。

2007年，增强农村财务管理透明度，县农经局严格按照财务公开规范化标准，配合县民政局开展村级财务公开栏建设，公开村级财务172期次。是年，开展财务混乱村财务清理。对全县140个村2005年至2007年6月村级财务进行全面清理。针对群众对村级财务管理意见大的2个村进行专项审计，审计出违规资金21万元。

2009年，为搞好农经报表，确保报表各项数据的真实性和准确性，县农经局组织人员先后到岩头寨、罗依溪、红石林、古阳4个乡镇6个村进行为期15天的抽样调查，调查农户60户，对农户收入预测表抽样、统计、上报。2010年，罗依溪镇黑潭坪村群众对村级财务管理意见大，组织专门工作小组对黑潭村财务进行专业审计。

四、减轻农民负担

1986年，全县农民负担主要有国家税金、乡统筹、村提留、筹资出劳等。1990年，县农村合作经济管理局设立农民负担卡制度，严把“依据关、项目关、标准关、总额关和执行关”，开展乡村统筹提留审核工作。

1992年，全县农民向国家缴纳税金182万元，比1991年增长56%，占净收入的7%，人均提供税金17元，比1991年多6元，农民人均实际所得270元，比1991年增加32元，增长13%。农民实际所得人均200元以下村，由1991年60个村34800人下降到27个村16300人。全县农民负担总额为 701 万元，比 1991 年增加 103 万元，增长 17%。人均负担 64 元，比 1991 年增加 10 元，人均增长 19%。其中国家税金和村提留及统筹费 189 万元，占农民负担总额的 27%，比 1991 年增加 59 万元，增长 45%，人均增加 5 元。社会负担 512 万元，占农民负担总额的 73%，比 1991 年增加 44 万元，人均增加 4 元。属于农民应尽义务合理负担即国家税金和乡村提留统筹占 27%，人均负担 17 元，属于乱收费、乱摊派、乱罚款等社会负担占 73%。

1993 年，全县农民向国家缴纳税金 165 万元，占净收入的 5%，人均提供税金 15 元。集体提留统筹 60 万元，占净收入的 2%。农民实际所得 3031 万元，比 1992 年增加 67 万元，占净收入的 93%，农民人均实际所得 280 元，比 1992 年人均增加 2 元，增长 0.7%。农民实际所得人均在 200 元以下村比 1992 年的 27 个村 16300 人，上升到 40 个村 26000 人。同年，加强农民负担监督管理工作，调整和充实县乡减负领导班子和工作班子，对减负政策进行全方位、多层次宣传，以重点检查和专项审计方式，直接减轻农民负担 39 万元。

1994—1998 年，推行目标管理岗位责任制，加强乡村统筹提留管理工作，把农民负担监督管理作为促进农业发展一项基本政策来抓。农民负担卡入户，核减超标项目 5 个，金额 50000 元，有效制止全县“乱收、乱罚、乱摊派”现象。

1993—1998 年古丈县乡镇统筹村提留审核情况一览表

表 12-1　　单位：元、%

年份	上报数	人均	占上年人均纯收入比重	审定数	人均	占上年人均纯收入比重
1993	666754	6.07	2.21	—	—	2.06
1994	773518	7.1	2.43	720968	6.61	2.43
1995	903546	8.24	2.33	849710	7.75	2.18
1996	1106612	8.89	2.63	984582	8.78	2.32
1997	1616292	14.52	2.83	1555190	14.00	2.73
1998	1821134	16.37	2.79	1804726	16.22	2.77

2001 年，对中小学收费、农民建房、计划生育、农村电网改造等收费项目进行专项治理，查处案件 3 起，查清违纪金额 17 万元。2004 年，全县组织联合检查组，对断龙山乡、茄通乡、河西镇、罗依溪镇 4 个乡镇 12 所中小学及县城区 6 所中小学校进行收费检查，发现各学校存在乱收费现象。清退违规收费资金 20.118 万元，其中违规“春采”费 67720 元，借读费 92800 元，家长函授教材费 23880 元，奥赛辅导费 12380 元，校服费 4400 元。将违规收费资金上缴县财政，划入教育基金。

2005 年，全面取消农业税及附加税，全县直接减轻农民负担 1201812 元，人均减负 10 元。是年，县农村合作经济管理局就村级“一事一议”筹资筹劳监督在罗依溪、断龙山、双溪等乡镇进行试点，规范农村“一事一议”筹资筹劳程序。

2007 年，县政府与乡镇、县直相关部门等 34 个单位签订《古丈县减轻农民负担目标管理责任状》，细化工作职责。同时，建立农民减负、农民负担信访、农民负担专项审计制度，严格执行涉农税收价格和收费“公示制”，农村义务教育“一费制”，农村订阅报刊“限额制”和违反农民负担政策责任追究制。

2008 年，全县把粮食直补、良种补贴、农机补贴、油价补贴、退耕还林、教育“两免一补”发放，作为减轻农民负担工作主要内容，将各种补贴填入农民负担与补贴监督卡，并到县财政局、县农业机械化管理局、县林业局等单位对各项惠农政策落实情况进行督查。粮食直补标准为每亩 13.5 元，发放粮食直补 238.7 万元；良种补贴标准为每亩 15 元，发放良种补贴 250 万元；油价提高综合直接补贴标准为每亩 31.8 元，发放油价提高综合直接补贴 276.6 万元；全县发放农资综合补贴 690.25 万元；发放农机补贴 279 台（套），补贴资金 77 万元。发放义务教育“两免一补”资金 978.16 万元。

2009 年，全县全面推开村级“一事一议”筹资筹劳程序，规范全县村级“一事一议”筹资筹劳工作。是年，县农经局与县物价局配合，清理涉农违规收费项目 1 个，清退违规收费金额 7295.10 元，清理涉农收费文件 20 件，取消 6 个方面涉农收费项目，减轻农民负担 10 万元。6 月，配合湘西州减轻农民负担检查组对默戎镇、高峰乡、高望界乡惠农补贴落实情况及村级财政转移支付资金到位、管理、使用情况进行专项检查。

五、合作基金管理和专业合作社

1986 年，完成撤队建村工作，清理大队财务，收取欠款，同时，把大队债务分摊给农户，村级组织把农户债务转成农户向村集体贷款，即“以欠转贷”，并交由村支两委和乡级人民政府管理，建立农村合作基金会。

1990 年，按照“大稳定、小调整”原则，做好死亡绝户、全部农转非户、全部外迁户、五保户“四户”田土调整工作。为搞好全县农村资金的融通，建立古阳镇农村合作基金会，为全县第一个乡级农村合作基金会。1993 年，全县有 45 个农村合作基金会，其中有 4 个乡级农村合作基金会，41 个村级合作基金会，拥有各类资金 17 万元。向农户发放种植业、养殖业、手工业等贷款 11.5 万元。1996 年，全县乡级合作基金会发展到 6 个，筹集资金 100 万元，发放贷款 60 万元。

1999 年，开展清理整顿农村合作基金会工作，在湘西州人民银行工作组指导下，清盘关闭城关、岩头寨 2 个乡级农村合作基金会。2000 年，关闭 6 个乡级农村合作基金会。2001 年，全县农村合作基金会内部金融监管失控，坏账、死账和挤兑现象严重。是年，县农村合作经济管理局开展农村合作基金会全面清盘关闭工作。

2004 年，成立默戎镇盘草村茶叶专业合作社、默戎镇种草养畜专业合作社和罗依溪酉水河移民协会等经济合作组织。2007 年，全县有农民专业合作组织 25 个，其中合作社 6 个，协会 19 个，涉及种植业 14 个、畜牧业 5 个、渔业 4 个、其他行业 2 个，获得扶持资金 40000 元。是年，开展《中华人民共和国农民专业合作社法》宣传活动，引导农村专业合作组织发展。是年，开展红石林茶叶专业协会、酉水河养鱼协会、双溪乡梳头溪茶叶专业合作社项目申报。2008 年，对全县农民专业合作组织各项基础数据进行全面统计和微机录入，完成 26 个农民专业合作组织基础数据统计上报。

2009 年，县直各部门支持农民专业合作社发展，协调解决农民专业合作社在注册税收、用地、用电等方面困难。指导盘草村茶叶专业合作社创省级专业合作社示范，建立网络规范运作方式，完善内部管理制度，年末实现达标。2010 年，全县有农民专业合作社 240 个。

第二节　农村新能源开发

一、省柴炉灶

1986 年，全县农村能源主要是使用薪柴、木炭。2000—2008 年，全县主要推广建设安装 3 口锅节柴灶及省柴炉。2009 年，返乡农民工向功辉等人回乡创业，成立古丈县能源科技责任有限公司，利用生物资半气化炉灶专业技术，生产 8 个品种省柴炉灶，其产品热效率高，达 40%。2010 年，古丈县能源科技责任有限公司注册资金从 10 万元增至 600 万元。公司推广省柴炉灶 750 台，被湘西州能源办认定为全州节能炉具定点生产商。是年，县生态能源局利用财政扶贫资金和巩固退耕还林成果农村能源建设资金，推广省柴炉灶项目。全县建成节柴灶13588个，节柴炉3500台。

二、沼气

2001年，农业部农村小型公益设施补助资金农村能源项目在古丈县启动，以建户用10立方米浮罩式沼气池和10立方米水压式沼气池为主，在断龙山乡大龙热村、茄通乡茄通村、河西镇河南村、罗依溪镇黑潭坪村建沼气池800口。2002年，在茄通乡岩仁坪村、古阳镇树栖柯村建沼气池400口。2003年，在古丈县实施农村沼气建设国债项目，实施中央财政扶贫农村能源建设项目，在茄通乡张家坡村、古阳镇思源桥村、默戎镇万岩村、罗依溪镇黑潭坪村、河西镇河西村建沼气池1200口。

2004年，农业部农村能源国债项目在古丈县启动，全县户用沼气池建设纳入省委、省政府为民办实事考核内容，当年省下达到县的户用沼气池建设任务5100口，实际完成沼气池建设5129口，分布在岩头寨、断龙山、茄通、罗依溪、默戎、野竹、坪坝、双溪、城关、草潭、山枣、河蓬、河西、高峰14个乡镇85个村。是年，岩头寨乡老寨村列为古丈县生态家园建设示范村，村里按照改厨、改厕、改灶、改水、改栏配套模式，建成沼气池50口。2005年，省下达到县户用沼气池建设任务1700口，实际完成沼气池建设1780口，分布在断龙山、茄通、罗依溪、坪坝、双溪、城关、草潭、河蓬、河西9个乡镇和高望界林场45个村。

2006年4月，县农村能源办从县政府农村工作办公室划出单设，更名为县生态能源局，为副科级事业单位，定编4人，文俊任局长，内设农村能源技术推广站。是年，组建农村能源建设施工队，开展农村能源技术培训，全年举办9期沼气技术、节柴灶技术培训班，培训人员500人次，印发沼气实用技术资料7000份。全县有农业部发证沼气建设技工176人，其中高级工1人，中级工40名，初级工135人。购买建池模具88套。组建农村能源建设服务队，负责对已建沼气池进行检查及维修。是年，省下达到县户用沼气池建设任务2600口，实际完成沼气池建设2627口，分布在岩头寨、断龙山、红石林、罗依溪、默戎、坪坝、山枣、古阳、河蓬、高望界10个乡镇63个村。

2007年，省下达到县的户用沼气池建设任务3000口，实际完成沼气池建设3008口，分布在河蓬、罗依溪、红石林、断龙山、山枣、默戎、古阳、岩头寨、双溪、高峰、高望界11个乡镇54个村。是年，全县建立5个乡村沼气服务网点。同年，成立古丈县沼气协会，全县有527户沼气池用户加入协会。

2008年，巩固退耕还林成果农村能源建设项目在古丈县启动。省下达到县的户用沼气池建设任务1100口，实际完成沼气池建设1126口。是年，县生态能源局与县教育局合作，实施农村卫生校园建设，在默戎完小、古丈县综合职业学校、红石林镇完小、高峰乡九年制学校、岩头寨完小、草潭完小、河蓬乡九年制学校进行改厕，建沼气池8个。同年，全县建立27个乡村沼气服务网点。

2009年，实施养殖小区和联户沼气项目，养殖小区沼气池实施2处，每个沼气池容积100立方米，实施点在岩头寨镇老寨村养牛场、默戎镇牛角山综合养殖场。联户沼气池实施11处，每个沼气池容积40立方米。是年，省下达到县的户用沼气池建设任务960口，实际完成沼气池建设1126口。是年，组织技术人员走访沼气用户5000户，为400户沼气用户维修灶具，为200户维修浮罩、大池，为550多户维护输气管道。同年，全县建立8个乡村沼气服务网点。

2010年，省下达到县的户用沼气池建设任务1300口，实际完成沼气池建设1302口。同年，投资324万元，在湖南神宝牧业开发公司实施中型沼气工程，年可产沼气17.52万立方米，生产沼肥1300吨，沼液5084吨。是年，全县累计建成户用沼气池建设18481口，以上流式浮罩沼气池和水压式沼气池为主，均按照“一池多改”要求，将沼气池建设与农村“改厨、改厕、改圈”相结合。项目覆盖全县12个乡镇130个村，沼气入户率51%，居全州第一，其中断龙山乡沼气入户率60%，成为全州沼气建设第一乡。是年，全县有40个沼气服务网点，安排服务车辆40辆，配备沼气检测仪器40套。累计为400户沼气用户维修灶具，为200户沼气用户维修浮罩、大池，为550户沼气用户维修输气管。在实施农村能源建设的同时，还调整产业结构，发展庭院经济，推行“猪—沼—粮”“猪—沼—果”“猪—沼—菜”“猪—沼—茶”等生态农业之路。

三、其他新能源

2002年，南京爱德基金会到古丈县调研，认为县域适宜发展微水电。在南京爱德基金会援助下，在高望界、高峰、山枣、岩头寨4个乡镇建设微水电站19处。2003年，南京爱德基金会以物化投入方式，在坪坝乡翘水电站安装一台50千瓦机组。

2004年，南京爱德基金会在默戎镇岩槽河电站安装一台100千瓦机组。是年，全县出现利用大型木材加工企业所产生木屑、木粉制造机制炭。

2010年，全县建有3家机制炭加工企业，分别位于古阳镇三坝枯、树栖柯和罗依溪镇石碧溪，年产机制炭1600吨。年可利用废弃木屑、木粉10000吨。是年，利用巩固退耕还林成果农村能源建设项目资金，实施太阳能热水器项目，全县安装太阳能热水器260台。

第二章 种植业

全县粮食作物以水稻、玉米、红薯为主，其次为马铃薯、小米、荞等，经济作物以茶叶、柑橘、油菜、棉花、芝麻为主。1986 年，粮食播种面积 9160 公顷，总产 30283 吨；经济作物种植面积 2233 公顷。粮食作物和经济作物面积比例为 1 ： 0.24。

1987 年，粮食播种面积 9060 公顷，粮食总产 28574 吨。1990 年扩大“双杂”良种面积，杂交稻播插面积 3667 公顷，杂交玉米 667 公顷，组织实施高产示范区（片）37 个，示范面积 807 公顷。水稻每公顷产量 6112.5 千克。1991 年，粮食播种面积 11233.93 公顷，其中水稻种植面积 5960 公顷（其中杂交水稻 3467 公顷），旱粮种植面积 3213 公顷。在遭受自然灾害情况下，仍获得较好收成，粮食总产 33945 吨。1992 年，粮食总产量突破 34300 吨，超过历史最高水平。

1995 年，粮食总产量 29892 吨。1997 年，粮食种植面积 11570.33 公顷，推广“旱育秧”2260 公顷，“双两大”栽植面积 3080 公顷，双杂良种播种面积 10413 公顷，粮食总产量 38018 吨。2000 年，粮食总产量 37766 吨。是年，农业部扶贫发展蔬菜大棚 35 公顷，高山反季节蔬菜 7 公顷，野生菜保护栽培 687 公顷，食用菌 14 公顷，年产蔬菜 400 吨，粮菜产量比达到 6 ： 4。2007 年，粮食总产量 31845 吨，实现自给率 90%；柑橘 2.8 万吨，茶叶 200 吨，烟草 600 吨，蔬菜 1720 万吨，油菜 4100 吨。2010 年，全县粮食总产量 34888 吨，人均产粮 290 千克。

1986 年，县农业局机关内设机构有办公室、人事股，有干部职工 9 人。县农业局所属事业单位 15 个，分别为县农业科学研究所、县种子公司、龙天坪茶叶示范场、粮油站、经作站、科教站、蔬菜站、推广中心（站）、植保站、土肥站及茄通中心农技站，龙鼻中心农技站、野竹中心农技站、城关中心农技站、高峰中心农技站，有干部职工 81 人。1989 年，撤销人事股，增设人教股。1992 年，设县优质农产品开发中心。1995 年，撤茄通中心农技站，龙鼻中心农技站、野竹中心农技站、城关中心农技站、高峰中心农技站，设断龙山乡农技站、河西镇农技站、古阳镇农技站、双溪乡农技站、坪坝乡农技站、河蓬乡农技站、高望界林场农技站、高峰乡农技站、岩头寨乡农技站、山枣乡农技站、草潭乡农技站、茄通乡农技站、默戎镇农技站、野竹乡农技站、城关乡农技站、罗依溪镇农技站 16 个乡镇场农技站，核定全额编制 16 名。1999 年，设种子管理站。2001 年，乡镇农技站人、财、物、事权下放到各乡镇人民政府。2002 年，设农业执法大队。2005 年，设县农产品质量检验检测站。2007 年，县种子公司改制为县农产品投入服务部。

2010 年，县农业局机关内设办公室，人教股、法规股、行政编制 9 人。局所属事业单位 16 个，分别是县农业科学研究所、县茶叶示范场、县农产品投入服务部、经作站、粮油站、蔬菜站、植保站、种子管理站、推广中心（站）、土肥站、农业环境检测站、科教站、优质农产品开发服务中心、农产品质量检验检测站、农业执法大队、市场信息股，县农业局机关和所属事业单位有干部职工 67 人。是年，县农业执法大队查处假农药 2.9 吨，假肥料 78 吨。

1986—2010年历任县农业局局长为杨宗璞、杨显绪、龙永金、石富文、胡泽艾、向汉忠、田宏举、向功旷。

第一节 粮食作物

一、水稻

（一）生产规模

1986年，全县水稻种植面积5613公顷，总产量25642吨，平均每公顷产量4568千克。

1988年，全县遭受历史罕见旱灾，水稻受灾严重，全县水稻种植面积5576.26公顷，总产量13749吨，每公顷产量2465.6千克。1989年，全县水稻种植面积5660.33公顷，总产量20420吨，每公顷产量3608千克。

1992年，全县水稻种植面积5636.05公顷，总产量27827吨，每公顷产量4937千克，其中杂交稻种植面积4764.52公顷，总产24667吨，每公顷产量5177千克。

1994年，县内农业种植结构调整步伐加快，稻田改种面积150公顷，全县水稻种植面积5446.73公顷，总产量24132吨，每公顷产量4431千克，其中杂交稻种植面积4609.06公顷，总产21483吨，每公顷产量4661千克。

1996年，全县水稻种植面积5638公顷，总产量30387吨，每公顷产量5390千克，其中杂交稻种植面积5296.93公顷，总产28964吨，每公顷产量5468千克，为全县水稻生产高产年份。

1999年，全县进行口粮田建设，稻田面积增加，全县水稻种植面积5716.06公顷，总产量29746吨，每公顷产量5204千克。

2000年，全县水稻种植面积5682.8公顷，总产量29791吨，每公顷产量5242千克。

2002年，部分稻田改种高效经济作物，全县水稻种植面积5597.2公顷，总产量25160吨，每公顷产量4495千克。2003年，全县水稻种植面积5508.93公顷，总产量26255吨，每公顷产量4765.9千克。

2006年，全县水稻种植面积5561.07公顷，总产量21142吨，每公顷产量3801.8千克。2007年，全县水稻种植面积5551.65公顷，总产量24899吨，每公顷产量4485千克

2008年，全县水稻播种面积5529.43公顷，总产26887吨，每公顷产量4862.53千克。

2010年，全县实施稻田改种茶叶，水稻种植面积下降，全县水稻播种面积5223.83公顷，总产25858吨，每公顷产量4950千克，总产比1996年少4529吨。

1986—2010年古丈县水稻生产情况一览表

表12-2

年度	粮食作物		其中水稻		占粮食作物种植面积百分比（%）	占粮食作物总产量百分比（%）
	面积（公顷）	总产（吨）	面积（公顷）	总产（吨）		
1986	9160	30283	5613	25642	61.28	84.67
1987	9060	28574	5627	24547	52.10	85.91
1988	8707	15713	5576.26	13749	41.06	87.50
1989	9873	24216	5660	20420	57.33	84.32
1990	9958.8	32321	5627	26496	56.5	81.98

续表 12-2

年度	粮食作物		其中水稻		占粮食作物种植面积百分比（%）	占粮食作物总产量百分比（%）
	面积（公顷）	总产（吨）	面积（公顷）	总产（吨）		
1991	11233.93	33946	5640	28357	50.2	83.53
1992	10743.93	34300	5636.05	27827	52.5	81.26
1993	10340	21887	5560	18182	53.77	83.07
1994	1052.67	29423	5446.73	24132	51.78	82.02
1995	10700	29892	5630	25313	52.62	84.68
1996	11477.33	37114	5638	30387	49.14	81.87
1997	11510	38018	5690	30760	49.44	80.90
1998	11680	36337	5600	29004	47.94	79.82
1999	11590	38004	5716.06	29746	49.35	78.40
2000	11350	37766	5682.80	29791	50.00	78.90
2001	11396.73	37041	5665.60	28687	49.71	77.45
2002	11041.67	32725	5597.20	25160	51.9	76.88
2003	9594.80	32406	5508.93	26255	58.17	81.02
2004	9665.33	35051	5587	28121	57.80	80.22
2005	9797.93	22352	5602.13	17642	57.18	78.93
2006	10495.67	28381	5561.07	21142	52.98	74.49
2007	9924	31845	5551.67	24899	55.94	78.19
2008	9365.40	35512	5529.43	26887	59.04	75.71
2009	9932.47	34591	5533.8	24856	55.71	71.86
2010	9513.65	34888	5223.83	25858	54.91	74.12

（二）耕作制度

1986 年，因海拔、气候、水利、土壤、耕作制度及生产习惯差异，县内稻田以种植一季稻为主，冬季进行冬闲冬泡。1989 年，全县推行“稻—肥”轮作面积 2350 公顷，“稻—油”轮作 面积 1267 公顷，“稻—菜”轮作面积 335 公顷。1990 年，随着社会经济发展，农业技术水平提高，“稻—肥”“稻—油”等轮作制度得到推广。是年，“稻—油”轮作面积 3000 公顷，“稻—肥”轮作面积 2667 公顷，“稻—菜”轮作面积 687 公顷，复种指数 130%。1996 年，“稻—油”“稻—菜”“稻—肥”等轮作面积 10027 公顷，复种指数 169%。2002 年，全县油菜、绿肥、蔬菜种植面积 4335 公顷，复种指数 158%。2007 年，由于农村青壮年劳力输出，冬种面积缩减。2008 年，在河蓬乡官坪村推行百亩水稻免耕栽培技术试点。2010 年，“稻—油”轮作面积 2000 公顷、“稻—肥”轮作面积 667 公顷、“稻—菜”轮作面积 1335 公顷，复种指数 127%。

（三）良种推广

1978 年，全县开始推广杂交水稻种植。1986 年，杂交水稻种植区域扩大到 16 个乡镇 59 个村，种植面积 2533 公顷，占水稻种植面积的 44.7%，品种以威优 6 号、威优 63、威优 64，汕优 63、汕优 64 为主。1990 年，杂交水稻种植面积 4747 公顷，占水稻种植面积的 83.7%。品种以 D 优 63、协优

63、汕优58、汕优46、协优64等组合为主。1994年，杂交稻种植面积4609.06公顷。1995年，杂交水稻种植面积稳定在4587公顷，品种以汕优63、Ⅱ优63、多系1号、金优桂99、Ⅱ优46、Ⅱ优58、金优58、金优77、金优207等为主。1998年，全县始推广两系杂交水稻种植（又称超级杂交稻）。默戎镇盘草村农户龙自飞试种两系杂交水稻品种“两优培九”0.1公顷，每公顷产量10267.5千克，比三系杂交稻每公顷增产1113千克。1999年，在河蓬乡官坪村、城关乡长潭村推广种植两系杂交水稻6.7公顷，平均每公顷产量8010千克，比三系杂交稻每公顷增产787.5千克。2001年，县推广中心在断龙山乡猛虎洲村创办超级杂交稻示范片，种植面积7.5公顷，经抽样，每公顷产量8841千克，比对三系杂交稻多系1号，每公顷增产891千克。是年，县农业局粮油站在断龙山乡、茄通乡创办两系杂交稻示范片66.7公顷，经抽样，每公顷产量9787.5千克。2005年，两系杂交稻种植范围推广到10个乡镇101个村，种植面积1000公顷，总产量9000吨。2010年，产业结构调整，两系杂交稻种植面积降至500公顷，总产4500吨。是年，全县杂交水稻种植面积978.52公顷。

（四）栽培技术

育秧　1986年，湿润秧田育秧为全县主要育秧方式。即用盐水、黄泥水选种，药物浸种杀菌，采用高温破胸、适温催芽、降温炼芽方式催芽，秧田作好后，选冷尾暖头天气播种。播种后压谷入泥，再搭架盖膜。1990年，推广“双两大”栽培技术，即“双”就是双株寄插，“两”就是两段育秧，“大”就是大行大蔸移栽，即先在旱地或干田培育小苗，后寄插到湿润秧田，再大行大蔸移栽到大田。1991年，推广旱地育秧栽培技术，即在旱地直接培育秧苗，然后再移栽到大田。2002年，全县推广“双两大”“旱育秧”栽培面积3867公顷，占水稻面积68.2%。2010年，县内育秧方式以“旱育秧”、湿润秧田育秧为主。因农村青壮年劳力外出务工增多，“双两大”育秧方式又费劳、费力，县内农村没有采用“双两大”育秧方式。

移栽　1986年，随着杂交水稻普及，改密植为合理密植，插秧秧龄一般在30 ~ 40天，推广5×8或4×9寸栽插规格，每亩栽插1.5万 ~ 1.8万蔸、7万 ~ 8万株基本苗。1990年，在双溪乡西歧村创办冷浸田高产栽培示范片，即在稻田内进行分厢起垄，开沟排水，合理密植，经抽样，每公顷产稻谷6180千克。1991年，全县推广冷浸田分厢起垄高产栽培技术，即采取选用中迟熟杂交组合，分厢起垄，开沟排水，浅水栽插，重施磷钾肥等栽培措施。1993年，全县推广规格化插秧技术，规格化插秧面积3855公顷，占水稻栽插面积的68%。2010年，全县分厢起垄、规格化插秧栽培面积6666.7公顷，实现增产10万吨。

肥水管理　秧田期间，以农家肥作底肥，根据秧苗长势情况施追肥，移栽前一个星期追施“送嫁肥”。秧田施肥以速效肥为主。秧田水分管理采取勤灌浅排，低温寒潮天气灌水保温，晴天日排夜灌，利于以水调温、调气，培育壮秧。

大田生长期间，以绿肥、人畜粪、土杂肥等有机肥作底肥。同时，增施磷钾肥和60%氮肥作底肥。根据不同肥力稻田做到看苗追肥，适时施肥，即禾苗返青后追施分蘖肥，孕穗前施壮苞肥，抽穗后适当补施壮籽肥，防治中后期脱肥早衰。1987年，推广测土配方施肥、叶面施肥和施微量元素肥等施肥方法。2006年，推广测土配方施肥面积4000公顷，磷钾肥沾秧根插秧3000公顷，叶面喷施磷酸二氢钾1667公顷，叶面施用喷施宝1467公顷。水分管理结合实际情况因田而定，即水利条件好稻田，采用坚持有水活蔸，浅水分蘖，够苗晒田，有水孕穗，干湿壮籽灌溉法。水利条件一般稻田不予晒田，且经常保持一定水层。水利条件差稻田则不放本田水，以防中后期遇久晴干旱断水。

（五）商品粮基地

1994年，断龙山、茄通2个乡的31个村被湖南省列为商品粮建设基地，基地有耕地1527.2公顷，占全县耕地总面积的19.96%，其中稻田1152.66公顷。水稻种植重点推广Ⅱ优58、金优63、金优207、金优99、金优58等优质高产杂交组合。推广测土配方施肥，科学管水，规范化栽植及病虫综合防治等实用技术。是年，基地粮食总产量5942吨。其中稻谷产量4552吨，玉米产量682吨。1996年，基地粮食作物播种面积2453.5公顷，其中水稻种植面积1153.8公顷。基地粮食总产量9087吨。其中稻谷产量7442吨，玉米产量842吨，为基地高产年份。2000年，基地粮食总产量8148吨。其中稻谷产量6765吨，玉米产量692吨。2002年，随着断龙山、茄通2个乡进行产业结构调整，发展烟叶生产，基地粮食作物种植面积下降，是年，基地粮食作物播种面积2300.53公顷，其中水稻种植面积1218.73公顷。粮食总产量6894吨，其中稻谷产量5385吨，玉米产量839吨。2005年，断龙山、茄通2个基地乡进一步加大产业结构调整，重点发展烟叶产业，粮食作物生产管理粗放。是年，基地粮食作物播种面积2245.06公顷，其中水稻种植面积1201.06公顷。粮食总产量3370吨，其中稻谷产量2197吨，玉米产量560吨，为低产年份，不再列为商品粮基地。

二、玉米、红薯、马铃薯

（一）玉米

生产情况　1986年，全县玉米种植面积1753.8公顷，总产3159吨，品种主要有马齿白、马齿黄等地方品种，73单交、丹玉13、湘凤单1号、湘玉1号、掖单4号等杂交品种，杂交玉米良种占62.2%。1987年，县农业局在高海拔地区城关乡高坳村创办地膜玉米示范片，种植地膜玉米100公顷，每亩产量431千克。1988年，玉米生产被列入全国粮食“丰收计划”项目，在古阳、默戎2个镇8个村推广杂交玉米地膜覆盖种植技术，种植面积160公顷，经抽样，平均每亩产量355.5千克，高产丘块每亩产量462.5千克。

1991年，全县玉米种植面积2818.93公顷，总产3648吨，占粮食总产10.7%，平均每亩产量86千克，为全县种植面积最多年份。1994年，全县玉米种植面积2103.5公顷，总产3147吨，其中地膜玉米栽培面积1100公顷，占玉米播种面积的52.3%。是年，推广紧凑型玉米品种。1995年，县商品粮基地断龙山、茄通2个乡种植玉米488公顷，平均每亩产量327千克。是年，全县玉米种植面积2251.66公顷，总产2738吨，占粮食总产量的9.1%。

2001年，玉米播种面积2421.06公顷，总产5275吨。2003年，玉米播种面积1711.8公顷，总产3418吨，其中地膜玉米栽培面积1200公顷，占玉米播种面积的70.1%。2008年，全县玉米种植面积2084.18公顷，总产5015吨，占粮食总产量的14.12%，平均每亩产量160.41千克，为单产最高年份。2009年，全县玉米种植面积2476.24公顷，总产5558吨，占粮食总产量的16.07%，平均每亩产量149.63千克，为总产最高年份，所占粮食产量比例最高年份。2010年，全县玉米种植面积2386.69公顷，总产5215吨，平均每亩产量145.67千克。

1986—2010年古文县玉米生产情况一览表

表12-3

项目 / 年度	面积（公顷）	总产（吨）	占粮食产量比重（%）	平均单产（千克/亩）
1986	1753.8	3159	10.4	120.1
1987	1831.2	2904	10.20	105.7
1988	1609.0	1405	8.9	58.2
1989	1746.6	2399	9.9	91.6
1990	2056.70	4170	12.9	135.2
1991	2818.90	3648	10.7	86.3

续表 12-3

项目 年度	面积 （公顷）	总产 （吨）	占粮食产量比重 （%）	平均单产 （千克/亩）
1992	2743.30	4753	13.9	115.5
1993	2173.70	2254	10.9	69.1
1994	2103.5	3147	10.7	99.7
1995	2551.70	2738	9.2	71.5
1996	2601.90	4248	11.45	10.8
1997	2420.3	4517	11.90	124.4
1998	2520.0	4421	12.16	117.0
1999	2280.5	4808	12.65	140.6
2000	2375.4	4731	12.50	132.8
2001	2421.0	5275	14.19	145.3
2002	2306.0	4341	13.27	125.5
2003	1711.8	3418	10.54	133.1
2004	1785.8	3842	10.96	143.4
2005	1832.0	2682	11.99	97.6
2006	1897.1	3385	11.93	119.0
2007	1912.9	4099	12.90	142.9
2008	2084.2	5015	14.12	160.4
2009	2476.2	5558	16.07	149.6
2010	2386.7	5215	14.94	145.7

种植制度　1986 年，以“玉米—冬闲”一年一熟制方式为主，有少量“玉米—豆类”套种方式。1987 年，推广“玉米—红薯”“玉米—黄豆”“玉米—小麦”等套种方式。1992 年，县农业局在断龙山乡猛虎洲村创办“玉米—红薯”套种示范点，示范面积 8.5 公顷，玉米平均每亩产量 425 千克，红薯平均每亩产量 182 千克（折谷）。1997 年，全县推广“玉米—红薯”、“玉米—大豆”“玉米—蔬菜”等套种 1300 公顷，其中“玉米—大豆”套种面积 800 公顷。2006 年，由于青壮年劳力外出务工增多，耕作制度以“玉米—油菜”轮作或幼龄茶叶套种玉米为主，旱地复种指数下降至 118%。2010 年，全县主要以“玉米—油菜”轮作或幼龄茶叶套种玉米为主。

栽培管理　1986 年，玉米栽培管理比较粗放，施肥较少。1992 年，通过办点示范和科技培训，采取“四改一加强”措施，即改迟播为适时早播，3 月中旬至 4 月上旬播种，提早 15 ~ 20 天，躲过 7—8 月高温干旱威胁；改稀播为合理密植，每亩定植 3500 ~ 4000 株，增加 1000 ~ 1500 株；改露地直播为地膜覆盖栽培，提高出苗率和提早季节；改单一施肥为配方施肥，合理施用氮、磷、钾肥，做到底肥足、追肥速、穗肥重、粒肥补；全期加强病虫草害防治，苗期防治地老虎，中期防治玉米螟及纹枯病、大小斑病，适时收获。

（二）红薯

1986年，全县种植面积255.33公顷，总产255吨，平均每亩产量（折谷）67 千克。品种有白皮薯、小红皮薯、胜利百号、湘农黄皮、湘农红皮。1990 年，引进湘薯 6 号、湘薯 7 号、豫薯 68 号等品种，全县红薯种植面积402.06公顷，总产400吨，平均每亩产量66千克。1995年，种植面积658.33公顷，总产603吨，平均每亩产量61千克。2000年，种植面积624.13公顷，总产933吨，平均每亩产量103千克。2008年，种植面积782.86公顷，总产2514吨，平均每亩产量214千克，占粮食总产的7.3%。2010年，种植面积866.01公顷，总产量2517吨，平均每亩产量194千克，占粮食总产的7.2%，成为县内粮食作物之一。

（三）马铃薯

1986年，县内以种植春马铃薯为主，呈零星分布。品种以新芋4号、马尔科为主，本地留种较少。1993年，全县种植面积38公顷，总产58.14吨，平均每亩产量（折谷）102千克。1995年，全县种植面积44.13公顷，总产74吨，平均每亩产量112千克。2000年，全县种植面积376.06公顷，总产615吨，平均每亩产量109千克，为全县种植面积最大、总产最多年份。2007年，种植面积100公顷，总产量163.5吨，平均每亩产量109千克。2010年，种植面积90公顷，总产147.15吨。

三、大豆、小麦、高粱

大豆　全县各地均有种植，与玉米套种或间种为主，少量在田坎点播种植习惯，俗称“田坎豆”。种类主要有黄皮豆、青皮豆、褐皮豆、黑皮豆等，其中黄皮豆种植面积较广。品种有湘豆4号、湘豆5号、矮脚早、湘春豆13号。根据生育期长短，分为春大豆、夏大豆、秋大豆，古丈县以种植夏大豆为主。1986年，全县大豆种植面积1226.53公顷，总产1016吨。每亩产量55千克。

1990年，县城郊区农民顺应市场需求，发展春大豆生产，选用早熟品种，采用地膜覆盖栽培技术，于2月底播种，5月上中旬嫩豆上市，每公顷实现经济效益22500元。是年，全县大豆种植面积757.93公顷，总产671吨，每亩产量59千克。1995年，全县大豆种植面积1104公顷，总产537吨。

2000年，全县大豆种植面积1246.13公顷，总产883吨。2005年，全县大豆种植面积962.13公顷，总产量527吨，每亩产量36.5千克。2010年，全县大豆种植面积701.71公顷，总产837吨，每亩产量79千克，为单产最高年份。是年，罗依溪镇龙潭坪、黑潭坪2个村农民种植早熟大豆15公顷，出售鲜嫩豆13.5吨，年收入5.4万元。

小麦　1986年，全县小麦品种有酱麦、五月黄、大头麦、洋麦等本地品种。是年，引进中大2509、南大2419、蜀万28、苏克菲、雅安早、湘麦10号、绵阳11号、绵阳15号等品种。1988年，全县小麦种植面积50.66公顷，总产32吨。1990年，全县小麦种植面积601.06公顷，总产量328吨，每亩产量36千克。1995年，全县小麦种植面积391.33公顷，总产量354吨，每亩产量60千克。2000年，全县小麦种植面积382.06公顷，总产量428吨，每亩产量75千克。2005年，随着农村产业结构调整，全县小麦种植面积锐减，全县小麦种植面积仅3.8公顷，总产量4吨。2010年，县内无种植。

高粱　1986年，全县高粱种植面积20.2公顷，总产7吨，每亩产量23千克。1990年，全县高粱种植面积20.8公顷，总产12吨，每亩产量38千克。1995年，全县高粱种植面积30.2公顷，总产13吨，每亩产量29千克。2000年，全县高粱种植面积38.8公顷，总产26吨，每亩产量45千克，为单产最高年份。2005年，随着农村产业结构调整，全县高粱种植面积减少，种植7.13公顷，总产6吨。2010年，县内只有少数农户零星种植。

四、小杂粮

绿豆　1986年，全县各地均有种植，与玉米套种或单独种植。全县种植面积78.66公顷。总产49吨，每亩产量42千克，以毛绿豆、油绿豆、单角豆等地方品种为主。是年，推广湘春豆7号新品种。1990年，全县种植面积152.27公顷。总产60吨。1995年，全县种植面积234.53公顷。总产79吨，每亩产量22千克。2000年，全县种植面积312.53公顷。总产149吨，每亩产量32千克。2005

年，全县种植面积140.66公顷，总产59吨。2010年，全县种植面积98.6公顷，总产63吨，每亩产量42.6千克。

大麦　1986年，县内大麦种植面积0.93公顷，品种有三月黄、和尚麦、须大麦，总产1吨，每亩产量71千克。1990年，引进天津1号、早熟73、泸麦4号等品种。是年，全县种植面积0.67公顷，总产1吨。1992年，全县种植面积1.33公顷，总产1.0吨。2001年，全县零星种植。2010年，全县无种植。

粟　俗称小谷，去壳后称小米。1986年，全县种植面积33.27公顷，总产19吨，每亩产量38千克。主要品种有粳粟、六月黄、京南粟、火粟、狗尾粟等。主要种植地为断龙山、山枣、河蓬、岩头寨、坪坝、默戎等乡镇。1990年，全县种植面积123.4公顷，总产76吨，每亩产量41千克。1995年，全县种植面积33.27公顷，总产19吨，每亩产量38千克。2005年，全县种植面积10公顷，总产3.6吨，2010年，县内零星种植。

荞　1986年，全县种植面积63.46公顷，总产44吨。1990年，全县种植面积97.86公顷，总产48吨。1995年，全县种植面积33.53公顷，总产25吨。2010年，县内零星种植。

蚕豆、豌豆　1986年，全县蚕豆种植面积1.53公顷，产量1吨，豌豆种植面积12.33公顷，产量5吨。1995年，全县蚕豆、豌豆种植面积34.06公顷，产量17吨，每亩产量33千克。2000年，全县蚕豆、豌豆种植面积69.86公顷，产量49吨，每亩产量47千克。2005年，全县蚕豆、豌豆种植面积34.26公顷，产量27吨。2010年，全县蚕豆、豌豆种植面积31.99公顷，产量41吨。

第二节　蔬　菜

一、蔬菜生产管理机构

1989年4月，成立古丈县蔬菜工作领导小组办公室（简称“县蔬菜办”），定编2人，归口县财委系统，属正科级单位。1991年11月，县粮食局、县蔬菜办联合制定《关于加强对城镇菜农粮食供应管理的意见》，规定城镇菜农劳动力每月供应口粮16.5千克，非劳力菜农每月供应口粮12.5千克。1996年，县粮食局、县蔬菜办对新扩菜地进行粮食补助，即每扩菜地1亩拨粮食指标50千克。1999年，蔬菜生产采取指令性与指导性任务相结合办法，取消对城镇菜农平价粮、平价化肥、平价生活用煤供应，蔬菜生产从抓生产管理转向抓蔬菜产业规划与服务。2000年，县财委撤销，县蔬菜办并入县经委系统。2001年，县蔬菜办划归县经济系统。2003年，县蔬菜办划归县内贸办系统。2004年，县蔬菜办归口县农业局管理，内设蔬菜质量检测中心。2010年，县蔬菜办定编5人，实有干部5人。

1989—2010年，历任古丈县蔬菜工作领导小组办公室主任：邓世文、向仍才、彭永富、向昌柱、田序开、杜芳富、向海。

二、蔬菜栽培

1986年，古丈县蔬菜种植分为春播和秋播。春播种类有辣椒、黄瓜、茄子、西红柿、豇豆、白菜；秋播种类有白菜、萝卜、芹菜、大蒜、青菜，品种以本地品种为主。是年，全县蔬菜种植面积944.86公顷，总产量11581吨。

1991年，全县蔬菜种植面积1348.13公顷，其中辣椒种植面积371.2公顷，产量245吨。1995年，全县蔬菜种植面积1078.66公顷，其中辣椒种植面积357.53公顷，产量981吨。2000年，县蔬菜办给古阳镇老塘坊、三道河、树栖柯和罗依溪镇龙潭坪村发放水泥大棚120座。是年，引进蔬菜新品种湘辣四号、兴蔬301、兴蔬16、兴蔬26、红秀系列、青杂三号、青杂四号、丰抗60等。

2001年，蔬菜种植采用起垄、高畦、合理密植栽培技术，育苗采用穴盘基质育苗、电热线育苗等方式。城郊专业蔬菜基地利用地膜、小拱棚、大棚设施，实行春提早和秋延后栽培，春提早时间1个半月，秋延后时间2个月。是年，全县蔬菜种植面积2191.4公顷。2005年，全县蔬菜种植面积2539.87公顷，总产量16430吨。2010年，引进蔬菜新品种有火白菜、早熟5号、渊洲豇豆、清润豇豆、韩国萝卜、九寸金、意大利热生菜、泸溪玻璃椒等。是年，全县蔬菜种植面积2476.19公顷，总产量24246吨。

1986—2010年古丈县蔬菜种植情况一览表

表12-4

单位：公顷、吨

年份	播种面积	蔬菜产量	年份	播种面积	蔬菜产量
1986	944.86	11581	1999	1490.00	10584
1987	920.00	8916	2000	1480.00	11078
1988	1168.60	10804	2001	2191.40	11015
1989	1242.27	10944	2002	2353.00	14017
1990	1136.73	10487	2003	2294.67	17632
1991	1348.13	10111	2004	2372.93	17991
1992	1176.65	12500	2005	2539.87	16430
1993	1434.12	12450	2006	2336.60	16428
1994	1512.93	12850	2007	2368.63	17255
1995	1078.66	18382	2008	2401.89	23218
1996	1350.00	13824	2009	2490.47	23233
1997	1450.00	15526	2010	2476.19	24246
1998	1520.00	13825			

三、蔬菜加工

1986年，蔬菜加工大部分为农民简单加工，加工品种主要有干辣椒、酸辣椒、干豇豆、酸豇豆、梅干菜、酸苦瓜、干竹笋、干蕨菜等。2001年，古丈县神土地农副特产制品厂采用新技术加工蔬菜，年生产加工能力1000吨。2007年，古丈县神土地农副特产制品厂产品“神土地辣椒酱”“神土地葛粉”被农业部农产品质量安全中心确定为无公害蔬菜产品。

四、蔬菜基地建设

1986年，县城周边老塘坊、柑子坪、老寨坪为县内主要商品蔬菜基地。同年，县农业局在古阳镇三道河搭建2座竹架棚进行蔬菜种植，开启古丈县蔬菜大棚种植模式。2009年5月，县政府将古阳镇柑子坪、南山村和罗依溪镇龙潭坪村定为蔬菜专业村，将古阳镇柑子坪村和罗依溪镇龙潭坪村两地蔬菜基地重新造册登记，登记面积36.6公顷。并在古阳镇柑子坪村、罗依溪镇龙潭坪村新扩蔬菜基地20.85公顷，在古阳镇南山村新扩蔬菜基地24.06公顷。新扩后，柑子坪村蔬菜基地面积28.13公顷，南山村蔬菜基地面积24.06公顷，龙潭坪村蔬菜基地面积29.32公顷。2010年，龙潭坪村蔬菜基地被列为全国蔬菜标准园建设，达到“五化”要求，即规模化种植、标准化生产、商品化处理、品牌化销售、产业化经营。

五、山野菜

古丈县山野菜较多，主要种类有竹笋、蕨菜、香椿、鱼腥草、鸭掌菜、地米菜、枞菌、野香菇、野木耳、野冰菌等。加工品种有竹笋、蕨菜、香椿、鱼腥草、枞菌等。

六、蔬菜销售与安全检测

蔬菜销售　1986 年，城镇蔬菜专业队所生产蔬菜交售到县蔬菜公司，由县蔬菜公司统一经营。1987 年，古丈县蔬菜公司改制，蔬菜经营由统一经营转变为个体经营。1989 年，县城蔬菜经营地点主要在县蔬菜公司门市部、下溶湾农贸市场、河街菜市场。2000 年，建成县城体育广场，征用老寨坪专业菜地，专业菜地面积减少，县内蔬菜不能自给，经营户从麻阳、吉首等周边县市调运蔬菜入县。2001 年，县城农贸市场建成，蔬菜市场迁往县城农贸市场一楼。2009 年，发展古阳镇南山、罗依溪镇龙潭坪等蔬菜专业村，蔬菜产量增加，能满足县内蔬菜需求。

蔬菜检测　2004 年，县蔬菜办设蔬菜质量检测中心，每周三对农贸市场、学校、超市进行蔬菜例行检测，每年检测外来蔬菜 40 批次以上，检测标准为农残超标控制在 10% 以内。截至 2010 年，全县没有检测出高农残蔬菜。

第三节　油料作物

一、油菜

1986 年，油菜推行“水稻—油菜”“玉米—油菜”轮作制，种植面积 681.47 公顷，总产 502 吨，每亩产量 49 千克。1988 年，引进双低油菜品种湘油 11 号、秦油 2 号、湘油 12 号、湘油 13 号、中双 2 号、华油 325、华杂 3 号等，是年，全县种植油菜面积 1190.2 公顷，每亩产量 51 千克，总产 918 吨。

1992 年，推广油菜育苗移栽技术，对移栽大田采取开沟作畦，重施底肥，合理追肥，巧施硼肥，叶面追肥和防治病虫害等技术措施。是年，全县油菜种植面积 2374.68 公顷，每亩产量 52 千克，总产 1863 吨。1995 年，在坪坝、河蓬、默戎、古阳、罗依溪、野竹、山枣 7 个乡镇 82 个村 485 个组实施双低油菜“丰收计划”项目，种植面积 819 公顷，总产 1124.85 吨，每亩产量 91.6 千克。

1996 年，推广“双低”油菜良种及综合丰产栽培技术，选用湘油 15 号、油研 7 号、湘杂油 3 号、湘杂油 1 号等品种，全县种植面积 3914.4 公顷，油菜籽总产 3823 吨，每亩产量 65 千克。1999 年，在坪坝、默戎、河蓬 3 个乡镇实施万亩丰产示范片建设，种植面积 986.67 公顷，总产量 1190 吨。

2000 年，全县种植油菜 3850 公顷，总产 4250 吨。2001 年，坪坝、默戎、河蓬 3 个乡镇万亩油菜丰产示范片油菜种植面积增加到 2200 公顷，总产 2640 吨。2002 年，全县油菜种植面积 2631.47 公顷，总产 3532 吨，品种以湘油 13 号、湘油 15 号为主。

2003 年，全县油菜种植面积 2968.4 公顷，总产 3097 吨，每亩产量 69.6 千克。2006 年，全县油菜种植面积 2656 公顷，总产 3530 吨，每亩产量 64.8 千克。

2010 年，全县油菜种植面积 2090.86 公顷，总产 3013 吨，每亩产量 96.06 千克。

1986—2010 年古文县油菜生产情况一览表

表 12-5

单位：公顷、吨

年份	种植面积	总产量	年份	种植面积	总产量
1986	681.47	502	1999	3677.27	3416
1987	685.4	567	2000	3813.33	4235
1988	1190.2	918	2001	3927.27	4490
1989	1910	1071	2002	3631.47	3532
1990	2100.07	1480	2003	2968.4	3097
1991	2383.07	2014	2004	2713.8	3133
1992	2374.68	1863	2005	2745.33	3340
1993	1970.67	1631	2006	2656	3530
1994	2588.4	2546	2007	2388.41	3395
1995	3104.73	2788	2008	2048.95	3030
1996	3914.6	3823	2009	2118.74	3127
1997	3663.63	3714	2010	2090.86	3013
1998	3614.73	3291			

二、花生

1986 年，种植面积 941.87 公顷，总产 502 吨，每亩产量 49 千克。主要品种有奥油 187、辐矮 50、混选 1 号、花 11、芙蓉花生、湘花生 1 号、湘花生 2 号、宝花 2 号、海花 1 号等。1990 年，种植面积 255.93 公顷，总产 174 吨，每亩产量 45 千克。1995 年，种植面积 390.33 公顷，总产 288 吨，每亩产量 49 千克。2000 年，种植面积 345.47 公顷，总产 251 吨，每亩产量 48 千克。2005 年，种植面积 323 公顷，总产 222 吨，每亩产量 45.8 千克。2010 年，种植面积 276.33 公顷，总产 366 吨，每亩产量 88.3 千克。

三、芝麻、向日葵

芝麻　俗称油麻、黑芝麻，1986 年，县内栽培呈零星分布，种植面积 124.86 公顷，总产 33 吨，每亩产量 18 千克。1995 年，种植面积 71 公顷，总产 16 吨，每亩产量 15 千克。2000 年，种植面积 121.86 公顷，总产 25 吨，每亩产量 14 千克。2005 年，种植面积 39.93 公顷，总产 10 吨。2010 年，种植面积 41.4 公顷，总产 31 吨。种植方式以撒播为主，种植地以偏坡地为主，采取间苗、除草等管理方式，成熟时将植株割晒收获。

向日葵　又称葵花，呈零星种植或与玉米、豆类间作。1986 年，种植面积 1.33 公顷，产量 1 吨，每亩产量 50 千克。2010 年，全县种植面积 1.2 公顷，总产 1 吨。主要品种有中葵 8 号、郑葵 4 号。

第四节　经济作物

一、烟草

晒烟　1986年，全县晒红烟种植面积415.87公顷，产量259吨，品种以金枇杷叶、小花青、大花青、犁口烟为主，所产晒红烟为凤凰烟厂生产原料。1989年，在断龙山乡猛虎洲村首种白肋烟，获得成功，填补湘西州白肋烟生产历史。是年，全县晒烟种植面积350.93公顷，产量213吨。1993年，发展晒烟产业，全县晒烟种植面积754.43公顷，产量562吨，烟叶税成为县财政税收主要来源之一。1994年，全县晒烟种植面积703.2公顷，产量519吨。1995年，全县晒烟种植面积787.27公顷，产量517吨，其中断龙山乡种植63.2公顷、茄通乡种植38.73公顷、高峰乡种植203.33公顷、岩头寨乡种植40公顷、山枣乡种植68.8公顷、河蓬乡种植36.47公顷、坪坝乡种植116.53公顷、默戎镇种植140公顷。1996年，县内晒烟种植面积减少，以自种自用为主。

烤烟　1996年，发展烤烟产业，在茄通乡种植烤烟66.67公顷。1997年，全县烤烟种植面积300公顷，烟叶收购量650吨。1998年，由于国内烟叶市场不稳定，烟叶生产管理水平较低，烟叶生产呈下滑趋势。1999年，全县烤烟种植面积仅40公顷。

2000年，国家对烟叶生产进行调整，实施“北烟南移”战略，稳定烟叶市场，实行烟叶种植、收购合同制，县政府制定相应优惠政策，全县烤烟生产得到发展。是年，全县种植面积459.8公顷，产量440吨。

2006年，全县烤烟种植面积395.53公顷，主产区为断龙山、红石林、高峰、坪坝4个乡镇。是年，全县烤烟收购量650吨，上等烟比例占42%，均价6.23元/千克，平均每公顷产值27000元。2007年，全县烤烟种植面积408.93公顷，收购量825吨，上等烟比例占47%。2008年，推广集约化育苗、套餐式供肥、烟苗膜下深栽技术，引进南江三号、云烟203、KRK26等新品种。是年，全县烤烟种植面积738.43公顷，收购量1400吨，上等烟比例占49.52%。2009年，以全国第六批烟叶标准化示范区建设为契机，实施烟叶标准化管理，建断龙山、红石林、高峰3个优质烟生产示范点。是年，全县改建“漏斗式”烤房103栋，烤烟种植面积878.67公顷，收购烤烟2100吨。

2010年，烟叶生产实行国家“双控”政策，全县有断龙山、红石林、高峰、默戎、岩头寨、河蓬、山枣7个乡镇45个村种植烤烟，种植面积900.53公顷。是年，收购烟叶1800吨，上中等烟比例91.35%，烟叶质量等级合格率82%，每公顷产值30840元。

二、棉、麻、桑

棉花　1986年，种植面积21.53公顷，总产11吨，主要分布在断龙山、茄通、默戎3个乡镇。1990年，种植面积45.6公顷，产量17吨，主要分布在断龙山、茄通、高峰、坪坝、默戎5个乡镇。1995年，种植面积239.06公顷，总产59吨。2000年，种植面积257.73公顷，产量84吨，为种植面积最多年份。2005年，种植面积44.26公顷，总产47吨。2010年，种植面积12.8公顷，总产11吨。

苎麻　1986年，苎麻种植面积4.67公顷，产量2吨。1990年，出现卖麻难，种植面积减少，全县种植1.13公顷，产量1吨。2001年，全县只有零星种植，以农民自种自用为主。2010年，县内无种植。

蚕桑　1986年，全县桑树种植面积50公顷，品种有鲁桑、白桑等。养蚕24张，产茧0.2吨。1991年，全县种桑面积200公顷，桑叶产量15吨，蚕茧产量1吨。1995年，成立古丈县蚕桑站，在茄通乡建蚕桑基地1个，面积37.67公顷，栽植桑苗1.8万株，产茧0.5吨，加工丝棉被80套。是年，全县328户种桑养蚕，桑树种植面积135.6公顷。2002年，湘西州人民医院扶贫工作组扶持河蓬乡白洋溪村进行蚕桑开发，种植面积 11.34 公顷，产茧 100 千克。2005 年，蚕茧因市场低迷，销路不畅，产量逐年滑坡。2010 年，全县桑树面积 5 公顷，无养蚕户。

三、西瓜、香瓜、凉薯、荸荠

西瓜　1986 年，县农业局经作站在罗依溪大龙村实施“瓜—菜”套种示范，面积 3.5 公顷，每亩产量 1580 千克、白菜 2108 千克，产值 3280 元。是年，全县西瓜种植面积 34.47 公顷，产量 359 吨。

1988 年，县农业局引进湘西瓜 5 号、雪峰无籽 304 号、雪峰小玉、庆发 11 号、庆农 3 号、庆红宝、庆发 8 号、湘州瓜 1 号、新橙 1 号、郑州 3 号等西瓜新品种 13 个，其中对 8 个新品种进行品种对比实验，筛选出适宜本地栽培的品种，如湘州瓜 1 号、新橙 1 号、郑州 3 号。1989 年，在河西镇龙天坪村创办西瓜栽培高产示范点，种植面积 0.72 公顷，采用选择品种、提早播种、地膜栽培等措施，提早上市 8 天，产西瓜 2562 千克，每公顷产值 88890 元。是年，全县西瓜种植面积 5.2 公顷。

1993 年，在罗依溪镇大龙村、双溪乡茅坡村推广“瓜—菜”套种，种植面积 12 公顷，每公顷产西瓜 2.61 吨，每公顷产值 83160 元。是年，全县西瓜种植面积 30.13 公顷。2005 年，全县“瓜—菜”套种面积 115 公顷，产量 2550 吨。2010 年，全县西瓜种植面积 100 公顷，每公顷产值 60000 元。

香瓜　1986 年，香瓜为零星种植。1987 年，随着农村产业结构调整，种植面积扩大，种植区域主要分布在古阳镇、罗依溪镇，年种植面积 80 公顷，产量 900 吨，总产值 97.5 万元。1998 年，种植面积 100 公顷，产量 120 吨。2010 年，由于农村劳务输出和产业结构调整，种植面积 40 公顷，产量 60 吨，每公顷产值 30000 元。

凉薯　俗称地瓜或地萝卜，古丈县种植主要品种有凉薯 17、凉接、抚州地瓜等。种植方式为单种、间种、套种。1986 年，种植面积 100 公顷，产量 1500 吨。2000 年，种植面积 120 公顷，产量 1800 吨。2010 年，种植面积 80 公顷，产量 1440 吨。

荸荠　1986 年，县内零星种植，种植面积 10 公顷，产量 40 吨。2010 年，种植面积 3 公顷，年产量 10.5 吨。种植区域主要分布于 S229 公路沿线乡镇。

第五节　水　果

一、柑橘

1986 年，实施“星火计划”和“扶贫开发”，成立古丈县果茶办公室，指导全县茶果生产。是年，全县柑橘种植面积 80 公顷，分布在罗依溪、河西、默戎 3 个乡镇。1988 年，在高望界林场葫芦坪村开发柑橘园 26.66 公顷，在罗依溪镇且茶下村开发柑橘园 14.67 公顷。是年，全县柑橘种植面积 177.4 公顷。

1995 年，全县柑橘种植面积 536.2 公顷，总产量 1413 吨。主要分布在茄通、罗依溪、岩头寨、高峰、河西、高望界、河蓬、城关、坪坝 9 个乡镇。1998 年，全县柑橘种植面积 877.73 公顷，总产量 2168 吨。

2003 年，全县柑橘种植面积 1489.6 公顷，总产量 7734 吨，总产值 6187.2 万元。2008 年，全县柑橘种植面积 2154.3 公顷，总产量 14629.6 吨，总产值 7552.3 万元，当年因遭冰灾影响，销售受阻，产值减少 724 万元。

2009 年，全县柑橘种植面积 2788 公顷，总产量 16464 吨，因遭受柑橘花蕾蛆危害，产值减少 658 万元。

2010 年，全县柑橘种植面积 2807 公顷，分布在全县 12 个乡镇 79 个村，柑橘种植户 12830 户，其中红石林镇种植面积967.27公顷，罗依溪镇种植面积558.62公顷，坪坝乡种植面积244.47公顷，断龙山乡种植面积170.86公顷，古阳镇种植面积130.73公顷，山枣乡种植面积124.33公顷，高望界乡种植面积123.51公顷，河蓬乡种植面积103.2公顷。种植品种为枳、橙、宽皮柑橘、柚4类，枳类只作砧木，其中橙类、椪柑等宽皮橘类占83.2%，柚类占14.5%，其他占2.3%。是年，柑橘总产量18106吨，占水果总产量的87.7%，总产值1810.6万元。

1986—2010年古丈县柑橘生产情况一览表

表12-6

项目 年度	面积（公顷）	总产（吨）	亩产（千克）
1986	80.0	134	111.7
1987	167.0	151	60.3
1988	177.4	57	21.4
1989	720.0	385	35.6
1990	260.0	439	112.6
1991	318.7	809	169.2
1992	347.7	715	137.1
1993	477.5	959	133.9
1994	502.4	891	118.2
1995	536.2	1413	175.7
1996	597.0	1469	164.0
1997	856.0	2234	174.0
1998	877.7	2168	164.7
1999	895.3	5323	396.4
2000	915.8	6691	487.1
2001	932.5	7442	532.0
2002	1238.8	7570	407.4
2003	1489.6	7734	346.1
2004	1526.5	9847	430.0
2005	1568.9	9882	419.9
2006	1832.0	11267	410.0
2007	2068.7	12114	390.4
2008	2156.8	14629	452.2
2009	2788.0	16464	393.7
2010	2806.92	18106	430.0

二、猕猴桃、八月瓜

猕猴桃　1986年，全县猕猴桃以野生为主，有少量人工栽培。1990年，默戎镇盘草村栽植1.33公顷，每公顷产量18000千克，年总产量12吨。1995年，全县种植面积3公顷，年总产54吨，主要品种为米良1号。2010年，种植面积3.67公顷，总产量80吨。主要栽培措施有高标准建园、坡地改梯地、增施有机肥料、栽桩搭架、整型修剪、摘心疏果、人工授粉等。

八月瓜　又名木通。1986年，全县八月瓜以野生为主。2005年，红石林镇铁马洲村民进行人工栽培，取得成功。2006年，红石林镇铁马洲村12户农户共栽种野生瓜苗10公顷。2007年，红石林镇铁马洲村产八月瓜80吨。2009年，铁马洲村培育八月瓜苗0.33公顷，向重庆、江西等地出售瓜苗50000株。八月瓜栽培主要措施有择地建园、定植、栽桩搭架、每穴施用有机肥10～20千克、修剪疏果、适时采收等。

三、桃、李、梨、葡萄

桃　1986年，引进香水桃、水蜜桃、乌桃、黄桃、山东桃、蟠桃、六月桃等品种，是年，全县桃子产量41吨。1988年，栽植面积56公顷，产量32吨，1995年，栽植面积78公顷，产量122吨。2005年，栽植面积85公顷，产量192.5吨。2010年，栽植面积112.2公顷，产量189.8吨。

李　1986年，县内栽植品种有麦李、蚌壳李、苦李、血李、马齿李等，是年，全县李子产量54吨。1995年，全县果树品种普查，全县有李树2.2万株，年产量218吨。同年，双溪乡蔡家河、大塘、竹坪3个村栽种李树5.7公顷，年产量62吨。1997年，全县40个贫困村种植李树35公顷，产量264吨。2002年，李树栽植面积38公顷，栽植李树3.4万株，产量317吨。2004年，引进美国布朗李系列品种黑宝石、紫琥珀、玫瑰皇后等。是年，全县李树栽植面积70.6公顷，产量529.5吨，种植区域主要分布在断龙山、罗依溪、古阳、坪坝、默戎、双溪6个乡镇60个贫困村，其中默戎镇盘草村建成布朗李基地1个，种植布朗李3.5公顷，年产30吨。2010年，李树种植面积50公顷，年产量400吨。

梨　1986年，全县梨园面积15.27公顷，产量145吨。品种有甜梨、青皮梨、称砣梨、香水梨、黄皮梨、阳冬梨等。1994年，梨树栽植列入扶贫开发项目之一，坪坝乡对冲村栽植金秋梨、金花梨5.8公顷。是年，全县梨园面积38.8公顷，产量176吨。2004年，坪坝乡梨树面积55公顷，产量990吨。2010年，全县梨树栽植面积68公顷，总产612吨。

葡萄　1986年，随着农村产业结构调整，引进巨丰、藤稔、红提等优良品种，当年示范推广面积105公顷，产量10吨。2005年，由于葡萄时鲜贮藏困难，加之县内气候湿润多雨，生理落果、烂果严重，霜霉病、黑痘病及虫害严重，培管困难，葡萄园被农户改种。2006年，全县栽培面积下降到2.8公顷。

第六节　种植业管理

一、田土改良

中低产田改良　1986年，县内有中低产稻田4300公顷。1989年，古丈县列入武陵山区低产田改造片区项目县。1990—1992年，在断龙山、茄通、默戎、坪坝、河蓬5个乡镇17个村开展中低产田改造高产示范。1993年，在古阳、罗依溪、断龙山、茄通4个乡镇12个村实施以工代赈中低产田改造项目，投入资金112.55万元，按照统一规划设计，统一质量和技术标准，修建排洪沟3550米，排潜沟720米，改造中低产田625公顷。1995年，县农业局在断龙山、默戎、坪坝3个乡镇实施中低产田农技改良，主要采取开沟排渍，改善土壤理化性状，推广“旱育秧”“双两大”“沾秧根”等栽培技术，增施磷、钾、锌肥，选用抗病、高产、生育期适宜杂交组合，推广稀播壮秧、合理密度、科学肥水管理、病虫害防治等措施，改良面积100公顷。2010年，全县中低产田采用综合农艺改良措施，全县累计稻谷增产3.42万吨。

坡耕地改造　2002年，在断龙山、默戎等6个乡镇实施坡耕地旱作集雨节水项目。采取坡地改梯、种植结构调整、土壤改良、间套种绿肥、降低耕地坡度、改造土层、培肥地力等措施。2005年，全县坡耕地改造累计投入资金1450万元，投入劳力1.5万个，完成土方27.5万立方米，石方12.4万立方米，建排洪沟2215米，排水沟8867米，建水池605个，水窖2100个，沉砂池1900个，修机耕道12000米，硬化小道17800米，完成改造坡耕地590公顷，改良土壤567公顷，推广绿肥种植100公顷。2010年，在古阳、罗依溪、默戎、岩头寨、断龙山5个乡镇实施巩固退耕还林项目，累计投入资金1500万元，修建硬化小道25000米、机耕道28000米，建水窖1500个、蓄水池15000立方米、引水渠5800米，建防洪蓄水坝8处、引水管道8000米。

口粮田建设　1998—2001年，采取“以奖代补”、“谁开垦、谁受益”奖励机制，在全县89个村实施口粮田建设，投入资金1800万元，新开稻田419.22公顷，恢复水毁稻田326公顷，旱地坡改梯541.3公顷，修建引水渠5000米，修建耕作道7000米，平整土地135公顷，89个村人均新增口粮田140平方米。

二、种子种苗

（一）水稻良种繁育

1986年，水稻杂交组合制种由“县繁社制”，发展到“省提地繁、县制繁殖”供种体系，由县农科所建立选种圃、株系圃、原种圃进行提纯繁殖，保持品种优良性状，再进行种子繁育，扩大良种数量。1987年，县种子公司在茄通乡茄通村开展水稻杂交组合制种，当年制种面积8公顷，制种组合4个，生产杂交种7.2吨。1991年，全县水稻制种面积300公顷，总产78.3吨。1992年，水稻制种基地扩大到断龙山乡溪龙车村、默戎镇李家寨村、双溪乡梳头溪村，所生产杂交稻种，除满足县内用种外，部分调出外省外地销售。1998年，为保持水稻种子的纯度和种性，执行“省提省繁基地制”繁殖供种体系，古丈县不再承担水稻繁殖任务。2006年，县内停止水稻制种。

1986—2005年古丈县杂交水稻制种情况一览表

表12-7

年度＼项目	制种地	面积（公顷）	总产（吨）	组合（个）
1986	茄通	120	7.20	4
1987	茄通	150	14.10	4
1988	茄通	140	14.56	4
1989	茄通	200	35.00	5
1990	茄通	300	53.70	5
1991	茄通	452	78.30	6
1992	茄通、梳头溪	400	71.20	6
1993	茄通、梳头溪	450	79.20	8
1994	茄通、溪龙车	450	75.60	8
1995	茄通、溪龙车	500	104.00	9

表 12-7

年度＼项目	制种地	面积（公顷）	总产（吨）	组合（个）
1996	茄通、溪龙车	550	100.65	9
1997	茄通、李家寨	600	110.50	9
1998	茄通、李家寨	550	107.80	7
1999	茄通、李家寨	550	112.20	7
2000	茄通	450	95.85	8
2001	茄通	450	101.25	8
2002	茄通	450	94.50	9
2003	茄通	450	98.55	9
2004	茄通	450	102.60	5
2005	茄通	500	107.00	5
2006	茄通	400	80.40	5

（二）果树苗木繁育

橙柚类　1986 年，罗依溪、茄通、古阳 3 个乡镇 6 户农户采用专业繁育方式，建立果树苗圃 0.73 公顷，年出圃苗木 19 万 ~ 80 万株。1989 年，全县果树育苗户 8 户，面积 2.67 公顷，出圃苗木 100 万株，主要种类有沙田柚、玉皇柚、纽荷尔脐橙等。

柑橘类　1986 年，繁育方式以专业户自繁为主，采集椪柑接穗 10.5 千克，嫁接苗 11225 株。1990 年，全县有椪柑育苗户 16 户，面积 3.2 公顷，年出圃 40 万株，出圃时达到壮苗标准，苗木主要供应县内栽植。

桃、李、梨等苗木繁育　桃、李、梨种苗以自育和外调为主，由市场自行调控。1986—2010 年，全县繁育桃、李、梨、枇杷等果树苗 1.85 万株，品种 9 个，调进各类水果苗木 1.05 万株。

（三）种子种苗管理

1986 年，县农业局与县工商局开展假冒伪劣“双杂”良种查处。2001 年，全县烧毁带有检疫性病虫害柑橘苗 8430 株。2002 年，对县内柑橘大果实蝇发生情况开展普查，在柑橘主产乡镇，集中处理带虫病果 12.5 吨。2004 年，集中烧毁带有溃疡病菌橘苗 8213 株，割砧处理蜜橘树 2442 株，挖穴深埋病果 3.5 吨。2007 年，组织全县种子经营户集中培训。开展以检查种子经营许可证、种子生产许可证、种子检验合格证为主的执法大检查，取缔非法制种、非法经营、跨区经营。2010 年，查缴假冒伪劣水稻杂交种子 22 吨，烧毁各类伪劣苗木 12550 株，处罚种苗经营户 4 户。

三、农作物保护

（一）农作物病虫害

水稻病虫害　县内水稻虫害有 100 多种，病害 20 多种，主要虫害有二化螟、三化螟、稻飞虱，稻纵卷叶螟，黑尾叶蝉等，其次为稻苞虫、稻蓟马、稻秆潜蝇、稻蟒象、稻象虫、赤斑黑沫蝉、黏虫等。主要病害有稻瘟病、纹枯病，其次为稻细菌性条斑病、细菌性褐条病、稻粒黑粉病、胡麻叶斑病、稻曲病、稻立枯病等。境内光照短，湿度大，为湖南省重点稻瘟病区和虫害种类多发区，1986 年，全县稻纵卷叶螟、二化螟、稻飞虱等虫害发生面积 5200 公顷，产量损失 2450 吨。1992 年，全县稻瘟病流行，病害发生面积 3000 公顷，因病减产粮食 4000 吨。1995 年，全县稻飞虱发生面积

2134公顷，成灾面积1800公顷，损失产量3465吨。1998年，全县纹枯病、卷叶螟、叶蝉、飞虱为害偏重，病虫混发面积3300公顷，损失产量365.85吨。2001年，全县水稻病虫发生偏重，其中稻瘟病、纹枯病、稻纵卷叶螟、飞虱、叶蝉等混发面积3240公顷，损失稻谷2158吨。2003年，病虫害属中等发生年，具有前重后轻特点，主要病虫害有稻瘟病、纹枯病、稻曲病以及稻纵卷叶螟、飞虱和赤斑沫蝉等，全年损失稻谷485吨。2005年，为病虫发生偏重年份，发生特点为前轻中后期偏重，主要病虫害有飞虱、叶蝉、稻瘟病、稻曲病等，全年损失达3180吨。2007—2008年，病虫害发生为中等年份，主要发生种类为卷叶螟、稻飞虱、稻瘟病、纹枯病等病虫害，发生特点呈前轻中后期偏重趋势，全年损失稻谷在550吨以上。2009—2010年，病虫害发生以稻瘟病、稻纵卷叶螟为主，混发面积3700公顷，损失稻谷654.4吨。

玉米病虫害　玉米病虫害主要有玉米螟、大螟、纹枯病、大小斑病等，其中县内危害较为严重的有玉米螟、玉米纹枯病。1986年，全县玉米螟发生面积1104.5公顷，纹枯病发生面积893公顷。1995年，玉米螟发生面积1224公顷，成灾面积105公顷，枯心率达11.5%。玉米纹枯病发生面积912公顷，病情指数0.3 ~ 4.2。1997年，苗期发生地老虎，一些乡镇缺苗率达14% ~ 16%。玉米螟发生面积11.25公顷，纹枯病发生面积985.4公顷，大小叶斑病发生面积218.4公顷。2005年，玉米螟发生面积2245公顷。2008年，随着品种更新及作物间作套种病害发生减少，大小斑病发生面积280公顷，玉米螟发生面积600公顷，2010年，地老虎、玉米螟以及纹枯病属中等发生年份，混发面积300公顷。

柑橘病虫害　全县柑橘类害虫有40余种，病害10多种。主要有红蜘蛛、蚧壳虫、潜叶蛾、锈壁虱、花蕾蛆以及疮痂病、炭疽病、黑粉病等，危害较重。其次为柑橘天牛、恶性叶甲、吉丁虫、吸果夜蛾、凤蝶、黑刺粉虱、尺蠖等。贮藏期有青霉病、绿霉病、软腐病等。1986年，推广采后浸液消毒，对贮藏期易发生青绿霉病起到良好防治作用，延长贮期保鲜期，提高果品经济效益。1991年，全县矢尖蚧发生面积1054公顷，红蜘蛛发生面积820公顷，潜叶蛾发生面积976.4公顷。1994年，在茄通、罗依溪、古阳等乡镇矢尖蚧、红蜘蛛、潜叶蛾等虫害发生面积740公顷，疮痂病、炭疽病、煤烟病等病害发生面积433.3公顷、属中等偏重年份。1995—2005年，平均病害发生面积2100公顷，虫害发生面积2160公顷。2008年，由于市场疲软等因素，农民放松培管，柑橘疮痂病、炭疽病、红蜘蛛、蚧壳虫危害严重，脚腐病、锈壁虱、天牛、吉丁虫、吸果夜蛾等虫害普遍发生。2010年，柑橘溃疡病、大果实蝇等病虫呈蔓延和扩展趋势，病虫混发面积1900公顷，其中大果实蝇虫果率达30%，发生面积1000公顷。

烟草病虫害　县内烟草病害主要有炭疽病、猝倒病、黑颈病、烟草花叶病毒病、黄瓜花叶病毒病，白粉病、野火病，角斑病、青枯病等，主要虫害有小地老虎、烟青虫、烟蚜、稻绿蝽、烟蛀茎蛾等。县内尤以黑茎病和烟蚜偏重。2007年，全县黑茎病发生面积50公顷，青枯病发生面积45公顷，烟蚜发生面积110公顷。2010年，全县黑茎病、野火病、青枯病、病毒病发生面积550公顷，小地老虎、烟蚜、烟青虫、烟茎蛀蛾等虫害混发生面积320公顷，病株率4.5% ~ 15.4%，虫株率7.3% ~ 12.4%。

油菜病虫害　县内油菜病虫害有10多种，有油菜菌核病，霜霉病、菜蚜、菜青虫、油菜病毒病，软腐病、蚜螟、潜叶蛾、蝗虫等。1986年，全县发生菌核病815公顷，受害严重560公顷。其中白菜型油菜病株率46.7%，甘蓝型油菜病株率23.8%。1996年，油菜菌核病发生面积2080公顷，病株率16.2%。2006年，发生面积1500公顷，病株率17.5%，发病范围广，减产幅度达8% ~ 15%。2010年，全县菌核病、霜霉病、菜青虫等混合发生面积1235公顷，因病虫造成减产129.5吨。

红薯病虫害　县内红薯病虫主要有黑斑病、软腐病、薯瘟病、红薯小象鼻虫，卷叶蛾、斜纹夜蛾和茎螟等7种。以红薯黑斑病、红薯瘟病、小象鼻、卷叶蛾危害较普遍，特别是贮藏期间红薯黑斑病危害大，发病损失率在 10% ~ 70% 不等。大田病虫害发生一般在 4% ~ 8%，对产量影响不大，年混发面积在 200 公顷。

小麦病虫害　主要有赤霉病、锈病、腥穗病、白粉病、麦蚜、黏虫、麦蚜螨、吸浆虫等，县内小麦以赤霉病为害较重，其他病虫害只零星发生。

马铃薯病虫害　主要有马铃薯青枯病、晚疫病、疮痂病、块茎蛾等。

高粱病虫害　主要有高粱黑穗病、炭疽病、紫斑病、高粱穗螟、高粱冬螟等虫害。

大豆病虫害　主要有豆蚜、豆荚螟、大豆食心虫等。

西瓜病虫害　主要有炭疽病、枯萎病、疫病、霜霉病、小地老虎、黄守瓜、潜叶蛾、红蜘蛛、白粉虱、蜗牛和蛞蝓等。

茶叶病虫害　主要有茶毛虫、茶尺蠖、茶刺蛾、茶黑毒蛾、茶卷叶蛾、黑刺粉虱、绿盲蝽、小绿叶蝉等 20 多种，病害有茶饼病、白星病、赤星病、云枯病，炭疽病、烟煤病等 15 种。

苎麻病虫害　县内常见有苎麻夜蛾，黄蛱蝶、赤蛱蝶、苎麻天牛、金龟子、黄蚁、根腐病等，尤以苎麻夜蛾、黄赤蛱蝶发生普遍。

梨树病虫害　主要有梨星毛虫、黄刺蛾、梨小食心虫、梨黑腥病、黑斑病、梨轮纹病、梨绣病等为害较重。

桃树病虫害　主要有桃小食心虫、桃蚜、桃瘤叶病、褐腐病、疮痂病、炭疽病、流胶病等，以桃蚜、桃蛀螟及褐腐病、炭疽病、流胶病为害较重。

葡萄病虫害　主要有黑痘病、白腐病、炭疽病、霜霉病、白粉病、灰霉病、褐斑病、金龟子、透翅蛾、虎天牛以及二星叶蝉等。

猕猴桃病虫害　主要有金龟子、卷叶虫、蚧壳虫、吸果夜蛾、根瘤线虫、立枯病、日灼等，发生轻微病虫害一般不用药物防治。

（二）农作物病虫测报与综合防治

全县农作物病虫防治技术坚持“预防为主，综合防治”方针。1986 年，县农业局在花果山建立古丈县病虫预测预报站，16 个乡镇场设立病虫预测预报点，重点村设植保员。做到统一调查内容、统一记载表格、统一调查方法、统一汇报制度，采用电话或印发病虫情报，发布病虫简报。根据冬前系统调查和病虫基数、气候、耕作制度等原因，对全年病虫害发生发展趋势作出长期预测与测报。根据调查主要病虫发育进度及发生数量，结合气象因素及天敌控灾参数，确定防治时期，施药次数，作出短期预报。预测预报内容涉及病虫种类、数量、发生时期、区域，全县测报病虫害种类常年有 30 种，常见有 20 种。是年，推广使用杀虫双、杀虫脒、以及氨基甲酸酯类，除虫菊酯类等杀虫农药品种，取代高毒高残留有机氯、有机磷制剂类农药。杀菌剂类推广井岗霉素、富士一号、三环唑等高效低毒低残留农药，开展各类农药新品种防病防虫试验和示范推广。

1987 年，县农业局开展天敌种类控虫效益监测，对全县天敌资源进行全面普查。通过大田调查、室内饲养、灯下诱捕、田间网捕，采集天敌种类 69 种，鉴定 52 种，其中寄生性天敌 22 种，捕食性天敌 30 种。种群数量大的有赤眼蜂、绒茧蜂、黑肩盲蝽、稻飞虱缨小蜂、蜘蛛等。是年，县农业局在古阳镇南山村、双溪乡蔡家村开展水稻综合防治示范，面积 40.5 公顷，采取物理、生物、化学等防治措施，经预测预报，农药用量 580 千克，病虫害发生面积降到 2.5 公顷。成灾面积降到 1.1 公顷，挽回粮食损失 31.2 吨。

1990 年，针对农田鼠害严重发生，在全县 12 个乡镇 80 个村，对 5333 公顷稻田，2000 公顷旱地推广邱氏灭鼠剂灭鼠，即统一配送、统一时间、统一灭鼠，分两次投放毒饵 200 千克，有效控制春夏农田鼠害危害。1992 年，在 4 个乡镇 20 个村采用物理、生物、化学综合防治措施，即选用高产抗病组合，选用新农药，减少农药用量和次数，保护稻田天敌，开展化学防治和生物防治，病虫害综合防治面积 2200 公顷。是年，全县推广化学除草剂，年使用量 2000 千克，年使用面积 300 公顷。1995 年，水稻、柑橘、茶叶等农作物病虫防治应用物理、生物、化学综合防治措施，防治面积 8500 公顷。1997 年，全县推广病虫害综合防治技术，农药用量减少 180 吨。

2000 年，柑橘、茶叶病虫害防治采用综合防治技术，选用低毒低残留农药。茶叶在采摘间隔期用药。柑橘在采收前一个月不施药物，推广物理防治措施，保护园地病虫害天敌。2005 年，全县农药用量下降到 320 吨，高毒高残留农药被高效低毒低残留新农药取代。

（三）植物检疫

1987 年，罗依溪镇黑潭坪村水稻发生白叶枯病，面积 2.2 公顷。根据发生程度，采取集中烧毁疫区稻草、控制种谷外出。1989 年，贯彻《植物检疫条例》和《湖南省植物检疫实施办法》，全县对水稻、柑橘、茶叶等农作物病虫害进行普查。

1990 年，坚持对种子种苗调进调出实行检疫。是年秋，开展检疫对象大果实蝇普查，在河西镇河南村、河西村、龙天坪茶场、高望界林场葫芦坪村、罗依溪镇且茶下村调查 320 株酸橙、甜橙，发现大果实蝇虫果。1992 年，开展柑橘大果实蝇跟踪调查，发现 282 株酸橙、366 株甜橙有虫果，对虫果采取集中深埋处理。1995 年，全县集中处理橙类大果实蝇虫果 8.23 吨，降低大果实蝇蔓延。1997 年，累计对调进种子 85 吨，种苗 92 万株进行检疫。

2004 年，在河西镇河南村检疫出 8000 株外调柑橘苗木带有溃疡病，及时对外调柑橘苗木进行烧毁处理。

2005 年，检疫调出杂交种子 45 吨、柑橘 4200 吨。11 月，在坪坝乡亚家村对 4000 株带病橘苗进行处理。2009 年，在古阳镇、罗依溪镇柑橘产区实施大果实蝇综合防治，面积 547 公顷，防控率 92.9%。

2010 年，检疫调出柑橘 2000 吨，调进茶苗 1 亿株。是年，举办农业植物检疫培训 50 期次，产地检疫调查 120 人次，每个乡镇培训 1 ~ 2 名检疫人员，负责辖区内植物检疫工作。

第七节　农业技术推广

一、农技推广站（场、公司、所）

全县农技推广站（场、公司、所）有县农科所、龙天坪茶叶示范场、县种子公司、粮油站、植保站、经作站、土肥站、乡镇农技推广站、种子管理站等。县农科所设在罗依溪镇黑潭坪村枞树坪，承担全县良种繁育、生产试验、示范对比等技术试验工作。县龙天坪茶叶示范场设在河西镇龙天坪村，承担良种茶叶选育、茶叶生产试验示范、茶叶品种引进、茶叶加工技术等技术试验工作。县种子公司承担良种繁殖、提纯、供种等工作。县农业局各站及乡镇农技推广站主要承担农业技术推广、试验示范等工作。

二、农技推广队伍

1986 年，县农业局有技术干部 32 人，其中农艺师 17 人，助理师 12 人，技术员 3 人，有农技推广工作人员 45 人。是年，全县有农民技术人员 135 人，省、州科技示范户 18 户。1998 年，全县有高级农艺师 2 人，农艺师 14 人，助理农师 7 人，技术员 8 人，有农技推广工作人员 49 人。2005 年，全县科技示范户 785 户，涉及农业、果树、茶叶、销售、渔业、养殖等行业。2010 年，全县有农业专业技术人员 32 人，其中高级农艺师 6 人，农艺师 22 人，助理农艺师 4 人。是年，全县有农民技术员 135 人，按行业分：茶叶技术员 80 人，椪柑技术员 40 人，养殖技术员 15 人。

三、农技培训

1986年，县职业中学实行普教、职教、成教三教合一，对中学生开展农技教育。1994年，设立高峰四年制初级中学，对在校初中生开展农技教育。2000年，全县开展农村技术培训班58期，培训4855人次。2001年，中央农业广播学校古丈分校开设农艺大专、本科班3个，培训农技人员180人，其中25人获得本科文凭。2005年，培训农村基层干部848人次。是年，乡镇农科教中心对农民进行农业实用技术培训，全县3.5万农户，每户有1～2个劳动力掌握一至二门实用技术。2010年，县委党校与县农业部门对乡镇干部及村四大主干进行农业新技术培训。是年，全县举办茶叶、柑橘、养殖、加工培训15期，受训人数5800人次。

四、农技推广

1986年，继续杂交良种。1987年，农业部门推广配方施肥技术及选用高产抗病杂交组合，组织“双千田”建设（即亩产千斤粮、收入上千元）活动。1991年，全县水稻生产推广良种良法和病虫综合防治技术，实施“农业丰收”项目，选用优良品种，提高栽培管理技术，推广“双两大”“旱育秧”“规格化插秧”栽培技术。经对河西、茄通、断龙山3个乡镇22个村抽样，平均每亩产量428千克，比1986年增产78.5千克。2000年，实施“丰收计划”，加强田间培管，推广高产、高抗优良组合，稻谷生产实现用种良种化，栽培规格化，技术指导普及化。2005年，在河蓬乡官坪村推广水稻软盘抛秧栽培技术。

第三章　养殖业

1986年，县畜牧水产局下设办公室、牧医工作站、水产工作站、畜牧兽医联站、种畜场、渔政管理站，有干部职工26人。1989年，增设政工股。1995年，机构改革，县畜牧水产局设畜牧水产股、法规股、综合办公室3个股室，设优质肉食水产品开发服务中心和花果山畜牧水产良种场2个直属二级事业机构。2003年，县畜牧水产局机构调整为办公室，法规股（加挂“古丈县渔政站”牌子）、科教股、纪检组（加挂“监察室”牌子）、渔政执法大队、古丈县畜牧工作站（加挂“古丈县山羊开发服务公司”牌子）、水产工作站、动物防疫（监督）站、花果山畜牧水产良种场。2004年，成立古丈县草食牧业开发有限责任公司，为县畜牧水产局直属企业。2010年，县畜牧水产局有干部职工38人。

1986—2010年，县畜牧水产局历任局长为佘高琪、向发鹏、李启龙、向汉胜、张培、彭祖兴、向贤利、黄云山、田开鸿。

第一节　家畜养殖

一、生猪

生产　1986年4月，默戎、城关、古阳、罗依溪4个乡镇，列为环县城养猪基地，有71户养猪专业户，年出栏肉猪2070头。是年，县粮食局禽畜研究所年出栏肉猪1000头，县肉食公司以出栏肉猪每千克毛重2元的保护价收购。同年，全县生猪出栏30510头，猪肉产量1792吨，年末生猪存栏49541头，其中能繁母猪2494头。

1987年，由于饲料价格上涨，农民养殖成本增加，养殖户利润减少，环县城养猪基地仅存县粮食局禽畜研究所和夏秀清1户养殖大户，肉猪存栏930头，出栏350头。同年，推广配合饲料和蛋白浓缩饲料养猪，全年推广浓缩饲料5000千克，罗依溪镇龙潭坪村农户向水英，用添加蛋白浓缩饲料饲养生猪25头，年出栏肥猪22头，收入6160元，除去购饲料费3960元，购小猪费1056元，其他费用48元，纯收入1096元，平均每头肉猪纯收入49.81元。

1990年，全县推广蛋白浓缩饲料科学养猪技术，古阳镇农户龙明望养猪100头；高峰乡镇溪村有农户160户，其中125户采用蛋白浓缩饲料科学养猪技术，养猪680头，户均5.44头；坪坝乡溪口村1、2组有农户24户、115人，全年养母猪61头，其中有长白杂交母猪24头，户均存栏母猪2.5头。1991年，全县农村推广生猪生食养殖法替代熟食养殖法，高峰乡采用生食养殖法养猪，户均养猪5.72头，比全县平均水平4.05头多1.67头。

1992年，全县推广混、配合饲料养畜技术，推广生食养殖法喂养技术，在饲料中添加生长素、矿物资添加剂。1993年，县政府把生猪出栏列入乡镇工作目标管理考核内容。

1995 年，全县有养猪专业户 24 户，饲养生猪 1840 头。1996 年，随着猪肉市场价格上涨和饲料工业推广，古丈县生猪养殖快速发展，全县年饲养量 12.67 万头，增长 10.17%。1997 年，由于饲料原料价格呈回落之势，而种猪和商品猪价格居高不下，养猪饲料报酬高，养猪经济效益好。全县养猪专业户发展到 52 户，饲养量 4950 头。是年，县畜牧水产局与县内 15 家养猪场签订技术服务合同，实行“五包三赔”（五包：包防疫、包阉割、包药物、包治疗、包技术咨询；三赔：因防疫、阉割、治疗中责任事故而造成死亡给予赔偿）。

2003 年，古丈县有养猪大户 51 户，存栏猪 0.6 万头。断龙山乡居委会向汉炎，年养猪 50 头，出栏 15 头，收入 8000 元；河西镇河南村彭南海，年养猪 43 头，存栏 23 头，出栏 20 头，收入 1 万元。

2004 年，湖南神宝牧业开发有限责任公司养殖杜洛克、长白猪、大约克、二元杂交能繁种猪 500 头，年可提供纯种种猪、二元杂育种猪、三元杂育仔猪 10000 头。是年，认定默戎、城关、双溪、古阳、罗依溪、河西、茄通、断龙山 8 个乡镇和县花果山养殖猪场为古丈县无公害生猪产地。

2005 年，建设古丈县花果山生猪养殖小区，以湖南省神宝牧业开发有限责任公司为龙头，向罗依溪镇、红石林镇及省道 S229 公路沿线村辐射。养殖小区生猪饲养量 2.25 万头，年末存栏生猪 1.17 万头。

2007 年，全县开展能繁母猪补贴，全年饲养能繁母猪 3222 头，按 50 元 / 头标准，发放补贴费 16.11 万元。是年，启动古丈县标准养殖小区建设。在神宝牧业养殖场、训发养殖场、红华养殖场、开江养殖场、鹏程养殖场、佳欣养殖场改建猪舍 1800 平方米，扩建猪舍 3100 平方米；建粪污沼气发酵池 700 立方米；建兽医室、消毒室 180 平方米。

2008 年，全县能繁母猪饲养量 4400 头，按 100 元 / 头标准发放能繁母猪补贴，发放补贴费 44 万元。是年，在神宝牧业养殖场、训发养殖场、红发养殖场、鹏程养殖场改建猪舍 4000 平方米，新建猪舍 2000 平方米；建化粪池 400 平方米、排粪沟 1200 米、沼气池 120 立方米；建紫外线消毒室 20 平方米。

2009 年，在湘西州牛角山生态科技开发有限公司建猪舍 1000 平方米，新建化粪池 80 立方米、排粪沟 150 米、沼气池 80 立方米、紫外线消毒室 20 平方米，隔离室 70 平方米，兽药房 30 平方米。2010 年，全县生猪出栏 56110 头，猪肉产量 3647 吨，年末生猪存栏 53733 头，其中能繁母猪 4938 头。

1986—2010 年古丈县生猪生产情况一览表

表 12-8　　　　单位：头、吨

年份	出栏数	猪肉产量	年末存栏数	年份	出栏数	猪肉产量	年末存栏数
1986	30510	1792	49541	1999	51873	3437	51187
1987	33086	2030	48452	2000	52314	3598	49366
1988	30906	2010	48295	2001	56740	3800	50357
1989	32942	2110	47306	2002	57778	3800	53656
1990	32768	2074	47091	2003	59467	3894	56370
1991	34770	2200	46268	2004	67020	4344	59356
1992	34624	2295	46288	2005	70449	4569	51105
1993	38796	2552	46556	2006	70524	4569	53891
1994	39767	2584	46240	2007	68021	4422	52827
1995	43451	2831	49056	2008	54142	3516	49458

续表 12-8

年份	出栏数	猪肉产量	年末存栏数	年份	出栏数	猪肉产量	年末存栏数
1996	43985	—	54951	2009	55391	3600	50224
1997	45689	2922	53993	2010	56110	3647	53733
1998	52436	3408	53067				

品种　1986年，县内以饲养湘西黑猪为主，属西南型猪种，主要品种有花垣黑猪、浦市铁骨猪。是年，全县引进良种约克夏猪25头，分放在各乡镇饲养。

1990年，引进宁乡猪、沙子岭猪、大围子猪、内江猪、约克夏猪、长白猪、杜洛克猪、汉普夏猪。1992年，引进良种公猪约克夏品种2头。2004年，引进杜洛克、长白猪、大约克等猪种。2010年，县内主要饲养约克夏猪、长白猪、杜洛克猪、汉普夏猪。在饲养过程中，约克夏猪、长白猪、杜洛克猪、汉普夏猪等猪种与湘西黑母猪杂交，生产二代杂交猪，具有生长速度快、瘦肉多的优点，深受养猪户青睐。

繁育　1986年，开展约克夏猪人工授精，在默戎、城关2个乡镇设立人工授精点，9月配种，受胎70胎次。是年，古丈县职业中学在8—9月进行生猪人工授精25头，受胎率为90%。1987年，全县饲养种公猪46头，其中约克猪9头、长白猪17头，杂交、武陵黑猪29头。全县722个自然寨，平均每15.6个自然寨饲养1头种公猪。是年，全县建立生猪人工授精点4个，配种600胎次，产仔4600头。1988年，县境内能繁母猪分别用湘西本地黑公猪、约克夏公猪、长白公猪配种繁殖。1989年，实行生猪人工授精531胎次，生猪杂交面50%，杂交率30%。1990年，从吉首市引进种公猪9头，全县共有种猪60头。1991年，引进种公猪19头。1992年，引进良种公猪约克夏品种2头，分别投放到古丈县职业中学、默戎镇畜牧站，恢复古丈县职业中学生猪人工授精点。新设默戎镇畜牧站生猪人工授精点。是年，全县饲养种公猪62头，分布12个乡镇，其中良种公猪17头，良种杂交猪7头，土杂猪38头，生猪杂交率80%。2004年，湖南神宝牧业开发有限责任公司进行二元杂育种猪、三元杂育仔猪繁育。

饲养管理　县境内养殖户饲养生猪分为饲养种猪和饲养商品猪两类。1986年，全县有饲料加工厂、点5个，生产各种饲料60万吨，其中浓缩饲料5000千克。1987年1月20日，在古丈县召开全州畜牧业重点项目肥育猪传统饲养加浓缩饲料增重效果对比试验鉴定会。州畜牧水产局、州科委、州农校、县农委、县科委、凤凰县畜牧水产局6个单位科技人员参加鉴定。是年，全县生产配合饲料50402.5千克，生长素1500千克。1992年，推广混、配合饲料饲养畜禽技术，做好熟饲改生饲喂养技术，在饲料中添加畜禽生长素、矿物资添加剂等营养物资。是年，全年销售配合饲料1300吨，推广使用全价颗粒料或配制浓缩饲料喂畜禽。1995年，投资40万元，建古丈县颗粒饲料厂，年生产畜禽鱼“栖凤牌”系列颗粒料3000吨，预粉料5000吨，在断龙山、茄通、河西3个乡镇得到广大养殖户青睐。是年，县畜牧水产局服务中心推广配合饲料200吨，全县使用饲料养猪农户1.3万户。

二、牛

生产　1986年，全县牛养殖基地有茄通商品牛基地、细塔商品牛基地。是年，县畜牧局为422户农户买回耕牛451头，其中能繁母牛270头。同年，断龙山乡细塔村农户彭武凡，耕牛从2头繁殖到14头，成为古丈县第一个养牛专业户。是年，全县出售和自宰肉用牛283头，牛肉产量19吨，耕牛年末存栏20963头，其中能繁母牛6414头，劳役牛14429头。

1995年，全县出售和自宰肉用牛1164头，牛肉产量90吨，耕牛年末存栏32392头，其中能繁母牛 8654 头，劳役牛 21822 头。全县有养牛专业重点户 79 户，牛饲养量 560 头。

2002 年，默戎镇村民石远忠在万岩村创办中顺黄牛养殖场，建高标准牛舍 2500 平方米，仓库 500 平方米，饲养西门塔尔牛、夏洛来牛 40 头，南阳牛 150 头，成为古丈县第一个肉牛出口生产基地。

2003 年，中顺黄牛养殖场改名为湖南中科牧业有限责任公司。是年，全县出售和自宰肉用牛 4546 头，牛肉产量 415 吨，耕牛年末存栏 36909 头，其中能繁母牛 10813 头，劳役牛 27282 头。

2008 年，湖南中科牧业有限责任公司因饲料短缺，饲养成本加大，利润低等原因，停止肉牛饲养。是年，全县有养牛大户 64 户，存栏牛 510 头。

2010 年，全县出售和自宰肉用牛 4420 头，牛肉产量 508 吨，耕牛年末存栏 25626 头，其中能繁母牛 8829 头，劳役牛 25626 头。

1986—2010 年古丈县牛饲养情况一览表

表 12-9　单位：头、吨

年份	出栏数	牛肉产量	年末存栏数	年份	出栏数	牛肉产量	年末存栏数
1986	283	19	20963	1999	664	—	35331
1987	278	21	21940	2000	1278	117	35717
1988	514	40	23074	2001	2080	203	35279
1989	482	46	23856	2002	3282	296	35901
1990	481	46	25483	2003	4546	415	36909
1991	514	42	27614	2004	4828	454	36559
1992	590	39	28928	2005	5116	490	35921
1993	791	59	29384	2006	4428	435	35601
1994	974	75	31699	2007	3958	391	30234
1995	1164	90	32392	2008	4633	550	25690
1996	984	—	33439	2009	4742	541	26197
1997	961	—	34090	2010	4420	508	25626
1998	748	—	35518				

品种　1986 年，以饲养湘西黄牛、水牛为主。湘西黄牛，中等体型，其体型结构为役用型，各部发育匀称，体驱较短，前高后低，肌肉发达，骨骼坚实，皮肤富有弹性。头大小适中，公牛头短额宽，母牛头较长、清秀。眼大有神，少数牛眼睑和嘴四周有白色毛，俗称“粉嘴画眉”；耳薄鼻宽嘴筒深，角有“龙门”“八字”“遍担”等之分；肉垂发达，肩峰明显，背腰平直宽短，腹大而下垂；四肢端正，蹄质坚实，蹄有黑色、肉红色之分，以黑色居多；毛粗而长，毛色有黄色、栗色、黑色，以黄色较多。公牛平均体高 115.3 厘米，体重 270.5 千克，生长发育绝对增长数和相对增长数及体重以初生至一岁阶段最快；体高以初生至六月龄时增长最快，体成熟期公母牛均为 4 ~ 5 岁。湘西黄牛性成熟较早。公牛初配年龄为 2.5 ~ 3.5 岁，平均为 3 岁。母牛初配年龄 2 ~ 3.3 岁，平均 2.5 岁。发情周期 21 天左右，持续期 1 ~ 2 天，妊娠期 275 ~ 295 天，平均 280 天。母牛产仔一般三年二胎，少数一年一胎或二年以上产一胎，母牛繁殖年限为 15 ~ 16 年，少数可达 16 年以上，终身产犊 8 ~ 10 头，平均 8.5 头。湘西黄牛役力较强，持久性好，善于爬坡，行动敏捷。公牛 2 ~ 3 岁开始调教，母

牛 2.5 ～ 3.5 岁开始调教，5 ～ 8 岁役力最强，役用年限一般到 15 岁左右。据对 9 头不同性别、不同年龄的成年牛作耕作测定，劳役 6 个小时。劳役前后体温、呼吸、脉搏等三项生理指标变化不大，而且恢复快。对不同体膘和不同性别的湘西黄牛屠宰测定，屠宰率平均为 44.7%，其中母牛 46.1%，阉牛 43.5%，公牛 44.66%；净肉率平均 32.7%，其中公牛 31.8%，母牛 34.2%，阉牛 32.2%。通过鉴定，肉质优良，脂肪少，味鲜嫩。

水牛属滨湖水牛品种，主要特性是体高中等，耐粗饲，性情温顺，体质健壮，骨骼粗壮，四肢较短、尾短，乳房发育较差，肌肉丰满，抗病力和适应性强，毛色以瓦灰、铁青色为主，也有少量白色的，颈胸部有一或二道灰白色横褶，四肢内侧及下端毛色灰白。公、母牛一般 2 ～ 2.5 岁开始调教，成年牛耕作 8 小时，役用年限一般为 18 ～ 20 岁，少数可达 25 岁以上。母牛繁殖为二年一胎，繁殖年限 18 ～ 20 岁，少数 20 岁以上，终身产犊 6 ～ 8 胎。引进品种主要有西门塔尔、夏洛来牛、秦川牛，主要用于改良本地黄牛。2002 年，中顺黄牛养殖场引进西门塔尔牛、夏洛来牛 40 头，南阳牛 150 头。2006 年，中科生态牧业有限责任公司引进利木赞、夏洛来、西门塔尔牛。

繁育　1986 年，县内所饲养牛以自生自繁为主。1999 年，在坪坝、断龙山、默戎、高峰、河蓬 5 个乡镇开展牛冷配工作，共冷配牛 152 头，产杂交牛 2 头。

2003 年，设牛冷配点 3 个，全年冷配牛 505 头，其中黄牛 315 头，水牛 190 头，产杂交牛 62 头，其中黄牛 32 头，水牛 30 头。2006 年，中科生态牧业有限责任公司饲养母牛 70 头，冷配 66 头，品种主要为利木赞、夏洛来、西门塔尔，产 47 头杂交牛。

2009 年，在断龙山、红石林、古阳、双溪、高望界、高峰、河蓬、山枣、坪坝 9 个乡镇设牛冷配点 10 个，冷配牛 30 头，次年产仔 10 头。2010 年，全县 10 个牛冷配点，只有断龙山牛冷配点保持正常运转。同年，新设默戎牛冷配点。

饲养管理　农谚“春喂喂在嘴上，冬喂喂在腿上”。农民注重冬季饲喂，晴天各家各户、一村一寨合群放牛吃草，傍晚合群回家，夜晚添喂稻草。冰天雪地，草料不足，冒雪进山给牛割青绿芭茅草喂牛或煮稻谷、玉米粉等喂牛。过年给牛煮玉米、大米饭喂，有的加喂生鸡蛋。春耕大忙，早晨喂养牛饭，中午喂中草，收工喂晚草。秋季收集稻草为冬季备足饲草。母牛生犊牛时，喂青草、牛饭和黄豆浆渣，以补充营养和发奶。

农户一般均修有牛舍，有木制牛舍、水泥砖牛舍等，下铺木板或条木，确保冬暖夏凉，经常清扫牛粪，保持干净。定期梳刷，保持牛体清洁卫生，清除牛虱。夏季夜晚烧烟驱蚊虫。耕田地时不乱催打，俗话有“不怕千日走，只怕一时催”。母牛怀胎后期少劳役，临产前不劳役。犊牛生下能走动，随母牛放牧。春秋配合防疫人员搞好牛疫病防疫，患病时及时请兽医医治。

三、羊

生产　1986 年，全县出售和自宰肉用羊 3968 只，羊肉产量 41 吨，山羊年末存栏数 14539 只，其中能繁母羊 7375 只。发展山枣商品羊基地、河蓬商品羊基地。

1994 年，县委、县政府决定把发展养羊业作为农村经济主要增长点和农民长期脱贫致富支柱产业来抓，采取统一规划、规模开发、分户经营、典型引路、部门示范模式。全县引进能繁母羊 8500 只，其中南江黄羊 160 只。修建羊栏 14000 平方米，发展山羊饲养户 15000 户，饲养量 35400 只，建立山羊基地乡镇（场）8 个，基地村 62 个，扶持养羊专业户 310 户，饲养山羊 14700 只，其中县直各部门扶持养羊专业户 180 户，饲养山羊 9360 只，各乡镇场扶持养羊专业户 130 户，饲养山羊 5340 只，县畜牧开发中心重点扶持百只养羊大户 30 户。

1995 年，县委、县政府把发展山羊生产列为“全县八七扶贫攻坚战略”支柱产业来抓。是年，全年山羊饲养量 5.26 万只，有养羊专业户 404 户，其中饲养百只以上专业户 140 户，饲养 30 ～ 50

只专业户264户。全县有8个饲养千只羊村。

1996年，成立古丈县山羊开发服务公司，职能是做好山羊开发资金承贷承还、商品羊规模养殖推进、山羊疫病防治、商品羊销售等方面工作，发挥以销促产功能，实现贸、工、牧、产、销一体化。当年，山羊生产得到迅速发展，年饲养量11.74万只，农民人均1只羊，户均4.6只羊，养羊户占全县总户数的25%，其中万只羊乡有断龙山，野竹，坪坝3个，千只羊村有坐苦坝，梅塔、白果树等13个。

1997年，县委、县政府建设沿省道S229线百里养羊走廊，沿线28个村，每村20户养羊户，每户饲养山羊100只，饲养量5.6万只。县畜牧水产局、县山羊开发公司、各乡镇场畜牧兽医水产站对养羊户进行技术承包服务，每个兽医承包10户养羊户，及时搞好传染病防疫，传授科学饲养技术，试验和推广山羊饲料添加剂喂养法。同年，推广种草养羊技术，在城关乡田麻寨村、双溪乡竹坪村、夯水村、断龙山乡大龙热村创办种草养羊示范点，推行林下种草，退耕种草和春冬牧草间作轮作。其中城关乡田麻寨村种草6.67公顷，发展种草圈养羊大户20户，为每户无偿投放南江黄羊种羊10只，建标准羊舍700平方米，山羊饲养量700只，探索出坡地种草—种草养羊—羊粪产沼气—沼渣肥田生态牧业循环发展模式。是年，全县种植黑麦草800公顷，皇竹草60公顷。全县山羊饲养量8.56万只，出栏3.24万只，产值1500万元。

2003年8月，古丈县中科生态牧业有限责任成为湘西州波尔山羊良种繁育基地，建标准良种羊扩繁场，投入良种羊扩繁场资金130万元，修建标准种羊舍1100平方米，仓储500平方米，引进繁育波尔山羊800只、波尔山羊种羊500只、南江黄羊2000只。

2004年，全县实施种草养羊科技推广项目，引进波尔山羊种羊150只，修建羊舍3500平方米，建青贮池1500立方米，购打草机102台，推行皇竹草、黑麦草、桂牧一号、木豆、刺槐、苜蓿、牛鞭草等人工种植，种植面积913.33公顷。是年，湖南神宝牧业开发有限责任公司饲养波尔羊、黑山羊1000只，拥有牧草基地53.33公顷，基地养殖大户400户，联系农户订单种草333.34公顷，提供皇竹草、黑麦草、牛鞭草、桂牧一号、苜蓿、墨西哥玉米等10个优质牧草品种。全县有养羊专业大户350户，其中圈养山羊户110户，圈养羊1.1万只。同年，湖南群博科技发展有限责任公司在双溪乡梳头溪村成立，注册资本500万元，主要经营优良畜种、优质牧草种子生产、动物高效饲养研制开发、畜牧业相关技术咨询，公司饲养波尔山羊300只，种草333.34公顷。

2005年，完成全县种草养羊示范大户建设项目，项目扶持种草养羊大户20户，建成砖木结构标准山羊舍20栋，占地2300平方米，投放打草机20台，建成草料青贮池260平方米，投放波尔山羊种羊250只，户均人工种草面积3.34公顷，户均山羊饲养量100只。

2007年，实施财政科技扶贫种草养羊项目，引进南江黄羊种羊160只，建羊舍300平方米，建青贮池200立方米，蓄水池200立方米。是年，举办山羊养殖技术培训班2期，参训人员200人次。2010年，全县出售和自宰肉用羊30239只，羊肉产量453吨，山羊年末存栏数25513只，其中能繁母羊13645只。

1986—2010年古丈县山羊饲养情况一览表

表12-10　　单位：头、吨

年份	出栏数	羊肉产量	年末存栏数	年份	出栏数	羊肉产量	年末存栏数
1986	3968	41	14539	1999	14929	—	39809
1987	4038	41	15141	2000	14388	199	34709
1988	3824	40	15157	2001	13257	179	30796

续表 12-10

年份	出栏数	羊肉产量	年末存栏数	年份	出栏数	羊肉产量	年末存栏数
1989	4340	49	15222	2002	16362	213	35695
1990	4506	55	16971	2003	20116	276	43058
1991	5046	63	16792	2004	23037	314	51345
1992	6240	73	15601	2005	31403	456	38695
1993	6874	83	15512	2006	30024	450	39514
1994	8184	94	22076	2007	29040	410	39331
1995	15636	187	36969	2008	31266	470	24384
1996	34587	—	82842	2009	31884	476	25016
1997	32412	—	53163	2010	30239	453	25513
1998	22992	—	45750				

品种与繁育　1986年，古丈县以饲养本地山羊为主，本地山羊有角，毛色以白色居多，麻、黑色为少数。体格结实，四肢强壮有力，行动敏捷，采食力和抗病力强，适应山区放牧，但体格小。成年公羊平均体高57.6厘米，体重37千克；成年母羊平均体高54.7厘米，体重34千克。繁殖性能良好，一般年产羊羔二胎，多为双羔，少数三羔、也有四羔。母羊3～4岁为繁殖高峰期。肉质细嫩，但有膻味，成年羊屠宰率平均为43.6%，其中公羊43%，母羊39.6%，阉羊45.6%。1991年，引进无角马头羊14只，其中母羊7只，种羊7只。1994年，创办古丈县良种羊繁殖场，调进纯种南江黄羊65只。1996年，县山羊开发服务公司从四川、秀山、常德等地区调进良种羊5010只，其中川东黑羊4120只，马头羊200只，成都麻羊420只，南江黄羊270只，分别投放到各乡镇场。同时，调剂种羊2100只，以提纯复壮本地羊品种。1997年，全县引进波尔山羊种羊18只，南江黄羊种羊1000只。2002年，全县引进波尔山羊种羊100只，南江黄羊500只。2004年，在默戎镇万岩村修建良种羊扩繁场，引进波尔山羊50只，南江黄羊100只。2008年10月，县畜牧水产局技术干部李方茂和湖南省畜牧兽医研究所研究员李志才、博士李浩邦在湖南神宝牧业开发有限责任公司茄通山羊养殖场开展山羊同期发情技术试验，对50只能繁母羊进行PC处理。翌年，该批47只母羊在同一段时间产下羊羔，计97只，同期发情率92%，配种率67%。2010年，全县饲养山羊品种有马头山羊、南江黄羊、波尔山羊、川东黑羊、成都麻羊。

饲养管理　古丈县山羊饲养主要以放牧为主，圈养、半牧半圈兼之。雨天、冰冻天很少放牧。母羊产羔补喂精饲料，羔羊不放牧。每天放羊通常在九、十点钟之后，以防吃露水草。羊舍以吊脚楼式羊舍为主，每天清扫羊粪，保持羊栏干燥，清洁，部分羊舍旁边建有沼气池，每天清扫，将羊粪倒入沼气池内发酵。

四、兔

1986年，全县饲养肉兔425只，其中长毛母兔196只，品种主要以本地肉兔为主。1988年，全县新建兔舍3栋，占地300平方米，制作兔笼800间，调进种兔500只，饲养1000只，分布在5个乡镇40户。河西镇确定一名副书记专抓养兔工作，并从花垣县农校请来养兔技术员负责技术指导，同时选派学员跟班学习，年内调进肉兔200只，发展到560只。是年，引进安哥拉兔、西德长毛兔、新西兰兔、加里福尼亚兔、塞北八点黑兔、大白耳兔等品种。

1989年3月，在河西镇召开全县肉兔生产现场会，会议确定各乡镇以主管农业副乡长主抓肉兔生产。是年，全县投入肉兔生产资金 15.58 万元，将城关、河蓬、双溪、草潭、高峰、岩头寨 6 个乡镇和县养兔场作为肉兔生产重点基地。是年，全县有 14 个乡镇 60 个村 485 户饲养肉兔，饲养量 7955 只。

1990 年，全县有养兔户 296 户，饲养量 5266 只，其中出笼 1846 只，收入 27690 元，户均 93.5 元。是年，县畜牧水产局成立养兔技术服务小组，采取办点和办培训班方式开展技术服务，举办养兔技术培训班 9 期，投入培训经费 2000 元，参训人员 500 人次。是年，县畜牧水产局在城关乡茶坪村创办养兔示范点，该村有养兔户 38 户，投入种兔 208 只，全年肉兔发展 502 只，出笼 64 只，收入 788 元。同年，河西镇有 25 户养兔户，饲养量 2000 只，出笼 1500 只，收入 18000 元，户均 7200 元。河蓬乡官坪村农户张安钧，年内养殖 10 只能繁母兔，繁殖肉兔 142 只，出售 102 只，收入 2040 元，纯利 1600 元，成为当地养兔典型户。

1991 年，全县饲养兔 9293 只。发放扶持资金 1.2 万元，重点投入城关、河西 2 个乡镇。城关乡有养兔户 123 户，肉兔饲养量 3254 只，其中存笼 854 只，出笼 2400 只。河西镇有 88 户养兔，肉兔饲养量为 3010 只，其中存笼 812 只，出笼 2198 只。

1992 年，全县饲养兔 5700 只，有养兔户 129 户，分布在 14 个乡镇。将河西镇、野竹乡蒿根坪村作为重点发展示范点，该示范点有 3 个村，9 个组，养兔户 34 户，全年饲养兔 1712 只，户均收入 417.9 元。1993 年，全县兔饲养量为 1080 只。1994 年，由于市场调控、价格下滑，全县兔饲养量减少。2010 年，全县无人饲养肉兔。

五、马、骡

1986 年以来，国家对农村通村公路的大力投资，全县交通条件大为改善，县内养马骡数量较之以前大为减少。2010 年，全县饲养量 50 匹，主要用于旅游观光、摄影和搬运矿石、砖瓦等。

第二节　家禽养殖

一、饲养

1986 年，全县出售和自宰家禽 83789 只，禽肉产量 98 吨，禽蛋产量 136 吨，年末存笼数 118260 只，其中鸡 100122 只，鸭、鹅 18138 只，发展专业养殖户饲养良种商品鸡 2 万只。是年，县粮食局鸡场和县畜牧局鸡场进行新普东、红波罗、白洛克良种鸡孵化，饲养白洛克鸡、罗期鸡、来航鸡、新浦东鸡等品种鸡 2300 只。

1988 年，县畜牧水产局调进种鹅 155 只。双溪乡西歧村五组养鸭户龙光照饲养苏州麻鸭 320 只，成活 272 只，放牧饲养 85 天，上市出售肉鸭 182 只，收入 1656.2 元，除去成本费 620 元，纯收入 1036.2 元，家里存笼老鸭 90 只。

1995 年，全县出售和自宰家禽 117289 只，禽肉产量 160 吨，禽蛋产量 233 吨，年末存笼数 123244 只，其中鸡 105104 只，鸭、鹅 18140 只。

2000 年，高峰乡农户向帮云在古阳镇三道河养鸡 2500 只，其中乌鸡 1200 只。古阳镇老塘坊农户向云生饲养乌鸡 1100 只。罗依溪镇龙潭坪村王家堡组农户彭武德养鸭 1200 只。野竹乡洞坪村农户张老二养鸭 800 只、鹅 100 只。

2003 年，全县有养鸡大户 27 户，存笼鸡 2.2 万只；养鸭大户 63 户，存笼鸭 3.1 万只。是年，全县出售和自宰家禽 19.22 万只，禽蛋产量 186 吨，年末存笼数 14.29 万只。

2010 年，全县出售和自宰家禽 294029 只，禽蛋产量 373 吨，年末存笼数 175086 只。

1986—2010年古丈县家禽饲养情况一览表

表 12-11 单位：只、吨

年份	出笼数	禽蛋产量	年末存笼数	年份	出笼数	禽蛋产量	年末存笼数
1986	83789	136	118260	1999	122980	158	149667
1987	92594	94	119633	2000	124027	143	155832
1988	89056	214	121707	2001	172300	153	127700
1989	108400	230	113145	2002	188600	148	137600
1990	89260	228	117210	2003	192200	186	142900
1991	86368	121	112553	2004	212900	174	147200
1992	95056	143	95122	2005	245600	253	168900
1993	161328	275	95493	2006	238400	246	168200
1994	125668	364	128070	2007	222300	245	158100
1995	117289	233	123244	2008	280700	355	168200
1996	—	—	—	2009	290709	365.28	174069
1997	121140	181	112200	2010	294039	373	175076
1998	127110	191	145367				

二、品种

境内以饲养本地鸡为主。本地鸡属肉蛋兼用型，毛色多样，主要有黄麻、栗白、黑花等毛色，公鸡为红冠白耳和红冠绿耳，多数为单冠。适应性强，行动敏捷，个体矮小，肉质好，屠宰率高，尤以本地乌鸡肉质鲜嫩，香味浓厚。1986年，引进品种有来航鸡、罗斯鸡、海赛克斯鸡、白洛克鸡。

境内以饲养麻鸭、旱鸭为主。麻鸭属蛋肉兼用型品种，公鸭多为黑灰色，母鸭为麻褐色，体型中等，身干较宽长，前躯发达，呈圆筒状，头颈细长，嘴稍宽，脚短粗。1986年，引进品种有北京鸭、樱桃谷鸭、康贝尔鸭。

境内饲养鹅以本地品种为主。其特点是体型中等，毛色有白色和褐色两种，觅食力强，耗粮少，生长快，适应性强，屠宰率高。

三、饲养管理

农家养鸡 雏鸡出壳后由母鸡带养，自由觅食，喂以碎米、碎玉米和青菜叶。春季和冬季雏鸡在母鸡翅下保温，天气暖和自由活动。一月后，小鸡离开母鸡，早晚喂稻谷和大米。专业户、重点户养鸡：建有专用鸡舍和运动场，鸡舍有砖木结构、大棚结构等，舍内有食槽、饮水器和产蛋箱，育雏有保温设备。

农家养鸭 鸭出壳后4～5小时，待绒毛干了，在清洁浅水中浸湿脚，让其饮水。5～7天后，喂稻谷、碎玉米，早晚放到水中啄食水生生物，待长出粗只毛时，俗称“穿褂子”，放到溪河、池塘、水田里活动。稻谷收割后，上午赶至稻田觅食，傍晚赶回笼。旱鸭在庭院四周自由采食，早晚喂水和食物，并及时修剪翅膀羽毛，防止飞翔。

第三节 水产养殖

一、野生鱼类捕捞

全县溪河有甲鱼、湘华鲮、泸溪直口鲮、黄颡鱼、鳜鱼、泥鳅、黄鳝等野生鱼类。1992年，对全县鱼类资源进行普查，境内有鱼类73种，分属12科，9亚科，49属。其中鲤科鱼类9亚科，32属，41种；鳅科鱼类5属，8种；鮠科鱼类2属，7种；脂科鱼类1属7种。主要分布凤滩水库及古阳河、河蓬河、草潭河、坪坝河、广潭河5条溪河流域。1995年，全县野生鱼类捕捞产量89吨。2000年，全县野生鱼类捕捞产量474吨。2005年，全县野生鱼类捕捞产量373吨。2010年，全县野生鱼类捕捞产量332吨。

二、水库养鱼

1986年，全县有大型水库一座，中型水库一座，小（一）型水库7座，小（二）型水库28座。凤滩水库长年蓄水面积4800公顷，其中古丈县水面1720公顷，占整个水库蓄水面积35.83%。

1996年，高峰、城关、茄通3个乡镇将8座小（一）、（二）型水库承包给农户，进行水库养鱼，养殖面积218.67公顷，投入鱼种260万尾，当年产鱼255吨。是年，在凤滩水库水面拦网养鱼11处，养殖面积16公顷。

2010年，在凤滩库区实施拦网养鱼38处，面积223.33公顷。是年，全县水库养鱼面积347.87公顷，鱼产量680吨。

三、稻田养鱼

1986年，全县推广稻田养鱼新式放养方法，进行稻田“田、沟、凼”模式化养鱼试验。在城关、双溪2个乡镇，实施稻田养鱼示范33.34公顷，每公顷稻田产鲜鱼600千克。是年，全县稻田养鱼380公顷，产鲜鱼450吨，占全县水产品总产量53%。1987年，在古阳镇树栖柯村实施稻田养鱼示范2公顷，每公顷稻田产鲜鱼535.8千克，草鱼最大个体重1.2千克，鲤鱼最大个体重0.75千克。

1991年，推广稻田养鱼高产技术“五五七工程”，即亩产鲜鱼50千克、产稻谷500千克，总收入700元。县办稻田养鱼高产示范田46.67公顷，投放呆鲤8.4万尾，芙蓉杂交鲤15万尾，草鱼10万尾，每公顷稻田产鲜鱼1059千克，每公顷稻田产稻谷9225千克。1994年，全县稻田养鱼面积2171.93公顷，产量218吨。1995年，实施鱼稻“双千”工程，即每亩稻田实现稻田养鱼产值1000元和稻谷产量500千克目标，是年，全县稻田养鱼面积2205.67公顷。

1996年，全县稻田养鱼3366.67公顷，产量380吨，占全县水产品总产量32.8%。1999年，在河蓬、高峰、野竹、山枣、断龙山、茄通6个乡镇25个村实施鱼稻“双千”工程项目，有稻田养鱼户550户，实施面积69.3公顷，挖鱼池550个，每公顷投放大规格草鲤鱼种150千克，同年8月，经州科委、州畜牧水产局、县科委、县畜牧水产局对鱼稻“双千工程”项目实地验收，每公顷稻田产鲜鱼1537.5千克，每公顷稻田产稻谷7590千克。是年，全县稻田养鱼面积2667.87公顷。

2000年，由于水库网箱养殖发展以及稻田改种等原因，稻田养鱼产量和养殖面积呈下滑趋势，全县稻田养鱼面积1935.67公顷。2005年，全县稻田养鱼面积1484.53公顷。2010年，全县稻田养鱼面积1180公顷，产量275吨，占全县水产品总产量18.5%。

四、池塘养鱼

1986年，古丈县有池塘放养水面204.8公顷，其中光照时间长、水源充足、水深2米以上、灌排自如、旱涝保收一类塘有58.33公顷；光照时间不少于8小时、除特大干旱外能常年保水养鱼、水深1米以上、能投饵施肥二类塘有48.66公顷；养鱼条件较差的三类塘有97.8公顷。全县池塘养鱼多为自然放养，投入饵料少，管理粗放。1994年，县畜牧水产局在花果山、双溪等地进行池塘三级混养生产试验，池塘混养每公顷产鲜鱼9000千克。1996年，全县池塘养鱼面积31.2公顷，投放鱼苗25万尾，产鲜鱼117吨。1998年，全县山塘水库养鱼承包率60%。2010年，全县池塘养殖面积40公顷，鲜鱼产量82吨。

1986—2010年古丈县淡水养殖产量一览表

表12-12

单位：吨

年份	总产量	其中淡水养殖殖产量	年份	总产量	其中淡水养殖产量
1986	830	—	1999	996	568
1987	691	—	2000	1001	527
1988	719	—	2001	1095	617
1989	892	—	2002	1119	643
1990	632	—	2003	1157	667
1991	650	—	2004	1130	679
1992	702	—	2005	916	543
1993	425	—	2006	1008	621
1994	744	—	2007	1103	715
1995	812	723	2008	1115	708
1996	1158	959	2009	1365	968
1997	1167	650	2010	1482	1150
1998	979	562			

五、网箱养鱼

1980年，古丈县渔业生产部门进行网箱养鱼的初步探索和试验，试验20口网箱养肥水鱼，箱均产100千克鲜鱼。1987年，全年有网箱392口，其中养殖粗鳞鱼类占85.2%。1988年，县畜牧水产局进行5口网箱膨化颗粒饲料高产养鱼试验，箱均产鱼300千克。1989年，全县网箱养鱼产量80吨。

1990年，县水产站在罗依溪镇、河西镇进行网箱养草鱼、鲤鱼试验，选定7户示范户，示范网箱22口，其中网箱养草鱼18口、网箱养鲤鱼4口，投放大规格草鱼和杂交鲤鱼种9525尾，计1470千克，箱均66.8千克，年产鲜鱼8142千克，箱均382千克，箱均纯利1142元，其中鲤鱼1500千克，箱均750千克，草鱼6642千克，箱均369千克。1991年，全县饲养草、鲤鱼网箱共45口，网箱产量占全县养鱼总产量14%。是年，组建罗依溪镇网箱养鱼技术协会，有会员58人，协会组织10名渔民参加中国水产学会在沅江市举办网箱编织加工工艺技术培训班学习。1992年，全县有网箱1140口，计3.18公顷，其中育种箱0.13公顷，草鱼箱180口，杂交鲤1口。网箱养鱼总产量218吨，其中草鱼箱均产400千克。是年，全县网箱养鱼户发展到134户。是年，普及网箱养鱼高产技术，县水产站开展网箱养鱼技术服务承包示范试验，当年承包罗依溪镇13户网箱养鱼户24口草鱼网箱养殖技术服务。1998年，网箱养鱼在养殖品种上由养殖传统滤食性鱼类改变为养殖吃食性鱼类。据调查，40% 网箱养鱼进行主养草鱼、鲤鱼，10% 网箱进行鳜鱼、草胡子鲶等特优品种试养。

2002 年，县畜牧水产局在罗依溪镇进行网箱精养示范，示范网箱 27 口，主要养殖叉尾鮰，银鲫、鲤、草鱼，鲜鱼产量 10000 千克。2003 年，全县网箱精养示范 47 口，鲜鱼产量 15 吨。是年，全县精养网箱发展到 300 口。同年 9 月，栖凤湖大坝工程竣工，形成 333.33 公顷稳定养殖水面，为网箱水产养殖提供有利条件。2004 年，罗依溪水产养殖示范基地有网箱 1500 口，其中精养网箱 200 口，主要养殖斑点叉尾鮰。2007 年，全县有精养网箱 750 口，精养网箱以养殖斑点叉尾鮰为主。是年，在风滩水库养殖网箱投入银鱼卵。2010 年，全县有网箱 5710 口，其中精养网箱 1320 口。是年 8 月，始进行银鱼捕捞。

1986—2010 年古丈县网箱养殖情况一览表

表 12-13 单位：口

年份	全年网箱数	年份	全年网箱数	年份	全年网箱数
1986	420	1995	1140	2004	1100
1987	392	1996	1240	2005	1517
1988	632	1997	1200	2006	1750
1989	650	1998	1200	2007	2200
1990	740	1999	1210	2008	3450
1991	763	2000	1215	2009	4980
1992	1140	2001	1250	2010	5710
1993	1050	2002	1320		
1994	1140	2003	1500		

第四节 特种养殖

1986 年，全县养蜂 2374 箱。1988 年，全县养蜂 4192 箱。1989 年，罗依溪镇且茶下村农户李顺运投入 2 万元，建造占地面积 2666 平方米甲鱼养殖池，养殖甲鱼 300 只，成为古丈县第一个特种水产养殖专业户。

1993 年，县粮食局饲养肉鸽，试养牛蛙。古阳镇有农户饲养美国王鸽。1994 年，全县饲养肉鸽家庭有 31 户，有能繁种鸽 1000 只。

1995 年，古阳镇柑子坪村居民田家瑞饲养肉鸽 700 只，当年出卖 600 只，纯收入 4000 元。是年，县畜牧水产局试养亲鳖，县林科所试养蛇，都获成功。

1997 年，默戎镇毛坪村村民龙清国创办牛蛙养殖场，引种 35 对，在湘西州水产站技术员指导下，喂养得法，管理到位。2000 年，全县有七彩山鸡养殖户 7 户，饲养量 2 万只，其中罗依溪镇会溪坪村饲养量 1 万只。

2008 年，高峰乡淘金村 1 户农户试养竹鼠 100 只。是年，罗依溪镇罗依溪村民李永花投入资金 2000 万元，进行大鲵养殖，建养殖场地 1 个，占地 4 万平方米，建养鱼池 2000 口，投放 8 千克以上大鲵种鱼 400 尾。

2010 年 7 月，李永花大鲵养殖场注册成立古丈县友谊农业综合开发有限责任公司，注册资金 2000 万元，建 2 个大鲵养殖基地和 1 个大鲵繁殖基地。是年，断龙山、罗依溪、红石林 3 个乡镇发展竹鼠养殖，饲养量 1460 只。

第五节　饲料草场

一、饲料

农副加工品主要包括谷糠、麦麸、饼类（米糠饼、菜籽饼、棉籽饼、花生饼、芝麻饼）、酒糟、粉渣、豆渣、酱渣，是畜禽养殖的重要饲料。

县境内粗饲料有稻草、豆类秆叶荚壳、玉米芯叶秸秆、花生藤、油菜秆荚、荞秆等粗饲料。

县境内青绿多汁饲料丰富，包括各种蔬菜、薯藤、绿肥、水浮莲、水葫芦、水苋菜。

县境内野生饲料品种多，分布广，凡是陆地生的，水里长的，只要是柔软无毒，各种青草、野草、树叶和某些根茎都用作牲畜饲料。可利用叶片有：构皮树、梧桐树、刺桐树、斑鸡树、桑树、刺桑树、水葡萄、烂泥巴、白葡萄、岩杉鸡树、白荆条、华相树、椿树、炮木树、猕猴桃、洗头树、五加皮、马桑树、野麻、长水麻、圆水麻、芙蓉花。利用茎叶有：老娃酸、芭蕉、酸糖秆、糯米菜、刺苋菜、马兰丹。可利用嫩茎叶有：白耗子、齐头耗、粑粑耗、臭耗子、灯笼苞、牵牛花、响蛇草、王花草、五月藤、五爪凤、火马草、猪皮草、牛舌条。可利用籽实的有：救兵粮、青干树、麻栗树、丝梨树、猴梨树、板栗、木油树、绵藤。可利用全株有：锅烟草、腊腊菜、车前草、指甲花、山萝卜、薄荷、鸡公苋、水高粱、鱼腥草、野芹菜、猪娘藤、阳雀草、鸡肠草、毛耳朵、野甜菜、竹叶草、剪刀草、野油菜、红湖草、青湖草、水阿菜、鸭脚板、野绿豆、野燕麦、野茹、野喇叭、野荞、野胡萝卜、隔山消、王八里六、牛客藤。

青饲料加工贮存，晒制干草。古丈县历来有晒制干草习惯，晒制干草主要为稻秆，养殖户将收割后稻秆扎成一小捆置于干地，待稻秸晒干再收集贮藏，或堆成草堆，以备牲畜过冬之需。全县每年晒制干草大约有 7800 吨。

1995 年，古阳镇人田学林用 EM 制剂生物饲料养猪 30 头，并向市场推广 EM 制剂，EM 制剂对提高饲料营养价值、仔猪拉稀和减少氨气排放有确实效果。县内有用 EM 菌发酵饲料饲养羊试验。

1995—2003 年，古丈县有少数草食牲畜专业养殖户为提高饲料利用率和解决冬季饲料短缺，进行氨化秸秆和饲料青贮。

二、草场

根据 1982 年全县草山（场）资源普查统计，全县有草山（场）面积 57213.47 公顷，占全县总面积的 44.1%，为耕地面积 7.3 倍。其中，成片草场 30087.33 公顷，占草场总面积的 52.6%。林间草场 21059.53 公顷，占草场总面积的 36.8%。零星草场 6066.6 公顷，占草场总面积的 10.6%。

（一）草场分布规律

山地草丛草场　全县有 98 处，面积 15521.53 公顷，主要分布在高峰、岩头寨、坪坝等乡镇中低山坡上部。

灌木草场　全县有 101 处，面积 12726.33 公顷，主要分布在山枣、断龙山、高峰、岩头寨、默戎等乡镇低山沟谷地带。

疏林草丛草场　全县有 16 处，面积 1839.67 公顷，主要分布在山枣、坪坝、默戎、野竹等乡镇残林地和少部分油茶林地。

林间草场　面积21059.53公顷，主要分布在中低山坡处，生长松杉油茶和混交林的自然林带，郁闭度在30%～60%间。

零星草场　面积6066.6公顷，主要包括百亩以下零星草场和田坎，以及边地牧草。

（二）草场等级及结构

根据《全国草资源评级原则及标准》规定，草场等次划分，主要是以牧草优、劣、适口性和利用率为依据，分为优、良、中、低、劣五等。草场级次划分，则按牧草地上部分鲜草量为依据。按此原则，古丈县草场可分二等五级。除零星草场外，按等划分，二等草场41995.13公顷，三等草场9151.33公顷。按级划分，一级草场16302.73公顷，二级草场5427.47公顷，三级草场3685.87公顷，四级草场16530.07公顷，五级草场9200.73公顷。

全县牧草种类繁多，可分禾本科、豆科和杂草类，可利用牧草达100余种，其中禾本科，占65.8%，杂草类占25.8%，豆科占8.4%。

（三）牧草产量和载畜量

全县草场年产鲜草7.2352亿千克，平均每亩产鲜草843千克，其中草丛草场平均每亩产鲜草1116千克，林间草场平均每亩产鲜草361.8千克，灌木草场平均每亩产鲜草987千克，疏林草场平均每亩产鲜草558千克，零星草场平均每亩产鲜草810千克。按每个黄牛单位年均采食鲜草9490千克计算，全县草场理论载畜量为76240个黄牛单位，全县草场有效利用面积24461.93公顷，利用率42.8%，有效利用牧草34135亿千克，实际载畜量为35969个黄牛单位。

（四）种草与草场保护

2002年，利用天然牧草资源，发展以牛、羊为主的节粮型草食牲畜，县委、县政府作出《关于加强天然草场改良、保护与利用的决定》。把加强天然草场改良、保护与利用作为发展“两高一优”牧业保障措施来抓，对断龙山乡、坪坝乡、默戎镇、高峰乡、国营高望界林场境内7333.33公顷草场实行重点保护、改良和利用。人工改良2666.66公顷，利用发展牛羊养殖2000户，养牛30000头，羊30000只。同年，皇竹草、牛鞭草在古丈县首次栽培成功，在罗依溪镇龙潭坪村建立皇竹草种基地2.67公顷，在城关乡田马寨村建立牛鞭草种基地1.3公顷，为全县提供皇竹草种120吨，牛鞭草种20吨，同时，成功引进桂牧一号、高丹草、矮像草、墨西哥玉米等新品种，全县种植优质牧草800公顷。

2004—2006年，实施天然草原恢复和建设项目，改良天然草场面积2008.06公顷。对人工种草、改良草场实行保护，面积1600公顷，围栏保护草原距离3500米，人工种优质牧草1345.27公顷，建成高标准栏舍面积4000平方米，架通水设施长度5000米，修建蓄水池500立方米，牧道硬化长度4480米，建成草料青贮池800立方米，建成青草料贮备库400立方米，架通电线路长度5100米，购置项目配套仪器设备11台套，建成古丈县草原监理站办公楼200平方米。

第六节　养殖业管理

一、疫病防治

据《湘西州畜牧水产志》记载，古丈县1986年畜禽疫病有44种，其中猪病13种，牛病11种，羊病5种，兔病3种，禽病12种；寄生虫病90多种。1998年，县境畜禽病种有偶蹄动物口蹄疫、羊痘、禽流感、鸭传染性浆膜炎、猪蓝耳病、猪圆环病毒病、附红细胞体、副猪嗜血杆菌等。

畜病防治　1986年，使用猪丹毒弱毒冻干苗和猪肺疫冻干苗预防注射，全县控制猪丹毒和猪肺疫发病与死亡。1987年5—8月，全县8个乡，52个村，229个村民小组有1327头耕牛发生传染性胃肠炎疫病，死亡率 2.5%。经及时采取综合措施控制病情。是年 10 月 6—7 日，茄通乡先锋村突然死亡牛 6 头、狗 4 只，确诊为牛炭疽病，有 9 人因误食牛肉而患炭疽病，通过系列综合控制措施，扑灭疫病。1988 年，全县猪喘气病发病 74 头。喘气病主要为零星发生，死亡率低。1989 年 4 月，全县爆发牛出血性败血症疫情，在山枣、草潭，野竹、河蓬、坪坝 5 个乡镇 16 个村有 155 头牛发病，死亡 71 头。通过县畜牧部门采取紧急措施扑灭疫情。

1990 年 4—5 月，山枣、坪坝、默戎、河蓬、古阳 5 个乡镇 28 个村 46 个自然寨 135 户农户发生耕牛消化道出血性炎症，发病 156 头，死亡 58 头。1991 年 4—5 月，河蓬、坪坝、山枣、野竹 4 个乡镇相继发生牛出血性败血症 47 头，死亡 21 头。是年 6—7 月，茄通乡先锋村发生牛气肿疽，发病 22 头，死亡 21 头，疫情发生后，上级各部门积极采取各项措施，迅速控制疫病发展。1992 年 10—11 月，茄通乡、古阳镇、城关乡相继发生牛气肿疽病，死亡牛 16 头，其中茄通乡马达坪村死亡 5 头、老司岩村死亡 3 头、白果树村死亡 5 头，古阳镇树栖柯村死亡 1 头，城关乡老寨村死亡 2 头，通过综合防控措施，扑灭疫病。1998 年，因从南江县、秀山县等地引进种羊时，将山羊传染性胸膜肺炎病带进县内。全县 12 个乡镇 80 个村，计 2613 只山羊感染胸膜肺炎，死亡 812 只。通过注射传染性胸膜肺炎疫苗，疫情得到控制。

1999 年，断龙山、默戎、坪坝、高峰 4 个乡镇 10 个村、173 户、624 头（只）牲畜相继发生“五号病”。其中耕牛 319 头，生猪 82 头，山羊 223 只。县委、县政府组建古丈县防治“五号病”指挥部（简称县“防五”指挥部），对疫区病畜进行强制扑杀，集中处理。对全县牲畜进行注射疫苗，严防疫情扩散。

2000 年，坪坝、双溪、默戎、城关、罗依溪、古阳、断龙山、山枣 8 个乡镇发生耕牛“五号病”，发病耕牛 2721 头，羊 480 只，猪 514 头。在县“防五”指挥部统一指挥下，强制扑杀、烧毁病畜。是年，全县实施定期春防与秋防工作。

2002 年 10 月 8 日，山枣乡筲箕田村青岩坳组 5 户养羊户发生羊痘疫情。同月，草潭乡松溪村爆发羊痘病，发病羊 20 只。11 月，古阳镇、城关乡爆发羊痘病。县畜牧水产局组织人员迅速扑灭疫情。2003 年 1 月 8 日，县定点屠宰场待宰栏中 11 头生猪发生疑似“五号病”，在县“防五”指挥部统一指挥下，强制扑杀、烧毁病猪及同群猪 42 头，烧毁污染的猪、牛、羊肉产品 4048.5 千克。1 月 20 日，县定点屠宰场再度爆发生猪“五号病”，病猪 2 头，对场内猪实行紧急免疫后，21 日，有 43 头猪发病。采取强制扑杀，烧毁病猪及同群猪 60 头，进行封锁、消毒等有效扑疫措施，使疫情得到控制。2004 年，全县牲畜“五号病”免疫密度达 100%。2006 年，全县实施猪瘟强制免疫，免疫不收取疫苗费，疫苗费由县政府承担。2007 年，全县猪瘟免疫率年均达到 90%，猪瘟发病率明显下降。是年，县境内生猪养殖户发生猪高致病性蓝耳病，因无疫苗，主要采取综合措施进行防治。2008 年，蓝耳病疫苗研制成功，并作为国家强制免疫动物病种，同年，在县内推广蓝耳病疫苗使用，有效预防控制该病发生。

2009 年 3 月，断龙山乡猛虎洲村桐油壳组发生疑似牲畜口蹄疫疫情。共有 3 户村民饲养的牲畜感染发病，其中感染猪 22 头，有肥猪 1 头，母猪 2 头，仔猪 19 头；牛 1 头。猪死亡 10 头，其中肥猪 1 头，仔猪 9 头，为混合感染死亡。

2010 年，罗依溪镇、断龙山乡 6 户山羊饲养户羊群爆发羊痘病，发病 127 只，死亡 23 只。是年 3 月，罗依溪镇且茶下村八组爆发牲畜口蹄疫疫情，全组有存栏牛 16 头，其中 13 头感染发病；存栏生猪 10 头，其中 1 头感染发病；存栏羊 2 只，未出现临床症状。县“防五”指挥部对该组全部发病牲畜及同群易感牲畜进行扑杀和无害化处理，防止疫情扩散蔓延。是年，全县使用口蹄疫病毒疫苗免疫，牲畜口蹄疫，即“五号病”得到有效控制。

禽病防治 1988 年，全县鸡瘟疫苗注射密度 18.58%，是年，禽霍乱发病率 5.16%，死亡率

4.84%。2000年，全县鸡瘟疫苗注射密度46.4%。1998年，鸡新城疫被列为强制免疫病种，疫苗费由县政府承担。2003年11月，罗依溪镇龙潭坪村养鸭专业户瞿宏发饲养的千余只鸭发生禽流感，该病首次在古丈县发生。疫情发生后，通过采取封锁、扑杀、消毒等措施有效控制疫情。2010年，全县鸡瘟疫苗注射密度80.6%。

鱼病防治　20世纪80年代后期，全县网箱养殖业发展，草鱼赤皮病、肠炎、烂鳃病、白云病、水霉病及寄生虫发生较为普遍。1987年，开始在网箱养鱼中引进草鱼"出血病组织浆灭活疫苗"进行免疫，效果显著，成活率都在80%。1992年，春末夏初，县水产站技术人员出诊65口草鱼网箱，解剖病鱼150尾，发现草鱼"三病"及锚头蚤等11种鱼病，开药方40个。除个别网箱治疗效果不佳外，其他均治愈，按箱数计，治愈率98%，挽回经济损失10万元。1993年，鲤鱼痘疮病首次在古丈县发现。

2000—2010年，境内鱼病防控防治主要措施未采用3% ~ 4%食盐溶液浸泡箱鱼进行消毒，采用高锰酸钾、硫酸铜、硫酸亚铁合剂、漂白粉、晶体敌百虫、醋酸、制霉菌素、二氯异氰尿酸、二氯异氰尿酸钠、孔雀石绿等药物，配成一定浓度溶液浸泡鱼种。治疗鱼病常用抗菌药有：氯霉素、四环素、土霉素、磺胺嘧啶、磺胺二甲氧嘧啶、磺胺异恶唑、金霉素、硫酸链霉素、氨卞青霉索、磺胺间甲氧嘧啶、磺胺噻唑、磺胺脒、红霉素、甲砜霉素、喹诺酮类药物、甲氧苄氨嘧啶、呋喃西林、呋喃唑酮、呋喃那斯等。对大型池塘水域或网箱养鱼多采用药物挂袋治疗鱼病。

二、渔政管理

1986年5月，设立古丈县渔政管理工作站，为事业单位，属县畜牧水产局二级机构，负责全县渔政管理工作。

1986—1987年，县渔政管理工作站在县公安部门配合下，先后查处渔业案件113起，没收渔具52件（部），渔货126千克，给予肇事者罚款3600元。1988年，全年处理渔业案件70起，没收网具20片，炸药20千克，雷管50发，电鱼机3部，收交赔偿资源损失费4800元。

1991年7月，湘西州渔政管理站组织永顺、保靖、古丈3个县渔政站对凤滩水库进行一次为期10天的渔政大检查，8月中旬，古丈县与永顺县联合，再次对库区进行渔政检查。两次渔政大检查共张贴《中华人民共和国渔业法》标语口号47张，宣传公告13张，检查渔船153只，发放捕捞许可证57本，征收渔业资源增殖保护费1385元，查处违章渔船27只，没收炸药13.7千克，雷管56发，导火线34.8米，没收网具17块，处理违法人员31人，罚款300元。是年，调查受理渔政案件26起，其中炸鱼12起，结案6起，毒鱼1起，结案1起，电鱼11起，结案11起，没收电鱼机11台，炸药13.7千克，雷管56发，罚款560元。

1992年，古丈县渔政管理工作站配合州渔政管理工作站、联合永顺县渔政管理工作站对凤滩库区进行3次大检查，查处渔政违法案件32起，其中炸鱼10起，无证捕鱼21起，鸬鹚捕鱼1起，电鱼1起，毒鱼1起。31起渔政违法案件由县渔政管理工作站处理，1起毒鱼案移交公安部门处理，结案率达100%。处罚40人，缴获电鱼机1台，炸药37.2千克，雷管206发，导火线11米。

1993年4月，县渔政管理工作站对古阳河流域进行历时3个月的夜间巡河检查，查处违法电鱼案件12起，没收电鱼机12台，罚款1000元。

1995年，配合州渔政管理工作站对全州进行一次渔政大检查。同年，针对古丈县库区缺乏基层渔政机构现状，经省渔政管理工作处批准，在罗依溪镇设立古丈县罗依溪渔政管理工作分站。

1997年9月，由州渔政管理工作站牵头，保靖县渔政管理工作站、永顺县渔政管理工作站、古丈县渔政管理工作站、永顺县王村渔政管理工作分站、古丈县罗依溪渔政管理工作分站组成渔政联合检查组，对凤滩库区开展渔政大检查，检查时间为12天。6月，茄通乡茄通村稻田模式化养鱼发现被盗窃，县渔政管理工作站进行调查，查出4人作案，给予罚款400元。

2010年，县渔政管理工作站与永顺县渔政管理工作站、保靖县渔政管理工作站、州渔政管理工作站联合开展打击抬网非法捕鱼行动，撤除抬网72具，滑轮、吊葫芦78个，有效保护凤滩库区鱼类资源。

三、禽畜检疫

1986年，全县有断龙山、罗依溪、古阳、默戎、高峰、坪坝、河蓬、草潭、山枣9个市场进行白肉检疫和活畜检疫。

1987年，对断龙山、罗依溪、古阳、默戎、高峰、坪坝、河蓬、草潭、山枣9个白肉市场，断龙山、罗依溪、古阳、默戎、高峰、河蓬、坪坝、草潭8个活畜交易市场开展检疫检查，检验猪8780头，检出病猪805头，其中传染病80头，无害处理80头，检验牛、羊肉3.5吨，检出病肉0.2吨，无害处理0.1吨；检疫活畜21870头，检出病畜1087头，及时对病畜进行隔离治疗等处理。

1989年，全县8个白肉市场和活畜交易市场进行检疫，检验猪21360头，检出感染猪瘟病猪225头，感染副伤寒病猪348头，检疫耕牛1560头，检出出血性败血症病牛54头，对于检疫出来的病畜进行无害化处理。

1993年，全县有断龙山、河西、罗依溪、古阳、默戎、高峰、坪坝、山枣、河蓬、草潭10个农贸市场，其中有牲畜交易市场9个，均开展畜禽及产品检疫，检验面100%。

2002年，全县开展活畜检疫有古阳、断龙山、默戎、坪坝、高峰5个乡镇白肉市场。县城肉品市场由县畜牧水产局进行检疫，县定点屠宰场检疫进行生猪宰前及事后临床检疫和督查屠宰场定期消毒。

2003年1月8日，县畜牧水产局检疫人员在县城定点屠宰场检疫出11头疑似五号病生猪，县重大动物疫病防治指挥部采取果断措施对11头疑似生猪和同栏的42头生猪进行强制扑杀、烧毁。计烧毁畜产品4048.5千克。

2004年，开始对县城定点屠宰场进场生猪和规模养殖场生猪进行“瘦肉精”尿样检测，主要检测项目为盐酸克伦特罗，县城定点屠宰场抽检比例为进场生猪的2%。

2006年，开展全县“瘦肉精”专项整治，对县内兽药、饲料、规模养殖场等生产经营单位进销台账、票据、用药记录和管理制度进行检查。1—9月，出动执法检查车10台次，检查人员42人次，检查生猪规模养殖户27户，对规模养殖场生猪尿样抽检3次，抽检生猪尿样45份。同时，对县定点屠宰场调入生猪进行尿样抽检，抽检比例为入场生猪的3%，全年检测280份，未发现阳性结果，生猪“瘦肉精”等违禁药物检出率为“零”。

2008年，县城定点屠宰场搬迁至古阳镇树栖柯，县畜牧水产局常年派两名检疫人员驻点进行检疫。

2009年，对县城定点屠宰场抽检比例由日屠宰量的2%提高到5%，育肥猪存栏50头以上养猪户按养殖量的2%进行“瘦肉精”抽检。外调生猪执行“先检后运”制度。8月25日，县畜牧水产局驻县定点屠宰场检疫员对从汉寿县购入生猪28头，从常德市鼎城区购入生猪18头进行瘦肉精快速检测试纸尿液抽样检查，结果为阳性反应，确定为瘦肉精问题猪肉。县畜牧水产局接到驻场检疫员报告，对流向市场问题猪肉进行回缴，并作深埋处理。

2010年，开展县城屠宰场“瘦肉精”和各种人畜共患传染疾病检测，县城屠宰场年屠宰生猪18655头，抽检生猪尿样933份，未发现阳性反应。是年，县防疫检测站组织开展猪、牛、羊活畜血液抗体抽样2次，配合省畜牧水产局在县进行活畜血液抗体抽样检测1次。同年，全县12个乡镇建立畜禽检疫申报点，规范畜禽检疫。

第四章　林　业

1986年，县林业局内设办公室、计财股、营林股、人事股、森保股，辖断龙山、茄通、河西、罗依溪、高峰、岩头寨、野竹、河蓬、山枣、坪坝、默戎、双溪、古阳、城关、草潭15个乡镇林业服务站，有干部职工173人。1990年，国营高望界林场被林业部评为全国先进国营林场。1991年，全县实现消灭宜林荒山，被林业部评为“全国造林绿化先进单位”。1994年，古丈县被列为高效林业试点县。1995年，全县实现绿化达标。1997年，县林业局被湖南省林业厅评为“全省林木良种使用推广先进单位”。2010年，县林业局编制153个，实有干部职工144人，被湖南省林业厅评为“全省造林绿化先进集体”。

1986—2010年，历任古丈县林业局局长：邵朝福、梁明金、龚天保、张仕金、张昌宁、彭司明、李清江、田序开。

第一节　森林资源

一、林地

1986年，全县森林面积36469.53公顷。1994年，全县林业用地102040.7公顷，占全县总面积的78.6%；非林业用地27704.7公顷，占全县总面积的21.4%；森林覆盖率70.7%。林业用地中有林地65194.9公顷，其中用材林43819.5公顷、经济林18657.9公顷、防护林2331.0公顷、特种用途林343.0公顷、竹林43.5公顷，有林地占林业用地63.9%；疏林地3272.1公顷，占林业用地的3.2%；灌木林地26388.6公顷，占林业用地的25.9%；未成林造林地2605.7公顷，占林业用地的2.6%；无林地4565.7公顷，占林业用地的4.4%；林木苗圃地面积13.7公顷。

2004年，全县林业用地106270.7公顷，占全县总面积的81.9%；非林业用地面积23474.7公顷，占全县总面积18.1%。森林覆盖率61.86%，林木绿化率73.32%。林业用地中有林地57613.6公顷，其中用材林37507.4公顷，经济林80.4公顷，防护林19332.2公顷、薪炭林2.5公顷、特种用途林588.5公顷、竹林102.6公顷，有林地占林业用地的54.1%；疏林地281.4公顷，占林业用地的0.3%；灌木林地37529.1公顷（含灌木经济林地11514.4公顷），占林业用地的35.3%；未成林造林地10215.2公顷，占林业用地的9.6%；无立木林地361公顷，占林业用地的0.3%；宜林地面积366.5公顷，占林业用地的0.4%；苗圃地面积9.0公顷。

2004年森林资源与1994年森林资源相比较，林地面积增加4230公顷，有林地增加10891.1公顷，未成林造林地增加7609.5公顷，增加292%，林木绿化率增加2.62%。

2010年，全县林业用地105755.8公顷，其中有林地81378.3公顷，疏林地278.9公顷，灌木林地

22745.3 公顷，未成林造林地 887.8 公顷，苗圃地 7.7 公顷，无林地 457.8 公顷。

二、林木蓄积量

1986 年，全县活立木总蓄积 2591876 立方米。1994 年，全县活立木总蓄积 3156589 立方米，其中乔木林地 46493.5 公顷、蓄积 3006732 立方米，疏林地 3272.1 公顷、蓄积 91701 立方米，散生木蓄积 51032 立方米，四旁树蓄积 7124 立方米。在乔木林地中，其中杉木 13650.5 公顷、蓄积 745443 立方米，马尾松 18736 公顷、蓄积 1436040 立方米，阔叶树 11905.2 公顷、蓄积 714836 立方米，柏木 2201.8 公顷、蓄积 110413 立方米。

2004 年，全县活立木总蓄积 4218561 立方米，其中乔木林地 57405.9 公顷、蓄积 4153204 立方米，疏林地 281.4 公顷、蓄积 5993 立方米，散生木蓄积 47108 立方米，四旁树蓄积 12256 立方米。在乔木林中，其中杉木 16504.7 公顷、蓄积 1423915 立方米，马尾松 19279.7 公顷、蓄积 1513784 立方米，阔叶树 19441.3 公顷、蓄积 1077190 立方米，柏木 2180.2 公顷、蓄积 138315 立方米。

2010 年，全县活立木蓄积 5486300 立方米，林木绿化率 80.48%，森林覆盖率 70.44%。

1994 年、2004 年古丈县活立木蓄积变化情况一览表

表 12-14　　单位：立方米、%

单位	1994 年活立木蓄积量	2004 年活立木蓄积量	增减	
			蓄积增减量	百分比
古丈县	3156589	4218561	1061972	33.6
断龙山乡	58532	141902	83370	142.4
茄通乡	132837	122777	−10060	−7.6
河西镇	40938	47218	6280	15.3
罗依溪镇	281938	379505	97567	34.6
高峰乡	278653	482240	203587	73.1
岩头寨乡	234937	353909	118972	50.6
野竹乡	292050	348538	56488	19.3
山枣乡	98652	159621	60969	61.8
河蓬乡	147815	209878	62063	42.0
坪坝乡	189574	215043	25469	13.4
默戎镇	155610	227380	71770	46.1
双溪乡	153212	210764	57552	37.6
城关乡	123461	158415	34954	28.3
古阳镇	60131	61240	1109	1.8
高望界林场	816947	984111	167164	20.5

三、古树名木

古丈县古树名木资源丰富。除古树自身正常衰老死亡外，因乱砍滥伐、自然灾害、非法移植等多种原因，古树名木数量逐年减少。2001 年 4 月，成立古丈县古树名木普查工作小组，开展古树名木普

查建档工作。县林业局按照《湖南省古树名木调查建档技术规定》，对全县树龄在100年以上的树木和有重大影响具有极其重要历史、文化价值或纪念意义名木进行调查建档工作。6—8月，全县古树名木普查组共调查村民小组723个，填写卡片935张，拍摄有代表性古树名木照片96张。据全县古树名木普查成果汇总：全县有古树9353株，其中单株5685株，群落22块2134株，片林91处1354株；全县300年以上古树有43株。有树龄100年以上珍稀古树741株，其中红豆杉5株、银杏23株、香榧11株、樟树7株、毛红椿6株、榉树478株、香果树1株、罗汉松1株、黄杉54株、刺楸76株、青檀22株、竹叶楠1株、钩栗56株。其中断龙山乡大龙热村土地堂有古老银杏群落；罗依溪镇五里坡村桃界有南方红豆杉天然林群落；高望界乡吴家村有珍贵桢楠林，高望界乡葛竹溪有白梓林；古阳镇白岩村夯苦有古老黄杉天然林，面积13.33公顷；双溪乡夯水村热家达有古老香榧与篦子三尖杉天然混交，林中一株古老香榧，胸径94厘米，树高达23米，树干通直，枝叶茂盛，层次鲜明，姿态雄伟，当今罕见；红石林镇花兰村下坝生长一株古老树种罗汉松，树龄200年，树姿壮观，花开吐艳，果似罗汉，芬芳奇观。红石林镇列溪村干大坪生长两棵古老银杏。2002年，通过调查建档工作，县林业局对28株古树名木进行挂牌保护，落实保护管理单位41个，管理责任人员41人。

2010年古文县350年以上树龄古树名录

表12-15

树种名称			树龄（年）	树高（米）	胸径（厘米）	冠幅（米）	立地条件		生长位置
中文名	别名	科					海拔（米）	坡向	
柏木	垂丝柏	柏科	350	20.1	74	7	420	北坡	古阳镇竹溪湾
闽楠	楠木	樟科	350	25.5	60	8	410	东北坡	古阳镇竹溪湾
樟树	香樟	樟科	500	23.7	150	19	236	无坡	古阳镇树栖柯
枫香	枫树	金缕梅科	350	28	115	14.5	438.5	西坡	双溪乡蔡家村刘家
枫香（并生两株）	枫树	金缕梅科	400	30	138	19	398	东北坡	双溪乡梳头溪村塘坝后坎
枫香（并生两株	枫树	金缕梅科	350	28	128	12.5	328.5	西北坡	双溪乡官坝村土地堂
枫香	枫树	金缕梅科	400	30	142	15.5	367	西坡	双溪乡溪流墨丈高湾
枫香	枫树	金缕梅科	450	35.2	170	16	238	西北坡	河蓬乡官坪村
榉木	椐木	榆科	500	35.1	160	24.5	220	西南坡	河蓬乡下河蓬
柏木	垂丝柏	柏科	500	28.8	182	11	222	无坡	河蓬乡沙坪村部
重阳木（并生两株）	乌杨	大戟科	500	18.1	160	13	222	无坡	河蓬乡沙坪村
枫香	枫树	金缕梅科	500	30.5	146	19.5	260	东北坡	河蓬乡苏家村村部后山坡
枫香	枫树	金缕梅科	500	31.2	149	21	258	东北坡	河蓬乡苏家村后山坡
黄连木	楷木	漆树科	400	29.2	149	18	438	西北坡	双溪乡夯水村热家达
枫香	枫树	金缕梅科	400	38.7	100	17.5	570	西南坡	河蓬乡白洋溪村水井上
枫香	枫树	金缕梅科	400	30.5	110	14.5	510	南坡	河蓬乡白洋溪村新寨
南酸枣	酸枣树	漆树科	500	25.5	110	19	550	东坡	河蓬乡白洋溪村新寨屋下坎
黄连木	楷木	漆树科	420	17.2	124	7.5	246	北坡	默戎镇九龙村土地堂
黄连木	楷木	漆树科	400	16.1	82	7.5	249	西北坡	默戎镇九龙村排布坪

续表 12-15

树种名称			树龄（年）	树高（米）	胸径（厘米）	冠幅（米）	立地条件		生长位置
中文名	别名	科					海拔（米）	坡向	
金弹子	金弹子	柿科	450	17.2	130	7.5	248	北坡	默戎镇九龙村土地堂
枫香	枫树	金缕梅科	400	23.6	116	11	338	西北坡	默戎镇潭溪村
枫香	枫树	金缕梅科	350	22.9	102	8	327	北坡	默戎镇潭溪村
柞木	刺凿	大风子科	350	15.2	66	6.5	209	无坡	坪坝乡大寨村
枫香	枫树	金缕梅科	350	25.2	94	8.5	215	南坡	坪坝乡大寨村
枫香	枫树	金缕梅科	400	28.2	110	8.5	229	南坡	坪坝乡大寨村
枫香	枫树	金缕梅科	400	29.2	112	8.5	222	南坡	坪坝乡大寨村
青冈栎	紫心木	壳斗科	400	22.1	124	7.5	221	南坡	坪坝乡大寨村
重阳木	乌杨	大戟科	500	15.1	80	9.5	253	东坡	坪坝乡大寨村
重阳木	乌杨	大戟科	450	19.1	116	13	210	东南坡	坪坝乡溪口村
黄连木	楷木	漆树科	350	27.1	90	6.5	269	西坡	坪坝乡亚家村
金弹子	金弹子	柿科	350	26.1	70	8	270	东坡	坪坝乡亚家村
枫香	枫树	金缕梅科	350	25.1	110	9.5	276	西南坡	坪坝乡张家坪村
枫香	枫树	金缕梅科	550	31.4	140	11.5	246	西南坡	坪坝乡张家坪村
黄连木	楷木	漆树科	350	17.8	120	11.5	236	西南坡	坪坝乡张家坪村
复羽叶栾树	国庆树	无患子科	350	23.4	118	9.5	262	南坡	坪坝乡旦武营村
枫香	枫树	金缕梅科	350	35.7	87	8.5	570	南坡	坪坝乡旦武营村
黑壳楠	楠木	樟科	400	11.7	125	6	532	西北坡	坪坝乡曹家村大田坪
黑壳楠	楠木	樟科	400	19.7	116	10.5	532	无坡	坪坝乡曹家村大田坪
川黔紫薇	马林光	千屈菜科	350	19.6	140	11.5	520	西南坡	坪坝乡曹家村杨家寨
榉木	椐木	榆科	350	19.2	95	7.5	532	东南坡	坪坝乡曹家村杨家寨
朴树	黄果朴	榆科	350	15.1	75	11.5	534	无坡	坪坝乡曹家村寨中间
黄连木	楷木	漆树科	350	23.5	100	14.5	552	无坡	坪坝乡曹家村寨中
黄连木	楷木	漆树科	500	25.1	120	13.5	480	东北坡	红石林镇下布尺村寨中
黄连木	楷木	漆树科	400	31.5	100	10.5	482	东北坡	红石林镇下布尺村寨中
柏木	垂丝柏	柏科	400	21.2	90	9	431	无坡	红石林镇白果树村烈松寨
榉木	椐木	榆科	350	28.9	100	13	430	无坡	红石林镇白果树村烈松寨
栲树	锥栗	壳斗科	400	33.1	120	14.5	430	无坡	红石林镇白果树村烈松寨
枫香	枫树	金缕梅科	350	30.1	100	12	610	无坡	红石林镇白果树村撮烈
枫香	枫树	金缕梅科	500	35.5	130	14.5	610	无坡	红石林镇白果树村撮烈组
枫香	枫树	金缕梅科	400	15.1	120	7.5	610	无坡	红石林镇白果树村撮烈组
枫香	枫树	金缕梅科	400	25.1	140	11	610	无坡	红石林镇白果树村撮烈组
柏木	垂丝柏	柏科	400	20.1	90	7.5	610	无坡	红石林镇白果树村撮烈组

续表 12-15

树种名称			树龄（年）	树高（米）	胸径（厘米）	冠幅（米）	立地条件		生长位置
中文名	别名	科					海拔（米）	坡向	
枫香	枫树	金缕梅科	350	31.1	120	8	610	无坡	红石林镇白果树村撮烈组
枫香	枫树	金缕梅科	500	28.8	140	11.5	610	无坡	红石林镇白果树村撮烈组
枫香	枫树	金缕梅科	400	30.1	110	9	581	无坡	红石林镇白果树村撮烈组
枫香	枫树	金缕梅科	350	29.1	120	9	581	无坡	红石林镇白果树村撮烈组
柏木	垂丝柏	柏科	500	16.1	110	5	610	无坡	红石林镇白果树村撮烈组
栲树	锥栗	壳斗科	350	26.1	100	8.5	590	东北坡	红石林镇白果树村撮烈组
椴树	千层皮	椴树科	500	16.1	170	8	300	西南坡	红石林镇老司岩村
榉木	椐木	榆科	350	33.8	120	8	460	无坡	红石林镇小龙热
枫香	枫树	金缕梅科	350	33.8	120	10	408	无坡	红石林镇小龙热
枫香	枫树	金缕梅科	350	31.2	130	8	406	无坡	红石林镇小龙热
毛红椿	椿木	楝科	350	20.1	100	12.5	480	无坡	断龙山乡中学院内
毛红椿	椿木	楝科	350	20.5	106	13	480	无坡	断龙山乡中学院内
枫香	枫树	金缕梅科	500	32.1	112	11	484	无坡	断龙山乡猛虎洲业比塔
枫香	枫树	金缕梅科	500	32.1	130	10	484	西坡	断龙山乡猛虎洲业比塔
枫香	枫树	金缕梅科	500	30.1	90	8	485	西坡	断龙山乡猛虎洲业比塔
枫香	枫树	金缕梅科	500	32.1	96	8	490	西坡	断龙山乡猛虎洲业比塔
枫香	枫树	金缕梅科	500	30.1	96	8	502	西坡	断龙山乡猛虎洲业比塔
柏木	垂丝柏	柏科	400	17.5	100	8	451	无坡	断龙山乡猛虎洲桐油科
柏木	垂丝柏	柏科	350	16.5	90	5	451	无坡	断龙山乡猛虎洲桐油科
黄连木	楷木	漆树科	350	20.2	100	8	440	无坡	断龙山乡猛虎洲塔业排
枫香	枫树	金缕梅科	350	38.8	170	13.5	388	无坡	岩头寨镇老寨村
酸枣	小酸枣	鼠李科	400	36.8	100	13	270	无坡	岩头寨镇下芭蕉溪
钩栗	青叶槠	壳斗科	500	21.8	110	12	330	东北坡	岩头寨镇上芭蕉溪公路边
酸枣	小酸枣	鼠李科	450	36.8	150	16.5	370	无坡	岩头寨镇上芭蕉溪
珊瑚朴	棠壳子树	榆科	450	25.5	130	11.5	350	无坡	山枣乡林场村
黄连木	楷木	漆树科	350	20.2	130	9.5	350	无坡	山枣乡林场村
黄连木	楷木	漆树科	350	25.6	110	7.5	330	西坡	山枣乡亮坨
黄连木	楷木	漆树科	500	26.5	156	10	370	无坡	山枣乡亮坨
黄连木	楷木	漆树科	500	25.8	104	10	540	无坡	高峰乡淘金村村坪场
黄连木	楷木	漆树科	600	31.8	180	13	608	无坡	高峰乡八水村刘家
枫香	枫树	金缕梅科	350	30.1	160	9.5	237	西北坡	岩头寨镇老寨村蓑衣坡

第二节 造林绿化

一、采种育苗

采种 1986年，随着生态建设需要，广大农民开始走上“自采、自繁、自造”新路子。采种方针是“林权属谁，谁采集”，采种者多为当地农民。县林业局负责林木种子收集、调剂、引种和协调。每到采种季节，县林业部门派技术人员到各乡镇进行监督和管理，宣传《中华人民共和国种子法》、林业政策法规、采种技术和种子贮藏知识，全年林木种子采集量13.15吨。1989年，全县林木种子采集量6.1吨。1994年，随着全县消灭宜林荒山，造林所需种量减少，全县林木采种量2吨。

2001年，全县退耕还林工程启动，种子和苗木需求量扩大。2002年，湖南省林业厅批复《古丈县阔叶树采种基地林业国债项目建设总体设计》，投资90万元，其中国债投资60万元，省县配套30万元，在古丈县建阔叶林采种基地400公顷，建设期为5年，全县确定河蓬、高望界林场2个阔叶林采种基地，各有采种基地200公顷。2003—2008年，全县种子采集量17.0吨，其中杉木0.5吨、马尾松1.0吨、酸枣0.4吨、板栗12.4吨、锥栗1.5吨、香椿0.1吨、其他阔叶树1.1吨。

育苗 1995年，在县三八枯种苗站和岩头寨林业站推广杉木无性繁殖育苗0.7公顷，产合格苗18.4万株，平均苗高45厘米，最高单株76厘米，地径粗1.4厘米。1996年，在河蓬、红石林、岩头寨、高峰、高望界等地建立良种育苗基地9个，面积30公顷。建立河蓬马尾松容器育苗基地、岩头寨杉木与阔叶林育苗基地、茄通阔叶林育苗基地。1999年，全县推广马尾松容器育苗技术，进行容器育苗装袋4260万袋、培育合格容器苗木2919万株；成苗率95.2%；苗木合格率91.2%。2000年，全州容器育苗现场会在古丈县召开。2002—2004年，县林业局采取由干部职工集资育苗，风险共担，按股分红办法，每年集资40万元用于基地育苗，既缓解资金紧缺压力，又调动干部职工工作积极性，增强基地育苗责任感。是年，全县育苗296公顷、产合格苗14013.65万株，其中杉木育苗139.2公顷、产合格苗5901.45万株，马尾松育苗52.4公顷、产合格苗5134.1万株，其他育苗104.4公顷、产合格苗2978.1万株。2007年，随着全县造林任务完成，所需苗木量减少，全县育苗3.5公顷。2010年，全县育苗1.7公顷，产合格苗木143万株，其中杉木苗65万株，马尾松苗60万株。

1986—2010年古丈县育苗情况一览表

表12-16

年度	育苗面积（公顷）				合格苗木数量（万株）			
	小计	杉木	马尾松	其他	小计	杉木	马尾松	其他
1986	10.2	7.1	—	3.1	652.3	474.5	—	177.8
1987	13.2	8.6	—	4.6	449.7	373	—	76.7
1988	19.1	17.7	—	1.4	514.5	498.55	—	16
1989	42.7	34.9	7	0.8	1630.7	1204.6	415.8	10.3
1990	30.9	17	12.1	1.8	1359.6	680.3	635.5	43.8
1991	19.8	7.4	8.7	3.7	1007.6	310.6	628.2	68.8
1992	23.4	3.8	3.6	16	656.7	96.5	195.5	364.7
1993	16.4	5.5	2.3	8.6	536.4	221.1	96.8	218.5

续表 12-16

年度	育苗面积（公顷）				合格苗木数量（万株）			
	小计	杉木	马尾松	其他	小计	杉木	马尾松	其他
1994	17.7	13	1.0	3.7	796.4	645.1	76.8	74.5
1995	5.1	2.3	1.9	0.9	196.3	88.7	94.2	13.4
1996	6.7	5.2	0.7	0.8	263.2	223.5	27.3	12.4
1997	2.2	1.4	0.3	0.5	87.3	55.5	20	11.8
1998	1.2	—	0.6	0.6	39	—	25	14
1999	4.9	1.4	2.2	1.3	274.8	73.6	177.5	23.7
2000	3.9	0.3	1.5	2.1	304.9	20	230.5	54.4
2001	10.3	0.4	4.1	5.8	951.9	24	770	157.9
2002	16.1	4.3	2	9.8	1226.24	256	610	360.2
2003	15.2	1	1.3	12.9	780	60	300	420
2004	13.9	2.7	1.3	9.9	1023	250	400	373
2005	5.9	0.2	0.6	5.1	265	2	120	143
2006	5.9	0.8	0.3	4.8	285.8	44.4	100	141.4
2007	5.7	2.1	0.4	3.2	331	151	75	105
2008	1.7	0.8	0.1	0.8	123	57	36	30
2009	2.2	0.4	0.2	1.6	115.3	26.5	40	48.8
2010	1.7	0.9	0.2	0.6	143	65	60	18
2010	1.7	0.9	0.2	0.6	143	65	60	18

二、人工造林

1986 年，全县人工造林 599.2 公顷，其中用材林 565.5 公顷，经济林 33.7 公顷。1987 年，岩头寨乡崩山村村民宋开权率领全家营造人工林 66.67 公顷，成为全县造林大户，其子宋友忠被团中央、林业部、中央绿化委员会评为“全国青年造林突击手”。1989 年，县委、县政府作出“四年消灭荒山，八年绿化古丈”决定，是年，全县人工造林 1291.6 公顷，其中用材林 11205.6 公顷，经济林 86 公顷。1991 年，全县人工造林 1800 公顷，其中用材林 1666.66 公顷，经济林 333.34 公顷。1993 年，全县人工造林 645.2 公顷，经过 5 年努力，基本实现消灭宜林荒山任务。1995 年，启动世界银行贷款造林项目，造林 227.7 公顷。是年，河蓬乡农民符文团自筹资金 5 万元，在坪坝乡叭喇村承包造林 52.8 公顷。

1999 年，启动国家长江中上游防护林体系建设项目和中德合作湖南小农户造林项目，全县完成人工造林 271.1 公顷。2001 年，世界银行贷款造林项目累计总投资 259.6 万元，营造人工林 1061.7 公顷，其中杉木 522.9 公顷，马尾松 411.2 公顷，平均成活率 96.2%，环保合格率 97.3%。

2005 年，贫困地区林业发展项目完成投资 1095.6 万元，营造人工林 2664.6 公顷，其中杉木 266.5 公顷，马尾松 1948 公顷，毛竹 77.5 公顷，板栗 195.5 公顷。经省林业规划设计院检查验收，项目良种使用率 100%，面积核实 94.4%，保存率 100%，环保合格率 100%。2006 年，实施中德合作造林项目，完成造林 9.6 公顷。

2010 年，全县累计完成无立木林地和宜林地造林 15080.6 公顷，其中世行贷款造林项目 3453.9 公顷、速生丰产林工程 7135.8 公顷、以工代赈林业项目 337.2 公顷、长防林工程 1345.4 公顷、中德合作造林项目 332.7 公顷、面上造林 2475.6 公顷。全县营林面积 6.7 公顷以上林业专业户 51 户，其中岩头寨镇 29 户，高峰乡 16 户，河蓬乡 3 户、双溪乡 1 户、默戎镇 2 户。有集体林场 35 个，面积 6887.9 公顷，林木蓄积量 10.39 万立方米，其中乡办林场 15 个，面积 4831.3 公顷，林木蓄积量 7.25 万立方米；村办林场 17 个，面积 1783.3 公顷，林木蓄积量 2.68 万立方米；组办林场 3 个，面积 273.3 公顷，林木蓄积量 0.46 万立方米。

1986—2010 年古文县人工造林情况一览表

表 12-17　　单位：公顷

年度	合计	重点工程造林					面上造林	
		世行贷款造林项目	速生丰产林工程	以工代赈林业项目	长防林工程	中德合作造林项目	用材林	经济林
1986	599.2	—	503.3	—	—	—	62.2	33.7
1987	520.4	—	469.6	—	—	—	33.9	16.9
1988	1251.9	—	1215.8	—	—	—	—	36.1
1989	1291.6	—	1174.0	—	—	—	31.6	86.0
1990	1881.3	—	1242.2	—	—	—	638.6	0.5
1991	1497.7	—	961.6	—	—	—	536.1	—
1992	732.9	—	497.1	138.7	—	—	97.1	—
1993	645.2	—	398.2	—	—	—	247.0	—
1994	680.7	—	356.7	—	—	—	243.7	80.3
1995	802.3	227.7	268.7	—	—	—	263.9	42
1996	277.4	214.8	48.6	—	—	—	—	14
1997	213.4	201.4	—	—	—	—	8	4
1998	145.4	145.4	—	—	—	—	—	—
1999	271.1	60.8	—	—	210.3	—	—	—
2000	1269.8	969.5	—	198.5	101.8	—	—	—
2001	1657.7	1061.7	—	—	596	—	—	—
2002	876.6	572.6	—	—	304	—	—	—
2006	142.9	—	—	—	133.3	9.6	—	—
2007	117.1	—	—	—	—	117.1	—	—
2008	195.5	—	—	—	—	195.5	—	—
2009	10.5	—	—	—	—	10.5	—	—
合计	15080.6	3453.9	7135.8	337.2	1345.4	332.7	2162.1	313.5

三、封山育林

1986年，全县贯彻执行林业“以封为主、封造结合”的营林方式，封山育林面积1962.73公顷。1990年，全县开展封山育林规划设计，共规划148个村、12个乡办林场、1718个图小班，总面积30085.5公顷，涉及公路沿线、溪河两岸、村庄附近和珍贵树种保护区。1995年，全县封山育林面积35410公顷，其中新增封山育林面积820公顷。1996年，开展“百场千里万亩”封山育林工程，即在境内沿龙鼻嘴至断龙山、古阳至草潭、山枣、岩头寨沿线及全县1个国营林场、16个乡村林场进行封山育林12589.4公顷。2010年，全县封山育林面积42146.2公顷，其中以工代赈林业项目封山育林1060.8公顷，长防林工程封山育林2990.7公顷，中德合作造林项目封山育林1000.0公顷、其余封山育林37094.7公顷。

1991—2007年古丈县封山育林情况一览表

表12-18

单位：公顷

年度	合计	重点工程封山育林			其余封山育林面积
		以工代赈林业项目	长防林工程	中德合作造林项目	
1991	30000.0	—	—	—	30000.0
1992	742.0	742.0	—	—	—
1997	1333.0	—	—	—	1333.0
1998	1200.0	—	—	—	1200.0
1999	4266.7	—	280.0	—	3986.7
2000	1101.8	318.8	208.0	—	575.0
2001	1836.0	—	1836.0	—	—
2006	710.3	—	666.7	43.6	—
2007	956.4	—	—	956.4	—
合计	42146.2	1060.8	2990.7	1000.0	37094.7

四、四旁绿化

1986年，全县四旁绿化零星植树22.61万株，绿化重点区域为公路沿线、单位庭院，沿河两岸、水库沿岸，村寨周边等。1989年，全县四旁绿化零星植树18.09万株。2009年，县委、县政府将公路绿化作为提升旅游品位和形象，推进生态文明建设重大举措来抓，实施“八百里绿色行动工程”。工程涉及红石林、罗依溪、高峰、岩头寨、坪坝、默戎、双溪、高望界、古阳9个乡镇，采取财政投入、部门整合、群众自筹、义务植树等多种形式，共筹资金648万元，完成工程造林320.4公顷。2010年，全县“八百里绿色行动工程”造林173.33公顷。是年，创建文明卫生县城，在主街道种玉兰、紫薇、海桐、樟木等常绿树356株。县直和乡镇机关、单位、学校在四旁绿化，创建园林式单位活动中，有古丈一中、县交警大队、县财政局3个单位被评为省级园林式单位。

五、森林抚育

1986年，森林抚育以农户自发实施抚育采伐作业为主，全县幼林抚育21.6公顷。1989年，全县幼林抚育3280公顷。1991年，全县林木抚育2986.66公顷。2010年，实施森林抚育补贴试点项目，全县森林抚育补贴试点项目补贴面积 333.3 公顷，发放补贴资金 53.15 万元。是年，全县完成森林抚育 7238.4 公顷，其中农户完成森林抚育 6855.1 公顷、中德财政合作造林项目完成森林抚育 50 公顷。

第三节 退耕还林

一、退耕还林政策

国家退耕还林政策 国家退耕还林工程由退耕地造林、宜林荒山荒地造林和封山育林三个部分组成。经验收合格，第一轮补助期内（生态林 8 年，经济林 5 年），退耕地造林国家每公顷每年发放补助资金 3450 元，其中粮食补助资金 3150 元 / 公顷、现金补助资金 300 元 / 公顷；在延长期内（生态林 8 年，经济林 5 年），经验收合格，退耕地造林国家每公顷每年发放补助资金 1875 元，其中生活补助费 1575 元 / 公顷、管护费 300 元 / 公顷，同时在延长期内，将退耕地造林经验收合格每公顷每年 1575 元补助资金用于基本口粮田建设、农村能源建设、后续产业建设与补植补造建设。2001—2007 年，国家退耕还林每公顷的种苗造林补助费为 750 元；2008 年，国家退耕还林每公顷的种苗造林补助费为 1500 元；2009—2010 年，国家退耕还林每公顷的种苗造林补助费为 3000 元。2005—2008 年，国家退耕还林中封山育林每公顷的种苗造林补助费为 750 元，2009 年起，在封山育林每公顷的种苗造林补助费为 1050 元。在实施退耕地造林的过程中，要求农户完成相应的配套荒山造林任务，将补助资金发放与农户抚育管护、造林保存率、成活率挂钩。

县内退耕还林配套政策 全县实行“退还分离，利益共享”项目运行机制，在退耕户自愿前提下，从退耕地造林第一年至第三年粮食补助资金中，每公顷提取少量粮食补助资金，补偿支付代替完成相应配套荒山荒地造林农户。各年度从退耕地造林提取标准为：2002 年度 3150 元 / 公顷，其中造林第一年和第二年各 1575 元 / 公顷；2003 年度 3675 元 / 公顷，其中造林第一年和第二年各 1575 元 / 公顷，造林第三年 525 元 / 公顷；2004 年度 5250 元 / 公顷，其中造林第一年 2520 元 / 公顷，第二年 1260 元 / 公顷，造林第三年 1470 元 / 公顷。

二、退耕还林工程建设

工程完成情况 2001 年冬季，启动退耕还林工程，县委、县政府在河蓬乡凤鸣村创办退耕还林示范点，进行退耕地造林 99.99 公顷，其中生态林 66.66 公顷，经济林 33.33 公顷。是年，全县完成退耕地造林 1666.7 公顷，其中生态林 1333.4 公顷，经济林 333.3 公顷；配套荒山造林 1000.0 公顷，项目涉及断龙山、红石林、罗依溪、岩头寨、山枣、河蓬、坪坝、默戎、双溪、古阳 10 个乡镇。2002 年，全县完成退耕地造林 2000 公顷，配套荒山造林 2000 公顷，项目涉及全县 12 个乡镇。

2010 年，全县累计退耕还林 13333.3 公顷，其中退耕地造林 6333.3 公顷，其中生态林 5283.8 公顷、经济林 1049.5 公顷；荒山造林 5733.3 公顷，其中生态林 5682.7 公顷、经济林 50.6 公顷；封山育林 1266.7 公顷。项目涉及 12 个乡镇、国有高望界林场，137 个村 23808 户。工程建设通过省级验收，面积核实率、质量合格率、作业设计率、按作业设计施工率、幼林抚育率、林木管护率、检查验收率、资料建档率等各项指标均达到优秀标准。是年，实施退耕还林工程巩固退耕成果项目，将基本口粮田建设、农村能源建设、后续产业建设和补植补造建设作为巩固退耕还林成果主要措施，对历年退耕地造林地补植 560.8 公顷、补造 77.7 公顷。

2001—2009 年古丈县退耕还林工程完成情况一览表

表 12-19　　单位：公顷

造林年度	合计	退耕地造林			荒山造林			封山育林
		小计	生态林	经济林	小计	生态林	经济林	
2001	2666.7	1666.7	1333.4	333.3	1000.0	1000.0	—	—
2002	4000.0	2000	1655.5	344.5	2000.0	1989.3	10.7	—
2003	4000.0	2000	1655.8	344.2	2000.0	1978.5	21.5	—
2004	400.0	133.3	124.9	8.4	266.7	248.3	18.4	—
2005	1333.3	333.3	315.5	17.8	0	0	0	1000.0
2006	200.0	200.0	198.7	1.3	0	0	0	—
2008	333.3	0	0	0	333.3	333.3	0	—
2009	400.0	0	0	0	133.3	133.3	0	266.7
合计	13333.3	6333.3	5283.8	1049.5	5733.3	5682.7	50.6	1266.7

退耕还林补助资金兑付　全县按退耕还林政策规定兑现钱粮，实行专户存储，专人管理，专账核管，一律实行报账制，做到先造林、验收合格后报账。按照《湖南省退耕还林条例》规定，第一次钱粮兑现以县自查为依据，做到确定兑现范围，严格兑现程序，严肃兑现纪律，并以村为单位对退耕面积、粮食补助资金、现金补助以及种苗供应情况张榜公布，同时公布举报电话，接受群众监督，做到公开、公平、公正、不折不扣，让广大退耕农户真正得到实惠。此外，统筹安排，确保退一还一政策落实到位，从退耕地造林中调剂一部分粮食补偿给荒山荒地造林户，以平衡关系，从而调动荒山荒地造林积极性，同时鼓励大户以多种形式承包，参与荒山荒地造林。

2001 年，国家向古丈县下达退耕还林项目投资 19783.3 万元，其中种苗费 1063.0 万元、粮食补助资金 13819.2 万元、现金补助资金 1316.5 万元、生活补助费 682.1 万元、管护费 129.9 万元、巩固退耕还林成果资金 2772.6 万元。退耕还林中的种苗造林补助款由县林业局集中采购苗木后，按县物价局核定的苗木价格与广大退耕户进行资金结算；退耕还林中的粮食补助资金、现金补助资金、生活补助费和管护费由各乡镇财政所凭县林业局验收合格证明后，进行资金发放。

三、工程管理

项目运行机制实行“退还分离，利益共享”，按照大户负责、规模推进办法，鼓励大户承包较大面积退耕地和荒山造林。承包人与退耕户之间，本着自愿协商利益分配办法，以合同形式予以明确。工作机制实行“县领导挂乡、乡镇党政一把手负总责、主管领导具体抓、乡干部包村”和“技术人员驻乡负责制”工作机制。造林模式是以林竹、林果、林药、经济林造林模式为主，荒山荒地造林以针叶、阔叶造林模式为主。按照区域化布局、产业化发展、规模化经营的思路，调整林种、树种结构，优化造林模式作为确保退耕还林工程实现生态和经济效益“双赢”重要措施来抓，坚持以营造马尾松、桤木、枫香等工业原料林为主，以湘西油板栗、橙柚、茶叶、猕猴桃、楠竹五大树种为支柱，以乡土珍贵观赏树种、林药造林模式作为补充新格局。

加强工程管理，提高造林质量。下发各类工程管理技术资料与宣传资料；抓好技术服务，在退耕还林中，各乡镇配 1 名林业工程技术人员全程跟踪服务指导。在每年 6—9 月布置刀修培蔸为主幼林抚育，每年 10—11 月组织县乡林业技术人员进行检查验收，验收合格才能兑现钱粮，验收不合格，先整改，待整改合格后，才能兑现钱粮。针对当年验收情况，组织农户、造林大户进行全面补植、补造，确保造林成果得到巩固。各造林地块均配置护林员，护林员由农户推举产生，护林报酬按造林面积每公顷 75 ～ 150 元配置，每年兑现钱粮时，由乡镇财政所统一代扣护林员报酬，使护林员报酬有保障，安心护林。

第四节　经济林

一、经济林面积与产量

1986 年，全县主要经济林有油茶、油桐、茶叶、药材、板栗等，主要林产品有松脂、板栗、梨、桃、李、猕猴桃、香菇、木耳、白果、花椒、山野菜、茶叶等。是年，全县油茶产量 103.45 吨，桐油产量 326.55 吨，板栗产量 129.15 吨，五倍子产量 5 吨、棕片产量 4 吨、山苍子产量 9 吨。1994 年，全县经济林面积 18724.4 公顷，结果面积 16788.9 公顷，年产量 3863.9 吨，其中桐油产量 358 吨、茶油产量 193 吨、松脂产量 127 吨、板栗产量 149 吨、五倍子产量 12 吨、山苍子产量 17 吨。

1999 年，全县油茶籽产量 701 吨，桐油籽产量 968 吨，板栗产量 60 吨。2004 年，全县经济林面积 11690.6 公顷，结果面积 9998.7 公顷，年产量 12291.9 吨。是年，全县主要经济林树种为板栗、杜仲、厚朴、黄柏、茶叶、柑橘、核桃、花椒、梨树、李树、桃、枣、竹子。柑橘增至2093.8 公顷，油茶和油桐栽培面积下降，其中油桐减少 5527.1 公顷。全县经济林树种面积随着各树种市场价格和经济效益波动而变化，通过退耕还林工程、以工代赈工程和世行贷款造林等项目的实施，不断调整改种。

2009 年，古丈县被列入中央财政现代农业油茶产业示范建设项目县，县委、县政府全力推进“高产油茶之县”建设。争取中央财政 300 万元和农业综合开发项目 112 万元，其他工程项目 5 万元，整合其他涉农资金 51 万元，扶持油茶产业发展。2010 年，全县完成新造油茶林 168.5 公顷。

1994 年、2004 年古丈县主要经济树种比较表

表 12-20　　　　单位：公顷、吨

树种	1994 年			2004 年			主要分布范围
	总面积	结果面积	年产量	总面积	结果面积	年产量	
板栗	464.5	335.5	76.0	317.9	229.6	104.0	断龙山乡、茄通乡、高峰乡、岩头寨乡、野竹乡、河蓬乡、高望界林场
杜仲	56.0	—	—	19.0	—	—	高峰乡、河蓬乡、岩头寨乡
柑橘	467.7	467.7	1413.0	2561.5	1699.9	8729.0	默戎镇、罗依溪镇、茄通乡、断龙山乡
核桃	—	—	—	12.8	—	—	河西镇高望界林场
厚朴	15.1	—	—	14.7	—	—	高望界林场
花椒	—	—	—	27.3	6.6	81.9	茄通乡
黄柏	236.2	—	—	21.5	—	—	岩头寨乡、野竹乡
梨	39.5	23.7	191.0	50.9	25.5	193.0	茄通乡、默戎镇

续表 12-20

树种	1994 年			2004 年			主要分布范围
	总面积	结果面积	年产量	总面积	结果面积	年产量	
李	2.5	—	—	7.2	7.2	38.0	古阳镇、茄通乡、双溪乡、城关乡
茶叶	1990.1	596.5	203.0	2008.5	858.8	345.0	古阳镇、默戎镇、罗依溪镇、双溪乡、河西镇、茄通乡、高峰乡、山枣乡、城关乡
猕猴桃	—	—	—	125.0	5.3	1875.0	默戎镇、断龙山乡、茄通乡
桃	—	—	—	28.0	17.8	38.0	默戎镇、茄通乡
油茶	9571.7	9192.0	856.0	6524.5	6265.7	553.0	断龙山乡、罗依溪镇、高峰乡、岩头寨乡、坪坝乡、山枣乡
油桐	6224.7	6117.6	1121.0	697.6	685.6	302.0	断龙山乡、茄通乡、岩头寨乡、双溪乡
枣	—	—	—	1.7	—	—	茄通乡、河蓬乡
竹笋	43.5	43.5	0.9	102.6	102.6	2.0	高峰乡、高望界林场、城关乡、双溪乡、古阳镇

二、林产品加工

1986 年，国营高望界林场成立一个小型松脂厂，专门采割国营林场的松林生产松脂。1997 年，县林业局成立松脂厂，选址在三八枯种苗站内，由于管理、经营不善，第二年停止生产。

2005 年，古丈县青林林产化工有限公司成立，年产松脂、松香、松节油 500 吨。2008 年，古丈县神土地农副特产制品厂成立，采用脱盐、护色、真空包装、杀菌等工艺生产出山野菜 10 个品种，产品质量达到国家标准。是年，古丈县锦华农业综合开发有限公司成立，是一家年干鲜果保鲜、精深加工 1 万吨、储藏增值效益 1500 万元的林果产品加工企业。

第五节 木材生产

一、木材采伐

1986 年，古丈县木材生产除国营高望界林场自主采伐外，其余木材生产计划指标下达到乡镇，实行分户采伐，木材公司与农户订立采伐合同，确定木材生产收购任务，农户按规格质量、数量，定时到指定地点进行检尺验收。采伐方式以择伐为主，做到“青山常在、永续利用”。是年，全县竹木采伐量 36100 立方米。

1991 年，省林业厅制定《湖南省森林采伐限额管理办法》，采伐指标由省直接下达到乡和国营林场，实行木材生产“一本账”，提倡以村组为单位，统一采伐期、统一检尺、统一验证，加强监督，把超额采伐控制在山头。是年，全县木材采伐量 39800 立方米，其中商品材 28800 立方米，民用材 11000 立方米。

1993 年，省林业厅决定，国营林场森林采伐年度计划在省林业厅确定总量控制以下，由省国有林场管理站直接下达到林场，抚育间伐依作业设计和地市鉴定意见直接到省林业厅办理计划指标。竹材及其他农副产品自产自销。是年，全县木材采伐量 23300 立方米。

1998 年，国家实施天然林保护工程，湘西州颁布《关于加强森林资源保护的决议》，规定全州范围内木材生产计划下达只限于在人工造林商品材范围内，古丈木材生产采伐由集体、农户砍伐转为集体、个体规模林场采伐商品木材，并降低采伐限，伐蔸高度一般不超过10厘米。同时，进行林地更新管理，提高伐后造林成活率和苗木保存率。是年，全县采伐商品材47300立方米。

2007年，全县木材采伐量33519立方米，其中高望界林场采伐9432立方米，集体及个人采伐24087立方米（其中更新采伐6250立方米，公益林抚育采伐110立方米，集体林地间伐110立方米）。

2008年，全县木材采伐量28356立方米，其中高望界林场采伐6071立方米，集体及个人采伐22285立方米（其中公益林抚育采伐1037立方米）。是年，遭受冰雪灾害，造成许多树木被冰雪压断。

2009年，全县木材采伐量37501立方米，其中高望界林场采伐12302立方米，集体及个人采伐25199立方米（其中公益林抚育采伐1667立方米，集体林地间伐8立方米）。

2010年，全县木材采伐量34615立方米，其中高望界林场更新采伐7324立方米，高望界林场主伐3987立方米，集体及个人采伐23304立方米（其中公益林抚育采伐1229立方米，集体林地间伐25立方米）。

二、木材运输检查

1986年，古丈县木材流通管理，即所有竹木半成品、成品运输由县林业局开其运输证明，统一核报运输计划，竹木运输出县境，由县林业局发给运输证明，竹木运输出湘西州境，由湘西州林业局发给运输证明。楠（毛）竹省内流通凭县林业局运输证明，运输出省境，由县林业主管部门按省统一格式发放运输证明。是年，全县有田马寨、罗依溪、龙鼻嘴3个木材检查站，确定人员编制14人，主要检查木材偷运及其他非法采购木材行为。

1987年，中共中央、国务院印发《关于加强南方集体林区森林资源管理，坚决制止乱砍滥伐的指示》。位于省道1828线上龙鼻嘴木材检查站增加工商、税务、财政等部门工作人员，进行联合执法检查。1992年，开展木材检查站法制整顿，撤销龙鼻嘴联合木材检查站，保留田马寨、罗依溪、龙鼻嘴3个木材检查站，赋予罗依溪木材检查站监管铁路木材运输权力，同时增设高峰、草潭、河蓬3个木材检查站，编制12人。全县6个检查站有工作人员26人。

2000年，按省林业厅、省监察厅下发《关于整顿林政执法队伍，规范林业执法行为的实施意见》，在全县5个木材检查站中开展整顿思想作风、整顿执法和执法着装活动。

2001年，省政府针对公路交通改善等级提高，部分检查站失去监管能力等实际情况，古丈县对木材检查站进行调整。

2004年，田马寨木材检查站被省政府评为“文明执法窗口单位”。

2006年，县林业局干部龙明军被省林业厅评为“资源林政管理先进工作者”。

三、木材加工与销售

1986年，全县除当地林业部门国营木材经营单位可在集体林区直接收购外，松圆木、枕木等材种主要销往河南、河北、山西，杉原条、杉檀材主要销往湖北、江苏、浙江、上海等地。是年，全县仅有1家木材加工企业，即古丈县木材综合加工厂，年加工纤维板能力2000吨。1987年，受全省木材市场需求上升影响，全县木材购销活跃，价格上涨。

1993年，县林业局林业开发公司当年木材销售一空，特别是松枕木销售形势十分看好，每立方米松枕一类枕价格达980元/立方米。下达给各乡镇林业站加工生产松枕计划，由县林业局林业开发公司直接收购。县纤维板厂、县日杂公司加工木材，由乡镇林业站代收，全县木材销售加工形势趋升。

2003年，古丈恒兴木业加工厂成立，主要经营木材，松圆木，柏木加工销售，投资3200万元，在古丈县木材综合加工厂所在地建高档齿板、细木工板等锯材加工生产线，年可产60万张杉木集成板。2006年，古丈卓良木业有限责任公司成立，公司位于古丈县城三道河，占地面积23000平方米。

公司主导产品为系列环保型高档细木工板，公司自主品牌为“卓明板材”。

第六节 森林保护

一、林政管理

限额采伐 全国森林采伐限额从 1986 年开始执行，每五年修订一次。古丈县限额采伐，首先进行伐区调查设计，必须由具有资质的县林调队承担，严格验证程序，按规定发证，实行谁发证、谁验收的制度，把林木采伐的源头管理真正落到山头地块，杜绝超限额、超计划和无证采伐林木现象。加大对农民自用材和烧材的管理力度。

实行森林采伐限额自查制度，健全和落实年森林采伐限额执行情况的监督检查制度，把限额检查纳入森林执法检查工作中去。林业站定期开展采伐限额执行情况的自查工作。自实施限额采伐制度以来，古丈县没有突破限额采伐数量。

林地管理 2004 年，设古丈县征占用林地管理办公室。2006—2010 年，发放和粘贴标语 15000 幅，印制《古丈县林业局林地知识宣传册》20000 册；办理和查处非法占用林地案件 34 件，其中刑事案件 2 起；审核 18 起征占用林地案件，其中国家级 1 起，省级 17 起，总面积 56.3 公顷，缴纳森林植被恢复费 361.3 万元。国家级审批永吉高速公路征用林地 200 公顷，缴纳森林植被恢复费 600 万元。

定权发证 1989—1991 年，对高望界林场、三八枯树木园、县林科所、高峰乡大面山林场 4 个拥有国有林地及集体林地进行林权发证。全县国有林发证面积 6817.69 公顷。在林权发证中解决争议纠纷 37 处，涉及林地面积 1677.67 公顷，其中权属不清 24 处，涉及林地面积 1171 公顷，侵权 3 处，改原错划 2 处，涉及林地面积 20 公顷，登记成册共 48 套 78 册，分别交省林业厅、州林业局、县档案局、县国土局存档，保障国有林及集体林合法权益。

2003 年 3 月，按省林业厅、州林业局要求，集体林权换发证试点工作在古阳镇开展，抽调工作人员 25 人，成立古丈县集体林权换发证工作山林纠纷调处工作小组，县委、县政府确定一名副县长兼管纠纷调处工作，每季度末召开一次碰头会。2007 年，罗依溪镇茶叶村马路溪组与马鞍子组发生一起林地纠纷，涉及 19 万元补偿资金，县林业局工作人员多次深入茶叶村，针对寨情，收集多方有关证据，及时作出调处，纠纷得到圆满解决。2010 年，完成全县集体林权制度改革，涉及改革林地面积 99400 公顷，现场核实宗地数 147555 宗。

二、公益林保护

1996 年，根据国家有关政策和法律，在省、州统一部署和安排下，全县开始进行公益林分类经营试点总体规划，2000 年，在红石林镇河西片区进行公益林区划界定，2001 年，全县全面铺开公益林分类经营区划界定，2004 年，进行国家级重点公益林区划界定，全县区划国家级公益林 36240 公顷。2007 年，进行省级、州级公益林区划界定，全县区划界定省级公益林 11093.3 公顷。

2008 年，进行公益林区划界定调整，全县有公益林 47416.4 公顷，其中国家级公益林 41594.9 公顷（国有 5134.7 公顷、集体 36460.2 公顷），省级公益林 5821.5 公顷（国有 49.7 公顷、集体 5771.8 公顷），主要分布在红石林镇、罗依溪镇、默戎镇、高望界乡、高峰乡、河蓬乡、断龙山乡、双溪乡、古阳镇、岩头寨镇、坪坝乡。集体公益林农户补偿政策为：2004—2009 年补偿标准为 52.5 元 / 公顷，2010 年补偿标准为 127.5 元 / 公顷。国有公益林补偿政策为：2004—2010 年补偿标准为 71.25 元 / 公顷。

三、森林防火

1988年，县森林防火机关与县林业公安机构合署办公，实行一套人马，两块牌子。1991年11月14日，高峰乡李家洞村发生森林火灾，乡政府民政助理员李云飞在救火中英勇牺牲，12月，李云飞被追认为烈士。

2005年，县政府制定《古丈县处置重特大森林火灾应急预案》。利用宣传车进行森林防火宣传，发放《森林防火期野外用火“十不准”规定》和林业知识宣传手册，定制防火金属宣传牌，设置固定标语牌和刻写石板标语，对省道S229沿线及红石林、坐龙峡、高望界等旅游景点进行森林火灾隐患排查。是年，国有高望界林场、高峰乡大面山林场、岩头寨镇龙岩林场3个林场修建防火林道40千米、防火林带30千米、防火线38千米。

2010年，全县建成建瞭望台5座，森林防火检查站5处，配备护林防火巡逻车5辆、风力灭火机6台、割灌机5台。

2006—2010年古丈县森林火灾损失情况一览表

表12-21

年度	次数	火场面积（公顷）	受害森林面积（公顷）			损失材积（立方米）	
			小计	原始林	人工林	成材蓄积	幼林株数
2006	6	35.01	27.25	8.98	18.27	410	0.5
2007	3	30.6	0.046	0	0.046	1.8	7.6
2008	13	177.64	86.48	2.24	84.24	738.4	17.018
2009	3	11.79	11.66	0	11.66	0	3.498
2010	7	47.7	40.70	39.33	1.37	0	0

四、森林病虫害防治

测报 古丈县森林病虫害预测预报确定马尾松毛虫、竹蝗、油茶天蛾、油桐尺蠖为测报对象，对虫情调查，预测方法和发报时间等建立预测联系制度。1986年，建立古丈县中心测报点与周边县测报联系制度，以及区域预报职责，规定每年4、7、9、11月下旬将虫情信息上报湖南省森林病虫害预测预报站。1990年，全县有测报点16个，建立县、乡、村三级测报网。1998年，将测报对象定为松类、竹类、油茶类、杨树类害虫。2000年，国家林业局在湖南省建立20个国家级测报点，古丈县列为其中，实现与国家测报中心、省森防总站、州森防站联网，用计算机处理和传递虫情信息。

工程治理 森林病虫害工程治理，采用工程管理模式对害虫进行系统防治。1986年，县林业局对主要害虫常灾区进行系统治理，累计面积8000公顷，占有林地面积的100%，覆盖全县病虫害常灾区。为实施湘西南山区松毛虫持续减灾工程，在全县16个乡镇场实施综合治理，面积3300公顷。1990年，森林病虫害治理工程实施5年来，全县42万公顷马尾松林免受松毛虫危害，按照马尾松林中度以上受害后每年每公顷减少材积保护价计算，挽回经济损失576万元。

五、野生动植物保护

1990年，全县进行野生动物保护宣传，到乡镇集市、酒店、小餐馆等地发放宣传资料，向全社会普及野生动物保护法律法规，出动宣传车20次，编印野生动物保护相关法律、法规和保护野生动物科普资料 1500 份。

1994 年，全县开展打击毁林犯罪专项行动，对毁林犯罪行为开展“秋季攻势”和“冬季攻势”清查活动。

2000 年，全县开展野生动物执法检查，没收一级保护动物游隼 1 只，二级保护动物锦鸡 1 只，竹鸡 6 只，岩蛙 400 只，蛇 400 条，并及时放归大自然。2001 年 7 月，开展“猎狐行动”，打击破坏野生动物资源违法犯罪行为，一批犯罪分子受到惩罚。同时，对破坏野生珍贵名木犯罪分子进行严厉打击。

2008 年，侦破湘西州非法收购国家重点保护动物案，收缴国家二级保护动物小灵猫 1 只。2010 年，进行“爱鸟周”宣传活动，以“美丽古丈，让鸟儿自由飞翔”为宣传主题，以“爱鸟周”为平台，宣传《中华人民共和国野生动物保护法》《湖南省野生动植物资源保护条例》等相关法律条例，展出展板 2 块，展出林业检疫性有害生物图片 45 张，发放爱鸟周宣传资料 1500 份。

第七节　科技兴林

一、林业科技

全县林业科技推广机构有县林业局营林站、县林业科学研究所和各乡镇林业站。1995 年，县林业科学研究所技术员王明贵主持的“湘西水蚀地造林树种生态适应性及其类型研究课题”，通过州级成果鉴定，并被评为湘西州科技进步二等奖。1999 年，实施林业科技推广项目 5 个，分别为 GGR 推广应用、马尾松容器育苗技术应用、耐寒桉树引种示范、杉木无性繁殖育苗技术和珍稀树种育苗实验。

2003 年，在红石林镇茄通村开展红豆杉、香榧、伯乐树、银杏、银鹊树等 21 个珍稀树种育苗试验，育苗面积 4.0 公顷。2006 年，全县推广使用 GGR1000 克，杉木、马尾松、桤木、枫香等树种播种育苗 13.8 公顷，各类工程造林推广使用 GGR 浸根造林 533 公顷。2007 年，在县林业科学研究所引种栽培邓恩桉试验示范林 2 公顷。是年，县林业局副局长姚祖超获湘西自治州第六届青年科技推广奖。

2008 年，受特大雨雪冰冻灾害影响，县林业科学研究所示范基地邓恩桉试验示范林桉树受冻情况严重，采取截干处理，无出现死树现象。2009 年，县林业局副局长龙文高被获湘西自治州第七届青年科技推广奖。

2010 年，古丈县有林业专业技术人员 57 人，其中中级职称 26 人、初级职称 31 人。县林业科技人员通过科技实践，科技知识水平得到提高，拥有州林学会会员 25 人，发表科技论文 30 篇次。是年，县林业科学研究所示范基地邓恩桉试验示范林桉树平均胸径 10 厘米、平均树高 8 厘米。

二、林业产、学、研合作

2007 年，古丈卓良木业有限责任公司从事细木工板科技研发需要，公司与中南林业科技大学合作，创建省内首家木材综合利用研究中心，以目前国内细木工板行业共性、关键性研究课题为主，进行细木工板加工科技攻关和技术创新。成立古丈节能环保型细木板产业化应用与推广项目课题组，由中南林业科技大学博士彭万喜任项目课题组长，由该大学博士邓和平、研究员张名龙、古丈卓良木业有限责任公司经理卓建银和县科技局负责人任成员的项目课题组。“节能环保型杉木细木工板系列产品产业化关键技术开发与推广”项目主要利用杉木材作芯板，生产采用“杉木集成材为芯板工艺”和“二次布胶，二次砂光工艺”，同时采用新的专利成型技术工艺，提高产品质量。该产品甲醛低于 1.5%。该公司“卓明板材”品牌效应在板材行业内迅速得到推广，“卓明板材”细木工板系列产品 2008 年度被评定为“湘西州名牌产品”，2009 年度被评为“湖南省名牌产品”。

第八节　林业场、所、站

一、县三八枯种苗站

古丈县三八枯种苗站建于 1975 年，属国有实验苗圃，属县林业局二级机构。土地总面积 56.9 公顷，有职工 6 人。主要职责负责采种、育苗、造林管理，经费来源为省财政拨款事业单位。1986—1995 年，县林业局将种苗站按责任制规定，列为内部股室创收单位，每年县林业局里从育林基金中解决 50%，种苗站通过育苗创收自筹 50%。1996—2010 年，由于政策变动，种苗站全体工作人员工资停发，种苗站陷入发展困境。

二、县林业科学研究所

1975 年，在河西设古丈县林业科学研究所，归县林业局管理。土地总面积 240.7 公顷，其中林地面积 182.8 公顷，活立木蓄积 18333 立方米，主要职责为负责林业科研科技成果推广、应用、示范，经费来源为省财政拨款。1993 年 6 月，设古丈县林业技术推广站，与县林业科学研究所实行两块牌子，一套人马。1986—1995 年，县林业局将县林业科学研究所按责任制规定，列为内部股室创收单位，每年县林业局从育林基金中解决 50%，林科所经营创收自筹 50%。2003 年，并入坐龙峡森林公园管理委员会，有职工 9 人。

三、高望界国有林场

高望界林场始建于 1958 年。境内高山险峻、群峰交迭，平均坡度 40 度，平均海拔 800 米。因山高林密造就温高而不热，温低而不冷，年均气温 12.5℃，四季分明，风景秀丽，被誉为“天然氧吧”。高望界原始次生林分布在大溪、金龙溪、黑洞溪、葛竹溪、长沙洞、麻溪、椿木椏 7 处，面积 4666.7 公顷。原始次生林有多种植物群落。1979 年，升格为正科级单位，代管岩坨、冲天坪、高望界、焦坪、吴家坪、石门寨、公羊坪、葫芦坪、烂泥池、麻溪 10 个大队。1998 年，林场推行用工、工资、财务、医疗“四项”制度改革，林场员工聘用制，鼓励职工内部退养和停薪留职。2006 年，行政区划调整，把行政职能从林场剥离出来，设高望界乡。2010 年，林场林区面积 6735.7 公顷，其中人工林 2533.3 公顷，天然林 4202.4 公顷；生态公益林 4775.9 公顷。林木总蓄积量 69 万立方米，森林覆盖率 91.6%，林木资产总额 1.95 亿元，有干部职工 138 人，其中在职 76 人，退休 62 人。

1986—2010 年，梁明金、张仕金、向熙林、宋开尧、张昌宁、彭司明、黄云山、宋祖林、龙文高先后任林场党委书记。张仕金、宋开尧、张昌宁、彭司明、黄云山、龚佳林先后任林场场长。

第九节　森林公园和自然保护区

一、高望界自然保护区

1993 年 8 月，古丈县政府批准建立高望界自然保护区，配套专门人员开展资源调查，创建省级自然保护区。2003 年 6 月，湖南省政府批复，升为省级自然保护区。2007 年，申报国家级自然保护区，并通过国家林业局评审；2009 年，通过国家级自然保护区评审委员会评审，升为国家级自然保护区。

区域范围　位于县境东北部，北临酉水河。东西长 23.1 千米，南北宽 13.7 千米，最高海拔高望界顶堂 1146.2 米，最低海拔高峰乡镇溪村酉水河岸 170 米，相对高差 976.2 米，坡度在 34°～40° 之间。范围涉及高望界 1 个国有林场，高峰、岩头寨、罗依溪、高望界 4 个乡镇 18 个建制村，即高望界乡公洋、葫芦坪、麻溪、高望界、石门寨、岩坨、焦坪、烂泥 8 个村，罗依溪镇牛儿山、康家寨、青鱼、江洋、会溪 5 个村，高峰乡镇溪、李家洞 2 个村、岩头寨乡湾坪、鲁家寨 2 个村，高望界林场和县木材公司林场，人口 7900 人，总面积 17169.8 公顷、占全县总面积的 13.6%。保护区林地面积 15564.8 公顷，其中国有 4615.6 公顷，村集体 10949.2 公顷。

自然保护区分为三个区。核心区位于保护区中心地带，面积 7497.5 公顷，占保护区总面积 43.7%；范围从鲤鱼池—凉风垭—沙鱼溪—池坳—吴家坪—王狗恋窝—椿木垭—虎草垭范围内部分，主要包括高望界国有林场及高峰乡观音山村，高望界乡麻溪村、吴家坪村、葫芦坪村与石门寨村的一部分林地，保存着原生性森林植被和完整季风常绿阔叶林生态系统，是钟萼木、红豆杉、楠木、云豹、金钱豹、白颈长尾雉、穿山甲等珍稀动植物集中分布区域，区内无不良因素干扰和影响。

缓冲区位于核心区的外围，范围为核心区向外延近 1 千米带状区域，面积 5624.3 公顷，占保护区总面积的 32.8%。

实验区分为两个部分，一部分是自然保护区西北部临近酉水的会溪坪村、江洋溪村；另一部分为古丈至高峰公路沿线及南面高望界林场，总面积 4048.0 公顷，占保护区总面积的 23.5%。

保护对象　保护区内动植物资源特别丰富，植物类型与植物群落多样，有植物 221 科、976 属、2440 种，国家一、二级保护植物有 9 种，有珍稀野生动物 35 种，是天然“动植物基因库”。

区内地带性植被为中亚热带常绿阔叶林，植被类型多样，现有维管束植物 204 科 846 属 1883 种，其中国家一级保护植物银杏、红豆杉、南方红豆杉、钟萼木 4 种，国家二级保护植物有黄杉等 33 种，另外兰科植物 36 种，湖南省重点保护植物有罗汉松等 25 种。

区内野生脊椎动物有 279 种，隶属 29 目 87 科。其中鱼类有 4 目 10 科 32 种，两栖动物有 22 种，隶属 2 目 7 科，爬行动物有 45 种，隶属 2 目 10 科，鸟类有 137 种，隶属 14 目 41 科，哺乳动物有 43 种，隶属 7 目 19 科。属国家一级保护动物有云豹、林麝、白颈长尾雉 3 种，国家二级保护动物有白鹇、红腹锦鸡、勺鸡、穿山甲等 28 种。国家保护有益或者有重要经济、科学研究价值的野生动物有 164 种，国际贸易公约保护动物 37 种，中国珍稀濒危动物《红皮书》中涉及的物种 21 种，湖南地方重点保护物种 162 种。另外，还有中日保护的候鸟 38 种、中澳保护的候鸟 8 种。

区内有大型真菌 7 目 16 科 38 属 61 种，其中有 16 种为湖南新记录。其中食用菌有野生香菇、枞菌、剥皮菌、黑木耳、银耳、阳雀菌、鸡冠菌、茶树菌、冻菌等。

区内昆虫有 804 种，分别隶属于 17 目 131 科 619 属，昆虫种类中以鳞翅目（356 种）、膜翅目（95 种）、鞘翅目（88 种）为主，占昆虫种数的 67.05%。

二、坐龙峡森林公园

2003 年 3 月，湖南省政府批准设立古丈县坐龙峡森林公园。

公园总面积 2371.29 公顷，森林覆盖率 84.2%。公园分为坐龙峡景区、宝塔山景区、河西民俗风情区和森林植被恢复区 4 个部分。公园以坐龙峡大峡谷为主要景观，集森林、溪涧、古丈金钉子剖面、山寨、古树、化石于一体，融自然山水和土家风情于一园。

园内有野生脊椎动物 279 种，其中国家一级保护动物有白颈长尾雉 1 种；国家二级保护动物有红腹锦鸡、虎纹蛙、蛇雕、苍鹰等 21 种。维管植物共有 104 科 624 属 1283 种，属国家重点保护野生植物的有 26 种，其中国家Ⅰ级保护植物有银杏、南方红豆杉、钟萼木 3 种；国家Ⅱ级保护植物有鹅掌楸、榉树、金钱松等 23 种，是湖南植物丰富地区之一，有“天然植物园”之称。

园内坐龙大峡谷长6500米，最窄处仅容一人通过，峡谷中有溪有潭有瀑。主要景点有二跌飞瀑、连珠瀑布、三跌瀑布、龙口吐珠、卧龙捧蛋、一线天、卧龙潭、彩虹瀑布等瀑布群，一步一景，雄奇壮观。谷中溪水落差达600米，奔流甚急，潭深数十丈，潭瀑交错，崖下有潭，潭上飞瀑，瀑从绝壁顶倾落，也有从悬崖石缝中喷出，有如帘似瀑的壮观，也有如练似线的优美，把险、奇、雄、美集一峡谷之中，有中南地区第一谷之称。

园内古村古寨保存完好，具有浓郁土家族风情的吊脚楼依山而建，造型精巧别致，村落周边有百年古树210株。园内“古丈金钉子”为全球层型剖面和层型点（GSSP），是国际地质科学联合会于2008年3月批准建立，是中国在49亿年地球史上钉下10颗“金钉子”之一。

第五章 水 利

1986年，古丈县水利电力局设办公室、水政水资源股、水电经营管理站，辖白溪关电站、泽信电站、县电力公司3个发供电企业。1994年，更名为古丈县水利水电局。1996年，县电力公司划归湘西州电业局代管。

2002年，更名为古丈县水务局，内设办公室（加挂人教股牌子）、计划财务股、水政水资源股（加挂古丈县节约用水办公室牌子）、水利建设管理股等4个行政股室及城乡供水管理站、河道管理站、水政监察大队、水土保持质量监督站、水电工程质量监督站、水电经营管理站、水电工程勘测设计室等7个事业股室，纪检组（监察室）1个派出机构；另设县防汛抗旱办公室（加挂抗旱服务队牌子），为县防汛抗旱指挥部办事机构；辖12个乡镇水务管理站和白溪关电站、泽信电站。2006年5月，设古丈县水库管理中心，与县水土保持站合署办公，负责全县水库工程管理、供水调度、水源保护、水库维修与养护。2010年，县水务局设办公室、城乡供水管理站、财务室、水政水资源股、政工股、水建股、水土保持局、水经站、水土质量监督站、水电工程勘测设计室、防汛抗旱办公室，有干部职工280人。

1986—2010年，历任古丈县水务局局长有彭祖保、向乃武、余晓泓、程方国、张仕荣、张二平。

第一节 设施建设

一、水库

全县水库47座，其中中型水库1座，小（一）型水库9座，小（二）型水库37座。

中型水库　白溪关水库兴建于1976年10月，位于断龙山乡白溪村境内，集雨面积490平方千米。系浆砌石单曲拱坝，坝顶高程244米，安装4×1250千瓦水轮发电机组，是一座具有防洪、发电、饮水等综合利用效益的中型水利工程，也是全县唯一一座中型水库。2001年1月至2002年12月，投资340万元对电站1#、2#、3#机实施增容改造，增加装机容量1050千瓦，运行管理实现半数字化。2003年1月至2005年10月，投资80万元对大坝水工设施实施除险加固，修建上坝防汛便路，对路

2010年古丈县白溪关（中型）水库基本情况一览表

表12-22

序号	水库名称	所在乡镇	集雨面积（平方千米）	坝型	坝高（米）	库容（万立方米）	灌溉面积（公顷）	兴修年月	治理时间	投资（万元）
1	白溪关	断龙山乡	490	浆砌石拱坝	47	1640	—	1976.3	2003.1	890

面进行硬化，配套完善观测等防汛设施。

小（一）型水库　全县有小（一）型水库9座，总库容1167.1万立方米，灌溉面积866.66公顷，工程总投资937.4万元。2002—2010年，投资2345万元对其中8座水库实施除险加固治理。

2010年古文县小（一）型水库基本情况一览表

表12-23

序号	水库名称	所在乡镇	集雨面积（平方千米）	坝型	坝高（米）	库容（万立方米）	灌溉面积（公顷）	兴修年月	投资（万元）	治理时间	投资（万元）
1	广潭河	红石林镇	32.00	拱坝	26.0	229.4	160.67	1965.10	115	2008.11	340
2	岩槽河	默戎镇	102.00	连拱坝	15.0	148.7	146.67	1966.10	82	2008.11	340
3	泽比条	断龙山乡	1.60	重力坝	18.0	120.0	106.67	1974.10	52	2008.11	40
4	红旗	山枣乡	0.60	土坝	21.5	117.0	83.33	1958.10	47	2005.11	200
5	杨家岭	高峰乡	0.85	土坝	24.0	115.0	140.00	1957.11	51	2006.80	205
6	夯苦	古阳镇	3.20	土坝	26.0	105.0	26.67	1980.10	300	2004.11	275
7	细塔	断龙山乡	3.38	土坝	16.0	123.0	133.33	1972.9	92	2005.11	265
8	亮坪	岩头寨	16.80	拱坝	17.0	104.0	69.33	1976.10	62	2009.11	340
9	泽信	双溪乡	2.00	土坝	28.0	105.0	0	1970.50	136.4	2008.11	340
合计	—	—	162.43	—	—	1167.1	866.67	—	937.4	—	2345

小（二）型水库　全县有小（二）型水库37座，总库容656.7万立方米，实际灌溉面积1767.13公顷，总投资1243.61万元。2002—2010年，投资451万元对其中19座水库实施应急除险加固治理。

2010年古文县小（Ⅱ）型水库基本情况

表12-24

序号	水库名称	所在乡镇	集雨面积（平方千米）	坝型	坝高（米）	库容（万立方米）	灌溉面积（公顷）	兴修年月	投资（万元）	治理时间	投资（万元）
1	阿姐冲	断龙山乡	0.20	土坝	14.0	42	37.33	1969.50	9	2004.11	19
2	对门冲	断龙山乡	4.00	砼拱坝	16.8	21	137.33	1992.60	150	2004.11	35
3	小白	断龙山乡	0.15	土坝	5.2	12	14.00	1957.80	3	2003.11	20
4	上季洲	红石林	0.15	土坝	8.0	10	16.67	1971.30	24	2005.11	20
5	柯布天池	红石林	0.40	土坝	10.0	20	20.00	1955.50	5	—	—
6	借者湖	红石林	0.57	土坝	13.0	15	18.00	7957.50	8	—	—
7	芷潮	红石林	0.45	土坝	13.0	21	20.00	1958.10	9	2004.11	26
8	沙土湖	红石林	0.35	土坝	10.0	11.4	186.67	1965.40	8	2004.11	31
9	泽西埔	红石林	0.50	重力坝	5.0	12	20.00	1970.12	10	—	—
10	着落溪	红石林	2.00	砼拱坝	9.0	10	30.00	1971.3	26	—	—
11	焦溪	罗依溪	8.00	砼拱坝	25.0	32	—	2003.10	256	—	—
12	仁溪河	古阳镇	5.00	砼拱坝	25.0	49.6	—	2002.11	248	—	—
13	长潭	古阳镇	104.00	砼拱坝	8.0	19.6	20	1979.12	80	—	—

续表 12-24

序号	水库名称	所在乡镇	集雨面积（平方千米）	坝型	坝高（米）	库容（万立方米）	灌溉面积（公顷）	兴修年月	投资（万元）	治理时间	投资（万元）
14	高坳	古阳镇	0.20	拱坝	17.8	14.63	43.33	1992.5	33.8	—	—
15	葫芦坪	高望界	0.15	土坝	9.0	10	16.66	1971.12	5	—	—
16	葛竹溪	高望界	3.57	拱坝	13.0	10	—	1986.20	76	—	—
17	岩坳	高峰乡	0.50	土坝	15.0	10	20	1959.80	9	2004.11	35
18	铅场	高峰乡	0.65	土坝	8.0	11.2	26.67	1959.50	7	2004.11	15
19	老官坪	高峰乡	0.56	土坝	15.0	15	33.33	1972.40	6	—	—
20	九丘田	高峰乡	0.11	土坝	9.0	10	20.00	1971.10	5	2008.11	23
21	凉水坡	高峰乡	0.64	土坝	16.5	35.4	43.33	1965.50	88	2003.11	22
22	梨木界	高峰乡	0.17	土坝	8.0	10.0	16.67	1975.2	4	—	—
23	三叉溶	高峰乡	0.08	土坝	10.0	10.0	66.67	1970.2	9	—	—
24	长冲	岩头寨	0.30	土坝	15.0	15.0	533.33	1967.4	8	2004.11	26
25	亮坡	岩头寨	0.13	土坝	10.2	12.5	20.00	1959.3	9	2003.11	21
26	千金	岩头寨	0.37	土坝	7.0	15.0	80.00	1966.5	7	2005.12	22
27	洞坪	岩头寨	110.00	重力坝	7.5	12.0	—	1977.12	10.81	—	—
28	水洞溶	山枣乡	0.72	土坝	9.5	12.0	5.33	1966.4	3	—	—
29	漆树界	山枣乡	19.40	拱坝	17.5	40.0	—	1982.12	43	—	—
30	洪水洞	河蓬乡	2.00	重力拱坝	8.0	15.0	20.00	1972.3	6	—	—
31	报木	河蓬乡	0.50	土坝	8.8	10.0	20.00	1970.10	9	2003.11	20
32	毛坪	坪坝乡	0.38	土坝	10.0	10.0	20.00	1972.2	8	2004.11	19
33	杨柳冲	坪坝乡	0.54	土坝	12.0	23.0	44.47	1967.3	10	200911	20
34	高果冲	坪坝乡	0.20	土坝	8.0	10.0	16.67	1970.12	5	2003.11	19
35	翘水	坪坝乡	156.00	重力坝	15.4	29.1	160.67	1965.10	115	—	—
36	李家寨	默戎镇	0.52	土坝	13.0	14.3	20.00	1973.8	3	2003.11	22
37	桐木	默戎镇	1.80	土坝	13.0	27.0	20.00	1973.2	8	2006.1	31
合计	—	—	425.26	—	—	656.7	1767.13	—	1243.61	—	446

二、山塘

全县有山塘 3125 口，其中骨干山塘 366 口。2009 年，投入第一批新增农资综合补贴资金 141.89 万元，对 118 口山塘实施清淤扩容平容改造，新增蓄水 15.24 万立方米，改善灌溉面积 89.13 公顷。

三、水池、集水窖

2006 年 10 月，在红石林镇花兰村实施全省第一批抗旱集水窖示范工程。2010 年，古丈县水窖工程项目获省水利厅科技成果三等奖。截至 2010 年底，累计投资 600 万元修建饮水灌溉集水窖 1550 口、各类蓄水池 1580 口。

四、水电站

水能资源分布　全县小水电点多、面广，分布较散，多为径流式。中部地表水发育，有古阳河，水能资源较少；西北部地下溶洞、暗流甚多，有广潭河、白溪关河，水能资源丰富；东南部地表水较发育，河谷多深窄，有坪坝河、西溪河、草潭河等，水能资源较丰富。全县水能资源理论蕴藏量72370千瓦，技术可开发量19650千瓦，已开发8505千瓦，占可开发量44.2%。

古文县水能资源分布

表12-25　　单位：千瓦

河流名称	理论蕴藏量	技术可开发量	已开发量
酉溪河	23128	8275	1275
白溪关河	9367	6400	6050
坪坝河	17531	1580	440
广潭河	11172	1125	20
古阳河	9516	1700	720
其他河流	1656	570	0
合计	72370	19650	8505

水电开发利用　全县农村水电开发利用程度中等，至2008年底，全县建成小水电站18处，装机24台8685千瓦，年发电量2700万千瓦时。其中年发电量500千瓦时以上1处4台，共6050千瓦时；年发电量100～500千瓦时是15处17台，共2485千瓦时；年发电量100千瓦以下2处2台，共150千瓦时。

白溪关河：建成白溪关骨干电站，原设计装机5000千瓦，进行增容改造后，增容1400千瓦，完成1050千瓦。开发利用程度较高。

广潭河：建成广潭河（125千瓦）、泽旧（75千瓦）2处电站，规划建设洞上等2处电站640千瓦。

古阳河：建成长潭（125千瓦）、笔架山（125千瓦）、夯库（150千瓦）、泽信（320千瓦）4处电站，规划建设虾公溪等3处电站480千瓦。

坪坝河：建成岩槽河、翘水2处电站440千瓦，规划建设盘草等3处电站640千瓦。

酉溪河：建成凤鸣、葛竹溪等7处电站（1075千瓦）和毛坪电站（75千瓦），规划建设草潭、七层岩等10处电站7200千瓦，开发前景较好。

2010年古文县水电站基本情况一览表

表12-26

序号	电站名称	所在河流	所在乡镇	装机容量（千瓦）	装机台数（台）
1	白溪关	白溪关河	断龙山乡	6050	4
2	洞 坪	草潭河	岩头寨镇	125	1
3	翘 水	坪坝河	坪坝乡	180	2
4	岩槽河	坪坝河	默戎镇	260	2

续表 12-26

序号	电站名称	所在河流	所在乡镇	装机容量（千瓦）	装机台数（台）
5	广潭河	广潭河	红石林镇	125	1
6	亮 坪	岩头寨河	岩头寨镇	125	1
7	夯 苦	古阳河	古阳镇	150	2
8	笔架山	古阳河	罗依溪镇	125	1
9	凤 鸣	河蓬河	河蓬乡	200	1
10	徐家岭	沙地河	高峰乡	200	1
11	葛竹溪	沙地河	高望界乡	125	1
12	泽 信	茅坡河	双溪乡	320	1
13	漆树界	河子河	山枣乡	200	1
14	长 潭	古阳河	古阳镇	125	1
15	毛 坪	河蓬河	河蓬乡	75	1
16	洞 溪	茶溪溪	岩头寨镇	100	1
17	泽旧	广潭河	红石林镇	75	1

水电建设难点　未进行过农村水电增效减排改造的 10 处农村水电站建成年代较早，受当时技术水平、经济条件和多年运行、老化影响，普遍存在机组效率差、水能利用效率低等问题。而进行过技术改造的农村水电站，改造不彻底。白溪关水电站，仅对 3 台水轮发电机组及励磁和调速器等进行改造，还有 1 台机组和电气一、二次系统均未改造，增容效益不能得到充分发挥。农村水电站电能送出工程建成年代早，线径小，变压器多为老式高耗能型号，事故机率大，严重影响电站安全、可靠和经济运行。

第二节　水利管理

一、水利设施维护

1986 年，全县水利工程重建设、轻管理，管理体制不健全，责任不完善，管理体系紊乱。1988 年，各乡镇水利工程管理由县水利水电局工管站统一管理，各乡镇设水利指导员，监管水利工程。1989 年，全县 16 个乡镇场，除古阳镇外，建立 15 个乡镇场水电管理站，实有人数 73 人，负责所在乡镇水利工程管理工作。是年，全县各水利工程采取县、乡、村三级管理模式进行管理。中型水库和小（一）型水库由县直接管理，小（二）型水库由乡镇人民政府进行管理，山塘由村委会进行管理。

1998 年 10 月，县政府明确水利建设基金来源从全县交通及公安驾驶员培训费和市场管理费、个体工商管理费、征地管理费中提取 3%，主要用于病险水库除险保安、水土流失治理、中小河流治理、城市防洪设施建设等水利设施维护。

2000 年，乡镇水电管理站进行水电分家改革，乡镇水电管理站分设为乡镇水管站和乡镇电管站，乡镇电管站划归县电力部门管理。是年，全县 15 个乡镇水管站有职工 46 人，其中财政拨款 20 人，自收自支 26 人。

2005 年，全县第二批小（二）型病险库治理工程项目全部履行质量受监申报手续。2001 年，各乡镇场水管理站更名为水务管理站，其人、财、物、事权下放到乡镇人民政府，以乡镇管理为主，县水务局进行业务指导和依法监督。是年，全县 13 处电站进行小水电站产权制度改革改制，实行承包管理经营。

2006 年 5 月，设古丈县水库管理中心，与县水土保持站合署办公，负责全县水库工程管理，供水调度、水源保护、水库维修与养护。是年，将乡镇水务站与乡镇农业综合服务站合并，设乡镇农业水务综合服务站，全县设 12 个乡镇农业水务综合服务站。

2008 年 10 月，进行水利工程管理体制改革，设立古丈县接龙渠广潭河灌区管理所，加挂红石林水务管理中心牌子，管辖范围为红石林镇、断龙山乡、罗依溪镇；设立岩槽河灌区管理所，加挂龙鼻嘴水务管理中心牌子，管辖范围为默戎镇、坪坝乡、河蓬乡、双溪乡、古阳镇；设立杨家岭红旗灌区管理所，加挂岩头寨水务管理中心牌子，各灌区管理所属全额拨款事业单位，人、财、物权均属县水务局管理，人员从乡镇农业水务服务站划调。

二、用水管理

1986 年，古丈县政府制定《古丈县水利工程水费收交和使用管理办法》。该《办法》规定：灌溉每亩每年收费标准为 3 ~ 5 元。1990 年，完成《古丈县八五水利水电规划和以工代赈的工程规划》及初步电气化县初设任务，为实现古丈县列入全国第二批电气化县奠定基础。是年，在全县 40 座水库设立界碑，划定红线，推行统一和分级管理模式。1994 年，成立古丈县水利水电经营开发服务公司。1996 年，完成《湖南省古丈县水资源开发利用现状分析报告》编写，组建古丈县水政监察大队。1997 年，完成古阳河河道划界工作。

1999 年 9 月 30 日，县水利行业对全县小型水利设施管理、效益及水费征收情况进行调查，结果显示：全县水利设施设计灌溉面积 4442 公顷，实际灌溉面积只有 2624.67 公顷，其中应征收水费灌溉面积为 648.67 公顷，实际征收灌溉面积 531.8 公顷；设施管理形式有承包、租赁，水费征收没有统一标准和计量，有按面积收费，如高峰乡 1999 年 5 月至 2004 年 5 月合同期水价为 5 元 / 亩；有按时间收费；有按次收费等。人饮供水收费形式多样，有按户收费，标准为每年每户 5 ~ 8 元，或每月每户 1 ~ 2 元，有按人收费，标准为每年每人 1 ~ 2 元不等。由于水利设施配套不全、工程规模小、效益低等因素制约，加之吃“大锅水”思想影响，全县水利设施供水有偿服务水平低下。

2000 年，县政府制定《古丈县人畜饮水工程管理暂行规定》，县水利局发放取水许可证 35 本。2003 年 7 月，在全县首次征收水资源费。2005 年，全国农村饮水安全项目在县内启动，该项目实施直接推动全县水利工程管理机制创新和供水有偿服务。2006 年，河蓬乡农民用水户协会成立，为全县第一个农民用水户协会。2010 年，全县有农民用水户协会 17 个，农村饮水工程部分实现有偿供水。

第三节　防汛抗旱

一、防汛抗旱指挥机构

2002 年 3 月，古丈县防汛抗旱指挥部办公室成立，县防汛抗旱指挥机构由县政府、县人民武装部及县直有关单位组成，负责处置防洪、抗旱应急事务，对全县防汛抗旱工作负责，进行统一调度。指挥长为县政府副县长，副指挥长为县人民武装部、县政府办、县水利局负责人，成员单位有县人民武装部、县政府办、县公安局、县财政局、县发展和改革局、县住建局、县交通运输局、县教育局、县经信局、县卫计局、县人社局、县民政局、县公路局、县安监局、县环境保护局、县农业局、县林业局、县气象局、县文化广电新闻出版局、县农机局、县移民局、县电力公司、县国土资源局、县应急办、县消防大队、县武警中队、县红十字会、县水利局、中国电信古丈分公司、中国移动古丈分公司、石油公司、人保财险古丈营业部。

2010年，县防汛抗旱物资储备情况：防汛抗旱物资仓库1座，有挖机1台，运水车辆3台，冲锋舟4艘，移动水泵148台，汽油发电机20台，打井机1台套，输水软管5000米，编织袋1.7万条，电缆线3000米、彩条布3000平方米，建设完成抗旱节水窖365口。建设县级监测预警平台1套，74个简易雨量监测站、21个遥测雨量站，16个水位雨量一体站、1个水位站、山洪预警广播84套、发放预警铜锣300面、发放手摇报警器200台套，视频图像站27处、水库河道简易水位站50处、乡镇视频会商系统13套。

二、防汛

1990年6月，县境东南部遭受洪灾，为抓好抗洪救灾，县委、县政府组建县抗洪救灾领导小组，投入救灾贷款100万元、救灾钢材50吨、汽油80吨，发放救灾款5.6万元、救济粮230万吨，社会捐款1万元、捐物300件、捐粮4000千克。

1991年7月，坪坝、草潭、高峰、古阳等地遭受洪灾。9日，成立县防汛抢险救灾临时指挥部，各乡镇场成立抢险应急队和突击队；7月10日，州委书记吴沅生、吉首军分区司令员彭楚政亲赴坪坝乡张家坪村指挥疏散转移安顿灾民。县级各领导分赴山枣、草潭等灾区组织抗洪救灾工作。据统计，全县调运救灾物资有农膜50千克、炸药150千克。抗洪救灾出动干部1100人、群众28000人。

1993年7月，县内连降大到暴雨。白溪关电站叠梁门被冲变形1块，洪水冲入发电机房，4×1250千瓦机组安全受到威胁，全站70名职工奋力抢救，县冶炼化工厂紧急抽调83名职工，携带木材、麻袋等抢险物资火速增援，经抢救，保证发电机组安全。7月31日上午，召开全县抗灾赈灾电话会议，从各单位抽调15名干部组建古丈县抗灾自救办公室，统一调度指挥全县抗灾赈灾。是年，组织动员社会募捐赈灾资金3.88万元、衣物680件。

1995年6月，境内普降特大暴雨。洪水从白溪关电站大门直奔厂房，威胁发电机组，全站干部职工动用80条麻袋装土筑墙5米高，但堵不住汹涌洪水，被迫动员全站家属捐献棉被30床进行筑墙，才使洪水缓解。

1998年，全县2次遭遇洪灾。灾情发生后，县委、县政府成立抗洪抢险临时指挥部，动员2000名干部和230名公安、武警、民兵进行抗灾自救。

1999年，全县3次遭遇洪灾袭击，白溪关电站4扇闸门全开泄洪，泄洪流量31400立方米/秒。县财政局下拨救济款4万元，棉被30床，衣物300套。

2004年6月，县境南部连降特大暴雨，坪坝、默戎2个乡镇为降雨集中区。县委书记彭武长，县委副书记、县长郭建群率县水务局、县国土资源管理局、县民政局负责人赴坪坝、默戎组织指挥抗洪救灾工作，紧急转移灾民235人。

2007年7月，全县境内普降暴雨，持续降雨14个小时。7月24日晚21时，启动古丈县防汛预案，在县城拉响防汛警报，各防汛抢险队奔赴抗洪一线和地质灾害点抗洪救灾，紧急疏散转移群众16750人，抢修、封堵险堤险段100处、3200米。抢险救灾动用各类车辆397台/次，紧急调拨编织袋31000条、麻袋20000条、冲锋舟2艘、救生衣200件、彩条布8000米、砂卵石5650立方米、木材100立方米、油料5吨。水利部、省水利厅、省民政厅等部门及时赶赴灾区查看灾情，慰问灾民，帮助恢复生产，重建家园。

2010年6月，全县普降大暴雨，岩头寨、山枣、河蓬3个乡镇为重灾区。县委书记向顶天，县委副书记、县长杨彦芳调度指挥全县防汛抗灾工作，其他县级领导分赴一线组织群众抗灾救灾。19日下午，州委常委、常务副州长胡章胜从长沙赶到古丈县指导防汛抗灾工作；6月20日，州委常委、副州长吴彦承带领州水利局、州民政局、州气象局、州水文局等部门负责人赶往古丈县检查指导防汛抗灾工作；6月22日，副省长韩永文在省水利厅副厅长钟再群陪同下，到罗依溪镇、古阳镇、岩头寨镇，实地查看灾损情况，组织带领干部群众紧急疏散转移孤寡、儿童、老人132人，帮助和指导灾区人民应急抢修、封堵险堤险段险坝150处，沿河上门宣传、动员群众转移140户300人，抢修红石林镇、山枣乡、岩头寨镇草潭村集中供水工程，2000人恢复供水。

三、抗旱

1988年，全县遭受特大旱灾。4月28日，县委、县政府成立抗旱指挥部。8月17日，省委书记熊清泉率省有关部门到古丈县查看旱情，指导抗旱。9月10日，成立县生产自救领导小组，进行冬种自救。

1993年入春至立夏，春旱严重。断龙山、茄通2个乡镇为重旱区。县委、县政府召集县农口各局负责人到断龙山乡大龙热村和茄通乡花兰村麦他坪组召开抗旱现场办公会议，解决抗旱困难，筹集抗旱机械及其他抗旱物资。

1994年，全县遭遇历史上罕见春夏连旱。7月13日，县委、县政府组织召开古丈县抗旱救灾动员大会，组建16个抗旱工作组，抽调346名机关干部深入灾区指导抗旱。全县投入抗旱机械195台881千瓦、柴油40吨、汽油25吨，投入抗旱救灾资金17.2万元，组织51000人背水挑水进行抗旱自救。

1997年6—8月，连续2个月晴热高温干旱。县委、县政府分别于7月9日、7月12日召开全县抗旱工作紧急会议，投入抗旱人力11000人，其中干部210人；投入抗旱机械120套、柴油5吨、资金13万元。全县抢救受旱面积2133.33公顷，保产4500万吨，挽回经济损失250万元。是年，断龙山乡制定《断龙山乡水利资源管理和使用办法》，乡水管站统一调度全乡水库灌溉用水。同年，抗旱新产品“FA旱地龙”在断龙山乡尚家村、草潭乡站潭村亮坡组、河西镇河西村3地首次试点。

2000年，旱情集中在春夏两季。断龙山、茄通、河西、罗依溪、山枣5个乡镇为重灾区，断龙山乡梅塔村、山枣乡枞树村2个村旱情特别严重，全村稻田基本绝收，人畜饮水极度困难。旱灾期间，县委、县政府组织抽调185人组成应急抗旱服务队，深入185个村与村民共同抗旱。6月3—10日，县气象部门发射增雨炮弹104发，实现人工增雨110毫米；县财政局拨付救灾救济50000元，发动社会募捐救灾衣物，省政府下拨救灾款50万元、救灾粮50万吨。全县改种和播种秋冬农作物面积7333.33公顷，其中旱粮2000公顷、油菜3666.67公顷、蔬菜1666.66公顷。

2005年，遇特大旱灾。全县组建专业抗旱队伍8支，抗旱人员956人，投入内燃机、电排机等机械309台。

2006年春，省水利厅厅长王孝忠率相关处室负责人到古丈县开展抗旱专题调研；12月10日，省水利厅在红石林镇花兰村启动实施全省第一个抗旱集水窖示范工程。

2009年，出现夏秋连旱。7月16日，县委、县政府召开全县抗旱紧急工作会议，组建抗旱专业队伍13支260人，抽调机关干部600人，动员群众8700人进行抗旱救灾，投入抗旱资金25万元、机械551台套、水泥200吨。县气象部门启用高射炮1门、机动火箭炮1门，发射人工降雨炮弹200发。9月18日，受国家防汛抗旱总指挥部和水利部特派，水利部党组成员、办公厅主任陈小江率国家抗旱工作组深入古丈县检查指导抗旱救灾工作。

第四节 水利建设

一、接龙渠工程

1991年，勘测规划断龙山乡对门冲引水工程，年底被列为省重点水利项目工程，工程分三期实施，第一期为引水工程，第二期为枢纽工程，第三期为灌区配套工程。1992年2月，对门冲第一、二期引水工程破土动工。1994年9月，副省长王克英将工程改名为接龙渠工程。1995年，完成投资690万元，投入劳力20.8万个，完成土石方13.09万立方米，完成干、浆砌石3.42万立方米，兴修引水干渠2.27万米，引水支渠2.08万米。1998年，接龙渠第三期工程开工。1999年，完成投资430万元，接龙渠第三期工程竣工，工程投入劳力9万个，完成土石方4.6万立方米，浆砌石2.24万立方米，砼方0.484万立方米，修建引水主渠12条5200米，引水支渠11条19200米，兴修山塘2口，整修山塘16口。该工程连接对门冲、二卡2处水源点，阿姐冲、细塔、泽比条3座小型水库，18口山塘，总蓄水量229.5万立方米。建倒虹吸管7处1690米，隧道7处1580米，渡槽1处45米。可灌溉断龙山、茄通2个乡镇552公顷稻田，可新开垦稻田313.33公顷。

二、人畜饮水工程

1985—1987年，投入以工代赈资金185万元，兴建人畜饮水工程337处，解决69200人和44000头牲畜饮水困难。

2001年，国家下达古丈县三期四批农村人饮应急解困资金275万元，实施农村人饮应急解困工程32处，解决16个乡镇46个村10099人饮水困难。2001年，投资80万元，实施茄通乡马达坪等4个村、河西镇河南等3个村、河蓬乡官坪等3个村，计3个乡镇10个村农村人饮应急解困工程；2002年，第一批投资50万元，实施断龙山乡猛虎洲等6个村、默戎镇万岩等7个村，计2个乡镇13个村人饮应急解困工程。第二批投资70万元，实施断龙山乡白溪等4个村、茄通乡岩仁坪等4个村、罗依溪镇黑潭坪等3个村、野竹乡坪家村、默戎镇潭溪村、双溪乡溪流墨村，计6个乡镇14个村人饮应急解困工程。2003年，投资75万元，实施断龙山乡细塔村、茄通乡科布车村、高峰乡岩坳村、高望界林场高望界村、古阳镇茶坪村、双溪乡蔡家村、默戎镇新窝村、坪坝乡旦武村、坪坝乡上窝喇村，计8个乡镇场、9个村的人饮应急解困工程。

三、农村安全饮水工程

2005—2010年，国家下达全县10批农村安全饮水国债资金计划共874万元，实施63处农村安全饮水工程，39004人实现安全饮水。

2005年，投资120万元，实施河西镇河西村、河蓬乡机关、官坪村葛藤寨、断龙山乡米多村、古阳镇白岩村、野竹乡芭蕉溪村、草潭乡草潭村、高峰乡陈家村8处供水工程。2006年，投资130万元，实施断龙山乡机关，山枣乡机关、高望界乡岩坨村、岩头寨镇鲇溪村、红石林镇列溪村、罗依溪镇石碧村6处供水工程。

2007年，第一批投资87.2万元，实施双溪乡官坝村、古阳镇南山村、岩头寨镇岩头寨村、岩头寨村银坪自然寨、梓木坪村、默戎镇毛坪村、红石林镇科布车村、高峰乡李家洞村8处供水工程；第二批投资53.8万元，实施红石林镇铁马洲村、双溪乡梳头溪村、坪坝乡曹家坪村、高峰乡镇溪村、断龙山乡细塔村5处供水工程；第三批投资15万元，实施罗依溪镇会溪坪村、山枣乡磨刀岩村2处供水工程。2008年，投资90万元，实施红石林镇花兰村、先锋村，古阳镇南山村、柑子坪村，默戎镇盘草村，岩头寨镇洞溪村，山枣乡枞树溶村、磨刀岩村，高望界乡麻溪村，坪坝乡张家坪村、断龙山乡小白村 11 处供水工程；同年，投资 204 万元，实施默戎镇机关，岩头寨镇机关、鲁家村，红石林镇先锋村，高望界乡岩坨村 5 处供水工程。2009 年，第一批投资 154 万元，实施默戎镇龙鼻嘴村、岩头寨镇蒿根坪村、断龙山乡溪龙车村、高峰乡机关 4 处供水工程；第三批投资 20 万元，实施断龙山乡白家村、罗依溪镇江洋溪村 2 处供水工程。

2010 年，第一批投资 164 万元，实施高峰乡机关（二期），山枣乡筲箕田村、磨刀岩村，默戎镇潭溪村、中寨村，罗依溪镇罗依溪村，高望界乡公羊坪村，坪坝乡亚家村，红石林镇龙天坪村 9 处供水工程；第二批投资 202.48 万元，实施坪坝乡溪口村、岩头寨镇岩头寨村、古阳镇思源桥村、高峰乡淘金村、岩头寨镇芭蕉溪村、河蓬乡岩寨村、河蓬乡丫角山村、高峰乡九年制学校、双溪乡完小 9 处集中供水工程。

第五节 水土保持

一、水土流失状况

古丈县水土流失以水力浸蚀为主，分为面蚀和沟蚀，兼有风蚀冻力浸蚀。2000 年，据省第二次水土流失遥感调查：古丈县水土流失面积 188.45 平方千米，占全县土地总面积的 14.5%，其中轻度流失为 26.7866 平方千米、中度流失面积为 149.197 平方千米、强度流失面积为 12.4606 平方千米，平均浸湿模数为 3000 吨 / 平方千米・年。

2000—2010 年，随着经济社会发展、交通等基础设施建设、城镇经济区域开发、矿产资源开采等活动频繁，加之洪旱灾害性气候影响，植被遭到严重破坏，全县水土流失加剧。

2010 年，经县水务局实测：全县水土流失面积为 457.51 平方千米，占全县土地总面积的 35.5%。其中轻度流失面积 162.446 平方千米，中度流失面积 102.642 平方千米，强度流失面积 74.779 平方千米，极强度流失面积 67.856 平方千米，剧烈流失面积 49.787 平方千米，平均浸湿模数为 3785 吨 / 平方千米・年，浸蚀总量 173.17 万吨 / 年。

根据地貌、岩性、强度，全县水土流失划分为三个类型：一类为西北部中山丘陵中强度流失区，二类为东南部低山谷地中度流失区，三类为中部、东北部中山山地轻度流失区。

截至2010年底，全县有14处地质滑坡崩岗灾害隐患点，即坪坝乡张家坪，默戎镇万岩村小花园，双溪乡排若、梳头溪村阿八其，古阳镇夯岔闹、南门桥、太坪、凉水井，罗依溪镇州贮木场、江洋溪、坳家湖，高峰乡镇溪，岩头寨镇小古丈坪、草潭。崩岗面积 0.5 平方千米，滑坡总量 450 万立方米，影响人口 4200 人。

2010 年，编制《国家农业综合开发水土保持项目红石林项目区可行性研究报告》调查发现：因水土流失导致红石林镇、断龙山乡石漠化面积 34 平方千米，主要分布在断龙山乡坐苦坝、小白、龙王湖 3 个村和红石林镇科布车、花兰、马达坪、泽禾溪、岩仁坪 5 个村。

1986 年古丈县水土流失情况一览表

表 12-27

项目单位	总面积（平方千米）	总面积（公顷）	森林面积 面积（公顷）	森林面积 覆盖率（%）	切割总长度（米）	切割密度（千米/平方千米）	水土流失 面积	水土流失 占总面积（%）	备注
断龙山	99.55	9955	4130.07	41.49	166.05	1.73	4281.20	43.01	1. 森林面积含有林地面积和灌木林面积。2. 古阳镇合并在城关乡内，河西镇合并在茄通乡内，双溪乡含白岩、二岗两个村
茄通	103.87	10387	6080.13	58.54	262.92	2.53	2545.80	24.51	
罗依溪	109.79	10979	6909.73	62.93	446.85	3.86	1963.73	17.89	
高峰	123.90	12390	8230.00	66.42	400.16	3.23	2243.67	18.11	
岩头寨	62.32	6232	4326.93	69.45	185.37	2.89	1130.73	18.14	
野竹	96.64	9664	6593.53	68.23	295.74	3.17	1252.80	12.96	
山枣	71.73	7173	3908.13	54.48	307.32	4.28	2616.93	36.48	
河蓬	75.58	7558	4022.60	53.22	287.17	3.81	2290.73	30.31	
坪坝	109.35	10935	6731.73	61.56	484.73	4.11	3453.07	31.58	
默戎	116.18	11618	8506.80	73.22	367.28	3.04	5296.80	45.59	
双溪	90.35	9035	6839.73	75.70	265.62	2.92	2786.40	30.84	
城关	60.76	6076	4095.67	67.41	188.15	3.11	1773.73	29.19	
高望界	129.92	12992	9977.60	76.80	223.41	1.77	911.93	7.02	
草潭	36.53	3653	1876.93	51.38	100.88	2.76	1218.73	33.36	
合计	1286.47	128647	82229.58	—	3981.65	3.07	33766.25	26.25	

二、水土流失治理

治理原则 古丈县水土流失治理坚持“科学规划、分类治理、重点修复、防治结合”原则，以流域为单元、以河道为重点，工程措施、生物措施、耕作措施和监督保护等非工程措施相结合，因地制宜、综合规划、合理布局，加强水土流失防治，加速自然生态还原。

区域划分 古丈县水土流失划分为三个区域。（1）预防保护区：分布在高峰、高望界、岩头寨、河蓬 4 个乡镇，面积 443.9 平方千米。山高坡陡，开垦地少，有机含量和森林植被覆盖率相对较高，土壤轻微浸湿，年均浸湿模数为 970 吨 / 平方千米；（2）重点监督区：分布在古阳、罗依溪、默戎 3 个乡镇，面积 297 平方千米。开矿、修路、采石，土壤轻度片湿，年均浸湿模数为 1021 吨 / 平方千米；（3）重点治理区：分布在双溪、坪坝、山枣、红石林、断龙山 5 个乡镇，面积 556.11 平方千米。特点为成土母岩，风化易蚀，且油桐地多，垦植率高，人口密度大，土壤中度浸湿，年均浸湿模数为 2370 吨 / 平方千米。

治理措施 1998 年，对吉首至罗依溪二级公路项目建设水土保持方案进行审查。1999 年 5 月，编制完成《长江流域水土保持重点防治工程古丈县总体规划》和《长江中下游水土保持重点治理工程古丈县官坝小流域水土流失治理实施规划》。

2000 年 2 月，县水务局组织一次规模较大的古阳河义务清障活动。联合县环境保护局、县住房和城乡建设局开展保护古阳河活动，活动时间为一周，参加 4200 人次，动用机械设备 158 台次，义务清运河道砂卵石 4200 立方米，疏通县城中心段河道 1400 米。

2004 年 10 月，编制完成《古丈县水土保持小流域重点治理规划报告》。是年，开始征收水土流失防治费和水土保持设施补偿费。2005 年 3 月，编制完成《古丈县崩岗调查防治综合报告书》。9 月，编制完成《高峰乡生态修复工程可行性研究报告》。10 月，开展矿山整治集中行动，督促开发商编制水土保持方案 26 份、修建拦砂坝等水土保持设施 18 处、查处水保违法案件 16 起。是年，对张家界至罗依溪二级公路、河西至迁陵公路、竹溪湾开发区等基础设施建设水土保持方案进行审查，对水土保持设施建设质量进行跟踪监督。

2006 年，实施水保“两费”实行全县一票统收。2008 年 11 月，借鉴泸溪县经验，将水保“两费”计入爆破费用。2009 年 11 月，编制完成《古丈县红石林小流域治理可行性研究报告》。

2010年，编制完成《国家农业综合开发水土保持项目红石林项目区可行性研究报告》，7月 20 日，通过州水利局评审，9 月 10 日通过省水利厅评审，9 月中旬通过水利部评审，12 月获批。该项目是古丈县第一个水土保持项目，标志着古丈县水土流失治理开始。该项目总投资 1427 万元，其中中央财政资金 800 万元、地方财政 400 万元、群众自筹 230 万元。项目主要建设内容为坡土改梯土 7982 平方米、水土保持林 62000 平方米、经济果木林 47708 平方米、封禁治理 4162.1 平方米、小型水利水保工程设施 171 处。

第六章 农业机械

1986 年，古丈县农业机械管理局更名为古丈县农业机械化服务公司，属正科级事业单位。1992 年，古丈县农业机械化服务公司改为古丈县农业机械管理局，属正科级事业单位。1996 年，设立河西、高峰、野竹、默戎、古阳 5 个乡镇农机技术推广服务站，属自支自收事业单位。2006 年，设 12 个乡镇安全生产监督与农机管理站，属事业单位，人员编制由乡镇管理。

1986—2010 年，全县农机装备水平得到快速提升，农机由单一品种向综合农业机械化发展，农业生产模式由传统耕作向机械化迈进，农机总动力从 5800 千瓦增至 94500 千瓦，增长 16.3 倍，耕、种、收等综合机械化水平达到 20% 以上，有力地促进农村经济持续、稳定、健康发展。

1986—2010 年历任县农业机械管理局局长（服务公司经理）：田祖忠、吴善言、卢继华、龙洪森、田宏明、向心武、姚伟、石庭彪。

第一节 农机推广

古丈县农业机械推广，可以划分为三个阶段。

转型探索发展阶段（1986—1990 年）。自从实行家庭联产承包责任制以来，允许农户购置农业机械，原集体所有农业机械逐步由农户承包经营或者折价购买。农户购置的农业机械主要有中小型拖拉机、小型排灌水泵和内燃加工机械。这一时期，全县农业机械化正处于转型探索发展阶段，农民购买拖拉机主要是用于短途运输，除了小型排灌水泵以外，由于农田作业机械不多，适用一家一户生产需要的小型劳动力机械、排灌机械，得到快速发展。这一阶段，全县农业机械总动力由 5800 千瓦发展到 28611 千瓦，年递增 11%。

持续稳步发展阶段（1990—2004 年）。这一时期，是古丈县耕作机械和运输机械快速发展、收割机械起步发展、其他机械稳步发展的重要时期，其中水田耕整机深受农民青睐。2004 年，全县有水田耕整机 77 台，完成机耕面积 220 公顷。随着社会经济发展，运输量日益增多，仅靠中小型拖拉机运输已明显不能满足需求，致使中小型拖拉机逐步被农用运输车、变型拖拉机所替代，农用运输车和变型拖拉机在这一时期达到发展高峰。同时，水稻联合收割机得到推广示范。是年，全县拥有农业机械总动力 45398 千瓦，年递增 4.7%。

全面快速发展阶段（2005—2010 年）。2005 年，实施农机购置补贴。2007 年，古丈县农机拥有量 9962 台（套），农机总动力 73970 千瓦。2008 年，全县农业机械拥有量 10084 台，机械总动力 92450 千瓦，农业机械总值 5010 万元。2010 年，广泛推广耕整机、微耕机、拖拉机、打谷机、打米机等中小型农业机械。是年，全县拥有农业机械 19168 台套，总动力 94500 千瓦。

第二节　农机经营与应用

一、农机经营与购置补贴

1986 年，县农机销售取消亏损补贴，实行自负盈亏经营。为此，县农机公司改善经营管理方式，勤进快销，扩宽经营服务门路，使农机销售做到适销对路。是年，县农业机械化服务公司设野竹、河西农机物资供应站。1993 年，私营农机经销商出现，改变农机物资供应专业公司独揽局面，形成多渠道、多家经营农业机械物资新格局。1996 年，县农业机械化服务公司因市场竞争销售额下滑。2002 年，县农业机械化服务公司停业。2005 年，古丈县被纳入省、州农机购置补贴项目县。2007 年，全县发放农机购置补贴资金 68 万元。2008 年，为全县 316 户购机农民补贴资金 50 万元，直接拉动农民购机投入 200 万元，购置各类农业机械 316 台。2009 年，开展农机购置补贴“五访三公示”（“五访”包括访农机干部工作作风和服务态度、访购置农机补贴产品价格、访农机技能培训操作、访使用产品质量及售后服务情况及服务作业经济社会效益情况；“三公示”则指公示省州规定农机补贴范围，产品规格型号和补贴标准、公示享受国家补助资金购机农户），扩大补贴范围和效果、公示办事程序和投诉电话。是年，为全县 1250 户农民办理农机购置补贴，购置各类农业机械 1250 台套，其中耕整机 235 台、微耕机 77 台、茶叶加工机械 544 台套、小型谷物加工机械 306 台、高压动力喷雾活泵 55 台、联合收割机 2 台、柑橘选果分级机 31 台，补贴资金 140.15 万元。2010 年，全县有私营农机销售网点 7 家。为全县 2489 户农民办理农机购置补贴，购置各类农业机械 2489 台套，补贴资金 220 万元。是年，开展农机市场打假工作，检查农机销售网点 7 家，维修点 5 家，检查农机产品 215 台套，查处不合格农机产品 15 台套。

二、农机应用

农用运输机械　1986 年，全县有拖拉机 81 台、农用汽车 34 台、机动运输船 35 艘，年运输总产值 69 万元。1990 年，全县农业运输有小型轮式拖拉机 177 台（1556 千瓦）、农用汽车 101 辆（7536 千瓦），年运输总产值 208.27 万元。

1995 年，全县有拖拉机 271 台（2392 千瓦）、农用汽车 188 辆（14261 千瓦），年运输总产值 267.42 万元。2000 年，全县拖拉机保有量 320 台（2825 千瓦）、农用汽车 300 辆（18953 千瓦），年运输总产值 289.58 万元。

2004 年，全县有农用大中型拖拉机 188 台，小型拖拉机 123 台，载重汽车 184 辆，农用小四轮车 159 辆，机动运输船 94 艘，全年运输盈利 40 万元。2005 年，全县有大中型拖拉机 203 台、小型拖拉机 156 台、载重汽车 187 台、农用小四轮车 264 台，机动运输船 106 艘，全年运输盈利 50 万元。

2007 年，全县有大中型拖拉机 370 台、农用小四轮车 496 台。2008 年，小型方向盘轮式拖拉机纳入国家补贴，使全县拖拉机拥有量激增到 578 台。2009 年，全县农机运输总收入 315 万元。2010 年，全县拖拉机拥有量增至 813 台。

耕作机械　1986 年，县农机研究所引进水田耕整机，其结构简单、轻便灵活、田坎适应性能好，迅速得到普及。2002 年，全县水田耕整机保有量 715 台套，机耕面积 6700 公顷。2005 年，全县购买各种耕整机 943 台。是年，成立罗依溪镇坳家湖村耕整作业协会，帮助农民代耕土地 133.33 公顷，实现收入 15 万元。2009 年，全县推广烟草旋耕机械 49 台，水田耕整机械 229 台，全县投入春耕生产农机具 1800 台套，机耕面积 1866.67 公顷。2010 年，全县机械耕整 6533.33 公顷。

植保机具　1986 年，农作物防病治虫，基本沿用人力喷雾（粉）器，因其结构简单、使用方便。2008 年，推广电动喷雾机 379 台（套）。2009 年，推广高压动力喷雾活泵 7 台。2010 年，全县喷雾（粉）

器4万部，作业面积300公顷。

排灌机械　1986年，全县农田灌溉以大型机电排灌站为主，排灌机械保有量396台（4842千瓦）。1987年，农村大型机电排灌站逐步被小型机电排灌机械所取代，水轮泵全部消失，以耕整机动力配套排灌机械、单相潜水泵得到全面发展。2010年，全县拥有排灌机械2779台（10243千瓦）。

收割脱粒机械　1986年，全县广大农户打谷仍以人力打稻机为主，旧式扮桶为辅。1990年，农户开始利用耕整机发动机等小型动力机械改装人力收稻机为动力打稻机获得成功，并投入使用。2002年，全县有动力收稻机586台套。是年，县农业机械管理局首次引进履带自走式全喂入联合收割机1台，并在双溪、罗依溪、古阳、城关4个乡镇进行水稻机收试验。2006年，县农机局从浙江省引进1台“三联”牌新型联合收割机，能进行收割、脱粒、净化、装包操作，填补全县无联合收割机空白。是年，组织秋收服务队在罗依溪、红石林、坪坝、河蓬等乡镇开展机械收割服务，累计收割稻谷面积100公顷。2010年，全县有履带自走式全喂入联合收割机193台。

农产品加工机械　1986年，全县农产品加工机械主要有碾米、磨粉磨浆、榨油、粉粹等机械。20世纪90年代，以单相电机为动力的小型多功能组合加工机械得到普及。2002年，全县农副产品加工机械拥有量4605台套。2005年，推广小型谷物加工机械74台。2010年，全县农副产品加工机械涉及碾米、磨粉磨浆、榨油、粉粹、压面、制茶、扎花等，农副产品加工实现机械化。

第三节　农机管理

一、农机维修

1986年，农村个体农机维修网点出现，农民自主办农机成为农业机械维修重要力量。1994年，实行农机用油计划分配管理，分季按作业量核定用油指标，执行票证制。2000年，农业机械化服务范围逐步扩大到机耕、排灌、植保、机具维修等项目。2007年，县农机局开展科技下乡活动，深入到7个乡镇为农民现场讲解耕整机、高压油泵、排灌机械等农机具维修知识，为农民维修排灌机具332台套。2009年5月，在坪坝、罗依溪、河蓬、双溪4个乡镇开展拖拉机、农用水泵、柴油机等排灌抗灾设备大排查活动，帮助农户维修水泵154台，柴油机38台，排查拖拉机故障27台。是年，组建农机维修服务队伍5支，出动农机技术人员140人次，维修各种农机机具500台套。2010年，县农机局投入抗旱资金3.2万元，柴油25吨，组建农机110服务队，出动农机服务人员240人次，维修农机机具350台套，为默戎镇龙鼻嘴村捐送6台水泵和1000米水管。

二、安全监理

1986年，县农机安全监理站专门从事农业机械上户、驾驶员考试及机车牌证核发、年度审验、农机安全事故调处等业务。同时，受交通监理部门委托，负责处理农机道路交通安全事故。2000年，建立古丈县农机安全互助协会，为农机安全事故顺利调处建立保障机制。2004年，县农机局与全县农机车主签订安全责任状476份。在河西镇创办“平安农机安全乡镇”试点，在河西镇河南村创办“平安农机安全示范村”试点。是年，结合《道路交通安全法》颁布实施，抓农用车、拖拉机安全检测，检测农用车、拖拉机85台。

2008年6月，以“迎奥运，保安全”为宗旨，以“治理隐患，防范事故”为主题，开展“农机安全生产月活动”，发放农机安全宣传资料15000份，上门开展农机新车上户18台次，旧车检测41台，协助保险车辆26台，培训农机人员500人次。出动农机执法人员140人次，检查各类农业机械230台次，制止拖拉机违章载客57起，消除安全隐患23起，立案查处农机“三无车辆”12台，处理违章人员 12 人。是年，将农机监理部分职能移交给公安交警部门管理，县农机安全监理站 12 名监理员转岗为公安交通警察。2009 年，在罗依溪镇开展创建“平安农机安全乡镇”活动。在罗依溪镇坳家湖村、古阳镇长潭村召开创建“平安农机安全村”活动。是年，出动农机监理执法人员 210 人次，检查拖拉机 380 台次，制止拖拉机违章载人 35 起，消除安全隐患 12 起。完成农机运输机械年检 154 台，旧车检测 128 台，完成农机运输机械强制保险 56 台。

2010 年，开展“农机安全生产打非治违活动”，规范使用年检标志、规范运作管理，全年检测农机机车 269 台，拖拉机新上户 93 台，强制保险 193 台。开展创建“平安农机”活动，在罗依溪镇创建“平安农机安全乡镇”，在罗依溪镇坳家湖村、龙潭坪村、且茶下村、古阳镇长潭村创建“平安农机安全村”。

第四节　农机培训

1986 年，农机培训转为有偿服务。1987 年，设立古丈县农业机械化学校，开展常用农机具使用操作、维修保养技术、拖拉机及农用车驾驶、电工焊工、农机修理工等多项农村实用技术培训。县农业机械化学校充分利用阳光工程项目，开展农民工培训，以培训学习为重点，面向农机手开展农机化实用技术培训。还面向乡村农户招生，开展职业技能培训，成为全县阳光工程培训重要基地。

2009 年 5 月，举办茶叶加工机械和茶园旋耕机现场演示会，培训人员 60 人。是年，完成农机技术培训 497 人次。2010 年，全县培训各类农机操作人员 341 人次，其中培训农机驾驶员 81 人次，农机使用与维修人员 50 人次，机防手 50 人次，其他农机操作手 160 人次。

第七章　气　象

第一节　气象服务

1990 年，州气象局、州林业局、县气象局、县林业局共同对高望界林场进行森林火险实地考察和研究，摸清森林火险发生机理、季节、分布特点，研究森林火险与气象条件关系，通过一系列相关指标、指数分析，得出森林火险预测预报分级指标，为指导全县森林火险防范工作起到积极作用。1992 年，县气象局围绕地方重点建设项目、重要领域和部分行业需求，开展气象有偿服务，是年，开展避雷装置安全检测业务。同年，县气象局开展古丈毛尖茶优质高产气象条件试验研究。该科研成果从古丈独特山区气象条件出发，研究古丈毛尖茶气候成因，种植区分布特点等相关问题，为指导古丈茶叶产业化发展提出科学依据。

1995 年，县气象局实施繁殖和“两高一优”茶叶新品种科技扶贫研究课题，并获得成功。该研究课题成果被国家气象局评为“中国科技扶贫、科技兴农”一等奖。1997 年，开展防雷工程设计、报建和图纸审核等业务。同年，防雷抗灾开始归口气象部门统一管理，并纳入法制化轨道，组建一支防雷装置设计、审查、施工、质量检测以及常年避雷装置安全性能检测专业技术队伍。

2003 年，投资 3 万元，与县广播电视局联合开通电视天气预报业务。2004 年，开展天气预报声讯和手机短信服务业务。

2006 年，协助州气象局开展湘西山区反季节、无公害大棚蔬菜生产气象条件及决策服务系统研究科研项目，取得实质性成果，荣获湘西州科技进步奖。州大棚蔬菜气象服务系统的建立，有效防御气象灾害，增加蔬菜生产科技含量，给大棚蔬菜生产提供专业气象信息服务，减少生产的盲目性。2008 年，古丈县遭遇罕见持续低温阴雨天气，县气象局及时启动灾害性天气应急预案，实行 24 小时值班，发布专题服务 6 期，向职能部门发布短信 300 条，在古丈电视台滚动播放未来三天天气预报及防御提示，为防灾抗灾救灾提供科学依据。

第二节　天气测报预报

1990 年，县气象局组建单边带电台辅助通信网。1993—1995 年，县气象局建成县计算机通信远程工作站。1997 年，县气象局建成气象卫星综合应用系统（9210 工程）。1999 年，县气象局建成 PC-VSAT 单收站。

1996—2000 年，古丈县地面测报台站错性率逐渐下降，位于省、州先进行列。新一代天气预报业务流程建立，上级台数值预报产品，各种气象信息量成几何级数增加，短期天气预报准确率明显提高，24 小时晴雨预报准确率在 70% 以上，暴雨预报位于全州前三名行列。农业气象观测完成上级任务，产量预报误差低于 5%。县气象业务人员因业绩突出，10 人次获得国家气象局、省气象局、州气象局表彰。

2003 年，县气象局开通 100M 宽带电路。从此，气象信息传输实现广域、大量、实时、快速化。

2008 年，在古丈县建成国家地面观测自动站，11 个乡镇建成区域自动气象站。至此，由常规地面观测站、一级农业气象站（古丈）、自动观测站、中规模卫星云图接收终端站等，组成一个完整的现代化综合探测系统，并以计算机数据处理和现代气象通信为支持，实现探测数据处理和信息传输自动化。同年，建成天气预报电视制作系统、气象信息电话自动答询系统、手机天气预报短信分发系统。

第三节 人工影响天气

1986 年，全州拥有“三七”高炮 23 门，在州内各县调配用于人工增雨作业。全县“三七”高炮人工增雨抗旱作业，在抗御春夏秋干旱中取得显著成效。1990—1994 年，每年人工增雨抗旱取得效益在 200 万元以上。1995 年 7—8 月，出动高炮 1 门，人工增雨作业 9 次，成功率 100%，使全县 6066.66 公顷农作物缓解旱情，节省抗旱资金 400 万元，直接和间接实现经济效益 900 万元。

2000 年 5—8 月，出动高炮 2 次，开展增雨作业 13 次，成功率 92.3%，使农作物缓解旱情，避免粮食损失 200 万吨，增收 300 万元。

1990—2008 年古丈县部分年份高炮人工增雨作业情况一览表

表 12-28

年份	出动高炮数（门）	作业次数（次）
1990	1	6
1991	1	7
1992	1	5
1994	1	11
1995	1	9
2000	1	13
2001	1	5
2002	1	4
2003	1	7
2005	1	6
2006	1	5
2007	1	8
2008	1	5

车载火箭人工增雨，较之高炮人工增雨，有机动灵活特点。2003 年，古丈县出资 10 万元购买一套车载式火箭人工影响天气设备，含皮卡车与火箭发射架、弹。每年夏秋干旱时段，火箭积极配合高

炮人工增雨作业。2003 年，作业 2 次，发射火箭弹 4 枚。2005 年，作业 3 次，发射火箭弹 6 枚。同年 8 月 3 日，利用高炮发射火箭弹 2 发，使全县普降中到大雨，最大雨量点罗依溪降水 25.5 毫米。2006 年，古丈县出资 5 万元购置“三七”高炮 1 门。每年夏秋干旱时段，根据干旱发展情况，适时开展高炮人工增雨抗旱。

2007 年，为服务全县烟叶生产，抗击冰雹与干旱灾害，县政府出资 40000 元，在断龙山乡首次开展人工消雹作业。是年 5—8 月，出动高炮一门，车载式火箭一套，先后开展高炮作业 7 次，发射炮弹 400 发，火箭作业 1 次，发射火箭弹 5 枚，各炮点累计平均增雨 85.3 毫米，作业点最大雨量 124.7 毫米。使全县烤烟免受冰雹、干旱灾害，同时，也惠及水稻、玉米等农作物。2008 年，作业 2 次，发射火箭弹 5 枚。

第十三篇　茶　叶

第一章 茶叶栽培

第一节 综 情

古丈县属西南云贵高原余脉武陵山区山岳地带。处于中国“北纬30度绿茶黄金产业带”区域。境内群山起伏，谷幽林深，溪河密布，雨量充沛，冬无严寒，夏无酷暑，气候地域分布不匀，小地形气候复杂，垂直变化大，山地逆温效应明显，具有山地森林小气候特点。土壤腐殖质及土层厚度微域分布明显，土壤质地多为黄壤土或砂壤土。其中含氮量大于1%的土地面积占83%。全磷含量在0.2%～0.5%之间，全钾含量平均为2.2%，硒含量丰富。特定的自然生态条件，丰富的土壤养分，尤其是茶园土壤母质多为紫色板页岩，含磷量高，适宜茶树生长。

古丈种茶有两千年历史，最早文字记载见于东汉《桐君录》。南北朝《荆州土地记》记载:“武陵七县通出茶，最好”。唐代，古丈茶叶被列为皇家贡品，据《永顺县志》载:“唐代溪州，以茅茶入贡，其为地方生产可知”，溪州故址在古丈县会溪坪。清同治十三年（1874），甘肃提督杨占鳌卸任回古丈，将西北茶马互市和少数民族对茶叶需求的商业信息带回古丈，倡导子女及乡邻种植茶叶，以茶养乡。清光绪《古丈坪厅志》记载:“古丈坪厅之茶，种于山者甚少，皆人家园圃所产，及以园为业所种，清明、谷雨前捡摘，清香馥郁，有洞庭君山之胜，夫界亭之品。近在百余里内，茶为沅陵出产之大宗。其始固亦一二人之栽植，而后逐成风气。若其无涩苦味，则古厅之独胜也。……本城绅士杨圭廷（杨占鳌三子）乃于汪家坪种茶万本，将来亦一大利源也，现茶之贵者，斤三千文，廉亦三四百文。三四百文者，已可供清谈之助。他日，茶品之盛于此兆矣。”

古丈毛尖具有条索紧细圆直、色泽翠绿、白毫显露、汤色黄绿透亮、滋味醇爽、回味悠长、香高持久，耐冲泡等显著特点。民国18年（1929）4月，县长胡锦心征购杨府“绿香园”毛尖茶参加西湖博览会，取得优质奖；同年，亦参加法国国际博览会，获国际名茶称号。

中华人民共和国成立后，古丈茶叶生产得到迅速发展。1957年，古丈毛尖茶参加西德莱比锡国际博览会展出。1982年6月，湖南省茶学会在南岳评比出全省16大名茶，古丈毛尖一举夺魁。同年6月，商业部、中国茶叶畜产品公司评选出全国30大名茶，古丈毛尖位于第9位。1981年,《湘西州农业志》记载:“湖南省茶叶科学研究所、湖南省农业厅等单位调查发现，古丈县境内一些深山老林中野生茶树多，多属灌木型，中小叶种，其中下溪州古城遗址会溪坪生长一株野生茶树，树高4.4米，主干直径25.5厘米，最低分枝在80厘米以上”。1988年12月,“古叶”牌古丈毛尖获中国首届食品博览会金奖；古丈倩云牌七叶参茶荣获中国优质保健产品“新星杯”奖。1990年，古丈倩云牌七叶参茶被列入北京第十一届亚运会指定产品。1999年5月，湖南省统计信息中心为古丈毛尖颁发“湖南省消费者首选品牌”暨“湖南市场占有率最高品牌”证书；荣获中国国际农业博览会名牌产品称号，并被评为“湖南名牌产品”。

2001 年 12 月，国家工商总局为古丈毛尖颁发“证明商标”。2002 年，倩云牌古丈毛尖获中、日、韩国际茶人联合会国际名茶金奖。2005 年，古丈毛尖被评为湖南十大名茶。2007 年 12 月，国家质量技术监督总局发布《关于古丈毛尖实施地理标志产品保护的公告》。同年，在日本静冈举行第一届世界绿茶评比会上，古丈毛尖荣获金奖。2008 年，古丈毛尖被评为“湖南省著名商标”。2009 年，古丈县被列为全国重点产茶县。2010 年，古丈毛尖被评为“中国驰名商标”。

2000 年 3 月，古丈县茶叶局成立，编制 5 人。2003 年，核定为全额拨款正科级事业单位。2010 年，编制 17 人，内设茶研中心、财务室、办公室。

2000—2010 年历任古丈县茶叶局局长为傅建华、石忠思、向勇平。

第二节　基地建设

一、栽植要点

古丈茶叶栽植经历挖穴条播、全垦撩壕植苗两个不同发展阶段。1986 年，沿袭挖穴条播栽培方式，属有性繁殖。流程为整地、全垦、挖穴点种。穴距 80 厘米左右，每穴点种子 2 ~ 3 粒，种子来源为农户自采和县相关部门调运，成活率达 80% 以上，4 年后可成园。2000 年，推广全垦开沟撩壕、栽植苗木栽培方式，属无性繁殖。

园地选择　位置应选择海拔 1000 米以下，自然坡度 25° 以下地方。

园地开垦　首先开沟撩壕，单行条栽式标准为深、宽各 50 厘米；双行双株条栽式标准为深 50 厘米，宽 67 厘米，两种种植方式行距均为 1.5 米。坡度在 10° 以下旱地或稻田改种新建茶园，采用双行双株条栽方式；坡度在 10° ~ 25° 之间新建茶园，采用单行条栽方式。然后施基肥，以农家肥或土杂肥为主，每亩用量 1000 千克，并配合使用磷、钾肥 250 千克，或茶叶专用肥 250 ~ 400 千克。

茶苗栽植　每亩栽植茶苗 4500 株左右，种植方式有单行条栽式和双行双株条栽式。单行条栽行距为 1.5 米，穴距 30 ~ 33.3 厘米，每穴 3 株，呈梅花形栽种。栽植前，开好栽苗沟，沟宽 20 ~ 30 厘米，深 30 厘米，并施一定数量磷、钾肥或桐枯、菜饼、农家肥，施肥后盖土 3 ~ 5 厘米，盖土后即可移栽茶苗，避免茶根直接接触肥料，引起烧根死苗。栽苗时苗与苗不要靠拢，注意根系舒展，栽植时要逐步加土，层层踩紧踏实，埋土过半时，浇一次定根水，水分下渗后继续加土，直至要求高度。由于古丈县 8—9 月干旱严重，埋土不宜过浅，移栽茶苗时，同一行上要控制行距、丛距，使之整齐美观，也利于茶树生长和田间管理操作。

茶苗培管　茶苗栽好后，及时定剪，时间不超过 3 天，留苗高 18 厘米。在 5 月中、下旬之前，抓紧时机进行浅耕培土，将园内杂草清除干净。无灌溉条件新茶园在 5 月下旬以后不能中耕锄草，否则在 8—9 月干旱天气内会造成死苗。在夏天到来之前，茶园铺草覆盖，可以减少土壤水分蒸发，保护茶苗不受旱害，可提高茶苗成活率在 33% 以上；也可以利用高秆作物间种进行遮阴，即在茶苗行间内栽种 2 ~ 3 行玉米，播种时间要比常规栽种推迟 15 ~ 20 天。待当年 10 月份干旱天气过后，进行一次中耕锄草和施一次稀簿人畜粪尿。

二、扩园开发

清光绪三十二年（1906），古丈坪厅抚民同知董鸿勋首倡种植，厅民竞相在厅城周边开辟茶园。民国 23 年（1934），湖南省茶事专业调查统计资料载：全县茶叶种植面积 4 公顷。民国 27 年（1938），全县茶园面积发展到 41.34 公顷。1949 年，全县茶叶种植面积 47.94 公顷。1950 年，古丈县人民政府成立，全县茶叶开发、经营由国营古丈贸易公司主管。1954 年，全县茶叶种植改蓬式种植方式为单行条列式种植方式。茶叶种植业得到迅速发展。1957 年，全县茶叶种植面积 170.74 公顷。1968 年，建立国营龙天坪茶场，有茶园 13.74 公顷。1971 年，县城镇茶叶大队以大队民兵为骨干，组成茶园改造、扩建专业队，在狮子口开垦荒山，进行坡改梯，扩建高标准梯土茶园。1973 年，成立古丈县茶叶生产领导小组，主抓全县茶叶生产。是年 10 月，县委召开扩建茶园现场会，总结推广县城镇茶叶大队扩建狮子口茶园经验。是年，全县掀起开荒治山造梯土扩建茶园高潮，茶园扩建方式以生产队自行采种条播和农业部门发种条播为主，县贸易公司和农业部门调进茶叶种子 75000 千克，保证扩园种子需要。是年，全县开荒造园 341.33 公顷，新垦茶园 88 公顷，改造梯土 64.67 公顷。1974 年，全县茶园面积发展到 409.2 公顷，建有山枣公社茶场、高峰公社茶场、河蓬公社茶场、野竹公社茶场和默戎公社牛角山茶场 5 个公社茶场。

1986 年，全县茶园面积 534.75 公顷，其中可采摘 453.63 公顷。1987 年，成立古丈县茶叶开发领导小组，主抓全县宜茶荒山、荒地新扩茶园和低产茶园改造。1990 年，全县有茶园 721.33 公顷，首次突破万亩大关。1993 年，县委、县政府实施山地开发“44111”工程，当年全县新开发茶园 306.19 公顷。1995 年，新开发茶园 315.02 公顷，是年，全县茶园面积 2011.26 公顷，其中可采摘 608.93 公顷。

1998 年，县委、县政府实施产业结构调整，提出茶叶产业化建设战略，成立古丈县茶叶产业化建设领导小组和古丈县茶业发展研究中心。是年，全县茶园面积 1875.13 公顷，其中可采摘 898.87 公顷。2000 年，县委、县政府实施“绿色产业兴县、生态家园富民”发展战略，将茶叶产业作为支柱产业，新茶园开发方式转变为以开沟撩壕、栽植苗木为主。2004 年，县政府在双溪乡洞上村推进稻田改制试点，实施稻田改种茶叶 8.55 公顷，首次实现茶叶大面积下田种植。是年，县政府对新开发茶园每亩奖补 1300 元，其中苗木费 800 元、肥料费 200 元、劳务费 200 元。2006 年，全县有茶园 3066.67 公顷，其中可采摘 1666.67 公顷。正味茶场在双溪乡宋家村创办千亩茶叶基地。是年，古阳镇树栖柯村稻田全部实现改制，是全县首个由传统农业村转变为茶叶专业村。2007 年，全县有种植 3.33 公顷以上茶园大户 150 户，种植 6.67 公顷以上茶园大户 5 户。2009 年，县委、县政府实施农业“两叶一果”产业工程（重点发展茶叶、烟叶、柑橘三大产业），加大对茶叶产业化支持力度，全县新扩良种茶园 324.3 公顷。2010 年，全县有茶园 4358.92 公顷，其中可采摘 2472.13 公顷。是年，湘西春秋茶叶公司在高峰乡岩坳村创办千亩茶叶基地。同年，县委、县政府组织千名县直机关干部在双溪乡梳头溪村实施稻田改制，进行茶园开发。

1986 年古丈县茶叶种植面积分布情况一览表

表 13-1　　　　单位：公顷

乡镇	总面积	其中：可采摘面积
断龙山乡	4.34	4.34
茄通乡	27.46	17.34
罗依溪镇	36.87	36.87
高峰乡	50.40	30.00
野竹乡	8.60	8.60
山枣乡	23.53	21.53
河蓬乡	7.13	7.13
默戎镇	74.67	48.67
双溪乡	137.4	121.07

表 13-1

乡镇	总面积	其中：可采摘面积
城关乡	47.87	41.8
古阳镇	49.67	49.67
高望界林场	0.40	0.20
草潭乡	1.00	1.00
河西镇	51.67	51.67
国营龙天坪茶场	13.74	13.74
全县合计	534.75	453.63

2010 年古丈县茶叶种植面积分布情况一览表

表 13-2

单位：公顷

乡镇	总面积	其中：可采摘面积
古阳镇	742.93	655.80
默戎镇	302.13	228.47
罗依溪镇	782.33	529.33
红石林镇	768.80	332.93
双溪乡	712.20	394.00
高峰乡	398.20	152.73
断龙山乡	111.46	8.13
岩头寨镇	155.40	77.73
山枣乡	208.20	30.70
河蓬乡	36.67	22.00
坪坝乡	64.60	7.47
高望界乡	76.00	33.47
全县合计	4358.92	2472.76

三、低产茶园改造及有机茶园建设

1955 年，第五区县城镇思源桥茶叶高级合作社成立，实行茶园“坡改梯”。20 世纪 80 年代初，古丈县茶园主要以户分散进行培管，用肥以农家肥和枯饼为主。1986 年，县农业局经作站对高峰乡李家洞茶场12公顷茶园和山枣乡茶场20公顷茶园进行深耕改土、树冠修剪、追施肥料、病虫害防治，中耕除草等方面低改。是年，高峰乡李家洞茶场干茶每亩单产由 7.45 千克增至 28.9 千克；山枣乡茶场干茶每亩单产由 18.2 千克上升至 33.1 千克。1987 年，县农业局经作站在河西镇科地坝指导茶叶专业户王锡凤改造低产茶园 0.08 公顷，干茶每亩单产由 20 千克增至 101.75 千克，参加全州茶叶栽培创高产破纪录竞赛，获一等奖。1988 年，山枣乡进行茶园低改，参加全州农业系统茶叶创高产竞赛，获三等奖。

1998 年，县委在双溪乡梳头溪村创办茶园低改示范点，投入复合肥 50 吨，实施茶园低改 43.87

公顷。1999 年，县委、县政府抽调 4 名具有高、中级职称茶叶专家，组建古丈县茶叶研究课题组，对茶叶低改技术进行专题研究，进行低产茶园“改土”“改树”“改管”，并摸清茶园病虫、天敌种类及种群动态规律，实行茶园无公害综合治理。是年，启动茶叶品改，当年完成品改 9.33 公顷。

2000 年，县政府在默戎镇万岩村、桐木村、岩寨村、茶场创办新幼茶园培管示范点，投放复合肥 50 吨，培管茶园面积 33.34 公顷，并进行树冠整形修枝。2003 年，全县新建优质良种茶园 133.33 公顷。2005 年，全县改造低产茶园 100 公顷，改造有机茶园 100 公顷，培管良种茶园 333.34 公顷。2007 年，建立梳头溪桃源大叶茶基地 6.67 公顷。2008 年，全县建成良种茶基地 800 公顷。2009 年，完成茶叶品改 67.83 公顷，建成国家认证绿色食品茶叶基地 466.67 公顷，有机茶基地 133.33 公顷，其中 40 公顷通过欧盟 IMO 有机茶认证。2010 年，经过改造和扩园，全县良种茶基地面积 1333.33 公顷，其中稻田改种良种茶园 150 公顷。是年，全县改造低产茶园 1000 公顷，复垦荒废茶园 666.67 公顷。

四、引种及良种繁育园建设

民国 10 年（1921），古丈种茶，由江苏、浙江、君山、界亭等地引种。1973 年，从省内安化县、桃江县调运茶叶种子 75000 千克。20 世纪 80 年代初，引进无性系良种茶苗在龙天坪茶场、狮子口、仁溪湾种植。1986 年，全县茶叶品种仍以本地群体小叶绿茶为主，品种单一。1999—2008 年，引进优质茶叶品种 11 个，主要有湖南省茶叶科学研究所选育的槠叶齐、碧香早、白毫早、玉笋、茗丰和福建省茶叶科学研究所选育的福云六号、福鼎大白、福鼎大毫、乌牛早、云霜以及浙江省选育的龙井 43。2008 年，县茶叶局在双溪乡梳头溪村建立 3.34 公顷的茶叶良种繁育示范基地，年产茶叶苗木 500 万株。同年，县农业局在古阳镇太坪村建设良种繁育基地 2 公顷，年产茶叶苗木 300 万株。2009 年，在双溪乡梳头溪、溪流墨 2 个村建良种繁育基地 4 公顷。2010 年，在双溪、古阳 2 个乡镇建立良种母本园基地 23.34 公顷，良种繁育示范苗圃 3.66 公顷，七叶参苗圃园 20 公顷。

第三节 产业化建设

一、产业布局

民国期间，古丈县茶叶主产区分布在县城周边。1961 年，全县茶叶主产区分布在县城镇、城关公社、官坝公社、东方公社、茄通公社，计 1 个镇、4 个公社。1975 年，全县茶叶产区扩展至县城镇、城关公社、官坝公社、东方公社、茄通公社、河蓬公社、野竹公社、默戎公社、高峰公社、山枣公社，计 1 个镇、9 个公社，有茶叶专业生产队 49 个，茶叶从业人员 3548 人。

1986 年，全县茶叶产区主要分布在古阳河流域、酉水河沿岸和县域东部三大片区 11 个乡镇，有茶叶生产专业队 61 个，从业人员 4514 人。古阳河流域产区以古阳镇、城关乡、双溪乡、罗依溪镇、默戎镇牛角山为主，茶园面积 306.47 公顷，专业村场有古阳镇思源桥村、罗依溪镇茶叶村、默戎镇牛角山茶场。酉水河沿岸产区以河西镇、茄通乡、断龙山乡为主，茶园面积 83.47 公顷，专业村场有国营龙天坪茶场、河西镇龙天坪村。县域东部产区以高峰乡、野竹乡、山枣乡、河蓬乡为主，茶园面积 88.26 公顷。

1999 年，全县推进产业结构调整，打造沿省道 1828 线茶叶产业带。2004 年，确立建设沿古阳镇南山至双溪乡洞上“U”形公路良种茶叶精品开发带。2007 年，全县发展茶叶专业村 40 个，发展 3.33 公顷以上种植大户 150 户，6.67 公顷以上种植大户 5 户。2008 年，建设默戎镇至红石林镇沿省道 S229 线百里茶叶观光廊产业带。

2010 年，全县有古阳、罗依溪、双溪、默戎、红石林、高峰、山枣、岩头寨 8 个重点产茶乡镇，

49个茶叶专业村。古阳河流域产区以古阳镇、默戎镇、双溪乡、罗依溪镇为主，茶园面积2539.59公顷。酉水河沿岸产区以红石林镇、断龙山乡为主，茶园面积880.26公顷。县域东部产区以高峰乡、岩头寨镇、山枣乡、高望界乡为主，茶园面积837.88公顷。是年，全县茶叶从业人员5.1万人，茶叶技术骨干45人、茶农技术骨干1800人。

1986年古文县茶叶专业队情况一览表

表13-3 单位：个、人

乡镇	专业队数	从业人数	乡镇	专业队数	从业人数
断龙山	1	24	河蓬	1	12
茄通（含河西镇）	12	844	默戎	4	227
高峰	3	107	双溪	12	359
野竹	1	8	城关	6	258
草潭	1	6	古阳	9	1860
山枣	1	50	罗依溪	9	748
龙天坪茶场	1	38	全县合计	61	4541

2010年古文县茶叶专业村名录

表13-4

乡镇	专业村
默戎镇	盘草村、夯娄村、毛坪村、万岩村
古阳镇	太坪村、长潭村、柑子坪村、思源桥村、南山村、树栖柯村、天桥山村
双溪乡	溪流墨村、宋家村、官坝村、梳头溪村、排若村、蔡家村、茅坡村、夯水村
罗依溪镇	黑潭坪村、龙潭坪村、大龙村、且茶下村、罗依溪村、茶叶村、青鱼潭村、江洋溪村、毛坪村、石碧溪村、坳家湖村
红石林镇	河南村、龙天坪村、列溪村、铁马洲村、先锋村、岩仁坪村、茄通村
断龙山乡	猛虎洲村
高峰乡	李家洞村、老官坪村、淘金村
岩头寨镇	梓木坪村、蒿根坪村
山枣乡	林场村、茶场、火麻村
高望界乡	焦坪村、烂泥池村、高望界村

二、茶社（庄）、协会和专业合作社

清宣统二年（1910），甘肃提督杨占鳌三子杨圭廷于汪家坪种茶开园，外称“绿香园”茶社。民国9年（1920），杨琢臣种茶于青云山和半坡，外称“青云银峰”茶社。民国12年（1923），许介眉建“正味”茶庄；刘紫珊建“龙潭”茶庄；伍涤尘建“青云山”茶社。1952 年 4 月，成立县城镇茶农生产合作社。1953 年 3 月，古丈县茶农生产代表会议在县城召开，出席会议代表 45 人。1954 年，成立县城镇茶叶专业社，专营茶叶收购。1955 年，县城镇茶叶生产合作社成立，为全县茶叶发展示范点。2005 年 5 月 3 日，古丈县茶叶协会挂牌成立，有会员 81 个，其中会员单位 29 个，协会组织 6 个，茶叶专业合作社 1 个，技术人员 11 人。2008 年，全县有茶叶协会 16 个，茶叶专业合作社 6 个，新成立古丈县茶叶营销协会。2010 年，全县有茶叶专业合作社 60 个。协会和茶叶专业合作社培养专业技术人员 35 人、茶农技术骨干 60 人。

2010 年古丈县茶叶专业合作社名录

表 13-5

序号	合作社名称	地址
1	古丈县盘草茶叶专业合作社	古丈县默戎镇盘草村
2	古丈县牛角山茶叶专业合作社	古丈县默戎镇毛坪村
3	默戎镇龙鼻嘴村以勤茶叶专业合作社	古丈县默戎镇龙鼻嘴村
4	古丈县栖凤湖茶叶农民专业合作社	古丈县罗依溪镇茶叶村
5	双溪乡梳头溪茶叶专业合作社	古丈县双溪乡梳头溪村
6	古丈县盘草盛世茶叶专业合作社	古丈县默戎镇盘草村
7	红石林镇坐龙溪茶叶专业合作社	古丈县红石林镇岩仁坪村
8	古阳镇高坳建发茶叶专业合作社	古丈县古阳镇高坳村
9	古阳镇树栖柯村茶叶专业合作社	古丈县古阳镇树栖柯村
10	双溪乡茅坡村茶叶专业合作社	古丈县双溪乡茅坡村
11	古丈县锦华茶果专业合作社	古丈县红石林镇龙天坪村
12	古丈县坪坝乡强农茶叶专业合作社	古丈县坪坝乡叭喇村
13	坪坝乡利农茶叶专业合作社	古丈县坪坝乡溪口村
14	古丈县红岩茶叶专业合作社	古丈县罗依溪镇黑潭村
15	岩头寨镇茶歌茶叶专业合作社	古丈县岩头寨镇梓木村
16	张家坪村加辉茶叶专业合作社	古丈县坪坝乡张家坪村
17	铁马洲村香园茶叶专业合作社	古丈县红石林镇铁马洲村
18	红石林镇国军茶叶专业合作社	古丈县红石林镇泽禾溪村
19	默戎镇夯娄村民富茶叶专业合作社	古丈县默戎镇夯娄村
20	李家村仙门山茶叶专业合作社	古丈县默戎镇李家村
21	古丈县土家妹茶叶专业合作社	古丈县红石林镇先锋村
22	坪坝乡对冲村如春茶叶专业合作社	古丈县坪坝乡对冲村

续表 13-5

序号	合作社名称	地址
23	坪坝乡大寨村茶叶专业合作社	古丈县坪坝乡大寨村
24	古丈县丽春茶叶专业合作社	古丈县断龙山乡小白村一组
25	古丈县奕鹏茶叶专业合作社	古丈县高峰乡老官坪村
26	坪坝乡旦武营茶叶专业合作社	古丈县坪坝乡旦武营村
27	溪流墨龙叶茶业农民专业合作社	古丈县双溪乡宋家村旁山路组
28	山枣乡梦香园茶叶专业合作社	古丈县山枣乡山枣村
29	古丈县源头河茶叶专业合作社	古丈县默戎镇新窝村
30	双溪乡宋家民丰茶叶专业合作社	古丈县双溪乡宋家村
31	树栖柯村种田茶叶专业合作社	古丈县古阳镇树栖柯村
32	古阳镇天桥山茶叶专业合作社	古丈县古阳镇天桥山村
33	米多村毕几卡茶叶专业合作社	古丈县断龙山乡米多村
34	古丈县宏平茶叶专业合作社	古丈县红石林镇铁马洲村
35	古丈县双溪乡排若茶叶专业合作社	古丈县双溪乡排若村
36	古丈县春秋茶叶专业合作社	古丈县高峰乡岩坳村
37	石碧村山那边茶叶专业合作社	古丈县罗依溪镇石碧村
38	高峰乡李家洞村茶叶专业合作社	古丈县高峰乡李家洞村
39	双溪乡蔡家村阿七茶叶专业合作社	古丈县双溪乡蔡家村铺上组
40	断龙山乡建华茶叶专业合作社	古丈县断龙山乡胡家坪村
41	古丈县建民茶叶农民专业合作社	古丈县罗依溪镇罗依村
42	古丈县猛洞河云凤茶叶专业合作社	古丈县罗依溪镇黑潭村
43	丫角山村山亚坡茶叶专业合作社	古丈县河蓬乡丫角山村
44	默戎镇万岩村全心茶叶专业合作社	古丈县默戎镇万岩村
45	万岩村吾恋河茶叶专业合作社	古丈县默戎镇万岩村
46	黑潭村周小平茶叶专业合作社	古丈县罗依溪镇黑潭村
47	山枣乡火麻村顺银茶叶专业合作社	古丈县山枣乡火麻村
48	断龙山乡坐苦坝村茶叶专业合作社	古丈县断龙山乡坐苦坝村
49	米多村顺心茶叶专业合作社	古丈县断龙山乡米多村
50	古丈县大宝坪茶叶专业合作社	古丈县双溪乡溪流墨村大堡坪组
51	古丈天桥山庄白云茶叶专业合作社	古丈县古阳镇天桥山村

续表 13-5

序号	合作社名称	地址
52	古丈县长潭冬旭茶叶专业合作社	古丈县古阳镇长潭村
53	默戎镇牛仙地茶叶专业合作社	古丈县默戎镇夯娄村
54	古丈县夯水村清香茶叶专业合作社	古丈县双溪乡夯水村
55	古丈县竹溪茶叶专业合作社	古丈县古阳镇思源桥村竹溪组
56	双溪乡溪流墨村洞上茶叶专业合作社	古丈县双溪乡溪流墨村洞上组
57	溪流墨村大寨茶叶专业合作社	古丈县双溪乡溪流墨村
58	古丈县岩槽河生态茶叶专业合作社	古丈县默戎镇中寨村
59	古丈县红石林绿园茶叶专业合作社	古丈县红石林镇茄通村
60	古丈县青竹山茶叶专业合作社	古丈县红石林镇河南村

三、茶叶专业村（场、合作社）选介

国营龙天坪茶场　1968年，由湖南省农业厅投资在茄通公社龙天坪设立国营龙天坪茶场，是一个集科研、加工、贸易一体化经济实体。全场总面积70公顷，其中茶园13.74公顷。1980年，研制出古丈茶叶新产品古丈茉莉花茶。1986年，全场有干部职工38人，其中技术干部5人，技术工人23人；固定资产500万元，茶叶加工机械29台套，年加工能力25吨，年产值82万元，实现利税8.2万元。2008年，茶场改制。

思源桥村　以古阳河为中心，分布于县城沿河两岸。省道S229线、焦柳铁路横穿而过，交通便利。全村辖10个自然寨，8个村民小组895户2028人。1952年，组建县城镇茶农生产合作社。1955年10月，茶农生产合作社转变为高级社，成为全县发展茶叶生产示范点。1958年，改为巨龙公社思源桥茶叶大队。1984年，改为思源桥村，所产“青云银峰”“狮口银芽”名茶产品。自20世纪90年代始，随着县城扩容，境内茶园面积逐渐减少。2010年，全村有茶园66.33公顷 。

树栖柯村　位于古阳镇东北部，距县城2千米，辖4个村民小组142户503人。1986年，茶园面积6.67公顷。1999年，推进茶叶产业化建设，进行稻田改种茶园，茶园规模迅速增长，茶叶由小叶群体品种逐步改为碧香早、福鼎大白等优良品种，良种率90%。2009年，该村建设优质生态茶园基地，茶园实行生态化管理，即统一施肥、统一培管，统一进行无毒化生态杀虫。同时，推行“公司+基地+农户”生产模式，以机械化推进产业化，全村有一体化加工机械83套，电炒锅38台。茶叶产业实现种植良种化、加工机械化，品质优质生态化。2010年，全村茶园面积扩展到108公顷，其中可采摘面积78公顷，人均茶园面积0.21公顷，干茶产量52吨，产值680万元，人均纯收入6200元，被评为全县茶叶产业第一村。

龙天坪村　位于红石林镇东北部，辖8个村民小组，其中5个远迁移民组、3个后靠安置移民组，412户、1962人，区域面积4.6平方千米。1965年，龙天坪、科地坝、下岩仁坪3个生产队被确定为茶叶专业队。1972年，阳桥、小河等5个远迁移民生产队被确定为茶叶专业队。1979年，兴建茶叶基地15公顷，1986年，全村茶园进入盛采期。1988年，全村有新老茶园34.34公顷，当年茶叶产量19625千克。2010年，茶叶种植面积200.22公顷。

梳头溪村　位于双溪乡西北部，因后山绝壁上有一天然生成岩画，神似美女梳妆沐浴，得名梳头溪。辖3个自然寨、8个村民小组，235户、1080人，其中劳动力612人。土地面积15平方千米。距古丈县城9.5千米，张花高速古丈连接线靠村而过。种茶历史始于1973年。是年，创办知青茶园17.33公顷。2010年，茶叶种植面积146.66公顷，可采摘面积53.33公顷，优质良种茶园43.33公顷。全村有茶叶种植、加工、销售大户15户，茶叶年产值240万元。同年，引进投资2000万元湖南英妹子茶业科技有限公司，采取“公司+协会+基地+农户”发展模式，产业优势明显。

牛角山茶叶专业合作社　位于默戎镇毛坪村。成立于2009年，有成员200户。合作社建有茶叶基地360公顷，新建1200平方米的门市办公综合楼1栋，400平方米茶叶厂房1栋，年产200吨红茶、绿茶生产线各1条。合作社注册“牛角山”“黛勾黛丫”“夯吾苗寨”3个商标，获得QS认证，拥有茶叶自营出口权证和一般纳税人资格证，形成以茶叶为龙头，生态养殖、苗寨旅游、苗族餐饮产业共同发展的格局。2010年，合作社实现产值1500万元，营业销售收入1380万元，利税220万元，给社员返利80万元。合作社被评为国家级示范社、湖南省十佳农民专业合作社。

第二章 茶叶加工

第一节 制 茶

一、古丈毛尖手工制作工艺

古丈毛尖，是一种选料讲究、制作工艺精细名茶。从采茶到选叶，从加工到成品，先后要经过14道工序。在加工过程中，思想要集中，动作要敏捷，连续操作，不能间断，一气做成，才能制成优质名茶。

准备　用砖砌或土筑斜灶一座，备铁锅1～2口，锅径60～80厘米。铁锅不分新旧，都必须用砂石磨光除锈，洗净擦干备用。簸箕2至3个，大小不等，新簸箕必须用砂布磨平打光，做到无竹丝无竹纤，洗净待用。竹刷把3～5把，长30～40厘米。新刷把须用手搓擦数次，再用明火烧掉细微竹绒，洗净备用。燃料选用干柴，锯成30～40厘米小块备用。包装以木箱内垫锡箔纸，制成专用茶叶箱为佳，或用白铁皮制成桶或盒，也可用精致的小包装袋。各种包装用具均必须除锈清洗，去除异味，消毒备用。

采茶　采清明节前后所发芽叶片为佳，即选晴天上午在无露水天气下专采一叶一芽或一叶二芽茶叶叶片，不采病叶、虫叶，不采紫芽、红芽。

摊青　即把采回家新茶均匀摊放在竹子编制器件中，让其水分自然蒸发。除去适量水分，利于加工出来古丈毛尖干茶颜色呈翠绿色，且冲泡时候会带有清香味。

杀青　俗称炒头锅，是古丈毛尖制茶工艺关键，火温要把握适度。当地茶农总结的经验是“炒茶好坏看头锅，质量优劣全靠火；火候适度要看锅，昼看锅底有灰色，夜看锅底紫红锅”。即锅温160℃～180℃。每锅投鲜叶400～600克，杀青时间2～3分钟。炒法是：右手握刷，手刷结合，勤翻快炒，多拌少焖，动作要快，快而不乱。茶农谚道：“耳听锅内沙沙响，眼看色变叶无光，手握叶软略黏手，先嗅杂气散，后闻茶清香，指夹茶梗折不断，方称头锅炒到堂。”这时即可出锅，拌散摊凉。

初揉　俗称揉头道，冷凉后茶坯放在簸箕内揉捻。方法是：先团揉后滚揉，用力要先轻后重，团轻滚重。速度要先慢后快，由慢到紧。时间1～2分钟。抖散目视，叶边微卷，茶坯微粘手，茶汁微现，即可解块抖散。

炒二青　俗称炒二锅。炒青重要环节是洗锅除垢，凡每炒一次都要清洗锅具。锅温升至80℃～100℃，由高到底，炒2～3分钟。茶坯下锅后有较小沙沙响声。手法：应以抖炒为主，勤翻快抖，边抖边看，连续操作，不可间断，以防红梗、焦叶。当叶片曲卷，汁液参出，茶坯松散时，出锅摊凉。

复揉　俗称揉二道。复揉较初揉用力较重。揉法以滚揉为主，团揉为辅，多滚少团，团滚结合。

用力先轻后重，又由重到轻。1 ～ 2 分钟后，迅速解块抖散、散热。紧接着继续揉捻，待茶汁外渗，有黏手感，叶卷初形，又解块、抖散。

炒三青　俗称炒三锅。锅温升至 70℃ ～ 80℃，先高后低，将二揉茶坯下锅。炒法：以炒为主，以抖为辅，动作缓慢，时有间断。炒 3 ～ 5 分钟，炒至松散，约六成干，出锅摊凉。

再揉　俗称揉三道。再揉手法：以滚揉为主，团揉为辅。用力：先重后轻，速度：先慢后快，逐渐加速。时间 1 ～ 2 分钟。待茶汁渗出，略有黏手，视茶坯松散，条索紧圆，即可将茶坯抖散。

整形　俗称做条。锅温升至 60℃ ～ 70℃，茶坯入锅，略有响声，抖炒数次，待温均匀，将茶倒出，趁热做条。手法有：抓、理、拉、搓、甩。抓茶在手，理茶整齐，拉茶条直，搓茶条紧，甩茶定型。经过反复，达到条直均匀，条索圆紧，干度八成，出锅摊凉。

提毫　俗称挂衣。升高锅温至 50℃ ～ 60℃，茶坯下锅轻轻翻动。待温度均匀，即将茶坯轻轻扫到对面锅边。手法是：双手握茶，两掌伸开，两手四指稍略微曲，双掌复合，以茶擦茶，前后推拉，拉进放松，推出略重。反复数次，白毫自出。此刻将提毫茶轻轻抛撒在身前锅边，直到全锅提毫完毕为止。

焙干　俗称收锅。茶叶“收锅”极为重要，是茶叶外形好坏、质量优劣重要环节。升高锅温至 60℃ ～ 70℃。温度先高后低，要把握适度。投入茶叶，轻轻翻动，使茶受热均匀，待茶微响，慢翻抛撒。反复多次，直到茶香散发，茶梗指捻成末，即可出锅摊凉。

拣剔　俗称选茶。方法：干茶适量倒入簸箕内，慢簸轻扬，簸去黄片，扬尽细末，拣去老叶、散叶，剔除茶梗杂质，即可包装。

包装贮存　用备好包装箱垫上消毒的皮引纸，将干茶轻轻投入，加盖密封。小包装定量装茶，及时封口，合并成盒或小件，放在干燥阴凉处保管贮存。

二、古丈红茶制作工艺

古丈红茶初制工序分为采摘、萎凋、揉捻、发酵、复揉、熏焙、复火制成毛茶 7 道工序。

采摘　古丈红茶茶青采摘时间一般都在每年 5 月份上旬以后，采摘一芽三叶，每批采摘鲜叶嫩度、匀度、净度、新鲜度应基本一致。

萎凋　小种红茶萎凋有日光萎凋和加温萎凋两种办法。一般采用室内加温萎凋。日光萎凋在晴天室外进行。其方法是在空地上铺上竹席，将鲜叶均匀撒在青席上，在阳光作用下萎凋。

揉捻　茶青适度萎凋后即可进行揉捻。早期揉捻用人工揉至茶条紧卷，茶汗溢出。后改用揉茶机进行。

发酵　小种红茶采用热发酵方法，将揉捻适度茶胚置于竹篓内压紧，上盖布。茶胚在自身酶作用下发酵，经过一定时间后当茶胚呈红褐色，并带有清香味。

复揉　发酵过茶胚必须复揉，使回松茶条紧缩。方法是下锅后茶胚即放入揉茶机内，待茶条紧结即可。

熏焙　将复揉后茶胚抖散在竹筛上，茶胚在干燥过程中不断吸附松香，使小种带有独特的松脂香味。

复火　烘干的茶叶经筛分拣去粗大叶片，粗老茶梗后，再置于焙笼上，再用松柴烘焙，以增进古丈红茶特殊的香味。

经过以上工序制成古丈红茶初制毛茶。

精制工序分为定级分堆、毛茶大堆、走水焙、风选、拣剔、烘焙、干燥熏焙、匀堆、包装9道工序。

定级分堆　毛茶进精制车间后，便对毛茶按等级分堆存放，以便于结合场地、季节、外形内质，及往年的拼配标准进行拼配。

毛茶大堆　把定级分堆的毛茶按拼配的比例归堆，使茶品的质量能保持一致。

走水焙　在归堆过程中，各茶品含水率并不一致，部分茶叶还会返潮，或含水率偏高，需要进行烘焙，使含水率归于一致便于加工。

风选　将筛分后茶叶再经过风选，利用风力将片茶分离出去，留下等级茶。

拣剔　把经过风选后仍吹不掉茶梗，外形不合格以及非茶类物资拣剔出来，使其外形整齐美观，符合同级净度要求，拣剔有机拣和手拣。一般通过机械拣剔处理，尽量减轻手工压力，再手工拣剔才能保证外形净度色泽要求，做到茶叶不含非茶类夹杂物，保证品质安全卫生。

烘焙　经过筛分，风选工序以后红茶会吸水，使茶叶含水率过高，需要再烘焙，使其含水率符合要求。

干燥熏焙　生产古丈红茶还需要在上述工序完成后加上一道松香熏制工序。成品古丈红茶要求茶香浓醇特久，并带有松香味，因此在最后干燥烘焙过程中要增加松香熏工序，让干燥茶叶吸附。经熏焙古丈红茶有一种浓醇松香味，外形条索乌黑油润。

匀堆　经筛制、拣剔后各路茶叶经烘焙或加烟足干形成半成品，要按一定比例拼配小样，测水量，对照评审标准并作调整，使其外形，内质符合符合本级标准，之后再按小样比例进行匀堆。

包装　经过匀堆后鉴定各项因子符合要求后，即将成品包装，便完成古丈红茶精制过程。

三、机械制茶

1958 年，巨龙公社思源桥茶叶大队试制水力双桶揉茶机、双锅炒茶机、解块机。1964 年，全县首次引进电动制茶机械，即桶式杀青机 1 台、20 型揉茶机 4 台、瓶式复干机 1 台。1983 年，全县茶叶专业场、茶叶专业队有制茶机械 125 台件，有杀青机、揉茶机、复干机、自动烘干机、拣梗机、抖筛机、圆筛机、滚切机及柴油机、电动机。全县茶农茶叶加工仍以农户分散手工制作为主，形成“千手茶”局面。

1996 年，浙江省上洋茶叶机械厂到古丈县推广杀青机、揉捻机和烘干机等茶叶加工机械，县扶贫开发办出资为罗依溪库区移民茶农购买茶叶加工机械 10 台套，机械制茶始推广到茶农。

2004 年，全县推行茶叶加工大户机械加工，即组织茶叶加工大户收购茶农鲜叶，进行机械化集中加工。是年，全县发展茶叶加工大户 26 户，引进茶叶加工机械设备 29 台套。2006 年，全县有茶叶加工大户 46 户，其中家庭式茶叶小型加工厂 44 个，分布在 8 个乡镇 35 个村，茶叶加工机械设备增至 262 台套。彻底改变“千手茶”生产状况，茶叶品质得到提高。

2009 年，县内茶叶机械加工大户建成 200 平方米标准茶叶加工厂 6 个，100 平方米茶叶加工厂 25 个，50 ~ 80 平方米茶叶加工厂 49 个。茶叶加工大户成为一个村、一个片区茶叶生产“火车头”。2010 年，全县有茶叶加工大户 260 户，其中建成日产半吨茶叶加工厂 15 个，农户家庭式加工厂 245 个，茶叶加工大户年加工能力 3000 吨。

四、茶叶企业

1978 年，建古阳镇茶叶精制厂，拥有七叶参茶、绿茶两条加工线，年加工茶叶 200 吨。1990 年，成立古丈县茶叶公司，经营茶叶生产、加工、销售业务。1994 年，在罗依溪镇王家堡建古丈县茶叶总厂。

2000 年，猛洞河天然植物制品公司投资 800 万元建成年产 10 万吨茶多酚生产线。2003 年，湖南古丈县茶业有限责任公司成立，建茶叶加工厂 4 个，拥有年产 400 吨名优茶、年产 100 吨红茶、年产 1500 吨绿茶三条生产线。2005 年，湖南省茶业公司入驻古丈，成立古丈县有机茶业有限公司，公司兼并古丈县茶叶总厂，主要加工古丈毛尖、有机茶，珍眉茶、袋泡茶、珠茶、茶坯、绞股蓝茶等八大系列50个品种，并对外承接茶叶精深加工业务。

2008年，全县建成全自动化年产1800吨绿茶、100吨七叶参茶生产线和500平方米冷藏保鲜库3个、200平方米茶叶保鲜中心1个。县有机茶业公司扩建5条茶叶生产线，新增年加工能力2000吨。是年，古丈县锦华农业综合开发有限公司在红石林镇龙天坪村成立，经营范围包括茶叶种植、收购、加工、销售。2009年，古丈县有机茶业有限公司加工名优绿茶200吨，精制茶坯4000吨，成为湖南省茶业有限公司茶叶出口原料重要生产基地。

2010年，湖南英妹子茶业科技有限公司在双溪乡梳头溪村建厂，投资2000万元建有绿茶、红茶、茶籽油三条生产线，年加工茶叶1000吨，重点生产古丈红茶。是年，由袁隆平农业高科技股份有限公司、步步高集团、老百姓大药房连锁（湖南）有限公司、大汉控股集团有限公司、美林控股集团有限公司、湖南天下凤凰文化旅游投资有限公司6家知名企业共同出资组建古丈隆平有机茶业有限公司，注册资金2000万元，其位于双溪乡宋家村的隆平茶厂拥有千亩种植基地和4000平方米加工中心。是年，全县有茶叶加工销售企业15家，企业年加工能力5000吨。

1986—2010年古丈县茶叶企业名录

表13-6

企业名称	成立时间	企业地址	茶产品
古阳镇茶叶精制厂	1978年	古丈县古阳镇红沙溪	七叶参茶、古丈毛尖
古丈县茶业有限责任公司	2003年	古丈县古阳镇红星小区茶文化一条街	古丈毛尖、古丈红茶
古丈县叶兰茶厂	1998年	古丈县红石林镇龙天坪村	“叶芝兰”牌各级毛尖、有机茶、绞股蓝茶系列产品
古丈县三道和茶厂	2007年	古丈县古阳镇三道河小谷溪	“三道河”牌各级古丈毛尖、古丈绿剑（银针）、古丈绿茶
古丈县青竹山茶业有限公司	2008年	古丈县红石林镇河南村	“青竹山”牌各级古丈毛尖、古丈红茶
古丈县有机茶业有限公司	2005年	古丈县罗依溪镇王家堡	“倩云”牌古丈毛尖、古丈绿茶、有机茶、天门红红茶系列茶产品
古丈县古阳河茶业有限责任公司	2006年	古丈县古阳镇红星小区茶文化一条街	“古阳河”牌各级古丈毛尖、古丈红茶
湖南英妹子茶业科技有限公司	2010年	古丈县双溪乡梳头溪村	“英妹子”牌古丈毛尖、古丈红茶系列品牌
湘西自治州牛角山生态农业科技开发有限公司	2008年	古丈县默戎镇毛坪村	“牛角山”“夯吾苗寨”和“黛勾黛丫”牌各级古丈毛尖、古丈红茶
古丈县茶源茶厂	2003年	古丈县古阳镇南山村	古丈毛尖、古丈红茶
古丈县宏平茶业有限公司	2002年	古丈县红石林镇	“宏平”古丈毛尖、古丈红茶
古丈春风合茶业有限责任公司	2008年	古丈县红石林镇先锋村	茶叶、青钱柳茶
岩头寨茶厂	1991年	古丈县岩头寨镇梓木坪村	“茶王茶”牌古丈毛尖、古丈红茶
古丈隆平有机茶业有限公司	2010年	古丈县双溪乡宋家村	“溪流墨”古丈毛尖、“一丈红”有机红茶及“墨戎”高山野放茶3大品类10款产品
古丈县锦华农业综合开发有限公司	2008年	古丈县红石林镇龙天坪村	古丈毛尖
猛洞河天然植物制品公司	2000年	古丈县罗依溪镇喇叭冲	茶多酚
古丈县小背篓茶业有限公司	2003年	古丈县古阳镇树栖柯村	“青青背篓”系列古丈毛尖、古丈红茶

说明：2010年，古阳镇茶叶精制厂、猛洞河天然植物制品公司两家企业已经停产

五、茶叶企业选介

湖南古丈县茶业有限责任公司　成立于2003年3月，公司位于古丈县红星小区茶文化一条街，总资产1100万元，固定资产720万元，是古丈茶业产业建设龙头企业。公司是集茶叶生产、加工、销售一体化。开展茶叶新产品研究与产业化开发兼科技培训，下辖市场部、销售部、财物部、采购部、生产部、行政管理部和茶园管理办公室，有企业员工155人，其中研发人员30人。公司实行“公司+大户+合作社+农户”经营模式，下辖茶叶专业化合作社5个，加工大户20个，农户2000户，有无公害茶叶基地666.66公顷，有机茶叶基地333.33公顷。公司所生产古丈毛尖、古丈绿茶、古丈红茶等系列产品通过有机茶、绿色食品ISO 9001质量体系认证、食品质量安全QS等认证。2010年，公司实现茶叶销售额1700万元，利税200万元。

古丈县小背篓茶业有限公司　成立于2003年5月，位于古丈县古阳镇树栖柯村，地处张家界—凤凰旅游黄金线中段，是古丈县第一家集餐饮、品茶、住宿、旅游观光、娱乐、购物于一体的民营企业，法人代表向前，有职工35人。公司办公楼占地面积5000平方米，有20间标准客房，总资产2000万元。在凤凰、吉首等地设有“小背篓”毛尖茶专卖店。公司采取“公司+基地+农户”经营方式，树栖柯村100户茶农53.34公顷高标准茶园为公司茶叶基地，所生产“青青背篓”牌毛尖茶远销上海、深圳、广州等地，2010年，公司接待游客20000人次，总产值850万元，上缴税金23万元。

古丈县有机茶业有限公司　2005年5月，国家级农业产业化重点龙头企业湖南省茶业有限公司在古丈县成立一家集种植、加工、销售、旅游于一体，并拥有直接对外贸易经营权的企业——古丈县有机茶叶有限公司。主要经营“倩云牌”古丈毛尖、有机茶、珍眉茶、低农残茶、袋泡茶、珠茶、茶坯、绞股蓝茶等系列产品及茶叶的精深加工业务。公司有茶叶基地133.33公顷，有机茶基地60公顷已通过南京英目认证有限公司认证，2010年，公司有年产2000吨眉茶生产线及年产150吨名优茶生产线，名优茶年生产能力210吨，精制茶年生产能力4000吨，产值5000万元。公司采取“公司+基地+农户”经营模式，利用古丈茶叶资源优势、品种优势、武陵山区区位优势、旅游资源优势以及总公司销售网络优势，扩大“倩云牌”古丈毛尖影响，推进古丈茶叶产业化建设。

古阳河茶业有限责任公司　前身为古阳河茶庄，创建于1998年，2006年10月注册为古阳河茶业有限责任公司，公司位于古丈县红星小区茶文化一条街，集生产、加工和销售于一体，公司董事长、法人代表胡维霞。2008年，被省工商行政管理局授予“重合同守信用单位”。公司总资产790万元，其中固定资产593万元，2010年，公司销售收入1345万元，利润160万元，公司有员工38人，其中评茶师2名，茶艺师3名，助理茶艺师3名。

湖南英妹子茶业科技有限公司　位于古丈县双溪乡梳头溪村。成立于2010年，公司董事长、法人代表龙自刚。主要以茶叶种植、生产加工、营销、贸易、文化旅游、绿茶籽油生产、农业综合开发七大产业为主。依托当地有机茶叶、果为原料，生产加工古丈毛尖、古丈功夫红茶、绿茶籽油。公司投资2000万元，建成英妹子古丈毛尖、英妹子黄金红、英妹子绿茶籽油三大系列品牌生产加工生产线各1条。年产高品质红、绿茶200吨，可日产成品茶75千克，日需鲜叶3000千克。

第二节　茶产品开发

一、茶产品开发

1986年，古丈茶叶产品以古丈毛尖和古丈大宗绿茶为主。1988年，国营龙天坪茶场开发古丈茉莉花茶系列产品，获北京首届国际博览会“银鹤奖”。1991年，七叶参茶研制通过省级鉴定，开发出

“倩云牌”七叶参茶系列产品。2003 年，开发古丈红茶系列产品。2007 年 2 月，古丈乌龙茶加工技术经过湖南省科技厅成果鉴定，形成独特古丈乌龙茶系列产品。是年，古丈县有机茶业有限公司研制出珍眉茶、珠茶、茶坯、绞股蓝茶等系列产品。2010 年，开发出七叶参茶饮料、七叶参皂甙、高纯度茶多酚、古丈红茶、青龙茶等系列产品，其中深度开发七叶参茶产品新技术和青龙茶加工技术研究获得湖南省科技成果奖。同年，湖南英妹子茶业科技有限公司研制出英妹子系列红茶，产品有古丈黄金红、英妹子功夫红茶。是年，古丈茶叶有四大类，名优茶类以古丈毛尖、狮口银芽为主；普通大宗茶类以高级绿茶、古丈红茶、青龙茶、乌龙茶为主；花茶类以古丈茉莉花茶为主；保健茶类以古丈七叶参茶为主。

二、茶产品选介

古丈毛尖　全国十大名茶之一，条索紧细圆直，油润有光泽、显毫。色、香、味俱佳，耐冲泡。不仅干茶色润、汤色明亮，而且香醇持久、滋味醇厚回甘，冲 3 ~ 4 泡后茶味仍浓。含有丰富的蛋白质、氨基酸、生物碱、茶多酚、糖尖、有机酸以及水溶性矿物资。理化特性为：水分≤ 6.8%，总灰分≤ 5.5%，水浸出物≥ 35.2%，粗纤维≤ 13.5%。具有生津解渴、清心明目、提神醒脑、去腻消食、抑制动脉粥样硬化以及防癌、防治坏血病等多种功能。

古丈七叶参茶　七叶参是纤细的藤生植物，含有糖类、色素，多种皂甙，与人参皂甙属同一物资，有“南方人参”美称。古丈七叶参茶由湖南省科委山区综合技术开发中心和湖南省中医药研究院联合研制，由古丈县古阳镇茶叶精制厂生产，中国保健科学技术学会监制。产品为“倩云牌”袋泡七叶参茶。该产品采用良种七叶参配以古丈优质绿茶，用独特工艺精制而成，品味甘甜，既有七叶参特有清香，又保持古丈绿茶风味。1988 年 12 月，古丈七叶参茶在北京参加中国首届食品博览会，列入国家综合馆珍藏，被评为中国优质保健茶，荣获“新星杯”奖。1990 年，被十一届亚运会列为标志专利产品，纪念保健用茶。1991 年，荣获北京第二届国际博览会金奖。

古丈红茶　采用谷雨后茶树芽叶一芽一叶或一芽三叶为原料，外形有曲形和直条两种，香幽味醇，似花香闻之清爽，似蜜香饮之甘美，茶汤金黄明亮，通透明艳，在杯中形成一道特殊的金边。内涵物资丰富。具有“蜜糖香”。清饮之时，能品味到红茶的特殊香气；调饮之时，能体会到红茶的温和特性。

古丈乌龙茶　利用古丈当地群体茶品种加工而成，其工艺中融进古丈毛尖传统制作技术，其产品去除传统乌龙茶的红壤边，形成乌龙茶系列独有外绿、汤绿的品质特征，与传统乌龙茶的红褐汤色有区别，同时保留传统乌龙茶的花果香味，又有古丈绿茶品质。

古丈茉莉花茶　古丈县龙天坪茶场研制的古丈茶叶新产品。以古丈优质绿茶为原料，配以茉莉花，以独特工艺精制而成。使茉莉花芳香与古丈绿茶独特风味融为一体。其香度、鲜灵度、耐泡力和一级品率及制作技术在湖南省居领先水平。1988 年，获中国首届博览会银奖。

第三章 茶叶销售

第一节 销售网点

民国 21 年（1932），古丈茶叶行销湘西各地，在沅陵、乾州、保靖、王村等地设有商号。畅销长沙、上海、南京等地。1950 年，国营古丈贸易公司收购茶叶，疏通销售渠道。1955 年，古丈茶叶远销苏联。1980 年，古丈茶叶销往香港地区。1986 年，茶叶经营由县土产公司、县外贸公司、县供销联社等国营和集体企业收购销售。各营销企业在县内收购农户干茶，经过加工、包装，再将干茶销售出县外，年销售量 90100 千克，县外无营销网点。1988 年，古丈毛尖年产销量为 150 吨，在全省名茶出口量中排名第一，居全国绿茶出口量第二。

1990 年，古丈毛尖打入欧美市场。2003 年，随着全县茶叶产业化推进，古丈县小背篓茶叶有限公司在吉首、凤凰设销售网点。2006 年，古阳河茶业有限责任公司在张家界、长沙等地设销售网点。

2010 年，湖南英妹子茶业科技有限公司在吉首、长沙、四川、河南、广东深圳等地设销售网点。古阳河茶业有限责任公司在张家界、怀化、吉首、凤凰、常德等设置代理直销点 10 家，开辟北京、上海、天津、深圳、沈阳等省外市场。古丈县宏平茶业有限公司在上海、浙江台州、湖北恩施、长沙、株洲、益阳、张家界、吉首、凤凰、芙蓉镇设立营销网点。是年，全县茶叶产业链条基本成型，古丈茶产品销售开始向龙头、大户集中，形成“龙头企业 + 专业合作社 + 农户”的发展模式和“茶农销售靠大户（卖鲜叶），大户销售靠企业（送初制品），企业销售靠网络”良性循环机制，实现产品质量标准区域化统一。全县有注册茶叶销售企业 15 家，个体经营户 40 户，5 家企业取得自营出口权。在北京、上海、山东等省市建立销售网点 100 个，发展经销商 160 个。茶产品远销到我国香港、澳门等地，出口到欧洲、摩洛哥、俄罗斯、东南亚等 30 个国家和地区。

第二节 品牌宣传

一、古丈斗茶会

中国古丈“茶王杯”斗茶会两年一届，2000—2010 年已举办五届斗茶会。主要目的是通过斗茶方式，促进制茶技术交流和改良，提升古丈毛尖品质，加快古丈制茶产业发展。

2000 年 5 月 22—24 日，古丈县举办首届“茶王杯”斗茶会，古阳镇思源桥村茶农杨祖明获首届“金茶王”称号。

2002 年 5 月 23—24 日，古丈县举办第二届“茶王杯”斗茶会，高峰乡梅子坡茶农彭继武获“金茶王”称号。

2005 年 5 月 3—4 日，古丈县举办第三届“茶王杯”斗茶会，县土产公司退休干部张远忠获“金茶王”称号。

2007 年 4 月 27—29 日，第四届中国古丈“茶王杯”斗茶会在古丈县小背篓茶业有限公司召开，斗茶会专家评审组全部由从事茶业研究的教授、高级农艺师和研究员组成。经过专家评审组两轮评审，评出金茶王 1 名、制茶师 10 名，制茶能手 10 名，古阳镇树栖柯村茶农向春辉获“金茶王”称号。

2010 年 4 月 27—28 日，由省农业厅、省民族事务委员会、中国茶叶流通协会、中国国际茶文化研究会、华侨茶业发展研究基金会、国际茶业科学文化研究会、州政府共同主办，省茶业协会、省茶叶学会协办，县委、县政府承办的 2010 中华茶祖节 · 古丈毛尖万人品评会暨第五届斗茶会在县城广场举行。中央电视台一套、二套、七套、新华社、《人民日报》、人民网、《光明日报》、央视新闻网、湖南卫视、湖南经视、红网、《湖南日报》《团结报》《茶周刊》报、湖南茶网、中国湘西网、湘西电视台等中央、省、州媒体进行全程报道。由国家茶叶质量检测中心主任赵玉香、省茶叶科学研究所研究员彭继光及安徽农业大学、省农业厅、省茶叶学会、湖南农业大学等单位的专家对全县选送的 219 个茶样开展品鉴评比，评出金茶王 1 名、银茶王 5 名，制茶师 10 名，古阳镇树栖柯村茶农向春辉获“金茶王”称号。

二、品牌推介

1983 年 4 月，《盛誉中外的名茶——古丈毛尖》一文在中央人民广播电台广播，文章详细介绍古丈毛尖。10 月，古丈毛尖参加全国出口商品生产基地建设成果展览。1985 年，古丈毛尖在南京参加由农业部、中国茶叶学会举办的全国名茶评比会，获优质产品金杯奖。1989 年，古丈倩云牌七叶参茶参加中国北京首届国际博览会。

1990 年 4 月，由古丈县牵头，湘鄂川黔 4 省边区 24 个县市、47 家茶叶生产、加工、销售企业联合组成湘鄂川黔武陵山区茶叶生产经营集团，古丈县为首届理事县。同年 5 月，古丈倩云牌七叶参茶被列为北京第十一届亚运会保健茶，成为亚运标志专利产品和纪念用茶。1991 年 4 月，古丈倩云牌七叶参茶参加中国国际展览中心举办的北京第二届国际博览会，荣获金奖。1994 年 4 月，湘鄂川黔 4 省边区 24 个县市、47 家茶叶生产、加工、销售企业在县城召开经营集团成员第二次年会，研究制定经营集团发展规划、信息交流、技术协作和开拓市场等方面事项。1999 年春，古丈籍歌唱家宋祖英自筹资金在河西镇拍摄音乐电视《古丈茶歌》。音乐电视《古丈茶歌》在全国各地电视台播放，进一步推介古丈茶产品。

2002 年 7 月，古丈毛尖茶通过中、日、韩等国家和地区茶叶专家所组成评审委员会密码审核，荣获第四届国际名茶评比金奖。2008 年 4 月，在古丈县举办“2008 中国绿茶（古丈）高峰论坛”。湖南、湖北、浙江、江西、贵州、重庆、广西、陕西、江苏、福建、四川 11 个省市的茶叶专家、教授和业内人士参加论坛。论坛开展名优绿茶评比、优秀论文评比、茶产业发展论坛、茶艺茶道表演、武陵茶叶集团联谊会等一系列活动。来自 7 个省市的 147 个茶样参加名优绿茶评比，评出 8 个金奖，16 个银奖，19 个优质奖；茶业论文评出一等奖 3 篇，二等奖 3 篇，三等奖 10 篇，优秀论文奖 10 篇；陈宗懋、杨亚军等 10 名全国著名茶业专家在论坛会上作茶业相关报告；各成员县进行茶产业交流，研究武陵山区茶叶集团发展，举行颁奖和新闻发布会。2009 年 11 月，县茶叶局、县工商局派人参加在山东省青岛举行的 2009（第三届）中国商标节，为古丈毛尖成为中国驰名商标作推介。

2010 年 4 月 28 日，2010 中华茶祖节 · 古丈毛尖万人品评会在县城广场举行，全国各地茶学专家、茶商参加，活动旨在弘扬茶祖文化，进一步推介古丈毛尖品牌，拓展湘西名优特产销售渠道，展示茶乡古丈生态魅力。品评会上，古丈县茶叶企业与来自北京、河南、江西、台湾等地 28 家茶叶企业签订茶叶销售合同 1.2 亿元。5 月 17 日，《香飘万里的古丈毛尖》在中国网络电视“每日农经”栏目播放。

6—7月，中央电视台四套以《古丈神茶》、中央电视台七套以《斗出来的古丈茶》为题对古丈茶作专题报道。是年，建设古丈毛尖官方网站，网页设有古丈茶事、茶歌茶舞、科技服务、茶业动态、茶文茶事、企业风采、产品展示等栏目，全面宣传和推介古丈茶叶品牌，展示古丈茶叶企业风彩。

三、品牌保护

“古丈毛尖”属于地方公共品牌。2003年，县茶叶局组建古丈茶叶协会和行业管理办公室，制定古丈毛尖地方标准及古丈毛尖生产经营质量标准化体系，实现古丈茶叶“四个统一”，即统一品牌、统一质量标准、统一商标、统一包装。是年，建立协会会员准入制，重新树立古丈茶叶形象，在吉首、凤凰等地开展整顿使用“古丈毛尖”商标活动，按“古丈毛尖”地方商标管理准则，为3家经销商办理“古丈毛尖”经营使用许可证。是年，实现茶叶大户定制出售茶产品50吨，在中茶网试销古丈毛尖3.2吨。

2007年，为维护古丈毛尖品牌声誉，实施古丈毛尖地理标志产品保护。12月，质量技术监督总局发布《关于古丈毛尖实施地理标志产品保护的公告》。2008年，县茶叶专业市场由县城河街迁往红星小区石板街，设为湘西旅游黄金走廊定点购物一条街，又称古丈茶文化一条街。规范茶叶经营市场，制定和实施茶叶销售商享受减免两年税费、办证、名牌商标使用和质量体系认证等一系列优惠政策。

第三节　经济效益

一、茶叶销售价格

民国21年（1932），古丈茶叶在长沙、上海、南京等地市价高达每斤售价光洋4块，可换大米160斤。民国36年（1947），由于国民党政府滥发纸币，全国金融秩序混乱，古丈毛尖茶市价下跌，为每斤售价光洋2块，可换大米60斤。

1955年，国家实行统购统销，国营古丈贸易公司对每千克茶叶收购价为0.4元，可换大米10.5千克。1965年，茶叶收购价为每千克4.88元，可换大米10千克。1975年，茶叶收购价为每千克6.3元，可换大米10千克。1980年，古丈茶叶在香港市价为每千克156美元，古丈绿茶批量出口为每吨7800美元。1986年，全县茶叶销售收入207.4万元，茶叶收购价为每千克18.58元，可换大米21.5千克。1987年，逐步放开茶叶市场，古丈毛尖市价为每千克30～100元。

1990年，古丈毛尖在英国伦敦市价为每100克70美元。1991年，古丈毛尖一般市价为每千克300元，最高价为每千克540元。

2004年，县茶叶局向大户引进外来茶商定制或收购古丈茶产品，并同中茶网合作，利用中茶网进行网络营销，帮助茶农闯市场，寻求茶叶销售出路。2009年，古丈茶叶实现直接出口，创外汇30万美元。2010年，古丈毛尖单价：特级茶叶价格为700元/千克，一级茶叶价格为600元/千克，三级茶叶价格为300元/千克。

二、茶叶产量与产值

民国21年（1932），古丈县茶叶总产量3.9吨。1949年，全县茶叶总产量9.8吨。1959年，全县茶叶总产量39吨。1960年，强调以粮为纲，忽视茶叶生产，全县茶叶生产下滑，全年总产量26吨。1965年，茶叶总产量恢复到38吨。1973年，全县大力发展茶叶生产，茶叶总产量62吨。1982年，全县茶叶总产量突破百吨大关，总产量104吨。1986年，全县茶叶总产量122吨，实现产值207.4万元，占全县农业总产值的 7.04%。

1990年，全县茶叶总产量132吨，实现产值215.6万元。1996年，全县茶叶总产量241吨。2000年，全县茶叶总产量 339 吨。2007 年，随着全县茶叶产业化推进，可采面积加大及单产提高，全县茶叶总产量 1510 吨，实现产值 6000 万元，年增长 33.3%。

2009 年，全县茶叶加工总量 1410 吨，产值 7300 万元。2010 年，全县茶叶总产量 1803 吨，实现产值 1 亿元，首次突破亿元大关。

1932—2010 年古丈县干茶产量一览表

表 13-7　　单位：吨

年份	产量	年份	产量	年份	产量	年份	产量
1932	3.90	1956	26.6526.65	1975	63	1994	203
1933	3.60	1957	27.5	1976	60	1995	206
1934	6.45	1958	33	1977	65	1996	241
1935	7.60	1959	39	1978	65	1997	310
1936	10.80	1960	26	1979	59	1998	299
1937	13.10	1961	21	1980	78	1999	338
1938	15.20	1962	21	1981	92	2000	339
1939	16.50	1963	27	1982	104	2001	342
1940	12.10	1964	30	1983	110	2002	343
1942	7.40	1965	38	1984	105	2003	305
1943	10.85	1966	50	1985	115	2004	345
1948	14.30	1967	47	1986	122	2005	376
1949	9.80	1968	45	1987	143	2006	388
1950	10.50	1969	49	1988	141	2007	1510
1951	10.50	1970	51	1989	130	2008	1507
1952	14.35	1971	55	1990	132	2009	1410
1953	17.95	1972	56	1991	163	2010	1803
1954	19.75	1973	62	1992	198		
1955	21.05	1974	60	1993	184		

第四章 茶科技与茶文化

第一节 茶科技

一、科技试验

1958 年，古丈县茶叶试验科学研究所在柑子坪成立，翌年撤销。1974 年，在茄通公社龙天坪建古丈县茶叶研究所。1977 年，在牛角山茶场进行茶园速生丰产试验，获湘西州科技成果奖。1978 年，进行古丈毛尖早发品种选育试验。1980 年，在牛角山茶场进行茶毛虫性激素捕杀试验。1989 年，县科委在茶叶生产中实行喷施细胞分裂素试验。

2008 年，国家现代茶叶技术体系湘西综合试验站落户古丈，内设茶叶育种与种苗研究室、茶叶病虫害研究室、栽培与茶园机械研究室、茶叶加工研究室、茶叶产业经济研究室 5 个研究室，为全国 22 个综合茶叶试验站之一。试验站与浙江大学、南京农业大学、安徽农业大学、中国农业科学院茶叶研究所合作，围绕古丈茶叶产业发展需求，集聚优质资源，进行共性技术和关键技术研究、集成、试验和示范；收集、分析茶叶产业及其技术发展动态与信息，系统开展产业技术发展规划和产业经济政策研究，为政府决策提供咨询，并向社会提供信息服务；开展技术示范和技术服务，延伸茶叶精深加工链条。

2009 年，试验站新建茶叶加工试验厂房 1 个。是年，进行适制古丈毛尖品种筛选试验，就湘西茶区主要栽种的碧香早、槠叶齐、白毫早、茗丰、福云 6 号、当地小叶群体 6 个品种与福建省茶叶福鼎大白品种作对照，通过实验，碧香早、槠叶齐、福云 6 号确定为古丈毛尖适制品种。进行茶园机械化耕作试验、机械制茶与手工制茶相结合加工试验，在古丈茶业发展研究中心试验示范园对茶园旋耕机、茶叶修剪机进行试验，并在全县推广茶叶修剪机 30 台。同年，试验站高级农艺师沈仁春与湖南省茶叶科学研究所副研究员谭正初在试验站开展名优绿茶机械加工与手工加工相结合加工试验，研究出一套完整的名优绿茶机械和手工制作相结合的加工工艺，并在全县进行推广。为解决夏秋茶苦涩的问题，利用南方小叶群体品种资源，试验站结合绿茶加工工艺和乌龙茶加工工艺，生产出既保留乌龙茶花果香味又具有绿茶色绿汤绿特色的新产品——溪州青龙茶，形成一套古丈溪州青龙茶加工工艺。

2010 年，县茶叶局与湖南农业大学开展古丈参（七叶参）茶加工试验和产品加工配方对照试验。是年，在县内进行茶园土壤取样，按照取样要求，完成四个土样采集。同年，试验站对古丈县茶毛虫进行观测，根据观测结果，制定防治措施。开展高海拔干旱地区茶园行间套种高秆作物对茶苗成活率影响试验，试验结果：高海拔干旱地区移栽第一年合理套种高秆作物（如玉米）能提高成活率。

二、科技培训

民国 20 年（1931），古丈茶农杨汉卿、伍纯佑自费到全国名茶产地杭州学习龙井茶炒制技术。

1958 年，古丈县茶叶中学成立，开设种茶、采茶、制茶等专业技术课程。1969 年，县茶叶中学撤销。2005 年，古丈县茶叶科技培训采用集中培训与平常培训两种方式，集中培训以参加和举办各类技术培训班为主，平常培训以相互参观学习为主。2008 年，全县举办各类茶叶技术培训班 20 次，参训人数超过 300 人次，培训茶农 1500 人次。2009 年，县茶叶局组织集中科技培训 2 次，培训茶农 100 人，组织参加湖南省茶叶科学研究所举办的企业骨干、大户技术培训班 2 次，培养技术骨干 10 人。2010 年，到乡镇组织现场操作培训 20 次，培训茶农 2000 人次。

三、茶叶科技特派员制度

2005 年，省委选派省茶叶科学研究所茶叶专家李健权为驻古丈县茶叶科技特派员。2009 年，省委选派省茶叶科学研究所茶叶专家王沅江、谭正初，湖南农业大学朱海燕等人为驻古丈县茶叶科技特派员，谭正初兼任古丈县政府副县长。同年，县委选派田勇敢、向春辉、罗其龙等人为驻古阳、双溪、默戎、红石林等重点产茶乡镇茶叶科技特派员。2010 年 5 月，古丈县茶业发展研究中心与省茶叶科学研究所驻古丈县茶叶科技特派员谭正初研究员、王沅江研究员，共同起草《古丈县现代茶产业“十二五”规划》，对古丈茶产业发展进行统筹规划。

第二节　茶文化

一、古丈茶艺

古丈茶艺程序　第一道：湘女妆罢迎宾，即涤器。所选用的冲泡器皿为直筒无花透明玻璃杯。冲泡之前将所用器皿再次清洗，玻璃杯经过清洗后更显冰清玉洁。

第二道：初现仙姿赏翠芽，即赏茶。精心挑选优质古丈毛尖，古丈毛尖采用细嫩芽叶制作而成，其外形条索紧细，色泽翠绿，白毫显露。

第三道：瑶池瑞草落人间，即投茶。将翠绿的芽头投入杯中时，宛若瑶池瑞草落人间。

第四道：春雨润物细无声，即润茶。向杯中注入三分之一热水，并轻摇茶杯，使茶芽得到初步浸润，有助于其内含物浸出，不禁令人想起“好雨知时节，当春乃发生。随风潜入夜，润物细无声”诗句来。

第五道：有凤来仪表敬意，即冲水。冲泡古丈毛尖讲究高冲水，水壶三起三落，恰似凤凰三点头，以表古丈人民对客人敬意。

第六道：古丈茶情传神州，即奉茶。将冲泡好古丈毛尖敬奉给客人。古丈茶历史悠久，文化底蕴深厚，随着何继光、宋祖英歌声，古丈茶更如插翅飞鹰，载着古丈人民情谊，传遍五湖四海。

第七道：栖凤湖畔绿意浓，即赏茶。茶芽吸水后，茶汁慢慢浸出，呈现出绿色，宛若瑶池琼浆，一幅“栖凤湖畔春意浓，无限美景醉人心”画卷，让人遐想连翩。

第八道：香浓水甜回味隽，即品茶。将茶杯端起，嗅闻茶香，古丈茶所特有清香扑鼻而来，令人神清气爽，如沐春风。再细品茶汤，其味悠长，香醇回甘，旋即满嘴生津。

第九道：以茶结缘情意长，即谢茶。茶人认为每一次茶会都是因缘而结，将会把这段美好时光留在心底，珍惜这份难得茶缘，同时也期待着再次相遇。

古丈茶艺队　1999 年，组建古丈民族茶艺队。5 月，在吉首举办武陵山区茶叶集团年会，古丈民族茶艺队与湖南农业大学茶艺队进行两场茶艺表演，获得好评。2000 年，古丈县茶业有限责任公司组建茶艺队，该茶艺队参加《古丈茶赋》和《古丈茶歌》拍摄。2002 年 8 月，古丈民族茶艺队代表湖南省参加广西横县“刘三姐杯”全国第一届茶道茶艺表演大奖赛，获节目优胜奖。2008 年 4 月，在古丈县举办"2008 中国绿茶（古丈）高峰论坛"，古丈民族茶艺队进行茶艺表演获与会专家、客商好评。2010 年，召开 2010 中华茶祖节·古丈毛尖万人品评会，古丈民族茶艺队茶艺表演获与会专家、观众好评。同年，古丈民族茶艺队在县直机关开展茶艺表演培训。是年，全县茶叶企业组建茶艺队 16 支。

二、茶文化挖掘

古丈茶手工制茶器具为采茶用圆篓，炒茶用偏锅，揉茶用方簸或圆簸。古丈茶道有古丈三道茶：一喝下海茶，二饮毛尖茶，三品银针茶。古丈茶冲泡方法有宽壶留茶根闷冲泡法、中壶"功夫茶"冲泡法、盖碗杯冲泡法、大缸大钵冲泡法。

2001 年，古丈县实施茶文化与生态文化旅游相融合战略，投资 300 万元建武陵茶叶大观园。大观园位于古丈县城北部，距县城 9 千米，在省道 229 线旁，占地 12 公顷，引进国内外名茶树种 89 种、良种茶苗 80 万株，建喷灌管道 8000 米，为集科研、观光旅游等功能于一体大观园。大观园以湘西历史民间建筑风格为主，结合现代建筑风格，修建具有浓郁民族风情的土家吊脚楼 1 栋，建造大棚、温室、露天栽培等茶叶栽培实验设施。

2004 年，古丈茶叶一条街建成，为青石板铺成。街道位于古丈县城红星小区，街道宽 24 米，长 595 米。2008 年 3 月，古丈茶叶一条街启用，县城内所有茶叶经营店和鲜茶叶交易中心迁入，成为集茶文化传播、茶叶销售、鲜叶收购、茶叶与旅游于一体茶叶专业市场。主要经营古丈毛尖、古丈红茶等古丈茶叶产品，以及浙江、安徽、福建、云南等地方名茶，有各类高、中、低档茶叶，有各类特色有机茶、保健茶。

古丈茶歌丰富，"绿水青山映彩霞，彩云深处是我家，家家户户小背篓，背上蓝天来采茶……"，古丈茶歌以其无穷艺术魅力响彻大江南北。"采茶姑娘上山坡，思念情郎奴的哥，昨夜约好茶园会，等得阿妹莫奈何"等民间茶歌，展现绮丽茶乡风情。"昔日溪州立铜柱清茶一壶熄烽火，今朝茶乡夺金杯薄酒几盅迎嘉宾""莱比锡博览盛会古丈毛尖出色，维也纳金色大厅英妹歌声缭绕"等民间茶联，充满诗情画意。"古丈县城在窝坨，四面山坡茶叶多""要想长远富，多栽茶叶树"等民间茶谚，源于生产实践，在人们口中传诵，历久不衰。茶歌、茶联、茶谚都是古丈茶叶生产经验结晶。古丈有名茶也有名泉，有诗云："古丈北泉水，青云山上茶，毛尖今胜昔，品质誉中华。"青云山建有青云寺，俗称二龙庵，为古丈毛尖贡茶产区，所产青云银峰紧细圆直，汤色碧绿，滋味醇爽，微苦而甘，性微寒。

三、名人与古丈茶

1953 年，古丈籍歌唱家何纪光一曲湘风浓郁的高腔山歌《挑担茶叶上北京》，倾倒千万歌迷。1955 年，县城镇思源桥茶叶高级社茶农将精制古丈毛尖敬寄给毛泽东主席，得到中共中央办公厅回函。1985 年，中共中央顾问委员会副主任王震在会见湖南省茶叶研究所专家时说："高山出好茶，我看古丈茶不错，味浓飘香，可在北京开茶号……"

1994 年，湘西州广播影视广告艺术中心为古丈县拍摄一部茶叶专题艺术片《云雾茶乡》，古丈籍歌唱家宋祖英演唱主题歌《古丈茶》。1999 年，由宋祖英出资，由词作家夏劲风作词、作曲家龙伟华谱曲、宋祖英演唱，中央电视台和湖南电视台共同拍摄的音乐电视《古丈茶歌》在河西镇开机。同年，音乐电视《古丈茶歌》荣获第九届全国电视文艺"星光奖"。2010 年，歌唱家宋祖英在上海世博音乐会上，高唱《古丈茶歌》，展示茶乡古丈风彩。

古丈籍作家萧离，念念不忘古丈茶，撰写《见茶豆，起乡思》等文章在《人民日报》上刊发。一代文豪沈从文，常托萧离购买古丈茶，并在其所写文章中啧啧赞道："山城那个古丈县，茶叶清醇中，别有芬馥之气！”美术家黄永玉为古丈茶设计竹篓包装，欣然挥毫题写“古丈毛尖”四个大字。

杂交水稻之父袁隆平，品尝古丈茶之后，为古丈毛尖题写“中国名茶，古丈毛尖”八个大字。全国政协原副主席毛致用为古丈毛尖挥毫题词“古丈毛尖，极品绿茶”八个大字。

在古丈县成长的作家彭学明在《茶乡》中描述古丈茶叶：“峰岭是茶，山腰是茶，河谷是茶，狭坪也是茶。从北到南，从东到西，远远望去，到处是茶丛茶垛。坪场里、屋后面，坎上坎下，左左右右，都方方溜溜地栽了一排……”。

第十四篇　扶贫开发

第一章　脱贫规划

1986 年 12 月，成立古丈县经济开发领导小组，直属县政府办公室管理。1988 年 7 月，成立县经济开发领导小组办公室，为科局级单位，归口县农委管理，定编 5 人，实际在编 2 人。1989 年 4 月，归口县政府办管理，编制 7 人；各乡镇确定 1 名副职领导和项目管理员，专抓扶贫经济开发工作。1990 年，编制 9 人。1991 年 7 月，实际在编 7 人，内设办公室、项目股、培训股、茶叶项目股。1993 年 1 月，编制 10 人。1994 年 4 月，下设县扶贫开发服务公司。1995 年 10 月，更名为古丈县扶贫开发领导小组办公室。

1996 年，州委、州政府将县扶贫开发办主任职务高配为副县级，由州委任免管理。1997 年 12 月，内设综合股、项目管理股、培训股，编制 10 人。2000 年 12 月，设县扶贫开发办党组，党组书记由主任兼任。2002 年 3 月，内设综合股、项目股、计划财务股、纪检组，编制 11 人。2010 年，内设综合办公室、项目管理、计划计财股、纪检（监察）组，编制 13 人，实有工作人员 14 人，其中聘用人员 1 人。

1986—2010 年历任县扶贫开发办主任：张泰坤、熊祥、宋贻华（副县级）、罗时衡（副县级）、张贤义（副县级）；历任党组书记：宋贻华、罗时衡、张贤义。

第一节　贫困调查

1986 年，县委、县政府贯彻中共中央、国务院《关于帮助贫困地区尽快改变面貌的通知》文件精神，成立古丈县经济开发领导小组，组织力量，开展全县贫困调查。是年，按国定贫困线标准监测，全县确定贫困乡镇 13 个，贫困村 130 个，贫困人口 8 .5 万人。

1995 年，县委、县政府贯彻州委、州政府“六六”温饱工程规划，即用 6 年时间解决全州 60 万人温饱规划；州委、州政府“首先抓好重点扶持的特困乡、特贫村和贫困户调查摸底”要求；7 月，开展特困乡镇、特贫村和贫困户调查。是年，全县贫困户 2.01 万户、占总户数的 74.9%，贫困人口 8.51 万人、占总人口的 66%，人均纯收入不足 400 元有 6304 户、不足 300 元有 1.33 万户，其中无房户 277 户，茅房户 623 户，危房户 1090 户，老困难户 9992 户，五保救济户 641 户，移民户 1640 户，缺劳户 4634 户，弱智户 1339 户，债务户 3632 户，灾害户 3828 户。全县有岩头寨、野竹、草潭、山枣、河蓬、默戎、坪坝、断龙山 8 个省定特困乡镇，102 个特困村。8 个省定特困乡镇有贫困户 1.23 万户，贫困人口 5.29 万人，分别占 8 个乡镇总户数的 85%，总人口的 87.3%。年人均口粮不足 200 千克的有 4290 户、不足 150 千克的有 4855 户，分别占 8 个乡镇总户数的 34.8% 和 39.3%，人均纯收入不足 400 元的有 3035 户、不足 300 元的有 9292 户，分别占 8 个乡镇总户数的 20.9% 和 64%。

1995年，全县有茄通、河西、罗依溪、高峰、高望界、城关、双溪、古阳8个一般贫困乡镇（场），83个贫困村，总户数12372户、总人口49458人，其中特困村48个，占贫困村的57.83%，贫困户5525户、占总户数的44.7%，贫困人口2.30万人、占总人口的46.3%；人均口粮不足200千克的有2439户，不足150千克的有1694户；人均纯收入不足400元的有2074户，不足300元的有3077户。一般贫困村贫困户2262户、9251人，人均口粮不足200千克的有510户，不足150千克的有428户；人均纯收入不足400元的有1074户，不足300元的有917户。

1995年，全县正常用电量需要1.5万千瓦时，而实际指标为8000千瓦时，工业供电不足；全县有73个村2万人不通电或不能正常用电。全县61%的干旱田因缺水而低产，亩产不足100千克。4万人和1.3万头大牲畜饮水困难。全县73个村不通公路。5个乡169个村不通电话，122个村不通广播，22个村为不通电话、不通公路、不通电、不通广播、不通邮的“五不通”村，是湖南省唯一未开通移动电话“大哥大”的县。全县财政总收入1519万元，总支出3544万元，赤字385万元，累计赤字2021万元。全县大专以上文化人口不足1000人，文盲半文盲人口占总人口的22.8%，全县有残疾人口8280人，仅有5所乡级标准卫生院和37所村卫生室。

1999年，全县综合经济实力在全省排名倒数第二，财政收入1423万元，农民人均纯收入1047元，为全省、全州最低。全县185个村738个自然寨，其中不通公路的村59个，不通电的自然寨68个，不通广播的村33个，不通电话的村72个，不通电视的村127个，无标准卫生室的村170个。全县2.6万户及3.4万头大牲畜饮水困难，200户村民住茅草棚。全县6.67万个劳动力中，高中以上文化占7.6%，初中文化占26.8%，小学文化占44.2%，文盲半文盲占21%。

2001年9月，县扶贫开发办贯彻落实省、州扶贫开发办《关于进一步澄清贫困村底子的紧急通知》文件精神，对2000年人均纯收入900元以下的贫困村进行全面调查。是年，全县人均纯收入900元以下的村126个、1.81万户、7.37万人，分别占全县总村数、总户数、总人数的68.1%、51%、53.9%。其中人均纯收入800元以下的低收入人口3.92万人，占28.7%。2.48万人饮水困难，538户无房。126个村中，74个村不通公路，124个村不通电，42个村不通广播电视。

2000—2001年，国家及部门投入资金720万元，村均5.72万元，年人均48.9元。按州扶贫开发办“以现有700个省、州定特困村为基础，考虑2000年人均纯收入在820元以下的一般贫困村”要求，县扶贫开发办进行调查，全县人均纯收入820元以下村90个、1.26万户、5.19万人，分别占全县总村数、总户数、总人数的48.6%、34.8%、37.9%；其中低收入人口27261人，占全县总人口的19.9%，占90个村总人口的52.6%。1.72万人饮水困难，376户危房。90个村中，40个村不通公路，61个村不通广播电视。国家及部门两年来投入618万元，村均6.87万元，人均119.17元。

2003年，开展贫困农户调查和建档立卡工作。建档立卡1.86万户7.82万人，其中绝对贫困农户0.47万户1.96万人，相对贫困农户1.39万户5.96万人。

2004年，省扶贫开发办对古丈县贫困人口指标进行调整，县扶贫开发办再次对全县贫困农户进行建档立卡，建档登记贫困户为0.98万户、4.3万人，其中绝对贫困农户0.24万户、1.2万人，相对贫困农户0.74万户、3.1万人。

2009年4月，县扶贫开发办组织相关部门对全县农村贫困现状进行历时1个月的全面调查。是年，全县农村人均年纯收入在1196元以下的贫困人口5.489万人。按照国家关于“农村最低生活保障制度与扶贫开发政策有效衔接”扶贫精神，纳入低保且无劳动能力贫困人口0.58万人，可纳入扶贫开发的贫困人口4.91万人，可纳入低保有劳动能力的贫困人口1.31万人，可纳入扶贫开发扶持对象的贫困人口3.6万人。

2010年，全县贫困村65个，贫困人口5.49万人。4个建制村、194个自然寨不通公路，19个建制村、304个自然寨人畜饮水困难或饮水不安全，27个自然寨不通电。是年，对省定100个贫困村进行抽样调查，10 个抽样建制村、82 个村民小组、2447 户、1.05 万人，其中劳动力 5653 人，占总人口的 54.1%；随机抽样农户 100 户、人口 474 人，其中劳动力 271 人，常年外出务工 100 人，在校学生数 76 人，老弱病残 69 人，低保户 28 户。

1986—2010 年古丈县贫困监测情况一览表

表 14-1

年份	乡镇（个）	行政村（个）	总人口（人）	农业人口（人）	国内生产总值（万元）	农业总产（万元）	财政收入（万元）	农民人均纯收（元）	贫困人口（人）	学校（所）	卫生机构（所）
1986	16	180	110219	100100	4716	3186	284	278	75007	234	24
1987	16	180	112473	102207	5548	3585	329	282	69936	230	30
1988	16	181	115696	104540	6484	4317	403	309	—	231	27
1989	16	181	118260	106323	7453	4411	571	329	—	237	27
1990	16	184	119888	107692	7674	4710	506	417	—	250	32
1991	16	185	121966	109527	8549	5719	544	439	—	256	32
1992	16	184	123502	110513	10647	6623	681	499	—	255	33
1993	16	184	126373	110500	14041	8272	899	523	73600	255	34
1994	16	184	129125	110351	18873	12082	1107	589	95000	249	31
1995	16	184	130773	110797	21929	13285	1519	675	—	248	31
1996	16	184	133072	111212	24431	14889	1377	861	—	249	22
1997	16	184	133777	111469	25479	16552	1441	975	35700	242	22
1998	16	185	135322	112194	25200	16362	1423	1044	45000	239	22
1999	16	185	136522	112140	26138	16725	1423	1047	—	208	22
2000	16	185	136333	111735	28900	17260	1100	1103	41000	178	21
2001	16	185	133935	112228	32176	17548	1273	1121	48200	219	20
2002	16	185	137183	112358	34088	17117	1528	1173	43500	217	20
2003	16	185	137404	112566	37602	11510	1818	1233	—	180	20
2004	16	185	137637	112984	45382	12178	2320	1431	—	180	32
2005	16	185	138462	113421	49523	20561	2800	1592	42343	143	24
2006	12	185	141341	115458	55132	20630	3339	1742	39161	119	20
2007	12	140	143035	119131	65395	25553	3976	1943	36054	99	24
2008	12	140	143392	120146	81999	31765	5132	2148	34134	81	24
2009	12	140	140828	117421	89500	33907	6085	2381	54890	74	24
2010	12	140	142689	118787	107000	23371	7738	2620	54860	65	24

第二节 扶贫规划

1986年，县委、县政府组织力量对各乡镇产业结构调整状况、发展商品经济状况进行调查，形成“潜力在山、优势在山、综合开发在山”的共识，确立“因地制宜、突出重点、综合开发，建立支柱产业基地”扶贫开发思路。突出以林、茶、果、药、草食牲畜为发展重点。

1987年，县委、县政府贯彻国务院《关于加强贫困地区经济开发工作的通知》精神，制定《古丈县三年解决温饱问题的规划》，提出“三年脱贫，五年脱补、十年奔小康”奋斗目标。

1990年，农业总产值力争达到3800万元，人均纯收入增加252元；粮食作物每年种植8666.67公顷，总产量力争2.75万～3万千克。3年内营造速生丰产林4000公顷，年采伐0.35万～4万立方米。油菜、花生、苎麻、晒烟等作物种植，力争发展到13.33公顷；完成茶叶低产改造533.34公顷和新扩133.33公顷，总产量力争50吨；完成古阳河、酉水河沿岸柑橘开发基地266.67公顷；力争出栏肥猪4万头，年末存栏山羊4万只、牛2.3万只；投资362万元，开发栖凤湖流域水面4.80万公顷，建设一个年产鲜鱼570千克的商品鱼基地；发挥资源优势，建成一批农产品加工企业；发展职业教育，以古丈职校和民兵训练基地为基础，建立种养技术培训中心，实现科教兴农战略。

1992年，县委、县政府确定断龙山、岩头寨、野竹、草潭、山枣、河蓬、默戎、坪坝8个乡镇为特困乡镇，做出《关于1995年实现林业绿化达标和“44111”山地开发工程规划的决定》。“八五”规划期末（1995年），投资1308.6万元，开发茶叶2666.67公顷，药材2666.68公顷，板栗666.67公顷、水果666.67公顷，蚕桑666.67公顷，建成7333.37公顷的茶、果、药、桑基地。3年内，全县林业科技、工贸生产、林副产品综合开发基本形成体系，商品木材年采伐量达到5万～8万立方米，茶叶产量达到200吨，水果产量达到1700吨，蚕桑收入600万元，农民人均纯收入1000元以上。

1994年，省扶贫开发办重新审定古丈县特困乡镇为10个，增加茄通乡和双溪乡。12月，县委、县政府贯彻国家“八七”扶贫攻坚计划精神，制定《古丈县1994—2000年扶贫攻坚计划》，提出用6年时间解决全县8.5万人的温饱和稳定脱贫问题，确定分两步走：第一步到1997年基本解决温饱；第二步到2000年实现稳定脱贫，全县消灭绝对贫困任务，下世纪初进入解决相对贫困阶段。1996年10月，给省扶贫开发办申报全县特困村129个，其中8个特困乡镇有特困村81个，其余8个乡镇有特困村48个。是年，县扶贫开发办立足县情，制定《古丈县特困村三年规划》。

1998年，县委、县政府制定《古丈县1998—2000年椪柑开发规划》，提出全县椪柑种植面积由1998年的1466.67公顷增加到2000年的2000公顷；其中挂果面积200公顷，产量1万吨。是年，制定新增口粮田建设项目到村规划，全县计划新开口粮田34.77公顷，坡土改梯土13.13公顷，恢复水毁稻田12.0.7公顷，新增旱涝保收耕地13.33公顷。是年，县委、县政府作出《关于加强全县基本农田建设的决定》，自1998年起，用3年时间，在全县建设基本口粮田1000公顷，改造原有稻田水利条件，新增旱涝保收口粮田533.33公顷，实现全县农民人均拥有旱涝保收口粮田面积333.3平方米。

2000年12月，县委、县政府贯彻《中共湘西自治州委、湘西自治州政府关于大力推进边远特困村扶贫攻坚的决定》，从2001年1月起，启动10个边远特困村的扶贫工作。2005年，县扶贫开发办制定《2005—2010年古丈县农村整村推进扶贫开发规划》，全县100个建制村纳入整村推进扶贫开发规划范围，整村推进扶贫开发为两年一轮，用6年时间完成100个贫困村目标任务。

2006年，县扶贫开发办、县交通局联合向省委、省政府提交《关于古丈县通村公路建设情况的调查报告》，将全县33个建制村纳入《2005—2010年湖南省农村通达工程项目建设规划》。是年，县委、县政府贯彻国务院《中国农村扶贫开发纲要（2001—2010）》和《湖南省农村扶贫开发规划（2001—2010）》，要求以党的十六届五中全会提出的“生产发展、生活宽裕、乡风文明、村容整洁、管理民主”社会主义新农村建设精神，制定《古丈县产业化扶贫规划（2006—2010）》，提出：2010年，全县国内生产总值5亿元，年均增长10%以上；财政收入为4000万元以上；解决全县80%贫困人口（约4万人）稳定脱贫问题；全县农民年人均纯收入达1800元，人均现金收入达800元，人均产粮达350千克，基本实现粮食自给；基本解决2万绝对贫困人口温饱问题和3万低收入人口的脱贫问题；解决100个整村推进扶贫村6.5万人口的增收问题；实现贫困农户至少有一人掌握2门以上实用技术。

2009年，古丈县被省扶贫办纳入全省农村最低生活保障制度与扶贫开发政策有效衔接试点县，全县2.1万人被纳入2010—2012年试点工作扶持对象。2010年，县委、县政府在落实《古丈县产业化扶贫规划（2006—2010）》基础上，提出“新型工业兴县，绿色产业富民”战略，实施三大工程，即“两叶一果工程”（茶叶、烟叶、水果）、“百千万工程”（百万吨水泥厂、五千吨精钒加工、三千吨电解锰）、“一线四区工程”（省道S229黄金旅游线古丈段、红石林、坐龙峡、高望界四大景区），推进全县扶贫开发，实现脱贫致富目标。

第二章　对口扶贫

第一节　农业部对口扶贫

自2001年始，农业部对古丈县实施对口扶贫，协助编制《古丈县农业综合开发规划》《古丈县现代茶业发展规划》《古丈县跨世纪青年农民培训计划》等10个规划。重点扶持以“古丈毛尖”为主的茶叶产业，以椪柑为主的林果产业，以种草养羊为主的特色养殖产业，以高山反季节蔬菜为主的无公害蔬菜产业，以沼气能源建设为主的生态庭院循环经济产业。是年，投入资金80万元，实施农村小型公益设施和农村能源项目。同年，农业部计划司领导3次到河西镇中心完小了解办学情况，捐赠助学金12万元、电脑10台、学习用品500套。

2002年5月，投入资金70万元，建反季节蔬菜生产示范基地4个，培养种菜大户42户，在默戎镇龙鼻嘴村、罗依溪镇龙潭坪村发展大棚蔬菜66.67公顷，在古阳镇高坳村、田马村种植高山反季节蔬菜3.33公顷。是年，投入资金99万元，进行反季节蔬菜良种繁育及生产示范基地建设，在省道S229线古丈段沿线推广“菜—稻—菜”和“瓜—稻—菜”轮作双千工程533.33公顷。投入资金40万元，开展跨世纪青年农民科技培训。投入资金144万元，实施农村能源基建项目。是年，农业部计划司领导到高望界林场中心完小调研，为贫困学生捐献棉被100床、书包109个、文具盒109个，发放学生生活补助费5000元。

2003年，投入资金40万元，开展农村富余劳动力转移培训。投入资金180万元，进行良种羊繁殖场建设。投入资金55万元，建设罗依溪镇水产科技示范场。投入资金429.9万元，实施农村沼气能源项目建设。是年，农业部计划司团委与双溪乡中心完小结成助学扶困对子，开展“540”农村学子扶困助学活动，即资助40名学子完成学业，每个孩子年助学金500元。

2004年，投入资金15万元，实施农业科技示范场建设。投入资金30万元，在茄通乡、山枣乡、岩头寨乡、高峰乡实施水稻机械化抛秧技术示范项目66.67公顷。投入资金20万元，实施农机购机补贴。投入资金20万元，在罗依溪镇、河西镇实施名优鱼网箱养殖。投入资金500万元，实施天然草原恢复和建设，全县优质牧草种植面积800公顷。投入资金7万元，引进中国农业科学院麻类研究所“苎麻新品种试验示范项目”，在茄通乡扶持农户种麻0.67公顷。是年，在农业部驻武陵山区扶贫联系组扶持的沼气建设示范村——岩头寨乡老寨村铺设水泥路4550米、青石板路800米、修建沼气池50口。

2005年，投入资金50万元，实施高效节水蔬菜示范基地建设项目，完成投入计划的50%，铺设水管5000米，建蓄水池29个，新建、改建竹木蔬菜大棚86个。投入资金120万元，实施无病毒苗圃建设项目，为红石林镇河南村配套完成柑橘“两改”（即低改、品改）6.67公顷，建成无病毒苗圃1.33公顷。投入资金20万元，实施阳光工程项目，培训计算机、电工等专业农民技术人才800人。

投入资金 60 万元，培训 20 个村的具有种养技能新型农民 2000 人。投入资金 116 万元，实施种草养羊示范户建设。

2009 年，在红石林镇岩仁坪村启动柑橘集雨节水技术示范项目和柑橘品种改良示范基地建设项目，建集雨窖，修田间生产路、排水沟，购置仪器设备，建设期限为两年。

2010 年，农业部确定罗依溪镇龙潭坪村蔬菜基地为第一批国家蔬菜标准园，标准园面积 14 公顷，拨付以奖代补资金 50 万元。

是年，农业部累计在古丈县投入各类扶贫资金 2500 万元，实施扶贫项目 20 个。建成茶叶良种繁植基地 12 公顷，发放茶叶加工机械 120 台（套），培养茶叶加工大户 18 户，引进茶叶新品种 5 个，协助古丈县申报实施“古丈毛尖”地理标志产品保护。全县累计开发茶叶 4000 公顷，柑橘年产量 4 万吨、产值 2000 万元；全县养羊大户曾至 900 户，优质牧草种植面积 800 公顷，发展神宝牧业、群博公司、中科牧业等养殖企业。全县蔬菜产业有各类优良种苗 500 万株，面积 1666.67 公顷，大棚 4500 个。全县实现沼气入户率 43.3%。以羊（猪、牛）—沼—草（菜、果、羊、药、茶）等为特征的生态循环产业得到发展。

2002—2009 年农业部驻古丈县对口扶贫工作人员名录

表 14-2

姓名	性别	职务	挂职时间	任职情况	主要工作
罗　健	男	农业部畜牧业司草原处处长、全国畜牧兽医总站办公室副主任	2000 年月 5 月至 2003 年 5 月	副书记、副县长	第一批武陵山区定点扶贫联络组成员，协助分管全县农业和经济工作
李健伟	男	农业部种植业司经济作物处调研员	2003 年初	副县长	协助负责全县农业和经济工作
文承辉	男	中央农业广播电视学校办公室主任兼人事劳动处处长	2003 年 9 月至 2004 年 9 月	副书记、副县长	第二批武陵山区定点扶贫联络组成员，协助分管全县农业和经济工作
赵耀辉	男	农业部科技教育司助理调研员	2004 年 9 月至 2005 年 9 月	县委常委、副县长	第三批武陵山区定点扶贫联络组成员，协助分管全县农业和经济工作
陆荣宝	男	农业部农民科技教育培训中心处长、农业广播电视报社社长	2005 年 9 月至 2006 年 9 月	县委常委、副县长	第四批武陵山区定点扶贫联络组成员，协助分管全县农业和经济工作
安晓宁	男	农业部财会服务中心综合处副处长	2006 年 9 月至 2007 年 9 月	县委常委、副县长	第五批武陵山区定点扶贫联络组成员，协助分管全县农业和经济工作
丁力洪	男	农业部人事劳动司干部	2006 年 9 月至 2007 年 9 月	县长助理	第五批武陵山区定点扶贫联络组成员
刘兴国	男	中国动物疫病预防控制中心动物产品安全检测室副主任	2007 年 9 月至 2008 年 9 月	县委常委、副县长	第六批武陵山区定点扶贫联络组成员，分管农业农村、项目开发和沼气池建设
陈　辉	男	中国农业科学院作物品种资源所研究员	2008 年 9 月至 2009 年	县委常委、副县长	第七批武陵山区定点扶贫联络组成员，协助分管全县农业农村和沼气建设，主抓农业开发和对口扶贫项目建设

第二节　常德市对口扶贫

1994 年 10 月，常德市对口扶贫援助古丈县，组建 21 人扶贫考察团到古丈进行实地考察，重点在工业技改、农业开发、矿产开发、水面开发、文化教育、党政干部人才培训、县城扩容、学校和医院基础设施建设等方面扶持古丈县。是年，常德市委、市政府印发《关于对口扶持古丈县的意见》文件，确定临澧县对口扶持县城设施建设，武陵区对口扶持默戎镇和古阳镇，津市市对口扶持罗依溪镇、河西镇基础设施建设和工业，安乡县对口扶持城关乡。

1995年，临澧县教育局、武陵区工商银行、武陵区城南派出所等单位筹资10.66万元救助贫困学生150名。是年，市政府投资100万元，选派6名工程技术人员参与施工，修建长38米、宽12米、高6米的古常友谊桥。临澧县、武陵区资助资金30万元，扶持县自来水厂管网设施改造和古阳镇老塘坊、默戎镇机关2处人饮工程建设。

1996年，常德市经委、市财委、市教育局、安乡县教育局、临澧县教育局资助资金76.5万元，援建古丈一中科技大楼和学生宿舍，占地2000平方米，建筑面积2500平方米。市教育系统资助资金20万元，支援城关乡夏华希望小学、古阳镇完小建设（1997年竣工）。常德市卫生局资助资金8万元，实施茄通乡卫生院建设（1998年竣工）。市卫生系统为古丈县免费培训卫生业务骨干50名。常德市畜牧局援助资金26万元，引进良种马头羊、南江黄羊800只，投放到贫困养殖大户，户均养羊50只。津市市援助资金6万元，扶持罗依溪镇、河西镇网箱养鱼50口，扶贫建房150户。

1998年，常德市教育系统免费为古丈县培训教师，进行异地校长挂职锻炼。是年，援建的古丈一中运动场竣工。1998—2010年，全县有8名中小学校长赴常德市一中挂职锻炼，接受先进教育教学理念，同时免费培训党政干部20人。

2001年，常德市委、市政府援助资金250万元，修建县人民医院门诊大楼，占总投资380万元的65.8%。2002年，市委、市政府投入资金330万元，实施县城扩容，开发红星小区常德石板街。是年，征地8公顷，启动城南红星商居小区开发，拉动房地产投资0.6亿元，建办公楼和商品房6万平方米。

2003年，常德市第一医院捐助医疗器械价值70万元，其中捐赠县防疫站的一套医疗器械价值10万元。常德市电业局援助资金20万元，实施县城栖凤路电缆线入地改造。

2004年，常德市委、市人民政府投入资金240万元，其中向省财政厅争取资金110万元，援建古丈会展中心（2007年竣工）；向县环境保护局、县国土资源管理局、县城乡建设局、县广播电视管理局、县邮政局、县规划局、县外贸经济局、县林业局、县人民法院、县卫生局等部门提供支持资金93万元。市卫生局给县卫生局援助办公电脑20台。

2005年，常德柳叶湖金风穿紫房地产开发公司、湖南天鹰建设有限公司等企业老板和柳叶湖开发区国土资源管理分局资助资金4万元，救助古丈贫困大学生30名。常德市一中、市七中免费为古丈一中代培普通高中学生13名。常德市残联捐赠医疗器械价值10万元，其中轮椅298辆，假肢23副，人工耳蜗3副，矫形器1副。常德市工商联、中国和平发展基金会常德健康促进会捐赠医疗器械设备和部分药品，价值20万元。常德市卫生系统、市第一医院选派专家学者10人、医技骨干6人到古丈开展医疗扶贫。

2006年，常德市委、市政府投入资金170万元，援建古丈会展中心；常德市建设局捐助资金20万元，支持县城市政建设；常德市城管局、市环卫处赠送果皮箱200个，价值10万元；常德市卫生局援助县人民医院医疗设备，价值4万元。

2007年，常德市政府安排项目资金700万元、本级财政资金50万元，协助争取省财政资金340万元、财政部资金60万元、湘西州财政资金180万元、中共中央宣传部国债项目资金150万元，实施古丈会展中心装饰、常德街茶叶专业市场、古丈一中“德泽楼”教学楼3个项目建设。是年，汉寿县人民医院、汉寿县中医医院、汉寿县妇幼保健院，常德市第二中医医院、市第四人民医院、市第六人民医院、临澧县人民医院、石门县人民医院、澧县人民医院、澧县中医医院、津市市人民医院的18名医疗专家，进驻高峰、岩头寨、山枣、断龙山、默戎、罗依溪6个乡镇卫生院，开展为期一年的医疗扶贫。

2010年，常德市委、市政府投入资金605万元、争取其他资金1600万元，建设县城德润体育文化广场；常德市交通运输局捐助资金20万元，建设山枣乡连接沅陵县二酉苗族乡的团结桥；常德市财政局、市中医医院捐助资金40万元，建设县中医医院综合楼，为县中医医院捐助工作经费3万元，为县教育局捐助工作经费2万元。市电视台为县电视台捐助器材设备，价值5万元，捐助文化广播事业经费20万元。是年，常德市委、市政府为古丈县委、县人大、县政府、县政协、县人民武装部资助工作经费25万元，资助县质量监督局茶叶检测中心建设资金20万元。常德市财政局援助县教育经费20万元和价值25万元的摄像、音响器材。为古丈县免费培训教师20人，挂职锻炼校长8名。常德市一中免费为古丈一中代培高中生14人，选派古丈县民族中学校长赴美培训1人。常德市卫生局为古丈县免费培训医疗卫生骨干50人，选派专家学者到古丈县讲座、坐诊10人次。捐助医疗扶贫资金10万元。中共常德市委党校为古丈县免费培训党政干部20人。《常德日报》、常德电视台、柳叶湖度假区长期免费宣传推介古丈县旅游景点。

1995—2010年，常德市委、市政府选派6批12名干部到古丈县挂职，援助各项项目40个，援助资金及物资折价3500万元，其中资金2169.16万元。招商引资3690万元，争取项目资金1390万元，带动项目投资2亿元，扶贫项目覆盖工业、农业、教育、卫生、城市建设等领域。以下为常德市主要援建项目。

古丈一中“德泽楼”教学楼2007年修建，常德市对口援助资金250万元，挂职干部筹措资金150万元；整个教学楼共7层，建筑面积4300平方米，24间标准教室和1间大型多媒体教室。“德泽楼”教学楼建成和使用，解决古丈一中高中班扩招的瓶颈制约。为古丈县普及高中教育奠定基础。

常德街（又叫常德石板街）2001年，常德市无偿援助资金330万元，古丈县配套资金100万元，启动古丈县城市扩容工程，在城南红星村新建一条商业街，开发城南红星商住小区。通过招商引资，拉动房地产投资6000万元。2001—2003年，常德商业街和红星商住小区建成，商业街长600米、宽24米，街道全部用当地青石板铺成，红星商住小区新建住房面积10万平方米，新增居民1万人，使县城城区拓展1平方千米，创造1000个就业岗位。

1995—2010年常德市对口扶贫驻古丈县干部名录

表14-3

序号	姓名	驻县时间	挂任职务	原单位职务
1	夏松林	1996.5—1997.10	县委常委、副书记	—
	陈柏技	1996.4—1997.12	县委常委、副县长	—
2	田世金	1997.12—2000.8	副县长	—
	张远胜	1998.7—2000.8	副县长	—
3	朱超珍	2001.4—2004.10	县委常委、副书记	桃源县
	鄢海范	2001.6—2004.12	副县长	市重点办主任
4	胡云武	2004.11—2007.6	县委常委、副书记	市柳叶湖管委会副主任
	姜湘霞	2004.12—2007.4	副县长	市交通局
5	罗先东	2007.4—2009.8	县委常委、副书记	市移民局、扶贫办办公室主任
	王海波	2007.4—2009.8	县委常委、副县长	市政府办主任科长
6	郑利红	2010.4—2012.12	县委常委、副县长	市经协办主任

1995—2010 年常德市对口扶贫资金一览表

表 14-4　　单位：万元

年份	资金	年份	资金	年份	资金	年份	资金	年份	资金
1995	141	1998	—	2002	330	2005	223	2008	—
1996	137	1999	—	2003	90	2006	200	2009	—
1997	137	2001	250	2004	223	2007	—	2010	765

第三节　省教育厅对口扶贫

湖南省教育厅对口扶贫古丈县教育分两期进行，一期为 2001—2002 年；二期为 2003—2004 年。

2001 年，省教育厅牵头湖南农业大学、中南大学等 8 家院校对口扶植古丈县。1 月 9 日，厅长蒋作斌带领各处室负责人到古丈县进行扶贫调研，确定扶贫目标和内容。1 月 12 日，厅长蒋作斌召开厅长办公会研究部署对口扶贫援助方案和计划，确立“加强联系，搞好参谋，发挥优势，重点支持”的扶贫方针。2 月 13 日，省教育厅助理巡视员李铖、民族教育处处长蒋先龙、财务建设处副处长唐亚武到古丈一中、古阳中学、罗依溪中学先后召开“三定”（定方案、定规模、定资金）办公会议，出台出资 400 万元扶持方案。6 月 23 日，副厅长朱俊杰、基础教育处处长葛建忠、督导室主任杨国旗等人到古丈一中、古阳中学、罗依溪中学 3 所学校进行调研，制定“两镇三校”建设规划，安排扶持援助资金 430.2 万元，其中“二期义教工程”项目 330.2 万元，其他资金 100 万元，重点用于古丈一中、古阳中学、罗依溪中学 3 所学校 6 个项目建设，即建设古丈一中学生宿舍楼和教学楼、古阳中学 1220 平方米的教学楼和 600 平方米的学生宿舍、罗依溪中学 1150 平方米的教学楼和 800 平方米的学生宿舍。是年，湖南农业大学实行对口招收古丈县贫困学生 2 人。

2002 年 2 月，古丈一中、古阳中学、罗依溪中学校舍项目开工。是年，湖南农业大学对口招收古丈县贫困学生 7 人，其中定向招收本科生 4 人，招收计划专科生 3 人。是年，省教育厅帮助古丈县实施“义教工程”，投入科教扶贫资金 1573 万元，使 25 所学校成为建设项目学校，新建校舍 20000 平方米。

2003 年 6 月 23 日，副省长许云昭带领中南大学、湖南大学、湖南师范大学、湘潭大学、湖南农业大学、长沙理工大学、吉首大学、中南林学院、株洲工学院、湖南中医学院、长沙通信职业技术学院、湖南交通职业技术学院 12 所高校和长沙一中的专家教授 60 人及省教育厅负责人到古丈县商谈对口扶贫开发项目，重点解决古丈县教育经费缺乏和教育基础落后现状，继续对已确定的 14 个教学点建设实施扶持。是年，解决建校资金 800 万元，12 所高校及长沙一中支持资金 20 万元，继续支持古丈一中、古阳中学、罗依溪中学 3 所学校校舍建设。12 所高校及长沙一中根据古丈县教育资源和已确定的扶贫项目，每校扶持或合作开发 1 ~ 2 个产业开发项目，长沙一中帮助古丈一中加强教师队伍建设。是年，省教育厅向双溪乡“9・13”特大交通事故的伤亡学生家庭捐赠慰问金 2.26 万元，其中，13 名死亡学生每人 1000 元，16 名受伤学生每人 600 元。是年，中南大学、湖南大学、湖南农业大学继续对口扶持援助古丈，在“二期义教工程”项目资金安排上，省教育厅给予倾斜，重点支持红石林镇中心完小、断龙山乡中心完小等 14 所学校及教学点建设。

第四节　省林业厅对口扶贫

1986年，省林业厅选派干部和技术人员到古丈县实施对口扶贫，协助县委、县政府制定《古丈县消灭荒山植树造林规划》，先后到断龙山乡、国营高望界林场指导植树造林、森林培育管理、山地开发等工作。

1989年，投入资金408万元，扶植古丈县以植树造林为重点的山地开发。是年，造林1.33万公顷，发放优质苗木120万株；修通断龙山乡大龙热村通村公路、米多至小白通村公路10千米，硬化断龙山乡政府坪场、断龙山居委会街道；修建高望界林场吴家坪村桥梁1座；新建希望小学1所，改建村小3所。

1990年，参与古丈县“社教”活动，办培训班85期，培训干部群众5000人次，发展科技示范户125户，捐赠科技资料1100册；为山枣乡、河蓬乡受灾群众捐赠衣物3719件、粮票面额10.81吨、现金18万元。

1992年，协助县委、县政府制定“44111”扶贫规划和实施方案；投入资金80.43万元，营造马尾松、杉木等用材林13300公顷，完成中幼林扶育6666.67公顷，封山育林30000公顷。为断龙山乡大龙热村架通输电线路4千米、建成粮油加工厂1个。为断龙山乡溪龙车村建成粮油加工厂1个。扶持断龙山乡开发茶叶86.37公顷。

1993年，投入资金90万元，营造标准林666.67公顷，其中示范林166.67公顷，开发药材40公顷、西洋参3.33公顷、茶叶13.33公顷，抚育幼林3333.33公顷。为高望界林场中心完小建教学楼、宿舍各1栋。

1995年，投入资金930万元，营造高效速生丰产林895.33公顷，其中用材林789.67公顷、经济林（药材、板栗、柑橘等）105.67公顷。是年，投入化肥1600吨、汽油35吨、钢材145吨等扶贫物资。1996年，投入资金118万元，营造高效速生丰产林1640公顷，其中示范用材林1526.67公顷；完成抚育幼林3466.67公顷，封山育林30000公顷。

1996—1998年，到野竹乡洞坪村结对扶贫，投入资金120万元，修建电灌站1座，防渗灌溉渠道3000米，拦水坝11处，修复水毁农田100处，使全村人均旱涝保收面积增至0.04公顷，人均产粮达到400千克；架设万伏高压输电线9000米；修建洞坪希望小学1所、人畜饮水工程2处、便民桥1座，购置无线通信电话1台，安装卫星电视地面接收设备2套；投资10万元，创办洞坪水泥制品厂1家，成立村办基建队，使村集体经济年收入超过20000元。

2000—2002年，到河蓬乡苏家村开展对口扶贫，投入资金141.8万元，其中2000年投入资金51万元，修建苏家村部，实施村道硬化和人畜饮水工程。2001年投入资金52.1万元，修建拦水坝53处，灌溉水渠4700米，23.33公顷农田受益；完成报木组人畜饮水工程，解决63户245人安全饮水；修建苏家至洞上通组公路4.5千米，架设苏家一桥1座。2002年投入资金38.7万元，实施退耕还林13.33公顷，培养养殖业科技示范户30户，使全村人均纯收入达2000元。利用世界银行贷款，营造马尾松林86.67公顷。建成节柴灶50个。

1987—2001 年湖南省林业厅对口扶贫驻县工作人员名录

表 14-5 单位：万元

<table>
<tr><th>年份</th><th>扶贫队员</th><th>扶贫地点</th><th>扶贫项目</th><th>扶贫投入</th><th>年份</th><th>扶贫队员</th><th>扶贫地点</th><th>扶贫项目</th><th>扶贫投入</th></tr>
<tr><td>1987</td><td>洪松涛</td><td rowspan="4">断龙山
高望界</td><td rowspan="4">造林开发，修路，修学校，通水、电</td><td rowspan="4">408</td><td>1995</td><td>赵爱群</td><td>全县</td><td>通水电路</td><td>—</td></tr>
<tr><td>1988</td><td>李定一</td><td>1996</td><td>赵爱群</td><td>全县</td><td>高效林</td><td rowspan="4">930 万元，其中洞坪 118 万元</td></tr>
<tr><td>1989</td><td>李定一</td><td>1997</td><td>周忆良</td><td>洞坪</td><td rowspan="3">造林，通水、电、路、电视，修学校、村部</td></tr>
<tr><td>1990</td><td>刘秋明</td><td>1998</td><td>肖 彬</td><td>洞坪</td></tr>
<tr><td>1991</td><td>彭秋成</td><td>断龙山</td><td rowspan="3">造林开发、社教、办实事</td><td>9</td><td>1999</td><td>张仁福</td><td>洞坪</td></tr>
<tr><td>1992</td><td>李满成</td><td>断龙山</td><td>20.9</td><td>2000</td><td>周彰军</td><td>苏家</td><td rowspan="3">退耕还林，通水、电、路，修村部</td><td>51</td></tr>
<tr><td>1993</td><td>赵爱群</td><td>断龙山</td><td>50.53</td><td>2001</td><td>蒋达权</td><td>苏家</td><td>52.1</td></tr>
<tr><td>1994</td><td>赵爱群</td><td>断龙山</td><td>造林开发</td><td>92</td><td>2002</td><td>杨跃前</td><td>苏家</td><td>38.7</td></tr>
</table>

第五节 省直部门扶贫

1986 年始，省储备局、航天部第三设计院、省气象局、省计划生育委员会、省农经委、省科委、省直工委、中国人民银行长沙中心支行、省信息中心等单位，选派工作队员入驻古丈县贫困村开展扶贫工作。澳门善明会等社会团体和爱心人士参与古丈扶贫事业。

1997 年，省气象局驻山枣乡筲箕田村扶贫，开发种植板栗 6.67 公顷，试种烤烟 2 公顷，试种椪柑 0.27 公顷。推广旱地育秧和杂交水稻“双两大”栽培技术，为村民购送肥料 5 吨，投入资金 4000 元，修复水毁农田。贷款 5 万元，购买山羊 100 只、猪 109 头、牛 25 头，发放给 44 户农户养殖，创办村茶场和村养羊场。投资 4 万元，修建建筑面积 168 平方米的村小学。开展“2+1”扶贫活动，即两名干部职工帮扶一户农户。捐赠衣物 1500 件，折合人民币 15000 元，捐献资金 2240 元。为青岩坳寨整改通电线路 2000 米，解决水泥电杆 20 根。

1999 年，省储备局驻河蓬乡上河蓬村扶贫。投资 12 万元，兴建村商业综合楼，采取承包经营方式管理，使村集体经济实现收入 1.5 万元。投资 25 万元，兴修水利工程 45 处，其中水坝 10 处，水渠水沟 10 千米，防洪堤 1500 米，恢复水毁田 3.2 公顷，新开稻田 0.13 公顷，使全村人均旱涝保收田面积增至 0.04 公顷。投资 2 万元，整修村公路，凿山开辟 350 米生产通道一条，修建拦水、过河两用水坝 1 座。投资 2 万元，改造输电变压器，改造全村输电线路，解决村民安全照明。捐赠图书 5000 册，建立青年科技图书馆。资助 13 名特困户小孩完成义务教育，发放助学金 11000 元。免费为特困户、残疾户、五保户供应种子、肥料，解决生活困难。投资 6 万元，扶持 10 户贫困户发展养殖业。

2000 年，省外事办、侨务办和省旅游局驻罗依溪镇且茶下村扶贫。投入资金 10 万元，扶持 20 户村民发展网箱养鱼，引导村民开垦荒地 6.67 公顷、栽种美国脐橙 2 万株。投入资金 3 万元，补修水沟 3000 米，实施农网改造，整修村小学。2001 年，筹资 50 万元，修建希望小学，进行农网改造，扶持新扩脐橙 6.67 公顷，扶持培育水果 40 公顷。

2001 年，省直工委、中国人民银行长沙中心支行、省信息中心驻城关乡长潭村扶贫。筹措资金 90 万元，实施农田水利建设，兴修高标准水渠 10000 米。实施产业结构调整，发展布朗李 20 公顷。新修村小学。建成人畜饮水工程，解决 79 户 300 人安全饮水。发展大棚蔬菜、茶叶、家庭养殖业；兴办村集体企业打砂场，村集体经济实现收入 1.2 万元。实施电话入村工程，完成农网改造；硬化村组干道，修建便民桥。工作组采用建整扶贫与综合治理、计划生育相结合方式，使长潭村各项工作齐头并进。

2003年，省直工委、中国人民银行长沙中心支行、省信息中心驻城关乡茶坪村扶贫，省农业银行驻茄通乡张家坡村扶贫。4家省直单位为2个驻点村筹集各类扶贫资金211万元，其中茶坪村146万元，张家坡村65万元，帮助2个村新修通村公路2千米、生产便道5千米、沼气池183口；修建水渠3.4千米，铺设引水管2.97千米，2个村新增稻田灌溉面积19.33公顷，解决农户91户饮水安全；修建学校教室230平方米，帮助扶贫建房2户。扶持2个村水果开发36.67公顷，退耕还林43.33公顷，发展猪、羊养殖1320头（出栏550头）、家禽养殖0.3万羽，鱼业养殖1.9万尾。输出劳务工60人，实现增收38万元，两个村新买电视机123台，拉通电话30部。扶持张家坡村，村集体经济增收0.6万元。

2005年，省建设厅驻红石林镇岩仁坪村扶贫。投入资金22万元，建茶叶加工厂房、购置茶叶加工设施。投入资金10万元，购买名优茶加工机械和配套设备，配备流动资金15万元，组建湖南绿展产业发展有限公司古丈茶厂。修通可屋通组公路2.5千米，修建机耕道4条3000米、修建水窖40口、整修水井（建有凉亭）1口，硬化村人行道2千米。是年，中国人民银行湖南省分行驻岩头寨乡老寨村扶贫，铺青石板人行道2千米，危房改造2户，修人饮蓄水池5口；硬化通组公路2条3千米、架设公路桥梁1座。

2007—2008年，省移民局驻罗依溪镇毛坪村开展建整扶贫。投资393.9万元，新建村部513平方米，建沼气池40口，开发良种茶园20公顷，购进炒茶机械23套。发展网箱养鱼554口，拦网养鱼10公顷。培育第三产业就业27户、发展垂钓休闲旅游专业户1户。新建和维修人畜饮水工程7处，硬化5条人行道路3700米，新建下湖码头1处。

2009—2010年，省移民局驻红石林镇龙天坪村开展建整扶贫。投入资金330万元，用于茶叶品改、购机补贴、技术培训和肥料供应，完成茶叶品改80公顷，购置茶叶加工机械33套98台。投入资金32万元，进行柑橘开发72公顷。投入资金88万元，修建饮水工程。投入资金70万元，对通组公路进行硬化。投入资金20万元，维修村部、购置图书、建灯光球场。投入资金10万元，救助贫困学生24人，慰问困难户27户。

第六节　州直单位扶贫

1986年，州直单位扶贫工作队协助坪坝乡党委、政府工作。工作组把窝塔村作为庭院经济发展示范村，投放无息周转金3000元，发展庭院经济。全乡开发柑橘28公顷，户均667平方米，购买椪柑苗6000株。种植草烟166.67公顷，在资金、技术、肥料方面给予扶助。吉首军分区扶持河西镇。投入资金0.5万元，办面包厂1家，投入资金1.2万元，办碎石场1家。融通资金8万元，改扩建个体水磨石厂1家。投资2.2万元，其中军分区自筹1.1万元，贷款1.1万元，建汽车修配厂1家。投资12.5万元，新修学生宿舍1栋，建筑面积800平方米、厨房1栋，建筑面积200平方米、厕所1栋、维修危房2栋，为龙天坪、列溪2所村小添制100套桌椅。扶贫建房10户。

1990年，州直单位选派工作队员44人参加古丈县8个村“社教”工作。州委驻山枣乡工作队，推广杂交水稻“双两大”栽培技术，全乡杂交水稻“双两大”栽培面积360公顷、占全乡稻田面积83%，种植地膜玉米55.8公顷、占全乡旱地73%，农民人均纯收入达到216元，比1989年增加51元。

1991年，州直单位选派工作队员36人参加古丈县6个村的“社教”（社会主义思想教育）工作。1992年，州直单位选派工作队员52人参加古丈县11个村的“社教”工作。州驻河蓬“社教”工作队帮助乡党委、政府开展计划生育工作。州驻坪坝乡“社教”工作队医疗工作组3名队员协助乡卫生院开展农村防疫工作；投资5万元，添置医疗设备和新建职工宿舍楼；帮助全乡14个村建村卫生室，村卫生室实现有药品、有一般常用药械、有固定场地、村医生报酬落实的目标。

1997—1999年，开展首轮特困村扶贫。州政协、州纪委、州民委、州编办、州工商局、州卫生局、州人民医院、州物资局、州国土资源管理局9个单位，选派工作队员24人参加古丈县8个贫困村扶贫，即山枣乡火麻、高寨、山枣3个村，默戎镇中寨、盘草、桐木、毛坪、九龙5个村。工作队筹集扶贫资金183万元，在山枣乡火麻、高寨、山枣3个村和默戎镇中寨、盘草2个村实施山地开发、退耕还林、通水、通电、通路等基础设施建设、整修水库水坝。州工商局驻山枣村扶贫工作队，投入资金4万元，开发椪柑13.33公顷，种植烤烟16公顷，建烤房48栋。实施茶园低改10公顷；组织干部职工为火灾户莫光华捐钱1000元、衣物150件，发动村民捐粮1500千克。

1998年，州人民法院驻火麻村扶贫工作队，开发杂交板栗23.33公顷、茶叶10公顷，更新培管柑橘、梨、桃、李等水果3.33公顷，实现户均有果、茶0.2公顷；完成雀儿潭、毛栗坪、火麻坪3个村寨、4个村民小组人畜引水工程；投入资金25万元，修建通村公路8千米。州供销联社驻高寨村扶贫工作队，投入资金6万元修建村小，投入资金10万元维修水渠1.2千米、铺设引水管道0.8千米、新开口粮田1.67公顷、修蓄水池4个、修村通公路4.8千米。州编委驻排夯两村扶贫工作队，投入资金18万元，种植优质杂交板栗21.67公顷，维修村小1所，维修水库1座，给贫困户捐赠衣服4027件、棉被8床、书包72个和其他学习用品；为村民运送复合肥8吨，组织农户稻田养鱼、水库养鱼10万尾，推广杂交水稻15.33公顷，推广杂交玉米4.53公顷。州畜牧局驻毛坪村扶贫工作队，筹措资金进行茶叶产业、山羊产业建设，新开稻田8公顷。州政协驻盘草村扶贫工作队，筹措资金8万元，实施人畜饮水工程，建蓄水池2个，铺设水管4千米，架设高标准猕猴桃架面积2公顷，恢复水毁河堤1千米、水毁田1.33公顷，整修学校操坪100平方米。州人民医院驻白洋溪村扶贫工作队，筹措2万元，建钢筋混凝土桥4座；投入1.5万元，开发板栗基地6.67公顷，植优质板栗0.7万株；投入6万元，完成饮水工程9处，铺通水管18.50千米；投入2万元，接通闭路电视188户；投入0.1万元，为15户专业户安装电话；投资0.6万元兴办村级企业，组建义诊医疗队为197名村民义诊送药，争取项目资金5万元修通组级公路4千米。

2000—2002年，第二轮特困村扶贫。湘西州政协、州民盟、州纪委、州监察局、州民委、州宗教局、州编委、团州委、州青少年宫、武警湘西州支队、武警消防湘西州支队、州工商局、州卫生局、州人民医院、州人民法院、州中医院、吉首卫校、州精神病医院、州地矿局、州人寿公司、州电信公司、州邮政局、州物资局、州移民局、州老龄委、州供销联社等26个州直单位，帮扶罗依溪镇江洋村，野竹乡鲇溪村、磨子坪村，河蓬乡白洋溪村、丫角村，坪坝乡新寨村、对冲村，默戎镇己戎村、万岩村、岩寨村，双溪乡溪流墨村、西歧村，城关乡太坪村，河西镇龙天坪村，茄通乡小龙热村等15个贫困村。3年筹集扶贫资金2540.1万元（2000年513万元、2001年998万元、2002年1029.1万元）。10个村实施茶叶、猕猴桃、板栗、柑橘等产业开发，其中，建成江洋溪水果专业村1个，己戎村产业开发面积20公顷，户平0.13公顷；万岩村产业开发面积18公顷、户平0.07公顷。4个村实施通村公路建设，3个村实施人畜饮水项目，4个村进行能源建设，新建万岩村小学360平方米，10个村实施扶贫建房、退耕还林、家庭养殖等项目建设。

2003—2004年，第三轮特困村扶贫。州政协、州纪委、州监察局、州国土局、州民委、州宗教局、州编委、团州委、州工商局、州卫生局、州人民医院、州红十字会、州妇幼保健院、州中医院、州防疫站、州电信公司、州邮政局、州移动公司、州联通公司、州物资局、州移民局、州老龄委、州供销联社23个州直单位，帮扶茄通乡小龙热村，河西镇龙天坪村、列溪村，罗依溪镇罗依村、江洋溪村、毛坪村，高峰乡岩坳村，野竹乡野竹村，岩头寨乡白洋村，山枣乡高寨村，坪坝乡上窝喇村，默戎镇九龙村，双溪乡蔡家村等13个贫困村。2年筹集扶贫资金2871.6万元（2003年1500万元、2004年1371.6万元）。整修小龙热等4个村水毁公路3000米，扶持小龙热村兴建30口集雨节水窖；开发白洋、野竹等4个村的脐橙产业；实施野竹村和高寨村的通村公路项目；开发高寨村蚕桑养殖业；整修白洋村和九龙村村小，实施上窝喇村村道硬化；进行毛坪村低产农田改造；九龙和蔡家两村新开发果业16.67公顷，退耕还林60公顷，实现村集体经济增收0.98万元，新修村便道2.65千米，架通输电线路10千米，建设村小390平方米、村卫生室30平方米、建沼气池54口，兴修水渠0.6千米，铺设水管5.6千米，两村共新增灌溉面积36.53公顷，解决饮水226户。

2005—2006年，实施首轮整村推进扶贫，州卫生局、州中医院、州医药器械局、州疾控中心、州委组织部、州编办、州民委、州电信局、州邮政局、州供销联社、州社物管中心、州国土资源管理局、州人民医院、州纪委、州政协15个州直单位，扶持断龙山乡报吾列村，红石林镇马达坪村、列溪村，罗依溪镇江洋溪村，岩头寨乡鲇溪村、土溪村，坪坝乡亚家村，默戎镇盘草村等8个贫困村。2年为8个扶贫村筹集资金2600.4万元。新修村级公路47.5千米，实施农网改造14.5千米，建水渠9.3千米，整修水井22口，铺设水管27千米，扶贫建房11户，新开发各类水果190.73公顷、干果46.67公顷，养殖大牲畜2417头、水产养殖26.67公顷，扶持养殖大户7户，引进新技术3项，筹建加工厂52个，实用技术培训3460人（次），技能培训233人，建沼气池1020口、节柴灶102个，扶持或慰问100户贫困户和120名贫困儿童。

2007—2008年，第二轮整村推进扶贫，州纪委、州安监局、中国银行湘西州支行、团州委、州科协、州移民局、州工商局、州卫生局、州民委、州民族研究院、州国土局、州征地拆迁所12个州直单位，扶持断龙山乡细塔村、罗依溪镇会溪坪村、高峰乡八水坪村、岩头寨乡梓木坪村、默戎镇翁草村、双溪乡官坝村、古阳镇南山村等7个贫困村。两年为7个扶贫村筹措扶贫资金4150.6万元。新修村级公路5.5千米，新修水渠3千米，整修水井22口，铺设水管1.4千米，扶贫建房4户，新开发各类水果33.33公顷，筹建加工厂3个，实用技术培训230人（次），建沼气池135口。

2009—2010年，第三轮整村推进扶贫。州工商局、州民委、州科协、团州委、州卫生局、州人民医院、州中医院、州精神病医院、州农业局、州农科院、州外资外援办、州蔬菜办、州民经局、州国土局、州国土监察所、州国土开发管理所、州民委、州编办、州水利局19个州直单位，扶持高峰乡八水村、高望界乡公羊坪村、烂泥池村，岩头寨乡湾坪村，山枣乡筲箕田村，默戎镇潭溪村、龙鼻嘴村等7个贫困村。两年为7个扶贫村筹集扶贫资金3660.5万元。新修村级公路31千米，改造农网10.9千米，解决306户农户用电，修水利工程14处，新建村部600平方米、村小200平方米，新开发各类水果100.53公顷，扶持养殖大户68户，引进技术22项，建沼气池136口。资助贫困儿童105人，慰问困难农户334户。

第七节　县直单位扶贫

一、社教队扶贫

1990年1月，启动全县社会主义思想教育（简称“社教”）活动，组建首批社教工作队83个，选派工作队员422人，开展社教活动单位83个，其中村70个，社教推动扶贫开发发展。是年，社教工作队为民办实事1485件。新建饮水工程124处，解决53个村3391户14710人的饮水困难。修便道242条399千米，修乡村公路18条37千米，架桥80处1.29千米。维修校舍220间，新修教学用房96间。新架输电线路27.94千米，解决12个无电村1298户照明。修整乡镇街道134条1.17千米。新建村级卫生室80个，培训乡村医生203人，巡回医治病人22931人次，抢救危急病人208人。修建水利工程671处，整修山塘61口，整修水库14座，整修渠道487条50.87千米，新修、整修电排9处，新增加稻田灌溉面积450.07公顷，新开稻田34.67公顷，新开荒地296.27公顷，新修河堤192处，架通广播线路3条20千米，新通广播村10个455户。为1154户贫困户帮工10259个、帮粮食29.97吨、帮钱31639元、帮物1995件（折价9235元）。

1991年，组建第二批“社教”工作队，选派工作队员350人，52个村开展社教活动。是年，全县52个社教村实施扶贫开发，推广种养适用新技术。筹集扶贫资金2882万元，队员单位资助19.64万元，为民办实事1367件。人工造林1661.60公顷，开发水果干果92.67公顷、药材175.87公顷、茶叶202.20公顷。农田基本建设总投入138.25万元，新开稻田34.40公顷，开垦旱地561.27公顷；整修山塘42口，整修水库16座，新修、维修渠道187条长43.20千米，整修河堤坝426处21.18千米，新修整修电排7处，新增灌溉面积306.60公顷。种油菜1442.73公顷，种冬粮1155.07公顷。为困难户解决粮食3.04万千克，救济衣被3715件（床）。架通广播线路9条8.18千米，新通广播建制村26个2517户。建村卫生室27个，培训乡村医生62人，巡回治病6782人次，门诊治疗23676人次，抢救危重病人136例，免费注射防疫针1533人次。

1992年，全县组建第三批“社教”工作队30个，选派工作队员360人，66个村开展社教活动。是年，66个村实施开发项目210个，总面积996.17公顷，其中，造林437.44公顷，茶叶243.23公顷，药材154.80公顷，柑橘37.93公顷，其他干果、水果86.77公顷。

二、特困村扶贫

1996年，启动“六六温饱脱贫工程计划”，即用6年时间解决60万人的温饱问题，全县申报特困村129个，省扶贫办审批确定80个。县扶贫开发办制定《古丈县特困村三年扶贫规划》，实行驻村扶贫，一轮三年，驻点村不脱贫，扶贫单位不脱钩责任制。11月，工作队进村入户。

1997—1999年，实施首轮特困村扶贫，组建扶贫工作队25支，县直后盾单位72个，选派工作队员170人，入驻49个特困村。筹集资金538.9万元（其中财政扶贫资金216万元，信贷资金60万元，部门资金45.7万元，物资折价58.2万元），新修通村公路15.9千米，铺设通电线路38.1千米，完成稻田低产改造256.13公顷。整修水井44口，铺设水管26.6千米，解决8196人和3167头大牲畜饮水。新开发山地371.67公顷，茶叶、柑橘低产改造358.67公顷。整修山塘1口，建设渠道10千米，扶贫建房6户，发展大牲畜养殖4715头、水产养殖104.33公顷，开展实用技术培训3382人（次），完成技能培训465人，建沼气池1545口、节柴灶758个。新建村小1所166平方米、村卫生室5所377平方米。

2000—2002年，实施第二轮特困村扶贫，组建扶贫工作队26支，县直后盾单位99个，选派工作队员175人，入驻72个扶贫村，其中边远贫困村10个。筹集资金1181万元，新（整）修村级公路110千米，实施农网改造14.3千米，整修山塘2口，建水渠12千米，铺水管20.8千米，扶贫建房9户，新开发各类水果74.47公顷、干果20公顷，发展大牲畜养殖1014头、水产养殖1.43公顷，开展实用技术培训1036人次、技能培训211人，建沼气池588口、节柴灶233个。全县副科级以上实职干部457人结对扶持特困户457户、贫困人口1955人。为特困户捐款9.14万元，捐物折价2.29万元，安排开发项目480余个。

2003—2005年，实施第三轮特困村扶贫，组建扶贫工作队21支，县直后盾单位103个，选派工作队员187人，入驻79个扶贫村。筹集资金2871.6万元，新修整修村级公路93.3千米，完成农电改造35.2千米，实施水利工程55处，新修村部6个1220平方米。新开发各类水果327.67公顷，发展大牲畜养殖3066头，发展养殖大户181户，引进新技术22项，建沼气池156口，救助贫困儿童147人，慰问困难农户569户。

三、整村推进扶贫

2004 年，省扶贫开发办确定古丈县贫困村 100 个（2005 年底区划调整后为 86 个），实行一轮二年，六年完成。县委、县政府按省委、州委精神调整扶贫工作部署，实施整村推进扶贫方式。

2005—2006 年，选派整村推进扶贫工作队员 90 人，入驻 34 个（2006 年调整为 24 个）贫困村。筹集资金 2600.4 万元，实施扶贫项目 40 个，新开发特色支柱产业 458.39 公顷，组织供苗 62.6 万株，覆盖 24 个村 2314 户农民。其中：椪柑 244.07 公顷，覆盖 20 个村 1231 户农民；茶叶 40.01 公顷，覆盖 4 个村 185 户农民；花椒 39.67 公顷，覆盖 2 个村 63 户农民；梨子 126.31 公顷，覆盖 7 个村 700 户农民；猕猴桃 8.33 公顷，覆盖 1 个村 125 户农民。新开发各类水果 303 公顷，干果 77.07 公顷，发展大牲畜养殖 8000 头；发展水产养殖 133 公顷；扶持小型加工厂 54 个；新修整修村级公路 105 千米；改造农村电网 35 千米；修建渠道 30.7 千米、铺设管道 81 千米、新挖水井 66 口；扶贫建房 43 栋；修建沼气池 2743 口、节柴灶 937 口；劳务技能培训 600 人、转移剩余劳动力 500 人；实用技术培训 12000 人次。

2007—2008 年，第二轮整村推进扶贫工作队 26 支，选派工作队员 86 人，入驻 26 个村。筹集资金 4150.6 万元，新（整）修村级公路 110 千米，农电改造 14.3 千米，整修山塘 2 口，修建渠道 12 千米，铺设水管 20.8 千米，扶贫建房 9 户，新开发各类水果 74.47 公顷、干果 20 公顷，发展大牲畜养殖 1014 头，水产养殖 1.43 公顷，实用技术培训 1036 人（次），技能培训 211 人，建沼气池 588 口、节柴灶 233 个。

2009—2010 年，第三轮整村推进扶贫工作队 26 支，选派工作队员 103 人，扶持 23 个村。筹集资金 3660.5 万元，新（整）修村级公路 93.3 千米，完成农网改造 35.2 千米，实施水利工程 55 处，新修村部 6 个 1220 平方米。新开发各类水果 327.67 公顷，发展大牲畜养殖 3066 头，发展养殖大户 181 户，引进新技术 22 项，建沼气池 156 口，救助贫困儿童 147 人，慰问困难农户 569 户。

第三章　专项扶贫

第一节　科技扶贫

1986年，全县开展扶贫培训、科技推广、科技特派员蹲点实施科技扶贫战略。是年，省扶贫开发办为古丈县安排培训经费30万元，实施农业实用技术培训、农村科技骨干培训、劳务技能培训。农业实用技术培训由县扶贫开发办、县农业局、县科技局、县科协组织实施，帮助每户至少1人掌握1～2门农村实用技术。采取集中农户办培训班、现场示范、发放资料等方式，举办培训班120期（次），发放技术资料0.8万份，培训农民1.2万人次。2001年，启动农村科技骨干培训，由县扶贫开发办组织，安江农校负责培训，培训对象为农村青壮年农民。2003年，启动劳务技能扶贫培训，由县扶贫开发办负责申报，培训指标每年400个，培训对象为农村剩余劳动力。2003年，省、州、县三级参与古丈县农村剩余劳动力培训的学校有17所。2003—2010年，全县培训农民0.3万人，劳务输出0.25万人，实现”培训一个、脱贫一家、带动一片、影响一村”的目标。

2005年，启动科技特派员试点扶贫工作。是年11月，古丈县被省委、省政府纳入全省科技特派员工作首批试点县。实施科技扶贫，立足产业选人才、基地抓示范、项目兴产业，选派专业技术人才充实科技特派员队伍。2006年，申报40个产业项目，争取150万元科研经费，建立40个农业科技示范基地和10个科技示范企业，通过媒体宣传和举办专题培训班形式，对科技特派员业务素质和服务能力进行持续培训。2010年，全县选派49名科技特派员，在医卫、农业、畜牧、水产、工业、烟叶生产、民族文化等领域实施科技扶贫。

2005—2010年，举办各种科技培训426次，培训人数29760人次，印发培训资料31760份，推广新技术32项，引进新品种29个，建立示范基地33个，创建专业协会8个，组建经济利益共同体7个，形成龙头企业5家，实现利润510多万元。科技推广种草养羊示范户建设、茶叶良种繁植基地建设、反季节蔬菜良种繁育等项目。

第二节　建整扶贫

1994年3月，县委、县政府贯彻省委组织部、省委农村工作部《关于加强以村党支部为核心的村级组织建设、维护农村社会稳定的通知》精神，选派县、乡（镇）两级优秀党员干部，协助乡镇党委整顿软弱涣散村党支部。是年10月，县委批准县委组织部制定的《关于加强古丈县农村党支部建设和整顿的工作方案》，用3年时间，对全县185个农村党支部进行建设和整顿。

1995年，成立古丈县委建整扶贫领导小组，全县抽调党员干部700名，驻村开展村党支部建设整顿与扶贫工作。

1996 年，县委组织部转发中共中央组织部《关于进一步整顿农村软弱涣散和瘫痪状态党支部的意见》，印发《古丈县后进乡镇党委整顿意见》《古丈县后进村党支部整顿意见》，围绕党支部“五个好”（建设一个好领导班子，培养一支好党员队伍，选准一条好经济发展路子，完善一个好经营体制，健全一套好管理制度）目标要求开展建整扶贫工作。全县集中整顿后进乡镇党委 2 个、后进村党支部 26 个，调整支部书记 18 人，充实调整支部委员 41 人。实施开发项目 110 个，修复水利设施 90 处，35 个村有集体经济收入。

1997 年，县委贯彻省委、州委关于贫困村扶贫实行“驻村入户、一扶三年、村不脱贫，帮扶单位不脱钩，工作队不撤队”精神；开展结对帮扶，县级干部联系乡镇（场）、科级干部联系村、一般党员干部联系贫困户。是年，省扶贫开发办给古丈县确定特困村 60 个。抽调工作队员 203 人，其中省工作队 9 人，州工作 队 24 人，县工作队 170 人。按照“五个好”党支部建设要求对村党支部进行建设和整顿。

2000 年，州委作出《关于大力推进边远特困村扶贫攻坚的决定》，下发《关于选派干部到边远特困村工作的通知》，县委从县直机关选派 20 名党员干部到 10 个边远特困村，分别任村党支部第一支书和村科技副主任，从古丈坪完小选派 4 名教师到村小任校长。

2005 年，国家实施整村推进扶贫开发模式，县委、县政府贯彻省、州关于实行两年一轮的整村推进扶贫开发模式精神，部署全县扶贫开发工作，要求六年三轮完成整村推进扶贫开发的阶段性任务。2010 年，第三轮整村推进扶贫工作结束。

1997—2010 年古丈县农村建整扶贫资金投入情况一览表

表 14-6

年份	省扶贫村（个）	州扶贫村（个）	县扶贫村（个）	省工作队员（人）	州工作队员（人）	县工作队员（人）	总投入（万元）	备注
1997	3	8	49	6	24	170	—	—
1998	3	8	49	6	24	170	—	—
1999	3	8	49	6	24	170	—	—
2000	3	15	72	10	47	175	—	—
2001	3	15	72	10	48	165	998.0	—
2002	3	15	72	10	48	165	1029.1	—
2003	2	12	68	6	40	187	1500.0	—
2004	2	12	68	6	40	187	1371.6	—
2005	2	10	24	2	27	90	—	—
2006	2	10	24	2	27	90	2600.4	含 2005 年投入
2007	1	7	26	2	25	86	—	—
2008	1	7	26	2	25	86	4150.6	含 2007 年投入
2009	1	7	23	3	23	103	—	—
2010	1	7	23	3	23	103	3660.5	至 2010 年上半年

第三节　边远特困村扶贫

1999年，县委、县政府贯彻州委、州政府《关于大力推进边远特困村扶贫攻坚的决定》和《关于选派干部到边远特困村工作的通知》精神，实施边远特困村专项扶贫。夯娄、下布尺、洞溪、陈家、夯水、窝瓢、葫芦坪、磨刀、杨家河、白竹10个村被纳入边远特困村。10个边远特困村55个自然寨，63个村民小组1617户，总人口6829人。耕地面积475.33公顷，其中稻田351.27公顷、旱地124.07公顷。林地面积2893.2公顷，草地面积1906.8公顷。

2001年，县委、县政府从县直机关选派20名党员干部到10个边远特困村担任第一支书、科技副主任；从古丈坪完全小学选派4名教师到村小任校长，任期五年。

2001—2005年，为10个边远特困村投入资金、物资折价累计1033.63万元，其中财扶资金923.25万元，协调部门物资资金折款110.38万元。修村组公路87.1千米，便道8.1千米，架桥梁14座，修饮水工程66处，架设水管43.5千米，修渠道13.18千米，整修山塘水库4座，解决3518人饮水困难，新增改善灌溉农田36.6公顷，架设低、高压线29.3千米，解决949户村民用电，通电视农户1049户，占农户总数的64.5%，通电话农户277户，新建村小、村部楼7栋1195平方米，实施扶贫建房122栋。10个村完成退耕还林694.36公顷；建节柴灶261口、沼气池123口。10个村未解决温饱人口从4528人减少到1047人。

第四章　外资外援项目

第一节　工作机构

1999 年 1 月，设立县外资外援项目办公室，属县政府直属正科级事业单位，编制 6 人，其中差额编 3 人，启用“古丈县外资外援项目办公室”及“古丈县 IFAD 项目领导小组办公室”公章各一枚，属县政府办公室管理。2001 年，明确为全额拨款事业机构，编制 8 名。2002 年，明确为具有行政管理职能的正科级事业单位。2004 年，行政管理挂靠县农业局，主管部门由县农村工作办公室管理。2005—2010 年，机构设置不变。

1999—2010 年，县外资外援项目办公室历任主任：田宏举、龙元敬、黄云山。

第二节　世界粮食援助和国际农业发展基金项目

一、项目立项

1997 年，根据国家对贫困地区发展有关政策和国际农发基金会对申请农发基金贷款规定，针对贫困山区经济现状，在农业部和湖南省农业厅支持下，向国际农发基金会申请武陵山区少数民族地区农业综合发展项目。是年 12 月，国际农发基金会派项目评估团对武陵山区少数民族地区农业综合发展项目进行正式评估。1998 年 4 月，世界粮食计划署增派项目考察组，完成世界粮食援助项目（英文 WFP-6023）评估；10 月 26 日，武陵山区少数民族地区农业综合发展项目正式签字，1999 年，世界粮食援助和国际农业发展基金项目（英文 WFP-6023/IFAD-483）正式启动。

二、项目实施

项目建设目标是以农户小额信贷形式，推动项目贫困农户发展庭院经济，提高农民收入和农民受益群体经济效益。项目活动主要包括农户小额信贷、作物生产、基础设施、社会支持。通过 2 年实施，项目区农村贫困面貌得到改变，项目扶贫效果明显。1997 年，项目以小额信贷为主，项目乡镇 6 个。2004 年，项目乡镇增至 8 个。项目调整后，建设目标是通过农村基础设施建设，扶持贫困山区农村经济发展，解决贫困山区粮食自给问题，提高贫困阶层人口营养水平，改善贫困地区农村生产、生活条件，使贫困山区经济可持续发展。项目活动主要包括基础设施建设、小额信贷、项目技术培训、项目设备和项目管理。项目实施 3 年后，完成项目建设任务，项目区农村人居环境得到改观、基础设施得到改善，人民生活水平得到提高，经济、社会和生态取得良好效益。在项目实施过程中，国际农发基金会官员专家给予支持，省农业厅领导和专家给予指导，县、乡（镇）两级政府和项目区受益群众积极参与，保证项目顺利实施。2007 年 6 月，项目全面竣工，根据国际项目有关评定标准，参照国内项目有关规定，项目被评定为满意项目。

项目区　1997 年，农发基金会和世界粮食计划署依照世界粮食援助、互联网辅助开发（英文 WAD）发展战略、制定程序以及我国政府相关政策，将断龙山、茄通、双溪、城关、默戎、坪坝 6 个乡镇列为项目区。项目区人均收入均在 700 元以下，比全县平均值低 20% 以下。2004 年，我国政府与国际农发基金会通过磋商，农发基金会同意项目区在原来的基础上适当扩大，项目活动重新设计，并报农发基金会执行委员会核准，武陵山区少数民族地区农业综合发展湘西古丈县项目区增加岩头寨乡、高望界林场，于同年 7 月重新启动项目实施。

项目管理　1998 年，成立武陵山区少数民族地区农业综合发展项目湘西州古丈县项目领导小组，由分管农业副县长为组长，县发改局、县农业局、县妇联、县水务局、县交通局、县财政局、县审计局负责人为成员，负责整个项目的管理和协调，指导乡镇项目办工作，参与协调与本项目实施的各技术部门工作，制定项目总体计划方案和年度计划，编制财务计划，组织项目对外报账，协调本级配套资金落实。县财政局作为县政府债权债务代理人，对项目资金使用实行监督并承担项目贷款和项目建设风险。

在项目实施过程中，县财政局与项目办配合，做到及时提款报账，根据项目指定贷款投向、投量，组织财政部门进行项目验收和拨付贷款，负责财政配套资金落实，协助项目办评估贷款申请、贷款效益、监督贷款使用。县水务局负责对项目中的水利灌溉工程规划设计、技术指导、技术咨询和工程较大规模的工程设计审批，协助项目办评估水利工程建设进度和质量。县农业局和县畜牧水产局负责对相关工程项目进行技术指导、技术咨询，协助项目办评估工程项目建设进度和质量。成立 8 个乡镇项目领导小组，设乡镇项目办，协助县财政局对农发项目工程建设和信贷资金进行管理，负责项目规划、设计、施工、财务报账、监测评价、资金管理使用、贷款发放和回收、项目验收；协助乡镇信用社选择贷款农户、审查贷款资金；参与项目基础设施设计与施工，负责组织项目区受益群体参与项目建设，指导村项目执行小组进行项目工作。项目村项目执行小组由村委会主任、秘书、妇女主任、农业技术员、畜牧技术员和村民代表组成，在项目执行期间负责本村项目规划，受益农户选择，组织项目工程实施，提供农业生产情况和典型农户调查，协助乡项目办发放回收贷款；执行小组成员不少于两名女性代表。

工程管理　采取项目办组织协调，有关技术部门配合，统一规划、统一设计、分项实施方式进行。成立项目技术专家顾问组，对项目设计进行严格审查，定期到项目施工现场进行技术指导。农户小额信贷由乡镇农业技术推广站、畜牧站和信用社共同对项目建设内容、受益农户选择、项目技术培训，进行综合评定，确定发放农户和规模。基础设施建设由项目办组织协调县水务局、县交通局、县电力公司和县能源办分别对水利工程、公路改造、高压输电、人饮工程、沼气池建设进行规划设计，提供技术指导和技术咨询，检查验收和评估工程项目进度和质量。

财务管理　信贷资金到项目县后，投资信贷由项目办和财政局及时拨付到项目乡镇和项目实施单位；小额信贷资金由县财政局及时转贷到县信用社，乡（镇）信用社按照项目区农户的项目活动内容规模和信贷资金量发放到农户。农户小额信贷资金回收由乡（镇）信用社回收后实行滚动使用，到期贷款由县信用社上缴到县财政专用账户上作为小额信贷还款基金。项目国内配套资金由县项目办按照项目协议要求和工程建设内容在项目区实行捆绑使用，财政专项配套资金专款专用。省、州、县审计部门定期对项目资金使用进行审计。

物资采购　实行公开招标，项目所需的物资材料在价格 2 万美元以上的供贷合同，均遵照农发基金会要求在当地实行公开竞争性招标；价格2万美元以下物资材料按照当地项目物资采购方式进行。

项目监测评价　项目区各级项目办成立项目监测评估机构，配备专门人员，安排工作经费，确定办公地点，明确岗位职责，制定监评计划，按照项目贷款协议，采用参与式方法对项目各项工程建设进度、工程质量、资金使用、物资采购、参与人性别进行监测。项目监评机构对整个项目实施效果及各子项目建设对项目区受益者产生的影响进行持续监测评价，于每个年度对监测评价数据进行汇总和分析。项目监评机构每6个月给县农发基金会提交项目执行评价报告，为县农发基金会派出的咨询专家提供所有必需数据及其他有关资料。

项目实施结果　武陵山区少数民族地区古丈县农业综合发展项目于2007年6月30日竣工，项目实施历时5年。全面完成小额信贷、基础设施、项目设备、项目培训和项目管理等建设内容。

利用小额信贷发展养牛450户、852头；养猪605户、1210头；养羊651户、2766只；养母猪300户、300头；新建茶园53.33公顷；新建梨园46.67公顷；妇女发展种养业70户。

基础设施建设方面，新修渠道3．75千米，渠道改造10千米，山塘加固4个，建集雨窖350个，乡村道路改造50千米，农村输电线改造5千米，建人畜饮水工程19处，建成农户沼气池950个。

设备采购方面，购项目管理车1辆，台式计算机3台，激光打印机2台，传真机2台，数码照相机1台，笔计本电脑1台。

项目培训方面，培训67463人次，其中项目管理国外考察2人次，县级项目管理培训82人次，乡级项目管理培训67人次，乡级畜牧技术培训3130人次，乡级经作培训360人次，乡级妇女技能培训3120人次，乡级基础设施管理培训2020人次，村级畜牧培训16670人次，村级经作12740人次，村级妇女技能培训11800人次，村级基础设施管理培训6232人次，乡级信贷管理培训5000人次，村级信贷管理培训3000人次。

三、项目资金

项目总投资2213.76万元，其中国际农发基金会贷款1630.88万元，国内配套412.88万元，受益人自筹170万元。

古丈县WFP6023/IFAD-483项目资金使用统计表

表14-7　　单位：万元

项　目	总金额	投资信贷	国内配套	农户自筹
一、农户小额信贷	389.50	389.50	0	0
发展养牛户450户	81.00	81.00	0	0
养猪605户、1210头	55.54	55.54	0	0
养羊651户、2766只	116.59	116.59	0	0
养母猪户300户、300头	25.11	25.11	0	0
新建茶园53.33公顷	52.24	52.24	0	0
新建梨园46.67公顷	48.51	48.51	0	0
妇女发展种养业70户	10.50	10.50	0	0
二、基础设施	1610.00	1127.00	322.00	161.00

续表 14-7

项　目	总金额	投资信贷	国内配套	农户自筹
新修渠道 3.75 千米	45.00	31.50	9.00	4.50
渠道改造 10 千米	50.00	35.00	10.00	5.00
山塘加固 4 个	80.00	56.00	16.00	8.00
建集雨窖 350 个	70.00	49.00	14.00	7.00
乡村道路改造 50 千米	500.00	350.00	100.00	50.00
农村输电线改造 5 千米	10.00	7.00	2.00	1.00
建人畜饮水工程 19 处	475.00	332.50	95.00	47.50
建成农户沼气池 950 个	380.00	266.00	76.00	38.00
三、设备采购	23.59	16.51	7.08	0
项目管理车 1 辆	17.36	12.15	5.21	0
台式计算机 3 台	2.55	1.78	0.77	0
激光打印机 2 台	0.60	0.42	0.18	0
数码照像机 1 台	0.79	0.55	0.24	0
笔计本电脑 1 台	1.60	1.12	0.48	0
传真机 2 台	0.70	0.49	0.21	0
四、项目培训	152.68	106.87	45.80	0
国外考察 2 人次	14.50	10.15	4.35	0
县级项目管理培训 82 人次	1.17	0.82	0.35	0
乡级项目管理培训 67 人次	0.43	0.30	0.13	0
乡级畜牧技术培训 3130 人次	14.09	9.86	4.23	0
乡级经作培训 360 人次	16.20	11.34	4.86	0
乡级妇女技能培训 3120 人次	14.04	9.83	4.21	0
乡级基础设施管理培训 2020 人次	9.09	6.36	2.73	0
村级畜牧培训 16670 人次	25.01	17.50	7.50	0
村级经作 12740 人次	19.11	13.38	5.73	0
村级妇女技能培训 11800 人次	17.70	12.39	5.31	0
村级基础设施管理培训 6232 人次	9.35	6.54	2.80	0
乡级信贷管理培训 5000 人次	7.50	5.25	2.25	0
村级信贷管理培训 3000 人次	4.50	3.15	1.35	0
五、项目管理	38.00	—	—	—
合计	2213.76	1639.88	374.88	161

四、项目效益

项目产出　武陵山区少数民族地区古丈县农业综合发展项目于 2002 年实施，2007 年 6 月竣工，项目活动产出成效明显。小额信贷：发展养牛 450 头、年产值 189 万元；养猪 605 头、年产值 113.74

万元；养羊651只、年产值73.563万元：养母猪300头、年产值264万元；种茶53.33公顷、年产值656万元；种梨46.67公顷、年产值140万元；妇女发展种养业70户、产值28万元。项目区水利设施：增加农田灌溉面积158.25公顷，增加粮食产量252.82吨，增加产值50.564万元；其中新建渠道增加灌溉面积23.95公顷，增加产量53.88吨，增加产值10.776万元；山塘加固增加灌溉面积57.12公顷，增加产量128.52吨，增加产值25.704万元；渠道改造增加灌溉面积30.52公顷，增加产量68.67吨，增加产值13.734万元；集雨窖增加灌溉面积46.67公顷，增加产量1.75吨，增加产值0.35万元；项目区8个乡镇111个村10457人C类农户收入得到提高。2010年，项目区农民人均年收入由项目前的658元增至1986元；人均产粮由项目前的223公斤增至301公斤。

社会效益　水利设施建设，增强项目区抗御自然灾害的能力，项目区粮食生产稳步上升。项目的道路建设，改善项目区3个乡镇、9个边远山村、1767户、7623人的交通条件，增加运输车辆39辆，年节约运输劳力3120人。农村输电设施的建成，项目区增添农产品加工机械2台，每年节省加工运输劳力204人，68户受益。人畜饮水设施的建成，改善项目区7个乡镇、16个村、3344户、13107人和2031头牲畜饮水困难。沼气能源设施的建成，使项目区8个乡镇、27个村、950户农户受益，每年节省劳动工日34200个。促进项目区产业结构调整和农村剩余劳动力转移，项目区有18007个劳动力参加项目基础设施建设，有12718个农户从单纯粮食生产转为发展种养业为主复合式庭院经济生产；项目区贫困农户所占比例下降，C类农户由项目实施前的10457户降到2010年8234户，C类农户减少21.3%，A类农户由项目实施前的2741户增至2010年4439户，A类农户提高61.9%。此外，50%妇女参加项目活动，在项目培训中妇女占60%，在村级项目执行小组中有40%的妇女代表参与项目选择和项目规划。

生态效益　项目水利基础设施和人畜饮水工程的建成，改善项目区农田灌溉条件和人畜饮水等生产生活环境，增强抵御自然灾害能力。特别是小水库、山塘、集雨窖建设增加项目区水资源蓄积量，减弱自然灾害影响。由小额信贷发展的种养业改善项目区部分农田生态环境，养殖业提供的有机肥源使土壤生态向良性循环方面转化。利用土地建设茶果园，增加农民收入，保持水土，净化空气，提高植被覆盖，涵养水源，绿化、美化环境。在项目实施过程中结合社会主义新农村建设，使项目区8个乡镇111个村人居环境得到改观。项目区950口沼气池建成，增强农户牲畜粪便秸秆垃圾的熟化处理能力，节省年薪柴用工34200个，年节省薪柴1710吨，保护项目区森林植被，减少环境污染，改善人居环境。

第三节　中德合作　中加合作

一、中德农业生物多样性可持续管理项目

项目执行期为2006年3月至2009年12月，为技术援助型项目，项目示范区为高望界乡石门寨村、烂泥池村；内容主要包括资源调查、原地保护、能力建设、提高意识。开展资源调查，编制评估报告。

2006年9月和2007年4月，在项目示范村进行夏秋季和冬春季生物资源调查工作，对2个村所有当季农作物、濒危或具有开发价值的野生植物进行详细调查，完成数据库建设；开展原地保护，实施村级规划；建立传统农作物种植示范户，通过对示范户帮扶，扩大传统农作物种植面积和品种；开展示范村农民田间学校活动，提高农民生产技能；实施小型发展措施，改善民生条件。投资20万元（其中：德方援助6万元，国内配套14万元），完成石门寨村3个自然寨主道硬化2000米；投资14.1万元（其中德方援助5.1万元，国内配套9万元），完成烂泥池村岩洞溪组2千米通组公路。

2006年3月至2009年12月，开展项目培训，古丈县组织相关人员参加州级以上各类项目培训共计16期40人次。开展项目宣传，提高公众生物多样性保护意识。

2009年3月，德国资深记者尤拉·唐佳到高望界乡石门寨村就农业生物多样性保护情况进行专题采访；6月29日，德国驻华使馆参赞贺德到石门村进行考察，听取项目实施情况汇报。项目成效包括项目区农业生物资源得到有效保护，通过4年项目实施，提高村民保护农业生物多样性的自觉性和主动性，传统农作物得到保护和恢复，在作物品种和种植面积上得到扩大；生态环境得到有效保护；村民增强生物多样性保护意识，破坏自然环境行为减少。

二、中加农业可持续发展项目

项目执行期为2006年1月至2009年12月，为技术援助型项目，主要为农业可持续发展方面进行培训。确定断龙山乡杨家河村和坪坝乡张家坪村2个项目示范村，对农户进行参与式调查，制定上报农户项目需求表。通过项目实施，组织相关人员赴加拿大参加考察培训学习5期5人次；组织相关人员参加各类国内培训35次90人次。

2007年4月，举办中加可持续农业发展项目“小型反刍动物饲养管理培训班”，加拿大驻湖南湘西州项目长期专家张润厚授课。

第五章 扶贫项目开发

第一节 扶贫项目规划

1986年，古丈县被列为省扶贫困县，实施以帮扶物资为主、经济开发为辅的救济式扶贫。1988年，国家投放肥料20吨、钢材4.94吨、柴油13.69公升等扶贫物资；省扶贫开发办安排省扶贴息贷款260万元，省财政扶贫资金（实用技术培训费）11万元，省林业厅贴息30万元。县委、县政府贯彻国务院《关于加强贫困地区经济开发工作的通知》要求，制定《古丈县三年解决温饱问题的规划》，把物资按需分配到乡镇和各部门，乡镇分配到村。宜林、药材乡镇实施人工造林、种植药材，宜茶或柑橘乡镇实施开发茶叶、柑橘。1989年，享受国家扶贫县延伸待遇，国家安排中扶贴息贷款110万元，省贴息贷款60万元，实施山地开发。

1992年，县委、县政府作出《关于古丈县1995年实现林业绿化达标和“44111”山地开发工程规划的决定》，印发《古丈县扶贫攻坚计划》。1995年，贯彻州委、州政府《湘西自治州“六六”温饱规划》，规划茶叶、柑橘、药材、小水果等种植项目，山羊、水产、家禽等养殖项目，农产品加工项目，基础设施建设项目。1996年，古丈县被列为省扶重点贫困县。

1997年，全县扶贫开发进入开发式扶贫阶段。工作队驻村扶贫，实行一扶三年制。县扶贫开发办对贫困村扶贫规划中的扶贫项目进行收集、整理，录入扶贫项目库，作为各村选择、申报和实施扶贫项目依据。制定《古丈县1998—2000年椪柑开发规划》《古丈县新增口粮田建设项目到村规划》《古丈县农村通达工程项目规划（2005—2010年）》。1999年，古丈县被列为湘西州重点帮扶县。

2001年，古丈县被定为国家扶贫开发工作重点县，全县扶贫开发工作进入新阶段，扶贫开发主要依靠国家政策性项目投入。

第二节 扶贫项目

一、基础设施扶贫项目

村级公路建设 1987年，全县新修公路6条，长63.9千米，全县有5个乡镇的61个村通客车。整修公路6条，长66.5千米。1995年，启动通村公路建设规划，全县通公路村132个，占总村数的71%。

2005年，全县通公路村151个，占总村数的81%。2006年，启动通达工程项目，县扶贫开发办和县交通局联合对全县农村通公路情况进行调查，全县185个村有27个村未通公路，需新修通村公路241千米；有87个村的通村公路路基宽度不足3.5米，需整修公路509千米；有24个村属季节性通村公路，需新修公路60千米；有12个村的通村公路受益人口未超过50%，需新修公路114千米；有15个村通村公路欠账240万元。此外，全县有乡村公路桥64座（桥长1.91千米）需维修改建。全县33个未通公路村全部纳入湖南省农村通达工程项目建设范围。2006—2008年，实施通村公路通达项目，3年来，投入财政扶贫资金1844万元，实施通村公路建设项目50个。2010年，全县完成改造、新修通村公路20条，长86.89千米。是年，全县135个村修通公路，占总村数的96.42%，里程684.6千米。

人畜饮水和通电建设　1986年，建人畜饮水工程102处，新建和完善配套小水电工程9处，新增装机容量1989千瓦。1987年，新建人饮工程146处，新建和完善配套小水电工程24处，解决5个无电乡30个村用电。2000年，全县实施农村电网改造项目，继续实施人畜饮水项目。2005年，完成人饮工程18处，解决3498人的饮水困难。2010年，完成人饮工程20处，解决1万人饮水困难。

消茅建房　1999年，开始实施扶贫建房项目。由县民政局负责消茅改危、危房改造项目，是年，省扶贫办安排建房资金23万元，扶持54个村138户农户新建房屋，建筑面积11万平方米。2005年，完成扶贫建房780栋。

村道硬化　2007年，启动村间道路硬化项目。项目建设由县委文明办牵头，县扶贫开发办、县农办、县发改局等部门参与，资金实行打捆使用。2008年，硬化村间道路8万米。2009年底，县扶贫开发办为27个建制村调配水泥900吨。2010年，项目改由各项目单位和驻村扶贫工作队组织实施。

医疗设备配备　2004年，省扶贫开发办实施乡镇卫生院医疗设备扶贫项目，医疗设备有X光机、B超机、多功能手术床等20种，全县16个乡镇卫生院均得到扶持，扶持医疗设备有11件到19件不等。2010年，启动县中医医院扩建项目。是年，完成默戎、红石林2所卫生院和8所村级卫生室建设。

基本农田建设　1998年6月，县委、县政府发出“大搞口粮田土建设，全面推进扶贫攻坚”号召，在89个贫困村实施口粮田及水利建设项目118个，其中接龙渠、广潭河支干渠等重点水利设施建设项目20处，新增口粮田286.67公顷，“坡改梯”（含新扩茶园）360公顷，新增灌溉稻田1000公顷。完成新修水渠4.2万米，治理病险水库3座，建山塘1口，新开垦稻田180公顷、梯土33.33公顷，完成渠道清淤20千米，改善灌溉面积270.67公顷，新增灌溉面积133.33公顷，恢复水毁田93.33公顷，对32个重灾村投放水泥100吨。1999年，在132个村进行口粮田建设，累计新开垦田土293.33公顷，增加旱涝保收面积580公顷，农民人均旱涝保收面积由0.02公顷增至0.0247公顷。

二、产业扶贫项目

种、养业扶贫项目　种植业以开发茶叶、柑橘、猕猴桃、小水果、药材为主；养殖业以养殖山羊、黄牛、家禽、水产为主，同时发展种养企业和加工业。1996年前，农村产业开发主要依靠省扶贷款和少量贴息资金支持。1997年，国家财政支持产业开发力度加大，全县有计划地实施产业开发。1998年，实施柑橘产业第二次创业。

2002年，在茄通乡老司岩村、先锋村和默戎镇、坪坝乡沿坪坝河流域的村实施脐橙基地建设。是年，全县新建良种茶园133.33公顷，发展种草养畜专业户859户，新扩橙柚200公顷，楠竹400公顷，板栗1000公顷，发展大棚蔬菜40公顷，实施菜—稻—菜连作双千工程233.33公顷。2005年，利用贴息资金，在茄通乡和断龙山乡重点扶持烟叶开发。2008年，实施新一轮茶叶基地连片开发。2010年，全县新扩茶园933.33公顷，烟叶种植893.33公顷，柑橘品改80公顷，新扩柑橘园53.33公顷。

扶贫培训项目　提高农民综合素质、帮助农民掌握1～2门致富技能。1987年，投入5万元培训资金，实施农村种养业技术骨干培训。1987—2001年，每年举办各类培训班200期次，培训农民3000人次以上。2002年，新增“农村科技骨干培训”和“农村剩余劳动力向大中城市转移的劳务技能培训”两项内容，其中农村科技骨干培训由安江农校实施，劳务技能培训由湖南省科技职业技术学院、湘西民族职业技术学院、古丈县职业技术学校实施。2002—2010年，每年培训农民30人。2010年，全县培养农村科技骨干300人，完成劳务技能培训4000人，使用培训费443.62万元。

科技扶贫项目　以推广新技术、新品种、新机械为主。2003年，结合产业开发需要，拨付资金200万元，实施柑橘和茶叶科技推广项目。2007年，拨付茶叶新品种、新技术、新机械科技推广资金200万元。2010年，组织省、州、县科技特派员和涉农服务部门举办培训班10期，培训10000人次，组织技术人员进村入户服务80人次。

沼气能源扶贫项目　2003年，全县启动沼气能源开发，在农户实施沼气、节柴灶建设，配套实施改厨、改厕、改圈、改水、改栏“五改”项目。是年，全县建沼气池557口、节柴灶440口。2010年，全县累计建有沼气池28000口，配套“省能灶、节能灶”建设14000口。在项目实施中，全县2500户农户开发以“猪（羊）—沼—茶（果、菜）”庭院循环经济，创新农村家庭发展模式。

贷款贴息项目　1996年，实施贷款贴息项目，使用贴息贷款50.336万元，帮助农民拓宽融资渠道，帮助企业缓解生存压力。1998—2002年，使用贴息贷款313.11万元。2003年，县委、县政府出台农户小额贷款贴息相关政策，规定农户小额贷款贴息项目主要为农村种植业、养殖业和农产品加工业贴息，贷款规模为3万～5万元。2003—2009年，使用产业贴息贷款100万元，企业贴息主要用来扶持国家西部开发扶贫两家龙头企业，即湖南神宝牧业公司、古丈县有机茶业公司，贴息规模根据省扶贫开发办为古丈县所预算的贴息资金规模和企业的贷款规模而定。2009年，发放贴息扶贫贷款534万元，全县505户农户享受小额贷款贴息，到户贴息19.72万元，产业贴息334.67万元。

中央扶贫、省扶贫贷款项目　1987年，全县实施中央扶贫、省扶贫贷款项目，扶持以茶叶、柑橘、药材为主的种植业及其配套项目。扶持罗依溪纸厂、古丈县钒厂、古阳镇饮料厂、城关乡鞭炮厂、茄通乡精石灰厂、双溪乡纺织袋厂、河西水磨石厂、古阳镇贸工农公司、古阳镇塑料厂、县粮食局山源公司、河西磷肥厂、双力电池厂等企业。支持小水果、烟叶、沙田柚、地膜玉米、板栗、速生丰产林等农业产业发展，桑蚕、山羊、肉兔等养殖业发展及农村基础设施建设。2003年，支持栖凤湖综合开发建设、栖凤大坝建设、白溪关电站设备改造、县人民医院住院大楼建设等重点项目。2005年，该项目终止。

三、外资扶贫项目

2004—2009年，实施日元贷款扶贫项目，项目向日本协力银行借贷人民币4475.27万元，其中工作经费54.8万元，国内配套资金2553.5万元。

2006年2月，通过中技国际招标公司公开投标，由湖南捞刀河有限公司中标承建的罗依溪镇中心医院，总投资1300万元，其中向日本协力银行贷款369.6万元，医院占地0.67公顷，2008年7月，医院业务综合楼建成，建筑面积3800平方米；2009年5月，项目设备购置到位，添置医疗设备20台（件），价值120万元。

2006年9月，由省扶贫开发办、省财政厅、省发改委联合引资，由湖南黄花建筑股份有限公司中标承建的罗依溪大市场开工，2008年2月竣工，总投资2100万元，其中日元贷款1729.07万元（第一次合同价为1469.07万元，第二次因物价补差合同追加260万元），建筑面积18000平方米，分上、中、下三层，有商业门面216个，仓库12个。

2007年3月，由长沙市双檀建筑有限公司中标承建的罗依溪镇九年制学校校舍开工，2008年8月竣工，向日本协力银行贷款1448.8万元，建筑面积15182.39平方米，新建教学楼、男生宿舍、女生宿舍、学生食堂各一栋及围墙、校门、防洪堤、室外踏步等附属工程。

2007年7月，由湖南省水利水电工程公司中标承建的罗依溪自来水厂开工，是古丈县小城镇建设重点项目之一，2010年7月竣工，向日本协力银行借贷人民币869万元（第一次合同价为679万元，第二次物价补差合同追加 190 万元）。项目设计规模为日供水 10000 吨，项目概算投资为 1120 万元，批准使用投资为贷款 1.02 亿日元，折合人民币 679 万元。

第三节　扶贫项目管理

1986 年，制定全县扶贫开发总体规划，“七五”时期以解决群众温饱、增强农民自我发展能力为主，主要选择和实施投资少、见效快的种养和加工项目。扶贫项目实施包括投标（议标）、开工、竣工、验收、报账等环节。“八五”时期，通过国家贴息贷款、财政扶贫等项目支持，统一规划、连片开发，重点实施支柱产业和区域性商品基地建设。

1987 年，县政府成立柑橘开发领导小组。1988 年，高望界林场葫芦坪村、罗依溪镇且茶下村开发柑橘 35.33 公顷。1989 年 3 月，县政府成立草饲牲畜养殖办公室、人工造林开发办公室。16 个乡镇场设立乡镇开发办公室、确定 1 名副职领导专抓产业开发。6 月，县扶贫开发办、县农业银行、县经管科 3 家单位联合制定《关于古丈县扶贫专项贴息贷款按项目管理实施的意见》，每个乡镇确立 1 名项目管理员，负责规定贷款使用范围、条件、分配和发放、期限和利率、责任考核。

1990 年，县政府成立干果开发办公室、农村扶贫通达工程项目建设领导小组。是年，县扶贫开发办制定《古丈县开发工作程序》。1991 年，县扶贫开发领导小组制定《关于果、药、茶开发验收的有关规定》，明确规定果、药、茶开发项目验收方法、种苗标准、资金标准、验收时间。

1995 年 5 月，县扶贫开发办将扶贫项目和扶贫资金管理纳入《关于廉政建设的若干规定》；1996 年 3 月，制定《古丈县乡镇（场）项目开发员工作职责》；

2001 年，扩大扶贫项目覆盖范围，新增茶叶连片开发、通达工程、沼气能源、扶贫建房、乡镇卫生院医疗设备、农村科技骨干和劳务技能扶贫培训、通畅工程。县政府制定《古丈县财政扶贫资金报账管理办法》，县扶贫开发领导小组制定《古丈县财政扶贫资金报账管理办法的补充规定》。

2005 年，县委制定利用小额贷款贴息支持农村种养业发展的举措。2009 年，古丈县被纳入湖南省“国家实施农村最低生活保障制度与扶贫开发政策有效衔接”试点县，县政府制定《关于开展农村最低生活保障制度与扶贫开发政策有效衔接试点工作的意见》《古丈县农村最低生活保障制度与扶贫开发政策有效衔接试点工作方案》。

2010 年，县政府制定《古丈县农村贫困人口扶贫开发扶持办法（试行）》《古丈县农村贫困人口扶贫开发项目验收报账办法（试行）》《古丈县农村贫困人口扶贫开发项目验收标准（试行）》等项目实施和管理办法。项目资金实行常规性审计制度，由县扶贫开发办、县财政局、县审计局及金融单位共同组成审计组，对年度扶贫开发资金使用情况进行专业审计，保证资金专款专用及财务管理规范、科学，资金使用合理合法，同时接受上级审计机关审计。

第六章　扶贫资金管理

第一节　扶贫资金来源

一、财政扶贫资金

1986年，古丈县为省扶贫困县，省财政扶贫资金分别由县扶贫开发办、县以工代赈办、县财政局、县民委管理。1989年，享受国扶县延伸待遇，享受国家财政扶贫资金，但不是国扶县，未能享受重点项目上报、国家财政转移支付等国扶县优惠政策。

2002年，古丈县被定为国家扶贫开发工作重点县，财政扶贫资金逐年增加。2003年，争取中央、省、州财政扶贫资金3803万元，其中中央财政性扶贫资金1123万元、州财政资金30万元、以工代赈资金900万元、中央专项退耕还林工程补助款1750万元。

2006年，中央财政给古丈县拨付480万元财政扶贫资金，完成23个扶贫重点村38个项目建设，修建村级公路12条75千米，修建桥梁6座。2010年，国家给古丈县投入财政扶贫资金总额3933万元，其中扶贫办专项扶贫资金2138万元。

二、中央扶贫、省扶贫贷款资金

古丈县获得中央扶贫贷款和湖南省扶贫贷款9500万元，主要用于产业开发和企业扶持。产业开发以茶叶、柑橘、药材、桑蚕等种植业和以山羊、肉兔等养殖业为主。企业扶持以扶持罗依溪造纸厂、古丈县第二化工厂、县粮食局山源公司等企业为主。2003年，获中央扶贫贷款250万元，用于兴建栖凤大道、栖凤大坝，发展双力电池、茶多酚厂等民营企业。2004年，全县获中央扶贫和省扶贫贷款资金总额4100万元。

三、社会扶贫资金和外资项目资金

社会扶贫资金是指除扶贫专项资金、财政专项资金、以工代赈资金和少数民族发展资金以外的资金。在古丈县实施扶贫开发过程中，农业部、常德市政府、省直机关、州直机关、县直机关、企业、社会团体、爱心人士、慈善机构投入大量扶贫资金，这些扶贫资金统称为社会扶贫资金。

外资项目资金主要是日元贷款。2004—2009年，向日本协力银行借贷人民币4475.27万元。此外，向国际农发基金会贷款1630.88万元。

第二节　扶贫资金使用

一、专项资金管理制度

省、州下拨到县的特困村财政专项资金、农发基金等，经县长办公会议（或县扶贫开发领导小组会议）研究后，通知到扶贫村或扶贫后盾单位。在资金使用上，根据项目实施进度和质量分期分批拨付。中扶贴息资金、省扶贴息资金使用，培训费开支，来人接待，小车开支，差旅费等实行分类使用、专项管理。财务人员对资金做好分项账目报表。涉及定购合同需有两人以上或县政府领导参加方可签订。

二、县级财政报账制度

2001 年，根据国家对扶贫资金实行县级财政报账制管理要求，制定《古丈县财政扶贫资金报账管理办法》《古丈县财政扶贫资金报账管理办法的补充规定》，规定由扶贫开发办和财政局对项目实施进行联合验收，由扶贫开发办办理报账手续，由财政局拨付项目资金。

项目启动　凭上级项目主管部门通知，项目主管单位和县财政局联合下达《项目开工通知书》，通知项目实施单位，同时抄送乡镇政府。项目实施单位接到《项目开工通知书》后办理开工手续。凭申请开工报告、项目实施责任书、报账领导小组文件、项目实施方案、工程预（概）算资料（单项工程在 10 万元以上的由县级以上相关技术单位出具）、招投标相关资料、施工合同等书面材料，经项目主管部门领导同意签字后方可开工。将申请开工报告、项目实施方案（必须经项目主管单位领导签字审核同意）报县财政局、项目主管部门备案。未下达《项目开工通知书》项目，项目实施单位不得提前实施。

项目未经相关主管部门审核同意，擅自调整、变更的不得安排资金；确需调整项目须由项目主管部门和资金主管部门报经原审批机关同意。单项投资选择施工单位办法，在 10 万元以下（含 10 万元）项目由驻村扶贫工作队、村委会推荐施工单位或个人，报县项目主管部门、资金主管部门审定；单项投资在 10 万 ~ 30 万元（含 30 万元）项目，由项目主管单位、资金主管部门、项目实施单位共同议定有合法资质的施工单位进行施工；对单项投资在 30 万元以上项目，原则上采取招投标制，公开选择项目施工单位。项目主管部门应与项目实施单位签订项目实施责任书。农户自建或联办项目，项目实施单位应与农户签订项目自建责任书，责任书明确户主姓名、住址、身份证号码及建设内容、补助环节、补助标准等内容。项目实施责任书和项目自建责任书须送财政部门备案，报账方式采取工程竣工决算后一次性报账和按工程进度预付工程款两种办法。对于投资额度在 10 万元以下项目，采用一次性验收报账方式；对于投资额度在 10 万 ~ 30 万元项目，可以按照进度拨付资金；对于投资额度在 30 万元以上项目，由项目实施单位根据项目建设需要提出用款申请，县项目主管部门提出初审意见，经财政部门审核同意后，可预拨 30% 项目启动资金。项目开工后按照进度拨付资金，所有预付资金在项目竣工结算时抵扣。首次申请拨款报送资料包括招投标文件、中标通知书、开工报告、施工合同、证明工程进度的相关资料（如工程量证明书、设计变更、现场签证、经监理签署意见的工程进度情况书面报告、评审中心出具的工程进度评审认定书等）。中途申请拨款报送资料包括工程计量签证、隐蔽工程、设计变更、现场签证及其他与工程进度有关资料（经临理签署意见的工程进度情况书面报告、评审中心出具的工程进度评审认定书）。扶贫项目所需物资、材料及服务，符合政府采购目录的，按照有关规定实行政府采购，单位货物类定点采购项目金额在 20 万元（不含 20 万元）以内的须按规定在相应定点供应商处采购；20 万元以下非定点政府采购项目不强制要求委托政府采购代理机构实施采购，各项目实施单位经县政府采购办审核批准后自行组织采购；采购人采购集中目录以内、金额在 20 万元（含 20 万元）以上的货物或者服务，按法定采购方式委托政府采购代理机构实施，凡达到公开招标数额的，采用公开招标方式采购。政府采购设备提供政府采购办公室出具采购审批手续、购货合同书、监理公司代表签署意见验货单、评审中心出具评审认定书。

项目验收　项目竣工后，项目实施单位和施工单位应向项目主管单位书面申请项目工程验收。10万元以下（含10万元）项目由项目主管单位、财政部门负责验收。10万～30万元（含30万元）项目由项目主管单位、财政部门、相关技术设计部门负责验收。30万元以上基础设施项目和50万元以上种养殖业项目，除项目主管部门、财政部门、相关技术部门、县招标办、县纪委（监察局）负责验收外，还应由审计部门（或县财政投资评审中心）出具审计报告（或投资评审结论书）。

对50万元以上项目，实施单位应做好项目跟踪管理，严格执行施工合同条款，督促监理人员做好现场计量和签证，工程量签证单未经“三方”签字盖章的，竣工结算时不予认可；建设单位对项目实施过程中出现的1万元（含1万元）以上隐蔽工程、设计变更，须提前通知评审中心进行现场查验和认可，否则评审时不予认可。工程竣工验收后，扣除不低于5%质量保证金。自验收合格之日起，若1年内未出现工程质量问题，由项目实施单位提出申请，技术主管部门签署质量合格证明，经项目主管部门签字认可后，质量保证金由资金主管部门退还；否则不予退还，将保证金转作维修费用。10万元以上单项投资项目（含整合资金项目中扶贫资金占多数的），设立永久性标识牌。项目验收结果抄送资金主管部门，并由项目主管部门邀请资金主管部门、相关技术设计单位对工程实施情况和施工质量作出结论，出具验收结论意见。

报账凭证　报账基本资料包括项目资金计划批准文件（项目开工通知单），项目合同书（含招投标材料），开工报告，项目实施方案，工程预（概）算资料，报账申请表，工程竣工验收单（技术设计单位、项目行政负责人和纪检组长、资金主管部门须签署验收意见），项目报账清单，购买各类物资合同、工商经营执照（复印件）、物资合格证明材料（复印件），合法会计原始凭证，项目施工前及竣工后对比图片，30万元以上基础设施项目和50万元以上种养殖业项目须有审计报告单（或工程投资评审结论书）。

资料要求包括项目报账申请表由县级财政部门统一制定；报账原始发票须有项目负责人、施工经办人员签字，加盖项目实施单位公章；在项目实施过程中投放物资或资金补助的须出具承受人（户）本人签名并加盖指印花名册，项目实施单位、项目主管部门、技术部门、财政部门负责人在花名册上签署“情况属实，项目验收合格”意见，签名盖章；实行工程承包扶贫项目需提供承包合同正本、阶段性工程结算单、工程预决算、验收意见书和工程税务发票。

项目公告、公示及监督、检查　备查影像资料包括财政扶贫资金公告、公示项目名称和主管单位、项目实施单位和项目负责人、投资规模、资金来源和用途、受益对象、施工单位（个人）及负责人、补助标准、补助环节及项目完成情况。财政扶贫资金对扶贫对象给予补助的，在村里进行公告公示，时间不少于7天。项目实施过程中，实施单位和施工单位须接受项目主管部门、资金主管部门、相关技术部门检查与监督。

1986—2010年古丈县财政扶贫资金情况一览表

表14-8

年度	金额（万元）			物资（千克、辆）		备注
	小计	类别	金额	类别	数量	
1987	5	培训费	5	化肥	220	为1987、1988年合计
				钢材	30.9	
				平价柴油	80	

续表 14-8

年度	金额（万元）			物资（千克、辆）		备注
	小计	类别	金额	类别	数量	
1988	27	发展资金（含有偿资金 11 万元）	21	平价柴油	35	—
		培训费	6	钢材	18.5	—
1989	6	培训费	6	—	—	—
1990	7	培训费	7	解放汽油车	2	—
				南京柴油车	1	—
				化肥	20	
				柴油	30	—
				钢材	40	
1991	7.1	培训费	7	地膜玉米配套化肥	75	—
				化肥	40	
				汽油、钢材	55	
				柴油	26	
		农教经费	0.1	解放汽车	2	—
				东风汽车	2	—
				跃进汽车	1	
1992	7	培训费	7	钢材	46	—
				化肥	40	
				解放汽车	2	—
				东风汽车	2	
1993	7	培训费	7	—	—	—
1994	7	培训费	7	化肥	45	—
				解放汽车	2	
				东风汽车	2	
1995	7	培训费	7	—	—	—
1996	58.34	培训费	8	—	—	—
		专项贷款贴息资金	50.34	—	—	—
1997	722	第二批财政扶贫资金	290	—	—	—
		新增农业发展基金	65	—	—	—
		股票售表资金	350	—	—	—
		培训费	17	—	—	—
1998	693.11	1997 年贴息资金	55.11	—	—	—
		特困村财政扶贫资金	300	—	—	—
		第二批财政扶贫资金	75	—	—	—
		农发基金	60	—	—	—
		股票售表资金	190	—	—	—
		技术培训	13	—	—	—

续表 14-8

年度	金额（万元）			物资（千克、辆）		备注
	小计	类别	金额	类别	数量	
1999	652	扶贫建房	23	—	—	—
		技术培训	15	—	—	—
		特困村专项	320	—	—	—
		州扶贫村资金	55	—	—	—
		农发基金	50	—	—	—
		培训费	15	—	—	—
		第二批财政扶贫资金	4	—	—	—
		1999 年贴息资金	50	—	—	—
		第三批财政扶贫资金	120	—	—	—
2000	820	第一批财政扶贫资金	573	—	—	另有 410 万元茶叶培管费（第一批 210 万元，第二批 200 万元，未入扶贫办账）
		贴息资金	41	—	—	
		第二批财政扶贫资金	110	—	—	
		州扶贫村专项	35	—	—	
		贷款贴息	50	—	—	
		项目管理费	11	—	—	
2001	833	项目管理费	12	—	—	—
		第一批财政扶贫资金	560	—	—	含州边特村专项 236 万元
		第二批财政扶贫资金	122	—	—	—
		第三批财政扶贫资金	5	—	—	—
		省扶贫村	19	—	—	—
		农村干部培训	5	—	—	—
		种苗费	11	—	—	—
		州扶贫村	75	—	—	—
		2000 年贴息资金	36	—	—	—
2002	1046	稳定一块项目	643	—	—	—
		搞活一块项目	300	—	—	—
		州扶贫村专项	45	—	—	—
		贴息资金	36	—	—	—
		财政扶贫资金项目管理费预算指标	22	—	—	—
2003	1182	水毁救灾维修	114	—	—	—
		农业部、省配套	10	—	—	—
		稳定一块项目	750	—	—	—
		养羊科技推广	100	—	—	—
		搞活一块项目	169	—	—	含卫生院建设 20 万元
		项目管理费	19	—	—	—
		州扶贫村	20	—	—	—

续表 14-8

年度	金额（万元）			物资（千克、辆）		备注
	小计	类别	金额	类别	数量	
2004	1135.2	水毁维修	170	—	—	—
		贫困村专项	325	—	—	—
		产业扶持基金	120	—	—	—
		科技培训	40	—	—	—
		扶贫救灾	6	—	—	—
		茶叶科技推广	100	—	—	—
		生态示范村	80	—	—	—
		农业部省配套	7	—	—	—
		产业贴息	100	—	—	—
		省追加项目	51	—	—	—
		搞活一块项目	8	—	—	—
		州扶贫村	20	—	—	—
		州追加项目	8.2	—	—	—
		乡镇卫生院	100	—	—	—
2005	1023.29	第一批财政扶贫专项	608	—	—	—
		第二批财政扶贫专项	100	—	—	—
		龙头企业贴息	137.29	—	—	—
		卫生院设备	97	—	—	—
		州本级培训	11	—	—	—
		州扶贫村	20	—	—	—
		贷款贴息	50	—	—	—
2006	1441	基地培训	247.62	—	—	—
		第一批财政扶贫专项	60	—	—	—
		第二批财政扶贫专项	719	—	—	—
		小额贴息	50	—	—	—
		技术培训	1	—	—	—
		财政扶贫专项	15	—	—	—
		新增财政扶贫	7	—	—	—
		第三批财政扶贫资金	150	—	—	—
		产业开发	28	—	—	—
		种草养羊项目	50	—	—	—
		项目管理费	16	—	—	—
		产业贴息	97.38	—	—	—

续表 14-8

年度	金额（万元）			物资（千克、辆）		备注
	小计	类别	金额	类别	数量	
2007	1837.95	科技扶贫	50	—	—	—
		第一批财政扶贫资金	65	—	—	—
		到户贴息	50	—	—	—
		第二批财政扶贫资金	86	—	—	—
		第三批财政扶贫资金	980	—	—	—
		开发扶贫	102.43	—	—	—
		基地建设	100	—	—	—
		财政系统	4.5	—	—	—
		第四批财政扶贫资金	48	—	—	—
		第五批财政扶贫资金	320	—	—	—
		项目管理费	15	—	—	—
		州本级财政扶贫资金	3.02	—	—	—
		产业空白村道路	14	—	—	—
2008	2052.64	财政扶贫专项资金	1239.84	—	—	—
		贴息及基地建设	107.16	—	—	—
		贫困村专项	346.48	—	—	—
		贫困村专项	333.16	—	—	—
		科技扶贫	13	—	—	—
		公路整修	6	—	—	—
		基地建设	7	—	—	—
2009	2104	贫困村专项	940	—	—	—
		人畜饮水	5	—	—	—
		连片开发	1000	—	—	—
		扶贫贴息	75	—	—	—
		财政扶贫专项	69	—	—	—
		村级公路	3	—	—	—
		基础及技术培训	12	—	—	—
2010	3284	贫困村专项	1221	—	—	—
		财政扶贫专项	1354	—	—	—
		连片开发	500	—	—	—
		科技扶贫	100	—	—	—
		项目管理费	18	—	—	—
		财政扶贫专项	70	—	—	—
		产业开发	10	—	—	—
		公路整修	5	—	—	—
		项目管理费	6	—	—	—

1986—2010年古文县信贷扶贫资金

表14-9 单位：万元

年度	小计	类别	指标	备注
1987	130	省扶贫贴息贷款	130	未含省林业厅贴息贷款30万元
1988	130	省扶贫贴息贷款	130	—
1989	170	中央扶贫贴息贷款	110	—
		省扶贫贴息贷款	60	—
1990	450	中央扶贫贴息贷款	300	—
		省扶贫贴息贷款	150	—
1991	190	中央扶贫贴息贷款	140	—
		省扶贫贴息贷款	50	追加
1992	30	省扶贫贴息贷款	30	据七五开发自查报告：1987—1992年，省下达指标980万元（省扶贫贷款360万元，中央扶贫贷款620万元）县农业银行实际发放610万元（省扶贫贷款390万元，含林业厅部分，中央扶贫贷款220万元）
1993	90	中央扶贫贴息贷款	70	—
		省扶贫贴息贷款	20	—
1994	380	中央扶贫贴息贷款	380	其中，低息100万元
1995	325	贴息贷款	300	—
		中央扶贫贴息贷款	20	—
		省扶贫贴息贷款	5	—
1996	1200	扶贫贷款	350	—
		中央扶贫贷款	850	—
1997	430	省扶贫贴息贷款	130	据县农业银行1997年11月《申请贴息报告》：1987年来，县农业银行共放扶贫贷款3181万元，其中省扶贫贴息贷款1710万元
		第二批省扶贫贴息贷款	50	
		第三批省扶贫贴息贷款	250	
1998	630	省扶贫贴息贷款	630	领导表态400万元未到位
1999	1250	中央扶贫贴息贷款	950	茶叶400万元，茶多酚550万元
		省扶贫贴息贷款	300	—
2000	1050	中央扶贫贴息贷款	800	据县扶贫开发办2000年11月《2000度申报贴息报告》：1987—1999年，累计发放贴息贷款5320万元，其中省扶贫贷款980万元，省扶贫贷款只有规模没有资金
		省扶贫贴息贷款	250	
2001	1650	省扶贫贴息贷款	500	2001年实际争取到中央扶贫贷款1091万元（双力生产线891万元，有机茶叶基地200万元），省扶贫小额信贷250万元
		中央扶贫贷款	300	
		边特村信贷扶贫资金	50	
		无汞电池生产	800	
2002	3570	第三批中央扶贫贷款	270	双力生产线950万元，林业局楠竹开发120万元，栖凤大道贴息贷款2500万元，省扶贫小额信贷250万元
		第二批中央扶贫贷款	3300	

续表 14-9

年度	小计	类别	指标	备注
2003	6102.4	日元贷款扶贫综合项目	6102.4	日本协力银行贷款 536.93 万美元（折合人民币 4416.51 万元），国内配套 1645.88 万元。罗依溪九年制学校 941.87 万元；城关九年制学校 481.26 万元；罗依溪中心卫生院 650.48 万元；罗依溪农贸市场 1931.49 万元；罗依溪水厂 695.0778 万元
		栖凤大道建设	250	
2004	400	中央扶贫贷款	400	县人民医院住院大楼

第十五篇　工　业

第一章　工业概况

第一节　工业发展

1986年，全县有58家小型工业企业，涉及水泥、建材、冶炼、化工、电力、加工、服装、印刷、五金、食品加工等门类。多数企业设备简陋，工艺落后，采用手工或半机械化生产作业，工业总产值1724万元。1987年，全县工业系统贯彻国务院《关于深化企业改革，增强企业活力的若干规定》，扩大企业自主权，推行多种形式承包经营责任制，缩减企业指令性计划。是年，全县90%企业在改革中增强活力，生产发展，数量增加，效益提升，私营企业初步形成，工业总产值2890万元。1989年，全县工业企业增至125家，总产值3360万元，占全县工农业总产值的58.5%；私营企业55家。

1990年，全县中小企业实行承包经营。1992年，矿石、林产品、茶叶加工等企业得到发展，销售收入达到1200万元，成为县域经济增长重要财源。1993年，县机械厂等8家企业开展国有民营试点，推行现代企业管理制度，实施由集团、公司、个人租赁承包经营，引进资金技术，盘活资产，扩大销路，经营效益提升。县水泥厂生产的武陵牌水泥标号由325号提到425号和525号，由滞销商品成为畅销商品。县机械厂生产的人力打稻机，县五金厂生产的白铁桶，县酒厂生产的三蛇酒等均因设备陈旧，机械精密度低，产品质量差，生产成本高等原因，造成产品积压。1994年，县木材综合加工厂、古阳镇纸袋厂等部分国有、集体企业因技术、资金、质量、市场等原因停产。县水泥制品厂、县酒厂等企业因长期经营亏损，资不抵债，依法破产。1996年，县内国有企业经营艰难，集体企业停产停业，经济效益巨减，私营企业逐步发展壮大。1999年，县内国有企业和集体企业全面开展经营机制转换。

2001年，全县工业企业全面推行国有民营化、国有私营化改革，改革企业的劳动用工、工资分配、材料采购、产品销售，生产经营自主权下放。2003年，全县个体工业经营户增至18户，生产总值1100万元。2004年，国有企业、集体企业经济效益下降，民营企业得到发展。

2005年，县水泥厂、县冶化厂、县木材综合加工厂等21家国有企业进行改制，安置职工1084人，处置债务9750万元。龙天坪茶厂实行租赁承包。是年，全县国有企业、集体企业实施职工身份置换和企业产权置换，县域工业以个体承包、租赁等生产方式为主，工业总产值2.33亿元。矿产、茶叶、林木等资源性加工企业迅速发展，全县销售矿石150万吨，销售茶叶2500吨，销售木材15万立方米。

2006年，县委、县政府印发《古丈县关于工业企业招商引资的优惠政策》。2007年，全县有卓良木业、恒兴木业、恒源锰业等规模私营企业10家。是年，私营工业企业销售收入500万元、2户企业纳税超过100万元。是年，规划建设罗依溪、红石林2个工业园区。

2008年，有8户企业入驻工业园区，引进工业项目13个，其中投产项目4个，在建项目9个。

工业企业增加值 11157 万元，比 2007 年同期增长 15.8%，其中，规模企业增加值 6927 万元，利润 1859 万元，亏损额减至 51 万元。工业企业技改投资 7364 万元，招商引资到位资金 14806 万元，企业纳税 1466.14 万元，占全县财税收入 3976 万元的 36.87%。

2010 年，县委、县政府实施“新型工业兴县，绿色产业富民”战略，实施“百千万”工业建设工程（年产 3 万吨锰、5000 吨精钒、100 万吨水泥）。年底，全县工业企业 55 家，工业总产值 4.19 亿元，为 1986 年 24.29 倍。

1986—2010 年古文县工业总产值一览表

表 15-1 单位：万元

年　度	工业总产值	年　度	工业总产值
1986	1724	1999	7391
1987	2890	2000	10241
1988	2840	2001	11944
1989	3360	2002	12565
1990	2510	2003	15183
1991	3221	2004	18605
1992	4192	2005	23266
1993	6431	2006	15600
1994	8655	2007	28463
1995	11003	2008	40116
1996	12887	2009	33506
1997	12094	2010	41859
1998	9954		

第二节　工业构成

一、国营工业

1986 年，全县有全民独立核算工业企业 34 家，其中轻工业 7 家，重工业 10 家，矿产冶炼业 2 家，制造业 11 家，电力和水利生产供应企业 4 家。国营工业固定资产净值 1876.48 万元。销售收入 1603.39 万元。工业总产值 1158 万元，利润 162.87 万元，税金 74.91 万元。

1990 年，全县工业企业所有制结构发生变化，国营工业企业经营亏损 128 万元。1995 年，民营工业企业发展，国有企业、集体企业实行承包经营。部分国营企业停产、改制，职工自谋出路。

1997 年，全县全民独立核算工业企业 29 家，固定资产净值 5584 万元，纳税 327 万元，产值 3560 万元。企业亏损面 98%，亏损 927 万元。

2000 年，县内大多数中小企业经营艰难。2005 年 10 月，全县国有企业 55 家，其中改制 33 家，承包租赁 8 家，破产 9 家，转产 5 家，安置职工 2657 人，其中离退休 630 人。企业改制后，资产闲置、职工再就业、养老金缴纳、最低生活费发放、医疗统筹等问题未得到妥善解决。2006 年，引进恒源锰业、卓良木业等私营企业。

2007 年，全县国有工业企业由轻工业向资源加工业转移，水泥、矿石、电力、茶叶等行业的企业有 15 家，生产总值 16577 万元。2009 年，全县有白溪关电站、县水泥厂等国有规模工业企业 3 家，总产值 7020 万元、占全县工业总产值 33506 万元的 21%，固定资产净值 7898 万元，销售收入 22777 万元，利润 1121 万元。国有工业企业数量减少，但生产规模和经济总量增大，成为县域工业经济主力。

2010 年，全县销售收入在 500 万元以上的国有工业企业有 3 家，国有企业数量占全县规模工业企业总数（12 家）的 25%，经济总量占 29.9%。是年，规模工业企业中，金属冶炼加工、电力生产的产值 22092 万元，占全县规模工业企业产值 306219.9 万元的 7.2%。

1999—2010 年古丈县规模工业情况一览表

表 15-2

年度	企业个数（个）		从业人员（人）		资产（万元）		负债（万元）		工业增加值现价（万元）		增速（%）
	国有	私营	国有	私营	国有	私营	国有	私营	国有	私营	—
1999	15	1	2176	100	13921	652.7	13860	823.4	932.9	195.8	—
2000	16	2	2128	177	14397	2471.1	13664	639.5	1262	312	39.5
2001	15	2	1572	178	15817	2696	13657	1865	1367	656.5	28.5
2002	15	4	737	288	14134	9066.6	13397	5861.1	898.5	297.6	−40
2003	13	4	1080		24399		19488		2802		134
2004	13	4	1200		26260		21159		3308		15
2005	7	8	1247		21459		10641		5089		35
2006	7	7	1072		18950		12782		5312		4
2007	4	6	1258		16577		10205		7240		27
2008	3	10	1516		25555		9870		6324		−14
2009	2	8	1251		22155		17250		7961		21
2010	1	9	1269		23196		18110		98554		92

说明：2003 年后，私营企业中包含国有民营企业

二、集体工业

1986 年，全县独立核算集体工业企业 27 家，从业人员 391 人，固定资产净值 276 万元，总产值 236 万元，缴纳税金 13 万元。生产锯材 1798 立方米，发电量 1496 万千瓦时，食用油 253 吨，配混合饲料 1603 吨，木制家具 0.51 万件，机制纸 357 吨，服装 1.8 万件。

1987 年，集体工业企业增至 34 家，其中县属 5 家，为县服装厂、县五金厂、县建材公司、县水泥制品厂、县皮鞋厂；城镇街道企业有古阳镇综合厂 1 家；乡办工业企业 28 家，多为小水电站。独立核算集体工业企业从业人员 640 人，工业总产值 304 万元，利润 9.4 万元，缴纳税金 15 万元，固定资产净值 322.2 万元。

1988 年，全县有 34 家企业实现盈利，总数为 24 万元，纳税 350 万元。1991 年，推行完善多种形式的承包经营责任制，落实企业自主权，实行厂长、经理负责制，实行企业独立核算、自负盈亏。1996 年，集体工业企业增至 36 家，全部采取个人经营承包方式经营，从业人员 478 人，产值 1845 万元。是年亏损 231 万元，纳税 9 万元。

1997 年，集体企业增至 43 家，产值 2315 万元，纳税 12 万元，经营亏损 128 万元。1998 年，集体企业增至 49 家，从业人员 755 人，产值 1679.6 万元，纳税 126.7 万元，经营亏损 72 万元。是年，关停并转古阳镇茶叶精制厂等 39 家集体企业。

1999 年，随着国家对企业实施“抓大放小”政策，市场竞争，优胜劣汰，多数集体企业由个人承包经营或向外出租场地收取租金。2000 年，罗依溪造纸厂因污染环境改制转产。2005 年，全县 29 家集体企业参与改制，安置职工 687 人。

2010 年，全县有 20 家集体企业尚未改制，均为乡镇小水电站，职工 296 人，年产值 125 万元，纳税 6.25 万元。

1986—1998 年古丈县集体工业情况一览表

表 15-3

年度	企业个数（个）	从业人数（人）	产值（万元）		产品销售收入（万元）	固定资产原值（万元）	固定资产净值（万元）	利润（万元）	税金（万元）
			不变价	现价					
1986	27	391	236	236	223	331	276	−1	13
1987	34	640	269	304	274.2	396.5	322.2	9.4	15
1988	34	590	364	468	350	496	411	24	350
1989	34	528	359	546	405	521	411	−13	4
1990	35	496	457	454	426	529	401	7	3
1991	35	630	676	625	518	624	460	15	38
1992	35	641	863	840	773	736	545	12	32
1993	36	270	807	857	883	839	621	−6	41
1994	31	403	923	1072	906	963	639	−4	51
1995	31	464	1059	1341	328	399	399	−8	14
1996	36	478	1537	1845	1515	1608	1277	−231	9
1997	43	329	1966	2315	2089	2172	1604	−128	12
1998	49	755	1283	1679.6	899.4	834.7	737.7	−72	126.7

说明：1986—1989 年的不变价为 1980 年价，1990—1998 年的不变价为 1990 年价

三、民营工业

1986 年，全县民营工业企业 27 家，从业人数 524 人，总产值 17 万元。个体工业户 567 家，产值 307 万元，主要为食品加工业、农具加工业、缝纫业、家具制造业等。

1992 年，全县民营工业企业 38 家，从业人数 1589 人，总产值 1258 万元，纳税 85 万元。1996 年，引进全县首家私营独资企业——古丈县劳武化工厂，主要生产电解锰。1998 年，全县民营企业 25 家，产值 2170 万元，上缴税金 115 万元，企业自有资金 2246 万元，从业人员 1558 人，其中 4 家私营独资企业销售收入超过 400 万元。是年，广东省高明市人彭德明承包经营县水泥厂。1999 年，私营企业（户）28 家，年产值 2063 万元，上缴税金 108 万元，实有资本 1183 万元，从业人员 973 人。是年 1 月，湘西雅洁食品公司注册成立。

2000 年，商人田心平承包经营罗依溪造纸厂，更名为猛洞河天然植物制品公司，生产茶多酚。是年，恒兴木业进驻古丈，租赁县木材综合加工厂场地生产箱板，年产各类箱板 1500 立方米。

2002 年，古丈林丰生物制品公司注册成立，生产生物菌液肥。2003 年，古丈宏源矾业公司、古丈宏泰锰业公司开工生产。是年，民营工业产值 2584 万元，纳税 216 万元。2005 年，全县民营工业 32 家，其中规模工业企业 9 家，从业人员 1080 人，生产总值 3.1 亿元，占全县国民生产总值 4.95 亿元的 62.6%，上缴税金 582 万元。2006 年，湘西恒源锰业公司、古丈常青实业有限公司、古丈卓良木业公司等私营企业建厂经营。2007 年，古丈酉水矿业公司、古丈张氏锰业公司建成投产。2008 年，古丈华源硫酸公司开工生产。2009 年 8 月，惠闽石业、万岩绿源石 2 家公司建成投产。是年，县内有恒源锰业公司、宏泰锰业公司、华源酸业公司、有机茶业公司、恒兴木业公司、卓良木业公司、高远矿业公司、县冶炼化工厂、张氏锰业公司、县武陵水泥厂、常青实业公司、青林化工公司等民营企业 15 家，总资产 2.21 亿元，年总产值 3.35 亿元。

2010 年，全县民营工业企业 32 家，其中规模工业企业 9 家，占全县民营工业企业总数的 30%，从业人员 1269 人，工业企业总资产 2.32 亿元，工业总产值 9.85 亿元，总负债 1.81 亿元。是年，全县民营工业企业销售收入 3.1 亿元，上缴税金 1590 万元，比上年同期增长 29%，工业企业产品销售率 98%。全年 7 家民营企业销售收入超过 500 万元，主要从事矿产冶炼，茶叶加工与销售、食品加工、林产品加工、水电等 5 个生产行业。猛洞河天然植物制品公司生产的绿康牌茶多酚，县有机茶业有限责任公司生产的“珍眉茶”，远销欧美和亚洲市场，实现出口创汇。雅洁食品公司生产的葛粉、山野菜、蒿草粑，卓良木业生产的“卓明板材”等产品，利用本地资源优势，创造企业品牌效益。

第三节　工业园区

一、白溪关工业园区

位于断龙山乡白溪关，为电解金属锰、铁合金、硫酸等矿产品加工区。2005 年 10 月，由湖南师范大学城市规划系完成总体规划编制任务，规划面积 2.21 平方千米，园区内水、电、路基本通畅，工业规模成型，生产、销售，设备、资金、技术等基础良好。白溪关电站、宏泰锰业公司、湘西恒源锰业公司、湘西华源硫酸公司等 5 家企业进驻，从业人员 1860 人。2010 年，工业园区年产电解锰 15000 吨、硫酸 80000 吨、发电量 2240 万千瓦时，生产总值 3.9 亿元。

二、红石林工业园区

位于红石林镇茄通村，为县建材工业新区，建有 110 千伏变电站 1 座，广潭河水源充足，可采矿山 5000 公顷。区内有贮量丰富的石灰石、方解石，石灰石的 CaO 含量高，杂质低，品质超过石灰岩一级，可满足高品位水泥、超细重质碳酸钙等生产项目对石灰岩的质量要求。2010 年，完成周边岩仁坪、泽禾溪、茄通 3 个村矿山征收，面积 20 公顷。南方水泥有限公司、惠闽石业有限公司、隆永新材料石材公司、湘泉酒厂异地加工企业 4 家进驻；其中南方水泥有限公司成立于 2010 年 5 月，注册资本 1 亿元，年产水泥 100 万吨，产值 3 亿元。

三、罗依溪科技工业区

位于罗依溪镇境内，为原材料及物流配套基地，主要从事矿产品加工、旅游、仓储、物流、肥料、茶叶精深加工等 8 个行业，年生产总值 2.58 亿元。2004 年，华仁矿业有限公司、青林化工（松脂油加工）、酉水矿业、湘宁肥业、猛洞河天然植物制品公司、有机茶业有限公司、龙腾物流等 8 家企业进驻，从业人员 1258 人；其中，华仁古丈矿业有限责任公司注册资本 5000 万元，2010 年产金属锰 5000 吨、产值 3500 万元。

四、九龙钒科技工业区

位于默戎镇九龙村，距县城23千米。2007年，湖南宏源新能源科技有限公司入驻，总投资4.5亿元，年产五氧化二钒5000吨，钒合金系列产品（钒铝合金、钒铁合金、钒氮合金）5000吨。2010年，公司投入4000万元用于基础设施建设，投产后年产值2亿元以上。

五、岩头寨锰钒工业区

位于岩头寨镇野竹村，距县城20千米，古（丈）沅（陵）公路穿厂而过，交通便利；境内锰矿、钒矿、磷矿等矿产资源丰富，储量巨大。2008年，汉瑞钒业有限公司、大盈矿业有限公司2家企业入驻并筹建厂房。2010年，2家企业注册登记，与县政府签订合同，注册资金1亿元。2家企业依托岩头寨镇钒矿资源投资办厂，主要产品为五氧化二钒，总投资2.8亿元；其中，基础设施建设2.5亿元，流动资金3000万元。投产后，招收工人1000人，年加工矾矿石10000吨以上，产值1.5亿元以上。

第四节　工业管理

一、管理机构

1986—2001年，县经济委员会设办公室、生产调度股、企业管理股、技术改造股、政工纪检监察室，定编10人。2002年3月，与财贸办公室合并，更名为县经济贸易局，设办公室、经济运行股、投资规划与技术装备股、贸易市场股、企业改革与扭亏增盈股、电力及资源综合利用股，纪检监察室，行政编制10人。

2005年3月，更名为县经济局，加挂县民营经济发展局牌子，设办公室、经济运行股、投资与科技股、中小企业股（民营经济服务股）交通能源股、医药食品股、资源综合利用股、扭亏增盈股，行政编制10人，事业编制4人。2008年3月，成立县电力执法大队；2010年8月，成立县工业经济“110”办公室。

1986—2010年，历任主任（局长）：汪荣华、李祖祥、刘绍建、向如誉、向功林、吴善东、周开富、张德胜、彭英槐、向功富。

二、管理体制

1986年，全县工业企业负责人由主管部门任免，资金由上级拨付，生产指标由上级下达，企业无自主权。1990年，国有、集体企业实行厂长负责制，有自主经营权、人事权和分配权，税后盈余自行分配。县水泥厂、县化工厂、县冶化厂精简管理人员，充实车间一线力量，加强内部管理，节本增收，提高效益。

1992年，国有、集体企业实行承包经营。1998年，深化企业内部改革，提高经济效益和产品市场竞争力，企业采取承包、租赁、化小核算单位等经营方式强化管理。2000年，全县工业企业全面放开“经营、价格、分配、用工”，中小企业全面进行改革改制。2001年，县自来水厂、县水泥制品厂、县木材综合加工厂、县水泥厂、县化工厂、县机械厂、县冶化厂、白溪关电站、泽信电站、县服装厂、县印刷厂、县酒厂、县皮鞋厂、县五金厂等企业推行“置换企业产权和置换职工身份”改革。

2005年，全县工、交、商、粮等28家国有、集体企业3256名职工参与企业改革改制。10月，全县有白溪关电站等26家企业尚未改制，在册职工1536人。2006年，水泥厂、冶化厂等8家企业按照湘西州政府《关于深化州属国有企业改革若干政策措施的意见》规定，完成富余职工安置和分流。2007 年，工业生产加大招商引资力度，出台优惠政策，恒源锰业、桌良木业等私营企业入驻县内。2008 年，股份制企业宏泰锰业有限公司按《中华人民共和国公司法》操作管理，董事长按出资股份大小担任或选举产生，董事会定期或不定期召开经营管理会议，决定经营管理事项，经营效益增长 15%。2009 年，县政府成立县工业经济发展领导小组办公室，出台《关于对 2009 年度全县工业骨干企业和工业重点项目实行县级领导联系制度的通知》。

2010 年，全县涉及产权制度改制企业 38 家，其中国有企业 23 家，集体企业 15 家，安置职工 3344 人，占全县在册职工总数 5877 人的 56.9%。

1986—2010 年古丈县国有、集体企业经营体制改革情况一览表

表 15-4 单位：万元、人

年份	企业名称	改制方式	资产处置	安置职工	处置债务	备注
1996	县化工厂	破产	250	201	—	—
	县印刷厂	停产	121	54	—	—
	县五金厂	停产	115	35	—	—
1998	山源公司	破产	180	42	—	—
1999	华湘棉纺厂	破产	350	40	—	—
2002	轻工供销公司	改制	一次性变现	17	—	—
	煤建公司	破产	300	32	—	—
	县茶厂	破产	350	45	—	—
	县汽车修配厂	破产	150	28	—	—
	栖凤湖经济开发有限公司	破产	200	53	—	—
2003	县三保厂	破产	150	106	1092	处置债务为三户企业总数
	县煤炭公司、	破产	200			
	县酒厂	改制	300	45		一次性安置职工
	华湘棉纺厂	破产	250	35	—	—
2004	县皮鞋厂	破产	230	65	—	一次性安置职工
2005	县化工厂	破产	2008 年注销	202	—	—
	政府招待所	破产	600	58	—	—
	供销联社	破产	1634	310	—	—
	物资总公司	停运	2008 年破产	44	—	—
2006	民族工艺美术厂	改制	资产变现	19	—	一次性安置职工
2007	民族竹木工艺厂	改制	资产变现	22	—	—
	第一装卸运输公司	改制	2008 年资产处置	18	—	—
	县民族服装厂	破产	资产变现	127	—	一次性安置职工
2008	非金属公司	破产	资产变现	52	—	—

三、管理措施

1991年，在企业内部建立健全规章制度，加强经济核算，根据市场需求，生产适销对路产品，注重提高产品质量，降低原材料消耗，提高经济效益。各企业自主决策和制定年度生产计划，任务分解到班组或个人，实行计件、计时、按质计酬或任务与工资挂钩分配方式。

1998年，县政府印发《关于进一步加速个体和私营经济发展的决定》，对个体私营企业实行“轻税赋，重支持，多让利，促发展”政策，支持个体私营企业生产经营。1999年，鼓励机关干部职工离职创办经济实体。是年，全县有58名干部职工到39家企业任职或创办经济实体。县政府印发《关于对重点建设项目实行若干优惠政策的决定》。

2002年，县委、县政府印发《关于对骨干企业和重点工程实行挂牌保护的通知》，对纳税10万元、固定资产投资100万元以上重点工程和企业实行挂牌保护。对县茶业有限公司、白溪关电站、县武陵水泥厂、顺杰锰业公司、酉水化工厂、伟达木制品厂、猛洞河天然植物制品公司、茶城宾馆、新华书店10家重点企业实行挂牌保护。实行“一票制”收费，对部门收费性检查实行“报批核准”制度，制止乱集资、乱摊派、乱收费、乱罚款、乱检查行为。

2003年，县纪委印发《关于对规模民营企业实行挂牌保护的通知》，对宏源钒业等4家重点民营企业实行挂牌保护，定期进行检查监督，曝光处理一起索拿卡要行为。5月，为促进民营企业快速发展，优化经济发展环境，县政府设立“民营经济110”。7月，新增湘东铁合金厂、泰森木材加工厂、宏源钒业公司、罗依溪纸品包装厂等为挂牌保护企业。2004年4月，对卓良木公司、恒兴木制品厂、恒源铁合金厂等10家重点民营企业实行挂牌保护。

2009年，县政府印发《关于支持工业企业保增长促发展的若干意见》，减轻企业负担，减轻企业行政事业性收费，规范中介机构等经营性服务收费。加大对工业企业扶持，增加工业发展资金，实施以奖代补，支持企业扩大出口，落实出口退税政策，加强电力、土地、运输、通关等要素保障，落实企业用工补贴等政策。同年8月，县委办公室印发《关于对全县企业实施“特别保护期”的通知》，要求除涉及国家安全、环境保护等特殊事项行政检查外，暂停对企业各类检查、督查、评比、达标等活动，任何单位未经批准不得到企业进行检查，规范和清理行政事业性收费和服务性收费。为支持企业发展，县级领导与骨干企业建立联系责任人制度。县委办公室、县政府办公室印发《关于调整2009年工业骨干企业县级领导责任人的通知》，确定12位县级领导作为恒源锰业等12家骨干企业企业联系责任人。

第二章　工业门类

第一节　冶金工业

一、生产情况

1986年，全县冶金企业有县冶炼化工厂1家，产值13万元，占全县工业产业1730万元的0.75%，年产铁合金10吨。1994年，矿产冶炼企业有县冶炼化工厂白溪关电石分厂、县煤炭公司、县冶炼化工厂树栖柯分厂。是年，县冶炼化工厂被湘西州政府确定为中型二级企业，年生产硅锰6433吨、硫铁矿377吨、磷矿47840吨、铸铁件115.28吨，从业人员473人，年工资总额156万元。1995年，全县工业总产值11003万元，比1994年增长19%，其中重工业产值7536万元，占全县工业产值的68.49%，增长11.9%。1996年，县冶炼化工厂白溪关电石分厂和树栖柯分厂停产。

2000年，县冶炼化工厂树栖柯分厂由湘西州恒源冶化厂承包经营，当年生产硅锰1300吨。2003年，宏泰锰业公司租赁承包白溪关电石分厂，转型生产电解锰，年产量3566吨。同年，宏源钒业公司在默戎镇生产钒产品150吨。2006年，全县规模冶金加工企业有恒源冶化厂、宏泰锰业公司、顺杰锰业公司、常青实业有限公司，年产电解锰6049吨、硅锰1229吨、磷矿精选37706吨，总产值6060.3万元，占全县规模工业企业产值15656.5万元的38.7%。

2007年，张氏锰业公司、酉水矿业公司、恒源锰业公司建设投产，生产电解锰2274吨，产值4493万元。2008年，华源酸业公司投资1000万元，年产硫酸10万吨。是年，全县冶金企业生产电解锰2765吨，产值4040万元，生产锰矿石40000吨，产值1200万元。2009年，万岩绿源石料公司、惠闽石业有限公司在默戎镇建成投产，公司开采和加工建筑石料，经营黑木纹大理石。是年，全县冶金行业产品销售市场疲软，除恒源锰业公司、张氏锰业公司外，其他企业产量下滑、产值下降。

2010年，全县冶金企业按照政策要求，进行技术革新和改造，电解锰年生产量1.5万吨，其中宏泰锰业公司投入技改资金2200万元，生产规模由年产5000吨增至1万吨。全县整合3万吨锰产能项目，由县宏泰锰业公司承产，完成投资200万元。

二、冶金企业选介

古丈县冶炼化工厂　厂址在断龙山乡白溪关，1986年建厂，1987年4月投产。是年，生产硅锰10吨，职工522人，为县内国有工业骨干企业。1987年4月至1991年3月，以生产电石为主。1992年至1997年11月，主要生产锰硅合金。1994年，在古阳镇树栖柯扩建铁合金、钙镁磷肥两条生产线，其中铁合金生产线设计规模年产6000吨，钙镁磷肥生产线规划年产5000吨。是年，被湘西州政府确定为中二型企业。1996年，厂内电炉窑对外承接加工铬产品业务。1997年，产值

9500万元，上缴税收570万元。1998年1月停产。1999年1月，租赁给私人经营。2000年，树栖柯分厂由湘西州恒源冶化厂承包经营，2003年，白溪关电石分厂由宏泰锰业公司承包经营。

历任法人代表：彭图银、杨再生、阙道柳、李明祥、尹功学。

古丈县顺杰锰业公司 厂址在古阳镇树栖柯，1996年建厂，为县内首家招商引资的私营工业企业。是年，厂名为古丈县劳武化工厂。2000年，更名为古丈县顺杰锰业公司。是年，生产电解金属锰1114吨。2001年5月，年产1800吨电解锰生产线投产。2006年，生产电解锰1357吨，销售收入880万元。产品主要销往长沙，出口日本。2008年10月，公司因涉嫌非法集资被查封。法人代表：李杰。

古丈宏源钒业有限责任公司 为县内股份制工业企业，厂址在默戎镇龙鼻嘴。2003年注册，注册资金50万元，投资规模130万元，主要生产经营重晶石、五氧化二钒等产品。引进湖南省煤炭研究院“离子交换法”提钒技术，对五氧化二钒生产线进行技术改造，年生产矾产品120 ~ 150吨。2005年，更名为古丈宏源钒业有限责任公司。2008年，因经营不善而破产。企业法人代表：龙明礼。

古丈宏泰锰业公司 厂址在断龙山乡白溪关，主要生产锰矿、锰粉、锰片、锰锭、硅锰合金等产品，为县内采矿、加工和冶炼的综合性矿产品加工企业；拥有烂泥田矿区南段锰矿开采权，年开采规模8万吨。2003年，公司租赁县冶炼化工厂白溪关分厂，注册资金1000万元，由宏泰锰业有限公司、宏泰电解锰有限责任公司两个具有独立法人资格的民营股份制企业组成，实行两块牌子，一套人马，从业人员366人。2005年，生产硅锰1300吨，电解锰1296吨。2006年，生产电解锰4692吨。2010年，公司有电解锰生产线两条，设计能力年产20000吨；其中硅锰合金生产线一条，年产硅锰合金10000吨；锰锭生产线一条，年产锰锭10000吨。公司董事长：杨梅生。

古丈常青实业有限责任公司 2006年建厂，厂址在罗依溪镇喇叭冲，以精选磷矿为主，建有3条精选生产线，通过精选提高矿石品位，每吨增值500 ~ 800元。是年，职工23人，固定资产500万元。2007年，精选磷矿12000吨，年销售收入5000万元。2008年，精选磷矿14000吨，销售收入5500万元，实现利税373万元。2009年，因磷矿石资源不足及资金缺乏，经营停止。法人代表：向常青。

湘西恒源锰业公司 2000年，浙江商人承包经营县冶炼化工厂树栖柯分厂，更名为湘西州恒源冶化厂。2006年，投资4130万元，公司入驻白溪关工业园区，更名为湘西恒源锰业公司，独立开采烂泥田矿山。2007年10月，年产5000吨电解锰生产线投产。2009年，生产电解锰8000吨，销售收入640万元。2010年，开工建设年产10000吨电解锰生产线。法人代表：厉晓芬。

酉水矿业有限责任公司 2007年成立，厂址在罗依溪镇坳家湖村，主要生产超细重质碳酸钙，建有重质碳酸钙粗加工和超细重质碳酸钙两条重质碳酸钙生产线，年生产能力50000吨，员工46人。2008年，年加工矿石8500吨，销售收入425万元，创税76万元。2010年，因资金缺乏和矿资源开采限制而停产。法人代表：康水平。

张氏锰业公司 厂址在岩头寨镇坪家寨，2007年建厂，总投资1500万元，有矿山开采经营权，经营范围主要为锰矿采掘加工。2008年，采掘矿石15000吨，产值1.2亿元，纳税435万元。2009年，采矿石16500吨，产值1.5亿元，纳税486万元。2010年，公司采掘矿石降至11000吨，产值1.3亿元。法人代表：张建军。

湘西华源酸业有限公司 2008年成立，厂址在断龙山乡白溪关，注册资金1000万元，年产硫酸10万吨，项目总投资4800万元，主要经营范围为硫酸生产与销售。2010年5月，完成投资4000万元。12月开工投产，年产硫酸8万吨，销售收入5000万元，实现利税1000万元。法人代表：许红旗。

1986—2010年古文县主要冶金企业基本情况一览表

表15-5　　　单位：吨

企业名称	地址	类型	建厂年份	产品名称	年产量				备注
					1986	2000	2005	2006	
冶化厂（白溪关厂区）	白溪关	国有	1986	电石、硅锰、工业硅	10	258	1550	2540	1997年停产
冶化厂（树栖柯厂区）	古阳镇	国有	1994	锰锭、硅锰铁合金	0	2518	2554	1229	1999年实行租赁经营
顺杰锰业公司	古阳镇	私营	1996	电解锰	0	1114	1800	1357	2008年停产
宏泰锰业公司	白溪关工业园	股份制	2003	硅锰、电解锰	0	0	2596	4692	2010年在产
宏源有限责任公司	默戎镇	集体（后改为股份）	2003	矾、重晶石	0	0	150	3500	2008年破产
常青实业有限责任公司	罗依溪镇	私营	2006	磷矿精选	0	0	0	37706	2009年停产
湘西恒源锰业公司	白溪关工业园	股份制	2006	电解锰	0	0	0	0	2010年在产
张氏锰业公司	野竹乡烂泥田	私营	2007	锰矿采掘	0	0	0	8500	2010年在产
西水矿业有限责任公司	罗依溪镇	私营	2007	磷矿	0	0	0	35000	2009年停产
湘西华源酸业有限公司	白溪关	私营	2008	硫酸	0	0	0	0	2010年在产

第二节　食品工业

一、生产情况

1986年，全县食品加工企业8家，总产值155万元。其中饮料加工企业1家，产值21万元；饲料加工企业1家，产值49万元。是年，生产食用植物油253吨，配混合饲料1603吨。

1995年，全县食品企业有县副食品加工厂、县大米厂、县酒厂、县饲料厂、栖凤湖茶厂、县茶叶总厂等18家，从业人员328人。生产食用植物油968吨，配混合饲料642吨，糖果9.72吨，糕点133.82吨，白酒65吨，精制茶44.5吨。年产值1784万元，销售收入2367万元，纳税118万元。1998年，按照国家企业改革“抓大放小”政策，全县国有食品生产企业保留副产品加工、生猪屠宰、食品加工、饲料加工、饮料制造、茶叶加工等企业9家，从业人员1168人；年销售收入1980万元，纳税160.4万元。2005年，全县食品企业全面实施置换职工身份和置换企业产权，县酒厂等9家工业企业改革改制结束，安置职工358人。至此，全县食品生产实现自主经营。

2010年，全县私营食品工业企业68家，总产值3680万元，从业人员1690人，年创收3380万元，纳税184万元。

二、食品工业企业选介

古丈县酒厂　县内国有食品骨干企业，建于20世纪50年代，主要产品有白酒、蕲蛇牌风湿酒、百补酒等。1986年，职工26人，生产酒产品18个种类，产量58吨，产值169万元。1990年，产量与产值下滑，转换经营机制。1991年，产品“蕲蛇牌风湿酒”获国际食品博览会金奖。1993年，被湘西州湘泉集团兼并，更名为湘泉集团古丈茶叶分厂，主要经营茶叶。1995年，与湘泉集团解除兼并关系，企业无周转金而停产。2005年，宣告破产，同年8月破产清算终结，一次性安置职工 45 人。法人代表：向明权。

古阳镇茶叶精制厂　古阳镇镇办企业，建于 20 世纪 80 年代。1986 年，主要产品有七叶参茶，古丈绿茶两大系列 38 个品种。1992 年，职工 35 人，生产茶叶 200 吨，年销售收入 585 万元。1995 年，市场放开，企业资金短缺，出现经营亏损。2000 年，因资金困难，负债过重，生产经营停止。法人代表：许益源。

猛洞河天然植物制品公司　罗依溪造纸厂于 1999 年改制，在原厂址建猛洞河天然植物制品公司，为县内第一家民营股份制企业，员工 48 人，其中技术工人 13 人。采用湖南省中医药科研所科技成果，从茶叶叶片中提取儿茶素、茶多酚。2000 年 4 月投产，生产茶多酚 100 吨；同年 11 月，投资 800 万元的 10 万吨茶多酚生产线投产，年加工原料茶叶 1500 吨。2002 年 8 月，产品经湖南省出入境检验检测，达到国家标准，取得自营进出口权，在上海设立总代理，出口欧美。是年，实现销售收入 200 万元，创外汇 10 万美元。2003 年，县茶叶总厂将其部分资产转让给公司经营，新增一条生产线，年生产茶多酚 160 吨。2004 年底，总资产 5048 万元，负债总额 2776 万元，资产负债率为 55%。2006 年停止经营。法人代表：田心平。

湘西雅洁食品有限责任公司　1999 年 1 月成立，注册资金 80 万元，建有 3 条食品生产线，厂房面积 2785 平方米，生产“神土地”牌旅游产品、湘西土特产、食品三大系列 68 个品种。2001 年，被评为湘西州质量信得过单位。2004 年 11 月，产品“纯野生葛粉”“红薯粉”“酸辣酱”获农业部颁发无公害食品证书。产品纯野生葛粉被中国绿色食品发展中心认定为绿色食品 A 级产品。“神土地”系列农副产品在湖南（国际）农业博览会荣获金奖，在第五届国际烹饪大赛荣获金牌状元产品。2005 年，被授予“湖南省林业产业化龙头企业”“湘西州农业产业化龙头企业”称号。2010 年，公司建有无公害原料生产基地 166.67 公顷，生产蒿草粑 400 吨、葛粉 150 吨、方便粉丝 400 吨、腊肉 20 吨、酸鱼 15 吨，年产值 1200 万元，纳税 120 万元。法人代表：吴晓琼。

第三节　电力工业

一、电力机构

1986 年，全县有白溪关水电站、县供电站、泽信水电站 3 个电力企业，为县水利电力局二级机构。是年，全县电力系统干部职工 142 人。1989 年，全县 16 个乡镇场设立水电管理站。1991 年 8 月，县供电站更名为县电力公司，升格为副科级机构。1993 年，乡镇场水电管理站被定为全民事业单位，编制 79 名，行政管理受所在乡镇场领导，经营业务归县水利电力局指导。1996 年，县电力公司代管全县供电业务，全年供电 5000 万千瓦。1999 年，成立古丈县“两改一同价”（即改革农电管理体制，改造农村电网，实现城乡用电同网同价）工作领导小组，对片区电网实施年度改造。2000 年，水电体制改革，水利与电力分设，乡镇水电管理站分设为水管站和电管站，业务上分别受县水务局和县电力公司主管。

2001 年 4 月，县电力公司划出单列，成为独立核算电力经营企业。10 月，各乡镇场水务管理站的编制、财务、事务下放到乡镇政府，以乡镇政府管理为主，县水务局只对其进行业务指导和水务监督。乡镇区域内所建成水电站隶属乡镇水管站管理。2010 年，全县供电机构有县电力公司，6 个乡镇农电所。

二、发电

1986 年，全县年发电量 1000 万千瓦时，乡镇小水电站因库容小，蓄水少，日发电 2 ~ 4 小时。

1995 年，全县有白溪关电站等 15 座建成投产水电站，安装发电机 19 台 7225 千瓦，年发电量 2168 万千瓦时。1996 年，建成岩槽河等 3 座水电站，装机 3 台 300 千瓦，2004 年，对 2 座水电站进行技改增容，装机 4 台 1125 千瓦，对 1 座水电站进行技改减容，装机 1 台 120 千瓦。2005 年，新增装机 2 座 2 台 155 千瓦，年发电量增加 438 万千瓦时。

2010 年，全县建成小水电站 18 座，装机 24 台 8685 千瓦，年发电量 2700 万千瓦时，其中 500 ~ 5000 千瓦水电站 1 座、装机 4 台 6050 千瓦，100 ~ 500 千瓦水电站 15 座、装机 17 台 2485 千瓦，100 千瓦以下水电站 2 座、装机 2 台 150 千瓦。是年，全县有白溪关、泽信 2 家国有水电站，年发电 2852 万千瓦；有岩头寨镇洞坪、亮坪，坪坝乡翘水，默戎镇岩槽河，红石林镇广潭河、泽旧，古阳镇夯苦、长潭，罗依溪镇笔架山，河蓬乡凤鸣溪，高峰乡徐家岭，高望界乡葛竹溪，山枣乡漆树界 13 家集体水电站，年发电 6000 万千瓦时；有罗依溪镇毛坪、岩头寨镇洞溪、亮坪二级水电站 3 家私营水电站。

1986—2010 年古丈县水电站基本情况一览表

表 15-6

电站名称	所在乡镇	装机容量（千瓦）	装机台数（台）	所有制形式
白溪关	断龙山乡	6050	4	国有
洞坪	岩头寨镇	125	1	集体
翘水	坪坝乡	180	2	集体
岩槽河	默戎镇	260	2	集体
广潭河	红石林镇	125	1	集体
亮坪	岩头寨镇	125	1	集体
夯苦	古阳镇	150	2	集体
笔架山	罗依溪镇	125	1	集体
凤鸣	河蓬乡	200	1	集体
徐家岭	高峰乡	200	1	集体
葛竹溪	高望界乡	125	1	集体
泽信	双溪乡	320	1	国有
漆树界	山枣乡	200	1	集体
长潭	古阳镇	125	1	集体
毛坪	罗依溪镇	75	1	私营
洞溪	岩头寨镇	100	1	私营
泽旧	红石林镇	75	1	集体
亮坪二级	岩头寨镇	125	1	私营

三、输变电

2005 年，启动城乡电网改造，投资 743.31 万元，其中新建 10 千伏输电线路 12718 米，改造 31768 米；新建 400 伏输电线路 8812 米，改造 27068 米；新建 220 伏输电线路 173 米，改造 5445 米。新建配电台区 15 台 2380 千伏安，改造配电台区 6 台 1845 千伏安；新配两电分离布点变压器 1 台

200千伏安。2006年，投资83.39万元，实施城区电网增补工程，新建10千伏输电线路736米，改造2127米；新建400伏输电线路523米，改造400伏输电线路1129米、220伏输电线路76米；新建配电台区2台565千伏安，改造配电台区2台360千伏安。

2008年，实施城区电网改造，投资34.49万元，新建10千伏输电线路1790米，架设电缆275米，新增真空开关3台。2009年，县城配网建设投资67万元，新建10千伏输电双回线路1700米，改造配电台区3台945千伏安。同年，投资565万元，在10个乡镇场、15个村、38个村民小组，实施农村配网改造工程，新建10千伏输电线路8970米，改造10千伏输电线路2480米、400伏输电线路70260米，新建配电台区38台1060千伏安，改造农户电力计量表3733块。完成农网改造的区域，实现城乡同网同价。

2010年，全县120个村完成农网改造，受益户28950户、10.58万人，实现村村通电，户户照明，电器使用普及率达98%以上。

四、电力企业简介

白溪关电站　全县国营骨干水利发电企业，位于断龙山乡白溪关，涂乍河（又称白溪关河）下游，建于1976年，占地3.34公顷，固定资产2000万元，注册资金500万元。水库集雨面积490平方千米，最大库容1720万立方米，有效库容1420万立方米，坝高47米，额定水头28米，最大水头40米，最小水头15米。1986年，设办公室、财务室、发电车间、机修车间，职工59人，其中技术员以上职称8人；年发电量1334万千瓦时，年产值85.53万元，纳税2.3万元。1987年5月，3号机组运行发电。1993年5月，4号机组运行发电。2002年9月，1号机组主机增容改造，电站装机容量5000千瓦。2003年1月，与国家电网实现并网。9月，2号、3号机组改造，2004年3月竣工发电。是年，电站装机容量增至6050千瓦。2010年，发电量2372万千瓦时，年产值687.93万元，纳税36.98万元；职工169人，其中技术员38人，技术工人85人。1986—2010年历任站长：彭武成、向发培、程法庭。

古丈县电力公司　原名县供电站，建于1984年，1991年更名为县电力公司，由股级升格为副科级单位，属小一型独立核算企业。1996年9月，由湘西州电业局代管，公司职工68人，其中初级和中级技术工39人，高级工4人；是年，售电量2121.38万千瓦时，产值869万元。2010年，公司设综合办、生产部、营销部、农电总站，辖9个班组和6个乡镇农电所，职工163人，其中退休37人；年售电量12.64亿千瓦时，年产值6.93亿元，上缴税收3463.25万元。被评为湘西州诚信企业，古丈县纳税大户。1986—2010年历任企业法人：吴善举、鲁荣、罗吉卫。

第四节　建材工业

一、生产情况

1986年，全县建筑材料工业企业有县水泥厂、县建材公司、县水泥制品厂3家，总资产721.42万元，从业人员407人，其中水泥厂317人、水泥制品厂68人、建材公司22人。总产值425万元，占全县工业总产值1730万元的25.57%，纳税27.44万元。产品包括水泥、水泥预制板、水泥砖、石棉瓦等，主要在县域内销售。

1987年，全县建材工业企业增至5家，生产总值886.5万元，其中水泥厂555万元、建筑公司70.65万元、水泥制品厂82.91万元。1989年，县民政局为解决残疾人就业，创办古阳镇民政建材厂，国家减免税费，安置18名残疾人就业，主要生产水泥空心砌块、石棉瓦、水泥瓦等产品，年产值45

万元。

1990 年，全县建筑材料工业产值 458 万元，其中水泥制造业 369 万元、水泥制品业 70 万元、砖瓦石灰和轻质建筑材料制造业 19 万元。是年，水磨石板建材等产品退出市场。县水泥厂、水泥制品厂等企业，因设备老化、资金缺乏，产量减少。1999 年，水泥制品厂等建材企业和县水泥厂实行国有民营承包经营机制，由个人租赁承包。

2000 年，县水泥厂生产水泥 66245 吨，产值 1987.35 万元。2002 年，古阳镇民政建材厂因资金缺乏，停止经营。2003 年，县水泥厂由李满海承包经营，更名为古丈县武陵水泥厂，年生产水泥 93600 吨，产值 2808 万元，为水泥产量最高年份，比上年增长 18.9%。2004 年，县武陵水泥厂水泥产量 92900 吨，产值 2787 万元。

2005 年，北京德物华公司选址红石林镇茄通村创办建材园区。2008 年，县委、县政府对建材企业实施减费让利政策，入驻企业增多。2009 年，德物华公司将百万吨新型干法水泥生产线项目转让给湖南古丈南方水泥有限公司。2010 年 11 月，南方水泥有限公司试产。是年，全县建材工业及经营企业增至 15 家，产值 1.2 亿元，员工 4567 人。

二、水泥制品

1986 年，有古阳镇民政福利厂，县建筑公司预制板厂等 4 家集体企业经营水泥制品，产值 155 万元，企业员工 158 人。1989 年，全县水泥制品私营小企业增至 34 家，产值 988 万元，从业人员 1190 人，主要生产预应力空心板和混凝土小砌块等水泥制品，满足县内城乡建筑市场。2010 年，全县水泥制品私营小企业增至 38 家，从业人员 1260 人，产值 1.2 亿元。

预制板 1986 年，县建筑公司预制板厂更名为农房建材公司，引进先进工艺预应力开展生产，职工 13 人。1987 年，搭建 1500 平方米简易厂房，从四川购买预制板成型机、张拉机、破碎机，自制焊接滚动分隔筛，从衡阳购进滚动式提升拌合机，翻新 1000 平方米混凝土生产台座。生产经营预应力空心板，各类小型预制购件踏步、花格、隔热板、门窗过桥板、厕所粪斗、石棉瓦、预制平板等建材产品。1988 年，经县政府批准，将原县建筑公司预制场资产、人员划给农房建材公司。1989 年 8 月，农房建材公司并入县水泥制品厂。1996 年，县水泥制品厂因管理和缺乏资金而停业。2005 年破产改制，安置职工 42 人。2006 年，企业固定资产、人员转换处置结束。

灰砂砖 1987 年，经县科委，县经委联合考察，从四川引进科研建材新产品银灰色灰砂砖项目，由县水泥制品厂试制生产。灰砂砖主要原料为风化石，生产过程主要由风化石石料与熟石灰按比例进行调配，再用机械高压成型，毛坯再由小型装载车经轨道送入蒸养釜，蒸养成型后出窑，保养 7 天后出厂。其规格同小青砖 240 毫米 ×120 毫米 ×60 毫米，经湖南省强度检测，强度为 M7.5 ~ M10，达到技术要求。1991 年，灰砂砖停产，机械设备转售给龙山县砖瓦厂。

贴面瓷砖 1986年，建筑物外墙体主要用水泥抹面再涂粘大理石或白云石粉粒。1992年8月，省、州拨款 40 万元，银行借贷 80 万元，水泥制品厂从福建省安桥镇瓷砖厂购进全套贴面瓷砖生产设备，雇请安桥镇瓷砖厂生产技术人员，利用原生产水泥砖瓦的 400 平方米车间作厂房；以树栖柯村紫砂岩为原料，破碎加工成粉状，机械成型后采用滚动式转窑炉进行煅烧，生产白色瓷片（砖）。1993 年 5 月，试产成功，成品规格为 250 毫米 ×60 毫米 ×8 毫米，产品畅销龙山、桑植、吉首、凤凰、保靖等周边县市。1997 年，由于产品单一，加之滚动窑烟雾和雷磨机粉尘严重超标，县环保部门责令整改。后因资金短缺、技术陈旧、人员缺乏而停止生产。

三、采石场

1986 年，县建筑公司征用红沙溪岩场 1.13 公顷，以打炮眼、筑炸药爆破方式取石，加工成石块、卵石、粗细砂、碎石、机砂石等石料，供砖场、砂场、基脚、砌保坎、公路、水利、扶贫等建设工程所需。1987 年，红沙溪岩场采石加工粗料 1500 立方米。

2001 年，红沙溪岩场采石 5000 立方米，产值 25 万元。2002 年，因城市扩容和存在安全隐患，红沙溪岩场停办。2009 年，县内有惠闽石业、龙腾石业，三和石材 3 家采石料场。

2010 年，全县石料采石场增至 29 户，年采石料 805 万立方米，年销售收入 3500 万元。主要开采块石，加工碎石、机砂，供应建材行业，浇灌混凝土，加工小砌块砖、瓦和预制板及农田基本建设、乡村公路建设、城乡建房用料等。是年，罗依溪镇有 2 家白云石加工厂，每家年产量 400 吨，产值 18 万元；产品销往古丈、永顺 2 县建筑市场。全县白云石加工企业 4 家，年加工量 1600 吨，年产值 100 万元。

四、石材企业简介

河西镇水磨石厂　1986 年，河西镇村民王锡玉自筹资金 4 万元，购置一套水磨石块机械，在自己家门外修建厂房 200 平方米，招村民 20 人，加工生产各色水磨石块，规格为 300 毫米 ×300 毫米 ×20 毫米的正方形产品。1988 年，生产水磨石 500 立方米，产值 25 万元。1990 年，产品用于县内城乡建房装饰，销往怀化、张家界、保靖、永顺等地，1991 年，远销黑龙江省黑河市。1992 年，水磨石厂转让给河西镇政府生产经营管理。1995 年，因资金不足等原因停产。

红石林镇白云石加工厂　2008 年，红石林镇村民唐海在河南村租场地 800 平方米，建白云石加工厂，生产加工双飞粉，用于室内混合砂石涂刮“888”“898”原料，招聘工人 5 名，年产量 500 吨，销售收入 25 万元。2009 年，远销吉林、甘肃。

惠闽石业有限公司　2009 年 8 月筹建，厂址在默戎镇潭溪村。征用石山 100 公顷，安排 45 人就业。生产经营黑木纹（皇家金檀）大理石，为国内第一家经营纯黑色大理石产品的企业。2009 年，初制加工方块石料远销福建、广东，出口东南亚建材市场，主要用于高级门店、阶体、街道、公园等建造与装饰。2010 年，生产大理石 8500 立方米，实现销售收入 7500 万元。

万岩绿源石料有限公司　位于默戎镇万岩村，距省道 S229 线 1 千米，有石料场地 20 公顷。2009 年投产，注册资金 500 万元，员工 80 人。配置全自动化大型砂料生产线一条，进口小松挖机 2 台、重型铲车 4 台、运输车辆 6 台，年开采、加工各种规格绿源石砂石料 45 万吨。产品质量经湖南省交通建设质量监督试验检测中心检验合格，主要供应在建的张（家界）花（垣）高速、吉首市政、张家界市政、怀化铁路分局、县城建设工程等。2010 年，公司加工绿源石等石料 30 万立方米，产值 3000 万元，纳税 250 万元。

五、木材加工

1986年，县木材综合加工厂年加工木材1800立方米，生产纤维板5万张，产值800万元。1991年，停厂关闭。1999 年，三欣木材加工厂租赁县木材综合加工厂厂房场地，投资 60 万元，购置机械设备，建成年产 3000 立方米指接材生产线，安置 80 名下岗职工就业，年产值 750 万元。

2000 年，全县有 57 家个体锯木厂（场），以柴油机作动力，流动于各村寨开展锯木服务。是年，恒兴木业公司（为民营企业）入驻古丈。2001 年，全县个体木材加工户 58 家，年加工木材 18000 立方米。2002 年，国营、集体木材加工企业停产关闭或实行承包租赁。2006 年，卓良木业公司（为私营木材加工企业）入驻古丈。2010 年，全县木材加工量 28000 立方米，产值 4500 万元，从业人员 358 人。

湖南恒兴木业有限公司　2000 年，公司租赁县木材综合加工厂场地并进行改造维修。2001 年，生产各类箱板 1500 立方米。2003 年，生产各类箱板 3000 立方米，销售收入 200 万元。2006 年，被湘西州政府评为诚信企业。2008 年，销售各类板材 8000 立方米，收入 1043 万元，纳税 60 万元。2009 年，销售收入 1078 万元，纳税 70 万元。2010 年，新建杉木集成板生产线，年生产能力 15000 立方米，销售收入 1158 万元。是年，公司员工 150 人，其中管理人员 20 人，中专以上文化程度 15 人，固定资产 1000 万元。公司被县政府评为“诚信企业”“诚信纳税人”，被省、州林业部门授予“诚信企业”称号。法人代表：郑子新。

古丈卓良木业公司　湘西州木材综合加工骨干企业之一，2006 年建厂，注册资金 900 万元，地址在古阳镇三道河，占地 2.3 公顷，员工 88 人、其中技术工 20 人。专门生产供家庭、宾馆、写字楼所需高档装修及家具制作所用板材。2007 年，生产板材 5800 立方米，产值 2500 万元，纳税 180 万元，被国家民委、财政部等七部委评为“国家民族特需商品定点生产企业”，通过国际质量管理体系（ISO 9001–2000）、国际环境管理体系（ISO 14001–2004）双认证。2009 年，“卓明牌”细木板材被湖南技术质量监督局评为“湖南名牌产品”。2010 年，生产板材 7000 立方米，产值 3000 万元，纳税 239 万元，产品畅销上海、浙江、广西、福建等地。是年，公司被省林业厅授予“湖南省林业龙头生产企业”，被省经信委等六部门评为“湖南省小巨人企业”“魅力企业”。“卓明板材”商标被评为“湖南著名商标”。公司与中南林业科技大学联合进行杉木综合利用技术研究研究课题，承担“节能环保型细木工板新技术研究与产业化示范”项目，被省、州科技部门列为“省、州科技攻关项目”企业。法人代表：卓建银。

六、水泥企业

1986 年，全县水泥企业有古丈县水泥厂 1 家。2010 年，有古丈南方水泥有限公司和古丈县水泥厂 2 家，年产水泥 109 万吨，产值 4 亿元；产品主要销售本省及重庆、湖北、贵州、湖南四省市边区县市。

古丈县水泥厂　建于 1970 年，厂址在红石林镇河西村，占地 28 公顷。1986 年，职工 317 人，年生产水泥 30 万吨，产值 887 万元。1997 年前，实行统一生产作业、统一分配管理、统一产品销售。1997 年，按照国务院《全民所有制工业企业承包经营责任暂行条例》规定，深化改革，实行班组承包制，班组经济独立核算。1998 年，由广东省高明市人彭德明租赁承包，年产 325 号、425 号水泥 8 万吨。1999 年至 2007 年 7 月，由商人李满海承包经营。1999 年，更名为“古丈县武陵水泥厂”，同年投入 300 万元，发展生产和扩大销售市场，年生产水泥 10 万吨。2007 年 7 月，转由商人康水平承包经营。2008 年 1 月，转让给商人杨梅生承包经营，承包期至 2010 年 12 月 31 日。县政府对企业承包人实行零租赁优惠政策，支持企业发展。2010 年，企业生产水泥 90180 吨，产值 3180 万元，纳税 158 万元。1986—2010 年，历任厂长及承包人：吴善东、邓万保、彭德明、李满海、康水平、杨梅生。

湖南古丈南方水泥有限公司　注册地址在红石林镇茄通村，2005 年由北京德物华公司承建，为新型干法生产水泥建材企业，主要从事水泥用石灰岩开采，泥、水泥熟料加工销售，水泥制品生产销售，民族建材加工、销售。2006 年 1 月开始征地，2009 年完成征地和厂房建设。2010 年 5 月，古丈南方水泥有限公司接转德物华公司产权，注册资金 1 亿元，同年 11 月投产，主要产品有 325 号、425 号硅酸盐水泥。占地面积 20 公顷，员工 290 人，矿山 16.67 公顷，厂区房屋建筑面积 3.4 公顷，固定资产投资 5000 万元，年产水泥 100 万吨，年产值 3 亿元。法人代表：王梅松。

七、塑钢、不锈钢、铝合金门窗加工

1986 年，城乡建房门框门窗均为木制材料，平均每 100 平方米房屋需木材 0.5 立方米。2002 年，个体户梁道平等在县城创办铝合金加工业，开展塑钢、不锈钢、铝合金门窗加工业务。主要产品有各种门、窗、扶手、栏栅、卷闸门、雨棚、防盗网和焊接、电焊、对焊、氧焊、氩弧焊等。

2003年，县内新建房屋开始使用塑钢、不锈钢、铝合金材料。2006年，全县经营加工铝合金店铺增至15家，其中县城有仕柏门窗经销店、庆新不锈钢加工店、群花组合灶台加工店、美源三星铝材店、兄弟铝合金加工店、忠玉铝合金门窗维修店、道华门窗加工店、振升铝材直销处、秀忠门窗加工店等9家店铺，年销售收入2500万元。

2009年，建材服务行业增至35家，销售收入1.1亿元，年节省木材1200立方米。2010年，全县建设、办公、住房、广告、门牌等所需建材90%以上采用塑钢、不锈钢、铝合金等新材料。

八、其他建材工业

1984年，商人沈裕来在城关乡南山村搭棚办厂，招工5人，用胶丝兑水，按1比15比例，熬制胶水，在大缸内与双飞粉拌和，配制106涂料。采用滚动棒刷墙，替代石灰涂料。106涂料优点是不粘身，不脏衣裤，缺点是欠亮度，易老化返黄。2000年，106涂料被“888”罩面涂料取代。

2004年，新型涂料“898”投入建材市场。2006年，伍玉甲在县城经营建材店，熬制胶水，配制“888”涂料供应市场。2010年，县域内室内建筑全部采用“888”“898”涂料装饰罩面，一般刮涂2～3次，使墙面达到颜色一致、平滑光亮、耐磨、不返黄、不掉色，作业施工方便，功效高、又无毒气和异味。是年，全县销售“888”“898”新型涂料9880桶，粉刷面积290万平方米。

2009年，商人彭冬生在古阳镇三道河，利用自家房屋300平方米，生产竹架板，常年聘请工人5人。在楠竹原料正常供应条件下，日产竹架板200块，产品规格长3米、宽0.3米、厚0.04米，供应县内和周边吉首、永顺等乡镇建材市场。年生产6万～8万块，年收入8万～12万元。2010年，全县有5家个体工业户生产竹夹板，产量20万块，产值40万元。

第五节　机械　化工

一、机械工业

1986年，县内机械工业企业有县机械厂1家，产值25万元。1995年，全县机械制造业从业人员103人，产值45万元。2010年，县内机械工业产品主要从外地调入经营，品种为粉碎机、打米机、柴油机、耕整机、电动机、抽水机等20种。

古丈县机械厂　建于1958年，古丈县国有工业骨干企业，厂址在古阳镇小古丈坪。1986年，职工78人。1990年，职工118人，其中退休职工22人。主要产品有人力打稻机、青饲料粉碎机、碾米机主机配件、矿山机械配件，年产值58万元。1992年，由于机械产品销路不畅，转产钙镁磷肥，年产量5000吨，销售收入110万元。1997年，实施企业经营体制转换，企业总资产444万元，其中流动资产110万元，欠县工商银行贷款192.5万元，欠县社保局职工养老保险金95万元。1998年10月停产。1999年，全员下岗。是年，企业欠金融机构贷款330万元，欠交职工养老金240万元。2005年，企业改制完成，按照政策安置职工103人。

古丈县民族五金厂　1979年12月，县五金钟表修理厂与县农具修制厂合并成立县民族五金厂，职工23人。1986年，主要生产鸟刨、白铁桶、农用排水管、铁制小农具等产品。1993年，生产的“山茶牌”鸟刨荣获轻工业部金奖。1996年，因资金、市场等原因，生产经营停止。2005年，企业资产处置变卖，企业人员按政策安置。

二、化工工业

1986年，县内化工企业有古丈县化工厂1家，固定资产350万元，企业员工95人，年生产硫酸

500吨，产值800万元。1988年，为开发县域内矾矿资源，建立古丈县钒厂，又称古丈县第二化工厂。1989年7月，县第二化工厂厂房建设投资103.3万元，因资金、环保、市场等原因，场地闲置未开业投产。2006年，青林化工有限公司利用县第二化工厂厂房加工松香，年生产规模120吨，产值1200万元。产品主销往国外，少量在国内市场销售。2007年，因松木禁采，原材料供应不足，公司停产。

古丈县化工厂　县属全民所有制企业，建于1985年，厂址在罗依溪镇喇叭冲，主要生产工业硫酸。1990年，生产硫酸1400吨，产值139.5万元，占全县工业总产值2509万元的15.74%。1995年，从业人员214人，生产硫酸6850吨，产值751.9万元。1997年，硫酸产量减至2791.4吨，产值385万元。1998年，因资金和市场等原因停产。1999年10月，租赁给康水平承包经营，更名为酉水化工厂。

2000年3月，投资180万元，硫化锌脱硫制酸技改项目投产。8月，投资80万元，新增年产4000吨七水硫酸锌生产线一条。是年，生产硫酸9045.3吨，硫酸锌127.3吨，产值1580万元。2001年，生产规模增至10000吨，年产值3580万元，纳税150万元。2005年，承包期满，经营停止。2006年，宣布终结破产，企业职工按政策分流安置。历任法人代表：张印孝、康水平。

华源酸业有限公司　厂址在白溪关工业园区，占地面积2.47公顷，2008年6月成立，注册资金1000万元，投资规模4800万元。生产硫酸及硫铁矿开采、加工等。2008年7月，年产10万吨硫酸生产线竣工。是年，租赁县化工厂厂房生产硫酸。2009年，生产硫酸258吨。2010年，企业有员工120人，生产硫酸5000吨，产值5000万元，纳税350万元。法人代表：许红旗。

第六节　造纸、印刷

一、生产情况

1986年，全县造纸和纸制品工业企业有罗依溪造纸厂、古阳镇综合加工厂、县印刷厂3家，从业人员84人，固定资产原值34万元，年生产机制纸357吨，产值94万元。1990年，全县造纸及纸制品业产值13万元，印刷业产值37万元，占全县工业总产值2509万元的1.47%。1996年，造纸及印刷工业企业有罗依溪造纸厂、县印刷厂、罗依镇纸品有限公司，年产机制纸868吨，单色印刷品40.8万张，总产值385万元，销售收入516万元，纳税25.8万元。2002年，全县造纸及印刷企业因资金、市场、产品、销售等原因，生产停止，2005年，企业改革改制结束。

二、造纸印刷企业

古丈县印刷厂　建于1957年，厂址在古阳镇柑子坪。1986年，从业人员54人，固定资产原值23.57万元，年产值18.6万元。1990年，生产机制纸128吨，印刷品65万张（本），销售收入28.8万元。1995年，转换生产经营机制，实行班组和个人承包经营。1996年，欠工商银行贷款122.6万元，其中本金67.6万元，利息55万元。1997年，因经营不善停止生产。2004年，欠金融部门贷款67万元，欠交职工养老金30万元，2005年，职工54人，其中退休和下岗51人；年底，改制结束。

罗依溪造纸厂　建于20世纪70年代，为东方公社社办企业。1986年，员工120人，固定资产186万元，年生产纸浆500吨，年产值150万元。1990年，纸浆产量1500吨，产值700万元。1995年，因造纸污染大，资源消耗多，根据国家淘汰、转产、改制“三小”企业政策精神，列入县政府改制对象。2000年，由田兴平租赁经营，同年改建为猛洞河天然植物制品股份有限公司。

罗依溪纸品有限公司　1993年，由罗依溪镇罗依溪村村民杨清海等3人入股集资20万元，建再生纸生产线；当年生产再生纸120吨，产值12万元，纯收入45000元。1999年，生产再生纸500吨，产值70万元，纯收入13.5万元。2000年6月，转让给黄庭好经营，更名为罗依溪包装纸品厂，主要生产条纹纸、包装纸等系列品种；是年产值35万元，员工5人，年产包装纸盒10万盒。2007年，栖凤湖开发扩建，包装纸品厂异地搬迁。2008年1月，更名为罗依溪移民纸业有限责任公司。2010年，公司年产包装纸盒40万盒，产值150万元，安置移民就业45人。

第七节　工业产品选介

一、“蕲蛇”牌风湿酒

县酒厂研制生产的一味药酒，以蕲蛇、麻口皮、淫羊藿、杜仲等十多味中药材与高度白酒科学配制而成。1985年6月，经湖南省卫生厅、省药政局批准，批量生产。1991年11月，参加中国食品工业十年新成就展示会，荣获优秀新产品。1992年，畅销国内广东、贵州等20个省市，年产值50万元。1993年，停止生产。

二、“雅洁”系列食品

1999年，由雅洁食品有限公司生产开发，包括粉丝、酸辣酱、蒿草粑、腊肉、酸鱼5大类22个品种。粉丝以葛根、蕨根、红薯、马铃薯为原料，提取淀粉加工制成；酸辣酱是以新鲜红辣椒经酸制后粉碎，再拌姜片、蒜头，封存后再开坛取食；蒿草粑采用蒿草与糯米粉调和拌匀，揉捏成团、内置芝麻糖馅，用栗木叶包裹蒸熟；腊肉加工有盐椒涂麻—堆腌—熏烤—贮存四道工艺。2000年，被湖南省工商联、湖南省技术监督局评为“质量信得过产品”。2004年11月，产品“纯野生葛粉”“红葛粉”“酸辣酱”获农业部颁发“无公害食品”证书，葛粉系列被中国绿色食品发展中心认定为绿色A级产品。2008年，系列产品荣获湖南国际农业博览会金奖和第五届国际烹饪大赛金牌状元产品。

三、“双力”牌锌锰电池

2001年10月，由湖南双力电池有限公司生产。年生产5号和7号碱性锌锰电池6000万只，畅销北京、湖北、江西等省市，年产值6000万元。7号电池在国家检测中心一次送检通过。2002年6月，被列入湖南省高新技术重点开发产品。2004年，因缺乏生产资金而停产。

四、卓明板材

2009年12月，由古丈卓良木业有限公司生产，结构紧密、平面光滑，色泽均匀、材质优良、作工精细，被评为湖南省名牌产品。2010年，公司生产板材20万张，产值3000万元，销售上海、广州等12个城市，销售收入3500万元。“卓明板材”商标被评为“湖南省著名商标”。

1996—2010年国有、集体企业经营体制改革情况一览表

表15-7　　单位：万元、人

年份	企业名称	改制方式	资产处置	安置职工	处置债务	备注
1996	县化工厂	破产	250	201	—	—
	民族印刷厂	停产	121	54	—	—
	民族五金厂	停产	115	35	—	—
1998	山源公司	破产	180	42	—	—

续表 15-7

<table>
<tr><th>年份</th><th>企业名称</th><th>改制方式</th><th>资产处置</th><th>安置职工</th><th>处置债务</th><th>备注</th></tr>
<tr><td>1999</td><td>华湘棉纺厂</td><td>破产</td><td>350</td><td>40</td><td>—</td><td>—</td></tr>
<tr><td rowspan="5">2002</td><td>轻工供销公司</td><td>改制</td><td>一次性变现</td><td>17</td><td>—</td><td>—</td></tr>
<tr><td>煤建公司</td><td>破产</td><td>300</td><td>32</td><td>—</td><td>—</td></tr>
<tr><td>县茶厂</td><td>破产</td><td>350</td><td>45</td><td>—</td><td>—</td></tr>
<tr><td>汽车修配厂</td><td>破产</td><td>150</td><td>28</td><td>—</td><td>—</td></tr>
<tr><td>栖凤湖经济开发有限公司</td><td>破产</td><td>200</td><td>53</td><td>—</td><td>—</td></tr>
<tr><td rowspan="4">2003</td><td>三保厂</td><td>破产</td><td>150</td><td rowspan="2">106</td><td rowspan="3">1092 万元</td><td rowspan="2">处置债务为三户企业总数</td></tr>
<tr><td>煤炭公司</td><td>破产</td><td>200</td></tr>
<tr><td>县酒厂</td><td>改制</td><td>300</td><td>45</td><td>一次性安置职工</td></tr>
<tr><td>华湘棉纺厂</td><td>破产</td><td>250</td><td>35</td><td>—</td><td>—</td></tr>
<tr><td>2004</td><td>民族制鞋厂</td><td>破产</td><td>230</td><td>65</td><td>—</td><td>一次性安置职工</td></tr>
<tr><td rowspan="4">2005</td><td>西水化工厂</td><td>破产</td><td>2008 年注销</td><td>202</td><td>—</td><td>—</td></tr>
<tr><td>政府招待所</td><td>破产</td><td>600</td><td>58</td><td>—</td><td>—</td></tr>
<tr><td>供销联社</td><td>破产</td><td>1634</td><td>310</td><td>—</td><td>—</td></tr>
<tr><td>物资总公司</td><td>停运</td><td>2008 年破产</td><td>44</td><td>—</td><td>—</td></tr>
<tr><td>2006</td><td>民族工艺美术厂</td><td>改制</td><td>资产变现</td><td>19</td><td>—</td><td>一次性安置职工</td></tr>
<tr><td rowspan="3">2007</td><td>民族竹木工艺厂</td><td>改制</td><td>资产变现</td><td>22</td><td>—</td><td>—</td></tr>
<tr><td>第一装卸运输公司</td><td>改制</td><td>2008 年资产处置</td><td>18</td><td>—</td><td>—</td></tr>
<tr><td>民族服装厂</td><td>破产</td><td>资产变现</td><td>127</td><td>—</td><td>一次性安置职工</td></tr>
<tr><td>2008</td><td>非金属公司</td><td>破产</td><td>资产变现</td><td>52</td><td>—</td><td>—</td></tr>
</table>

第三章 乡镇企业

1986年，全县乡镇企业（含私营个体企业）1726家，从业人员3176人，总产值381.30万元，上缴国家税金31.70万元。是年，县乡镇企业局设办公室、财务统计股、生产股，核定编制1名。

1990年，乡镇企业总产值1931.5万元，4家产值超过100万元。1991年9月，撤销县乡镇企业局，成立县乡镇企业经济委员会，财务统计股改为管理股。1994年12月，撤销县乡镇企业经济委员会，恢复县乡镇企业局，属正科级行政单位，为县政府工作机构。

2001年10月，县乡镇企业局加挂“古丈县民营经济工作协调领导小组办公室”牌子，设办公室、政策法规股、统计财务股，事业编制10人，参照《公务员法》管理，经费为县财政列支。

2003年7月，县民营经济发展协调领导小组办公室更名为县民营经济发展局，归口县政府办公室管理。2005年3月，县乡镇企业局由正科级事业单位降为副科级事业单位，归口为县农业局管理。民营经济发展局划归县经济局管理。

2010年，县乡镇企业局设办公室、财务统计股、第三产业股、科技服务中心，编制10名。全县乡镇企业总数3388家，总产值12725万元，从业人员5958人，上缴国家税金398万元。

1986—2010年，历任局长（主任）：覃兴德、张昌吉、朱峰、熊祥、向功林、向代海、张忠辉、向明勇。

第一节 企业门类

一、农业企业

1986年，全县农业企业35家，从业人员316人。集体茶场5个。村办养猪场4个，职工30人，年出栏猪310头。1996年，全县农业企业45家，从业人员409人，总产值318万元，上缴国家税金34万元。2003年，神宝牧业有限责任公司成立，集生猪养殖、繁殖于一体，注册资金500万元，占地3.34公顷，年有繁母猪260头，年产猪仔2600头，出栏肉猪1000头。2010年，全县农业企业15家，规模较大养殖场5家，年产肉猪3000头。

二、工业企业

1986年6月，全县工业企业595个，其中个体工业企业416个，集体企业1家，为县服装厂。个体缝纫店65家。县矿产品公司开采硫铁矿、磷矿，销往泸溪县和辰溪县，年产量120万吨，营业收入105万元，上缴利润40000元。1987年，城关乡鞭炮厂投产，年产值80万元，上缴税金4万元，安置就业职工29人。1990年，全县个体缝纫店增至86家，年生产、加工服装6000套（件）。是年，全县汽车修理店 3 家，年修理汽车 200 辆。1991 年，全县乡镇企业涉及建材、水电、食品加工、木制家具、造纸、矿山开采、木材加工、茶叶加工等行业。1992 年，全县乡镇工业企业增至 635 家，总产值 926 万元，总产值比 1986 年增长 3.1 倍，总收入比 1986 年增长 2.3 倍。1998 年 6 月，县服装厂因经营不善关闭。2010 年，全县乡镇工业企业 695 家，总产值 1850 万元，是 1992 年的 2.1 倍；汽车及农机具修理店 20 家，年修理汽车，农机具 580 辆（台）；个体缝纫店 89 家，年加工服装 15000 套（件）。是年，岩头寨镇烂泥田矿区 6 家采矿企业，采矿总产量 40 万吨，产值 3000 万元。

三、建筑建材企业

1986 年，全县建筑建材企业 20 家，职工 160 人，年总收入 108 万元。其中制砖厂、制瓦厂 8 家，县砖瓦厂（属集体企业）首次利用机械制水泥砖瓦，年生产砖瓦 85000 块，产值 16 万元；石灰厂 3 家，职工 65 人。1988 年，茄通乡石灰厂成立，年产石灰 6000 吨，总产值 32 万元，职工 21 人。1990 年，野竹乡土溪村村民张其凤投资 2 万元，建个体机械制砖厂，年产砖 40000 块，产值 38000 元。2010 年，全县 10 家建筑企业全部为个体经营，主要从事建筑和砖瓦、石灰、水泥制造业。是年，全县制砖、瓦企业 18 家，年产砖 60 万块，产值 680 万元，占乡镇企业总产值 8%。

四、交通运输业

1986 年，乡办、村办交通运输企业改制，集体汽车、拖拉机等运输工具向农户出售，乡办、村办交通运输企业减少，个体运输业增加。1987 年，岩头寨乡岩头寨村村民翟运福，自购一辆解放牌汽车跑运输，年收入 12000 元。1990 年，全县个体车辆 980 辆。2010 年，全县个体货运周转量 1800 万吨千米。

五、商业、饮食服务业

1986 年，全县商业、饮食、住宿服务业 460 家，其中集体企业 15 家，职工 96 人，年收入 56 万元。县饮食服务公司职工 21 人，年收入 18 万元。刘本亮私人经营思源饭店，年收入 13000 元。1990 年，全县商业、饮食、住宿服务业增至 418 家，从业人员 723 人，总收入 281 万元。2001 年，全县集体、私营、个体商业、饮食服务业 495 家，从业人数 916 人，收入 1208 万元。2010 年，乡镇商业、饮食服务企业 383 家，商品流通企业 1134 家，从业人员 2986 人，营业总收入 3085 万元。

第二节　乡镇企业管理

1996 年 5 月，县委出台《中共古丈县委关于加快发展乡镇企业发展的若干规定》，安排乡镇企业会计“农转非”指标，对新办乡镇企业（包括集体企业、国有企业、个体私营企业）实行简化手续、减免费税、用地优惠、政策保护等措施，确保乡镇企业发展。

2002 年 6 月，县委印发《关于对骨干企业和重点工程实施挂牌保护的通知》，挂牌保护重点民营企业和重点工程，重点民营企业实行最低限额收费，由县乡镇企业局代所有执收部门对企业收费，当年减少企业负担 96000 元。2003 年 3 月，县委决定实施县委常委挂点联系民营企业制度，扶持民营企业。

2010 年，全县乡镇企业 3388 家，其中集体企业 34 家，从业人员 5958 人，总产值 12725 万元，上缴税金 398 万元。

1986—2010年古丈县乡镇企业发展情况一览表

表15-8

年度	总个数（个）	按性质分（个）			按行业分（个）						总人数（人）	其中（人）		
		乡办	村办	个体	农业	工业	建筑	交通运输仓储	批发零售	住宿餐饮服务		乡办	村办	个体
1986	1726	66	57	1603	20	592	10	166	581	357	3176	676	580	1920
1987	1852	68	59	1725	25	601	11	203	602	410	3428	700	591	2137
1988	1982	69	59	1854	27	658	11	205	615	466	3516	685	600	2231
1989	1974	71	58	1845	30	640	8	216	633	447	3618	600	600	2418
1990	1990	74	60	1856	32	640	10	219	645	444	3760	641	510	2609
1991	1971	76	59	1836	38	635	11	221	646	420	3816	673	500	2643
1992	2081	52	57	1972	42	665	12	227	695	440	3880	654	481	2745
1993	2257	51	53	2153	56	769	13	252	718	449	3916	600	490	2826
1994	2416	47	49	2320	48	870	8	308	726	456	4070	591	400	3079
1995	2586	45	37	2504	45	912	6	369	805	449	4135	558	481	3096
1996	2710	44	39	2627	42	1010	5	321	832	500	4210	551	481	3178
1997	2781	43	32	2706	44	1047	7	337	837	509	4335	500	390	3445
1998	2830	37	30	2763	33	1059	9	375	859	495	4491	391	266	3834
1999	2916	35	29	2852	29	1071	11	396	868	541	4519	261	301	3957
2000	3001	28	30	2943	26	901	10	651	869	544	4681	217	315	4149
2001	3007	21	33	2953	25	782	4	954	941	301	4701	208	330	4163
2002	3165	20	21	3124	20	791	11	951	1001	391	5063	221	303	4539
2003	3267	20	19	3228	18	680	12	945	1142	470	5172	280	230	4662
2004	3281	10	29	3242	18	693	11	947	1136	476	5280	290	240	4750
2005	3281	10	29	3242	18	694	10	946	1143	470	5280	集体 491		4789
2006	3283	10	29	3244	18	696	10	949	1145	465	5324	集体 495		4829
2007	3244	10	29	3205	17	696	10	951	1142	428	5524	集体 421		5103
2008	2896	10	25	2861	15	576	10	801	965	529	5953	集体 451		5502
2009	3191	10	24	3157	15	615	10	924	1132	495	5906	集体 431		5475
2010	3388	10	24	3354	15	695	10	980	1134	554	5958	集体 401		5557

1986—2010年古丈县乡镇企业经济指标完成情况一览表

表15-9

年度	个数（个）	总产值（万元）	利润（万元）	税金（万元）
1986	1726	781.34	185.3	31.7
1987	1852	1009	203	39.7
1988	1982	1310.6	228	48.6
1989	1974	1590.5	237	60.0
1990	1990	1931.5	256	63.2
1991	1991	2135	261	68.0
1992	2081	3025	268	92.3
1993	2257	3810.38	301	130.2
1994	2416	4710	352	149.5
1995	2586	5464	435	178
1996	2710	4870	486	185
1997	2781	6578	530	201
1998	2830	7285	503	213
1999	2916	8176	495	203
2000	3001	8919	535	291.5
2001	3007	9605	693	290
2002	3165	9452	756	310
2003	3267	9976	800	336
2004	3281	11476	848	338
2005	3286	10557	803	321
2006	3283	11557	850	338
2007	3244	12050	943	346
2008	2896	12091	951	355
2009	3191	12171	955	389
2010	3388	12725	960	398

第十六篇　商业　服务业

第一章 商业体制改革

1986年，古丈县民贸一局为全县国有商业企业主管部门。1987年，更名为县民族贸易局，设办公室、人事股、计统股、保卫股、财基股。机关工作人员22人，其中在职职工17人，离退休职工5人。直属企业有百货公司、纺织品公司、五交化公司，副食品公司、蔬菜公司、煤建公司、石油公司、百货大楼、饮食服务公司、肉食水产公司、副食品加工厂、肉食加工厂。1995年1月，县民族贸易局更名为县商业集团总公司，成立县商业行业管理办公室，与商业集团公司两块牌子，一套人马，设办公室、财基股、人事股、保卫股、储运股。下属企业有百货公司、纺织品公司、五交化公司、副食品公司、蔬菜公司、百货大楼、商业物资开发公司、饮食服务公司、副食品加工厂、商业制服厂。1998年12月，总公司机关有职工20人，其中在职12人。2001年，撤销县商业集团总公司，保留"古丈县商业行业管理办公室"牌子。2010年，县商业行业管理办公室设综合股、政工人事股、计财股，工作人员5人。

1986—2010年，县民贸局（商业集团公司、商业行业管理办公室）历任局长（总经理、主任）：彭武经、向邦金、贾祖鸽、张才旺、谭小艳、楚心平。

1986年，县供销联社对外挂县民贸二局牌子，为正科级事业单位，设理事会、监事会、人事股、财基股、业务股、保卫储运股、培植股、物价股、统计股、办公室、工会，编制35人，实有31人。下辖13个乡镇供销社，直属企业有土产公司、日杂果品公司、生产资料公司、工业品公司、供销车队、加油站。1999年，基层供销社由13个并为城郊、默戎、罗依溪、高峰、野竹、河蓬、河西7个，保留土产公司、生产资料公司、日杂果品公司。2002年9月，县供销联社由归口县经济贸易委员会管理调整为归口县农村工作领导小组办公室管理，继续保留原有职能股室，人员14人。2010年，供销联社设办公室、人事股、财基股、业务股，在编人员14人。直属企业有土产公司、生产资料公司、日杂果品公司、乡镇基层供销社。

1986—2010年，历任县供销联社理事会主任、局长：田维才、向精华、龙明生、田学林、覃兴德、龙明生、张忠辉、鲁帮奇、双程波。历任监事会主任：梁道香、庹万里、龙明生、张兴文、罗健、向清平、李德宁、张忠辉、贾祖鸽、向东、田开娥、田吉辉。

第一节 综情概述

1986年，全县商业企业全面推行"政企分开"改革，国有商业企业转换经营机制，政府确立企业所有者身份，国有商业企业、集体商业企业、个体私营商业迅速发展。全县商业、供销企业纯购进完成706.88万元，其中农副产品收购完成273.78万元。商业、供销企业纯销售完成1397.53万元。

是年，全县社会商品零售额2205万元，比1985年增长32.83%，创历史最高水平。全县城乡个体工商户1692户，营业额1039万元，比1985年增长98.28%。

1992—2000年，全县商业企业推行以抓大放小、国有商业战略性退出为主的改革，市场和所有制格局发生改变，国有经济成分和集体经济成分占比缩小，个体私营经济成分占比扩大，形成商品流通领域国有、集体、个体多种所有制商业形式并存的市场格局。

2000年始，改革进一步深入，国有、集体商业因体制与社会主义市场经济不适应等原因，经济效益下降，企业全面亏损，资不抵债，国有、集体商业退出流通领域。

2006年，全县个体工商业户1771户，从业人员4962人。社会消费品零售总额22951万元，是1986年的10.4倍。

第二节　商业管理体制改革

一、国有商业体制改革

所有制改革　1986—1994年，县商业系统12家国营企业由统一购进、统一经营，改为承包经营、资产经营，实行自负盈亏。企业内实行厂长、经理目标管理责任制，除上缴税金，税前还贷，承担销售费用外，承包人所得利润按创收分成。

1995年，对经营企业继续实行分级经营，两级核算。转换企业经营机制，全面推行“经营放开、价格放开、分配放开、用工放开”和全员劳动合同制管理。企业内实行优化组合，竞争上岗，推行“国有民营”“公有私营”和“自主经营，自筹资金，自负盈亏，自理工资，包干上缴”所有制改革。

2000年，重点推进置换企业职工身份和置换企业产权制度改革，推行经营目标管理责任制，与企业主要负责人签订经营目标管理责任书。经理、书记、会计分别实行全年风险抵押，按责分别押金1000元、800元、600元。改革企业工资奖金制度，实行效益与全年目标工资含量和浮动工资挂钩，年终按20%奖到柜台、班组和个人，鼓励多劳多得，按效益分配，调动企业员工积极性，实行柜台、班组为经营核算单位，全面推行柜台、班组承包经营。推行“置换企业职工身份，置换国有企业产权关系”改革，放开经营，由商品经营过渡到资产经营。

2010年，全系统417名干部职工，除73名离退休人员外，344名干部职工得到妥善安置。企业产权置换结束。

购销体制改革　1986—1992年，国有商业购销渠道以计划经济管理体制为主，企业到二、三级批发站进货。1993年，在国家政策允许范围内，商业企业以市场为导向，放开经营，多渠道组织商品货源，允许企业到各地市场采购商品。1994年，随着商业经营体制放开，商业企业独家经营购销渠道被打破，市场化购销经营模式进入商品流通领域地位。2010年，全面推行自主采购、自主经营、自负盈亏的市场购销体制，形成多种成分销售网络。

经营方式改革　1986—1992年，商品市场放开，个体经营户增加，全县商业企业充分发挥网点和经营门店优势，转变经营方式，调整经营思路，推行“联购分销”和“分购联销”利润返还等联合经营模式，化解企业之间争货源、争市场、价格不统一的矛盾，实现利润107.67万元。1993—1998年，由于经营体制改革，个体商户迅速发展，国有商业计划经济经营模式不适应市场经济运行规律，全系统累计经营亏损1273万元。1998年，经营市场全面放开，除少量商品仍实行统一经营外，其他门店实行柜、组承包，经营者自主经营，自负盈亏。2000年始，商业企业集体统一经营模式退出市场。

二、集体商业体制改革

所有制改革　1986—1989年，县供销系统19家企业实行目标管理，改革劳动分配制度。1990年，推行承包经营责任制。1993年，转换企业经营体制，推行“经营放开、价格放开、分配放开、用工放开”和全员劳动合同制管理，打破身份界限，实行优化组合上岗，同企业负责人签订合同书。1994—1999年，全面推行公有私营和“自主经营、自筹资金、自负盈亏、自理工资、包干上缴”经营模式。2000年，采取拍卖、转让、兼并联合，破产重组、租赁经营方式，全系统推进“置换企业职工身份，置换企业产权制度”改革。集体资本退出流通领域。

购销体制改革　1986—1992年，集体购销渠道改变，企业可到省、州二、三级批发站进货，也可到其他厂家直接进货。1994年，商品经营全部实行柜、组承包，经营者自主进货、自主作价、自主经营、自负盈亏、自理工资，企业购销渠道改变。2000年，实行市场经济购销体制。

经营方式改革　1986—1992年，供销系统实行“联购分销”和“分购联销”“利润返还”等联合经营模式。大宗工业品由批发企业统一购进，再由供销社分销；农副产品由乡镇供销社组织收购，再由土产公司向外销售，利润按一定比例返还乡镇供销社。1989—1991年，通过联购联销向乡镇供销社返还利润133万元。1993年，全系统购进总值4322万元，销售总值3766万元，农副产品购进310万元，生活资料零售401万元。除大宗农产品和农业生产资料继续实行联购分销集体经营外，其他门店都实行柜、组承包，自主经营。集体统一经营方式逐步退出商品流通市场。

三、商业改革政策扶持

1986年，县商业系统、县供销系统在经营服务中得到政策扶持，经济效益增加。1994—1997年，供销系统企业按照政策逐步推行“公有私营”改革。1997年12月，商业系统企业按照相关政策规定，全面推行“国有民营、公有私营”改革，转换企业经营机制。1998年1月，县委、县政府制定《古丈县国有商业企业资产经营改革方案》《古丈县供销系统集体企业资产经营改革方案》。

1999年，商业系统、供销系统全面推行“置换企业职工身份、置换企业产权关系”改革。2001年，县政府投入改制资金20万元，使商业系统11个企业通过拍卖、租赁、破产、兼并、重组等措施，顺利实现改制。

2001—2007年，商业系统多渠道筹集改制资金1255.2万元，安置422名企业在岗人员，退休退职人员均纳入社会养老保险范畴。

2005年，供销系统采取资产拍卖、个人经营、买断工龄、职工身份置换等方式，实施企业改制。2010年，供销系统218名在岗人员得到安置。

第二章　商业所有制成分

第一节　国营商业

1986 年，县民族贸易局下属 12 家国营商业企业，人员 241 人，商业网点延伸到农村。肉食水产公司有默戎、河蓬、野竹、高峰、罗依溪、河西、断龙山等 7 个肉食水产站，百货公司有河西批发站，纺织品公司有断龙山批发站，糖酒副食品公司有草潭批发站、河西批发站。

1988 年，肉食供应全部放开。默戎、河蓬、野竹、高峰、罗依溪、河西、断龙山 7 个乡镇肉食水产站全部撤销。

1989—1990 年，全县民贸系统开展承包经营。1990 年，全县民贸系统商品购进金额 310.8 万元，商品销售金额 547.3 万元，纳税 6 万元，实现利润 6.9 万元。

1991 年，完善承包内容，确定承包基数指标，分解承包到店、柜，向承包经营者收取风险保护金。企业推行“经营放开、价格放开、分配放开、用工放开”经营试点。

1992 年，对系统内经营效益差，利润低下企业实行“转、租、包”改革。8 月，县商业物资开发公司成立，为县民贸局二级机构。10 月，县煤建公司、百货公司、百货商店、工业品公司、副食品公司通过变卖资产，安置职工 85 人。是年，县民贸局对系统内 9 家国营企业经理实行目标管理考核责任制，推行干部聘任制，实行职工全员合同制，所有职工都与企业签订劳动合同，实施竞争上岗，利润提成，效应挂钩等措施。当年，县民贸系统在承包经营体制下，商品销售金额 608.5 万元，上缴税收 11.8 万元，实现利润 6 万元。

1993—1994 年，在完善租赁、承包责任制同时，全县民贸系统商业企业推行“国有民营”“公有私营”政策，大部分门店、柜组进行“自主经营，自筹资金，自负盈亏、自理工资、包干上缴”“四自一包”改革。百货公司、纺织公司、五交化公司、糖酒副食品公司、煤建公司、蔬菜公司、百货大楼等经营企业全部推行“四自一包”承包管理办法，“国有民营”商业企业占全县民贸系统商业企业的 90%。

1994—1997 年，全县民贸系统商业企业参与“国有民营”“公有私营”改革的商店柜、组有 89 个，职工 155 人。1997 年，县民贸局出台《古丈县民贸局国有商业资产经营改革方案》，对国有商业企业分别进行租赁承包，兼并重组，资产变卖，破产等形式改革。

1998 年，市场化经营规模扩大，个体经营户大量兴起，竞争性经营日益强烈，大多数国有商业企业因机制、体制原因，退出计划经济体制下商品经营，转向市场体制下资产经营。同年，按照公平竞争、市场化运作规则，对闲置资产、门面、仓库进行公开招租。发挥商业企业临街经商优势，向社会招商引资，增加资产经营性收入。1999 年，饮食服务公司、百货公司、五交化公司利用现有场地、门面向外出租，年收租金 25 万 ~ 35 万元。副食品加工厂、肉食水产公司、煤建公司、纺织品公司采取租赁、承包经营等方式解决职工养老保险。

2000—2002 年，引进个体老板将百货大楼、百货公司改建成商场超市，专卖店、休闲茶座等，年资产收入 45 万元，为下岗职工提供就业岗位或每月发放 100 ～ 300 元生活费。按照相关政策实行内部退休制度，对男满 57 岁、女满 52 岁的企业干部和年满 47 岁的女职工办理内部退休手续，企业再发给 50% ～ 60% 退养费，内退人员视其个人情况也可到其他岗位重新上岗或再谋出路。

2004 年 4 月，州委、州政府出台《关于深化国有企业改革若干政策措施的意见》，随后县委、县政府配套出台《古丈县商业企业改革改制实施方案》。全系统在册人数 417 人，其中在岗 133 人，下岗 211 人，离退休 73 人，下岗人员占总人数的 50.6%。每家企业保留 2 ～ 3 个管理人员，负责资产、物业管理。

2000 年后，商业系统推进“置换企业职工身份，置换国有企业产权关系”改革。按照州委、州政府文件要求，商业集团总公司和商业资产经营公司决定将蔬菜公司、副食品公司作为全系统“两个置换”改革试点。凡 1983 年后参加工作的合同工按文件精神终止劳动合同，一次性买断工龄，买断工龄基数一次性补助 3000 元。1983 年前参加工作的固定工实行自愿原则，由本人申请一次性买断工龄，买断工龄基数一次性补助 5000 元。商业企业国有资本退出流通领域，国有资产采取拍卖、转让、兼并、破产重组、租赁经营等多种处理形式，企业依附政府，职工依赖企业格局被打破。在商业企业改革改制中，贯彻执行“严格政策，一企一策，成熟一个，改制一个，确保稳定”方针，坚持“群众能接受，资产能变现，职工能安置，债务不落空”原则进行产权制度改革。改革前，做好清产核资，界定产权，理清账务，制定改革方案，细化工作内容，确定工作时限。经职代会讨论通过后，报送县政府审批实施。

2001 年，饮食服务公司、煤建公司、纺织品公司、五交化公司、百货大楼、肉食水产公司等 6 家企业进行改革，职工按照基数 1000 元、工龄每年补贴 1200 元标准量化为资本股金，全部置换国有职工身份。2002 年，6 家企业拍卖资金 2120 万元，为 80% 员工实现身份置换。2005 年，商业企业 11 个经营单位完成改制和职工身份置换。全县商业系统参与两个置换在岗人员 253 人，下岗 211 人，离退休 73 人。下岗人员和离退休人员户籍等关系迁移到社区，下岗人员中，户籍等关系迁移到古丈坪社区 127 人、红星社区 20 人、车站社区 44 人、广场社区 20 人；145 名离退休人员（含原离退休人员）中，户籍等关系迁移到古丈坪社区 85 人、红星社区 12 人、车站社区 33 人、广场社区 15 人。全县商业系统企业改制结束，改制面达到 95% 以上。2010 年，全系统商业企业全部进入市场化经营。

第二节 集体商业

1986 年，县供销系统有 19 个经营单位、职工 446 人，国内购进总值 3558 万元，国内纯销售总值 2134 万元，实现利润 15.5 万元。

1986—1989 年，全县工业品销售有较大提高，商品库存积压减少，加上拓宽经营渠道、增设服务网点、扩大收购数量、规范服务管理，经济效益明显；全系统实现利润 49.7 万元，90% 以上企业人员工资向上浮动一级或半级。1990 年，全系统 19 家经营企业实行承包经营，利润出现赤字，亏损 27 万元。1992 年，推进主任、经理任期责任制和“经营、价格、分配、用工”放开管理制度。1993 年，各基层供销社采取灵活措施，把农资经营网点延伸到村，设村级服务点 102 个，庄稼医院 8 所，解答农民难题 1220 次，指导农民合理施肥，科学用药，服务指导 12897 人次。全县供销系统实现利润 37 万元。

1994 年，县供销系统全面实行“社有民营”和“承包经营”。由经营者自当老板，自主进货，自主作价，自主经营，独立核算，自负盈亏。是年，土产公司、日杂果品公司、生产资料公司、工业品公司及部分乡供销社采取集体承包、风险抵押、包干上缴、按购销额计酬的承包经营责任制。

2000 年，县供销联社抓内部管理，盘活存量资产，派出工作队员到基层经营企业开展扭亏增盈工作。2002—2004 年，为推进资产经营，盘活现有资产，县生产资料公司、日杂果品公司、土产公司以及基层供销社将闲置场地改建成住宿、餐饮、娱乐、写字楼等经营场所，凭临街区位优势，兴办经济实体。除重新安排 38 人就业外，年场地出租创收 50 万元，闲置资产得到合理有效利用。土产公司将二楼门店出租，年收5万元；日杂果品公司出租仓库，年收4万元；城郊供销社将房子改成门面，年收租金 8 万元；龙鼻嘴、罗依溪等供销社凭临集市优势将资产出租，收入 33 万元。全县供销企业由商品经营转为资产经营。

2005 年，供销系统 200 名在岗人员参与“两个置换”体制改革。采取“办理退养手续、与社保机构签订保险协议、一次性领取补偿金”三种方式进行选择性安排。2006 年，经营企业在改制中平稳过渡，解决资产负债、冗员过多、经营困难问题。

2010 年，企业职工政策性安置率达到 100%。

第三节 私营个体商业

1986 年，全县登记注册私营个体工商业户 1692 户，营业额 1039 万元。1988 年，全县私营个体工商业户 1761 户，从业人员 1945 人，注册资金 155.31 万元。

1995 年，全县私营个体工商业户 2256 户，占全县家庭户总数的 11.3%；从业人员 2963 人，占全县劳动人口的 9%，占全县剩余劳动力的 68%；总注册资金 612.24 万元，总产值 816.39 万元，总销售额 4823.10 万元；社会消费品零售额 3763.73 万元。1998 年 11 月，县政府出台《发展民营经济实施细则》。

1999 年，全县私营个体工商业户增至 4478 户，从业人员 5704 人，注册资金 1581.5 万元；私营企业增至 22 户，从业人员 362 人，注册资金 1091 万元。全县个体私营经济完成产值 2598 万元，销售额 8897 万元，安置下岗职工 523 人。

2006 年，全县个体工商业户 1771 户，从业人员 4962 人，工商业户和从业人员分别是 1986 年的 104.7%、283.7%。

2010 年，全县私营个体工商业户 2027 户，其中新登记私营个体工商业户 266 户，从业人员 5514 人，注册资金 6433.5 万元。

第三章 商业分布与网点

第一节 农村商业网

1986年，供销系统商业网点202个，其中县城4个、乡镇15个、分社4个、村级181个，分布在16个乡镇180个村，从业人员427人，购进总值3558万元，销售总值2134万元。村级代销店以糖酒副食为主，乡镇供销社主要经营日用百货、南杂、糖酒副食、布匹、小五金、农资等。彩电、摩托、空调、冰箱等高档用品大都到县城购买。

2005年，因城乡交通条件改善，实施经营企业改革，部分乡镇供销社开设餐饮、住宿、修理、打印、网吧、美容美发等业务。2010年，启动万村千乡门市建设，全县乡村均设有门类齐全的商业销售点。

第二节 城市商业区

正街百货商业街　为古阳路南门桥至连城隧道路段，街长410米，为县城商贸经营主要街区之一，有“日用百货一条街”之称。2010年，有大小店面128个，经营面积5万平方米，以百货、副食、服装、电器、餐饮、五金、书店、银行、宾馆、商场居多，人流量200人次/分。是年，街区有和平商业广场、邮政大酒店、汇丰服装超市、天润茶都步行街、红太阳超市、新华宾馆等，年营业额8500万元。

柑子坪商业街　为栖凤路古常桥至古丈汽车站路段，长342米，是火车站、汽车站进入城区的主要通道。2010年，有商业店面129个，主要经营南杂、饮食、住宿、酒店、五金、建材、粮油、医药、服装等，人流量80～120人次/分，为县城繁华商业街区之一。是年，柑子坪商业区有小背篓宾馆、青林宾馆、功顺大酒店、建材店、五金商店等，日均营业额21万～50万元，年营业额7600万元。

红星茶叶一条街　为茶城路“绿香园”牌楼至南门酒楼路段和常德街，为2005年县城扩容新建，又称“古丈茶叶一条街”。2010年，商业区有超市、酒店、副食店、茶叶店、酒家、医院、摩托车经营店、银行、南杂店等经营场所，人流量110～150人次/分。茶城路有龙腾大酒店、瑞税大酒店、鑫源宾馆、国平摩托车店、金鑫物流等企业32家，常德街以茶叶店铺居多。商业区年经营额6700万元。

农贸集市街　为古常桥至连城隧道路段，长310米，为县城主要商业街区之一，有县城“农副产品交易一条街”之称。经营以农资、副食、百货、南杂、肉食、水产、五金电器、蔬菜水果、小吃、粮油、服装、家具、竹器、理发、保健等为主。2010年，有经营户328户，从业人员894人，经营品种 500 多个。人流量 200 ~ 2500 人次 / 分。农贸大市场占地 3000 平方米，经营面积 12000 平方米，四层楼房，一楼经营肉食、蔬菜、水产，二楼经营鞋、帽、服装、五金、布匹，三楼经营家具，四楼经营竹器、土特产品。有经营摊位 280 个，从业人员 550 人。农贸大市场年经营额 2.47 亿元以上。每逢农历三、八集日，人流如织，熙熙攘攘。

沿河夜市街　为沿河中路南门桥至老汽车站路段，长 350 米，为城区商业繁华街区之一。2010 年，有酒店、超市、南杂、餐饮、旅社、服装、建材、银行、农资店、医院、药店、修理、副食等经营店铺 80 家。经营企业有林波大酒店、供销大厦、古阳信用社、县人民医院二门诊、康泰药店、高峰宾馆等，人流量 80 ~ 120 人次 / 分。古丈铁板烧夜市摊点多在此经营，有“夜市一条街”之称，年经营额 1.1 亿元。

太阳城商业区　位于茶城路北段，2005 年，在竹溪湾开发新建街区，面积 7.87 公顷。经营建材、汽车修理、五金、钢材、水泥、家电、烟草、家具、茶叶、餐饮、住宿、修理、日杂、土产等。2010 年，有商户 258 家，从业人员 492 人，年交易额 1.42 亿元。

百货商店　1986 年，县城有百货商店 2 家，从业人员 79 人，固定资产 455 万元，经营面积 1583 平方米，经营品种 8 大类 129 个品种，日营业额 8.5 万元，年经营金额 2880 万元；设文具、体育、布匹、五金家电、糖酒副食、日用百货、鞋帽、南杂等专柜。全年购进商品总额 261 万元，销售总额 478.2 万元，实现利润 11 万元。1991 年，商店柜、组实行分开承包，经济指标核算到人。1993—1995 年，百货商店推行“国有民营”“国有私营”，自主经营，自筹资金、自负盈亏、自理工资，包干上缴；上缴利润 5.6 万元，亏损 52 万元。1996—2000 年，亏损 102.5 万元。2002 年，公司实行职工身份置换、企业产权置换改革改制，退出商品经营市场。2005 年，“两个置换”改革完成。

超市　县城有超市 2 家，为好运来超市和红太阳购物广场。1997 年，县城第一家超市（以顾客自选方式经营的大型零售商场，又称自选商场）“好运来超市”在县城正街民贸公司一楼营业，主要销售服装、家庭日用品、家用电器、玩具等。红太阳购物广场成立于 2005 年 7 月，经营面积 1200 平方米，经营副食、生鲜、日用百货、床上用品、文教用品、小五金家电、洗涤日化、精品日化、服装鞋帽等，商品种类 18000 种；2010 年，成功申报为“万村千乡市场工程”流通配送企业；商品销售额 1700 万元，员工 80 人。

第一节　集　市

高峰集市　设于高峰乡政府驻地李家洞村，距县城 44 千米。市场辐射古丈、沅陵、永顺 3 个县周边乡村。1986 年，为每周一集，即逢周日为集日。2003 年，改为逢农历四、九为集日，以街为市。临时摊位 80 ~ 120 个。2010 年，上市商品主要有肉食、水产、家畜禽、蔬菜、水果、日用百货、服装、土产、农资等，入市交易人数 700 ~ 1000 人，最多 3000 人，每集交易在 15 万 ~ 20 万元。

野竹坪集市　设于岩头寨镇政府驻地野竹坪村，距县城 25 千米。1999 年 12 月恢复设集，农历五、十为集日。入市交易多为县内古阳、高望界、山枣、河蓬等乡镇及沅陵县清水坪农民和个体经商户。2010 年，入市交易人数 500 ~ 1000 人，多则 2500 人。上市商品主要有肉食、日用百货、畜禽、蔬菜水果、土特产品、木材木炭等。每集交易金额在 12 万 ~ 20 万元。

草潭集市　设于岩头寨镇草潭村，距县城 40 千米。农历一、六为集日。入市交易者多为岩头寨镇、山枣乡、河蓬乡、沅陵县清水坪、棋坪农民及个体经商户。2010 年，交易人数一般在 1000 ~ 1800 人，多则 3500 人。交易产品主要有肉食、禽畜、日用百货、土特产品，服装、粮油等，每集交易金额在 10 万 ~ 15 万元。

山枣集市 设于山枣乡政府驻地，距县城44千米。1988年始设集，农历二、七为集日。交易者多为岩头寨镇、河蓬乡、泸溪县八什坪乡、沅陵县棋坪等农民及个体经商户。2010年，交易人数一般在800～1500人，最多3000人。上市交易主要有粮油、土特产品、禽畜、肉食、日用百货、蔬菜、水果、茶叶、板栗等。每集交易金额8万～12万元。

河蓬集市 设于河蓬乡政府驻地河蓬村大溪坪，距县城32千米。农历三、八为集日。入市交易多为山枣乡、岩头寨镇、坪坝乡、古阳镇、泸溪县梁家潭乡、吉首市排绸乡等地农民及个体经商户。2010年，交易人数800～1500人，最多5000人。交易商品主要有粮油、蔬菜、水果、畜禽、水产、日杂百货、服装、土特产、糖果等。每集交易金额10万～15万元。

坪坝集市 设于坪坝乡政府驻地溪口村，距县城41千米。农历三、八为集日。入市交易者多为默戎镇、河蓬乡、吉首市丹青镇、白岩乡、马颈坳镇等地农民及个体经商户。2010年，入市交易人数1500～2000人，最多4000人。有固定摊位80个。交易商品有肉食、粮油、土特产、畜禽、水产品、日用百货、服装、电器、蔬菜、水果等。每集交易金额15万～20万元。

龙鼻嘴集市 设于默戎镇政府驻地龙鼻嘴村，距县城29千米。农历五、十为集日。市场辐射坪坝乡、古阳镇、双溪乡和吉首市马颈坳镇、白岩乡，保靖县葫芦镇、夯沙乡。有固定摊位150个，水电、厕所、复称台等设施较为完善。2010年，入市交易人数1200～2000人，最多5000人。交易商品主要有肉食、粮油、土特产品、日用百货、畜禽、糖酒副食、服装、小五金、药材等。每集交易金额20万～30万元。

县城集市 设于县城农贸大市场及周围街道。市场水电、厕所、复称台、宣传栏、公安执勤室、投诉办公室等机构设施齐全。辐射吉首、永顺、保靖、沅陵、张家界、怀化等周边18个县市及县内12个乡镇。为县内最大市场交易中心。2010年，有肉食、蔬菜、家具、小五金、日用品、服装、修理等经营区。农历三、八为集日，入场交易人数5000～9000人，最多20000人。有经营户250户，从业人员568人。经营品种有肉食、水产、牲畜、蔬菜、水果、花卉苗木、土特产品、药材、茶叶、服装、百货、日杂、农资、小五金及山野菜等。交易金额每集在1000万元以上。

罗依溪集市 设于罗依溪镇政府驻地罗依溪村，距县城13千米。农历一、六为集日。入市交易多来自县内古阳镇、红石林镇、断龙山乡，永顺县芙蓉镇、长官镇，保靖县阳朝乡等地农民及个体经营户。2010年，入市交易人数1100～2000人，最多8000人。上市商品主要有肉食、粮油、茶叶、水产、土特产品、畜禽、日用百货、糖酒副食、服装等。每集交易金额在15万～20万元。

断龙山集市 设于断龙山乡政府驻地田家洞村，距县城40千米。农历五、十为集日。入市交易者主要来自红石林镇、罗依溪镇、双溪乡，永顺县芙蓉镇、保靖县阳朝乡等地农民及个体经营户。2010年，入市交易人数2000～5000人，最多8000人。上市商品主要有畜禽、肉食、粮油、蔬菜、水果、土特产品、日用百货、糖酒副食、服装、日杂等。交易金额每集在20万～40万元。

第四章 商品购销

第一节 生产资料购销

一、生产资料购进

1986—1992年，农业生产资料由供销生资部门专营。全县累计购进化学肥料7619吨，农药593吨，农膜158吨，购进额3515.4万元。1993—1996年，取消价格“双轨制”，实行综合作价和一县一价政策。1995—1998年，县供销系统企业实行经营、价格、分配、用工四放开。2010年，全县购进化学肥料2800吨，其中尿素795吨，磷肥152吨，钾肥273吨，复合肥1590吨，农药83吨，农膜95吨。全部由个体经营户购进销售。1986—2010年，全县购进化肥41172吨，其中氮肥17584吨，磷肥5246吨，钾肥2595吨，复合肥15747吨；中低含量茶叶、水稻、油菜配方肥3200吨。

二、生产资料销售

1986年，县生资公司和各乡镇供销社销售化肥805吨、农药53吨、农膜9吨、中小农具28700件。1996年，销售化肥1159吨、农药67吨、农膜25吨、中小农具8100件。2002—2010年，生产资料销售全部由个体工商户经营。

1986—2010年古丈县生产资料购进一览表

表16-1

年份	1986	1987	1988	1989	1990	1991	1992	1993	1994	1995	1996	1997	1998	1999
化学肥料（吨）	910	813	895	1052	1125	1476	1348	1313	918	1015	1227	1376	1665	1550
尿素（吨）	665	579	662	685	721	885	622	721	395	505	512	557	722	751
磷肥（吨）	83	71	89	96	110	278	155	160	156	210	175	218	301	342
钾肥（吨）	42	39	52	67	78	110	98	78	72	97	78	98	128	118
复合肥（吨）	120	124	92	204	216	203	473	354	295	203	462	503	514	339
化学农药（吨）	138	136	142	52	34	67	24	52	55	62	68	70	75	62
农膜（吨）	13	15	18	12	20	52	28	23	20	16	18	40	41	25
农药械（百件）	1144	1185	943	810	270	1221	1531	1919	1702	1628	1477	955	466	330
中小农具（百件）	312	318	262	342	120	191	224	178	104	97	94	71	30	27
总金额（万元）	92.8	85.4	97	115	126	167	212	235	246	237	248	267	310	305

续表 16-1

年份	2000	2001	2002	2003	2004	2005	2006	2007	2008	2009	2010
化学肥料（吨）	1678	1692	1822	2118	2756	2418	2118	2479	2512	2586	2810
尿素（吨）	824	877	527	890	718	817	914	717	678	845	795
磷肥（吨）	319	322	247	412	185	250	278	250	237	150	152
钾肥（吨）	127	138	44	102	66	115	79	185	212	99	273
复合肥（吨）	408	355	1004	714	1287	1236	847	1327	1385	1492	1590
化学农药（吨）	58	58	62	75	76	72	105	85	94	95	83
农膜（吨）	32	37	25	34	32	33	40	72	79	93	95
农药械（百件）	223	112	—	—	—	—	—	—	—	—	—
中小农具（百件）	18	20	—	—	—	—	—	—	—	—	—
总金额（万元）	322	317	225	247	364	329	292	346	358	401	455

1986—2010 年古丈县生产资料销售一览表

表 16-2

年份	1986	1987	1988	1989	1990	1991	1992	1993	1994	1995	1996	1997	1998	1999
化学肥料（吨）	803	827	887	919	1104	1502	1275	1206	812	959	1159	1256	1789	1515
尿素（吨）	593	677	637	707	785	1037	614	559	341	417	435	482	926	670
磷肥（吨）	175	75	143	112	159	143	135	138	128	137	136	138	150	145
钾肥（吨）	9	47	63	32	15	17	27	31	14	18	24	32	32	13
复合肥（吨）	26	28	44	98	145	305	499	478	329	387	564	604	681	687
化学农药（吨）	53	132	137	41	35	64	22	50	55	63	67	69	72	60
农膜（吨）	9	14	16	17	19	55	28	22	19	17	25	38	38	24
农药械（百件）	1125	1074	971	825	584	1122	1550	1882	1680	1879	1411	927	488	328
中小农具（百件）	287	309	247	322	110	184	221	174	102	89	81	62	28	28
总金额（万元）	202	245	255	328	212	333	314	308	176	182	202	216	197	210

年份	2000	2001	2002	2003	2004	2005	2006	2007	2008	2009	2010
化学肥料（吨）	173	1717.12	1791	2022	2264	2336	2203	2434	2468	2575	2756
尿素（吨）	672	562.34	522	588	697	725	859	701	554	838	811
磷肥（吨）	112	122.78	131	151	178	182	264	145	132	140	146
钾肥（吨）	30	24	32	58	52	88	46	201	226	84	293
复合肥（吨）	959	1008	1106	1225	1337	1341	1033	1387	1445	140	146
化学农药（吨）	61	59	60	70	70	71	102	88	92	94	85
农膜（吨）	31	34	23	32	32	35	39.5	70	77	95	96
农药械（百件）	219	110	—	—	—	—	—	—	—	—	—
中小农具（百件）	19	76	—	—	—	—	—	—	—	—	—
总金额（万元）	230	215	513	375	467	487	411	462	413	317	344

第二节　生活资料经营

一、国有商业购进

1986年，一般商品购进按照一、二、三级批发流转渠道，至上而下从省、州百货站副食品供应站等企业购进商品占主要比例，从其他厂家、公司购进比例较小。商品购进金额261.1万元，其中一般生活资料购进101.5万元，占商品购进总额的39%。1988年，购进种类以百货、日化、副食、日杂、五金、电器、文体用品等小商品为主，商品购进金额297.1万元，一般生活资料125万元，占当年购进总额的42%。1991年，商品购进总额368.2万元，其中一般生活资料购进246.8万元，占商品购进总额的67%。1994年，商业企业购进大件商品洗衣机58台，冰箱204台，空调138台，电视机546台，自行车286台，缝纫机100台。1997年，全县商业企业采购厂家商品金额3580万元，占商品购进总额的78.5%。1998年，商业企业亏损额升至757万元。生活资料购进由个体户市场化自主经营，国有商业企业退出商品经营。

二、供销系统购进

1986年，供销系统从上级批发站购进商品总额3558万元。1996年，购进大件商品有电视机、空调、冰箱、洗衣机等2240台，占全系统购进总额的58%。为提高市场占有率，克服集体商业存在流通环节多、商品价格高、市场竞争力不强等因素，县供销系统有12家经营企业同省内外18家厂家、公司建立购销关系，直接从厂家购进商品金额1085万元，占商品购进额28.3%。家用电器等大件商品90%以上为直接进货。1997—1999年，年均购进总值5245万元。2000—2004年，年均购进6162元。2005年，县内供销企业资金负债率达89.5%。企业退出商品经营，转向资产经营，停止商品购进。

三、国有商业销售

1986—1990年，商品流通依赖于卖方市场，商品经营性质和商品价格都受政府调控。1991年，国有商业企业推行“经营放开，价格放开，分配放开，用工放开”。商品销售由统一经营过渡到承包经营。1992年，推行一业为主、综合经营，每个承包柜、组经营品种50～80个。设立长虹、康佳、熊猫彩电专卖店、柜，白云冰箱、小天鹅洗衣机、格力空调等专卖或直销柜，年销售金额1560万元。销售利润由1986年15万元增至1992年527万元。1993年，全县商业系统全面实行承包经营，推行“国有民营和公有私营”改革，市场经营彻底放开，当年商业系统8个经营企业亏损额290万元。1998年，全系统亏损增至7570万元。

四、供销系统销售

1986—1992年，供销企业先后与外地厂家、公司在县内设立总经销，总代理或设专柜销售，直接从厂家购进商品，减少流通成本，年销售总额达662万元，占商品购进总额的12.4%。特别是大宗电器直接从厂家进货，缩减流通环节，降低销售成本，增加销售数量。1993—1999年，全县供销系统经营企业亏损138万元。2000年始，生产资料销售份额减少，经营主体逐渐向个体私营户转移。2010年，供销系统生活资料自销售总额58万元，只占9%，基本上转制停业。

1986—2002年古文县国有商业经营情况一览表

表16-3　　单位：万元、%

年份	商品购进金额	资产总额	流动资金	负债		银行贷款	商品流通费		商品销售金额	实现利润	上缴税金	年末库存金额
				金额	负债率		金额	费用率				
1986	261.1	2111	1031	662	48	3585	12.3	4.7	478.2	11	8.36	179.26
1987	277	2456	575.6	1392.6	56.7	3785	8.6	3.1	550.8	20.2	7.16	402.5
1988	297.1	2662	6333	4528	71.5	4218	25.25	8.5	689.9	31	10	209.3
1989	335.2	3118	7426	1855.2	59.5	4345	22.45	6.7	601.1	—	9.25	—
1990	310.8	3740	8070	5540	67	4508	17	5.5	547.3	6	6.9	—
1991	368.2	4142	8539	2527	61	4633	19.2	5.2	589.2	12.77	9.8	—
1992	425.6	5189	8235	3699	71.3	4646	20.3	6.8	502.2	6	11.8	—
1993	589.2	6421	10651	4674.5	72.8	8442	21.8	6.4	724.2	−29	—	—
1994	872.4	7835	11251	5468.8	69.8	4937	23.4	7.6	1238.2	−4.9	—	—
1995	1088.97	8431.4	12617	1815.3	74.7	12703	25.2	2.3	1204.1	−40.1	39.4	494.87
1996	1126.5	11827	11303	7037	59.5	13835	28.1	8.6	1384.9	−196.1	—	—
1997	1212.9	12013	8166	5970	49.7	13311	22.8	5.9	1334.2	−240.5	—	—
1998	1425.6	12430	6560	7259	58.4	18575	25.5	6.5	1782	−757	—	—
1999	1013	12113	6213	8636.6	71.3	18955	26.4	5.7	1367.6	—	—	—
2000	564	12370	6397	8226	66.5	19057	29.4	7.7	1297.2	−127.3	—	—
2001	423	12560	5942	7272.2	57.9	19543	27.2	8.3	1099.8	—	—	—
2002	311	13124	6135	7296	55.6	19974	28.6	9.1	429	—	—	—

1986—2010年古文县供销系统经营情况一览表

表16-4　　单位：万元、%

年份	商品购进金额	资产总额	流动资金	负债		银行贷款	商品流通费		商品销售金额	实现利润	上缴税金	年末库存金额
				金额	负债率		金额	费用率				
1987	3677	1873	1432	788	42.07	714	205	8.96	2287	12.8	29	802
1988	3743	1917	1514	792	41.3	745	246	10.6	2307	13.4	38.8	784
1989	3608	1723	1498	770	44.6	850	415	11	3755	8	46	566
1990	2924	1575	1171	896	56.8	877	310	14.97	2070	−27	26	628
1991	3957	1649	1116	997	60.4	890	295	8.5	3462	13	43	622
1992	4051	1938	1188	1022	52.7	929	311	8.9	3488	15	43	750
1993	4322	2129	1124	1458	68.4	938	368	9.77	3766	9	47	786
1994	3439	1694	1279	1135	67	861	331	21.16	1564	−49	19	815
1995	5547	2296	1213	1415	62	840	388	19.4	1992	−21	24	911
1996	5332	2371	1055	1776	75	836	367	17.6	1085	−18	26	928
1997	3267	1784	1479	1488	83.4	844	331	14.5	2274	−23	28	612

续表 16-4

年份	商品购进金额	资产总额	流动资金	负债		银行贷款	商品流通费		商品销售金额	实现利润	上缴税金	年末库存金额
				金额	负债率		金额	费用率				
1998	2588	1478	882	1127	76.2	925	226	10.1	2216	−17	28	511
1999	2611	1431	942	1308	91.4	937	193	8.8	2178	−59	27	505
2000	2723	1366	808	1179	86.3	844	172	8.3	2054	0.5	26	522
2001	1750	2550	845	1939	64.3	785	85.72	4.38	1957	0.8	25	320
2002	1788	2618	918	2295	87.69	727	109.5	5.78	1894	0.6	24	305
2003	1890	2274	816	2013	88.54	835	107.6	5.45	1975	0.7	25	318
2004	1715	1759	1282	1278	72.7	971	342	18.23	1876	5	23	220
2005	1798	1518	796	1268	83.54	984	90.8	4.8	1892	1	23	180
2006	1422	1412	801	1153	81.67	996	80.8	5.22	1548	0.7	19	162
2007	1308	1182	627	933	78.96	489	125.45	8.7	1442	0.8	18	152
2008	1009	940	522	810	86.22	456	76	6.2	1227	−0.6	15	141
2009	875	698	432	596	85.36	442	70.9	7.4	958	−0.4	12	88
2010	554	432	238	417	96.47	505	63	9.82	642	−0.5	8	57

第三节　农副产品收购

1986年，县土产公司统收购杂竹、桎木条、杂木棒等农林副产品，销往河南、河北、山西等地。1986—1998年，收购桎木条10805吨，冬茅秆1540吨，小杂竹6187吨，规格竹277.5万根，黄荆条533吨，杂木棒13500根，累计收购资金5530万元。1999年，全县实行退耕还林，封山育林，停止收购桎木条、杂竹、冬茅秆。2000年，土产公司农副产品不再开展收购工作；茶叶和规格竹收购由个体户进行。

1986—2001年古文县供销系统农副产品收购一览表

表 16-5

年份	1986	1987	1988	1989	1990	1991	1992	1993	1994	1995	1996	1997	1998	1999	2000	2001
购进金额（万元）	360	570	580	576	330	290	245	310	340	410	299	308	274	260	212	190
大米（吨）	12	17	18	20	40	15	110	212	66	8	5	2	550	456	—	—
黄豆（吨）	40	45	55	60	122	41	518	487	548	432	430	450	98	710	—	—
玉米（吨）	50	58	62	70	60	70	422	185	248	15	122	110	128	54	—	—
苎麻（吨）	38	45	50	62	72	21	44	68	27	38	2	4	—	5	—	—
茶叶（吨）	10	12	12	11	10	12	20	15	18	20	18	20	22	24	24	—
冬茅秆（吨）	210	220	130	170	175	430	75	18	25	50	25	12	5	—	—	—

续表 16-5

年份	1986	1987	1988	1989	1990	1991	1992	1993	1994	1995	1996	1997	1998	1999	2000	2001
小杂竹（吨）	550	630	835	900	970	450	200	530	285	645	62	35	20	25	50	—
规格竹（百根）	1755	1975	2131	2062	2285	2147	3512	2221	2601	2080	2301	115	539	421	700	830
桎木条（吨）	2220	2419	2637	2715	2812	2682	3843	2419	3221	1136	2332	2935	1330	3072	—	—
杂木棒（百根）	19	26	24	22	13	13	18	—	—	—	—	—	—	—	—	—
黄荆条（吨）	100	120	125	188	—	—	—	—	—	—	—	—	—	—	—	—
桐油（吨）	680	621	716	796	510	550	530	412	395	119	272	312	35	—	—	—

第四节　粮油购销

一、粮油收购

1986—1992 年，粮油收购价格实行平价粮油收购和议价粮油收购“双轨制”。收购平价稻谷 12846 吨、大米 6306 吨、茶油 82 吨、菜油 240.2 吨、菜籽 380.2 吨。收购议价稻谷 16048 吨、大米 8170 吨、茶油 98.9 吨、菜油 179.6 吨、菜籽 387.9 吨、桐油 322.1 吨、桐籽 599.8 吨。1992 年 11 月，放开粮食收购价，价格随行就市。1993 年 1 月，食油退出平价收购。1993—1998 年，粮油收购分为政策性粮油收购和市场粮油收购。政策性粮食收购对象主要是粮食合同定购（含农业税）、保护价收购、国家专项储备粮收购、代省专项储备粮收购。按政策保护价收购稻谷 22654 吨，大米 981 吨。按市场价收购稻谷 13425 吨，大米 2565 吨、菜油 400.8 吨、菜籽 513.3 吨。1999 年，粮油收购不再分政策保护价粮油收购和市场价粮油收购。2000 年，粮食部门停止油脂油料收购业务。1999—2010 年，收购稻谷 31480 吨，大米 924 吨。

1986—2010 年古丈县粮食系统粮油收购情况一览表

表 16-6

年份	收购品种											
	稻谷（吨）	大米（吨）	面粉（吨）	面条（吨）	玉米（吨）	大豆（吨）	小杂粮（吨）	茶油（百千克）	菜油（百千克）	菜籽（百千克）	桐油（百千克）	桐籽（百千克）
1986	9024	9588	19	19	523	183	—	284	147	484	1284	947
1987	4819	572	42	16	36	23	—	25	650	176	552	3330
1988	2127	1958	—	3	500	14	—	20	1474	316	772	810
1989	4666	1095	2	—	158	13	42	587	618	668	327	130
1990	5252	550	—	—	19	8	—	719	510	1366	234	723
1991	2275	459	—	15	31	2	17	153	373	3722	46	58
1992	731	254	103	14	14	6	—	21	426	949	6	—

续表 16-6

年份	收购品种											
	稻谷（吨）	大米（吨）	面粉（吨）	面条（吨）	玉米（吨）	大豆（吨）	小杂粮（吨）	茶油（百千克）	菜油（百千克）	菜籽（百千克）	桐油（百千克）	桐籽（百千克）
1993	1980	734	—	—	15	7	—	133	162	859	147	471
1994	9935	461	—	—	115	121	20	111	2181	1476	336	13
1995	7787	1372	202	52	222	8	—	70	665	3023	—	—
1996	9179	741	16	6	194	—	—	65	392	—	3	—
1997	3549	133	62	—	141	39	—	26	251	232	—	—
1998	3649	102	—	—	10	3	—	3	519	564	—	—
1999	2054	363	—	—	5	5	—	—	—	—	—	—
2000	1935	54	—	—	—	—	—	—	—	—	—	—
2001	4936	73	—	—	—	—	—	—	—	—	—	—
2002	4765	10	—	—	84	—	—	—	—	—	—	—
2003	8239	1	—	—	31	—	—	—	—	—	—	—
2004	938	3	—	—	—	—	—	—	—	—	—	—
2005	1150	—	—	—	—	—	—	—	—	—	—	—
2006	2156	310	—	—	—	—	—	—	—	—	—	—
2007	1439	47	—	—	414	—	—	—	—	—	—	—
2008	1471	43	—	—	14	—	—	—	—	—	—	—
2009	1413	18	—	—	—	—	—	—	—	—	—	—
2010	984	—	—	—	—	—	—	—	—	—	—	—

说明：此表数据不包括个体经营户粮油收购数

二、粮油销售

1986年，国家对粮油销售价格实行平价粮油销售和议价粮油销售“双轨制”政策。1992年11月，放开粮油销售价，价格随行就市。1993年1月，食油退出平价销售。1994年，分政策性粮油销售和市场粮油销售。1993—1998年，平价粮食销售，销售稻谷29399吨、大米54114吨。平价食油销售，销售茶油106.1吨、菜油425.1吨。1999年，粮食流通体制改革深入，粮食销售价格放开。2005年，粮食企业退出油脂销售业务。2005—2010年，销售稻谷39017吨、大米6154吨、茶油1.8吨、菜油131.7吨。

三、粮油调运

1986—2004年，粮食主要从常德地区调入古丈县。2005—2010年，粮食主要从湖北、河南、东北三省等地调入古丈县。粮食调出主要调往广东、广西等地。油脂主要在州内各县市间调入或调出。1986—1996年，调入稻谷61955吨，大米15252吨，面粉3042吨；调入茶油66.9吨，菜油281.1吨，调出稻谷9280吨，大米1385吨；调出茶油181.1吨，菜油113.5吨，桐油504.9吨。1997—2010年，调入稻谷4448吨，大米2953吨；调出稻谷1971吨，大米1390吨。

1986—2010 年古文县粮食系统粮油销售情况一览表

表 16-7

年份	销售品种											
	稻谷（吨）	大米（吨）	面粉（吨）	面条（吨）	玉米（吨）	大豆（吨）	茶油（百千克）	菜油（百千克）	菜籽（百千克）	桐油（百千克）	桐籽（百千克）	其他（百千克）
1986	6726	9682	420	454	608	51	287	698	—	259	770	—
1987	3644	4444	428	144	528	273	259	1688	19	77	827	—
1988	2260	7073	215	108	1340	83	126	1487	31	145	1675	—
1989	5478	7759	239	96	1319	36	—	574	—	209	322	88
1990	4323	5802	242	194	276	7	76	970	11	77	181	116
1991	2285	5746	245	274	84	8	295	822	—	—	—	263
1992	1277	2420	145	74	—	8	47	1050	—	3	—	156
1993	2317	3497	180	106	23	32	220	1444	38	89	72	428
1994	7371	6768	131	66	148	138	5	1518	—	81	116	117
1995	6357	6651	172	70	224	46	18	522	90	911	244	8
1996	5578	2806	85	45	130	8	30	1478	829	4	—	43
1997	724	906	8	13	149	6	76	—	218	10	—	—
1998	5265	235	37	10	49	36	76	780	495	—	—	9
1999	2099	364	—	—	19	7	16	314	209	—	—	—
2000	3078	58	—	—	—	15	2	4	—	—	—	—
2001	6063	56	—	—	—	1	30	720	—	—	—	—
2002	4793	55	—	—	14	1	30	224	—	—	—	—
2003	13620	19	—	—	101	—	—	26	—	—	—	—
2004	2795	7	—	—	—	—	—	31	—	—	—	—
2005	—	—	—	—	—	—	—	—	—	—	—	—
2006	1543	538	—	—	—	—	—	—	—	—	—	—
2007	1871	623	—	—	402	—	—	—	—	—	—	—
2008	84	1257	—	—	26	—	—	—	—	—	—	—
2009	3857	2298	—	—	—	—	—	—	—	—	—	—
2010	2423	2269	—	—	499	—	—	—	—	—	—	—

说明：此表数据不包括个体经营户粮油销售数

第五节　盐业专营

1986 年，县民族贸易局负责全县盐业经营。1990 年，县盐业公司成立，专门负责盐业经营。1993 年，县井矿真空制盐零售价格散装由每 500 克 0.27 元上调至每 500 克 0.42 元。1995 年，食盐经营单位和个人必须办理食盐零售许可证，方可经营，500 克袋装食用加碘盐零售价格为 0.50 元。1996 年，县盐业公司直接隶属湘西自治州盐业公司，不再由县民族贸易局管理。1997 年，县城食盐零售价格为每500克0.62元，农村食盐零售价格为每500克0.65元。1998年，县盐业公司并入永顺县盐业公司。1999年，500克袋装食盐零售价格调至0.8元。2002年，500克袋装食盐零售价格调至2元。2003年，受"非典"（非典型性肺炎）疫情影响，食盐市场出现抢购现象，县政府从州盐业公司调配食盐20吨投放市场，保证市场足额供应，抢购现象得到控制。2005年3月，盐务工作职能划入县商务局。2010年5月，县商务局、县工商行政管理局在县城集贸市场开展盐业法规咨询活动，陈列假盐、劣质盐和污染盐，向群众宣传讲解识别碘盐、劣质盐和非碘盐的方法，发放"全民普食碘盐，消除碘缺乏病"宣传资料。在"5·15"防治碘缺乏病活动日，配合卫生部门开展"坚持食用碘盐，享受健康生活"宣传。是年，开展涉盐违法犯罪专项整治活动和食盐流通环节安全大检查。

第六节　石油煤炭燃气经营

一、石油供应

1986年，县石油公司机构级别由股级升格为正科级，公司人、财、物划归湖南省石油公司吉首公司管理，为省属企业，受吉首公司和县经委双重领导。1987年，主管部门由县经委代管变更为由县计委代管。1995年8月，县石油公司更名为湖南省石油总公司古丈县公司。全县石油销售分县城、农村两块市场。县城设4个销售点，即糖厂、河街、三道河、树栖柯；农村由乡镇供销社代销。粮食、建材、木材加工、抽水所需柴油由乡镇政府根据柴油机械动力大小配给柴油指标，经营户凭票到乡镇供销社购买。标准为14.7千瓦柴油机每台每月配柴油30千克；7.35千瓦柴油机，每台每月配柴油15千克。抗旱抽水所需柴油指标根据旱情严重程度另行分配。

2000年3月，县石油公司更名为中国石化股份有限公司古丈县石油支公司，辖1个润滑油经营部，三道河、城关、罗依溪、城东4个加油站，1艘水上加油船。是年，包括县石油支公司加油站在内，全县有加油站点21家。2001年，县石油支公司职工36人，其中固定职工14人（含内退职工4人）、临时工22人。是年，县石油支公司推行企业重组改制改革，公司除主要负责人和已退休职工外，其他职工全部实施身份置换，买断工龄，与单位脱离劳动关系。

2005年3月，县石油支公司划归县商务局管理。6月，县石油支公司对年销量在800吨以下的城东加油站、三道河加油站和水上加油船进行"两权分离"（所有权与经营权分离）改革。

2010年，县石油支公司职工27人，其中正式工1人、临时工26人。是年，全县有加油站点18家。公司经营有罗依溪加油站、树栖柯加油站、三道河加油站、城东加油站，个体经营有河西加油站、龙鼻嘴加油站，另有加油点12家。

1990—2010年古丈县石油公司部分年份石油零售价格一览表

表16-8

年份	汽油（升/元）			0#柴油（升/元）	照明煤油（千克/元）
	90#	93#	97#		
1990	—	—	—	0.8	0.9
2000	3.96	—	—	3.26	—
2010	6.16	6.57	6.79	6.45	—

1999—2010年古文县石油公司成品油销售一览表

表16-9

单位：吨

品种 年份	合计	其中		
		汽油	柴油	润滑油
1999	2481	745	1736	—
2000	2798	896	1902	—
2001	1878	638	1240	—
2002	2020	607	1413	—
2003	3326	1164	2162	—
2004	3758	1202	2556	—
2005	4040	1252	2788	—
2006	4382	1479	2871	32
2007	3888	1161	2727	—
2008	1615	559	1056	—
2009	4734	1764	2970	—
2010	5377	1702	3675	—

二、煤炭供应

1986年，全县煤炭统一由县煤建公司经营，煤炭采购调运按照计划分配调配，由供货煤矿企业通过火车运至县内，再由汽车配送给各机关、厂矿、学校、经销点、经营单位。居民生活用煤供应通过煤厂加工制成藕煤后，再零售给用户。

1987—1989年，全县年销煤炭1500吨以上，月均供煤125吨，基本满足县城居民生活及工业生产需求。

1993年，煤建公司划归县经委管理，实行承包经营。1994年，煤建公司推行“四个放开”，实行承包经营。承包人采取“扩大经营网点、开展送货上门服务、破煤负责退换、货款赊销”等措施扩大销售量。

1994—1995年，年均向各机关、厂矿、居民销售煤1500吨，直供企事业单位28家，经营服务对象5500户，年销售额200万元。县政府每年给煤建公司补贴资金15万～20万元。

2004年，煤建公司实施“两个置换”，依法破产改制，47名员工按照政策内退、买断工龄、留职停薪等方式予以安置。同年，县内煤炭经营进入市场化，由个体户自主经营、自负盈亏。

2005年，全县煤炭经营户8家，年销售煤炭1800吨。县内机关、厂矿、企业用煤全部实行自主经营，自行调购或由经营户、厂家送货上门。2007—2010年，县内用煤主要从山西省大同煤矿、河南省平顶山煤矿、省内娄底、辰溪以及州内龙山、永顺等地调购煤炭。古阳镇、罗依溪镇、红石林镇、默戎镇等乡镇工业用煤量占全县用煤80%以上。2010年，推行节能减排，属于清洁能源的电、液化气用量增加，全县生活用煤500吨，工业用煤2400吨。

1986—1996 年古丈县煤炭使用量一览表

表 16-10

单位：吨

用量＼年份		1986	1987	1988	1989	1990	1991	1992	1993	1994	2005	2010
总量		980	1050	1250	1300	1500	1600	1400	1350	1400	1800	2900
其中	工业	480	500	750	700	850	900	800	500	600	1200	2400
	民用	500	550	500	600	650	700	600	850	800	600	500

三、液化气供应

1992 年 3 月，县煤建公司经营液化气；6 月始，县五交化公司经营液化气。1996 年，县内增加液化气供应店 1 家，在古丈火车站附近仓库内设储气站 1 座。1997 年，个体户周圣民、唐发新经县消防部门审批，经营液化气业务。全县液化气经销网点增至 5 个，用户 2000 户。

2002 年，由县建设局对城市液化气经营进行管理，供气价格由县物价局审核批准。

2004 年 10 月，古丈县迅达液化气站（为私营企业）成立，是全县唯一具有液化器经营权企业，位于城郊仁溪，接收县煤炭公司的液化气经营业务及设备资产，注册资金 30 万元，占地 2900 平方米，建筑面积 1500 平方米，气站总投资 100 万元，储存能力 112 立方米，主营液化石油气充装、销售以及钢瓶销售等业务，产品销售县城及部分乡镇。标准钢瓶每瓶装液化气 12.5 千克，每瓶销售价 95 元。2008 年，全面完成液化气钢瓶产权转移工作，销售网点 8 个，用户 8000 户，年销售液化气 250 吨。

2010 年，全县实施板手钢瓶改为螺丝钢瓶、使用期满的钢瓶强制报废等安全专项整治，全县报废钢瓶 3456 个。

第七节　药材购销

一、中药材收购

1986 年，县药材公司挂牌收购中药材 233 种。1987—1988 年，收购数量年均 300 吨。主要收购品种有金银花、杜仲、黄柏、厚朴、半夏、首乌、黄连、党参、茯苓、天麻、川芎、枳壳、玄参、木通、白芨、百合、五步蛇、银环蛇等。年收购金额 105 万元。其中从外地采购调入药材 58 吨，品种 120 个，大宗药材有甘草、当归、黄芪、玄参、白芍、桔梗、枸杞、锁阳、党参等，采购总值 80 万元。

1986—2002 年，中药材累计收购额 935 万元，年均 55 万元，其中药材公司收购总额 923 万元，个体私营户收购总额 12 万元。

2003—2008 年，中药材收购以市场经营为主，收购总额 615 万元。2010 年，全县中药材经营户 57 家，收购总额 156 万元。

1986—2002 年古丈县药材公司中药材收购数量一览表

表 16-11

单位：吨

年份	1986	1987	1988	1989	1990	1991	1992	1993	1994	1995	1996	1997	1998	1999	2000	2001	2002
总量	25	25	27	30	35	35	37	120	100	90	80	70	69	61	53	42	34

二、中药材销售

1986年，县内除国有药材公司销售外，个体药商数量增多，市场竞争日趋强烈。1990年，全国各地药材种植品种增加，规模扩大，生产销售数量增多，制药企业对药材种类选择性强。县药材公司因经营体制、方式等原因销售数量减少。1998年，全县中药材销售148万元，比1986年增加3.5倍，但国营药材公司销售只有40万元，比1986年减少50%。1986—2002年，县药材公司销售中药材4287吨，销售总值198万元。2004—2010年，个体户经营销售1836吨，销售金额125万元。

1986—2002年古丈县药材公司地方药材销售情况一览表

表16-12 单位：万元、吨

年份	1986	1990	1993	1995	1998	1999	2000	2001	2002
金额	80	137	145	105	40	92	80	55	18
数量	312	245	178	148	89	117	139	157	43

三、中成药销售

1986年，药材公司经营中成药品种180个。1987—1989年，经营中成药品种250～290个，年销售额40万～60万元。1991—2001年，全县中成药销售额120万元，主要品种有十全大补丸、六味地黄丸、虎骨酒、六一散、鹿胶、冰片、滑石等350个。2004年，全县有个体药店24家，中成药经营品种310个，年销售额200万元。2010年，经营品种452种，销售额300万元。

四、西药购销

1986年，全县西药购销按照计划实行统一采购、统一分销、统一价格，年购进西药金额68万元，销售金额112万元。1989年，西药购进600种，总金额150万元。1990年，个体药店兴起，医药购销竞争激烈，县药材公司独家经营格局被打破。县乡医疗单位根据自身需求实行单独采购或同厂家直接挂钩订货；是年，药材公司购进药品药具金额82.55万元，比1987年下降50.3%。2001年，县内西药销售以民营个体药店、诊所为主，全县个体西药店24家。2010年，全县个体药店增至49家，从业人员221人，销售西药850种，销售金额1255万元；县城内有老百姓大药房、惠丰药房、诚信大药房、福康大药房、宏泰大药店、和顺堂大药房、福笙堂大药房、天诚大药店、古丈坪药店、怀仁大药房10家药房。药店西药购销量占全县西药购销量85%。

第八节 烟草专卖

一、卷烟销售

1986年，县内卷烟供不应求，全年销售金额110万元。

1988年，全县批发网点增至17个，全年销售卷烟2988箱，销售金额208万元。

1992年7月，放开卷烟出厂价、批发价，卷烟销售随行就市，个体经营比例不断扩大，市场需求旺盛。是年，全县销售卷烟6014箱，销售金额751万元，实现利润30万元。

1995年，增设罗依溪、野竹、山枣3个乡镇卷烟批零点，扩大卷烟批发覆盖面。是年，全县销售卷烟9319箱，销售金额3729万元，实现利润133万元。

2003年，全县销售卷烟4061箱，销售金额2538万元，实现毛利360万元，毛利率14.18%，毛利比上年同期增长20.4%。

2008年，全县销售卷烟5465箱，同比增长14%；完成税利1141.16万元，实现毛利1472万元，同比分别增长14.49%、35%；单箱毛利为2693.5元，同比上升22.18%。销售湖南省工业公司白沙系列烟3640.28箱，同比增长1.32%。销售省外烟1517.96箱，同比增长78.59%。

2010年，全县销售卷烟6322箱，其中省外卷烟销售1856.25箱，较2009年同期增幅13.4%，实现卷烟销售毛利2382.54万元，较2009年同期增幅3.69%，卷烟销售毛利率26.59%，同比增0.98个百分点，创历史最好水平。

1986—2010年古丈县卷烟销售统计表

表16-13

年份	销售卷烟（大箱）	销售收入（万元）	年份	销售卷烟（大箱）	销售收入（万元）	年份	销售卷烟（大箱）	销售收入（万元）
1986	1665	110	1995	9319	3729	2004	2578	2156
1987	2862	189	1996	2000	3774	2005	2464	2280
1988	2988	208	1997	2298	4477	2006	3933	4139
1989	3120	237	1998	2337	2189	2007	4835	5873
1990	3480	500	1999	2642	2435	2008	5465	7598
1991	5310	396	2000	2670	2456	2009	6162	9730
1992	6014	751	2001	2435	2189	2010	6322	11004
1993	4886	1078	2002	2555	2230			
1994	11282	1872	2003	4061	2538			

二、烟草专卖管理

1986年，县烟草专卖局（公司）与县工商局、县税务局、县公安局、县交通局等部门在古阳、罗依溪、默戎、河西等乡镇进行烟草销售市场突击检查，查处违章经营户34户。

1990年，县烟草专卖局（公司）联合有关执法部门开展烟草市场大检查，打击倒买倒卖、销售假冒伪劣卷烟、无证经营卷烟行为。当年查处违章经营行为13起，没收卷烟13条，折合人民币2100元。1995年，实行烟草市场综合治理，联合办案，通过定点检查、举报等多种方式，开展打击走私贩私烟草活动、无证运输烟草专卖品的违法行为。

2003年，开展烟草市场规范化检查6次，查处假烟530条、非法渠道进货烟210条，查没烟叶1790千克，办理简易案件12起，罚没款300元。2008年，查处烟草销售各类违法案件24起，查处假、非、私烟57.272万支，烟丝1600千克；收缴罚没款4100元。探索、研究以诚信为纲、客户为本、记分制为手段的"三个双向"（双向诚信、双向服务、双向监督）烟草销售诚信等级管理。

2009年，把"端窝点、断源头、破网络、抓主犯"作为烟草市场打假的重点，严格执行"五公开"制度，即政策公开、办案程序公开、罚没收入公开、处罚标准公开、承诺服务公开。同时与公安、工商等部门建立联合打假的长效机制。

2010年，县烟草专卖局与县工商行政管理局、县公安局签订《古丈县烟草市场联合打假协议》。开展联合检查11次，自查38次，查处涉烟违法案件43起，其中涉案金额达5万元的1起；配合县工商行政管理局取缔无证经营卷烟零售户10户。

2010年，县烟草专卖局与县工商行政管理局、县公安局签订《古丈县烟草市场联合打假协议》。开展联合检查11次，自查38次，查处涉烟违法案件43起，其中涉案金额达5万元的1起；配合县工商行政管理局取缔无证经营卷烟零售户10户。

1986—2010年古丈县查处烟草销售案件情况一览表

表16-14　　单位：起

年份	1986	1987	1988	1989	1990	1991	1992	1993	1994	1995	1996	1997	1998
查处案件	1	2	9	4	13	38	21	12	10	7	5	3	7
年份	1999	2000	2001	2002	2003	2004	2005	2006	2007	2008	2009	2010	
查处案件	5	4	7	3	12	3	7	6	5	24	5	43	

第九节　废旧物资回收

1986年，县供销社设有废旧物资收购门市部，在全县16个乡镇设25个废旧物资收购网点，收购废旧有色金属铜、铝、锌、铁、钢等以及废纸、废塑料、废橡胶等22种废旧原料。是年，收购金额80万元。1996年，废品收购量减少，收购金额降至8万元。

2002年，废品收购转为个体户经营，自设网点，自找销路，自负盈亏。2005年，全县个体废旧物资收购网点81个，从业人员158人。是年，县公安、工商等部门对收购人员进行专门培训，制定收购管理制度，严禁收购铁路、公路器材，对收购电力、电信、厂矿企业专用铁、铜、锌、铝等物资要进行登记，对非法收购及偷盗物资予以处罚。

2010年，全县有废旧物资收购经营户16家，年收购总金额800万～1000万元。

1986—2010年古丈县供销系统废品收购情况一览表

表16-15　　单位：万元

年份	收购金额	年份	收购金额
1986	57	1999	40
1987	55	2000	44
1988	60	2001	28
1989	58	2002	28
1990	47	2003	27
1991	63	2004	27
1992	65	2005	27
1993	69	2006	23
1994	57	2007	22
1995	89	2008	16
1996	87	2009	14
1997	56	2010	9
1998	41		

第五章 服务业

第一节 餐饮业

一、酒店饭馆

1986年，县内酒店饭馆不多。县政府招待所承担绝大部分外来宾客和会议宿食接待业务。1988年，县城酒店饭馆有美名楼饭馆、怡新酒店、思源饭店、财神源饭店、栖凤村酒店等。乡镇比较有名的酒店饭馆有河蓬乡从友饭馆、高峰乡粮站酒店、草潭乡林宝酒店、罗依溪镇栖凤饭馆等。1991年，县饮食服务公司栖凤村酒家、古丈县总工会招待所开业。1993年，国营古丈高望界林场第一招待所开业。1999年，县政府茶城宾馆开业。

2008年，县城私营宾馆有茶城旅社、青林宾馆、小背篓宾馆、金世纪宾馆、2008宾馆、茶城宾馆等。2010年，县城酒店饭馆有小巷火锅店、金城火锅店、湘君火锅店、城南酒楼、聚贤楼饭店、古丈县思源饭店、供销餐馆、黄云餐馆、高望界大酒店、邮政宾馆、新华大酒店、栖凤旅社、瑞税大酒店、坐龙峡大酒店、红石林大酒店、功顺大酒店等30家。其中坐龙峡大酒店、红石林大酒店、新华大酒店、功顺大酒店是县内首批二星级酒店。

二、快餐摊铺

1994年，县城第一家快餐店“川味馆”砂钵饭店在三坡湾县气象局门面开业。1996年，五洲盒饭店在县城河街古阳信用社门面开业。2003年，在县城正街出现彭老二特色砂钵饭店、粟汇砂钵饭店、万发小吃店等快餐摊铺。2006年，福建千里香馄饨店在县城十字街落户。2010年，县城快餐摊铺有河街全记砂钵店、后街茂群小吃店、田艳快餐店、大嘴巴酸辣店、菊茄粉店、后街田姨米粉店、明菊小吃店等。

三、风味小吃

蒿草粑　蒿草粑由篙野菜、糯米粉加食用碱揉搓，并以腊肉，或芝麻、红豆、白糖为馅，再用猴栗叶包之蒸熟而成。其味香甜柔软，美味可口。为深受人们喜爱的民族风味小吃之一。

灯盏窝　用大米和黄豆打浆加葱、盐与水调匀，然后把浆放进形似灯盏的勺子里，在油锅中炸至金黄色就可食用。因勺子像油灯盏，因此得名灯盏窝，俗称浆粑粑。油而不腻，清香松软，是深受人们喜爱的民族传统食品、民族特色小吃。

唆螺　将静养数天吐掉泥沙的优质河螺或田螺洗干净，以桂皮、酸辣椒、花椒等几味调料炒炖熟，再加上生姜、鸡精、麻油、葱花等调料拌匀即可。食用时，将螺肉从壳中吮吸而出，故名唆螺。

古丈米粉　堪称古丈风味小吃一绝，以各类“臊子”所熬制的汤汁入味，“臊子”主要有木耳肉丝、排骨、牛肉、牛肚、羊肉、红烧肉、鸡肉等。制作流程简单，首先煮一锅沸水，将米粉下锅一到三分钟，用漏勺捞起，放入碗中，然后依次加入油、酱油、醋、少许食盐、味精、胡椒、花椒等配料，最后在浇上一勺“臊子”，撒上葱花，配上特制的辣椒即可。店家在每张餐桌上还放有青椒、大蒜、酸菜、粉萝卜丁、秘制酸辣籽等多种配菜。

烧苞谷　20世纪90年代以来，每年5月至10月，县城周边农村村民将种植的嫩苞谷，运到县城烧烤，烧时与苞谷叶一起烧，焦而不黄，味道可口。价格随行就市。

灌肠粑　用糯米、猪血、猪大肠制作而成。可以炒着吃，味道绝美，也可以把血灌肠油炸以后加上辣椒吃，可以当做饭吃，做火锅配菜。

火烧辣椒　将刚采摘青辣椒，用炭火烧熟，然后放入擂钵中捣碎，碎而皮连。捣时加入食盐、蒜沫。可以做下粉、下面的佐料，也可以直接当菜吃。此外还有火烧辣椒拌皮蛋。为一道开胃凉拌菜。

炒板栗　将大颗油板栗用小刀划破壳少许，放进热锅与小石子一同翻炒。炒熟后稍冷却，即可食。酥脆绵甜，香气四溢。

四、茶楼冷饮

1986年，县民贸局系统购置制冰机械，经营冰棒、冰淇淋等冷饮食品。县城亦有绿豆沙、糯米甜酒、冰水及各式冷饮料摊点和流动小商贩。2000年，城乡冰棒机停止生产，县域所有冷饮皆从吉首市进货，县城有个体冷库1家，从事冰棒等冷饮库存和批发。1998年，出现休闲茶楼，县城有青苹果茶楼、林隐茶楼、本色茶楼、黑潮冷饮店。2010年，从事茶楼冷饮服务的有林隐茶楼、本色茶楼、金海茶楼、黑潮冷饮店。龙腾大酒店、邮政大酒店、红石林大酒店也兼营茶楼业务。

第二节　其他服务业

一、理发、美容、洗浴

1986年，县城有时贵理发店、古丈坪理发店。2006年，县城有姣姣理发店、美丽新时尚理发店、安安美容美发店等。2010年，县城理发美容店主要有哥弟名剪理发店、姣姣理发店、时贵理发店、古丈坪理发店、安安美容美发店等30家；各乡镇分别有1 ~ 5家普通理发店，店面不大，设施简单，有的理发店也兼营染发、烫发、拉发等业务。县城洗浴行业有康雅、新概念、古丽源、尚美、好再来等7家美容洗浴中心；部分乡镇也各有1 ~ 2家洗浴室。

二、摄影

1988年，县内仅有长虹照相馆、栖凤彩扩部两家专业摄影个体户。1999年，数码照相异军突起。第一家数码摄影店“薇薇照相馆”在县城十字街落户，主要以人物摄像、摄影、实景旅游婚纱照摄影为主，从业人员12人。2000年，随着数码相机普及，各乡镇也分别有1 ~ 2户个体摄影经营户，逢节日、赶集、乡村学校开学，摆摊设点或上门开展摄影业务。2005年，县城新增雅尼摄影设计工作室。2010年，专业摄影经营户有薇薇照相馆、雅尼摄影设计工作室、新起点摄影室、长虹照相馆、时红广告经营部（兼）等。

三、家政服务

2001年，家政服务业兴起，主要有友秀干洗店、彩霞干洗店等，主要从事衣物干洗业务。2009年，新成立秋天童话、完美家政、家家乐家政3家家政服务中心，业务扩大到为酒店服务。2010年，家政服务主要有秋天童话、完美家政两家服务中心、秋香干洗店、利民干洗店、秋霞干洗店等。

四、广告业

1988 年，国营县印刷厂工艺美术服务部成立，是挂靠国营企业的第一家私营广告经营户。主要业务有广告招牌制作、印刷刻板、图章刻制等。1991 年，县印刷厂工艺美术服务部变更为古阳镇图章工艺厂。1994 年，又变更为时红广告公司。1995 年，新增宏源广告公司。1998 年，新增时著广告公司、志远印刷广告有限公司。

2004 年，金石广告公司营业。2005 年，设立三多广告公司。2006 年，新增信合商贸广告公司。2010 年，县内广告行业主要有时红广告公司、时著广告公司、金石广告公司、三多广告公司、金诚广告公司（信合商贸广告公司变更）、志远印刷广告有限公司等 6 家。

五、修理维护

1986 年，修理维护行业仅有小华加工店、五交化家电维修部、立业钟表店。2010 年，县城有汽车、摩托车美容修理店 9 家，汽车配件店 3 家，家电修理店 6 家，下水道修理店 3 家，县城农贸大市场内设锁、伞、鞋、衣物修理区。各乡镇有汽车、摩托车、家电维修店。

六、歌舞厅

20 世纪 90 年代初，县城内始出现歌舞厅，主要以跳舞为主，由专人（团队）演唱。歌舞厅有大富豪、小小鸟（电影院）、总工会、粮食、供销、茶城宾馆、文化馆等歌舞厅。后演变为唱歌（卡拉OK），跳舞而有之，有 VCD 点歌系统、KTV 包厢。90 年代中期后，断龙山乡、罗依溪镇等乡镇政府所在地歌舞厅营业。2010 年，县城有功顺家园、邮政宾馆、龙腾大酒店、银河休闲会所、本色等歌舞厅 10 家。

第六章　对外贸易

1986年，古丈县对外贸易公司组织粮油食品类、土特产品类、农产品类等20个品种货源出口。1993年1月，古丈县对外经济贸易办公室成立，与县经济技术协作办公室合署办公。3月，县对外贸易公司更名为对外经济贸易综合服务公司。1994年12月，县经济技术协作办公室加挂“古丈县对外经济贸易合作局”牌子。县对外经济贸易综合服务公司更名为县对外经济贸易总公司。总公司下设县对外贸易进出口公司、县对外贸易土畜茶叶公司、县对外贸易建华公司。1995年2月，县对外贸易总公司更名为县对外经济贸易有限责任公司。1996年，县外贸公司退出外贸经营，民营个体工商户继续给省、州外贸公司供货。

第一节　商品出口

1987年，县外贸公司外贸出口收购计划金额44.66万元，实际完成121.58万元，完成年计划272.23%。1990年，出口供货计划金额62万元，实际完成47万元，完成年计划75.8%。1991年，县外贸公司与湘西州土畜茶叶出口公司合作，扩大茶叶出口，全年出口绿茶2350吨，茶农增收211.5万元。

1992年3月至1994年7月，县外贸公司重点开发榉木、榉木蔸和茶叶出口供货业务。为湖南省外贸公司和湖南省茶叶公司年均出口供货额120万元。1996年上半年，除茶叶还有一些零星出口供货外，其他业务基本停止。下半年，公司停止运转，职工下岗。年底，职工到县就业局领取失业金（连续三年，100元/人·月）。1997年，县冶化厂硅锰合金远销香港，铬铁出口日本，供货额1600万元。1998年，县冶化厂电解金属锰出口西欧、韩国及东南亚地区，总量1200吨。

2001年，县内基本没有商品出口。2005年，出口创汇25万美元。2008年，县有机茶业有限公司茶叶出口24.72万美元。2010年，县有机茶业有限公司出口茶叶创外汇611922美元，销往印度、斯里兰卡、俄罗斯和美国。

第二节　出口商品基地

2005年5月，湖南省茶业有限公司收购县茶叶总厂，成立古丈县有机茶业有限公司。公司集种植、加工、销售、旅游于一体，主要经营“倩云牌”古丈毛尖、有机茶、珍眉茶、低农残茶、袋泡茶、珠茶、茶坯、绞股蓝茶等系列产品，有直接对外贸易经营权。2007年，公司基地被确定为县茶叶出口商品基地。2010年，基地面积达366.7公顷，其中获IMO认证有机茶基地200公顷。

第十七篇　交通　邮政　通信

第一章 交 通

1986年，县交通局设办公室、工程技术股、安全运输股、财会统计股，编制12人，人员12人。1993年4月，更名为县交通委员会，设办公室、财务室、工程股，编制11人，人员11人。1995年12月，县交通委员会更名为县交通局，设办公室、工程股、计财股，编制13名，人员13人。2008年，更名为县交通运输局。2010年，县交通运输局设办公室、政工股（加挂机关党委牌子）、工程股（加挂交通战备办牌子）、财务股、运输安全股、监察室（纪检组），局机关编制12名，后勤编制1名。归口管理县公路管理局、县交通建设质量安全监督管理所，县交通运输管理所、县地方海事处，县公路管理站，其中县公路管理局、县交通建设质量安全监督管理所两个单位为正科级事业单位，县交通运输管理所、县地方海事处两个单位为副科级事业单位。2个集体企业：县第二装卸运输公司、古丈县航运旅游中心，协管湘运古丈县公司。

1986年至2010年历任局长（主任）：杨友禄（1978年任、1990年再任）、向仍才、彭善扬（交通委主任）、向明洪。

第一节 交通设施建设

一、公路

1986年，全县公路12条，全长380千米，境内无国道，其中省道53.61千米，县乡道180千米，专用林道80千米。全县16个乡镇（场）驻地均修通公路。2008年，规划建设张花高速公路古丈连接线，途经古阳、双溪2个乡镇，全长42千米，其中境内长14.5千米。2010年，全县公路通车里程1142.5千米，其中省道45.08千米，县道136.46千米，乡道275.7千米，村道685.26千米。是年10月28日，龙永、永吉高速在龙山举行开工典礼，规划的永吉高速途经古丈县罗依溪、古阳、默戎3个镇，在境内设古丈、罗依溪2个高速互通。

（一）省道

1986年，境内省道有吉首至大庸干线公路1条，即省道S1828线，古丈段南起默戎镇喊娘坳，北至罗依溪镇箭潭口的罗依溪大桥南岸，全长53.61千米。1991年，投资423.3万元，实施省道S1828线默戎镇喊娘坳至罗依溪镇黑潭坪段柏油路铺设，全线长35千米，结束县境无柏油路历史。

1998年12月1日，省道S1828线吉首至罗依溪公路改造工程在吉首市振武营举行开工典礼。改造路段为省道1828线吉首市光明大桥至古丈县箭潭口处罗依溪大桥南（简称吉罗公路），全长61.7千米，总投资5.08亿元，在县境长41.16千米，投资3.65亿元。改造后公路等级为山区重丘二级公路，2002年12月建成通车。

2000年12月8日，在永顺县石堤西镇举行省道张家界至罗依溪公路改造工程开工典礼，改造路段为省道S1801线张家界至古丈县箭潭口处罗依溪大桥南（简称张罗公路），改造为山区重丘二级公路，全长91.508千米、总投资4.57亿元，在湘西州境内长67.38千米，其中县境长3.92千米，历时33个月，总投资3.58亿元，2003年10月建成通车。

2004年，吉首至张家界二级公路吉首至永顺县石堤西段编号为省道S229线，其中古丈段北起红石林镇河南村王村特大桥南岸，南至默戎镇龙鼻嘴村喊娘坳，全长45.08千米。2010年，省道S229线以常规养护和受灾后抢修为主。

（二）县道

1986年，境内县道有罗依溪镇箭潭口至永顺县王村、古丈至草潭、田马至高峰、河西至白溪关4条公路，全长132.47千米。2010年，境内县道公路主要有古沅公路、古高公路、洗田公路、河迁公路、迁默公路、后箭公路，全长136.46千米，占公路通车里程的11.99%。

古沅公路　起点为古丈县古阳镇，终点在沅陵县沅陵镇。1990年，修通草潭至沅陵县清水坪公路，古丈至沅陵公路全线贯通。2005年，县道古丈至沅陵公路编号为X023线。2008年，改造县道X023线田马寨至松溪坳段，改造为山区四级沥青路面，长43.71千米。2009年，改造县道X023线草潭至沅陵县清水坪段，长15千米。2010年，县道X023线全长76千米，为山区重丘四级公路，路基宽7米，路面宽6.5米，途经古丈县野竹、草潭，沅陵县清水坪、乌宿等地。

洗田公路　起点为泸溪县洗溪镇，终点在古丈县古阳镇田马寨，接古沅公路。1988年，修通河蓬至泸溪县桌子潭公路，长8千米，田马至泸溪县洗溪公路全线贯通。2005年，县道田马至泸溪县洗溪公路编号为X024线，在县境长30千米，途经古丈县河蓬，泸溪县梁家潭等地。2010年，改造县道X024线田马至河蓬乡苏家段，改造为路基宽6.5米，路面宽6米的山区重丘四级水泥公路。

古高公路　起点为古阳镇，终点在高峰乡李家洞，其中古阳镇三道河至田马寨段与古沅公路共线。1977年全线建成通车。2005年，县道古高公路编号为X022线，途经高望界林场，全长45千米。2003年，投资2000万元，改造古高公路县城三道河至田马寨段，建为山区四级柏油公路。2006年，实施县道X022线田马寨至高望界段公路提质改造工程，改造为山区重丘四级沥青路面，长34.39千米。2008年，实施县道X022线高望界至李家洞段公路提质改造工程，改造为山区四级沥青路面。

河迁公路　起点为古丈县红石林镇河西，终点在保靖县迁陵镇。1991年，架设梳头河公路大桥，连通白溪关至保靖县仙仁公路，河西至保靖县迁陵公路全线贯通。2005年，县道河西至保靖迁陵公路编号为X025线，途经古丈县茄通、田家洞、白溪关，保靖县阳朝等地。2007年，县道X025线河西至保靖县迁陵公路改造工程开工，在县境内长25.57千米，总投资9800万元。2010年，县道X025线完成河西至保靖县阳朝乡浦吉段改造，全线路基宽8米，路面宽7.5米。为山区重丘三级水泥公路。因阳朝至迁陵段与张花高速古丈连接线重线，尚未动工。

迁默公路　起点为保靖县迁陵镇，终点在古丈县默戎镇。2005年，保靖县迁陵经水田河、葫芦至古丈县默戎镇公路编号为县道X026线，在县境长1.5千米。2010年，改造为山区重丘四级水泥公路。

后箭公路　起点为张家界市永定区后坪镇，终点在古丈县罗依溪镇箭潭口。原为省道1828线一段公路，2005年，张家界市永定区后坪经永顺县永茂、长官至古丈县罗依溪镇箭潭口公路改为县道，编号为X019线，在县境长1千米。2010年，改造为山区重丘四级水泥公路。

（三）乡道

1986年，全县乡道有洞坪至山枣、鸡公山至坪坝、坪坝至龙鼻嘴、岩坨至岩头寨、太坪至双溪、县城至双溪6条公路，全长82.46千米。1987年，启动以工代赈公路项目，修建乡道公路9条，长82.69千米。1991—1995年，相继改建13条通乡等外级砂石公路，全长113.87千米。

2006年，古丈县始实施乡道公路提质改造，改造龙鼻嘴至坪坝乡道公路，改造为水泥硬化路面，全长 20 千米。2008 年，改造分水界至岩头寨、洞坪至山枣、县城至双溪、岩头寨至草潭等乡道 6 条，硬化路面 66.25 千米。是年，改造河蓬乡鸡公山至通口桥网络公路，全长 21 千米。

2010 年，全县乡道有洞坪至山枣、山枣至马草坪、鸡公山至坪坝、坪坝至龙鼻嘴、万岩至新窝、高峰至陈家、高峰至三坪、龙天坪经红石林景区至米多、田家洞至杨家河、岩坨经岩头寨至草潭、太坪至双溪、县城至双溪、蒿根坪至烂泥田 13 条，通车里程 275.7 千米，占全县公路通车里程的 24.15%。其中改造为沥清路面 13 条，长 37.9 千米，改造为水泥路面 5 条，长 14.7 千米。是年，修通并改造坪坝乡溪口至吉首市丹青镇网络公路，长 10 千米。

（四）村道

1986 年，全县有通村公路 8 条，里程 189 千米，建制村通公路 74 个，占全县建制村总数的 41%。1990 年，投资 8.97 万元，修通村级公路 4 条，长 9.9 千米。1991 年，修通通村公路 15 条，长 28 千米。

1994 年 10 月，县委、县政府贯彻省委、省政府“1997 年湘西州实现 70% 建制村通公路，2000 年实现 85% 建制村通公路”目标。1995 年，全县启动通村公路建设，是年，修通 9 个村通村公路，长 15.58 千米，全县通公路的建制村增至 84 个。

1996 年 1 月，县委、县政府贯彻湘西州委、州政府关于“州、县市财政每年安排 350 万元用于通村公路建设，其中州财政 30 万元，县财政 20 万元，从 1996 年起以工代赈每年安排 300 万元，连续安排 3 年，作为通村公路补助资金”的规定，作出《关于加快村级公路建设的决定》，把通村公路建设纳入双文明建设目标管理内容进行考核。是年，全县修通村公路 16 条，长 91.36 千米。同年，完成 20 个建制村公路测设任务。1997 年，投资 246.8 万元，全县修通村公路 4 条，长 40 千米，全县通公路建制村增至 122 个，实现建制村通公路率 66%。

1999 年 12 月，省委、省政府提出“到 2005 年湘西州达到 95% 建制村通公路”目标。2000 年，全县修通通村公路 4 条，长 10.68 千米。2005 年，修通通村公路 7 条，长 22.67 千米。2006 年，改造村级公路 17 条，长 56.359 千米。2010 年，改造、新修通村公路 20 条，长 86.89 千米，是年，全县通村公路 134 条，全长 685.26 千米，占全县通车里程的 59.93%。全县通公路建制村 135 个，占建制村总数的 96.42%。

（五）桥梁

全县永久性公路桥梁 270 座，全长 5766.7 米。

省道 S229 线公路桥梁 34 座，长 2515.2 米，最长桥为芙蓉镇特大桥，长 302.5 米；其次古丈 1 号高架桥长 106 米，桥梁净宽 11 米，桥梁跨径 100 米；古丈 2 号高架桥长 128 米，桥梁净宽 11 米，桥梁跨径 120 米。

县道公路桥梁 15 座，长 783.5 米，其中大桥 4 座，草潭大桥长 65 米，河西大桥长 152 米、坐龙峡大桥长 70 米、罗依溪酉水大桥长 365 米；中桥 4 座，小桥 9 座。

乡道公路桥梁36座，全长1157.5米，其中大桥5座，老塘坊大桥长76.4米、鸡公山大桥长80米、九龙大桥长 64.2 米、喇叭冲大桥长 73.4 米、会溪大桥长 120 米；中桥 7 座，小桥 23 座。

村级公路桥梁（石拱桥）67 座，全长 1510.5 米。

芙蓉镇特大桥横跨酉水河，桥北位于永顺县王村镇，桥南位于古丈县红石林镇，为湖南省跨径最大的中承式钢管砼拱桥。2001 年 3 月开工，总投资 2115 万元，由湖南省交通勘察设计院设计，湘西州张罗公路建设公司建设，湖南省公路桥梁建设集团公司施工，湖南大学土木建筑工程检测中心检测。2003 年 7 月竣工，大桥总长 302 米（含引桥），净宽 12 米，跨径 299 米、单孔净跨 203 米，矢跨比 1/5，拱抽系数 1.543，设计荷载是汽超—20、挂—100，最大洪水位 207.7 米，通航水位 205 米。大桥采用七段吊装三段合龙吊装方案，为省内首创，大桥命名为“王村特大桥”。2009 年，更名为芙蓉镇大桥，由古丈县公路管理局养护。

河西6号桥位于张罗公路k90+479处，系湘西州内首座采用贝雷钢拱架施工的公路桥。为1～60米石板拱桥，桥宽9米，圬工体积58000立方米，由湘西州路桥公司承建。此桥所处位置溪间水深达15米以上，跨度40米，建设时无法搭设支架，州路桥公司于2001年10月首次实施贝雷钢拱架施工技术，于2003年12月建成。

2010年古丈县主要公路桥梁概况一览表

表17-1　　单位：米、个

线路编号	桥梁名称	所跨河流	全长	孔数	跨径	桥面宽	结构	设计荷载	竣工日期
省道S229线	芙蓉镇大桥	酉水	302.5	6	208	13	钢吊桥	1-汽车-超20级	2003年12月
省道S229线	河西2号桥	酉水	45	1	25.5	9	板拱	2-汽车-20级	2003年12月
省道S229线	河西3号桥	酉水	70	1	40	9	板拱	2-汽车-20级	2003年12月
省道S229线	河西4号桥	酉水	42.4	1	20	9	板拱	2-汽车-20级	2003年12月
省道S229线	河西5号桥	酉水	41	1	25	9	板拱	2-汽车-20级	2003年12月
省道S229线	河西6号桥	酉水	83	1	60	9	板拱	2-汽车-20级	2003年12月
省道S229线	河西7号桥	酉水	70	1	50	9	板拱	2-汽车-20级	2003年12月
省道S229线	河西8号桥	酉水	86.1	1	60	9	板拱	2-汽车-20级	2003年12月
省道S229线	河西9号桥	酉水	86	1	60	9	板拱	2-汽车-20级	2003年12月
省道S229线	河西10号桥	酉水	74	1	40	9	板拱	2-汽车-20级	2003年12月
省道S229线	河西11号桥	酉水	103	1	70	9	板拱	2-汽车-20级	2003年12月
省道S229线	坳家湖桥	石碧溪	26.2	1	20	9	拱桥	2-汽车-20级	2003年12月
省道S229线	喇叭冲桥	石碧溪	141	1	90	10.3	箱形桥	2-汽车-20级	2002年10月
省道S229线	猫儿潭桥	古阳河	125	1	90	8.5	箱形桥	2-汽车-20级	2002年10月
省道S229线	枞树坪桥	碗儿溪	73.7	2	30	8.5	箱形桥	2-汽车-20级	2002年10月
省道S229线	龙潭坪中桥	龙潭溪	35	1	20	8.5	空心板梁	2-汽车-20级	2002年10月
省道S229线	古丈2号大桥	古阳河	128	1	120	11	箱形桥	2-汽车-20级	2002年10月
省道S229线	红星桥	红沙溪	31	1	20	12	空心板梁	2-汽车-20级	2002年10月
省道S229线	古丈1号大桥	古阳河	106	1	100	11	箱形桥	2-汽车-20级	2002年10月
省道S229线	太坪2号桥	古阳河	99	1	60	9	箱形桥	2-汽车-20级	2002年10月
省道S229线	太坪1号桥	古阳河	93	1	60	9.25	箱形桥	2-汽车-20级	2002年10月
省道S229线	排口桥	古阳河	64	1	40	10.29	板桥	2-汽车-20级	2002年10月
省道S229线	毛坪大桥	古阳河	117	1	60	9.3	箱形桥	2-汽车-20级	2002年10月
省道S229线	万岩中桥	—	51	1	30	8.5	板拱	2-汽车-20级	2002年10月
省道S229线	龙鼻嘴中桥	坪坝河	64.5	2	25	13	T形桥	2-汽车-20级	2002年10月
县道019线	罗依溪大桥	酉水河	365	4	116	7	双曲拱桥	3-汽车-15级	1973年12月
县道025线	河西大桥	广潭河	152	1	90	7	双曲拱桥	3-汽车-15级	1975年6月
县道026线	龙鼻嘴桥	坪坝河	45	4	9	6.5	拱桥	4-汽车-10级	1964年9月

续表 17-1

线路编号	桥梁名称	所跨河流	全长	孔数	跨径	桥面宽	结构	设计荷载	竣工日期
县道 023 线	草潭大桥	草潭河	65	1	40	7	拱桥	3- 汽车 -15 级	1987 年 11 月
县道 025 线	梳头河大桥	细塔河	75	1	50	7.5	拱桥	3- 汽车 -15 级	1989 年 12 月
县道 023 线	野竹桥	草潭河	36	1	28	5.7	拱桥	3- 汽车 -15 级	1978 年 10 月
县道 024 线	河蓬桥	河蓬河	42	1	30	7.5	拱桥	3- 汽车 -15 级	1988 年 5 月
县道 023 线	松溪桥	草潭河	32	1	20	7.5	拱桥	3- 汽车 -15 级	1988 年 7 月
乡道龙坪线	九龙大桥	坪坝河	64.2	1	40	7	拱桥	3- 汽车 -15 级	1986 年 10 月
乡道城双线	老塘坊大桥	古阳河	76.4	1	50	7.5	拱桥	3- 汽车 -15 级	1986 年 2 月
县道 025 线	河西林科所桥	酉水	201	1	190	7.5	拱桥	2- 汽车 -20 级	在建
县道 025 线	坐龙峡大桥	广潭河	70	1	70	7.5	拱桥	2- 汽车 -20 级	在建
县道 025 线	白溪关大桥	白溪河	196	1	130	7.5	拱桥	2- 汽车 -20 级	在建
乡道坪丹公路	溪口桥	坪坝河	150	2	120	7.5	板桥	2- 汽车 -20 级	在建
乡道通鸡公路	鸡公山大桥	河蓬河	80	1	70	7.5	板桥	2- 汽车 -20 级	在建

（六）隧道

县境内公路隧道 8 座，在县城至双溪乡道（Y064 线）1 座，即大坳隧道，1986 年建成，长 40.3 米，宽 6 米，高 6.5 米。

在省道 S229 线 7 座，全长 3216 米，均于 2002 年 10 月建成。即小花园隧道位于吉罗公路 k28+896 ~ k29+619 处，全长 723 米，净宽 7 米，净高 6.8 米。由铁道部十八工程局楚湘工程公司承建。

牛角山隧道位于吉罗公路 k29+738 ~ k30+575 处，全长 837 米，净高 6.8 米。由核工业部中建公司承建。

毛坪明洞位于默戎镇下毛坪，长 70 米、宽 7 米、高 6.8 米。

南山隧道位于吉罗公路 k44+498 ~ 845 处，在古丈县城内，全长 347 米，净宽 9 米，净高 6.8 米。由铁道部十三工程局承建，在修建时发生大面积“塌顶通天”大塌方，铁道部十三工程局工程技术人员与吉罗公路建设公司工程技术人员密切合作，用科学施工方法，经过两个多月苦战，成功地处理“塌顶通天”险情。建成后，各项指标测评为 91.4 分，被评为优良工程。

茶城隧道位于吉罗公路 k45+497 ~ 636 处，，在古丈县城内，全长 139 米，净宽 9 米，净高 6.8 米。由铁道部十三工程局承建。

龙潭明洞位于罗依溪镇龙潭坪，长 120 米、宽 7.8 米、高 6.5 米。

栖凤隧道位于吉罗公路 k59+100 ~ k60+080 处，处罗依溪镇喇叭冲至罗依溪大桥之间，长 980 米，净宽 7 米，净高 6.8 米。由湖南省华建公司承建。各项指标测评为 96.5 分，被评为优良工程。该隧道属低山重丘山岭地貌，区域沟谷纵横层山峦叠嶂，海拔标高 500—700 米。此隧道修通后，使路程缩短 3 千米。

二、汽车站

古丈汽车总站　1986 年，古丈汽车站占地 3300 平方米，站房建筑面积 1200 平方米。内设办公室、财务科、安检室、调运科、机安科，职工 21 人。建制客车 10 辆，日发送班次 15 次，年发送旅客 24.8 万人次，营业收入 37.2 万元，完成税收 10 万元。

1989 年，古丈汽车站开通常德班线、张家界班线、农村夜宿班线，增加建制大客车 2 辆。是年春运期间，安排车辆去湘运龙山县公司参加春运。是年，投资 30 万元，修建职工宿舍楼一栋、建筑面积 1320 平方米。1995 年，湘运古丈分公司更名为湖南省湘西州汽车运输总公司古丈县公司，属国家二级客运企业，内设办公室、财务科、安全保卫科、纪检监察室、安全检查室、运调科、GPS 平台监控中心，在册职工 56 人。全站有建制客车 14 辆，日发送班次 21 次，年客运量 34 万人次，创营业收入 340 万元，完成税收 30 万元。

1999 年，省道 S1828 线吉首至罗依溪段改造工程开工，停开古丈至吉首、保靖、永顺班线，留两名人员留守站房，其余干部职工自谋出路。2003 年，省道 S1828 线吉首至罗依溪段改造工程竣工，湘西州运输总公司为扶持湘运古丈县公司，调拨中型客车 5 辆，营运古丈至吉首班线，日发送班次 45 次，年发送旅客 34 万人次，创营业收入 340 万元，完成税收 30 万元。是年，古丈汽车站站房以 160 万元总价转让给开发商，进行房地产综合开发。

2005 年 6 月，古丈汽车客运总站（二级客运站）在省道 S229 线县城段茶城路东侧开工，总投资 1042 万元，其中省交通厅投资 554 万元，州汽车运输总公司筹资 488 万元。2007 年 8 月竣工，湘运古丈公司从沿河中路 49 号迁至茶城路新站址，占地面积 9900 平方米，拆迁安置房占地面积 3297 平方米，站房建筑面积 3702 平方米，停车场占地面积 8500 平方米。固定资产 1800 万元，全站有建制客车 22 辆，日进站营运客车 80 辆，日发送班次 210 次，日发送旅客人数 2400 人次，年创营业收入 400 万元，完成税收 13 万元。2008 年，被省交通厅评为二级乙等客运站，2009 年，被评为二级甲等客运站。

2010 年，古丈汽车客运总站设行政办公室、财务科、安全保卫科、纪检监察室、安检室、运调科、GPS 监控室。总站有建制车辆 35 辆，日进站营运车辆 110 辆，发送班次 147 次，全年发送人数 23.85 万人次，其中春运发送人数 8.90 万人次，年创营业收入 400 万元，完成税收 15 万元。

1986—2010 年，古丈汽车站（总站）历任经理：向德钊、朱华、陈胜珠、李宗月、向胜文。

农村客运站 2005 年，交通部印发《关于落实农村客运站点项目计划加快农村客运站点建设的通知》，标志农村五级客运站建设进入农路网络化建设和管理。2006 年，投资 131.5 万元，断龙山乡、红石林镇、岩头寨镇、双溪乡 4 个客运站开工，占地 9178.32 平方米，站房建筑面积 872.3 平方米，停车场硬化面积 5000 平方米。2009 年 9 月，投资 62 万元，高望界乡、河蓬乡 2 个客运站开工，占地面积 2600 平方米，站房建筑面积 652.4 平方米，停车场硬化面积 2414 平方米。2010 年 1 月，投资 30.2 万元，山枣乡客运站开工，占地面积 1500 平方米，站房建筑面积 169 平方米，停车场硬化面积 400 平方米。是年，全县建成 7 个农村客运站，可容纳客运车辆 140 辆，日发送班次 180 次，发送旅客 1500 人次。

三、水路

航道 县境内西水河航道 1 条，西起断龙山乡白家村白溪口，东至高峰乡铅厂村凤溪口，全长 89 千米，途经断龙山、红石林、罗依溪、高望界、高峰 5 个乡镇，坐苦坝、花兰、老司岩、岩仁坪、龙天坪、河西、河南、列溪、坳家湖、罗依溪、茶叶、青鱼潭、会溪坪、江洋溪、公羊坪、葫芦坪、石门寨、李家洞、镇溪、铅厂 20 个建制村，水域面积 280 千米，港口陆域土地面积 4500 平方米。水路上至保靖，下至沅陵。

码头 1986 年，县境内西水河段沿岸主要有河西、箭潭口、罗依溪、打狼坳、州贮木场、马路溪 6 个客货运码头，年客运量 8 万人次，货运量 8.6 万千克。1990 年，投资 30 万元，改造猛洞河火车站码头。改造后码头年客运量 18.14 万人次，货运量 12.22 万千克，装卸吞吐能力比 1986 年提高 42%。

2010年，境内有河南、箭潭口、猛洞河火车站、州贮木场、栖凤大坝、打狼坳等6个客、货码头。年客运量6.84万人，货运量2.86万千克。装卸吞吐能力比1990年、2000年、2005年分别降低77%、0%、41%。

猛洞河火车站码头　原名为罗依溪港口码头，位于罗依溪镇喇叭冲，为客、货中转站，为县域重要港口，是湘西州境内水路、公路、铁路联运交通枢纽。1985年7月，以工代赈投资76.2万元，改建罗依溪港火车站码头，新建长150米、宽10米的客运码头1座，可停靠100千克级船舶；修建砼地面堆场1处6500平方米，仓库1栋240平方米，站房1栋850平方米；候船室及附属建筑500平方米。1987年5月，建成投入使用。是年，客运量16.65万人，货运量13.20万千克，比1982年分别增长67%、54%。1991年，更名为猛洞河火车站码头。1997年，年客运量16.65万人，货运量13.20万千克，比1982年分别增长67%、54%。2004年12月，州交通局投资30万元，将客运码头延伸0.3千米。

渡口　1986年，境内渡口有白溪口、三百洞、老司岩、河西、河南、新码头、咱洞岩、焦溪、报垭、小官坪、大官坪、且茶下、马路溪、会溪坪、镇溪、凤溪口16处，分布在断龙山、茄通、河西、罗依溪、高望界、高峰6个乡镇（场）。有木质渡船16艘，其中10座客位渡船13艘，20座客位渡船3艘。

2009年，境内所有木质渡船更新为钢质渡船，其中10座客位渡船12艘，20座客位渡船4艘。是年，国家对农村渡口实施燃油补贴政策，全县所有人力渡船改为机械渡船。

四、铁路

1986年，枝柳铁路贯穿县境南北，全长35千米，北起罗依溪镇施溶溪，入永顺县境，南至默戎镇龙鼻嘴村喊娘冲，入吉首市境。途经罗依溪镇、古阳镇、双溪乡、默戎镇。在境内有桥梁38座，全长3.85千米，最长铁路桥为罗依溪西水大桥，全长450米。隧道32座，全长19.336千米，最长隧道为牛角山隧道，全长4312米。境内设罗依溪、古丈、排口、万岩、龙鼻嘴5个车站。其中龙鼻嘴站、排口站为五等站，万岩站、古丈站、罗依溪站为四等站。

1988年1月1日，枝柳线与焦枝线合并，更名为焦柳铁路。1993年，铁道部门将焦柳线古丈段P50钢轨更换成P60钢轨。

2004年，进行钢轨无缝对接改造，将每根钢轨长度对接改为100米无缝对接，将原I型钢筋混凝土枕木改为Ⅱ型钢筋混凝土枕木，将弯道部位改为Ⅲ型钢筋混凝土枕木，将隧道道路更换成整体道床，提高机动车运行速度，增强机动车运行稳定性。

2005年，境内焦柳铁路电气化改造，拉长牵引区段，每列货物列车吨位由原来1620吨提高到3000吨，增开4对8列货物列车，增强机动车通过能力，减少机动车运行对沿线环境的影响。2007年，境内铁路实施电气化改造升级，2009年，境内铁路电气化改造升级完成，列车时速从每小时120千米提高到每小时160千米。

2010年，启动焦柳铁路张家界至古丈段10万伏配电升级改造项目，升级改造古丈10万伏配电所电力设施。

古丈站　中国铁路广州集团有限公司管辖的四等站，建于1978年，站址在县城古阳镇茶城中路西侧，中心里程为焦柳线k1049千米，站设到发线3股道，有效长660米，旅客站台2台520米，离月山站1053千米，离柳州站598千米，设有怀化铁路公安处古丈站派出所。2010年，该站停靠客运普慢列车1对。

猛洞河站　位于古丈县罗依溪镇喇叭冲，中心里程为焦柳线k1035+722千米，北距张家界荷花机场86千米，西至铜仁大兴机场132千米。1978年，建成罗依溪火车站，属广州铁路局怀化铁路分局吉首车务段管辖，为四等站。1991年，更名为猛洞河火车站。1995年，站设到发线3股道，有效长660米，旅客站台2台552米，候车室269平方米，行包房50平方米。

2007年5月，开工建设车站新站楼，为焦柳铁路石门至怀化段扩能改造项目，由铁道部二十五局承建。2010年，该站停靠客运直快列车1对，客运普慢列车1对。其货运量月均200车次，客运月均发送210车次，客流量年7000人次。该站是县境内唯一办理客运业务的火车站，也是境内唯一办理货运业务的火车站。

第二节 运 输

一、公路运输

客运　1986年，全县公路客运车辆11辆，客位400座，其中湘运古丈县公司9辆，县第一装卸公司2辆，年客运流量4.5万人次。1988年，全县个体客运车辆8辆，客座92座。

1995年，全县客运车辆18辆，客位490座，年客运流量6.4万人次，其中春运3.89万人次。

2000年，全县客运车辆65辆，客位1012座，年客运流量10.5万人次，其中春运5.67万人次。

2006年10月31日，县城取缔营运三轮车，成立古丈县茶城出租车公司，投放出租车50辆，实施城市出租车营运。2009年12月，开通县城至罗依溪农村公交班线，投入公交班线客车13辆。是年，开通城市公交线路2条。

2010年，全县开通客运班线29条，其中县城通往县内各乡镇、村班线18条，古丈至吉首、花垣、保靖、永顺、芙蓉镇的县际班线5条，古丈至沅陵、长沙、株洲、张家界地级班线4条，州内旅游线2条，营运客车258辆，客位1956座。乡镇通班车率100%，建制村通班车率96%，年客运流量23.85万人次，其中春运8.90万人次。

1986—2010年古丈县公路运输客货运量一览表

表17-2

年份	投入运力		客运输量		货运量（万吨）
	车辆（辆）	座位（座）	运输总量（万人次）	春运（万人次）	
1986	11	400	4.50	1.80	10.40
1987	11	400	5.40	2.00	13.20
1988	11	400	4.80	1.79	11.46
1989	11	400	5.90	2.01	21.23
1990	12	419	6.00	2.10	12.22
1991	14	450	4.30	2.01	10.10
1992	14	450	4.50	3.22	9.09
1993	14	450	4.30	3.22	8.87
1994	18	490	5.40	2.98	7.41
1995	18	490	6.40	3.89	4.35
1996	18	490	6.54	4.10	4.10
1997	18	490	6.90	4.21	3.92
1998	22	520	7.60	5.11	3.74

续表 17-2

年份	投入运力		客运输量		货运量（万吨）
	车辆（辆）	座位（座）	运输总量（万人次）	春运（万人次）	
1999	50	890	8.90	5.01	3.27
2000	65	1012	10.50	5.67	2.86
2001	89	1205	9.50	5.55	3.10
2002	104	1286	12.96	6.75	3.56
2003	130	1323	16.99	7.66	3.32
2004	138	1356	14.05	6.78	4.21
2005	142	1395	14.88	7.66	4.78
2006	150	1489	14.89	7.08	3.29
2007	150	1489	15.55	7.60	4.10
2008	164	1588	15.89	7.88	3.21
2009	176	1765	20.08	7.65	3.35
2010	200	1956	23.85	8.9	2.86

货运　1986 年，全县货物运输主要是由湘运 174 车队、湘林车队、县粮食局车队、县供销联社车队承担。进入 20 世纪 90 年代后，公路货物运输由货运市场调节运输车辆，运输企业纷纷改制和解体，县内货物运输全部由个体经营。

2010 年，全县有运输货车 255 辆，其中大型货车 46 辆，中型 6 辆，小型 203 辆。

二、水路运输

1986 年，县航运公司设在罗依溪镇，有职工 102 人，经营酉水河道客货运输业，港口年吞吐量 12 万吨。1987 年，全县有各种船只 81 艘，其中机动客运船 27 艘客位 1280 座，主要营运罗依溪至保靖、凤滩、王村等航运班线，年客运流量 12.82 万人次，其中县航运公司客运量 8 万人次。机动货运船 28 艘 4120 吨位，木船 26 艘 2860 吨位，年货运量 10.40 万千克，其中县航运公司货运量 8.6 万吨。1989 年，全县机动货运船 32 艘 5098 吨位，木船 27 艘 2982 吨位，年货运量 21.23 万吨，其中县航运公司 19.74 万吨。客运 15.88 万人次，其中县航运公司 14.52 万人次。

1990 年，全县船舶 98 艘，其中渡船 16 艘，年客运量 18.14 万人次，货运量 12.22 万千克，惠及 22 个村 4.5 万人。1994 年，全县机动客运船 46 艘，客位 2080 座，年客运流量 20.17 万人次，其中春运 1.21 万人次。1995 年，全县船舶 99 艘，年客运量 22.23 万人次，其中春运 2.34 万人次。货运量 4.35 万千克，惠及 22 个村 5.1 万人。1997 年，全县机动货运船 16 艘 3000 吨位，木船 13 艘 1210 吨位，年货运量 2.86 万吨。年客运量 13.16 万人次，其中春运 4.18 万人次。

2000 年，全县船舶 88 艘，年客运量 12.32 万人次，货运量 2.86 万千克，惠及 22 个村 5.6 万人。2005 年，全县船舶 78 艘，其中机动客运船 48 艘，客位 2130 座，年客运流量 12.32 万人次，春运 3.42 万人次。货运 4.88 万吨，其中县航运公司 5300 吨。惠及 22 个村 6.2 万人。2006 年，全县船舶客运 6.52 万人次，其中春运 2.32 万人次，水上全体客运 3.29 万吨。2008 年，全县船舶客运 6.1 万人次，其中春运 2.88 万人次。货运 3.21 万吨。

2010 年，全县船舶 68 艘，主要营运罗依溪至凤滩、保靖航运班线，年客运量 8.38 万人次，其中春运 1.54 万人次；货运 2.86 万吨。惠及 22 个村 6.5 万人。是年，县航运旅游中心有客运船舶 9 艘，客位495座，其中溪州号旅游快艇32座客位，酉水号旅游船80座客位。每天经营罗依溪至凤滩航班往返客运船舶2艘，乡镇船舶（赶场船）14艘，其中钢质船舶6艘，客位672座，方便酉水河两岸人民群众出行。

三、铁路运输

客运　1986年，境内罗依溪、古丈、排口、万岩、龙鼻嘴5个火车站，均停靠襄樊至怀化（475/476次）往返客运普慢列车1对，同时古丈站和罗依溪站还停靠长沙至大庸北（201/202次）往返客运直快列车1对。

1991年，罗依溪站更名为猛洞河站，停靠客运列车8对，即张家界至广州（205/206次）、怀化至北京西（417/418次）、张家界至长沙（241/242）、怀化至无锡（407/408次）、怀化至张家界（203/204次）、张家界至湛江（503/504次）、襄樊至柳州（473/474次）、怀化至张家界（819/820）；古丈站停靠客运列车3对，即张家界至广州（205/206次）、张家界至长沙（241/242），怀化至张家界（819/820）。客流量月均10000人次。

2008年，列车提速，境内5个火车站停靠客运普慢列车1对；猛洞河站停靠客运直快列车1对。2010年，境内5个火车站均停靠怀化至澧县（7266/7265）客运列车1对，同时猛洞河站还停靠张家界至南宁（2011/2012）直快列车1对，日过境客运列车12对，客流量月均6000人次。

货运　1986年，境内有万岩、古丈、罗依溪3个火车货运站。县第一装卸运输公司设在古丈火车站，县第二装卸运输公司设在罗依溪火车站。日过境货运列车45列，货运量320万吨，县境内装卸货物40万吨。1998年，县第一、二装卸运输公司年创收40万元。日过境货运列车32列，货运量280万吨，县境内装卸货物20万吨。

2005年8月，古丈火车站货场关闭，县第一装卸运输公司改制，保留县第二装卸运输公司，承担县内煤炭、矿石、方解石、磷矿、化肥和少量的建材、粮食、生活用品等铁路装卸业务。日过境货运列车42列，货运量300万吨，县境内装卸货物80万吨。2010年，装卸市场放开，装卸货物业务分散到个体，货运量月均200车，煤炭、矿石、建材、粮食、生活用品等货运量60万吨。

四、搬运装卸

1986年，县第一装卸运输公司属国营企业，有职工35人，固定资产原值74万元，其中宿舍2栋1000平方米，拖拉机2台，载重1.3吨畜力车7台，载重10千克汽车2辆。是年，购置客车2辆，90座位，从事古丈至山枣、高峰客运业务。是年，完成货运量35万吨，货运周转量1万吨千米，装卸量980万吨，公司创收20万元。县第二装卸运输公司属集体企业，有宿舍2栋，职工103人，分成罗依溪码头、县水泥厂、罗依溪火车站3个搬运队，年创收30万元。

1988年，县第一装卸运输公司完成货运周转量15.43万吨千米，装卸量6.3万吨，收入11.9万元。县第二装卸运输公司完成货运周转量30.86万吨千米，装卸量12.6万吨，运输收入23.8万元。

1994年，县第二装卸运输公司完成货运周转量45.38万吨千米，装卸量20万吨，运输收入70万元，扭亏为盈，还清外债29万元。修建职工宿舍3栋2000平方米、办公楼2栋500平方米。

2001年，县第一装卸运输公司有职工63人，在岗42人，退休21人，有吊车2台，营运收入61万元。2002年，县第二装卸运输公司购入汽车装载机1辆，公司营运收入80万元。

2005年8月，古丈火车站货场关闭，货运量为零，县第一装卸运输公司宣告破产，依法进行改制，职工档案转入古阳镇车站社区托管。是年，县第二装卸运输公司完成货运周转量194.49万吨千米，装卸量42.9万吨，年收入150万元。2006年，县第二装卸运输公司改革经营方式，实行经营承包责任制，公司每年收取管理费2000元，不干预承包者在法律和制度范围内的用工和经营方式。

2010年，县第二装卸运输公司总资产213万元，其中固定资产191万元，有装载机2辆，吊车1辆，货车8辆。是年，公司组建机械班组，班组由原来6个增至10个。是年，装卸运输煤炭7万吨、矿石9万吨、方解石8万吨、磷矿10万吨、化肥9万吨，以及建材、粮食、生活用品等物资。年创收400万元，其中机械班组年收入140万元，实现利润50万元。

五、骡马驮运

旧时即有骡马驮运源，县第一搬运社有骡马驮运队。1986年，全县有骡马60匹从事零散驮运，年营业收入5万元。2010年，全县骡马驮运经营户30户，骡马50匹，从业人员50人，主要分布在罗依溪、古阳、双溪、岩头寨、高望界、高峰等乡镇，从事砂石、水泥、砖瓦、石板、钢筋、木材等建筑材料驮运，承接大小工地运输。每户年均营业收入3.2万元。

第三节 公路养护

一、公路养护机构

1986年，县公路养护机构为县公路养护段，属副科级财政差额拨款事业单位，归湘西州公路养护总段管理。内设工务股、财务股、机料股、办公室、档案室、养路费征收站、公路派出所，辖10个养路工班、2个汽车渡口、1个工具修理厂，编制75人，实有干部职工98人，其中正式职工84人（含退休职工38人），农民轮换工14人。

1993年，县公路养护段行政管理权下放到县，并与县公路管理站合并为县公路管理局，属差额拨款正科级事业单位，行政由县交通委员会管理，业务归湘西州公路管理局指导。内设办公室、财务股、工务股、机料股、档案室、养路费征收站、公路派出所，有干部职工96人。1996年，新修职工宿舍一栋1800平方米。1997年，实施公路管理与养护机制改革，精简机关人员，全员实行合同制，公路养护机制实行承包责任制。1999年，成立路政大队。

2004年，实施《古丈县地方公路养护管理办法》，实行县、乡、村三级公路社会化公开招标养护。2009年10月，实行成品油税费改革，县公路局人事与财权由县政府管理，内设办公室、政工股、纪检监察室、财务室、路政大队、安全股、工务股、治超站、养护站，定编75人，在编64人，合同制工人16人，实有干部职工80人。

历任县公路养护段段长：潘儒敬、杨永强（副段长，主持工作）、黄太高。

历任县公路管理局局长：向心科（县长助理）、向明洪、周大发。

二、省道、县道养护

1986年，县公路养护段承担省道1828线古丈段养护任务，全长53.61千米，其中砂石路49.61千米，柏油路4千米；养护县道罗依溪至白溪关公路罗依溪大桥至断龙山乡白家段，全长26千米。养护县道古沅公路县城至田马段，全长10千米。养护器具有汽车1辆、碎石机3台、手推斗车4台。养护机制继续推行1981年制定的“五定一包”责任制，“五定”即定人员、养护里程、材料消耗、好路率、出工出勤率。“一包”即小修保养经费包干。公路段与养护工班签订《公路养护“五定一包”合同》，设置路况养护上升路段、良等路段、优质路段3项奖。是年，公路养护质量评定为良等路有85.61千米，次等路有3千米，差等路有1千米，好路率95.55%，在全州公路养护排名第三。1990年，县公路段改革养护机制，将养护工人的工资发放、奖金分配、报账等事项下放到工班管理，并实行医药费包干制。是年，在全州公路养护检查评比中，获第三名。

1993年，县公路管理局推行“七三”工作制，即70%的工作时间完成本职业务工作，30%的工作时间下到基层工班与工人实行“三同”，即同吃、同住、同劳动。年末，省道养护实现好路率91.78%，县道养护实现好路率83.5%。1994年，实行“三包两挂钩”工资效益挂钩奖罚机制，“三包”即领导包片、股室包班、班组包干经费。“两挂钩”即工资与生产挂钩，奖金与工班内务管理挂钩。在工班组织开展“一挤两达标”系列劳动竞赛活动，“一挤”即排挤公路水分，“两达标”即公路路肩、水沟达标。1995年，改革劳动用工与工资分配制度，实行按劳、按路、按绩的综合型浮动分配制度。1996年，执行农村公路养护标准，创新管养措施，降低养护成本，争创文明样板路。县道古沅公路两河口至草潭7千米沙石路面被评为“文明示范路”，县道好路率在75%以上，乡道好路率在67%以上，受到省、州两级公路养护部门表彰。1997年，转换公路管养机制，实行干支线公路养护承包责任制，将干支线87千米的公路按每人2千米养护任务承包到人，工班班长与县公路局长签订公路养护承包责任书，工人与工班班长签订公路养护承包责任书。是年，全县公路养护实现好路率85%，6个工班被省公路管理局评为“双文明工班”。1998年，省道吉罗公路改建工程开工，县境内无省道公路养护任务。1999年，推行养路工人竞争上岗，即由工人民主选举道班班长，再由班长聘用班员，未聘用的工人每人每月发放300元待岗生活费。

2004年，接管养护省道S229线默戎镇喊娘坳至河西镇王村特大桥南段任务，全长45.08千米。按《中华人民共和国招标投标法》规定，对省道S229线公路养护实行内部招投标，择优聘用养护人员，组建养护队伍，单位、承包人、养护工人层层签订劳动合同。公路日常养护项目、质量、期限、经费等全部纳入合同管理，年节省各项经费20万元。2006年，筹措资金200万元，在牛角山隧道和栖凤隧道安装照明设施。2007年，投入资金700万元，整修省道S229线路面18.99千米，对栖凤、牛角山等7道隧道路面进行大修。

2008年，在全县特大冰雪灾害期间，启动《古丈县公路救灾应急预案》，在抗冰救灾中，县公路部门出动人员200人次、车辆10辆次，投入救灾资金10万元，在结冰严重路段撒路面防滑砂350立方米、工业盐60千克，铺麻袋500条、三角木50对。是年，投资1400万元，实施省道S229线罗依溪镇箭潭口至且茶下路段边坡治理，长10.09千米。2009年，投资140万元，整修省道S229线罗依溪镇且茶下段路面2.45千米。

2010年，县公路管理局养护省道S229线44.729千米，县道河迁线（X025线）19.408千米、古沅线（X023线）10.245千米，计74.382千米。全年整修和养护所辖路段涵洞171道、桥梁28座。成立古丈县公路管理局芙蓉镇大桥养护观测站，按月对芙蓉镇大桥进行检查养护。

三、乡镇公路养护

1986年，乡镇公路养护由县公路管理站承担，县公路管理站设办公室、财务室、公路养护办，编制6名，实有干部职工6人。管理25个工班，聘用农民养护工127人，养护县道公路107.836千米、乡道公路67.34千米。1990年12月，增加事业编制7个，实有干部职工13人，聘用农民养护工127人，养护公路里程175.176千米。

1991年，成立古丈县拖拉机养路费征收站，有干部职工4人，实行“两块牌子，一套人马”，重点由行政执法转向拖拉机养路费征收。1996年，投资50万元，在所养护的县道、乡道沿线栽植杜樱、刺槐、苦楝树幼苗16834株，绿化公路119.176千米。是年，征收拖拉机养路费200万元。

2008年冬，古丈县发生特大冰雪灾害，境内高海拔地区的乡镇公路实行封闭管制。在结冰严重路段实行人工除雪，冰雪期间除雪4次，撒工业盐2吨、防滑砂50立方米；在危险路段设置警示标志6块，组织巡路小组3组，重点巡查危险路段。

2010年，县公路管理站设办公室、财务室、养护办、路政安全办4个股室，定编14人，实有干部职工 14 名。全站有养护机械 7 台（辆），其中汽车 3 辆、碎石机 4 台。养护县道 4 条，计 107.84 千米。养护乡道 5 条，计 67.34 千米。管理 29 个道班，聘用农民养护工 58 名，养护桥梁 38 座，其中大型桥 3 座、中型桥 19 座、小桥 16 座，养护隧道 1 道、涵洞 220 道。是年，投资 48 万元，绿化县道、乡道公路 65 千米，种植杜樱 1.63 万株，成活率 91.5%。

四、村级公路养护

2002 年，实施《古丈县地方公路养护管理办法》，实行乡村公路养护向社会化公开招标，探索地方公路养护模式改革，改为由“工班养护”向“承包人养护”模式转变，通过公开招标，竞选养护承包人。首次明确乡镇政府为村级公路养护主体，各乡镇政府设立农村公路养护办公室，率先在全州将村级公路养护资金纳入县财政预算，每年按 500 元 / 千米标准补助养护费。是年始，每年均聘用村级公路养护人员 130 人，采取农忙务农，农闲养护的季节性养护模式。

2009 年 7 月，按照《湘西土家族苗族自治州乡村公路管理养护条例》规定，完善村级公路砂石路面养护验收和养护费拨付标准，即由县人大、县政府、县政协、县交通局及乡镇政府组织人员共同对村级公路养护情况进行检查验收，砂石路面按路面平整、水沟畅通、公路两边无杂草、公路路面和公路用地无堆放物、车辆行驶畅通等不同等级拨付养路费，标准为良等砂石路一年按 500 元 / 千米支付养路费，次等砂石路一年按 400 元 / 千米支付养路费，差等砂石路不支付养路费。

第四节 航道管理

1986 年，境内西水航道由罗依溪港务管理站管理，该站为事业单位，位于罗依溪镇喇叭冲，单位占地面积 4500 平方米，编制 4 人，隶属湘西州航务处管理。管理航道里程 89 千米，水域面积 280 平方千米，管理 6 个客、货码头，其中罗依溪火车站码头为客、货中转码头。管理渡口 14 处，分布于断龙山、茄通、河西、罗依溪、高峰 5 个乡镇和高望界林场辖区。管理船舶 65 艘，其中渡船 16 艘。1988 年 9 月，增设古丈县罗依溪航运管理站，属湘西州航务处管理，编制 1 人。

1992 年 9 月，罗依溪港务管理站管理权下放，由古丈县政府管理，在编 4 人，经费实行“以港养港、自收自支”模式，港口收费按政策比例 30 %上缴州航务处。1993 年，更名为罗依溪航运管理所，与港航监督所、船舶检验所、航运管理所实行“三块牌子、一套人马”，合署办公，编制 3 人，实有 3 人。

2003 年，境内水上运输业务萎缩，管理货运船 2 艘，客运 18 艘。2007 年 3 月，县航道养护征稽所与县港航监督所合并，设县地方海事处，为湘西州航运处直属副科级事业单位，在编人员 4 人。2009 年，县地方海事处由县交通局管理，为副科级事业单位，设办公室、安全法规股、船舶检验股、船员港航股、财务室，编制 15 人，其中在职 13 人、退休 2 人。单位有简易砖木结构站房一栋、仓库一栋，建筑面积 207 平方米，管理进港公路 690 米。

2010 年，县地方海事处在水上交通管理工作中，实现全县水上交通连续 10 年“零”事故目标。

第五节 路政管理

一、排除路障

1986 年，全县路政管理工作由县公路段公安派出所负责，配专职人员 3 人、兼职人员 1 人。全年拆除公路两侧违章建筑23栋，清除路障113处，查处盗伐公路行道树案件5起，取缔临近公路的采石场3处，拆除公路沿线砖瓦窑、石灰窑4座。1988年，县政府制定和发布《关于加强古丈县公路路政管理的布告》，并在公路沿线村寨广泛张贴。

1992年，拆除公路两侧违章摊棚86个，清除各种路障270处，追收公路养路费291.2万元、违章罚款4.3万元。1993年5月始，全县开展为期6个月的“畅安工程”行动，集中整顿全县交通秩序和重点地区、重点路段的治安秩序。拆除省道、县道等公路两侧违章建筑17处，违章摊点109处。清运公路塌方322处4133立方米，设置38处公路安全标识牌。

1999年8月，县公路管理局路政大队成立，与公路派出所实行合署办公。2000年，撤销公路派出所。2004年5月，县政府印发《古丈县开展车辆超限超载治理工作实施方案的通知》，在罗依溪镇栖凤隧道口设立超限超载运输检测站。2010年，巡查公路干线事故多发路段23次，排除不安全隐患点8处，清除违章建筑物13处。

二、公路绿化

1986年春，全县干部职工2300人在公路沿线开展义务植树活动，栽植树木1.58万株。县公路管理部门每年按50元/千米标准给各工班发放公路绿化管护费，年终验收后兑现。1993年3月，绿化省道33.61千米，植树1.87万株，成活率在90.5%以上。1996年，分水界至岩头寨公路绿化成效显著，岩头寨乡政府被县委、县政府评为“全县公路绿化先进单位”。2004年，实行公路沿线植树绿化管护承包责任制，公路部门与村民签订栽、管、护绿化协议，建立万户爱路护树联动队伍。是年，全县绿化公路43.5千米。

2008年12月，响应州委、州政府提出的“八百里绿色行动”号召，县委、县政府投资27.8万元，对省道S229线古丈段进行绿化，栽植苗木13.95万株，其中马尾松9.32万株，火棘5000株，枫香3.08万株，桂花树312株，樟木8090株，成活率94.2%。2010年，投入资金5万元，在公路沿线种植杜英1250株，成活率95%。

三、公路安全管理

1986年，县公路段有公路安全排险机械5台，材料配件库1间、工厂修理车间1间。是年，投入资金8.8万元，出动机械4台，铲运土石方3350立方米，疏通水沟5条。在冬季冰冻或大雪天，重点路段安排除冰雪人员6人，投放工业盐2吨，三角木、麻袋、砂石等防滑物资。2010年底，县公路局有公路养护机械10台（辆），价值100万元，机械维修驾驶人员10人，确保清障机械正常运行和公路畅通。

六、栖凤隧道收费

2002年12月，投入104万元，建栖凤隧道收费站，为正科级自收自支事业单位，属政府还贷二级公路收费站，核定编制28人，直属州公路管理局管理，人员由县交通、公路部门招考的事业编制职工和面向社会招考的合同制员工构成。2003年3月18日，实行双向收取车辆通行费。是年，收车辆通行费220万元。2008年12月31日，终止收费，六年来，共征收车辆通行费2717万元。

2009年10月，按《湖南省人民政府关于取消政府还贷二级公路收费的通告》《湘西土家族苗族自治州人民政府关于成品油税费改革人员安置工作的指导意见》规定，撤销栖凤隧道收费站。原属交通、公路部门事业编制职工，按隶属关系回原单位工作，工资福利待遇与在岗在编人员同等对待；面向社会招考的合同制员工，根据合同性质，大部分依法终止劳动关系，小部分由其他事业单位聘用。工作档案资料交送州公路管理局统一归档，办公场地及建筑设施交县公路管理局管理。

第六节 交通企业

1986年，全县交通运输企业有湘运古丈县公司、县第一装卸运输公司、县第二装卸运输公司、县航运旅游中心、县汽车保修厂、交通车队等企业，有职工299人。1990年，全县交通企业营业收入105.12万元，完成年计划的95.5%；实现税金3.82万元，完成年计划的152.4%；完成货运量5268千克，货运周转量199.96吨千米，分别为年计划的65.8%、55%；客运量完成14.47万人次，客运周转量完成26.70万人千米，分别占年计划的72.2%、7.5%。1993年，企业完成营业收入157.5万元，完成年计划的112.5%,、目标管理的103.6%；完成客运量16.3万人次，占计划的67.9%、目标管理的67.9%，客运周运量385.6万人千米，为年计划的96.4%、目标管理的96.4%。货运量完成0.34吨，为年计划的67.1%、目标管理的61%；装卸量完成32.07万吨，为年计划的125.8%、目标管理的100.2%。后因经济体制改革，部分企业改制破产。2010年，全县有交通企业2家，即县第二装卸运输公司、县航运旅游中心，均为集体企业。

古丈县航运旅游服务中心　位于罗依溪镇打烂坳209号。1986年，有职工102人，客船13艘，客位748座；货船6艘、403吨位；营运收入83.1万元。1993年，更名为县航运旅游总公司，职工117人，客船13艘，客位748位；货船6艘，403吨位。子公司有县航运公司（固定资产40万元，年收入58.9万元）、县旅游公司（固定资产188万元，年收入77.8万元）、栖凤湖宾馆（固定资产38万元，年收入18万元）、民族造纸厂（固定资产65万元，流动资产20万元）。是年，县航运公司进行经营管理改革，实行单船承包责任制。

1994年，县航运旅游总公司与永顺县王村航运旅游公司合营，由公司运送游客由位于罗依溪的猛洞河火车站码头到王村码头，再由王村航运旅游公司运送游客到猛洞河景区，年运送游客量18万人次，收入30万元。1995年，投入80万元，公司建再生造纸厂，年产成品纸600千克。1996年，再生造纸厂停产，县航运公司关闭。2000年，县法院依法宣布县航运旅游总公司破产。破产后，为妥善安置职工，成立古丈县航运旅游服务中心，职工117人，客船13艘，客位748座；货船6艘403吨位。是年，营运收入77.8万元。2003年，企业在酉水河内搞船型试验，县交通局赠送价值60万元的32客位波钢快艇和价值90万元的压浪80客位钢质船各一艘。是年，营运收入30万元。2010年，航运经营滑坡，职工112人，其中退休54人，在岗13人，下岗45人。

古丈县汽车保修厂　位于古阳镇三道河，占地3600平方米，职工宿舍820平方米，厂房800平方米。1986年，有职工32人，生产收入19.54万元。1990年，完成工业总产值77万元，为年计划的285%；营业总收入完成44.8万元，完成年计划的104%。是年，国营、集体、个体汽车修理网点蓬勃发展，经清理整顿，保留汽修网点11家，降级1家，取缔5家。1993年，工厂进行劳动、人事、分配“三项制度”改革，实行人员优化组合，并拓宽经营业务渠道，收入实现扭亏略盈。1996年12月，县政府决定关闭县汽车保修厂。2002年，企业资不抵债，县法院于7月25日宣告破产还债，进入破产程序；7月29日，成立破产清算组；9月，清算组依法委托湘西锦兴会计师事务所对该厂因破产清算所涉及的资产及负债进行评估，先后完成资产清理和变现、职工安置、交接等工作，年底，完成破产程序。

个体汽车维修企业　1990年，全县个体汽车维修厂点12家。2008年8月，经县交通运输管理站批准成立2家个体汽车维修厂，从业人员21人。2009年6月，成立1家个体汽车维修厂，从业人员11人。2010年，成立4家个体汽车维修厂，从业人员20人。是年，全县有留心汽车修配厂、锋荣汽车修理厂、卓鹏汽车修配厂、财政轻型汽车修理厂、顺德汽车精修厂、辉宏汽车修理厂、新世纪汽车维修中心等7家，从业人员52人。

第七节 规费征收

1986年，成立古丈县公路养路费征收站，属县公路段管理，编制5名。对公路运输企业按营运收入的13%计征养路费，对社会车辆按每月每吨104元标准计征养路费。是年，征收任务35万元，实际完成38.5万元。拖拉机养路费由县交通局征收，全额留用地方公路养护。1989年，按照省交通厅、省物价局联合印发的《关于调整湖南省公路养路费征收标准的通知》规定，交通部门公路运输企业按每月实际营运收入总额的15%计征，实征率偏低的应比照月吨费额的70%征费；其他部门汽车（包括集体、个体户）均按核定载重吨运计征；即客车每月每吨150元，货车（含三轮摩托车、小四轮运输车等）每月每吨为130元。”是年，规费征缴55.43万元。

1993年4月，撤销县公路养路费征收站，成立县交通规费征稽所，为差额拨款事业单位，设办公室、财务室、征稽股，属县交通局和州征稽处双重领导，为差额拨款事业单位，编制9人，在职干部职工8人，实行养路费、货运附加费、客运附加费、车辆购置附加费等“四费”合并征收。1994年，县交通规费征稽所升格为副科级事业单位，人员、编制不变，隶属州交通局和县交通局双重管理，人员经费实行收支两条线，单位工作经费和人员经费由州征稽处拨付，内设办公室、财务室、征稽股。是年，完成规费征缴95万元。

2001年，国家实施燃油税改革，车辆购置附加费改为车辆购置附加税，由征稽部门代理征收。2004年，车辆购置附加税征收划转县国家税务局征收。是年，完成规费征缴229万元。2005年，农用车及拖拉机养路费征收业务由县公路管理站移交给县征稽所。县交通规费征稽所承担全县汽车、农用车、拖拉机养路费、货运附加费和客运附加费征收。是年，完成规费征缴253万元。

2006年1月，县征稽所收编为湘西州交通规费征稽处管理，为正科级事业单位，内设机构和人员编制不变。是年，完成规费征缴278万元。2008年，完成规费征缴308万元。是年12月，国家实施成品油价格和燃油税改革，县交通规费征稽所撤销，设立县交通建设质量安全监督管理所。

1986—2010年，历任（站）所长：彭善扬（兼）、粟贵安、符代松、汪冬梅。

第八节 交通建设质量安全监督

2009年12月，按照《湖南省人民政府关于实施成品油税费改革完善交通管理体制加快交通发展的意见》《湘西自治州政府关于成品油税费改革人同安置工作的指导意见》《湘西自治州政府关于推进成品油税费改革完善交通管理体制加快交通发展的实施意见》和《关于设立古丈县交通建设质量安全监督管理所等事项的批复》文件精神，撤销县交通规费征稽所，设立县交通建设质量安全监督管理所，为正科级全额拨款事业单位，隶属县交通局管理，编制9名，实有在职干部10人，所长为鲁建军，设办公室、财务股、工程质量监督管理股、施工安全监督股。县交通规费征稽所人员及单位资产整体转入县交通建设质量安全监督管理所。

2010年，制定监督职责和管理制度，开展全县交通建设工程质量、施工安全等方面监督。

第九节 交通运输管理

1986年，县交通运输管理站更名为县交通运输管理所，为县交通局下属二级机构，属差额拨款事业单位，职工9人。辖罗依溪、河西、龙鼻嘴3个交通管理站。1998年，撤销罗依溪、河西、龙鼻嘴3个交通管理站。1998年，县交通运输管理所为副科级差额拨款事业单位，定编11个，设办公室、计划财务室、客货运输股、汽车维修股，监管全县客运市场、货运市场、搬运装卸市场、汽车维修市场、运输服务业市场和征收公路运输管理费。

2008年12月，按照《国务院关于实施成品油价格和税费改革的通知》规定，全县从2009年1月1日起，不再征收公路运输管理费，县交通运输管理所人员工资、办公经费等由中央财政划拨。长达23年征收公路运输管理费的历史结束。2010年1月，县交通运输管理所工作经费纳入县财政预算。

第二章 邮政 通信

第一节 邮 政

一、邮政机构

1986年，县邮电局内设邮政股、计财股、行政股、电信股、工会办、督察股和储汇、话务、机务等8个业务班组，辖默戎、罗依溪、高峰3个邮政支局和茄通、河西、田家洞、野竹、河蓬5个邮政所，干部职工90人，其中城乡投递员35人。局机关房屋建筑面积8890平方米，其中生产用房6456平方米，职工住房2434平方米。邮运汽车1辆，小汽车3辆，摩托车5辆，自行车8辆。邮路49条，往返总长800千米。古丈至吉首为汽车邮路，通客班车的乡村为委办邮路，步班邮路单程544千米。邮政信箱19个。1989年9月，增设储汇股。1990年4月，成立县集邮协会。是年10月1日，实行邮政编码制度。是年，投入资金180万元，改修原局办公楼，邮政占有建筑面积684.72平方米。1991年，投入资金28万元，修建高峰邮电支局，建筑面积478.32平方米。1994年增设营业股。1996年，撤销股建部。1997年，投入资金210万元，修建老塘坊职工宿舍。配置计算机11台，生产用9台。

1998年9月，邮政与电信业务分营，成立县邮政局和县电信局。县邮政局设办公室、政工股、电信股、邮政股、储汇股、工会、供应股、计财股、保卫股、督察股，8个业务班和3个支局、5个所不变，干部职工76人，其中退休职工34人，劳务工17人，房屋建筑面积3886平方米。邮运汽车1辆，小汽车2辆，摩托车1辆，自行车8辆。是年，投入资金35万元，建设罗依溪邮政支局，建筑面积1204平方米。年末，营业收入41.29万元。

1999年，增设河西、断龙山、河蓬3个邮政支局和坪坝、双溪、高望界、岩头寨、草潭、山枣、茄通7个邮政代办点。2000年，投入资金460万元，购置古丈工商银行房产，占地面积1801.75平方米。2001年，投入资金25万元，实现全省邮储联网。是年12月，邮政储蓄中心营业厅安装第一台邮政储蓄自动取款机。是年，营业收入98.97万元。2002年，营业收入127.09万元。2003年，营业收入67.84万元。

2004年10月，速递专业从邮政分出，成立湘西州邮政速递分公司古丈营业部。是年11月，邮政储蓄参与全国统一版本上线成功。2006年3月，邮政储蓄余额突破亿元。是年，成立县邮政速递公司，邮政速递专业化管理运营正式开始。2007年7月，全面恢复自办局（所）的乡邮投递员编制。2008年4月，邮政储蓄银行从县邮政局分出，成立中国邮政储蓄银行古丈县支行，职工6人，劳务用工8人，生产用房80平方米。2009年1月，邮政局资金押运交送湘西州保安公司.是年，营业收入305.74万元。

2010年，县邮政局内设综合办、市场经营部、金融代理部、财务室、督察室、三农分销部、网运部、发投公司、电商代办部、函件部，辖乡镇支局 6 个、乡邮政代办点 8 个。县城柑子坪储蓄所和中心营业厅 2 个。干部职工 91 人，在岗干部职工 23 人，退休职工 33 人，劳务 35 人。是年，营业收入 350.80 万元。

1986—2010 年历任局长：罗文、罗时爱、许忠慈、张启星、龚启国、张启星、田开志、郭祖建、彭迎国、王宏辉、龚长武、杨周骏。

二、函件

1986 年，开办信函投递和明信片、印刷品、盲人读物收寄 4 种业务，全年函件 25.43 万件，函件收入 21.61 万元。1987 年 11 月，开办国内邮政快件和开办国内特快专递邮件。1988 年 1 月 1 日起，盲人读物免费收寄，只收挂号费。1990 年 7 月 31 日，取消邮件回执业务，州内通达地点 1 个（湘西自治州邮件枢纽中心），国内通达地点达到 1 个（长沙邮件枢纽中心）。1996 年 12 月 1 日，信函取消本地和外埠之分，资费调整为：信函 0.50 元，明信片 0.40 元，印刷品 0.30 元，挂号信 1 元。1999 年 3 月，函件恢复本外埠资费，信函本埠 0.60 元、外埠 0.80 元，印刷品本埠 0.30 元、外埠 0.60 元，明信片 0.60 元，挂号信 2 元。是年，函件收入 6.1 万元。2010 年，函件收入 24.03 万元。

1986—2010 年古丈县邮政函件寄送情况一览表

表 17-3　　单位：万元、件

年份	收入	数量	年份	收入	数量	年份	收入	数量
1986	2.16	25.43	1995	1.66	16.58	2004	1.26	16.90
1987	3.23	28.31	1996	1.41	17.26	2005	1.83	19.60
1988	1.40	18.23	1997	1.50	15.33	2006	3.56	26.60
1989	1.79	37.64	1998	5.36	18.90	2007	8.36	60.06
1990	1.52	20.15	1999	6.10	35.90	2008	15.26	21.24
1991	1.10	17.66	2000	7.66	45.99	2009	23.99	20.17
1992	2.02	31.54	2001	8.36	59.60	2010	24.03	23.26
1993	2.58	37.56	2002	11.56	92.59			
1994	1.86	61.60	2003	17.94	102.66			

三、包裹

1986 年，开办国际包裹和国内包裹业务，年递包裹 2600 件。开办全球特快专递 6 年，开办国内特快专递 2 年。1990 年 7 月 31 日，取消快递小包和代收货价包裹。1999 年 3 月，邮政包裹每件加收 2 元挂号费。1994 年 1 月，开通邮政特快专递跟踪查询网。2001 年 8 月 1 日，开办国内快递包裹业务，其资费按普包 2∶1 综合比价核定，县城投递到户。2004 年 10 月，成立湘西州邮政速递分公司古丈营业部。2006 年 3 月，成立古丈县邮政速递公司。2010 年，实行包裹专业化管理，提高包裹投递服务质量，拓宽包裹营销项目，开辟包件业务新领域。是年，包裹投递 1 万件。

四、报刊发行

1986 年，全县报刊发行基本方式有订阅、零售、批销、代发、寄售等，发行量 170.21 万份。1997 年，开办买断包销《文萃报》《中国剪报》《半月谈》等报刊业务。2005 年，县城设报刊零售亭 3 处。2010 年，全县报刊发行量 159.45 万份。

1986—2010年古丈县邮政报刊发行情况一览表

表17-4

单位：万元、万份

年份	收入	订销报刊	年份	收入	订销报刊	年份	收入	订销报刊
1986	1.26	170.21	1995	2.08	13.60	2004	1.93	28.03
1987	3.08	162.58	1996	1.00	1.00	2005	2.24	303.57
1988	3.32	178.57	1997	2.85	71.10	2006	4.63	358.72
1989	3.51	145.72	1998	7.86	117.60	2007	5.40	334.78
1990	3.73	115.69	1999	9.16	136.60	2008	22.87	314.73
1991	3.32	175.70	2000	10.05	165.68	2009	26.72	155.74
1992	2.81	137.38	2001	12.05	185.25	2010	30.55	159.45
1993	3.01	159.86	2002	15.00	201.66			
1994	3.53	117.08	2003	18.87	252.65			

五、汇兑

1986年，开办汇兑业务，汇兑收入6560元，办理汇兑8201张。1987年后，汇兑业绩下滑，是年收入为5434元。1996年4月，按照《国内邮政汇兑业务处理规则》要求，推行服务多样、方便快捷的多元化业务种类，汇兑业务得到稳步发展。1998年，又开始下滑，是年汇总收入4582元。2002年，创新工作方式，汇兑收入又回升，是年为6800元。2010年为68309.51元。

1986—2010年古丈县邮政汇兑情况一览表

表17-5

单位：万元、万张

年份	收入	张数	年份	收入	张数	年份	收入	张数
1986	0.66	0.82	1995	0.47	1.56	2004	0.86	1.09
1987	0.54	1.34	1996	0.55	1.62	2005	0.94	1.16
1988	0.34	1.03	1997	0.65	1.47	2006	1.06	1.25
1989	0.35	1.28	1998	0.46	1.10	2007	9.56	1.05
1990	0.40	1.36	1999	0.40	0.91	2008	8.68	0.92
1991	0.30	1.07	2000	0.46	1.08	2009	8.00	0.89
1992	0.18	1.38	2001	0.58	1.07	2010	6.83	0.76
1993	0.20	1.16	2002	0.68	1.07			
1994	0.36	1.32	2003	0.71	1.17			

六、邮政储蓄

1986年，筹备邮政储蓄业务，1987年正式营业，储蓄利息和种类按人民银行统一规定执行。是年，储蓄客户7228户，期末储蓄余额28.59万元，收入为1889元。1990年1月，邮政储蓄改为自办，吸收存款转存银行。是年，客户8356户，期末储蓄余额78.59万元，收入1.8万元。1999年，投入10万元，添置计算机10台，实行微机管理。2000年4月，储蓄业务办理使用电脑运作，向信息化、网络化方向发展。是年，收入15.04万元，期末储蓄余额2381万元，客户1.57万户。

2002年11月，开通全省邮政储蓄联网运行业务。2003年，断龙山、高峰2个支局安装邮储微机。

2004年5月，各乡镇支局全部实现微机网络化。11月，参与全国邮储统一版本升级和全省统一切换上线。2008年4月，邮政储蓄银行从县邮政局分出，成立中国邮政储蓄银行古丈县支行，县邮政局不再开展邮政储蓄业务。

1987—2007年古丈县邮政储蓄情况一览表

表17-6 单位：万元、万户

年份	储蓄收入	期末余额	储蓄户	年份	储蓄收入	期末余额	储蓄户数
1987	0.19	28.59	0.72	1998	9.53	9533465	1.67
1988	1.27	75.07	0.76	1999	13.07	20656895	1.67
1989	1.82	75.93	0.71	2000	15.04	23810000	1.57
1990	1.90	78.59	0.84	2001	17.05	35334610	1.76
1991	3.25	85.25	0.87	2002	19.01	56898976	1.99
1992	4.81	91.57	1.00	2003	20.33	79346590	2.16
1993	5.06	125.69	1.06	2004	33.06	80148070	2.28
1994	6.56	238.10	1.17	2005	59.52	98586865	2.50
1995	6.87	358.97	1.23	2006	65.65	95381000	2.65
1996	7.57	406.80	1.38	2007	68.05	105678780	2.87
1997	8.90	520.79	1.40				

七、集邮

1988年，集邮业务在古丈县开始起步；是年，集邮收入20元。1990年4月，建立古丈县集邮协会，集邮业务收入1520元。1993年，成立县集邮公司。1995年，集邮业务得到发展，集邮业务收入1.59万元。2004年，集邮业务下滑，仅收入700元。2006年，集邮业务复苏，集邮业务收入2.54万元。2010年，集邮业务收入增至25.41万元。

1988—2010年古丈县集邮情况一览表

表17-7 单位：元、枚

年份	集邮收入	出售邮票	年份	集邮收入	出售邮票
1988	20	853	2000	30005	429974
1989	152	1420	2001	62050	655189
1990	1520	3526	2002	80005	358425
1991	1867	102140	2003	70733	254860
1992	2001	212021	2004	70000	135685
1993	3564	255201	2005	55300	95658
1994	5000	329974	2006	25354	68524
1995	15850	568746	2007	20005	65687
1996	20000	658423	2008	93238	52543
1997	21063	554756	2009	153667	15248
1998	15800	457760	2010	254108	76567
1999	20505	501465			

八、机要通信

1986年，机要通信业务收入48元，车辆3辆。1990年为155元，1999年为1600元。以后一直维持1000元水平线。2009年，贯彻实施《中华人民共和国邮政法》。2010年，有机要通信业务车辆3辆。是年，机要通信业务收入为1006.20元。

1986—2010年古丈县邮政机要产品情况一览表

表17-8　　单位：件、元

年份	机要产品量	业务收入	年份	机要产品量	业务收入
1986	1765	48	1999	982	1600
1987	362	132	2000	658	1010
1988	465	125	2001	724	1110
1989	565	150	2002	650	1000
1990	658	155	2003	643	987
1991	235	180	2004	657	1010
1992	155	176	2005	682	1302
1993	353	164	2006	673	1205
1994	378	300	2007	658	1132
1995	589	500	2008	358	528
1996	678	765	2009	314	241
1997	614	830	2010	658	1006
1998	748	1200			

九、电信邮政代理代办

1999年，县邮政局开办电信代理业务（移动业务话费收取、移动放号）。是年，业务收入800元。

1999—2010年古丈县邮政代理代办情况一览表

表17-9　　单位：元

年份	代收费收入	代放号收入	合计
1999	800	0	800
2000	300	165	465
2001	1520	265	1785
2002	5825	215	6040
2003	25718	165	25883
2004	5855	235	6090
2005	611	356	967
2006	4900	1523	6423
2007	3589	1355	4944
2008	4497	1154	5651
2009	19977	3037	23014

续表 17-9

年份	代收费收入	代放号收入	合计
2010	3936	1964	5900

第二节 电 信

一、电信机构

1986 年，电信为县邮电局业务股室。1998 年 9 月，电信和邮政分营，成立古丈县电信局，设办公室、政工部、法纪部、劳资人事部、保卫部、计划财务部、客户服务部、代办部、邮政营销部、建设部、储汇分局、农话分局、移动分局、工会。职工 67 人，其中退休职工 24 人；房屋建筑面积 4239 平方米，其中职工住房 1678.9 平方米；桑塔纳小汽车 1 辆、摩托车 4 辆。

1999 年 7 月，移动业务从电信分离，成立古丈县移动分公司，职工 13 人，其中退休职工 6 人。2000 年 9 月，建立现代企业制度，县电信局改制成县电信分公司，设综合办公室、市场经营部、运行维护部、计划财务部，在职职工 31 人。2002 年，运行维护部改为维护工程部。2003 年，设置综合办公室、市场经营部、维护工程部、数据分局、收欠部。2004 年 7 月，更名为湖南省电信有限公司古丈县分公司，增设大客户部、商业客户部，运行维护部改为维护工作部，数据分局改为数据营维部，撤销收欠部。是年 6 月，省电信公司拨款 480 万元，购买红星小区综合大楼一栋（18 号），建筑面积 1880.69 平方米，解决办公场地及职工住房困难问题。是年 10 月，增设公众客户部，维护工作部改为维护工作站。2005 年，机构设置为综合管理部、市场经营部、维护安装部、大客户中心、综合业务中心、公众客户中心。2008 年 2 月，变更为中国电信股份有限公司古丈分公司，设综合管理部、市场经营部、维护安装部、城区营销中心、农村业务中心、营业服务中心、设备综合维护中心、客户端装维中心、农村支局，在职职工 33 人、退休职工 32 人。2010 年，完成红石林支局和默戎支局维修改造工程。

1998—2010 年历任县电信局局长、经理：祁彪。

二、电信设备

电报线路设备 1986 年，有线电报设备有电信总局五一九厂生产的 55 型人工电传打字机 2 部，上海电信设备三厂生产的 BF001 型自动报时单机头发报机 2 部；无线设备有辽宁无线三厂生产的 X-D6 型发信机一部，八一小型电台一部。开通古丈—吉首线路。1990 年，有线电报设备新增深圳桑达公司生产的 COCETT 型中英文电传打字机一部和 COCETT 型中英文印字机一部，以及日本 PTFAX131 传真机一部。1991 年，新增 D-YA 单边带短波发信机一部。当时无线电台只起应急作用，一旦有线路发生阻断时，立即以无线报路进行通报，平时则只是按规定时间进行会晤。1993 年，X-D6 型发信机（1 部）和八一小型电台（1 部）停止使用并报废。1996 年，无线电路停开，无线设备全部报废。1997 年，有线电报设备新增南京通信设备厂生产的 BLR01 型综合调度架一架。2000 年，原有的有线报路全部拆除，电报传输进入本地网电路，当年新增 SAX88 型传真机一部，实现电报通信数字化，原有电报设备均报废。

电话线路设备 1986 年，长话班有 JH26C-50 型中天磁石交换机一台，容量为 200 门，载波室仅有 522 厂生产的 ZM202 型三路载波机一部，省器材厂生产的 ZM203 型三路载波机一部，上海无线电 14 厂生产的 B845 型单路载波机一部。全县市话交换机总容量 560 门。其中北京有线电厂生产的 JZHQ 纵横横制自动交换机一套，容量 360 门（1978 年 8 月 1 日 23 时 30 分开通），广州磁石交换机

2台，容量200门。市话线路总长度为12.7千米。其中，水泥电杆线路为12.4千米，木杆线路0.3千米。市话电缆长度9皮长千米，其中地下电缆长2皮长千米，架空电缆长7皮长千米。1987年，调进ZM305型十二路载波机一部，载波室增加十二路。1989年，长途载波设备进行调整和变更，载波室有ZM305十二路和ZM203十二路载波机共2部。

1990年12月1日，引进香港史端桥交换设备，电话号码由3位数升为5位数。1991年，市话开通200门，长话新增JZT-60型共电式交换机一台，容量为120门。11月6日，开通2000门“史端桥步进制”自动交换机，容量净增1440门，原自动交换设备和市话班交换机报废。1992年，安装HJ09D型长途程控汇接机一套，容量100门，开通7条全自动拨号电路。1993年，长途光缆线路的贯通，载波室新增GPT光缆终端机一部，容量1920路，长途电路数增到20路（处于试运行阶段）。是年6月，引进德国的EWSD交换设备，电话号码由5位数升为7位数。

1993年，明线改为电缆，建设地下管道工程，完成白腊池至三道河10.37管孔千米的地下管道埋设工程，出局线3300对。1994年，市话交换设备更新换代，6月18日，开通德国EWSD数字程控交换机，容量为3208门，原2000门史端桥自动交换设备报废，市话步入数字交换，电话号码由5位升至6位。是年，市话电缆总长度达87皮长千米，比1993年净增77.37皮长千米，并全部由地下管道引出（部分分支电缆除外），当年出局线5830对。

1995年，市话交换机容量扩容到3688门。是年9月，开通模拟移动电话。10月，电话号码由6位升至7位。1996年1月，开通数字移动电话。6月，EWSD数字程控交换机扩容2000门，市话交换机总容量为5208门。1999年，市话交换设备再次扩容，市话交换机总容量6576门。市话电缆总长度235皮长千米，出局线1.33万对。

2000年，市话交换机总容量达到10917门。2001年，市话地下管道扩容17.26管孔千米。是年，城乡通话费实行本地网价。2002年，城乡电缆总长1054.8皮长千米，出局线17000对。2010年延续使用光缆终端机，市话交换机总容量达到12600门。

基站网络　2008年10月，电信接手CDMA移动基站。2009年，开通C网基站20个，2010年，开通双溪、磨子坪、米多、梅子坡、九龙5个基站，开通C网基站25个，全县乡镇驻地、铁路、公路主干道实现无缝覆盖。

三、电报电话

电报传真　1986年，电报去报1.07万份。1990年，国内去报1.31万份，比1986年增长1.22倍。1991年，开通传真业务，国内传真传出3份。1992年，国内去报1.50万份，比1986年增1.4倍。1999年，国内传真传出330份。2000年底，国内去报、3236份，比1986年减少3.3倍，比1992年减少4.65倍。2005年，发传真2559份，2009年1月1日，停办收发电报和收发传真业务。

长话　1986年，国内出口长话3.10万张。1992年，国内出口长话6.21万张。1993年，长途光缆架通使用，电路增加，国内出口长话14.23万张。1994年，市话、农话改换程控交换机，长话进出口电路进入光缆传输，长话业务量也迅猛增长（当年把长话张数改为长话去话次数），当年国内长话去话次数为22.41万次，国内长话去话次数为18.41万次。2010年，国内长话去话次数为52.42万次。

市话　1986年，装机数201户。1990年，装机302户，市内电话普及率为0.95%。1991年，市话装机420户，电话普及率1.2%。1995年，市话装机1358户，电话普及率8.9%。1998年，市内电话装机数3055户。2000年市内电话装机数5113户。2002年市内电话装机数5402户。2004年，家用座机开始停用，市内电话装机数下降到4234户。2005年，县中心局ADSL端口扩容，市内电话装机数下降到4026户。2006年，因公用电话增加，市内电话装机数回升到4492户。2007年，市内电话装机数又下降到3700户。2010年市内电话装机数下降到3345户。

农话 1986年，全县乡村电话电路45路，共473杆程千米，总机7台250门，实占155门，话机147部，建制村装机通话率达89%。1990年，农话装机124户，普及率为0.048%。1995年装机389户，电话普及率为0.17%。1998年，装机数达到2986户。1999年10月，实施“百万电话大行动村村通”，装机数达到3208户。2000年7月，实施“三百万工程组组通电话”，装机数达到3700户。2002年，装机数达到4205户。

2004年11月，无线数字电话“富民通”正式开通。年底，开通“富民通”电话100户，古阳镇茶坪村成为全县第一个无线通话村，农村电话年末装机数达到4357户。2005年，投资115万元，完成野竹乡模块机房搬迁、高峰乡大面山450D基站建设、河西2个点ADSL端口扩容、配合省设计院完成3G选址工作。是年，农村电话装机数达到4975户。2006年，开通默戎镇齐天坡、红石林镇甘达坪、山枣乡火麻村富民通基站。是年，装机数达到7127户。2007年，装机数下降到6453户。2010年，装机数下降到1546户。

四、网络通信

宽带上网 1996年6月，古丈县开通窄带上网业务。1997年2月，开通互联网业务，拨号上网。

2000年5月，开通宽带上网业务。2005年，草潭等3个点的宽带ADSL端口建设。

2007年，在县城拓展“全球眼”、VPN等业务，累计光/电缆建设规模达到57.32万元；将BRASS设备由5200更换为8825，提高宽带用户的稳定性；县城宽带扩容416线（中心局320线，红星模块局96线）；投入30万元，进行城域网光缆改造扩容工程，新建十字街、后街、连城隧道、红星小区等四个288芯光交接箱；投入8.14万元，布放6D光缆7.58千米，对县水务局、县农业局、县林业局、县人民医院、县社保局、古丈信用联社、县公安局、县移民局、县人口与计划生育局10个单位的光纤局域网进行改建；县城更换宽带BRASS设备，对代办点宽带设备进行大规模的扩容改建，将BRASS设备由5200更换为8825，提高宽带用户的稳定性，县城宽带扩容416线（中心局320线，红星模块局96线）；对高峰、双溪、坪坝、红石林、野竹、山枣、河西、罗依溪等乡镇代办点宽带扩容128线，在传输资源具备的断龙山、罗依溪、白溪关则将宽带设备由5105更换为5605，由2兆上行改为百兆上行，扩容80线。年底，全县代办点宽带百兆上行的模块点达到6个，占总代办点的37.5%。

2008年，对黑潭坪、长潭、万岩、龙天坪、众森大酒店5处进行“光进铜退”改造施工，新增宽带能力128线。前端部门与古阳迎宾馆、龙腾宾馆、时红宾馆、外资外援办、盛世楼、城西幼儿园、恒源锰业公司等单位签订的电话包干协议和解决柑子坪附近散户、县委党校新宿舍楼、新建区康雅幼儿园等处的配线电缆进入，共投资30万元，布放100P以下电缆4.045千米；为创建“平安城市”，投入资金75万元开通14个治安监控点、2个卡口，布放24D以下光缆10.05皮长千米。是年，投入50万元，进行光纤局域网开通及农村网吧改造，布放12D以下光缆27.61千米，对县畜牧局、县建设局、县环保局、县质监局、断龙山乡政府、古丈一中宿舍楼和罗依溪、河西、默戎等乡镇8家网吧进行光纤改造。对代办点宽带设备进行大规模的扩容改建，对罗依溪、野竹、河蓬3个乡镇传输设备由PDH改为SDH。

2009年1月，中国电信互联网手机189号段在古丈正式放号。全县开通C网基站25个，所有乡镇所在地、铁路及公路主干道基本实现无缝覆盖。2010年，建成磨子坪、米多、梅子坡、九龙4个基站。开通且茶下、青鱼潭2个综合接入点，退铜400线对千米，开通城郊南山综合接入点，退铜100线对千米。拓展ICT业务、邮政升级2M、“电子政务”“平安城市（三期）”等进行114个点的光缆布放工程。

1996—2010年宽带上网用户情况一览表

表17-10

单位：户

年份	用户数		年份	用户数	
	窄带	宽带		窄带	宽带
1996	20	—	2004	—	994
1997	35	—	2005	—	1549
1998	65	—	2006	—	2183
1999	79	—	2007	—	2268
2000	—	95	2008	—	2511
2001	—	115	2009	—	3084
2002	—	215	2010	—	4762
2003	—	758			

无线寻呼　1993年8月，古丈县开通无线寻呼业务（也称BP机），发展BP机用户189户；1995年，BP机用户846户。1996年，BP机用户1156户；2001年，BP机用户7479户。2002年，BP机用户下降，为1865户。2005年，用户停止使用BP机，改用手机。

移动通信　1996年12月，古丈开通模拟移动电话、BP机无线寻呼，初始放号为89户。1997年1月，开通数字移动电话，2月，开通互联网业务，拨号上网。1998年9月，移动电话业务从电信分出，由移动公司经营。2004年3月8日，县电信局小灵通手机开通，年末用户达到1584户。2008年10月1日，古丈电信接手联通公司的CDMA手机业务，业务号段133、153、189。年末手机用户达到1516户。2009年1月，中国电信互联网手机189号段在古丈正式放号；5月，召开天翼3G业务发布会。是年，开通C网基站20个，共25个，全县所有乡镇、铁路及公路主干道基本实现无缝覆盖。是年，手机用户达到4091户；2010年，手机用户达到6314户。

1998—2010年古丈县电信业务收入一览表

表17-11

年	业务收入（万元）	电话用户（户）			小灵通用户（部）	宽带用户（户）	富民通用户（户）	公用电话（部）
		总户数	市话	农话				
1998	180	9223	5002	4221	—	65	—	170
1999	191	9721	5502	4219	—	79	—	190
2000	360	9926	5512	4414	—	95	—	220
2001	519	10006	5602	4404	—	115	349	270
2002	455	9607	5402	4205	—	115	349	270
2003	495	9660	5485	4175	—	591	370	610
2004	477	8591	4234	4357	1584	994	390	651
2005	576	9001	4026	4975	2539	1549	889	805
2006	664	11619	4492	7127	2644	2183	3357	947
2007	670	10153	3700	6453	3115	2268	4890	959
2008	720	9629	3506	6123	2075	2511	4878	955
2009	777	9967	3457	6510	1464	3084	4281	735
2010	834	4891	3345	1546	839	4762	3356	644

第三节 移动公司

一、公司机构

1996 年 8 月，成立古丈移动分局，属县邮电局管理，业务实行自收自支，独立核算，经营 BP 机无线寻呼、模拟移动电话、数字（GSM）移动电话。是年业务收 10.2 万元。1998 年 9 月，无线寻呼业务从电信局分出，成立古丈国信寻呼营业部。1999 年 5 月，寻呼业务并入中国联通公司。是年 8 月，成立古丈县移动通信营业部，专营移动话音、数据、IP 电话等通信业务，劳资、人事由中国移动通信集团湖南有限公司统一管理；营业部设在县邮政局办公楼内，员工 16 人，其中合同制员工 8 人，劳务工 2 人，6 名退休人员，财务实行收支两条线管理。

2000 年 9 月，更名为古丈移动分公司，经营移动语音服务，语音信箱、短信消息、全球通手机银行、移动 IP 电话、全球通数据通信、全球通信息点播和全球通手机上网等业务。是年业务收 90.3 万元。2002 年 7 月，更名为湖南移动通信有限责任公司湘西自治州移动公司古丈营业部，员工 18 人，其中合同制员工 8 人、劳务工 4 人、退休人员 6 人。是年，完成业务收入 519.5 万元。

2005 年 10 月，更名为中国移动湖南公司湘西自治州分公司古丈县营业部，设综合部、市场经营部、维护部、大客户中心、市场拓展中心、营销中心等，员工 21 名。

2008 年 5 月，中国移动全资收购中国铁通，古丈铁通营业部与古丈移动营业部合并，人、财、物以及经营业务等均相对独立；12 月，更名为中国移动通信集团湖南有限公司湘西自治州古丈县分公司，简称古丈移动分公司，设机构及业务范围不变。2010 年，古丈移动分公司迁至红星社区常德街，设综合部、网络建设维护部、市场部、大客户中心、农村拓展中心等 5 个部门，有员工 52 人。是年，业务收入 2353.09 万元。

1998—2010 年历任古丈移动分公司经理：谭宏耀、郭立新、吕谊、田晓英。

二、网络建设

1996 年 12 月，开通第一个模拟基站（田马站）；在古阳镇完全小学后山建立一个模拟直放站，信号覆盖全城；开通第一个 GSM 基站。1997 年 1 月，在罗依溪镇开通第二个数字移动基站。

2002 年，开通罗依溪、县城火车站、邮政局、默戎、断龙山、高峰等基站。年末，所有模拟网用户全部转入 GSM 网用户，实行免费转网、换号和提供相应补偿政策。2004 年，实现乡乡通移动电话。

2005 年，实行村村通移动电话工程。2006 年，开通古阳、双溪、默戎、坪坝、河蓬、岩头寨、高峰、断龙山等乡镇 20 个站点，累计建移动基站 63 个，其中城镇基站 8 个（VIP 站 5 个），农村基站 55 个。

2010 年，进行移动信号覆盖网络优化，实现全县范围无缝覆盖。是年，累计建成移动基站 76 个。移动通信业务和服务遍布全县，乡镇建有自办营业厅、合作营业厅和指定专营店等。所建移动网络基站分布在铁路、公路沿线、各乡镇、各旅游景区，网络覆盖率 100%。

三、营销网点

2002 年 1 月，在坪坝乡溪口村设立普通代理店；12 月，在龙鼻邮政所设立普通代理点。2003 年 4 月，在断龙山中学外设立普通代理店。2004 年 4 月，在茄通乡政府旁设立普通代理店；7 月，在河西镇河西大桥头设立普通代理店、在罗依溪镇政府旁设立特约代理点。2005 年 4 月，在县城功顺家园酒店对面设立飞跃代办点。2006 年 1—9 月，在高峰、野竹、河蓬、草潭、山枣和古常大桥头设立金利普通代理店。2007 年 10 月，在古丈汽车总站、民族大市场设立普通代理店。2010 年 9 月，在县城十字街、茶城宾馆门面设立广海、阳光特约代理店。是年，共有 17 所代理点（店）。

四、移动业务

1994 年 10 月，县邮电局开通无线寻呼业务（126 人工转接台），BP 机实行月租收费为 25 元 / 台。1995 年 11 月，开通 127 自动无线寻呼，租用五里坡微波站铁塔及机房建站，月租收费为 40 元 / 台，后改为主叫付费。1996 年，开通移动手机业务，基本月租费为 50 元 / 台，15 元无线电管理委员会频率占用费，为双向收费，0.4 元 / 分钟。

1999 年 9 月，进行移动通信网络维护建设，经营移动话音、数据、IP 电话和多媒体业务，提供基本话音业务，并推出多种话音增值业务和无线数据业务。2005 年，实行移动通信业务（包括话音、数据、多媒体等），IP 电话业务，计算机信息网络国际互联网以及各类增值业务；开展系统集成、漫游结算清算、技术开发、技术服务，出售、出租移动电话终端设备及零配件、提供售后服务。

2009 年 8 月，实行单向收费。2010 年，拥有“全球通”“神州行”“动感地带”客户品牌，号码段包括“139、138、137、136、135、134（0 至 8 号段）”“150、151、152、158、159、187、188”；T 网号段“157、147、182、183”。是年，客户数量达 4 万户，收入 3000 万元，进入全省 20 强。

1996—2010 年古丈县移动公司业务情况一览表

表 17-12　　单位：户、万元

年份	移动电话用户	移动业务收入
1996	85	10.2
1997	180	21.6
1998	489	58.7
1999	941	90.3
2000	1560	112.0
2001	3604	302.7
2002	7215	519.5
2003	7763	558.9
2004	10006	600.3
2005	16000	960
2006	24000	1440
2007	31560	1893
2008	33981	2038
2009	38893	2093.16
2010	44800	2353.09

第四节 联通公司

一、公司机构

2000年6月，成立中国联合网络网络通信有限公司古丈县分公司，设在县邮政局大楼内，职工2人。2004年，在县城柑子坪建立营业厅，营业员4人。2008年10月，联通分拆双网，CDMA网络移交中国电信，133和153号段转为电信号段。2010年，办公地址设在古阳镇红星小区鸿翔大厦5楼，设综合财务部、市场部、客服部、运维部、集团部，有正式员工2人，聘请8人。

2000—2010年历任公司经理：符岗、刘骥、张英、田开顺、石元安、向阳、田开顺。

二、网络设施

2000年，在县气象局、牛角山和罗依溪、默戎、断龙山3个乡镇政府所在地建基站5座，采用载波传送。2002年1月，联通CDMA移动通信网正式开通。2006年，在城郊看守所、九龙、中寨、溪口、李家洞、会溪坪、红石林景区、红星小区建基站8座。乡镇渠道发展2家。2007年，在杨家堡、白果树、坐苦坝、仙仁、河西水厂建基站5座。是年，采用光纤传输，信号覆盖古阳、坪坝、默戎、罗依溪、红石林、断龙山、高峰7个乡镇，网络覆盖率达60%。2009年，在野竹、洞坪、山枣、草潭、岩头寨建基站5个。2010年，建基站7座，村基站信号覆盖率达85%。是年，全县有基站46座，覆盖12个乡镇，乡镇渠道15家。

三、联通业务

2000年，古阳镇、罗依溪镇发展联通用户300户，乡镇渠道开通3家。2002年CDMA用户从2001年的500多户扩展到2456户。2004年用户发展到4549户，乡镇渠道发展到7家。2007年，联通用户7789户，其中CSM用户4000户。2010年，发展联通用户9050户。是年，成立网络维护系统，配备专门维护作业人员；古阳、罗依溪、默戎、红石林4个镇网络覆盖率达60%，网络用户达100户以上。

2000—2010年中国联通公司古丈分公司业务情况一览表

表17-13　　单位：户、万元

年份	用户	营业收入	年份	用户	营业收入
2000	300	356	2006	6905	456
2001	1385	380	2007	7789	489
2002	2456	390	2008	7990	501
2003	3498	410	2009	8350	560
2004	4549	430	2010	9050	655
2005	5599	447			

第五节 铁通营业部

中国铁通湘西分公司古丈营业厅于2004年7月成立，法人代表徐平，地址在古丈商业总公司门面（县政府对面），为社会公众提供长途电话、本地电话、全国范围内传真、电报、公共数据传递、互联网接入等经国家电信主管部门批准的基础电信业务和增值电信业务；还可提供与通信信息相关的软件开发、技术咨询、系统集成等业务，与电信、移动、联通全部实现网间直联。

2008年5月，并入古丈移动营业部，人、财、物以及经营业务等均相对独立，主要办理固话方面的业务，设置多个职能部门，地址在红星小区。

第十八篇　财政　税务　金融

第一章 财 政

1986年，古丈县财政局设办公室、预算股、控购办、农财股、企业股、监察股、行财股、综合计划股8个股室，辖16个乡镇场财政所。局机关工作人员49人。

1989年3月，增设农业税征收管理股。5月，增设会计师服务站。1990年1月，增设会计函授站。1992年5月，增设县国有资产管理办公室。1993年3月，增设政工股、会计管理股。1995年1月，行政股更名为文教行政事业财务股。1996年1月，增设商贸企业财务管理股、对外经济贸易股、社会保障股、基建财务管理股。1997年4月，综合计划股升格为预算外资金管理局，国有资产管理办公室升格为国有资产管理局（副科级）。1998年2月，政工股更名为人事股。1999年10月，增设工资发放中心、公共支出结算中心。2002年4月，撤销商贸企业财务管理股、文教行政事业财务股、会计师服务站、国有资产管理局、公共支出结算中心；增设行政政法股、教科文股、统计评价股、国库股、会计集中核算中心、财源建设办公室、政府采购中心、纪检监察室；恢复农业税征收管理股，加挂农业税征收管理局牌子；工资发放中心职能并入国库股。

2003年5月，预算外资金管理局更名为非税收入管理局。8月，会计集中核算中心更名为国库集中支付中心，升格为副科级。是年，县财政局机关有20个股室。2004年，增设支付中心，机构为副科级；监督股更名为监督局，升格为副科级。2005年，财政所并至12个。2007年，统计评价股更名为资产管理绩效评价股；撤销产权股，职能转换到资产管理绩效评价股。2008年3月，设立国有资产管理中心、县财政投资评审中心；农业税征收管理局更名为乡镇财政管理局，加挂契税和耕地占用税管理局牌子，其机构级别人员编制不变。2009年4月，成立信息股。

2010年3月，成立基建办、税政法规股；10月，成立金融与债务股。全局设预算股、国库股、支付中心、行政政法股、社保股、农业股、企业股、会计股、经建股、税政政法股、人事股、财源办、采购办、基建办、资产管理中心、非税收入管理局、办公室、外经股、信息股、乡镇财政管理局、监督局、教科文股，工作人员80人。

1986—2010年，县财政局历任局长：贾绍杞，宋顺吉，张贤义，程方国。

第一节 财政体制

一、县级财政体制

1986年，县级财政实行“核实收支，定额补助，超收全留，5年不变”包干体制。当年，全县财政收支实现基本平衡（结余3万元）。

1994年，县财政包干体制改为“分税制”财政管理体制。营业税、个人所得税、资源税、城市建设维护税、车船税、印花税、固定资产投资方向调节税、集体企业所得税、国营企业所得税、教育费附加及 25% 增值税为县地方收入，增值税 75% 和消费税为中央财政收入。“两税”（增值税 75%、消费税 100%）上划中央，中央按 1∶0.3 系数对县税收返还。当年，县财政上划中央“两税”391 万元，中央对县税收返还 303 万元。

1998 年，实行财政“费改税”试点，村提留乡镇统筹改为征收农村公益事业建设事业税，税率为 3.5%。

2002 年，继续完善分税制财政体制，县属地方收入划分为县级和乡镇收入两部分。县级财政固定收入为城市建设维护税、城市教育费附加、个人所得税、耕地占用税，县属国有、集体、私营、联营等各类企业或纳税个人缴纳的其他各类税收（包括亏损退库补贴等），收购环节农业特产税，罚没收入、行政收费、专项收入及各项基金收入；税务稽查入库收入（包括各种稽查税收），政策性资金投入 50 万元（含 50 万元）以上建筑安装工程营业税及附加。

2010 年，参照“省直管县”财政管理体制要求，财政收入向省上划分成。当年，上划省级收入 626 万元。税收超收部分上解州财政。共上解营业税 99 万元、城市建设维护税 32 万元。

二、乡镇财政体制

1986 年，全县建立乡镇一级财政，试行“定收定支，收入上缴，超收分成，短收分担；支出下拨，超支不补，结余留用，一年一定”办法，收入及时上解，不能坐支。支出由县财政按时拨付，年终按体制结算。乡镇财政收入包括除县和县以下工商企业外，在乡镇范围内征收的产品税、增值税、营业税、工商所得税、农业税、临时经营营业税、个体户工商税及其所得税、屠宰税、牧畜交易税、城镇维护建设税、契税和其他收入。乡镇支出包括乡镇所属农业、林业、水利、文教、卫生、行政管理和其他事业经常性开支、以及优抚和社会救济事业开支。分成分担比例零散税收按完成总额 5% 分成，超任务部分再提取 5% 超收分成，其他收入按超任务数实行五五分成。收入总任务短收实行二八分担，县负责短收数 80%，乡、镇负责短收数 20%。1988 年，全县乡镇财政体制由原来一年一定改为三年一定。1992 年，全县建立乡镇实体财政，实行预算收支包干财政管理体制。改变统收统支做法，县财政与乡镇财政实行“分灶吃饭”，对乡镇财政实行“定收定支，收支包干，定额上解或补贴，超收分成，短收自负，超支不补，节余留用，一定两年”新财政管理体制。划定乡镇收支范围，确定收支包干基数，确定超收分成比例。

乡镇收入 乡镇范围内征收（不包括国营企业和县办集体企业交纳的）工商各税和农村“五税一收”（农业税、农业特产税、耕地占用税、契税、屠宰税、其他收入），属于乡镇财政预算内收入；农村教育事业费附加收入、乡镇办企业和村组办企业上缴利润和管理费收入，以及其他自筹收入和各项统筹款，属于乡镇财政预算外收入和自筹资金收入。

乡镇支出 乡镇直属机关人员经费、办公费以及村干部补贴和应享受公费医疗待遇的医疗经费。

确定收支包干基数 工商税收（包括屠宰税）按前 3 年各乡镇实际完成数的平均数计算，其中茶叶税按 1990 年各乡镇实际茶叶产量折合计算，农林特产税按 1989 年、1990 年两年实际完成数的平均数计算，农业税按依率计征数计算，其他收入不确定基数。支出基数以乡镇各部门 1991 年 10 月在册实际人员经费加必要公务费确定。

确定超收分成比例 1996 年，河西镇、罗依溪镇、古阳镇、默戎镇超收分成比例 60%，断龙山乡、高峰乡、野竹乡、河蓬乡、坪坝乡、双溪乡超收分成比例 75%，茄通乡、岩头寨乡、草潭乡、山枣乡、城关乡超收分成比例 90%。1997 年，按照“全额管理、核定收支、综合平衡”原则，全面推行综合财政预算改革；乡镇统筹资金由乡镇政府统一组织征收，纳入乡镇财政管理，专项用于民兵训练、五保户、困难户补助和农村公益事业。1998 年，县对乡镇实行“划分税种范围，核定收支基数，

定额上解或补助，自求平衡，节余留用，一定三年”的乡镇财政管理体制。2002 年 6 月，实行“划分收支范围，核定收支基数，定额解补，超收全留，短收自负，自求平衡”分税制财政管理体制；按照分税制基本框架，核定各乡镇具体收支基数，理顺和规范县乡村之间分配关系，调动乡镇当家理财积极性；加大对困难乡镇转移支付力度，确保乡村基层组织正常运转。

2005 年 8 月，实行“乡财乡用县管”财政体制和“乡镇财务统管”财务管理方式。坚持“预算统编、账户统设、工资统发、采购统办、票据统管”原则，县财政统一安排乡镇年度预算。乡镇人民政府根据县级财政部门具体安排预算，编制本级综合财政预算草案并按程序报批和执行。乡镇除中小学、卫生院外，其他各预算单位由乡镇人民政府在各乡镇金融机构开设统一账户，以乡镇人民政府为独立核算主体，财务统一建账管理。乡镇各项财政收入统一缴入县级国库和县级预算外专户。乡镇国家工作人员工资由县国库集中支付中心统一发放到个人。乡镇各项采购支出由县国库集中支付中心直接支出给供应商。乡镇使用行政事业性收费、罚没等各种票据全部收归县级财政管理。

第二节　财政收入

一、财政总收入

1986 年，全县财政总收入 1184 万元，其中地方财政收入 284 万元，占全州地方财政总收入的 4%。是年，古丈县被确定为湖南省扶贫重点县，上级补助收入增至 900 万元。补助收入中，体制补助 347 万元，专项补助 550 万元，其他补助 3 万元。

1991 年，县属企业生产经营困难，欠税严重。全县财政总收入 1867.7 万元，其中地方财政收入 724.7 万元，上级补助收入 1143 万元。上级补助收入中，体制补助 479 万元，专项补助 637 万元，其他补助 27 万元。

1994 年，县委、县政府在稳定和调整原有财源基础上，寻找新经济增长点，确定加快茶叶产业化力度，改革发展主体工业，抓特色农业和产业结构调整，扶持第三产业，建立民营经济小区五大财源建设项目。湖南省财政厅厅长章锐夫到湘西考察，提出古丈县财政收入要保证实现 1000 万元，力争 1200 万元，全县财政总收入 3192 万元，其中上级补助收入 2156 万元。是年，全县地方财政收入实际完成 1104 万元，首次突破千万元大关，其中县国税局、县地税局、县财政局分别完成 521 万元、256 万元和 327 万元，均超额完成任务。

2002 年，古丈县被确定为国家重点扶贫县，上级补助收入 10744 万元。全社会固定资产投资 1.35 万元，首次突破亿元。全县财政总收入 11599 万元，完成地方财政收入 1528 万元。

2003 年，固定资产投资 2.11 亿元。全县财政总收入 13335 万元，其中完成地方财政收入 1818 万元、上级补助收入 11517 万元。

2005 年，围绕建立公共财政体系，推进国库管理制度改革、乡镇财政管理体制改革、非税收入管理体制改革、政府采购改革 4 项改革，建成乡镇财政“三农（农业、农村、农民）服务”网络。全县财政总收入 18137 万元，其中完成地方财政收入 2800 万元、上级补助收入 15337 万元。

2008 年，制定财税部门联系会议制度、目标管理制度，提高组织收入管理能力，确保财税收入增长。全县财政总收入 41106 万元，其中完成地方财政收入 5132 万元、上级补助收入 35974 万元。

2010 年，全县发展烟叶、茶叶、水果产业（简称“两叶一果”）。茶叶种植面积 5333.34 公顷、产值突破 1 亿元，烟叶种植面积 893.33 公顷、产值 3000 万元，柑橘面积 4000 公顷、产量 4 万吨。实施“百千万”（3 万吨锰整合、5000 吨精钒加工、百万吨水泥）工程，固定资产投资高速增长，完成投资 81498 万元，比 2009 年增长 45.8%，重点投资项目完成投资 5.75 亿元，比 2009 年增加 1.9 亿元，增长 49%。100 万吨水泥项目完成投资 3000 万元，华源硫酸项目完成投资 2000 万元。旅游收入 1.77 亿元。全县财政总收入 62928 万元，其中完成地方财政收入 7738 万元、上级补助收入 55190 万元。地方财政收入占全州地方一般预算收入的 0.34%。

1986—2010 年古丈县财政总收入一览表

表 18-1　　单位：万元

年份	财政总收入	地方财政收入	上级补助
1986	1184	284	900
1987	1158.1	329.6	828.5
1988	1239	403	836
1989	1438	571	867
1990	1384.6	506.3	878.3
1991	1743.1	724.7	1018.4
1992	1955	681	1274
1993	2614	899	1715
1994	3260	1104	2156
1995	3088	1520	1568
1996	4834	1377	3457
1997	5013	995	4018
1998	5466	1026	4440
1999	5682	667	5015
2000	7170	801	6369
2001	9479	1273	8206
2002	12272	1528	10744
2003	13335	1818	11517
2004	15958	2320	13638
2005	18137	2800	15337
2006	24793	3339	21454
2007	31099	3976	27123
2008	41106	5132	35974
2009	49176	6086	43090
2010	62928	7738	55190

二、工商各税收入

1986 年，工商各税税种主要有营业税、增值税、企业所得税、个人所得税、资源税、房地产税、印花税、城镇土地使用税和城市维护费、车船使用费。是年，工商税收 296 万元。1993 年，工商各税收入 482 万元。1994 年，国税、地税、财政 3 家税收实行分开征收，工商税收划归国税和地方税局，财政部门负责征收农业四税。2003 年，工商税收划归财政部门征管，工商税收 840 万元。2005 年，工商税收 1121 万元，为预算 1146 万元的 97.82%，同比增长 12.66%。2006 年，工商税 2488 万元，为预算2507万元的99.24%，同比增长19.44%。2007年，工商税收1696万元，占地方一般预算收入的73.23%，为预算1537万元的110.34%，同比增加324万元，增长23.62%。2010年，工商税收3335万元，占全县一般预算收入的69.3%。

三、农业四税收入

农业税　1986年，执行湖南省政府制定免征5年（1984—1988年）农业税政策，未征收农业税。1989年，重新开征农业税，税率按11.23%计征；计税田土面积71.33平方千米，核定常年产量为1656万千克，计税额186万千克稻谷，应征正税175万千克稻谷，应征附加11万千克，实际征收正附税170万千克，稻谷每千克折价0.35元，共计税金52万元。1994年，稻谷每千克折价由0.35元升至0.77元，农业税由1993年69万元增至135万元，100%完成征收任务。1996年，农业税实际征收178万元，完成征收任务的102.90%。2001年，农业税实际征收157万元，完成征收任务的95.70%。2002年，全县实行农村税费改革，农业税税率由11.23%降至6.5%。当年，全县重新核定农业税计税面积为58.76平方千米，其中稻田54.57平方千米，旱地4.19平方千米，与1998年第二轮承包面积相比减少10.7平方千米，其中稻田减少1.87平方千米，旱地减少8.83平方千米，主要原因是省道S229线建设、退耕还林、水冲沙压、乡村道路建设、建校、兴修水利。全县亩均常年产量325.26千克，常年总产量27360吨。当年应征农业税总额220万元，实际完成农业税192万元。2003年，农业税实际征收194万元。2004年，农业税税率由6.5%降至3.8%，当年实际征收112万元。2005年，国家免征农业税。

农业特产税　1988年，全县开征农业特产税。水果、观赏用花、药材、芦苇、湘莲按8%税率征收，茶叶、制茶用花、生漆、核桃、板栗、藕、鲜鱼、鱼苗、鱼种、珍珠按6%税率征收，木材、竹子、油菜、油桐、苗木、竹笋、干香菇、桑蚕、棕片、木耳、乌桕子、松脂按5%税率征收。农林特产税征收时，随同正税征14%地方附加；当年征收农业特产税7.3万元。1993年，完成农业特产税56万元。1996年，完成农业特产税110万元。1998年，完成农业特产税177万元。1998年，县财政局和乡镇财政所强化农业特产税收征管，完成征收177万元，为历史最高。2000年，完成农业特产税91万元。2002年，实行退耕还林、保护生态，山竹、竹笋、芦苇等不再砍伐，山竹、竹笋、芦苇等项目农业特产税取消；当年征收农业特产税45万元，其中，高望界林场4.2万元、烟草公司9.7万元、茶叶公司17.1万元、木材公司0.8万元、其他单位13.2万元。2004年，取消除烟叶税外的其他农业特产税；当年完成农业特产税27万元。2005年，完成农业特产税94万元。2006年，免征农业特产税；开征烟叶税，由县地税局征收。

耕地占用税　1987年4月，依法开征耕地占用税。凡单位和个人占用国家所有和集体所有土地建房或从事其他非农业建设，致使原耕地不能进行农业生产的，按占用面积计算，每平方米征收3.64元的耕地占用税；扣除5%征收经费后的耕地占用税税额，50%上缴中央财政，25%上缴省财政厅，25%留县财政作为发展农业专项资金；当年征收2.9万元。1988年，征收3.7万元。1991年，征收14万元。1992年，征收37万元。2002年，征收61万元。2008年，征收90万元。2009年，征收102万元。2010年，征收263万元。

契税　1986年，行政企事业单位干部职工、城乡居民购买商品房，根据《契税暂行条例》规定，由买方缴纳契税；华侨、侨眷用侨汇购置或经侨务管理部门介绍，用侨汇购买私人房屋，免征契税；农村实行家庭承包责任制后，原生产队仓库、保管室等变卖给村民，按规定征收契税；当年征收契税6万元。1990年，随着房地产交易增多，契税成为农业税新增长点；是年，征收契税10万元。1999年，征收契税16万元。2002年，对商业集团总公司、红星小区、招商局、房地产开发公司等重点纳税单位进行清理，核实应交税额，理顺征纳关系；当年征收契税5万元。2004年，征收契税32万元。

2010 年，将全年契税征收任务分配到 12 个乡镇；是年，征收契税 169 万元。

四、企业收入

1986 年，对企业实行“照章纳税、目标管理、年终结算、超收分成”办法，完成目标任务后的超额利润，工业企业返还 80%、商业企业返还 70%。当年返还给企业超目标利润 150 万元。全县企业所得税收入 112.3 万元。1988 年，全县预算内工业企业完成产值 912.4 万元，实现利税 314.6 万元，上缴利税 101.7 万元。全县独立核算商业企业实现商品销售收入 1109.6 万元，上缴利税 18.39 万元。1992 年，全县企业实现利润 515.94 万元。1999 年，全县国有工业企业改制（国有民营），改制面 80%。55 户独立核算工业企业实现总产值（现价）4409.6 万元，其中 16 户规模以上工业企业实现增加值（现价）1128.7 万元。2002 年，全县规模以上工业企业产品销售率 100.4%；独立核算规模以上工业企业实现产品销售收入 6515 万元，实现利税 480 万元。2006 年，全县工业企业完成总产值 1.56 亿元，实现增加值 0.91 亿元，其中规模以上工业企业完成总产值 15657 万元，实现增加值 5586 万元；500 万元以上独立核算工业企业实现产品销售收入 15370 万元，利润总额 97 万元，利税总额 1042 万元。2010 年，全县工业企业完成总产值 4.19 亿元，实现增加值 1.66 亿元，其中规模以上工业企业实现增加值 1 亿元；500 万元以上独立核算工业企业实现产品销售收入 30893 万元，实现利润总额 1830 万元。

五、罚没收入

1986 年，公安、检察、法院、司法、工商、医药、卫生、交通、林业、劳动、物价、房地产、城建、环保、商检、疫检、审计、烟草专卖等部门对违反法律法令或行政法规行为处以罚款、没收赃款、赃物变价等上缴财政，列为国家预算收入。当年罚没收入 8.63 万元，占地方一般预算收入的 3.39%。1989 年，罚没收入 10 万元。1999 年，罚没收入 43 万元，其中政法部门收缴罚没收入 5 万元、其他部门收缴罚没收入 38 万元。

2003 年，县财政局宣传《国家非税管理条例》，开展账户清理结缴，规范和加强罚没收入管理，当年罚没收入 70 万元，占财政总收入 1818 万元的 3.8%。2004 年，对国家机关、团休、企事业单位的罚款上缴国库；当年罚没收入增至 141 万元。2005 年，罚没收入 342 万元。2009 年，罚没收入 484 万元。2010 年，县财政局加强罚没收入管理，严防跑、冒、滴、漏；全年完成罚没收入 461 万元，占财政总收入 7738 万元的 5.9%。

六、国债

1986 年，国库券发行由县国库券推销办公室（设在县财政局）负责。国库券推销办将全县国库券发行任务分配到县直单位和乡镇。单位购买的年息 6%，个人购买的年息 10%。当年，州分配国库券发行任务 18.2 万元，全县完成 19.34 万元，超额 2.14 万元，完成 112.44%。1990 年，完成州分国库券和特种国债 28 万元发行任务，其中国库券 14 万元、特种国债（含养老保险基金、待业保险基金“两金”专项国债）14 万元。1991 年，州分古丈县国债推销任务 42 万元，完成 45 万元，为州分任务的 108%。1993 年，州分县国库券任务 58.2 万元，当年 6 月 25 日前完成 78.58 万元，超额完成 20.83 万元，完成年任务 135%。1994 年，国库券分为 2 年期、3 年期和 5 年期 3 种，2 年期国库券利率 13%，3 年期国库券利率 13.96%，5 年期国库券利率 15.86%；国库券面值分 100 元、500 元和 1000 元三种；州分国库券发行任务 47 万元，实际销售 50 万元，超额完成 3 万元。1995 年，国债发行由中国人民银行办理。

七、上级补助

1986 年，上级补助 900 万元，其中体制补助 347 万元、专项补助 550 万元、其他补助 3 万元；上级补助收入占全县财政总收入的 76%。1988 年，增加结算补助 38 万元，上级补助 881 万元。1994 年，增加税收返还 303 万元，上级补助 2156 万元。1995 年 9 月，省财政厅对县体制补助进行微调，增加定额补贴 300 万元，加上递增的 5%，增加 315 万元，缓解县财政收支矛盾，减少赤字。1996 年，增加一般性转移支付 195 万元，上级补助收入 3457 万元。1999 年，增加增资补助 376 万元，上级补助 5015 万元。2002 年，增加民族地区转移支付 427 万元、农村税费改革转移支付 980 万元；是年，国务院加大对全国重点扶贫县资金补助力度，上级补助 10744 万元。2006 年，增加保障转移支付 450 万元，国债补助 1208 万元、义务教育转移支付 354 万元，上级补助收入 15337 万元。2009 年，增加就业转移支付 154 万元、公共安全转移支付 189 万元，上级补助收入 43090 万元。2010 年，上级补助收入 15 项，补助总额 55190 万元，占全县财政总收入的 75%。

1986—2010 年古丈县上级补助收入情况一览表

表 18-2　　　　单位：万元

年度	合计	税收返还	体制补助	一般性转移支付	民族地区转移支付	农村税费改革转移支付	保障转移支付	国债补助	就业转移支付	公共安全转移支付	卫生转发移支付	农林水转移支付	义教教育转移支付	增资补助	结算补助	专项补助	其他
1986	900	—	347	—	0	0	0	0	0	0	0	0	0	0	0	550	3
1987	874	—	365	—	0	0	0	0	0	0	0	0	0	0	0	509	—
1988	881	—	382	—	0	0	0	0	0	0	0	0	0	0	38	447	14
1989	937	—	382	—	0	0	0	0	0	0	0	0	0	0	51	489	15
1990	992	—	456	—	0	0	0	0	0	0	0	0	0	0	7	529	—
1991	1143	—	479	—	0	0	0	0	0	0	0	0	0	0	7	637	20
1992	1502	—	692	—	0	0	0	0	0	0	0	0	0	0	30	663	117
1993	1715	—	727	—	0	0	0	0	0	0	0	0	0	0	57	756	175
1994	2156	303	763	—	0	0	0	0	0	0	0	0	0	0	88	803	199
1995	2368	314	1116	—	0	0	0	0	0	0	0	0	0	0	88	594	256
1996	3457	249	1166	195	0	0	0	0	0	0	0	0	0	0	277	902	668
1997	4018	250	1224	321	0	0	0	0	0	0	0	0	0	0	191	1468	564
1998	4440	249	1285	690	0	0	0	0	0	0	0	0	0	0	191	2025	—
1999	5015	162	1349	690	0	0	0	0	0	0	0	0	0	376	191	2130	117
2000	6369	170	1416	940	0	0	0	0	0	0	0	0	0	751	191	2728	173
2001	8206	175	1487	1505	0	0	0	0	0	0	0	0	0	1800	191	2827	221
2002	10744	236	1561	858	427	980	0	0	0	0	0	0	0	2184	191	4159	148
2003	11517	257	1639	1005	516	880	0	0	0	0	0	0	0	2355	416	4404	45
2004	13638	280	1721	1591	536	1043	0	0	0	0	0	0	0	2526	426	5451	64
2005	15337	287	1807	2075	1908	1128	0	0	0	0	0	0	0	2526	—	5606	—
2006	21454	310	1897	2431	1908	1128	450	1208	0	0	0	0	354	4441	446	6813	68
2007	27123	347	1992	3825	2039	1128	134	876	0	0	0	0	350	5668	444	10265	55
2008	35974	365	2092	5398	2369	1249	300	2298	0	0	0	0	823	5668	460	14851	101

续表 18-2

年度	合计	税收返还	体制补助	一般性转移支付	民族地区转移支付	农村税费改革转移支付	保障转移支付	国债补助	就业转移支付	公共安全转移支付	卫生转发移支付	农林水转移支付	义教教育转移支付	增资补助	结算补助	专项补助	其他
2009	43090	572	2197	8148	2369	1249	532	1986	154	189	0	0	590	5668	643	18385	408
2010	55190	1220	2307	7975	2484	1249	510	0	611	255	80	298	1580	5668	941	29858	154

第三节　财政支出

一、财政总支出

1986年，全县财政支出1181万元，经济建设支出626.8万元（其中基本建设支出285万元、技术改造支出138万元），社会文教支出342万元，行政管理支出201万元。1990年，财政支出1745万元，其中生产、建设性支出309万元，非生产性支出1436万元；全年财政赤字261万元。1994年，财政支出3289万元；全年财政赤字626万元。1996年，财政支出重点转移到保证工资发放，严格控制接待费开支，实行定点、定员、定额“三定”管理办法。

1997年，州委、州政府制定《关于进一步严格增收节支的决定》《增收节支十条规定》《关于建立工资发放保障机制的决定》等文件，加强财政支出管理。在公用经费使用上，根据单位性质、业务范围、业务量及财务可能，分类确定标准，“超支不补，结余留用”；对人员管理，坚持“超编不安排经费、节编经费归单位”；对车辆管理实行定编定额压减支出。当年财政支出5269万元，其中经济建设支出476万元、文教卫体支出792万元、行政管理支出755万元、社会救助和其他支出2320万元。全年财政赤字255万元。

2003年，优化支出结构，合理调度预算资金，把工资性支出列为财政支出首位，强化工资专户管理。全年财政支出12687万元，比上年增长11.74%。2007年，财政用于农业、教育、医疗卫生等社会公共服务事业支出快速增长。全年财政支出27617万元，比上年增长25.11%，其中教育支出4402万元、增长11.41%，医疗卫生支出1812万元、增长73.73%，社会保障和就业支出4647万元、增长41.68%。

2010年，全县兑现各项惠农政策，加大农村能源综合建设。全年财政支出60291万元，其中教育支出7310万元、增长22.38%，农林水事务支出12585万元、增长18.28%，医疗卫生支出4059万元，社会保障支出8559万元。

1986—2010年古文县财政支出情况一览表

表18-3　　单位：万元、%

年度	总支出数	比上年增加数	增长率
1986	1181	208.3	21.43
1987	1173	−8	−0.06
1988	1545	372	31.71
1989	1637	92	5.62
1990	1759	122	7.45
1991	1937	178	10.12
1992	2280	343	17.71

续表 18-3

年度	总支出数	比上年增加数	增长率
1993	2695	415	18.20
1994	3498	803	29.80
1995	3878	380	10.86
1996	4676	798	20.57
1997	5268	482	12.66
1998	4736	-532	-10.10
1999	5620	884	18.67
2000	6489	869	15.46
2001	9010	252	38.85
2002	11484	2474	27.46
2003	12687	1203	10.48
2004	13655	968	7.63
2005	17924	4269	31.26
2006	23262	5338	29.78
2007	27617	4355	18.72
2008	37152	9535	34.53
2009	46257	9105	24.51
2010	60291	14034	30.34

二、人头经费支出

1986 年，人头经费支出 245 万元，占总支出的 21%。1990 年，人头经费支出 300 万元。1995 年，工资支出为 1045 万元，占财政总支出 3878 万元的 27%。1999 年，行政事业工资支出 2966 万元，占年初预算安排支出 2289 万元的 129.58%；从 7 月起，全县行政事业单位干部职工和离退休人员工资人均月提高 113 元，仅此一项，全年增加工资支出 379 万元。2001 年，人头经费支出 5108 万元。2004 年，人头经费支出 7057 万元。2007 年，人头经费支出 10056 万元。2009 年，人头经费支出 12008 万元。2010 年，人头经费支出 14340 万元，占财政总支出的 16%。

三、经济建设支出

1986 年，县长吴池莲到省政府争取县化工厂和县钒厂建设项目获得批准，其中县化工厂建设 120 万元、县钒厂征地拆迁 50 万元。全年经济建设支出 626.8 万元，占总支出的 30.3%，其中工业技术改造支出 40 万元、公路新修和畅通支出 80 万元、基本建设支出 180 万元。1988 年，经济建设支出 310 万元，占总支出的 28.31%。1993 年，经济建设支出 870 万元，占总支出的 32.28%。1996 年，经济建设支出 440 万元，占总支出的 11.75%。2001 年，经济建设支出 690 万元，占总支出的 7.6%。2003 年，经济建设支出增至 3286 万元，增加 2324 万元；全年经济建设支出占总支出的 25.90%。2007 年，经济建设支出 4371.6 万元，占总支出的 16.09%。2010 年，经济建设支出 8152 万元，占总支出的 12.52%。其中交通运输 2738 万元，采掘和电力事业支出 927 万元，住房保障支出 4487 万元。

四、科教文卫事业费支出

1986年，科教文卫事业费支出327.8万元，占财政总支出的36.8%。1989年，科教文卫事业费支出426万元，占财政总支出的26.02%。1991年，科教文卫事业费支出507万元，占财政总支出的26.17%。1994年，科教文卫事业费支出20万元，占财政总支出的20.58%。1996年，科教文卫事业费支出1040万元，占财政总支出的22.24%。2001年，科教文卫事业费支出2100万元，占财政总支出的23.30%。

2003年，科教文卫事业费支出2999万元，占财政总支出的23.63%。2005年，科教文卫事业费支出4575万元，占财政总支出的25.52%。2007年，科教文卫事业费支出6675万元，占财政总支出的24.16%。2009年，科教文卫事业费支出11709万元，占财政总支出的25.31%。2010年，科教文卫事业费支出12657万元，占财政总支出的20.99%。其中：教育支出7310万元；科技支出138万元，文化、体育、广播支出1150万元，医疗卫生支出4059万元。

五、抚恤救济和社会保障支出

1986年，抚恤救济支出44万元。1995年，抚恤救济支出110万元。1999年，抚恤救济支出210万元，其中下岗职工基本生活费、城市居民最低生活保障、国有企业离退休养老金提高标准和补助拖欠国有企业养老保险等，支出104万元。2002年，抚恤救济支出279万元。2003年，中央对不发达地区民生支出投入增加，全县抚恤救济支出1855万元，比上年增加1576万元，增长564.4%。2005年，抚恤救济支出2768万元，比上年增加752万元，增长37.30%。2007年，抚恤救济支出4417万元。比上年增加2833万元，增长178.85%。2008年，抚恤救济支出5759万元，比上年增加1342万元，增长30.38%。2009年，抚恤救济支出9101万元，比上年增加3342万元，增长58.03%。2010年，抚恤救济支出8559万元，比2009年减少542万元，减少5.95%，占财政总支出的14%。

六、行政管理费支出

1986年，行政管理费支出271.63万元，占财政总支出的23%。1990年，行政管理费支出404万元，占总支出的22.90%。1994年，行政管理费支出699万元，占总支出的20%。1997年，行政管理费支出1106万元，占总支出的21%。2002年，行政管理费支出2067万元，占总支出的18%。2005年，行政管理费支出3872万元，占财政总支出的21.60%。政法专项支出增加增加1388万元。2007年，行政管理费支出4418万元，占总支出的16%。2010年，行政管理费支出6029万元，占总支出的10%。

七、专项支出

1986年，专项支出490万元，占总支出的41%。其中扶贫开发资金支出300万元，教育费附加110万元。1994年，专项支出522万元。1996年，专项支出821万元。1997年，专项支出1701万元。2000年，专项支出2510万元。2003年，中央增加对生态建设资金投入，环保专项支出4159万元。2006年，专项支出为8021万元。2007年，专项支出11141万元。2009年，专项支出20371万元。2010年，专项支出29858万元，占财政总支出60291万元的42.15%，主要用于扶贫开发、教育、生态环境治理。

八、上解支出

1986年，上解支出3万元。1988年，上解支出40万元。1992年，上解支出21万元。1996年，上解支出 90 万元。2000 年，上解支出 236 万元。2005 年，上解支出 306 万元。2008 年，上解支出 327 万元。2010 年，上解支出 364 万元。

九、其他支出

1986 年，其他支出 74 万元。1993 年，其他支出 134 万元。1995 年，其他支出 233 万元。1998 年，其他支出 324 万元。2002 年，其他支出 264 万元。2006 年，其他支出 476 万元。2008 年，其他支出 349 万元。2010 年，其他支出 390 万元。

第四节　财政管理

一、预决算管理

预算管理　1986 年，实行“核定收支、分级包干”财政体制，财政预算按照“量入为出、自求平衡”原则进行编制。1991 年，坚持量力而行，保证重点，统筹兼顾，严格控制支出；年初本级预算支出 1450.1 万元，实际支出完成 1349.8 万元，完成预算的 93.1%。1993 年，全县预算支出 1769 万元，本级可用财力按年初预算为 1527 万元，赤字 250 万元；县政府制定“确保工资、重点安排”支出政策，控制财政支出。1994 年，全县财政收入 900 万元，财政支出 2640 万元，财政赤字 926 万元。1995 年，实行“零基预算”，预算安排保证工资和办公所需，其他支出一律不作考虑，控制支出过快增长。1999 年，本级预算编制实行向部门预算靠拢过渡性改革，保障人员经费，公用经费适当提高，专项经费实行切块包干，财政支出结构得到改善。2001 年，理顺和规范县、乡镇财政分配关系，强化预算管理基础工作，实现财政收入均衡入库。2009 年，管理预算内专项明细指标，统一办理预算调整事宜。做好基层政权建设项目申报及资金使用管理。2010 年，做好“省直管县”财政体制对县影响情况分析。

决算管理　1986—1988 年，赤字 228.6 万元。1989 年，执行“治理经济环境，整顿经济秩序，全面深化改革”方针，压缩固定投资规模、紧缩财政、强化税收，控制物价上涨、抑制通货膨胀；查出各种违约金额 76.87 万元，其中财务违约金额 25.76 万元；查增财政收入 28 万元，补交入库 15.7 万元；当年财政收入 571.5 万元，完成财政支出 1598 万元，加上上级各种补助，收支相抵，当年财政赤字 170.9 万元，历年累计赤字 365.4 万元。

1993 年，上级定额补贴和专项追加应到位 1402 万元，实际到位 815 万元，欠拨 587 万元；全县新增支出 300 万元，相当于全县财政收入的三分之一。1994 年，财政赤字 626 万元，是 1986 年以来财政赤字最多的年份。2000 年，完成财政收入 1100 万元，完成财政支出 6523 万元。

2003 年，一般预算决算收入 1278 万元，加上级补助收入 11514 万元，加 1999 年结余收入 −1075 万元，收入总计为 11717 万元，减一般预算支出 12619 万元，减上解支出 231 万元，年终滚存净结余为 −1133 万元，减结转支出 614 万元，再减去 1999 年累计净结余 −2022 万元，财政结余为 275 万元。基金预算平衡结果：当年收入 15 万元，加上级补助收入 65 万元，加 1999 年结余 171 万元，减当年支出 68 万元，年终结余 183 万元，其中当年结余 12 万元。

2005 年，一般预算收入 1799 万元，加上级补助收入 16010 万元，加上年结余收入 286 万元，加调入资金 14 万元，收入总计为 18109 万元。减一般预算支出 17742 万元，减上解支出 306 万元，年终结余 61 万元，减结转下年支出 997 万元，净结余 −936 万元，再减去上年累计净结余 −1379 万元，当年财政结余为 443 万元。基金预算平衡结果：当年收入 133 万元，加上级补助收入 97 万元，加上年结余 157 万元，减本年支出 182 万元，减调出资金 14 万元，年终滚存结余 191 万元，其中当年结余 34 万元。

2007 年，一般预算收入 2316 万元，加上级补助收入 27123 万元，加上年结余收入 1140 万元，收入总计为 30579 万元。减一般预算支出 27617 万元，减上解支出 232 万元；年终结余 2730 万元，减结转下年支出 3230 万元，净结余 -500 万元，再减去上年累计净结余 -679 万元，当年财政结余 179 万元。基金预算平衡结果：当年收入 242 万元，加上级补助收入 2156 万元，加上年结余 329 万元，减本年支出 2244 万元，减去上解支出 1 万元，年终滚存结余 482 万元，其中当年结余 153 万元。

2009 年，一般预算收入 4006 万元，加上级补助收入 42884 万元，上年结余收入 4345 万元及债券转贷收入 1004 万元，总计为 52239 万元。减一般预算支出 46257 万元，减上解支出 309 万元，减调出 5 万元，年终结余 5668 万元，减结转下年支出 6009 万元，净结余 -341 万元，再减去上年累计净结余 -356 万元，当年财政结余为 15 万元。基金预算的平衡结果是：当年收入 510 万元，加上级补助收入 1899 万元，加上调入资金 5 万元，加上年结余 633 万元，减本年支出 2516 万元，减去上解支出 5 万元，年终滚存结余 526 万元，其中当年结余 -107 万元。

2010 年，一般预算收入 4878 万元，加上级补助收入 55156 万元，加上年结余收入 5896 万元及债券转贷收入 1300 万元，加调入资金 68 万元，总计 67298 万元。减一般预算支出 60291 万元，减上解支出 388 万元，减调出资金 6 万元，年终结余 6613 万元，减结转下年支出 4303 万元，净结余 2310 万元。基金预算平衡结果：当年收入 1275 万元，加上级补助收入 3839 万元，加上调入资金 6 万元，加上年结余 526 万元，减本年支出 3350 万元，减去上解支出 6 万元，减调出资金 68 万元，年终滚存结余 2222 万元。

基金管理　1986年，县财政无基金收入来源。1989年，开展基金管理业务；当年基金收入4万元，占财政总收入的 0.07%，基金支出 4 万元，占财政总支出的 0.026%。1998 年，财政部门将基金收入和支出纳入财政管理，坚持量入为出，收支平衡，不打预算赤字，不寅吃卯粮；当年基金收入 100 万元，支出 104 万元，基本做到收支平衡。2002 年，基金管理坚持收支并重，确保收入与支出同步。当年基金收入 213 万元，支出 234 万元。2006 年，基金及其他收入管理实行收缴分离，全面推行“单位开票，银行代收，财政统管”征管制度。当年基金收入 285 万元，比上年 133 万元增加 152 万元，增长 114.28%。

2010 年，实行“收支两条线”管理，严格收入和支出监管，加大基金收缴力度，做到应收尽收。当年基金收入 1275 万元，占财政总收入的 16.4%，比上年 510 万元增中 765 万元，增长 150%。基金支出 3350 万元，占财政总支出的 5.3%。

1989—2010 年古文县基金收支情况一览表

表 18-4　　单位：万元

年度	小计	当年基金收入	上年结余收入	上级补助收入	调入资金	小计	当年基金支出	调出资金	基金结余	上解支出
1989	—	4	—	—	—	—	—	—	—	—
1990	—	9	—	—	—	—	—	—	—	—
1991	—	9	—	—	—	—	—	—	—	—
1992	—	5	—	—	—	—	—	—	—	0
1993	—	6	—	—	—	—	—	—	—	0
1994	—	1	—	—	—	—	—	—	—	0
1995	—	8	—	—	—	—	—	—	—	—
1996	—	9	—	—	—	—	—	—	—	—

表 18-4

年度	小计	当年基金收入	上年结余收入	上级补助收入	调入资金	小计	当年基金支出	调出资金	基金结余	上解支出
1997	—	27	—	—	—	—	—	—	—	—
1998	136	100	12	24	—	136	104	8	24	0
1999	312	288	24	0	0	312	122	177	13	0
2000	209	171	13	25	0	209	24	173	12	0
2001	206	186	12	8	0	206	80	—	126	0
2002	405	213	126	66	0	405	234	—	171	0
2003	251	15	171	65	0	251	68	—	183	0
2004	392	151	183	58	0	392	235	—	157	0
2005	387	133	157	97	0	387	182	14	191	0
2006	1519	285	191	1043	0	1519	1188	2	329	0
2007	2727	242	329	2156	0	2727	2244	0	482	1
2008	2537	400	482	1651	4	2537	1899	5	633	0
2009	3047	510	633	1899	5	3047	2516	0	526	5
2010	5646	1275	526	3839	6	5646	3350	68	2222	6

预算外资金管理　1986 年，随同产品税、增值税和营业税征收 1% 的教育附加由教育部门作专项资金统筹安排，用于改善中小学教学设施和办学条件。扩大行政事业单位预算外资金范围。企业提取的基本折旧基金上缴中央和省财政比例由原来 50% 下降至 20%，增加企业及其他主管部门的预算外资金。预算外资金由财政部门到银行开设专户储存，使用单位编制使用计划，经财政部门审批后方可使用。各单位按月向财政部编制收支报表。是年，预算外资金收入 46 万元。

1988 年，全县预算外资金收入 270 万元。为减轻财政压力，县政府决定适当集中预算外资金，弥补财政不足，保证重点支出。当年，将县木材公司留利基金 15 万元，用于解决粮食部门购粮资金部分缺口。

1993 年，加大预算外资金专户储存力度。当年专户储存户由 1992 年的 38 户增加到 47 户，专户储存额 884 万元；行政事业单位住房基金专户储存 21 万元。多渠道融通预算外资金，支持各项事业的发展。全年共融资 257 万元支持国有工业、商业发展生产。1994 年，统筹预算内外资金，全面推行“零基预算”。统一收入票据，统一专户储存，统一收支审批，统一接受监督。将行政性收费纳入财政预算管理，将其中 10% 纳入财政预算，使预算外资金运转纳入财政统一管控，缓解预算内资金紧张状况。1995 年，将国有住房出售收入上缴财政管理。1996 年，在全县所有单位干部职工（含县境内中央、省、州属行政、企事业单位）中征收义务教育集资款。

2000 年，检查 15 个单位预算外资金，处罚违纪行为，防止预算外资金滥支乱用。

非税管理　2001 年，预算外资金改称非税收入。当年全县非税收入财政储存 1543.5 万元。

2002 年，制定《关于进一步规范行政事业性收费和罚没收入管理方式和入库征缴办法》。全年实现行政性收费收入 4 万元，政府调控资金 47 万元，罚没收入 23 万元。清理票据 24 种，票据违规处罚 150 元。清理行政收费项目 235 个。为优化全县经济环境，实行“一票制”收费。全年非税收入总额 1540 万元。2003 年，在全州率先将地税征管的服务性收费纳入财政专户管理。3 月，体育彩票发行 96 万元。是年，县级公益金总收入 86 万元。

2005年，征收防洪保安资金36.3万元。其中非税局征收防洪保安资金26.6万元。防洪保安支出完成39万元。全年完成非税收入征收入库448万元，为全年任务393万元的114%，其中政府调控资金50万元，行政性收入39.5万元，罚没收入295万元，专项收入21万元，基金收入41万元，土地出让金1.5万元。2006年，非税收入实行收缴分离，实行“单位开票，银行代收，财政统管”。设立非税收入汇缴结算账户，执收单位只允许在银行开设1个支出账户。全年完成非税收入征收入库802.3万元，其中政府调控资金157.4万元，行政性收入36.5万元，罚没收入302.6万元，专项收入20.2万元，其他收入5.7万元，基金收入220.5万元，土地出让金59.4万元。

2008年，完成非税收入征收4315万元，比上年同期4174万元，增加141万元。其中，政府性基金完成693万元，专项收入完成87万元，行政事业性收费完成1076万元，罚没收入407万元，国有资产有偿使用收入完成176万元，其他收入（含经营服务性收入）完成1876万元。

2010年，非税收入5367万元。其中，政府性基金完成1333万元，专项收入完成60万元，行政事业性收费完成1177万元，罚没收入完成403万元，国有资源资产有偿使用收入1009万元，其他收入完成1385万元。

二、财务管理

（一）企业财务管理

固定资产财务管理　1986年，全县全民所有制企业和集体所有制企业固定资产净值2152.4万元（1980年不变价）。

1987年，县属工业企业发展周转金增至314万元。同年，县财政拨款30万元设立全县国营商业网点建设周转金。所有国营工交企业均实行固定资产分类折旧。1988年，全县纳入预算管理的地方国营企业固定资产净值4723.1万元，其中工交企业912.4万元，商业企业1109.6万元，供销企业2177.9万元，文教卫生企业470.9万元，其他企业52.3万元。

1998年，全县企业固定资产净值8849.7万元。2003年，开展对国有资产保值增值确认，对国有资产进行评估审核。当年对县茶业有限责任公司进行改制资产评估。2009年，全县企业固定资产净值为-1121万元。

2010年，对县化工厂住宅用地（3621平方米）、工业用地（15210平方米）和县医药公司仓库（463平方米）、物资转运站办公楼（220平方米）进行资产评估。对全县135个行政事业单位资产统计报表数据进行审核。全年处置17个单位资产753万元，全部纳入非税收入。

流动资金管理　1986年，按照中国人民银行、中国工商银行、财政部《关于处理国营工业企业流动资金损失问题的若干规定》，全县核销工业企业流动资金损失33万元。当年，全县工业普查，工业企业流动资金1325万元，其中定额流动资金890.8万元。

1988年，全县企业流动资金1428万元。纳入预算的国营企业流动资金达650.6万元，其中国营工业企业160.7万元，商业企业334.7万元，农牧企业28.9万元，文教卫生企业3.4万元，其他企业122.9万元。1990年，为提高企业经济效益，财政部门组成企业调查组，赴县水泥厂、纤维板厂等国营工商企业进行调查研究，为企业出谋划策，解决实际困难，帮助企业增强竞争力。当年为11个单位解决生产资金80.9万元。筹措资金130万元，为企业发放支工、支商周转金97.4万元，解决企业设备配套改造资金不足问题。全县企业流动资金2023万元，其中国营企业1150万元。

1994年，县财政为企业提供流动资金600万元。当年对38家工商、供销、物资企业国有资产进行清查，重新估定主要固定资产和设备价值。1997年，清理回收周转金，归口管理基建资金，规范基建财务管理程序。2002年，跟踪检查老城改造资金和县茶叶集团资金使用情况，全面审核县水务局、县林业局国债资金立项、分配和实施。

2010 年，县财政局与县经济局、县科技局、县安监局联合为企业申报流动资金。

成本（费用）管理 1986 年，民贸系统退休金和医药行业管理费仍按 1985 年有关规定执行。民贸系统退休金由县民贸局集中管理，定额统筹，分单位按月缴拨差额。企业超过定额退休费仍列其他支出；少于定额部分，年末再冲减其他支出。县医药企业定额上缴管理费 4.8 万元，一定 3 年（1985—1987 年）不变。

1987 年，湘西州财政局发出《关于开展企业管理费和车间经费节约工作的通知》，规定国营、工业、交通、供销、医药、商业均要制定企业“两费”（企业管理费和车间经费）节约计划，“两费”减少支出 5% ~ 10% 企业可按 5% 提取奖金；减少 10% 以上的可按节约额 10% 提取奖金，所提奖金均可计入成本。1987 年比 1986 年“两费”超支部分，不得计入成本，

1993 年，执行州政府《关于加快国有工业企业经营机制的意见》，成本费用均由企业自行确定，财县政部门不作统一核算。

2000 年，成本费用管理由企业自主负责。

（二）事业财务管理

全额单位管理 1988 年，按县编委核定编制数核拨行政事业单位人头经费，核定指标，包干使用，超支不补。

2000 年，按照“三先三后”（即先基层后县直，先教师后机关，先党政机关后其他单位）原则保证工资发放。对全县财政供养人员进行全面清理，摸清底子，建立档案，按工作性质对全县行政事业单位公用经费进行分类预算、分类管理。2002 年，坚持“量入为出、收支平衡”原则，自组收入 85%、上级调度资金 100% 进入工资专户管理。实现全年办公经费按月拨付。2004 年，全县清理干部职工拖欠公款 309 人次，其中副科级以上干部职工 39 人，拖欠金额 321.8 万元，副科级以下干部拖欠金额 93.02 万元。是年，干部职工归还公款 3232 万元，其中副科级以上干部归还 41.39 万元，完成总额 72%。干部职工未归还公款 89.6 万元，其中副科级以上干部占 51.64%。

2010 年，申报 2010—2011 年乡镇机关办公用房改建及维修项目 6 个。其中，乡镇机关维修项目 4 个，乡镇机关改建项目 2 个。

差额单位管理 1986 年，县差额管理单位有县人民医院、乡镇卫生院、县中医医院、县农科所、乡镇畜牧站、乡镇林业站、电影院、苗圃、剧团。以后又增加县建管站、县质监站、县房产局、县统计局。县财政对差额单位实行定收定支，差额补助，结余留用的管理办法。2007 年，乡镇农技站、乡镇水务站、乡镇畜牧站、乡镇农机站、乡镇文体服务站、乡镇计生服务所、乡镇广播站、县农科所、乡镇林业站、电影院、苗圃、剧团、乡镇国土所、县统计局改为全额拨款单位。2010 年，县人民医院、乡镇卫生院、县中医医院、县建管站、县质监站、县房产局、县市场管理中心、县林科所、县种苗站、县艺术团、县统计局电子计算站、县环境监测站、县环境监察大队、县募捐办、县残疾人服务总站为差额管理单位，

自收自支单位管理 1986 年，高望界林场、县龙天坪茶场、县招待所、县科普服务部、县农产品投入经营部、县电影公司、县价格事务所、县建筑设计院 8 个单位属自收自支事业单位。自收自支单位有固定收入，经费能够自给，收支不通过财政预算。1992 年，县残疾人联合会下设自收自支单位—残疾人用品用具站和残疾人服务指导站。1998 年，设立县茶叶研究中心。2002 年，设立县卫权法律服务所。2010 年，全县自收自支单位有 11 个。

（三）基本建设财务管理

2003 年，根据基建专项资金监管规定，制定拨款管理程序。凡有专项资金的项目建设单位，必须先向财政部门提供项目建议书，立项批文，实施机关、人员、法定代表人文件，初步设计方案，施工图纸，工程概算，投资计划，招投标文件，施工合同，开工报告等资料。在项目实施过程中，严格

按施工进度拨款。县城市综合开发有限责任公司在实施县城排水管网及道路改造工程中，存在施工进度缓慢、多数合同段不按时完工、工程监理制度不规范、施工工程量价款高于概算、合同价款竣工结算不及时、票据使用和现金支付违规、财务核算不全面等问题，要求公司及时整改、纠正。

2004 年，执行财政基本建设（国债资金）资金拨款管理程序和拨款责任人制度。全年拨出城建专项资金 979 万元、基本建设资金 139 万元，其中种苗补助 20 万元，二期茶叶产业化资金 110 万元，茶坪小学建设资金 4 万元，高望界林场危房维修 5 万元。

2009 年，安排本级地方债券配套资金 1104 万元。包括廉租房建设资金 618 万元，农村民生和基础设施建设资金 283 万元，卫生基础设施建设资金 60 万元，环境生态保护建设资金 143 万元。

2010 年，上级拨入基本建设资金 5935.4 万元，拨出历年结余 6680 万元，账面结余资金 3177.92 万元。

三、会计管理

总预算会计管理　1986 年，地方财政总预算会计按照《湖南省地方财政预算会计制度》执行。1998 年，新的财政总预算会计全面实施。改革后的财政总预算会计以资产、负债、净资产、收入和支出作为会计要素，运用借贷记账法核算财政业务。1999 年，成立会计核算中心。2005 年，开展《中华人民共和国会计法》执法情况检查。检查财政拨款单位 12 个，查出违反《会计法》规定 11 例，其中无证上岗 1 例，违反凭证管理、账簿管理等其他《会计法》有关规定 10 例。会计从业资格证书换证完成申报 578 人。2010 年，举办 4 期会计培训班，参训人员 416 人，参训率 95%。

行政事业会计管理　1986 年，县直文艺团体执行文化部和财政部联合颁发的《艺术表演团体会计制度》。1988 年，县人民医院执行卫生部和财政部联合颁发的《医院会计制度》。2010 年，举办各乡镇建制村报账员财政支农政策培训班，培训全县 12 个乡镇财政所长和 140 个建制村财务报账员。

企业会计管理　1986 年，全县企业会计执行《会计工作人员规则》和《国营企业成本管理条例》。1988 年，商业企业（不包括供销社系统）执行《国营商业会计制度》。会计科目根据商业、饮食服务、商办工业、储运、农牧企业不同业务需要，适应增、减记账法要求，按照资金来源不同渠道与资金占用不同形态规定，其中资金来源及收入类 40 个、资金占用及支出类 50 个、另有 1 个表外科目。1991 年，申请会计达标企业 10 户，验收 5 户。举办两次会计证考核培训班，企业会计人员全部参加培训，经培训合格全部核发会计证。2001 年，国有企业执行财政统一决算报告制度。2003 年，根据财政部《会计信息统计分类具体规定》，全县企业执行国家标准，对具体分类中部分行业编码范围作相应调整和重新归类。开展非公有制企业《会计法》执法检查，检查非公有制企业 4 户。2004 年，全县企业执行《施工企业会计核算办法》，增设“周转材料”“临时设施”“临时设施推销”“临时设施清理”“工程结算”“工程施工”和“机械作业”等科目。2010 年，对全县工矿企业人员进行继续教育培训，企业会计参训率 90%。

乡镇会计管理　1986 年，乡镇会计管理按省财政厅发布的《湖南省乡（镇）财政总会计制度》执行。会计科目分为资金来源、资金运用、资金结存 3 大类。国家预算内资金设 10 个科目，地方预算外资金和专项与乡（镇）自筹各设 9 个科目，按照预算内、预算外和乡镇自筹 3 部分，分别设立总账和收入、拨款、支出、专项资金、往来明细账。会计报表分为月报、年报两种。1992 年，乡镇会计有乡镇总预算会计、乡镇政府会计、财政所单位会计。1999 年，推行乡镇会计“零户统管”。2006 年，各乡镇仅设 1 名会计统一管理乡镇财务。2010 年，对全县 12 个乡镇会计和 140 个村财务报账员进行培训。乡镇会计代理村级财务，村级财务账目由乡镇会计代做。

四、国库管理

2003 年，要求收入与金库、国税、地税及财政部门核对一致，税种、税目、税额相符；支出保证预算数、拨款数、实际支出数准确无误。按月编制预算收支进度。建立健全工资统发体制。12 月，县政府制定《古丈县县级国库管理制度改革方案》和《古丈县县级财政国库管理制度改革资金支付暂行办法》。

2004 年，在全州率先实行以国库单一账户体系为基础、资金缴拨以国库集中支付为主要形式的国库管理制度改革。设立国库单一账户体系，清理取消 79 家财政拨款行政事业单位所有银行账户，划转资金 1478 万元。当年预算内支出 3451 笔，合计金额 12209.4 万元，其中直接支付 1971 笔、支出金额 9319.2 万元、占总支出的 76.33%。预算外支出 1138 笔，合计金额 2451.2 万元，其中直接支付 545 笔、支出金额 1106 万元、占支出的 45.12%。通过改革，预算单位在代理银行重复和分散设置账户，大量财政资金沉淀在预算单位并在银行低息存储的情况得到改变，全部财政资金都保存在国库单一账户和财政预算外资金专户，由政府统一调度和管理。财政资金不再由基层预算单位支付给供应商，改为县财政直接支付和授权支付。单位所有资金进入财政国库单一账户体系后，财政部门依托现代化网络技术手段，对每笔财政资金流向和流量进行全程监控，实现事后监督向对预算单位支出全过程实时监督转变。

2007 年，在原有“财政指标”“国库集中支付”“远程支付”软件系统模块基础上新增“预算编制”“非税收入”几个财政管理模块系统。在 5 个县直预算单位和 12 个乡镇人民政府实行远程支付改革试点。试点预算单位通过网上申请拨款，减少拨款中间环节，提高资金到账速度。当年通过国库集中支付财政资金 51104 万元，其中预算内支付 29750 万元（直接支付 26445 万元、占 88.89%），预算外资金 9091 万元（直接支付 7738 万元、占 85.12%），政策性资金 12263 万元（直接支付 10923 万元、占 89.07%）。

2008 年，规范国库、财政专户和政策性专户存款管理，完善资金支付内控。全年回收各类借款资金 977.2 万元。

2010 年，实现全县财政收入均衡入库。1—10 月，每月末国库存款余额保持在 3000 万元以上。11—12 月，每月末国库存款余额保持在 1 亿元以上。

五、农业税收管理

1986—1988 年，全县免征农业税。1989 年，恢复农业税征收。税率按 11.23% 计征。

2002 年，农村税费改革，全县农业税率统一确定为 6.5%；农业税征收实行代金制，农户上缴农业税由上缴稻谷改为“钱粮兼收”，可交纳现金；对农业税社会减免和灾歉减免进行规范；全县 185 个村聘请 185 名农业税代征员，执证上岗。

2004 年，在发放退耕还林和粮食补贴资金时征收农业税。2005 年，国家免征农业税。

六、乡镇财政管理

1986 年，免征农业税，乡镇财政管理重点是农业特产税、耕地占用税、契税。1989 年，重新开征农业税；乡镇财政管理重点是农业税入库。1992 年，实行乡镇财政收支预算包干。

2002 年，按照分税制基本框架，核定各乡镇具体收支基数。2006 年，全县各乡镇实现“乡财县管乡用”管理网络化。2008 年，制定《契税、耕地占用税目标管理考核办法》，对“两税”入库参照全县财税收入目标管理考核办法确定的奖罚政策兑现；入库“两税”109 万元，超额完成全年任务；制定“普九”债务化解方案；规定 2008 年始，两年内完成农村义务教育债务化解。

2009年，“普九”债务1745万元全部化解，发放农村公益事业一事一议奖补125万元。1—9月，通过“一折通”方式发放涉农补贴51项，比2008年增加16项，涉及农户121946户。发放涉农资金4224.7万元，其中粮食直补115.6万元，农资综合补贴689.9万元，石油价格补贴119.9万元，退耕还林资金403万元，水稻良种补贴125万元。财政预算安排村支书、村主任、村秘书、村计育专干、村综治专干、护林员每人每年补助分别为2880元、2640元、2400元、1800元、1440元和1200元。年度村级开支总预算330.8万元，其中村在职干部173万元，离任村干部16.3万元，村级办公经费141.4万元。2010年，全面推行村财乡管。按村设立专账，村级财务全部纳入电算化管理。

七、财政监督检查

1986年，监督检查县财政预算执行、决算及乡镇财政所预决算执行情况，乡镇配备兼职财政监察员，财政、税务、审计联合进行专业检查和重点抽查，检查企业19个、行政单位28个、乡镇10个，查处违纪金额20.9万元。清理干部职工借欠公款，检查行政和企事业单位55个，清还借款2.05万元。

1990年，检查县林业局、县水电局、县电影公司5个行政事业单位和双溪、河蓬、岩头寨3个乡财政所，查出违纪金额139万元。

1999年，检查8个单位，协助州财政局检查10个单位，重点进行扶贫资金专项审计。对县计划生育服务站、县妇保所、县防疫站、岩头寨乡、坪坝乡、县民政局进行财政监督，发现二级机构财务管理较为混乱，存在业务招待费超标、白条报账、应缴款未纳入财政专户、账务处理欠规范和截留、侵占、挪用专款问题。对县公安局等17个行政执法部门行政执法和收支两条线情况进行监督，规范行政执法行为。

2002年，检查全县（高望界林场、岩头寨乡、坪坝乡以外）13个乡镇民政室。专项检查县公安局、县国土资源局、县征稽所、县交管所等执收执法行为和收支两条线情况，查处违规罚款1.5万元。配合湘西自治州财政监督检查组检查县公安局、县交警大队、县社保局、县就业局、县医保中心、县劳动局6个单位，收缴罚款8.5万元。检查县外资外援办、县经贸局、县城乡建设局国债资金财务，收缴罚款12.5万元。

2004年，重点检查扶贫资金、国债资金、民政救灾资金等专项资金使用情况，清理党政领导干部拖欠公款321.8万元，催收归还232万元。清理全县未经国务院批准着装的13个单位，收缴违规着装标志1160件套。检查全县中小学收费情况，清退违规资金20.1万元。检查《农业法》执法情况、非公有制企业《会计法》执法情况。清理党政机关利用公款为干部职工个人购买商业保险，全年检查单位47个，单位罚款7.2万元，经济处罚16人（其中正科级干部4人、副科级干部7人、财务人员5人）。

2005年，检查、清理行政事业单位“小金库”。检查38个单位，查出县国土局、县农广校、县机关社会养老保险中心、默戎镇人民政府等4个单位设立“小金库”，违纪资金136.9万元。县纪委对县农广校校长进行诫勉谈话。2009年，检查红石林镇政府、县畜牧水产局、县人事局、高望界乡政府等单位财务收支管理，纠正违规资金19.35万元，收缴违纪资金及罚款9296元。

2010年，根据《财政部关于组织地方财政部门开展2010年会计信息质量检查和会计事务所质量检查的通知》和《湘西自治州财政局关于开展〈会计法〉执行情况检查工作的通知》，对县计生协、县个协及国有企业县自来水厂进行重点财务检查。

第五节 国有资产管理

1986年，国有资产管理工作由县财政局企财股负责。

1989年，加强国有资产存量清理和运行情况管理。1993年，检查全县40个国有工商企业资产，核实企业国有资金，增加国有资产14万元，比登记数额增加18.8%。清查登记全县127个行政事业单位财产，增加国有资产584万元，比清查前增加19%。

1996年，为高望界林场、县木材公司、罗依溪纸厂等企业落实资金220万元。为县冶化厂扩建解决短期流动资金400万元，使企业及时投入生产运转。加强国有资产占用费清理和征收，收取占用费1万元。37户国有企业进行产权登记，签订国有资产保值增值协议。

2002年，完成43家企业国有资产产权登记、年统，年审核面100%。2003年，全县26户国有企业中，国有资产增值7户，国有资产减值14户，国有资产保值5户。当年，县茶业有限责任公司改制，中介机构对其资产进行评估。

2005年，开展行政事业单位非经营性资产转作经营性资产占用费收缴，收缴6200元。为医药总公司等4家破产改制企业办理产权核销资产处置手续。为县公安局、县发展计划局等单位办理资产处置手续，下发资产处置批复书。检查企业国有产权28户，已登记17户，不能登记9户，破产注销2户（县医药总公司、华湘棉纺厂）。

2006年，开展国有企业产权登记，除11家企业停产无法进行登记外，其他11家企业全部完成登记。在2005年1月1日至2006年6月30日期间，全县有40户企业发生产权转让行为，处置国有资产737.1万元，处置收入400.8万元。全县国有企业22家，在册职工3313人，企业资产总计2.62亿元，负债总计3.5亿元，负债率高达133.59%。对全县行政事业单位非经营性资产转作经营性资产进行摸底，5个单位发生产权交易，账面总值139.9万元，评估值128.5万元，处置收入295.7万元，增值167.17万元。核销单位资产1.86万元。县电力公司有职工158人，资产总额3040.1万元，负债总额2404.4万元，资产负债率为79.09%。县政府招待所有职工总数96人，其中退休人员14人，在编人员82人，资产总额500.3万元，负债总额555.8746万元，负债率为111.11%。

2008年，清理核实全县行政事业单位公务用车编制和存量。核定全县行政事业单位车辆编制170辆。

2010年，批复备案县广播局、县就业局、县公路管理站、县建筑设计院、县木材加工厂、县法院、县经济局、县建设局、县总工会、县民政局、县电力公司、县茶叶有限公司、县司法局、县农机局、县纪委、县民族事务局、县交警大队17个单位资产处置申报，处置收入753万元，其中行政事业单位655万元，全部存入县财政非税专户。全县公务用车166辆，全年审批购置公用车25辆，金额333.7万元。

第六节 财源建设

1986年，向省、州争取150万元消赤资金，实现财政收支平衡。

1988年，用财政提前拨补款支持县水泥厂技术改造项目，县水泥厂产值比1987年增长28%。新建化工厂经过1年施工，进入安装调试阶段。1989年6月，县化工厂建成投产，成为县财政一大支柱。

1993年，确定全方位开辟财源，提出实施“44111”工程，即到1995年末，全县完成4万亩茶叶、4万亩药材、1万亩板栗、1万亩椪柑为主的水果、1万亩蚕桑，建成5万亩高标准茶、果、药、桑基地。当年争取上级资金 1156 万元，其中财政部无偿支援 80 万元，省财政厅借周转金 100 万元，州财政局借周转金 96.7 万元。1994 年，县委、县政府确定“五大”财源建设项目。

2000 年，省下达扶贫资金 1281 万元，其中新增财政扶贫资金 573 万元，财政贴息 86 万元，茶叶产业化资金 520 万元，少数民族发展资金 60 万元，其他扶贫资金 42 万元，转移支付 150 万元。

2001 年，建成 23.3 公顷高标准良种茶基地、10 公顷茶叶示范基地，完成茶叶低改面积 100 公顷，七叶参基地（保健园）30 公顷，新建优质高产茶园 73.3 公顷，在 18 个村建设有机茶基地 133.3 公顷，建成国家认证绿色食品基地 466.6 公顷，建成 40 个茶叶专业村、7 个七叶参专业村。增加茶园面积 400 公顷，全县茶叶面积 3066.6 公顷。县茶叶有限责任公司实现销售收入 300 万元，利税 80 万元。

2003 年，完成白溪关电站增容改造 100 万元。双力电池公司完成投资 162 万元，于 8 月正式投产。县茶叶总厂以 630 万元的价格成功转让给猛洞河天然植物制品有限公司。县冶炼化工厂于 12 月实现国有转民营，计划投资 1500 万元，新建年产 1 万千克电解金属锰生产线。2004 年，宏泰锰业公司在白溪关工业园区新建年产万吨电解锰和万吨硅锰生产线。

2007 年，引进恒源锰业 10 万吨硫酸生产线项目，宏泰锰业和恒源锰业年产 5000 吨电解锰生产线建成投产，两个项目完成投资 3480 万元，当年实现销售收入 7928 万元，上缴国家税金 600 万元，同比增长 447%。2008 年，茶叶开发 268.6 公顷，完成工业技改投资 7976 万元。

2010 年，重点实施“百千万工程”项目：年产 100 万吨新型干法水泥项目、年产 5000 吨精钒加工项目、年产 3 万吨电解锰整合项目。华源硫酸项目厂房、办公楼基本建成，完成投资 3800 万元，完成土建工程的 95%。恒兴木业 60 万张杉木集成板一期工程已完成租地、设备安装，项目总投资 1450 万元。罗依溪物流工业园项目完成投资 1260 万元。烟叶种植面积 891.2 公顷，实现产值 3000 万元，实现税收 640.9 万元。

第二章　税　务

1986年，县域征收产品税、营业税、增值税、屠宰税、房产税、车船使用税、国营企业所得税、集体企业所得税、建筑税、城乡个体工商户所得税、城市建设维护税、牲畜交易税、国营企业奖金税、事业单位奖金税、集体企业奖金税等15个税种，以及国家能源基金、滞纳金罚款、教育费附加。当年税收入库303万元。1993年，全县税收入库859万元，占全县财政收入（地方一般预算收入）的94.5%。1994年，实行财税体制改革，税收有所减少，全年税收入库851万元。因工商企业亏损，企业欠税多，全县税收增长缓慢。2001年，全县税收入1055万元。1986—2001年，仅增长752万元，年均增长47万元。自2002年始，国家转移支付力度加大，县域经济发展较快，税收快速增长。2005年，全县税收翻番。2010年，县域征收税种19种，税收入库6162万元，占全县财政收入的79.6%。

第一节　税务机构

一、县税务局

1986年，县税务局有工作人员90人，设办公室、人教股、监察股、计会股、税政一股、税政二股、征管股，辖古阳、河西、罗依溪、高峰、野竹、龙鼻嘴6个基层税务所。1987年5月，设立税务检查组。1988年，税务检查组改为税务检查室。是年，税政一、二股改为地方税收股、所得税股、流转税股。1994年，县税务局内设机构不变。1994年9月，县税务局分设为县国家税务局和县地方税务局。

1986—1994年，县税务局历任局长：宋太坤、向顺煌。

二、县国家税务局

1994年9月，成立县国家税务局，设办公室、人教股、监察室、税政股、征管股、计会股、税务稽查大队，辖古阳、河西、罗依溪、野竹、龙鼻嘴、高峰6个基层税务所，工作人员54人。1996年，县国家税务局业务股室改为科，税务稽查大队改为稽查局，基层税务所改为税务征收分局，组建古阳、河西、罗依溪、野竹、龙鼻嘴、高峰6个征收分局。2004年3月，设办公室、人教科、监察室、计统科、综合科、税源管理科、办税服务厅、信息中心、稽查局；撤销征收分局，增设机关工会、机关党办、纳税服务科，综合科分设为税政法规科和征管科。2010年，内设机构不变，工作人员65人。

1994—2010年，县国家税务局历任局长：向顺煌、田华、文启忠、任国保、钟发春。

三、县地方税务局

1994年，成立县地方税务局，设办公室、人教股、计划财务室、税收征管股、税收管理股、监察审计室，辖古阳、龙鼻嘴、罗依溪、河西、李家洞、草潭6个基层税务所和1个稽查局，工作人员44人。1997年，6个税务所合并为古阳、河西、猛洞河、草潭4个征收分局，分局在县局设办税服务厅。

2001年，撤销古阳、河西、猛洞河、草潭4个征收分局，设第一、第二、第三征收分局；税收管理股加挂“集体企业财务管理股”牌子。2004年，局机关股室改设科，征收分局改为税务分局，县地方税务局设办公室、税政法规科、征管和科技发展科、收入规划核算科、财务管理科，人事教育科、监察审计室，办税服务中心、稽查局为直属行政机构，信息中心为直属事业机构，辖3个税务分局。2010年，县地方税务局内设机构不变，工作人员58人。

1994—2010年，县地方税务局历任局长：龙光林，赵华锋，杨华，李勇。

第二节　国家税务

一、税种税率

1994年，县国家税务局征收增值税、营业税、消费税和企业所得税4种税种，增值税税率0.13%、17%，征收率6%，营业税税率3% ~ 40%，消费税税率从价1% ~ 56%；从量酒每吨220 ~ 250元，国营企业和集体企业所得税税率均为10% ~ 55%。1998年，由国税系统征收的个人所得税、附征的城市建设维护税和教育费附加改由县地方税务局征收。1999年11月，开征存款信息所得税，税率20%。2005年，开征车辆购置税，税率10%。2009年1月，实行增值税转型改革，由生产型增值税改为消费型增值税。2010年，县国家税务局征收增值税、营业税、消费税和企业所得税、存款信息所得税、车辆购置税税率不变。

二、税款征收

1994年，完成税收入库530万元。当年企业欠税136万元。通过清欠，清缴欠税66万元，实际未入库税款70万元。1998年，县国家税务局实施税务信息化建设，办税大厅实行电脑化办公。1999年，厂矿企业原材料采购及产成品外销渠道不畅，主导产品价格跌幅较大，企业销售收入萎缩，全年税收入库573万元。

2000年，使用湖南税收征收管理系统4.30版进行税收征收管理；使用公文处理系统（ODPS），实现公文、数据资料传递无纸化；推广增值税防伪税控系统，为2户企业安装防伪税控开票系统；全年税收入库463万元。2003年，使用湖南税收征收管理系统4.40版进行税收征收管理；当年完成税收入库593万元，欠税256万元。2004年，税收入库825万元；国税系统综合征管软件（CTAIS）上线运行，县国税局利用高科技信息化手段严防死守，杜绝新欠税款。2006年5月，县国税局上线运行定位定税管理信息系统；是年，国税入库1343万元；当年没有新欠税款。

2007年，启用和推广ABC3000电子申报缴税系统，强化税源日常监控，开展纳税评估；推广发售税控收款机107台，实现以票管税；全年税收入库1832万元。

2010年，除个体工商户外，其他纳税人均可用ABC3000电子申报缴税系统远程办理涉税事项；全年国税入库2296万元。

1994—2010年古文县国税入库情况一览表

表18-5 单位：万元、%

年度	入库数	增减幅	年度	入库数	增减幅	年度	入库数	增减幅
1994	530	—	2000	463	+36	2006	1343	+39
1995	674	+27	2001	532	+15	2007	1832	+36
1996	551	−18	2002	524	−1.5	2008	2162	+18
1997	586	+6	2003	593	+13	2009	2188	+1
1998	585	0	2004	852	+39	2010	2296	+5
1999	341	−42	2005	968	+17			

1994—2010年古文县国税欠税情况一览表

表18-6 单位：万元

年度	欠税额	年度	欠税额	年度	欠税额
1994	136	2000	205	2006	25
1995	152	2001	198	2007	25
1996	171	2002	217	2008	25
1997	167	2003	256	2009	25
1998	217	2004	25	2010	25
1999	224	2005	25		

1994—2010年古文县国税欠税清缴入库情况一览表

表18-7 单位：万元

年度	欠税入库	年度	欠税入库	年度	欠税入库
1994	68	2000	128	2006	0
1995	75	2001	146	2007	0
1996	87	2002	168	2008	0
1997	101	2003	183	2009	0
1998	136	2004	0	2010	0
1999	131	2005	0		

三、税务管理

税务登记　1994年，纳税人在次月10日前按月进行纳税申报。营业税税务登记仅限于金融机构。1999年，存款信息所得税开征后，增加存款信息所得税纳税人税务登记。

2009年，纳税申报时间调整为次月15日前，体工商户以缴代报。2010年，为方便纳税人，纳税申报增加代理申报、网上远程电子比对、邮寄申报等申报方式。

1994—2010年古文县国家税务登记情况一览表

表18-8 单位：户

年度	增值税一般纳税人	小规模纳税人	个体工商户
1994	24	50	772

续表 18-8

年度	增值税一般纳税人	小规模纳税人	个体工商户
1995	24	51	785
1996	22	56	796
1997	24	64	823
1998	24	65	855
1999	23	71	865
2000	23	71	882
2001	26	74	902
2002	27	83	906
2003	27	86	917
2004	26	98	942
2005	27	106	970
2006	28	108	985
2007	28	109	1022
2008	31	113	1038
2009	33	120	1084
2010	33	124	1139

发票管理　2001 年，县国家税务局“金税工程”运行，利用计算机网络加强增值税发票监控，提高打击增值税发票犯罪效率。“金税工程”由一个网络和四个子系统组成，一个网络即全国从总局到省、地（市）、县统一的计算机主干网，四个子系统即增值税防伪税控开票子系统、防伪认证子系统、增值税交叉稽核子系统和发票协查子系统。2005 年 8 月，县国家税务局“三大系统”（综合征管软件系统、金税工程和出口退税系统）整合正式上线运行，实现发票一体化发售。

税务减免　2000 年，实行税务特批减免。特批减免信用联社系统企业所得税 5 年。1994—2010 年，减免各类税收 3350 万元。

税务稽查　1995 年，开展 3 次税收执法检查，检查 30 户企业，查补税款 79 万元。加强增值税专用发票管理，查处专用发票违法案件 2 起，其他税收案件 6 起，挽回经济损失 15 万元。1997 年，检查 17 户企业、77 户个体工商户，查补税款 125 万元。

1998 年，县国家税务局与县公安局合作，设立国税侦察中队。全年受理涉税案件 13 起，其中虚开增值税专用发票案 1 起，偷税案 2 起，追缴税款 152 万元，罚款 14 万元。

2002 年，开展 4 次税收大检查。2004 年，检查纳税户 40 户，立案查处税收违法案件 16 件，查补入库税款 29.7 万元。

1995—2010 年古文县国税稽查情况一览表

表 18-9　　单位：户、万元

年度	检查户数	立案户数	查补税款入库
1995	10	8	26
1996	12	6	24
1997	21	15	28

续表 18-9

年度	检查户数	立案户数	查补税款入库
1998	20	17	120
1999	18	14	160
2000	20	15	190
2001	17	10	50
2002	10	7	52
2003	10	6	56
2004	12	7	55
2005	10	8	58
2006	12	8	42
2007	10	10	46
2008	10	10	50
2009	10	10	96
2010	19	19	101

税收监督　1997 年，县国家税务局 1 名税务干部因挪用税款和旷工被辞退。1998 年，1 名税务干部因挪用税款被行政降级。2000 年，1 名税务干部因挪用税款被行政警告。2010 年，完善税务执法监察工作机制，搭建内外监督网络平台，畅通监督渠道，广泛接受社会各界监督。面向社会聘请 10 ~ 15 名特邀监察员，召开座谈会，评议税务工作。走访纳税人 50 户，发行风评议问卷 300 份，接受纳税人监督。

第三节　地方税务

一、税种

1994 年，县地方税务局征收营业税、个人所得税、资源税、城市建设维护税、车船税、印花税、固定资产投资方向调节税、集体企业所得税、国营企业所得税、教育费附加。

2001 年，开征社会保险费。2003 年，取消屠宰税。2005 年 10 月，教育费附加提高至 3%。2006 年，开征烟叶税。烟叶税实行比例税率，税率为 20%。2008 年 3 月，个人所得税免征额自由 1600 元提高到 2000 元。2008 年，暂免征收储蓄存款利息所得个人所得税。2009 年 1 月起重新调整营业税税率，个人所得税取消“双薪制”计税。

2010 年 9 月，契税和耕地占用税由财政局征收改由地税局征收。契税实行 3% ~ 5% 幅度税率。耕地占用税采用地区差别定额税率：人均耕地不超过 1 亩的地区（以县级行政区域为单位），每平方米 10 ~ 50 元；人均耕地超过 1 亩但不超过 2 亩的地区，每平方米 8 ~ 40 元；人均耕地超过 2 亩不超过 3 亩的地区，每平方米 6 ~ 30 元；人均耕地超过 3 亩以上的地区，每平方米 5 ~ 25 元。

是年，县地方税务局征收 13 种税：营业税、企业所得税、个人所得税、资源税、城市维护建设税、房产税、印花税、城镇土地使用税、增值税、车船税、烟叶税、契税、耕地占用税。代征费 8 种：教育费附加、地方教育费附加、文化事业建设费、社会保险费、残疾人就业保障基金、工会费、水利建设基金、价格调节基金。同年，对个人转让上市公司限售股所得征收个人所得税。自 12 月 1 日起，对外资企业恢复征收城市维护建设税和教育费附加。

二、税款征收

1994年，实行税收“一员进户，各税统管，征管、稽查分离”专管员制度。摸清地方税源底子，全县各类企业158户，应缴各税210万元；个体户420户，应缴各税38万元。当年全县完成地方税收入356.8万元，其中工商税收完成306.8万元、企业所得税完成50万元。

1995年，在湘西州率先征收土地增值税，征缴入库5000元。1997年，税收征管体制改革。实行征管两线和征管一线相结合，古阳分局实行征收和管理两线分离，其他分局实行征管一线。当年地税收入398万元。

1999年，县政府印发《关于进一步加强个人所得税代扣代缴工作的通知》，开展“个人所得税集中申报日”活动。当年入库所得税13.4万元。

2001年，全部税种由办税服务厅集中征收，税管员不再征收。税收征管实行“划片管理、集中征收、交叉检查、定期轮换、调离审计”，形成“以纳税和优化服务为基础，以计算机网络为依托，集中征收重点稽查”税收征管模式。

2005年，县地税局推行湖南地税综合软件，全县所有纳税人纳入微机管理，形成“多元申报、集中征收、划片管理、一级稽查”税收征管新格局。当年地税收入523万元。是年，首次运用征管综合软件，强化科技管税。全县基本建设投入加大，建筑安装营业税增长快速，成为主体税源，占地方税总收入的40%，成为地方税主要收入增长点。全年地税收入1191万元。

2008年，地税收入突破2000万元，达2346万元。

2010年，在触摸屏、显示屏、QQ群、门户网站、移动短信平台载体上发布纳税信息、在线申报和缴纳税款。网上申报缴税比例88.17%，现金征收比例0.83%。同年，在办税服务厅受理12万元以上个人所得税自行申报人次为30人，同比增长50%，申报纳税额为154万元。全年地税收入3866万元。

1994—2010年古文县地税收入情况一览表

表18-10 单位：万元、%

年度	任务数	税费总收入	各项税收收入	其中：教育费附加	规费收入	完成比例	税费总收入增长额	税费总收入增长比例	备注
1994	247	321	321	10	0	129.96	—	—	—
1995	368	468	468	4	0	127.17	147	45.79	—
1996	512	366	366	20	0	71.48	102	21.79	—
1997	558	398	398	12	0	71.33	32	8.74	—
1998	440	330	330	5	0	75.00	68	17.09	—
1999	330	292	292	7	0	88.48	380	11.52	—
2000	295	412	411	12	1	139.32	120	41.10	—
2001	441	523	522	31	1	118.37	111	26.94	—
2002	568	683	679	27	4	119.54	160	30.59	—
2003	668	869	865	33	4	129.49	186	27.23	—
2004	940	1059	971	43	88	103.30	190	21.86	—
2005	1130	1191	1136	53	55	100.53	132	12.46	—
2006	1245	1346	1310	58	36	105.22	155	13.01	—

表 18-10

年度	任务数	税费总收入	各项税收收入	其中：教育费附加	规费收入	完成比例	税费总收入增长额	税费总收入增长比例	备注
2007	1450	1677	1673	71	4	115.38	331	24.59	—
2008	1795	2346	2304	126	42	128.36	669	39.89	—
2009	2350	2948	2878v	140	70	122.47	602	25.66	含地方教育附加
2010	3100	3866	3760	175	106	121.29	918	31.14	含地方教育附加

三、税务管理

税务减免 1994 年，没有税收减免。1995 年，首次将落实税收优惠政策纳入税政年度目标管理；当年减免地方各税 10.7 万元。1998 年，开展年宰屠宰税清理，规范春节年宰屠宰税减免；全年减免屠宰税 11.4 万元。2001 年，首次实施西部地区国家鼓励类产业税收优惠政策。执行 15% 优惠税率，减免县电力公司企业所得税 5.2 万元。2002 年，根据《湖南省财政厅、湖南省地方税务局、湖南省农村税费改革领导小组办公室关于取消屠宰税的通知》，取消屠宰税；当年减免税款 8.7 万元。2005 年，为 84 名下岗职工发放税收优惠卡，减免下岗职工税金 25.8 万元。2007 年，落实减免税审理机制；全年提请减免税企业 7 户，经审查，3 户企业不符合减免税条件，涉及税额 4.83 万元。2010 年，首次安装应用减免税款软件，实现减免税网络化、信息化。全年减免税款 60.5 万元。1994—2010 年，县地税局减免各类税款 348.5 万元。

发票管理 1994 年，实行分行业发票制度，纳税人按行业确定适用发票种类。发票基本联为存根联、发票联、记账联；发票联采用统一监制水印纸印刷。临时经营户由县地税局专管员代为开具临时经营发票。1997 年，开展屠宰税票清理，全年收回屠宰税票 132456 份。1999 年，开展发票检查，检查发票 17432 份。

2001 年，饮食行业、住宿行业发票统一合并为服务行业发票。首次使用定额发票和电脑发票，淘汰填写式发票，压缩每本发票份数。成立发票举报中心，开展发票大检查，查出 23 户发票违法人员，罚款 8 万元，补税 3800 元。

2003 年，推行代开发票制度，取消临时经营发票。2007 年，办税服务厅安装 4 台 POS 刷卡缴税机。2008 年，首次推行税控机，实现科技控票。当年安装税控机 38 台。2009 年，推出发票真伪查询系统，全部发票可在湖南省地税网站上查询真伪。

2010 年，实现刷卡缴税 3363 笔，入库税收 875 万元，与 105 户纳税人（户）签订三方协定，网上申报 1197 笔，入库税收 1297 万元。

纳税服务 1994 年，县地方税务局开展“比业务技能，看谁能征善管”“比职业道德，看谁作风过硬”等“十比十看”活动，推动纳税服务。1997 年，县地方税务局设办税服务厅。1999 年，办税服务厅配备计算机，实行电脑化办公。

2005 年，为方便纳税人，开展“窗口受理、内部流转、限时办结、窗口出件”“一站式”服务。纳税人只需将涉税资料交给办税窗口，能即时办结的立即办理，限时办结的内部流转，由办税服务厅文书传递岗根据纳税人提交的涉税申请事项，登记“一站式”办税服务台账，填制涉税资料交接单，向税源管理部门和审批办理部门传递、转办、催办，保证涉税事项在规定时限内办结。

2007 年，推行“一窗式”服务。纳税人到地税局办税服务厅任意窗口，均能办理所有涉税事宜。推行告知服务、全程服务、限时服务、延时服务、预约服务、提醒服务。2008 年，地税局加快税务信息化建设，构建纳税服务信息化平台。建立 12366 服务热线、电子税务网络。运用网上电子申报系统、网上税务信息管理等系统，建立并完善纳税人一户式档案。推广网上申报和POS机刷卡缴税。2009年，开展星级办税服务厅创建，开通短信提醒服务和税企QQ群。

2010年，开展“地税服务好不好，纳税人来评判”面对面测评活动，地方税务局办税大厅被湖南省地方税务局评为三星级办税服务厅。

税务稽查　1994年，县地税稽查局成立后，设立税务违法举报中心，开展阳光稽查服务，明确“下发自查通知书—约谈纪录—纳税自查—正式检查”的稽查程序。实行“文明稽查五公开”，公开案件举报方式，公开稽查程序，公开政策咨询和举报电话；公开涉税案件处理结果，公开执法监督方式。设立“稽查廉政回访卡”，严查稽查人员“吃、拿、卡、要、报”。

1995年，县地税稽查局全年稽查10户，立案8户，查补入库地方各税26万元。1997年，开展企业所得税和个人所得税专项稽查活动，补税7.9万元。2000年，稽查20户，立案15户，查补入库地方各税160万元。2003年，开展企业所得税和个人所得税专项检查，追缴企业所得税6.5万元，个人所得税42.1万元，罚款2.5万元。

2004年，按照“加强征管、堵塞漏洞、惩治腐败、清剿欠税”总体要求，开展对州级报账制单位专项稽查活动，检查6家单位，查补税款5.3万元，罚款1万元。

2007年，税务稽查发挥“稽内查外”职能，稽查工作由“收入型”向“执法型”转变。

2010年，稽查工作实现选案、检查、审理、执行“四个分离”。县地税稽查局全年稽查19户，查补入库地方各税101万元，罚款、处滞纳金2万元。

1995—2010年古丈县地税稽查情况一览表

表18-11　　单位：户、万元

年度	1995	1996	1997	1998	1999	2000	2001	2002
检查户数	10	12	21	20	18	20	17	10
立案户数	8	6	15	17	14	15	10	7
查补税款入库	26	24	28	120	160	190	50	52
年度	2003	2004	2005	2006	2007	2008	2009	2010
检查户数	10	12	10	12	10	10	10	19
立案户数	6	7	8	8	10	10	10	19
查补税款入库	56	55	58	42	46	50	96	101

税务监督　1994年，县地方税务局按照《中华人民共和国税收征收管理法》《中华人民共和国税收征收管理法实施细则》规定强化内部纪检监察。1995年，6个税务所县化工厂、县水泥厂、县烟草公司等单位聘请8个廉政义务监察员，全县设立15个举报箱。

1997年，开展预算外资金专项执法检查、固定资产投资方向调节税征管和建筑行业税收征管执法监督检查。1999年，建立干部廉政建设岗位责任制，强化内部监督。组织开展专项票款现场核对检查，核对票款金额748.3万元。

2000年，开展清理账户、小钱柜、借支、乱收费、清产核资5项清理执法监察。2004年，推行“特约监管员”制度，邀请县人大代表、政协委员、重点税源企业、个体纳税户和机关干部担任地税“两权”（税收执法权、行政管理权）特约监管员，评议税务工作和税务干部。

2008年，全面推行税收行政执法责任制，开展执法廉政回访活动。县地方税务局健全科学监控考核体系，对各岗位权力运作、制度落实情况进行监督。2009年，县地税局推行政务公开制度，做到税法公开、政策公开、征管制度公开、税务人员纪律公开、税务案件查处公开，增加工作透明度。

利用网络开展述职评廉，由纳税人对地税机关工作人员进行评议。

2010 年，湖南省纪委将县地税局网络述职评廉活动作为全省创新项目进行表彰，并在全省地税系统推广。

1994—2010 年，县地方税务局没有出现违法违纪案件，实现“零违纪”。

第三章 金 融

1986年，县内有中国农业银行古丈县支行、中国工商银行古丈县支行、中国建设银行古丈县支行和中国人民保险公司古丈县公司4家金融机构。

1995年5月，经中国人民银行湘西中心支行批准，撤销县农业银行下属的农村信用联社管理股，成立县农村信用联社。1996年，中国农业发展银行古丈业务组成立。同年，设立中国人寿保险股份有限公司湘西分公司古丈营销服务部；县内金融机构增至7家。1998年，中国建设银行古丈县支行撤销。1999年6月，中国工商银行古丈县支行撤销。2008年4月，中国邮政储蓄银行古丈县支行成立。

2010年9月，中国建设银行古丈县支行恢复。县内有中国农业银行古丈县支行、中国建设银行古丈县支行、中国邮政储蓄银行古丈县支行、古丈县农村信用联社、中国农业发展银行古丈业务组、中国人民财产保险股份有限公司古丈营业部、中国人寿保险股份有限公司湘西分公司古丈营销服务部7家金融机构。

1986—2010年，金融业快速发展。银行各项存款余额由1986年的1335.7万元增至2010年的14.05亿元，增长104.2倍。各项贷款余额由1986年的2148.4万元增至2010年的4.16亿元，增长18.4%保险费收入由1986年的4万元增至2010年的1854.3万元，增长为1986年的464.6倍。

第一节 金融机构

一、农业银行

1986年，中国农业银行古丈县支行设办公室、保卫股、存款储蓄股、农业信贷股、工商信贷股、信用合作股、计划信息股、会计股、稽核股、人事股、工会、纪检监察股，辖龙鼻嘴营业所、高峰营业所、草潭营业所、河西营业所、罗依溪营业所、城关营业所，县城中心储蓄所和喇叭冲储蓄所（设罗依溪火车站附近），工作人员84人。1989年，增设房地产信贷部和集贸市场分理处，撤龙鼻嘴营业所。1990年，撤销高峰营业所和喇叭冲储蓄所。1994年，撤销草潭营业所。1998年，撤销河西营业所、房地产信贷部。1999年，撤销罗依溪营业所。2001年，撤销县城中心储蓄所。2005年，撤销城关营业所。2006年，撤销集贸市场分理处；下辖营业网点全部撤销。2010年，支行机关设立综合部、业务部、客户部，工作人员34人。

1986—2010年，中国农业银行古丈县支行历任行长：周伯秋、向如斌、向发斌、向标、李栎。

二、建设银行

1986年，中国建设银行古丈县支行设行长室、综合室、营业专柜，工作人员6人。1998年，中国建设银行古丈县支行撤销。2010 年 9 月，设立中国建设银行股份有限公司古丈县支行，设行长室、办公室、综合业务部、营业部，工作人员 13 人。

1986—2010 年，中国建设银行古丈县支行历任行长：苏瑜、徐明忠、吴家龙、邓勇、向次新。

三、农业发展银行

中国农业发展银行古丈业务组成立于1996年12月，设办公室、客户部、组长室，工作人员7人。2010 年，内设机构不变，工作人员 4 人。

1996—2010 年，中国农业发展银行古丈业务组历任组长：杨光高、李道善、向自华、杨卫红、刘佑明、谭建军。

四、信用联社

1986 年，县农村信用合作业务由县农业银行领导，辖断龙山、茄通、罗依溪、高望界、高峰、野竹、草潭、河蓬、山枣、默戎、坪坝、古阳、双溪、岩头寨 14 个基层农村信用分社。1995 年 5 月，报经中国人民银行湘西州中心支行批准，成立县农村信用联社，与县农业银行合署办公。县信用联社设办公室、计划信贷股、财务股和监察保卫股，工作人员 65 人。1996 年，成立河西信用社。12 月，信用联社与农行分离。1998 年，设立信用联社营业部，双溪信用社并入古阳信用社。2001 年，岩头寨信用社并入草潭信用社。2004 年 4 月，撤销高望界信用社，设立栖凤信用社。2007 年，设立理事会、监事会。2010 年，县信用联社设人秘股，会计股、计划信贷股、监保股、稽核股共 5 个股，下辖 16 个信用社，工作人员 110 人。

1996—2010 年，古丈县信用联社历任主任（理事长）：宋兴旺、唐福平、吴宗华。

五、邮政储蓄银行

2008 年，中国邮政储蓄银行古丈县支行设综合管理部、会计核算部、综合业务部、营业部，工作人员 14 人。2010 年，内设机构调整为综合管理部、三农金融部、公司业务部、营业部，工作人员 28 人；有储蓄营业网点 9 个，ATM 机 2 台，支行储蓄业务与全国 3.6 万个邮政储蓄网点实现联网。

2008—2010 年，中国邮政储蓄银行古丈县支行历任行长：彭雪松、向竹青。

六、中国人民财产保险股份有限公司古丈营业部

1986 年，中国人民保险公司古丈县支公司，设办公室、计财股、农村保险和人寿保险股，职工 10 人。1996 年，中国人民保险公司古丈县支公司只经营财产险业务，另成立中国人寿保险股份有限公司湘西分公司古丈营销服务部，经营人寿险业务。2003 年 7 月，中国人民保险公司古丈县支公司更名为中国人民财产保险股份有限公司古丈营业部，设经理室、运工科、产险科、计财科和综合科。2010 年，内设机构不变，工作人员 7 人。

1986—1996 年，中国人民保险公司古丈县支公司历任经理：鲁德全、田敬军、向宏政。

2003—2010 年，中国人民财产保险股份有限公司古丈营业部历任经理：向宏政、张大好（副经理主持工作）、蒲建军、易扬（副经理主持工作）。

八、中国人寿保险股份有限公司古丈营销服务部

1996 年，成立中国人寿保险股份有限公司湘西分公司古丈营销服务部（县人寿保险公司），设经理室、办公室、个人保险部、团体保险部、银行保险部。2010 年，内设机构不变，工作人员 6 人。

1996—2010 年，服务部历任经理：杨家梅、向吉沅、周忠武、田顺祥。

第二节　银行业务

一、存款

1986年，全县存款余额1335.78万元（不含工商银行），其中建设银行单位存款173万元（未办理个人储蓄存款业务），农业银行存款668万元，信用社存款494.78万元。

1987年，县邮政局开办邮政储蓄业务。

1988年，建设银行开办个人储蓄存款业务。当年，全县各项存款余额2220.4万元，其中邮政储蓄75.07万元，建设银行单位存款404万元，县农业银行单位存款1163万元，信用社存款578.34万元。1991年9月，县建行统一办理全县房改金融业务。1993年，农业银行由国家专业银行向国有商业银行转轨。信用社新贷款投放总量854万元。当年全县13个信用社实现盈利15万元。古阳信用社进行股份制改革试点，组建信用合作股份责任有限公司，信用社为股东，采取入股自愿、风险共担、利益共享经营原则，由董事会集体管理，实行独立核算、自负盈亏、自担风险、自我发展。1995年，信用社新增存款上半年按100%、下半年按70%掌握，年末控制在下达限额规模之内。当年，信用社各项存款余额2292万元。

1996年，县农村信用联社从县农业银行中分离。当年，全县各项存款余额11101.8万元，其中，邮政储蓄406.79万元，建设银行存款1677万元，农业银行存款2618万元，信用联社存款2800.09万元。1998年12月，建行机构撤销，存款一次性全部转入农行，开户单位全部销户。1999年，县农业银行通存通兑业务开通，实施优化环境、优质服务的“双优”战略。发行潇湘卡；全行新增营业电脑8台，实现储蓄业务电脑处理；由原来贷差3200万元贷差行变为存差行，当年减亏120万元。当年，全县各项存款余额15358.22万元，其中邮政储蓄2065.68万元、农业银行存款7698万元、信用联社存款5594.54万元。

2005年，全县各项存款余额50703.57万元，其中邮政储蓄9858.68万元、农业银行存款20717万元、信用联社存款20127.89万元。2008年，成立邮政储蓄银行古丈县支行，负责办理县内邮政储蓄业务，县邮政局不再开办邮政储蓄。当年，邮政银行古丈县支行各项储蓄存款余额4481.47万元。

2010年，县农业银行采集高端优质客户信息，推出VIP服务窗口，开展春天行动综合营销活动，深入企业、事业单位、学校，加强银企联系，加大营销力度。当年，全县各项存款余额123071.75万元（不含建设银行），其中邮政储蓄10568万元，农业银行存款46463万元，信用联社存款66040.75万元。

二、贷款

1986年，县农业银行加强对农村商品生产支持，贷款领域扩大，贷款总量增加。发放贷款364万元支持农户发展庭院经济，支持800户农户兴办茶、烟、果、药场和鸡、鸭、渔养殖场及各种小型加工厂。年末各项贷款余额1524万元，同比增加235万元。县建设银行发放5类贷款：工商企业流动资金贷款、固定资产贷款、施工企业流动资金贷款、个体工商户贷款、其他贷款。其中建筑企业贷款发放174万元，固定资产贷款发放123万元。当年全县贷款余额（工商银行未统计）2148.48万元，其中农行1524万元，建设银行建筑企业贷款174万元、固定资产贷款123万元、其他贷款131万元，农村信用社贷款余额196.48万元。

1991年，县农业银行改革信用社信贷款管理办法，以存定贷，自主运用，比例管理和规模控制相结合。年末贷款余额占自有及视同自有资金加各项存款比例不超过65%，年中控制在75%以内，缴存准备金比率10%。全年发放地膜玉米贷款46.5万元，推广种植面积1.5万亩，占全县总面积的67.5%；发放“双两大”（杂交水稻栽培双株寄插、两段育秧、大蔸原蔸移栽）贷款74.8万元，种植面积2万亩。1993年，农行各项贷款余额4824万元，较上年增长20.54%，其中农业贷款2390万元，较上年增长17.66%，工商贷款2434万元，较上年增长24.61%。信用社各项贷款余额738万元，较上年同期增长21.12%，其中种养业贷款410万元、工商业贷款300万元、其他贷款28万元，分别比上年增长9%、10%、2%。县农业银行发放100万元流动资金贷款，用于县茶叶精制厂收购茶叶。当年茶叶精制厂以每吨2万元价格收购茶叶60吨。顺杰锰业公司技术改造贷款280万元。当年锰业公司产电解锰1000吨，销售1000万元，实现税利161万元。县建设银行贷款余额1114万元，其中建筑企业贷款445万元，个体工商户贷款192万元，固定资产贷款309万元，其他贷款168万元。当年全县各项贷款余额（工商银行未统计）6698万元。1995年，信用社贷款规模实行存款增量比例管理和限额管理，各项贷款1690万元。

1996年，中国农业发展银行古丈业务组成立，办理农村短期流动资金贷款业务。当年办理短期流动资金贷款4850万元。全县贷款余额12593.09万元，其中县农业银行各项贷款余额4649万元。建设银行年末各项贷款余额1237万元，其中工商企业流动资金贷款375万元，建筑企业贷款319万元，个体工商户贷款138万元，固定资产贷款303万元，其他贷款102万元。信用联社贷款余额1958.09万元。

2001年，县农业银行控制贷款规模，支农、支工、促商，支持以茶叶产业建设项目。全年累计发放贷款3345万元。农发行业务组发放农村短期流动资金贷款2546万元。县信用联社贷款余额3659.06万元。县农业银行投入851万元贷款，支持湖南省重点科技创新项目、湘西重点开发项目—双力电池有限公司年产无汞碱性7号、5号电池9000万只生产线。当年全县贷款余额9550.06万元。

2005年，县农业银行发放贷款567万元，清收不良贷款269万元。农发行业务组发放农村短期流动资金贷款2583万元。县信用联社贷款余额11347.55万元。当年全县贷款余额14497.55万元。

2010年，县农业银行围绕新型工业兴县、绿色产业富民兴县战略，筛选优良客户作为贷款支持对象。农发行县业务组发放农村短期流动资金贷款4993万元。建设银行贷款余额1009万元。县信用联社贷款余额33443.24万元，占全县贷款市场的91%。邮政银行发放贷款128笔，贷款金额1066万元，其中：小额商户贷款放款101笔，674万元，个人商务贷款放款14笔，247万元，二手房贷款13笔，145万元，贷款结余128笔，余额1168.57万元。农业银行贷款3133万元。当年全县贷款余额42578.24万元。

第三节　银行管理

一、货币流通管理

1986年，县农业银行采用指标控制，实行下投辅底性周转资金，对不足部分向上申请临时借款。同年对辖内企事业单位实行定额管理。

1988年3月，县农业银行实行分配现金净投放控制数。按1981年末存贷余额的0.5%，上缴统筹基金，列入全年经营承包内容。对农副产品收购资金实行“统筹安排、分季算账、专户管理、统借统还”办法。10月，对开户单位全面检查库存现金，凡超限额现金，督促交存开户行或归还银行贷款。

1992年，县农业银行以资金为主轴，建立年度、临时、农贷最高限额计划运行体制，下放贷款规模调剂数。全年累计调度调剂资金51次，金额5000万元。规模使用率达80%。对信用社实行两个75%的比例管理，放活信用社资金营运。1999年，县农业银行按照“比例控制，限额管理，确保重点，综合平衡”原则，实行资金负债比例调控下的限额管理，集中资金总量，支持双优客户，重点项目及农副产品收购。2000年，县农业银行建立以客户为中心的信贷计划管理机制，建立起货币资金营运管理机制。全年现金投放8768万元。

2001年，县农业银行坚持合理控制现金投放，防范降低现金结算风险，对大额提现、可疑现金交易加强日常性检查和监督。全年辖内投放现金8290万元，上缴2435万元。2003年，县农业银行通过现金管理系统，开办为开立基本账户的存款人员办理现金账收付业务。

2007年，县农业银行完善人民币银行结算系统功能，加强人民币银行结算账户管理，防范现金结算风险。

2010年，县农业银行对优质客户、行业龙头企业、区域重点企业、大型系统性客户进行摸底，建立重点客户名单，加强现金管理。

二、结算管理

1986年，全县银行系统扩大支票使用范围，个体经营户和个人允许使用支票结算。

1989年4月，县农业银行取消信汇自带，废止“付委书”结算方式。8月，取消异地托收承付决算方式。1990年4月，农行恢复异地托收承付结算。

1997年，金融系统规定办理托收承付款项，必须是商品交易，以及因商品交易而产生的劳务供应款项，每笔金额起点为1万元，新华书店系统起点1000元，并就逾期付款实行按每天万分之五计算逾期付款赔偿金。同年，对委托收款收费进行调整。邮寄划回每笔手续费1元，邮电费1元，加急5元，电报划回每笔手续费1元，电报费普通5.58元，加急11.7元，多次划款和单张计扣滞纳金的，由承付行按规定标准向付款人收取邮费和电报费。商业汇票在同城和异地均可使用。

1998年2月，农业银行汇兑全部采用电子汇兑方式结算。1999年，农行办理承兑汇票金额20万元，累计签发93笔，金额45万元。承兑汇票金额控制在贷款总额比例的34%，控制在省行规定4%指标以内。2001年3月，农行汇兑手续费价相应调整：小于1万元收费5元；10001～10万元收10元；100001～50万元收15元，500001～100万元收费20元，1000001元以上的按0.2%计算。另对非农行所开户汇兑手续费实行按1%计数，最高不超过50元。

2002年10月，农行开通ABIS系统，结算渠道包括电子汇兑、银行汇票、实时汇兑、网内往来、人民银行天地对接，同城清交、网内往来和通存通兑形成资金差额，由系统自动清算。电子汇兑汇差采用手工清算方式。

2010年，县农业银行对财产、资产负债资金进行清理，匡算各项任务完成进度，注重财务预测。当年实现中间业务收入137万元，实现营业收入1091万元，拨备后利润697万元。

第四节　电子科技

1986年，县内各金融机构办理业务均使用算盘和计账本，进行手工操作。

1992年3月，建设银行始将计算机技术与网络服务运用到日常业务之中。1993年11月，县农业银行实行柜台单机营业，首次运用电脑办理业务。当年有4台电脑办理存款业务。1995年5月，农行开通全国电子汇兑业务。1997年9月，农行储蓄业务实现同城联网运作。储户可在县城任意营业网点办理储蓄存兑业务。1998年7月，全省农行联网，实现全省范围内储蓄业务通存通兑。1999年5月，农行开通“潇湘一卡通”，储户可在全省范围内实行卡折并用。9月，营业网点全部实现电子化运作，储户可在城乡任何营业网点办理通存通兑和电子汇兑业务。

2000 年 12 月，县农业银行首次发行“金穗借记卡”开通全国通存通兑储蓄业务，储户能够“一卡在手，走遍神州”。2001 年，农行完成对公小型机网络系统、统计数据自动休集系统、县级支行“三级”网络建设及统计系统网络建设等电子化成果；新上人事信息管理和人民法院诉讼费用查询两大系统，并开通银行卡“联网联合”业务，电子化建设进入高速发展时期。2002 年，农行新一代综合应用系统，集中式信贷管理系统和银行卡联网联合，“三大工程”顺利实施。

2008 年，邮政银行建立公司业务、个人储蓄、信贷业务、银行卡业务、理财业务、现代化支付系统、电话银行、网上银行、代收代付等对公、对私一体化核心账务系统。实现柜面业务处理电脑化（全国联网、通存通兑）、业务管理信息化、办公自动化，业务联网在线实时处理。公司业务网点服务器配置：采用 HPDL580，4 个四核 CPU，32G 内存，2 × 146G 内置硬盘；软件配置：操作系统 Red Flag Linux DC Server5.2。推出企业网上银行。对公系统与储蓄个人系统实现互联。2009 年 1 月，按照湘西州国库集中收付系统、财税库横向联网系统的技术要求开发接口程序，办现国库集中收付和财税、非税收入征缴等业务，保证资金汇划系统和内部网络的安全，及时反馈财政收付业务相关信息。

2010 年，县内各金融机构建成金融服务网络，满足客户需求，加速资金流转，减少资金在途时间。建设银行在本部和县城中心地段专门设置 24 小时自助银行服务区 2 个，安装 ATM 机 6 台，实现跨行之间互联互通，既可取款，也可存款，既可查询，也可转账。开通手机银行、网上银行等服务方式。在乡镇设立助农取现点，为农户服务。农业银行通过网上通存通兑，已开办金穗卡、潇湘一卡通、网上银行、手机银行，增加资产透明度，不良资产得到控制，清收不良资产 132 万元。

1996—2010 年农业发展银行古丈业务组贷款余额一览表

表 18-12　　单位：万元

年度	项目	贷款余额
1996	短期流动资金	4850
1997	短期流动资金	5240
1998	短期流动资金	2280
1999	短期流动资金	2360
2000	短期流动资金	2568
2001	短期流动资金	2546
2002	短期流动资金	2572
2003	短期流动资金	2580
2004	短期流动资金	2536
2005	短期流动资金	2583
2006	短期流动资金	3028
2007	短期流动资金	4134
2008	短期流动资金	4104
2009	短期流动资金	5240
2010	短期流动资金	4993

1986—2010年古丈县农村信用联社农贷情况一览表

表18-13

年份	累放贷款金额（万元）	一、农业							二、林果业	
		种子（千克）	肥料（千克）	农药（千克）	农膜（千克）	制种（公顷）	农田水利（处）	农机具（台、件）	水果（苗万株）	苗木（苗万株）
1986	59.3	3005	181	561	1001	50	10	100	—	—
1987	113	6010	350	1000	2000	60	10	210	—	—
1988	57	3000	137	391	900	60	5	100	—	—
1989	61	3111	158	355	1022	60	7	121	—	—
1990	54	2300	200	312	1000	—	—	—	—	—
1991	75	2795	210	358	1500	—	—	—	—	—
1992	171	5899	310	297	2000	—	—	159	—	—
1993	387	6116	518	300	2599	—	10	315	10000	20000
1994	390	6231	476	307	2615	—	15	339	30000	50000
1995	831	6512	489	311	2719	—	18	355	50000	60000
1996	659	6671	491	352	2817	—	21	387	60000	90000
1997	708	6738	512	386	2908	—	23	412	70000	90000
1998	820	6839	552	399	3001	—	31	558	50000	70000
1999	976	6909	576	415	3510	—	35	579	30000	50000
2000	1168	7101	583	478	3879	—	37	590	50000	50000
2001	1531	7215	589	490	3933	—	51	612	30000	30000
2002	5001	7311	592	515	4019	—	55	617	10000	20000
2003	5172	7516	597	578	4596	—	59	663	10000	20000
2004	5611	7910	604	1033	5110	—	61	671	15000	37000
2005	5719	8010	618	1057	5296	—	65	711	18000	31000
2006	6870	8238	859	1139	6312	—	67	715	31500	15000
2007	8756	8319	1037	1398	6519	—	61	721	55000	12000
2008	10031	8517	1189	1970	6871	—	60	789	30000	19000
2009	12197	8709	1579	2017	7012	—	56	783	50000	90000
2010	18799	9126	2057	2097	7150	—	59	815	70000	11000

年份	三、牲畜业					四、其他				五、扶贫		
	牛（头）	羊（头）	猪（头）	鸡鸭（万羽）	鱼（万尾）	经商（户）	建房（户）	上学（户）	交通工具（辆）	村（个）	组（个）	户（户）
1986	100	—	151	3000	—	—	—	—	—	—	—	—
1987	150	—	200	3000	—	—	—	—	—	—	—	—
1988	100	—	110	2300	—	—	—	—	—	—	—	—
1989	107	—	115	2780	—	—	—	—	—	—	—	—
1990	210	—	1195	3000	—	30	10	30	33	15	15	300

续表 18-13

年份	三、牲畜业					四、其他				五、扶贫		
	牛（头）	羊（头）	猪（头）	鸡鸭（万羽）	鱼（万尾）	经商（户）	建房（户）	上学（户）	交通工具（辆）	村（个）	组（个）	户（户）
1991	158	—	1192	3000	—	30	15	47	27	15	15	300
1992	256	—	1200	3500	—	35	30	51	31	15	15	300
1993	135	—	1215	3700	—	37	50	57	30	15	15	300
1994	189	—	1219	3800	—	39	70	55	12	15	15	300
1995	199	—	1310	3900	—	51	80	25	15	15	15	400
1996	357	—	1513	4100	—	55	71	31	19	15	30	400
1997	512	—	1598	4300	—	58	98	32	22	15	30	400
1998	123	—	1612	5130	—	59	78	33	23	15	30	400
1999	355	220	3567	6378	10	63	112	37	37	15	60	456
2000	561	350	3719	7133	20	65	125	39	25	15	60	456
2001	611	415	3901	7598	25	67	137	51	27	15	60	456
2002	612	519	4155	7892	27	69	159	55	29	15	60	680
2003	671	613	4578	8011	33	157	187	56	31	15	60	689
2004	715	700	7321	8153	35	322	199	71	35	15	70	689
2005	809	2100	8231	8235	45	567	201	79	37	15	70	689
2006	1000	3508	8512	8579	51	731	209	110	39	15	70	921
2007	1500	5103	8319	9157	100	823	235	120	40	15	100	921
2008	3000	10000	8560	9723	200	910	276	111	47	15	100	921
2009	3200	15000	9110	10000	300	1000	312	21	55	15	150	1100
2010	5100	1000	9231	15000	500	1321	355	27	57	15	150	1100

1986—2010 年古丈县农村信用联社存款、贷款余额一览表

表 18-14　　单位：万元

年度	总额	其中		总额	其中	
		储蓄	集体存款		累放	累收
1986	494.78	315.58	179.20	196.48	59.30	19.57
1987	600.83	376.50	224.33	273.40	113.00	36.10
1988	578.34	364.49	213.85	311.32	57.00	19.00
1989	553.07	395.83	157.24	335.32	61.00	37.00
1990	838.70	523.74	314.96	339.36	54.00	50.00
1991	915.71	654.21	261.50	362.04	75.00	52.00
1992	1113.39	818.36	295.03	489.28	171.00	44.00
1993	1434.78	1080.17	354.61	747.54	387.00	129.00
1994	1986.07	1344.24	641.83	1033.99	390.00	104.00

续表 18-14

年度	总额	其中		总额	其中	
		储蓄	集体存款		累放	累收
1995	2291.64	1908.74	382.90	1690.14	831.00	175.00
1996	2800.09	2554.14	245.95	1958.09	659.00	391.00
1997	3453.24	3050.25	402.99	2047.76	708.00	618.00
1998	4546.17	3938.06	608.11	2251.75	820.00	616.00
1999	5594.54	4727.89	866.65	2527.34	976.00	700.00
2000	6610.01	5463.41	1146.60	3226.33	1168.00	469.00
2001	7818.30	6440.83	1377.47	3659.06	1531.00	1098.00
2002	10072.76	7818.52	2254.24	6277.85	5001.00	2382.00
2003	13019.54	9335.32	3684.22	8827.29	5172.00	2623.00
2004	16031.13	11199.96	4831.17	10302.51	5611.00	4136.00
2005	20127.89	14311.81	5816.08	11347.55	5719.00	4674.00
2006	27381.29	17922.15	9459.14	14240.56	6870.00	3977.00
2007	33871.62	22830.08	11041.54	17565.80	8756.00	5431.00
2008	39045.22	29117.35	9927.87	20554.79	10031.00	7042.00
2009	51171.97	39464.26	11707.71	24654.18	12197.00	8107.00
2010	66040.75	49797.98	16242.77	33443.24	18799.00	10001.00

第五节　保　险

一、财产保险

1986 年，中国人民保险公司古丈县支公司统一经营全县保险业务。办理企业财产险、家庭财产险、货物运输险、运输工具及责任险、人身意外险和农业保险。保险费收入 4 万元，支付理赔费 40 万元。

1996 年，县财产保险公司经营财产险，人寿保险公司经营人寿险。县财产保险公司坚持“主动、迅速、准确、合理”理赔原则，根据保险法律法规及保险条款进行赔付。2010 年，财产保险保费收入 485.29 万元，其中车险保费收入 200 万元，占总保费收入的 41%。全年理赔支付 181.75 万元。

二、人寿保险

1996 年，县人寿保险公司成立后，在原寿险基础上增加少儿一生幸福、66 鸿运、长寿年金等保险业务。当年保费收入 167.4 万元，理赔 35.48 万元。1999—2005 年，相继推出国寿千禧理财两全保险、国寿个人养老年金保险、国寿鸿丰两全保险、国寿英才少儿两全保险、康宁终身重大疾病保险、康宁定期重大疾病保险、国寿鸿鑫两全保险、国寿金彩明天 A/B 两全保险、国寿瑞鑫两全保险等，满足意外、健康、子女教育、分红、养老等保险需求，以附加住院及附加意外等险种作为补充。2010 年，公司保费增至 1034.3 万元，理赔 89.79 万元。2007—2010 年，公司共计赔付 485.6 万元。

1986—2010 年古丈县农村信用联社存款、贷款余额一览表

表 18-15 单位：万元、%

年份	保费收入	理赔金额	赔付率
1996	167.4	35.48	22.02
2005	545.0	—	—
2006	530.3	—	—
2007	736.2	136.74	18.57
2008	936.9	196.4	20.96
2009	1025.4	64.67	6.31
2010	1034.3	89.79	8.68

说明：1997—2004 年未统计，缺数据

三、泰康人寿保险公司古丈营销服务部

泰康人寿保险公司古丈县营销服务部成立于 2007 年 9 月。至 2010 年底，累计保费收入 370 万元，理赔 6 万元。有保险代理人 50 人。梁凤云、向鹏先后担任服务部经理。

第十九篇　城乡建设
环境保护

第一章 城乡规划

1986年，县城乡建设委员会设城乡规划组、房地产组、建筑管理组、办公室、政工室、财务室。1994年12月，更名为县建设局，编制10名，实有10人。1996年8月，更名为县建设委员会，设规划管理股、建筑工程管理股、房地产管理股、办公室（加挂财务室牌子），编制、人员不变。2001年12月，更名为古丈县城乡建设局，设城乡建设股、建设管理股、燃气管理办公室、财务股、办公室，编制、人员不变；二级机构有县城乡规划管理局、房地产管理局、建筑工程管理站、城乡监察队、建设工程质量监督站、城市管理监察大队、环境卫生管理所、建设工程招标办公室、建筑设计院、自来水厂、建筑公司、预制场，职工200人。2005年3月，加挂县风景名胜区管理局牌子。2010年，设科技设计股、城市规划建设股（建筑管理股）、纪检组（监察室）、财务室、办公室（政策法规室、人事政工股），编制9名，实有11人。

1986—2010年，历任县建设局局长（主任）：李绍丰、李启龙、向光珍、周忠科、曹太武、陈孝东。

第一节 城区规划

1984年，县政府编制县城规划指导思想：贯彻积极发展小城镇的方针，从坡陡地窄、用地少的实际出发，充分利用地形和空间提高土地利用率，少占良田好土，沿河流两岸依山傍水，集中紧凑地进行建设，在可能的条件下尽量搞土地统一开发，旧城区适当调整、逐步改造，新建区设施配套，稳步发展，争取在20世纪末把古丈县城建设成为市容整洁，布局合理，设施配套，环境优美，并具有民族特色和茶城特色的现代化小山城。规划报省政府、省建设委员会审批，1985年6月5日以（1985）湘建城字第200号文件批准实施。

1991年，县政府对1984年制定县城建设规划进行修订，编制1991—2000规划。2004年，县政府对1991年制定县城规划进行修改，确定2005—2020年规划，由湖南大学设计院设计，按照“拓展城镇空间、完善城镇功能、调整城乡结构、提升城市品位”总体思路，全力推进农村城镇化、构建中心城镇—次中心城镇—骨干城镇—一般乡镇的城镇空间布局，形成科学合理，功能完善城镇网络体系，注重基础设施和中心城镇建设力度，完善城市功能，提高城市科学管理水平，增强中心城区集聚和辐射效应，发挥其对区域经济带动作用。

古丈县城近期、中期、远期规划的主要指标规模一览表

表 19-1

年份	城镇人口（人）	建设用地面积（公顷）	人均用地面积（平方米）	城镇绿化率（%）	人均绿地面积（平方米）	城镇化水平（%）
1986	8400	51.56	66.22	25	4	18
1990	13000	72.49	72.49	26	4.5	22
1995	17000	90	71.5	28	5.1	30
2000	21000	104	80	30	8	29
2005	25000	175	70	32	10	30
2010	32000	256	80	34	12	33
2020	45000	364	80.95	35	13.32	35

1984 年、1991 年、2004 年三次确定的县城建设规划，对古丈县城分为 7 个片区的总体布局。老城区以党政机关和商业服务为主，用地面积 13.2 公顷。柑子坪区以生活居住为主，辅以商业性公共建筑，用地面积 11.25 公顷。下溶湾、杉树坪一片以农贸市场、学校、货堆场、仓库为主，用地面积 18.923 公顷。古阳桥至县医院一片以科技、教育、文化为主，兼以部分行政管理机构和居住小区，用地面积 12.25 公顷。老寨坪区规划为远期城镇用地，主要布局公共建筑和运动场，用地面积 11.75 公顷。新寨区除保留良田好土作为蔬菜地外，在劣坡上布局居民点，用地面积 32.252 公顷。龟溪坪区坡度较平缓，处于古阳河下游，下风向，规划为工业用地，用地面积 24.24 公顷。

规划年限：1986—1990 年为近期规划，1991—2000 年为中期规划。2001—2020 年为远期规划。

第二节　乡村规划

一、乡村规划

全县村镇规划基础工作始于 1985 年春，历时 1 年，对全县农村 15 个乡镇场进行 1∶1000 地形测量。1985 年 4 月，从各乡镇场抽调 13 人进行为期 10 天培训，结束后分成 3 个规划小组，到各乡镇场开展规划。规划结合各村实际，本着“有利生产、方便生活”原则，因地制宜、合理规划、布局合理、设施配套、改善生产生活条件、改善环境面貌，力求达到公路进村、机耕进田、沼气进寨、水电到户、房前屋后种树种茶、寨容整洁、村庄秀美。1986 年 10 月结束，耗资 1.51 万元，完成图纸 139 套，资料 2000 份；完成罗依溪、河西、默戎 3 个建制镇，11 个乡集镇和高望界林场总体规划和建设规划；完成 84 个中心村规划和 25 个村庄规划。县建设局对 11 个乡镇进行总体规划建设论证、编制和实施管理工作。

二、集镇规划选介

草潭集镇建设规划　编制于 1986 年，1987 年经县政府批准实施。1988 年 10 月，县建委组织人员对集镇建设规划进行修编。此次修编在乡党委和政府领导下，广泛听取群众意见，进行专题讨论，收集规划资料 120 份，作出两个规划方案，从中对比和讨论。修编后的集镇建设规划克服原规划的弊端，功能布局趋于合理。1988 年 12 月，编制完成规划成果“三图一书”（集镇现状图、规划图、管线圈和规划说明书）。

草潭集镇面积 1.2 平方千米，人口 807 人，其中非农业人口 60 人。设行政事业单位 7 个，商业网点 14 个；福利事业单位有医院、完全小学、电影院、文化站。集镇商业贸易活跃，辐射区域 200 平

方千米，年商品交易额 210 万元。集镇交通方便，古沅公路途经集镇。集镇公用设施基础差，乡镇企业基础薄弱，用地布局功能混乱，道路等级低，经济落后。

集镇性质：集镇是草潭乡政治、经济、文化中心，农副产品和木材集散交易地，乡镇企业以农副产品加工和林产品加工为发展方向。

规划年限：近期 1988—1999 年，远期 2000—2010 年。

人口规模：现状人口 807 人，近期人口 862 人，远期人口 1151 人。

用地规模：现状 5.2 公顷，人均 67.8 平方米；近期 6.1 公顷，人均 70.7 平方米，远期 7.5 公顷，人均 81.9 平方米。

居住用地：居住生活用地分集镇居民生活用地和镇郊农村居民点两类。集镇居民居住区规划以现状为基础，适当加以补充、调整、完善，新设两个居住小区。农村居民点从实际情况出发，本着有利生产，方便生活原则，设 4 个农民新村。

公共建筑：对集镇原有公共建筑项目作调整、完善，补充粮油店、草潭大饭店等公共建筑项目，形成一中心多网点的公共建筑服务结构，突出集镇性质，集贸市场、商业中心和交通设施作用。集贸市场以沿街和成团组织的方式相互补充，对环境无影响的工业品、山货、土特产以沿街布置为主；对肉类、蔬菜、瓜果、粮食、禽类、牲畜、木材专设市场交易场所。商业服务以国营商店为主，辅以众多个体服务区，国营和个体商店相互结合，沿街设专区，利用集镇零星地作为个体服务区，分布在集镇各区之间。文化娱乐设施安排影剧院、青少年活动室、文化游乐场、公共绿地等。行政管理不设专区，分设在集镇各功能区之间。

交通规划：在集镇西方入口处设简易候车室，在集镇中心边缘设小型汽车站，在古沅公路边设停车场。集镇内道路分三级；一级 9 米，二级 7 米，三级 4 米。规划桥梁 3 座（石拱桥 2 座、铁索便桥 1 座），2010 年，建成石拱桥 1 座，长 58 米，宽 8 米。

工业规划：对环境污染较大的工业企业，安排在集镇下风向（暴水田），河流下游处，集中布置。一些无污染的工业安排在集镇内。规划在集镇上方野竹河与岩头寨河交汇处新建 500 瓦水电站一座。

红石林镇规划 红石林镇以发展旅游业、农业经济为主，是古丈县西北部旅游型中心建制镇。1986 年规划确定，2015 年城镇人口规模 12000 人，城镇用地规模 90 公顷，人均建设用地 75 平方米。2030 年城镇人口规模达 18000 人，城镇用地规模 147.6 公顷，人均建设用地 82 平方米。

第三节 规划管理

城乡规划组原为县建设局内设股室，1991 年 2 月，成立县城乡建设规划办，为全额拨款股级事业单位，负责城乡建设规划管理。

1990 年，根据《中华人民共和国城市规划法》，县政府制定《古丈县实施城市规划“一书两证”工作程序》，实施城市规划“选址意见书、用地规划许可证、工程规划许可证”工作程序，使规划管理有章可循，职责分明。1991 年，成立县城市规划管理办公室。全县核发建设项目选址意见书 9 份，核发“用地规划许可证”21 份，工程规划许可证 31 份。1996 年，根据省建委出台的《湖南省城市建设项目规划报批管理规定》，规范规划审批“一书两证”办事程序。

2004 年，按照《中华人民共和国行政许可法》相关要求，规范规划审批“一书两证”办事程序，建立城市规划管理三大制度：“在规划管理过程中引入规划专家审查制度、规划公示制度、规划项目竣工验收制度”。重大建设项目进行规划技术审查、专家审查，在规划管理中贯彻落实三项制度，全面实施规划批前征询公示、批后管理公示制度。

2006年，按照州政府《关于在招标、拍卖、挂牌出让国有土地使用权中加强城市规划管理的通知》要求，控制性详细规划进行土地“招标、拍卖、挂牌出让”管理。

2007年，根据州城镇规划委员会、州规委专家委员会的议事程序和工作规划，启动修订“古丈县城市规划管理行政技术规定”，开展城乡规划效能监察和执法检查。

2008年，实施《中华人民共和国城乡规划法》，规划管理从城镇逐步向乡村延伸，全面推行城乡规划管理“一书三证”审批模式。

2010年，实施《湖南省实施〈城乡规划法〉办法》，全县乡镇建设抓水、电、路基础设施和社会事业建设。是年，全县核发选址意见书3份，建设用地规划许可证75份，建设工程规划许可证117份，乡村建筑规划许可证5份，“一书三证”发证率100%。

2003—2010年古丈县审批核发“一书两证”情况一览表

表19-2 单位：本

年度	选址意见书	用地许可证	建设许可证
2003	4	40	40
2004	4	45	45
2005	2	8	14
2006	18	18	16
2007	1	17	16
2009	2	70	110
2010	3	75	117

第二章 县城建设

1986年，县城分为正街、河街、后街、新建路、进站路、广场路，辖古丈坪、老塘坊、小古丈坪、柑子坪、凉水井、三坡湾、小河居民居住点，人口9673人，面积1.5平方千米。1993—1994年，由县建筑设计室设计“两场一洞”工程建设开工，即民族大市场占地2万平方米，县运动场占地3.73公顷，连城隧洞长218米，启动城市提质扩容。

2001—2005年，争取国债资金3600万元，实施旧城改造和城南小区开发，建设和平广场、民营经济小区，新增县城面积1平方千米，新增县城人口1万人。2005年，开发县城城北竹溪湾，面积109313.33平方米。2010年，城北竹溪湾完成“三通一平”（基本建设开工前提条件，具体为水通、电通、路通和场地平整），主街道竣工，部分居民开始入住，并更名为古丈太阳城。是年，县城老城区与白腊池、红星、老塘坊、太阳城、三道河连城一片，人口32000人，面积3.5平方千米，城镇化率32%。

第一节 街道建设

一、城区道路

1986年，县城城区道路主要有正街、河街、后街、中街、新建路、火车站进站路、下溶湾路、凉水井路、老塘坊路。2002年以来，投资4000万元，拓宽旧城道路8条，全长9.1千米，维修改造路面5.4万平方米，人行道路面5.8万平方米，全部沥青砼化。2010年，县城城区道路主要有茶城路、沿河北路、沿河中路、沿河南路、古阳路、文苑路、滨河路、栖凤路、太阳城竹溪路、常德街、后街、下溶湾路12条主干道。

茶城路南起县公安局，北至县计生局。2003年，省道吉罗公路通车，在城区路段长3.38千米，宽18米，命名为茶城路。该路连通县城红星小区、老城区柑子坪、广场区、太阳城。

沿河北路南起县老汽车站，北至三道河，接省道S229线。原为凉水井路，2001年，改造老汽车站至凉水井段，铺设单边人行道。该路宽7.5米，长2.1千米。2006年，更名为沿河北路，连通老城区、三道河、龟溪坪。

沿河中路南起南门桥，北至老汽车站。原为河街，1986年，投资2.05万元，修建河街，9月竣工，长1千米，宽10米，面积2万平方米，柏油路面。2006年，更名为沿河中路，成为县城夜市一条街。

沿河南路南起白腊池，北至南门桥。原为老塘坊路，长2千米，宽8.5米。2006年，更名为沿河南路。2008年，改造南门桥至老塘坊桥段，铺设单边人行道1千米。连接古阳镇政府、县中医院、古阳中学、县人力资源和社会保障局、县公路管理局。

古阳路南起南门桥，过连城隧道，北至县体育广场，长1.2千米，宽10米。原为正街，1994年，打通连城隧道，连接县体育广场。2002年，维修栖凤村经正街、连城隧道至县体育广场道路，长1.02千米。2006年，更名为古阳路。县“四大家”庭院、县邮政局、各类商厦位于路两旁，为县城中心区域。

文苑路起点为连城隧道，终点为县人民医院。原为新建路，1987年修建，长1.2千米，宽8米，面积0.7万平方米，砼路面，投资6.7万元。2002年，进行路面改造成柏油路面。2006年，更名为文苑路。县文化局、县畜牧局、县教育局、县人民医院、古丈电大工作站等单位位于路两旁。

滨河路起点为县林业局，终点为县一中初中部校舍。2008年，沿古阳河西岸修建，长1.5千米，宽7米，水泥路面。县农业局、县农机局、县民政局等单位位于路西侧。

栖凤路东起古阳派出所，西至古丈火车站，长1.12千米，宽10米。1989年，投资16万元，硬化火车站进站路，线路为思源桥至火车站，长0.58千米，宽10米，面积7.54万平方米，砼路面。1995年，常古友谊桥架通，连通中街与火车站进站路。2001年，维修古阳派出所至火车站道路，面积0.784万平方米。2006年，命名为栖凤路。县交通运输局、县人民武装部、各商铺门面等位于路两旁。

太阳城竹溪路起点为食为尚餐馆，终点在竹源宾馆。2009年1月，投资100万元，修建太阳城主街，长240米，宽9米，2010年12月竣工。县住建局、县烟草局、县国税局等单位位于路两旁。

下溶湾路，1988年6月修建，线路为县新电影院至县外贸公司，长0.45千米，宽6米，面积0.27万平方米，砼路面，投资7万元，12月建成。2003年，对该路进行维修改造。县水务局、古丈铁路派出所、县审计局等单位位于路两旁。

常德街起点为县会展中心，终点在县人民检察院。2002年，常德市对口扶贫古丈，扩大县城空间，提升城市品位，开发红星小区。2005年2月，红星小区常德街竣工，街道长640米，宽24米，铺设青石板1.44万平方米，街道北立茶叶牌坊一座。县人民检察院、县茶叶局、县物价局、县电信局等单位迁至常德街，为县城茶叶一条街。

后街南起古阳派出所，北至古丈县第一小学，长500米，宽4米，为县城历史悠久的小街巷。2006年，铺设青石板。

二、桥梁

1986年，县城城区有桥梁8座，总长421.3米，其中铁索桥1座、铁架桥1座、石拱桥3座、钢筋混凝土桥3座。2010年，县城城区有桥梁12座。

思源桥，原名西门桥，建于1953年11月，长50米，宽4.5米。时任县委书记张世乙命名为“思源桥”。1986年后，木桥面多次加固，后改为钢筋砼桥，仅供人行，不准通车。

南门桥，位于水田溪与古阳河交汇处，建于1972年国家三线建设时期，长32米，宽7米，1973年建成通车。2004年，投资17万元，对桥梁进行加固维修。

古阳友谊桥，连通县城至新建区和三坡湾体育广场。1977年8月开工，1978年4月竣工，长90米，宽10.5米。施工中得到铁道部二局十三处援助，故名“友谊桥”。2004年，投资69万元，对桥梁进行加固，对桥栏进行改造，桥面维修。

老塘坊桥，1984年9月开工，1986年8月竣工，投资16.5万元。桥长70米，宽9米，人行道2米，属石拱桥，连接老塘坊和红星小区主要桥梁。2004年，投资4万元，对桥面翻新沥青砼。

古阳铁架桥，又称机械厂桥，1985年11月开工，1986年3月竣工，钢架结构，投资5万元。长50米，宽4.5米，专供行人步行，连接县城至小古丈坪居民区。加固两次，桥面改为预应力空心板。

2010 年 10 月撤除，投资 140 万元，在原址新建钢筋砼平桥。

常古友谊桥，常德市援建项目，投资 200 万元，1993 年 9 月开工，1995 年 8 月竣工，长 80 米，宽 10 米，是古丈县第一座预应力钢筋砼平桥。该桥由河街经柑子坪接省道 S229 线。

龙孔潭大桥，即古丈二号大桥，为省道 S229 线公路桥，连接城区与树栖柯村，建于 1999 年，长 128 米，宽 8.5 米。2010 年 8 月，县建设局投资 5 万元，用双层 Φ14 二级钢 250# 砼增设栏杆加固维修。

白腊池大桥，即古丈一号大桥，为省道 S229 线公路桥，连接红星小区与老寨村，建于 1999 年，长 106 米，宽 8.5 米。

红星桥，位于南山隧道南出口，为省道 S229 线公路桥，建于 1999 年。长 31 米，宽 12 米。

白腊池石拱桥，位于沿河南路老塘坊，在原省道 1828 线 53 千米处，投资 15 万元，1957 年 10 开工，当年 11 月竣工，长 13.3 米、宽 7.5 米、高 3.7 米。

三道河桥，位于沿河北路三道河，在原省道 1828 线 57 千米 67 米处，1962 年 10 月开工，当年 12 月竣工，长 28 米、宽 7 米、高 7.5 米。后多次加固维修。

金盾桥，为连通县公安局看守所公路桥，建于 1989 年，长 28 米、宽 5 米。

三、路灯

1986 年，县城有路灯 12 盏。正街装灯道路 450 米（农业银行至医药局），安装 7 盏 250 瓦高级贡灯；河街（南门桥至古丈汽车站）装灯道路 400 米，安装 5 盏 125 瓦贡灯。

1987 年，重新改装河街路灯，安装 9 盏 250 瓦高级贡灯。1988 年，县城 6 条主街（路）安装路灯 48 盏，其中汞灯 42 盏，白炽灯 6 盏，装灯道路总长 2.84 千米，总负荷 11.7 千瓦，年耗电 4.41 万千瓦时。

2004—2007 年，国家计委从中央预算内西部专项资金中安排建设资金 3200 万元进行旧城改造，其中拆迁旧电力老化线路 1.01 千米，新装道路照明 338 盏高级纳灯，县城所有道路安装路灯。为方便县城居民休闲，在长 1.5 千米的小河居民点人行道安装 37 盏高级纳灯。

2010 年，县电力公司投资 7 万元，配置一台升高车，解决维修路灯难题。是年，县城路灯总负荷 150.1 千瓦，年耗电 55 万千瓦时，支出 572.4 万元。装灯 673 盏，城区路灯初具规模，线路总长 21.42 千米，采用地埋铜线穿导管、7 ~ 9 米高铁合金电杆工艺施工。

第二节　供水排水防洪

一、供水

天然水　1986 年，县城古阳镇，一面靠五里坡山岭，三面依红沙溪、古阳河、水甜溪，形成众多天然泉水。县城市民仍保留野外背水、挑水、运水习惯。

水井　县城区内有大、小井泉水 10 处。水质好的有“四大名泉”，即“东泉”位于县城后街，又名“后街水井”，清凉可品，水质优良，建于民国 2 年（1913），供后街居民饮用。“南泉”位于县城南碑岩山，又名“碑岩山凉水井”，供南门桥和老塘坊居民饮用。“西泉”位于柑子坪，又名“柑子坪水井”，建于清道光二年（1822），民间制作“凉粉”在此取水，供城西和柑子坪居民饮用。“北泉”建于清雍正七年（1729），水质甘甜清凉，与古丈名茶共享盛誉，有“古丈北泉水，青云山上茶”美称。城区居民有以肩挑手提从各个泉井取水饮用习俗。

泵站　1986 年，城区单位自设泵站，解决本单位和附近居民饮用水。如县机械厂、县酒厂、县印刷厂、县人民医院、县木材综合加工厂、县供电站、县水泥制品厂、县汽车修配厂等单位设有泵站。

河水　每逢晴天或周末，市民到水甜溪洗衣洗被，捶洗声声、笑语盈盈交织，为县城一景。

自来水　1986年，城内饮用自来水（含单位自备水）6000人，占城内总人口50%。2010年，城内饮用自来水31500人．占城内总人口98.44%。

古丈县自来水厂　1986年10月，随着城区面积扩大，城区人口增加，原水甜溪自来水站供水不能满足需求，县建委投资98万元，在古阳河上游新寨堂上新建自来水厂，该水厂由湘西州规划设计院设计，新化县建筑工程公司施工。是年，铺设引水管道1296米，供水200户（含集体户），日供水900吨。1987年2月新寨堂上水厂建成投产，命名为古丈县自来水厂，占地950平方米，厂内建有机房、宿舍、办公楼等3栋砖木结构房屋，建筑面积1000平方米，日产水设计为3000吨，平均实产1500吨。是年，县自来水厂净产值36540元，实现利税13660元，工作人员15人。

1988年，县城继续增铺引水管道，用户增加到515户4260人，占城区总人口40%，日供水增加到1200吨。县自来水厂净产值增至68400元，实现利税25600元。1990年，由于县看守所搬迁白蜡池，造成取水点水源污染，投入20万元，抽水泵站上迁80米，取名“龙泉泵房”。

古丈县仁溪河水厂　2005年，县政府将县水电局仁溪河水库转交县建设局管理，投资550万元，修建两个日处理4000吨水池，供北泉附近、太阳城、三道河等地和消防大队、卓良木业、高望界林场驻城办事处等单位居民用水。安装400/D球墨铸铁管3500米，新建综合楼一栋，占地350平方米，为集值班、住宿、供水、消毒于一体的综合楼。水厂的供水流程为：处理水库水—反应沉淀池—加氯—滤池—自动虹吸空气装置—清水池—配水管网。

二、排水和防洪

排水　1986年，县城仅有下水道600米，生活污水、雨水直接排入古阳河。1987年，县建委拨款0.8万元，新修老电影院至古丈汽车站下水道，长60米、深1米、宽0.6米。1988年，县政府拨款30万元，动员干部职工、居民献工献料，修建下水道3条，总长845米；修建涵洞2处，长177米；整修十字街下水道450米，排水沟1160米。是年，县建委拨款0.6万元，兴修柑子坪进站路排水沟，从思源桥头修至火车站，总长1160米，其中涵洞长117米，深0.8米，宽0.6米。2006年，县建设局治理雨水、生活污水，实行专管分开排放。实施旧城改造项目，修建排水管网11080米、氧化处理池1000立方米，开挖搬运土石方12800平方米，在酒厂和老干活动中心修建两个500立方米的地埋式无动力氧化处理。投资116万元，整修柑子坪路段和下溶湾路段下水道，使雨水入沟、生活污水进管网。2007年，投资3万元，修建汽车站至北泉460米排水管网。2008年，投资10万元，修建常德路1280米排水管网。

2010年，县建设局投资4万元，修建连城隧洞至县人民医院段500米排水管网；投资18万元，修成县公路局至南门桥2240米排水管网；投资4万元，修建城南入口处480米排水管网；投资22万元，修建省道S229线县城城区路段3000米排水管网；投资1.5万元，修建县水务局至县外贸公司路段160米排水管网。

防洪　河街防洪堤，修建于1975年，投资30万元，地段为古阳镇福利厂至古阳镇政府对岸碑岩山，长805米，均高2.75米，浆砌片石结构。后多次加固。

纤维板厂防洪堤，修建于1981年，投资30万元，地段为鲤鱼缸至三道河，堤长599.5米，均高5.77米，底宽2.8米，顶宽1.4米，浆砌片石结构。后多次加固。

广场防洪堤，修建于1986年，投资20万元，地段为县新电影院至县机械厂，长821米，均高4.65米，底部宽2米，顶部80厘米，浆砌片石结构。

水泥制品厂防洪堤，修建于1988年，投资8万元，地段为县人民医院至牯牛岩，长199米，高5.2米，其中堤基深2.2米，出土3米，宽80厘米，浆砌片石结构。

老塘坊防洪堤，修建于1996年，投资50万元，地段为县邮政局职工宿舍楼至古阳中学，长1000米，高8米，宽1米，浆砌片石结构。

县国土局防洪堤，修建于1993年，投资30万元，地段为红沙溪出口至老塘坊大桥，长500米，高8米，宽1米，浆砌片石结构。

县城内6座防洪堤对县城防洪起到一定作用，由于古阳河河床逐年提高，原防洪堤部分地段高度不够（原预制场提高2米），古阳镇政府、县司法局沿河地段无防洪堤，县农机局到县林业局沿河地段200～250米防洪堤没有连接，若遇特大洪水，易造成县城个别地段发生洪涝灾害。

第三节　城区管理

一、城区绿化

街道绿化　1986年，正街栽植法国梧桐98棵；河街基本绿化；从白腊池至鬼溪坪长2千米的公路两旁，对原有楛楝树和千年桐进行培护，树高20～30米。

1994年3月至1995年3月，在龟溪坪至老塘坊2.5千米街道两旁植树，主要树种有香樟树、桂花树、千年树、梧桐树。1996年3月至1998年3月，在连城隧道至县农业银行、连城隧道至县人民医院街道两旁植树，用砖四周密封2米高，主要树种有红叶木、千年矮、白腊木、杜鹃花等，成活率达95%以上。

2000—2002年，县直机关干部职工在栖凤路县人民武装部至南山隧道段街道两旁植树120株。2002—2004年，县直机关干部职工在茶城路红沙溪桥至白腊池段街道两旁植树130株。2005年3月至2006年3月，在沿河大道（滨河路）县林业局至古丈一中初中部段两旁植树、种茶，主要种山楂、樱花、梧桐、水柳等树种，河提护栏上建花盆，植海棠、玻璃翠、麦冬等植物。

2007年3月至2008年3月，在茶城路汽车站至小背篓茶叶公司4千米公路两旁植树，主要树种有樟树、桐树、松树、杨柳。2009—2010年，县直机关干部职工，城区学校师生4000人，在城区街道、城区入口、城区沿河两岸，植树2000株。2010年，县城街道绿化15100米，种植树木5000株，绿化带种植花草133.33公顷，形成“城在林中，林在城内”美景。

园林绿化　1986年起，县城区单位和个人利用院内空隙地和住宅阳台植树栽花，进行园林绿化。县林业局在三坝库城郊公园建立苗圃，培育牡丹、铁树、山茶花、君子兰、散金柏、月月桂、桂花、变色七里香、五珍松、铺地龙柏、龟背竹和30种菊花苗，供给县城单位、个人、乡镇移栽。

县城园林绿化分为四个阶段，即1986年1月至1993年12月为第一阶段，采取植树和种花相结合方式，以绿化城区机关单位庭院为主，绿化机关单位环境。1986年，县城仅有绿地面积1公顷，人均公共绿化面积3平方米，到1993年12月，人均绿化面积4平方米。

1994年1月至2002年12月为第二阶段，以绿化县体育广场为主，辐射其他单位。县体育广场全部种植绿色草皮；县委党校、县移民局、古丈一中初中部、县人民医院、县畜牧局、县气象局、县文化局等单位对庭院进行绿化。人均绿地面积4平方米。

2003年2月至2006年12月为第三阶段，以绿化红星小区为主，实行边开发边绿化，两边道路植树800株。县公安局、县财政局、县民政局、县人民法院、县检察院、县国土局、县茶叶局、县物价局、县电信局、县信用联社、民生园等单位对庭院进行绿化，达到“春有花、夏有荫、秋有果、冬有青”效果。人均绿地面积4.5平方米。

2007年1月至2010年12月为第四阶段，打造太阳城开发区，道路两旁全部植上珍贵树种；县建设局、古丈一中、县国税局、县交警大队、县烟草公司、县计生局、蓝庭房地产开发公司等单位对庭院进行绿化，植树种花、培植盆景。人均绿地面积4.9平方米。

二、城区环卫

环卫管理　1986年，县环卫所有职工13人，其中所长1人，清洁工人12名，实行独立核算，为全额拨款事业单位。是年，环卫工人每天早晚用竹扫把清扫街道，完成2.6万平方米清扫任务，年清运垃圾1800吨，疏通沟渠1200米。

1987—1995年，环卫工作进入规范化管理，并履行市容监察工作职能。设置3个组：行政管理组负责生产督办和日常管理，卫生清扫组负责全天候清扫、清运街道垃圾，街道整洁组负责监督和管理乱占、乱贴、乱画、乱倒等影响市容市貌违章行为。年清运垃圾3000吨。

1996—2000年，环卫管理工作细化。执行《古丈县城市容环境卫生和绿化管理暂行规定》，制定《门前“三包”责任书》《街道清扫保洁管理制度》《垃圾清运、消毒管理制度》《市容监察制度》《有偿服务制度》《环卫督查工作制度》等8项规章制度，细化《环卫人员岗位责任制》《环卫工作检查扣分标准》《城区清扫、保洁考核办法》等管理办法。实行8小时保洁制，城区边缘实行4小时清扫，城区垃圾日产日扫，城区垃圾三天一清，单位垃圾一周一清。年清扫清运垃圾5000吨。

2002年，依据国家计委、财政部、建设部、国家环保局颁布的《关于实行城市生活垃圾处理收费制度促进垃圾处理产业化的通知》，执行《古丈县物价局关于重新发布环卫有偿服务收费项目和标准的通知》规定，本着“谁交费、谁受益、谁收费、谁服务”原则，履行职责，开展垃圾有偿服务收费和管理工作。2003—2010年，环卫管理更加规范，由社区向社会公开招聘40～50岁下岗职工弥补环卫工人不足，签订岗位责任状，实行定员、定段、定责、定奖罚责任制，对主要街道全天候保洁，重要路段12小时清扫，河道实行8小时保洁，单位垃圾三天清扫一次，城郊垃圾一天一清运，按月对垃圾处理场进行覆盖、填埋、焚烧。年垃圾清运量达10000吨以上。

公厕建设　1986年，城内有公厕4所，位于汽车站、火车站、新华书店、南门桥。1992年，由县财政出资在栖凤村酒家后面修建1座公厕。1994年，由县工商局出资在民族大市场一楼和二楼修建2座公厕。1995年，由县政府出资在体育运动场修建1座公厕。2005年，州湘运公司古丈分公司在沿河中路新修车站和办公大楼，对原有厕所进行改造；同时在位于茶城路的新汽车站修建1座公厕。2008年，县环卫所出资对栖凤村酒家背后公厕重新扩建，面积70平方米，蹲位8个。

粪便处理　1986—1995年，机关单位和居民户粪便出售给茶农和菜农，机关采用一年或半年“包干”办法，按产粪数量和质量双方自行议定价钱；居民户采用“点担零售”，净人粪每担0.5元，人畜粪每担0.1～0.3元；少数单位和居民户无偿送人。1996—1999年，大部分居民和单位职工住房及单位办公楼为水冲厕所，只有少数单位修建化粪池，粪便直接排入河道。2000年后，新建和改建的房屋为水冲厕所，修建“三级化粪池”，粪便经过化粪池，浮在上面的“硬粪”被茶农、菜农挑往茶园、菜园施用，余下部分直接注入古阳河，造成河水污染。每到夏、秋季节，河水臭气难闻，涉水过河或洗澡，常引起皮肤中毒发痒和起泡。2010年，单位和个人建房均修建化粪池，粪便经化粪池排入污水管道。

垃圾处理　1986年，垃圾清扫面积3.4万平方米。1992年，在县城建垃圾中转站3个，县直机关自建垃圾中转站11个，设置果皮箱39个，垃圾处理场1处（即在双溪乡蔡家村征收3000平方米土地作为垃圾处理场）。1995年，垃圾清扫面积达5.8万平方米，租用默戎镇毛坪村牛角山5000平方米地湾作为垃圾处理场。2004年，垃圾清扫面积达12万平方米，在古阳镇茅坪组仁溪河征地5000平方米地湾建立垃圾场。2006年，修建县城垃圾填埋场，在古阳、罗依溪、红石林、默戎4个镇各建高标准的垃圾填埋场一处。2010年6月，增加环卫清运车辆3台，常德市政府捐赠车辆2台，其中1台用于市容监察、1台用于洒水；新建封闭式垃圾中转站6座，垃圾围35处；购置手推垃圾车

80 台；县城街道安装果皮箱 150 个。

县城垃圾填埋场位于双溪乡大塘村和蔡家村交界处壕沟湾，距县城中心 7 千米，有乡村公路直达，最高海拔 444 米，场地无明显渗漏，稳定性、封闭性好。该场由主体工程、配套工程、生活管理与服务设施三部分组成，总库容 86 万立方米，使用年限 24 年，分两期建设，项目总投资 4912.30 万元。建设内容包括库区平整、锚固沟、截洪沟、环场道路、垃圾主坝、库区防渗、防火隔离带、调节池、截渗坝、拦水坝、渗滤液车间、SBR 池、消毒池、处理车间、设备及工器具购置等。2007 年县政府作出规划，2009 年 7 月施工，2010 年 12 月主体工程投入使用。

燃气管理　燃气供应起步迟，发展快。1989 年以前，机关和市民靠老式锅炉、煤灶烧煤供热。1989 年，县煤建公司推出液化器经营。1992 年 6 月，县五交化公司经营液化器业务。1997 年，私营企业户唐发家依法取得液化器经营权。2002 年，建设部和公安部联合行文，由建设部统一管理城市液化器经营管理业务，供气价格由县物价局审核批准。2010 年，全县有液化石油燃气供应店 1 家，储气站 1 座（设城东郊茅坪），经销网店 5 家，用户 2000 户。

2010 年 7 月，标准钢瓶 12.5 千克装价格为 95 元 / 瓶。燃气办隶属县建设局，负责燃气规划建设日常管理工作。

三、市容监察

1986 年 1 月至 1991 年 7 月，市容监察职能由县环卫所履行。1991 年 8 月，成立县城市建设执法监察队；1999 年 1 月，更名为县城市建设执法监察中队；2004 年 1 月，升格为县城市建设执法监察大队。

1991 年，根据县政府部署，发放宣传资料 5500 份，出动宣传车 200 台次，设置禁止停车标志牌 32 块、沿街规劝乱停放车辆 2200 台次，拖车 50 台次，整治出店占道经营户 500 户，拆除 150 处乱搭乱建棚子，开展整治交通秩序、整治县城城区经营秩序、整治损坏县城市政设施行为、整治县城市容市貌环境专项活动，改善县城环境卫生、市容市貌，交通秩序、街道经营秩序。

1992—1993 年，宣传《中华人民共和国城市规划法》，发放宣传手册 2750 册；严格查处流动摊贩沿街随意叫卖违章行为，取缔流动摊贩 120 个，查处未经允许擅自占用、挖掘城市道路的违章事件，处罚 23 家经营户，停业限期整改 12 家经营户；规范确定夜市烧烤、水果经营店，更新夜市棚架棚布；处罚车辆 1150 台次，罚款 65500 元。

1995—1999 年，整治损坏县城市政设施行为，发放宣传资料 2200 份；查处未经允许擅自占用、挖掘城市道路的违章行为，处罚 33 家经营户、停业限期整改 22 家经营户。

2000 年，整治交通秩序。清理和整治河街车辆乱停乱放等违章行为；归类划分县城各种机动车辆，规范大货、大中巴、货的、面的、农用车、拖拉机、三轮车、摩托车、小车 9 种车辆停入场地并划定车位停靠线。

2005—2010 年，整治县城市容市貌环境。清理悬挂破旧、违章广告横幅，拆除违章广告横幅 210 幅；统一规范标准使用店铺和户外广告牌；清除 25 家影响市容市貌张贴违章广告；规范临街建筑施工场地管理，实行限时占道收取押金，全程实施跟踪管理，督促施工单位清理建筑渣土余料。

2010 年，县监察大队在职人员 60 人，其中原监察队员 15 人、公益岗位协管员 30 人、乡镇抽调人员 15 人。

第三章　乡村建设

古丈是民族杂居县，土家族、苗族、汉族及其他少数民族由于传统宗族观念和民族风俗习惯差异，大多为同一姓氏聚居，形成自然村。60% 村寨坐落在山坡上，30% 村寨坐落在溪河两岸，10% 村寨坐落在溪谷、岗地，多数村寨处于“喊得应，半天行”居住状态。县建设局根据县情对乡镇驻地集市街道建设、村寨建设进行规划，乡村各级组织按照县定规划组织实施。

第一节　乡镇建设

1986 年，全县 16 个乡镇通公路，15 个乡镇（除草潭乡）建有水电站，乡镇政府驻地均解决照明用电、饮水问题。1992 年，县移民局投资 100 万元，解决罗依溪镇移民饮水问题。

1995 年 12 月，投资 690 万元，断龙山乡接龙渠工程竣工，缓解断龙山乡直机关和附近 3000 名村民人饮困难。1998 年，全县小水电站与凤滩电站并网，从根本上解决全县用电问题。

2003 年，国家支持贫困县农网改造，全县启动农村电网改造。2005 年，修建岩头寨镇政府办公大楼。2006 年，外资外援项目在罗依溪修建日产 10000 吨水厂。是年，投资 96 万元，修建岩头寨乡政府综合楼，建筑面积 1045 平方米。投资 127 万元，修建断龙山乡政府综合楼，建筑面积 1486 平方米。投资 78 万元，修建山枣乡政府综合楼，建筑面积 857 平方米。

2007 年，投资 116 万元，修建古阳镇政府综合楼，建筑面积 1254 平方米。投资 149 万元，修建坪坝乡政府综合楼，建筑面积 2640 平方米。投资 80 万元，修建双溪乡政府综合楼，建筑面积 900 平方米。2008 年，投资 103 万元，修建罗依溪镇政府综合楼，建筑面积 1024 平方米。投资 95 万元，修建河蓬乡政府综合楼，建筑面积 902 平方米。

2009 年，投资 147 万元，修建默戎镇政府综合楼，建筑面积 1200 平方米。2010 年，投资 172 万元，修建高望界乡政府综合楼，建筑面积 1519 平方米。

第二节　村寨建设

1986 年，全县 185 个建制村有 74 个建制村通公路，56 个建制村解决用电照明，全县有 237 所中小学校舍，建筑总面积 64910 平方米。1987—1989 年，投入以工代赈资金 185 万元，全县兴修人饮工程 337 处，解决 6.92 万人和 4.4 万头牲畜饮水。

1992 年，启动贷款扶贫，县政府下拨配套资金，新建、扩建牲畜栏舍 1.245 万平方米。1994 年，启动“义教工程”，新建校舍6839平方米，农村小学办学条件得到改善。

2001年，启动国家能源项目（即省柴灶和沼气池建设），全县1800户建省柴灶，沼气池1500个。2002年，投入资金340万元，解决46个村10099人和8000头牲畜饮水困难。2003年，国家投入亿元资金对农村电网实行改造，农村照明和生产用电条件得到改善，通电村达85%。2006年，中共中央组织部启动农村村级组织活动场所项目，全县28个村修建活动室，面积达200平方米。

2010年，全县140个建制村通电，通电率达到100%，840个自然寨通电，通电率达到98%。全县140个村900个自然寨解决人畜饮水困难，新修维修村道135条，通公路村135个，占全县建制村的96.2%，100个村修建村级组织活动场所，15%农户修建砖房。建成节柴灶13588座，节柴炉3500座，沼气池18481口。

罗依溪镇　2000—2010年，修建江洋溪村部，面积500平方米。修建大龙村部，面积120平方米。修建黑潭坪村部，面积360平方米。修建罗依溪村部，面积360平方米。修建青鱼潭村部，面积220平方米。修建龙潭坪村部，面积90平方米。修建毛坪村部，面积500平方米。2010年，罗依溪镇黑潭坪村被定为州级少数民族特色村寨。

默戎镇　2007—2009年，九龙村村部及小学竣工，面积400平方米。中寨村部及小学竣工，面积600平方米。龙鼻嘴村村部竣工，面积600平方米。盘草村村部及小学竣工，面积400平方米。万岩村村部及小学竣工，面积400平方米。新窝村村部竣工，面积300平方米。毛坪村小学竣工，面积400平方米。桐木村村部竣工，面积200平方米。潭溪村村部及小学竣工，面积300平方米。毛坪村村部竣工，面积280平方米。牛角山农家乐建成，建筑面积2000平方米。2009年，毛坪村“7·21”火灾重建工程于8月1日动工，2010年春节前，受灾群众31户139名村民喜迁新居。

红石林镇　1993—2010年，龙天坪村修建村部，面积250平方米，修建小学，面积250平方米。科布车村修建小学，面积600平方米。先锋村修建小学，面积210平方米。白果树村修建小学，面积400平方米。马达坪村修建小学，面积200平方米。泽禾溪村修建小学，面积160平方米。下布尺村修建小学，面积100平方米。岩仁坪村修建小学，面积200平方米。铁马洲村修建小学，面积100平方米。花兰村修建小学，面积300平方米。张家坡村修建小学，面积480平方米。河南村修建小学，面积300平方米，修建村部，面积500平方米。在原龙天坪国营茶场修建农业综合开发公司，面积2261.06平方米。

岩头寨镇　1997—2010年，芭蕉溪村部竣工，面积50平方米。坪家村部竣工，面积140平方米。洞坪村部竣工，面积110平方米。蒿根坪村部竣工，面积200平方米。长冲村部竣工，面积80平方米。磨子坪村部竣工，面积40平方米。土溪村部竣工，面积70平方米。野竹坪村部竣工，面积210平方米。湾坪村部竣工，面积130平方米。老寨村部竣工，面积110平方米。白竹坪村部竣工，面积100平方米。鲇溪村部竣工，面积300平方米。洞溪村部竣工，面积200平方米。梓木坪村部竣工，面积90平方米。岩头寨村部竣工，面积200平方米。千金村部竣工，面积120平方米。沾潭村部竣工，面积140平方米。草潭村部竣工，面积160平方米。岩头寨镇文化站竣工，面积120平方米。鲁家村村组织活动场所竣工，面积80平方米。岩头寨镇文化站活动室竣工，面积40平方米。

断龙山乡　2003—2010年，小白村修建村部，面积150平方米。溪龙村修建村部，面积240平方米。尚家村修建村部、小学，面积100平方米。田家洞村修建村部，面积100平方米。杨家河村修建村部，面积100平方米。细塔村修建村部，面积100平方米。龙王湖村修建村部，面积80平方米。杨家河村修建小学，面积110平方米。

高峰乡　2005年，八水坪村修建村部，面积100平方米。岩排溪村修建村部，面积90平方米。

坪坝乡　1992—2010年，亚家村修建村部、小学，面积50平方米。曹家村修建卫生室，面积150平方米。窝瓢村修建小学，面积200平方米。对冲村修建小学，面积60平方米。旦武营村修建小学，面积85平方米，修建卫生室，面积30平方米。张家坪村修建村部，面积60平方米。大寨村修建村部、小学，面积80平方米。窝米村修建小学，面积170平方米。窝米村修建小学，面积120平方米。溪口村修建村部，面积70平方米。张家坪村修建小学，面积50平方米。

河蓬乡　1988—2010年，苏家村修建小学，面积120平方米。修建村部，面积123平方米。丫角山村修建村部，面积120平方米。白洋溪村修建村部，面积265平方米，修建小学，面积100平方米。凤鸣溪村修建村部，面积600平方米。官坪村修建村部，面积270平方米。岩寨村修建村部，面积110平方米。

山枣乡　1995—2010年，枞树村学校修建综合楼280平方米。大溪坡修建村部、学校250平方米。磨刀村小学修建教室100平方米。修建卫生室80平方米，修建村部80平方米。沙坪村修建村部，面积120平方米。竹山村修建卫生室，面积80平方米。

高望界乡　2000—2010年，高望界村修建村部80平方米，总投资16万元。岩坨村修建村部100平方米，总投资50000元。焦坪村修建村部240平方米，总投资65000元。公洋坪村修建村部130平方米，总投资12万元。葫芦坪村修建村部60平方米，总投资63000元。烂泥池村修建村部200平方米，总投资7万元。

双溪乡　1998—2010年，梳头溪村修建村部、小学，面积200平方米。溪流墨村修建村部、小学，面积200平方米。茅坡村修建村部、小学，面积130平方米。宋家村修建村部、卫生室，面积120平方米。排若村修建村部，面积100平方米。夯水村修建村部，面积80平方米。官坝村修建村部、小学，面积400平方米。蔡家村修建村部、小学，面积200平方米。

第四章　建筑业

第一节　建筑设计

1986年，县建筑设计室成立，定编7人，属独立核算的事业单位。2003年，更名为县建筑设计院，加挂“华林建筑设计有限公司古丈县建筑设计室”牌子，有人员12人，体制不变。

1987—1992年，制定“工程图纸备案审核”“图纸会审、校术交底”工作制度，纠正无证设计不良现象。设计房屋有县政府职工宿舍、县人大职工宿舍，经专家鉴定，被评为优良工程。1993年，严格按照国家设计规范进行设计县民族大市场工程，因基础复杂，设计人员10次赴工地，下基坑验槽插探。在县工商局办公大楼桩基施工期间，设计人员冒生命危险，用绳索吊入12米深桩孔，检查质量，验探是否达到设计标准。

2000年，派员参加在北京举办的亚运工程研讨会，参观各地的特色建筑造型。是年，县幼儿园、默戎镇卫生院、古丈一中科技楼等设计图纸，被评为全州优秀设计作品二、三等奖。

2003—2005年，为红星小区设计办公大楼和职工宿舍，根据开发区特点，房屋设计具有民族特色，修建房屋单位有县公安局、县教育局、县检察院、古丈农村商业银行、县电信局。是年，设计的县一中德泽楼，建筑面积4009平方米，投资383.40万元，为七层框混结构，由县建安公司承建，获全州优良工程奖。罗依溪中心医院门诊楼、住院楼、职工宿舍设计图纸获全州优秀设计作品三等奖。

2006年，为太阳城开发区设计房屋100栋，主要建筑有住建局、国税局、烟草公司、总工会和部分居民楼。2007年，国土博物馆房屋设计图纸获全省二等奖，县青少年活动中心房屋设计图纸获全州二等奖。红石林国家地质博物馆房屋设计图纸，由华南设计院古丈分院设计，分别获全省二等奖、全州一等奖。2008年，设计廉租房屋38000平方米。

第二节　施工队伍

1986年，县内注册施工建筑队9支，其中县建筑队1支，外县农村建筑队4支，本县农村建筑队4支，从业人数649人，其中助理工程师3人，各类技术人员34人，年完成建安工作量109万元。经营方式采取包工包料承包制。1988年，全县有个体泥木石工282人，其中泥工75人，木工158人，石工49人，组建农村建筑队，常年在城乡之间从事泥工、木工、石工作业。是年，全县有建筑队14支，其中县建筑队1支，外县建筑队8支，本县农村建筑队5支，施工人员1170人，其中技术人员150人。

2000年，取缔农村建筑队，要求有资质证书才能施工，农村建筑队挂靠有资质证书的建筑队从事施工建筑业务。2003—2005年，有资质证书建筑队11支，从业人员960人，其中技术人员180人。

2008年，全县有资质证书建筑队12支，其中县内1支，外地11支；施工人员1100人，其中技术人员220人。2010年，有资质证书建筑队共13支、其中本县1支、外地12支；从业人员1400人，其中高级工程师2名，中级工程师74人，技术人员210人。

第三节 建筑工艺

一、基础工艺

1986年，建筑基础工艺有三种方式，即刚性基础、柔性基础、打桩基础（又分人工挖桩和机械打桩两种）。1986—1995年，由于房屋基地选择面宽，相对地面比较平整，土质比较好，建筑基础工艺多以刚性基础为主。对土质条件好，建筑层数四至六层的房屋，基础材料采用砂浆毛块石、砼毛石、水泥砌块等，采用此类工艺的房屋建筑有罗依溪溶田湾移民解困避险安置廉租住房工程、古丈县九龙公租房工程、草潭廉租住房工程。

1996—2003年，基础工艺多以柔性为主，对楼层相对高，基础相对复杂的地面，实行开槽灌浆办法，成本比刚性基础高，如古丈县九源房产6#楼A、B栋项目、县妇幼保健所综合楼等。也有刚性基础和人工挖桩工艺并用。

2000—2010年，建造房屋楼层高，施工中多以人工挖桩工艺和机械打桩工艺为主，刚性基础工艺和柔性基础工艺兼用。地基软弱层大于5米以上的常采用人工挖桩工艺和机械打桩工艺；为便于操作，直径在100毫米左右时，采用人工挖孔桩工艺完成，经检验合格后再向孔内浇筑砼，并根据计算和需要，配筋或不配筋。采用桩基工艺的房屋建筑有县建设局办公楼、老汽车站综合楼、和平广场综合楼等。

二、结构工艺

1986—1995年，结构工艺主要是砖混结构，也有框架结构和底框结构。采用砖混结构形式多为纵横墙较密、开间不大的房屋，屋、楼盖为现浇板或空心板，竖向受力主要靠墙体承重，设计时需根据荷载及构造要求确定砖及砂浆的强度等级。采用砖混结构的建筑房屋有红沙溪廉租房、县粮食库、高望界国有林场棚户区改造等。

1996—2010年，结构工艺主要以框架结构为主，以混砖结合为辅，大型市场多采用底框结构。框架结构采用钢筋砼梁、钢筋砼柱作为承重结构，适用于需要较大空间的房屋，同时根据需要采用全框架或半框架结构。采用框架结构的建筑房屋有古阳中学综合楼、县法院审判庭、县电力公司附属楼、红石林镇九年制学校综合楼、红星棚户区改造配套设施及停车库等。

2000—2010年，办公楼、商场等房屋多采用底框结构，上部混合结构形式（墙梁结构）。底框结构是根据业主下部门面和商场需要大空间、上部住宅商品房空间较小的实际而确定的一种结构形式，如县城聚兴家园住宅楼、罗依溪栖凤苑、罗依溪廉租房、栖凤湖廉租房等房屋均为这种结构形式。

三、屋面工艺

屋面设计处理主要有平屋面、坡屋面。坡屋面上面盖青瓦、水泥瓦，一般房屋专用这种工艺，平屋面承重构件主要有预应力空心板或现浇屋面板结构。县委办公大楼、古丈一中办公楼、县教育局办公楼、县公安局办公楼，采用的是平屋面工艺。

四、装饰工艺

1986—1990 年，建设工程多为秦砖汉瓦建筑，清水墙勾缝，内墙装饰、黄泥巴打底，纸巾白灰盖面，刷石灰水增白，石灰三合土地面。1990—2000 年，外装饰以水刷石、干黏石，部分瓷砖贴外墙，内装饰以混合砂浆打底，面罩涂灰，水泥地面，部分贴瓷砖。

2000—2010 年，外装饰主要有两种：外墙块料装饰（各种面砖、花岗石、大理石等）；外墙涂饰，外墙块料墙面装饰的有县建设局综合楼、县工会办公楼、县人民法院审判庭等；采用涂饰墙面的如聚兴家园、县建筑安装有限责任公司宿舍楼等，内装饰更加具有现代特色，室内吊顶、彩灯、空调、木墙群、客厅、餐厅、隔断小品、厨房、灶台大理石面、地面高档全瓷砖、拼木等。

第四节　施工机械

1990 年，建筑施工搬运建筑采用鸡公吊或鸡婆吊，劳动强度减少，一个鸡公吊或鸡婆吊相当于 5 ~ 6 个劳动力。1995 年，使用物料提升机，1 台提升机相当 10 个劳动力。

2000 年，平整建筑基础使用卡特挖掘机（每台 62 万元）或住友挖掘机（每台 78 万元），劳动力效率提高，一台挖掘机相当于 90 ~ 100 个劳动力的工作量。2002 年，建筑材料运输装卸，采用后八轮自卸车（每台 88 万元），一台自卸车相当于 120 个劳动力的工作量。2006 年，建筑基础开挖采用沃尔活挖掘机（每台 110 万元），每台沃式挖掘机相当于 150 个劳动力的工作效率；混凝土采用搅拌机（每台 30 万元），比人工效率高 30 倍以上。2007 年，建筑材料运输采用塔式起重机，每台 40 万元，安全高效，适用 20 层以上高楼的建筑运输，每台塔式起重机一天可顶 200 个劳动力的工作量。林波大酒店、县国土局住宅楼、天润茶都，均使用这种起重机施工。

2010 年，全县施工地有塔式起重机设备 64 台，其中县工程队 4 台，外地工程队 60 台；挖掘机 15 台，其中县工程队 5 台，外地工程队 10 台；八轮自卸车 12 台，其中县工程队 4 台，外地工程队 8 台；搅拌机 45 台，其中县工程队 20 台，外地工程队 25 台。

第五节　建筑工程

一、综情概述

1986—1993 年，完成工程 108 项，面积 285256 平方米；合格工程 108 项，面积 285256 平方米；总体合格率为 100%；优良工程 9 项。1994—2008 年，完成工程 260 项，面积 956547 平方米；合格工程 260 项，面积 956547 平方米；总体合格率为 100%；优良工程 8 项。2009—2010 年，完成工程 56 项，面积 23.05 万平方米；合格工程 56 项，面积 23.05 万平方米，总体合格率为 100%。

二、楼房

1986—1995年，主要建筑物有群众艺术馆、建筑面积1500平方米，集排练厅、美术室、摄影室、创作室于一体综合性服务大楼。举重馆 1000 平方米，可容纳观众 2000 多人。1996—1999 年，主要建筑物有县人民医院门诊大楼。

2000—2002 年，主要建筑物有在柑子坪的县粮食局职工宿舍楼 120 套，建筑面积 15000 平方米。2003—2006 年，红星开发小区建筑楼房 100 栋，其中县公安局办公楼占地 1.44 公顷，5 层，建筑面积5400平方米，总投资468万元，框架结构，由华南设计院古丈分院设计。2004—2006年，修建古丈一中德泽楼，占地56060平方米，建筑面积49205平方米，容纳师生3581人，其中教师246名，学生3335人。修建的县疾控防疫中心检验楼获州级优良工程奖，修建的古阳中学宿舍楼获州级优良工程奖。

2007年3月，县劳动力大市场综合楼建筑工程动工，由县建安公司承建，二层框架结构，建筑面积1800平方米，总投资200万元，2008年7月8日竣工。经评比，荣获州优良工程奖。

2008—2010年，太阳城修建性详细规划经县政府批准，规划建设成为融居住、经商、办公和休闲为一体的阳光小区。统一设计为框架混凝土结构的仿古建筑，要求建筑层数、外装饰、屋面马头墙等建设标准统一。2010年，太阳城小区完成铺路、通电、通水、亮化、绿化、排污等基础设施建设，县住建局、县总工会、县烟草公司、县妇幼保健院等60余户公房、私房建成。

三、商厦

2003—2005年，在县城十字街修建和平商业广场，建筑面积4000平方米，造价480万元。2006—2007年，修建民族大酒店，位于栖凤大道左侧，由民营企业家黄厚忠投资1800万元承建，建筑面积3800平方米。

2008—2010年，民营企业家吴晓琼投资988万元，在省道S229线古阳镇老寨段旁修建“神土地”楼房，占地1.39公顷，建筑面积6280平方米。大楼为纯木结构，运用插榫法，未用一根铁钉，分为三层，楼面盖小青瓦。

2010年12月，林波大酒店竣工，建筑面积5800平方米，框架混凝土结构，14层，层高46米，总投资650万元。

四、山泉亭

北泉亭，位于古阳镇凉水井，始建雍正七年（1729），1929年重修，1945年修复。1981年9月，县政府拨款1万元重修。2010年春，州、县23个单位和社会各界人士47人捐赠30万元，修复北泉亭。

西泉亭，位于古阳镇车站社区，二层木结构，斗拱翘角盖小青瓦，有400年历史。1990年集资重建；2003年，县政府拨款再建。

南泉亭，位于古阳镇老塘坊，又称双龙泉，回归泉。1993年3月建，三层混合结构，圆柱联书“建凉亭见凉亭腾龙翘角含画意，引玉泉饮玉泉澈骨沁心富诗情”。

龙泉亭，位于水甜溪，古阳镇屋场坪下坎，又叫水甜溪泉亭。建于2008年，碧璃琉瓦，飞檐翘角，四根圆柱，雕龙画凤，亭内双龙喷玉，亭旁青石拱桥，亭外青山绿水。

五、纪念亭

李家洞烈士纪念亭，由县民政局、高峰乡政府立，1979年10月新修，1991年冬重建，2005年维修。该亭顶盖玻璃瓦，钢筋混凝土圆柱支撑，为六角凉亭式混合结构，为县政府重点文物保护单位和爱国主义教育基地。

野竹坪烈士纪念亭，由县民政局、野竹乡政府立，1980年4月新修，1987年9月重建。该亭顶盖玻璃瓦，钢筋混凝土圆柱支撑，为六角形凉亭式混合结构，为县政府重点文物保护单位和爱国主义教育基地。

龙鼻嘴烈士纪念亭，由县民政局、默戎镇政府立，1989年4月新修，1993年4月重建。该亭顶盖琉璃瓦，钢筋混凝土圆柱支撑，为六角形凉亭式混合结构，为县政府重点文物保护单位和爱国主义教育基地。

接龙渠亭，位于断龙山乡田家洞村鬼开场。1995 年 1 月动工，当年 12 月竣工，为断龙山乡“接龙渠水利工程”（原叫对门冲水利工程，1994 年更名）而建，占地面积 200 平方米，六根圆柱，内立有六棱形纪念石碑，上刻“接龙渠”及碑文。

栖凤亭，位于栖凤大坝，建于 2006 年，为栖凤湖大坝竣工纪念而建。亭与前门相连，六棱形，两层。亭内立有石碑，碑顶立一展翅飞翔凤凰，碑上刻“栖凤湖”及碑文。

团结亭，位于吉首市马颈坳团结村与古丈县默戎镇龙鼻嘴村交界处——喊娘坳，省道 S229 线路旁。建于 2003 年初，当年 9 月 21 日落成。造型优美，色彩鲜明，民族特色浓郁。亭中置一四方石鼓，上刻《团结亭记》及《乡规民约》。

第五章　房地产业

1985 年 3 月至 1998 年 3 月，房地产管理组（股）为县城乡建设委员会内设机构，编制 3 人，负责房地产管理及与相关科教、设计、咨询。1998 年 3 月，更名为县房地产管理局，隶属县建委，副科级事业单位，设办公室、房地产交易中心、产权产籍管理办公室、白蚁防治所，编制 7 人，有干部职工 7 人。2010 年有干部职工 9 人。

1998—2010 年，历任县房地产管理局局长：梁绍清、向邦文。

第一节　房地产开发

1986 年，古丈县无房地产开发楼盘和房地产开发公司，全县干部职工为单位福利房或集资建房，居民大多有私房，外来人员多数靠租房。是年，全县私人新建房屋 2432 间，建筑面积 5.5985 万平方米。1988 年，全县农（居）住房 54665 间，面积 122.6 万平方米，人均 12 平方米。1998 年，停止福利分房，禁止单位集资建房，开始出现房地产开发。

1999 年，首家具有房地产开发性质的县城市开发有限责任公司成立，属县建设局，承建开发古阳镇红星区经济适用住房，投资 850 万元，修建五栋房屋，65 套 6000 平方米住宅，27 间 1086 平方米商铺。2000 年后，通过招商引资，房地产开发得到发展，常德金龙房产、常德金鑫房地产、常德民主实业、吉首房地产、古丈栖凤湖开发、怀化千鸿房地产、怀化湖大房地产、永州大地房地产等公司落户古丈，开发红星小区、古丈老汽车站、新电影院、青云山小区、自来水公司商住楼、三坡湾沿河道路、太丰商业步行街、粮食局综合楼、天润茶都、蓝庭国际、鑫裕茗都、鸿翔大厦、天育雅苑等楼盘。

2008 年，古丈鸿翔大厦动工，规划设计建筑面积 18500 平方米、住房 78 套。2010 年，全县有本土注册房地产开发公司 3 家。是年，全县房地产开发投资累计达到 14000 万元，开发建成房屋面积 16 万平方米，其中住房 800 套，10 万平方米，商业门面 400 间 12000 平方米，房价由 2000 年均价 650 元 / 平方米上涨到 2010 年 2000 元 / 平方米。

1998—2010 年古丈县房地产开发项目情况一览表

表 19-3

开发项目	占地面积（平方米）	总投资（万元）	建筑面积（平方米）	其中住房面积（平方米）	套数（套）	商用面积（平方米）
经济适用住房	2000	560	7110	6024	65	1086

续表 19-3

开发项目	占地面积（平方米）	总投资（万元）	建筑面积（平方米）	其中住房面积（平方米）	套数（套）	商用面积（平方米）
常德金龙苑	3000	1560	24535.48	18754.25	116	5781.23
常德民生楼	4000	1400	22522.02	16657.35	130	5864.67
粮食局综合楼	4000	960	17644.16	15244.92	134	2399.24
二坡湾沿河楼	500	100	787.5	0	0	787.5
新电影院	1680	200	3739.96	2017.8	20	1171.14
老汽车站大楼	3500	1620	17244.55	8862.05	85	8382.5
自来水公司民生园	3800	1690	17576.36	13309.48	98	4266.88
青云山小区	6000	1900	20153.41	18073.41	151	2080
天润茶都商业步行街	5120	1000	11106.28	7249.89	91	3856.39
鸿翔大厦	1948	2200	18000	10658.46	78	7341.54

第二节　房地产交易

一、房地产交易管理

1986 年，古丈县无房地产交易管理机构。1987 年 9 月 18 日，省建委、省财政厅、省物价局下发《关于房地产管理收费的规定》，县建委房地产组根据国家院和省政府规定，结合实际情况，制定城镇房屋租赁价格标准。此后，房地产交易得到发展。1998 年 3 月，县房地产管理局房地产交易中心负责房屋租赁登记备案、房地产二级市场管理、房地产买卖、房地产抵押登记备案等。

二、房屋租赁

古丈县房屋租赁始于 1985 年，生产营业用房租金按折旧费、维修费、管理费、税金、利息和利润等项计算。1988 年，实行住房制度改革，住宅商品化，房屋租赁开始市场化、商品化，但处于无序化管理状态。

1995 年 6 月，建设部出台《城市房屋租赁管理办法》，古丈房屋租赁步入规范化、制度化轨道。1996 年后，房屋租赁商业门面限于临街单位公房出租，用于服装、建材、服务等商业经济；城区居民私宅开始出租，房屋租赁市场日益活跃。

2000 年，干部职工开始小房换大房，旧房换新房，部分闲置住房推向市场，房地产二级市场得到发展。2001 年后，县医药公司、副食品公司、日杂公司、粮油公司、政府招待所等企业改制，所属临街商业门面拍卖给私人，激活房屋租赁市场。

2010 年，出现“一面（门面）难求”矛盾，县城十字街商业中心一间 20 平方米的商业铺面年租金达 5 万元，行政、企事业单位将闲置房屋出租，用作酒店、娱乐场所、办公及商业铺面和仓库，盘活单位闲置资产，搞活房屋租赁市场。是年，住房租赁年需求量达 600 套。

2000—2010 年古丈县房屋租赁情况一览表

表 19-4

年度	经营性房屋租赁（宗）	居住性房屋租赁（套）
2000	300	100

续表 19-4

年度	经营性房屋租赁（宗）	居住性房屋租赁（套）
2001	300	140
2002	320	200
2003	300	220
2004	350	220
2005	350	250
2006	400	270
2007	400	300
2008	500	400
2009	550	500
2010	600	600（不含廉租房出租）

三、房地产交易

1986 年，古丈县出现房屋交易，程序为：由房屋交易双方到房产交易所组领取房屋买卖申请书和草契，送双方所在单位（或居委会）签章；由房产交易专管人员到出卖房屋现场勘察评估，经买卖双方协商一致，签订“房屋买卖协议书”，到房产交易所交纳契税、规费。

2000 年后，随着单位福利分房结束、商品住宅出现及房地产开发市场兴起，古丈县房地产二级市场房屋买卖市场活跃；房地产买卖从原来单一的住房发展到商业用房、综合性用房，与破产企业改制、房地产开发等融合。

2000—2010 年，房地产交易行为日益规范，房地产买卖所缴纳的房产税、营业税等税项，使县级财税收入增加。

2000—2010 年古丈县房地产交易情况一览表

表 19-5

年度	房地产交易宗数（宗）	其中住宅（套）	交易面积（万平方米）	成交金额（万元）
2000	22	14	0.67	381.80
2001	39	25	1.19	676.65
2002	68	46	1.65	1179.80
2003	121	78	1.78	1895.35
2004	182	120	2.08	2080.00
2005	152	100	2.22	2000.00
2006	461	324	5.36	4244.66
2007	657	314	6.92	4945.93
2008	322	250	3.33	3036.05
2009	259	173	3.19	3922.81
2010	386	296	5.02	6972.20

四、房地产抵押

1986年，古丈县无房地产抵押市场。1990年，银行开始面向大众放开，部分企业及群众按政策规定开始以房屋作为抵押物向银行贷款。2010年，房地产抵押市场活跃。

2000—2010年古丈县房地产抵押情况一览表

表19-6

年度	抵押宗数（宗）	抵押建筑面积（万平方米）	债权数额（万元）	房屋评估价值（万元）
2000	131	3.15	2090.40	2985.00
2001	128	2.32	1950.20	2788.00
2002	166	2.99	3125.00	4464.00
2003	208	3.85	3765.30	5378.00
2004	234	4.07	4012.50	5731.00
2005	69	2.28	1875.33	2678.00
2006	328	7.00	5273.71	7532.00
2007	335	7.63	6804.12	9720.00
2008	296	5.10	3621.10	5172.00
2009	434	10.23	12338.09	17625.00
2010	316	7.28	9330.3	2871.00

第三节　房地产管理

一、房屋产权管理

房屋普查　1985年6月21日，县政府根据省政府《关于开展城镇房屋普查的通知》精神，成立城镇房屋普查领导小组。7月中旬开展外业调查、丈量工作，10月结束。房屋普查与房屋“三产”（产权、产籍、产业）普查结合进行，普查标准时间是1985年12月31日，对象是城镇建成区范围内的全部房屋，采取专业人员测绘调查、登记方式进行。1986年1月，经州房屋普查办公室检查验收，幢、户、表差错率在3%以下，符合国家规定的质量标准。1986年3月30日，上报普查结果。

1986年古阳镇房屋普查情况一览表

表19-7

产别	幢数（幢）	户数（户）	建筑面积（平方米）	居住面积（平方米）	人数（人）	人均居住面积（平方米）	房屋占地（平方米）	其他占地（平方米）	缺房情况			
									合计（户）	其中		
										无房户（户）	不便户（户）	拥挤户（户）
全民	659	1448	209857	33473	3743	8.9	219420	83420	62	11	0	51
集体	78	112	19119	1847	201	9.2	27200	13331	2	0	0	2
私产	770	819	67979	27755	3594	7.7	108877	25348	23	5	6	12
合计	1507	2379	296955	63075	7538	8.43	335497	122099	187	16	6	165

房屋定权发证 1988年5月，在城镇房屋普查基础上，成立“古丈县城镇房屋所有权登记，核发权证领导小组”。抽调工作人员9名，经短期培训，在新建区办点。8—12月，完成登记、绘图、产权审核等8道基本程序。选择柑子坪片为发证试点，1988年末，县城房屋定权发证工作全面结束。1990年7—12月，完成罗依溪、河西镇房屋普查和房屋所有权登记发证工作。

1988年古阳镇、罗依溪镇、河西镇房屋核发权证情况一览表

表19-8

项目 镇别	实发证数								
	户数（户）			栋数（栋）			面积（平方米）		
	小计	私房	单位房	小计	私房	单位房	小计	私房	单位房
古阳镇	1314	1195	119	1631	1033	598	313244	74324	238920
河西镇	138	98	40	257	187	70	41200	20500	20700
罗依溪镇	374	330	44	574	483	91	78600	38300	40300
合计	1826	1623	203	2462	1703	759	433044	133124	299920

落实私房政策 1986年5月，成立县落实房产政策办公室。5月下旬，选择古阳镇为试点进行调查核实，9月底处理完成全镇61起、94间、建筑面积3385平方米的私房。1986年7月，举办乡镇场负责人短期培训班，推广试点经验。各乡镇场成立领导机构，配备工作人员，10月全县铺开，到12月底处理完成全县在“文化大革命”前和“文化大革命”中应落实的143户、建筑面积1.1470万平方米的私房，其中“文化大革命”中应落实的私房57户、4132平方米，“文化大革命”前应落实的私房86户、7608平方米。1988年，各乡镇根据房屋权利人的申请实施登记。2000年，县城房地产登记率达到90%。2007年10月，默戎镇、红石林镇、罗依溪镇的房屋登记率达到50%。2010年，全县共有房屋建筑面积285.54万平方米，其中住房215.4万平方米，商业、办公等综合性用房70.14万平方米；农村有房屋2.1万栋。

2000—2010年古丈县房屋登记情况一览表

表19-9

单位：栋、万平方米

年度	登记房屋栋数	登记面积
2000	61	2.24
2001	65	2.35
2002	72	3.16
2003	88	4.23
2004	79	4.12
2005	85	3.20
2006	132	7.46
2007	118	6.55
2008	106	3.40
2009	222	3.21
2010	111	8.02

二、公房管理

1986—1988年，各单位公房以混合结构为主，四、五层以上的居多。1990年后，各单位将闲置房拿来出租，出租所得扣除上缴国家所需税费后用于单位办公经费。

2000年后，各单位通过多种渠道向上争取资金，加上自筹一部分，开始大规模修建办公楼，全县修建房屋建筑面积近6万平方米，其中办公楼4.5万平方米，用于商业用途1.5万平方米。2010年，全民单位用房12万平方米，其中，商业服务用房占20%，教育、医疗卫生用房占25%，办公用房占35%，住宅及其他用房占20%。

三、集体房产管理

1986年，全县城镇集体单位共建房屋1.99万平方米，主要是手工业用房。1998年后，集体企业实行改制，为筹集缴纳职工养老保险、医疗保险等资金，县医药总公司、县民族贸易局、县供销联社下属公司、县粮食局等下属各公司将住宅和商业门面出售，部分集体房产变更为私有房产。

2000年，全县城镇集体单位建房屋4.9万平方米，占全县城镇房屋总面积的7%。城镇集体单位房屋按用途情况分：住宅面积占20.74%，交通服务用房占43.32%，商业服务用房占27.55%，教育医疗用房占4.3%，文化体育用房占0.55%，办公用房占2.2%。

1998—2007年，县房产局进行危房鉴定186宗，面积2.46万平方米，出具危房鉴定报告86份，发出限期整改、拆除通知书86份。配合教育部门完成全县中小学校危旧房调查工作；配合相关部门搞好企业改制工作，为县商业行管办、县供销联社、县粮食局、县轻工行业办等单位办理产权过户手续468宗，建筑面积2.72万平方米。

第四节　住房公积金管理

1991年，县住房制度改革领导小组成立，设办公室，负责公房上市交易、经济适用住房建设、集资建房发证、产权规范等工作。1991—1993年，统一房租标准，住房月租金占职工收入的10%，比原自定标准提高3～4倍。1994年，建立公积金制度。是年3月，县政府出台《关于认真开展以出售公有住宅为中心内容的住房制度改革的通知》，规定：“凡坐落在县城规划区范围内的所有机关、人民团体、全民和集体企事业单位（不含人武部、武警部队和铁路系统），不论隶属关系如何，均属此次房改范围；凡租住上述房改范围的公有住宅的城镇常住职工，均属房改对象；在县城规划区范围内建有私房的职工，暂不参加此次房改”。

1996年10月17日，县委、县政府印发《关于严格执行住房政策，进一步搞好房改和住房建设的通知》，要求根据有关规定，严格控制购房标准，做好干部职工异地调动后的住房处理工作，加强住房资金管理，认真清理和纠正住房方面存在的问题。公有住房出售收入的管理严格执行国办发[1996]34号文件的规定，全部留归产权单位使用，纳入单位住房基金，由住房公积金管理中心统一管理，任何单位和个人都不得截留和挪用。

1997年起，职工按规定按月缴纳住房公积金，由湘西自治州住房公积金管理中心驻古丈县公积金管理部专设账户管理。根据有关规定，建房购房、调出州境、离退休、死亡等原因，可提取住房公积金；此外，职工重大疾病等特殊情况，亦可提取本人公积金账户内的存储余额。

1999—2000年，完成全县房改房从80%到100%产权的过渡。

2005—2010 年住房公积金统计表

表 19-10

单位：万元

年份	2005	2006	2007	2008	2009	2010
金额	676.56	755.44	1035.79	1105.80	1247.90	7889.72

第六章　环境保护

古丈县环境保护局于1984年12月成立，1986年，定编3人，实有4人。1988年，古丈工业基础薄弱，经济发展缓慢，全县有小型全民工业企业17家，由于工业企业少、比重不大，工业“三废”（废水、废渣、废气）排放数量少，全县环境质量良好。1988年后，随着经济发展，一些工矿企业陆续建成投产，工业“三废”任意排放，境内环境污染和生态环境破坏日趋严重。1992年4月，县环境监测站成立。1995年，县环境保护局有干部职工10人，其中全额财政拨款1人，自收自支人员9人。2001年12月，成立国有独资企业古丈县城市开发有限公司。2002年12月，古丈县环境监察大队成立。2004年3月，增设省凤滩库区古丈环境监测站。2010年，干部职工26人，其中助理工程师1名，工程师1人。

1986—1989年2月，由副局长王德胜主持工作。1989—2010年，历任县环境保护局局长为吴光敏、向发鹏、龙廷忠、向莲玉、龙辉、谢云鹏、田圣保、向功旷。

第一节　环境污染

一、地表水污染

主要是生活污水、工业废水和医疗污水污染。

由于城镇人口增加，居民及机关学校、厂矿干部职工住房大量增加，建筑多属水冲厕所，未建化粪池，粪便水直接排入河内；生活垃圾、基建垃圾常倒入河中；纤维板厂、酒厂、机械厂等工厂污水未经处理直接排入河中，造成古阳河水质日趋恶化。1986年，州监测站对其水体污染物含量监测结果为化学需氧量868毫克/升，悬浮物149.2毫克/升，挥发性酚0.34毫克/升。

1986—1990年，全县废水排放总量为58.09万吨/年，其中生活废水22000吨。主要排放废水的企业有县化工厂、纤维板厂、罗依溪造纸厂等，主要行业是化工业、轻工业、建材业。废水中主要排放污染物有挥发性酚0.19吨、悬浮物90.34吨，化学需氧量（COD）175.87吨。2001—2005年，全县废水排放总量为114.2万吨/年，其中工业废水排放量为42.2万吨/年，占排放总量的36.95%，生活废水排放量为72万吨/年，占排放总量的63.05%，污染物主要有化学需氧量（COD）、氨氮、锰等。饮用水源水质为二类，粪大肠杆菌超标45倍。2006—2010年，全县废水排放总量140万吨左右，其中生活废水约占废水排放总量的70%。随着重点排污企业消失、停产和污染治理加强，工业污染逐年减轻，生活废水和有害物排放量却呈上升趋势，成为城镇废水的主要污染源。

二、大气污染

大气污染主要来自煤烟型污染，源于工业生产及居民生活燃煤。其次是粉尘污染，来源于水泥生产、化工行业。

1986—1990 年，全县耗煤总量 13671 吨，其中生活用煤 2671 吨，工业排放废气 18406.1 万立方米。引起大气污染的主要因素是：不到 3 平方千米范围内的县城，机械厂、酒厂、糖厂、大米厂、民族工艺厂、藕煤厂、水泥制品厂、纤维板厂粉尘量大；县政府、县人民医院、县招待所等单位锅炉、茶楼用煤量大；街道建设条件差，泥沙路面比重大，这些因素导致县城烟尘污染严重，大气环境质量较差。2001—2005 年，全县工业废气排放总量为 7.0 亿立方米，工业废气处理率达到 70%，烟尘排放量 1000 吨，二氧化硫排放量 2800 吨，工业粉尘排放量 5000 吨。2005 年，古阳镇空气质量级别为三级，受到轻度污染，超标污染物为二氧化硫。

三、土壤污染

主要分为农业污染和固体废弃物污染。滴滴涕、六六六等剧毒高残农药，曾在全县长期广为施用。农民由于缺乏科学知识，迷信化肥，过量施用硫酸铵等化学肥料，造成土壤板结，土质破坏，使农茶蔬菜业的生产发展受到影响。农药是土壤的主要有机污染物。

1986—2010 年古文县化肥、农药施用情况一览表

表 19-11

单位：吨

年度	化肥	农药	备注
1986	2452	53	—
1988	2669	137	—
1989	2759	41	—
1990	3068	35	—
1993	2916	38	—
1995	3055	46	—
1998	3680	51	开始禁用剧毒农药
2000	3312	56	—
2001	4022	60	—
2003	4308	59	—
2005	3819	55	—
2006	3211	43	开始提倡少用化肥
2007	3588	62	—
2008	4012	78	—
2009	4510	73	—
2010	5120	72	—

在县城生活垃圾填埋场未投入使用前，城市垃圾倾倒在城郊山沟里，未做任何防渗处理。工厂、矿山没有建立拦渣坝、工业固体废弃物向土壤直接倾倒。经日晒、雨淋、水洗，使重金属移动，以辐射状、漏斗状向周围土壤扩散，造成一定范围内的土壤污染，除导致土壤质量下降、农作物产量和品

质下降外，更为严重是土壤对污染物具有富集作用，一些毒性大的污染物，如汞、镉等富集到作物果实中，人或牲畜食用后发生中毒。

2010 年，全县未发生由土壤污染引发的农产品质量安全问题和群体性中毒事件。

四、噪声

全县噪音污染按性质分类，具体为工业生产噪音、建筑施工噪音、交通噪音、社会生活噪音等。工业生产噪音和建设施工噪音主要呈点状分布，交通噪音分布在县城、乡镇沿公路两旁。1986 年，州监测站监测古阳镇日平均噪声为 67.2 分贝。

2001 年，开展噪声达标区建设工作，噪声控制区达 3.5 平方千米。是年，县城实行禁放烟花炮竹措施。2001—2005 年，古阳镇的城市区噪声在国家控制标准内。交通噪声，主要在省道 S229 线县城路段实行限速措施，设置减速带。社会生活噪声源，实行取缔高声喇叭和户外大功率音箱，在娱乐场所实行限时等措施。对建筑施工噪声，采取限制施工作业时间等措施。

2010 年，县城区域环境噪声平均值控制在 60 分贝以下，交通干线噪声平均值控制在 70 分贝以下。区域环境噪声和交通干线噪声基本达到国家标准。是年，县城交通噪声在国家控制标准值内，省环境质量较好。

第二节　污染治理

一、地表水污染治理

1986 年，县环境保护局对古阳河流域进行水域功能区划：排口公路大桥以上水域为 I 类源头水，长 15.3 千米，属自然保护区水源；排口公路大桥至县自来水厂取水点上游 1000 米处，为 II 类饮用水，长 8.9 千米，属二级保护区水源；县自来水厂取水点上游 1000 米至下游 200 米处，为 II 类饮用水，长 1.3 千米，属一级保护区水源；县自来水厂取水点下游 200 米至酉水汇合口，为 III 类水，适用农、渔业用水。

2000 年，对新建办公住宅楼进行“地埋式污水处理”。2002 年，新建分散式集中污水处理池。2003 年，结合县域经济实际，建立淘汰落后产能制度。酉水化工厂停产。同年 5 月，县环境保护局成立河道执法队，加强对古阳河流域城区断面管理力度。2003 年 5 月至 2004 年 12 月，进行河道环境执法 27 件，处罚金额 2500 元，与沿河两岸单位及居民住户签订《古阳河道环境保护责任书》1878 份。

2009 年 12 月，县城市污水处理厂建成投入使用，削减化学需氧量（COD）150 吨 / 年，解决城区生活污水污染问题。古丈县环境保护局安排专门工作人员，负责监督和监测污水处理厂，按月向县委、县政府及州环保局汇报监督情况，督促整改；按月监测和随机抽检，掌握出水口水质。

2010 年，县环境保护局将县人民医院列为县控达标排放单位，采用“自动同步三虹吸旋流式医院污水定量消毒装置”，投入漂白粉对病原体废水进行处理。是年 10 月，经吉首市监测站现场监测，达到国家规定的污水综合排放标准（GB 8976–96）。

二、大气污染治理

主要措施是增添锅炉消烟除尘设施。2000 年，县水泥厂投入资金 44 万元，采用“窑尾治理为主攻目标并兼顾其他”烟气粉尘治理方案，安装除尘设备。2001 年 10 月，经吉首市监测站对 9 个点抽样监测，考核指标粉尘排放达到国家规定的水泥厂大气排放标准（GB 4915–96）。2001—2005 年，开始建设烟尘控制区，面积达5.8平方千米，覆盖率80%。加大燃煤型锅炉整治力度，关停重污染企业。由于液化石油气使用率和煤普及率的提高，以及县城绿化带的建设，县城大气环境质量达到国家二级标准。

三、污染源管理

污染源调查 1986年3月10日，全县开展“工业污染源调查”，调查工业企业10家，其中重点调查工业企业1家，详细调查工业企业2家，普查工业企业7家，占全县工业企业25.6%。1989年5—10月，全县开展“乡镇企业污染及环境影响调查”，调查企业31家，分布4个行业，涉及15个乡镇，建立污染源档案，掌握污染源情况。两次调查，全面系统地了解全县工业污染源，“三废”排放状况及污染程度，为开展环境污染治理、控制污染发展，提供科学依据，为全县环保工作发展打下基础。

2008年3月至2009年5月，在“第一次全国污染源普查”中，全县普查1352家，其中工业源40家、生活源92家、农业源1220家，全面系统地了解全县污染状况及污染源的分布情况，为开展污染治理提供资料和依据。

污染源治理 1986年，县政府按照“谁污染、谁治理”规定和“预防为主、综合治理”方针，制定《古丈县主要污染物排放总量减排计划》，采用宣传教育、行政干预、经济杠杆等手段激发企事业单位进行污染治理；坚持经济发展同环境保护并重、协调发展原则，全面推行环境影响评价制度和“三同时”制度（污染治理设施与项目同时开工、同时建设、同时验收），做好污染物申报登记工作，对环境污染进行综合治理。

1987年，为防止发生新的严重污染，县环境保护局对新上项目从厂址选择、生产工艺设备与环保设施、环境保护资金落实等方面把关。同年，城镇环境管理得到改善，多数单位的生活垃圾与基建废土运往垃圾堆放场倾倒，街道设置果皮箱，严禁向街道或公共场所、水源保护区乱倒垃圾；城内噪声污染有所控制，撤除设在机关、学校附近的扬声设备；加强河水污染监督管理。

1988年，要求新建扩建项目选址恰当，符合相关规定；执行环境影响评价制度和“三同时”制度。抓老污染源治理，更新改造县招待所、罗依溪造纸厂锅炉，整修民贸一局与药材公司居住区的排污沟；责令停办或搬迁严重干扰教学、办公、科研活动的噪声源，噪声源由8处减至4处。1989年，根据工业污染源和排污收费底数调查，对全县工矿企业污染状况进行摸底，作出综合治理安排，依照《中华人民共和国环境保护法》规定，严把新建、改建、扩建项目关，要求企业安装环保设施，污水实行一级处理，并有尾气回收设施。

1996年，安排专人做好污染物排放申报登记工作。1997年，对县内各建设项目执行环境影响评价制度，把好“三同时”关，即同时规划、建设、治理。是年，全县5个投资50000元以上项目做到“三同时”。1999年，开展全县工矿企事业单位污染物排放总量控制工作，确定14家企事业单位为排污总量控制重点单位，制定污染物排放总量控制指标，新建项目“环评率”“三同时率”均达到95%。依法对未经环评审批，擅自开工建设生产的县栖凤化工总厂锰锭生产线进行行政处罚。

2000年，加大对企业污染处理力度，现场执法检查43次，被检查单位14个，污染治理设施8台（套），处理污染纠纷2件，处理率达100%。是年，审批建设项目14个，环评执行率80%，“三同时”执行率达70%以上。是年，全县省、州、县控企业5家，验收达标4家，达标率80%；投入治理资金443万元，用于控制老污染源，改善部分地区环境质量；投入资金770万元，完成水泥厂煤窑部分粉尘治理、酉水化工厂废渣废水治理、罗依溪造纸厂黑液等污染源治理。

2001年，加大对污染企业的环境监督管理力度，县环境监测站利用“环保相关产业调查”契机，督促县茶厂、山野食品公司等企业补办环境影响评价手续，新建、扩建、改建项目环境影响评价执行率达90%，全年调处污染纠纷案件5件，处理案件3件。2003年，开展“清理整顿不法排污企业、保障群众身体健康环保行动”，重点查处环境违法案件 5 件，对全县 6 家工矿企业下发限期整改通知书，加大污染监管力度。

2004 年，加强对企业环境监管力度和矿山整治工作，专题召开整治工作会议 8 次，到矿山执法检查 124 人次，下发整改通知书 8 件，撰写调查报告 6 篇，提出整改措施 32 条；加强企业环境监管，对县内兴起的矿产品加工企业检查达21次，发现问题12处，提出整改建议5条，立案4件，处罚3件；加大排污企业环保设施运转巡察力度，到企业检查 74 次，处罚环保设施不运转和偷漏排放污染物的企业，罚金 3.2 万元。

2005—2007 年，开展污染源管理工作；开展“禁钒”工作，依法取缔 60 家非法小钒厂；查处非法洗磷行为，依法采取对 42 处非法洗磷点停止供电和责令拆除洗矿设备措施；加大涉锰企业的污染治理力度，根据各涉锰企业的实际污染情况，提出治理要求，限期完成治理；开展矿山整治工作，以野竹烂泥田锰矿为重点，长驻矿山开展工作，制定详细污染治理方案，督促矿主修建废水处理池和拦渣坝；加大对违法排污企业查处力度，到企业检查 142 次，发现违法排污 76 起，提出治理方案 25 项，下达整改措施 98 条，限期搬迁企业 2 家，责令停产治理 2 家，依法取缔非法洗磷矿和非法加工钒矿 100 家（处）。

2007—2010 年，执行环境准入制度县环境保护局共审批 25 个建设项目，无违禁项目，新建项目环评执行率达 98%。

第三节 环境管理

一、环境监测

1992 年 4 月，成立县环境监测站，为县环境保护局直属事业单位。2004 年 3 月，增设凤滩库区古丈环境监测站，与县环境监测站“两块牌子，一套人马”。

1992—2007 年，环境监测工作没有得到正常开展，监测工作靠聘请州环境监测站或其他县市具有资质的监测站帮助完成，聘请永顺县环境监测站帮助完成县城水质大气监测任务，编制监测季报，按季公布监测数据。

2007 年，投资 30 万元，配置环境监测仪器设备，选派人员到湘西州监测站参加监测业务培训。2009 年 11 月，县环境监测站取得湖南省技术监督局监测质量认证，具备独立开展各项环境监测资质，环境常规监测、污染源监测、环境事故性监测及目标考核监测等监测工作得到规范和完善。

2010 年，环境常规监测，主要抓好县城饮用水源、古阳河控制断面和凤滩库区古丈段水质监测工作，确保县城饮用水源水质达标率在 96% 以上，监测结果以环境监测月报形式向社会公布。

二、水环境管理

古阳河水环境管理　1987 年始，县环保部门开展古阳河污染执法工作，对在古阳河乱倒废弃物、电鱼、炸鱼、毒鱼等违法行为进行监督和整治。1987—1988 年，对在古阳河倾倒废弃物违法现象查处 10 起，处罚 14 人，罚款 1000 元。

1992 年，筹资 800 元，在白腊池金盾桥处建饮用水源固定保护牌 1 座，对县城饮水源水质保护作出具体规定。针对古阳河县城河段乱倒垃圾与乱倒基建废土问题，设置 1 名环境监督员进行日常巡察，发现问题及时处理，古阳河乱倒垃圾、废土现象得到控制。

2000 年，对乱倒垃圾下河的单位及个人进行处罚，处罚 11 起，处罚金额 4000 元。2001 年，对偷排污染物入古阳河 1 家电锰厂实施处罚。

2004 年，与古阳河沿岸单位和居民住户签订河道环境卫生责任状 450 份，对向古阳河道乱丢乱倒废弃物单位和个人实施处罚 4 起，金额 1200 元，对准备在古阳河沿岸拟建的 2 个工业重污染项目进行否决，对在古阳河偷排漏排污染物企业实施经济处罚 9000 元。2005 年，古丈县水源地水质达标率为 100%。

生活污水管理　县城生产生活污水直接排放至古阳河，导致古阳河水质严重污染。2000 年，对县城内新建办公住宅楼采取“地埋式”污水处理装置，对污水进行集中处理，处理率达 95% 以上。2005—2007 年，对县城餐馆、酒家、发廊乱排污水行为进行整治。2009 年 12 月，县城市污水处理厂投入使用，日处理生活污水 1 万吨，县城生活污水污染问题得到缓解。

古丈县城市污水处理厂位于古阳镇树栖柯村，为管网、厂区合一自建模式，占地 2.8 公顷，日处理污水 2 万吨，污水管网 29.93 千米，分为主干管网和支干管网，各居民小区、街道排污口的各类污水经支管网至主干管，再经由深埋于古阳河滩里主干管网到污水处理厂集中处理。该工程 2009 年 4 月开工，是年 12 月投入使用，完成投资 7107 万元。工艺采用改良型氧化沟二级生化处理工艺，污泥处置采用机械压滤脱水后外运填埋；工序主要由污水预处理，氧化沟二级生化处理及二沉池沉淀，污泥回流、污泥脱水及紫外线消毒系统四大部分组成。

工业、医疗污水管理　1988 年，县纤维板厂更新部分工艺设施，部分作业改循环用水，年减少 5 万吨超标废水。1992 年，县环境保护局协助罗依溪纸厂进行白水回收工程治理改造，采用“多管扩速网槽回收白水中的粗纤维”治理技术设备，当年回收粗纤维（纸浆）17 吨，获利 2.1 万元。1997 年，县医院病原体废水处理工程完工，医疗污水达到国家规定的排放标准。2000 年，完成酉水化工厂废水和罗依溪造纸厂因工业废水排放过多而转产为县天然植物制品厂的污染治理。2010 年，神宝牧业有限责任公司实施污水治理项目。

三、大气环境管理

重点开展工业粉尘治理。1989 年，县水泥厂投资 5 万元在生产车间安装一台 54 型破尘器。1990 年，县纤维板厂在煤磨车间添置麻石水磨除尘设备。1991 年，县水泥厂筹资 9.3 万元、申请环保资金 4 万元，购钢材 20 吨，收尘布袋 1000 条，进行粉尘处理，恢复水泥正常生产。1992 年，县环境保护局协助水泥厂制定治理方案，落实治理措施，筹措资金 350 万元完成州限期治理的窑尾收尘工程。1994 年，县水泥厂投资 365 万元修建粉尘治理工程，实现节能降耗，新增经济效益 30 万元；县冶化厂投资 130 万元用于煤窑技改，减轻四周大气污染，年减少成本开支 50 万元。2007 年，县环境保护局清查和治理全县 9 家燃煤锅炉，提倡使用低硫无烟煤。2010 年，县环境保护局治理和整改坐龙峡宾馆燃煤锅炉为用电加热，改善大气质量。通过监测，城区空气质量达到国家一级标准。

四、固体废弃物管理

固体废弃物管理，主要是合理布置废渣、垃圾堆放池，分地段设置垃圾箱，加强专人管理和回收利用。

处理生活垃圾　古丈县城固体废弃物主要是生活垃圾。长时期垃圾无专门固定的处理场所，城区生活垃圾倾倒在乡镇公路边的山沟里，用泥土简单覆盖，没有进行无害化处理，垃圾场周边村民与环卫部门矛盾突出。2009 年 7 月，县城市生活垃圾卫生填埋场项目开工；2010 年 11 月，项目建成投入运行，采用卫生填埋工艺，日均处理垃圾 80 吨。县城人居环境得到改善、城市品位得到提升。

处理工业废渣　古丈县处理工业废渣始于 20 纪世 90 年代初。1993 年，白溪关冶化厂自筹资金 1 万元，申请环保补助金 1.5 万元，购置整套废渣处置设备，做好废渣处理，实行变废为宝的目的。2008 年，县顺杰锰业有限公司请湘西州环保科研所设计，投资 70 万元修建渣坝，解决废渣随意堆放产生的污染。2010 年，县环境保护局综合整治烂泥田锰矿集中开采区，重点治理各矿洞矿点的矿渣乱堆乱倒问题，要求业主修建渣库和渣坝，治理效果明显。

五、农村环境管理

2010 年 7 月，县环保部门组织实施以建设清洁水源、清洁田园、清洁能源为目标，争取到省环保厅农村环境综合整治项目，投资 100 万元，对默戎镇龙鼻嘴村实施农村环境综合整治，是年，争取州、省环保部门支持，做好项目储备工作，年底，完成红石林镇花兰村、默戎镇中寨村农村环境综合整治示范项目。

第二十篇　旅　游

第一章　风景名胜

第一节　红石林地质公园

红石林地质公园位于红石林镇、断龙山乡境内，以红石林景区为主。核心区总面积261.12平方千米，主要地质遗迹面积53.08平方千米。

2003年，中国科学院南京古生物研究所副研究员祁玉平与意大利比萨大学加布里埃拉·巴尼奥利博士等中外专家学者，对红石林区内地层、岩性及古生物的特点及分区进行考察，划分出寒武系芙蓉统排碧阶底部界线，认为此地红石林实属罕见。2004年10—12月，湖南省地质环境监测总站和县国土资源局组成联合考察组，对红石林及外围进行综合考察，查明红石林地区区域地质背景、地质遗迹资源类型与分布，涉及地层、古生物、构造、地貌、水文地质、工程地质、环境地质背景及动植物、旅游资源、岩溶洞穴等方面。2004年12月，县委、县政府申报红石林为国家级地质公园；2005年10月，国土资源部批准红石林为国家级地质公园。是年，成立公园建设与地质遗迹保护管理处，由分管国土资源工作的副县长兼管理处主任，县国土资源管理局局长为副主任，旅游、文化、交通、供电、电信等部门与茄通乡、罗依溪镇、断龙山乡3个乡镇为管理处成员；管理处办公室设在县国土资源管理局，由主管地质遗迹保护的副局长兼任办公室主任，负责公园建设与地质遗迹保护工作。同时，由县政府引资成立红石林旅游开发有限公司和坐龙峡景区旅游开发公司，县国土资源管理局负责指导和监管公司各项业务。

2006—2010年，争取财政部专项资金及地方政府、旅游公司等配套资金3000万元；国家投资用于公园主标志牌、罗依溪景区副标志牌、坐龙峡景区解说及部分游道的建设；当地政府和公司投资用于通往公园景区的公路建设、停车场建设及红石林景区大门及水、电、路、办公楼等建设。2010年，基本完成水、电、路等基础设施。

红石林景区公园以其独特地形地貌和地质环境条件，形成世所罕见的地质遗迹，因红色石林分布广，故名红石林。形成过程各个发育阶段景观表现齐全，系统完整性好，全面展示红石林形态类型与组合，保留有完整发育演化遗迹，被称为“红石林博物馆”。核心景区由花兰和坐苦坝两个景区组成，以红石林景观为主，以地下溶洞景观为辅，因高大、密集、呈林状分布的红色石柱、石崖、石墙、石峰和飞来石、天生桥而得名。景区内石林造型各异，姿态万千。石头外表细密褶皱，如刀削、如鱼鳞、如蜂窝、如万物生灵，栩栩如生；且颜色随天气而变化，晴红雨黑，阴转褐红，晨昏有别，姹紫嫣红，扑朔迷离。石林中有峡谷、瀑布、溪流、阴河、溶洞、清泉、草坪、古树、古藤、岩溶洼地，宛如一个天然园林，融红、秀、峻、奇、绝、古于一身，堪称“武陵第一奇观”。

花兰景区　位于地质公园西北部，距县城26千米，面积为23平方千米。发育有红色层状石林，在石林景观中较为罕见。景区内石林整体呈褐红色，石柱高大密集，远眺似高墙古堡，层叠高耸，古朴粗犷，雄伟壮观。由于地貌和地势差异，景区内石林形态迥异，锋利石柱如长茅利剑，密密匝匝，直刺苍穹。石柱间溶蚀廊道，如迷宫疑阵，迂回曲折，变化多端。石柱溶痕如丝如缕，记录着石林沧海巨变，增添石林奇特意境。水潭小溪散布石柱之间，多种藤本植物攀缘岩壁石峰，高大乔木长于石峰罅隙，与石林辉映成趣。

主要景点：扬子古海、松涛迎客、奥陶海底、石林古堡、小龙峡、水漫金石、八部大王、野猪壕、花儿包、七彩迷宫等，另有地下溶洞，绝壁天坑，千年古木等。另建有天池、地池、人池、摆手坪，幸运门等景观。石林古堡位于野猪壕东侧坡面，此处发育大规模的石林景观，覆盖整个坡面，石林基部被土壤覆盖，露出地面 3 ~ 7 米。小龙峡位于红石林南侧，属于典型溶蚀峡谷，长 170 米，高差 20 米，峭壁上青苔密布，谷顶藤蔓垂挂，谷底狭窄且崎岖，适宜开展探险旅游。

坐苦坝景区　位于地质公园西北部，面积为 31 平方千米。四周被土家山寨包围，适宜自助式石林观光和乡村旅游。景观资源丰富，石林发育颇具规模，分布海拔在 250 ~ 800 米，属于溶丘洼地和溶蚀盆地，地形绵延起伏，主要地层为奥陶系牯牛潭组和大湾组紫红色泥质灰岩、泥灰岩及白云质灰岩。石林成片或成团分布于山顶、斜坡、槽谷、洼地之中。在众多奇观绝景中，以巨人园、古城故宫、八卦奇阵和诸葛藏书等为最佳。

主要景点：巨人园，园中一巨石，上为人像，高 8.48 米，头像高昂，腹部鼓突，目视前方，神态庄严；下为基座，高 12.26 米，故名“巨人园”。巨石巍然耸立，挺拔伟岸，神态酷似指点江山的东方巨人雕像；换一角度观之，又极似立于川上抒发“逝者如斯夫”的孔子。位于另一旁两尊高大石柱，恰如从容就义的巾帼英雄和屈子行吟图，令人肃然起敬。另有一山头遍布红石，或高或低，或长或短；七彩石林在阳光照射下呈现绚丽多彩的“赤、橙、黄、绿、蓝、靛、紫”七种颜色，令人叹为观止。

第二节　高望界风景区

高望界风景区位于县域东北部，北临西水河。东西长 23.1 千米，南北宽 13.7 千米。风景区内空气负氧离子含量 12 万个 / 立方米，素有“天然氧吧”美称。境内山脉多由南向东北延伸，地势呈南部高，东、西、北低，不规则“放射”状，恰似一个放大“山水丛林盆景”。境内溪流纵横，溪中有溪、溪溪相连，瀑布成群。主要景区有顶堂览胜、金龙溪、大溪、黑洞溪、葛竹溪、麻溪等 20 处。有原始次生林、栈道、断崖、小桥流水、流泉、飞瀑、溪流、古树、古藤，是旅游、科考、写生、观光、野营、探险及避暑、寻幽、休闲、疗养绝佳境地。

顶堂瞭望　顶堂为古丈境内最高峰，海拔 1146.2 米。四周峰峦叠翠，林涛浩荡。伫立顶堂瞭望塔，可南睹泸溪青山秀，北瞰栖凤水色碧。瞭望四周，有“会当凌绝顶，一览众山小”意境；墨绿中呈现出云海日出奇观，更是难得一见。景色随季节、时间和气候而变化。晴天，早晚观日出霞落；雨后初晴，赏云山雾海；春天山花烂漫，新绿绽放；夏季绿野千里，林涛涌荡；秋日层林尽染，田野金黄；严冬大雪纷飞，冰凌晶莹。主要景点：长寿泉，位于顶堂峰上，海拔 1130 米。小顶堂，在高望界林场场部对面，海拔 1100 米，与顶堂同属一山脉，两峰相距 200 米。椿木椏为高望界七大原始次生林之一，有 40 公顷天然杜鹃林，最大成园面积 13.33 公顷；春末夏初，杜鹃花次第开放，花期持续 1 个月。

金龙溪　原名小溪，源于张家山和茶坨湾，长 5.6 千米，属酉水支流，峡谷面积 4.63 平方千米。溪水纯净，瀑布众多，两旁是原始次森林。走在溪中，溪水叮咚，空气清新；阳光缕缕，五彩斑斓。溪底常年躺着腐烂树干，蘑菇、菌子长在树上。潭里小鱼游弋，褐色卵石历历在目。参天古木随处可见，藤树相缠，蔚为奇观。四季花香果甜，鸟唱虫鸣。主要景点：清泉斜练，位于源头，高20米瀑布，下为深潭，瀑布两侧为悬崖峭壁，四处长满古树。古墙珠帘，溪沟为石板铺就，长10米，中间突然断裂，落差5米，溪分两股沿石板斜斜流下，在溪底合二为一。金龙潭，为金龙溪与另一小溪交汇处，因潭边有块石头似金龙双角而得名。红叶醉秋，溪边一坪上，有20株古枫香树，最大胸径超过1.2米，每至深秋，枫叶经霜染红，如团团火焰在半空中燃烧。

大溪　源于高望界顶堂，长14千米，流域面积12.18平方千米，是保护区注入酉水主要溪流之一。溪宽6米，峡谷开阔，水流不急，相对平缓。溪水经山、石、树层层过滤，清澈甘醇。两岸树木众多，花香草茂，春夏秋冬景色各异。主要景点：螃蟹洞・螃蟹潭，潭水深不可测，每到雨后天晴，潭上有彩虹出现，传为洞内螃蟹吐出。犀牛洞・犀牛潭，潭边有一巨石，石上留有犀牛踩脚窝。“大溪铁矿总厂”遗址，为人文景观，残存“大跃进”时代3米高土高炉30座；七十二拐，为高望界乡葫芦坪村一山路，山势陡峭，山路拐来拐去，形成七十二道拐，最长15米、最短2米，拐拐相连，盘山而上。

黑洞溪　源于石门寨村救灾坪组，长3.8千米。溪谷古木丛生，古藤缠绕。有平坦悠闲处，有狭深壁陡地，瀑布垂挂，洞穴密布。主要景点：九天瀑，高126米，上半部分平缓，溪流速度慢，溪水成整块，下半部分陡峭，溪水突然下跌，旁边不到10米处，有一高100米瀑布，两瀑交相辉映，相得益彰，又称“双雄瀑”。孤独峰，在九天瀑左去100米，高70米，如剑如刀，直插蓝天。瓶颈峡在九天瀑下游1千米处，长200米，宽3～5米，形成一条狭窄如瓶颈的通道，古木横生，枝丫相交。小奇峡紧接瓶颈峡，底部狭窄处仅1米，宽敞处7米，峡谷顶部宽至2米，窄至1米。

葛竹溪　源于高望界林场兴无工区，长3.2千米。源头水小，一路汇流小溪形成水潭，澄澈舒缓，溪底为红卵石或红石板块。植被丰富，两岸青冈栎、木荷等树木高大，竹篁茂密。野生珍贵动物有武陵岩蛙、鼯鼠等，奇花异草有龙虾花和大花百合等。主要景点百丈峡，在最下游，峡高林密，溪底无水，对面山顶古树成片。柳沙林，此坪有50棵柳沙树，枝叶相交，光线幽暗。龙虾花圃，在溪两边，面积0.13公顷。九曲连环池，溪内300米长的地方，弯弯曲曲，红石围成30个自然水池，一池比一池高，形成微型瀑布，池池相连。四级瀑，分为四级，级级相扣，瀑白石红，水珠四溅，瀑上古树相交，藤茎互绕。

百花山庄　位于古阳镇田马寨村乔子庄，海拔800米，距县城10千米。2001年建成，名为樱花山庄。2005年，更名为百花山庄。面积10公顷，栽培有樱花、红心大樱桃、桃李、红翅槭、腊梅等15种观赏树种，此外四周有山林、竹林、野花、野果。庄园前面视野开阔，远望山峦起伏，云雾缭绕，山顶树木苍翠，鸟鸣花香。夏秋季适宜避暑休闲，春冬季适合观花赏雪。

第三节　坐龙峡森林公园

一、公园范围及开发管理

坐龙峡森林公园位于古丈县北部酉水河畔，与永顺县芙蓉镇隔河相望，省道S229穿园而过，距县城15.2千米。总面积2371.29公顷，辖县林科所，及红石林镇张家坡村、先锋村、河南村、河西村、烈溪村，罗依溪镇坳家湖村、石碧溪村7个村的部分区域。核心景区面积15.6平千米。2002年，以县林科所为基础，整合河西镇、茄通乡及罗依溪镇部分森林旅游资源，申报建设坐龙峡省级森林公园。2003年，经省政府批准建立坐龙峡省级森林公园，由坐龙峡风景区、宝塔山风景区、古丈金钉子保护区、森林植被恢复区、生产经营区、管理生活接待区等功能区组成。是年8月，湖南鸿仪投资发展有限公司投资9000万元，开发经营坐龙溪大峡谷。

2004年，设立卧龙峡森林公园管理局，为正科级事业单位，编制5名，设办公室、基建股、计划财务股和经营管理股，办公地点设在县林业局；是年，申报国家地质公园；是年，由张家界张股公司经营。2005年，被国土资源部评定为国家级地质公园。2010年7月，湘西芙蓉镇景点区管委会收回经营权。是年，开发游道3.5千米。

二、主要景区

公园内森林覆盖率84.2%，年均气温16℃。公园以坐龙峡大峡谷为主要景观，两侧分布1000公顷原始次生林，负氧离子高达每立方厘米10000～20000个。公园以坐龙峡大峡谷为主要景观，集森林、溪涧、“金钉子”剖面、山寨、古树、化石于一体，融自然山水和土家风情于一园。景区面积19.45平方千米，主要景点是坐龙溪峡谷、龙涎瀑、半山瀑、地潭索溪等。

坐龙峡大峡谷　全长6.5千米，核心景区长3.5千米。最高标高760米，最低标高320米，平均深度80米，最深处100米，峡谷沿线瀑潭密布，最窄处仅容1人通过，两侧山顶至峡底，崖树斜逸，异草遍坡；绝壁纵叠，溪瀑横悬；坡陡路险，崎岖难行。有特种游道一条，均建于峡谷深处，依山取势，既经细心雕琢又浑然天成。景物特色集奇、隐、俏、巧、幽、旷、惊、险、全、古于一体，绝壁矗立，峡谷幽深，坑连洞，溪连洞，大洞连小洞，各洞相穿。主要景点有：二跌飞瀑、连珠瀑布、三跌瀑布、龙口吐珠、卧龙捧蛋、一线天、卧龙潭、彩虹瀑布等各具特色瀑布群。

龙涎瀑布　高100米，分三级跌落而下，游道从瀑布下方直穿过。春夏时节，水量充沛，瀑布如帘似幕，轰然作响；秋冬时节，瀑布不枯竭，如链似线，淅淅沥沥，滴答有声，有“大珠小珠落玉盘”美景。晴天中午，阳光直射谷底，碧潭上方瀑布从大树根部直泻而下，化成水珠，水雾在阳光照射下形成两条彩虹悬挂，一上一下，近在咫尺，触手可及，人动虹动，构成一幅奇妙景观。

半山瀑布　在一绝壁直立的半山腰处，一石穴连通山顶天坑，逢雨季时节，石穴中流泉喷涌，吼声如雷，蔚为壮观。回首可见来时路途上数十米高崖壁上，一棵珍稀楠木傲然屹立，树干挺拔，树冠如盖。

黑槽一线天　是坐龙峡核心景点。峡谷长200米，平均宽度2米，最窄处0.6米。两边绝壁高耸，幽深莫测，谷底溪水潺潺，抬头仰望，天成一线。每天仅有20分钟可见阳光射入，此时粼粼波光映在石壁间，灵光闪动，幻化成奇特图案。为整个峡谷内最难通行之处。槽中一巨石卡在石壁间，如一颗硕大龙珠；龙珠上方一泉水从绝壁石孔中汩汩流出。半壁石窟位于山腰石壁上，呈半圆形，壁上有钟乳石倒悬，仅容3人弯腰而立。石窟中间有一钟乳石，酷似佛祖打坐。

玉龙戏瀑　是坐龙峡精华景点。溪水从上游而来，在这里形成高20米的瀑布，飞流直下，潭水碧澄，深达数米，两边石壁有藤蔓垂挂。晴天中午，阳光射入潭中，粼粼波光反射到游人身上，忽隐忽现，颇为奇妙。

金枝玉兰瀑　位于上方出口，宽20米高、10米长的悬崖绝壁上。层层叠叠的金枝玉兰顺石而下，细叶摇动，如少女的秀发伏在圆润的肩上，十分妩媚。

土家山寨　土家山寨位于坐龙峡出口处，分为大寨和小寨两个自然寨。两个村寨均掩映在密林古树群中，民居均为土家吊脚楼风格，木屋陶瓦，依山就势而建。至今保留着古朴独特的生活习俗和田园风貌。

龙骨化石　在坐龙峡出口的半山亭处保留有两大块“坐龙石”，每块石头上留有宽约12厘米、长约80厘米动物脊柱化石，纹理清晰，是一处具有重要科考价值的古生物化石景观。

列溪古树群　有百年以上古树名木210株，其中最大黄连木胸径1.23米、高27米；最大枫香树胸径2.17米，高35米；最大银杏树胸径80厘米，高31米；最大榉木胸径62厘米，高15米；一株马尾松古树，胸径1.27米、高27米，下有一山泉。以杜家坡古枫群为最佳景点，有100棵保护完好的枫香树群，树龄均在百年以上。秋天，满目翠绿环绕的古枫群，枫叶似火，风光迷人，是列溪村最美景色。

古丈金钉子保护区　位于罗依溪镇箭潭口酉水河畔，距县城 21 千米。由科普广场、金钉子地层剖面简介、金钉子标志建筑等部分组成。2007—2010 年，接待游客 5.2 万人次。

古丈金钉子地层剖面位为寒武系第 3 统第 7 阶地层剖面，寒武系第 7 阶底界“金钉子”，距今约 5.03 亿年，是第 6 个以中国地名命名的全球标准地层单位，是全世界 65 枚“金钉子”之一，也是中国在 49 亿年地球史上钉下的 10 枚“金钉子”之一，湖南省第 2 枚“金钉子”，由中国科学院南京地质古生物研究所研究员、地层古生物学家彭善池教授及其领导的课题组经过 20 年实地考察和研究发现。2007 年 11 月，经国际地科联表决投票确立。2007 年 12 月，被国际地质科学联合会审核批准为国际标准地层剖面。2008 年 3 月，国际地层委员会全票通过提案，国际地球科学联合会秘书长伯布露斯科 · T · 彼得签署批准书。2009 年 11 月，“古丈金钉子”地层剖面由国土资源部和财政部立项加以保护，拨付专款 580 万元，修建古丈金钉子科普广场。2010 年 10 月 19 日，举行揭牌仪式。

“古丈金钉子”保护区面积为 0.3 平方千米，实行三级保护，分为核心区、缓冲区、实验区。核心区即为“古丈金钉子”保护区内最重要的区域，面积为 0.02 平方千米，主要保护对象是古丈阶金钉子剖面（即罗依溪剖面和金钉子点位所在部分）。缓冲区位于核心区外围，面积 0.07 平方千米，保护对象主要为“古丈金钉子”剖面的东南段和西南段与金钉子剖面联系密切的寒武系中、上统地层和古生物化石。实验区位于缓冲区外围，面积为 0.21 平方千米，保护对象主要为与“古丈金钉子”剖面有较大联系的寒武系中、上部的地层、古生物化石及生态环境。金钉子科普广场上的建筑包括：一座标志碑，一座科普示意墙，五块科普解说牌、五块三叶虫浮雕等。

三、景点特色

峡、溪、潭、瀑，险奇雄峻，下行有入海之难，上行有登天之苦，为坐龙峡四大奇景。徒步穿行峡谷，似有攀岩登天之累，更具玩龙驯虎之爽。

从峡谷两侧山顶下至峡底，森林茂密，古藤缠绕，令人赞叹；而峭壁坡陡路险，崎岖难行，令人心悸。因峡深壁陡，林荫蔽日，谷中很多地方终年难见天日。盛夏至此，亦觉寒气逼人。

谷中有溪，气象因季节而不同。春夏之际，溪水陡涨不见峡底，溪水所至，轰然作响，浪花四溅；秋冬之时，水落石出，溪水蜿蜒曲折。有 38 个潭，因深浅宽窄而各异。有的青黝，深不可测，有的清澈可见，游鱼细鳞，有宽绰到数丈之外，也有狭窄仅两尺。

峡中之瀑，因山势而形态各异。有的从绝壁倾落，磅礴奔放，飞流百丈，如银河垂挂；有的从谷顶轻撒，飞珠溅玉。

四、资源特点

公园内植被垂直带谱特征明显，植被类型典型，结构复杂，是湖南省内典型代表。在 205.0 ~ 971.4 米之间山体植被垂直分布明显，从低海拔到高海拔地区依次分布着常绿阔叶林、常绿落叶阔叶混交林、落叶阔叶林、灌丛等不同植被类型，公园内森林风景资源层次感明显。

动物资源有野生脊椎动物 279 种，其中国家一级保护动物有白颈长尾雉 1 种，国家二级保护动物有红腹锦鸡、虎纹蛙、蛇雕、苍鹰等 21 种。

植物资源有维管植物 104 科 624 属 1283 种，属国家重点保护野生植物有 26 种，其中国家一级保护植物有银杏、南方红豆杉、钟萼木 3 种，国家二级保护植物有鹅掌楸、榉树、金钱松等 23 种。

第四节　栖凤湖风景名胜区

一、区域范围及开发管理

栖凤湖位于古丈县北部酉水流域，为20世纪70年代修建凤滩电站形成，是酉水河面积最大的一座人工湖泊，总面积431平方千米，景区规划范围为东起凤滩电站大坝，南到罗依溪镇猫儿潭大桥，西接猛洞河风景区，北至栖凤湖北岸与永顺县辖地接壤，总面积238.2平方千米，其中核心游览区面积93平方千米、水面面积25平方千米。内湖范围为南至罗依溪镇猫儿潭大桥，北至栖凤大坝，周边村寨有黑潭坪、且茶下、茶叶、毛坪、罗依溪、青鱼潭等，面积333公顷。

1993年，被湖南省政府审定为省级风景名胜区。由栖凤大坝分成内外两湖，外湖宽阔，内湖迂回，层次丰富，山势奇特，风光旖旎，还有古老而神奇的民族文化和历史遗迹。是观光旅游、考古、科研、度假的理想场所。

1994年5月，成立栖凤湖仿古街工程建设指挥部，负责栖凤湖仿古街建设。2003年1月，撤销栖凤湖仿古街工程建设指挥部，成立栖凤大道工程指挥部，负责建设栖凤大道工程，2006年9月撤销。2006年5月，成立古丈县栖凤湖生态经济开发区管理委员会，为县政府直属正科级全额拨款事业单位，编制15人，负责风景名胜区建设规划、土地征收、招商引资和生态旅游开发；内设办公室、规划建设局、产业发展局、招商合作局，派出机构有县国土资源局栖凤湖生态经济开发区分局和县环境保护局栖凤湖生态经济开发区分局。2006—2010年，栖凤湖生态经济开发区管理委员会主任为向功利。

二、资源保护

风景区内有种子植物66科，386属，1331种，其中国家重点保护树种30种，属于一级保护有珙桐、水杉2种；属于二级保护有伯乐树、香果树等11种，属于三级保护有17种。动物有属国家一级保护动物金钱豹，二级保护动物穿山甲、娃娃鱼等。在湖区有青鱼、鲤鱼等各种鱼类。

三、主要景区

栖凤湖水面宽阔，风景独特，山中有湖，湖中有岛，山水相融，生态环境好，如人间仙境。主要景点21处，景景相连，栩栩如生。画家黄永玉、龙清廉曾经泛舟于此，题就“青山似画，碧水如诗”的妙笔；名记者、散文家萧离蹈波湖中，发出“山水迷离”之咏叹。

下溪州古城　即今会溪坪。在五代十国时是溪州政治、经济、文化中心。宋熙宁五年（1072），宋王朝赐新城名会溪，熙宁八年十二月筑城，并置砦荼滩南岸。熙宁九年，“下溪州”为土司盟主州。宋朝末年，溪州衰退，黔安砦兴起。至今遗址被凤滩水库淹没，附近有土司砦寨、九龙蹬遗址、土司坟场、金盆山遗迹。国家级文物溪州铜柱原立于此地。

金凤洲　相传为原栖憩在沅陵县凤凰山的金凤结队栖居之地，洲、湖均因金凤而得名。沅陵县城外有座凤凰山，相传山中有金凤，一身锦衣，浓妆艳裹，流金溢彩，格外夺目。金凤成群结队沿酉水而上，飞越凤滩，经过观音山，忽见一平湖，湖边多梧桐树，于是从天而降，落洲栖息，自得其乐。

龟洲半岛　位于内湖与外湖结合部，为栖凤湖最大的半岛，由9个半岛组成，面积400亩。此处有一山包叫乌龟包，山下有一口深潭，叫龙潭，潭边有9个小山包，形似小龟。相传观音山上的观音娘娘见龙龟相争，搞得百姓不得安宁，于是化一深潭将龙龟隔开。9个小龟寻找其母，被水隔断，化为9个小岛，其母含泪，化为龟洲。

凤卵岛　栖凤湖内湖有一小岛，面积40平方米，位于金凤洲旁。岛上绿树成荫，上建有渔家农舍，楼阁掩映，别有一番情趣。此岛与金凤洲旁相距较近，传说为金凤产下的一颗凤卵，故名凤卵岛。来往游人，既可观小岛迷人风姿，也可登上小岛，品尝古丈毛尖和湖水煮活鱼，实为一件趣事。

通明山　位于且茶下村，海拔358.5米，原山顶建有观音祖师殿，人们常到此庵烧香拜佛，灯火通明。此山为孤峰突起，山顶四面悬崖绝壁，只有一条小道蜿蜒直上峰顶，形势壮观险要，远眺形若猫儿状，因此又叫“猫儿庵”。每到皓月当空，四下寂静，便可隐约听到山顶间传来少女清纯的歌声和伴歌的竹笛。相传，一对多情少男少女相恋，因家庭阻挡，难结秦晋之好，于是遁入空门，在普度众生时，彼此暗生温情。

三桥叠翠　位于猫儿潭，距古丈县城8千米。通明山下有一深潭，名猫儿潭，三座公路桥呈扇状由低而高依次排列在潭上。1964年，建一座单空石拱桥，因修凤滩电站被淹没，至今桥身结实如旧。1976年，复修一座双曲公路拱桥。2001年，省道1828线改造，再修筑箱肋拱桥一座。三座桥体现三个时期的三种建筑风格，是古丈县交通发展史的浓缩写照。

三桥飞渡　在罗依溪镇箭潭口有3座相距咫尺长桥，飞跨酉水，气势磅礴。中间一座为建于1973年的罗依溪酉水特大公路桥，下游一座为建于1978年的罗依溪铁路桥，上游一座为建于2004年的王村特大桥（后更名为芙蓉镇特大桥）。远眺三桥，若三道彩虹飞架，雄伟壮观。此外，省道S229线从栖凤驿站到王村特大桥，连续12座公路桥，从酉水河上乘船观之，风景特别。

九龙蹬　为一座巍然兀立的孤峰，位于施溶溪畔、会溪坪村对面，由九道连续向上大石壁组成，有九龙盘柱之势，故名九龙蹬。为土司王在溪洲城别墅，现残存九龙蹬宫殿遗址和溪洲之战壕沟、碉堡。山脚下有一雪花洞，相传里面住着一位雪花姑娘，每逢大旱之年，便向前来祈祷的求雨人们弹几滴仙水，于是天降甘霖。现山下为焦柳铁路隧洞。

第二章 旅游开发

1986—1991 年，调查全县旅游景点，收集全县旅游资源资料，并对栖凤湖景区进行科学论证，同时开发罗依溪镇仿古街和三坝枯森林公园。1992 年 8 月，县旅游局成立，为县政府直属局级全额拨款事业单位，归口县政府办公室管理，核定编制 7 名。县旅游开发总公司同时成立，与县旅游局实行“两块牌子，一套人员”管理模式，核定编制 3 名、自筹事业编制 12 名。县旅游局设办公室、旅游开发股、企业管理股、财会股、行业管理股、市场开发股和旅游质量监督管理所。1992—1998 年，实施第一期旅游资源开发，主要开发栖凤湖；1999—2010 年，为第二期开发，主要开发坐龙峡、红石林、高望界、夯吾苗寨。2002 年，县旅游局核定事业编制 9 名，人员参照公务员法管理，内设办公室、行业管理股、市场开发股。2004 年，增设县旅游质量监督管理所（核定全额事业编制 1 名）。2007 年，县旅游局实有干部职工 10 人。1992—2010 年，历任县旅游局局长有李全、张昌吉、张应寿、赵慧、张二平、田志林。

第一节 旅游资源调查

一、旅游资源调查

1986 年，由县旅游资源调查领导小组组织人员对栖凤湖、红石林、坐龙峡、高望界、天桥山等旅游资源进行实地调查和论证，编撰《古丈县旅游资源勘测纪要》和《古丈县旅游发展规划》。1992 年，开展全县旅游资源普查工作，重点对栖凤湖旅游资源进行调查，开展栖凤湖省级风景名胜区申报。

1993 年 6 月，县委、县政府邀请省、州专家 50 人实地考察、评估栖凤湖风景名胜资源；7 月，栖凤湖景区被省政府公布为第三批省级风景名胜区。1994 年，编制栖凤湖风景名胜区总体发展规划。1996 年，县旅游局组织转业人员到罗依溪、断龙山、河西、茄通、野竹、河蓬、高望界 7 个乡镇场考察旅游资源，发现红石林、坐龙溪、情人谷等一批新旅游资源。

2001 年，由中南林学院森林旅游研究中心刘源甫等人组成专家组，对全县旅游资源进行详细调查。依据国家质量技术监督局和建设部联合颁发的《风景名胜区规划规范》（中华人民共和国国家标准 GB 50298-1999）对全县旅游资源进行分类。结合景区自然结构完整性、景点组合段落性、景观特色差异性、旅游线路组合合理性、保护管理方便性、开发利用可能性等因素，将全县风景名胜区划分为栖凤湖、红石林、坐龙溪、高望界、天桥山五大景区。是年 6 月，县旅游局组织人员对金龙溪进行调查，8 月，对红石林进行调查，9 月，组成 7 人探险小组对坐龙峡进行全程穿越考察。

2002 年 5 月 3—4 日，国家西部开发办综合规划组组长胡长顺到古丈县考察生态旅游资源。是年

11月，经中南林学院专家实地考察，称坐龙峡为“中南第一奇峡”。2003年,《湖南栖凤湖风景名胜区总体规划》由中南林学院整理出版。2004年6月20日，国家扶贫开发办政策法规司司长何平、省扶贫办副主任邱范杰到古丈县考察旅游资源。是年11—12月，省国土资源厅由马文翰等6人组成专家组对全县旅游资源进行为期两个月的全面考察。2006年,《古丈县旅游业总体发展规划》通过省、州两级评审。2010年，配合湘西州芙蓉镇景点区管委会搞好景点圈内旅游资源普查工作。

二、自然景源

全县有自然景源238处。其中：天景9处，地景78处，水景73处，生物景78处。

天景　日月星光、箭潭映月、龟山迎辉、高望界银光、顶堂观日。虹霞景观有七星红霞。云雾景观有云山雾海、青峰生烟。冰雪霜露景观有高望界雪景、高望界冰树挂。

地景　山景有高望界顶堂峰秀、通明山、天桥山、诸天山、金华山、钟灵山、桃子仙山、大观山、天台山、观音山、鸡嘴山、金盆山、骆驼峰、宝座峰。

峡谷有坐龙峡、白溪关峡谷、亮溪峡谷、河蓬苗朝河峡谷、梳头溪峡谷。溶洞有泽禾溪大溶洞、天龙洞、犀牛洞、风洞、岩脚洞、三百洞、望月洞、穿洞、神仙洞、跌马洞、自生桥洞、天然石屋、天坑群、九龙洞、白虎洞（吊洞）。

石林有红石林、巨人园、中华火炬（紫荆花开）、狮身人面群雕（总统山）、金字塔群、芙蓉花石、鱼化石、古生物化石观察点、野猪坑、小龙峡、天门阵、天下第一乐章、鸳鸯龟、观音岩、孔明藏书、八卦石阵、天然故宫、土司王跳水台、石屋隐现、九龟寻母、金凤回窝、海龟求偶、鳄鱼嘴、风筝包、黄莲哭夫、婆婆岩、石人石马、城墙岩、洲岛屿礁、珍珠群岛、凤卵岛、金凤洲、老司岩青石林。

其他地景有九龙蹬、高望界绝壁。

水景　泉景有顶堂泉、老司泉、青鱼泉、栖凤泉、北泉、南泉、西泉、仙人泉、万岩泉、墨泉。

溪流有大溪、施溶溪、凤溪、小溪、黑洞溪、葛竹溪、两岔溪、坐龙溪、亮溪、梳头溪、红石溪、鲁家溪、鬼溪。

河景有西水河、古阳河、白溪河、广塘河、草潭河、坪坝河、河蓬河。湖泊有栖凤湖。潭池有龙潭、青鱼潭、石马潭、箭潭。

瀑布有坐龙峡瀑布8处、大溪瀑布4处、小溪瀑布12处、黑洞溪瀑布8处。水库有红旗水库、夯苦水库、亮坪水库、长冲水库、泽信水库、岩曹水库。

生物景　有高望界原始次森林、高望界杉木林、高望界松林、高望界竹海、坐龙峡森林。

古树古木有溪州古茶树、迎客松、榉木群落、古宜昌润楠、古梓木、古板栗、杜家坡寨古枫树群、龙王湖村古银杏群落、西歧村香榧树群、高望界伯乐树群落、镇溪村红豆杉野生群落、天桥山村黄杉群落。

珍稀生物有国家一级保护植物有珙桐、水杉、寒兰；国家二级保护植物有伯乐树、篦子三尖杉、香果树、伞花木、杜仲、福建柏、银杏、鹅掌楸、巴东木莲、南方红豆杉、白辛树；国家三级保护植物天竺桂、桢楠、华榛、青钱柳、领春木、黄杉、长苞铁杉、厚朴、凹叶厚朴、红花木莲、红豆树、青檀、紫荆、猫儿屎、红椿、天麻、八角莲、黄莲；属于省级保护植物有红豆杉、香榧、湖南山黑桃、少叶黄杞、香桦、赤皮、黄心夜合、毛红榉、毛银鹊树、山羊角树、山拐枣、滇楸。国家一级保护动物金钱豹；国家二级保护动物穿山甲、水獭、果子狸、麝、锦鸡、红腹角雉、大鲵（娃娃鱼）。

植物生态类群有亚热带常绿阔叶林、人工林。

物候季相景观有高望界烂漫杜鹃花、高望界秋满山原、杜家坡枫叶醉秋、樵子庄百花山庄。

三、人文景源

全县有人文景源105处。其中：园景7处，建筑景38处，胜迹景20处，风物景40处。

园景　陵园墓园有白鹤湾古墓群、大关山庙古墓群、打烂坳古墓群、酉水悬崖葬、土司王碗葬墓、杨大槐墓、张广和江德宽烈士合葬墓。

建筑景　民居宗祠有江西会馆。宗教建筑有跳香堂、狮子庙、猫儿庵、诸天山寺、天桥山观音祖师殿、回龙庵、老司岩伏波庙。

纪念建筑有烈士纪念亭3座、伏波宫3座、白泉凉亭、红石溪凉亭、团结亭、栖凤亭、西泉亭、接龙亭。

工交建筑景有罗依溪公路桥、罗依溪铁路桥、凤滩电站、盘山公路、高望界顶堂瞭望塔、栖凤大坝、县城桥群、猫儿潭三桥叠翠、箭潭口三桥飞渡。

公路奇观有旦武营公路奇观、断龙山公路奇观、樃木坡公路奇观、龙颈埂公路奇观。

胜迹景　遗址遗迹有下溪州故城（会溪坪）、古酉阳县城（河西镇）、黔安古城（罗依溪镇境内）、马承宗旧居、九龙蹬土司殿旧址、溪州铜柱旧址、英雄大战断龙山遗址、旦武营边墙遗址。

纪念地有土强坡战壕、河西古战场、打烂坳战场、酉水战场。

传统古村落有岩排溪村、龙鼻嘴村、老司岩村、张家坡村、洞溪村、己戎村。

风物景　有四省边区龙舟节、跳马节、社巴节、跳香节、龙灯节、赶秋节。有土家族民俗、苗族民俗、具有地方特色的古丈汉族民俗、古丈三道茶。

神话传说有土家族传说、苗族传说、向佬官人传说、其他传说。

民间文艺有酉水号子、古丈茶歌、苗家猴儿鼓、苗族四方鼓、土家族茅古斯、土家族摆手舞、土家族哭嫁歌、土家族厄巴舞。

地方人物有甘肃提督杨占鳌、振威将军广东韶州总兵任祖文、记名贵州提督马承宗、革命烈士危云炎、危云开、石光奎、田志仁、田文成、张广等，著名歌唱家何纪光、宋祖英，中国人民解放军少将彭楚政、中国人民武装警察部队少将张显柏。

地方物产有古丈毛尖、七叶参茶、古丈花旗参、古丈油板栗、各种野生果类、各种野菌野菜。

四、旅游资源选介

天桥山宗教文化旅游景区　位于古丈县古阳镇天桥山村白岩，面积30平方千米，其特色为险、奇、美、野。有青山、天桥、仙门、观音祖师殿、飞瀑、秀水、奇洞，堪称天桥山七有。天桥山有天桥暮鼓、龙洞飞泉、锦鸡放彩、文笔参天、悬空柱笏、玉鼎生烟、云亭耸翠、峭壁啼猿八景。

天生桥位于天桥山村高山顶巅，海拔847.1米，面积2平方千米。天桥桥面宽5米、桥身高3米、跨径15米，是一座天生弧形拱桥，远望宛如一道彩虹飞架云天。桥拱的下面派生出一座小天桥，形成天桥仙洞，仙门洞开，石谷幽深。入口狭窄，仅容一人弓背下穿。洞底宽敞平坦，能容纳百余人。洞壁缠满爬山虎，石壁长满灌木丛。洞顶钟乳倒立，千姿百态；两扇天窗酷似两只蜻蜓眼睛，洞边绝壁直插谷底，边缘长满青苔。

观音祖师殿建于宋朝，复修于光绪辛卯年（1891），建有山门、佛殿，山门外有双凤朝阳、双龙抢宝、双狮盘踞等石雕。天生桥如擎天大柱支撑着祖师殿，旧时香火旺盛，是沅陵、乾州、凤凰、永绥、古丈等地苗民朝圣中心，每逢农历二月十九、六月十九、九月十九日3个观音节在此举行朝山盛会，善男信女从周边赶来，焚香祈福，跳马对歌，通宵达旦，最多时一日达5000人。民国期间，毁于火灾，现存一道环形墙坎，一座石门，一块靠在墙基光绪年间（1875—1908）刻有“天硚山”字样石匾。当地人在原地基上架木为房作为寺庙，室内供奉五尊木制菩萨。

玉皇阁为道教场所，位于天桥山最高点。周遭幽篁环绕，从天桥移步，沿120级台阶上登，山顶有一坪地，耸立一块天然巨石，貌似万年神龟，石上有一块凹陷，极像太极图。玉皇阁残殿后面簇立着几块巨石。

飞龙洞，距天生桥500米。有一大一小两个洞口，大洞外立两块乾隆年间（1736—1795）的石碑。洞内高15米，宽约4米，洞深3.5千米。洞内岩石古厝嶙峋，洞地有一口梅花泉，清流汩汩，终年不断。

仙门山，位于排达牛，距天生桥1.5千米，海拔798.5米，面积2平方千米，有游道相通。绝壁上横开一道天然拱门，宽7米、高9米、顶厚4米，上下无路可行。旧时建有庙宇，即仙门山庵，与观音殿、玉皇阁相互争辉。从仙门左侧出去有坪，可见万丈绝壁及标梭洞（又名织女洞），传说是“织女登仙后留下的织锦梭”，其色白、两头尖、中间大。仙门庵正门坪上，可遥望山脚虾公溪（又叫排达牛溪）旁的将军岩；将军岩黑白相间，拔地而起50米，顶上长有郁葱古木。

跌马洞，位于仙门山一侧，洞口有一石马跪立，屁股朝上，洞内面积9.6公顷。入洞后，分成5条岔道，来回8000米。在洞口右上方，有一个出洞，洞内有一水池，面积0.2公顷。洞内有千层塔、刀戟岩、千斤顶、莲花池、七仙起舞、祖师打坐、定海神针、刀枪库、将军殿、八仙过海等40景。

三羊洞有三个洞口，一为公羊洞，口顶有一石，如公羊；一为母羊洞，口顶有一石，如母羊；一为子羊洞，口顶有一石，如子羊。公、母、子三洞合称“三羊洞”。其中母羊洞最大，内有一股泉水。进洞10米，为一大厅，面积0.07公顷；厅中有一石柱，颇有气魄。

夯苦原始次森林面积666.67公顷，其中有黄杉群落，面积35公顷，单株最大胸径为78厘米，树高35米，总量3780株。黄杉为国家二级保护植物，为特有珍稀植物，在地球上已生长2.6亿年，与美国花旗松同为松科黄杉属植物，是世界长的最高树种。建于20世纪70年代的夯苦水库，为小二型水库，水库里有鲤鱼、草鱼、鳜鱼、鲫鱼、雄鱼等，水库边建有农家乐，为郊游、垂钓、野炊、露营的好去处。

河蓬穿洞奇观　位于河蓬乡政府东部2.5千米，为一洞景奇观。附近有螺蛳岩、将军岩、花轿岩、象鼻岩、天门山、七仙洞、天女散花、群仙洞、泉鱼洞等。每年农历七月初七，当地人在穿洞举行鹊桥盛会，纪念牛郎织女。是时，各地歌手和青年男女云集河蓬，欢聚穿洞，载歌载舞，普天同庆。“七月七”走穿洞风俗沿袭至今。2008年7月出版《湖南文化义务教育课程地图册》，河蓬穿洞被定为重点开发景区。

穿洞，洞宽30米，长200米、高13米，前后相通，中间能容纳1万人。河流穿洞而过，溪边石径为河蓬至野竹通途要道。洞内石笋林立，造型诡异，流水潺潺，幽深莫测。站在漆黑的穿洞中央，两边洞口犹如天上挂着的两盏明灯。石壁上图案千奇百怪，尤其是仙翁顶鹤图案，栩栩如生。穿洞而过，山川秀丽景色迎面而来，恍若置身世外桃源。

泉鱼洞，位于穿洞外，高出溪水4米，流水量大，可冲动水碾。传说是牛郎织女从天河引来的水和鱼。每年洪水暴涨，有无数泉鱼涌出。此鱼肚白鳞细，脂肪甚多，形如柳叶，有中指大小。

群仙洞，洞中石乳形似观音，十八罗汉排列两旁。旧时常有外地的善男信女到洞里取仙水治病。

在穿洞门前，洞门绝壁上的水珠随风飘洒，路人抬头仰望，可见银珠串串，翩翩坠落，似天女散花，绚丽壮观。

穿洞入口不远处便是螺蛳岩，传说是溪里一个螺蛳精所变。有一年，洞内正举行七月七歌会，螺蛳精兴风作浪，从上游滚着一身沙石妄想堵塞穿洞，被一个骑大象的将军看见，大象夹住螺蛳精，将军用斧头将螺蛳精砍死，那把斧头至今放置一旁。从此，螺蛳精永卧溪里，将军岩、象鼻山挺立在溪畔。

从将军岩沿溪走百米，便是七仙洞。花轿岩在穿洞顶上，传说是七仙女乘坐的花轿。一次七仙女私自下凡到穿洞参加“七月七”歌会，被王母娘娘发现，派仙女将其捉上天宫，仓促间，将花轿忘在这里，后化为岩石。

墨戎苗寨 “墨戎”为苗语，意为“有龙的地方”。这里民族民间文化底蕴丰厚，特色民居巧夺天工。苗族巫蛊神秘诡异，八合拳内涵丰富。此外，苗族鼓舞、舞狮、上刀梯、苗歌、山歌、武术等传统技艺得到传承和发扬。

墨戎苗寨民风淳朴，民间艺术绚丽多彩，苗族民居、苗族服饰独具一格。1993年，被省文化厅授予“苗族花鼓之乡”称号。2008年，被文化部授予“中国民间文化艺术之乡”称号。村寨80%的建筑为黄土墙黑瓦房和吊脚楼，彰显苗族特色；银佩琳琅的苗族服饰被誉为“无字史书”和穿在身上的“史书”；苗族鼓舞享誉海内外，是古丈传统苗族文化的招牌。

夯吾苗寨 位于默戎镇毛坪村，距县城10千米，省道S229公路穿村而过。为苗族聚居区，是集旅游观光、休闲娱乐、饮食购物为一体的旅游景点。“夯吾”为苗语，意为“清澈小溪”。民居皆依山傍水而建，特色鲜明，保存着武陵大山少数民族特有的木质结构吊脚楼风貌。苗族服饰自成一格，傩戏、巫术，神秘诡异，“称杆提米”“仙人合竹”“缩骨功”“凌空定鸡”等表演和“苗家俏妹抢”“打新郎”等传统习俗流传至今。苗家“长龙宴”和“苗山女儿荣”，要经过苗家妹“拦门酒”的拦门对歌等考验后才能享用。

鬼溪 发源于默戎镇李家寨村，注入坪坝河，溪流全长5千米。溪内山清水秀，绿树成荫，奇峰异石，飞泉流瀑，是徒步、攀岩、探洞等户外活动的最佳去处。溪内有5个风格各异的山洞：第一个形如弯月穿山洞，高100米，溪水脱洞而出，形成一条高挂飘逸的瀑布，气势磅礴，十分壮观。第二个在崖壁半腰间，洞穴呈“Z”字形，蜿蜒曲折，洞长1500米，洞厅高阔，能容2000人；第三个洞宽20米，高15米，长10米，如一座巨大的石拱桥横跨溪谷；第四和第五个是连环石洞，两洞相连，洞体上方有一个天窗，光线洒向洞内，使洞内小树小草凸显层次感；第四个洞口顶端有大面积壁画，形状各异，惟妙惟肖。

五、资源特色

美学特色 县境地貌奇特，山体复杂，水系发达，溪河众多，林海浩瀚，峡谷幽深，瀑潭众多，溶洞密布。居住其间的土家族、苗族和汉族人民有着独特民族语言、宗教礼仪、婚丧习俗，以及丰富多彩民间故事、歌谣、舞蹈等。茶文化独具一格，誉满海内外。优美的自然风光、奇异的民俗风情和独具魅力的民族文化，构成一幅神奇秀丽、古朴粗犷、丰姿多彩的山水民俗画卷。

历史特色 境内有众多的文物古迹，如白鹤湾战国楚墓群、溪州铜柱、土司王碗葬墓、下溪州故城、西水悬崖葬、老司岩明清古建筑等，为研究湘西少数民族的历史文化及风俗提供珍贵的实物资料。

文化特色 素有茶乡之美誉。战国时，始种古丈毛尖，唐代即为贡品。古丈人历来以茶待客，逐渐形成多层次的饮茶习俗和礼仪，茶器、茶具、茶歌、茶舞、茶联、茶谚等独具特色。境内土家族、苗族和汉族人民保留着荆楚巫傩文化，其宗教、丧葬、嫁娶、戏剧、歌舞等民俗文化丰富多彩。

科学特色 风景区内地质年代久远，地质单元多样。风景区中部出现冰渍岩，上部出现石灰岩，下部出现板页岩，充分显示18亿年前大地壳运动带来的变化。岩石类型齐全，地貌景观多变，特别是西北部碳酸盐岩广布，岩溶地貌发育，溶蚀、裂隙、溶沟、溶槽、石廊、石柱、峰丛、峰林、溶洞、洼地、岩溶泉、断头河、悬谷、自生桥、地下河等千姿百态。境内动植物种类繁多，有种子植物66科，386属，1331种，其中国家重点保护树种30种，有珙桐、水杉、鹅掌楸等珍稀植物和金钱豹、大鲵、穿山甲等珍稀动物，是生物学研究基地。

生态特色 境内植被茂盛，森林覆盖率71.9%，其中高望界森林公园森林覆盖率为88.4%。生物资源丰富，区系成分复杂，珍贵、稀有、特有品种多，既有高海拔动植物的代表，也有低海拔动植物代表，基本上代表武陵山脉的区系特征。

区位特色　风景区内岩溶地貌、山川河流、峡谷平湖、古树名木、文物古迹、民俗风情、旅游产品应有尽有，又与猛洞河一衣带水，连为一体。地理位置处在张家界与凤凰两个著名风景区中间的黄金旅游线上，水陆交通方便，独具区位优势，显示很高旅游价值。

第二节　景点开发

1992年，县委、县政府确定把旅游开发作为一件大事来抓。1994年，初步完成栖凤湖风景区“水上乐园”“溪州土司公园”“仿古街”等景点布局。

1995年5月，制定《关于开发省级风景名胜区栖凤湖优惠政策的规定》，充分利用栖凤湖旅游资源，改善投资环境，鼓励国内外客商到景区投资，根据国务院和湖南省鼓励外商投资的优惠政策，结合栖凤湖景区实际，对优惠政策等作出20条具体规定。是年，接待12批前来洽谈旅游开发的投资商；落实建设项目3个，引进资金10.7万元。

1997年，启动栖凤湖“水上娱乐中心”建设项目，创建古丈县第一家旅游经营企业“栖凤湖水上土家民俗寨”。投资40万元，建设面积1000平方米的水上移动土家吊脚楼，以民族风情表演为主，集娱乐、餐饮、住宿于一体，并兴建“武陵山下第一伞”水上跳伞项目。

1999年10月，启动《栖凤湖风景名胜区总体规划》编制工作。县委、县政府投入5万元，聘请湖南城建专科学校专家对栖凤湖景区进行总体规划和详细规划，并通过专家评审。

2000年3月，在省会长沙举办《栖凤湖风景名胜区总体规划》和《栖凤湖景区详细规划说明书》初审会，规划控制区总面积被明确为238.2平方千米（含水面25.43平方千米）、外围保护面积79.2平方千米。

2001年，县旅游局编制《古丈县“十五”期间旅游产业发展规划》。2002年，县委、县政府实施“绿色产业兴县，生态家园富民”发展战略，把“突出资源开发，发展旅游新兴产业”作为发展县域经济亮点来抓。年初，开发坐龙溪旅游资源，景区内土地进行流转，建坐龙溪简易游道、进景公路、售票处、大寨和小寨简易停车场等基础设施。10月，坐龙峡景区始试营，年底门票收入5.6万元。

2003年，县旅游局开展栖凤湖风景名胜区招商引资，县政府在与香港吉特国际有限公司和湖南鸿仪投资发展有限公司（以下简称鸿仪公司）等多家投资商洽谈后，于7月30日与鸿仪公司签订《坐龙峡景区开发经营合同》，并成立古丈县生态旅游开发有限公司（2005年3月更名为湘西坐龙峡旅游开发有限公司）。开展注册“红石林”“坐龙峡”“栖凤湖”“高望界”“天桥山”等相关商标保护工作，申报“坐龙溪第一奇峡”和“坐龙溪大峡谷”商标获国家工商行政总局受理。

2004年，对红石林旅游资源进行开发。8月，完成景区内土地流转；土地流转价格分为三类，荒山每亩1000元，荒地每亩2000元，耕地每亩3000元，稻田每亩5000元。9月，红石林景区试营业。“十一”黄金周期间接待游客1200人次。

2005年，县政府与湖南华厦科技公司签订红石林开发经营合同，红石林景区招商引资成功。2006年3—8月，对张家坡村大寨、小寨旅游环境进行整治，对农户牛栏进行搬迁，对取得农家乐营业执照的20户农户进行改水、改厕。6月，张家坡村成立农家乐协会，有会员40人。修建出口处游客服务中心门面12间，由村民承包经营。是年，《古丈县旅游总体发展规划》通过省、州两级评审。

2007年，开发坐龙峡景区探险游和户外拓展游。同年，红石林景区向“巨人园”扩展，促进“农家乐”饮食、“古丈毛尖”茶、“湘西腊味”营销。投资68万元，完成红石林景区建设详细规划。

2008 年，全县旅游产业资金总投入 8385 万元。2009 年，红石林旅游公司投资 180 万元，其中景区掏土工程投资 120 万元，景区外围土石方工程投资 60 万元。

2010 年，投入 553 万元，完成红石林景区办公生活区土建工程、景区水电管网建设，实施景区游客服务中心和“花兰寨”建设、景区游道建设、景区内消防通道建设、天池景观工程、石林掏土提质工程。是年，投资 50 万元，启动默戎镇毛坪村、古阳镇树栖柯村、红石林镇张家坡村特色民居保护工程。是年 4 月，红石林举行开园仪式。8 月 5 日，夯吾苗寨开始营运。12 月，成立由县旅游局牵头的征地拆迁工作组，打造河西滨河片区土家风情长廊，完成征地 4.23 公顷，完成投资 170 万元，沿酉水河岸植树 2000 株。

第三节　旅游线路开发

古丈二日游：古阳镇—高望界—栖凤湖—罗依溪（住宿）—坐龙峡—红石林。

古丈一日游：古阳镇—坐龙峡—红石林—栖凤湖。

坐龙峡、红石林一日游：早餐后，乘车 30 分钟到坐龙峡，穿越坐龙奇峡（约 2 ~ 3 小时），中餐在坐龙峡出口农家乐品尝土家特色菜。餐后，前往红石林地质公园，约 20 分钟到达，观赏红石林（约 2 ~ 3 小时）后，返回。

坐龙峡、红石林、栖凤湖二日游：早餐后，前往红石林地质公园，游园约 2 ~ 3 小时。在农家乐就餐后，前往坐龙峡，峡谷探幽后，夜宿张家坡村，晚上观看土家茅古斯、摆手舞、挖土铜锣歌、酉水号子等土家族民间民俗文艺表演。第二日，前往王村古镇或栖凤湖观光。

高望界一日游：早餐后，车行 1 小时到达高望界自然保护区，穿越金龙溪或黑洞溪，观原始次生林带，中餐可在大溪品尝农家饭菜。经大溪到达栖凤湖，观湖上景色，到罗依溪吃晚餐，享受湖水煮活鱼美餐。

高望界、高峰二日游：早餐后乘车 120 分钟前往高峰乡，游览金华山碉堡、剿匪烈士纪念亭，以及岩排溪特色民居等。中餐，约 30 分钟到达高望界，观赏原始次生林带或葛竹溪、黑洞溪等。晚餐吃高望界全羊，夜宿高望界农家宾馆。次日早上 4 时，上高望界顶堂观日出和云海。早餐后回往百花山庄，观四季山花，采野果。中餐后返回。

穿洞一日游：早餐后车行 10 公里到达百花山庄，观四季山花，采野果，品农家乐。中餐后前行 20 公里到河蓬乡穿洞景区，观景 3 小时，晚餐后返回。若逢三月三、四月八、六月六、七月七民族节庆，可观苗乡风情。

天桥山、夯吾苗寨、墨戎苗寨一日游：早餐后车行 10 公里到达天桥山景区，上山观自然天桥，赏洞中美景，去庙中朝拜。然后坐车到默戎镇夯吾苗寨、墨戎苗寨，融入苗家神秘风情之中，享受山水美景。晚餐品尝龙鼻嘴苗家鸭后返回。

栖凤湖、金钉子一日游：早餐后车行 10 分钟到达省级风景名胜区栖凤湖，游览栖凤湖二十一景，水上前行 3 小时，到达闻名遐迩的凤滩水电站，游览酉水沿途风光。中餐后，回返省道 S229 线，观看世界地质遗迹古丈金钉子，参观红石林地质博物馆，回来路上仰望通明山，欣赏猫儿潭三桥叠翠。

香炉岩、茶叶基地一日游：沿县城水甜溪（红石溪）步行，赏溪谷风光，到达香炉岩。附近有龙泉、半山泉等凉亭。中餐后，可爬狮子口，赏古丈县城全景；或前往罗依溪镇枞树坪游览武陵茶叶大观园，瞻仰著名歌唱家何纪光墓；在树栖柯村、小背篓茶苑、古丈有机茶厂，参观古丈毛尖生产基地，在此采茶、制茶、品茶，观看茶艺表演。

梳头溪一日游：早餐后出发，20 分钟到达。沿溪而上，欣赏沿河风光、特色民居、茶园风光，中午在农家乐用餐；餐后在茶园采茶、到农户家制茶，到湖南英妹子茶业科技有限公司参观，品尝古丈毛尖，观看古丈茶艺表演。

坐龙峡、红石林、栖凤湖、高望界三日游：第一日早餐后，穿越坐龙峡，中餐后，游览红石林，晚宿罗依溪镇。第二日，乘船游览栖凤湖，夜宿高望界乡。第三日凌晨4时，登高望界顶堂观日出和云海。早餐后，游览金龙溪、黑洞溪原始次生林。中餐后，前往老寨，观宋祖英旧居，体验苗寨风情，晚餐后返回。

老司岩、红石林一日游：早餐后，乘车1小时到达老司岩，参观明清古建筑，到伏波庙进香，观青石林独特风景，重温老司岩繁华。中餐后，前往红石林地质公园，感受五亿年前海底奇观，在花兰农家乐就晚餐后，返回。

2002—2010年古丈县旅游接待情况一览表

表20-1　　单位：万人次、亿元

年度	接待人次	旅游收入	年度	接待人次	旅游收入
2002	3.24	0.03	2007	32	0.58
2003	12.12	0.11	2008	40.52	0.83
2004	16.42	0.15	2009	45.86	1.56
2005	30	0.23	2010	46.53	1.77
2006	30.23	0.86			

第四节　旅游商品开发

古丈县旅游商品主要有古丈毛尖茶、湘西腊肉、苗家酸鱼、茶油、茶多酚、蕨菜、野生枞菌、猕猴桃、蜂蛹、油板栗、葛粉、菌油、竹编工艺品系列、苗家刺绣，土家织锦等。

湘西腊肉　地方特色肉食品，既是待客的佳肴，也是馈赠的礼品。腊肉切开后，肥肉金黄，瘦肉紫红，再与辣椒、大蒜在锅中翻炒，口味香浓，深受游客青睐。腊肉做法：将新鲜猪肉切成块，重1.5～2.5千克，再将花椒用食盐在锅中炒热，放冷后抹在鲜肉上，然后放入木桶或瓷缸中腌渍。半月后，将腌好的猪肉悬挂于火塘上，任其烟熏火烤。待熏成金黄色，取下存放于稻谷中。

苗家酸鱼　立秋后，苗岭山寨到处是禾苗散籽，稻谷飘香，苗家后生从稻田里捉来鲤鱼，回家后由家庭主妇洗净、破肚、撒盐，放上佐料，再裹上熟小米或糯米粉，放进土陶（坛）里压实，倒扣于水钵中，一个月后即可食用。可炒吃、油炸煎吃、火烤蒸吃、小炒红椒吃等，尤以油炸煎吃最佳。油炸煎时，最好用茶油，放上辣椒、葱、蒜、姜等，美味可口，别具风味。隔年陈酸鱼，可生食，其味无穷。鱼可和红辣椒一起灌，辣椒不烂、不霉，滋味更好。

稻花鱼　古丈人待客的一道美食，吃起来含有稻花香味。插秧时节，在稻田里放上几百尾鱼苗。鱼儿靠捕捉稻田里的虫子为食，稻花盛开时是鱼生长的最佳时节，散落的稻花让鱼儿长得膘肥体壮。稻花鱼肉质细嫩，味道香美，适合煮汤。煮汤时，先将锅烧红，倒入茶油（或菜油），待油冒青烟后，把鱼放入锅内；待到鱼身两面都炸成微黄时，放干辣椒、花椒，注入泉水，盖上锅盖，沸腾后，添加食盐，再用文火焖10来分钟出锅。

葛粉　也称葛根粉，分为葛根淀粉和葛根全粉。包括葛粉、葛饼、葛饺、葛汤圆等系列产品。该产品纯天然、无污染，其独特保健功能及营养深受游客欢迎。

油板栗　有“干果之王”美誉。营养丰富，香甜可口，鲜食、爆炒、烹煮均可；还可以与鸡、鸭一起炖，具滋补功能，有益气厚胃、健脾补肾及活血之效。油板栗具有果大、色艳、质优的特点。放干后，味道脆甜缠绵。

桃花虫　苗语称“大供瓦”，形似蛐蛐，长有6条细腿，体态肥厚，乌光油亮，栖息在浅滩岩板下，食水中浮游生物，在三月桃花盛开时最多最嫩，故名桃花虫。把捕来的桃花虫倒进锅内用微火杀死并焙至半干，倒入细筛放置火坑上烘干，即可贮备待食。吃时用油炸脆，放上切好的辣椒、大蒜与适量的食盐、酱油，打几个翻身，装进碗中便可食用。其味既不同于鱼，又不同于虾，又脆又香又嫩，是苗家人待客的佳肴。

野蜂蛹　又叫蜂子儿，分为土蜂子、狗蜂子、雷蜂子，是风味独特的食品。在秋季时，将从山里烧回来的蜂子儿从蜂饼中挑出；把锅洗干净，用微火热锅，将蜂蛹倒入锅里，轻炒，去除水分。蜂蛹可鲜炒，若用油炸或焙干可储藏数月。野蜂蛹富含蛋白质，低脂肪，营养丰富，味道鲜美。

干笋子　又叫笋子干，既保持竹笋的特有风味，又易于储存，不霉烂，是古丈干菜系列中的珍品。古丈多山竹，春发竹笋。将笋壳剥去，放入锅中用开水煮，再用冷水浸泡。之后撕开成条状，放在筛篮里，置于阳光下，晒干后即为干笋子。可和猪肉小炒，亦可炖排骨、猪脚、腊肉、鸡鸭等，炒或炖前，用开水泡软，切成几节。

野生枞菌　生长在幼龄松树（当地叫枞树）林中，农历九月成熟，状如雨伞，乌褐色。可单炒，也与猪肉同炒、与土鸡清炖，或与五花肉（猪肉）、豆腐煮，其味道清香可口。用茶油炸成菌油（其简要工艺是：将枞菌除去泥杂，清洗、沥干；将锅子烧红，倒入茶油，直至冒青烟；将沥干水分的枞菌倒进油锅里；之后将油冷却，装进陶瓷罐里封存），可贮存数月。枞菌和枞菌油深受游客喜爱。在农历四月生有一种红黄色枞菌，俗称红枞菌，味道不如乌枞菌。

胡葱酸　可长期贮存，酸味适度、清香鲜美，是古丈人待客传统菜。清明至立夏之间，胡葱抽薹开花，此时将从山里挖回的胡葱洗净，晾干至枯黄，然后在墩板上剁细，装入陶醉土罐里（现多用矿泉水瓶）压紧、密封，倒立在加了水的陶钵上。一个月后可食用。可以单独和切细的干辣椒炒；也可用于打汤，汤中一般放入豆腐、猪血。胡葱酸汤是解酒佳肴，民间有“喝了胡葱酸，赛过活神仙”说法。

土家织锦　图案色彩艳丽，反映生活，质地结实，其中西兰卡普尤为著名。在土家语里，“西兰”意为铺盖，“卡普”意为花，“西兰卡普”即土家族人的花铺盖，是土家族姑娘智慧和技艺的结晶，被称作“土家之花”。土花铺盖在色彩调配上颇有讲究，有一首三字歌诀唱道：“黑配白，哪里得。红配绿，选不出。蓝配黄，放光芒”。织纹样式有三：自然物象图案、几何图案和文字图案，编织技工常见的有二十四勾，四十八勾，单、双八勾等。

苗家花带　苗家人不仅用于自身装饰，如围裙、巴裙和布鞋、袜子、鞋垫、布包、背带、头帕等，并常作为礼品赠人，寄托情谊。花带图案，用经纬织成，经线分单经和束经，单经线与纬线同色，做带底；束线用异色线织花纹。图案多变，在一条花带上，可有花果、虫鸟、鱼虾等同时出现，但不添枝加叶，而用对称形式将各种形态构成一格一格之主花，两边再以简单的二方连续或几何图形作为陪衬。构图巧妙，色彩对比强烈。

古丈县神土地农副特产制品厂位于古阳镇长潭村的省道S229公路边，主要销售旅游产品有“神土地”牌古丈毛尖、蒿草粑、纯野生葛蕨粉、苞谷酸辣籽、苗家酸鱼、原味葛片、野山椒、野山菜等。在长沙、北京、上海、深圳等城市建有销售网点。2007年，“神土地”牌蒿草粑系列产品荣获第九届湖南（国际）农业博览会金奖。2010年2月，“神土地”牌葛粉及其系列产品被农业部认证为“绿色食品”。

第五节 旅游基础设施建设

2005年，县政府投资839万元，建设坐龙峡至红石林景区公路路基工程，扩建河西至花兰景区旅游四级公路及炒砂路面改造工程。改建27千米长的高望界旅游公路。

2006年5月，完成红石林景区公路和景区停车场建设。

2005—2007年，红石林旅游公司投入3000万元，实施景区景观提质、游道、停车场、游客接待服务设施、办公住宿设施等项目建设。

2007年，张家坡通村公路升级改造为旅游公路，5月开工、12月完功。

2009年，红石林旅游公司投资390万元，其中投资179万元，完成景区引水工程；投资220万元，完成办公生活区建工程。是年，全县投资7860万元，修建各旅游景区基础设施，其中投入50万元，修缮坐龙峡游道；投入5980万元，完善栖凤湖景区基础设施；投入1180万元，修建花兰至坐苦坝景区公路；投入650万元，修建红石林地质博物馆及附属工程。

2010年，投资1090万元，改建坐龙峡景区游道入口，长1800米，其中入口A段基础开挖部分完成1000米，投资额为40万元；峡谷内游道提质扩容和打造小景观，投资额为390万元；建游客服务中心，投资额为660万元。是年，投资580万元，完成古丈金钉子景点道路拓宽与标志塔工程。同年，默戎镇毛坪村筹资50万元，按统一风格进行房屋建设，并与张家界土家风情园公司签订共同开发合同，吸引投资200万元，打造“夯吾苗寨”旅游休闲观光点。神土地农副特产制品公司引进外资790万元，修建农家乐购物超市、休闲娱乐场所、停车场。是年，投资100万元，修建栖凤湖环湖游道，改造栖凤湖景区周边村寨的水、电、路等基础设施，按照每户补助5000元标准，完成景区周边村寨特色民居改造。投资40万元，启动河西无动力滑索道项目建设，完成场地平整工程。投资170万元，完成3.5万伏景区高压线路改线。投入130万元，栖凤湖环湖游道完成征地、游道路基工程。投资157万元，改造高望界宾馆，改建县城至高望界自然保护区旅游公路，长27千米，建成景区内金龙溪等简易游道。

2005—2010年，投入公路建设资金2357万元，对县城至高望界旅游公路和红石林旅游公路进行改造，修建高望界景区大溪马车道，改造坐龙峡景区公路，建成罗依溪、大溪等3处旅游码头。

第六节 栖凤湖开发

1992年7月6日，为开发利用罗依溪栖凤湖旅游资源，促进县域经济发展，县委、县政府作出《关于建立栖凤湖经济开发区的决定》，对开发区范围、开发区组织领导、开发区优惠政策3个方面的7个具体问题作出规定；同时对资金的引进者按有关规定给予奖励。是年，成立县栖凤湖开发有限责任公司，开发栖凤湖，后因资金不足停建。2003年，启动第2次开发，规划总面积5平方千米，开发生态旅游业、生态小城镇建设和生态特色农业，完成交通、电力、通信设施和部分景区（点）游道。2006年，实施第3次开发，内容包括景区内基础设施建设及景点服务设施建设，总投资为2.1万元。2010年，投入1.96亿元，建设栖凤大坝、民族大市场、栖凤大道、自来水厂、罗依溪中心卫生院、猛洞河火车站改造等项目。

栖凤大道　完成投资2443万元，征收土地69.4公顷，其中道路用地及其他公共用地11.06公顷，商业用地34.27公顷。完成大道主干道建设及两边绿化、亮化，主干道全长1.6千米，宽24米。

道路管网　分四个标段建设，总投资4000万元。一标段完成投资1300万元，二标段完成投资

600万元，三标段完成投资580万元，四标段完成投资50万元，省第三工程有限公司完成投资720万元。建成路网工程路基2400米，道路给排水5428米，砼路面12000平方米。

污水处理厂　规模为日处理污水500吨、修建2.5×3.0米涵洞一个，长250米，造价100万元，道路、广场等污水处理厂房建设投入400万元，污水处理池及污水处理设施2000万元，其他附属设施500万元。总投资3500万元。

民族大市场　位于栖凤大道进口，紧靠省道S229旁。由省扶贫开发办、省财政厅、省发改委引资，由栖凤湖开发有限责任公司实施，由湖南黄花建筑股份公司承建。2006年9月开工，2008年2月竣工，占地面积1.42公顷，总投资1469.03万元。建筑面积18000平方米，为三层框架结构，设计使用年限为50年，分B、C、D、E、F五栋，包括商业门面及仓库。

栖凤大坝　投资2830.98万元，征收土地12.15.33公顷。2003年1月开工，2005年10月竣工。大坝路面长190米、宽7米。2006年5月，修建大坝纪念亭。2008年4月，完成大坝溢流坝防冲处理工程。栖凤大坝将栖凤湖分成内湖和外湖两部分，上下游高程182米。

环湖游道　全长15千米，陆地部分13.5千米，跨水面1.5千米。陆地路面为青石板，长13.5千米、宽1.5米，沿途布置景观凉亭8个，观景台3处，石拱桥6处，休闲钓鱼码头12处，景点风光码头3处，木栈道4处长600米，其他小品建筑3处，休闲娱乐场所3处。跨水面部分设置浮桥1座长200米，拉索桥5座，沿途营造风景林40公顷。功能分区有游道健身区、大坝观光区、民族文化区、休闲娱乐区、饮食服务区等。

栖凤广场　位于栖凤大道末端，占地1公顷，总投资950万元。主要有广场路面硬化，电力配套设施和绿化、亮化工程。建码头1处，对面竖立“栖凤湖”石碑1座；建中心铜柱景点1处。投资150万元；广场东面建瞭望塔1座，高38米。其他附属设施有公共卫生间，休息娱乐室等。

猛洞河火车站广场　猛洞河火车站新站楼于2007年5月开工、2010年1月1日竣工，同期修建火车站广场，面积1500平方米，有大小旅游车辆停靠车位100个。

红石林地质公园博物馆　位于栖凤大道入口右侧，包括地质博物馆、科普馆，建于2006年。馆内设多个展陈大厅，分别陈列金钉子地层剖面、岩溶地貌、地质公园地质遗迹、化石、标本等。

第七节　旅游宣传促销

2002年，出版发行由省政协副主席游碧竹作序的古丈旅游大全《古丈茶乡奇山丽水》一书，印刷发行由省委副书记文选德题词的《古丈旅游》画册。

2005年，完成“红石林”“坐龙峡”“栖凤湖”“花兰红石林”“茶乡栖凤湖”5个商标注册；完成“茶乡苗鼓”注册；制作栖凤湖、红石林精美风光电视短片，在中央电视台第七频道连续滚动播出2个月。

2006年，电视连续剧《血色湘西》外景在县内拍摄。其中剧中天坑赌命故事是在国家地质公园红石林拍摄，栖凤桥、屈子祠、排班、龙船赛等故事是在栖凤湖拍摄，片尾白鹭在青山绿水间自由飞翔的画面是导演在栖凤湖边抓拍，保卫雪峰山雷达站战斗故事是在岩头寨镇蒿根坪村山顶上拍摄。在栖凤湖景区留下排帮、屈原塑像等景观。是年6月，中央电视台文艺频道专题拍摄组到古丈县拍摄茅古斯、土家摆手舞、默戎镇苗族鼓舞等节目；宋祖英和长沙电视台拍摄组到古丈制作电视散文《古丈风景》，同年在中央电视台文艺频道播出。制作双语风光人文画册《天生古丈》，被中国南方航空公司确定为机载图物。

2010年3月，参加省旅游局组织的“看世博·游湖南”为主题的旅游产品推介会，推介古丈旅游业。9 月，依托 2010 年中国湖南旅游商品博览会，展出 20 种古丈特色旅游商品，推介和包装栖凤湖音乐岛、栖凤湖景区开发、旅游招商、省道 229 美食怡情走廊 3 个旅游项目。在省道 S229 线、常吉高速、吉凤高速、吉茶高速，张家界、凤凰等处制作红石林、坐龙峡等景区大型户外宣传广告牌 20 块。

第三章 旅游服务

第一节 导 游

2003 年 4 月，经省旅游局批准，驻古丈的湘西州风光旅行社有限公司成立。2004 年 9 月，县旅游局为相关旅行社颁发临时向导证，允许在红石林景区执业。10 月，县旅游局举办导游培训班，聘请凤凰县导游和县文化局干部伍秉纯进行辅导，培训导游 40 人，并颁发古丈县导游证，其中 2 人取得国家级导游证。2006 年，培训导游 60 人，11 人取得国家级导游资格。2007 年，县旅游局组织导游培训 200 人次，20 人取得国家级导游资格。8 月，组织张家坡村旅游从业人员 40 人到凤凰县考察学习。2008 年，培训导游 15 人；举行景区从业人员培训，培训 100 人次。2009 年，完成旅游景区从业人员培训 300 人次。2003—2010 年，培训旅游服务接待人员 800 人次，33 人取得国家级导游资格。全年有 12 人国家级导游在旅行社服务网点、红石林景区、坐龙峡景区等处担任导游讲解员。

第二节 住 宿

随着旅游业发展，古丈县住宿服务业得到迅速发展。1992 年，茶城宾馆建成营业。2010 年，全县有大小酒店宾馆 59 家，其中新华酒店、民族大酒店为二星级宾馆；全县被评为“湖南省旅游家庭旅馆”有 13 家。

茶城宾馆位于县城正街，建于 1994 年，建筑面积 2600 平方米，经营住宿和餐饮，主要接待会议人员和游客，接待能力为 100 人 / 天，可容纳 300 人同时就餐。2008 年歇业，2010 年拆除。

民族大酒店位于罗依溪镇栖凤大道，二星级酒店，占地面积 2666.68 平方米，建筑面积 3800 平方米，有车辆停靠位 20 个，能一次性接待游客 500 人。有客房 30 间，床位 56 张；有豪华宴会厅和风格各异的大小餐厅 20 间，其中大餐厅可容纳 20 人，小餐厅可容纳 10 人；一楼宴会厅设有 22 桌土家方桌；有可容纳 140 人的大会议室 1 个，容纳 50 人的小会议室 1 个，配有多媒体设备。

新华大酒店位于县城正街 5 号，有客房 40 间，床位数 76 张；设棋牌室、茶座、影视包厢、卡座、商务包厢等，配套设施齐全。

功顺家园大酒店位于县城栖凤路，有风格迥异、舒适典雅的各类客房 94 间，14 个豪华 KTV 包厢，12 个茶座，4 个棋牌室，7 个上网卡座。餐饮部设有 1 个大型宴会厅、各类豪华包厢 7 个，能同时容纳 300 人就餐；有小型车辆停靠车位 50 个。

第三节 特色饮食

古丈旅游餐饮业包括铁板烧店、火锅店和农家乐，其次为宾馆、酒店、饭店。特色菜有鲜鱼系列菜，古丈铁板烧系列菜，腊货系列菜（腊猪肉、腊羊肉、腊狗肉、香肠、血豆腐、干豆腐、腊鱼等），以火锅为主；另有蒿草粑、南瓜饼、土豆饼、糯米粑、米粉、米豆腐、醋萝卜、灯盏窝、乳豆腐等各种风味小吃。

古丈合菜 又叫团年菜、贺菜。为古丈土家族逢年过节必备菜。主要原料有猪肉、猪杂、墨鱼、粉条、豆腐、香菇、白菜、胡萝卜、海带等。无主副之分，无统一刀法，即可切片、切丝、切丁、剁坨。所有菜合起来一锅煮。熟后佐以适量盐、辣椒、花椒及葱蒜、生姜等香料。吃起来荤而不腻、香郁味美。传说，合菜始于明朝嘉靖三十三年（1554）冬，土家将士奔赴东南沿海抗倭前线，来不及置备一样样的过年菜，便把各种菜炖煮于一锅，久而成俗。

栖凤湖水煮活鱼 水是栖凤湖中心水（山泉水是从大山深处引来的），无尘、无渣、无污染，鱼是湖中野生活鱼。把活鱼清洗干净，掏净五脏六腑，鱼仍是活的。烧红铁锅，倒进茶油，冒青烟后，再放进食盐、花椒和干辣椒，稍用油炸，倒入水，水翻开沸腾后，将一条条活鱼放进锅里。用猛火使其沸腾后，再用文火慢煮。待鱼煮熟后，撒姜末和葱末，滴山苍子油（当地人叫木酱子）。一锅“鲜、香、暖、麻、辣”的湖水煮活鱼就做完了。鲜红的辣椒中翻滚着雪白的鱼肉，油而不腻，辣而不燥，麻而不苦，鱼鲜美，汤更香。

高望界全羊 为本地纯种山羊（公羊为佳），羊内脏和头、蹄子都要保留。宰杀时让羊血流净，在未倒之前让其运动一下，防止血呛入肉里，可去除膻味，然后刮毛烧皮，将全羊放入开水锅里煮，直至起一层白色膻味泡，全部去掉，除去膻味。最后下锅炒全羊，半小时为宜，用茶油炒最好，火候达到一定程度时就会起一层黄泡，喜欢有点膻味的可以保留，不喜欢膻味的，倒入50度酒将黄泡除去。所需配料最后放入，煮上30分钟后出锅，一道肉质细嫩、皮肉不烂、香辣可口的“高望界全羊”大功而成。

古丈铁板烧 用炭火将铁板锅烧热后，倒入食用油，等油烧热并冒青烟后，将羊肚子、猪下水、猪碎骨、鸡杂等倒入锅内。当炒到半熟时，喷些烈性白酒，点燃，把烧烤物全部烧着。火熄灭后继续翻炒，并加入花椒和盐，放进酸辣椒或用油炸过的干辣椒。直到炒熟为止，最后放入葱、姜等香料。这样，一桌色、香、味俱全的古丈铁板烧就做出来了。

古丈醋萝卜 用本地红萝卜来做原料，辣椒必须用“七姊妹”辣椒打成的粉子，用茶油炸辣椒粉，炸时一定要掌握火候，既不能大，否则会将辣椒粉炸老，又不能小，否则会把辣椒粉炸绵；辣椒粉里加些花椒、食盐、白糖。卤水（即酸水）最为关键，是古丈醋萝卜秘诀所在，即将凉开水加米汤、白醋，倒入坛里，将坛子放在火坑旁边，使坛内温度保持在25℃左右。这种卤水，使用的次数越多，泡制的醋萝卜色泽越红嫩，味道越加鲜美。

古丈米豆腐 将大米洗净，浸泡一天，再磨成米浆。然后与适量的石灰水一起放入锅内烧热，并用木棒用力搅拌，直至煮熟后倒入盆内，使之冷却凝固，色泽鲜嫩。佐料有辣椒、葱花、姜末、蒜泥等，还有木浆籽油、花椒油、陈醋、味精、酱油，有的佐料还有萝卜丁、油炸花生米、酸菜等。把整块米豆腐用刀切成指头大小颗粒，并在开水中焯一下，盛出，放上佐料，其味酸、辣、麻、咸、香。

古丈酸菜 古丈酸菜以酸辣为主，种类有萝卜酸（分萝卜颗颗酸、萝卜丝丝酸、糟把菜、醋萝卜等）、白菜酸、青菜酸（又叫水酸菜）、豆角酸、筋豆酸、黄瓜酸、胡葱酸、茄子酸、藠头酸、冬瓜酸、莴笋酸、大头菜酸、白菜蔸子酸、辣椒酸（分为囵辣椒酸、细辣椒酸、糯米辣椒酸、苞谷辣椒酸等）、海带酸、酸肉、酸鱼、酸姜等。

龙鼻嘴鸭子　又以板栗炖鸭最为出名。九月重阳，正是收摘板栗的季节。将收回家的板栗选择颗粒大、无虫的，放在通风透光的屋梁上晾干；晾干后藏在稻谷或黄豆粒。将宰杀的鸭肉切块，炒好后（加入干辣椒和生姜片），再将剥好的板栗籽放入锅中，用火炖。吃时其味无穷，满屋飘香。

古丈碗扣　碗扣又叫扣肉，为古丈传统菜，是古丈人过年和举办红喜事（娶亲、嫁女、起屋、做寿等）必备主菜（一般为12个菜）之一。将五花肉切成薄片，苞谷酸辣椒或干豆角、盐干菜（大头菜叶茎腌制的）、梅干菜（白菜蔸子晾干做成的）等做底菜。将装有五花肉（一般为10片，因为每桌人数为10人，1人1片）和底菜的瓷碗放进锅内（根据所需数量确定碗数）蒸。碗扣一般为一桌一碗，客人有多少桌，就准备多少碗，什么菜都可以加，唯有碗扣不能加。

苗家酸菜豆腐汤　是古丈苗家人的传统汤菜。酸菜一般采选萝卜叶、白菜已开始发黄的叶片，在阴凉处摊摆一两天，使叶片呈金黄色，然后切碎、装坛，再用滚开的米汤和酸汤曲浸泡并靠近有热火气的地方摆放，一天一夜可成，颜色金黄透亮。做汤时，只需放水倒入部分酸菜，放入豆腐坨，再加上野葱、少量辣椒等佐料，煮开就可食用。此汤颜色嫩黄，味道清鲜，食之使人开胃增食。

古丈水酸菜　是古丈农家乐和餐馆必备酸菜之一，是下饭和解酒的佳肴。将青菜蔸子或叶子用鼎罐或灶锅煮饭时的米汤（现为将淘米水烧开）在罐钵里浸泡3至5天后，即可食用。炒时要多放干辣椒（切细）；装入碗后，将锅里加水，即为酸菜汤（当地人叫刷锅汤）。炒好后的水酸菜还可用来做下粉、下面的臊子。

古丈红烧肉　为古丈人逢年过节或筹办红白喜事必备菜之一。将半瘦半肥的猪腰坊肉切成大小适中的块状，炒至半熟后，加入酱油、花椒、干辣椒、食盐、桂皮、生姜片等，再撒点料酒，翻炒2分钟，使每块肉都上色；然后加入适量清水，直至肉烧透汤汁浓稠，撒入味精出锅即可。颜色呈金黄色，味道肥而不腻。

河蓬酸苦瓜　为河蓬乡一带待客佳肴。将洗干净并去籽去瓜内壁白膜的苦瓜切成片状，与长豆角、红辣椒一起放进土坛子里，用白糖，白醋，盐浸泡。盖好，坛檐上倒水，防止敞气；或密封，倒放在浅水盘内。1个月后性变酸，即可食用。可生吃，酸苦辣味皆有。

苗家百虫宴　不是吃100种虫子，而是指苗家溪沟与田间可食用的昆虫、幼虫，另有一些鱼类也被当作虫儿。墨戎、坪坝一带四季有虫，春有桃花虫、瓢瓜虫；夏有虾米、草鞋虫；秋有打屁虫、白漂虫；冬有水蜈蚣、蜂蛹。百虫宴以时令虫儿菜为主菜，辅以腊肉、酸鱼、酸汤等配菜，成为相传数百年的美食。

长龙宴（长桌宴）　是默戎镇苗族宴席中最高、最隆重礼遇，通常用于接亲嫁女、满月酒、及本村寨其他重大喜庆节日宴饮活动。左边是主人座位，右边是客人座位。主客相对，主人劝饮并对酒高歌，如若客人对不上主人的歌，那主人是不会轻易地给客人筷子的。其过程充满苗家所特有的喜庆和欢乐，为苗寨所必不可少的一次经历。

第四节　娱　乐

古丈县旅游娱乐主要以唱歌、跳舞、品茶、垂钓、跳广场舞、观看当地风情表演为主。2010年，全县有卡拉OK厅（含舞厅）14家；有本色、大富豪、邮政等茶楼10家；有垂钓山庄（场所）20个。风俗民情表演包括苗族鼓舞、上刀山、踩犁铧、探油锅、土家族茅古斯、土家族摆手舞、苗族情歌、土家族山歌等传统节目。

厄巴舞　土家语，“厄”意为“猴子”、“巴”意为“看”。厄巴舞是流传在断龙山乡和红石林镇土家族中的一种古老原始的民间娱乐性舞蹈，以女性为主体，形式古朴、造型优美、动作大方。其中6个动作均模仿群猴天真活泼、无忧无虑的群体生活，形态逼真，婀娜多姿。舞蹈中频繁出现展肢、翅臀、仰头、扬手、挺胸、跨步、跳跃等动作，展示土家族妇女的魅力。

苗族童子鼓舞　流行于岩头寨镇野竹、豺狗寨一带的庙会舞蹈。由少年儿童代装“金童玉女”，遇年岁丰登，于十月十五日请神出銮，装列童男童女数十人，成对男女、头戴花帽，腰系苗裙，手舞扎有五色纸花的竹筒，在神前跳舞，名曰“迎鬼赛会”。表演时，舞者手执三尺长、扎有五色纸花、两端系彩穗的竹筒，随锣鼓点子节奏，排成圆圈起舞，跳鼓娱神，以予抒发丰年、神灵庇佑的喜悦之情。童子鼓舞每四拍完成一个动作，有“美女梳头”“雪花盖顶”“莲花扫地”“古树盘根”“鸡公打架”“观音坐莲”“出门打伞”等12套基本动作。

调年舞　又叫摆腰舞，是苗族集体舞蹈，形式与团圆鼓舞相类似，唯中央一人舞“万民伞”，随着伞的转动起舞，有进三步退一步、进一步退五步、进三步退三步等。

铜铃舞　又名八宝铜铃舞，原是土家族梯玛（土老司）祭祀舞蹈，即身穿大红法袍，腰系“八幅罗裙”，头上戴一顶彩色的“五佛冠”，手持八宝铜铃，在锣鼓声中，摇摆抖动着身躯，摇响铜铃，边舞边唱。歌唱的内容大多以祭祀的相关鬼神或祖先为主。舞蹈动作主要有“撬天”“打露水”“搭肩”“跳火炕”“交叉撇步”“屈膝转身”等。舞蹈可独舞，也可多人同舞。舞蹈过程中，可边舞边唱，亦可只舞不唱或只唱不舞。

接龙舞　“接龙”，苗语为“然戎”，即邀请龙，是苗族一种传统集体舞蹈，表达苗族人企盼风调雨顺、五谷丰登、生活幸福的美好愿望，在每年二月或十月举行。男女老少参加，以姑娘为主，一般8人，多则不限。领舞者1人，扮成龙师，敲碗带头，后2人各持红、绿色龙形彩旗，或牵龙形帕子，引导穿着接龙盛装、右手打龙伞、左手持手帕的姑娘或舞队，从接龙处起，沿着插上五色彩旗的接龙路，旋伞起舞。模拟龙翻身、龙穿花、跳龙门、龙抢宝、龙进门、关龙门以及丢粑粑等动作边舞边行，一路吹着长号、唢呐、敲着包包锣，一直将龙接到家里，安放在堂屋中间地下，盖上一块青石板为止。

第四章　旅游管理

第一节　经营权限管理

2002 年 3 月，成立古丈县栖凤湖开发有限责任公司，由栖凤湖开发区管委会和古丈县旅游开发总公司两个股东组成，注册资金 3000 万元，主要负责开发区征地、拆迁、安置、项目建设、旅游开发、投融资等工作。2003 年 7 月，县政府与鸿仪公司签订《坐龙峡景区开发经营合同》，经营权限 50 年，由鸿仪公司给县政府支付资源费 5000 万元，2003 年 7 月至 2006 年 7 月投入 4000 万元，用于坐龙溪景区景点及旅游基础设施建设。2005 年 5 月，县政府与湖南华夏科技投资发展有限责任公司签订开发经营红石林景区合同，经营权限 50 年，合同标的 2.16 亿元。

2004 年 12 月，鸿仪公司出现财务恶化，未经县政府同意将全部股权转让给张家界旅游开发股份有限公司和张家界宝峰湖旅游实业发展有限公司，县政府认为鸿仪公司违约，未按合同约定完成投资，于 2007 年 7 月 20 日向州中级法院起诉鸿仪公司、张家界旅游开发股份有限公司；2008 年 2 月 28 日追加起诉古丈生态旅游开发有限公司法人代表魏哲波、坐龙峡公司和张家界宝峰湖旅游实业发展有限公司为第三人，请求确认其股权转让协议无效，解除《坐龙溪风景区开发经营合同》，赔偿违约金。2007 年 12 月 18 日、2008 年 4 月 29 日，经州中级法院两次公开审理，判决解除所签合同，鸿仪公司、魏哲波、坐龙峡公司不再享有坐龙溪景区经营管理权，张家界旅游开发股份有限公司和张家界宝峰湖旅游实业发展有限公司不能依据《股权转让协议》经营管理坐龙溪风景区，坐龙溪风景区经营管理权由古丈县政府收回。2010 年 7 月，改由湘西州芙蓉镇景点圈管委会所属湘西芙蓉镇景点圈旅游投资开发股份有限公司经营管理。

高望界风景区管理权限为县政府。

第二节　旅游市场管理

2003 年，县旅游局建立旅游安全和应急管理机构，与境内旅游企业负责人签订安全生产责任状，明确安全责任和履行义务，定期不定期开展检查抽查。

2009 年，县政府制定《古丈县旅游市场管理办法》，旅游、公安、交通、工商、物价、安监为主要职能部门，逢节假日开展联合执法活动，落实安全生产工作、打击违法行为。同时，成立县假日办，设在县旅游局，出台年度应急预案和节假日应急预案，严格执行节假日 24 小时值班制度，接受和处理旅游投诉；定期组织旅游企业从业人员开展安全生产培训，宣传安全生产法律法规和安全常识，学习旅游安全生产文件，并通过制作旅游安全生产宣传栏，发放宣传手册和宣传单等方式宣传旅游安全知识。

2010年，执行《湖南省旅游条例》《湖南省加强旅游行业管理的若干规定》和《关于进一步加快古丈县旅游产业发展决定的实施方案》等相关规定，公安、工商等执法部门联手开展70次旅游行业管理整治，开展25次旅游市场综合治理，打击黑旅行社、黑导游、黑营运车辆等行为，规范旅游市场秩序。开展景区整脏治乱，拆除乱搭乱建建筑物12处。开展旅游安全整治，全年开展10次安全生产大排查、大整治活动。成立古丈县旅游“二十”“双百”评选委员会，全县评出2家诚信企业，10家诚信经营户，10名岗位明星。开展旅游饭店星级标准和星级评定，授予古丈县民族大酒店二星级旅游宾馆匾牌。10月，设置“农家乐饮食名店”标志牌，制定《古丈县农家乐管理办法》，规范全县“农家乐”旅游接待服务。

第二十一篇　经济综合管理

第一章 计 划

1986年，古丈县计划委员会设办公室、经济开发办公室，工作人员8人。1993年1月，设立重点工程项目办公室。1994年12月，县计划委员会与县物价局、县统计局合并成立县计划物价统计委员会，设办公室、统计组、物价组。1996年1月，更名为县计划统计委员会。1997年2月，恢复计划委员会名称。2001年10月，县物价局、统计局再次并入原县计划委员会，合并后更名为县发展计划局，保留县统计局和物价局牌子。2005年3月，县发展计划局更名为县发展和改革局。2010年，局机关设办公室、规划办、招设标办、改革办、重点项目办、西部开发办、以工代赈办，工作人员17人。

1986—1994年，县计划委员会历任主任：刘祖光、张宗汉。

1994—1996年，县计划物价统计委员会（计划统计委员会）主任：高文化。

1997—2000年，县计划委员会历任主任：高文化、曾传文。

2001—2010年，县发展和改革局（发展计划局）历任局长：曾传文、石盛文。

第一节 五年计划

一、“七五”计划（1986—1990）

计划编制　1986年，县政府制定《古丈县国民经济和社会发展第七个五年计划（1986—1990）（草案）》（简称“七五”计划）。“七五”计划经1987年3月县第十届人民代表大会第一次会议批准实施。“七五”计划确定国民经济和社会发展任务和目标：工农业总产值（按1980年不变价计算）1990年达到5800万元，平均每年增长8%。1990年县地方财政收入达到300万元，平均每年增长6.7%；财政总支出1500万元，五年合计6500万元；固定资产投资总规模计划达到6000万元。到1990年，社会商品零售总额达到3500万元；农民人均纯收入达到300元，年均增长17.7%；城镇居民人均纯收入达到1000元，年均增长5.1%。1990年，全县人口控制在11.5万人以内，人口自然增长率13‰。

计划实施　1990年，按1980年不变价计算，国民生产总值4428万元，完成计划77.7%，比“六五”时期增长20.98%，每年均增长3.88%。国民收入3716万元，完成计划的80.3%，比“六五”时期增长20.93%，每年均增长3.87%。工农业总产值4520万元，完成计划77.88%，比“六五”时期增长14.35%，每年均增长2.72%，其中工业产值1388万元，完成计划的60.26%，增长30.75%，每年均增长5.51%。农业总产值3132万元，完成计划的89.46%，增长8.26%，平均每年增长1.61%。县级地方财政收入506万元，完成计划的168.7%，比“六五”时期增长1.33倍，平均每年增长18.45%。全县财政总支出1745万元，为计划的116.33%，比“六五”时期增长81.39%，平均每年增长 12.65%。5 年共完成固定资产投资 5178 万元（不包括农田水利和以工代赈投资），为计划 86.3%，比“六五”时期增长近两倍，平均每年增长 23.95%。全县粮食总产量 32321 吨，完成计划的 117.5%，比“六五”时期增长 12.03%，每年均增长 2.26%。农民人均纯收入（按统计口径计算）完成计划的 109.3%，比“六五”时期增长 19.27%，每年均增长 3.59%。全县社会商品零售总额 4149 万元，完成计划 118.54%，比“六五”时期增长 76.78%，每年均增长 12.07%。各级各类学校招生 3945 人，完成计划的 123.78%，比“六五”时期增长 8.29%，每年均增长 1.6%。“七五”末，全县总人口 11.99 万人，超过计划 4900 人。

二、“八五”计划（1991—1995）

计划编制　1991 年，县政府制定《古丈县国民经济和社会发展第八个五年计划（1991—1995）及十年规划设想（草案）》（简称“八五”计划）。“八五”计划经 1992 年 3 月县人大召开十一届三次会议批准实施。“八五”计划确定全县国民经济和社会发展主要目标：按 1980 年不变价计算，工农业总产值达到 6500 万元（其中：工业总产值 3000 万元，农业总产值 3500 万元），平均年递增 7.56%。社会总产值 6300 万元，平均年递增 7.05%。国民收入 5360 万元，平均年递增 7.60%。财政收入 800 万元，平均年递增 9.59%，财政支出 2700 万元，平均年递增 9.12%。固定资产投资 8000 万元（不含省州在县工程），预计比“七五”时期增长 54.4%，平均年递增 9.1%。粮食总产量 35000 吨，平均年递增 1.49%。农民人均纯收入增长 15 ~ 20 元，到 1995 年基本解决温饱问题。全县各级各类学校招生数 4600 人，平均递增 3.12%；适龄儿童入学率 97%。总人口计划控制在 12.95 万人以内，人口自然增长率控制在 13‰以下。社会商品零售总额 6000 万元，平均年递增 7.66%。

计划实施　按 1990 年不变价计算，1995 年全县国内生产总值达到 1.4 亿元，实现计划目标的 100%，比 1990 年增长 41.2%，平均年增长 7.29%，其中第一产业增加值 6873 万元，平均增长 12.8%；第二产业增加值 2667 万元，平均增长 18.02%；第三产业增加值 4460 万元，平均增长 11.15%。工农业总产值达到 1.7832 亿元，为计划目标的 147%，比 1990 年增长 72.8%，平均增长 11.56%，其中工业总产值 8571 万元，平均增长 25.3%；农业总产值 9261 万元，平均增长 3.76%，财政收入达到 1519 万元，比 1990 年增长 200.2%，平均每年增长 24.6%。粮食总产量因灾减产有所下降，只有 29890 吨，完成计划的 85%。山地开发成效显著，五年累计开发山地面积 72.43 平方千米。全县完成固定资产投值 1.05 亿元，完成计划的 131%。到 1995 年，农民人均纯收入 675 元，比 1990 年增加 258 元，增长 61.87%。全县总人口 130773 人，超“八五”计划控制数 1273 人。各类学校招生数 4592 人，适龄儿童入学率 98.5%。社会商品零售总额 8409 万元，平均年递增 8%。

三、“九五”计划（1996—2000）

计划编制　“九五”计划于 1995 年由县政府编制，1996 年 3 月经县第十二届人民代表大会第五次会议审查批准。“九五”计划确定全县国民经济和社会发展主要目标：按 1990 年价格计算，国内生产总值达到 2.26 亿元，与 1995 年比，年递增 10.05%。第一产业增加值到 2000 年达到 8200 万元，年递增 4.44%。第二产业增加值到 2000 年达到 5200 万元，年递增 14.01%。第三产业增加值 2000 年达到 9200 万元，年递增 14.38%。财政收入 2400 万元，年递增 9.6%。固定资产投资达到 2 亿元，年递增 5.64%。社会消费品零售总额 1.4 亿元，年均递增 10.7%。技术进步经济增长中的比重达到 35% 以上。总人口控制在 136765 人，年人口自然增长率控制在 9‰。农民人均纯收入 1300 元，实现稳定脱贫。

计划实施　“九五”时期，全县国内生产总值由 1995 年的 2.13 亿元增加到 2000 年的 2.52 亿元，年均增长 1.6%，其中第一产业增加值 1.15 亿元，年均增长 0.7%；第二产业增加值 0.39 亿元，同比增长 14.4%；第三产业增加值 0.98 亿元，年均增长 4.3%。5 年累计完成固定资产投资 1.54 亿元（不含省道 1828 线改造投入和邮电业投入），高出“八五”时期 2400 万元，完成计划目标的 77%；累计实现社会消费品零售总额 5.74 亿元，年均增长 8.4%；财政收入 1100 万元，比“八五”末的 1519 万元减少 419 万元。农民人均纯收入由“八五”末的 675 元增加到 1103 元，实现计划目标 85%。全县造林面积 39.33 平方千米，森林覆盖率由 1995 年 70.7% 上升到 2000 年 71.9%。2000 年，全县各级各类学校招生数 4411 人，适龄儿童入学率 98.25%。全县总人口 136333 人，比计划增加 432 人。

四、“十五”计划（2001—2005）

计划编制　“十五”计划由县政府于 2000 年制定。2001 年 3 月，经县第十三届第五次会议批准实施。“十五”计划确定全县国民经济和社会发展主要目标：国内生产总值计划达到 3.5 亿元，年均增长 8.5%；第一、第二、第三产业增加值分别增长 8%、12%、7%；人均国内生产总值达 4500 元，年均增长 8%；三次产业结构比例调整为 30.2 ∶ 35.8 ∶ 34.0。全社会固定资产投资累计完成 6 亿元。社会消费品零售总额 19629.5 万元，年均增长 13%，社会消费零售物价涨幅控制在年均增长 4% 左右。城镇居民可支配收入达 6800 元，年均增长 8.5%，农民人均纯收入 1600 元，年均增长 16%。财政收入 3000 万元，年均增长 12%，金融机构存款年末余额到 2500 万元，贷款年末余额 18000 万元。知识技术对经济的贡献率 30%。总人口控制在 14 万人以内，人口自然增长率控制在 7‰以下。城镇登记失业率控制在 4% 以内。全县工业废水处理达 90%，工业废气处理率达 96%，固体废弃物综合利用率达 85%；全县城镇烟尘控制区覆盖率达 80%，噪音控制达标区覆盖率 70%，森林覆盖率达 78%。

计划实施　“十五”时期，全县国内生产总值年均增长 7.4%，由 2000 年的 2.6 亿元增加到 2005 年的 5.1 亿元，其中第一产业从 1.2 亿元增加到 1.3 亿元，年均增长 0.3%；第二产业从 4717 万元增加到 1.1 亿元，年均增长 15.2%；第三产业从 9795 万元增加到 2.7 亿元，年均增长 12.1%。工业总产值从 1 亿元增加到 2.5 亿元，年均增长 9.9%。社会消费品零售总额从 2000 年的 1.2 亿元增加到 2005 年的 2 亿元，年均增长 9.6%。地方财政收入从 1100 万元增加到 2800 万元，年均增长 20.5%。三次产业结构比由 2000 年的 44.5 ∶ 18.0 ∶ 37.5 变为 2005 年的 25.5 ∶ 21.6 ∶ 52.9。2005 年，城镇居民可支配收入 5134 元；农民人均纯收入 1592 元，比 2004 年增长 161 元，增长 11.3%。固定资产投资总额 10 亿元，相当于“九五”时期的 4.65 倍，从 2000 年的 6446 万元增加到 2005 年的 3 亿元。2005 年，金融机构存款年末余额为 44868 万元，贷款年末余额 35499 万元。总人口 138462 人，人口自然增长率 6.61‰。全县工业废水处理 95%，林木绿化率 73.32%。

五、“十一五”计划（2006—2010）

计划编制　2005 年 3 月，县政府成立以县长郭建群任组长，县直 36 个单位负责人为成员的国民经济和社会发展第十一个五年计划（简称“十一五”计划）编制工作领导小组，开始编制；12 月完成。2006 年 1 月，经县第十四届人民代表大会第五次会议批准实施。“十一五”计划确定全县国民经济和社会发展主要目标任务：国内生产总值 8.2 亿元，年均增长 10%，其中一、二、三产业年均分别增长 3%、14.6%、11%。三次产业结构比例优化调整为 18.3 ∶ 26.8 ∶ 54.9。工业总产值达到 5.6 亿元，年均增长 18%。固定资产投资 6 亿元，年均增长 15%。财政收入 4510 万元，年均增长 10%。消费品零售总额 4 亿元，年均增长 15%。农民人均纯收入 2339 元，年均增长 8%。城镇居民可支配收入达到 8987 元，年均增长 12%。新增城镇就业人口 1 万人。城镇登记失业率控制在 4% 以内。转移农村富余劳动力 1 万人。城乡居民恩格尔系数降低到 50% 以下。居民娱乐、教育、文化支出占消费支出的比重提高到 20%。城乡居民居住、交通、环境条件有较大的改善。人口自然增长率控制在 9‰以内，全县人口控制在 15 万人以内，县城人口达到 4 万人，城镇化率达到 40%。城镇基本养老保险、失业保险和基本医疗保险的覆盖率分别为90%、95%、85%。全县工业废水和固体废弃物的治理率100%，每万元生产总值能耗比“十五”期末下降20%。县城污水集中处理率为40%，城镇生活垃圾无害化处理率达80%，林木绿化率为75%，城镇空气质量优良率为85%，城镇生活饮用水源保持无污染。

计划实施　2010年，全县完成生产总值10.7亿元，增长11.5%，基本完成年初确定的目标，比全州平均水平高2.4个百分点。其中第一产业实现增加值2.34亿元，增长3.6%；第二产业实现增加值2.53亿元，增长15.5%；第三产业实现增加值5.83亿元，增长13%。全社会固定资产投资完成9.26亿元，增长35%。招商引资实际到位资金3.52亿元，增长33.8%。社会消费品零售总额完成2.61亿元，增长16.6%。

2010年，财税收入完成7738万元，增长22.8%。城镇居民可支配收入9635元，增长10.7%。农民人均纯收入2620元，增长10%。工业增加值完成1.66亿元，增长14.7%，其中规模工业增加值完成1亿元，增长16.1%，比全州平均水平高出9个百分点。新开茶园933公顷，茶叶总面积5334公顷。全县茶叶生产加工量1803吨，产值突破1亿元。完成烟叶种植面积893公顷，收购1805吨（3.61万担），产值3000万元。新扩橘园53公顷，实施80公顷柑橘品种改良，全县柑橘总产量40000吨。全年接待中外游客46.5万人次，实现旅游收入1.77亿元。全县40个在建重点项目累计完成投资5.75亿元，同比增长49%。全年交通类项目完成投资9400万元。投资3400万元，完成电信12个C网基站建设，完成移动5个基站和TD网络建设。6个乡镇街道硬化、沿河北路、污水处理厂、垃圾填埋场等项目完成投资7400万元，均已投入使用。新型农村合作医疗参合率92%。全县稳定农村劳动力转移就业2万人，新增城镇就业1506人，五大社会保险累计征缴基金5569万元。累计发放低保金1469万元。

第二节　年度计划

一、1990年年度计划

计划编制　1990年国民经济和社会发展计划于3月3日经县第十一届人民代表大会第一次会议审查批准。计划确定年度经济社会发展目标：工农业总产值4950万元，比去年增长7.7%。农业总产值3000万元，比1989年增长5.3%，粮食总产量计划达到2900万千克，比1989年增长19.7%，全县农民人均纯收入计划达到350元。工业总产值计划1950万元，比1989年增长11.6%。其中，乡镇以上工业1500万元，比1989年增长11.4%。固定资产投资计划争取达到950万元，比去年压缩24%。社会商品零售总额计划达4400万元，比1989年增长7.8%。人口自然增长率计划控制在15‰以下，年末总人口计划控制在12万人以内。

计划实施　按1980年不变价格计算，1990年全县国民生产总值4233万元，完成计划的92.7%，比1989年增长1.8%。农业总产值3131万元，完成计划的104.4%，比上年增长9.9%。粮食总产量3232万千克，完成计划的107.7%。农民人均纯收入328元，比1989年减少1元。工业总产值1386万元，完成计划的71.1%，比1989年下降20.5%。其中，乡及乡以上工业产值1170万元，完成计划的70%，比1989年减少12.95%。固定资产投资1041万元，完成计划的109%。社会商品零售总额4149万元，完成计划的94%，比1989年增长1.6%。人口自然增长率13.8‰。

二、1995年年度计划

计划编制　1995年国民经济和社会发展年度计划，经3月14日县人大十二届四次会议审查批准。

计划确定年度经济社会发展目标：国民生产总值年末达 1.39 亿元（1990 年不变价），比 1994 年增长 6.9%。工农业产值年末达 1.7 亿元，比 1994 年增长 6.9%，其中：农业总产值计划 9000 万元，比 1994 年增长 2.9%，工业总产值计划 8000 万元，比 1994 年增长 7.5%。年末粮食总产量达 3500 万千克，比 1994 年增长 20%。年末社会商品零售总额达 8200 万元，比 1994 年增长 17.1%，全社会零售物价总指数控制在 13% 以内。农民人均纯收入较 1994 年增长 100 元，达到 698 元。财政收入达到 1306 万元，比 1994 年增长 7.9%。年末总人口计划达到 131000 人，比 1994 年增长 1.45%，人口自然增长率为 11.1‰，计划内生育率计划达到 75%。全县各类学生招生计划 4100 人，其中：小学招生 2300 人，普通中学招生 1400 人，普通高中招生 200 人，职业高中学习招生 100 人，职业初中招生 100 人，适龄儿童入学率计划达到 98%，巩固率 97%，与 1994 年基本持平。通广播村增加 21 个，达到 85 个，乡镇标准卫生院达到 3 个。

计划实施　全年完成国民生产总值 21295 万元，粮食总产量 2989 万千克，农业总产值 5012 万元；工业总产值 8098 万元（1990 年不变价），比上年增长 19%。社会商品零售总额 8409 万元，比 1994 年增长 1006 万元；地方财政收入 1520 元，比 1994 年增长 413 万元，农民人均纯收入 675 元，比 1994 年增加 86 元。全年固定资产投资完成 3334 万元。年末总人口 130773 人，比 1994 年增加 1648 人，人口自然增长率 9.9‰。全县各类学生招生 4759 人，其中：小学招生 2767 人，普通中学招生 1631 人，普通高中招生 167 人，职业高中学校招生 32 人，职业初中招生 162 人，适龄儿童入学率计划达到 98.5%。乡镇标准卫生院达到 37 个。

三、2003 年年度计划

计划编制　2003 年全县国民经济和社会发展计划经 3 月 25 日县人大十四届二次会议审查批准。计划确定年度经济社会发展目标：国内生产总值 3.3 亿元，经济增长 11%；第一产业增加值增长 3.57%，第二产业增加值增长 22.1%，第三产业增加值增长 11.76%；全社会固定资产投资 1.8 亿元，增长 33.3%；城镇化率提高 1.5 个百分点；财政收入 1756 万元，增长 15%；农民人均纯收入增加 60 元以上；人口自然增长率控制在 8‰以内。

计划实施　全县完成国内生产总值 33047 万元，同比增长 8.8%，增速比 2002 年提高 5.3 个百分点，是 1996 年以来增速最快的一年，比全州平均水平高 0.7 个百分点。其中，第一产业增加值 11579 万元，增长 2.6%；第二产业增加值 8089 万元，增长 21.4%；第三产业增加值 13379 万元，增长 8%。社会消费品零售总额 15151 万元，增长 8%。完成地方财政收入 1818 万元，创历史新高，增长 18.98%。各类存款余额 39144 万元，增加 5687 万元，贷款余额 23309 万元，增加 3040 万元。农民人均纯收入 1233 元，增长 5.1%。人口自然增长率 3.6‰。

四、2008 年年度计划

计划编制　2008 年全县国民经济和社会发展年度计划于 2008 年 3 月 21 日经县人大十五届二次会议审查批准。计划确定年度经济社会发展目标：全县生产总值增长 12% 以上，达到 74900 万元，其中第一产业增长 4% 以上，达到 16100 万元；第二产业增长 22% 以上，达到 19300 万元；第三产业增长 12% 以上，达到 39500 万元。固定资产投资增长 20% 以上，达到 49000 万元。招商引资增长 20% 以上，达到 25000 万元。社会消费品零售总额增长 15% 以上，达到 29700 万元。财税总收入增长 15% 以上，达到 4600 万元。城镇居民可支配收入增长 10% 以上，达到 7650 元。农民人均纯收入增长 10% 以上，达到 2137 元。人口自然增长率控制在 7.4‰以内。万元生产总值能耗下降 4%。工业废水和固体废弃物治理率达 100%。

计划实施　全年完成国内生产总值 8.2 亿元，增长 10.3%。其中第一产业增加值 1.87 亿元，增长4.1%；第二产业实现增加值1.96亿元，增长15.6%；第三产业实现增加值4.37亿元，同比增长10.9%。全社会固定资产投资完成5.27亿元，增长29.3%，招商引资实际到位资金2.1亿元，增长1.8%，社会消费品零售总额完成2.97亿元，增长15.2%。地方财政收入完成5132万元，增长29.07%。城镇居民可支配收入达到7893元，增长13.5%；农民人均纯收入2148元，增长10.5%。人口自然增长率6.02‰。

第三节　专题计划

一、茶叶产业化建设规划

规划制定　1999年5月，县政府制定《古丈县茶叶产业化建设规划（1999—2005）》。

规划指导思想　围绕产业化进行全面科学规划，集中精力，实施"古丈毛尖作先锋，开路搭台；古丈绿茶为主业，加工增值；七叶参保健茶作突破，增效发展"的品牌带动战略；依靠科技不断改进茶叶制作工艺，逐步推进机构和半机械化采茶，加大茶叶系列深度加工，不断提高古丈茶叶科技含量；以市场为导向，进一步建立和完善以古丈茶叶总厂为龙头的"总厂＋大户＋农户＋基地"产供销一条龙服务体系，有计划建好武陵山区茶叶专业批发市场；超常规精心运作古丈茶叶集团上市，努力实现茶叶总量、品质、品种、品牌、效益在1999—2009年里有一个新飞跃，成为支柱产业，从而使古丈成为湘鄂黔渝武陵山区茶叶良种繁育、精加工集散及茶文化交流中心。

规划总体目标　新扩茶园666.6公顷，低改茶园1333.3公顷。茶叶产量4000吨以上，茶叶产值2亿元，茶业税收超过1000万元。

规划实施项目　新建武陵山区茶叶良种繁育基地，面积33.3公顷。新建七叶参保健园基地，面积533.3公顷。扩建绿茶精制生产线，年生产能力3000吨。研制开发保健茶，年生产500吨。建设武陵山区茶叶专业批发市场。建设武陵山区茶叶培训中心。建设茶叶保质包装生产线。

规划实施　2000年，在县茶叶总厂基础上组建茶业有限责任公司，建立"公司＋大户＋农户＋基地"产供销一条龙服务体系。2001年，投资300万元，建成集科研、观光旅游于一体的武陵茶叶大观园，占地5.33公顷，引进国内外89个名茶树种，是当时湖南省最大的示范性茶叶基地。是年，县茶业公司年产400吨名优茶、100吨七叶参袋泡茶，完成1000吨精制绿茶生产线和县茶多酚厂年产80吨茶多酚生产线改造；古丈县被推选为湘鄂黔渝四省市边区茶叶集团理事会理事长县；国家商标局批准古丈毛尖证明商标。2004年，省农业厅、省技术质量监督局共同制定和颁布古丈毛尖地方标准。2005年，县茶业协会成立，成员包括县内55家茶叶企业、大户和茶农代表。全县茶叶种植面积2040.6公顷，产量376吨。

二、《古丈县县城总体规划（2004—2020）》

规划制定　2004年10月，县政府编制《古丈县县城总体规划（2004—2020）》。2005年11月，《古丈县县城总体规划（2004—2020）》经湘西州政府批准执行。规划范围以城区两侧山脊为界，北起花果山喇叭口，南至楠竹山，总面积650公顷，城市建设用地总面积364公顷。县域人口总数，2010年14.5万人，2020年15万人，城市化水平为43%。县城人口规模，2005年2.5万人，2010年3.2万人，2020年4.5万人。规划各期用地规模，其中，建设用地规模，2005年175公顷，2010年256公顷，2020年364公顷；人均用地指标，2005年70平方米，2010年80平方米，2020年80.9平方米。

城区沿古阳河组团发展形成"两中心、五组团、三轴"空间形态。其中，"两中心"为老城区主中心和新城树栖柯副中心；"五组团"为红星组团、老城区组团、城北开发区组团、树栖柯组团、工业园组团；“三轴带”为古阳河水域生态带和两侧丘陵山体带。

规划远期城区总居住用地101.55公顷，占城市建设总用地的25.3%，人均居住用地22.57平方米。行政办公用地14公顷，人均约4平方米；商业金融用地28公顷，占城市建设总用地的7%，人均6.2平方米；文化娱乐用地11公顷，占城市建设总用地的2.8%，人均2.4平方米。2020年，工业用地27公顷，占城市建设总用地的6.8%，人均工业用地6平方米。在城区古阳河上游布置无污染或轻度污染一类、二类工业；在城区古阳河下游新区设置工业园，布置生态型工业或少量污染二类工业企业。工业主要发展农产品加工、旅游纪念产品加工、古丈毛尖加工。

规划实施　2009年7月，县城生活垃圾卫生填埋场项目开工，项目选址在双溪乡蔡家村大塘组小坳壕沟湾，库容78.8万立方米，采用卫生填埋工艺，日均处理垃圾80吨，使用年限24年，项目总投资4000万元。2010年1月，总投资7300万元的县城市污水处理厂建成投入使用；11月，县城生活垃圾卫生填埋场投入运行；12月，城北新区开发完成投资23200万元。是年，县域总人口14.26万人。

第四节　重点项目管理

1986年，投资300万元，建设古丈县冶炼化工厂。1992年，县体育广场改建为县城农贸市场。投资390万元，在老寨坪新建县人民体育广场。

1993年，上级主管部门批准立项建设项目4个，引进项目3个，争取意向性项目5个，引进资金106.2万元。县水泥制品厂紫陶彩釉墙地砖生产批准立项，解决启动资金90万元，其中无偿资金3万元。是年，茶叶基地建设批准立项，获无偿资金3万元；县托儿所建设项目从怀化等地引进资金5万元；万岩矿泉水项目申报国家级鉴定；县五金厂免烧高强度水泥墙地砖试制成功；县化工厂茶碱试产200千克。

1996年，申报立项县水泥厂扩建33万吨水泥生产线项目。

2001年，县发展和改革局开展工程全程监督，建立项目台账，跟踪项目工程进度，协调资金到位，收集工程中出现的问题及困难，逐月汇总上报。是年，落实重点项目37个，其中9个续建项目，16个新建项目，12个前期工作项目，申报计划投资11.069亿元，实际到位资金8230万元。

2004年，论证申报茶叶、旅游、牧业、矿石、石材等相关湘西地区开发产业项目。茶叶精深加工项目、3333.3公顷茶叶基地建设项目、规模化种草养羊科技示范项目列入湘西州重点建设项目。全县内联引资项目18个，合同引资2.42亿元，实际到位资金6670万元，完成州分任务102.6%，其中续建项目11个、实际到位资金4970万元，新建项目7个、合同引资4310万元、实际到位资金1700万元。

2005年，县政府加强投资管理，对重点建设项目责任到单位、到人，实行“倒计时”管理，按月督查和调度。落实栖凤大道建设开发银行贷款、边区市场建设日元贷款以及河西至保靖县迁陵镇公路改造、猛洞河火车站改造、湘西地区开发引导和贴息资金、县城自来水厂扩建、县公安局看守所建设、基层派出所建设、县人民医院住院楼建设等项目。

2007年，红石林和坐龙峡两个生态旅游景点再开发列入县“十一五”规划。工业基础设施配套项目完成白溪关工业园区道路改造工程，完成河西至白溪关3.5万伏高压输变电线路建设。新修通村公路76.5千米，实施23个村道路硬化，实施古丈至高峰、默戎至坪坝两条公路改造工程，启动杨家岭、细塔、红旗3座病险水库治理工程。新建沼气池3188口，沼气池入户率40%，居全州首位。新建移动基站14座，在全州率先实现移动电话“村村通”。

2010年5月，中国建材集团旗下的湖南南方水泥集团有限公司投资3.6亿元，筹建全资子公司——湖南古丈南方水泥有限公司，设计年生产水泥100万吨，年底完成投资3000万元。是年，完成岩头寨镇境内31平方千米钒矿区探勘测，探明金属钒储量315万吨，潜在价值3000亿元以上，居全国前列；5000吨精钒加工线建设项目和湖南英妹子科技有限公司绿茶生产线项目进行征地拆迁和厂房建设；完成3万吨电解锰整合项目环评；华源10吨硫酸生产线项目建成投产；惠闽、连旺、龙腾3个石材项目进入征地建厂阶段。全年40个在建重点项目完成投资5.75亿元，同比增长49%。

第五节　以工代赈管理

1986年，投入以工代赈资金186万元，其中83万元用于改造拓宽分水界至岩头寨、龙鼻嘴至坪坝两条公路，全长55.5千米。

1988年，省、州以工代赈办拨付资金141.5万元，新修草潭至沅陵县清水坪、河蓬至泸溪县桌子潭、白溪关至保靖县阳朝3条公路。

1993年，实施以工代赈项目27个，投资262万元。在项目管理上重点工程重点管理，在山地开发上改变过去重开发、轻管理的做法，实行项目效益与项目实施单位同责管理。县重点工程——断龙山乡对门冲引水工程经湖南省以工代赈办公室验收合格，被列为样板工程。县公证处为全县27个以工代赈项目进行公证。

1995年，投入以工代赈资金170万元，为开发野竹乡烂泥田锰矿，修通蒿根坪至烂泥田矿山公路，架设鲇溪至烂泥田输电线路9.8千米。

1999年，省政府将古丈县列入以工代赈退耕还林县。县计委根据国家、省、州关于退耕还林要求，对全县水土流失严重乡镇进行退耕还林规划。投资323万元，在坡度25度以下，海拔300～600米之间、土层60厘米以上的坡地或荒地进行坡土改梯土。

2004年，湘西州以工代赈办给古丈县下达以工代赈资金924万元。其中预算内资金634万元，用于47个公路建设项目、23个农田水利项目、9个人畜饮水项目；国债资金290万元投入12条公路建设项目。

2005年，全县以工代赈资金920万元，其中预算资金580万元用于全县乡村41个公路建设项目、9个农田水利项目、17个人畜饮水项目、22个水毁恢复项目。当年完成投资778万元，占计划总投资的87%。

2007年，完成古丈至高峰公路一、二期改造工程，龙天坪至红石林公路，高望界乡小溪旅游公路，龙鼻嘴至坪坝公路，王村大桥至龙天坪公路，罗依溪梧桐路至栖凤大坝公路等公路硬化改造项目。开工实施洞坪至山枣、县城至双溪、分水界至岩头寨3条公路路面硬化工程。新修双溪、断龙山等4个乡镇农村客运站。新修通村公路276千米，新通公路村41个，通公路村171个。完成河迁公路改造前期准备工作。

2008年，实施广潭河、默戎、岩头寨3处小流域治理；修建32处农村人饮解困工程、23处农村安全饮水工程、1120口节水窖和岩槽河水利配套工程；实施古阳河、龙鼻嘴至坪坝河道疏浚水利工程，解决38500人饮水困难，有效灌溉稻田面积4200公顷，旱涝保收面积2840公顷。是年，电力建设投资2.4亿元，完成城网改造、全县65%的农村农网改造工程；河蓬35千伏变电站、河西35千伏变电站建成使用，红石林110千伏变电站建设扫尾。通信建设完成投资9840万元，实现乡乡通网络宽带、乡乡通移动电话，4座主基站及24座村基站建成开通。城镇建设投入资金3亿元，完成县城旧城改造和红星小区开发，启动城北竹溪湾开发，完成栖凤大坝工程、栖凤大道主体工程1～4标段，县城自来水厂扩建完工。

2010年，交通类项目完成投资9400万元，古丈至沅陵公路二期工程、河西至保靖县迁陵公路、田麻至河蓬公路、通口桥至鸡公山公路、岩头寨至草潭公路、农村通达、通畅公路建设顺利推进；永吉高速、张花高速古丈连接线等项目前期工作取得进展。投资3400万元，完成电信12座C网基站建设，完成移动5座基站和TD网络建设。是年，沿河北路改造、污水处理厂、垃圾填埋场等项目完成投资7400万元。

第二章　价　格

1986年，古丈县物价局设办公室、价格收费管理股，辖县物价检查所，干部职工6人。1992年，增设古丈县价格事务所，为自收自支股级事业单位。1994年12月，县物价局并入县计划物价统计委员会，为县计划物价统计委员会物价组。1995年，从县计划物价统计委员会析出，单设县物价局。1995年8月，增设古丈县价格调节基金征管办公室，为全额拨款股级事业单位。2001年，县物价局并入县计划发展局，保留县物价局牌子。2002年，县价格事务所更名为县价格认证中心。2005年，县物价局从县计划发展局析出；6月，恢复县价格事务所。2008年12月，县物价检查所更名为县价格监督检查局，为县物价局直属行政机构。2010年，县物价局设办公室（加挂综合法规调控股）、价格收费管理股，辖县价格监督检查局、县价格认证中心、县价格调节基金征管办公室，工作人员17人。

1986—2010年，历任县物价局局长：向心发，曹太武，向廷虎，杨孝平。

第一节　价格体制改革

1986年，农产品价格除粮食、食油、棉花、烟叶、边销茶、蚕茧、甘蔗等少数品种外，全部放开。放开自行车、黑白电视机、电冰箱、洗衣机、收录音机、中长纤维和棉纱及其制品等大部分工业消费品价格。5月，工业消费品除食盐、棉纱等少数商品外，其他商品价格由市场调节。对钢铁、煤炭等重要工业生产资料实行“双轨制”价格（同一产品计划内部分实行国家定价，计划外部分实行市场调节价的制度）。12月，原属县以上定价的293种日用工业品，除35种继续由国家统一定价，58种实行国家指导价外，其余200种下放企业自主定价。全县3种价格形式（国家定价，国家指导价，企业自主定价）所占比重发生很大的变化。在社会商品零售总额中，政府定价占23.4%，政府指导价占29.8%，市场调节价占46.8%。在农产品收购总额中，政府定价占20.6%、政府指导价占16.7%、市场调节价占62.7%。是年，由于基本建设规模大、消费增长猛、放开品种多，加之一些工商企业违反物价政策，乱涨价和变相涨价，导致物价总水平上涨，居民消费价格较1985年上涨6.6%。

1987年，提高粮食收购、棉花、糖料、烟叶等经济作物价格，提高采掘工业产品、原料工业品和棉布、铝锅、自行车等工业消费品价格，放开一般轻纺工业品和全部小商品价格，放开大多数农产品价格。

1988年4月1日始，放开猪肉、鲜蛋、蔬菜、部分食品价格，按每人每月6元标准发给职工副食品补贴。汽油、菜油、钢材、食盐、食糖、肥皂等紧俏商品实行最高限价，稻谷等粮食收购实行最低保护价。是年，由于供求矛盾、政策变动，加上自然灾害，零售物价指数上升25.9%，一度出现抢购粮食、食油、食盐等生活必需品现象。

1989年3月，杂交稻收购价提高到每50千克23元，粳稻定购价提至每50千克25.8元，菜油定购价提至每50千克158.4元。

1991年5月，粮油统购销价提价10.8%，以工资形式给职工适当补贴，定购粮收购降低5.7%。6月，放开电池、手表等81种日用工业品和185种生产资料价格，由生产经营企业自主定价。对实行提价申报、调价备案和差率控制的电冰箱、洗衣机等取消有关控制，恢复由企业定价。放开卷烟、猪肉、煤炭等大部分商品价格。

1992年3月1日，放开卷烟零售价格，实行市场调节；4月1日始，在粮食定购价格基础上，适当提高粮食统销价格。11月1日，全面放开粮食销价，取消城镇居民定量粮食平价供应和农村粮食统、定、销平价供应，价格随行就市，各种粮（油）票、粮券、指标划拨证，居民粮油结存指标不再流通。取消原油、钢材等计划外生产资料限价。放开72种工业生产资料和55种工业消费品价格。生产资料价格和交通运输价格由737种减至89种，放开648种。实行政府定价的日用工业品只有食盐、民爆器材、天然气、电、成品油、自来水、部分化肥和农药等，实行政府定价的农产品只有烟叶、农作物种子、蚕茧、糖料和中央储备粮、油、棉等。1993年，烟叶由供销社收购改为烟草企业自行收购，物价部门不再管理烟叶供应价格。

1994年6月，全县木材经营单位按每立方米5元标准征集价格调节基金。8月，矿产品经营单位按每吨1元标准征集价格调节基金，木材经营单位价格调节基金征集标准增至每立方米10元。

2002年，按湖南省物价局颁布的《湖南省定价目录》，除重要储备物资、国家专营商品、军品、重要能源产品、水价、部分药品和医疗服务价格、工程建筑设备价格和设计费用、房地产价格和物业管理收费、教育、重要交通运输价格、邮政电信资费、重要专业服务、中介服务收费、行政事业性收费外，其他商品价格全部放开，完成由以政府定价为主的价格机制向市场形成价格为主的价格机制转换。

第二节　重要商品价格改革

一、粮食价格改革

1989年3月，提高合同定购粮油收购价格（杂交稻定购价提高到每50千克23元，粳稻定购价提高到每50千克25.8元，菜油定购价提至每50千克158.4元）。1991年5月，粮油收购价格连续数次提高，销价不动，导致粮油购销价格倒挂，国务院决定大幅度调整粮油统销价格。1992年4月，国务院决定全国范围内购销同价（粳稻定购、统销价格均为每50千克31.8元）。1994年调整粮食购销价格，粳稻合同定购价为每50千克54元，标二中籼米销价为每千克1.8元，1997年完善粮食价格机制，实行定购价与保护价并轨。2000年新粮上市，将劣质早籼稻退出保护收购范围，促进粮食品种结构调整。

二、棉花价格改革

1986—1996年，棉花价格实行政府定价。

1988—1990年，国家连续4次提高棉花收购价格，促进棉花生产发展。

1993年，提高棉花收购价格，标准级皮辊棉每50千克收购价格由300元调整为330元，提高10%，同时相应调整供应价格。1994年4月，粮价上涨，为保持粮棉合理比价，调整棉花收购价格及等级差价率，标准级皮辊棉每50千克收购价格由330元调整为405元。10月，根据省物价局通知，再次提高棉花收购价格，标准级皮辊棉每 50 千克收购价调整为 500 元。为缓解棉花供求矛盾，国务院决定再次提高棉花收购价格，自 1995 年 9 月 1 日起，标准级皮辊棉每 50 千克收购价格提至 700 元。

1996 年，为适应棉花流通体制改革，国务院决定，将棉花供应价格由政府定价改为政府指导价。

1998 年 4 月，棉花政府定价改为政府指导价，棉花供应价格放开，实行市场调节。适当降低棉花收购价格，标准级皮辊棉收购价格调整为每 50 千克 650 元，允许在此基础上浮动 5%。1999 年 9 月 1 日，国家计委通知，放开棉花价格。

三、县城自来水价格改革

1992 年 6 月，县城居民生活用水由每吨 0.23 元调整为 0.30 元，工商业生产用水由每吨 0.30 元调整为 0.35 元。

1995 年 2 月，居民生活用水每吨 0.5 元，生产用水每吨 0.60 元，经营性用水每吨 0.80 元，每吨自来水价另征 0.1 元建水资金。

1996 年 7 月，县城自来水销售价格调整为，居民生活用水每吨 0.62 元，生产用水每吨 0.70 元，经营性用水每吨 0.90 元。价外征收每吨 0.15 元的建水资金。

1999 年，召开第一次县城水价调整听证会，参会听证代表 28 人。2000 年初，县城自来水价格调整为，居民生活和行政事业单位用水价格为每立方米 1.20 元，工业用水每立方米 1.30 元，经营服务用水每立方米为 2.02 元，特种行业用水每立方米 4.29 元。

2006 年 4 月，县城居民生活、行政事业单位用水价格由每立方米 1.47 元调整为 1.58 元，工业用水由每立方米 1.62 元调整为 1.74 元，经营服务用水由每立方米 2.62 元调至 2.82 元，特种用水价格保持每立方米 4.22 元不变，规定城区低保户凭民政部门有效证件每户免收 4 立方米水费。

第三节　物价监督检查

1986年6月，全县各国营、集体、个体零售门市部使用商品价格新标签，做到一货一标签，分红、蓝、绿颜色三种。红色标签用于国家统一价格即固定价格商品，蓝色标签用于国家浮动价格商品，绿色标签用于企业定价商品。对不便使用价格标签的商品和服务收费项目，各经营者必须挂牌公布价格和收费标准。是年，县物价局与县计量所联合在全县范围内开展“物价计量信得过商店”评选活动。

1989 年，采取物价控制目标责任制，稳定与人民生活相关的食品价格，控制农业生产资料价格上涨，加强对日用消费品价格和各项收费的管理等措施。全年物价指数控制在 18% 以内。

1990 年春节期间，县政府拨款补助县肉食水产公司 1.2 万元，从外省、外县调进鲜肉 15 吨平抑县内市场物价，市场肉价由每千克 5 元降至 4.4 元。7—9 月，全县对行政执法机关、行政事业单位和企业主管部门乱收费、乱罚款、乱摊派“三乱”开展治理整顿。是年，开展“财务、税收、物价”检查，查出违纪金额 163.1 万元。

1992 年，制定《古丈县价格调节基金征管办法》，开征价格调节基金 4000 元。在治理“三乱”中，县人事局购买计算机时向企业打白条收费 43200 元，分别为县水泥厂 5000 元、县自来水公司 1000 元、县煤炭公司 1000 元、县冶化厂 5000 元、县服装厂 200 元、县民族五金厂 200 元、县印刷厂 200 元、县木材综合加工厂 1000 元、县皮鞋厂 200 元、县工艺厂 100 元、白溪关电站 2000 元、县电力公司 3000 元、民贸系统企业 24300 元。

1994 年，针对 1993 年以来，因多种涨价因素引发新一轮价格大幅上涨，尤其以主要副食品和生活必需品价格持续上涨、居高不下的情况，加强对粮油等生活必需品的价格监管和调控，对粮油市场、药品市场进行整顿。是年，因“二号”病流行，查处县药材公司等7家药店销售“四环素”乱涨价行为。开展明码标价活动，对商场、车站等实行试点，商场商品实行一价一签，明码实价；客运车辆必须明码标价，一车一表（明码标价表）。同年，县物价局会同县纪检、监察、财政、审计等部门开展物价大检查，查出违纪金额5万元。

1996年春节前，启用价格调节基金5.7万元，从秀山、柳州、湛江等地调运一批猪肉、蔬菜，分别以每千克7.8 ~ 8.2元、3.0 ~ 3.6元销售，分别低于市场价1.5 ~ 2.4元、0.8 ~ 1.5元。是年，加强114种居民生活必需品价格监测，检查县人民医院及县内18所学校，查出违价金额35万元，没收非法所得8000元，清退2.4万元，罚款2000元。

2000年，按照两个价区标准对农村供电按每千瓦时0.85元价格实行最高限价，平均每千瓦时降低0.1元。降低电信国际国内电话资费、改革计费单元（原按每3分钟计费，后按6秒计费）。邮政资费按湖南省物价局制定价格标准执行，降低住建收费。是年，两次对义务教育学校收费进行监督检查。开展景区门票价格监督检查，要求红石林等景点加强价格自律，搞好旅游服务。取消交通部门收取的货运线路标志牌费、国土部门收取的土地违法案件行政复议费、消防管理收费、电费保证金、商业网点建设费等16项收费项目，降低和规范公安部门收取的特种行业许可证费、工商部门收取的城镇集贸市场管理费等400项收费项目。是年，配合纪检监察、药检部门整治医药购销不正之风，检查县内64家医疗药品经营户，取缔无证医疗诊所12家、药店2家、非法性病诊所2家，规范无证单位50家，规范经营和执业范围。检查西药12722种次，合格12444种次，合格率为97.8%，伪劣药品278种次、6893瓶（盒），价值16718元，查处销售假劣药案件41起，罚款15000元。通过清理整顿，县内各药品经营户实行明码标价、顺价销售。检查县电信局、县移动公司、县国土资源管理局等11个单位，查处违纪金额13万元。

2001年，严格收费年审年检，开展教育收费、文化市场收费、医疗服务价格、农电价格专项检查，查出违纪金额39万元，清退1.2万元，处罚700元。开通“12358”价格举报电话，方便群众价格问题投诉举报。

2006年，取消公安、农业、工商、建设、国土等28个部门150项行政事业性收费，加强党政机关培训办班收费审批管理。开展义务教育收费、农资价格、涉农收费、计划生育收费、公路客运价格、旅游服务价格、下岗失业人员和低保人员价费优惠政策等专项检查，及时纠正违规收费行为，清退义务教育违规收费4.8万元。2007年，动用财政资金及价格调节基金20万元，对困难群体按每人每月20元标准发放肉食价格补贴。2008年，开展粮油等生活必需品价格、涉农、涉教、涉医、邮政、电信、公安、国土价费监督检查，查出价格违价金额19807元，清退19807元，经济制裁500元。是年，征收价格调节基金92万元。

2010年1月，全县民用液化石油气每瓶（12千克装）零售价格由88元调整为95元；11月，民用液化石油气每瓶（12千克装）零售价格由95元上调至100元。是年，开展粮油、肉食、蔬菜、燃气等生活必需品及农资、建材、茶叶等价格市场巡查和监测分析，每月刊发价格变动情况，及时报送监测信息，为价格调控管理提供决策依据。是年，审验行政事业性收费许可证49本、服务价格登记证34本；开展公路客运价格，涉农、涉教、涉医、涉企、电力、民爆器材配送服务等价费监督检查，查出违法金额29.4万元，清退5万元，罚款5000元；调查企业电价执行分类问题及优待电价落实不完全到位问题，督促清退养殖业电费5万元，督促兑现宏泰、恒源锰业2009年11月优惠电价15万元；上调白溪关电站上网电价，即丰水期每千瓦时0.255元调至0.275元，枯水期每千瓦时0.305元调至0.325元；按省定标准核定县有线数字电视收费标准。是年，价格调节基金征收入库10万元。

第四节 价格评估鉴证

1992年，县价格事务所首次开展价格评估鉴定业务。2001年，开展涉案物、扣押物、追缴物、没收物价格鉴定。2002年，县价格认证中心主要从事涉案物价格鉴证业务。2008年，对刑事涉案物品，包括被盗玻璃烟柜、手机、庆铃牌货车、衣物、空调外机、汽车、拖拉机、摩托车、电脑等进行价格鉴证。完成价格鉴证业务210件，鉴证标的价值420万元。2010年，受县公安局委托，进行刑事涉案物品，价格鉴证；全年完成涉案物价格鉴证160件，鉴证标的价值132万元。

第三章　工商行政管理

1986年，古丈县工商行政管理局设办公室、市场管理股、工商企业登记股、合同管理股，辖古阳、罗依溪、默戎、断龙山、坪坝、河蓬、草潭7个工商行政管理所，工作人员45人。1987年，增设个体经济管理股。1988年7月，增设财会股和人事教育股，撤销工商企业管理股，设立企业登记管理和个体经济管理股；合同管理股更名为经济合同管理股。

1991年，财会股更名为财务基建股，经济合同管理股更名为合同法制股。4月，撤销断龙山工商所，设立河西工商所。1992年，增设高峰工商所。1994年12月，成立古丈县消费者权益保护委员会。1996年，增设县民族大市场工商所、县民族大市场服务中心。1997年，增设监察室、消费者权益保护股，政工股变更为人事教育股。1998年，增设政策法规股。1999年10月，工商系统实行省以下垂直管理，9个基层工商所撤并为城关、罗依溪、默戎、草潭4个工商所。

2001年，市场公平交易经济检查管理股分设为市场规范管理分局和公平交易分局，企业登记注册管理股变更为注册登记分局，个体经济管理股改名为企业和个体私营经济监管股。2005年8月成立县经纪人协会，挂靠县工商行政管理局。2006年，增设县工商学会，为社团组织。

2010年，县工商行政管理局设办公室、政策法规股、财务基建股、企业和个体私营经济监督管理股、消费者权益保护股、人事教育股、监察室（与纪检组合署办公）、机关党总支、工会，辖市场规范管理分局、注册登记分局、公平交易分局（打击传销办公室、商标广告监管办公室）3个直属机构，城关工商所、罗依溪工商所、草潭工商所、默戎工商所4个工商所，经济信息中心1个事业单位，县消费者权益保护委员会、县个体劳动者私营企业协会2个挂靠社团组织，工作人员61人。

1986—2010年，历任县工商行政管理局局长：庹万里、张朝远、田仁江、龙泽金、姜胜彪、李林华。

第一节　集贸市场

一、市场建设

1986年，全县集贸市场8个，包括县城古丈坪集市（农历“三、八日”赶集）和罗依溪（农历“一、六日”赶集）、断龙山（亦称田家洞集市，农历“五、十日”赶集）、龙鼻嘴（农历“五、十日”赶集）、坪坝（农历“三、八日”赶集）、河蓬（农历“三、八日”赶集）、草潭（农历“一、六日”赶集）、高峰（2003年由星期天赶集变更为农历“四、九日”赶集）7个农村集市。农村集贸市场以罗依溪集市规模最大，其次是断龙山集市和龙鼻嘴集市。是年6月，投资7200元，扩建河蓬市场，添置顶篷32间390平方米，硬化室外面积610平方米。

1987年，恢复野竹坪集市（农历“五、十日”为集日）。

1991年8月，投资27万元，兴建龙鼻嘴集贸市场，占地面积3200平方米，商铺门面120间，摊位300个。同年，整修河蓬市场，扩建市场面积1000平方米，增设场棚32间。1993年8月，恢复山枣集市（农历“二、七日”为集日）；投资680万元，民族大市场动工，1994年底完工，占地面积22000平方米，固定摊位1300个，是湘、鄂、川、渝四省边区整体结构封闭式市场之一。

1994—1995年，整修和扩建高峰、断龙山、坪坝、山枣、草潭4个市场。高峰市场，投资8万元，建筑面积3000平方米；坪坝市场，投资12万元，建筑面积3500平方米；断龙山市场，投资25万元，建筑面积4000平方米；山枣市场，投资5万元，建筑面积200平方米；草潭市场，投资15万元，建筑面积3500平方米。

2010年，全县集贸市场发展至10个，即县城古丈坪、断龙山、罗依溪、龙鼻嘴、坪坝、高峰、野竹坪、河蓬、草潭、山枣。

二、市场管理

1986年，坚持“活而不乱、管而不死”“放而有度、管而有法、活而有序”原则，管理全县集贸市场，查处投机倒把案件11件。全县集市贸易额382万元。

1989年，全县集市贸易额3645万元。

1990年，县工商局在全县城乡集市进行21次检查，查处假冒伪劣、短斤少两、欺行霸市、无照经营等违法案件206起，维护消费者利益。全县集市贸易额1204万元。市场管理费收入17.2万元。

1992年，全县集市贸易额2637万元，比1991年增长10.8%。河蓬、罗依溪两个集贸市场被州工商局评为全州“文明集市”。

1994年，开展市场秩序整顿活动3次，检查农资经营户42家，电影、录像放映点26户，油菜籽收购点42个，经营副食品商家208户。整顿8个集贸市场，取缔无照经营户40户，取缔无照经营农资户8户，没收失效农药83瓶、劣质种子40千克、非法出版磁带67盒、变质食品折合人民币3.9万元、不合格计量秤60把，责令停业经营户17户，立案查处无照经营农资户1户、失效农药经营户1户。责令无照经营菜油户将8600千克油菜籽上缴国家，罚款2700元。设置工商经常性咨询点3处，举报箱16个，接到举报电话6人次，现场投诉13起，向社会发放《中华人民共和国消费者权益保护法》问答卷2000份。全县集市贸易额3920.11万元，比1993年增长23.5%。收取市场交易费35万元。

1996年，县城民族大市场、龙鼻嘴集市被州工商局评为全州“文明集市”。全县集市贸易额5648万元，比1995年增长20%。

1999年，县政府设立市场服务中心，管理全县所有集贸市场。清理党、政、军16个部门所办16家工商企业实体，查处和取缔“三无”企业9家。

2001年，县工商局在市场上设立举报箱、公平秤、监督岗和治安室，查处短斤少两、肉类注水、销售病死肉行为。按照“畜牧检疫、工商监督、统一屠宰、分散经营”原则，实施生猪“定点屠宰，分散经营”，防止注水肉、病死猪肉进入市场。全县集市贸易成交额2.83亿元，集贸贸易零售额占社会商品零售额的31.8%。

2003年，清理各类市场经营户531户，取缔无照经营户22户、销售假冒伪劣商品摊位8个，查封假冒伪劣窝点2处。调解市场纠纷32起，受理市场投诉17起，查处集贸市场违法违章案件15件，案值12万元。全县集贸市场成交额1.47亿元。开展春季打假保春耕专项整治活动，检查全县16个乡镇（场）71个农资经营网点，取缔无照经营户7户、限期整顿21户，没收、暂扣劣质化肥5.7千克、农药120瓶。受理消费者投诉10起，立案查处9起，挽回经济损失7万元，收缴罚没款1.3万元。“两节”（元旦、春节）期间，检查专业市场4个，检查经营户297户，没收黑心棉10床、劣质及过期食品饮料190件（盒）、变质食品85千克、假烟152条、白板肉、注水肉253千克、病害肉（禽）189千克、劣质保健品92件、假脑白金52盒、冒牌全国驰名商标“雕牌”洗衣粉（肥皂）29件、冒牌啤酒72件。立案查处7起，案值6.1万元。

2004年，开展打假保春耕、成品油市场、医药市场、红盾护农、集贸市场专项整治，取缔无证经营网吧6户，检查书刊经营网点11家，收缴封建迷信书籍437册、淫秽书刊52本、有害卡通312本；查获向某、罗某非法经营手机案，案值2.5万元；检查农资网点71个，责令整改11户，处罚3户，依法收缴各类过期变质糖果325千克，过期饮料480瓶；检查经营户300户、批发网点12户、宾馆7家、生产加工企业23家、中小学校食堂23所，查获质量不合格奶粉132包65千克，查获“三无”食品250千克。责令限期整改51户，责令停业3户。

2010年，全县集市贸易额3.1亿元。中秋、国庆、元旦、春节等节日期间，开展食品市场专项整治活动，检查食品经营户159户次，没收不合格食品70件（盒）、冒用名牌白酒3件19瓶、劣质奶制品、豆制品34件、假冒啤酒饮料28件、药品56盒、“假芙蓉王”烟4件，案值11万元。5月，开展清查含苏丹红食品市场巡查工作，查获含有苏丹红成分的古榕牌红油腐乳12瓶。

2010年，开展保护注册商标专用权行动，查获假“古丈毛尖”包装1010份、假冒商标标识450份。开展“红盾护农”行动，清理整顿无照经营，集中人力对重点行业、重点区域进行重点清查，按照网格监管模式强化责任监管，由责任人员进行地毯式检查，清查市场主体1800户次，清理无照经营118户，补办营业执照98户，查处20户无照经营行为；开展医药市场打假行动，整治全县医药及器械市场2次，出动检查人员32人次，出动车辆5台次，检查医药经营单位23个。

第二节　工商登记管理

一、企业登记注册

1986年，全县企业户数64户，其中工商企业注册登记44户。1994年，全县有法人企业230户，营业企业357户，从业人员5130人，注册资金6444万元，收取企业登记费4万元；发展企业86户，其中法人企业24户，非法人企业62户；企业变更106户，注销企业74户。2000年，全县工商企业注册登记25户，从业人员679人，注册资金1976万元。2001年，全县工商企业注册登记23户。2003年，全县工商企业注册登记41户。2004年，全县工商企业注册登记68户。2008年，全县工商企业注册登记40户，内资企业有105家，其中内资公司19家、内资分公司14家、内资企业法人33家、内资营业39家。2010年，全县工商企业注册登记77户，企业315户，其中农民专业合作社28户，分别同比增长11%、300%。

二、企业工商监管

1986年，全县企业64户。

1989年，全县各种类型公司44户，其中全民所有制公司26户、集体所有制公司18户，纯商业性公司26户、生产性公司15户、服务性公司3户。通过清理，注销公司6户、变更公司名称6户、政企分开公司1户。印发《企业登记管理法规宣传单》350份，加强对企业政策法规宣传，重新核定公司、企业经营范围；收回执照与名称不符的企业公章24枚，劝11户无资金、无场地、无人员企业歇业。

1993年，全县有私营企业5户，从业人员28人。

1994年，全县3家企业完成改制，其中2家实行公司化，1家所有制形式不变，职工承租经营。

1995 年，全县应年检企业 273 户，实检 268 户；查处“三无”（无执照，无资金，无场地）企业 18 户。

1996 年，全县应年检企业 577 户，实检 561 户。

1999 年，全县应年检企业 524 户，实检 419 户，注销 48 户，预吊销 57 户。

2010 年，全县企业 315 户，其中农民专业合作社 28 户。开展“一化”“三基”（“一化”即加速推进新型工业化，“三基”即加强基础设施、基础产业、基础工作）工商联络员活动。帮助企业破解发展难题，办理抵押登记 13 起，帮助企业及其他经济组织贷款 2768.5 万元，对抵押合同履行情况无偿提供咨询和服务 16 人次。为湖南恒兴木业有限公司等 6 家企业批准冠用“湖南”省名。

三、个体户工商管理

1986 年，全县登记注册个体工商户 1622 户。

1988 年，全县个体户 1761 户（无照经营 308 户），从业人员 1945 人，注册资金 155.3 万元。

1989 年 11 月，对全县各行业工商户进行经营作风检查，登记发照 1385 户，处理散装白酒 75.5 千克，各类瓶装酒 200 瓶，查处假冒茅台酒 6 瓶、无商标假冒橘子液 515 瓶、过期酱油 23.5 千克、变质糕点 127 袋、劣质棉絮 190 床，折合人民币 7805 元。没收不合格计量尺 3 把、计量秤 46 杆，查处超经营范围户 18 户，罚款 2118 元，停业整顿旅店业 1 户。

1990 年，举办全县个体户税法学习班。征收个体工商户所得税 2.1 万元，完成年计划的 205.7%。

1993 年 4 月，县政协牵头，组织对全县个体私营经济发展状况进行调查，全县个体户增至 1722 户，从业人员 2125 人。5 月，成立古丈县非公有制经济领导小组办公室。

1994 年，全县私营企业 9 户。新发展个体工商户 461 户，从业人员 609 人。全县个体工商户 2147 户，从业人员 2793 人，注册资金 409.1 万元，总产值 584.1 万元，营业额 3455.4 万元，商品销售额 2540.2 万元。收取个体工商户管理费 9 万元。

1995 年，全省实行统一登记注册代码。全县个体工商户 2256 户，占全县家庭户总数的 11.3%；从业人员 2963 人，占全县劳动人口的 9%，占剩余劳动力的 68%；总注册资金 612.2 万元，总产值 816.3 万元，总销售额 4823.1 万元；社会消费品零售额 3763.7 万元。开展经营作风大检查，没收霉烂变质食品、折合人民币 12191.80 元，假烟 217 条、折合人民币 2604 元，假酒 42 瓶、折合人民币 383 元。表彰文明经营户 213 户。

1998 年 11 月 12 日，县政府印发《发展民营经济实施细则》。

1999 年，全县个体工商户 4478 户，从业人员 5704 人，注册资金 1581.5 万元；私营企业 22 户，从业人员 362 人，注册资金 1091 万元。全县个体私营经济完成产值 2598 万元，销售额 8897 万元，安置下岗职工 523 人。

2010 年，全县个体工商户 1838 户、其中新登记个体工商户 266 户，从业人员 5514 人，注册资金 6433.5 万元。开展全县市场主体清理普查专项行动，清查个体工商户 1827 户、内资企业 54 户、私营企业 189 户，清查出无照经营 186 户，补办营业执照 66 户，办理食品流通许可证 25 户，引导和帮助经营户补办卫生许可等前置手续 13 户，发放农资宣传资料 30 本，填写市场巡查表 1700 份。开展烟花爆竹及危险化学物品大检查专项行动，检查烟花爆竹经营户 46 户，液化汽销售点 8 个，加油站 5 个。开展卷烟市场专项检查行动，检查卷烟经营户 89 户，清理无证无照 56 户，依法取缔 2 户，立案查处假烟案件 30 起，罚没收入 10810 元。开展茶叶市场专项整治行动，检查茶叶经营市场 8 处，茶叶经营企业 3 户，茶叶经营户 35 户，签订质量承诺书 38 份，抽取茶叶样品送检 2 个，取缔无照经营茶叶 1 户，限期办理登记手续 4 户，没收不合格“古丈毛尖”茶叶 68 盒，立案查处 1 件，罚没 5200 元。

第三节　合同商标广告管理

一、经济合同管理

1986 年，全县宣传《中华人民共和国经济合同法》，开展合同调解仲裁，调解合同纠纷 21 件，调解金额 160 万元。

1987 年，推行经济合同鉴证，确认无效合同 3 件。

1989 年，确认无效合同 27 件，为当事人挽回经济损失 400 万元。开展“依法收贷”合同调解仲裁工作，调解借款合同纠纷 3500 起，为金融部门收回贷款 170 万元。

1995 年，实行动产抵押登记及合同“三证”制度。

1996 年 4 月，县政府根据《中华人民共和国担保法》规定，发布《关于企业动产抵押物和乡（镇）、村企业等建筑物进行抵押登记的通知》，规定以企业动产抵押物和乡（镇）、村企业等建筑物进行抵押担保必须办理抵押登记。

1999 年 10 月，县工商行政管理局举行新《中华人民共和国经济合同法》宣传活动 3 次，发放宣传资料 312 册，接待来信、来访咨询 280 人次，答复来访信件 32 件。开展合同争议行政调解，推行合同“三证”制度和合同示范文本制度。

2000 年，开展“重合同、守信用”评比活动，全县评选出“重合同、守信用”单位 4 个。

2002 年，鉴证经济合同 55 份，鉴证金额 340 万元。检查经济合同 25 份，金额 450 万元，其中不合格经济合同 8 份，金额 250 万元，确认无效合同 1 份。受理经济合同纠纷案件 7 起，争议金额 250 万元，调解结案 7 起，为企业避免经济损失 71 万元。

2010 年，开展供电、供水、医疗、保险、餐馆、旅店等行业经济合同监管。检查经济合同 35 份，受理经济合同争议 2 件，争议金额 150 万元。开展“守合同、重信用”企业评选活动，向省、州推荐 5 户企业，2 户获湖南省“守合同、重信用”企业证书，3 户获湘西州“守合同、重信用”企业证书。

1987—2010 年，全县办理动产抵押登记 132 件，被担保主债权金额 2.94 亿元，其中新增被担保主债权金额 1.82 亿元。

二、商标管理

1988 年 1 月，查处县烟草专卖公司销售假冒香烟“飞人”“湘衡”注册商标违法行为。

1990 年 5 月，清理全县酒类商标，发现县酒厂“古支”“谷溪”两种注册商标不规范标识 20 万张。销毁古阳镇食品饮料厂未经许可擅自使用“青龙牌”假冒茶叶商标 72698 张。

1991 年，查处零陵烟厂新田供销处和县烟草公司违规销售无注册商标卷烟行为，罚款 1000 元，收缴无注册商标卷烟。验证 11 件注册商标，发现“山茶”鸟刨、“谷溪”白酒、“古丈”药酒商标使用期满未申请续展，“武陵”牌重晶石商标连续 3 年未使用。

1998 年 6 月，县政府成立重点产品创优夺牌工作领导小组。

2000 年，“古丈毛尖”地理标志证明商标通过国家商标局评审。

2003 年，重点查处仿冒蓝带啤酒不法行为，检查经营网点 35 户，立案查处 3 起，没收冒牌“超爽”啤酒 14 件；查处商标违法案件 3 件，没收假冒商标标识 1000 份。到企业召开座谈会 8 次，组织商标知识培训 5 期，发放《中华人民共和国商标法》宣传资料 500 份。

2007 年，县茶业研究发展中心“古丈毛尖”商标和县小背篓茶业有限公司“青青背篓”商标申报湖南省著名商标。企业续展和变更商标 3 件，新注册商标 2 件。

2008 年，“古丈毛尖”茶叶商标被认定为湖南省著名商标。

2009 年，县小背篓茶业有限公司“青青背篓”茶叶商标被认定湖南省著名商标。全县有湖南省著名商标 2 件，农副产品商标 2 件，地理标志商标 1 件。

2010 年，“古丈毛尖”申报中国驰名商标。全县注册商标 76 件。查处假冒“花花公子”商标案件，罚款 2000 元。全年查处侵犯注册商标专用权案件 3 件。

三、广告管理

1986 年，开展广告整顿活动 2 次，收回招牌、公章与字号名称“三不符合”招牌 5 块、公章 22 枚。1990 年，加强户外广告管理。查处虚假广告 30 起，登记合法广告 75 起。

1994 年，登记户外广告 420 块，收取广告规费 3530 元。

2003 年，整治违法医疗、药品、食品广告。对全县 10 家广告经营单位进行整顿，查处违法广告案件 5 件。责令县中医院、县红十字会医院限期整改不规范广告。检查“非典”防治药品广告发布情况，清理整顿“非典”预防店堂广告、路牌广告、张贴广告、印刷品广告，立案查处 1 起，处罚 1000 元。

2004 年，检查 6 家医疗单位广告发布情况，对县红十字会医院、县卫生防疫站违规发布医疗广告进行处罚。办理户外广告登记 110 件、印刷品广告登记 52 件、店堂牌匾发布登记证 220 份。清理整治县城内未经审查登记户外广告。

2005 年，全年检查广告市场 6 次，发现违法广告 1 条，收缴印刷广告 250 份，清除“牛皮癣”广告 500 条。

2010 年，全县广告经营户 12 户，从业人员 41 人，经营额 152 万元。开展虚假违法广告专项整治，监测、检查户外广告 58 条次、印刷品广告 1200 张次，查处广告违法案件 5 件，罚款 2800 元。开展非法“性药品”和医疗器械广告专项整治。对时红广告公司、金石广告公司、县电视台广告经营部等 5 家取得广告经营权的公司进行专业培训。

第四节　消费者权益保护

1991 年，在全县城乡集市进行检查 21 次，查处市场销售假冒伪劣商品、未准上市物资和短斤少两、欺行霸市、无照经营等违法违章案件 206 起。

1994 年，发放《中华人民共和国消费者权益保护法》问答卷 2000 份，设置经常性咨询点 3 处，举报箱 16 个，接到举报电话 6 人次，现场投诉 13 起。

1995 年，县工商管理局接待群众来信来访 271 人次，受理群众举报 58 起，为群众挽回经济损失 10030 元。

1998 年，开通”3·15”热线电话，在县工商行政管理局和工商所设立 7 个消费者投诉台，受理消费者投诉。

2003 年，围绕“放心消费环境年”主题，开展“3·15”打假活动。5 月，开展消费者信得过单位、消费者信得过品牌推荐评选活动，推荐州级信得过品牌 2 个，清理审查已获州信得过单位 8 户，取消 5 户不符合条件单位的荣誉称号，新审批县级信得过单位称号 11 户。通过“12315”热线电话，受理投诉 10 人次，开展法律咨询服务 11 人次，受理消费者投诉案件 19 件，处理 19 件，为消费者挽回损失 0.62 万元。全县查处侵害消费者权益案件 10 件，案值 2.5 万元。

2007 年，开展“农村食品市场整顿年”活动，首次推行商品质量快速检测工作，在 4 个工商所配备现场快速检测箱等设备，4次检测保健品食品、儿童食品、调味品、酒类等24类商品10个批次，合格率86%。在流通领域推行流通环节食品索票索证和进销货台账制度，印制经营者进销货台账2000本，逐户上门指导经营者建立健全食品索票索证和进销货台账制度。

2010年，在城关、罗依溪、默戎、草潭4个工商所设立消费者维权站，与12315消费者投诉举报中心联动。开展12315进社区、进学校、进乡村、进超市、进市场活动，扩大消费者维权渠道。开展工商系统12315行政执法体系建设，在全县22个建制村建立消费者投诉站，开通省、州、县、所四级消费者投诉网络联网。全年受理消费者申诉投诉210件，查处侵害消费者权益案件5件，案值6.5万元，为消费者挽回经济损失11.6万元。

第五节　经济检查

1988年，查处投机倒把案件6起，罚款15000元。其他违法违章案件115起，罚款2000元。没收不合格计量秤58把，收缴假银圆42块。查处县林业局干部汤某利用职务便利，为非法木材经营者提供木材指标案；县供销联社干部黄某非法套购黄豆24900千克，牟取暴利案。

1989年11月，开展全县各行业工商户经营作风检查，查出假茅台酒6瓶，无商标假冒橘子液515瓶，过期酱油23.5千克，变质糕点127袋，劣质棉絮190床，折合人民币7805元。查处擅自超经营范围18户，罚款2118元，停业整顿旅店业1家。全年办理经济案件17起，罚款58332.70元。

1994年，检查农资经营户42户，电影、录像放映点26户，油菜籽收购点42个，经营副食208户。整顿8个集贸市场，取缔无照经营户40户，取缔无照经营农资8户，没收失效农药83瓶、劣质种子40千克、非法出版磁带67盒、变质食品折合人民币39831.2元、不合标准秤60把。责令停业17户，立案查处无照经营农资1户、经营失效农药1户，没收非法经营油菜籽8600千克，罚款2700元。

1999年，检查酒店、酒铺、酒厂560户，查获假冒“川酒王”牌白酒12瓶，不符合质量标准的散装白酒500千克，假冒劣质饮料1993瓶、副食1870瓶、日化用品164盒、香蕉汽酒140件（1800瓶）、假冒龙凤牌酱油42件（540瓶）、过期变质食品180袋。捣毁制假粮白醋、陈醋、龙凤牌酱油窝点1个，收缴制假工具3件、假冒商标标识4000张、包装盒1000个、醋精15桶、十二烷基本磺酸160千克，工业用盐200千克。销毁假冒产品粮白醋、陈醋400千克，龙凤牌酱油500千克。

2007年，开展“农村食品市场整顿年”活动，加强食品安全监管。检查食品经营户382户次，没收不合格注水牛肉200千克，查处制售假冒伪劣食品案件11件。推行创建“无传销社区”“无传销乡镇”，开展“防止传销进校园”活动。

2010年，开展以无无照经营、无假冒伪劣、无传销活动、无消费投诉积案、无对工商干部投诉监管区创建活动，强化市场监管。检查食品经营户384户、超市8户次、农贸市场11个，捣毁假冒伪劣食品窝点5个，封存“问题食品”718袋（盒），销毁不合格食品692千克。开展“红盾护农行动”，查处违法经营农资案件5件。查处制售非法出版物案件7件，没收淫秽光盘、书刊450张（本）。开展烟酒类市场专项整治，检查经营户126户、超市2家，查处无烟草零售许可证42户，取缔无照经营户11户，查扣假冒郎酒249瓶、劲酒24瓶。开展农村市场专项整治，检查食品经营户384户次，查扣假冒伪劣食品125千克，立案查处3件，罚款7200元。

第六节　个体劳动者协会

1986年12月，县个体劳动者协会（“个协”）会员639户，从业人员895人。1987年7月，召开第二届个体劳动者协会委员会三次扩大会议，县个体劳动者协会委员会改为县个体劳动者协会理事会，会员827户，从业人员1025人。1989年，组织个体工商户开展文明经营，抵制“三乱”（乱收费、乱摊派、乱罚款），维护自身合法权益，古阳个协分会为北京亚运馆建设捐款2295元、为城关乡鞭炮厂6名烧伤女工捐赠480元。1994年，山枣乡茯苓菌种厂荣获湖南省“先进私营企业”称号。1997年，个体劳动者协会更名为个体劳动者私营企业协会（个私协会）。2010年1月，全县“个私协会”会员2243户，从业人员5794人。开展维权活动，受理会员投诉13起，为24户会员挽回经济损失15000元。

第四章　国土资源管理

1987年3月，古丈县国土管理局成立，设地籍管理股、建设用地股、法规监察股、国土区划股和办公室，工作人员12人。1988年7月，增设测绘队。1988年10月，县矿产资源开发管理办公室成立，为局级事业单位，干部职工2人。1989年11月，县矿产资源开发管理办公室更名为县矿产资源管理局，为副科级事业单位。1995年11月，县矿产资源管理局更名为县地质矿产局。

2001年10月，县国土管理局和县地质矿产局合并，成立县国土资源管理局，设办公室、规划耕保股、建设用地股、地籍地产管理股、财务股、地质矿产管理股、测绘管理股、执法监察股。2002年，成立土地开发整理收购储备中心、国土资源执法监察大队。2007年，增设政工股。

2010年，县国土资源管理局内设机构不变，干部职工49人。20世纪90年代始，随着县域经济建设快速发展，建设用地需求不断增长，土地供需矛盾日益突出。1996年，全县人均耕地839.16平方米。2005年，降至739.26平方米。

1987—2000年，县国土管理局历任局长：向功林，张应寿，邓锋。

1989—2000年，县地质矿产局历任局长：何林富，朱峰，鲁开玉，张培，文启发。

2001—2010年，县国土资源管理局历任局长：邓锋，傅建华，文启发。

第一节　土地资源调查

一、测绘调查

1990年6月，开展土地资源详查。1993年8月，土地资源详查结束，查出全县总面积1286.47平方千米，其中陆地面积1261.02平方千米、水域面积25.45平方千米；常耕地76.3平方千米，其中水田56.48平方千米、旱地19.82平方千米；人均耕地0.687公顷；陆地植被覆盖率72.3%。当年，在13个乡镇进行土地登记发证，按照“权属来源合法，界址清楚，面积准确”要求，发证5552本，其中集体土地建设用地使用证5467本，国有土地使用证85本。完成524宗权属定界，查出全县有较大土地权属争议266处，实际调处251处，调处率为94.36%。

1995年，完成古阳镇建成区基准地价评估及土地详查后续工作。规定古阳镇建成区土地级别和地价。土地一级：综合用地每平方米700元，商业用地每平方米850元，工业用地每平方米520元，住房用地每平方米450元；土地二级：综合用地每平方米255元，商业用地每平方米350元，工业用地每平方米250元，住房用地每平方米160元；土地三级：综合用地每平方米75元，商业用地每平方米120元，工业用地每平方米70元，住房用地每平方米30元。

1998年，对古阳镇建成区范围内1850宗土地开展权属调查，解决权属纠纷600起。

2008 年，第二次土地调查。农村部分，完成 12 个乡镇 126 个建制村共 67 幅分幅图外业调绘及自检工作；城镇部分，完成 9 个 GPS 加密点布设，80 个一级导线点和 250 个图根点布设。当年，调处红石林花兰天坑土地使用权纠纷和古阳镇地籍权属界线纠纷等 7 起。

2009 年，完成全县基准地价更新评价。古阳镇建成区土地划分为五级，罗依溪镇、红石林镇、默戎镇建制镇土地划分为三级。基准地价为级别基准地价，按土地用途分为商业用地基准地价、工业仓储用地基准地价和住宅用地基准地价。是年，建立土地市场动态监测与监管系统，完成 2007—2009 年度数据。解决土地权属纠纷 70 起。完成全县农村外业调绘，调绘面积 1281.7 平方千米，通过省第二次土地调查办公室外业预检。开展农村土地调查数据库建设。地形测量、2000 宗宗地权属调查和界址点测量全部完成。

2010 年，完成年度土地利用现状数据库变更调查。调处土地权属纠纷 30 起。

2010 年古阳镇土地级别及基准地价一览表

表 21-1

单位：元 / 平方米

用地类型	一级	二级	三级	四级	五级
商业用地	1593	1089	760	486	310
住宅用地	598	426	339	265	208
工矿仓储用地	458	336	266	208	168

2010 年罗依溪镇、红石林镇、默戎镇土地级别及基准地价一览表

表 21-2

单位：元 / 平方米

建制镇	一级			二级			三级		
	商	住	工	商	住	工	商	住	工
罗依溪镇	735	364	249	469	267	204	241	190	162
红石林镇	509	322	206	418	209	187	203	175	162
默戎镇	523	309	216	229	182	162	—	—	—

二、土地规划

1998 年，编制《古丈县土地利用总体规划（1998—2007 年）》。

1999 年，编制《古丈县土地利用总体规划（1997—2010 年）》。《规划》以 1996 年土地利用现状调查变更资料为基础，对县城土地资源持续利用、土地利用现状、土地整理、开发利用潜力、土地供需趋势等问题进行分析研究，在此基础上确定土地利用目标、方针，统筹安排各业用地。

2008 年，编制《古丈县土地利用总体规划（2006—2020 年）》。规划基期年为 2005 年，规划期 2006—2020 年。规划明确：至 2010 年全县农用地面积 1217.47 平方千米，占全县土地总面积的 94.65%，其中耕地 84.17 平方千米，占全县土地总面积的 6.54%；园地 21.5 平方千米，占全县土地总面积的 1.67%；林地 1034.25 平方千米，占全县土地总面积的 80.41%；其他农用地 77.55 平方千米，占全县土地总面积的 6.03%；建设用地 23.58 平方千米，占全县土地总面积的 1.83%，其中建制镇用地 3.38 平方千米，占全县土地总面积的 0.26%；农村居民点用地 11.31 平方千米，占全县土地总面积的 0.88%；采矿用地 1.35 平方千米，占全县土地总面积的 0.10%；其他独立建设用地 1.46 平方千米，占全县土地总面积的 0.11%；交通运输用地 4.17 平方千米，占全县土地总面积的 0.32%；水利设施用地 1.22 平方千米，占全县土地总面积的 0.10%；其他建设用地 0.68 平方千米，占全县土地总面积的

0.05%；未利用地 45.17 平方千米，占全县土地总面积的 3.51%。

生态保护区主要包括栖凤湖风景区、红石林国家地质公园、坐龙峡森林公园和高望界林场等，保护区总面积 40 平方千米，占全县土地总面积的 3.10%。生态控制区总面积 25.56 平方千米，占全县土地总面积的 1.99%。

第二节 土地利用

1993 年，全县土地利用现状结构：耕地 93.54 平方千米，占全县总面积的 7.27%，其中水田 73.61 平方千米，占耕地总面积的 78.7%；旱地 19.63 平方千米，占耕地总面积的 21%；菜地 0.28 平方千米，占耕地总面积的 0.3%。园地 11.1 平方千米，林地 1012.8 平方千米，城镇村及工矿用地 16.7 平方千米，交通用地 3.51 平方千米，水域 25.21 平方千米，未利用地 123.39 平方千米。

1999 年，实行土地用途管制。

2005 年，编制土地利用年度计划。全县土地利用率 96.35%，比全省土地利用平均水平高 4.17 个百分点。垦殖率 7.95%，低于全省 18.01% 的平均水平。农用地占土地总面积的 94.65%，比湖南省平均水平高 9.98%。林地占全县土地总面积的 80.29%，高于湖南省平均水平 56.13%。县境东部高峰、高望界、岩头寨 3 个乡镇以林地为主，县境南部默戎、坪坝、河蓬 3 个乡镇的经济林和经济作物用地比重较大，县境中部古阳、双溪、罗依溪 3 个乡镇的独立工矿、交通水利用地和园地比重较大，县境西部和北部的断龙山、红石林、罗依溪 3 个乡镇的耕地比重较大，地域差异比较明显。

2010 年，全县 25 度以上坡耕地退耕还林 13.1 平方千米。全县有耕地面积 84.17 平方千米，园地面积 21.5 平方千米，林地面积 1034.25 平方千米，交通运输用地面积 4.17 平方千米。

2010 年古文县土地利用结构情况一览表

表 21-3

土地类别	面积（平方千米）	占总面积比例（%）
耕地	102	7.93
园地	50	3.89
林地	1050.6	81.67
草地	10.4	0.81
交通运输用地	7.47	0.58
水域及水利设施用地	27.7	2.15
其他土地	17.7	1.38
城镇村及工矿用地	20.52	1.60

2010 年古文县各类土地分布利用情况一览表

表 21-4

土地类别		占同类土地面积比例（%）	面积（平方千米）	占土地总面积比例（%）
耕地（01）	水田（011）	87.71	89.39	6.95
	水浇地（012）	0	0	0
	旱地（013）	12.29	12.52	0.97

续表 21-4

土地类别		占同类土地面积比例（%）	面积（平方千米）	占土地总面积比例（%）
园地（02）	果园（021）	48.07	24.03	1.87
	茶园（021）	19.10	9.55	0.74
	其他园地（021）	32.83	16.41	1.28
林地（03）	有林地（031）	91.55	961.79	74.77
	灌木林地（032）	3.08	32.38	2.52
	其他林地（033）	5.37	56.44	4.39
草地（04）	天然牧草地（041）	0	0	0
	人工牧草地（042）	0	0	0
	其他草地（043）	100.00	10.4	0.81
交通运输用地（10）	铁路用地（101）	17.44	1.3	0.10
	公路用地（102）	33.61	2.51	0.20
	农村道路（104）	48.92	3.65	0.28
	机场用地（105）	0	0	0
	港口码头用地（106）	0.03	0.0022	0
	管道运输用地（107）	0	0	0
水域及水利设施用地（11）	河流水面（111）	81.39	22.53	1.75
	湖泊水面（112）	0	0	0
	水库水面（113）	3.03	0.84	0.07
	坑塘水面（114）	1.84	0.51	0.04
	沿海滩涂（115）	0	0	0
	内陆滩涂（116）	0	0.054	0
	沟渠（117）	13.39	3.7	0.29
	水工建筑用地（118）	0.18	0.048	0
	冰川及永久积雪（119）	0	0	0
其他土地（12）	空闲地（121）	0	0	0
	设施农用地（122）	0.21	0.036	0
	田坎（123）	95.46	16.9	1.31
	盐碱地（124）	0	0	0
	沼泽地（125）	0	0	0
	沙地（126）	0	0	0
	裸地（127）	4.33	0.76	0.06
城镇村及工矿用地（20）	城市（201）	0	0	0
	建制镇（202）	13.98	2.86	0.22
	村庄（203）	80.55	16.63	1.28
	采矿用地（204）	5.20	1.06	0.08
	风景名胜及特殊用地（205）	0.27	0.056	0
全县土地总面积		100.00	1286.47	100.00

第三节 土地征收

1998年，实施省道1828线公路古丈段拆迁，制定征地办法和补偿标准，征地1.1平方千米，迁坟361座。

2002年，为县城红星小区建设、旧城改造等重点工程提供用地。组织实施罗依溪镇栖凤大道0.8平方千米土地开发工程项目前期准备工作。2005年，开展焦柳铁路古丈段变电场征地拆迁扫尾工作，新征土地10373.3平方米，回收原铁路红线内用地6776.3平方米，拆迁房屋10栋。2006年，为德物华矿业发展有限公司年产100万吨水泥生产线用地项目、恒源锰业有限责任公司等重点工程提供用地。2007年，完成河西至保靖县迁陵25千米公路改造、红石林镇至永顺县哈尼宫变电35千伏线路、全县移动"村村通"等县重点项目征地拆迁工作，征地0.37平方千米。2008年，神土地旅游超市项目、红石林镇烟草工作站、华源硫酸有限公司和默戎镇集镇中心区工程建设等用地项目报批用地面积87614平方米。

2009年，上报省国土资源厅审批用地项目5个：红石林镇河西至保靖县迁陵镇公路工程（古丈段），面积0.38平方千米；县城污水处理厂工程建设，面积16701平方米；县移动塔基站，面积10205平方米；红石林国家地质公园旅游开发项目，面积11860平方米；县联通公司基站工程，面积882平方米。

2010年，张花高速古丈连接线项目征收耕地0.068平方千米，其中基本农田0.047平方千米。全县新增年产2万吨超重质碳酸钙、年产5000吨五氧化二钒异地扩建、湘西州王村（芙蓉镇）生态文化旅游景区酉水文化走廊及停车场、扩建及分割冷鲜肉类深加工、年产8万立方米石材精深加工5个建设项目，用地总面积0.36平方千米。

1993—2010年古丈县重点项目征地面积一览表

表21-5　　单位：平方千米

项目名称	时间	面积
古丈县城镇综合开发小区	1993年6月	0.013
常古街项目	1998年12月	0.12
省道1828线改扩建工程	1998年11月	1.1
1828线改扩建工程县城安置区	1998年12月	0.048
栖凤大道及两厢储备用地	2002年8月	0.19
栖凤湖大坝工程	2003年5月	0.074
张家界至罗依溪公路改扩建二期工程	2003年11月	0.29
古丈县城北新区建设	2003年8月	0.096
古丈县年产100万千克干法水泥生产线	2006年2月	0.15
古丈县100万千克水泥厂研发生活区项目	2008年3月	0.037
红石林国家地质公园旅游开发项目	2009年3月	0.012
古丈县城市污水处理厂项目	2009年3月	0.016
古丈县河西至保靖县城公路工程	2009年5月	0.35
湘西自治州王村（芙蓉镇）生态文化旅游景区酉水文化走廊及停车场建设项目	2010年9月	0.073

第四节　建设用地管理

1989 年，建设用地实行计划管理。1992 年，土地使用制度改革，国有土地实行有偿使用。全年收取各种土地使用费 260 万元，上缴县财政土地收益费 118 万元，占全县财政收入的 17.32%。

1993 年，土地使用制度改革，全县地类分为 3 等，并标定地价。

是年，国家建设用地 7 宗，面积 52414 平方米，占计划的 68.5%；乡镇集体建设用地批准数为零；农村个人建房用地 21864 平方米，占计划的 38.6%。全县总批用地 72947 平方米，其中耕地 53766 平方米。

2000 年，建立健全土地集约利用机制和土地市场机制，实施以有偿供地为主的多种供地方式，实现由行政配置为主向市场配置为主转变，经营性用地实行招标、拍卖、挂牌出让。

2002 年，抓土地资产管理，深化土地使用制度改革，盘活企业闲置土地，10 家国有改制企业土地资产依法完善土地权属有关手续。

2005 年，县城市建设综合开发有限责任公司太阳城新城扩容项目、医药公司、双溪粮站 3 宗土地出让，其中拍卖 1 宗，挂牌 2 宗，总面积 0.1 平方千米，出让总金额 1051.6 万元。

2006 年，各乡镇粮站改制土地、五交化公司改制土地 11 宗出让，其中挂牌出让 10 宗，拍卖 1 宗，总面积 5455 平方米，出让总金额 45.9 万元。

2007 年，坚持“依法依规，从严从紧，有保有压，节约集约”方针，加强建设项目用地报批管理。是年，红石林镇河西供销社、断龙山乡供销社、罗依溪粮站、河西粮站、县民族艺术工艺厂、县民族竹木工艺厂、县民族服装厂等改制土地招拍、挂牌、出让 32 宗，其中拍卖 29 宗，挂牌 3 宗，总面积 25835 平方米，出让总金额 282.4 万元。

2008 年，恒源锰业有限公司年产 1 万吨电解金属锰项目、县自来水厂、县建设局和妇幼保健站 5 宗土地出让，其中拍卖 3 宗，挂牌 2 宗，总面积 33915 平方米，出让总金额 418.8 万元。

2009 年，县第一装卸运输公司、县财政局老办公楼、古阳镇人民政府、县非金属矿业公司 5 宗土地出让，其中拍卖 4 宗，挂牌 1 宗，总面积 6652 平方米，出让总金额 217.04 万元。

2010 年，县政府招待所宗地 3186.6 平方米公开拍卖，拍卖总价款 1900 万元，为历年来处置改制企业土地收益最高。

第五节　土地保护

一、基本农田保护

1997 年，初次划定基本农田保护区。

2005 年，重新调整划定基本农田保护区。全县耕地 101.9 平方千米，第二次土地调查基本农田净面积 76.86 平方千米。其中水田 68.86 平方千米，占基本农田的 89.59%；旱地 8 平方千米，占基本农田面积的 10.41%。基本农田主要分布在岩头寨镇、断龙山乡和高峰乡等地势较平坦地区，其中岩头寨镇最多，为 11.92 平方千米，高望界乡最少，为 1.97 平方千米。

2007 年，实行基本农田保护目标管理责任制，县政府均与各乡镇政府签订基本农田保护责任状，将基本农田保护纳入对各乡镇人民政府的“四个文明”（政治文明、物质文明、文化文明、精神文明）考核指标。全县设立基本农田保护碑 23 块。

2005 年古文县各乡镇基本农田面积一览表

表 21-6 单位：平方千米

乡镇	面积	乡镇	面积
古阳镇	3.38	断龙山乡	10.46
罗依溪镇	1.24	坪坝乡	6.9
红石林镇	7.82	河蓬乡	3.83
默戎镇	7.71	高望界乡	1.97
岩头寨镇	11.92	山枣乡	7.02
双溪乡	4.49	高峰乡	10.06

二、土地开发整理复垦

1989 年，改造冷浸田 1.08 平方千米，修冷浸沟 758 条，长 13.2 万米；复垦废弃地 4.8 万平方米，开垦旱地 39.8 万平方米，开垦稻田 8 万平方米。

1993 年，全年开发土地 14.51 平方千米，其中旱地 9.9 万平方米，稻田 5.3 万平方米，茶园 3.96 平方千米，果园 0.98 平方千米，造林 6.77 平方千米，其他用地 2.63 平方千米。完成土地复垦 7 万平方米，其中采石场 36133 平方米，砖瓦场 28533 平方米，其他 5333 平方米。1996 年，新开发耕地 1.3 平方千米，实现净增耕地 1.29 平方千米。1994 年，查处罗依溪王家堡瓦匠占用稻田制瓦，制瓦稻田得到复垦。

2001 年，投资 200 万元，实施茄通乡茄通村土地整理项目，增加耕地 0.26 平方千米。2003 年，实施 4 个土地开发整理项目，实现新增耕地 0.6 平方千米。2006 年，完成坐龙溪国家补助土地整理项目、茄通乡土地整理项目和断龙山乡尚家村土地整理项目，完成投资 890 万元，实现新增耕地 0.93 平方千米。

2007 年，实施省财政项目红石林镇花兰 0.19 平方千米土地开发，完成投资 64 万元，新增耕地 0.13 平方千米，确保全县耕地总量动态平衡。2008 年，建立健全土地开发整理机制，强化监督管理各项措施，抓在建土地整理项目建设，完成双溪土地整理项目、断龙山乡土地整理项目、断龙山小白开发项目、红石林花兰土地开发项目等项目，实现新增耕地 0.5 平方千米。2009 年，土地开发整理补充耕地 10 万平方米，保持耕地占补动态平衡，确保耕地数量不减。

2010 年，投资 1101.6 万元。完成土地开发整理 2.2 平方千米，新增耕地 1.9 平方千米。

“十一五”期间（2006—2010 年）实施土地开发整理 8.49 平方千米，新增耕地 3.49 平方千米。

三、土地监察

1987 年，全面清查全县非农建设用地。1988 年，清查出非农业建设用地 5030 户村民和 61 个国营集体企业建房 4829 栋，占地 1.1 平方千米，补办手续 4240 户，占应补办总数的 99%；罚款 22391 元，退地 0.12 平方千米，违法占田建房 41 户全部依法拆除。

1990 年，清理党政干部营建私房，依法处理违法用地户。

1993 年，清理古阳镇国有土地使用权转让、出租，收取出让金 13000 元。清理全县土地隐形市场。清查土地使用权出租 212 宗，面积 9458.36 平方米；非法出租划拨土地使用权行为 139 起，面积 4713.6 平方米，处理补办手续 136 起，面积 4546.66 平方米。清查划拨土地使用权转让行为 90 宗，面积 38901.8 平方米；处理补办手续 86 宗，面积 38403.9 平方米；立案查处 1 宗，没收非法收入 8871.8 元，罚款 571.2 元。收取土地出让金 56773.8 元。

2003年，开展土地市场秩序清理整顿。31宗违法用地补办有关手续，清补出让金和税费20万元，立案查处1宗。

2004年，全年查处土地违法行为3宗，面积1208.75平方米。其中非法占田建房1宗，面积1142.75平方米。

2005年，全年查处非法占用稻田建房行为4宗，面积334平方米。

2007年，清理城乡接合部、建制镇及S229公路两侧土地闲置土地，开展土地执法百日行动，清理整治集体土地“以租代征”违法行为。清查出“以租代征”违法用地4宗（张氏锰业有限责任公司、民生实业有限责任公司、宏泰锰业有限责任公司、留心矿业有限责任公司租用集体土地进行非农建设），总面积27840平方米。发现违法行为60宗，立案查处4宗，及时制止56宗。

2008年，查处2宗锰矿企业以租代征违法用地行为。立案查处非法钒窑用地36宗（其中坪坝乡19宗，默戎镇12宗，岩头寨乡5宗）。

2010年，开展“土地卫片”（即国家利用卫星遥感监测等技术手段，将某个地区的土地利用情况制作成叠加监测信息及有关要素后形成的专题影像图片）执法检查暨建设用地清查。查出县城污水处理厂项目少征多占违法行为，非法多占土地11680平方米（其中耕地8620平方米），对项目实施单位县建设局罚款10.1万元。对城乡接合部土地市场清理整顿，清理出违法用地356宗，总面积0.31平方千米，其中S229公路两侧225宗，面积51000平方米；项目非法占用土地3宗，面积0.18平方千米，其中栖凤大道0.08平方千米、垃圾填埋场0.08平方千米；矿区非法占用土地6宗，面积0.05平方千米（临时用地）。对恒源锰业有限公司进行立案查处，罚款1.34万元，责令办理临时用地手续。红石林、坐龙峡、高望界景区非法占用土地33宗，面积5000平方米；县城规划区内个人非法占用土地89宗，面积17800平方米，其中城镇居民占用集体土地建房15宗，面积3000平方米。

第六节　矿产资源管理

一、矿山登记发证

1987年，对县水泥厂水泥用石灰岩和县建筑公司采石场登记发证2宗。1991年，全县采石场登记发证12宗。1993年，矿山开采证发证59宗，其中城关乡33宗，双溪乡9宗，古阳镇6宗，默戎镇5宗，罗依溪镇5宗，国营高望界林场1宗；全县开发利用矿种有磷矿、硫铁矿、锰矿、铜矿及各种砂石共5个矿种，其中当年新开发矿种有锰矿、铜矿和方解石；开采各种矿石3.8万吨，其中磷矿3.4万吨，硫铁矿0.4万吨，锰矿100吨，铜111吨，方解石100吨，总产值214万元。

2001年，全县采石场登记发证21宗。2004年，湘西自治州张氏锰业有限公司野竹乡坪家村野竹烂泥田北段锰矿等矿山登记发证30宗。2005年，矿山登记发证42宗，挂牌出让采矿权3宗。2010年，采矿权、探矿权审批发证全部进入国土资源部矿业权网上配号系统统一审批配号；全县矿山登记发证72宗。

二、矿产资源补偿费征收

1987年，全县征收矿产资源补偿费1万元。1993年，征收资源补偿费1.8万元，征收11个经营矿石单位管理费6万元。1994年，开展《国务院关于矿产资源补偿费征收管理规定》宣传。1995年，矿产资源补偿费征收与采矿权年检和矿山储量动态监管相结合，确保矿产资源补偿费征管到位。除县内采石场、磷矿、锰矿外，其他矿种资源补偿费由省国土资源厅和州国土资源局征收。2010年，征收矿产资源补偿费12万元。

第五章　质量技术监督

1986年，古丈县标准计量管理所负责全县计量质量管理工作，工作人员4人。1988年5月，撤销县标准计量管理所，设立县标准计量管理局，设标准计量股、法制股和办公室，干部职工6人。1990年，增加质量管理职能。1991年3月，更名为县技术监督局，增设质量股。1996年1月，增设质量监督管理及计量检定所。1999年11月，实行垂直管理体制（由省直接管理）。

2000年1月，更名为质量技术监督局。10月，增设稽查队、特种设备安全监察股。2005年，食品监管职能划归质量技术监督局。2006年2月，增设食品质量安全监管股。县质量技术监督局设办公室、标准质量股、计量股、监督股、质量监督检验和计量检定所、稽查队、特种设备安全监察股、食品质量安全监管股，工作人员15人。2010年，内设机构和工作人员不变。

1986—1987年，县标准计量管理所所长：王远月。

1988—1991年，县标准计量管理局局长：张显柏。

1991—2010年，县质量技术监督局（技术监督局）历任局长：张显柏，田维生，彭明文。

第一节　计量管理

一、计量检定

2001年，开展世界计量日宣传活动、计量咨询服务，宣传计量法律法规和计量知识。

2003—2007年，强检计量器具台账全面准确率100%；计量标准器受检率100%和强检计量器具受检率95%；法定计量机构考核合格率100%。在省、州业务部门计量检定抽查中，合格率100%。

2010年，加强与老百姓生活密切相关计量器具强制检定工作。检定企业5家，强检计量器具120台件，其中燃油加油机25台、衡器5台、压力表30块、天平10台、医用计量器具20台，全县城乡集贸市场杆秤、台秤、度盘秤等计量器具检定30台件，强检率100%。重点对1家肥料厂、3家桶装水厂、2家水泥厂共6家企业进行6个批次计量抽查，确保建材、农资、饮用水生产企业计量准确度，为企业信誉打下基础。

1986—2010年，年均完成计量器具检定900台（件），厂矿企业计量检定率100%，集贸市场计量检定率80%。

二、计量监督

1986年，推行计量单位改革，计量单位由市制改为公制，长度单位里、丈、尺、寸改为千米、米、分米、厘米，将重量单位担、斤、两、钱改为千克、克，将体积单位立方寸、立方尺和面积单位平方丈、平方尺分别改为立方米、立方分米和平方米、平方分米等（“亩”暂时不改），凡表示市制单位计量器具如秤、尺等均废除不用。是年，县计量所与县物价局联合在全县范围内开展“物价计量信得过商店”评选活动。

1993 年，检测范围增加电表、水表等器具。2000 年，检测范围增加血压计、天平、地磅、光学仪器等器具。2007 年，重点检测茶叶企业天平、定量包装情况和工矿企业工业天平、地磅等计量器具，发现 5 台地磅存在计量偏差。2010 年，水表、电表等计量器具强制检测合格率 98%；现场封存不合格计量器具。

第二节 标准化管理

1986年上半年至1987年下半年，调查企业生产状况和产品执行标准情况。35个企业92个产品中，发现执行产品标准 7 个，无标准产品 85 个，无标准生产比例占 92.4%。

1993 年，鼓励企业采用国际标准和国外先进标准。当年采用国际标准、行业标准 25 户，采用率 43%，备案率 100%。是年，颁发企业、事业单位和社会团体统一代码证书。

2002 年 4 月，执行组织机构统一代码标识制度。2007 年，采用国际标准、行业标准企业达到 91 户，备案率 100%。

2008 年，开展农业标准化工作。核准 6 家茶叶企业使用地理标志保护产品专用标志。2009 年，组织省内茶叶专家及企业代表，在国家标准基础上，编制地理标志产品古丈毛尖的茶叶生产地方标准，申报湖南省地方标准。

2010 年，帮助、指导企业制定修订企业标准 83 项。备案企业产品标准 60 项；采国际标准、行业标准率 81%，备案率 100%；新办（换证）组织机构代码 1950 家，年检组织机构代码 1630 家。是年，省质量技术监督局将《地理标志产品古丈毛尖》列入湖南省地方标准第一批制定计划。《地理标志产品古丈毛尖》成为湘西州首个茶类地理标志产品地方标准。

第三节 质量监管

一、质量检查

1986 年，质量检查以抽检定量包装肥料及水泥为主，无其他检测项目。

1994 年，县烟草公司与河南某烟厂发生产品质量纠纷诉至法院，县技术监督局通过提供科学、公平、公正质量检测，为县烟草公司挽回经济损失 120 万元。

2000 年，开展“打假保名”“质监利剑”专项打假行动，把涉及人体健康、人身财产安全产品、影响国计民生重要工业产品、消费者和有关部门反映存在严重质量问题产品和制售假冒名优产品作为执法打假重点，依法整治食品、农业生产资料、建筑材料、矿产、家用电器等市场。

2001 年，开通 12365 举报电话，受理广大消费者投诉。

2002 年，对全县工业企业质量状况进行普查，建立微机数据库。

2007 年，实行食品质量安全市场准入制度，对 30 家新申办、到期复查企业进行现场帮扶，帮助企业完善内部质量管理体系、建立产品出厂检验制度。

2009 年，开展月饼专项整治行动。检查月饼生产加工小作坊 7 家，抽样 10 批次。

2010年，开展质量兴县活动。进行农资打假，检查县内化肥生产企业1户，市场销售店面20个，抽查21批次，其中5批次不合格。开展家电下乡产品专项监督检查，检查4家家电销售企业（门店），确保古丈“家电下乡”产品质量。开展打击违法添加非食用物资和滥用食品添加剂专项整治活动，检查食品企业及小作坊37家，抽样20批次，未发现非法使用食品添加剂。是年，查处质量行政案件25件，罚款23万元。

二、名牌战略

2006年，帮助企业制定创品夺牌规划，指导企业按照国家标准组织生产。2009年，古丈县小背篓茶业有限公司产品“青青背篓”牌古丈毛尖获湘西自治州名牌称号。县有机茶业有限公司产品“倩云”牌古丈毛尖和绿茶、湖南卓良木业有限公司产品“卓明”板材获湖南省名牌称号。2010年，古丈神土地农副特产制品厂产品“神土地”牌蒿草粑获得湘西州名牌称号。

第四节　特种设备安全监察

2001年，开展特种设备安全监察专项整治行动。2004年，普查液化石油气瓶。检查钢瓶5288只，淘汰过期报废及有安全隐患钢瓶288只。启动液化石油气瓶产权转移工作，实现液化石油气瓶产权转移5000只。

2010年4月，开展“中华茶祖节·古丈毛尖万人品评会”期间特种设备安全大检查工作，确保茶祖节期间全县特种设备安全运行。8月，开展特种设备“打非治违”专项行动，拆除自行制造安装特种设备1台。全年出动检查人员700人次检查特种设备使用单位300家，检查特种设备650台（个），抽查气瓶3000只，发出《特种设备安全监察指令书》及《责令改正通知书》211份，消除各类安全隐患248起，立案查处28件。消除一般安全隐患6起。佳源木业有限公司工业锅炉内壁导热不均匀，有严重安全隐患，责令公司请相关专业人员清洗锅炉；湖南恒兴木业有限公司工业锅炉压力表未检测，责令立即送检；红太阳超市电动人行道存在无证非法安装情况，责令聘用有资质专业人员安装。

第六章 食品药品监督管理

1986年，古丈县卫生局药品检验所负责全县药品监督管理工作，为全额拨款事业单位，工作人员5人。1988年10月，县卫生局增设药政股，与县药品检验所一套人马、两块牌子，合署办公。

2000年3月，设立县药品监督管理局，设办公室、药品稽查股、业务股、财务室。核定全额事业编制5名；县药品检验所成建制划归县药品监督管理局，撤销县卫生局内设药政股，其职能划归县药品监督管理局。2001年10月，更名为湘西州药品监督管理局古丈县分局，加挂县药品检验所牌子，定行政编9名，事业编3名，实有9人。2002年1月，实行省垂直管理。2004年6月，更名为县食品药品监督管理局。

2010年，县食品药品监督管理局设办公室、餐饮服务管理股、药品监管股、保健食品化妆品监管股，下设稽查大队和药检所2个二级机构，工作人员15人。

2000—2010年，县食品药品监督管理局（药品监督管理局）历任局长：向圣主，彭武军。

第一节 食品安全管理

1986年，举办《中华人民共和国食品卫生法（试行）》学习班6期，人员425人次。制订《饮食卫生公约》《南杂卫生公约》，下发食品经营单位。开展食品卫生执法检查，检查饭店、餐馆709户，建立从业户管理档案25户。处理变质酒类518瓶、变质大头菜35千克、桂花糖17箱739千克、皮蛋250千克、变质醋40瓶、酱油70千克，罚款1450元。是年，15个乡镇食品卫生从业人员应体检981人，实检934人，体检率95.21%，其中乙肝表面抗原阳性者56人，占体检人数的6%；痢疾带菌1人，阳性率0.1%。检查合格877人，合格率93.9%。发放健康证861人，占应发证总人数的98.18%，新发与核发卫生许可证167家。

1989年，全年执法检查4次，检查128户，两证齐全53户，无证经营75户，处罚17户，销毁变质汽水1384支，酱油9千克，糕点5千克。冷饮抽样35件，合格23件，合格率67.65%；糕点检测12件，合格10件，合格率83.33%；餐具检测12件，合格8件，合格率为66.67%。餐具消毒和冷饮食品合格率居全州第四和第一位。

1994年，组织“三食”（饮食、副食、肉食）从业人员学习《中华人民共和国食品卫生法（试行）》，制定《古丈县1994年食品卫生管理要求》，下发到有关行业（户）1750份。县人大、县政府组织卫生、工商等部门13人执法检查，对古阳镇、罗依溪镇、默戎镇、河西镇执法检查达1000户次，行政处罚28户，警告3户，停业整顿1户，罚款15户金额4330元，销毁不合格食品6272千克。食品从业人员应检户508户，实检户465户，占91.5%，应体检899人，实体检840人，体检率

93.5%，其中检出皮肤病患者1人，乙肝患者42人，占受检者的5.1%。发放卫生许可证351户，健康证59人。冷饮抽检2件，合格2件。餐具抽检175件，合格54件，合格率30.8%。

1996年，县卫生监督所更名为县卫生局公共卫生监督所。检查国营饮食、副食生产经营企业47家，个体饮食、副食经营户71家，办“三食”从业人员培训班1期，参训47人。完成食品从业人员体检45户664人，合格628人，合格率94.6%；培训587人，发健康证561本，发证率91.82%。发卫生许可证392户，发证率87.11%。完成食品卫生检测50份，合格41份，合格率82%。其中冷饮检测47份，合格41份，合格率87%。完成餐具消毒检测57份，合格43份，合格率75%。

2003年，到山枣乡巡回监督，对违反食品卫生管理规定的7户商家罚款3400元，没收假冒伪劣食品200千克，价值300元。全年冷食采样13份，合格6份，合格率46.15%；糕点采样53份，合格50份，合格率99.34%；饮料采样25份，合格18份，合格率72%；餐具采样456份，合格282份，合格率61.84%；酒类采样21份，合格16份，合格率76.19%；粮食及其他采样3份，合格3份，合格率100%。是年，公共场所及化妆品经营应查54户，实查47户，应体检105人，实际参加体检98人，培训98人，体检率93.33%，培训率100%。公共娱乐场所空气和顾客用具进行监测152份，合格109份，合格率71.7%。水样监测40件，合格25件，合格率62.5%。是年，为防止传染性非典型肺炎（以下简称“非典”）传入，发放《各种物品消毒处理方法》和《流动人员登记表》4000份，疫点消毒2500平方米。

2005年，开展年度卫生许可证审核监督，发放新证82家，校验46家，换证5家。全年监督1010家，公共卫生监督覆盖率90%。“五一”“十一”黄金周期间，检测省道S229公路沿线旅游景点餐饮店30家餐具，抽样32件，合格30件，合格率93.75%。县城内89家餐饮业餐具抽样检查，共采样品218个，合格164个，合格率75.23%。县城自来水采样29份，合格24份，合格率82.76%。

2008年，开展以清查“三鹿奶粉”专项整治及旅游景区、学校、托幼机构食品安全整治。出动执法人员42人次，检查单位73家，查出“三鹿牌”婴幼儿奶粉91.2千克，其中袋装156包、62.4千克，听装32听、28.8千克，全部封存处理。县城内有164起因食用三鹿牌婴幼儿配方奶粉患泌尿系统结石病的投诉。

2010年，全县进行食品安全专项整治30次。整治全县学校、托幼机构食堂食品安全，检查中小学食堂23家，托幼机构食堂8家，下达限期整改意见60条。

第二节　药品安全管理

一、药品法规培训

1986年，宣传《中华人民共和国药品管理法》，查处淘汰药品、打击制售假劣药品，加强特殊药品管理。

2002年4月，举办药品监管法律法规知识培训班，医疗机构药剂员、药品经营企业负责人和从事药品经营人员、个体诊所、村卫生室医生110人参加培训。2003年，在“3·15”消费者权益保护日出动宣传车巡回宣传《中华人民共和国药品管理法》《医疗器械监督管理条例》《〈中华人民共和国药品管理法〉实施条例》等法律法规。2004年5月，举办医疗机构从业人员药事法律法规知识培训班，50人参加培训。县广播电视台连续1周播放《古丈县2004年食品安全专项整治行动公告》。

2007年，为配合“农村药品”两网建设，在县电视台开办“两网”建设专题报道专栏，播放药品、器械执法新闻报道28篇；发放宣传单5000份，宣传册1000本，培训农村药品协管员、信息员150人次。

2009年5月，开展“食品安全、健康和谐”食品安全宣传月活动。县农业、卫生、工商、质监、食品药品监管等食品安全成员单位在古阳镇古常桥开展现场宣传活动，制作宣传版面60块，发放宣传资料2000份，接待咨询群众580人次。

二、规范药品市场

1986年3月，邵东县廉桥镇金石药材站（个体）曾某，销给县中医院南柴胡25千克。经检查该南柴胡属伪劣品（锥叶柴胡），不能当作柴胡或南柴胡入药。在查封期间，曾某私自转移已封存锥叶柴胡。县卫生局没收该批药材，对曾某处以1500元罚款。

1998年，县药材公司西药批发部将非药品洗发精、痱子水、驱蚊水、小儿痱子粉冒充药品销往乡镇卫生院，县卫生局依照《中华人民共和国药品管理法》规定对药材公司予以处罚。

2000年下半年，开展药品市场整顿。处罚违法违规经营、使用药品、医疗器械单位30家，没收假劣药品93种次，计2663瓶（盒）、一次性注射器5000支。

2004年，开展对大输液，医用氧、药品标签、说明书、性保健品、性病防治药品、一次性使用无菌医疗器械和B超等专项检查，没收假劣药品5000瓶（盒），没收不合格器械6500副（支），取缔无证经营药店1家。

2006年，开展疫苗、血液制品、中药制剂添加化学药成分、卫生材料、敷料、橡胶避孕套等专项检查。

2008年，以整顿规范药械市场为重点，加大对药品、医疗器械监管力度，查处不合格医疗器械69种次，查处假劣药品34种次，取缔无证经营药品4家，立案20起，结案19起，罚款6.1万元。

2010年，完成药品零售企业换证工作，推行日常监管网络化、监管记录格式化的监管模式，监管覆盖率达100%。出动执法人员320人次，监督检查药械经营、使用单位161家（次），立案查处违法案件15起，结案9起，查获假劣药品6种，罚款3.9万元。

三、农村药品“两网”建设

2004年，实施农村药品“两网”（药品监督网络，药品供应网络）建设。全县聘请药品监督员16名，协管员14名，联络员14名，信息员16名，初步建立农村药品监督网络。

2005年，确定湘西州宏康医药有限公司、五天医药有限公司作为县农村药品配送企业。2006年，开展农村医疗机购规范化药房创建活动。按乡镇分片集中培训农村药品“两员”（协管员，信息员），应培训82人，实到79人，参训率96.34%，发放培训资料82份。

2007年，县政府制定下发《创建农村药品“两网”建设示范县工作方案》，各乡镇政府相应成立“两网”建设领导小组。调整聘请24名协管员、48名信息员。分片集中培训农村药品“两员”，参训率100%。查处假劣药品132种次。全县12个乡镇118个涉药单位实行药品统一配送，配送药品总额390万元，实现城乡药品同质同价。11月，经省农村药品“两网”建设验收组到县现场检查验收合格，古丈县被省食品药品安全委员会认定为全省农村药品“两网”建设示范县。

2010年，巩固两网建设成果，药品监督网乡镇以上覆盖率达100%。检查GSP换证11家零售药店。依法查处非法经营终止妊娠药品行为，出动车辆4台次，执法人员42次，检查全县24家药品经营单位。

第七章　安全生产监督管理

1986年，古丈县劳动安全生产委员会负责全县安全生产工作。2003年6月，县安全生产监督管理局成立，加挂县安全生产委员会办公室牌子，工作人员2人。

2005年，县安全生产监督管理局设办公室（加挂人事股）、综合法规股、安全监督管理股、监察室（纪检组）。2010年，县安全生产监督管理局设矿山监管股、法规股、烟花鞭炮监管股、危险化学品监管股、职业健康监管股、综合协调股和办公室及安监执法大队等8个股队室，工作人员15人。

2003—2010年，县安全生产监督管理局历任局长：向心武，姚伟。

第一节　矿山安全管理

一、登记发证

2005年，推行安全生产许可证制度。全县有5家锰矿企业和1家磷矿企业取得安全生产许可证，成为合法矿山企业。2006年，全县取得安全生产许可证非煤矿山9家。2007年，全县有8家锰矿开采企业、2家磷矿开采企业（长隆公司和常青公司）、1家铜矿开采企业、1家重晶石开采企业取得安全生产许可证。38家采石场有19家取得安全生产许可证。2009年，全县有地下矿山企业11家、矿洞65个，露天采石场52家，尾矿库4座。2010年，全县非煤矿山企业68家，其中地下矿山13家，露天矿山51家，取得“安全生产许可证”28家，自行停产企业30家，关闭1家，其余9家责令停产整顿；尾矿库4座，其中取得安全生产许可证2座，闭库治理1座，整治1座。

二、矿山安全监管

教育培训　2003年6月，县安监局牵头，县委宣传部、县教育局、县总工会、团县委等单位参加，开展“实施安全生产法，人人事事保安全”安全生产月宣传活动。传播安全知识，倡导安全生活方式，开展安全生产常识咨询。

2004年，开展“以人为本，安全第一”安全生产月宣传活动。在县有线电视台设置安全生产专栏，播放安全生产警示电影1部3场次。是年，公安、安监部门联合举办焊工、电工、炮工特种作业培训班5期，培训393人。

2006年，开展“安全生产，国泰民安”安全生产月活动，在县有线电视台播放安全生产警示电影3部5场次。是年，县安监局开展特种作业人员、安全监管人员和企业法人培训，培训特种作业人员60人、安全监管人员45人。

2007年，开展安全文化“五进”活动（进学校、进小区、进单位、进企业、进农村）。在县有线电视台播放安全生产警示电影5部9场次。5月，培训全县乡镇安全监管人员24人及危险化学品、烟花爆竹安全员56人。7月，培训全县非煤矿山安全员108人。

2010年，开展“安全发展，预防为主”安全生产月活动。在恒兴木业、卓良木业、县中青年干部培训班、县第一中学、县建设局开展“上一堂安全生产知识课”活动，参学人员1000人次。同年4月，举办焊工、电工特种行业培训班。5月，培训全县68家非煤矿山企业负责人及安全管理人员。印制《古丈县安全生产知识百问百答》2000本，发放到各乡镇、矿山企业。6月，培训烟花爆竹经营单位负责人和安全管理员、运输员、装卸人员。7月，培训危险化学品从业人员。全年举办特种行业培训班4期，受训人员350人。

安全隐患整治　1986年，罗依溪港口工程指挥部新化三塘采石施工组无证非法作业，在罗依溪至河西公路80千米处路边放炮取石，炸断水泥电话杆4根和部分桥栅栏，公路路面岩石堆积400立方米，致交通阻塞16小时。对此，县安全生产委员会作出责令赔偿损失、公开检讨并处以1000元罚款处理。

2004年2—4月，县安委会组织县国土资源局、县安监局、县公安局等部门开展非煤矿山专项整治。采取“六个一律关闭”措施（凡未取得采矿许可证，未经工商登记注册，独眼井生产，国有矿山矿办小井；国有矿山井田范围内严重超深越界，威胁大矿和铁路、公路等重要基础设施和居民聚居区房屋及其他重要建筑安全；国家产业政策、环保法规和矿产资源法规明确禁止开采的各类矿山，一律关闭），依法取缔和关闭不具备安全条件各类非煤矿山（包括小采石场、打砂场）。

2005年，县政府发出《关于责令全县五氧化二钒生产企业停止生产的通知》，县国土资源管理局、县安监局、县公安局、县环保局等部门组织1080人次对全县涉钒矿山、5家锰矿企业进行清理，关闭非法生产企业5家，炸毁非法小作坊、土窑2家，抽调20人在县城3处设置24小时值班检查站，禁止钒矿开采运输。是年，针对锰矿、磷矿非法开采、无序开采等问题，出台《古丈县野竹乡烂泥田矿山综合整治工作方案》和《古丈县磷矿开发专项整治工作方案》，组织各职能部门执法人员1263人次，深入矿区蹲点督促检查企业整治整改，下达整改指令书10份，查出安全隐患12处，责令整改企业修建沉淀池5个、拦河坝3处、挡土墙500米、尾矿库2处，改造电力线路15000米，设置洞号牌21块，对4家存在安全隐患的矿山下达整改指令书，取缔非法采石场8处。

2007年，县政府组织县安监局、县国土资源管理局、县公安局、县工商局、县环保局、县林业局、县农经局、县电力公司等职能部门，以“禁钒”“疏磷”“治锰”为重点，进驻坪坝、默戎、双溪、岩头寨等矿产资源开发秩序混乱乡镇进行全面整治。出动宣传车40台次，发放宣传资料12000份，张贴政府通告500份，下达停产法律文书34份，关闭非法矿业开采点264个，关闭非法磷矿洗矿点31个，关闭非法矿粉加工点28个。

2008年，检查全县非煤矿山，特别是对烂泥田矿区和大龙矿区的生产安全情况进行检查，检查地下开采企业6家、矿洞33个、采石场25家，发现安全隐患165处，责令当场整改154处，下达监察整改指令11份。8月，县内钒矿实行全面禁采、禁运、禁炼。关闭非法加工点2家、开采点10处，劝停筹建小钒窑11家，停建小钒窑6家，依法炸毁33个非法小钒窑。县公安局、县林业局、县工商局等部门在岩头寨乡龙岩林场、默戎镇桐木和双溪乡蔡家等钒矿矿区依法拘留涉恶人员14人，劝返外地炼钒技术人员17人。

2010年4月，检查高远铜矿、恒源锰业、宏泰锰业及顺杰锰业4座尾矿库安全度汛情况。8月，县安委会在全县开展安全生产“打非治违”专项行动，成立组织机构，制定工作方案，排查出非法生产经营建设单位和个人935个，开展执法治理整治到位838个。开展建设项目安全生产“三同时”申办，落实风险抵押金制度。全县各类高危企业共交纳风险抵押金200万元。

第二节　其他安全监管

一、烟花爆竹安全监管

2005年，县安监局、县工商局、县公安局等部门开展烟花爆竹运输、销售检查，督促3家烟花爆竹批发销售单位和个人依法进行安全评价。全县65户零售商办理烟花爆竹销售许可证，与批发商签订供货协议和责任状。

2006年，县安监局、县工商局、县质量监督局、县公安局等部门联合相继对全县烟花爆竹运输、销售企业进行检查整治，督促烟花爆竹户和零售户办理烟花爆竹经营许可证。2010年，结合“打非治违”专项行动，排查清理全县烟花爆竹经营企业。开展危险化学品、食品药品安全专项整治。

二、危险化学品安全监管

2004年，县安监局、县公安局、县质量监督局、县经济信息化管理局等部门联合开展成品油市场专项整治。4个加油站、19个加油点签订安全生产责任状和供油协议，取缔9户不符合安全经营条件加油点。2005年，开展2次危险化学品从业单位安全大检查。2006年，给生产、经营、使用、贮存、运输及废物处理等危险化学品企业核发危险化学品经营许可证。2010年，对危险化学品生产经营销售单位进行安全专项整治，培训加油站、加油店、化工企业等危险化学品企业生产销售工作人员。

三、尾矿库安全监管

2008年12月，县政府制定《古丈县尾矿库安全专项整治行动工作方案》，对全县尾矿库进行摸底排查和整治。将宏泰锰业有限公司尾矿库、恒源锰业有限公司尾矿库、顺杰锰业有限公司尾矿库和高远矿业有限公司铜矿尾矿库建档登记，纳入监管。

2009年4月，结合全县安全生产检查，开展尾矿库汛期安全检查，并对宏泰锰业有限公司尾矿库、恒源锰业有限公司尾矿库和高远矿业有限公司铜矿尾矿库下达停产整改通知。

2010年4月，由县财政拨付专款，要求企业在汛期前安排资金落实尾矿库“五个一”安全监管措施（落实一支监管队伍、一块责任公示牌、一个巡查守护房、一套人员避险方案和一种避险呼叫器具）。2010年6月，县安监局向省、州申报顺杰锰业尾矿库闭库治理项目。2010年，开展安全生产“打非治违”专项行动。因无安全生产许可证，宏泰锰业有限公司尾矿库、恒源锰业有限公司尾矿库和高远矿业有限公司铜矿尾矿库停产整顿。

第三节　安全事故处理

1989年3月28日，城关乡鞭炮厂因插引车间工人向某操作不当，致引线起火并发生爆炸，造成女工2人重伤、6人轻伤。县劳动安全生产委员会责令该厂进行安全检查，强化安全管理。

1994年8月，县造纸厂蒸煮楼因年久失修、楼顶长期受亚胺硝酸严重腐蚀，致楼顶垮塌，在楼内办公的干部职工25人被砸伤，其中5人重伤，20人轻伤。11月，县冶化厂职工吴某无证驾驶拖拉机转运硅锰，因操作不当，撞死2人。吴某被县检察院立案侦查，同时赔偿受害人经济损失3000元。县政府对县冶化厂处于1000元罚款，责令赔偿受害人6443.3元。

2005年，发生安全生产伤亡事故33起，死亡10人，受伤50人，直接经济损失44.87万元，其中矿山安全事故1起，死亡1人，伤1人，直接经济损失7万元。2007年，发生安全生产伤亡事故

40起，死亡10人，伤47人，直接经济损失29.46万元，其中非煤矿山事故2起，死亡2人。2010年，全县发生安全生产伤亡事故25起，死亡6人，伤22人，直接经济损失31.41万元。

第八章 统 计

1986年，古丈县统计局设办公室、社会经济股、农调队、计算站、法规股，工作人员9人；开展综合、核算、农业、工业、商贸、固定资产投资、建筑、劳动工资、社会、农村住户调查等专业统计。1994年12月，县统计局并入县计划物价统计委员会。

2001年10月，并入县发展计划局，保留统计局牌子。2005年7月，成立城市经济调查队。2007年，全县12个乡镇设农村经济管理与统计站，农业统计表实现网上直报。

2010年，县发展和改革局加挂县统计局牌子，对外保留统计局，统计局工作人员14人；开展国民经济核算、综合统计、基本单位统计、农业统计、农村经济统计、畜禽监测、规模以上工业、规模以下工业、企业景气调查、采购经理调查、工业品价格调查、固定资产投资、建筑业、固定资产投资价格调查、批发零售贸易业统计、服务业统计、交通运输、科技、妇女儿童两纲监测、农村住户调查、城市住户调查等28项常规统计调查。

1986—2010年，历任县统计局局长：黄南耀，向上，杨孝平，龙化成。

第一节 报表统计

一、国民经济核算统计

1986年，SNA体系国内生产总值核算与MPS体系国民收入核算并存，解决国民经济核算历史资料相互转换问题。1992年，开展新国民经济核算宣传和培训。实行国内生产总值季度测算。1996年，执行新季报测算方案，统一和规范国内生产总值测算方法。2005年，落实省政府关于改进GDP核算工作意见，执行地区GDP下算一级制度和联审制度，推行企业统计一套表，减轻企业负担，提高统计工作效率和统计资料集中度。2007年，GDP季度测算改为月度测算。2010年，沿用GDP月度测算。

二、农业统计

1986年，开展农业、林业、畜牧业、副业、渔业等五业统计。1991年，执行《湖南省农村社会经济统计一套表》制度。1992年，执行国家统计局《农村统计一套表》制度。1994年，取消“副业”统计。1998年，农村自然灾害情况统计改由部门直接上报。2000年，“农田水利建设情况”“农业机械化情况”报表改由部门直接上报。

2003年，增加农林牧渔服务业统计。2004年，林业生产情况改由部门直接上报。1989—2003年，采用按1980年、1990年不变价格计算农业发展速度；2003—2008年，不变价格与价格指数缩减法计算农业发展速度方法并行。

2003—2010年，采用价格指数缩减法计算农业发展速度。2009年，取消“不变价格计算的农业总产值”统计。至2010年，各项农业统计不变。

三、工业、交通、邮电统计

1986年，工业、交通、邮电统计执行1985年以前报表制度，采用1980年不变价。工业统计范围包括城镇街道及乡以上工业。

1990年，工业统计年报使用1990年不变价。交通运输业统计报表主要包括运输线路里程、运输工具数量、交通运输业基本建设投资及新增生产能力、客货运输量、运输业总产值、营运情况、运输财务成本。邮电通信业统计报表主要包括邮电局所及邮电线路、邮电通信设备、邮电通信基本建设投资额及新增生产能力、邮电业务量、邮电通信企业主要财务成本。

1992年，工业统计调查单位分为两类：全部乡及乡以上独立核算法人工业企业和工业活动单位。改进工业生产评价考核指标，工业统计由以工业总产值为主的评价考核指标体系改为新评价考核指标体系。1997年，采用价格缩减法试算工业速度。1998年，实行工业统计体制改革。全部国有企业及年产品销售收入在500万元以上非国有企业列入地方政府统计部门统计范围，进行全面统计；年产品销售收入500万元以下企业、个体工商户纳入国家直属企业调查机构进行抽样调查。

2006年，申报新进规模工业企业，县内6家企业列入规模以上工业企业。2007年，规模以上工业统计范围调整为年主营业务收入500万元及以上的工业法人企业。2010年，限额标准和统计范围不变。

四、能源统计

1986年，能源统计隶属于物资统计，只设置基本能源统计指标。90年代初，建立能源统计指标体系并编制地区能源平衡表。90年代中期，能源统计归入工业统计。2006年，单设能源统计专业，建立节能减排统计方法和制度、统计指标体系和调查体系。2010年，统计范围不变。

五、服务业统计

2008年，设立服务业统计专业。调查范围包括农林牧渔服务业、交通运输、仓储和邮政业、信息传输、计算机服务和软件业、批发和零售业、住宿和餐饮业、金融业、房地产业、租赁和商务服务业、科学研究、技术服务和地质勘查业、水利、环境资源与公共设施管理业、居民服务和其他服务业、教育卫生社会保障和社会福利业、文化体育和娱乐业、公共管理和社会组织、国际组织。调查对象为县内所有从事服务业活动法人单位、个体工商户以及视同法人单位产业活动单位。2010年，统计范围不变。

六、固定资产投资统计

1986年，固定资产投资统计范围包括国有经济单位投资、城乡集体经济单位投资、各种经济类型的单位投资和城乡居民个人投资。固定资产投资总额分为基本建设、更新改造、房地产开发投资、其他固定资产投资4个部分。2000年，城镇私营和个体生产性投资纳入固定资产投资统计制度，完善全社会投资统计范围，建立全社会投资季报制度。2004年，固定资产投资统计调整为城镇投资、农村（包括农村非农户和农户）投资及城镇工矿区私人建房投资统计。2009年，固定资产投资统计起点由计划总投资50万元及以上提至500万元及以上。2010年，限额标准不变。

七、建筑业统计

1986年，建筑业统计与投资统计合为一项，统称建筑业与固定资产投资统计。1990年，建筑业统计实行电子计算机超级汇总。2004年，建筑业统计年报实行普查数据代替年报数据。2006—2007年，建筑业统计报表实行超级汇总，在《法人单位基本情况表》中“控股情况”进行修改，增加“信息化情况主要指标”“建筑业主要能源消耗表”。2010年，统计范围不变。

八、批发零售贸易业统计

1986年，批发零售贸易业统计称商业统计。1990年，建立社会商品零售额预测制度，预测指标设“社会商品零售总额”。1992年，开展个体商业抽样调查试点。1993年，国内旅游统计纳入国民经济核算体系，推行一套表制度。同年，商业统计更名为批发零售贸易业统计，首次将对外贸易业、物资供销业纳入贸易统计范围。1994年，规范商业统计指标，将“全社会商品零售总额”改为“全社会消费品零售总额”，“农业生产资料销售额”列入“生产资料销售额”。1995年，改革批零贸易、餐饮业统计制度。开展小型批零贸易、餐饮业及个体商业户抽样调查。1998年，进行小型批零贸易餐饮业抽样调查，小型批发零售贸易业、餐饮业企业统计用抽样调查数据替代全面调查数据，不再进行全面调查。1999年，开展商品交易市场快速调查。2000年，开展小型贸易业和餐饮业抽样调查。2001年，开展连锁零售业、餐饮业快速调查。2001年，贸易、餐饮业抽样调查数据替代过渡。按照国家统计局“分批进行、稳步推进、平稳过渡”原则，使用抽样调查数据替代各地按原方法计算的统计数据，替代过渡期为2000—2002年。

2005年，规范零售总额统计、批发零售业、住宿餐饮业抽样调查。调查对象为全社会限额以下批发和零售业、住宿和餐饮业企业（单位）和个体户。调查内容为当月销售额或营业额、零售额等。2008年，建立成品油批发和零售统计报表制度，调查方法为全面调查。2009年，执行新城乡划分标准，将相关统计报表中按销售单位所在地分组，由“市、县、县以下”调整为“城镇、其中：城区、乡村”。扩大限额以上全面报表统计范围，增加统计达到规模标准个体经营户；社会消费品零售总额统计范围调整为全部批发和零售业、住宿和餐饮业法人企业和个体经营户，以及非批发和零售业法人单位附营限额以上批发和零售业产业活动单位、非住宿和餐饮业法人单位附营限额以上住宿和餐饮业产业活动和餐饮法人单位附营限额以上住宿和餐饮业产业活动单位，取消“非同业法人附营的限额以下产业活动单位”和“其他”两部分。2010年，统计标准不变。

九、科技统计

1999年，县内无高新技术企业。2006年，开展第一次全国研发资源清查。为满足全国研发资源清查需求，科技统计起报单位为工业企业和其他行业企事业单位（事业单位不包括独立研究所和高等学院）。

2001—2002年，科技统计起报单位为全部大中型企业。2003年，科技年报更名为重点工业企业科技活动统计报表，起报单位增加一些重要小型科技企业。2004年、2008年，科技年报作为第一次和第二次经济普查组成部分，起报单位为全部规模以上工业企业。2009年，开展第二次全国研发资源清查。2010年，规范非高新企业高新产值上报，规定非高新企业高新技术产品产值不能高于企业产值的60%。

第二节 统计调查

一、普查

（一）人口普查

第四次全国人口普查 普查标准时间为1990年7月1日零时。根据普查，全县有28299户，118652人。其中，农业人口106725人，非农业人口11316人，户口待定611人。家庭户28088人，集体户211户，家庭户平均每户4.14人。常住本县，且户口在本县116501人，占总人口的98.2%；常住本县，户口在外县市1386人，占总人口的1.2%；住本县不满1年，离开户口登记地1年以上的154人，占总人口的0.1%；住本县，户口待定611人，占总人口的0.5%。出生1633人，出生率13.4‰，比第四次人口普查年度人口出生率（29.73‰）降低16.33个千分点。死亡778人，死亡率6.4‰，比第三次人口普查年度降低1.61个千分点。人口自然增长率7‰，比第三次人口普查年度21.7‰，降低14.7个千分点。

第五次全国人口普查 普查标准时间为2000年11月1日零时。根据普查，全县有32563户，131186人。其中，农业人口110816人，非农业人口19243人，户口待定1127人。家庭户32328户，集体户235户，家庭户平均每户3.64人。常住本县，且户口在本县110692人，占总人口的92.9%；常住本县，户口在外县市7229人，占总人口的6.0%；住本县不满半年、离开户口登记地半年以上153人，占总人口的0.1%；住在本县，户口待定1127人，占总人口的1.0%。

第六次全国人口普查 普查标准时间为2010年11月1日零时。根据普查，全县总人口137439人，其中，0～14岁人口24846人，占总人数的18.08%，15～64岁人口98161人，占总人数的71.42%，65岁以上人口14432人，占总人数的10.5%。常住人口134664人，其中，农业人口112275人，非农业人口22389人。户数35465户。其中，家庭户35133户，集体户332户，家庭户平均每户3.80人。苗族65684人，占总人口的47.79%，土家族57207人，占总人口的41.62%，汉族14338人，占总人口10.43%。另有侗族、彝族、满族、瑶族、布依族、回族、壮族、黎族、仡佬族、白族、水族、哈萨克族、佤族、土族、仫佬族等其他少数民族210人。

（二）经济普查

第一次全国经济普查 普查标准时间为2004年12月31日。根据普查，全县从事第二、三产业法人单位600个，从业人员8234人。其中，多产业法人单位所属产业活动单位（含全部跨区单位）446个，从事第二、三产业个体户4308户5607人。全县实现生产总值45383万元，发展速度为110.9%（以上年为100%）。其中，第一产业实现增加值12345万元；第二产业实现增加值9498万元，第三产业实现增加值23540万元，发展速度分别为105.50%；118.7%；111.1%。

第二次全国经济普查 2008年12月31日，开展第二次全国经济经济普查。根据普查，全县从事第二、三产业法人单位812个，比2004年第一次经济普查增加212个。其中，工业企业单位123个（产值在500万元以上13个），建筑业企业20个（具有资质等级2个），批发、零售业企业单位15个（2000万元以上批发业1个），住宿餐饮业企业单位6个（收入200万元以上1个。房地产业单位2个，具有资质等级2个），机关、行政事业单位、社会团体、（村）居委会等其他单位648个。从事第二、三产业个体户5312户，比2004年第一次经济普查增加1004户。本年度全县实现生产总值82188万元。其中，第一产业实现增加值18858万元，第二产业实现增加值18355万元，第三产业增加值44975万元，产业结构比为22.94 ∶ 22.33 ∶ 54.73。

二、抽样调查

企业景气调查　1998 年，开展企业景气调查。调查范围：工业（包括采掘业、制造业、电力、煤气及水的生产和供应业）、建筑业、交通运输、仓储及邮电通信业、批发和零售贸易餐饮业、房地产业、社会服务业。2002 年，企业景气调查的调查对象为调查范围内各法人企业及其负责人以及依照法人单位进行统计的产业活动单位及其负责人。至 2010 年，统计范围、对象不变。

采购经理调查　2009 年，开展采购经理调查。采用问卷形式以每月为一个调查周期，由企业主管采购业务活动负责人对当月采购情况客观真实填写，通过联网直报方式上报。由湖南调查总队负责编制采购经理指数（PMI）。至 2010 年不变。

价格调查　1997 年，开展固定资产投资价格调查。采用重点调查方法统计工业、建筑业企业及建设单位。2010 年，进行工业生产者价格调查。对全部规模以上工业企业（年主营业务收入 2000 万元以上工业企业）通过主观选样和抽样相结合方式进行调查；对规模以下工业企业通过随机抽样方式进行调查。每月发布工业生产者价格指数（PPI）。

城镇居民家计调查　2007 年，启动城镇居民家计调查。常规调查抽样框 50 户，抽取 50 户城市居民常年记账。2010 年不变。

农村住户调查　1986 年，农村住户调查内容包括社区发展情况、农村居民家庭基本情况、农村居民家庭人口基本情况和农村居民家庭现金收支、实物收支情况调查等。1990 年，农民自产自用农村产品计价采用新办法。1993 年，农村住户调查开始实行账页超级录入汇总。1995 年，全县农调调查户网点 50 户。2002 年，农村住户报表作较大调整，集中体现住户调查核心内容。2003 年，综合年报表新增“农村劳动就业与流动情况”，综合定期报表增加“农村住户劳动力就业与外出从业情况”。2004 年，全县农调调查户网点扩大至 70 户。2010 年，调查户网点量不变。

第三节　统计服务

1986 年，贯彻落实《中华人民共和国统计法》《湖南省统计管理条例》，以提高统计数据质量为中心，加强宏观经济分析，编印年度《古丈县国民经济和社会发展统计资料》。

1992 年，开展国内生产总值季度测算，每季对国民经济运行情况进行调度，搞好综合核算，对国民经济运行中出现的问题及时发出预警。1996 年，向社会发布《古丈县国民经济和社会发展情况统计公报》。

2000 年，编印“统计服务月卡”，内容包含月度地区生产总值主要指标、贸易、规模工业企业产值表、重点项目投资完成情况、全州及各县市主要经济指标对比、县内基础数据等。2003 年，《年度古丈县国民经济和社会发展统计资料》改为《古丈统计年鉴》，内容分为行政区划与自然资源和综合、国民经济核算与财政金融、农业及农村经济、工业、能源、固定资产投资、国内贸易、劳动社会、住户调查共九部分内容，同时在统计公报上增加了国家、湖南省、湘西自治州年度国民经济和社会发展统计公报。

2010 年，发布“古丈县国民经济和社会发展情况统计公报”，出版《古丈统计年鉴》。为社会各界提供统计咨询服务 200 人次，提供统计数据 4000 笔。

第九章　审　计

1986年，古丈县审计局设办公室、商贸粮审计股、工交基建审计股、行政事业财政金融审计股，工作人员14人。1992年12月，成立县审计师事务所。1995年，工交基建审计股更名为工交基建外资审计股，商贸粮审计股更名为商粮贸农林水审计股。1999年1月，撤销县审计师事务所。

2002年3月，设财政农业金融审计股、领导干部经济责任审计股、行政事业审计股、固定资产投资与外资运用审计股、办公室。2009年，领导干部经济责任审计股更名为领导干部经济责任审计室（高配副科级）。2010年，县国家建设项目投资审计中心成立。县审计局设办公室、财政金融社保审计股、行政事业与农业资源环保审计股、经贸与固定资产投资审计股、领导干部经济责任审计室，工作人员14人。

1986—2010年，县审计局完成审计和审计调查项目586个，查处违规金额17889.11万元，查出管理不规范金额12157.57万元，收缴财政522.58万元，上缴税金或归还原渠道资金1890万元，调账处理345.31万元。移送司法机关案件17件。提交综合审计报告和调查报告575篇。

1986—2010年，历任县审计局局长：曹太星，张大富，唐昌英，覃明龙，龙欣。

第一节　国家审计

一、财政预算审计

1986年，财政预算审计进入正常化审计。当年预算审计单位23个，查出违纪违规资金175.4万元，收缴财政23.4万元，减少财政拨款4.7万元。

1989年，审计1988年度县财政决算执行情况，延伸审计县税务局、县信用联社、县林业局、县木材公司等单位，查出违纪资金39.64万元，收缴财政8.1万元。1990年，受州审计局委托，审计泸溪县政府1989年财政决算执行情况，查出违纪资金44.9万元，调减赤字24.5万元，上缴州财政2.8万元。同年，审计罗依溪镇财政所，发现财务管理混乱，内控不全，钱、账一人管理等问题。

1995年，由审计上年度财政决算改为审计上一年度财政预算执行情况及其他财政资金。是年，开展财政同级审计，经审计，全县1994年度财政预算执行情况良好。

1999年，审计1998年度财政预算执行情况。审计发现1998年财政收入4988万元，支出5636万元，收不抵支648万元。全县120万元财政周转金不能按时收回，没有发挥出相应效益。

2001年，审计县财政局、县国税局、县地税局及县国土局等10个单位。查出违规资金35.78万元，管理不规范金额146万元，应纠正金额17.28万元。是年，专项审计2000年度财政结算。审计结果：2000年度县财政总收入6997万元，总支出6489万元，年终滚存赤字1142万元，2000年底财政累计赤字 2351 万元。

2004 年，审计县财政局、县地税局、县国税局、县水务局、县教育局等 5 个预算执行单位，共查出违纪违规行为资金 196.4 万元，收缴财政 2.8 万元。同年，完成 2003 年末财政赤字及负债情况审计调查。县财政从 1988 年起开始出现赤字，当年赤字 147 万元；至 1997 年累计赤字高达 2409 万元。1998—2003 年，上级财政加大补助力度，县财政形势略有好转，财政赤字减少。2003 年末，财政赤字 1233 万元，比 1997 年累计减少赤字 1176 万元。

2008 年，审计县财政局、国库、县地税局、县矿管办、县环境保护局、县交通局等多个预算执行单位，查出违规资金 272.9 万元，管理不规范资金 1027.9 万元。

2010 年，审计县直单位 51 个，查出违规资金 8195.4 万元，收缴财政 36 万元，减少财政拨款 129.4 万元。延伸审计交通、卫生等 4 个预算管理单位，查出违规行为金额 172.3 万元，管理不规范金额 7326 万元。

二、财政金融审计

1986 年，审计县农业银行、县工商行、县建设银行、县保险公司，查出违纪违规资金 175.4 万元，收缴财政 23.6 万元。

1991 年，审计县工商银行、县建设银行、县农业银行 3 个金融部门，查出违纪资金 32.8 万元，收缴财政 12.5 万元。1993 年，审计县工商银行、县建设银行、县农业银行及县保险公司的 1992 年财务收支情况，查出违纪违规资金 77 万元，收缴财政 3.6 万元，其余依照具体情况分别进行调账或免予处理。审计县工商银行、县农业银行、县建设银行 1992 年 1 月至 1993 年 3 月信贷资金，查出违规拆借、挪用资金办经济实体等违规违纪资金 136 万元，作出限期归位或调账处理。1995 年，审计发现县农业银行多申领省财政贴息款 130301.94 元，作出收缴财政处理。

2002 年，审计中国农业银行古丈县支行，重点检查资产质量状况、经营风险情况以及执行国家粮食购销政策情况。通过审计，揭露并纠正业务经营和财务管理违法违规行为，促使其规范经营。

2009 年，审计县信用联社 2006—2009 年的资产负债损益情况，重点审计资产负债损益情况、信贷资产质量及账务收支等事项，并对损益情况进行评估。发现盈亏不实、贷款形态反映不实、违规放贷及应缴未缴税金等问题，作出收缴税金 25.6 万元的处理决定。

2010 年，收缴评估县农业银行、古丈农村信用社、县邮政银行、县保险公司 4 个金融单位存贷、资金负债、损盈情况。全年审计资金 15589 万元。

三、专项资金审计

1986 年，专项审计全县 13 个自筹基建项目，发现并纠正问题资金 24 万元。其中，审计出县物资局问题资金 14.8 万元、县医药公司问题资金 7.53 万元，审计出木材综合加工厂人为造成损失 26.2 万元。

1987 年，审计国家 1985、1986 年以工代赈扶贫专项资金和移民资金 2072.7 万元，查出违纪资金 62 万元。1995 年，审计民政专项资金，审计出县民政局违规挪用扶贫周转金 26 万元自办实体，责令其归还原渠道资金，处以 0.5 万元罚款。审计县扶贫开发办公室扶贫贴息贷款，发现多报扶贫贷款 17.5 万元。

1993 年，审计移民资金。发现县移民局违纪金额 5.02 万元，其中：开假发票 11 笔，局机关 10 人集体私分钱物 1.22 万元，个人侵吞 232 元，隐藏移民资金，设小钱柜 3 个，共计资金 2.5 万元，私分现金 2000 元，个人挪用移民资金 4000 元，其他违纪 0.71 万元。作出处理：上缴县财政 3 万元，归还原资金渠道 1.61 万元，移送纪检、监察另案查处 4000 元。5 名责任人移送纪检、监察机关处理。

2000年，完成移民资金、口粮田建设资金审计，查出违纪资金178万元，移送司法机关案件1起。2003年，审计社会保障专项资金，发现县社保局将205.5万元存于账外、收取县水泥厂代发养老金3.67万元作单位经费等问题。是年，查出县社保局、县移民局、县教育局、县卫生局等6家单位违纪金额209.4万元。

2005年，完成全县2003—2004年度退耕还林资金审计和2004年度粮食直补及良种补贴资金审计，审计金额5221万元。2008年，审计抗冰救灾款物、“普九”债务、新型农村医疗合作基金等专项资金。查出县民政局、县教育局、县农村合作医疗管理局3个单位违规资金80.9万元，管理不规范资金10万元，责令归还原渠道资金77.3万元。同年，对全县“汶川抗震救灾”捐赠款物进行跟踪审计。

2010年，审计中小学校舍安全工程项目、现代农业开发项目、茶叶连片开发试点项目、农业测土配方施肥补贴项目、土地开发项目及生猪养殖场标准化建设项目等6个专项资金。查出不规范使用资金5.5万元，收缴财政1.35万元。是年，审计传染病与地方病控制项目、结核病控制项目、森林资源保护和发展项目、贫困地区林业发展项目、湘西武陵山区少数民族地区综合开发项目、湖南省武陵山区扶贫项目6个县外债项目，发现政府主权外债偿债能力差、债权债务反应不准确等问题。

四、领导干部经济责任审计

1986年，对县木材综合加工厂、县水泥厂厂长进行离任经济责任审计，查出问题资金65.2万元，违纪行为金额33.29万元，贪污受贿1.19万元，损失浪费26.2万元。

1988年，县审计局试行工商企业承包经营责任审计，审计县电石厂和县土产公司，审计总金额374.09万元，查出违纪资金13.13万元，收缴财政4.69万元。同时，针对企业财会人员素质低和内控制度不完善等情况，帮助县电石厂制定出《古丈县电石厂财会工作规程》，提出建议4条。

1993年，对县电力公司领导进行离任审计，发现公司内控制度不健全，存在挤占成本21万元，多提效益工资1.75万元，任意冲减国家资本金12.5万元等违纪问题，作出整改和通告调账等审计处理。在对县造纸厂厂长离任审计中，查出厂长任职期间，内控制度混乱，生产经营状况恶化，发生经营亏损72.67万元，比原报表反映多亏56.4万元。

1995年，完成县物资总公司经理离任经济责任审计，查出任期内亏损总额94.3万元，私分现金2.57万元，将审计查出的问题移交检察机关处理。

2000年，完成白溪关电站、县畜牧水产局、国营高望界林场、默戎镇重晶石厂等4个企事业单位主要领导经济责任审计，查出违规行为资金78万元，收缴财政8万元，平调3人，免职1人。2004年，查出县教育局违规资金43万元，设小金库22万元；县水务局挤占挪用资金105.78万元，违规使用资金38.6万元。经济责任审计单位负责人4人，移送纪检部门处理1人。

2008年，完成县财政局、县地税局、县交通局、县环境保护局等预算单位7名领导干部任期经济责任审计，查出违规资金772.9万元，管理不规范资金1027.9万元。同年，完成对县旅游局局长离任经济责任审计，并移送县纪检部门处理。全年共查出4个领导干部负主管责任违规行为资金450.74万元，处罚上缴财政8.67万元。2009年，对县民政局、县社保局、县移民局、县林业局、县乡镇企业局、县人民医院6名负责人开展任期经济审计，查出违纪资金686.8万元，不规范管理资金173.2万元，归还原渠道资金680.9万元，负主管责任资金686.8万元，不规范行为资金173.77万元，上缴财政11.36万元。

2010年，完成县公路局、县司法局、县茶叶局、县经济局、县粮食局和栖凤湖开发区管委会等6个行政事业单位主要负责人任期经济责任审计，共查出违规行为资金20.3万元，管理不规范资金520.4万元，归还原渠道资金2.4万元，审计责任界定领导干部负主管责任违规行为资金20.3万元，负主管责任管理不规范行为资金 520.4 万元，处罚上缴财政 20.4 万元，收缴税金 10.7 万元。

五、行政事业单位审计

1986 年，县委、县人大、县政府、县政协、县财政局、县司法局、县公安局、县工商行政管理局、县税务局、县人民检察院、县人民法院共 11 个单位实行报送审计（被审计单位按时将会计凭证、账簿、报表以及有关文件、资料报送县审计局进行审计），查出问题资金 50.29 万元，其中违纪资金 5.04 万元，收缴财政 18.61 万元。对全县审计单位基本情况进行摸底调查，查清审计单位共 219 个，其中工业企业 19 个，非工业企业 50 个，行政事业单位 150 个。

1993 年，审计 22 个行政事业单位，查出违纪金额 751 万元，移送纪检、检察机关违纪案件 3 起 6 人。1995 年，审计 9 个行政事业单位，查出违纪资金 6 万元，挤占挪用 33.7 万元，上缴财政 8.5 万元；对 12 个单位进行财务检查，查出违纪资金 22 万元，收缴财政 16.9 万元。

2004 年，审计县教育局、县水务局、县地税局等 6 个行政事业单位财务收支和专项资金，查出挤占挪用资金 202.19 万元，应付未付补偿款 564.42 万元，应缴未缴 72.34 万元，私设账外账单位 2 个，收缴财政 9.7 万元。2007 年，审计县栖凤湖开发区财政财务收支情况。发现资金管理不严、管理费用增幅较快、财务费用较高等问题。2009 年，审计县交警大队、古丈信用联社、酉水化工厂破产清算组、县工商局等 4 个行政企事业单位财务收支。查出违规资金 56.9 万元、管理不规范资金 49 万元，责令归还原渠道资金 56.9 万元，收缴财政 2.2 万元。审计发现财务收支反映不真实和账户处理不规范、固定资产管理不规范、接待费超标、无依据收费、差旅补助发放不规范、“两险一金”未按规定缴纳上报等问题。

2010 年，审计县质量技术监督局、常德援建项目指挥部、县林科所、服装厂破产清算组、非金属工业公司破产清算组等 5 个行政企事业单位或组织，重点审计检查财务收支平衡和负债情况以及固定资产账务处理情况，查出违规资金 7.3 万元。

六、国有企业审计

1986 年，审计县医药公司，查出违纪资金 7.53 万元，上缴财政 1.59 万元。

1987 年，审计县外贸进出口公司、古丈林产品开发公司、龙天坪茶场、县机械厂等 7 个企业单位。为县木材综合加工厂、县茶厂、县机械厂、县印刷厂、县五交化公司、县水泥厂等 14 个国营、集体企业承包合同进行鉴证。1990 年，审计县机械厂、县印刷厂、县供销联社购销公司、县外贸公司、县百货大楼、县百货公司，查出违规资金 10.5 万元，企业亏损 35 万元。1992 年，开展工交企业和商贸企业审计 3 件。同年，审计县冶化厂财务收支，发现该厂财务管理混乱，发生错账 1092 万元，错账漏账减少企业债权 6.33 万元，虚列利润 97 万元，挪用流动资金 120 万元，损失浪费 37 万元，企业亏损 212 万元。

1993 年，审计县自来水公司，查出公司经理、会计、出纳 3 人共同贪污安装工程款 7400 元，并移送检察机关处理。1994 年，完成县新华书店、县粮食局、县物资局、县纤维板厂、县煤建公司、县林业开发公司 6 个企事业单位资产负债损益审计，查出县煤建公司、木材综合加工厂贪污偷税违法案 1 起，移送司法机关处理。县林业开发公司隐瞒汽油销售收入 3849 元，未提未缴林区管理建设费 11404 元，少缴漏缴林业“两金一费”（育林基金、维持木材建材简单再生产资金、林业保护建设费）16647.4 元，少缴控购调节基金 1650 元，漏缴产品税、农林特产税 7447.3 元，开假发票 7603.3 元，分别作出收缴、补缴和罚款处理。1995 年，完成县电力公司年度财务审计，发现漏缴所得税 12217.5 元，应缴未缴营业税、增值税 46986.4 元，多收省网集资款 49311.4 元，全部收缴财政。

1998 年，交叉审计保靖县粮食财务挂账，查出保靖县粮食企业新增财务挂账 3115 万元，核减挂账 313 万元。完成县物资总公司 1998 年资产负债损益审计和县医药总公司 1997 年末资产负债损益审计。

2003 年，完成对县茶叶公司、县煤建公司、县茶厂 3 家破产企业的资产审计。

2010 年，完成县矿产品公司、县服装厂、县五金厂、县医药公司、县机械厂破产清算审计，查出违规行为资金 17.04 万元，管理不规范资金 255 万元，审计罚款 5 万元。

第二节　内部审计和社会审计

一、内部审计

1986 年，县供销联社、税务、工商、粮食等部门建立内部审计机构。1991 年，州政府发出《批转州审计局关于加强内部审计工作意见的通知》，全县内部审计工作得到规范和加强。2010 年，全县县直机关和单位均建立内部审计机构，但因未配备专门审计人员，均未独立开展内部审计。

二、社会审计

1992 年 12 月，县审计师事务所成立。完成验资 21 项，审计查证 1 项。1993 年，完成验资项目 47 个，会计咨询服务单位 8 个，审计查证项目 7 个，厂长（经理）离任审计 3 个，授权委托“三查”（税收、财务、物价大检查）项目 2 个。审计查证县木材公司下属某森工站收支凭证，查出出纳员挪用资金 17000 元。当年实现业务收入 3.25 万元，缴纳国家税金 1540 元。

1994 年，完成验资 18 项，会计咨询服务单位 10 个，厂长（经理）离任审计 2 个，接受委托开展“税收、财务、物价”大检查项目 3 个。在湘西州率先开展基建投资竣工决算审计。全年实现业务收入 2.98 万元，缴纳税金 1500 元。1995 年，完成验资项目 6 个，会计咨询建账服务单位 8 个，基建预结算审查 6 个，承包离任审计 3 个，为委托单位挽回损失 45 万元，全年实现业务收入 6 万元。针对全县基建规模增大，预决算管理混乱，与县审计师事务所与县建行联合成立“工程预决算编审室”，共审计基建项目 5 个，审计总金额 580 万元，审减 45 万元。

1999 年，古丈县审计师事务所撤销。

第十章　经济技术协作管理

1986年，古丈县经济技术协作办公室负责组织、指导和协调区域经济合作、境内招商引资和对口支援等工作。1993年1月，县对外经济贸易办公室成立，与县经济技术协作办公室合署办公。1994年，成立县国际商会，县对外经济贸易办公室更名为县对外贸易经济合作局，经济技术协作办公室加挂县对外贸易经济合作局、县国际商会牌子。1997年8月，成立县招商合作局，县经济技术协作办公室加挂县招商局牌子。2005年3月，成立县商务局，加挂县招商合作局、县经济协作办公室、县国际商会牌子。2010年不变。

1986—2010年，县经济协作办公室（县外经办、县外经局、县招商局、县国际商会）历任负责人：伍声文，张昌吉，李全，向东升，舒长茂。

第一节　政府组织协作

1986年，引进项目17个、资金59万元、技术人员30人、设备52台，引进物资折价250万元，新增产值147万元，新增利润76.83万元。县机械厂与湖南省机械研究所签订锰钢球生产技术协作合同，当年产锰钢球300吨，实现产值50万元，利润8万元。县纤维板厂与北京市木材公司、北京市板式家具厂联营，林业新增产值107.89万元，新增利润70.43万元。县矿产品公司与县内有矿石资源乡镇开展产销联营，解决长期以来矿石产品经营企业恶意竞争、降价销售问题，仅硫铁矿销售一项减少损失10万元。

1987年，县矿产品经销公司与怀化市麻阳铜矿共同开发庙溪铜矿。当年开采矿石900吨，实现产值42万元，实现利润8万元。城关乡鞭炮厂引进常德市临澧鞭炮生产技术，生产鞭炮550万箱，实现产值12.8万元，实现利税5.1万元。县印刷厂与湖南株洲职工技术协会签订技术协作合同，株洲职工技术协会派技术人员帮助解决凸印、彩印以及零杂件印刷难题。

1990年4月，武陵山区茶叶集团（湘鄂渝黔12个县，17家企业参加）在古丈县城成立。当年，完成引进物资折价123.3万元，引进人才3人，输出人才4人，引进资金10万元。县水泥厂引进上海市南市区科协车木制品生产线1条，实现产值56万元，利税15万元。1992年，县茶场、七叶参茶厂等12家企业与松桃、宣恩、秀山、铜仁等县市结成销售网络。全年完成协作项目10个，实现产值45万元、利税5万元。引进人才60人，输出人才12人。1993年，全县实施横向经济联合项目5个，引进人才22人，引进资金132万元。1995年，县人民武装部引进海南省社区服务总公司合作开发电解锰项目，引进资金500万元。香港捷成国际贸易公司在罗依溪镇大龙村投资20万元，独资开发锰矿。1997年4月，国营高望界林场与香港普辉集团有限公司合资兴办高辉包装材料有限公司。国营高望界林场投资 275 万元，港方投资 225 万元。1998 年，共引进县外资金 137.5 万元，间接出口 23.5 万美元。

2003 年，完成内联引资项目 27 个，其中千万元以上项目 2 个，合同引资 17200 万元，实际到位州内资金 4220 万元，出口创汇 133 万美元。引进湖南鸿仪投资公司经营坐龙峡景区旅游项目和宏泰锰业公电解锰项目。

2005 年，引进内资项目 18 个，实际到位资金 9973 万元，出口创汇 25 万美元。2006 年，实施开放带动战略，坚持内外并举，整合资源，依托区位和资源优势，加快对外开放步伐，推动区域合作。全年引进内资项目 20 个，到位资金 15780 万元，同比增长 58.2%。

2007 年，实施招商项目 19 个，到位资金 20660 万元，同比增长 30.9%。2005—2007 年，引进内资项目 57 个，到位资金 46413 万元，年均增长率 40%，占“十五”期间全社会固定资产投资的 22.1%。

2010 年，招商引资实际到位资金 3.52 亿元。

第二节　常德市对口支援

1994 年，常德市对口扶持古丈县。

1995 年，援助资金 100 万元，建成“常古友谊大桥”。

1998 年，援助资金 76.5 万元，修建古丈一中科技大楼、学生宿舍、运动场。

2002 年，援助资金 250 万元，修建县人民医院门诊大楼。

2004 年，援助资金 330 万元，实施县城红星小区开发建设。新建宽 24 米石板街，拉动房地产投资 1 亿元，修建办公和商品房屋 6 万平方米，县城面积新增近 1 平方千米。

2007 年，援助资金 350 万元，修建县会展中心。援助 1480 万元，建设会展中心装修配套、红星小区茶叶批发市场、古丈一中德泽教学楼项目。

2010 年，援助资金 70 万元，用于县茶叶检测中心、山枣乡边境桥梁和县中医医院综合楼建设。

1994—2010 年，常德市累计支持项目 40 个，无偿支援资金和物资 3500 万元，带动投资 2 亿元。

第二十二篇　教　育

第一章　学前教育

第一节　教育综情

1986年，古丈县教育局设办公室、人事保卫股、计划财务股、普教股、职业教育办公室，辖县进修学校1个直属单位，教学研究室、电教仪器站2个二级机构。5月，县教育局更名为县教育委员会。6月，增设纪检组、招生考试办公室，二级机构增设勤工俭学管理站；职业教育办公室更名为成人教育办公室，行政事业编制44人，其中行政编21人，实有43人。全县中小学校234所，其中完全高中2所、职业中学1所、独立初中7所，小学224所；在校学生20872人，其中小学16712人、初中2797人、高中1363人；中小学教职工1054人，其中专任教师899人（中学199人、小学700人）、行政人员119人、工勤人员46人。

1992年，全县普及初等教育。1993年，在湘西州率先普及实验教学。1994年12月，县教育委员会更名为县教育局。1995年，增设教育督导室等4个股室，加挂教育政策法规室等9块牌子，增设县电大站1个直属单位；11月，教育督导室改为县政府教育督导室，为副科级全额拨款事业单位，定编2人，归口县教育局管理。1997年12月，全县基本扫除青壮年文盲，获国务院“中华扫盲奖”。1999年，基本普及九年义务教育，湖南省政府授予古丈县“普九教育年检先进县”称号。2005年，教育部授予古丈县“新一轮民族贫困地区中小学教师综合素质培训工作先进单位”和“全国教育科学‘十五’规划课题——新课程师资培训工作先进单位”称号。2006年，湘西州委、州政府授予古丈县“全州文明建设先进单位”“农村寄宿制学校建设先进单位”称号。

2010年，县教育局设办公室、基础教育股、职业教育与成人教育股、人事股、政策法规股、计划财务股、教师工作与师范教育股、体育卫生与艺术教育股、毕业生就业办公室、审计股、纪检（监察）室、学校安全管理股，县进修学校、县电大工作站、县政府教育督导室3个直属机构。县教学研究室、电教仪器站、勤工俭学管理站、青少年校外活动中心、教育基金会秘书处5个二级机构。全县中小学校65所，其中小学60所（含九年制学校7所）、初级中学3所、高级中学1所、职业学校1所；在校学生15722人，其中小学生9115人、初中生4739人、高中生1868人；教职工1302人，其中专任教师1184人（小学专任教师704人）、特级教师1人、中学高级教师93人、中学一级、小教高级教师585人。

1986—2010年，县教育委员会、县教育局历任主任、局长：张其鸾（副县长兼）、刘耀生（副县长兼）、鲁开文、许益世、罗晓春、向水林。

第二节　幼儿园

1986 年，全县有幼儿园 2 所，即县直机关幼儿园和古阳镇幼儿园，教职工 41 人，班级 6 个，在园幼儿 117 人。班级设置大、中、小班，小班 3 ~ 4 岁、中班 5 ~ 6 岁、大班 6 ~ 7 岁。课时小班每周 8 节、中班每周 10 节、大班每周 12 节，实行园长负责制。

1989 年，幼儿园开设语言、科学、艺术、健康、社会等课程，使用湖南省教委编写、湖南少年儿童出版社出版的幼儿教材。1991 年，对全县 3 所公办、民办幼儿园进行登记注册。1994 年，县妇联筹措资金 120 万元，兴建妇联幼儿园，教师 8 人，招收幼儿 150 人。

1999 年，民办幼儿园教师持幼师资格证上岗。2003 年，创办默戎镇中心幼儿园，为古丈县农村第一所幼儿。2005 年，县直机关幼儿园更名为县幼儿园。2008 年，全县有幼儿园 14 所，在园幼儿 1618 人。

2010 年，全县有幼儿园 20 所，其中城区幼儿园 12 所、农村幼儿园 8 所，在园幼儿 2334 人，幼儿教师 98 人、保育员 17 人，其中公办幼儿教师 37 人、保育员 11 人。幼儿园教材统一使用中国出版集团东方出版中心出版的《多元整合幼儿园教育活动资源包》，开设语言、数学、健康、社会、科学、美术、艺术等课程，课时每周 15 节，其中室内教育活动 10 节、户外教育活动 5 节。幼儿园收费由县物价局核定，县幼儿园每学期收缴保育费 800 元，城区民办幼儿园每学期收缴保育费 500 元，农村幼儿园每学期收缴保育费 400 元。

1986—2010 年古丈县幼儿园幼儿入园情况一览表

表 22-1

年度	园所数（所）				班数（个）			在园幼儿数（人）		
	合计	城市		农村	合计	城市	农村	合计	城市	农村
		公办	民办							
1986	2	1	1	—	10	10	—	287	287	—
1987	2	1	1	—	10	10	—	275	275	—
1988	2	1	1	—	10	10	—	386	386	——
1989	2	1	1	—	11	11	—	439	439	—
1990	2	1	1	—	14	11	—	458	458	—
1991	3	1	2	—	16	16	—	602	602	—
1992	5	1	4	—	12	12	—	323	323	—
1993	5	1	4	—	19	19	—	589	589	—
1994	5	1	4	—	17	17	—	513	513	—
1995	5	1	4	—	18	18	—	583	583	—
1996	5	1	4	—	16	16	—	560	560	—
1997	5	1	4	—	14	14	—	553	553	—
1998	5	1	4	—	14	14	—	416	416	—
1999	5	1	4	—	13	13	—	366	366	—
2000	5	1	4	—	15	15	—	618	618	—

续表 22-1

年度	园所数（所）				班数（个）			在园幼儿数（人）		
	合计	城市		农村	合计	城市	农村	合计	城市	农村
		公办	民办							
2001	5	1	4	—	17	17	—	629	629	—
2002	4	1	3	—	18	18	—	653	653	—
2003	5	1	3	1	21	19	2	756	681	75
2004	6	2	3	1	24	22	2	843	765	78
2005	6	2	3	1	24	22	2	852	775	77
2006	8	2	3	3	30	23	7	969	798	171
2007	12	2	4	6	38	23	15	1243	955	288
2008	12	2	4	6	45	26	19	1356	1018	338
2009	14	2	6	6	57	37	20	1618	1140	478
2010	20	2	10	8	76	51	25	2334	1636	698

第三节　学前班

1986 年，全县 23 所完小附设学前班，招收 5 ~ 6 岁幼儿入学，班级 48 个，在校学生 1472 人。课程开设语言、故事、计算、常识、唱歌、体育、游戏、舞蹈、图画、手工等，部分学前班还设思想品德、科学常识、算术等课程。每周上 12 节课，每节 45 分钟。教材以省编一年制学前班试用教材为主，自编教材为辅。各小学附设学前班教师由低年级教师担任。

1995 年，贯彻州教委颁发的《湘西自治州幼儿教育学前教育暂行规定》，纠正学前班教育小学化倾向和以创收为目的的做法，强调安全文明教育和学习、生活、卫生等习惯训练。1996 年，整顿城乡学前班学校 19 所，完善教学规程，杜绝小学化教学。2008 年 9 月，农民工子女随父母进城就近入学增多，造成县城内小学学位不足，停办学前班。

2010 年，全县 26 所幼儿园、小校设学前班，班级 30 个，在校幼儿 915 人，其中小学附设学前班学生 435 人。教学采取授课式方式，开设语言、数学、健康、社会、科学、美术、艺术等课程。教材使用省编一年制教材和自编本土教材。

1986—2010 年古文县学前教育情况一览表

表 22-2

年度	小学附设学前班学校（所）	班级（个）	学生（人）	年度	小学附设学前班学校（所）	班级（个）	学生（人）
1986	23	48	1472	1999	13	32	1379
1987	23	28	1033	2000	14	35	1578
1988	22	27	1089	2001	12	26	1266
1989	22	27	1056	2002	14	28	1488
1990	22	27	1207	2003	13	29	1352
1991	14	24	1220	2004	12	23	1156

续表 22-2

年度	小学附设学前班学校（所）	班级（个）	学生（人）	年度	小学附设学前班学校（所）	班级（个）	学生（人）
1992	14	28	1530	2005	12	21	1008
1993	15	32	1554	2006	12	20	987
1994	16	41	1620	2007	14	15	866
1995	15	38	1756	2008	14	18	741
1996	14	37	1665	2009	10	10	335
1997	14	37	1477	2010	10	12	435
1998	12	26	1004				

1986 年，古丈县幼儿园前身为县直机关幼儿园，始建于 1958 年，占地 1856.4 平方米，建筑面积 1144.18 平方米，其中教室 4 间 200 平方米、幼儿寝室 4 间 200 平方米、室外活动场地 500 平方米；设 7 个班，入园幼儿 192 人，专任教师 7 人，保育员 8 人；开设语言、计算、常识、美术、音乐、体育等课程。1987 年，投入资金 20 万元，修建教学楼及教师宿舍各 1 栋。1988 年，投入 2 万元，添置课桌椅、风琴等设备。1989 年，投资 18 万元，改造幼儿食堂及教师宿舍、厕所。1992 年，被州教委授予“先进幼儿园”称号。1999 年，被州教育局授予“全州教育系统先进单位”。2000 年，被州教育局授予“湘西州一级示范幼儿园”。

2005 年，更名为古丈县幼儿园，被州教育局确定为“州级示范园”；自筹资金 4500 元，购置照相机一部、打印机 1 台。2006 年，添置儿童床 78 架、被子 78 床、桌子 24 张、椅子 24 把，电子琴 9 架、购图书 1200 册。2008 年，投资 20 万元，修建教学楼一栋（由开发商统筹开发）；成功申报州级课题“幼儿园角色游戏的研究”，经课题组验收合格。2009 年，投入 26 万元，添置格力空调 9 台，电视机 9 台、DVD9 台、大型娃娃城一套。

2010 年，校舍面积 1792 平方米，户外塑胶活动场地 510 平方米，9 间教室均配置空调、电视、影碟机、电子琴各一台（架）；设大、中、小 9 个班级，在园幼儿 420 人；教职员工 41 人，其中小学高级教师 19 人（行政 1 人）、小学一级教师 18 人、保育员 11 人、图书玩具保管员 1 人，藏书 1700 册；开设健康、语言、社会、科学、艺术等课程。县幼儿园以“把爱心献给孩子，把热心留给家长，把忠心献给事业，把专心留给自己”为园训；“一切为了孩子，为了一切孩子，为了孩子一切”为办园宗旨，实施规范化管理、开放式教育、多元化教学。

第二章 义务教育

第一节 小学教育

一、普及初等教育

1986年，古丈县小学教育实行六年制，采用四二分段，即一至四年级为初小（四年）、五至六年级为高小（二年），班额为40～45人，边远村小班额为25人，班级学生不足25人的与不同年级班合并成复式班；实行秋季招生，全日制教学。是年，全县小学224所，其中中心完小17所、片完小10所、村小197所（含简易学校59所）；在校学生16712人，7～12岁适龄儿童入学率为92.4%，年巩固率96.2%，毕业率94.8%，毕业生会考成绩合格率78.4%，初等教育普及率92.3%。

1990年，新增村小10所、简易小学6所，全县有小学240所，教学班级561个，其中复式班261个；在校学生14771人，7～12岁适龄儿童12533人，入学率96.91%，年巩固率96.51%，13～15岁初等教育普及率92.84%，提前五年实现普及初等教育目标。1992年9月，岩头寨完小附设初中班。

1993年9月，在岩头寨、山枣、双溪3个乡创办九年制学校，学制实行三六分段，即初中三年，小学六年。

1995年，全县小学238所，在校学生14829人，小学入学率98.5%，年巩固率99.95%，居全州第一。1999年，全县小学198所，在校学生16829人，7～12岁适龄儿童入学率99.1%，小学毕业生升学率92.69%，基本实现普及九年义务教育目标。

2005年，全县小学146所，在校学生10540人，学生年辍学率0.46%，毕业升学率98.21%，正常适龄儿童入学率99.62%，7～15周岁残疾儿童入学率为64.15%。2007年，全县小学93所，在校学生9555人，正常适龄儿童入学率100%。

2010年，全县小学60所，九年制学校7所，中心完小11所，村小及教学点42个，在校学生9115人，7～12岁正常适龄儿童入学率为100%；小学教育实行六年制。是年，农民工子女随父母进城入学，县城小学学位不足，班额突破45人；县第一完全小学班额46～55人的有12个班级，56～65人的有7个班级，66人以上的有8个班级，最大班额超过70人。是年，红石林镇中心完小戴笠艳同学被评为“全国十佳春雷女童”、戴饶被评为“湘西州希望之星”。

1986—2010年古丈县小学入学情况一览表

表22-3

年度	学校（所）	班级（个）	在校学生（人）	正常适龄儿童入学率（%）	年度	学校（所）	班级（个）	在校学生（人）	正常适龄儿童入学率（%）
1986	224	570	16712	93.50	1999	198	579	16829	99.20

续表 22-3

年度	学校（所）	班级（个）	在校学生（人）	正常适龄儿童入学率（%）	年度	学校（所）	班级（个）	在校学生（人）	正常适龄儿童入学率（%）
1987	220	555	15535	94.20	2000	168	573	16121	98.25
1988	221	548	15137	94.80	2001	209	560	15046	98.30
1989	227	549	14653	95.90	2002	207	548	14145	98.26
1990	240	561	14771	98.60	2003	170	487	13033	98.50
1991	244	556	14385	99.20	2004	172	418	11538	99.31
1992	244	549	13770	98.40	2005	146	364	10540	99.62
1993	244	550	14112	97.04	2006	112	311	10079	99.71
1994	238	564	13900	98.20	2007	93	282	9557	100
1995	238	563	14829	98.50	2008	75	254	9260	100
1996	239	571	15885	98.15	2009	68	244	9243	100
1997	232	564	16556	98.00	2010	60	233	8974	100
1998	229	579	16784	99.10					

二、学校布局调整

1986 年，全县小学 224 所，分布于 16 个乡镇（场）178 个建制村。小学原则上实行县、乡（镇）、村三级办学，即县办重点小学，乡镇办中心完小和片小，村办村小，谁办谁管理。

1991 年，全县小学 244 所。

1995 年，巩固提高初等教育，学校布局调整，撤销岩头寨、双溪 2 所九年制学校，复名为岩头寨乡中心完小、双溪乡中心完小。

1996 年 8 月，河蓬乡中心完小和河蓬乡初级中学合并为河蓬乡九年制学校。

1999 年，全县小学调整为 198 所。

2004 年，野竹乡中心完小与野竹乡初级中学合并为野竹乡九年制学校，河西镇中心完小与古丈二中合并为河西镇九年制学校。

2005 年春，坪坝乡中心完小与坪坝乡初级中学合并成坪坝乡九年制学校。是年，河西镇九年制学校更名为红石林镇九年制学校，野竹乡九年制学校更名为岩头寨乡九年制学校。

2007 年，高峰乡中心完小与高峰乡初级中学合并成高峰乡九年制学校。

2008 年，岩头寨乡九年制学校更名为岩头寨镇九年制学校。

2010 年秋，罗依溪镇完小与罗依溪镇初级中学合并成九年一贯制学校。是年，全县小学调整至 60 所，其中乡镇中心完小 9 所，九年制学校 7 所，教学点 44 个。断龙山乡 13 所，中心完小 1 所，白溪关、白家、尚家、细塔、杨家河、溪龙车、胡家坪、大龙热、小白、坐苦坝、梅塔、猛虎洲 12 个教学点。红石林镇 12 所，中心完小 1 所，红石林镇九年制学校，花兰、马达坪、岩仁坪、先锋、科布车、老司岩、业者湖、下布尺、白果树、龙天坪 10 个教学点。罗依溪镇九年制学校 1 所。高望界乡葫芦坪村教学点 1 个。高峰乡九年制学校 1 所。岩头寨镇 5 所，岩头寨镇九年制学校、草潭完小和岩头寨完小、亮坡、洞溪 2 个教学点。山枣乡 4 所，山枣乡九年制学校及磨刀、筲箕田、枞树溶 3 个教学点。河蓬乡 2 所，河蓬乡九年制学校和苏家教学点。坪坝乡 9 所，坪坝乡九年制学校和榔木、叭喇、阿米、窝瓢、旦武、亚家、张家坪、上阿拉 8 个教学点。默戎镇 8 所，默戎镇中心完小和桐木、岩寨、九龙、潭溪、盘草、夯娄、万岩 7 个教学点。双溪乡 1 所，乡中心完小。县教育局直属完全小学 3 所，古丈县第一小学、古丈县第二小学、古丈县第三小学。

三、教学管理

1986 年，全县 16 个乡、镇（场）设立学区，统管中心完小、片小、村小及教学点的教学工作。各学区配 1 名教育专干。低年级开设思想品德、语文、数学、音乐、体育、美术、班队活动课等；高年级增设历史、地理、自然、卫生课。实行一学期两次质量检测（期中、期末考试），每学期选定 1 ~ 2 个年级科目进行抽查考试。

1987 年，实施教师学历达标教育，组织 31 名简师以下学历教师参加中师学历班学习。是年，举办教材教法合格培训班 8 期，培训教师 464 人。1989 年，取消卫生课，改设活动课。县城完小三年级以上学生体育达标 75%，农村学校三年级以上学生体育达标 65%。

1991 年 6 月，贯彻《古丈县实施九年义务教育规划》，部署普及初等教育自查工作，制定《古丈县村级小学管理方案》《古丈县中小学教学常规实施规划》。

1992 年，开展优质课竞赛，评选优秀教案和优秀教学论文，提高初等教育质量。省政府督导验收团认定全县基本普及初等教育。

1993 年，经湘西州教委验收，全县 14 所中小学教学常规管理合格，其中野竹、城关 2 所中心完小获教学常规管理优秀奖。举办新课程实验培训班 6 期，培训教师 350 人。各中心完小和村小开设实验课，在全州率先普及实验教学。

1994 年 4 月，启动中小学教育质量评估工作。古丈坪完小被州教委评估为“州一级学校”。

1995 年，普及九年义务教育，取消留级制度。古阳镇、野竹乡中心完小改建电教实验室，实施电视教学，成为州级电化教育学校。在古丈坪完小举行“小学六步自读”（即通、概、研、精、品、活读）示范课活动，推广课改成果。

1996 年 4 月，启动素质教育，组织 4 个素质教育普查组，深入中小学进行调研，制定《古丈县普通中小学推行素质教育工作方案》，确定示范学校。6 月，组织中小学主管教学副校长、教导主任 32 人赴全省素质教育试点县——汨罗市考察。实施县城完小教师下乡镇支教，乡镇中心完小教师下边远村小支教，参加支教老师 60 人。

1997 年，实施州教委“五五四”工程（五种精神、五心教育、四个模范）和“四个样子”建设。10 月，州教育督导团对河西镇、城关乡、岩头寨乡 3 所中心完小进行评估，被认定为“农村一级小学”。

1999 年，省政府教育督导团评估确认全县“普九”合格。

2000 年，启动小学教师学历提升培训，选送 150 人教师参加初等教育远程班，选送 38 人参加脱产班培训。

2001 年，组织教师参加新一轮中小学教师继续教育项目——民族贫困地区中小学教师综合素质培训。

2003 年，在全州率先实行新课程改革。低年级开设语文、数学、品德与生活、体育、音乐、美术、地方课程等，高年级开设语文、数学、英语、体育、音乐、美术、品德与社会、科学、综合实践活动、地方课程等。组织科任教师 210 人赴古丈坪完小、古阳镇完小观摩语文、数学等新课程示范教学。暑假举办新课程标准培训班，培训语文教师 110 人、数学教师 124 人。

2006 年，全面推行新课程教学改革，开展校本研修。在河蓬九年制学校召开中小学新课程改革经验交流会，现场观摩新课程课堂教学。

2008 年暑假，选派 500 名教师参加新课程标准培训，提高新课程课堂教学能力。

2010 年，执行《湘西自治州中小学教学常规（2010 年修订稿）》，开展教学常规示范学校创建。落实中小学课程计划，督查应开课程。实施小学作息时间、课外作业、教辅资料控管。制定《古丈县

2010年普通中小学教学质量评价方案》，实行新一轮教学质量评估。

四、校外活动

2004年，成立县青少年校外活动中心。投入249.76万元，启动活动中心教学楼建设，其中，国家二期义教工程项目投入120万元，县自筹129.76万元。2005年6月，活动中心教学楼交付使用；7月，面向县城青少年学生开放。开放时间为双休日、节假日、寒暑假（周一至周五），日活动时间6小时。有教师8人。招收学生210人，其中，2个美术班79人，2个书法班51人，舞蹈班34人，器乐班12人，科技和电脑班34人。

2006年，活动中心立足学生年龄特点，实施爱国主义、集体主义、社会主义、民族精神和安全文明教育，组织学生汇报演出、展出学习成果，激发学习趣味性，热爱第二课堂。是年，被省教委确定为湖南省未成年人思想道德建设先进活动基地。

2007年，活动中心被教育部中国校外教育网评为校外教育优秀工作室。2008年，舞蹈班荣获湖南省国际标准舞第17届团体舞比赛第二名。2009年，书法班作品荣获第七届PHE国际中小学生幼儿美术书法大赛教育成果二等奖。

2010年，活动中心有教职员16人，其中专业教师14人、管理人员2人，开设写作、英语、舞蹈、书法、器乐、绘画、声乐、棋类、电脑、科技、体育11个专业班级，在校学生370人，荣获第八届PHE国际中小学生幼儿美术书法大赛教育成果一等奖。

五、小学选介

古丈县第一完全小学　前身为清光绪二十四年（1898）创办的官立高等小学堂，中华人民共和国成立后，改为古丈坪完全小学。是县内建校最早学校。

1986年，为州、县重点小学，有教职员工38人，其中专任教师35人。班级15个，在校生703人；校园占地4666.69平方米，其中校舍1876平方米、活动场930平方米。1987年，教师参加职称评聘，12人被评为小学高级教师，14人被评为小学一级教师，9人被评为小学二级教师。1994年5月，被州教育督导评估认定为“全州一级完全小学”。

1997年，被州委评为双文明建设先进单位。1998年，被教育部评为劳动技术教育先进学校。1999年，被州教委评为“校园建设优秀学校”“常规管理优秀学校”。2000年11月，被州教育局评为艺术教育工作先进单位。

2001年，全县小学教学质量检测，该校五年级语数抽考人均分获全县第一名，学校获小学综合评价一类学校第一名；被州教育局确定为“基础教育课程改革实验学校”。2006年，体育器械装备达州一类学校标准。2008年9月，停办学前班，增设常规教学班3个，学校校园网被州教育局评为全州优秀校级网站，全校在校学生1644人。

2010年，更名为古丈县第一完全小学。启动建校扩容工程，新建一栋7层3500平方米的教学大楼。学校占地5990.3平方米，校舍建筑面积5939平方米。专任教师91人，其中专科学历55人、本科学历25人，中学高级教师1人、小学高级教师53人、小学高级教师以下职称37人，县级学科带头人6人，职工7人。教学班级30个，在校学生1641人，在校学生年巩固率100%。教室、电脑室、实验室、语音室等设施齐全，有远程教育设备30套、多媒体2套、电脑110台、钢琴1台、号鼓300件、体育器材699件、图书17980册。4名教师被评为省级优秀教师和先进个人，2名教师被评为州级优秀教师和先进个人，1名教师被评为全国基础教育科研先进工作者教师撰写教学论文获国家级三等以上教学科研论文奖44篇。省级三等以上教学论文奖61篇。

双溪乡中心完小　为古丈县农村寄宿制集中办学试点学校，湖南省“十一五”教育规划课题——

农村寄宿制学校教育教学研究实验学校。2005年秋，为促进教育公平，缩小城乡教育差距，在县委书记彭武长倡导下，县委、县政府整合教育资源，在双溪乡开办农村寄宿制集中办学试点，撤并全乡12所村组小学，学生全部集中到乡中心完小学习生活。按照“规范管理、提高质量、群众满意、全州一流、便于推广”总体办学目标，湘西州教育局、古丈县教育局、县直各单位等部门筹资280万元，改善学校办学条件。县教育局投入资金13万元，添置音体美卫器材。

2010年，学校占地面积8739平方米，校舍建筑面积4714平方米，标准篮球场2个，60米直跑道1个，设置仪器室、实验室、电脑室、语音室、多媒体室、音乐室、美术室、图书阅览室等。教学班9个，在校学生346人，寄宿生312人，其中土家族、苗族等少数民族学生占99.5%；学校在职教职工34人，其中大专文化以上32人，州级骨干教师1人，县级学科带头人1人。学校先后被评为“基础教育课程改革先进单位”“德育工作先进单位”“2008—2010年落实教学常规优秀学校”。

第二节　初中教育

一、普及初中

1986年，全县有初中学校10所，其中完全中学初中部3所。教学班级56个，在校学生2974人。在校生年巩固率93.5%，初中毕业生升学率39.08%。贯彻《中华人民共和国义务教育法》，制定全县九年义务教育规划，启动普及初中教育。

1991年，实施州教委制定的《湘西州普通中学教学常规》，初中毕业会考人均总分499.95分，毕业率为60%。初中招生1297人。

1994年，县第一中学初中部语文会考成绩位居全州重点中学第一名。

1995年，设立古丈县艺术体育学校，全县初中学校增至12所，79个班级，在校学生3580人。全县初中毕业会考科合格率位居全州第二名，优生率在全州排名第三，年巩固率在全州排名第一，荣获全州三年巩固率最高奖。

2004年，初中毕业会考。全县参考试学生人均550.04分，科合格率67%，两项指标均位居全州第一名。2006年1月，全县普及初中教育。2007年，“两基”（基本普及九年义务教育和基本扫除青壮年文盲）工作顺利通过国家验收。

2010年，全县初中学校11所，其中九年制学校7所，独立初中2所，古丈一中、县综合职业技术学校附设初中部2所。是年，小学毕业生1466人全部升入初中一年级，入学率100%，初中在校学生4739人，年巩固率100%。

1986—2010年古丈县初级中学入学情况一览表

表22-4

年度	学校（所）	班级（个）	在校生数（人）	小学升初中比率（%）	年度	学校（所）	班级（个）	在校生数（人）	小学升初中比率（%）
1986	10	56	2975	94.3	1999	11	99	5286	98.9
1987	10	61	3191	94.6	2000	12	105	5890	99.1
1988	10	67	3294	94.8	2001	12	110	5917	99.3
1989	10	70	3406	95.2	2002	12	144	7744	99.5
1990	10	72	3596	95.9	2003	12	133	7405	99.7
1991	12	73	3661	96.2	2004	12	135	7494	99.8

续表 22-4

年度	学校（所）	班级（个）	在校生数（人）	小学升初中比率（%）	年度	学校（所）	班级（个）	在校生数（人）	小学升初中比率（%）
1992	13	77	3495	96.4	2005	12	120	6210	100
1993	13	94	4246	96.3	2006	12	131	6894	100
1994	13	80	3711	97.5	2007	12	102	5529	100
1995	12	82	3580	97.6	2008	11	100	5372	100
1996	12	102	4427	97.9	2009	11	98	5082	100
1997	12	102	5010	98.2	2010	11	95	4739	100
1998	12	98	4360	98.7					

说明：学校数中包括独立初中、古丈一中初中部、古丈职中初中部、各九年制学校初中部

二、初级中学布局

1986 年，全县实行县、乡（镇）两级办中学，县办高中，有条件的乡镇办初中。全县有初级中学 10 所，即县第一中学初中部、县第二中学初中部、县第三中学初中部、城关乡初级中学、断龙山乡初级中学、罗依溪镇初级中学、高峰乡初级中学、野竹乡初级中学、河蓬乡初级中学、坪坝乡初级中学。

1987 年，城关乡初级中学更名为古阳中学，为县教育局直属管理。1989 年，高峰乡初级中学改为高峰乡职业技术初级中学，学制四年。

1991 年 9 月，山枣、岩头寨乡中心完小附设初中班，分别招生 50 人、52 人。

1992 年 9 月，双溪乡中心完小附设初中班，招生 50 人。

1995 年 8 月，撤销古丈二中高中部，撤销岩头寨和双溪两所九年制学校初中部。设立古丈县艺术体育希望学校（加挂‘玉玲举重运动学校’牌子，设6个班，初中一、二、三年级3个班，小学四、五、六年级 3 个班）。

2008 年下学期，县艺术体育学校与古丈一中初中部合并，设立县民族中学。

2010 年，全县初级中学 11 所。其中独立初级中学 3 所，即古丈县民族中学、古阳中学、断龙山乡初级中学。九年制学校 7 所，即红石林镇九年制学校、罗依溪镇九年制学校、高峰乡九年制学校、岩头寨镇九年制学校、山枣乡九年制学校、河蓬乡九年制学校、坪坝乡九年制学校。县综合职业技术学校 1 所。

三、初中课程设置

1986 年，初中学制三年。课程开设语文、数学、英语、思想品德、历史、物理、化学、地理、生物、体育、音乐、美术等，使用人民教育出版社出版教材。1993 年，初中开设思想政治、语文、数学、英语、物理、化学、生物、历史、地理、音乐、美术、体育、劳动技术等课程，教材使用按省州教委规定执行。2003 年，全县在湘西州率先实行新课程改革。初中课程开设思想品德、语文、数学、外语、物理、化学、生物、历史、地理、体育、音乐、美术以及综合实践课程等。初中部七至九年级课程按省州全日制普通中小学课程方案开设。语文使用湖南教育出版社出版教材，英语使用湖南少年儿童出版社出版的教材，其他课程使用人民教育出版社出版的教材。2010 年，全县初中课程设置不变，使用教材版本不变。

四、初级中学选介

古阳中学　创办于1976年，原名城关乡初级中学，1987年更名为古阳中学。学校以“尊师、爱校、勤学、守纪”为校训，狠抓常规管理，学校教育教学质量稳步提高。1997年来，学校教学质量综合评价稳居全县前列，2006年，初三毕业会考中，考入古丈一中288人，湘西州二民中12人，吉首市民中3人，普高升学率75%。2010年，学校占地面积10630平方米，有教职工109人，27个教学班，学生1700人，是古丈县教育局直属骨干初级中学，师资力量雄厚。学校办学条件明显改善，教学生活设施比较齐全，新的学生宿舍大楼已投入使用。理化生均有仪器室、实验室，拥有电脑教室2间，卫星接收系统2套，语音室1间，多媒体教室1间。有图书10000册。

断龙山乡初级中学　创办于1968年。1973年，设立高中班。l977年9月，停办高中，保留初中。1986年，学校占地6666.67平方米，校舍面积907平方米；教职工21人，专任教师18人，其中专科学历4人，中专学历14人，学历合格率为22.22%。设置6个教学班级，在校学生339人。

1993年，世界银行贷款项目投入10万元，自筹资金10万元，建成l020平方米教学楼。1998年12月，国家一期义教工程投入20万元，建成教师宿舍楼一栋，解决31户教师住房问题。2000年8月，定点初中项目投入70万元，建成教学综合楼一栋，设多媒体室、理化生实验室、图书室、教师办公室等。2003年，国家二期义教工程项目投入26万元，建成学生宿舍一栋。2004年，建成学生食堂。2008年，增设语音室、电脑室、阅览室等设施；径赛、篮球等运动场及其他附属设施相继完成；学校被州教育局授予“学习型学校”称号。

2010年，学校占地11700平方米，校舍4516平方米。教学班级7个，学生281人。教职工33人，专任教师31人，其中，中学高级教师6人，中学一级教师6人，中学二级教师15人，县级学科带头人1人。电脑室有电脑24台，多媒体设备1套。图书室有图书8400册，生均图书30册。土家族“摆手舞”“打贡鸡”“打镏子”等传统文化作为校本教材引入课堂，传承土家族民间传统文化。

河蓬乡九年制学校　1996年，河蓬乡中心完小和河蓬乡初级中学合并，设立河蓬乡九年制学校。1997年，实施“四个样子”建设，开展“五爱”“五心”教育，推进素质教育。2003年，实施新课改革和教学常规管理，巩固“普九”成果。2005年，校长张鹏被评为省级优秀教师。2006年，教育教学质量评估，连续6年获全县三类学校第一名。学校先后获得“民族寄宿制工程”“五个百校工程”“薄弱学校改造工程”“合格学校建设工程”“校安工程”等项目资金投入，学校基础设施建设得到改善。

2010年，学校教学班16个，其中初中部6个，小学部10个。在校学生756人。教职工54人，其中中学高级教师1人，中学一级教师8人，小学高级教师15人，县级学科带头人2人。学校占地面积5.1万平方米，其中桂馨生态助学茶园3.33万平方米，校舍建筑面积5655平方米。学校有图书1.4万册。有远程教育设备1套，电教仪器室、语音室、多媒体教室、电脑室（电脑35台）等设施齐全。学校先后获“全州校园建设优秀学校、湘西州德育示范学校、全州学习型学校、全州就读保障先进单位、全州安全文明校园、全州课改示范学校”等称号。教师撰写的教育教学论文有10篇获国家级奖励，20篇获省级奖励，60篇获州级奖励。

第三节　思想品德教育

1986年，开设思想品德教育课，开展“五讲四美三热爱”（五讲：“讲文明、讲礼貌、讲卫生、讲秩序、讲道德”。四美：“心灵美、语言美、行为美、环境美”。三热爱：“热爱祖国、热爱社会主义、热爱中国共产党”）教育，培养有理想、有道德、有文化、有纪律“四有新人”。中心完小各个班级和村小均设置“表扬栏”、好人好事登记册，实行一周一讲评，一期一总结，一学年一表彰。1988 年，实施校风、教风、学风建设。12 月，州教委授予古阳中学为全州中小学德育先进集体、9 名教师为全州优秀班主任、2 名教师为全州德育先进工作者。

1990 年，县教委成立德育工作领导小组，全县 250 所中小学均建立德育工作机构。是年，贯彻县委《关于深入社会主义思想教育的决定》，组建教育社教工作队，分三批驻进学校，实施社会主义思想教育，开展学雷锋、学赖宁等活动。全县各校请政法干部上德育课 130 堂次。县教委表彰学雷锋先进个人 30 人，先进班集体 10 个（高中 2 个、初中 3 个、小学 5 个）。表彰学赖宁优秀少先队员 105 人，先进集体 44 个，优秀指导员 44 人。县政府表彰优秀少先大队 4 个、优秀少先中队 22 个、优秀少先小队 2 个，优秀少先队辅导员 30 名（其中校外辅导员 5 名）、优秀幼师 19 名（含 8 名保健员）、优秀少先队员 120名、好儿童32名。省教委授予罗孝荣、向德香湖南省优秀少先队辅导员称号。

1993 年，全县中小学进行“四个样子”建设。小学毕业生思想品德评价及格率为 98%，初中毕业生思品评价及格率 97.98%。

1994 年，开展“五心”教育活动（“忠心献给祖国、热心献给社会、孝心献给父母、爱心献给老师、诚心献给朋友”）。古丈坪完小四丁班中队一小队被教育部全国少工委办公室评为“全国文明雏鹰假日小队”，该班学生徐宵被评为“全国手拉手好少年”。

1996 年 4 月，启动全县中小学素质教育，开展“五爱”（爱祖国、爱人民、爱劳动、爱科学、爱护公共财物）教育。1999 年，古丈一中团委获全省“红旗团委”。2000 年，开展“党在我心中”教育活动，推进“四个”样子建设。古丈一中校长杜新民获“省十佳师德标兵”。

2005 年，确立古丈一中、古阳中学、古丈坪完小、古阳镇完小为心理健康教育试验示范点，全县中小学思想品德评价参评面 100%，合格率 99%。2006 年，开展“社会主义荣辱观教育和廉政文化进校园活动”，县校外活动中心被省教委确定为湖南省未成年人思想道德建设先进活动基地。

2010 年，全面实施素质教育，培养社会主义现代化建设接班人。是年，表彰中小学三好学生 64 名、优秀学生干部 27 名。古丈民中 2 名同学被评为全州“优秀学生干部”，4 名同学评为全州“三好学生”。通过家长会、走访家长等方式，创新具有现代特色的社会、家庭、学校相结合思想教育体系，推动学生德智体美全面发展。

第四节 教育督学

1995 年，县教育局增设教育督导室，启动教育督导督学工作。县政府聘任县委办、县纪委、县组织部、县发展计划局、县财政局等单位领导为首届督学，任期 2 年。1997 年，湘西州政府教育督导评估团对岩头寨乡中心完小实施督导评估，认定岩头寨乡中心完小为农村一级小学，并授予“一级学校”校牌。1998 年，湘西州政府教育督导评估团评估认定断龙山乡、茄通乡、罗依溪镇、高望界林场、双溪乡 5 个乡镇场“普九”工作合格。

2002 年 10 月，州政府教育督导室组成“普九”年检评估团，对县“普九”巩固提高工作情况进行年度评估检查，古丈县被评为“普九”巩固提高一类县。12 月，省政府教育督导评估团对全县“两基”工作实行评估验收，认定合格。

2003 年，县政府教育督导室完成第一轮 53 所中小学办学水平评估定级，其中，州级示范学校 1 所、规范化学校 12 所、合格学校 27 所、薄弱学校 13 所。10 月，州政府“普九”年检评估团，对“普九”工作进行检查评估，认定古丈县“普九”年检合格，省政府授予“普九”年检先进单位。2004年，全县启动第二轮中小学办学水平评估。

2005年，州政府教育督导评估团对县政府教育工作和县级党政主要领导干部教育工作实绩实施督导评估考核，县政府被评为优良。2006年，县政府教育督导专项经费、教育督导奖励经费等全额纳入财政预算。县政府教育督导室组织评估组对全县17所公民办幼儿园进行评估，认定县幼儿园、默戎幼儿园为B等，康乐幼儿园等15所幼儿园为C等。州政府教育督导室对古丈一中和古丈县幼儿园进行等级督导评估，认定古丈一中为合格州级示范性高中，县幼儿园认定为C等，即薄弱幼儿园。2007年，经国家验收，认定全县实现“两基”攻坚目标。

2009年，县政府教育督导室对县民族中学、古阳中学和双溪乡中心完小从校园规划建设、装备条件、公用经费、队伍建设、学校管理、教育教学、办学水平等七个方面进行督导评估。州政府教育督导评估团认定县民族中学、古阳中学和双溪乡中心完小为义务教育合格学校。经省政府教育督导室抽查，认定县民族中学、古阳中学为合格，双溪乡中心完小为基本合格，整改后，经州政府教育督导室评估，认定为合格。

第三章 中等教育

第一节 普通高中

1986年，全县完全中学3所，即县第一中学、县第二中学、县默戎职业中学。校园占地面积97514平方米，校舍建筑面积88314平方米，其中教室建筑面积18552平方米、学生宿舍建筑面积18453平方米、活动场所9200平方米。高中学制三年，课程开设语文、数学、英语、政治、地理、历史、物理、化学、生物、体育等，教材使用人民教育出版社出版的教材。教学班级32个，在校学生1363人。教职员工94人，专任教师79人。参加高考137人，上线46人，录取43人。1995年，调整高级中学布局，撤销古丈县第二中学高中部，保留古丈县第一中学、县默戎职业中学两所高中。全县高中班13个，学生543人。高中毕业会考合格率68.7%，居全州第四位，人均总分633.5分，位居全州第三名。古丈一中文科班学生胡岚高考摘取全州文科状元桂冠。是年，县默戎职业中学高中班停止招生。

2000年，全县148人参加高考，上大专以上分数线88人，上线率59.46%。大中院校录取110人，其中，本科39人（重点本科线11人），专科71人，高考录取率74.32%。文科最高分574分，超重本线46分；理科最高分609分，超重本线74分。2001年，古丈一中理科班学生翟民被清华大学录取。2003年，实行新课程改革，在原基础上增设信息技术、通用技术、社会实践等课程，使用人民教育出版社出版的教材。高中扩招4个班，共19个班。参加高考235人，上专本科线201人，录取207人，其中本科录取64人，录取率为88.09%，比2000年提高13.77%。是年，州教育局授予古丈一中为首批“全州示范性高级中学”。

2004年，州教育局授予古丈一中为全州基础教育教学研究试验学校。2007年，实施校本研修，鼓励教师把学校优秀教学研究成果应用于教学实践，充实教材内容，丰富学生知识。2010年，高中班级32个，在校学生1836人。学校设置长郡直播班2个，装配电脑125台；配置数理化生实验室6间；电脑室3间，装配电脑187台；多媒体、多功能教室各1间。高中毕业合格率、优秀率分别达到85.1%、28.8%，高中新生录取率为58.05%。参加高考学生668人，上线622人，其中本科303人。普通高校取录535人，其中本科189人，取录率为80%。

1986—2010年古丈县高中学生情况一览表

表22-5

年度	学校（所）	班级（个）	在校学生（人）	高中录取新生（人）	入学率（%）	年度	学校（所）	班级（个）	在校学生（人）	高中录取新生（人）	入学率（%）
1986	3	32	1363	425	44.3	1999	2	14	638	220	20.7

续表 22-5

年度	学校（所）	班级（个）	在校学生（人）	高中录取新生（人）	入学率（%）	年度	学校（所）	班级（个）	在校学生（人）	高中录取新生（人）	入学率（%）
1987	3	22	1195	312	33.3	2000	1	12	632	208	18.4
1988	3	24	1063	282	31.9	2001	1	13	701	265	22.1
1989	3	20	868	389	40.6	2002	1	15	825	410	31.3
1990	3	21	943	395	40.8	2003	1	19	1045	370	23.5
1991	3	21	964	295	30.0	2004	1	24	1314	562	32.0
1992	3	11	632	232	24.2	2005	1	25	1391	621	32.1
1993	3	10	615	212	22.9	2006	1	27	1522	628	31.5
1994	3	14	613	237	24.7	2007	1	28	1704	778	34.0
1995	3	13	543	209	20.1	2008	1	32	1751	923	57.5
1996	2	9	447	204	20.9	2009	1	33	1799	1006	67.8
1997	2	12	545	219	21.6	2010	1	32	1836	999	72.2
1998	2	13	600	225	21.0						

古丈县第一中学前身为古丈县立初级中学，1942 年创办。1952 年，学校更名为湖南省古丈县初级中学。1958 年，开设高中部。1960 年，学校更名为湖南省古丈县第一中学。

1986 年，学校占地 6 万平方米，校舍 76400 平方米，其中，教室 15604 平方米，学生宿舍 17903 平方米，生活用房 28439 平方米。学校有教职工 103 人，专任教师 69 人。其中，本科学历 20 人，专科学历 41 人。在校学生 867 人。

1990 年，学校确立“全面发展，学有特长”办学宗旨，秉承“以优美的环境陶冶学生心灵，以科学的方法培育学生成才”办学精神，勤俭建校，依法办学。学校实行校长负责制，教师实行聘任制。1994 年，高三毕业会考，七科合格率为 100%，平均分均居全州重点中学第三位。1995 年，实施素质教育，注重全面育人。文科班学生胡岚高考成绩 538 分名列全州文科第一。2004 年 9 月，学校实行封闭式管理。2006 年，长郡卫星直播系统启用。学校有教工宿舍 3 栋、学生宿舍 5 栋、食堂餐厅 1 栋、办公楼、教学楼、科技楼、艺术楼、德泽楼各 1 栋、图书馆 1 栋，中型德泽运动场 1 个。其中，500 人多媒体教室 1 间，数学、物理、化学、生物等科仪器室、实验室 6 间，电脑室、音乐教室、舞蹈室、阶梯式电教室、语音室、多功能报告厅 9 间。2008 年 8 月，高中部与初中部分离，初中部改为县民族中学。

2004—2010 年，教师指导学生开展论文创作，参加州以上竞赛，获奖 422 篇。教师竞赛论文和教研课题获州以上一等奖 679 篇，其中，国家级奖 51 篇，省级奖 475 篇。获全国教育科学“十一五”规划教育部重点课题一、二、三等奖 6 个；一个省级课题获省“十一五”课题三等奖。学校获州以上荣誉、奖励 30 项，其中，中学高级教师杨玖华当选为中国共产党十四次全国代表大会代表，校长杜新民获省特级教师称号，学校获教育部“研究课题先进单位”、省级优秀高考考点、文明卫生单位、园林式单位、湖南省贯彻《学校体育工作条例》先进学校、安全文明校园、“五四”红旗团委、民族团结先进模范集体，州级国防教育先进学校、示范性高中督导评估优秀学校、教学常规优秀学校、德育优秀学校、平安文明学校等称号。

2010 年，高中教学班级 32 个，在校学生 1836 人，高中毕业会考合格率为 85.1%，优秀率为 28.8%。参加高考学生 668 人，上本科线 303 人，上专科线 340 人，高考录取率 80.9%。学校教职工

157 人，专任教师 135 人，其中，研究生学历 3 人，占 2.22%，本科学历 125 人，占 92.59%。特级教师 1 人，中学高级教师 40 人，中学一级教师 71 人，省级骨干教师 2 人，州级学科带头人 4 人。

第二节　中等职业技术教育

1986 年，县默戎职业中学设教学班级 6 个，在校学生 309 人。校园占地面积 13333.4 平方米，校舍面积 3878 平方米，教学用房 980 平方米，教室 600 平方米，生活用房 1398 平方米，学生宿舍 350 平方米。高中班级 3 个，初中班级 3 个，在校学生 215 人。教职工 27 人，专任教师 20 人。开设语文、数学、外语、物理、化学、生物、体育等文化课和园艺、农作、畜牧、兽医等专业课程。1989 年，高峰乡初级中学改为高峰乡初级农村职业技术中学。

1993 年，县默戎职业中学更名为古丈县综合职业技术学校，开设农村家庭综合经营、家电维修、军事预备役、旅游管理、家畜家禽饲养与管理 5 个专业班，在校学生 175 人，教师 37 人。学校开发美国王鸽、竹鼠、果子狸、甲鱼、鳝鱼、食作菌、盆景根雕、椪柑、茶叶、印刷等 15 个产业项目，全年创收 9.7 万元。1998 年，县职校高职停止招生。1999 年，高峰职中停办，恢复 3 年制普通初级中学。

2007 年，县综合职业技术学校与冷水江高级技工学校联合办学，招生 223 人。2008 年 4 月，学校被列为科技部国家星火计划重点项目——农村人才信息技术技能远程培训基地。2009 年，招生 68 人，为苏州、上海、广州等地企业培养实用技术人才。

2010 年，县综合职业技术学校占地 2.13 万平方米，校舍面积 6493 平方米。教学电脑 60 台，多媒体教室 1 间，物理、化学、生物等实验室各 1 间。学校有图书 7919 册，生均 37.89 册。教学班级 5 个，在校学生 209 人。是年，学校中职教育因生源不足再次停止招生。

1986—2010 年古丈县综合职业技术学校入学情况一览表

表 22-6　　单位：人

年度	教职工	招收新生	毕业学生	在校学生	年度	教职工	招收新生	毕业学生	在校学生
1986	26	98	0	302	1994	37	195	68	256
1987	32	82	86	298	1995	41	51	133	145
1988	32	74	80	245	1996	41	40	50	98
1989	33	85	72	234	2007	38	223	0	223
1990	35	86	75	228	2008	38	73	0	135
1991	35	81	64	238	2009	37	68	135	141
1992	37	75	72	206	2010	37	45	78	209
1993	37	55	74	175					

第四章 成人教育

第一节 教师进修学校

1986年，县教师进修学校开展小学教师学历教育，招收中师函授学员44人。举办小学一级语文、数学教师培训班4期，培训教师84人。1987年，举办小学教师教材教法合格培训班8期，每期15天，培训464人，合格率91%。举办小学教师专业合格证应试培训班6期，每期20天，培训162人。举办教师岗位培训班7期，培训190人。1989年，举办小学“珠算教学”培训班2期，培训教师108人，办举小学语文听说训练班4期，培训学员206人。

1992年，改革办学模式，与县农业广播电视学校联合举办市场营销班，学制三年，招生45人。1993年，举办复试教学培训班15期，培训教师526人。举办中小学教师专业资格应试班2期，培训82人，合格率100%。1995年，举办小学教师补修中师学历脱产班，学制半年，招生33人。举办小学教师补修中师学历函授班，学制二年，招生108人。是年，校长曹新民荣获“曾宪梓全国教育基金奖”。1999年，举办计算机初级培训班4期，培训180人。普通话培训班3期，培训144人。举办中小学新岗教师培训班1期，培训58人。

2000年，启动中小学教师学历提升教育，与州教育学院联合办学，设初等教育专业班，学制二年，招生50人。举办计算机初级培训班5期，培训学员250人。举办中小学教师普通话培训班5期，培训240人。2001年，整合师资资源，与吉首大学师范学院联合办学，初等教育专业班招生140人。启动新一轮中小学教师继续教育项目——民族贫困地区中小学教师综合素质培训。县城5所一类学校参加第一批培训。2003年，初等教育专业班实行免试入学，招生218人。2005年，全县中小学教师综合素质培训项目评估验收，教师合格率达100%。教育部民族贫困地区中小学教师综合素质培训项目领导小组授予县教师进修学校“教师培训特色示范区”称号，授予校长李传银“全国优秀培训专家”荣誉。2006年，启动新一轮中小学教师继续教育，推进校本研修，创建学习型学校。全县中小学教师参加继续教育学习1148人。全县具有大专学历小学教师占小学教师总数的89%。2008年，全县中小学教师开展非学历远程培训，全县1028名中小学、幼儿园教师参加网上远程学习。

2010年，对推进校本研修创建学习型学校进行评估验收，总结表彰学习型学校14所，学习型校长18人，学习型教师306人。

第二节 电视大学

1986年，县电大工作站负责县电视大学管理，工作人员4人，其中教师2人。1987年，招生首届教育行政管理大专班学员 20 人。视听课程为汉语言文学、财会、法学、小学教育专业等。

1990 年，电大班期末 6 科人均分、及格率列全州之首。1992 年 7 月，财会专业大专班学员毕业 20 人。8 月，招生两年制乡镇企业经营管理大专班学员 19 人、三年制机电专业中专班学员 15 人、三年制农广（果树栽培）专业中专班 36 人，全日制学习授课。1994 年 9 月，新招全日制文秘中专班学员 23 人、经济管理中专班学员 27 人。1995 年 9 月，新招两年制农广（贸易经济）专业中专班学员 44 人。1996 年 9 月，招生注册视听生三年制法律大专学员 18 人、财会大专学员 14 人，教学形式为集中面授辅导、观看音像资料和分散自学，期末集中考试。

2001 年，启动宽进严出开放教育。招生开放教育汉语言文学大专班学员 45 人、开放教育汉语言文学大专班学员 25 人、法律大专班学员 44 人。2006 年，古丈县被批准为中央电大“西部地区百所县级电大援助计划”受援县。受援项目设备有计算机 38 台、交换机 2 台、复印机 1 台、打印机 1 台、办公电脑 2 台、传真机 1 台、移动硬盘 1 个、电脑桌 19 套、净化电源 2 台等，折合人民币 18 万元。

2010 年，工作人员 12 人，其中专任教师 8 人，中学高级教师 1 人，中学一级教师 5 人。开设综合班级 4 个，在站学员 151 人。

第三节　成人自学考试

1986 年，党政干部队伍建设贯彻“革命化、年轻化、知识化、专业化”方针，重视干部学历教育，组织部门每年派送干部到高等院校进行学历教育，因名额有限，多数中青年干部选择在岗在职自学这条途径提高学历。是年，自学考试报名 208 人，报考专科科目 460 科次。报考参加大中专成人高考 132 人，录取 98 人，其中，县进修学校招录中师函授生 44 人。1988 年，中共湖南省委党校在县委党校设立函授站，招生行政法专业大专班 29 人。1992 年，成人高考报名形成第一次高潮，报名达 495 人，各院校录取 289 人。2000 年，干部学历教育力度加大，35 岁以下副科级以上干部没有取得大专学历的一律免去职务，待取得大专学历证书后再恢复原职。2004 年后，干部参加各类函授学历学习的生源枯萎。是年，参加成人高考 109 人，各院校录取 81 人。2010 年，成人高考报名 10 人，录取 5 人。

第四节　农民教育

1986 年，县农民业余教育，由单纯扫盲识字教育转为以学政治、文化、技术三结合的文化技术教育。是年，全县农民技术学校 16 所，开办扫盲班 105 个。

1989 年 12 月，贯彻国务院《扫除文盲工作条例》和《关于依靠科技进步振兴农业，加强农业科技成果推广工作的决定》，县政府提出扫除全县青壮年文盲半文盲的目标任务。1990 年，全县乡镇建立扫盲领导小组 16 个。全县 181 个村办扫盲班 257 个，参加学习人数为 5908 人，经州政府验收，脱盲 6621 人，完成州分配任务 3640 人的 181.90%。州政府授予古丈县“全州扫盲先进县”称号。是年，全县有农民教育专职干部 20 人，其中，16 个乡、镇（场）学区配一名成教专干或成教副校长，全县有村农民文化技术学校 184 所，学员 20395 人；乡镇（场）农民文化技术学校 16 所，办班 16 个，培训学员 8076 人。乡村两级农民文化技术学校办学面达 100%。1991 年 9 月，全县共办扫盲班 265 个，参学人数 4864 人，经考试，4027 人达到脱盲标准，完成州分任务的 134.2%。

1995 年，县、乡两级党政一把手为扫盲第一责任人，县教育部门负责人以及中小学校长为扫盲直接责任人，层层签订责任状，扫盲工作任务落实到基层。是年，筹措扫盲经费 91.76 万元，完成扫除青壮年文盲 2215 人，超州下达任务。1997 年，扫除青壮年文盲 7251 人，非文盲率达 98.68%，通过省、州评估验收，达到国家和省定标准，成为青壮年基本无文盲县。1998 年，全县办脱盲提高班 145 个，学员 1523 人，脱盲提高 1476 人。教育部授予坪坝乡中心完小“中华扫盲奖”。教育部授予坪坝乡农民技术学校“全国先进农民文化技术学校”称号。

2010 年，全县农民技术学校共办农民技术培训班 67 期，培训农民 2588 人，传授实用技术 13 种，40% 以上的农民通过培训掌握 1 ～ 2 种实用技术。农民技术学校成果得到国家督学李家林肯定。

第五章　教学研究

第一节　教研工作

1986 年，按照《中华人民共和国义务教育法》规定，全县普及初等义务教育，开展农村小学基础教育研究，尤其是复式教学方法研究，实施“五环节课堂教学法”（复习旧课—导入新课—讲授新课—巩固复习—课堂作业）。1987 年，实施“双语教学法”，即普通话与“土家话、苗话、佤乡话”相结合的教学方法。断龙山、红石林等乡镇土家族聚居区，能说土家语教师把土家语与普通话结合起来进行教学；默戎、坪坝、河蓬等乡镇苗族聚居区，能说苗话老师把苗话与普通话结合起来进行教学；山枣、岩头寨、高峰等乡镇佤乡人（仡佬苗族）聚居区，能说乡话老师把乡话与普通话结合起来进行教学。

1990 年，研究中小学教学十法，尝试教学法、讲授法、谈话法、讨论法、读书指导法、演示法、观察法、实验法和实习法等。1991 年，开展面向基层、面向后进、面向毕业班的教学研究，教研人员与一线科任教师相互研讨并在毕业班实验教学，罗依溪初级中学、河蓬初级中学、默戎职中毕业班的毕业率由上学年的 39%、36%、10% 分别提高到 86.49%、66.57%、21.92%，茄通、野竹、河蓬学区毕业班的毕业率由上学年的 73.75%、68.81%、68.75% 分别提高到 82%、95.18%、87.01%。1995 年，组织中小学教师参加各类学科竞赛，获国家级三等奖 3 个，省级二等奖 1 个。

1997 年，组织中小学教育教学论文和“素质教育理论与实践”征文评选活动。2003 年 8 月，县教育局教学研究室并入县进修学校，统一由县进修学校管理。是年，实施新课程改革，研究新课程课堂教学。2004 年，县综合职业学校文体菊老师主持“从板书设计窥视语文课堂教学理念的革新”研究课题，该课题荣获全国教育科学“十五”规划教育部重点课题三等奖。2005 年，古丈坪完小张顺荣老师主持的“狠抓教研促培训，推动课改求发展”研究课题，该课题荣获全国教育科学“十五”规划教育部重点课题三等奖。

2007 年，县教学研究室更名为县教育科学研究室。是年，古丈一中校长向水林主持的两个研究课题，分获全国教育科学“十一五”规划教育部重点课题一等奖、二等奖，副校长向庭军、教师吴代栋、熊玉娥主持的研究课题，获全国教育科学“十一五”规划教育部重点课题三等奖。2008 年，县教育科学研究室更名为县教育科学研究所。2009 年，古丈一中教师宋有江主持的研究课题，荣获国家全国教育科学“十一五”规划教育部重点课题一等奖，教师戴明松、向加新主持的研究课题，获全国教育科学“十一五”规划教育部重点课题二等奖。

2010 年 3 月，县教科研究所从县进修学校剥离出来，核定编制 10 人。古丈一中教师吴兴平主持的“十一五”研究课题，获省二等奖，教师陈春辉主持的湖南省教育学会学校心理教育专业委员会研究课题，获省二等奖。

第二节 教改工作

1986 年，组织开展小学作文、数学、小学教师优质课、小学教学设计、初中数学等竞赛和初中毕业会考研讨、小学自然学科教学研讨等活动。

1995 年下学期，在古丈坪完小举办“小学六步自读”（通读、概读、研读、精读、品读和活读）课改示范课活动，并把课改成果推广到全县各小学。在野竹乡中心完小举办区域性小学六年级语数竞赛，在古丈一中举行初三英语教学研讨会，在古阳镇中心完小举行全县小学语文优质课竞赛。

2003 年，教育部下属的语文出版社领导及工作人员专程到古丈县调研，县教研室组织全县中小学教师 60 多人集聚古阳中学研讨新课程改革，组织 200 人在古丈坪完小、古阳镇完小开展课改活动。2006 年，中小学使用新教材及研修教材，全面实行课堂教学改革，在河蓬九年制学校召开全县中小学新课程改革经验交流现场会。

2010 年，组织全县中小学校长、教科室主任赴永顺县麻岔中学观摩课改现场，提出“一年少数试点、两年部分跟进、三年全面实施”的课改思路。双溪完小、古阳中学、古丈一中、古阳镇完小被评为“全州落实教学常规管理优秀学校”。

第六章　教师队伍建设

第一节　教师构成

1986年，全县教师队伍是由公办、民办及代课教师三部分组成。有中小学教职工1063人。小学专任教师700人，其中公办教师354人，民办教师346人。中学专任教师198人，其中初中教师136人，高中教师62人。小学教师中等师范学历386人，学历合格率55.14%。初中教师本科学历16人，专科学历95人，中师学历25人，学历合格率81.6%。高中教师本科学历18人，专科学历40人，中师学历4人，学历合格93.55%。

1987年，全县教师参加职称考评719人，472人获中小学各级职称。其中，中学高级教师4人，中学一级教师65人，中学二级教师65人，中学三级教师53人；小学高级教师49人，小学一级教师151人，小学二级教师82人，小学三级教师1人；中专讲师2人。

1995年，全县普通中学专任教师290人。初中专任教师193人，学历合格154人，占79.8%。其中，高级教师6人，中学一级教师44人，未评级18人。高中专任教师28人，其中，高级教师4人，中学一级教师8人，二级教师以下16人。职校专任教师19人，学历合格8人，其中，中学一级教师6人，中学二级教师以下12人，1人未评级。全县小学教职工762人，其中，专任教师663人，代课教师131人，学历合格591人，小学高级教师111人，小学一级教师247人，小学二级教师177人，未评级28人。

2000年，因教师队伍数量不足，结构不合理，采取“招聘、选拔、引进”措施，招收师范类大中专毕业生445名充实教师队伍。2001年，取消民办教师，教师队伍由公办、聘用、代课教师组成。2006年，全县有中小学教职工1442人，专任教师1242人，其中中学教师484人，小学教师758人。公办教师1242人，代课教师68人。2009年，面向社会公开招聘教师24人。

2010年，全县有教师1352人，其中，专任教师1184人。高中专任教师217人，其中，本科学历181人，专科学历36人，学历合格率为93.3%。初中专任教师294人，学历合格率为96.1%。小学专任教师673人，学历合格率100%。全县特级教师1人，国家级骨干教师2人，省级骨干教师21人，州级骨干教师8人，州级学科带头人13人，县级学科带头人50人。中学高级教师93人，占教师总数的6.66%；中学一级、小学高级教师585人，占43.27%；中学二级、小学一级教师618人，占45.71%；其他56人，占4.14%。县城教师579人，占教师总数的42.83%，乡镇教师773人，占57.17%。

第二节 教师培训

1986年，全县55名教师参加大中专脱产培训，51名参加大中专函授培训。

1990年，培训小学实验教学教师，选派教师12人参加全州“童话引路”教学培训班，选派5人参加州教科所举办的“注意识字，提前读写”培训班，选派75人参加州教科所举办的“小学语文读写训练”讲习班。1995年，全县开展小学教师继续教育培训，在编在岗教师717人，获继续教育结业证书的有602人，结业率84%。是年，举办师资培训班7期，培训小学语文一级教师40人、小学数学一级教师60人、基本功训练培训教师34人，培训初中一年级英语教师7人，新参加工作教师岗前培训23人，中师学历补修大专脱产班33人，中师学历补修大专函授班52人。1996年，对全县中小学教师“三笔字”（粉笔字、毛笔字、钢笔字）、简笔画等基本功进行培训，先后培训教师1036人次，合格985人，合格率95%。

1999年，举办中学教师继续教育和中小学教师信息技术培训班，中学教师参加继续教育培训205人，合格率100%。信息技术培训班5期，培训教师700人，其中，285人获等级合格证，占培训总数的40.7%。2000年，初中教师继续教育培训270人次，小学教师继续教育培训780人次，计算机过级培训393人次，普通话过级培训320人次。

2001年，全县中小学教师实行综合素质培训，参训教师1486人。选派18名校级领导到常德相关学校挂职锻炼，全县在岗的中小学正副校长实行持证上岗。2002年，农村寄宿制学校校长班培训10人，选送骨干教师参加烛光教育基金乡村英语班培训2人、中小学班主任培训6人、“瑞典希望之星”小学教师培训8人。州远程中心中小学教师信息技术高级班培训145人，全县中小学班主任骨干班培训50人。

2003年，举办新课程标准培训班4期，培训中学语文教师125人、中学数学教师120人、小学语文教师110人、小学数学教师124人。2005年，送省培训专业骨干教师17人，送州电大英特尔未来教育师资班培训30人，县办信息技术高级班培训中小学教师150人；办新课程骨干班3期，分别培训小学科学教师35人、思品教师30人、音美体教师45人；办中小学班主任培训班2期，培训169人。

2010年，国培项目短期班5期，培训81人；国培项目半年班2期，培训教师11人。州培训骨干教师短期班2期，培训53人；县办教育行政管理班1期，培训50人，十一五校本研修班培训教师1084人次。

第三节 教师管理

1986年，中小学校教职员工实行年终评比制度，优秀工作者报县表彰。

1988年，全县中小学实施师德建设。1994年，启动年终考核制度，由个人述职、民主测评，考核小组测评，评出“优秀”“合格”“不合格”三个等次。连续两年考核合格以上者晋升一个工资档次。1995年，选派县城教师下乡镇、完小教师下村小开展支教活动，参加支教教师60人。1996年，开展“四个样子”（学校要像学校样子，领导要像领导样子，教师要像教师样子，学生要像学生样子）建设，制定《古丈县关于树立教师良好形象的若干规定》。1998年，经考核考察，278名民办教师转为公办教师。2000年，启动中小学教师学历提升教育，初等教育招生50人。是年，山枣乡九年制学校教师刘庭江被评为“陈香梅全国教育基金优秀教师”，在北京人民大会堂出席全国优秀教师表彰大会。

2001年，全县205名初中教师参加继续教育培训，考试全部合格。是年，贯彻省州教育人事改革精神，不再实行民办教师制度，辞退31名民办教师。2002年，实施教师资格证制度，全县中小学被认定教师资格572人。2004年，实施校长聘任制，一聘三年。2006年，年终考核增加“基本合格”等次。年终考核合格以上者晋升一级工资档次。2009年，启动中小学绩效工资管理，1483人实施绩效工资。

2010年，教师参加继续教育，组织短期专业培训，工作业绩优秀者给予嘉奖以上奖励。全县先后荣获国家级优秀教师11人，全国模范教师1人，省级中学特级教师2人，省级优秀教师、模范教师30人，州、县级优秀、模范教师104人。

第七章 经费、设施

第一节 教育经费

一、财政拨款

教育经费 1986年，全县中小学教育经费228万元。2002年，县财政安排2229万元，比2001年增长20.29%，其中，税费转移支付安排631万元（按70%比例）。2009年，教育经费为5987万元，2010年，为7309万元，比2008年增长18.1%。

预算内教育事业费 1986年，预算内教育经费为170.8万元，预算内学生平均公用经费32元。1991年，预算教育内经费增至401.1万元。2000年，增至475元，2009年，预算教育内经费增至3692元，预算内学生平均公用经费增至483元。2010年，预算教育内经费为4711元，预算内生均公用经费560元。

学校绩效工资 2009年，义务教育学校在职人员实施绩效工资。全县教职员工1483人实施绩效工资，年增绩效工资759.9万元，年人均13100元，月增427元。离退休人员398人，年增生活补贴272.2万元，年人均9360元，月增276元。2010年，全县参与绩效管理教职工1334人。

二、学生缴费

1986年，中小学生收费有学杂费、住宿费、课本费、作业本费、搭餐费等。小学生每生每期缴纳学杂费50元，初中生每生每期缴纳学杂费70元；小学寄宿生每生每期需缴纳住宿费，城镇标准为40元，农村标准为20元；初中寄宿生每生每期需缴纳住宿费，城镇标准为60元，农村标准为40元。

2001年，小学生每生每期缴纳学杂费70元，初中生每生每期缴纳学杂费90元；小学寄宿生每生每期缴纳住宿费50元，初中寄宿生每生每期缴纳住宿费70元。

2003年，义务教育阶段学校实行“一票制”收费。小学生每生每期缴纳96元，初中生每生每期缴纳156元；小学寄宿生每生每期缴纳住宿费50元，初中寄宿生每生每期缴纳住宿费70元。2005年，全县6166名学生免收课本费。

2006年，实行农村义务教育经费保障新机制。小学寄宿生每生每期缴纳住宿费50元，初中寄宿生每生每期缴纳住宿费70元。农村家庭困难学生学杂费全部免收。2008年，城乡学生学杂费、课本费全部免收。

2009年，实行“两免一补”政策，即贫困地区义务教育阶段的在校学生免学杂费、免书本费，补助寄宿生生活费。2010年，全县义务教育学校学生13854人享受“两免一补”政策。

三、教育事业费附加

1987 年，教育附加 21.3 万元，其中，城市 1.6 万元，农村 19.7 万元。1990 年，教育附加增加到 26.3 万元，其中，城市 5.4 万元，农村 20.9 万元。

1994 年，启动农村教育事业费附加征收。其征收标准是按上年人均纯收入的 2%计征。是年，实征 51 万元。1995 年，全县农村教育事业费附加应征 71.1 万元，实征 59.02 万元，完成 83%。1996 年，取消农村教育集资（除县政府财政、计划部门批准的收费项目外）。是年，教育事业费附加征收 76 万元，其中，城市教育附加征收 2 万元。2002 年，实行农村税费改革，不再征收农村教育事业费附加。

2010 年，城市教育费附加征收 189 万元。

四、勤工俭学

1986 年，成立县教育勤工俭学管理站，指导各学校组织学生开展采茶、复收油桐油茶、捡柴等勤工俭学活动，组织学农基地生产。

1990 年，全县 12 所学校建有学农基地，基地面积 38.67 万平方米。全年勤工俭学创收 26.3 万元。1991 年，全县勤工俭学基地 42.6 万平方米，其中，普通中学 11.87 万平方米，农职中 3.4 万平方米，小学 27.33 万平方米。全年勤工俭学创收 38 万元。1993 年，各中小学因地制宜开展勤工俭学，发展校园经济。高望界林场完小种黄柏、办梨园，古丈二中在凤滩库区酉水支流亮溪河水域开展水面网箱养鱼，建精养网箱 70 口和放养网箱 10 口，网箱面积达 1000 平方米，养殖水面积达 666.6 万平方米。龙鼻嘴职业中学开发果子狸、食用菌等项目。高峰职中、罗依溪完小等创办水泥砖厂。默戎镇盘草村小创办榨油厂。北京桂馨慈善基金会资助河蓬中学新开垦茶叶基地 39.4 平方千米。是年，全县中小学开发茶叶基地 7.33 万平方米、山林 22.32 万平方米、药材 6666.7 平方米，养猪 340 头，养鱼 11500 尾，采茶创收 5.59 万元，小秋收创收 12.64 万元，办服务部 11 个，创收 2.65 万元。全年勤工俭学总创收 48 万元。1995 年，县勤工俭学管理站创办教育印刷厂，印制全县中小学信笺、笔记本、备课本和学生练习本。1997 年，全县勤工俭学总产值 450 万元，纯收入 155 万元，比 1996 年净增 25 万元。2002 年，教育印刷厂增印学生防近视练习本。

2010 年，全县勤工俭学创收 160 万元。

五、财务管理

1986 年，教育系统为加强各中小学财务管理，各校配财务人员 1 人，全县共配 20 人。2004 年 8 月，县教育局成立教育系统会计核算中心。全县教育系统 28 个独立核算单位财务纳入教育会计核算中心管理，实行统一核算。制定和完善教育系统财务管理制度，强化财务监督，规范各校资金管理和使用，提高资金使用效益，控制学校乱支乱报行为，杜绝教育乱收费和贪污挪用现象。2010 年，教育系统会计核算中心 1 个，编制 6 人，全县中小学财务人员 18 人，总务主任 18 人，形成教育系统会计网络，实施财务管理。

第二节　教学设施

一、校舍建设

1986 年，全县中小学校园占地 318040 平方米，校舍建筑面积 64910 平方米。其中，危房面积 9408 平方米。

1987年，实施“扶贫建校工程”，国家拨款、部门和乡镇帮扶、学校自筹、干群集资等共投入145.35万元，拆除一级危房3360平方米，新建11422平方米，维修4727平方米。1989年，启动“危改工程”，县政府下拨建设资金1120万元，全县85所中、小学校舍得到改造，新建校舍9450平方米。

1992年，世界银行贷款贫困县教育项目贷款80万元，县财政下拨相应基建配套资金，完成小学危房改造1272平方米。

1993年，湖南省教育厅开始实施“五个百校工程”，断龙山乡、古阳镇、河蓬乡等5所民族寄宿制初级中学得到投资60万元，新建校舍6850平方米。是年，中小学演示实验开课率达到100%，在全州率先普及实验教学。

1996年，启动国家第一期“义教工程”，投资240万元，断龙山中学、断龙山完小、野竹完小、野竹中学等10所民族寄宿制学校“义教工程”建设开工，拆除危房面积3422平方米，新建校舍建筑面积6839平方米。

1998年，启动“定点初中”建设工程，断龙山中学、罗依中学、高峰中学、野竹中学、古阳中学、山枣九年制学校、河蓬九年制学校、坪坝九年制学校8所学校获得省级专项资金210万元、邵逸夫捐资30万元，县级自筹105万元，拆除危房面积2750平方米，新建校舍面积7297平方米。

2001年，启动第二期“义教工程”，中央专项投资1053万元。古丈一中、古阳中学、罗依溪中学等28所中小学校拆除危房9570平方米，维修校舍2237平方米，新建校舍20426平方米。2002年，完成“二期义教工程”8所项目学校12个工程项目，建筑面积8112平方米。

2004年，“农村寄宿制”工程中央专项投资820万元，省级配套资金265万元，社会捐资73万元，县财政筹资697万元，默戎职业中学、红石林九年制学校、草潭完小、古阳中学等17所中小学拆除危房8540平方米，新建、改扩中小学校舍23685平方米。

2007年，投资2433.32万元（日元贷款1178.8万元，省级资金300万元，县自筹资金954.52万元），建县民族中学，缓解城区初中生入学难。征购县民族预制场土地16000平方米，新建教学楼1栋，男、女生宿舍各1栋，学生食堂1栋，建筑面积共15183.39平方米。

2010年，“校安工程”（中小学样舍安全工程）完成投资1847万元，其中，中央资金245万元，省专项资金900万元，社会捐资106万元，县级配套资金596万元，拆除D级危房3888平方米，完成新建校舍建筑面积17270平方米。全县中小学校校园占地489787平方米，校舍建筑面积为175384平方米。

2010年古丈县中小学校舍面积一览表

表22-7 单位：平方米

学校类别	学校占地面积	校舍面积	教学用房				行政用房		生活用房			危房面积
			合计	其中			合计	教师办公室	合计	其中		
				教室	实验室	图书馆（室）				学生宿舍	教师宿舍	
中学	290540	116555	42363	33138	4518	2672	4977	3329	68606	34608	20579	7228
职中	18450	4506	1578	850	250	—	580	400	2560	680	1650	—
小学	185939	50737	23533	21218	705	636	2927	1832	22513	7358	10708	5526
幼儿园	13308	8092	6028	2793	—	338	573	502	1082	1082	—	—
合计	508237	179890	73502	57999	5473	3646	9057	6063	94761	43728	32937	12754

二、仪器装备

1986年，县教育局始建仪器管理站，各学区（校）建有仪器管理室。1990年，新建实验教室654间，新添学生桌椅15662套。1992年，累计装备投入24.62万元，其中，专项资金10.4万元，自筹经费14.22万元。县职中自筹8200元，建立卫星地面接收站，岩头寨、山枣、古阳、坪坝等学校自筹经费购置放像机、建立放像网点。1995年，投入9.50万元，改造古阳镇完小、野竹中心完小电教实验室。县电教仪器站自制教具“小数点移位演示器”被评为省一等奖，并选送全国展评。1997年，举办电教、实验常用仪器培训班，培训实验指导教师32人。组织电教及实验论文评比活动。完成高峰、岩头寨等7所中心完小仪器设备配置任务。2004年，国家实施二期义教工程，投入231.72万元，改造和新建计算机教室6间、语音室13间、多媒体教室12间、实验室18间。安装计算机650台，中心完小以上学校均建成一套现代远程教育设备。2008年，投入资金50.56万元，新建实验室5间、仪器室3间、计算机教室1间、购置仪器柜30个。2009年，投入资金32.96万元，新建初中实验室2间、仪器室2间，购置仪器柜41个、教学仪器、设备和器材。多媒体教育软件获省级奖7个，学生电脑作品获州级奖2个。

2010年，投入资金58.95万元，新建和改造实验室2间，仪器室2间，音乐室、体育活动室、美术室、电子备课室各1间。改造计算机室3间，添置电教仪器设备。

第三节　希望工程

一、援建希望小学

1993年，县政府成立“希望工程”领导小组，领导小组办公室设在团县委。全县启动希望小学建设工作。

1994年，副省长郑培民、团中央书记处书记赵实、团省委书记吕滨、州委书记石昌禄、州长向世林、吉首军分区司令员彭楚政等领导参加古丈县默戎镇希望小学暨“全州百所希望小学”奠基典礼。是年，省林业厅援助35万元修建高望界林场希望小学，省委组织部援助30万元修建高峰乡李家洞希望小学，省机械进出口公司、省移民局、移民开发局、县水泥厂援助25万元修建河西镇河南村湘海希望小学，省经济建设投资公司援助24万元修建默戎镇希望小学。

1995年，省政府机关事务管理局援助20万元，修建县艺术体育希望学校。湖南商业集团有限公司援助30万元，修建山枣农科村汇源希望学校。湖南东江水泥厂援助20万元，修建岩头寨乡金磊希望小学。长沙中意集团公司援助121万元，修建茄通村中意希望学校。州基金会、团州委援助20万元，修建断龙山乡杨家河村希望小学。湖南商业通程集团公司援助25万元，修建古阳镇完小通程希望小学。1996年，夏门华侨电子有限公司援助25万元，修建城关乡红星村华夏希望学校。财政部援助30万元，修建断龙山乡喜其哈村希望学校。1997年，州畜牧局援助20万元，修建默戎镇毛坪村希望小学。州移民局援助35万元，修建断龙山乡梅塔村移民希望小学。

1998年，省林业厅援助30万元，修建野竹乡洞坪村希望小学。省人民银行援助25万元，修建双溪乡排若村希望小学。省青基会和邵逸夫援助25万元，修建河蓬乡上河蓬村希望学校。上海建委城投公司和上海希望办援助40万元，修建梳头溪上海城投希望小学。国家计委、州青基会援助40万元，修建坪坝乡椰木希望小学。团州委援助20万元，修建坪坝乡上窝喇希望小学。省教委援助25万元，修建坐苦坝村“八一”希望学校。1999年，金华实业有限公司袁志敏援助32万元，修建茄通柯布车村金鑫希望小学。南京爱德公司援助25万元，修建默戎镇万岩希望小学。

2000 年，县征稽所援助资金 15 万元，修建野竹两岔希望小学。州人民医院援助资金 20 万元，修建河蓬乡白洋村新宇希望小学。州卫生局、吉首卫校援助资金 15 万元，修建河蓬乡丫角希望小学。团州委援助 20 万元，修建野竹乡磨子村希望小学。团州委、团县委、县教育局援助 30 万元，修建高峰乡岩坳希望小学。县政协、县委统战部援助 10 万元，修建河蓬乡凤鸣希望小学。

2001 年，州法院、县政府、团州委、州教委共同援助资金 30 万元，修建城关乡太坪村希望小学。州卫生局、红十字会、团州委共同援助资金 30 万元，修建野竹乡鲇溪希望小学。2002 年，县教育局、县民委、县扶贫开发办、县计划局援助资金 20 万元，修建默戎镇盘草希望小学。上海电信实业集团援助 20 万元，修建断龙山乡大龙热村上海国晶希望小学。

2003 年，团州委援助 24 万元，修建茄通乡白果树希望小学。上海市希望工程办公室援助 20 万元，修建双溪乡西歧希望小学。香港智行教育促进会援助 20 万元，修建茄通乡先锋智行希望小学。2004 年，上海电信实业援助 20 万元，修建默戎镇完小上海电信希望学校。上海兵工房地产援助 20 万元，修建双溪乡（完小）上海兵工希望小学。

2006 年，湖南卫视娱乐频道援助 20 万元，修建断龙山乡小白村“全明星音雄会”魏哲浩希望学校。全县共建成 39 所希望小学。未列入全州百所希望小学计划的有航天遵义集团公司董事长宋泽耀筹措资金 39 万元修建的凉水航天小学、县民族事务局筹措 30 万元修建的岩坨希望小学。

二、贫困学生救助

1993 年，县政府动员和组织党政机关、厂矿企业和个人认购“爱心券”、为“希望工程”捐资。是年，全县发行“希望工程爱心券”1.3 万元。

1995 年，实施希望工程救助工作。是年，救助贫困失学儿童 3160 人，救助金额 11.25 万元。

2002 年，成立县教育基金会，组织开展资金募集、“爱心助学”“爱烛行动”等公益活动。

2003 年，实施农村义务教育阶段家庭经济困难学生免费提供教科书和助学工作。全县 1669 名贫困生享受免费教科书，价值 13.68 万元。发放助学金 15 万元，救助贫困学生 1211 人。2005 年，设立湖南省湘西自治州教育基金会古丈县代表处，配合省、州教育基金会开展“爱烛行动”，协助县资助中心开展“大学生救助”。是年，成立县中小学救助受援捐赠中心，为 12254 人提供免费教科书，价值 70.8 万元，为家庭经济困难学生 12332 人次免杂费 95.99 万元，为贫困寄宿生 5345 人补助生活费 30.37 万元。发放二期义教专款 2.6 万元，救助贫困生 320 人。

2006 年，实施全面免除农村义务教育阶段学生学杂费。为 6166 人提供免费教科书 75.26 万元，为 18818 名贫困生免学杂费 423 万元，为 4000 名贫困寄宿生补助生活费 40 万元，发放“二期义教”专项救助款 32.3 万元，救助贫困生 4042 人。发放县政府助学金 7 万元，救助学生 725 人。发放州政府助学金 2.4 万元，救助学生 480 人。发放中国教育基金会 2.55 万元，资助 55 人。发放李勇助学、“九八”助学 1.4 万元，救助 30 人。发放社会捐资助学金 58.52 万元，救助 1718 人。

2008 年，免除城市义务教育阶段学生学杂费。是年，为 15820 人提供免费教科书，价值 202.16 万元，免杂费 556 万元。为贫困寄宿生 3575 人补助生活费 218 万元。社会捐赠 57.5 万元，受助 840 人。2009 年，县中小学救助受援捐赠中心更名为县学生资助管理中心。是年，湘西州贫困大学生救助基金、湖南宋祖英助学基金、香港沃土、麦田计划等救助金 79.22 万元，资助贫困学生 1254 人，其中，救助贫困大学生 177 人，贫困高中生 126 人，贫困初中生 297 人，贫困小学生 415 人。

2010 年，实施高中（职校）贫困生国家助学金制度，资助比例 20%。是年，为 14395 人提供免费教科书 169.87 万元，为 14395 名贫困生免除杂费 527.4 万元，为 3652 名贫困寄宿生补助生活费 267 万元，为中职生发放国家助学金 5.5 万元、资助贫困学生 198 人，发放社会捐资助学金（含物资折价）58.295 万元，救助 698 人。

三、宋祖英助学基金会

2004 年，成立宋祖英助学基金会。2007 年，救助贫困大学生和贫困中小学生 89 人，救助金 10.8 万元。2008 年，救助 98 人，救助金 12 万元。2009 年，救助 86 人，救助金 12 万元。2010 年，救助 184 人，救助金 30 万元。

第二十三篇　科技　文化

第一章　科　技

1986 年，县科学技术委员会与县科学技术协会为两个机构，一套人员，合署办公，编制 5 人，设办公室，属县政府组成部门。1992 年，成立县科学技术协会。1994 年 12 月，更名为县科技局；1995 年 10 月，更名为县科学技术委员会；2001 年 12 月 8 日，更名为县科学技术局。2010 年，设办公室、综合计划股、科技成果与技术市场股；编制 5 人，实有干部职工 8 人。直属事业单位 2 个：古丈县知识产权局（加挂县生产力促进中心牌子）、古丈县地震局。

1986—2010 年，县科委主任（局长）：文中央、唐颂州、卢继华、黄昌松、谢云鹏、李俊锋。

第一节　科技组织

1986 年，全县 16 个乡镇设农技站与农机站，两块牌子，一套人马，编制 2 人。县设农业、农机、茶叶、林业 4 个独立研究所，1 个标准计量管理所。

1988 年，县水泥厂、县水泥制品厂、县机械厂、县五金厂、古阳镇茶叶精制厂等 8 家企业成立厂办科研小组，落实活动场所、专项资金、专用仪器设备和实验室；较大企业配备科技专干。采取请进来与走出去办法，教室授课、现场指导和参观考察相结合，以师带徒，岗位培训等方式，培训全县科研人员，举办各种培训班 20 期，培训人数 600 人次，提高科技人员和工人技术水平和技能技巧。

1989 年，县农科所、县林科所、县茶科所、县农机研究所共有科技人员和工人 65 人，其中中级职称 3 人，初级职称 9 人。厂办科研所 7 所，科技人员 36 人，其中中级 10 人，初级 26 人。是年，撤销标准计量所，成立县技术监督局，属县科委管理。16 个乡镇设农业技术推广站，编制 2 人。县农科所有实验室 1 个，试验农场 1 个，种植面积 1.73 公顷，固定资产 10 万元。县茶科所有实验室 1 个，实验工厂 1 个，厂房 1000 平方米，固定资产 60 万元。县农机研究所有实验室 1 个，实验工厂 1 个，厂房 200 平方米，固定资产 8 万元。县林科所有实验室 1 个，常规仪器 4 套、价值 5 万元，试验林场 1 个，种植面积 6.67 公顷，固定资产 40 万元，流动资金 20 万元。

1990 年，县科委建立科技情报室，成立科技信息部，与全国 29 个省、市（除西藏、台湾）600 个信息单位进行信息交流，加速产品交换，促进科技工作发展；订阅各种杂志信息资料 125 种，全国各地交流资料 12 种。整理剪贴各类技术信息 3000 条，装订资料 3 本。县机械厂研制湿态磨，古阳镇茶叶精制厂引进七叶参人工栽培，青云牌七叶参茶荣获全国首届食品博览会“新星杯”奖。县气象局技术服务站开展技术咨询、技术服务等活动。

1992 年，县政府确定一名副县长抓科技工作。乡镇配齐科技副乡镇长、科技专干。成立乡镇科委，设科技推广部，由乡镇农技站、林业站、畜牧兽医站、农机站、水管站、企业办、农校组成；设科技培训部，以乡镇农校为主，村设培训点，组设学习室，进行专业和普及性培训；乡镇设科技开发部，由乡镇企业办、农技站、林业站和农校组成，开发乡镇企业和绿色企业及土特产品。村配科技副村长和科技联络员，设科技推广小组，由 3 ～ 5 名科技骨干组成，开展技术推广、试验示范，培植科技示范户。2010 年，全县 12 个乡镇设立科学技术委员会和科学技术协会，140 个村设立科技小组，850 个村民小组配备科技员，科技示范户 1638 户。

第二节　科技队伍

1986 年，从落实培、引、请、聘、配 5 个方面入手，培养和发展一支包括专业人才和乡土人才、管理人才和技术人才、高层次人才和中低层次人才在内的适应全县科技发展需要的科技人才队伍；引进科技人员 5 人，其中工程师级 4 人，技术工 1 人。是年，全县有各类科技人员 1332 人，其中工程类工程师 15 人、助理工程师 87 人、技术员 135 人，农业类农艺师 5 人、助理农艺师 25 人、技术员 31 人。有卫生类医师（护理师）41 人、医士（护士）125 人、初级卫技人员 27 人。

1987 年，全县知识分子 1206 人，其中大学本科 61 人、大学专科 236 人、中专 886 人，工程师 43 人、助理工程师 99 人、技术员 166 人。1989 年，全县各类技术人员 1683 人，其中工程师 425 人、助理工程师 524 人、技术员 244 人；工业类技术人员 108 人、建筑业类 14 人、交通类 14 人、农业类 194 人、财贸类 258 人、科研类 5 人、文教类 772 人、卫生类 190 人、党群类 128 人。

1990 年，全县各类科技人员 1535 人，其中土家族 626 人、苗族 474 人、其他少数民族 7 人。1993 年，县委、县政府印发《古丈县有突出贡献的专业技术人员管理暂行办法》通知，通过上报和审查，选拔出县管有突出贡献专业技术人员 6 名，其中工业类技术人员 2 人，教育类 1 人，医卫类 3 人，颁发荣誉证书，享受相关优惠政策。

1994 年，县委组织部配备乡镇专职科技副乡镇长 15 人，培训科技副乡镇长、科技专干 42 人次；村选配科技专干或科技村副主任。16 个乡镇场设有畜牧、农技、林业、水电、广播等科研和科技推广机构。全县有省、州、县科技示范户 1000 户，90% 以上农户有 1 人以上掌握一至两门以上的农业实用技术。是年，全县各类技术人员 2437 人，其中高级技术人员 25 人、中级技术人员 385 人、助理级技术人员 917 人、员级技术人员 1110 人。1996 年，湘潭大学为全县 25 家企业培养 16 个专业骨干人才 71 名。

2007 年，县政府作出决定，加强科技队伍建设，引进医生、教师、经济部门科技人员，提高科技人员素质；抓好现有科技队伍建设，提高科技人员待遇，对县人民医院、县中医院 10 位骨干医生给予适当津贴补助；注重科技人员培养，选派科技人员到湘潭大学、湖南农业大学、吉首大学进行为期一年培训；抓好科技示范户和农民技术培训，力争每个村民掌握一至两门实用技术，增强科技致富能力。

2010 年，有专业技术人员 3527 人，其中管理及其他人员 1520 人；女性 1496 人、占 42.42%，少数民族 3014 人、占 85.46%；高级技术人员 86 人、中级技术人员 966 人、助理级技术人员 1680 人、员级技术人员 795 人。

1997—2003 年古丈县各类专业技术人员情况一览表

表 23-1

年份	总数	中级以上职称	年份	总数	中级以上职称
1997	1925	—	2001	2569	760

续表 23-1

年份	总数	中级以上职称	年份	总数	中级以上职称
1998	2081	578	2002	1978	716
1999	2148	623	2003	2180	707
2000	2137	659			

1990 年古文县专业技术人员行业分布情况一览表

表 23-2　　单位：人

类别	正高职称	副高级职称	中级职称	初级职称
工程技术	0	0	8	18
农艺	0	1	8	27
畜牧	0	1	6	5
卫生	0	1	31	50
经济	0	0	24	37
会计	0	0	6	22
统计	0	0	1	5
高等教学	1	1	1	2
中学教学	3	0	80	57
小学教学	0	0	100	238
图书	0	0	1	7
律师	0	0	1	—
体育	0	0	0	1
其他	0	0	370	—

2010 年古文县专业技术人员行业分布情况一览表

表 23-3　　单位：人

战线	高级职称	中级职称	初级职称
工程技术	0	26	97
农业技术	1	18	19
卫生科技	1	67	279
教学	45	506	738
经济	1	39	7
会计	0	3	56
统计	0	0	0
翻译	0	2	0
图书档案、文博	0	1	0
体育	0	5	0
艺术	0	0	0
政工	0	21	0
管理及其他类	1520		

第三节　科技开发及成果

1986年，县机械厂与省机械研究所协作联合开发的“稀土中锰球铁产品”列入省科委“星火计划”和州经委改造计划，建成年生产600吨的钢球车间、年生产球铁2吨及其他铸件2.5吨车间各一间，符合设计要求。县酒厂开发百补酒和蕲蛇酒新产品，生产24.1吨，其中百补酒4吨，蕲蛇酒20.1吨，产值18万元。县科委主持天麻人工栽培技术和种子繁殖试验，全县有种植户232户，收鲜天麻2.75吨，产值3.53万元。县畜牧水产局技术员杨情隆承担天麻种子繁殖，在河蓬乡丫角村试种18株箭麻，4株获得成功，每株箭麻生产米麻15万～20万个。县水泥厂建成切线进风立筒预热器窑，降低水泥生产热耗，每公斤熟料热耗由1200大卡降到1030大卡，水泥年产量由6.5吨上升到7.5吨。县防疫站科研项目“我国首次发现有齿秋吉螺和格德拟钉螺为肺吸虫第一中间宿主”获州级科研二等奖。1988年，县水泥制品厂生产“连砂石空心小砌块”“水泥小砌块连动线”，年产值47万元。

1990年，县畜牧服务站站长彭传华进行基础日粮与浓缩饲料加基础日粮饲喂生长育肥猪对比试验，生猪日增重量0.599千克；助理畜牧师龙明旺进行配合饲料试验，90%采用畜牧局自制配合饲料，10%采用其他饲料厂饲料，5个月内养猪75头，其中肥猪71头，母猪4头，出栏肥猪71头，总收入25130.28元。1991年，古阳镇七叶参茶厂按县科委要求制定各个工艺流程和质量标准，生产的“倩云牌”七叶参茶通过省级鉴定符合GB9679-88，Q/WQAB001-91标准。

1993年，县科委扶持城关乡白岩村种植五倍子120公顷，其中专业户向昌林种植2.67公顷。县公安局研究的斜坡上枪弹俯射射击距离公式，经中国刑事警察学院实际射击验证，因公式准确度高，在枪弹案件射击距离的确定上具有创新和实用价值；县林业局种苗站研究的当年育苗、当年嫁接、当年出苗的板栗嫁接技术，申报为州级科研成果。

1995年，高峰乡大面山林场的种植西洋参技术，荣获国家科技情报优秀成果二等奖。1996年，在湖南省第十四届青少年发明创造比赛和科学讨论会上，古丈县选送的8件作品获奖，其中山野茶开发获科技进步二等奖。1999年，建成县城狮子口（面积26.67公顷），双溪乡溪流墨（面积13.33公顷），双溪乡梳头溪（面积20公顷），河西镇龙天坪（面积26.67公顷）等43个高产优质无公害茶园中心示范基地。

2007年2月，青龙茶加工技术研究和乌龙茶加工技术通过省科技厅鉴定。2010年，县政府与湖南农业大学、湖南师范大学签订合作协议，县茶叶局与吉首大学食品科学研究所、县科技局与吉首大学化工学院、卓良木业有限责任公司与中南林业科技大学、县茶业有限责任公司及小背篓茶业公司分别与湖南农业大学茶学系签订技术合作协议。

1986—2010年古丈县获得省级以上科技成果奖一览表

表23-4

年份	单位	项目	获奖情况
1986	县农业局	专业区域土壤普查	省林业厅三等奖
1987	县科委	湖南省水稻新品种区域试验研究	省科技进步二等奖
1987	县水泥厂	切线进风型立筒预热	省科技进步三等奖、州科学技术进步一等奖奖
1987	县科委	全国灿型杂交水稻区域试验及结果应用	农牧渔部科技进步三等奖
1988	古阳镇茶叶精制厂	七叶参茶	北京首届国际博览会“新星杯”奖
1988	民贸二局	研制的古丈毛尖	北京首届国际博览会“金鹤奖”

续表 23-4

年份	单位	项目	获奖情况
1988	古丈县	研制的茶场茉莉花茶	北京首届国际博览会“银鹤奖”
1988	县科委	研制的五倍子综合技术开发	国家级“技术开发银奖”
1988	县科委	柑橘特早熟系列技术开发	国家级“星火计划奖”
1989	古丈县	苗绣厂绣刺的“四月八”	轻工部“百花奖”
1990	龙鼻嘴中心医院	恙虫病新媒介吉首纤恙螨的发现及流行病学研究	省科技进步三等奖
1991	古阳茶叶精制厂	七叶参茶	北京二届国际博览会金奖
1991	古阳镇茶叶精制厂	七叶参茶	广州改革十年食品工艺优秀产品奖
1991	古阳镇茶叶精制厂	七叶参茶	全国七五星火计划博览会成果奖
1991	古阳镇茶叶精制厂	七叶参茶	中国食品工艺十年新成就展示会优秀新产品奖
1991	县国营茶厂	古丈毛尖及包装	中国食品工艺十年新成就展示会优秀新产品奖
1991	古丈县酒厂	蕲蛇风湿酒百补酒	中国食品工艺十年新成就展示会优秀新产品奖
1991	县副食品加工厂	蜜橘牛皮糖	中国食品工艺十年新成就展示会优秀新产品奖
1991	县高峰乡林场	花旗参栽培技术研究	省科技进步四等奖
1993	杨清爱	废气处理装置	获国家专利
1993	谢流镛	手杖式施肥器	获国家专利
1993	县纤维板厂	柏木油质量	获省科技新成果新技术展销会金奖
1994 年	古丈县	五倍子栽培	国家星火计划二等奖
1994 年	向功金	窗户打开自动固定装置技术	获国家专利
1996 年	向晓微	发明“蚊香盒”	获省创造文明二等奖
1996 年	朱辉辉等同学	发明“清洁墨水”、“排气漏斗”	获省创造发明三等奖
1996	李明涛	“救救青蛙，保护青蛙”小论文	获省小论文评比三等奖
2000	张林丰	林丰系生物菌肥	通过省科技厅科技新成果鉴定
2007	向昌荣	研制的苗药蛊毒病方	获国家产权局发明专利证书
2007	古丈县	青龙茶加工工艺技术研究	通过省科技厅技术鉴定

第四节　科技推广

1986 年，县科委承担省科委山区开发办柑橘速成丰产栽培推广计划，落实经费 20.04 万元，其中省科委山区开发办周转金 15 万元，培训费 400 元，县农业银行贷款 5 万元。9 月，全县选派 10 名学员到石门县学习柑橘栽培技术，11 月，从石门县特早熟柑橘服务中心调进橘苗 6 万株，在罗依溪镇且茶下村栽植 2.67 公顷，在河西镇河南村栽植 2 公顷，在茄通乡科布车村栽植 2 公顷。

1987 年，县科委扶持罗依溪镇且茶下村发展柑橘 8.41 公顷，挂果 2.31 公顷，总产量 5.04 吨；1988 年面积增加 2.67 公顷，挂果增加 2.36 公顷，总产量 16.5 吨，其中科技示范户王光耀 0.03 公顷 202 株，亩产 2.16 吨，创全州单产最高水平，经济收入 1383.44 元。县农学会扶持茄通乡茄通村 290 户农户杂交水稻制种 40 公顷，总产 75 吨，亩产 125 千克。是年，在山枣乡投放低改资金 5.3 万元，扶持 5 个村低改茶叶 13.33 公顷，亩产春茶（干茶）20 千克，每亩增产 10 千克。城关乡南山村村民田志武学习天麻收购和食用菌培种技术，收商品麻 100 千克，收入 2500 元，培种露天食用菌收入 300 元。罗依溪镇黑潭坪村村民向水妹学习高蛋白浓缩饲料技术，养殖生猪 16 头，当年出栏 10 头，收入 2500 元。河西镇河南村村民邓世武到石门县参加柑橘栽培管理技术培训，对 1500 株柑橘老树进行技术改造，总产量 5500 千克，成为全县第一个柑橘生产大户。

1989 年，推广水稻“双两大”栽培技术和玉米地膜覆盖技术。全县栽培“双两大”733.33 公顷，平均亩产 500 千克；栽植地膜玉米 400 公顷，产量 109 吨。

1993 年，县科委在默戎镇翁草村抓科技兴农，推广各项农业新技术、新良种、新项目，种植面积 15.67 公顷，其中良种油菜万油 17 号 10.73 公顷；试种两系杂交（II 优 102 和常规品种鄂恩 1 号）、良种小麦 0.87 公顷；试种药材作为该村山地开发重点，其中投入 500 元，试种党参 0.13 公顷；投入 525 元，试种百合 466.62 平方米；投入 600 元，试种天麻 0.33 公顷；投入 500 元，试种魔芋 0.67 公顷。

1994 年，县科委选择默戎镇翁草村作为科技示范村，试种 46 系统组合为主的杂交稻良种 432 千克，面积 8 公顷，在天旱情况下粮食亩产 350 千克；种植良种油菜种子 43 千克，面积 15.73 公顷，收菜油 4.075 吨，户均产油 25 千克；种植天麻、杜仲、五倍子、魔芋等；当年该村总产值达 54.55 万元，人均产值 657.2 元，纯总收入 38.45 万元，人均纯收入 460 元。

1996 年，全县确定科技示范户 320 户。古阳镇蔬菜示范户王志生推广电热线育苗、大苗越冬、大棚套小棚再复盖地膜等技术，用营养钵栽培，加上反光膜，年初育 5 万株辣椒、茄子、番茄 3 个品种幼苗，销往古阳镇、罗依溪镇及泸溪、保靖、永顺等县。新技术栽培使蔬菜提早在 4 月下旬上市，比常规栽培提早 40 天，在 1.2 亩蔬菜地里半年创纯收入 1.2 万元。

1997 年，全县杂交稻种植面积占全县水稻种植面积的 80%，杂交玉米种植面积占全县玉米种植面积的 40%，水稻旱育秧栽培面积占全县水稻种植面积的 40%，推广油菜矮密早新品种栽培面积 3466.67 公顷，柑橘种植面积 473.33 公顷。山枣乡竹山村马草坪组 34 户农户种油菜矮密早品种 10.2 公顷，椪柑 7.67 公顷，当年收入在 1 万元以上达 15 户。1998 年，县科协从永州市道县引进“巴西旱稻”试种成功，亩产 300 千克，其中，河蓬乡沙坪村的省科技示范户陈春虎试种 0.27 公顷，亩产 201 千克。

1999 年，进行“巴西旱稻”种植推广示范，在野竹、岩头寨、城关、古阳 4 个乡镇创办样板示范点，种植面积 0.8 公顷，全县推广种植面积达 6.67 公顷。2000 年，河西镇河西村农户王锡玉靠养殖（养猪）、种植（种柑橘），人均纯收入 6000 元。断龙山乡米多村农户杨先立 4 口人、1 个劳动力，种植椪柑 0.2 公顷，并进行科学酿酒，实现人均纯收入 1.5 万元。是年，全县始推广农村沼气技术。2001 年，全县推广生物宝菌液肥使用。

2007 年，引进葛苗“木生意一”和“宋氏第二代”、鱼苗“抗病草鱼”和“湘云鲫鱼”新品种 4 个。2009 年，“翘嘴红鲌网箱养殖和人工育苗实验”取得成功。

2000—2009 年，全县 1.2 万农户建沼气池 14806 口，总投资 4590 万元，沼气使用率 53%。2010 年，协助红石林镇泽禾溪村双龙农业综合开发有限公司，创建 66.67 公顷高标准茶叶示范园；引进芭茅香鸡和谷花鱼养殖技术新品种新技术 2 个。

第五节　科技管理

一、科技项目管理

1986 年，全县开展科研项目 15 项，安排经费 83750 元，其中省项目 1 项（工业），州项目 3 项（工业、农业、林业各 1 项）；县项目 11 项（林业 1 项、农业 4 项、畜牧水产 3 项、医药卫生 2 项、其他 1 项），其中县科委承担的五倍子生产技术开发项目，建生产基地 2 处，种植面积 100 公顷，在基地开展人工栽藓、繁殖倍蚜研究，室内人工栽藓 30 盘，占地 10 平方米，人工接种种倍 58.5 千克，每平方米形成蜡球 9.6 ~ 419 个，初步掌握本地五倍子蚜虫的越冬寄主和生活习性。

1988 年，安排省、州、县科技项目 20 个。县水泥制品厂引进连砂石空心小砌块生产线和年产 1000 万块灰砂砖（砌块）生产线。县机械厂引进稀土中猛耐磨球铁生产技术和湿态磨球生产技术。古阳镇茶叶精制厂在省中医药研究院和省科委山区综合技术开发中心指导下，研制“倩云牌”七叶参袋泡茶，在北京食品博览会评比会上，荣获“新星杯”奖，被评为“1988 年全国优质保健食品”。

1990 年，全县实施星火计划 5 项，即中猛耐磨钢球（湿态磨球）技术开发、灰砂砖技术开发、苗绣技术开发、五倍子综合技术开发和早熟柑橘速生丰产技术开发及各基地建设。科研计划 3 项，即古丈毛尖良种选育及高产栽培技术、西洋参引种栽培及丰产技术、西洋参药性鉴定及综合加工利用技术。成果推广 3 项，即网箱养鱼技术、食用菌栽培技术、防潮纸试制生产技术。山区开发 1 项，即七叶参茶研究和绞股蓝人工栽培技术。引进新技术 1 项，即木加工生产技术。各技术开发项目实施，推动科技进步，高峰乡大面山林场西洋参栽培实现年产值 20 万元，全县开发五倍子年收入上千元的农户有 5 家。

1994 年，完成紫砂陶资源开发、利用和制作技术引进、人才培训和建厂试产工作。是年，茄通乡农技站推广蚕桑产业，办培训班 80 期，培训 2000 人次，全县养蚕养殖户 1700 户，桑叶种植面积 200 公顷，蚕桑年产值 70 万元。

1996 年，安排省、州、县科技项目 7 项，其中省级 2 项、州级 1 项。天麻生产由室外向室内发展，种植面积 1 公顷。山野菜系列产品开发列入湖南省星火计划，贷款 310 万元，年产量 113 吨。民间草医彭光富精心试验，反复实践，制成特效牙痛水，对急性牙周炎、牙龈炎、牙风痛、牙火痛、虫牙及扁桃体炎有特别疗效，治愈 120 人次。县人民医院医师向加树探索肝胆管结石“肝肠内引流术”，可基本将结石取净，为 6 名患者解除痛苦。古阳河食用菌种厂厂长刘春庭研制“健身补酒”——茯苓酒，建立茯苓基地 25.33 公顷。是年，古丈县被列入湘西州重点开发山羊基地县，全县草场面积 10.93 万公顷，养殖山羊 8.5 万只，出栏 1.7 万只，存栏 6.8 万只。

2002 年，建立龙鼻河流域橙柚开发示范基地 566.67 公顷、三道河大棚蔬菜示范基地 7.33 公顷和古阳镇树栖柯生态家园示范村。县直机关和 16 个乡镇场党委、政府建立科技示范基地 35 个，总面积 645.73 公顷。

2004 年，在默戎镇新窝村栽培优质水果——金水梨，面积 3.34 公顷，实现成片栽培，统一管理。在古阳镇茶坪村种植天麻 0.33 公顷。

2006 年，实施省级乌龙茶关键技术及产业化开发，研制古丈清洁茶机。2007 年，高望界林场在大溪建润楠枫香采种基地 200 公顷，并建珍稀乡土树种采种基地 33.33 公顷、建示范苗木基地 66.67 公顷，对苗木长势进行定期观测，初步掌握地处高寒山区的高望界特定地理气候条件下对凹叶厚朴、榉木优良林木选育方法，初步掌握榉木、楠木、南方红豆杉、凹叶厚朴、鹅掌楸等珍稀树种的种子采集贮藏技术，初步掌握楠木、南方红豆杉、凹叶厚朴、鹅掌楸的育苗技术。

2009 年，申报和落实科技部项目“青龙茶加工工艺成果转化与推广”，省科技厅重点项目“夏秋季毛尖茶加工新技术研究”，省科技厅一般项目“古丈茶叶良种快繁新技术研究”“节能环保型杉木细木工板新技术研究”，州科技局项目“节能环保型杉木细木工板新技术应用与推广”。

2010 年，向省科技主管部门申报“参茶关键技术研究与开发”（古丈县小背篓茶业公司）、“节能环保型细木工板芯板新技术研究与产业化示范”（古丈县卓良木业有限责任公司）、“芭茅香鸡分子生物学选育技术研究”（湘西自治州牛角山生态农业科技开发有限公司）3 个项目，向州科技主管部门申报“有机名优绿茶种植关键技术与产业化示范基地建设”（古丈县双龙农业综合开发公司）和“谷花鱼规模健康养殖关键技术与产业化示范基地建设”（古丈县谷花鱼生态农业科技公司）2 个项目。

二、科技经费管理

1986年，科技经费实行合同有偿、无偿与科技贷款相结合管理办法，回收资金作为科技发展基金。是年，全县投入科技经费31.46万元，其中贷款30万元，占95.4%（省科委贴息7.776万元），有偿资金0.73万元，占2.3%，无偿0.73万元，占2.3%。1989年，科技经费96.2万元，其中人头费19.7万元，业务费37万元，科研部门拨款3万元，主管部门拨款10.5万元，基本建设拨款26万元。

1991年，引进省、州科技项目各6项，安排县级项目16项，引进资金48.1万元，其中科技贷款40万元，周转金4万元，科研费4.1万元。1992年，县政府按照全县财政总支出的0.5%安排科技三项经费投入，建立企业技术开发基金，企业从年销售总额中提取1%以上的科技开发费。鼓励和引导各行各业增加科技投入，引导农民增加新技术推广应用投入。1996年，引进科技项目11个，引进资金470万元，利用外资88万美元，出口创汇272.8美元。1998年，投入山羊开发贷款320万元。由个体户经营投资开发松茯苓，获利20000元。1999年，湖南省“星火西进示范工程”投入项目资金19.5万元，其中扶贫项目6万元。1999年，投入资金250万元，用于名优茶叶综合开发，直接拨付给生产单位。

2000年，投入科技扶贫资金800万元，其中财政资金600万元，扶贫开发资金200万元。2001年，安排科技三项经费4万元。2003年，安排科技三项经费4万元。2005年，建立多渠道科技投入机制，鼓励民间资本参与科技经济大循环；县财政安排科技三项经费3.5万元。2007年，安排科技三项经费5万元。

2008年，全县7家企业和5户科技示范户自主投入项目开发资金495万元，其中古丈卓良木业公司投入200万元，用于环保型杉木细木工板研究开发。古丈县小背篓茶叶有限公司投入150万元，用于茶多酚口含片和七叶参胶囊研究开发。县茶叶开发公司投入25万元，用于古丈岩茶研制及产业化关键技术研究开发。神宝牧业投入40万元，用于良种引进和饲料研究开发。吉首大学群博公司投入20万元，用于优质牧草栽培研究开发。中顺牧业投入10万元，用于种草养畜示范和山羊冷配测试研究开发。创新科技服务公司投入20万元，用于优质粉葛引种育苗及高产示范栽培研究开发。全县5户科技示范户投入30万元，用于优质茶叶研究开发、优质水果育苗研究开发和优质水产品养殖研究开发。

2009年，茶叶专业户罗其龙、向春晖投入10万元，进行夏秋毛尖茶研制。养殖专业户龙献文、向兵投入20万元，发展土鸡生态养殖。全县信贷投入400万元，带动3000户农户从事相关产业开发，完善“科技＋公司基地＋农户”经济开发合作模式。2010年，全县财政科技三项经费投入39万元。

三、专利管理

1986年，湘西州专利事务所成立，县科技局协助州专利事务所组织县内专利开发及宣传工作，向广大干部、群众宣传、普及专利知识，抓好专利实施，协助保护专利权人合法权益，调动专利权人发明创造积极性，鼓励企业和专利权人实施专利新技术。

1993年，抓专利申报和管理，全县获得专利申请3项，即罗依溪镇农民杨清爱耗资0.8万元，发明“废气回收装置”，在罗依溪纸厂试验获得成功，创利税1万元；高级农艺师谢流镛研制“手杖式施肥器”；古阳镇茶叶精制厂研制的“七叶参茶”申请专利。1994年，双溪乡干部向功金的“窗户打开自动固定装置技术”获得专利。

1996年，古丈县专利“废气回收装置”，在常德第三造纸厂安装使用产品5台，收入25万元，获利15万元；在津市安装使用产品2台，收入10万元，获利3万元。1998年，全县“苗医对药物的分类方法”“中草药特效医治甲肝”“水质净化器”3个项目申请专利。2004年，古丈县被列为湖南省知识产权试点县。

2006 年，开展专利知识宣传 3 次。2007 年，溪州茶业公司“青龙茶制作关键技术”申报国家发明专利，取得受理通知书。是年，全县有“治疗痤疮药物”“健康酒制作方法”“治疗泌尿系统结石药物”“用于解毒的药物”“茶叶的加工方法”“治疗蜂毒的药物”6 项发明创造取得国家专利。2008 年，全县有“带伸缩隐蔽式烟灰缸茶几”“烟草烤房窑炉装煤车”“喷雾器防护罩”“轮滑鞋”“治疗蛊毒中药组合物”“富硒紫番薯保健酒及其制备方法”6 项发明创造取得国家专利。

2008 年，古丈县被列为湖南省知识产权示范创建县。2009 年，“带广告窗口环保袋”取得国家专利。2010 年，完成“能磁吸勺子电饭煲”“磁性餐具挂件”“医用计重式输液自动报警器”3 个国家专利申请。

1986—2010 年，全县 98 件（项目）获国家授权专利。其中李成勇申请的家具类专利 20 件。

第六节　县老年科学技术工作者协会

2004 年 7 月 12 日，召开古丈县老年科学技术工作者协会（简称老科协）成立大会，选举产生第一届理事会理事，设社会科技组、经济科技组、农业科技组、科教文卫组。

2005 年，全体会员围绕三农服务，采取专题讲课、印发资料、现场培训方式开展科技下乡活动，全年开展活动 5 次，科技培训 300 人次；重点帮扶 10 户贫困户（网箱养鱼 3 户、大棚蔬菜栽培 2 户、科学养猪 5 户），任务到组、责任到人、帮扶到位，年底户均增收 1 万元。

2006 年，断龙山、红石林、罗依溪、默戎、双溪、古阳 6 个乡镇成立老科协组织；开展科技扶贫工作，重点抓好网箱养鱼、大棚蔬菜、科学养猪，经营网箱 120 口，搭架大棚 90 个，科学养猪联系户 100 户；组织撰写论文《打牢新农村建设的组织基础》《栖凤湖淡水养殖珍珠蚌成功的可行性论证报告》《大棚蔬菜栽培技术初探》；是年 7 月，州老科协 5 人到县老科协组织建立的栖凤湖网箱养鱼基地，对养殖的珍珠蚌和取出的珍珠给予认定和评价。

2007 年，组织科协会员开展科普宣传，科技培训活动。重点帮扶科技扶贫重点户 21 户，其中网箱养鱼 5 户，大棚蔬菜种植 6 户，畜牧防病治病 5 户，超级稻和优质稻栽培 5 户。组织撰写《古丈茶叶产业化问题的思考》《来自栖凤湖的呼声》等调查报告。

2008 年，县老科协克服冰雪灾困难，扶持养鱼示范户把野鱼翘嘴红鲌捕来投放网箱静养获得成功，进行“野鱼家养家繁”科技扶贫项目试验。在县移民局支持下，在湖南师范大学生物科学院鱼类研究室的技术指导和省科技特派员孔一兵的指导下，30 组鱼种成功产卵 400 万粒，孵化鱼苗 300 万尾；5 月 29 日，对 200 万尾鱼苗进行验收，达到“野鱼家养家繁”目标。组织撰写《科学、合理开发栖凤湖的建议》，参加州老科协组织的“写论文、献计策”活动。

2009 年，巩固、完善 6 个乡镇老科协组织，抓好两个基地（大棚蔬菜基地、网箱养鱼基地）、一项防治工作（畜牧防病治病工作）、一个讲座（科技专家讲科普），推广试种 0.5 亩野果（八月瓜）开发项目。撰写《试论栖凤湖水质走势》论文。

2010 年，重点抓好野鱼家养家繁和野果八月瓜家种家繁。组织养殖竹鼠工作小组，开展技术和信息服务，向栖凤湖库区移民推荐竹鼠、刺猬人工养殖项目。10 月，高峰、高望界、岩头寨、山枣、河蓬、坪坝等乡成立老科协组织。

第七节　科普培训

1990 年，县科委拿出培训经费 3 万元，举办 19 期实用技术培训班，其中五倍子综合开发技术培训班 3 期，培训 200 人次，选送 2 人到外地学习；浸种育秧技术和“双两大”栽培技术培训班 10 期，以现场操作为主，培训 2000 人次；柑橘栽培技术，茶叶炒制技术培训班各 1 期，培训 100 人；花旗参高产栽培和古丈毛尖良种选育培训班各 2 期。1999 年，进行茶叶高产优质无公害示范栽培技术集中培训 9 期，计 610 人次，古丈毛尖茶加工培训班 1 期，培训 43 人次。

2002 年，开展科技培训 1.2 万人次，发放各类科技资料 4000 册（本）。2003 年 3 月 10 日（农历二月初八），县城赶集，县科委会同县农业局、县林业局、县畜牧水产局、县扶贫开发办、县农办、县茶叶局、县外资外援办开展“农村实用技术咨询一条街”服务活动，现场播放大棚蔬菜栽培技术等 4 种科教片，发放实用新技术资料 9700 份，科技书籍 2300 册，解答群众咨询 15000 人次。3 月 28 日，县科委配合县委宣传部在默戎镇万岩村开展“先进文化进村入户示范工程”启动仪式，赠送科普书籍 2500 册，发科技资料 1200 册，万岩村及邻近村寨 2100 名群众参加活动。

2006 年，农村科技培训 188 场次，培训人员 0.8 万人次，发放科技资料 2 万册。2007 年，举办农村科技培训 245 场，培训人员 0.9 万人次，发放各类科技资料 3 万册。2009 年，应用现代通信设备，开展多媒体电化培训、远程电教、函授、职业教育、院校委培，邀请专家学者讲课、外派学习挂职。是年，为罗依溪镇栖凤湖养鱼协会引进 1 名省科技特派员。

2010 年，县科委组织科技活动周和全国“科普日”活动，到企业开展技术服务，开展科技下乡活动。组织乡镇科技特派员和涉农服务部门，举办培训班 10 期，培训人数 1.2 万人次，发放资料 1 万册。组织技术人员进村宣传科技抗灾，全县农民减少经济损失 1000 万元。

第八节　科技特派员

2005 年 11 月，省委、省政府将古丈县纳入全省科技特派员工作首批试点县，选派 4 名农业科技特派员到古丈工作。县里成立科技特派员工作办公室（简称科特办），具体工作由县委组织部负责。

2006 年，成立科技特派员工作协调小组，将科技特派员工作纳入乡镇组织工作目标管理，县委、县政府建立“双向选择制度、对口联系制度、驻点制度、分类量化考核制度、督查制度”5 项制度，实行“组织机构保障、政策制度保障、后勤制度保障”3 个保障。安排工作经费 3 万元。

2008 年，整合县科特办、县科技局、省州县科技特派员、农村产业协会、乡土人才等资源，筹建科技特派员“110”服务站，围绕农、牧、渔、果、茶、烟等特色产业，培育农村经济增长点。各类特派员共申报各类项目 16 个，引进推广新技术 11 项、新品种 31 个。举办各种科技培训 110 次，培训人数达 10350 余人次，分发各种培训教材 12362 份；特派员牵头组建农村经济合作社和专业协会组织 12 个，与当地农民创建利益共同体 7 个。举办科技特派员技术培训班 160 期次，培训科技骨干 1600 人次。

2009 年，实施“一个特色产业、一名首席专家、一支技术团队”技术集成服务模式，成立茶叶、农业、畜牧等 3 个科技特派员专业服务组。选派科技特派员 51 名，其中省派 8 名，县派 43 名。各类特派员共举办科技培训 180 次，培训人数 15000 人次，实施科技项目 8 个，引进推广新技术 9 项、新品种 8 个，分发各类培训教材 15000 份，与当地农民创建利益共同体 7 个，建立科技示范基地 5 个，培养各类示范户 110 户。

2010年，全县选派49名科技特派员在医卫、农业、畜牧、水产、工业、烟叶、民族文化等领域工作，其中省直部门特派员16人，州直部门2人，县直部门7人、乡镇站所3人，乡土人才16人，企业法人5人；有研究员3人，高级职称6人，中级职称10人，初级职称6人。制定《古丈县科技特派员工作考评办法》，选派16名县直单位专业技术人员和乡土人才，纳入科技特派员工作范围。选送科技特派员参加各类培训15人次；开展各类农村技术知识培训41次，培训农户1200人次，创办科技特派员产业示范基地10个。是年，落实工作经费26万元。

2005—2010年湖南省派驻古丈县科技特派员一览表

表23-5

姓名	所在单位	职务	专业	派驻年限	派驻地点
李健权	湖南省农科院茶叶研究所	技术服务部主任，助理研究员	茶叶	2005年11月至2010年	红石林镇、双溪乡
熊继东	湖南省农科院保植所	高级实验师	农学	2005年11月至2010年	古阳镇
李志才	湖南省畜牧兽医研究所	科研中心副主任、副研究员	畜牧养殖	2005年11月至2010年	默戎镇
张轩杰	—	—	茶叶	2005年11月至2007年	古丈县
周工建	湖南师范大学	生命科学学院研究员	水产	2007年至2010年	罗依溪镇
孙一兵	湖南师范大学	生命科学学院技术员	动物学	2007年至2010年	罗依溪镇
朱海燕	湖南农业大学	生物科学技术学院讲师	茶叶	2010年3月	古丈县
谭正初	湖南天牌茶业有限公司	总经理	茶叶	2007年至2010年	古丈县
王沅江	湖南省茶叶研究所	副所长	茶叶	1992年至1995年	古丈县

第二章　文　化

1986年，县文化局设办公室、业务股，编制6名，下属机构有县文化馆、县图书馆、县电影公司和14个乡镇文化站。1989年9月，成立县文物管理所，编制2名。

1993年3月，成立县文化市场管理站；1995年5月，成立县文化市场稽查队，与县文化市场管理站合署办公。2001年，加挂新闻出版局和版权局两块牌子。

2004年6月，成立县民族艺术团，演职人员21人。2005年5月，成立非物资文化遗产保护中心。2006年2月，乡镇文化站更名为文化体育站，属乡镇管理。2008年12月，县文物管理所升格为文物局，为副科级事业机构，编制3名。2010年，县文化局机构有全额事业编制6名，实有9人；文化市场稽查大队全额事业编制4名，实有5人；文物管理所全额事业编制2名，实有4人；图书馆全额事业编制6名，实有6人；电影公司自筹事业编制28名，实有17人；民族艺术团全额事业编制8名，自筹事业编制10名，实有18人。

1986—2010年，历任县文化局局长：刘万京、李顺乾、李德富、罗春波、刘平。

1986年，县广播事业管理局设办公室、财务室；二级机构有广播站、外线队、差转台、事业股，有干部职工32人。1988年，成立音像管理发行站。1990年，更名为县广播电视局，曾设事业稽查股。2010年，设办公室、财务室、事业稽查股。二级机构有广播电视台、有线电视网络中心、影视稽查队、技术服务部；直管全县12个乡镇广播电视服务站。

1986—2010年，历任县广播电视局局长：向圣荣、宋清富、黄绍莉、郑良武、陈鸣峰。

第一节　群众文化

一、文化馆、站

文化馆　1986年，县文化馆在职人员9名，分馆长室、文学组、戏剧组、美术组、表演导演组、音乐组、站室指导组和文物组，从事群众文化艺术辅导和创作工作。1992年，文化馆创建文化活动中心营业大楼，设有饮食、舞厅、歌厅等娱乐项目，为高档群众文化活动娱乐场所，年收入2.1万元。1993年，被湖南省文化厅定为一级文化馆。2005年5月，协助长沙电视台摄制电视专题片《家乡风景》。2006年，协助深圳电视台摄制“功夫之星”电视片；是年，电视连续剧《血色湘西》在古丈拍摄外景，帮助物色剧中有关人物及群众演员，该馆美术专干张爱明担任该剧美术总设计。

1986—2010年，县文化馆举办辅导员和创作人员培训班50期，办墙报和宣传窗520期，各种文化宣传展览260期，开展各项知识竞赛370期，办《群众文化》刊物50期，举办戏剧、音乐、舞蹈、美术、书画培训班130期；组织送戏下乡905场，组织千人以上文化活动290次，万人以上大型文化活动79次；组织、辅导县民族艺术团及民族文艺表演队到长沙、北京、上海等地进行苗鼓、摆手舞、茅古斯表演，展示古丈土家族、苗族独特民族文化，提高古丈知名度。

文化站 1986年，全县开展《古丈县民间故事集成》《古丈县民谣集成》《古丈县谚语集成》民间文学“三套集成”搜集整理出版工作。乡镇文化站配合，发动广大干部群众搜集民间故事、歌谣、谚语1万件，其中有影响的民间文学作品有《断龙山的传说》《向老官人的传说》《铜柱的故事》《龙廷久的传说》以及叙事长歌《试鞋配》《鸳鸯调》等。在民间舞蹈集成、民间音乐集成、曲艺志、戏曲志等十套集成志的编写工作中，乡镇文化站搜集整理大量资料。1987年，州文化巡回报告团到古丈讲演，县文化局集中馆、站人员听取经验介绍，组织文化站辅导员到永顺塔卧、花垣茶峒、凤凰学习参观。

1990年，全县有文化站10个。1992年，着眼改善群众文化设施，抓好默戎、断龙山、茄通、古阳4个民族中心文化站建设；在古阳镇民族中心文化站建万册图书室。1994年，全县16个乡镇场均建文化站，建村级文化室98个，农村业余剧团34个，基本实现农村三级文化网络。1995年，全县文化站17个。1997年，新建默戎、高峰、断龙山3个文化站大楼，建筑面积284平方米，添置图书等设施和设备。

2006年2月，乡镇文化广播电视服务站更名为乡镇文化体育服务站，人事、财务、管理等权项下放乡镇，县文化局负责业务指导和依法监督。2010年，乡镇文化体育服务站12个，编制36名（每站3人），其中文化专干21人；是年，新建农家书屋50个，每个书屋配有新书1537册、光碟130张。

二、文化活动

传统节日文化活动 1987年，县文化局组织罗溪溪、龙天坪、岩仁坪三支龙舟队到泸溪参加“屈原杯”龙舟赛，罗依溪龙舟队荣获冠军。

1989年2月10日，县文化局配合省、州电视台湘西行摄制组到城关乡太平村，拍摄恢复中断40年的土家族跳马节活动。跳马是古丈县土家族独有的节日活动，再现土家先民迁徙、生活、劳动、战斗场面，对研究土家族族源、习俗、心理素质及民族文化均有极高价值。中央电视台在神州风采栏目中播放《土家跳马节》专题片。县文化局整理活动文稿，被《民族团结》《湖南画报》《湖南年鉴》《湖南民族工作》《羊城晚报》《团结报》刊登。组织人员撰写《土家族跳马及其源流》论文，参加1991年中国少数民族傩戏国际学术讨论会，论文发表于湖北民族学院《土家学刊》2000年第3期。

1990年3月24日，县文化局在断龙山乡举办中断50年的土家族社巴节庆祝活动，再现昔日“田家洞畔社场开，姊妹双双赴会来，一双云鞋花满口，也装莲步入歌台”欢乐情景，活动盛况被《民族画报》《羊城晚报》刊载和州电视台播映。文化部门陆续恢复苗族三月三、赶秋、跳香等传统节日活动。1998年，开展土家族社巴节庆祝活动等8次大型文化活动。

城市社区文化活动 1990年，县城4个社区及机关组建文艺表演团队和文艺协会10个，其中有县茶乡红梅阳戏团、县茶乡健身艺术协会、县夕阳红艺术团、县健身协会等，多以中老年为主体，以退休干部为骨干，开展阳戏、汉戏、花灯、歌舞、健身操、广场舞、舞手舞、苗鼓、龙灯等文艺表演。每逢春节等重大节假日，上演自创自编民族民间歌舞节目。

城市社区群众文化活动配合县委、县政府中心工作，依托各种纪念日举办丰富多彩的文艺演出和竞赛活动。

1991年7月1日“建党70周年”大庆，举办七一歌咏晚会及大型秧歌舞比赛，参加人数1284人，上演节目67个；组织歌咏队参加湘西州歌咏比赛，获组织奖。2001年八一建军节，在广场举行“建军节军事联欢晚会”，增进军民团结。2006年三八妇女节，县文化局和县妇联组织全县土家族摆手舞和苗族鼓舞比赛活动，23支摆手摆队和18支苗鼓队参加比赛，演员5000人，观众1.2万人。2006

年6月，举办首届廉政艺术节“地税杯”群众大合唱。

农村群众文化活动 1990年，全县业余艺术表演团体33个。1997年，业余艺术表演团体9个。罗依溪镇汉剧团等3支文艺表演团队，自编自演《八大嫂赞计育》《栖凤湖水美如画》等歌舞节目和使统剧目，受到群众的好评。建立断龙山乡非物资文化遗产保护协会和断龙山乡田家洞社巴节保护协会，所表演的摆手舞、茅古斯等节目参加上海博览会和成都国际非物资文化遗产演出。建立红石林镇老司岩非物资文化遗产保护协会和红石林镇民族艺术团，经常开展群众文化活动。红石林景区有花篮村土家族摆手舞队和腰鼓队；马达坪村有土家族厄巴舞表演队。默戎镇被文化部授予“中国民间文化艺术之乡”美誉，其苗族鼓舞名扬四海，苗族四面鼓技艺精湛，到北京、上海、广州、台湾等地演出，在中央电视台“民族歌舞盛典”播出。岩头寨镇有苗族筒子舞表演队，高峰乡有三棒鼓、坐坛戏表演队，高望界乡有渔鼓、落阳腔表演队，河蓬乡有团圆鼓舞表演队，山枣乡有苗族刺绣制作组。农村群众文化活动配合非物资文化遗产名录项目、代表性传承人和民俗文化村开展申报工作，进行申报录像片的摄制；在景区举办土家摆手舞、茅古斯和苗家拦门酒、苗鼓、太阳鼓等文艺表演。

1998年，县文化部门应中央电视台邀请，组织表演队赴京参加“农民电视晚会”筹划编辑工作；组织100名群众演员，参加电视剧《扶贫司令》和电视片《大山儿子》拍摄。

古丈县部分传统节庆活动一览表

表23-6

名称	活动范围	活动时间	主要活动地点
田家洞社巴节	断龙山乡	立春后第五个戊日	一年一祭、五年一大祭，地点田家洞村
古丈跳马节	古阳镇、双溪乡	新年第一个马日	古阳镇太坪村、双溪乡宋家村
苗族赶秋节	默戎镇、坪坝乡	立秋	一年一次，地点在溪口村和龙鼻嘴村
苗族椎牛	默戎镇	—	—
跳香节	岩头寨镇、山枣乡、高峰乡	农历九月至十月	岩头寨镇、山枣乡、高峰乡各村
天桥山庙会	古阳镇	二月、六月、九月十九	地点：天桥山
三月三歌会	岩头寨镇	农历三月三	—
七月七走穿洞	河蓬乡	农历七月七、八日	河蓬乡河蓬村穿洞
童子鼓舞节	岩头寨镇、山枣乡	农历十月十五	岩头寨镇梓木坪村
半年节	岩头寨镇、山枣乡、高峰乡	农历六月二十八	—
天台山庙会	坪坝乡	二月、六月、九月十九	地点：大寨村
清明歌会	坪坝乡	清明节前后三天	地点：曹家坪村
四月八	全县	农历四月八	—
苗族跳鼓节	默戎镇	正月	默戎镇龙鼻嘴村
正月调年节	全县	正月初三至十五	主要地点县城广场；各村分别举行

1989—2010年古丈县举行重大群众文化活动举办情况一览表

表23-7

日期	活动名称	何种类别	举办单位
1989.2.10	恢复土家跳马节	民族节会	县政府
1990.3.24	恢复土家社巴节	民族节会	县文化局
1991.7.1	建党70周年秧歌赛	民间节会	县委

续表 23-7

日期	活动名称	何种类别	举办单位
1991.10.21	国际傩戏讨论会跳马傩祀	农村墟场	县文化局
2004.8.2	苗家七月七走穿洞	民族节会	河蓬乡
2006.3.8	妇女节民族歌舞赛	社区文化	县妇联
2008.4.28	中国绿茶高峰论坛茶艺表演	企业文化	县茶叶局
2010.2.5	春节广场文艺表演	社区文化	县文化局
2010.4.28	中华茶祖节·古丈毛尖万人品评会	民间节会	县委、县政府

1991—2009 年古丈县群众文化获省以上奖励情况一览表

表 23-8

年月日	节目名称	会演或艺术节	所获奖项	作者	表演单位（主演）
1991.10.21	土家跳马傩祀	中国少数民族傩戏国际讨论会	获组织奖	县文化局	太坪村
2001.8.4	土司擂茶	全国首届茶艺茶道大奖赛	优胜奖	伍秉纯	民族茶艺队
2005.10.14	苗族四面鼓、土家族茅古斯	上海国际艺术节	优秀贡献奖、组织奖	县文化局	默戎镇、断龙山乡
2006.10.1	苗族四面鼓	央视民族歌舞盛典	组织奖	县文化局	默戎镇
2009.6.28	苗族四面鼓	湖北龙船调艺术节	一等奖	县文化局	默戎镇

三、非物资文化遗产保护

县民族民间非物资文化遗产保护中心负责全县非物资文化遗产资源的普查、申报，开展传承活动，经费纳入财政预算，并成立县民族民间非物资文化遗产保护领导小组及其专家委员会。在学校建立民族文化素质教育基地，整理出版《古丈县传统民俗文化集成》《民间舞蹈》《民间音乐》《传统医药》《传统手工技艺集成》等五大集成资料。

非物资文化遗产普查 2005 年 5 月，坚持“保护为主，抢救第一，合理利用，传承发展”方针，启动县域非物资文化遗产资源普查，分“摸底调查”和“田野调查”实施。登记资源项目 1098 项，其中民族语言 3 项，民间文学 385 项，传统音乐 55 项，传统舞蹈 28 项，传统戏剧 11 项，曲艺 9 项，民间杂技 21 项，传统美术 57 项，传统手工技艺 82 项，生产商贸习俗 71 项，消费习俗 77 项，人生礼俗 64 项，岁时节令 24 项，民间信仰 43 项，民间知识 29 项，传统体育、游艺与竞技 63 项，传统医药 67 项，其他 9 项。收集调查解放以来与非物资文化遗产相关大型活动资料 45 项。建立数据库，完成全县各乡镇普查综合汇编文字资料 12 本，为古丈县非物资文化遗产资源保护、传承、发展提供宝贵、翔实资料。

非遗名录项目及传承人申报 古丈县民间传统文艺集庆活动丰富。2010 年，有国家级非物资文化遗产项目 7 个，省级非物资文化遗产项目 7 个，州级非物资文化遗产项目 14 个，省级非物资文化遗产项目代表性传承人 7 人，州级非物资文化遗产项目代表性传承人 7 人。

1993—2008 年古丈县乡镇村获“艺术之乡（村）”称号一览表

表 23-9

乡镇村	级别	授予时间	称号
默戎镇	国家级	2008	中国民间文化艺术之乡
默戎镇	省级	1993	中国苗鼓艺术之乡

续表 23-9

乡镇村	级别	授予时间	称号
断龙山镇	州级	2007	摆手舞之乡
红石林镇	州级	2007	打镏子之乡
默戎镇	州级	2007	苗鼓之乡
古阳镇	州级	2007	毛尖茶手工制作技艺之乡
古阳镇	州级	2007	跳马艺术之乡
断龙山乡田家洞	县级	2008	民俗文化村
断龙山乡米多村	县级	2008	民俗文化村
红石林镇老司岩村	县级	2008	民俗文化村
默戎镇龙鼻嘴	县级	2008	民俗文化村
高峰乡岩排溪村	县级	2008	民俗文化村

2010 年古丈县省级以上非物资文化遗产传承人名录

表 23-10

级别	传承认	性别	籍贯	出生年月	职业	传承项目
国家级	彭祖秀	女	断龙山乡报吾列村	1938.8	农民	土家族哭嫁歌
省级	李正平	男	罗依溪镇坳家湖村	1940.5	农民	土家族挖土锣鼓歌
省级	张远忠	男	古阳镇梓木村	1950.2	职工	古丈毛尖茶制作技艺
省级	鲁选明	男	古阳镇太坪村	1930.2	农民	古丈跳马节
省级	向汉光	男	红石林镇先锋村	1942.12	干部	湘西土家族民歌
省级	李云富	男	断龙山乡喜其哈村	1938.8	农民	湘西土家族茅古斯舞
省级	田祖福	男	断龙山乡喜其哈村	1929.6	农民	土家族摆手歌

非遗项目展示展演 县非物资文化遗产保护中心利用节庆集会，通过请进来，走出去，组织展示展演活动 100 场次。

2005 年 7 月，参加在凤凰县举办的“湘西州首届民族艺术节”和在吉首市举办的“中国德夯鼓文化节”，表演赤膊溜、傩言腔、苗族鼓舞，鼓手杨静莲获鼓王赛第二名。10 月，参加“上海·国际艺术节”，表演茅古斯、苗族鼓舞，演出 6 场（次），获组织奖和贡献奖。同月，湖南电视台《乡村发现》栏目专题报道古丈县民间绝技和“土家跳马节”活动。12 月，在中央电视台七频道春节晚会直播现场，古丈表演队表演赤膊溜。

2006 年 10 月，湖南卫视《乡村发现》栏目对古丈绝技“纸手抱碗”进行《湘西有奇人》专题报道。2007 年 4 月，参加杭州“中国电影百花奖颁奖晚会”，表演苗族鼓舞。9 月，参加郑州“全国农业博览会”开幕仪式，表演苗族鼓舞。

2008 年 8 月，龙鼻嘴苗鼓队参加青岛“第 29 届奥运会奥帆赛区”启动仪式，表演苗族鼓舞。10 月，参加广州“全国少数民族运动会”开幕式，表演苗族鼓舞。12 月，《苗拳探秘》电视片获湘西州广播电视类好新闻一等奖。

2009 年 5 月，米多村土家族表演队参加第二届中国成都国际非物资文化遗产会，表演茅古斯。10 月，龙鼻嘴苗鼓队参加在湖北利川龙船调艺术节，表演苗族鼓舞。

2010 年 3 月 11 日，龙鼻嘴苗鼓队参加北京中国少数民族非物资文化遗产调演会，表演苗族四面鼓。7 月 18 日，默戎镇苗鼓队参加“鸟巢”中国环保文化节文艺晚会演出，7 月 23 日，参加上海世博会“湖南活动周”巡游表演。8 月 8 日，中央电视台国际频道播出《古丈神茶》电视专题片。

四、非遗项目选介

土家族哭嫁歌　古丈县土家族流传至今的一种独特婚礼习俗，主要流传于断龙山、红石林、罗依溪、古阳、双溪等乡镇。哭嫁，顾名思义，即土家姑娘在婚嫁之前必与母姨、姑嫂、姐妹一起抱头痛哭，边哭边唱，表达亲人间骨肉深情、离别痛楚及婚后身居他乡的顾虑与惧怕。唱词通俗易懂，有着非常强的艺术性和思想性，在整个唱词中，即将出嫁的土家姑娘经常要刻画媒人以及与自己生活密切相关的多个人物形象，充分展示自己勤劳、善良和智慧的一面，同时也表达新娘与亲人们离别的不舍之情，是土家族妇女长期以来集体智慧的结晶，具有独特的艺术魅力和社会价值。

土家族挖土锣鼓歌　配合作为巫乐的锣鼓，以歌为颂的祭祀性仪式歌，是群众集体参与的既娱神又娱人的劳动歌谣。有较为固定的曲调和唱词，也可即兴编唱，形式灵活多样，既可对唱，又可盘歌，内容涉及土家族民间传说故事、历史典故、情歌趣谈，尽情发挥歌师们的聪明才智和演唱技能。在给人们高尚艺术享受的同时，告诉人们历史知识、生产知识。有逗趣戏谑，也有当场褒贬。歌者以歌声、鼓锣声指挥劳作，以歌交流感情，鼓舞劳动激情，娱乐身心，劳而忘疲，其效倍增。该项目是民间文学与音乐完美结合的产物，对研究土家族古代文化艺术、生产水平、民族信仰等都有较高的学术价值。

苗族鼓舞　又称“跳鼓”产生于苗族祭祀活动。鼓舞是苗族运用最为普遍的一种民间艺术形式，是苗族地区古老独特的舞蹈艺术，形式多样，有单人跳鼓、双人跳鼓、多人跳鼓、团圆鼓舞以及活泼风趣的猴儿鼓等。以鼓乐指挥生产劳动，以鼓乐传播民族文化，以鼓乐娱乐身心，将音乐、舞蹈、表演有机糅合，内容丰富，特色鲜明。古丈县苗族鼓舞独树一帜，不但反映苗族人民生产生活、劳动习惯，还表达男女爱情及审美情趣，成为我国民族体育和民族文艺百花园中一枝绚丽多彩的奇葩，经过多年加工整理，大致分为“迎宾鼓舞”“生活鼓舞”“丰收鼓舞”3 个部分。

苗族团圆鼓舞　流行于河蓬乡民族传统舞蹈，源于苗族古代祭祀活动：“刳长木空其中，冒皮其端为鼓。使妇人之美者跳而击之，择男女善歌者，皆衣优伶五彩衣，或披红毡，戴折角巾，剪五色纸两条盘于背，男女左右旋绕而歌，迭相和唱，举手顿足，名曰跳鼓藏”。随着时代变迁，团圆鼓舞从祭祀中分离出来，成为苗族人民喜闻乐见的歌舞表演样式。

土家族摆手舞　因其基本动作为摆手，俗称摆手舞，是土家族大型传统标志性舞蹈。土家族举行祭礼活动时，梯玛在神堂举行酬神还愿祭祀活动，其中摆手歌随舞而唱，摆手舞随歌而跳，浑然一体，沿袭至今。按舞蹈形式有“单摆”“双摆”“回旋摆”之分；按规模大小分“大摆手”“小摆手”。“大摆手”可聚集数寨或数十寨的数万人狂欢一堂；“小摆手”一般一村一寨一堂。其身体动作主要取材于生产劳动、日常生活，内容有农事舞，主要表现土家人农事活动，有挖土、撒种、插秧、打谷、织布等；生活舞主要有扫地、打粑粑、推豆腐等 10 多种。

土家族茅古斯　土家族语称“谷斯拔帕舞”“帕帕格次”或“拨步卡”，汉语多称为“茅古斯”或“毛猎舞”。是一种具有人物、对白、简单的故事情节和一定表演程式的原始戏剧舞蹈，以近似戏曲写意、虚拟、假定等艺术手法表演土家先民渔、猎、农耕等生产内容，既有舞蹈特征，又有戏剧表演性，两者杂糅交织，浑然一体。表演大多与跳摆手舞穿插进行，有时在一定场合单独表演。动作特点别具一格，表演者屈膝，浑身抖动，全身茅草唰唰作响，头上五条大辫子左右摆动，表演中碎步进退，左右跳摆，摇头抖肩。特色在于服饰风格，表演者身穿草衣树皮，古朴大方，极具原始风情。

第二节 文学艺术

一、文艺团体

文学艺术界联合会 2003年8月27日，古丈县第一届文学艺术界联合会（简称县文联）正式成立，为副科级机构，行政编制1名，辖作家、诗词楹联、民间文艺家、戏剧家、美术家、摄影家、书法家、影视、舞蹈音乐家等9个协会，均属民间社团，向午平当选县文联主席。2005年7月，升为正科级机构。2008年，编制2名。2010年，全县各协会在册会员278人。

2003—2010年，县文联每年组织作协采风活动2～3次，举办美术展、摄影作品展3次。出版长篇小说2部、散文集3部、诗集6部，王良玉等一批民间工艺美术家作品走向市场。组织县内文艺工作者到长沙等地考察学习，邀请省内外著名文学艺术家到古丈讲学和辅导创作。办有《栖凤湖》刊物和《栖凤湖文学》博客。选派3名作家到毛泽东学院参加"湖南青年作家研讨班"进修。

民族艺术团 民族艺术团发掘整理民族民间文艺，创作排演舞台节目，参加全国各级各类文艺展演活动。2005年，参加"中国德夯鼓文化节"，艺术团表演的《多情的吊脚楼》《鼓韵茶乡》分获二、三等奖。2006年，县艺术团参加中央电视台七套春晚，表演土家族舞蹈《赤膊溜》；2006—2007年，参加常德市电视台春晚，表演土家族舞蹈《赤膊溜》。2007年9月，在湘西土家族苗族自治州成立五十周年庆祝大会上，县艺术团参加大型入场式《古丈茶歌》演出，为宋祖英演唱《太阳鼓》伴舞。

2009年9月，全州举行第二届新剧节目会演，《茶女谣》获创作金奖。2010年3月，组织默戎镇龙鼻嘴村苗族鼓舞队参加由文化部、国家民委主办的全国少数民族非物资文化遗产项目调演湖南省专场，表演《四方鼓》；4月28日，在"中华茶祖节·古丈毛尖万人品评会"上，表演茶、乐、舞《高山有好水》《醉茶》《挑担茶叶上北京》等歌舞节目。是年，协助中央电视台国际频道拍摄古丈毛尖电视专题片《古丈神茶》。7月，组成28人的演出队伍，赴北京参加中央电视台在鸟巢主办的中国环保节文艺演出，随后赴上海参加湖南省文化厅组织的上海世博会"湖南活动周"表演活动。2004—2010年，县艺术团商业演出200场次，送戏下乡200场次。

2001—2009年古丈县获省级以上奖励情况一览表

表23-11

时间	节目名称	会演或艺术节	主办单位	所获奖项	作者	表演单位（主演）
2001.10	赤膊溜	湖南省首届民博会暨湘西州第二届民间艺术节	湘西州政府	挖掘奖	县艺术团	县艺术团
2001.10	团圆鼓舞	银川第三届全国少数民族曲艺展演	中国文联、国家民委、中国曲艺家协会、宁夏回族自治区党委宣传部	民族创新奖、表演奖	县艺术团	县艺术团
2007.9.	山巅巅上的十八弯	第三届全国少数民族曲艺展演	中国文联、国家民委、中国曲艺家协会、宁夏回族自治区党委宣传部	银奖	县艺术团	县艺术团
2009.9	农家乐	全省地税会演	湖南省地方税务局	一等奖	县艺术团	县地方税务局

文化交流与研究 1989年2月10日，古阳镇太坪村恢复土家跳马节活动，湖南电视台进行全程录像，在央视《神州风采》栏目及省电视台播放。1991年10月21日，"中国少数民族傩戏国际学术讨论会"在吉首举行，古丈县土家跳马傩祀傩舞为大会进行田野表演，受到国内外专家学者称赞，荣获组委会授予"乡情达四海，傩艺传五洲"锦旗一面。

2005年10月，断龙山乡和默戎镇代表队参加上海国际艺术节，表演茅古斯、苗族鼓舞，演出6场次，获组委会组织奖和贡献奖。2006年9月，深圳电视台"功夫之星"在古丈举行36进18晋级赛事，在县城广场表演茅古斯、摆手舞、茶艺茶道、书法、赤膊溜、纸手抱碗绝技、上刀梯等节目，民众为之倾倒。10月，组织默戎镇“苗族四方鼓舞”队参加CCTV举办的中国民歌、民舞盛典表演活动，表演苗族鼓舞，与朝鲜族长鼓舞、黎族绿春大鼓同台竞艺。

2009年5月，派代表队参加第二届中国成都国际非物资文化遗产演出，上演《茅古斯》，与国际友人进行文化交流。2010年5月18日，台湾“中央研究院”研究员康豹（美籍）一行4人，由湖南省非物资文化遗产保护专家龙海情陪同到古丈采风。

二、文艺创作

1986—2010年，古丈县文艺爱好者坚持“两为”方向和“双百”方针，深入生活，文艺创作呈现繁荣景象。县文化馆创办《群众文艺》，县文化局创办《茶乡文化》，县文联创办《栖凤湖》等内部刊物，为文艺创作人员提供创作园地。广大文艺爱好者在全国各地各类报刊、图书及征文、竞赛和展演活动中，发表、展出和上演大量文艺作品。向午平发表长篇小说《躁动》，反映20世纪90年代中专学生生活情况。山枣乡枞树溶村主任张建华发表长篇小说《大山魂》，反映新世纪贫困山区农村脱贫奔小康事迹。

1986—2010年古丈县获省级以上文艺作品获奖情况一览表

表23-12

获奖时间	作品	类别	等次	作者	主办单位	授奖单位
1989.4	从龙舟赛说起	杂文	二等奖	伍秉纯	湖南省文联	湖南省杂文征文大赛组委会
1991	坡上人	散文	银奖	吴善流	中国报纸副刊研究会	全国报刊副刊作品评选组委会
1993	坡上野趣	散文	二等奖	吴善流	中国报纸副刊研究会	全国报刊副刊作品评选组委会
1993.9	古丈茶歌	散文	二等奖	伍秉纯	湖南省新闻工作者协会	湖南省报纸副刊作品评选组委会
1995	静物	油画	优秀奖	—	中央民族大学举办	中央民族大学美术作品评选组委会
1995	牡丹	国画	优秀奖	—	全国文工委、美协、书协	“呵卡西”杯组委会
1996.9	茶乡绿化	诗词	二等奖	尹立柱	湖南省文联	武陵采风征文评选组委会
2000	向阳花木	小说	一等奖	黄仲略	中国文联	“世纪之光”全国文艺作品征文评选组委会
2000.7	山	国画	三等奖	向光启	香港中国国际交流出版社	第四届“世界华人艺术大会”香港大型艺术展
2004	包装	小品	二等奖	吴善流	中国文联	全国小品评比组委会
2006	没有血缘的亲情	散文	三等奖	向午平	中国文学艺术基金会	首届“真情人生”全国纪实散文征文组委会
2006	父亲的土地	散文	三等奖	向功付	中国文学艺术基金会	首届“真情人生”全国纪实散文征文组委会
2009.11	喜看大阅兵	诗词	三等奖	彭明琪	中国诗书画研究会	新中国60年大阅兵全国题贺艺术大赛组委会
2008.8	又见麻雀	散文	二等奖	向午平	中国文联	全国地方散文奖
2008	一个村庄的记忆	散文	二等奖	姚复科	湖南省新闻工作者协会	湖南省报纸副刊作品评选组委会
2009	立春	小说	三等奖	向卫华	湖南省新闻工作者协会	湖南省报纸副刊作品评选组委会
2009	清溪暖阳	油画	三等奖	戴明霞	中国美术家协会	全国美展湖南展区优秀作品展组委会

第三节　广播　影视

一、广播

1986年，全县广播机房13个，县站扩大机6部，功率1780瓦；乡镇扩大机26部，功率共4575瓦。广播专线1800杆程千米，2300单线千米，230双线千米，安装喇叭6800只，83个村通广播，通广播率52.9%。

1987年，全县农村广播网建设采取自建、自营、自用原则，乡镇自筹资金发展广播网专线。县至乡广播专线95.11杆程千米，乡至村广播专线109杆程千米，通广播村24个，村通播率13.3%，入户喇叭260只，入户率1.1%。1989年，县城、乡镇场附近采用高音喇叭覆盖，信号为中央台、湖南台节目，无入户喇叭，县站自办节目覆盖县城，覆盖率占全县人口的8%。1990年，县筹集资金4000万元，建成古阳镇广播调频台，安装调频喇叭150只，购置5台10瓦调频发射机，新建高望界林场、山枣、河蓬、高峰4个标准化调频广播发射台。高望界林场安装调频喇叭450只，默戎镇集资4.1万元，购买550只调频喇叭。

1991年，五里坡微波站建成，全县调频广播得到发展，新增安装调频喇叭507只，调频高音喇叭22只，县广播站自办节目信号可送到有调频广播的乡镇。1992年，全县13个乡镇场建立广播电视站；14个村建广播室，全县新安装调频低音喇叭714只，调频高音喇叭56只，有效覆盖农户1万户，乡通广播率达81%，村通广播率达84%。1993年，高望界林场，断龙山乡、山枣乡完成农村广播电视网标准化乡镇建设，全县有高音调频喇叭50只，低音调频喇叭337只，13个乡镇通广播。1994年，除山枣乡、野竹乡，全县14个乡镇场均开通调频广播，184村通调频广播，有高音喇叭1只，低音喇叭556只。

1995年，县委、县政府制定《古丈县1995—2000年广播电视建设扶贫攻坚计划》，成立古丈县广播扶贫领导小组，县广播电视局实行领导分片包干负责全县农村广播电视网建设，贷款2万元，自筹资金1万元，作为启动资金，完成26个村通调频广播任务。是年，全县16个乡镇场有调频高音喇叭52只，调频低音喇叭738只；87个村开通调频广播。

1996年，全县新通调频广播村33个，巩固完善调频广播村17个，新装调频喇叭117只，有效覆盖4137户，全县累计14个乡镇、115个村通调频广播，有调频喇叭850只，有效覆盖18096户。1997年，采取“农户筹一点，村乡拿一点，广播电视部门出一点，财政补一点”办法发展村级广播网，新建71个广播电视室，对原建61个村广播网巩固补网。全县通广播村132个，通村率达71.7%。1998年，全县通广播村达135个，覆盖率为73%。1999年，全县农村调频广播村132个，河西、高望界、默戎、坪坝4个乡镇场通调频广播村占乡镇场内总村数的90%。

2000年，县委、县政府出台《古丈县村村通广播电视实施方案》《古丈县村村通广播电视实施细则》，筹集26万元，完成25个村通广播电视任务。2001年，筹集158万元，建立标准化乡镇场广播电视站11个，新增通广播电视村129个，新增入户线路10万米。2002年，实现全县村村通广播电视，县城及与县城有线电视联网的乡镇接收古丈县广播节目信号，其余乡镇均通过卫星地面接收器接收上级电台广播信号。

2003年，古阳、城关、默戎、罗依溪、河西5个乡镇广播信号实现光纤传输，其他乡镇靠卫星地面接收器接收广播信号。2004—2010年，乡镇、村寨无线广播停播；县城4只高音喇叭架在县广播电视局房屋顶上进行定时广播。

二、电视

1986 年，改装县城电视差转台，电视发射功率由原来的 10 瓦增加到 60 瓦，接收频道由 1 个增加到 2 个（中央电视台、湖南电视台综合频道）。乡镇共有电视差转台 10 个，发射功率 48 瓦，全部转省第一套节目，全县电视覆盖率达 60% 以上，覆盖人口 64300 人。

1989 年，电视差转台发展到 12 座，地面卫星接收站 1 座，闭路电视系统 3 套。1990 年，全县有电视差转台 14 座。同年 7 月，从长沙采购有线电视器材，为县城 13 个单位 323 户用户安装有线电视。1991 年，省广播电视厅同意成立湖南省有线电视台古丈县分台。全县电视差转台 14 座，其中县城 2 座，差转机 4 台共 120 瓦；农村 12 座，差转机 72 台共 42 瓦，全县电视覆盖人口 34250 人，占全县总人口的 71%。同年 7 月，五里坡微波站开通省州台广播电视信号。县城有线电视用户发展到 1035 户。

1992 年，全县加快广播电视网建设，全县架设有线电视主干线 30 千米，发展有线电视用户 1700 户，其中县城主干线路 10 千米，有线电视 1200 户；断龙山乡有主干线 6 千米，有线电视用户 200 户；河西镇有主干线 4 千米，有线电视用户 400 户。

1993 年，全县有线电视得到发展，乡镇开始建有线电视网络。年底，全县有线电视用户 2382 户，其中县城用户 1800 户，罗依溪、默戎、高峰、坪坝、河西、双溪、古阳 7 个乡镇用户 582 户。1995 年，除山枣乡、河蓬乡外，全县 14 个乡镇开通有线电视，用户 8500 户。1996 年，全县 16 个乡镇政府驻地设卫星地面接收站，收看电视节目，全县建成地面卫星接收站 36 个，开通有线电视村 35 个。1999 年，实施农村广播电视“村村通”工程，接收卫星电视信号村 106 个。

2000 年，全县完成 25 个村通广播电视任务，通村数 131 个，40% 以上农户收看 4 套以上电视节目，全县有线电视用户 7500 户。2001 年，全县有卫星地面接收机 338 台，干线 2560 米，185 个村通有线电视。2004 年，抓城网改造和乡村有线电视联网。贷款 180 万元改造县城有线电视机房和网络，改用光纤传输设备，收费采用电脑、机顶盒管理，新增用户 450 户；对默戎镇万岩、盘草两村实施光纤联网，接收城里有线电视信号；全年收费 80 万元。

2005 年，抓城网维护、安装、收费、“村村通”设备维修和安全播出。城网维护、安装按区域分片包干到人，较大工程相互配合完成；维护服务实行承诺制，当天故障当天完成，月底进行绩效考评，与当月福利挂钩。全年收费 120 万元。在农网管理上，对罗依溪、河西、默戎三个联网站实行目标管理，签订目标管理责任书和安全播出责任书，实行工资、福利、奖金与效益挂钩。年内，新增默戎联网村 2 个，用户 260 户。在“村村通”设备维护方面，设立“村村通”设备维修部，共修“村村通”设备 300 件。在抓安全播出工作方面，为防止不法分子进行网络插播反动宣传，局里与各股室、台站层层签订安全播出责任书，责任落实到人，在重要节点，县广播电视局领导轮流在播出机房值班，确保安全播出。

2006 年，实施“广播电视村村通”工程，扩大广播电视覆盖、提高服务质量，把乡镇电视光纤联网及网络优化作为重点来抓。通过租用电信光缆先后完成河蓬、坪坝两个乡的电视光纤联网和网络改造，实施河西—茄通—断龙山 16 千米光缆传输工程，架设电缆主干线 72 千米，入户分配线 100 千米，增加农村电视用户 1500 户；对城网古阳镇南山、老寨、长潭三村主干线进行改造。新增用户 600 户，县城电视用户达到 6900 户，创收 130 万元。

2007 年，完成高望界林场、高峰乡、双溪乡、岩头寨乡、山枣乡 5 个乡镇场有线电视联网工程。联通高峰乡李家洞村、高望界林场、双溪乡梳头溪村、山枣乡林场村、坪坝乡亚家村、张家坪村等 12 个村有线电视网络，新增农村有线电视用户 1000 户。组织技术力量到农村安装和维护广播电视，推进有线电视县、乡、村“三级联网”，解决农村 13900 人听广播、看电视问题。投资 11 万元，实施卫星广播电视转星调整，抽调技术人员 68 名，分 34 个组，分别到农村逐户调整卫星广播电视地面接收设备，计 14025 套，新增用户 500 户，创收 145 万元。

2008 年，完成罗依溪镇龙潭坪村、黑潭坪村、岩头寨乡野竹坪村有线电视联网入户改造，新增用户 1000 户。对农村家庭套站实行免费办证、免费安装、免费维护。争取省州广播电视部门资金和设备投入，优化五里坡微播站无线发射系统，恢复卫星电视无线发射，完成 196 个自然寨通电视任务，解决农村 14578 人看电视问题，创收 170 万元。

2009 年，租用县移动公司光纤线路 7 条，重新整改山枣、岩头寨、高峰、高望界、坪坝、双溪等 7 个联网乡镇有线电视传输网络。调试和优化五里坡微播站无线发射系统，实现中央台一套和中央台七套无线传输。改造城区部分主杆线 16 千米，新铺设光纤线路 2 千米，创收 190 万元。

2010 年，组建县广电有限网络公司。投资 400 万元，改造线路 5000 米，安装数字电视调试机顶盒 1 万个，传送节目由 41 套增加到 129 套。铺设光纤线路 1.5 千米，改造主杆线 6 千米，完成 300 个 20 户以上自然寨通广播电视任务。与移动、电信部门协调，发展村村通电视用户 4500 户。完成 599 个网络信号盲寨的村寨通工程建设。电视用户 2 万户，覆盖率 91%。

三、电影

1986 年，是古丈县电影事业发展黄金时期，县城和 16 个乡镇场均有电影院，县城电影院有宽银幕影片和立体电影。全县有国营、集体、私营电影放映单位 60 个，放映人员 130 人，全年人均看电影 20 场。1990 年，有电影放映单位 60 个（含个体），共放映 8272 场，观众 2373200 人次。

1991 年，开展《开天辟地》《大决战》等影片宣传、发行和放映，以及《焦裕禄》《周恩来》等 8 部献礼片放映。1992 年，全年放映 9347 场次，观众 1484535 人次，放映收入 286928 元，发行收入 89735 元。1997 年，放映电影 9500 场，其中农村放映 2500 场，组织机关干部职工和学生观看爱国主义影片 200 场，组织送电影下乡 40 场，全县人均看电影 3.5 场。1999 年，县城老电影院因无资金维修自然坍塌。2002 年，县城新电影院被县政府用于招商引资，开发改建为商场。

2007 年，省、州给县电影公司配送数码放映机 5 台、价值 60 万元。是年，送电影下乡 1260 场。2009 年，送电影下乡 1680 场。2010 年，为全县 140 个村、4 个社区、5 个厂矿企业送电影 800 场，观众达 8 万人次；总结推广高望界乡送电影下乡典型经验。

四、音像管理

1986 年，全县有 5 台放像机，其中县广播电视局 2 台，县电影公司 1 台，县教育局 1 台，古阳镇个体户张宏安 1 台。4 月，县电影公司购买一套录像投影设备。是年，全县有 9 支放像队。

1987 年，县委组织部购买放像机 16 台和 20 英寸彩色电视机 16 台，分别赠给 16 个乡镇场，用于党员干部教育放映。全年 9 支放像队共播放录像 3810 场，观众达 246519 人次。

1988 年，全县有放像队 18 支，共播放录像 1700 场次，观众达 5.4 万人次。

1990 年，根据《湖南省文化市场管理条例》规定，加强音像市场管理，制定音像管理制度，规范音像市场，对全县 8 支放像队和 34 个内部放像单位实行办证管理和制度化管理。

1991 年，发展双溪、坪坝、河西 3 个营业性放像队，创办 5 个内部放映点，4 个家庭放映点。3—10 月，配合团县委放映电视剧《文青成》77 场，观众 3 万人次；在建党 70 周年庆祝活动中放映《我们心中的共产党员》《毛泽东和他的乡亲》。

1992 年，新增放像队 3 支，其中万岩村 2 支，新窝村 1 支。音像站对全县放像队和音像制品销售店进行 5 次检查，发行各类音像带 519 本。

1993 年，成立音像稽查队，收缴淫秽音像 60 张，无版权音像 400 张。6 个有线电视站由音像站统一供片。

1996年，音像卫视管理实行“三严”（严格控制，严格审查，严格播放）“三讲”（讲政治，讲格调，讲稳定）管理。发行片带5110本。给乡镇印发国务院、国家广播电影电视总局有关法令300份。

2000年，全县发行录像片730部，其中国产片630部、外国片100部。2001年，根据国家广电总局《关于严禁播放并严肃查处播放非法或盗版影视节目的通知》要求，制定《古丈县广播电视局影视节目播放管理规定》，发放宣传资料500份，挂横幅3幅，在县电视台自办节目中进行宣传100场次。

2002年，印发国务院《广播电视管理条例》《广播电视设施保护条例》宣传资料2000份，制成录相片在县电视台播放。成立卫视稽查队，查处非法销售卫视设备经销商11家，查处破坏光缆线案件1起。村级卫视站办证率达100%。

2003年，开展《中华人民共和国广播电视管理条例》《中华人民共和国广播电视设施保护条例》、湖南省广播电视局《关于进一步加强卫星电视地面接收设施销售、办证、安装管理的通知》宣传，依法处理损坏有线电视网络行为，拆除违规安装使用卫星地面接收设施22处。

2005年，印发《古丈县卫星电视广播地面接收设施整治工作方案的通知》，县广播电视局稽查队印发宣传资料1万份，到16个乡镇场进行宣传。联合县委防范和处理邪教问题领导小组办公室、县工商行政管理局、县公安局组成联合整治卫星电视广播地面接收设施工作小组，动用车辆11台次，出动人员51人次，清查全县卫视设施销售点和非法安装户，依法清理60套违规卫视设施。

2006年，出台《古丈县关于加强卫星电视地面接收设施销售安装管理的通知》，开展广播电视管理法律法规宣传，完成全县12个乡镇、140个建制村卫星电视接收家庭套站摸底，依法查处15起违规销售、安装卫星地面接收设施行为。

2007年，登记管理卫视接收设施进货渠道地申报检测，在卫视设施上面采取喷字、贴花方式实行货物数量登记，依法处理5起网络违规安装行为。是年，清查卫星地面接收站、卫视网站、非法广告，依法查处4起非法销售、安装卫星地面接收设施行为。

2010年，县广播电视局与县公安局、县工商局配合，清理整顿非法地面卫星接收设施，防止邪教组织及敌对势力干扰和破坏。清查城乡有线数字电视网络内私接乱拉现象。

第四节　五里坡微波站

一、机构、队伍

古丈县五里坡微波站成立于1990年12月，为正科级事业单位，行政归属县广播电视局管理，业务属省广播电视厅管理，经费由省广播电视厅拨付，编制6人；1991年7月正式运行，传送省、州广播电视微波信号，开播古丈调频广播。微波传输实行分组轮换值班工作制，每周轮换一次，值班期间为全天24小时值守。1997年5月，县五里坡微波站与县广播电视局分设，设办公室、财务室、机务维修股，编制8人，实配干部职工8人，其中助理工程师1人，技术员3人。1999年12月，编制12名，实有8人，2000年实有人数10人。2006年8月，公开招考计算机技术人员1名。2007年9月，实有人数13人，其中助理工程师5人，技术员1人。2010年，配备站长1人、副站长1人，副科级纪检员1人，公开招考招录会计1人，实有人数12人。1995—2010年，历任五里坡微波站站长：梁必忠、罗隆。

二、设备、设施

1989—1991 年，完成基础设施建设投资 45 万元，征地 2999.7 平方米，修建 480 平方米机房兼值班住房一栋，其中机房 156 平方米，值班住房 324 平方米；架设 6.5 千米电力线路；铺设 290 米扬程 650 米长管路的饮用水配套设施；修通长 550 米、宽 1.5 米人行便道；安装 72.5 米高的圆钢铁塔一座，有省微波站配美国产 HARRIS 微波机一套。州微波站配国营漓江无线电厂生产的 DGWF-1 彩色广播电视微波发射机 1 台。县配 50 瓦调频广播发射机 1 台。

1997 年 5 月，五里坡微波站与县广播电视局分设，50 瓦调频广播发射机划归古丈县广播电视局管理。2000 年 10 月，省广播电视局对湘西微波干线进行数字化改造，淘汰美国产 HARRIS 模拟微波机，安装 3 个机架大唐电信数字微波机。

2002 年 4 月，对机房兼值班住房进行改造，撤除靠楼梯一侧 3 楼的 2 间值班住房，撤除面积 67 平方米。在传达室楼顶平台上新建 4 间值班住房，新建面积 101 平方米。同年 10 月，购买 1 台 12 千瓦三相交流同步发电机作备用电源。2003 年 4 月，微波站 6.5 千米的电力线路有 4.2 千米的电力线路移交县电力公司管理。2004 年 12 月，淘汰大唐电信微波机，安装 NEC 数字微波机。

2007 年 1 月，安装中央台信号农村无线覆盖工程电视发射机 2 台，其中中央电视台 1 套节目信号由北广产 1 千瓦电视发射机发射，中央电视台 7 套节目信号由成都新光产 300 瓦电视发射机发射。

2010 年 6 月，重新装修改造机房，购买电视监视器 8 台。同年 8 月，拉通 150 米 6 芯光纤，购买电脑 1 台，开通互联网。

三、转播、传输

1991 年 7 月，开始全天 24 小时开机传输省、州广播电视微波信号。微波传送路线为接收省传雪峰山台信号，发送花果山台和羊峰山台，覆盖湘西州及张家界市区域。湘西广播电视台信号发送花果山转播台，由花果山转播台将信号用微波传输至古丈五里坡微波站、泸溪马鞍山转播台，再由这两个转播台将信号发射至全州城乡。

2000 年 10 月，省广播电视局对湘西微波干线进行数字化改造，淘汰美国产 HARRIS 微波机，安装 3 个机架大唐电信生产的 PDHW500 数字微波机。省微波传送路线改为接收省传羊峰山台信号送花果山台和雪峰山台，覆盖湘西州及怀化市区域。

2002 年，县调频广播停播。2003 年，湘西信号通过光缆传输，州微波机停传。2006 年 5 月，省微波信号中断。

2007 年 1 月，中央电视台 1 套、7 套节目信号开始无线发射，从早上 8：00 开机到晚上 12：00 关机，每天转播 16 小时。

2010 年 7 月 31 日，省微波信号恢复传输，传送路线再次改为接收省传雪峰山台信号送羊峰山台。县调频广播每天分早、中、晚 3 个时段播出四套广播节目，每天播出 5 小时 30 分，分别为 6：30—8：00，12：00—3：00，18：00—21：00。

第五节 报刊图书

一、书刊

1986 年，县文化馆创办《群众文化》，1989 年，县文化局创办《茶乡文化》，以内刊形式发行。2003 年 8 月，县文联创办《栖凤湖》内刊；古丈一中创办《茶乡学府》内刊。

1986—2010 年古丈县出版图书一览表

表 23-13

书名	体裁	编者	出版社或内刊	时间
躁动	长篇小说	向午平	湖南文艺出版社	2002 年 12 月
军族畅想	诗歌集	陈东兴	远方出版社	2004 年 11 月
家园	散文诗集	汪祖宝	中国戏剧出版社	2004 年 12 月
山乡醉晚	诗词集	贺世民	海南出版社	2006 年 11 月
酉水串珠	散文集	张光秀	军事谊文出版社	2008 年 3 月
大山魂	长篇小说	张建华	军事谊文出版社	2008 年 3 月
棘心跨纪作品选	诗词集	李正常	作家出版社	2007 年 10 月
古丈茶经	民俗	伍秉纯　李忠友	中央民族大学出版社	2009 年 1 月
湘西特色饮食	民俗	田仁利　伍秉纯	中央民族大学出版社	2009 年 1 月

说明：仅为出版社出版发行的文化类图书

二、图书馆、室

1986 年，县图书馆馆舍为 4 层楼房，建筑面积 1200 平方米，藏书 4.8 万册，常年读者 1000 人。馆内设采编室、社科外借室、成人阅览室、少儿阅览室、古籍文献室、过报过刊查阅室及其科技术信息服务中心。1988 年，县图书馆藏书 4.3 万册。1995 年，全县图书馆藏书 6.2 万册。1994 年和 1999 年，被文化部定为“国家三级图书馆”。1997 年，送图书下乡 4000 册。1998 年，藏书 7 万册。1999 年，藏书 7 万册；2000 年，藏书 5 万册。2001 年，藏书 8 万册。2002 年，藏书 6.2 万册，送图书下乡 2503 册。1997—2002 年，县政府每年拨 2000 ~ 5000 元购书经费。2003—2006 年，购书经费列入县财政预算，每年 1 万元。2005 年，图书馆接待读者 17250 人次，借阅图书 21300 册次。2007—2010 年，购书经费每年 2 万元。2010 年，县图书馆藏图书 6.8 万册，其中古籍 16 卷，总藏各类报刊 11730 册，各种地方文献 420 册。

1999—2000 年古丈县图书馆服务社会情况一览表

表 23-14

时间	评奖名称	颁奖机构	项目名称	奖级	获奖者
1999	为“两个文明”建设服务成果	省文化厅	为大棚蔬菜种植专业户王志生提供专题信息服务	二等奖	刘娟、姚东芳、龙滔
1999	为“两个文明”建设服务成果	省文化厅	为古丈一中学生升学提供系列专题信息服务	三等奖	姚东芳、龙滔、刘娟
2000	为“两个文明”建设服务成果	省文化厅	为古丈县生态旅游资源开发提供专题文献信息服务	二等奖	姚东芳、龙滔、刘小金
2000	服务成果	省文化厅	为林木育苗专业户李文志提供专题文献信息服务	三等奖	刘小晶、姚东芳、刘娟、罗晓东、向秋媛、许家杰、张绵绣
2000	服务成果	省文化厅	为古丈坪完小开展特色教育提供专题文献信息服务	三等奖	刘娟、姚东芳、刘小晶、罗晓东、向秋媛、许家杰、张锦绣

1986 年，全县 16 个乡镇场在文化站建有图书室，每室藏书 2000 册。1995 年，全县 60 个扶贫工作队为扶贫村建图书室，藏书 1000 册。1998 年，设立乡镇科技服务中心，设 20 个科技服务跟踪项目，为农民发放 4 期 500 份“致富之友”。

2009 年，在龙鼻嘴、万岩、树栖柯、毛坪、田家洞等 10 个村寨建农家书屋，每家投资 2 万元，用于购买书架、报架、阅览桌及各类书刊和音像制品。2010年，建毛坪村、罗依溪村、坳家湖村、烂泥池村等50个农家书屋，每家配备1200个品种、1500册图书、15种报刊、100张光碟；配备3个书柜（架）、1张阅览桌和1个报架，制作统一农家书屋标识牌。

三、新华书店

古丈县新华书店行政属省、州新华书店管理，党建工作属县委宣传部，为副科级单位。2009年1月，县新华书店改名为湖南省新华书店有限责任公司古丈县分公司，设经理室、财务部、综合事务部、教材发行部、图书发行部、门市部。

1986—2010年，历任县新华书店经理：田富贵、毛和平。

1986年，新华书店图书购进额27.96万元，图书销售额28.48万元。1993年，征订发行《毛泽东选集》一、二、三、四卷100套。1994年，发行《邓小平文选》一、二、三卷300套。1995年，发行《邓小平同志建设有中国特色社会主义理论纲要》800册。1999年，图书购进额241.52万元，图书销售额257.17万元。2006年，发行《江泽民文选》一、二、三卷1100套。2009年，发行《朱镕基答记者问》1300册,《理论热点面对面》1500册。2010年，图书购进额585.30万元，图书销售额537.80万元。

1986—2010年古丈县新华书店图书发行情况一览表

表23-15　　单位：万册

年度	调入	销售	库存
1986	27.96	28.48	15.55
1987	38.97	38.60	13.54
1988	49.04	48.04	13.83
1989	56.78	55.39	17.30
1990	57.34	57.88	14.99
1991	56.61	72.17	19.80
1992	67.37	68.50	9.28
1993	60.23	72.80	11.23
1994	84.58	82.60	7.82
1995	134.76	142.73	8.78
1996	190.73	185.65	9.30
1997	225.69	204.20	11.24
1998	195.87	272.60	13.13
1999	241.52	257.17	14.34
2000	282.09	231.90	18.33
2001	216.83	189.30	22.48
2002	286.50	236.21	21.88
2003	348.70	303.90	22.88
2004	363.41	331.90	18.79
2005	379.55	332.70	15.52
2006	381.79	339.10	17.86
2007	397.20	341.40	19.65

续表 23-15

年度	调入	销售	库存
2008	414.26	372.60	63.33
2009	538.36	456.70	60.81
2010	585.30	537.80	68.47

第六节　文　物

一、文物普查

2007 年，印发《关于认真做好全国第三次全国文物普查的通知》，县政府安排文物普查经费 5 万元，购置电脑、打印机等设备，启动文物普查工作，制定普查线路。在全县 12 个乡镇 140 个村开展野外实地调查，普查队员对每个文物点进行详细调查、记录、测量，借鉴文献、古籍资料，了解古丈历史沿革、行政建制、地形地貌、土壤气候、山脉水系、文物遗迹等内容，对文物点进行分析和调查。复查“二普”文物点 38 处，发现新文物点 57 处，实地调查认定古遗址 27 处。

二、考古发掘

1993 年 11 月，州、县文物工作者在河西镇沙湾发掘 19 座汉代古墓和 1 处遗址，出土大量随葬的釜、钵、鼎、豆、镦、盒、壶、坊、灶、井、熏炉、璧、铜镜及百余枚汉代五株钱，出土 26 枚新莽“大布黄千”古币，对研究古代湘西少数民族地区政治、经济、军事、文化、民俗、商业、生活等方面提供实物资料。2003 年 7 月、2004 年 4 月，州文物管理处两次在河西镇燕子窝墓地抢救性发掘战国、西汉、东汉墓葬 10 座，出土文物 110 件。2009 年 4 月 1—30 日，州、县文物部门配合县河迁公路指挥部在县林科所、沙湾、猫儿背、列夕等地 2000 米周边、1.55 平方米范围内进行考古发掘。

三、古遗址

旦武营　位于坪坝乡东北部，为南方长城（苗疆边墙）北端。苗疆边墙始筑于明万历四十三年（1615），天启三年（1623）完工，清代，延伸至旦武营。边墙高 3 米、基宽 2 米、顶宽 1 米，南起凤凰县与贵州省铜仁市交界的亭子关，北至旦武营，绵延 180 千米。旦武营为清军屯兵之地，军营包括城墙、门头、兵房、升官祠、大堂、寝室等建筑。清军在旦武营驻兵达 182 年之久，雍正八年（1730），驻千总 1 员、员兵 70 名；嘉庆二年（1797）驻千总 1 员、员兵 40 名，是年，古丈坪营为湖南提督 36 营之一、有马步兵力 470 名。2010 年，旦武营仅存一段边墙残迹。

土蛮坡营　位于坪坝乡与默戎镇交界处，营房为正方形，长 60 米，建有门头、客房、寝室、大堂等建筑。清代，驻把总 1 员，兵 30 名。现石墙一面已毁，三面犹存，高 3 米，为一色红砂石构筑。墙外正面为校场坪，墙外左边为官田，墙外右边遗留一座石拱桥，高 5 米，宽 3 米，长 8 米，顶厚 1 米，为青石砌成，工艺精巧，是境内现遗存最大的古石桥。清代，土蛮坡营上游的九龙洞为生苗区，下游的亚家寨为熟苗区，两者相距 1.5 千米。

古丈县第三次全国文物普查遗址名录

表 23-16

名称	年代	所属地
岩上遗址	明	罗依溪镇江洋溪村张二街组岩上

续表 23-16

名称	年代	所属地
沙湾遗址	东周、汉	红石林镇河南村沙湾组
河南遗址	汉、元	红石林镇河南村沙湾组
河口遗址	明、清	罗依溪镇江洋溪村
武桶庙遗址	东周	红石林镇河南村河西大桥下
公羊坪遗址	清	高望界乡公羊坪村公羊坪组
王家遗址	清	高峰乡镇溪村王家寨组
白溪口遗址	明	断龙山乡坐苦坝村
岩排溪金矿洞遗址	明	高峰乡岩排溪村
岩排溪九龙渠	明	高峰乡岩排溪村
哈巴桐膏遗址	宋辽金、元、明、清	红石林镇马达坪村二组
三角田遗址	唐、宋辽金	古阳镇南山村
诸天山石板桥	清	岩头寨乡野竹村野竹组
土司殿遗址	宋	岩头寨镇蒿沟坪村豹狗寨
旦武营盘	明、清	坪坝乡旦武营村
龙鼻嘴营盘遗址	明、清	默戎镇龙鼻嘴村
万岩溪屯堡遗址	明、清	默戎镇万岩村四组
岩仁碉遗址	明、清	默戎镇万岩村
新窝屯堡遗址	明、清	默戎镇新窝村小学球场内
三岔河屯堡遗址	明、清	默戎镇万岩村
且茶下遗址	汉	罗依溪镇且茶下村二、三组
枞树坪遗址	明、清	罗依溪镇黑潭村枞树坪
卡上遗址	明	古阳镇树栖柯村一组
花果山遗址	元、明	罗依溪镇龙潭村花果山
河边遗址	明	古阳镇太坪村
洋田遗址	宋辽金	古阳镇长潭村二组
假坟坡遗址	明	罗依溪镇黑潭坪村一、二组
紫产田遗址	明、清	古阳镇广场社区

四、古建筑

古丈县古建筑颇多，因年久失修及人为破坏，现存数不多，在全国第三次文物普查中，经县文物工作者实地调查和认定，全县古建筑有 12 处。

第三次全国文物普查古建筑名录

表 23-17

名称	年代	类别	所属地
老司岩古建筑群	清	古建筑	红石林镇老司岩村
南泉井	清	古井	古阳镇柑子坪村老塘坊组
石碧溪建筑群	明、清	古建筑	罗依溪镇石碧村

续表 23-17

名称	年代	类别	所属地
岩排溪建筑群	清	古建筑	高峰乡岩排溪村
天桥山寺及石匾	清	古建筑	古阳镇白岩村天桥山山顶
九龙古建筑群	清	古建筑	默戎镇九龙村
西泉古井	明、清	古井	古阳镇车站社区
卡上古井	明、清	古井	古阳镇树栖柯村一组
北泉古井	清	古井	古阳镇古丈坪社区
哈力车石塔	民国	古塔	断龙山乡梅塔村哈力车六、七组
王家寨石塔	清	古塔	断龙山乡龙王湖村王家寨组
花篮古井	清	古井	红石林镇花兰村大坝组

五、古墓葬

境内战国至汉代的古墓葬大部分分布在酉水河边的河西和罗依溪两地。汉代之后至民国时期的古墓葬较多，但一些名人墓葬被盗掘或毁坏，最典型的是晚清甘肃提督杨占鳌墓葬，原址在罗依溪镇且茶下村、省道 S229 公路后坎、且茶下村小学坪场，于 1958 年建磷肥厂时被毁。在全国第三次文物普查中，经县文物工作者实地调查，全县有 18 处古墓葬。

古丈县古墓葬名录

表 23-18

名称	年代	类别	所属地
向明章墓	清	古墓葬	断龙山乡米多村大寨组东南部向功志家后 50 米
李杨氏墓	清	古墓葬	红石林镇茄通村苦列组
杨大槐墓	清	古墓葬	红石林镇先锋村胡家溪组东约 300 米处
王选镜夫妻合葬墓	清	古墓葬	红石林镇张家坡村大寨组北约 150 米处
罗福秋墓	清	古墓葬	红石林镇铁马州村咋布车组东北约 2 千米处
梁氏墓群	清	古墓葬	细塔村泽土库组北约 800 米处
彭善华墓	民国	近代墓葬	断龙山乡龙王湖村
三老爷卡套宗族墓群	清	古墓葬	断龙山乡龙王湖村东 1 千米处
岩上墓群	明、清	古墓葬	罗依溪镇江洋溪村张二届组岩上
向忠正夫妻合葬墓	清	古墓葬	断龙山乡米多村西北部约 500 米
胡家溪墓群	清	古墓葬	红石林镇先锋村胡家溪组
花篮墓群	明、清	古墓葬	红石林镇花篮村大坝组
彭天虎夫妻合葬墓	清	古墓葬	断龙山乡胡家坪村南 200 米处
项如松墓	清	古墓葬	河蓬乡白洋溪河边组南约 1.5 千米处
沙湾墓群	东周、秦、汉	古墓葬	红石林镇河南村沙湾组
向承昱墓	清	古墓葬	断龙山乡米多村一组
舒心宝墓	民国	近代墓葬	山枣乡火麻村姚家坪组
吴天顺墓	民国	近代墓葬	断龙山乡龙王湖村大绕组
彭星富墓	清咸丰年间	古墓葬	双溪乡梳头溪村柯耳朵（小地名）

续表 23-18

名称	年代	类别	所属地
宋心宽墓	清光绪年间	古墓葬	岩头寨镇占潭村大亮坡
宋太焜墓	清光绪年间	古墓葬	岩头寨镇占潭村大亮坡
张向氏墓	清光绪年间	古墓葬	坪坝乡旦武营村
张章氏墓	清光绪年间	古墓葬	坪坝乡旦武营村
吴树堂墓	民国	近代墓葬	红石林镇柯布车村四水组
余世凤墓	清	古墓葬	断龙山乡猛虎洲村
皇清一品夫人墓	清	古墓葬	罗依溪镇黑潭坪村枞树坪

六、金石碑刻

境内金石碑刻有金鼎铭文、摩崖石刻、功德碑、示禁碑、墓碑、寺庙碑、祠堂碑等。金鼎铭文有溪州铜柱铭文、青云寺香炉铭文、河蓬乡水晶阁铁钟铭文、默戎镇九龙庙铁钟铭文。摩崖石刻有河蓬乡穿洞修路碑和断龙山乡田家洞清乾隆捐资修池塘摩崖石刻。功德碑多为修桥修路捐资所建，有清道光桃子山修路碑、古阳镇高坳修路碑、河蓬乡苏家立碑坳修路碑、山枣乡磨刀建桥碑等。示禁碑有断龙山乡猛虎州清代示禁碑等。墓碑有罗依溪镇枞树坪皇清一品夫人墓碑、红石林镇胡家溪杨大槐墓碑、猛虎洲余世凤墓碑等。寺庙碑有天桥山寺碑、仙门山庵碑林、老司岩伏波庙碑、桃子山重修观音庵碑、罗依溪镇银汪潭跳香堂石碑等。祠堂碑有清同治枞树溶重修张氏祠堂碑和高峰乡八水坪重修向氏祠堂碑。

河蓬穿洞摩崖石刻　当地人及过往行人对石刻，因水蚀字难以辨认而称为“仙人题词”。后经县文化局干部伍秉纯实地调查考究，字迹为“沅州府黔阳县信鲁院士李秀士修路碑”（沅州府即今芷江县，黔阳为古城，信鲁院士为官名，李秀士为修路并镌刻摩崖石刻作者）。相传，外地一炭客来此地烧炭，夜宿穿洞边上象鼻孔，后病死于象鼻孔；其儿上京赶考当了大官，千里迢迢寻找其父，得知父亡，便将所带银钱用于修桥补路，并镌刻文字于洞壁以示纪念。据磨蚀程度，石刻年代为明末清初。

清同治枞树溶重修张氏祠堂碑　原立于山枣乡枞树溶村五马坳张氏祠堂前，现祠堂不存，碑移至二组大田坳山塘堤坝古柏树下公路边，建有圆形台阶保护。碑面 120×78×11 厘米，刻面 118×76 厘米，25 行，满行 48 字，楷书阴刻。碑石保存完好，但碑文漫漶。碑中所列捐资者为 68 人，捐钱最多为二千文，最少为二百文；捐银最多为二两，最少为五钱；捐资者中有 57 人为张姓，其余 11 人为吴、粟、周、鲁、石、瞿、向、田、唐九姓人。碑立于同治七年（1868）夏。

银汪潭跳香堂石碑　位于罗依溪镇黑潭坪村泥湾潭（银汪潭）寨旁，为四排三间木屋，四周为马头封火墙。旧时是村民举行跳香祭祀殿堂，解放后改设学校和生产队仓库。20 世纪 80 年代后房屋被拆毁，现仅存一块石碑，高 103 厘米，宽 64 厘米，青色石质，保护完好，字迹清晰。碑竖立于嘉庆二十四年（1819）。碑文记载：“兹地五谷尊神，前辈曾建小殿耶，为以享以祀”；“虽非宫殿盘郁，足壮大观，而神灵可享，聊小补于前人云尔！”捐资人名中大都为田姓，土家族。附近还有张家冲香堂、龙家寨香堂等，现都已毁坏。

七、文物保护单位

境内有各级文物保护单位 9 处，其中，省级重点文物保护单位有老司岩民居和岩排溪民居 2 处；县级文物保护单位有王家寨石塔、九龙寨古村落、河西墓葬群、高峰烈士纪念亭、野竹烈士纪念亭、龙鼻嘴烈士纪念亭、张平旧宅单位 7 处。有保存较好的文物点 69 处，馆藏文物 1000 件，其中国家级珍贵文物 72 件。

岩排溪古建筑群 传统古村落，省级文物保护单位。位于高峰乡东部，与沅陵县毗邻，是个边远苗族、土家族居住山寨。明末清初，先祖由沅陵县太常村迁徙至此，而形成村寨。古民居、古梯田、古渠道、古金洞、古民俗构成岩排溪五大特色，房屋多为清代建筑，建筑形式上有独特二檐、两手推手等栏杆建筑风格，有转角楼、三合楼（俗称手推车式）、四合院式样，门窗雕刻各种图案，吊脚饰有金瓜、绣球等造型。为防匪盗偷袭，房屋建有护宅土围墙，上面开有枪眼和瞭望窗，集居住和防卫为一体。寨内街巷纵横交错，为青石板铺就；另有 3 条利用自然生成的整块岩排组成的青紫色石板街。民居建筑特色：庭院式吊脚楼，依傍山崖，富于变化，具有较高美学价值；前廊常设有“美人靠”；居室内设有火床；立柱均为方形，中堂两侧装板为“印壁”式，与立柱构成一个完整平面，光洁整齐，乃独特工艺。村子位于稻田中间，梯田最高 79 级，86.67 公顷，梯田从明代开始开垦，中间岩多无土地方建房，形成村寨位于稻田中央村貌。

老司岩古民居 位于红石林镇西北部，北临酉水，省级文物保护单位。旧时为西至巴蜀、北通湖湘必经之地，土司王朝军事前哨；明清时期商贾云集，鼎盛时期人口超过五千，坊间有“张三千，米八百，黄家来了个斗篷客”之说。清朝中后期，俊彦辈出，以黄儒臣为代表，富甲酉水，资产延伸到川、黔、鄂等地，被乾隆皇帝赐为“封君大人”。当时寨中有商铺 50 家、油坊 48 座、染房 4 座、碾房 4 栋。现保留基本完好的古建筑 15 栋、古石板街道 4 条长 1.5 公里、古井 1 口、四合院 3 座，伏波庙 1 座，宋代砖（石）室墓 7 座。

民居为土家族建筑风格，其中以黄家老宅、新宅为典型代表，属清乾隆年间（1736—1795）所建，皆为穿斗式四合院木架结构，坐南朝北，由正屋、厢房、马头封火墙组成；老宅有房屋 12 间，新宅有房屋 10 间，门窗格扇透雕各种山水、花鸟及人物故事。古街道为青条石和红条石铺就，依山而建，两旁老宅仍保留鼎盛时期商铺风貌。石头护寨城墙高 8 米、长 400 米。

古井老司泉建于清光绪年间（1875—1908），背靠山崖，石崖上丛生岩楠古木 5 株，井水至今仍为村民生活用水主要来源。伏波庙为纪念东汉伏波将军马援而建，为抬梁式木架结构，内有天井、正殿、戏台，门槛梁椽绘有人物故事。石雕、窗棂、门楣等，图案精美，工艺精湛，保存完好。另有纺车、米升、碓磨、落地桐油灯、三滴水床、箱柜等古代民俗文物。2006 年 8 月，成立老司岩民族民间文化遗产保护协会，会员 200 人，组建土家族镏子表演队、土家族摆手舞表演队、阳戏剧团等民族文艺表演团体。

八、重要文物

2010 年，经国家级、省级专家鉴定，有国家一级文物铭文戈 1 件，二级文物双箍铜剑等 11 件，三级文物 60 件，一般文物 318 件，合计 390 件。

断龙山剑齿象化石 1970 年 10 月，断龙山公社在复修断龙山水利工程时，李光华、田志慧等人在白虎洞里发现一批化石，有门齿（残断）、臼齿（较大），有横脊及跟座，乳突发达，排列紧密，为大量白釉质覆盖。经中国科学院化石普查队鉴定，为东方剑齿象门齿、臼龄化石。剑齿象属于长鼻类动物，特征是具有一对很长且弯曲的门齿（俗称大象牙），臼齿特别大，高冠，齿面呈长圆形，由若干脊板组成，每一齿板上又由若干小乳突组成。剑齿象化石是亚洲新生代上新世与更新世初期常见化石。此次发现的剑齿象门齿化石、臼齿化石，因不是用科学方法所掘，丢失不少，未能得到较完整个体。门齿、臼齿化石标本现藏于州博物馆。

工师铭文戈 1984 年，随河西战国古墓群出土，由省博物馆考古部吴铭生等发掘，现藏于县文物局库房。此戈为青铜铸造，长 25 厘米、宽 11 厘米、重 250.2 克；援弧锋垂，平脊，短胡三穿；内一横穿，三面有刃，通体无锈蚀。戈面阴刻篆体铭文两竖行，中国科学院地理研究所研究员黄盛璋据临摹铭文，释为“五年雍丘命修工师（工师二字系合文）章冶□”，认为是战国晚期三晋之韩国

遗物。雍丘，今河南省杞县；令即县令，名修；工师是负责铸造事务的人；冶，具体执行铸造工作的人，名□。

大布黄千布币　王莽于始建国二年（9）实行第3次货币改制，下令铸造一批布币，大布黄千为所铸十布之最大者（“黄”为“横”之省偏旁“木”,“横”即“衡”“等于”之意）。1993年12月13日，在河西沙湾古墓群中发现共存一匣的新莽布币和货泉172枚，其中大币黄千26枚。说明早在西汉末年，湘西酉水沿岸与楚国及中原地区经济交流初具规模，商品交换方兴未艾。此项发现为省内唯一发现的大布黄千布币，填补省、州考古空白，为研究湘西州钱币史及商品流通历史增添实物资料。

九、文物研究与利用

境内文物蕴藏丰富，馆藏文物和地上文物古迹对研究少数民族历史、文化、习俗、宗教信仰等具有参考价值。文物干部悉心钻研，广搜资料，在全国各级报刊上发表《国家一级文物铭文戈》《大布黄千出土记》《凤鸟尊·白虎印、巴式剑》《铜柱、铜帽、铜钱》等文稿，宣传古丈文物古迹，提高古丈知名度。

2007年，开展“传承民族文化，守望精神家园”主题演讲比赛，制作文物展版16块，发放《湘西土家族苗族州民族民间文化遗产保护条例》《中华人民共和国文物保护法》等宣传资料2200份。

2010年3月，国家民委古籍整理研究室组织编纂、中国大百科全书出版社出版的《中国少数民族古籍总目提要·土家族卷》，引用古丈文物铭刻资料。申报“古丈毛尖茶制作技艺”“古丈茶俗”为省、州级非物资文化遗产时，引用战国出土茶具、茶器和溪州古茶等文物资料。

2008—2010年，中央电视台等新闻媒体播放有关古丈文物的电视专题片，中央电视台国际频道《走遍中国》栏目播映《古丈神茶》，湖南电视台都市频道播映《神奇碗墓揭谜底》，长沙电视台播映《九龙岩洞葬之秘》等。

第七节　文化市场管理

一、文化市场稽查

2000年，文化市场管理站和文化市场稽查大队制定和完善音像市场、舞厅、卡拉OK厅、夜总会、网吧市场、书刊市场等管理制度，实行发证管理。

2001年，全县有文化经营户130家，从业人员560人。2002年，有文化经营户126户，从业人员3486人。2005年，出动检查人员110人次，收缴非法文化制品218本，取缔黑网吧1家，处理违规网吧6家。

2006年，有文化经营户109家，从业人员230人，其中网吧40家、图书报刊销售及出租商户8家、印刷企业4家、卡拉OK厅14家、打字复印室8家、舞厅1家；是年，出动检查人员146人次，对全县40家网吧联合检查10次。2007年，有文化经营从业人员320人，是年，出动检查人员182人次，对全县109户文化经营户联合检查12次。

1993—2010年，举办文化市场管理人员和文化经营户培训班75期，培训8200人次。出动宣传车276车次，张贴大小标语25600条，制作幻灯片268张，电视专题宣传30场次。联合检查248次，出动检查人员3652人次，收缴各种非法出版物、淫秽、色情书刊250种23800册，录像带680盒，光盘1860张。开展取缔非法报刊等专项活动，规范出版物市场秩序。加强对印刷、复印企业管理，对全县3家印刷厂进行全面检查。

2010年，全县有网吧51家，其中县城23家，统一由州文化局审批。是年，组织召开网吧经营业主会议 4 次，拒绝办新证 8 人次，日常检查 120，开展文化稽查零点行动 2 次。

二、版权维护

2001—2010 年，县新闻出版局、县版权局和县新闻出版（版权）稽查队作好出版和版权稽查工作，收缴各类非法出版物、色情、书刊 250 种 23800 册，查缴录像带 680 盒，光盘 1860 张。开展打击侵权盗版活动，保护知识产权，取缔非法报刊，规范出版物市场秩序，对县内印刷厂、打印店进行全面清查和管理，开展打击手机网站传播淫秽色情信息专项行动。

2010 年 5 月 1 日至 10 月 31 日世博会期间，县版权局维护参展者版权权益，利用“4·26”知识产权宣传周和“6·1”纪念著作权法颁布 10 周年活动平台，开展宣传活动，使知识产权法规深入人心。

第二十四篇　卫生　体育

第一章 卫 生

1986年，县卫生局位于城东二龙庵，房屋建筑面积1000平方米，设办公室、财务股、业务股、人事股、爱国卫生办公室、药检所，干部职工13人；全县医疗卫生机构39个，编制病床238张；直属机构有县人民医院、县中医医院、县卫生防疫站、县妇幼保健站、县卫生学校、县麻风病防治站，下属机构有乡镇中心卫生院5所、乡镇卫生院8所，预防保健站3个，全县厂矿学校医务室9所。1988年6月，县卫生局迁至城北新建区，占地3300平方米。10月，药检所变更为药政股。1989年10月，撤销人事股，设立政工股。1995年10月，增设古丈县健康教育所。1996年9月，增设古丈县公共卫生监督所，编制4人。

2000年6月，县医药管理局、县医药行业管理办公室、县卫生局药政股合并，设立县药品监督管理局，为县政府正科级直属事业机构，设办公室、药品稽查股、业务股、财务室，全额拨款事业编制5名。2001年，县药品监督管理局收归湘西州药品监督管理局管理，成立湘西州药品监督管理局古丈分局，加挂古丈县药品检验所牌子，行政编制9名，事业编制3名，实有9人。2002年3月，县卫生局划出药政、药检、药品监督职能，归属湘西州药品监督管理局古丈分局，不再履行药品药检监督管理职能；是年，县卫生局设办公室、规财股、政工股、业务股、爱国卫生办公室，局机关核定行政编制8名，事业编制1名。2005年4月，县卫生防疫站、县健康教育所、县卫生学校合并，组建县疾病预防控制中心，加挂县公共卫生检测中心牌子；县卫生监督站变更为古丈县卫生监督所。2006年10月，设县新型农村合作医疗管理局，为副科级事业单位，直属县卫生局管理，设办公室、信息管理股、计财股、审核股、稽查股，核定编制19人，实有工作人员19人，其中12人为乡镇农合专职审核员；乡镇设立新农合管理站。

2010年，县卫生局设办公室、规划财务股、政工股、业务股、爱卫办、项目办、纪检监察室，编制9名；直属单位有县人民医院、县中医医院、县卫生监督所、县疾病预防控制中心、县妇幼保健所、县皮肤病防治所、县红十字会、县新型农村合作医疗管理局，下属单位有乡镇中心卫生院、乡镇卫生院、预防保健站等医疗卫生单位24个。

1986—2010年历任古丈县卫生局局长有刘德甫、傅绍祥、向圣主、彭秀顺、向发英、刘朝安。

第一节 爱国卫生

一、消灭“四害”

1986年，县爱国卫生运动委员会办公室（简称县爱卫办）组织春秋两季灭“四害”（鼠、蝇、蟑螂、蚊子）活动。举办灭鼠培训班3期，受训人员120人次。1987年，全县灭鼠工作实行统一指挥、统一组织、统一药物、统一方法、统一时间，全县投放“敌鼠钠盐”毒铒 8301 千克，投毒面积 55000 平方米；鼠密度由灭鼠前的 52.63% 下降到灭鼠后的 13.98%。1990 年，全县 10 个乡镇 155 个村开展灭鼠活动，投放毒饵 2500 千克；组织县直机关干部职工参加街道、河道卫生活动，各乡镇组织群众开展创卫生竞赛活动。1997 年，推行全县机关单位门前卫生清扫责任制。2010 年，县爱卫办采取安全投放鼠害毒饵、科学安放灭鼠器和清理垃圾围、污水沟等措施，保持低水平鼠密度，减少“四害”携带疾病传播。

二、文明卫生创建

1986 年，全县开展争创文明卫生单位活动，县政府、县汽车站获全州爱卫工作第一名，州政府授予古阳镇政府为全州卫生工作先进单位。1990 年，县政府组织县直机关干部职工参加河西镇爱国卫生活动，活动中筹措资金 0.45 万元，整修街道 4500 平方米，平整街面 5640 平方米，疏通阴沟 14 条，添果皮箱 12 个。

1996 年，全县开展“卫生月”活动和重大节日卫生活动，划分区域，责任分解到单位；投入资金 0.5 万元，县城新增果皮箱 15 个，新建垃圾池 10 处。1997 年，制定卫生区域检查验收新标准，与城区居民住户、商铺店主和机关单位签订“门外门内六包责任书”。1998 年，县环卫所实行每天早、晚两次上门收集垃圾，控制乱倒垃圾行为，拆除店铺、商家门外违规搭建遮阳棚 88 个，规范新装遮阳棚 76 个；县财政局拨款 16 万元，改造古阳镇南门桥旱厕为水冲厕所。

2003 年 3 月，县委、县政府组织县直各单位干部职工和社区居民，开展“爱我古阳河”卫生活动，历时三天，参加人数 22480 人次；清除县城白腊池至三道河河段白色垃圾，清运生活、建筑垃圾 80 吨，疏通污水沟 7800 米，整修阴沟、下水道 14 条。2010 年，县城内新修垃圾池（楼）4 座，拆除违章建筑 200 处，路障 140 处，规范经营摊点 100 个，组织 32 人专业督查队伍巡查街道、河道等公共场所。

三、卫生设施改造

1986 年，实施农村改厕改水工程，累计投入资金 1200 万元，群众自筹物资折合人民币 500 万元，新建和改造农村饮水工程 320 处、改造水井 56687 口，实现全县 6.6 万人饮用清洁水，达到省定标准。全县改造农村家庭厕所 2.09 万所，改造公厕 460 座。

1987 年，硬化县城路面 3288 平方米，新修街道 1.3 万平方米，新安装路灯 38 盏。1990 年，启动第一轮初级卫生保健合格县创建工作，全县完成改水工程 15 处，建成合格村卫生室 9 个。1996 年，经省、州初保领导小组考核评审，确认古丈县创建卫生保健合格县基本达标。

1998 年，整修县城北泉井和西泉井，新建垃圾场 4000 平方米，改造县城隧道排水沟 2548 米。1999 年，再次启动农村改厕改水工程，全县农村改水 38 处，受益 380 户 1.5 万人，改厕 250 户，受益 9800 人。

2002 年始，县委、县政府连续 8 年累计争取国债资金 2228 万元，用于县城排污管网和道路改造，完成县汽车站至北泉路面、水沟改造工程；新建县酒厂和老干活动中心排污管道口和污水处理工程；对县酒厂至省道 1828 线连接口街道进行路面硬化和铺设输水管网；完成县城正街、河街、老塘坊至南门桥、连城隧道口至县人民医院下水道及路面改造工程。是年，县直机关干部集资 3 万元，购置美国巴林草皮，改造县体育中心足球场。

2003 年，启动第二轮农村初级卫生保健工作。全县农村改水改厕 34 处，受益农户 386 户 1.94 万人。2005 年，全县改水改厕 27 处，受益农户 310 户 9980 人。

2010 年，创建文明卫生县城，实施县城亮化、绿化、硬化工程。在主街道安装高标准路灯 200

盏。在老塘坊、火车站、三道河处设立环卫监察执勤室，监督县城建筑和生活垃圾的处置清运。在城区新建垃圾池8个，垃圾中转站1处。在街道配置果皮箱60个。

第二节 卫生防疫

一、重大疫情应急处置

1998年8月，默戎镇新窝村狗脑山组、龙鼻嘴村和双溪乡溪流墨村首次报告发生疑似“二号病”（霍乱病）。经确诊，“二号病”患者和带菌者49例，其中患病32例，死亡1例。县委、县政府成立古丈县“二号病”防治领导小组，召开卫生、防疫部门负责人会议5次，拨付防治疫情专款14万元。16名县级领导到疫情点指导防治。出动公安干警80人次，对疫情点进行封锁隔离。抽调385人，其中医务人员205人，组建16支卫生防治工作队，进驻全县184个建制村和17个居民委员会，对“二号病”进行普查和防控。参加防治工作的县直机关干部、乡镇干部、医务预防人员、村组干部和党员、群众有7.86万人，出动宣传车辆17台次，派出宣传员702人。配备村组消毒员736人，水井消毒1251口，简易自来水消毒466处，水缸消毒2.62万口，厕所消毒2.79万处，关闭墟场1处，清运垃圾17.7吨。经过11天的防疫与治疗，疫情点解除封锁。

2003年4月，国务院公布传染性非典型肺炎（简称“非典”）疫情，是月，成立古丈县“非典”防治工作领导小组。组建古丈县“非典”防治工作指挥部和古丈县“非典”防治工作领导小组办公室，制定《古丈县“非典”防治工作方案》《古丈县“非典”防治工作责任制》《古丈县非典型肺炎防治工作责任追究暂行办法》《关于进一步加大力度抓好“非典”防治工作》等文件，规定“非典”防治期间实行24小时值班和疫情日报、零报制度。全县设立发热门诊16个，“非典”定点救治医院1所，预备隔离住院医疗点（矮落界）1所。举办“非典”防治工作培训班30期，培训工作人员600人次，县、乡镇、村抽调“非典”防治工作人员685人，其中选派56名卫生工作人员驻乡镇开展防治工作。境内公路、铁路等车站、水运口岸码头实行排查制度，抽调医务人员218人，公安干警119人，在古丈火车站、猛洞河火车站、省道S229公路沿线龙鼻嘴、王村特大桥南岸和县道古沅公路沿线草潭等处设立“非典”防治检查点，检查入境车辆3557车次，检出重点监控发热对象86人，服药观察22人。县人民医院隔离医学观察发热病人1人，排查疫区打工返乡人员24人，筛查出发热病人15人，预防、隔离疑似病人156人。拨付“非典”防治经费30万元，出动预防宣传车24车次，办“非典”简报56期，黑板报66期，悬挂横幅18条，宣传展板35块，发放“非典”防治宣传资料8万份，宣传手册2000册，宣传画800张。出动医务人员160人次，对县城商业门面、餐馆、酒店、茶楼、宾馆、药店、诊所等从业人员进行检查，采样637人，抽检样品318份，实现“无一疫情漏报，无一疑者漏查，无一患者漏治”预防目标。

2004年1月，县委、县政府贯彻国务院发出防治高致病性禽流感通知精神，成立古丈县禽流感防治工作领导小组，制定《古丈县禽流感防治工作方案》。县卫生局、县畜牧水产局、县商务局、县疾病防控中心等部门对过往车辆、禽类交易市场、各养殖场进行检查及消毒监管。全县17所医疗卫生单位设立发热门诊，对38℃以上发热病人进行疫情监测，对县民族大市场经营鸡鸭户连续2月密切接触禽类人员进行体温测试观察，无疑似禽流感疫病患者。全县排查家禽16.2万羽，无禽流感疫情，设消毒哨卡25处，对过往车辆进行消毒，严防禽流感疫情传播。经排查，古丈县境内无确诊疑似病例。

2009年，县卫生局贯彻县委、县政府关于防治甲型H1N1流感疫病总体要求，制定《古丈县甲型H1N1流感防治预案》，组建防治甲型H1N1流感疫病工作队，购置防治物资。县疾控中心实行24

小时值班制，确保疫情信息畅通。对县、乡两级专业技术人员进行甲型H1N1流感知识培训，印发宣传资料2万份。在县、乡两级医疗单位设置发热门诊，开展甲型H1N1流感防控工作，甲型H1N1流感疫苗接种2000人。全县中小学校实施疫情监测5721人次，发放漂白粉3000千克，消毒液1000千克。9月中旬，全县仅发现3例疑似病人，经医学观察和治疗，予以排除，古丈县内无确诊病例发生。

二、计划免疫

1986年，对全县2岁以下儿童进行建卡发证，实行常规免疫，疫苗接种率为70.1%，儿童常见传染病发病率下降60.7%。1987年，按照免疫程序实施麻疹疫苗、卡介苗、百日咳三联制剂、糖丸疫苗等“四苗”科学接种。是年，全县装备计划免疫冷链运转系统，县级各医院、乡镇卫生院均配备冷链设备，有冰箱17台，亚低温冷柜2台，速冻器2台，保温箱8个，保温包193个，冰排674个。1988年，经湘西州考核验收，全县儿童“四苗”接种率85%。1989年，全县儿童“四苗”应接种3053人，实接种3051人，其中卡介苗接种3051人，糖丸三次投服2980人，百日咳三次全程接种2962人，麻疹疫苗2983人，四苗接种覆盖率为95.8%。

1990年，全县儿童“四苗”应接种1890人，实接种1808人，其中卡介苗接种1808人；糖丸第一次投服1527人，第二次投服1132人，第三次投服693人；百日破第一次接种1388人，第二次接种950人，第三次接种554人；麻疹疫苗接种374人。“四苗”接种率为96.7%。1992年，经湘西州考核验收，全县儿童“四苗”接种覆盖率居全州第一。1994年，全县集中人力、物力对0～4岁儿童实行春秋两季投服糖丸强化免疫，全县投服糖丸8665人，投服率为99.6%。是年，婴儿“四苗”接种率为78.8%。

1995年，实施对0～4岁儿童第二轮糖丸疫苗强化免疫工作，应接种4003人，实接种3720人，接种率为93.%。是年，断龙山、茄通、高峰、河西等乡镇发生麻疹疫情流行47例，县疾控中心对疫区15岁以下儿童接种麻疹疫苗进行应急免疫，接种2460人，无死亡病例。

2000年，强化乡镇（场）卫生院冷链运转。全县儿童“四苗”应接种1436人，实际接种1239人，接种率为86.3%。2003年，把新生儿乙肝疫苗纳入计划免费接种范围，对本地出生新生儿679人，流动人口新生儿202人进行乙肝疫苗接种，新生儿接种率为81.0%。同年，全县新生儿开始实行破伤风月报制，实报163人次，报告率为85.0%。2004年，加强全县冷链运转和疫苗接种月报制度，各医疗单位应报ATG576旬次，实报547旬次，报告率95.0%；麻诊应报576旬次，实报553旬次，报告率96.0%；新生儿破伤风应报为192次，实报171次，报告率为89.1%。

2005年，计划免疫工作纳入全县卫生工作考点。实施责任制管理，对工作成绩突出者实行奖励，对工作不落实者实行末位淘汰制。各医疗卫生单位应报ATG576旬次，实报576旬次，报告率100%。麻诊应报576旬次，实报567旬次，报告率100%；新生儿破伤风月报应报192旬次，报告率100%。

2007年3月，湖南省卫生厅和湖南省疾控中心要求强化麻诊疫苗免疫工作。全县12个乡镇完成省卫生厅和省疾控中心布置的5次冷链运转工作。应报运转报表60次，实报60次，报告100%，基础免疫BCG实种837人，实接种830人，接种率99.2%；OPV应种2698剂次，接种率98.3%；DPT应种2599针次，实种2550针次，接种率98.1%；MN应种827人，实种806人，接种率97.5%；乙肝疫苗应种2470针次，实种2420针次，接种率98.0%。

2008年，开展儿童脊椎灰质炎疫苗强化免疫投服工作，全县140个建制村第一轮应接种儿童为5096人，实接种4953人；第二轮应接种儿童5177人，实接种5003人，流动人口儿童第一轮应接种258人，第二轮应接种291人，接种率分别为94.5%、93.8%。2009年，开展儿童预防接种查验工作，全县托幼机构19个，小学19所，查证率100%。实查验预防接种证3441人，查验率100%，持证2440人，接种率为70.9%，需补证1001人，实际补证888人，补证率88.7%。

2010 年，贯彻国家免疫规划，实施传染病疫情系统监测。是年，监测传染病疫情疑似病例 2 例，无确诊病例；乙肝发病 7 例；保持无脊椎灰质炎、破伤风、乙脑、流脑疫病发生。卡介苗、脊椎灰质炎、百白破三联剂、麻疹、乙肝、乙脑、流脑 9 种疫苗纳入计划免疫免费接种，全年常规冷链运转 6 次，卡介苗、脊椎灰质炎、百白破三联剂、麻诊、乙肝、乙脑、流脑“九苗”预防接种覆盖率为 93.5%。

第三节 妇幼保健

一、妇女保健

1986 年，古丈县妇幼保健站属县卫生局二级机构，全额拨款事业单位，编制 5 名。是年，县妇幼保健站实施妇女孕期系统管理，开展产期保健、妇女健康检查、妇女疾病查治；经普查，全县已婚育龄妇女 1371 人，产妇总数 2038 人，实行孕产妇系统管理 1371 人；产后访视 1306 人；住院分娩 779 人。其中高危孕产妇住院分娩率 80.1%；孕产妇死亡 2 例，孕产妇死亡率 9.8/10 万；进行妇女病普查普治 596 人，查出妇科病 13 人。是年，全县有乡镇妇幼专干 16 人，村级接生员 180 人

1988 年，县妇保站设妇幼保健综合门诊。12 月，县编委核定编制 15 名，全年门诊接待就医和保健咨询 1902 人次，孕产妇分娩住院 2038 人。

1992 年，培训边远村寨接生员，高望界林场、坪坝、山枣等乡镇 45 名接生员参加妇幼保健与新法接生技术培训，发放接生包、医疗器械 54 套（件）。1994 年，对高峰、双溪、茄通 3 个乡实施妇幼监测考察，实行孕妇系统挂牌管理。1995 年 9 月，古丈县妇幼保健站更名为古丈县妇幼保健所。

1996 年，完善妇女系统管理制度。县直 36 个单位已婚女职工 784 人进行妇科疾病普查，查出妇科 678 例。1999 年，古丈县列入国家降低产妇死亡率和消除新生儿破伤风发生率项目县（简称“降消两率”项目），为县妇保所配置 X 光机 1 台，B 超机 1 台。

2000 年，县妇保所开设检验科，增添模式电动吸引器、电热鼓风干燥箱，尿液分析仪、自动平衡离心机、分光光度计、血红蛋白仪、离心沉淀仪、妇科光谱治疗仪等 13 台（件）。14 所乡镇卫生院配发系列产科医疗器械 183 台（件）。是年，全县有孕妇 2074 人，建档立卡 1844 人，系统管理 1792 人，管理率 86.4%。住院分娩 982 人，住院分娩率 47.4%。高危产妇 268 人，住院监护 258 人，监护率 96.26%。

2001 年，开展“给孕妇一封信”“母婴安全进万家”等系列活动 53 场次，发放宣传资料 5.89 万份。2003 年，全县接生员改称妇幼保健员，举办妇幼保健培训班 1 期，参训 62 人。组织乡镇妇幼专干、医技人员下村宣传贯彻《中华人民共和国母婴保健法》。

2004 年，启动第二轮“降消”项目。县卫生局组织县人民医院、县妇幼保健所对乡镇卫生院院长、妇幼专干进行集中培训，参训 56 人。村级医生和保健员实行双月一次培训，培训 153 人，参训率 89.0%。县妇幼保健所派送 1 人到湘西州妇保院进修学习，8 人参加成教函授和电大学习，提高妇幼保健业务能力。

2005 年，开展“以保健为中心，与临床相结合，面向基层，面向群众”妇幼卫生年活动。全所实行包乡镇责任制，在乡工作 80 天。妇幼专干实行一月入村 15 天工作制度。经费到人，任务到乡镇，推进“降消”项目工作落实。

2006 年，实施农村贫困孕、产妇救助项目，发放农村贫困孕、产妇救助卡 750 张，救助 670 人，发放救助金 14.82 万元。是年，无孕、产妇死亡和新生儿破产风案例发生。2007 年，组建 5 人“降消”项目督导工作队，对 12 个乡镇 102 个建制村妇女儿童情况进行督查。发放农村贫困孕、产妇救助卡

1087 张，救助 950 人，发放救助金 22.26 万元。

2010 年，县妇幼保健所设办公室、财务科、医技科、综合门诊部、药剂科、儿童保健科、妇产科、婚前保健科、公共卫生管理科，编制 15 人。全县培训医护人员和妇保专干 30 人。全县孕、产妇 1376 人，建卡 1163 人，建卡率 84.5%。孕、产妇系统管理 1000 人，管理率 72.5%。住院分娩 1346 人，住院分娩率 97.7%。高危孕、产妇 245 人，筛出率 17.8%。高危孕、产妇住院监护 236 人，监护率 97.6%。孕、产妇死亡和新生儿破伤风率为“零”。发放农村孕、产妇贫困救助卡 1240 张，救助 933 人，发放救助金 37.2 万元。

1986—2010 年古文县孕产妇系统管理情况一览表

表 24-1 单位：人、%

年份	产妇人数	产妇建卡		系统管理		住院分娩		高危孕产妇			
		人数	占比	人数	占比	人数	占比	人数	筛出率	住院监护人数	监护率
1986	2038	1308	64.18	1371	67.27	779	39.20	217	10.65	174	80.18
1987	2751	1728	62.81	1905	69.25	1030	37.44	404	14.69	330	81.68
1988	2038	1217	59.72	1437	70.51	796	39.06	331	16.24	280	84.59
1989	2751	1976	71.83	1997	72.59	923	33.55	300	10.90	265	88.33
1990	2360	1661	70.38	1638	69.41	869	36.82	316	13.39	282	89.24
1991	2426	1759	72.51	1792	73.87	847	34.91	359	14.80	315	87.74
1992	2382	1770	74.31	1823	76.53	843	35.39	302	12.68	273	90.39
1993	2371	1868	78.79	1902	80.22	920	38.80	275	11.60	259	94.18
1994	2184	1747	80.00	1717	78.62	879	40.25	293	13.42	282	96.25
1995	2052	1304	63.555	1626	79.24	802	39.08	263	12.82	250	95.06
1996	1997	1543	77.27	1511	75.66	763	38.21	285	14.27	271	95.09
1997	2617	2099	80.21	1994	76.19	1031	39.40	397	15.17	388	97.73
1998	2509	2067	82.38	1985	79.12	994	39.62	226	9.00	220	97.34
1999	2438	2126	87.20	2126	87.20	982	40.28	268	10.99	258	96.27
2000	2074	1844	88.91	1792	86.40	981	47.30	245	11.81	245	100
2001	1100	1012	92.00	990	90.00	605	55.00	110	10.00	110	100
2002	1344	1200	89.29	1066	79.32	850	63.24	146	10.86	140	95.89
2003	1444	1361	94.25	1333	92.31	905	62.67	166	11.50	164	98.80
2004	1056	964	91.28	937	88.73	739	69.98	161	15.25	154	95.65
2005	1332	1261	94.67	1004	75.38	955	71.70	223	16.74	210	94.17
2006	1326	1175	86.27	1049	79.11	1121	83.54	272	20.51	272	100
2007	1362	1229	90.23	1128	82.82	1124	82.53	294	21.59	294	100
2008	1362	1124	82.53	1015	74.52	1279	93.91	265	19.46	255	96.23
2009	1552	1293	83.31	1170	75.39	1491	96.07	271	17.46	267	98.52
2010	1376	1163	84.52	1000	72.67	1346	97.82	245	17.81	239	97.55

二、儿童保健

1986 年，建立城乡妇幼保健网络，开展城乡儿童保健工作。全县 7 岁以下儿童 9801 人，保健管理 5121 人，保健管理率为 52.2%。3 岁以下儿童 4163 人，系统管理 3127 人，系统管理率为 75.1%。婴儿死亡 26 人，婴儿死亡率为 1.3%。

1990 年，县妇幼保健所全面开展儿童系统管理工作。全县新生儿 2360 人，新法接生 2030 人，新法接生率 86.02%。新生儿破伤风发病率为 3.3‰。卡介苗应接种 2360 人，实际接种 2360 人，接种率为 100%。系统管理建卡 1140 人，建卡率 48.4%。0 ~ 1 岁儿童健康检查 1088 人，检出体弱、营养不良儿童 229 人，对其父母进行科学育子与保健指导。

1993 年，实施消灭脊髓灰质炎工作，县集中财力物力对 0 ~ 4 岁儿童投服两轮强化免疫糖丸，经湘西州验收，投服率为 97.9%。1996 年，实施出生医学证明管理，从 1 月 1 日起，统一使用出生医学证明。1999 年，新法接生 2299 人，新法接生率为 94.3%，新生儿破伤风发病率为“零”。

2000 年，宣传贯彻“一法两纲”，发放宣传手册 6000 份。城区 5 所幼儿园开展儿童健康体检，儿童体检 1266 人，占应检儿童（1434 人）的 88.3%。已检儿童无传染性疾病。新法接生 1983 人，新法接生率 95.6%。无新生儿破伤风发生。卡介苗接种应种 2074 人、实际接种 1996 人，接种率为 96.2%。

2005 年 5 月 1 日始，实施新版出生医学证明。2007 年，对县城 7 所幼儿园儿童进行健康体检，体检 817 人，检出体弱 45 人，乙肝表面抗原阳性 1 人，评出健美儿童 246 人。儿童计划免疫“五苗”全程接种率为 97.5%。2009 年 1 月起，免费补发 1996 年 1 月 1 日出生的出生医学证明。

2010 年，对 20 所城乡幼儿园幼儿 2334 人实施免费体检，疫苗接种率为 100%，检出体弱儿童和患有传染性疾病儿童 250 人，实施健康保健指导 246 人，发放保健卡 246 人。是年，实施农民健康档案调查登记制度，全县建立居民健康档案 2.2 万份。全县新法接生 1382 人，新法接生率 100%。卡介苗应接种 1382 人，实际接种 1378 人，接种率 99.7%。

1986—2010 年古丈县儿童保健情况一览表

表 24-2　　单位：人、%

年份	孕产妇分娩情况					新生儿破伤风		卡介苗接种		
	分娩	新法接生	新法接生率	产妇死亡		人数	发病率	应种	实种	接种率
				人数	死亡率					
1986	2038	1740	85.38	2	0.98	2	0.98	2038	1640	80.47
1987	2751	2320	84.33	2	0.73	0	0	1819	1024	56.29
1988	2038	1740	85.38	2	0.96	2	0.98	2038	1718	84.30
1989	2751	2366	86.01	4	1.45	4	1.45	2366	2363	99.87
1990	2360	2355	99.79	3	1.27	8	3.39	2360	2360	100
1991	2426	2092	86.23	1	0.41	4	1.65	2426	2318	95.55
1992	2382	2094	87.90	1	0.42	1	0.42	2382	2238	93.95
1993	2371	2012	84.86	2	0.84	2	0.84	2371	2044	86.21
1994	2184	1998	91.48	2	0.92	2	0.92	2162	2040	94.36
1995	2052	1672	81.48	4	1.95	0	0	2052	1986	96.78

续表 24-2

年份	孕产妇分娩情况					新生儿破伤风		卡介苗接种		
	分娩	新法接生	新法接生率	产妇死亡		人数	发病率	应种	实种	接种率
				人数	死亡率					
1996	1997	1669	83.58	1	0.50	0	0	1997	1928	96.54
1997	2617	2447	93.50	3	1.15	1	0.38	2617	2098	80.17
1998	2509	2109	84.06	1	0.40	1	0.40	2489	2278	96.52
1999	2438	2299	94.30	1	0.41	0	0	2438	2214	90.81
2000	2074	1983	95.61	1	0.48	0	0	2074	1996	96.24
2001	1100	1098	99.81	1	0.91	0	0	1100	1053	95.72
2002	1344	1289	95.90	1	0.74	0	0	1344	1285	95.61
2003	1444	1392	96.40	1	0.69	0	0	1444	1389	
2004	1056	1052	99.62	1	0.95	0	0	1056	1012	95.83
2005	1332	1278	95.95	0	0	0	0	1332	1278	95.95
2006	1326	1312	98.94	0	0	0	0	1326	1300	98.04
2007	1353	1312	96.97	0	0	0	0	1355	1318	97.27
2008	1365	1365	100	1	0.73	0	0	1365	1344	98.46
2009	1552	1549	99.81	1	0.64	0	0	1562	1553	99.42
2010	1376	1376	100	0	0	0	0	1382	1378	99.71

第四节　医疗卫生队伍

一、西医队伍

1986 年，全县有西医医务人员 249 人，卫生技术人员 230 人。其中西医师 27 人，护师 2 人，西医士 65 人，护士 38 人，助产士 11 人，西药剂士 3 人，检验士 5 人，其他技士 2 人，护理员 5 人。中级职称 4 人，初级职称 32 人。1991 年，全县医疗机构实施肌肉注射“一人一针一管”制和“一次性输液（输血）器”制度，培训护理人员 48 人。1994 年，组织护士执业资格考试，合格者颁发执业资格证，实施持证上岗。

2010 年，全县有西医医务人员 404 人，卫生技术人员 320 人。其中，西医副主任医师 3 人，主治医师 89 人，医师 253 人。在读硕士研究生 2 人，本科 20 人，专科 196 人，中专 166 人。乡镇卫生院 112 人，乡村医生 178 人，接生员 218 人。

二、中医队伍

1986 年，全县中医医务人员 28 人，其中中医师 10 人、中药师 2 人、中医士 10 人、中药剂士 3 人、中西药剂员 3 人。大中专院校毕业 18 人，其中湖南中医学院本科毕业 10 人，大专生 2 人。名老中草医 4 人，跟班名老中医在岗学医 5 人。经自学考试，成为中医本科生 1 人，经参加湖南中医学院函授中医专业学习，获大专文凭 4 人。

1987 年，县中医医院贯彻《湖南省名老中医（药）人员带徒传技暂行办法》，把中医药学徒招收工作纳入中医成人教育，以集中培训和跟班学习等方式，提高中医人员服务技能和水平。给名老中医李忠、邬树柏、伍秉奎、王芝兰等人配备具有专业层次学徒和学科继承人 7 人。默戎镇岩寨村民间中医石远祥，从小跟祖父学中医，总结医治经验，验证民间偏方，擅长骨折损伤、脑震荡后遗症等诊疗医术。

自 2000 年始，选派 5 名青年医技人员分别到湖南省中医医院、常德市中医医院、湖南省人民医院、广州市中山二医院进修 1 年。选派 9 名青年医技人员分别到湖南省湘雅医院、湖南省中医药研究院、常德市中医院、湘西州人民医院进修 6 个月。

2010 年，全县有中医医务人员 17 名。其中副主任医师 2 人，主治医师 9 人，医师 6 人。

三、草医队伍

1986 年，民间草医师用“看望、号脉、问诊、触摸”诊断方法，以千余味植物药、动物药、矿物药和微生物药等医药偏方为老百姓治病，博得百姓信赖和赞誉。

1989 年，为挖掘整理古丈县土家族、苗族草医草药，县卫生局业务股长杨瑞楼、县医药局主管中药师石富龙、名草药医师吴光平 3 人对古丈县中草药自然资源进行普查。石富龙荣获全省中草药普查先进工作者，撰写《苗医对药物分类》《古丈县中草药普查资料编写与技术鉴定》。1998 年，石富龙撰写《苗医发展学在妇产胎次中的运用》一文，在 '98 世界医药成果博览会现代药学论坛大会及“欧亚传统医学新进展暨世界知名医学家成就颁奖大会”上被评为学术金奖。学术论文于 1998 年 3 月收入《中国中医药优秀学术成果文库》，在公开出版发行。

2010 年，全县草医 17 人，注册执业 5 人。其中自学成才 2 人，即红石林镇河西村中风专科民族医诊所草医师李仕平，擅长点穴疗法；双溪乡蔡家村玉壶堂土家族医诊所草药师向洪彪，擅长皮肤疾病治疗。继承父业有 3 人，即陈氏传统正骨专科门诊草医师向仲伟，幼年跟父陈明安学医学药，得其接骨疗筋术、小儿科等医术真传，擅长治疗骨伤科、小儿科、胆肾结石等疾病；民族医诊所草医师陈志贵，从小跟父陈明礼学药学医，得其骨伤科真传，擅长治疗跌打损伤、接骨疗筋等疾病；天德堂民族医诊所张孝义，幼年跟父张忠义学习土家医药，擅长治疗肝胆结石、肾结石等疾病。

第五节 医院 诊所

一、古丈县人民医院

1986 年，古丈县人民医院是全民所有制差额拨款副科级事业单位，直属县卫生局管理，设院办公室、医务科、护理部、计财科等职能科室；门诊部设内科、外科、儿科、妇产科、五官科、肠道传染科、药剂科、注射观察室、检验科、放射科等医技科室；住院部设内科、外科、儿科、妇产科、传染科等科病室，定编床位 100 张；后勤部设制剂室、消毒室、保管室、食堂。医院占地 2 万平方米，建筑面积 26800 平方米，其中业务用房 1.8 万平方米，生活用房 8775 平方米。职工 110 人，医技人员 96 名，其中中级职称 4 人，初级职称 92 人。全年门诊 45833 人次，住院病人 2660 人次，业务收入 55.7 万元。

1988 年，医疗卫生改革，县人民医院实行院长负责制，医技人员实行绩效考核制，管理人员实行工勤考核制。

1989 年 6 月，县人民医院升格为正科级事业单位，由县卫生局管理，设院办公室、财务科、经管科、医务科、护理部、医管办、总务科、保卫科职能科室；门诊部设内科、外科、儿科、妇产科、传染科、急诊科、五官科、口腔科、麻醉科、检验科、放射科、病理室、药剂室、超声室、胃镜室、心电图室等医技科室。门诊部分设一门诊、二门诊。10 月，增设政工股。全院医务人员 121 人，其中副主任医师 3 人，主治医师、药师、护师 34 人。定编床位 120 张，救护车 1 辆。全年门诊 62508 人次，住院病人 2806 人次，业务收入 85 万元。

1990 年，设立质控科，开展医护质量检查和监督。是年始，内科医生蒋洪基、郑川生、林云庆、郑绍平，外科医生杨官砚、谢清华、王道湖获副主任医师职称。妇产科医生易庆香获主任医师职称。

2000 年，常德市援建古丈县人民医院，投资 200 万元，开工建设门诊综合大楼一栋，建筑面积 3800 平方米。常德市卫生局援助 50 万元，购置腹腔镜、电解质分析仪、721 分光计等医疗设备。2001 年，县委、县政府决定，聘任州人民医院刘清高等 4 名专家，分别任古丈县人民医院正、副院长，对县人民医院进行改革和整顿。同年，州人民医院帮扶县人民医院，投入资金 100 万元，购置医疗设备 17 台（件）。2002 年 5 月，县人民医院门诊综合大楼建成并投入使用。

2003 年，县委、县政府筹集资金 118 万元，改建县人民医院妇产科病房为“非典”防治定点病房，购置 120 急救车 1 辆和医疗救护设备 30 台（件）。

2004 年，组建急诊科、微生物室、免疫室、血液配试室、内科病室、新生儿监护室、妇产科一对一陪伴导乐室等科室。2005 年，贷款购置 CT、胃镜等医疗诊断设备，增设霍乱 D139、凝血功能、艾滋病初筛等检查项目；全年门诊 29766 人次，抢救危重病人 1461 人次，病人住院 2112 人，业务收入 711 万元。

2006 年，开展“医院管理年”活动，提高医院科室管理和医疗服务水平；开通 120 急救电话，畅通“绿色通道”。2007 年，贷款 500 万元，新建 4500 平方米住院大楼，购置住院部中心供氧、全自动血解质分析仪等设备器材。

2008 年，投入资金 30 万元，购置血液透析仪，建设血液透析治疗室。2009 年，投资 2790 万元，1.23 万平方米诊治综合大楼破土动工。是年，县人民医院为疫防“甲型 HINI 流感”等疫病，成立传染病防治领导小组、抢救治疗小组、后勤保障小组，设立发热门诊。

2010 年，县人民医院有医务人员 181 人，其中中级职称 46 人，初级职称 109 人；执业医师 26 人，助理执业医师 16 人，执业药师 4 人。7 名骨干医生享受县政府津贴。设办公室、政工股、医务科、质控科、护理部、财务科、总务科等科室；门诊部设一门诊和二门诊，一门诊内设内科、外科、儿科、妇产科、药剂科、检验科、功能科、放射科、手术室、供应室等医技科室；住院部内设有急诊科、内科、外科、儿科、妇产科、口腔五官科、传染科等临床科室，定编床位 150 张。功能科拥有 CT、彩超、B 超、纤维胃镜、电视腹腔镜等高端医疗设备。是年，省卫生厅、州卫生局、县卫生局把县人民医院孕、产妇急救中心定为创建达标单位，投入资金 100 万元，设立基本技能示范教室，改造维修产房、重症监护室，购置彩超、心电监护仪、全自动生化仪等医疗设备 6 台（件），母婴健康快车 1 台。是年，门诊 41480 人次，病人住院 4450 人次，业务收入 1242.6 万元，创下历史最佳业绩。

1986—2010 年，历任县人民医院院长：杨官砚、刘培植、蒋洪基、余菊华、向明国、刘清高、向云富。

二、古丈县中医医院

1986 年，古丈县中医医院是一所中医临床医疗为主和中西医结合综合性医院，是全民所有制差额拨款副科级事业单位，由县卫生局管理，设院办公室、财务室、内科、儿科、妇科、药剂科等科室，业务用房 600 平方米；干部职工 25 人，其中医护人员 23 人，皆为初级职称。编制病床 8 张。1987 年 10 月，城关乡卫生院并入。1988 年，实行院长负责制，建立健全各项工作制度和管理制度，改革工作人员收入分配，实行按劳取酬、奖勤罚懒制度。是年，添置针灸理疗仪、B 超、心电图、X 光机等医疗设备。1989 年 5 月，投入资金 95 万元，新建一栋门诊大楼和一栋职工宿舍，建筑面积

2779 平方米；6 月，县中医医院升格为正科级卫生事业单位；10 月，增设政工股；12 月，核定编制 49 名，实有干部职工 35 人。编制病床 28 张。全年门诊 42374 人次，加工中药原材料 104 种 1919.57 千克。住院 119 人次，业务收入 32.58 万元。

1990 年，县中医医院占地 1000 平方米，建筑面积 2538 平方米，其中业务用房 982 平方米，宿舍 1556 平方米。在编干部职工 38 人，其中医护人员 26 人，中级职称 16 人、初级职称 10 人。设中医内科、小儿科、骨伤科、推拿按摩科、痔瘘科、五官科、中医妇科、药剂科和院办公室、政工股、财务科、住院部、护理部等科室。定编病床 38 张，全年门诊 50638 人次，住院病人 238 人次，业务收入 45.64 万元。

1995 年，增设检验科和 B 超诊断室。全年门诊 42289 人次，住院 223 人次，业务收入 93.38 万元。

1997 年，全年诊疗病人 37393 人次，住院治疗 196 人次，开办家庭病床 340 张，业务收入 143.9 万元。

2002 年，贷款 150 万元，建 1200 平方米住院部大楼，结束无专门住院部历史。是年，全院职工 60 人，其中医护人员 56 人，副主任医师 2 人，主治医师（药、护师）12 人，医（药、护）师、护士 42 人。定编床位 50 张。全年门诊 26860 人次，住院 302 人次，业务收入 151.8 万元。

2006 年，开展“以病人为中心，提高医疗服务质量”为主题的医院管理年活动，购置腹腔镜等设备，扩展名老中医李忠创立的“冬病夏治”医疗业务以及现代腹腔镜手术、新生儿复苏抢救技术等业务。选派 2 名医生骨干分别到湖南省人民医院内科、广州市中山二医院普外科进修，2 人到常德市中医院普外科、针灸推拿科进修。全年门诊 48323 人次，住院 545 人次，业务收入 183 万元。

2007 年，投入资金 200 万元，购置全自动分析仪、500 毫安 X 光机、高压氧舱、洗胃机、阴道镜、凝血机等大型医疗仪器 20 台（件）。选派 2 名骨干医生分别到湘雅医院急诊科、州人民医院急诊科进修。

2008 年，增设单人高压氧舱，进行医疗服务。增设肛肠科临床科室，满足肛肠患者需求。全年门诊 19723 人次，住院 792 人次，业务创收 350 万元。

2009 年，继续开展“医院管理年”活动，出台《古丈县中医院绩效考核方案》。实施医疗质量管理，组织医务人员下乡，全年下乡义诊 800 人次。

2010 年，县中医医院设院办公室、政工股、财务科、门诊部、住院部、后勤保障科、内一科、内二科、外科、妇产科、针灸推拿科、药剂科、感染科、B 超室、放射科、检验科等科室，全院职工 67 人，其中医卫人员 58 人，有副高级职称 2 人、中级职称 18 人、初级职称 38 人，享受县政府津贴 5 人。培养中医药学人才 3 名。选派骨干医生到湖南省中医药研究院进修药学 1 人、护理学 2 人，到湘西州人民医院 B 超室进修 1 人。开展彩超、中医肝肠科、妇产科腔镜、子宫全切等医疗项目。全年门诊诊疗 1.9 万人次，住院治疗 800 人次，业务收入 530 万元。

1986—2010 年，历任县中医医院院长：余菊华、周乃武、葛昌清、罗时召。

三、乡镇卫生院

1986 年 4 月，贯彻省政府《关于改革和加强农村卫生工作的决定》，乡镇卫生院由县卫生局主管改为乡镇人民政府主管。全县有茄通、坪坝、双溪、岩头寨、野竹、山枣、城关、罗依溪、古阳、河西、高望界林场 11 所乡镇（林场）卫生院。有断龙山、高峰、河蓬、草潭、默戎 5 所中心卫生院。乡镇卫生院卫技人员 32 人，医疗设备有体温表、听诊器、血压计“老三件”，病床 48 张。中心卫生院卫技人员 25 人，医疗设备除“老三件”外，另配 100 毫安 X 光机等设备，病床 62 张。

1987 年 10 月，调整乡镇卫生院布局，古阳镇卫生院并入县人民医院，城关乡卫生院并入县中医医院。草潭中心卫生院更名为草潭乡卫生院，野竹乡卫生院更名为野竹中心卫生院。断龙山、高峰、河蓬、野竹、默戎5所中心卫生院由县卫生局主管，11所乡镇卫生院由乡镇人民政府管理。

1988年，全县各级医院均实行院长负责制。是年，中心卫生院增配B超诊断仪、心电图机等设备。1992年，深化卫生体制改革，乡镇卫生院实行“县乡共管”管理体制，人员调配和财务管理由县卫生局主管。乡镇卫生院由集体所有制事业单位转为全民所有制事业单位。

1999年，实行“医防剥离”改革，将乡镇卫生院行政、防疫保健职能与医疗服务剥离。是年，在达标争创中，高峰中心卫生院达到“一级甲等医院”标准。2000年，断龙山中心卫生院达到“一级甲等医院”标准。2001年，启动乡镇卫生院产科建设，断龙山中心卫生院、罗依溪镇卫生院、默戎中心卫生院、岩头寨乡卫生院开展剖宫产业务。

2003年，山枣乡卫生院委托野竹中心卫生院管理。2005年，各乡镇卫生院设立公共卫生管理办公室，防疫、妇幼保健职能并入乡镇卫生院，实行统一领导和管理。

2006年3月，调整乡镇（中心）卫生院布局，设断龙山、罗依溪、高峰、岩头寨、默戎5所中心卫生院；设红石林（辖河西分院）、高望界、山枣、河蓬、坪坝、双溪6所乡镇卫生院。保留断龙山、罗依溪、高峰、山枣、河蓬、坪坝、默戎、双溪8所乡镇卫生预防保健所，新设红石林、高望界、岩头寨3所卫生预防保健所。

2009年，投入资金170万元，默戎、岩头寨中心卫生院和双溪乡卫生院业务用房竣工，建筑面积2200平方米。

2010年，全县乡镇卫生院占地面积2.93万平方米，建筑面积1.93万平方米。其中业务用房16703平方米，公转用房2550平方米。乡镇卫生院医疗设备配置X光机9台、心电图机9台、B超9台、显微镜7台、电动离心机3台、电冰箱9台、恒温水溶箱4个、半自动生化仪2台、全自动生化仪8台、冷链设备5套、尿液分析仪8台、洗胃机6台、电动吸引器9台、多功能手术床9张、九孔无影灯2台、高压灭菌设备5台、救护车7辆、电脑设备9台套。乡镇中心卫生院医疗设备配置X光机4台、心电图机4台、B超5台、显微镜4台、电动离心机3台、电冰箱8台，恒温水槽箱3个、半自动生化仪2台、全自动生化仪4台、冷链设备4套、尿液分析仪4台、洗胃机4台、电动吸引器4台、多功能手术床4张，九孔无影灯4台，高压灭菌设备4台、救护车4辆、电脑设备4台套、分光度3台，酶标仪3台、电解质2台、多功能产床4张、胎心监护仪4台。病床110张，其中乡镇卫生院50张、中心卫生院60张。乡镇卫生院医护人员65人，其中中级技术职称3人，初级职称49人。中心卫生院医护人员33人，中级职称3人，初级职称19人。

四、村卫生室

1986年，全县180个建制村均设置卫生室，村卫生室医生报酬、药品由村级统筹或乡级卫生院协助解决。1988年始，实施合格村卫生室建设，4年内建成合格村卫生室161所，培养乡村医生177人，村接生员216人。1990年，启动第一轮初级卫生保健合格县创建工作，县卫生局协助村支两委建成“六有”标准卫生室19个。1995年，全县合格村卫生室149所，其中甲级村卫生室64所。2003年，启动第二轮农村初级卫生保健工作，推进村级卫生室建设。2004年，实施村医资格考试，全县具备直接注册资格村级医生116人，考试合格116人，注册116人。2006年，创“示范村卫生室”，全县抽检123所村卫生室，达标村卫生室100所。2008年，中央投资和社会援建投资11.5万元，新建村卫生室2所，建筑面积130平方米。2010年，全县村卫生室118所，其中甲级村卫生室64所，实有乡村医生119人，执业注册119人；民间祖传民族医师15人，执业注册15人。是年，中央投资和社会援建投资33万元，新建村卫生室8所，建筑面积600平方米。

2008—2010 年古丈县村卫生室建设情况一览表

表 24-3

项目名称	建筑面积（平方米）	投资来源（万元）			建设时间
		合计	中央资金	地方资金	
红石林镇花兰村	60	4.50	3.00	1.50	2008—2009
山枣乡磨刀村	70	7.00	3.00	4.00	2008—2009
坪坝乡曹家坪村	180	5.00	4.00	1.00	2010
默戎镇毛坪村	60	4.00	4.00	0	2010
罗依溪镇青鱼潭村	60	4.00	4.00	0	2010
罗依溪镇江洋溪村	60	4.00	4.00	0	2010
断龙山乡杨家河村	60	4.00	4.00	0	2010
岩头寨镇洞溪村	60	4.00	4.00	0	2010
山枣乡竹山村	60	4.00	4.00	0	2010
高望界乡烂泥池村	60	4.00	4.00	0	2010

五、个体诊所与民营医院

1986 年，全县个体药店 27 个，从业人员 27 人。1989 年，医疗卫生事业改革，拓宽医疗服务，准予设立个体诊所。是年，全县有个体诊所 9 所、药店 21 个，从业人员 30 人。其中中医（民族医）11 人，西医 19 人。2005 年，经县卫生局批准，先后成立新城医院和红十字会医院等民营医院。2010 年，全县个体诊所 7 所，其中西医个体诊所 2 所，中医诊所 5 所（土家医 3 所、苗医 2 所），从业人员 35 人。执业医师 6 人，助理执业医师 4 人。

2006 年 5 月，经县卫生局审批，设立古丈县红十字会医院，为全县第一所担负着城乡特困家庭一站式医疗救助定点民营医院，占地 820 平方米，建筑面积 1525 平方米。设办公室、财务科、住院部、门诊部。住院部设内科、外科、儿科、妇产科、微创外科、检验科、放射科、超声室等科室，职工 35 人，医护人员 22 人，其中中级职称 4 人、初级职称 12 人，本科以上学历 2 人、大专学历 18 人、中专学历 10 人；病人床位 30 张，标准手术室一间。医疗设备有电视腹腔镜、气动电控麻醉机、心电图机、多参数监护仪、多功能手术床、多功能产床、彩超 B 机、微波治疗仪、全自动血球分析仪、生化分析仪、电解质分析仪、尿分析仪、血凝仪、X 光机、大型台式电子 B 超、体外碎石机、电子阴道镜等。是年，下乡义诊 14 次，义诊 215 人次，救助 145 人次，使用医疗救助金 15.6 万元；门诊就医 4526 人，住院病人 243 人，业务收入 78 万元。

2010 年，在聘人员 35 人，医护人员 22 人，其中本科学历 2 人、大专学历 18 人、中专学历 10 人，高级职称 1 人、中级职称 4 人、初级职称 12 人，执业医师 7 人、助理执业医师 1 人、执业护士 10 人、执业药师 1 人。开展下乡义诊 34 次，义诊 423 人，救助 250 人，使用医疗救助金 25.6 万元。门诊就医 5647 人次，住院治疗 350 人次，业务收入 130 万元。

第六节　疾病防治

一、传染病防治

1986 年，古丈县设立传染疾病预防指挥部，配备专门卫技人员和工作人员 35 名，实施常规防治。

1987年8月，河蓬乡苏家村枹木组、古丈县职业中学、高峰乡三坪村、岩坳村、坪坝乡窝瓢村等地肠伤寒病暴发流行，发病346例，死亡4例，副州长龙文玉到学校、乡村部署防疫救治工作，住州、县医院治疗342人，治愈342人，全面控制疫情；10月，茄通乡先锋村村民因食用炭疽病死牛肉而引起皮肤疱疹、水肿、溃疡等病症，疫情波及8个组，发生炭疽病例40人，县政府组织力量进行救治和防疫处置，未发生死亡病例。

1989年，默戎镇排几娄、山枣乡农科、相坪、高峰乡中柱岭、河蓬乡凤鸣溪等地肠伤寒病暴发流行，发病216例，治愈216例。

1993年11月下旬，默戎镇李家村发生肠伤寒病，发病50人，因困难住私人诊所治疗26人，特困户无钱住院4户8人。县卫生局接到疫情报告后，向县政府汇报，组织医疗卫生工作人员奔赴疫点，调查疫病和防控疫情。

1998年8月，默戎镇新窝村狗脑山组、龙鼻嘴村和双溪乡溪流墨村发生“二号病”（霍乱病），感染49人，其中发病32例，死亡1例，县委、县政府立即组织力量，防控疫情，对带菌者进行治疗，治愈率100%。

2000年，县、乡两级人民政府均成立传染病防治工作机构，各医疗机构均设立疫病门诊。

2003年4月，组织全县卫生防疫人员参与“非典”防治工作，全县无“非典”病例。

2004年1月，贯彻国务院发布防治高致病性禽流感（以下简称禽流感）通知精神，制定《古丈县人间禽流感应急处置预案》，实现“疫情不扩散，人群不感染”工作目标。

2008年4月，县卫生局、县教育局联合制定《古丈县2008年手足口病防治方案》，开展手足口病防控知识培训，实施疫情监测，实行24小时值班制。全县辖区内学校、幼儿园和村寨开展病源搜索排查1060人次，发放消毒药品2000千克。全年发现手足口病人51例，无死亡病例发生。

2009年9月，防治“甲型HINI流感”疫情流行。县传染病防治领导小组制定《古丈县甲型HINI流感防治方案》，全县无甲型HINI流感确诊病例发生。

2010年，报告乙丙类传染病501例，发病率较1999年下降86.5%。

二、地方病防治

1986年，贯彻县政府《关于限期完成地甲病、地克病普查任务的通知》精神，组织各乡镇场卫生防疫工作人员，开展地甲病（地方性甲状腺肿疾病）和地克病（地甲病伴生的地方性克汀病）的普查、监测等防治工作。

1995年，县政府下发《关于认真做好消除碘缺乏病工作的通知》，提出2000年消除碘缺乏病的目标，开展碘缺乏病知识宣传、保证特需人群补碘盐供应等各项工作。

1999年，全县地甲病累计发病2046例，各级医院收治病人218例，治愈218例，治愈率100%。地方性克汀病累计发病235例，各级医院收治235例，治愈235例，治愈100%。

2000年，县防疫部门实施碘盐监测、五点式IDD病性监测、碘油丸投服及预防碘缺乏病宣传。贯彻《湖南省2000年消灭碘缺乏病实施方案》和州卫生局、州教育局《关于认真做好全州特需人群碘油丸制服工作的通知》，全县对特需人群，即新婚妇女、育龄妇女、孕妇、哺乳期妇女、0～6岁幼儿、7～14岁儿童和15岁以上在校学生进行强化碘油丸投服。

2003年，采集盐库盐459份，不合格32份，合格率93.03%；盐业批发部抽样检测4批36份，合格36份，合格率100%；在商家现场定量测定250份盐样，不合格4份，合格率98.4%；采集居民用餐盐50份，不合格3份，合格率94%。抽查10所学校8～10岁儿童400份尿样，进行含碘测定，尿碘中份数为221.51；盐样400份作定量测定，合格187份，合格率为46.75%。在县电视台开播地方病防治电视讲座5场次，播放录像25场，专题讲座10场次；办墙报120期。在赶集日期间，组织唱山歌、唱苗歌 10 场次，悬挂横幅 8 条，张贴标语 215 条，发放宣传资料 1155 份，宣传地方病防治知识，受教育群众 9.56 万人。孕妇补碘 1315 人，新婚育龄妇女补碘 1698 人，哺乳儿童补碘 1782 人。哺乳期妇女投服碘油丸 550 人，0 ~ 2 岁儿童投服碘油丸 1530 人，3 ~ 14 岁儿童（学生）投服 9066 人。

2010 年，继续实施常规性典盐监测和特需人群碘油丸投服工作。

三、寄生虫病防治

1986 年，经多次反复监测，全县境内寄生虫病（即丝虫病）无阳性病例，达到基本消灭丝虫病标准。1988 年，16 个乡镇场部分村进行横向人群、重点人群的血清学和蚊媒等监测，抽检 4355 人，未发现阳性病例。1991 年 4 月，经省、州 288 支丝虫病监测近期目标考核，达到湖南省消灭丝虫病标准，并获省、州科技进步成果奖。2010 年，再次抽检，仍未发现丝虫阳性病例。

四、狂犬病防治

1986 年，全县范围内进行狂犬病防治宣传。1987 年，组建 7 人捕犬队伍，全年捕杀病犬 3000 只，有效防止狂犬病的发生。1989 年，全县注射狂犬疫苗 231 人。1995 年，全县注射狂犬疫苗 250 人。2005 年，县政府制定《古丈县狂犬病预防控制方案》，提出规范犬只养殖管理和犬只防疫接种疫苗等措施，使狂犬病防治工作有章可循。2010 年，县内未发生确诊狂犬病例。

五、麻风病防治

1986 年，县麻风病防治站为全额拨款卫生事业单位，编制 5 人，实有医卫人员 5 人。站址位于岩头寨乡岩嘴村矮落界，占地 5 平方千米，其中水田 6.4 公顷，旱地 6.67 公顷，油茶山 6.67 公顷，油桐山 1.33 公顷，用材林 66.67 公顷，荒山 66.67 公顷。有砖木结构房层 2 栋，600 平方米，民房 6 栋 38 间 1600 平方米。是年，全县麻风病患者 66 例，其中在矮落界麻风村隔离 38 人，门诊治疗 16 人，治愈 1 人。麻风病人享受国家免费治疗，生活来源除耕种田地所得收入外，县民政局还给予每人每月救助 5 ~ 7 元。1987 年，卫生部门对麻风疾病实行乡镇普查和重点人群检查，组织医务人员对麻风病人进行综合化疗。1990 年，走访断龙山、茄通、罗依溪等乡镇 54 个村寨的 162 名麻风病人，对 381 名病人家属进行健康检查，完成重点人群普查 573 人，发现新病例 7 人。1993 年，成立古丈县麻风病防治领导小组。1994 年，以查源治病为重心，走访 5 年内病人 22 名，普查自然村 2 个、公司 1 个，病人家属健康检查 54 人，新发现麻风病人 5 人。

1996 年 9 月，县皮肤性病防治所在县城开设皮肤病、性病门诊，面向社会服务，年创收 2 万元。1997 年，县政府制定《古丈县 1997—2000 年麻风病防治规划》，提出 2000 年基本消灭麻风病防治目标。印发麻风病防治宣传资料 700 份，普查 5 年内麻风病自然村寨 14 个、5680 名病人，对 10 年内病人的家属 168 人进行健康检查，新发现麻风病人 4 例。

2005 年，实施《古丈县消除麻风病运动项目实施方案》，贯彻“早发现、早治疗、早治愈”原则，实行“报病有奖，查出必治”措施，把麻防工作纳入 11 所卫生院和 2 所分院年终考核方案，全县实施麻风病“零”报告制度。是年，普查 14 个自然村 2446 人，发现新病例 6 人，其中断龙山乡 3 例、茄通乡 1 例、野竹乡 1 例、草潭乡 1 例。对 98 名老病人进行健康检查。与县民政局衔接，落实麻风病人生活补助费和特困病人、畸残病人低保费。

2010 年，县皮肤病防治所编制 7 人，本科学历 2 人，中专学历 4 人，初中学历 1 人。中级职称 2 人，助理级职称 2 人。采用普查和治疗相结合的防治措施，收到显著成效。举办县、乡镇、村防治麻风病工作培训班，培训 272 人，其中村医生 68 人、乡村保健员 104 人。组织工作队，到乡村进行麻风病防治宣传，义诊麻风病患者7400人次，经义诊和宣传，基本消除群众对麻风病恐惧心理。普查14个自然村寨2801人，无确诊病例。是年，住院治疗8人，新老麻风病人联合化疗诊治率为100%，有效控制和基本消灭麻风病疫点传播。

六、结核病防治

1986年，全县新发现结核病人14人，享受国家免费治疗政策14人。县人民医院对入院病人进行化疗治疗10人，好转10人。开展宣传结核疾病防治，对新生儿卡介菌接种33649人。1990年，发现结核病例9人，治疗监管4人，痰检9人。

1992年，县政府制定《古丈县结核病控制项目实施办法》，规范结核病控制和治疗，配备县、乡镇、村防痨专干。自1995年始，县级财政每年安排2万元结核病普查专项配套资金；普查结核病人261人，发现阳性患者51人，系统管理58人，全年接诊结核病人230人次。1998年，启动“农民医疗救济基金”治疗肺结核项目，专为农民解决因涂阴肺结核不能享受世界银行贷款治疗政策困难。

2000年，免费治疗240人，系统管理240人，享受世界银行贷款治疗217人。2004年，享受“中央转移支付结核病防治经费”政策（享受以奖代补经费至2010年），实施结核病防治工作大行动，发现结核病人323例。2006年，接诊可疑肺结核病人592人，检出结核病人186例，全部享受世界银行贷款、黄园赔款项目免费治疗，治疗率100%。2007年，接诊可疑肺结核病人198人次，免费照片198人次，免费查痰198人次，发现登记活动性肺结核病人63例，免费治管63例。2009年，全县发现结核病人405人，县人民医院、县中医医院共转诊结核病人858人，免费治疗858人。2010年，发现结核病人70例，免费治疗70例。

七、职业病防治

1986年，职业病防治由县防疫站监测监护。对县水泥厂、县粮油加工厂、县五金厂等98家厂矿企业和医疗单位X光操作人员、汽车、拖拉机驾驶员实施职业病调查。全县患浸润型肺结核病1人。推广县中医医院名老中医邬树柏“防治矽肺病”验方。

1988年，贯彻《湖南省工业企业劳动卫生管理条例》，开展职业病防治宣传，建立农药中毒报告网。

自1989年始，加强对从事有毒害职业企业人员监测，实行每年一次健康检查。

1991年，在县化工厂、县粮油加工厂、县冶化厂、县水泥厂及罗依溪纸厂分别设立职业病防治监测点。

1993年，普查出矽肺患者2人。

1994年，发现尘肺1例，职业禁忌症3人。

1995年，对全县工业企业涉及有毒有害作业实施监测，设立粉尘监测点30个，毒物监测点13个，物理因学监测点54个。对10家国营企业、3家集体企业、1家乡镇企业从事涉及有毒有害物资、粉尘作业职工进行健康普查，体检1717人，未发现身体异常。对气、尘等毒害物资超标工业企业，下达限期整改书，督促进行预防和治理。

2005年，在尘肺病普查中，查出21人。

2006年，建立厂矿企业、个体工商户网络档案，实行个人健康档案管理；司机体检，均未查出职业禁忌症。

2010年，建立厂矿企业、个体工商户网络档案，实行个人健康归档管理。对尘肺病人进行跟踪管理和服务。机动车驾驶员体检650人，均未查出职业禁忌症。

第七节 医疗卫生管理

一、卫生监督

1986 年，卫生监督无专门管理机构，卫生监督职能由县防疫站和县卫生局业务股承担，对公共卫生、食品药品卫生、环境卫生、职业卫生、医疗卫生等进行监督监管。1987 年，县卫生局聘任县乡医疗单位药品监督员 21 名。1988 年，县卫生局增设药政股，与县药检所合署办公。1989 年，县政府成立古丈县食品卫生和公共场所卫生管理执法领导小组。对 477 人食品从业人员进行体检；对餐饮、副食品生产等企业和个体经营户发放食品卫生许可证 59 本。

1990 年，全县开展卫生法律法规执法宣传，发放卫生法律法规学习资料 1890 本（册），宣传资料 1520 份、宣传画 130 幅，挂画 20 套，出动宣传车 12 次。对违法经营户进行处罚、警告和限期改进 10 家，整顿 18 家，罚款 3 家 1910 元，查出不合格食品 5 种 265 千克，没收不合格药品 270 种次。1992 年，对全县食品经营户 810 户 1035 人实行监管，健康体检 904 人，体检率为 87.34%。校验证件 263 户，巡回检查 307 户，警告限期改进 4 户，执法罚款 1 户，没收销毁伪劣食品 74 千克。对全县商场（店）、旅店、理发店、文化娱乐场所、车站、饮料店等 126 户 285 人进行监管，健康检查 185 人，体检率 64.91%，发证 58 户，发证率为 84.65%。

1993 年，对山枣乡学区学生进行健康检查，健康检测 1279 人，其中 255 人视力低下，下达整改意见书，限期整改。1994 年，对古阳、默戎、罗依溪、河西 4 个镇饮食、副食、肉食“三食”生产经营户的食品质量、持证挂牌上岗、餐具消毒、店堂卫生等“四防措施”进行检查，共查 249 户食品经营户，其中未体检 45 人，未办证 27 户，未悬证 24 户，“四防”设施不全 34 家，店堂卫生较差 18 户，未挂牌上岗 124 人，对 3 户违规户实行警告、停业 1 户、罚款 14 户，罚款金额 4330 元；销毁变质、霉变食品 18 种 467 件 6272.15 千克，价值 33642.76 元；销毁假冒伪劣人参酒 240 瓶、人参冲剂 64 盒，价值 2432.80 元。

1996 年 3 月，举办饮食、食品生产经营等企业（个体户）从业人员培训班 1 期，培训 587 人。发放《中华人民共和国食品卫生法》手册 1600 本、《湖南省集贸市场管理条例》1500 本，“三食”从业人员培训教材 5000 份。督促食品经营从业人员体检 450 户 664 人，合格 628 人，合格率 94.6%，发放健康证 561 本，发证率 91.82%。发放卫生许可证 392 户，发证率 87.11%。1997 年，实施《中华人民共和国母婴保健法》，检查县直医疗单位 3 家，母婴保健服务场所 7 处，查处不合格 1 处，下发整改意见书 4 处。

1998 年，开展白酒生产、经营专项检查，检查酒坊和散酒批发部 13 家，其中查处取缔无证经营的酒坊 5 家，卫生条件差，原料与杂物成品混放的酒坊 3 家，以酒精直接勾兑代白酒的酒坊 1 家。

2000 年 3 月，开展食品打假专项行动。全县食品抽样检测样品 137 份，合格 81 份，查处假冒伪劣产品 33 种，销毁假冒伪劣食品 4665 千克。检查中小学校食堂 25 家，处罚 2 家，提出整改意见 33 条。检查医疗单位 104 家，依法取缔非法医疗机构 25 家，规范医疗机构行为 5 家，清除非法性病户外广告 7 处。

2004 年 4 月，成立古丈县卫生监督所，为县卫生局二级机构，编制 5 人。2005 年 5 月，县卫生监督所升为副科级全额拨款事业单位，由县卫生局管理，核定编制 13 名，设办公室、财务股、卫生监督股、执法监督股、稽查股。制定《古丈县卫生监督所年度管理制度》和《古丈县卫生监督所年度管理方案》，进行岗位培训，全所职工皆获卫生行政执法证和卫生监督员资格证。2006 年，县卫生局聘任乡镇（中心）卫生院卫生监督员 23 人，聘任村卫生监督信息员 140 人。开展打击“非医学胎儿性别鉴定、非医学人工终止妊娠”（简称“两非”）专项行动。检查B超机22台，依法现场查封2台。取缔非法（个体）行医诊所28家，没收处置医疗器械23（台）件，没收非法打胎中草医药500余种类100千克。

2007年，对25所中小学校食堂进行量化分级评审，评定为B级的8家，评定为C级的11家。对7所托幼单位食堂一并进行整治。对学校负责人和分管学校食品卫生责任人进行卫生知识和卫生法规培训。是年，对100平方米以上的餐馆、饮食店、酒家等实施卫生监督量化分级评审管理，确认为B级12家、C级8家。

2009年6月，食品卫生监督职责划给县食品药品监督管理局。是年，对4家美容美发厅（店）、39家住宿场所、4家沐浴场所进行监督检查。美容院持有卫生许可证的3家，持证率75%，从业17人，持健康证17人，持证率100%，下达整改意见书16份。39家住宿场所有卫生许可证37家，持证率94.8%，从业91人，持健康证62人，持证率68%，下达整改意见书80份。沐浴场所持有卫生许可证的有4家，持证率25%，从业18人，持有健康证6人，持证率33%，下达整改意见书4份。

2010年，开展医疗许可证年度校验换证，查出无证诊所10家，无证行医人员1人，游医3人，关停无证诊所10家。对医疗单位、私营个体诊所的放射诊疗许可证进行校验，换发许可证11家。全县47家公共场所进行检测评估，4家达到B级，29家达到C级。对22所中小学校、6所托幼机构进行卫生监测评估，评定B级24所，C级4所。对县城供水公司水源水、出厂水、管网水和末梢水进行检测，采样各15份，下发监督意见书5份，整改意见书2份，确保城镇居民饮水安全。

二、医政管理

医疗执业管理 1986年，全县公办医疗机构15所，其中县级医院2所、乡镇卫生院13所。厂矿医务室注册10所，预防保健3所，村卫生室109所。中西医士职称211人，护士职称45人，中西药士职称10人，医技士职称10人。1998年，贯彻《中华人民共和国执业医师法》《医疗机构管理条例》，实施执业医师管理和注册执业管理、护士注册管理、执业药师管理制度。2010年，全县31个医疗卫生单位依法进行注册登记，其中，预防保健机构14个，医疗机构16个，卫生监督机构1个。编制病床353张，卫生工作人员478人，卫技人员326人。合格村卫生室118所，乡村医生119人。

医疗机构管理 1986年，全县实行医疗机构监管单位137个，其中公办医院15所，厂矿学校医务室10所，预防保健3所，村卫生室109所。1990年，吊销15家不符合从医资质的个体诊所的营业执照，限期整改医疗单位10家，没收不合格药品270种次。

2001年，依法对医疗服务市场进行大检查，现场检查笔录385份，下达限期整改和停业通知书87份，取缔药店坐堂行医、街头摆摊游医和药贩18人，注销诊疗科目23个，查处使用过期执业许可证的诊所2家，查处未经批准非法广告5条。2005年，进一步加强规范医疗市场，打击非法行医行为，立案查处18人，取缔非法个体诊所、药店坐堂行医、地下性病诊所21家。

2006年，开展医疗执业检查，查出无证个体诊所10家、药店坐堂行医2家、游医药贩4家。开展打击“两非”专项整治行动，检查医疗机构B超机22台，依法现场查封B超机2台。取缔非法个体行医诊所28家，没收、处置医疗器械35件（台）、中西草药800种类，其中坠胎中草500种，草药100千克，价值4000元。2007年，检查医疗机构131家，立案查处非法贩药、行医、药店坐堂行医及游医27家，没收医疗器械42件，中西药20千克，摘除非法医疗广告牌21幅，取缔个体诊所17家，自行关闭3家，下达行政处罚决定书9份，结案8起。全县46家医院、站、所B超机清理登记备案41台，对45名B超诊断卫技人员执业资质进行审查和备案。

2008年，全县165家医疗单位有执业许可证医疗单位154所，其中村卫生室118所，无证诊所

11家，立案处理15家，劝其自行关闭停业2家。2009年，全县医疗保健单位14家，持有母婴保健技术服务许可证的有9家，无证5家，超范执业3家，下令停业开展母婴保健技术服务5家。2010年，全县医疗机构150家，给7家无证诊所下达停业通知书。

医疗纠纷调处 1989年，贯彻《湖南省〈医疗事故处理办法〉实施细则》以及省州卫生部门要求，调处医疗纠纷2起，结论2起。2004年，启动制定医疗事故防范预案和处置工作。全县医疗事故鉴定向湘西州医学会移交2起，其中作出初步结论1起，向湖南省医学会移交1起，另调处医疗事故3起。2006年，县、乡、村三级医疗机构实行医疗质量与安全管理责任制、医疗事故责任追究制，规范医疗事故争议受理处置程序，无医疗事故发生。2009年5月，县委综治委制定《关于全县开展集中治理医患纠纷专项行动工作方案》，成立古丈县预防和处置医患纠纷联席会议领导小组，医疗纠纷调解工作步入法制化轨道。

继续教育与医疗科研 1986年，县防疫站冯先才、陈绍振、张开仁、张仕德、周武和5人共同撰写《我国首次发现有秋吉螺·格来德拟订螺肺吸虫第一中间宿主项目》论文，获湘西自治州科研二等奖。县中医医院副主任医师熊金文撰写《阴虱病——附14例临床报告》《自拟槐米汤治疗165例各期内痔疗效观察》论文，在《中国中医药科技》杂志、《湖南中医药报》发表。1988年，县医药局中药师石富龙撰写《古丈县中草药资源普查技术报告》一文获湘西自治州科技进步二等奖，中药师杨进森编制百补酒、蕲蛇风湿酒配方，1989年，县酒厂按照配方，投入36万元，开发50吨药酒生产线，酿造蕲蛇风湿酒、百补酒，获湖南省名优特产品奖，远销北京、天津等地。

1990年，全县医疗人员参加州级以上各类专业技术业务培训45人次，其中参加医学函授学习9人，在职脱产进修4人。是年，县卫校举办各类人员学习班5期，参训学员372人次。1992年，县人民医院主治医师向德岳撰写《动物与丝虫病》一文，获湘西自治州科技三等奖。1998年，县医药局中药师石富龙撰写《苗医发展学在妇产胎次中的运用》一文，被世界医药成果博览会现代药学论坛大会及“欧亚传统医学新进展暨世界知名医学家成就颁奖大会评为学术金奖，学术论文于1998年3月编入《中国中医药优秀学术成果文库》。县疾病预防控制中心副主任技师彭晓红撰写《古丈县中小学生IIBSAG携带情况调查》一文，在《吉首大学学报》(自然科学版)发表。县人民医院外科副主任护师周辉撰写《60例外科肛肠病术后护理方式探讨》一文，在中国《临床护理》杂志发表。县人民医院内科副主任护师李新春撰写《浅析心理干预对心肌梗死预后的影响》一文，在《中国健康月刊》发表。县人民医院内儿科副主任医师向云富撰写《小儿急性中毒150例临床及救治回顾性分析》和消化内科副主任医师张仕勋撰写《消化性溃疡患者150例临床治疗观察》论文在《中外医疗》刊物发表。

三、药政管理

1986年，开展药品“打假”专项治理活动，检查西药、中成药品种16.89万种次，中药饮片2.44万种次，查出伪劣药品29种次，2100瓶，货值5.4万元。查处非法药贩，没收假药122种次、361公斤，查处销售假、劣药品案5起，没收假冒伪劣中药58千克，非药品110盒。

1990年，调整兼职药品监督员26名。为医药经营企业核发药品经营许可证，任命乡镇卫生院负责人兼任药品监督员。县人民医院设立“药事委员会”。全县基本形成县、乡药品监督网络。是年，查处假冒伪劣中药材及饮片168种次、483千克，价值950元，药品质检33个单位，检查西药、中药1.5万种次，合格1.49万种次，平均合格率99.33%。检查中药饮片2820种次，合格2652种次，平均合格94.04%。1994年，依规对罗依溪卫生院二门诊部违反麻醉药品管理法规导致麻醉药品被盗事件予以通报。

1995年3月，对县直、乡镇卫生机构19家、药品批发零售企业10家、厂矿学校、村卫生室

21 所、个体诊所游医 13 家进行检查，检查西药、中成药 1.29 万种次，合格 1.28 万种次，合格率 99.22%；检查中药材及饮片 1570 种次，合格 1551 种次，合格率 98.79%，查处并销毁不合格、假劣药品 24 种次、350 瓶支，价值 2150 元。6 月，发现矮落界麻风村病人张某种植罂粟 29 株，县药检部门依法对罂粟进行铲除，并将张某移交给司法机关处理。

1998 年 5 月、9 月，对野竹、断龙山、茄通、草潭、河蓬 5 所乡镇中心卫生院上架药品进行检查，发现县药材公司西药批发部把非药品向乡镇医院推销，推销洗发精 70 瓶、痱子水 98 瓶、驱蚊水 80 瓶、小儿痱子粉 50 包，计货款 25574 元，县药检部门依法下达《关于对县药材公司西药批发部门将非药品冒充药品推销给医疗单位事件的处理决定》，维护医药市场秩序。2000 年，药品检查工作由县食品药品监督管理局负责。

第八节　民族民间医药

一、土家族医药

土家族医药药物主要有以形态命名，以作用命名，以性味命名，以生态特性命名，以部位命名，以颜色或汁液命名等。土家族医药药物性味可分为冷药和热药两大类。按作用分为败毒药、丧药、赶气药、赶风药、赶火药、趣食药、清水药、止咳药、补药、止痛药、止血药、活血药、止屙药、止汗药、喜药、隔喜药、打伤药、打虫药、火巴药、蛇药等。

土家族医药药物配伍禁忌可归纳为 36 字歌谣：红星二丸血灌肠，麦子止晕又咳痰，相反就是铁扁担。冷水土治活痨伤，相反就是鸭子七。铁锹儿虎二香丸，大反中毒半边莲。铁耗牛尾身骨痛，大反七蜂痛又冲。海螺七、八角莲，八瓜相反喉闭咽。血见愁与三桂香，大降龙草治蛇伤。生虎子扁担七，大反色痨羊角七。红绿二南星用生，相反无娘藤。乌毒生二乌，相反四叶与珍珠。白龙过海金不换，相反岩蜂九龙盘。马齿苋、顶天柱，相反梅候和皇珠。此赋言明卅六忌，切记使药得详细。

药物养身忌口：忌口指患者服药期间或修养期间，有些食物不能吃，有些事不能做，以保证疗效，或防止病情复发或加重。如各种痨病、伤病、疱疮等，患者不能吃雄鸡、鱼虾、猪娘肉、牛肉、马肉等。治病忌重体力劳动、忌房事，忌冷水等。

土家族将麻风症又称“七十二”风症，通常分为六大类。鸟类风：岩鹰风、老鸹风、喜鹊风、鸦雀风、双雀娘风、猫头鹰风、猫儿风、鸬鹚风、斑鸠风、寒鸡风等；鱼类风：鲤鱼风、鳜鱼风、白鳝鱼风、泥鳅风、扁鱼风、山鲤鱼风等；虫类风：蛇皮风、蛤蟆风、蜜蜂风、六蝗风、缘桂风、木虫风、螺蛳风、纺车娘风、螳螂风、蜘蛛风、蜈蚣风、壁虎风、蚂蝗风等；畜类风：猴子风、土猪风、马风、马蹄风、上马风、落马风、马牙风、猪泡风、羊角风、骡子风、哈儿风、野猪风、乌鹰风、白虎风、豹子风、兔儿风、老鼠风等；器物风：木鱼风、钟口风、木臌风、铜甲风、香炉风、烂救风、镡水风、鼓风、麻风、炉风、酒蒸风；杂类风：火风、漆风、酒风、热风、四六风、肚脐风、半肢风、半边风、雷头风、罗汉风、哑巴风、锁喉风、白眼风、上下齿咬风、扁担风、手脚鸡爪风等。

土家医药疗病法有内、外治法。内治法以灌服法、冲服法、吞服法等三种。外治法以擒拿法、按筋法、烧打火法、洗沾法、放血疗法等五种疗法。

二、苗族医药

苗医诊病有“四术”：望、号、问、触，亦即看望、号脉、问诊、触摸。看望，即观察病人各个部位的神色，病兆。号脉，即用手把脉或把足脉。把脉象分为 11 种，简便实用，利于传授。问诊，就是询问病情、病史等。触摸，就是触摸病人病症处的表现部位。歌诀为：一立神态二主色，三视男女当有别，四望年龄看四季，五取腕部细号脉，六当细问再触摸，百病疑难都诀窍。

苗医把疾病分辨为内科 36 症、外科 72 疾。归纳起来，就是现代医学所指呼吸、消化、神经、心血管、生殖等十大系统，内、外、儿、妇、五官、传染等科疾病。苗医立症，是以民族生活习惯，所见所闻基础形象而立症。对症用药：蛤蟆症（肠梗阻）、老鼠症（霍乱）、飞蛾痧（肺炎）、黄臌症（肝病腹水）、黄肿病（钩虫病）、鬼见症（肋间或三叉神经）、哑巴症（破伤风）、翻眼症（颅内肿瘤）、鲤鱼症（尿路结石）、勾手勾脚症（乙脑）、鼻症（哮喘）、水症（糖尿病）、等 36 种。72 疾有背花（背疽）、萝卜花（目翳）、蜡烛花（阴茎癌）等。疽分九种，疮分 23 种，痈分 8 种，疔分 5 种的立症论。

苗医药物种类有植物药、动物药、矿物药等，共千余味。真剂型与中药略同，是根据病情、药性和条件来定型，具有简易、灵活、速效、廉价等特点。

苗族医药方及采药，苗医病立方坚持对症立方，一病一方。一般是 1 至 2 味药为一方，最多是 7 至 8 味药为一方。民间有“三千苗药，八百单方”说法。目前，收集到单方、秘方还不足百方。药方中药物以药性最好部分入药。采药原则通常为“春用尖叶夏花枝，秋采根茎刨挖蔸，乔木多取茎皮果，灌木适当用全株，鲜花植物可退热，败火药物取花苞，草木藤木全株收，消根植物地上来，块根植物跟头来”。

苗医药物分类，按药物作用分：有去瘀活血药、浮肿止痛药、接骨生肌药、舒筋活络药、赶毒药、杀虫药等。去瘀活血药，就是铁打损伤皮下瘀血，或身体某部位出现瘀积肿胀、瘀血、血斑、血结以及妇科中的胞胎疾病等所用动、植物药。浮肿止痛药，就是用于疮、疔肿痛，肿瘤疼痛，有散结软坚和有止痛效果药物，此类药物一般有毒性，个别种类有大毒，应慎用。退热败火药，主要用于高热所引起疾病。如：小儿惊风，或急性发热所用药物。接骨生肌药，主要用于因暴力所致骨折、肌肉损伤等疾病治疗动植药物。舒筋活络药，用于治疗痉挛、四肢挛缩或抽搐以及严重风湿引起手足麻动植物药物。赶毒药，就像中医的拔毒药物，仅限无名肿毒所致痈、肿、疮、疔等所用药物。杀虫药，主要是用于治疗疥、癞、癣等皮肤病的内服或外敷药物。

按药物性味分，这种分类法即按人的味觉、嗅觉来划分药物属性。通常分为八种：麻口药、苦口药、臭腥药、辣口药、甜口药、酸口药、香口药、淡口药。麻口药是具有麻醉止痛和散瘀活血作用的药物。该药有毒，在使用时要掌握分量，以免中毒。苦口药，主要用于肠道和呼吸道治疗药物。臭腥药，有异味或怪味药物，主要用于治疗高热疾病和中风瘫痪病药物。辣口药，主要用于开鼻、祛风药物。口试是辣味而不麻口药物，只有提火作用。一般用于治疗寒、凉性疾病。甜口药，主要用于调整其他药物对味觉刺激，消除患者自身味咸口苦药物。一般用于体虚弱需调补的疾病。酸口药，主要用于治疗消化不好，食不知味或不思饮食疾病的药物。故亦称开味药。香口药，主要用于治疗蛔虫病、心口痛和其他寄生虫病药物。其作用是杀虫，败毒。淡口药，主要用于治疗有“火”症病药物，有败火、利尿作用，儿科中使用配方较多。

县科技局干部向昌荣继承苗家祖传秘方，历经 30 多年探索研究和临床实验，在宫丹、胡奕、李仲文等专家教授指导下，研制成治疗虚弱病、皮肤病、蛊毒病等苗家复方药品，获得医药发明专利。2007 年，向昌荣研制“一种用于解毒药物”获国家医药发明专利。2008 年，研制“一种治疗蛊毒病中药组合物”获国家医药发明专利，省知识产权局评审为全省重点专利。2009 年，省科技厅授予向昌荣科研成果证书，3 月，国家技术发明奖评审委员会授予向昌荣第十届国家技术发明奖。

2010 年，向昌荣研制“一种治疗皮肤病中药组合物”获国家医药发明专利（省科技厅授予科研成果证书）和国家科技创新奖。其研制的药物专治因湿热下注所致脚气、脚癣、脚丫烂痒等皮肤病，苗药脚康王散和苗药皮肤王软膏等产品已由湘西云山苗药开发有限责任公司生产营销。

第九节　医疗保障

一、公费医疗管理

1986年，古丈县公费医疗实行以国家负担为主，单位、个人适当分担，包干负责，超支不补的原则。即每人每年35元，一次性拨给核算单位统一掌握使用，凭据报销。个人超标部分按比例负担，即工龄10年以下报销超标费用85%；工龄在11～20年之间报销超标费用90%；工龄在21～29年之间报销超标费用95%；工龄30年以上者和离退休人员、公（工）伤事故、计划生育手术、癌症患者和住院病故者，除自费药品外，其余凭据全部报销。各医疗单位给病者开据处方，实行自费药品不开收据，小病不开大方和一病不开多方。

1992年，设立古丈县公费医疗管理办公室，从财政、人事、卫生等部门抽调4人集中办公，监管公费医疗费使用，人员工资由财政直接拨付，行政归县卫生局管理。

1993年，制定《古丈县公费医疗管理办法》，规定享受公费医疗对象是党政机关、人民团体、事业单位工作人员。公费医疗负担实行以财政负担为主、单位和个人适当分担为辅原则。公费医疗实行统一管理，县财政按每人一年180元标准，拨付给县公费医疗管理办公室管理，超支不补，结余结转下年使用。县人民医院、县中医医院为公费医疗定点医院。乡镇（中心）卫生院为公费医疗委托门诊医院。乡镇（场）机关单位享受公费医疗的个人在乡镇医院就医住院费用按人均每年140元标准支付，在县人民医院、县中医医院就医住院费用按人均每年65元标准支付。全县享受公费医疗单位可任选县级公立医院为治疗定点医院，医疗费结余控制在10%以内，多余上缴。县级干部在县级公立医院就医住院费用按人均每年180元标准支付。对超过2500元以上大额医疗费用患者，超支部分由县级医院、享受单位各负担30%，县财政负担40%。超支挂钩，自付封顶。医院和享受单位挂钩，享受单位与个人挂钩。即10年以下工龄自付25%。11年至20年自付20%，21年至29年自付15%，30年以上自付10%，退休人员自付5%，自付封顶最高限额为300元，自付部分从工资中扣回。

1995年，县编委核定县公费医疗办公室编制4人，实有工作人员4人。1999年12月，撤销县公费医疗办公室，成立古丈县医疗保险基金管理服务中心，为副科级全额拨款事业单位，直属县政府管理。内设办公室、基金征缴管理股、基金结算管理股、财务股，核定编制6人。2002年，核定编制7人，人员参照公务员管理。2010年，县医疗保险基金管理服务中心由县劳动和社会保障局管理。

1995年，公费医疗支出管理按1993年文件规定执行。全县享受公费医疗单位119个，干部职工3946人。其中，在岗3340人，退休568人，离休25人。是年，公费医疗费开支91.9万元，人均支出233元。1996年，全县享受公费医疗单位120个，干部职工4298人，公费医疗费开支110.5万元，其中，门诊公费医疗经费支出44.7万元，保险经费支出65.8万元，人均医疗费233.7元。

2000年，享受公费医疗单位130个，干部职工5000人，征缴医保基金198万元，支出153万元。2007年，全县参保单位182家，参保7499人。征缴医保基金531万元，支出492万元，累计结余323万元。2010年，全县党政机关、人民团体、企事业单位参保人员7568人，征缴医保基金856万元，支出1022万元。

二、农村合作医疗管理

1995年2月，制定《古丈县农村合作医疗实施办法》，推动全县农村合作医疗制度实施进程，各乡镇以《古丈县农村合作医疗管理办法》16条为蓝本，制定农村合作医疗管理办法和措施。

1996年，全县16个乡镇场130个村实施合作医疗制度，占全县185个建制村的70.27%，参加合作医疗农民6.95万人，占全县农业人口的62.5%。其中合医合药16个村，合医不合药114个村。合作医疗制度免收挂号费、注射费、处置费、出诊费。是年，经省、州考核评审，古丈县初级卫生保健工作达标。1999 年，经省、州复审，全县初级卫生保健工作合格。

2007 年，启动新型农村合作医疗制度，全县 12 个乡镇 140 个建制村均实施新型农村合作医疗制度。是年，发放宣传手册 3.5 万册，知识问答 5 万份，县政府致信外出务工人员，宣传新型合作医疗制度，动员外出务工人员参加农村新型合作医疗，县民政局和县人口与计划生育局解决五保户、特困户、独生子女户、两女结扎户个人参合资金。是年，全县参合农民 9.47 万人，参合率 83.5%。2009 年，全县参合农民 10.03 万人，参合率 88.2%。2010 年，全县参合人数 10.48 万人，参合率 92.3%。

2007 年，合作医疗基金管理与使用实行专户储存、专款专用、封闭运行原则。是年，全县新农合医疗基金筹集 473.52 万元，其中中央、省、州、县四级财政补助 378.82 万元，农民个人缴纳 94.70 万元；大病统筹基金 407.23 万元。全年合作医疗基金补偿 1.7 万人次，补偿医疗费 497.2 万元，受益面 5.4%。在全省 99 个试点县居第四位，在全省 56 个新增试点县中排名第一位。2008 年，全县新农合医疗基金筹资 793.28 万元，其中中央、省、州、县四级财政补助 694.12 万元，农民个人缴纳 99.16 万元。全年合作医疗基金补偿 793.3 万元，其中住院补偿 468.9 万元，家庭门诊补偿 69.4 万元。2009 年，全县新农合医疗基金筹资 1458.38 万元，其中中央、省、州、县四级财政补助 1257.78 万元，农民个人缴纳 200.6 万元，全年合作医疗基金补偿 1003.2 万元，其中住院补偿 792.7 万元，家庭门诊补偿 150.5 万元。

2010 年，全县新农合医疗基金筹资 1467.3 万元，其中农民自筹 209.6 万元。全年合作医疗补偿 1467.3 万元，其中住院补偿 1089.1 万元，家庭门诊补偿 192.4 万元。5 年累计补助参合农民 47574 人次，补助金额 1315.8 万元，缓解了农民“看病难，看病贵”难题。

第二章 体 育

1986年1月，县体育局前身是县体育运动委员会（以下简称县体委），属县政府内设机构，编制2人，实有副主任兼教练1人。1992年，投资1800万元，修建县民族体育运动场。1993年，古丈县被省体委评为“全省老年体育工作先进集体”。1995年，全省业余训练现场会在古丈县召开。1997年，古丈县被国家体委评为“全国群众体育先进单位”。

2000年5月，国家体育总局检查组对古丈县创“全国体育先进县”工作进行检查验收，确认基本达标；12月，国家体育总局授予古丈县“全国体育先进县”称号。是年，首次进行全民体质监测，参测1680人。2001年10月，县体委更名为县体育局，为县政府直属正科级全额拨款事业单位。11月，古丈县被国家体育总局评为“1996—2000年度全国群众体育先进县”。

2004年10月，省体育局授予县体育局“2003年度湖南省群众体育工作先进单位”称号。2007年，全县体育场地152个，其中，400米标准运动场2个，小运动场10个，篮球场80个，门球场5个，举重馆1座，训练房1栋，其他场地57个。

2010年，县体育局设办公室、场地管理站、玉玲举重运动学校，编制12人，实有工作人员11人，其中行政1人、教练4人、文化教师4人、工人2人。10月，古丈县被湖南省评为“湖南省竞技体育后备人才重点县”。

1986—2010年，历任县体育局局长（主任）：王金华、王承旺、聂可可。

第一节 竞技体育

一、项目网点

1986年，实施以举重、射击等项目为重点，以田径、游泳等项目为辅的竞技体育训练，项目训练网点7个，即古丈一中、古丈二中、古阳中学、默戎镇完小、古丈坪完小、古阳镇完小、县业余体校。1987年，调整竞技训练项目，确立以举重为突破口、以田径为辅的发展思路。1991年，成立古丈县玉玲举重运动学校。是年，各网点参训人员120人。同年，县政府给县体育局拨款5000元，备战全州第二届青少年运动会，选拔运动员46人，其中田径10人，举重10人，游泳15人，其他项目11人。1993年，各项目网点参训运动员增至140人。

1994年，全县体育项目网点学校扩大到8所中小学。10月，县政府将县玉玲举重学校经费单列，每年拨付6万元专项训练经费。1995年，县玉玲举重学校与县艺术学校合并，更名为古丈县艺术体育学校。2008年，县艺术体育学校并入古丈一中初中部，保留县玉玲举重运动学校。2009年，经省检查组考核，古丈县被列为湖南省举重后备人才基地。2010年，竞技项目仍以举重项目为主、田径等项目为辅，培养竞技人才。训练网点有古丈一中、古阳中学、红石林镇九年制学校、默戎镇完小、古丈县第一小学、古丈县第二小学等。

二、教练培训

1986年，县体委选派2名教练参加全州体育业务培训。1988年，选派游泳、柔道教练参加全省专业学习。1991年，县玉玲举重运动学校成立后，每年都派送教练参加全省专业学习或观摩比赛。1994年，项目训练网点增加到8所中小学，暑假选派举重教练1人和田径教练3人参加全州专业学习。1995年8月，选派3名教练观摩全国青少年举重运动会。1999年，选派2名田径教练观摩湖南省第三届青少年运动会。

2005年10月，组织体校教练员观摩全国第十届运动会。2008年，选派3名教练参加湖南省体育局业务培训。2009年7月，县体育局选派县科学健身协会教练参加全省健身气功业务培训，是年9月，县体育局派1名副局长参加全省群众体育业务培训。2010年，全县各级各类体育指导员85名，其中有30名参加省、州、县业务培训。

三、人才输送

1986年，向州体校输送田径运动人才5人，1987年，向州体校输送举重运动员龙玉玲。1990年，向省体校输送1人，向州体校输送3人。1991年，向州体校输送罗红卫等举重运动员5人，柔道运动员和摔跤运动员各1人。湖南省第二届青年运动会后，罗红卫进入湖南省举重队。1993年，县体校向省体工队输送运动员5人，向广东、湖北输送运动员各3名，向州体校输送运动员25人。是年10月，陈初富入选湖南省举重队。1998年，陈初富入选国家举重队。

2000年，向州体校输送运动员6人，向省运动队输送5人。2001年，向省、州各类学校输送体育人才35人。2008年，向州体校输送运动员25人，向省运动队输送运动员2人，其中向艳梅入选湖南省举重队、曾涛入选湖南省水上中心赛艇队。2009年，县体校向省输送运动员3人，向州体校举重中心输送田径、举重等运动员18人。是年10月，向艳梅入选国家举重队。2010年，向省运动队输送运动员3人，向州体校输送18名运动员。

四、竞赛成绩

1986年，古丈县体育代表团参加全州业余体校田径、游泳、举重、乒乓球、射击五项比赛，获金牌11枚、银牌11枚、铜牌8枚，团体总分居全州第五名。其中，举重居全州第一，游泳居全州第二。1988年8月，龙玉玲在全州首届中学生运动会上获女子乙组48公斤级抓举、挺举、总成绩金牌3枚。在全省青少年举重运动会暨第3届中学生运动会上，以148.3公斤总成绩获得女子乙组44公斤级第三名。9月，龙玉玲获全国女子举重冠军，打破女子48公斤级抓举世界纪录。1989年，古丈县代表队参加湘西州第七届运动会田径、举重、游泳、摔跤、柔道5个项目比赛，获团体总分第四名。10月，龙玉玲在江苏扬州举行的全国举重冠军赛上获48公斤级抓举冠军。

1990年，组建古丈代表队，参加全州中学生田径运动会，集中县城训练60天。是年，古丈县6名举重运动员代表湘西州参加湖南省第七届运动会举重比赛，获金牌1枚、银牌1枚，得分18分。1991年，古丈籍运动员获州级以上比赛金牌43枚、银牌12枚、铜牌6枚。其中县举重代表队获全州业余体校青年举重比赛团体总分第一名，单项金牌25枚，获全州业余体校田径比赛金牌8枚。是年8月，龙玉玲在印度尼西亚雅加达举行的第四届亚洲女子举重锦标赛上夺得54公斤级抓举、挺举、总成绩3枚金牌，并以80.5公斤成绩打破54公斤级抓举世界纪录。

1991年，组织选拔县青少年代表队运动员80人，其中举重20人、田径40人、游泳20人。是年，承办全州青少年运动会举重比赛，古丈县代表队获举重团体总分第一名，获运动会奖牌 25 枚。

1992 年，古丈籍运动员获州级以上比赛金牌 41 枚、银牌 40 枚、铜牌 18 枚。其中古丈举重队员获全省第二届青少年运动会举重项目比赛金牌2枚，铜牌3枚，罗红卫竞赛成绩达国家运动健将标准。1993 年，古丈籍运动员参加各级比赛获金牌 17 枚、银牌 2 枚。7 月，县举重代表队代表湘西州参加全省青少年举重比赛，获金牌 2 枚、铜牌 3 枚。8 月，陈初富获湖南省青少年举重比赛金牌 2 枚、银牌 1 枚。10 月，罗红卫、龙玉玲参加第七届全运会，分别获女子举重 46 公斤、54 公斤级银牌 1 枚。12 月，罗红卫在广东石龙镇举行的第六届亚洲女子举重锦标赛上获 46 公斤级抓举 72.5 公斤、挺举 92.5 公斤、总成绩 165 公斤 3 枚金牌，5 次打破该级别抓举、挺举、总成绩三项世界女子举重纪录，并评为“最佳运动员”，体育总局授予罗红卫“体育运动荣誉勋章”。龙玉玲在广东石龙镇举行的第六届亚洲女子举重锦标赛上获 54 公斤级挺举、总成绩金牌 2 枚、抓举银牌 1 枚，以挺举 112.5 公斤打破亚洲锦标赛纪录。

1994 年，古丈籍运动员参赛获全国比赛金牌 1 枚、银牌 3 枚，获省级比赛金牌 5 枚、银牌 7 枚、铜牌 3 枚。其中县玉玲举重运动学校举重队获湖南省青少年举重比赛金牌 5 枚、银牌 4 枚、铜牌 3 枚，三人六次打破省青少年举重纪录。是年，古丈籍运动员陈初富参加全国青少年举重比赛，获金牌 1 枚、银牌 2 枚。

1995 年 8 月，县举重队在古丈县举行的全国青少年举重运动会上，获金牌 4 枚、银牌 11 枚、铜牌 9 枚和团体总分第四名。其中运动员陈初富获 3 枚金牌。9 月，古丈县代表团获湘西州八运会举重金牌 34 枚、银牌 13 枚、铜牌 8 枚和田径金牌 12 枚、银牌 15 枚、铜牌 21 枚，团体总分第一名。1996 年 8 月，古丈县代表队在冷水滩举行的湖南省第二届青少年运动会上，获举重金牌 1 枚、银牌 2 枚、铜牌 1 枚和游泳金牌 1 枚。

1997 年，古丈籍体育健儿获省少年举重运动会金牌 4 枚、银牌 3 枚、铜牌 2 枚，团体总分第二名。是年 4 月，龙玉玲获在上海举行的全运会女子举重 54 公斤级银牌。1998 年，古丈运动员获省青少年举重运动会金牌 4 枚、银牌 4 枚、铜牌 3 枚。1999 年，古丈体育健儿获“省第三届青少年运动会”金牌 3 枚，银牌 3 枚，铜牌 1 枚。

2000 年，古丈籍运动员获湘西州九运会团体总分第五名，举重比赛团体总分第一名，共获州以上比赛金牌 25 枚、银牌 14 枚、铜牌 9 枚。2001 年，全省年度比赛县级体校排名，古丈县体校名列第四。2002 年，古丈籍运动员获省九运会金牌 3 枚。是年 11 月，陈初富在波兰华沙举行的第 72 届世界举重锦标赛上，获 69 公斤级抓举（157.5 公斤）金牌 1 枚、挺举（187.5 公斤）和总成绩（345 公斤）银牌 2 枚，州体委领导赞誉他是“湘西男子举重第一人”。2003 年，古丈体育健儿获省青少年举重运动会金牌 4 枚、银牌 5 枚、铜牌 6 枚，团体总分 102 分，名列全省县级第三名。陈初富在第一届亚非运动会上获得 69 公斤级总成绩冠军，在世界举重锦标上获 69 公斤级抓举冠军、挺举和总成绩亚军。

2004 年，古丈举重队参加湘西自治州第十届运动会，获举重比赛团体总分第一名。参加全省青少年举重比赛，获金牌 3 枚、银牌 7 枚、铜牌 5 枚。团体总分 1262 分，居全州第四名。

2005 年 6 月，县体育局组队参加全州体育系统首届篮球赛，获第二名。7 月，组队参加全省举重比赛，获金、银、铜牌各 1 枚，团体总分 67 分，全省县级排名第三。是年 10 月，古丈籍运动员陈初富参加全国第十届运动会举重比赛，获男子 69 公斤级铜牌，11 月，参加在澳门举办的第四届东亚运动会，获男子 69 公斤级抓举金牌 1 枚。县体育局同县民族局组建古丈县代表队参加全州少数民族传统体育运动会，获 2 金 3 银 2 铜的成绩。2006 年，古丈县代表团参加全省第十届运动会，获金牌 2 枚、银牌 4 枚、铜牌 1 枚。

2007 年，古丈县体育健儿获全省青少年举重比赛金牌 3 枚、银牌 6 枚、铜牌 1 枚，总分 115 分，名列全省基地第二名。2008 年，古丈县代表团参加全州第十一届运动会，获“天和杯”举重团体总分和金牌总数第一名，向艳梅的竞赛成绩超过省级女子 69 公斤级的纪录。古丈运动员获 2008 年度全省青少年举重比赛金牌 2 枚、银牌 3 枚、铜牌 4 枚。全省举重基地排名，古丈位列第三名。6 名古丈运动员分别参加全国举重冠军赛、全国青年锦标赛和全国少年举重分龄赛，共获金牌 3 枚、银牌 6 枚、铜牌 5 枚。其中，向艳梅获全国举重冠军赛女子 69 公斤级抓举、挺举、总成绩 3 枚金牌。

2009 年，古丈籍运动员获全国青少年举重锦标赛金牌 2 枚、银牌 1 枚，7 月，获全省青少年举重比赛金牌 1 枚，银牌 6 枚，铜牌 1 枚，10 月，古丈运动员向艳梅获全国第十一届运动会女子举重银牌 1 枚，12 月，向艳梅在迪拜亚洲举重锦标赛上夺得金牌 1 枚、张伟在日本东京亚洲青少年举重锦标赛上获得金牌 3 枚。

2010 年 4 月，向艳梅在南京全国举重锦标赛上获得金牌 1 枚。7 月，在约旦亚洲青年举重俱乐部赛上获金牌 1 枚。10 月，古丈县代表队参加湖南省第十一届运动会，获得 7 金 4 银 2 铜。12 月，古丈县举重代表队参加湖南省举重中心举办的“举协杯”年度赛，获 3 金 5 银 2 铜的成绩，团体总分居全省第一名。

1989—2010 年古丈县知名运动员参赛成绩一览表

表 24-4

姓名	性别	比赛名称	参赛时间	参赛地点	成绩	备注
龙玉玲	女	全国举重冠军赛	1989.10	扬州	1 金	—
		全国举重冠军赛	1990.10	安徽	1 金	—
		全国举重冠军赛	1991.3	济南	1 金	破全国纪录、超世界纪录
		第四届亚洲女子举重锦标赛	1991.8	印尼	3 金	破 54 公斤级抓举世界纪录
		全国第七届运动会	1993.10	北京	1 银	
		第六届亚洲女子举重锦标赛	1993.12	广东	2 金 1 银	破挺举亚洲及世界纪录
罗红卫	女	全国第七届运动会	1993.10	北京	1 银	—
		第六届亚洲女子举重锦标赛	1993.12	广东	3 金	5 次破 3 项世界纪录
陈初富	男	第 72 届世界举重锦标赛	2002.11	波兰	1 金 2 银	—
		全国第十届运动会	2005.10	扬州	1 铜	—
		东亚运动会	2005.11	香港	1 金	—
向艳梅	女	全国第十一届运动会	2009.10	济南	1 银	—
		全国举重冠军赛	2008.10	北京	1 金	—
		亚洲举重锦标赛	2009.12	迪拜	1 金	—
		全国举重锦标赛	2010.4	南京	1 金	—
		亚洲青年举重俱乐部赛	2010.7	约旦	1 金	—
张伟	男	亚洲青少年举重锦标赛	2009.12	东京	3 金	—
		全国青少年举重锦标赛	2009.3	江西	1 金	—

五、承办竞赛

1986 年 4 月，县体委同县总工会、县经委联合举办“五一”篮球运动会，参赛单位是各厂矿企事业单位男女篮球队，9 月，同县总工会举办县直机关单位庆国庆篮球赛。1990 年 5 月，承办在古丈二中举行全州中学生田径运动会。1991 年，举办全县首届“林业杯”农民运动会，其中参加篮球赛男女队各 14 个，象棋赛队 12 个，参赛运动员 500 人。是年，承办全州业余体校举重比赛，古丈县代表队获金牌总数和团体总分第一名。

1994 年 7 月 14—17 日，古丈县承办省青少年举重运动会，全省 14 个地市 21 个代表队 261 名运动员分别参加 8 个组别、6 个级别比赛。零陵地区、湘西州、常德市分别获得团体总分第一、二、三名。本次比赛有 8 人 23 次打破省青少年纪录。1995 年 8 月 20—23 日，古丈县承办“旺旺杯”全国少年举重运动会，来自全国 11 个省市、自治区 22 支举重队 195 名运动员参加 3 个年龄组 27 个级别的比赛。湖南旺旺队获金牌 18 枚、银牌 9 枚、铜牌 6 枚，5 人 27 次破全国少年纪录，以 77 分获团体总分第一名。辽宁、福建队分别获团体总分第二、三名。本次比赛有 45 人 134 次超过 43 项全国少年举重纪录。古丈县是唯一以县级组队的代表队参赛，获得金牌 3 枚、银牌 6 枚、铜牌 8 枚，4 人 6 次破全国少年纪录，团体总分第四名。1995 年 9 月，承办湘西州八运会举重比赛。

2000 年，承办全州老年门球赛。承办湘西州运会举重比赛。2004 年 9 月，承办全州老年门球锦标赛；承办全省第七届老年门球锦标赛。2006 年，举办各类体育竞赛活动 8 次，其中大型篮球运动会 3 次。2008 年，承办全州第十二届老干“长寿杯”门球赛。2010 年 9 月，承办“贺龙杯”中国篮球公开赛湘西赛区古丈分赛区比赛。

第二节　学校体育

一、体育师资

1986 年，全县各级各类学校 234 所，班级 676 个，体育教师 46 人，其中高级职称 2 人，中级职称 23 人，初级职称 21 人。1988 年，全县专职体育教师 33 人，其中中学体育教师 12 人。1990 年，全县体育课专业教师 31 人，其中小学 19 人，初中 9 人，高中 3 人。1991 年，全县基本按照省教委要求，配备专业体育教师，满足体育教学和体育锻炼需要。2009 年，全县有专职体育教师 39 名，其中高级职称 2 人，中级职称 16 人。2010 年，全县中小学 65 所。专职体育教师 39 人，其中中学高级教师 2 人，中学一级教师和小学高级教师 20 人。

二、体育课教学

1986 年，全县中小学深入贯彻落实国家教委、体委联合制定的《中小学校体育工作暂行规定》和《国家体育锻炼标准》，恢复和建立学校体育工作正常秩序。坚持“两操一课”和课外体育活动。中学：早操、课间广播体操、体育课；小学：眼保健操、课间广播体操、体育课。课外体育内容有：篮球、乒乓球、羽毛球、排球、单杠、双杠、跳高、跳远、跳绳、立正跳远、爬竿、坐位体前屈、25 米往返跑、台阶连跳等。是年，全县开设体育课的学校有 234 所 676 班。小学体育课程开设队列、50 米跑、100 米、200 米、400 米、立定跳远、跳绳、跳远、跳高、投沙包、乒乓球、垒球、踢毽子等课，每周二节；中学体育课程开设队列、100 米、200 米、400 米、800 米、1000 米、立定跳远、跳绳、跳远、跳高、篮球、乒乓球、羽毛球、排球、铅球、铁饼、标枪等课，每周二节。

1990 年 4 月，贯彻国务院《学校体育工作条例》，全县城镇学校、乡镇中心小学体育教学和体育锻炼走上正轨化轨道。1991 年，全县实行初中招生加试体育，把体育成绩计入总成绩，体育成绩不合格不予录入重点学校。各校执行教学大纲，贯彻教学常规，训练学生竞赛技能，组织学生参加运动会和单项竞赛，按照体育达标的“跑、跳、投”等项目进行体育教学和课外体育，城镇小学和农村中心小学体育达标面实现 85%、中学生体育达标面实现 80%。

1995年，贯彻国家《关于在全国试行初中毕业升学考试体育工作的通知》和湖南省试行初中升学考试体育的方案以及湘西州教委《关于在全州实行初中、小学毕业升学考试体育的决定》，学校将体育教学、体育锻练、全民健身相互结合。是年，全县小学生体育达标7150人，中学生体育达标2610人。1999年，学校贯彻《中共中央国务院关于深化教育体制改革全面推进素质教育的决定》，推动学校的体育教学改革，形成技能体育、体质体育、终身体育的新格局。2001年，全县中小学体育达标率农村85%，城镇90%。

2010年，全县中小学60所，开设体育课有323个班。实行体育考试毕业成绩以50分的标准，进入高中录取分数线。体育课程：小学开设50米跑、100米跑、200米、400米、立定跳远、跳绳、仰卧起座、投沙包、垒球、乒乓球、台阶测试等。中学开设立定跳远、篮球、足球、乒乓球、羽毛球、排球、投掷铅球（铁饼）、标枪、仰卧起坐（女生）、引体向上（男生）、100米、200米、400米、800米1000米跑等课程。

三、学生体育运动会

中小学生田径运动会　1986年5月，在县城召开全县第二届中小学生田径运动会。中学以校、小学以学区为单位组队，男女运动员各5人，即高中40人，初中90人，小学170人。比赛分为小学、初中、高中男、女组。小学组项目有50米、100米、200米、400米、800米、1500米、4×100米接力、跳高、跳远、垒球等10项；初中组项目有100米、200米、400米、800米、1500米、4×100米接力、跳高、跳远、铅球、铁饼、标枪等11项；高中组项目有100米、200米、400米、800米、1500米（女生）、3000米（男生）、4×100米接力、跳高、跳远、铅球、铁饼、标枪、三级跳远等13项。小学、初中团体总分取前3名，高中组取1名，依次奖励100元、80元、50元的体育器材和锦旗，个人单项取前3名，依次奖励3元、2元、1元现金和金、银、铜奖牌。其中，双溪乡中心完小运动员龙玉玲获50米、800米赛跑、立定跳远3个第一名。5月中旬组建古丈县代表队，参加在龙山县举行的全州小学生田径运动会，参赛运动员10名，其中古丈坪完小7名、双溪乡中心完小1名、高峰乡中心完小1名、河蓬乡中心完小1名，集中训练20天。

1988年，召开全县第三届中小学生运动会。选拔组建古丈县代表队参加全州小学生田径运动会，获湘西州首届中学生田径运动会金牌32枚、银牌18枚、铜牌15枚。

1990年7月，举办古丈县七届小学生田径运动会。竞赛项目10个，即50米（乙组）、100米、200米、400米、800米、1500米、4×100米接力（甲、乙组混合组队）、跳远、跳高（甲组）、垒球。竞赛分甲、乙组，每组各参赛单位限报男女运动员2人。全县共17个单位136名运动员参赛。授奖名次团体总分取前六名、4×100米接力取前4名、其他各项参赛人数10人以下取前5名、10人以上取前6名。是年，全州中学生田径运动会在古丈二中举行，古丈县运动员向立新以11分3秒成绩平湘西州中学生男子100米纪录。

1993年10月，在古丈二中举办全县第八届中学生田径运动会，全县10所学校代表队参加，3所高中学校，男女运动员各12人，10所初中学校，男女运动员各20人，共64人参加竞赛，其中，女生动员32人。竞赛项目有100米、200米、400米、800米、1500米、3000米、跳高、跳远、铅球、铁饼、标枪、4×100米混合接力。

1995年7月，举办全县第九届中小学生田径运动会，古丈一中代表队获中学组团体总分第一名。古阳中学获团体总分第二名，古丈二中获团体部分第三名。

2003年10月，举办第十三届全县中小学田径运动会。初中男子组，县艺体校曾涛以4分14秒14成绩获1500米冠军，向晴以5.30米获跳远冠军，古丈一中陈黎明以40.75米的成绩获标枪（700克）的冠军。初中女子组，艺体校彭继红以2分28秒70和5分8秒35的成绩分别获800米、1500米冠军，河西初级中学向荣以 22.98 米成绩获铁饼（1 千克）冠军。

2005 年 5 月，举办第十四届全县中小学田径运动会。小学男子组，默戎完小张红召以 1.27 米、53.30 米成绩获男子跳高、垒球冠军。小学女子组，坪坝九年制学校石玉莲以 14 秒 75、30 秒 59、1 分 10 秒 40 成绩获女子 100 米、200 米、400 米冠军。罗依溪完小张静以 1.18 米成绩获女子跳高冠军，河蓬完小孙紫梦以 39.82 米成绩获女子垒球冠军。初中男子组，县艺体校曾涛以 2 分 8 秒 72、10 分 9 秒 92 成绩获男子 800 米、3000 米冠军，古阳中学宋雪龙以 1.5 米成绩获男子跳高冠军，野竹初级中学张金以 10.99 米、27.29 米成绩获男子铅球（5 千克）、铁饼（1.5 千克）冠军。初中女子组，县艺体校彭继红以 10 分 9 秒 92 成绩获女子 3000 米冠军，罗依溪中学张静以 1.30 米成绩获女子跳高冠军，红石林九年制学校向荣以 8.10 米成绩获女子 4 千克铅球冠军，野竹九年制学校向红艳以 23.75 米成绩获 600 克标枪冠军。是年 10 月，古丈一中女子篮球队获全州中学生兰球运动会冠军。

2007 年，举办第十五届全县中小学生田径运动会。小学男子组：古阳镇完小李静以 6 秒 92、12 秒 26、27 秒 89 成绩获 50 米、100 米、200 米跑冠军，古丈坪完小王志明以 1 分 6 秒 11 成绩获 400 米冠军，古阳镇完小向帆以 2 分 33 秒 89、5 分 10 秒 98 成绩获 800 米、1500 米冠军，默戎镇完小龙先华以 4.20 米成绩获跳远冠军，茄通完小以 59″ 19 成绩获男子 4×100 米接力冠军。小学女子组：古丈坪完小李文慧以 8 秒 00 成绩获女子 50 米跑冠军，坪坝九年制学校张莫愁以 2 分 42 秒 80、5 分 32 秒 74 成绩获女子 800 米、1500 米冠军，古丈坪完小以 1 分 2 秒 36 成绩获女子 4×100 米接力冠军，罗依溪九年制学校张静以 3.88 米成绩获女子跳远冠军。初中男子组：古丈一中获 100 米、200 米、400 米跑冠军，古阳中学获 400 米冠军，古丈一中以 49 秒 42 的成绩获男子 4×100 米接力冠军。初中女子组：古丈一中以 57 秒 60 成绩获女子 4×100 米接力冠军，古丈一中田杨以 13 秒 48、29 秒 03、1 分 05 秒成绩获 100 米、200 米、400 米跑冠军，杨颖以 4.31 米成绩获跳远冠军。古丈一中获团体总分冠军。

2008 年 5 月，古阳中学男子、女子跳绳队参加在花垣县举行的全州中学生田径运动会跳绳比赛，均获第一名，杨旭获男子跳远第一名。

2009 年 5 月，举办全县中小学生第十六届田径运动会，参赛运动员 207 人。竞赛项目初中男子、女子组有 100 米、200 米、400 米、800 米、1500 米、3000 米、4×100 米接力和跳高、跳远、铅球、铁饼、标枪等 12 个项目，小学男子、女子组有 50 米、100 米、200 米、400 米、800 米、1500 米、4×100 米接力和跳高、跳远、垒球等 10 个项目。断龙山初级中学，获中学组团体总分第三名。2010 年，组织代表队参加在永顺举行的全州中小学生田径运动会。

中学生篮球运动会 1991 年 6 月，在县城举行完全中学篮球选拔赛，古丈一中、古丈二中、古丈县默戎职业中学各组建男女篮球队，每队 8 人，共 6 支球队参加比赛。1996 年 10 月，在县城举办全县中学生篮球运动会，全县有初中学生的学校 12 所（含九年制学校）参加比赛，组建 24 支男、女篮球队，男、女运动员各 10 人。

2000 年，举办全县首届初中生篮球运动会，参赛单位是各初中学校及古丈一中初中部共 11 所学校 22 支男女队参赛。2001 年，古丈一中男子篮球代表队获全州首届中学生篮球运动会冠军。

2002 年，举办全县第二届初中生篮球运动会，各初级中学、九年制学校、古丈一中初中部等 12 所学校 24 支男女队参赛。10 月，古丈一中男子篮球队获全州第二届中学生篮球运动会冠军。2004 年，举办全县第三届初中生篮球运动会，古阳中学男子队获男篮冠军、罗依溪中学男子队获亚军、古丈一中男子队获第三名。古阳中学女子队获女篮冠军、河西九年制学校女子队获亚军、罗依溪中学女子队获第三名。

2005 年，古丈县女子代表队参加全州中学生篮球运动会获得冠军。2006 年 10 月，举办全县第四届初中生篮球运动会。断龙山初级中学女子队获初中生女子组篮球第三名。2008 年 10 月，在古丈一中举办全县第五届初中生篮球运动会，11所学校组织男女队参加比赛。古阳中学女子队获女子组篮球冠军、河蓬九年制学校女子队获亚军、古丈一中女子队获第三名。古阳中学男子队获男子组篮球冠军、古丈一中男子队获亚军、罗依溪九年制学校男子队获第三名。

2010年10月，在古丈县民族中学举办全县第六届初中生篮球运动会，11所学校男女队参加比赛。古丈县民族中学女子队获女子组篮球冠军、坪坝九年制学校女子队获女篮亚军、断龙山乡初级中学女子队获女篮第三名；坪坝九年制学校男子队获男篮冠军、古阳中学男子队获男篮亚军、古丈县民族中学男子队获男篮第三名。大会表彰9名优秀教练员和22名优秀运动员。

四、学生体育达标

1986年，全县小学生体育达标1450人，达标8.7%，中学生体育达标2600人，达标率66.3%。1990年，县城中学体育达标率78%，小学达标率75%，乡镇中学体育达标率65%，农村学校达标率为65%。1991年，全县学生达标6000人。1993年，全县学生达标8000人。2000年，中小学体育达标率为77.37%，其中，小学生7520人，中学生5005人。

2009年，实施学生体质健康标准达标验收，全县有古阳中学、罗依溪镇九年制学校、断龙山乡初级中学、红石林镇九年制学校、县综合职业技术学校、坪坝乡九年制学校、古丈坪完小、古阳镇完小、断龙山乡中心完小、双溪乡中心完小、红石林镇中心完小、岩头寨镇中心完小等15所学校学生体质健康标准测试数据上报国家，达标率95%。2010年，继续实施体育项目，巩固、提高达标率。

五、古丈县玉玲举重运动学校

1986年，古丈县玉玲举重运动学校前身县业余体校，以县城中小学为基地选拔体育苗子，实施射击、举重、田径、乒乓球、篮球等专业集中训练。1987年2月，县业余体校设田径、举重、游泳等科目，从农村学校招收运动员19名，实行寒暑假集中训练。学校以报废工棚为训练房，以破旧器材库房为宿舍，以石杠铃、木杠铃、废板车轮等为训练器材，进行举重培训。

1991年9月，县业余体校更名为古丈县举重运动学校，从各训练网点选拔田径、举重、游泳等运动员46人，其中田径10人、举重10人、游泳15人、其他项目11人。1993年，省体委授予县举重运动学校为湖南省重点举重运动学校。1994年10月，古丈县举重运动学校更名为古丈县玉玲举重运动学校，国家体委主任伍绍祖亲笔书写校牌。1995年，县玉玲举重运动学校与县艺术学校合并，成立古丈县艺术体育学校，加挂县玉玲举重运动学校牌子。是年，省政府机关事务管理局投资20万元、地方配套20万元，修建县艺体校校舍。1996年，体育总局授予县玉玲举重运动学校为“全国业余训练先进集体”。

2003年12月，县玉玲举重运动学校被省体育局确认为“湖南省举重后备人才基地”，是年，玉玲举重运动学校有教练3人，其中，中级教练2人、初级1人，在训运动员30人；有举重训练台15副、训练比赛杠铃15副。2008年9月，县艺术体育学校初中班与古丈一中初中部合并为古丈县民族中学，保留县玉玲举重运动学校，实行教训分开，承担举重、田径等项目训练。2010年，学校有教职工11人，其中行政管理1人，教练员4人，文化课教师4人，职工2人。开设小学五、六年级两个班级，共有在训运动员50人。县财政给运动员生活补助每年拨款10.8万元。

第三节　民族民间传统体育

一、民间传统体育

古丈县民族传统体育项目独具特色。有舞龙、舞狮、龙舟、摔跤、上刀梯、苗拳、蹴球、陀螺、千秋、高跷、高脚马、跳鼓、象棋、骨牌、麻将、纸牌等传统体育项目。在农历三月三、社巴、端午、赶秋、春节等民族传统节庆时，进行友谊表演赛，活跃城乡文体生活。

秋千、跳鼓　1986 年 5 月 2 日，默戎镇龙鼻嘴村苗族女青年龙自莲以 93.5 分的成绩获湖南省首届少数民族传统体育运动会女子跳鼓第二名。7 月，参加乌鲁木齐第二届全国少数民族传统体育运动会湖南代表团运动员，表演苗族跳鼓获优秀节目奖和个人表演奖。是年 8 月，坪坝乡运动员向光心以高度 9.5 米的成绩获湘西州南六县第三届民族杯乡镇运动会男子千秋第二名、女运动员张晚秀以 8.5 米的成绩获女子千秋第二名，超省女子千秋 7.86 米纪录。向光心与张晚秀以高度 10.5 米的成绩获男女双人千秋第一名，超省男女双人千秋 10.0 米纪录。坪坝乡代表队获团体总分第一名。2005 年，古丈县苗族四方鼓队参加上海“民乐民谣民舞国际艺术节”表演，获优秀贡献奖。2006 年 3 月，举行全县跳鼓大赛，18 支跳鼓队竞赛，默戎镇跳鼓队获金奖。10 月，默戎镇四方鼓队代表古丈县参加中央电视台中国民歌民舞盛典表演，荣获优秀表演奖。是月，默戎镇龙鼻嘴村跳鼓队参加湖南省（张家界）第六届少数民族运动会表演，获第三名。2007 年，古丈县跳鼓队参加广州全国第八届少数民族农民运动会开幕式。2008 年，古丈县跳鼓队参加北京奥运会青海赛场开幕式，2010 年，古丈县苗族跳鼓队应邀参加台湾艺术节表演。

蹴球、陀螺　2002 年 10 月，古丈县代表团参加在邵阳举行的湖南省第五届少数民族运动会，何君、田宏辉获蹴球女子双人第一名，何君、王戈获蹴球男女混合第一名。2004 年 8 月，全国（北京）蹴球邀请赛，古丈县运动员王戈获男子双人第四、男女混合第三，何君与田宏辉获女子双人第五名和分别获男女混合第五名、第六名。2006 年 10 月，古丈县代表团参加在张家界举行的湖南省第六届少数民族运动会，运动员王戈与邬刚获蹴球男子双人第三名、向红莲获陀螺女子个人第一名，向红莲与杨芳获陀螺女子团体第三名。2010 年 11 月，古丈县代表团参加省第七届少数民族运动会，古丈运动员向红莲获陀螺女子个人第一名，向红莲与印丽娟获女子团体第三名，张敏获男子个人第一名，张敏与向力获男子团体第二名，王戈获蹴球男子个人第一名，李明获男子个人第三名，李明与田宏辉获蹴球男女混合第二名。田宏辉获蹴球女子个人第五名。

上刀梯　“上刀梯”源自古代苗族青年石巴贵驱赶妖怪的故事，后逐渐变成一项传统体育活动，流传至今。表演上刀梯时，先立一根高 10 米以上的木杆，一尺一刀，按左右共安 36 把钢刀，长 45 厘米，刀刃朝上。表演者赤脚，身着民族服装，双手抓住刀刃，双脚踩着刀刃一级一级往上爬至梯顶，吹响牛角，然后一级一级地下来。上刀梯者需有深厚的武功基础，方能表演。2006 年 8 月，上刀梯在“中国功夫之星”古丈赛区进行竞技表演。2010 年 3 月，上刀梯在断龙山乡社巴节活动进行竞技表演。

苗族拳术　苗家八合拳，在默戎、坪坝、河蓬等地流传，其中默戎镇九龙村苗族拳师龙清胜是龙廷久苗拳传承人，其套路主要有八合拳、开四门、闭四门、小插花、大插花、六童拳、八虎抢幽州、六符拳、大莲花、五叶花、花四门、九滚十八跌等。苗家八合拳是以防为主，攻防相融，防卫性实，搏击力强，动作古拙，民族特色浓厚，既求强身健体，又重实战技艺。苗家八合拳精髓在于八合，即内外合四为一。内合：眼与心合、心与意合、意与气合、气与力合；外合：眼与手合、手与足合、膝与肘合、肩与胯合。1991 年 5 月，默戎镇九龙村苗族拳师龙云海、张其华、石顺书参加河北沧州全国少数民族武术运动会，获“苗棍进鋭”对练项目第三名。2010 年，古丈县政府批准“九龙精武馆”为县级苗家八合拳传习所。苗家八合拳被列入州级非遗代表性项目名录。龙云海被列为州级苗族武术八合拳套路传承人。

舞龙　舞狮　舞龙舞狮是古丈县传统体育项目。每逢新春佳节，人们以舞龙舞狮来庆贺，祈求来年风调雨顺，五谷丰登，吉祥如意，平安厚福。春节期间，民间舞龙灯、耍狮子走乡串寨，入户拜年。农户打开正堂大门，堂中摆放方桌，桌上左右两边各点燃一支红蜡烛，中间香炉里插上三炷燃香，摆放糍粑和红包，待舞龙灯、耍狮子队伍入宅院，户主燃放鞭炮，接舞龙灯、耍狮子队伍入堂，贺喜祝福。龙灯流传有布龙、篾龙、草龙、藤龙、板凳龙等。耍狮有彩鬃狮、青鬃狮、灰鬃狮等，表演形式多样，有单人狮、双人狮、群狮表演朝拜、登高、翻腾、跳跃等技艺。

1994年始，县民族体育广场建成投入使用，每年正月，都举行迎春会。龙灯表演节目有老龙打抛、青龙上天、双龙抢宝等，狮子表演节目有喜上青天、险过独木桥、母子跳桩等。2000年，默戎镇狮子队参加吉首德夯“百狮会”。2010年，默戎镇狮子队代表古丈县出席吉首矮寨第28届“百狮会”。

龙舟　龙舟流行于境内河西、罗依溪等地。每年端午节西水河岸各村寨举行划龙舟比赛。1987年，罗依溪镇青鱼潭村龙舟队在泸溪参加沅（陵）古（丈）泸（溪）三县“屈原杯”龙舟赛”，获冠军。1992年，为纪念毛泽东“发展体育运动，增强人民体质”题词40周年，省体委在沅陵县举办全省龙舟赛。河西镇河西村龙舟队代表古丈县参加竞赛，获第四名。1999年，古丈县代表队参加全省龙舟竞赛，获第三名。2000年7月，河西龙舟队代表古丈县参加湖南省首届龙舟大奖赛沅陵分区赛，获第三名。是年，河西镇被州农办、州民委、州体育局命名为“龙舟之乡”。

二、少数民族传统体育运动会

1986年7月，默戎镇龙鼻嘴村苗族女青年龙自莲参加新疆乌鲁木齐全国第二届少数民族传统体育运动会，表演苗族跳鼓，获优秀节目奖和个人表演奖。1991年6月，古丈县民族体育代表团参加湖南省第二届少数民族体育运动会，获金牌1枚。

1998年10月，古丈县民族体育代表团在永州参加湖南省第四届少数民族体育运动会，获银牌2枚，铜牌2枚。

2002年10月，古丈县民族体育代表团参加在邵阳举办的湖南省第五届少数民族体育运动会，获蹴球金牌2枚。

2006年10月，县民族体育代表团参加在张家界举办的湖南省第六届少数民族体育运动会，获金牌1枚，铜牌3枚。

2010年，11月，县民族体育代表团在郴州参加湖南省第七届少数民族体育运动会，获金牌4枚、银牌2枚、铜牌2枚，金牌总数居全省第九位。

2002—2010年古丈县参加少数民族传统体育运动会成绩一览表

表24-5

时间	赛事名称	比赛项目	成绩	姓名	地点
2002年9月	湖南省第五届少数民族运动会	蹴球	女子双人第一名	何君、田宏辉	邵阳
			男女混合第一名	何君、王戈	
2004年8月	全国蹴球邀请赛	蹴球	男子双人第四名	王戈	北京
			男女混合第三名	王戈	
			女子双人第五名	何君、田宏辉	
			男女混合第五名	何君	
			男女混合第六名	田宏辉	
2006年10月	湖南省第六届少数民族运动会	陀螺	女子个人第一名	向红莲	张家界
			女子团体第三名	向红莲、杨芳	
		蹴球	男子双人第三名	王戈、郛刚	

续表 24-5

时间	赛事名称	比赛项目	成绩	姓名	地点
2010 年 11 月	湖南省第七届少数民族运动会	陀螺	女子个人第一名	向红莲	郴州
			女子团体第三名	向红莲、印丽娟	
			男子个人第一名	张敏	
			男子团体第二名	张敏、向力	
		蹴球	男子个人第一名	王戈	
			男子个人第三名	李明	
			男女混合第二名	李明、田宏辉	

第四节　群众体育

一、职工体育

1986 年，县城职工业余男女篮球队 33 支，活跃在“增强人民体质，发展体育运动”群众体育活动中。1991 年 3 月，举办全县女职工篮球赛、拔河赛、健身操赛和趣味体育赛，5000 人报名参加比赛活动。1992 年 5 月，县体委、县总工会、团县委联合举办篮球赛、拔河赛，28 支男女球队参赛，其中男子队 18 支、女子队 10 支。男女各 12 支队伍参加拔河赛。1993 年，县体委、县妇联、县总工会联合举办县直机关庆“三八”妇女篮球运动会。“十一”国庆节，县体委、县总工会举办县直机关篮球运动会。1994 年，县钓鱼队参加全州钓鱼比赛，获团体第二名。1995 年，举办职工接力赛、拔河赛，参赛代表队 21 支，运动员 470 人。1996 年 9 月，县体委、县总工会、县冶化厂联合举办“冶化杯”职工篮球赛，男队 18 支、女队 12 支参加比赛。

2005 年 4 月，举办首届“地税杯”全县职工篮球赛。2006 年，举办“全球通杯”职工篮球赛。10 月，举办全县“林业杯”篮球赛。2007 年 9 月，举办全县“安全杯”篮球赛。

2008 年 5 月，县体育局、县总工会、县委宣传部、古丈卓良木业有限公司联合举办“迎奥运添光彩‘卓良木业杯’综合体育运动会”，46 支代表队 920 名男女运动员分别参加男女混合拔河赛、趣味体育、健身操、老年门球赛。11 月，协助小背篓茶业篮球俱乐部举办篮球邀请赛，邀请县直机关单位和张家界市、吉首市等周边县市篮球队参加比赛。

2009 年 3 月，举办“交通杯”女子篮球运动会。8 月，县体育局与安踏俱乐部联合举办夏季篮球联赛。9 月，举办庆国庆全县“移动杯”体育运动会。

2010 年 5 月，举办全县钓鱼比赛活动。6 月，同安踏俱乐部合作举办“安踏健身杯”篮球赛。10 月，协助侨兴集团古丈惠闽石业有限公司篮球俱乐部组队参加“酒鬼杯”湘西篮协俱乐部联赛。

二、农民体育

1986 年 5 月，省体委、省民委授予古丈县坪坝乡为“全省少数民族体育运动先进单位”。8 月 13—16 日，坪坝乡承办湘西州南六县第三届“民族团结杯”乡镇体育运动会，吉首市矮寨镇、泸溪县浦阳乡、凤凰县黄合乡、花垣县董马库乡、古丈县坪坝乡等乡镇派代表队参赛。竞赛项目有男女篮球、男女秋千等。坪坝乡男子篮球队获冠军。

1991 年，举办全县“林业杯”农民运动会，参赛队伍有男女篮球队 28 支，象棋队 12 支，运动员 500 人。2000 年，州农办、州民委、州体育局授予默戎镇为“民族传统体育之乡”。2007 年，在吉首市矮寨镇举行湘西州首届农民运动会，默戎镇运动员龙朝辉、石仁信2人获中国象棋第三名。

2009年1月，在红石林镇马达坪村举行村级迎春篮球赛，参赛队伍有断龙山乡、罗依溪镇、古阳镇、红石林镇等乡镇篮球队20支。

三、老年人体育

1986年，在县城广场修建门球场1个。1987年，县老年门球协会成立，会员40人。门球队5支，队员40名。1991年，全县老年门球队16支，派队参加州县级竞赛10次。1993年，先后举办古丈县春节门球赛、“三八杯”老年门球赛、第七届“民贸杯”门球赛、第三届“长寿杯”门球赛。组队参加湘鄂川黔四省边区门球赛等。1997年，在县城体育中心建成2个室内沙子门球场。1998年，县老干部门球代表队参加全州第二届老干部“长寿杯”门球赛，获第三名。2000年，县老干部门球代表队参加全州第四届老干部“长寿杯”门球赛，获团体第一名。2001年，县太极拳队获全州太极拳比赛一等奖。2002年，全县组建6支老年门球代表队，分别参加全州妇女门球赛、湘鄂川黔四省边区门球赛、全州老干部“长寿杯”门球赛、全州水利系统门球赛、全州农行门球赛、全州教育“园丁杯”门球赛。2003年5月，县老年门球代表队参加全州教育系统“园丁杯”门球赛，获团体第一名，7月，参加在桃源县举办的全省“农民运动会”门球赛，获团体第一名。10月，参加全州第七届老干部“长寿杯”门球赛，获团体第二名。

2004年，县政府拨付专款在县城民族体育广场东北侧建立两个室内门球场，占地面积520平方米。是年9月，承办全州老年门球锦标赛，县老年门球代表队获团体第一名。接着承办全省第七届老年门球锦标赛，县代表队获团体第二名。县科学健身协会组建舞蹈队，出席在吉首举办的湖南省首届老年节文艺演出，获团体二等奖。

2005年5月，县老年门球代表队参加全州第九届老干“长寿杯”赛，获团体第二名；10月，县老年门球代表队参加在古丈举行的全州第三届老年人运动会门球赛，获团体第一名，县科学健身协会太极拳队和健身球队获全州第三届老年人运动会优胜奖；11月，县老年门球代表队参加（张家界）全国“贺龙杯”门球邀请赛，获团体第三名。2006年9月，县老年门球代表队获全州老年门球赛团体第二名。

2007年9月，县门球协会代表队获全州第十一届老干部“长寿杯”门球赛团体第一名。10月，科学健身协会组队参加全省首届（怀化）健身单球比赛，荣获一等奖。2008年1月，县体育广场老年门球场棚架被冰雪压垮。是年，筹措资金40万元，重修高标准钢架室内塑胶草坪球场2个，平房会议室1栋，主席台1座，青瓦休闲走廊1条，占地150平方米，成为全州设施齐全的门球场之一。是年，承办全州第十二届老干部“长寿杯”门球赛，古丈县2个代表队参加，一队获团体第二名，二队获团体第三名。是年5月，县科学健身协会组队参加全省第七届老年人运动会，获简易健身单球三等奖。2009年，县门球代表队参加全州老年门球赛。

2010年，全县老年门球队增至20支，门球队员增至180人，培养门球裁判员35人，其中国家一级裁判9人，二级裁判21人；门球教练25名，其中一级教练4人，二级教练21人。是年4月，县老年门球协会分别组队参加全州门球锦标赛和全州老干部“长寿杯”“人大杯”“国税杯”“园丁杯”“健身杯”等门球赛。是年10月，县科学健身协会组建舞蹈队参加全州“夕阳红”老年文艺展评会，表演舞蹈《相聚中华》获二等奖。

四、全民健身活动

1986年，全县全民健身体育活动以增强人民体质为宗旨，各类体育协会和俱乐部应运而生。全县成立有老年门球协会、篮球协会等，各协会组织会员及群众在重大节庆期间开展技艺比赛和健身运动。2000 年，县体育局获全国全民健身周先进单位。

2001 年 9 月，组建古丈县科学健身协会，制定协会章程，组织会员进行太极拳、太极剑、健身球、健身操等健身活动。是年 12 月，县太极拳队获湘西州太极拳活动月通信杯赛一等奖。2002 年始，群众健身体育得到发展，县钓鱼协会、县徒步协会、县乒乓球协会等相继成立，全县各种体育运动协会 8 个。2004 年，参加全省第十届门球锦标赛。举办建康杯篮球赛和全县初中生篮球运动会。2005 年 9 月，县体育局、县统计局、县教育局、县民政局、县总工会联合开展全民体质监测，为省、州国民体质监测中心数据库提供有效数据。

2010 年，全县有门球协会、小背篓篮球俱乐部、猎人篮球俱乐部、安踏篮球俱乐部、早晨队篮球俱乐部、科学健身协会、红太阳健身协会、钓鱼协会、摩托车协会、自行车俱乐部、围棋协会、徒步山水间俱乐部、乒乓球协会等 13 个单项体育协会（俱乐部）。罗依溪、默戎等乡镇组建有广场舞队、苗鼓队等，县城有万余市民以协会为单位开展城郊登山、徒步和在民族体育场跑步、练拳、舞剑、打篮球、耍健身球、做健身操、跳广场舞等，全民健身队伍得到扩大，健身项目得到发展。

第五节　体育设施

1986 年，县城体育场位于下溶湾出口，总面积 7175 平方米。县直机关单位建标准篮球场 9 个，排球场 1 个，门球场 1 个，200 米跑道 1 条。县城中小学还有单杠、双杠、吊环、鞍马等设施。1990 年，古丈二中建成全县中小学校第一个 400 米标准运动场。

1993 年 11 月，投入资金 1200 万元，征地 3.73 万平方米，投入义务工 2.5 万个，建县体育中心。县体育中心内设八道 400 米标准运动场、足球场、2 个标准门球场和两个灯光篮球场、古丈举重馆和举重训练房、少儿游乐场。

2000 年，投入资金 15.3 万元，修建体育中心灯光篮球场、教练宿舍、老年门球场和运动员食堂等设施。是年，全县 12 个乡镇 140 个建制村新建和改建篮球场 140 个。2002 年，县体育中心建成旱冰场 3709 平方米，建举重训练房 100 平方米。

2006 年 9 月，县体育中心游泳池竣工，并投入使用。2008 年，县体育中心添置健身器材 15 件。2009 年，全县各级各类学校有运动场 23 个，其中有 400 米标准运动场 2 个，250—300 米运动场 4 个，篮球场 40 个，排球场 40 个。体育器材配备达标学校有 8 所。是年，高峰乡九年制学校、断龙山乡中心完小、红石林镇九年制学校、罗依溪镇初级中学、古丈一中、古丈县综合职业学校、断龙山乡初级中学、坪坝乡九年制学校、红石林镇中心完小、古阳中学共 10 所学校的体育场地达到国家标准。

2010 年，启动德润体育文化中心建设，即县民族体育中心改扩建，投资 2200 万元，其中常德市投资 650 万元，国家体育总局投资 300 万元，国家发展和改革委员会投资 500 万元，省、州两级投资 150 万元。修建健身楼及舞台 3200 平方米，跑道 4600 平方米，足球场草皮 10050 平方米，塑垫篮球场和水磨石篮球场各 1 个，面积 1600 平方米，中心广场 2250 平方米，地下停车场 2000 平方米，入口牌坊景观等工程。改造门球场，建八道 400 米标准塑胶跑道等。是年，投资 62 万元，实施乡镇体育健身场地建设项目 1 个，村级农民体育健身场地建设项目 14 个。高望界林场自筹资金 50 万元、湖南省体育局资助 20 万元，修建高望界乡高山农村体育中心，建有看台灯光篮球场 1 个、安装健身器材 20 件、羽毛球场 1 个，室内乒乓球场 1 间。是年，全县有体育健身场地 183 个，面积 23.44 万平方米，其中农村体育健身场地 91 个。全民健身路径 5 条，总长度 8.2 千米。

第六节　体育产业

1998 年，县体育局开辟旱冰场、少儿游乐场、足球场、游泳池，进行有偿服务。

2001 年，组织发放即开型体育彩票，首次发行中国体育彩票 13 万元。2003 年，发行即开型体育彩票 96 万元。2004 年，实施电脑体育彩票发行工作。2005 年，全县电脑体育彩票发行点 3 个，电脑体育彩票发行量 60 万元。

2007 年，全县发行体育彩票 327 万元。2009 年，开展电脑体育彩票和奥运体育彩票发行，其中发行体育彩票 110 万元，电脑彩票 80 万元。

2010 年，全县电脑型、即开型彩票销量 139 万元和 49.5 万元。

第二十五篇　宗教　民俗　方言

第一章 宗 教

第一节 佛 教

二龙庵　原名青云寺，位于古丈县城北1.5千米的青云山上，建于清光绪元年（1875）。1958年改建为县茶叶中学，次年茶叶中学停办后拆毁。1991年县民委协助重修庵堂。2004年扩建庵堂100平方米。2010年扩建山门和大雄宝殿，庵堂初具规模。

天桥山寺　位于古阳镇天桥山村正前方山顶天桥上，海拔847.1米，面积约300平方米。寺庙重建于清光绪三年（1877），解放后拆毁。1998年重建寺庙，管理人员7人。

仙门山庵　位于默戎镇排达牛村，海拔798.5米，面积约300平方米，建造年代不详，解放后拆毁。1980年重建。2009年，迁建于村旁将军岩。

天王庙　位于默戎镇龙鼻嘴村附近，建造年代不详，解放后拆毁，1998年恢复重建，庙舍面积200平方米。庙内供有三王菩萨，内设观音堂。

诸天山寺　位于岩头寨镇野竹坪村东南2.5公里处，海拔569.7米，建造年代不详，解放后拆除，1998年恢复重建，庙舍面积200平方米，庙内供奉诸天菩萨。

第二节 道 教

县内道士有掌坛、主坛、一般之分。主坛道士可主管3天以内道场（打醮）活动，4天以上均由掌坛道士主管，一般道士只能作其助手。每次道场收入，主管者拿三分之一，其余道士拿三分之二。掌坛道士道职由地方绅民举祭仪授给。每做"道场"，则共奉"天尊牌位"，正面挂太上老君神像，两边挂王、马、温、赵四大元帅等祖像，唱《玉皇经》《三光经》等。其唱腔分八句赞、九句赞、三仙赞、香赞等，配以唢呐、长号和打击乐器。因吸取佛教部分内容和经典，在超度亡人时，道堂又挂观音菩萨、十八罗汉、二十四诸天神像，唱《血盆经》《金刚经》等，有时还协助庙里和尚唱经，所以掌坛道士一般都有道、佛两堂神像，两箱经书。

2010年，县道教教职人员有"正一派"道士89人。经省、州、县宗教事务部门培训认定，由省道教协会发证道士38人，分布在山枣乡、河蓬乡、高峰乡、岩头寨镇、罗依溪镇、双溪乡、古阳镇、坪坝乡、断龙山乡、红石林镇等11个乡镇。

第三节　基督教

2005 年，设立红石林镇白果树基督教聚会点。由湘西州基督教三自爱国运动委员会会长李先盛牧师创建并传教，发展基督教信徒 64 人。2010 年 8 月，正式登记领证并挂牌。

第二章 民 俗

第一节 土家族习俗

一、居住

县内土家族多在依山傍水处，聚族而居，先是同姓同宗为一寨，常以姓氏作寨名。“改土归流”后，又以地名为寨名。土司制度时，村寨首领有的是“梯玛”，亦叫土老司，主管祭祀、婚姻、诉讼、治病事宜。废除土司制度后，“梯玛”只主持宗教仪式。

在土司制度时，土官衙署画栋雕梁，砖瓦鳞砌，百姓则木叉搭架，编竹为墙，茅草盖顶。“改土归流”后，百姓逐步住进木瓦房，屋向一般均坐北朝南或坐南朝北，习惯一家住一栋木房子。一般小康人家有建筑格局为三柱四棋、三柱六棋、五柱八棋的四排三间木房屋。富有人家则有建筑格局为七柱十一棋的木房子或四合天井大院。有的户屋后有拖步，俗称“锦鸡拖尾”，有的还接有偏房，又叫“马屁股”。有的还在正屋的左前或右前修有转角楼，俗称“走马转角楼”。转角楼是闺女织土花被面（西兰卡普）、绣花、绩麻、做鞋等活动的地方，故又名绣花楼。转角楼一般是三排两间，上下两层，上为人住，下做仓库、碓磨房或厕所猪圈。土家族住房较常见的是四排三间，正屋中间为堂屋，以供祭祀、喜庆、迎宾、婚丧等用，左右两边为住房，其中一间用板壁隔成两小间，后为卧室，前做火房。火房内设有三尺见方火坑，四周立二三寸厚长条石块，坑中放一个铁铸三脚架，供做饭时架鼎罐、锅子之用。离地四五尺高处，从楼上吊下一个木架于火坑上，作熏腊肉和烘烤其他物品之用。父母住左边，儿媳住右边，另一个儿子结婚时，父母让出住房，移住堂屋神龛后时“抱兜房”。三大间不够用时，在正屋的一头配建“磨角房”。屋前有晒坪，四周筑土墙或编竹篱，围成庭院，进入口处修龙门，也叫八字朝门。正屋和龙门都要请风水先生看向道，再测吉日而建。20世纪80年代，农村始建水泥砖瓦屋，样式多姿多彩。

二、服饰

土司制度时，土家族男女服饰不分，皆为一式，头裹刺花巾帕，衣裙尽绣花边。只是男裙较短，衣少花边，女裙较长，衣多花边。“改土归流”后，男女服饰才有区别。服饰布料，多为自纺、自织、自染土布，俗称“家织布”。

男人头包青丝帕或青布帕七至九尺，包成人字路。较古老的上衣叫“琵琶裙”，安铜籽扣，中老年男人衣边贴梅条和绣“银钩”，后来逐渐穿满襟衣和对胸衣。青年人多穿对胸衣，正中安五至七对布扣，俗称“蜈蚣扣”，领高，袖小而长，袖口滚边。裤子是青、蓝布加白布裤腰。鞋子是高粱青面白底鞋，冬天缠青、蓝布裹脚。在“改土归流”前，男人也有首饰，左耳穿只银耳环，左腕戴只玉石圈，头巾一端垂掉左耳后齐肩。解放后，部分老年人穿满襟衣外，其余男子逐步改成中山装、夹克、西装，与汉族无异。

土家族女性服装比较讲究，且有老、中、青之分。老年妇女一般头包青布帕，穿青蓝色矮领、袖大、滚花边、向右开襟满襟衣和白裤腰青蓝色裤。中年妇女冬天多穿向右开襟、矮衣领、短袖，衣襟和袖口都缀上宽青边的满襟衣，夏天穿白衬衣套青夹衣，俗称“喜鹊套梅”。裤子多是青蓝布，上白布裤腰，裤脚多用对称色加边。脚穿青布立式鞋。出嫁妇女头挽“粑粑髻”，插银簪子，戴耳环，头包青丝帕，手上戴戒指和手圈。青年妇女，特别是闺女则更加讲究，头上留长辫，用红、蓝、青色绒线扎头绳；喜穿青、蓝、绿、红色外托肩上衣，内穿白色衬衣，裤子膝部和脚口绣五色花，脚穿绣花鞋，头戴金花、银花，耳挂耳环，颈带项圈，手带银手圈和一两颗金银戒指，胸前挂银质牙签，扣有银链、银铃、银珠等，走起路来叮当作响，惹人喜爱。新中国成立以后，在喜庆、集会之日穿民族服装外，平时皆穿汉族女式服装。

土家族小孩服饰最讲究帽子。春秋戴“紫金冠”，夏季戴“冬瓜圈”“蛤蟆帽”，冬季戴“狗头帽”“风帽”“鱼尾帽”。帽檐绣花，有“喜鹊闹梅”“凤穿牡丹”“长命富贵”“福禄寿喜”等字样，正面钉“八仙”“十八罗汉”等银菩萨，帽顶及帽后用银链吊银牌、银铃。手上戴银手圈，上吊“瓜锤”“印斗”，颈上挂“长命富贵”或“百家锁”。小孩衣服一般在“抱兜”上绣各种花草，鞋子有“粑粑鞋”“猫头鞋”。三四岁后，男女小孩服饰才慢慢有所区别。男孩蓄“撮箕头”“一块瓦”，女孩蓄“盖盖头”，打小辫。

三、饮食

土家族人民多居于高山地带，以大米、苞谷、荞麦、红苕和杂豆为主粮。副食有粑粑、团馓、炒米等。粑粑有糯米糍粑、苞谷粑、麦粑、荞粑、粉粑、草粑。过大年时家家户户都打糯米糍粑，少则几十斤，多则数百斤。糍粑阴干后，泡到水缸里，经常换水，保存至来年三四月间。土家人喜食辣椒、酸菜、腊肉。辣椒有炒辣椒、烧辣椒、腌辣椒、酸辣椒、醋辣椒、炸辣椒、擂辣椒。酸菜有白菜酸、萝卜酸、青菜酸、大蔸菜酸、胡葱酸、豆角酸、筋豆酸、茄子酸、苦瓜酸、酸肉、酸鱼。到腊月，土家人家家户户杀年猪，将猪肉拌上食盐、花椒、五香粉，在缸内腌10天左右，取出挂在火炕上熏腊，然后放在谷堆里储存。土家人喜欢饮酒，酒分为米酒、糯米酒、苞谷酒、高粱酒、甜酒，还有用枸杞、杨梅等泡酒。

四、婚姻

“改土归流”前，土家族男女青年通过对歌、吹木叶、跳摆手舞等活动相识相爱，征得土老司同意即可成亲，不索要任何钱财。“改土归流”后，始有“父母之命、媒妁之言”和求婚、订婚、拜年、结婚、回门等礼俗。土家族人喜姑亲表亲，有“姑家女，伸手取；舅家要，隔河叫”说法；也有开姨表亲和“扁担亲”的。另外，还有“坐床”习俗，一般是兄丧后，弟同嫂为婚叫做“弟坐兄床”；若兄丧嫂寡，弟要“坐床”，嫂不能改嫁他人，若弟不愿“坐床”方能改嫁。也有“兄坐弟床”的。土家族结婚，一般有求婚、订婚、拜年、送日子、娶亲等仪式。

求婚　男方请媒人去女方说亲，媒人须带一把雨伞，曰“团圆伞”。进门后将伞倒立在大门外，空手进屋，若女方把伞倒过来，表示不拒绝这门亲事。媒人第二次上门，把伞倒立在堂屋内，若女方将伞拿进火塘，示意亲事有进展。媒人第三次上门，带一块肉和一把伞，把伞倒立在火塘屋，若女方把伞拿进内房，杀鸡招待，表示同意这门亲事。若女方不收礼物，表示拒绝求婚，媒人不必再来。

订婚（认亲）　女方同意男方求婚后，男方准备酒肉、衣服、耳朵粑粑（糯米糍粑）等礼物送女方家取“八字”，女方把生庚时辰用红纸写下来交给男方。男女双方生庚“八字”相合，即可订婚，俗称“放爆竹”。订婚之日，由媒人带男儿和挑夫，挑上酒肉、衣服、首饰、耳朵糍粑、鞭炮等物，到女方家后，先燃放鞭炮，祭祖先，女婿给亲爷（未来岳父）亲娘（未来岳母）磕头，然后去女方伯伯、叔叔家送礼，放鞭炮，磕头相认。当天，女方家宴请亲友，给亲族每家两个糍粑，这门亲事就得到亲戚认可。

拜年　订亲后，到正月间，男方要去女方拜年，送猪腿、糍粑、团馓等礼物，感谢亲爷亲娘恩情。还要给女方伯伯、叔叔送腊肉一块、面条一包。女方父母、叔伯要给男方馈赠钱物。女方做一至两双布鞋作为回礼。平常拜年是一只砍掉猪尾巴的猪腿，至少6千克重。男方要求结婚那年，拜年礼物是一只带有猪尾巴的猪腿。女方同意在这年内结婚，猪腿则原物收下；女方当年不同意结婚，就把猪尾巴割断用红纸包好，放在女方“打发”（回礼）的布鞋里，以示不同意当年结婚。

送日子　男方在婚前一年或半年与女方协商婚期。嫁娶日子定下后，男方请媒人带上酒肉和衣服等礼物，到女方“送日子”，正式决定婚期。

娶亲　婚期定下后，男方要作接亲准备，备好过礼酒肉、礼布和新娘衣服、首饰等。女方准备“嫁妆”，一般都备陪嫁的柜子、箱子等用具和七八床被子，经济条件好的要陪嫁全套家具和十二床被盖。新娘衣服多少由女方决定，女方缝几条裤子，男方要做几件衣服；女方准备几床棉被，男方要送几床白布里子。女方还要准备花鞋子、花带子、花帕子。结婚当天晚上，鞋子由新娘新郎拜送男方长辈，长辈收到新鞋后，要给新娘“打发”钱物，花带、帕子送给晚上闹新房同辈或晚辈亲友。

结婚前一个月内，女儿要哭嫁。哭嫁那天晚上，全寨相好姐妹和姑嫂长辈都来陪哭，土家语叫“打坡”。在此期间，家族亲友要宴请新姑娘一餐丰盛菜饭（不喝酒），叫做“送嫁饭”。哭嫁内容有哭父母、哭哥嫂、哭姐妹、哭亲友、哭祖宗、哭开脸、哭穿衣、哭上轿等。

婚嫁前三天，男方派人到女方家送礼，俗称“过礼”。礼物有酒、肉、衣服、手饰、被盖等。婚前一天，是女方“戴花酒”，亲朋好友前来为新娘戴花贺喜，为新娘“开脸”“上头”（修理眉毛、梳头，把头发挽成“粑粑髻”）。当天下午，由“头嘎”（即媒人，标志是拿一把雨伞）“二嘎”（管“哭脸粑粑”“三茶六礼”的人）“摸米”（一般由比新郎略小的弟弟担任）领头，接亲队伍一路上吹吹打打到女家迎亲。迎亲队伍到时，女方用桌子拦门，举行拦门礼，男方“执事”与女方“内管”互相问答对唱。男方执事唱赢，方可搬开桌子，唱输，执事要从桌下爬过去，迎亲队伍才能跟着进屋，将花轿停在院子里。当天夜里，陪新娘哭嫁的青年女伴和迎亲队伍中以“摸米”为代表的男青年，则通宵不眠，找“摸米”。夜里，姑娘们就三三两两地在人群中、角落里找“摸米”，找到疑似“摸米”者，就抹他一脸黑，往往真正“摸米”总躲在花轿内，找不着（因为姑娘们不敢看花轿）。

第二天公鸡一叫，就要“发轿”。新娘哭着，穿大红露水衣、露水鞋，胸前戴一铜镜，由送亲娘引出房门，哭别祖先、父母等亲人后，前后各丢一把筷子，然后由胞兄或胞弟（若亲兄弟都没有，堂兄弟也可以）用背亲布背新娘上轿。新娘上轿前，用脚在轿杆上蹬三下，而后进轿关门。新娘上轿后，迎亲队伍用两只长约1丈的竹片捆成外包红纸的“喜把”，点燃照明，女方便来1人抢去1个“喜把”，意即财物不能全部带走，留下一半。新娘坐在轿上还要哭嫁，花轿一抬走就要止哭。要出轿时，那个“摸米”将新娘的帐子、席子搬起飞跑，提前跑到新郎家，以便在新娘没有到之前开好新铺。

送亲客手拿雨伞，随同花轿前往，富有人家送亲客要乘坐“蓬轿”前往。接亲队伍一路上打着镏子，吹起唢呐，不停地鸣放鞭炮。

新娘来到前，男家请夫妇双全、家庭和睦、儿女多、声望好的妇女开铺。花轿到时，由土老司咬雄鸡冠，将鸡血淋轿一周，点椈腊树叶，噼噼啪啪作响，以示“退煞”。新娘下轿，从“七星灯”（即筛子上放豆腐七块，点七根蜡烛或七根油香）上跨过，与新郎在堂屋拜天地、拜祖宗，然后夫妻双双进入洞房。新郎抢先入洞房，坐在床边，待新娘走来坐下后，新郎用双手揭去新娘头上“蒙帕”，顺手抢新娘头上插花，表示爱新娘如爱花。新娘则摘去胸前护身镜，以示一身清洁如镜，乐意来到婆家。送亲娘随即进房，向新郎祝福。新郎出房后，送亲娘关上房门，让新娘脱去露水衣、露水鞋，换上新装，与众亲友见面，然后新郎新娘在“正酒席”上向亲友敬酒。新郎新娘还要吃交杯酒、团圆饭，洗和气脸。入夜开始闹新房。第二天早上行“拜蛋茶”，新郎和新娘端着茶盘，每个碗里放两个鸡蛋，给长辈敬茶，长辈要送茶钱。婚后第三天，新婚夫妇带上猪腿等物，到女方家拜谢父母，俗称“三朝回门”，但无论多远都要当天去当天回。土家族有结婚一月不守空房的习俗。

五、丧葬

土家族人去世，土老司先唱《柳床词》，述死者一生拖儿带女的辛苦。亡人入棺前，土老司穿着死者生前衣服，身背破背笼，装扮离别儿女模样，死者的亲人痛哭不愿死者离去，土老司则挣脱夺门而走。

土老司对亡人实行最高葬礼时，则在屋顶上对着神龛开一天窗，从天窗顶上的天坪塔挂几丈长白布直至下垂神龛。死者头戴凤冠，身穿罗裙，脸蒙黄纸，盘坐在神龛上。另一土老司主祭后，把白布裹着的尸体慢慢绞至高台上，谓“亡人升天”。接着做9天9夜牛角道场。

送终　死者临终时，由儿孙抱于胸前，叫做“接气”。死后将帐子推开，以便死者去阴间不走错路，在死者口里放“含口银”，烧化钱纸。然后儿女烧一壶水，放桃叶，至水开，给死者洗脚、手、胸、背、太阳穴等“五心”，再穿寿衣（5至7件）、寿鞋，戴寿帽，腰捆一束白纱，以年龄计算，一岁一根。女性死亡，穿红衣可解脱生儿育女的“罪孽”。父母在世的死者，戴白色寿帽，以示给老人戴孝。梳洗装殓完毕，用6尺长白布（叫提尸布，6尺是取六一逢生之意），将死者放在白布上，由4人提取白布四角轻轻地把死者尸体放在堂屋木板上（木板俗称柳床），脸盖黄纸，随后把死者死前睡的垫铺草在十字路口烧掉。土家人对老年长辈丧葬十分讲究，一般要在家停柩3天，经济条件好的，停柩时间更长。死者病中睡过的被盖、穿过的衣服都要洗晒。将棺材放在堂屋正中，从七至九户邻居家中取来火坑灰撒在棺材内，铺上皮纸，就入殓，待亲人看过后再封棺。

戴孝　死者的孝男孝女，都要戴孝，家庭条件好的也有戴满堂孝的，死者晚辈都戴孝。近亲属要戴白麻布或白头巾，要穿不钉扣子以布条相连的白长衫，叫孝衣。孝帕要连续戴满3年。死者的亲生儿子在死者安葬后三个月内不剃头发，以表示对父母的哀思。

葬礼　在“改土归流”前，由土老司举行葬礼。“改土归流”后改由道士举行葬礼，堂屋中设灵堂。丧葬期间，孝家门上贴“当大事”三字，扎上丧门，给死者扎灵屋。追悼日期从亡人去逝之日算起，在家停放三天、五天、七天，若八字相克也有在家停丧十天半月的。停丧时间长短，是根据死者家庭经济和亡人年龄而定，家庭经济条件好，死者又是老人，停丧时间长些；家庭经济条件不好，死者是青年人，停丧时间短一些；若非正常死亡的人，叫“伥死”，不行追悼，早死早埋，晚死晚埋。未成年小孩死亡，叫“化生子”，用木匣葬于溪边。

追悼期间，死者子女、媳、婿、内侄都要披麻戴孝。头戴五尺长白布帕（即孝帕），身穿麻织白色孝衣，脚穿草鞋。经济条件好的，对来帮助办丧事的晚辈，都送一根四尺长孝帕。追悼期间请七八个道士念经，举行“打绕棺”“散花解结”“十王进贡”，死者若是妇女，还举行破“血湖池”。大葬那天，要举行一昼夜葬礼，给死者杀猪宰羊祭奠。亲友来吃“烧香酒”，寨上青壮年来吃“抬丧酒”。正亲戚前来祭奠，一般送猪头一只，钱纸三斤六两，挽联一副，叫“烧猪头香”，也有上猪羊鸡祭的，即猪羊鸡各一只。前来祭奠的人，都要在死者柩前烧香作揖，跪拜三下。此时，死者长子一旁陪跪，孝子还礼；祭奠者若是女人，就进帷帐在棺材边拜哭死者，由死者女性亲属陪哭，这叫“哭丧”。这几天最后一日为“大葬日”（也叫大葬夜），给死者杀猪宰羊作祭奠。白天要请道士开路，晚上组织唱孝歌，唱围鼓戏。

送葬　举行大葬礼的第二天，早上是送葬。先请道士选择好“前朱雀、后玄武、左青龙、右白虎”地方为坟地。抬丧出门，要沿路丢“路钱纸”，经过人家门口，要放一个火把。灵柩边走边有人用“子孙棍”（竹杆上捆扎钱纸）打棺材盖，敲着送葬锣鼓送上山。

安葬　灵柩下葬前，由道士在墓坑内用小米画上八卦、洒雄黄酒后，棺材才能入坑。先由孝子一只脚跪在棺材盖上，挖三锄泥下坑，边挖边喊死者，然后众人堆土搬岩砌好坟墓。坟上要插一把纸伞，一根“子孙棍”，倒放一只畚箕，插上已出嫁女儿和侄女们送的“活乐伞”（纸扎的，如同花圈），做好坟堆后，再放鞭炮，表示安葬完毕。

新坟前，要连续烧火三夜，叫“送火”。满三朝那天，备酒肉香纸等祭品，所有内亲还要堆一次坟，叫“服三”，也叫“收魂”，捉得魂魄（小蜘蛛或昆虫之类），装进纸筒，带回家，放在神龛上供奉，谓之死者上了祖先神位。此后三、六、九天内，死者要“回煞”，亲人要备祭品祭祀。腊月三十夜要上坟给亡人送火送灯。

孝子百日内不剃头，戴三年白孝帕，不看戏，不与人口角，以示哀思。葬满三年于“社日”，在坟前杀猪宰羊祭亡垒坟。服孝三年期满，整个丧事才算完成。

六、节庆

过赶年　即土家族有提前一天过年。月大，腊月二十九过年；月小，则腊月二十八。其来历，有三种说法。一种说法，在明代嘉靖年间（1522—1566），正值年关，突然接到朝廷圣旨，调土家土兵前去抗倭，不能等过年就得出发；为让出征官兵过了年再走，就决定官兵提前过年。土家土兵出征后，立下“东南第一战功”，后人为纪念抗倭胜利，每年过年都提前一天。第二种说法，土家族先祖打死朝廷贪官，为躲避朝廷追捕，决定提前过年，然后各奔东西。第三种说法，土家族祖先，家境贫苦，大年三十还要给财主做工，为全家团圆，就提前一天吃年饭。

跳马节　每年农历岁首第一个马（午）日，土家人时兴过跳马节。扎马数匹（最多12匹），加以彩绘，形若真马，人站其中，呈骑马状。骑士驾“马”奔向土地坪，敬土地神，祈求风调雨顺，国泰民安。之后进行跳马演武、操旗、调年、稀可乐、审老爷、烧马等活动。

社巴日　俗称社巴节。是祭祀土家社菩萨为主的大型节庆活动。时间为每年立春后第五个戊日，谓之“五戊逢社”。活动时间一般 1 ~ 3 天，其内容为“请神、娱神、送神”三大部分，主要表演社巴舞、茅古斯舞。祈求社菩萨保佑一方平安，风调雨顺。

六月六　其来历，一种说法，六月六是姑妈节，把出嫁的姑妈接回来“歇伏”。第二种说法，纪念土家族祖先来保靖定居的日子。第三种说法，为土家族英雄覃垕蒙难日，覃垕被害，血染征袍，土家族人家家户户都在六月六这一天“晒龙袍”（即晒棉衣、棉被），以示纪念英雄。农历六月初六，土家族人杀猪、打粑粑、做豆腐，祭祀祖先，跳摆手舞，欢度节日。

七月半　其来历，第一种说法，土家族先民因战争流入云南，终生不归。当农作物成熟以后，后人以酒、肉、新鲜稻米祀亡灵。第二种说法，土家族先民逝世后，亡灵飘游云南。为不耽误其赶路时间，后人要在七月十四傍晚，在家门前烧纸钱，到离家远一点的地方洒稀饭，称之“洒鬼稀饭”，表示祖先要去云南赶会，后人给他们送一些盘费。

第二节　苗族习俗

一、称呼

凡是幼辈见长辈，对不相识而年龄大于自己的男性称“阿那”（大哥），女性称“阿亚”（大姐）；对与自己不同姓的年长老人，男称“阿能”（舅舅），女称“阿蒙”（舅妈），或称“阿打”（外公），“阿达”（外婆）。

平辈相见，不相识但知不同姓，男称“巴秋”（老表），女称“欧秋”（表姐妹）；知同姓，男称“阿那”（大哥），女称“阿亚”（大姐）。

长辈见幼辈，对不相识的青壮年，男称“得那”（小哥），女称“得娅”（小妹子）；对幼年儿童不论男女统称“得苟”（小弟弟、小妹妹）。

二、居住

苗族喜聚族而居，建木结构房屋，多为四排三间，有的配吊脚楼。屋当面板壁多用桐油粉刷一新。堂屋正中，铺有圆形盖板岩一块，岩下有圆坑，是苗家放龙神位的地方。

苗族人选择屋基，喜欢避风向阳，依山傍水之地。一般瓦屋高不超过 1.88 丈（3.2 米），因传说鲁班盖屋最高 1.88 丈，若是超过这个高度就不吉利。屋架结构习惯五柱八棋三间，若地基窄狭，改用三柱六棋三间或三柱四棋三间。梁的正中间画太极图，用银针钉上五色布条于图中，两头画上乾坤两卦，写上“长命富贵，金玉满堂”字样，垫当年“皇历”。房屋的大门和窗户喜欢安花格。中堂装有神龛，用红纸写着“天地国亲师位”等字，现在神龛都已去掉，大多贴上年画、对联。中堂两侧屋全铺地楼板，以防潮湿。并以中柱为线装一木板壁，前面是烤火、做饭、接待客人的地方，后面是卧室。牛栏、猪圈及厕所，一般建在走廊及厢房下面，若无厢房的，则建在房屋附近隙地。仓库有建在室内的，也有建在室外的。但有的苗家房屋中堂不装壁房，不装仓房，也不装神龛，祖先供奉在火床的火坑边。在择定的吉日竖屋上梁，木匠师傅与礼官分别攀上梁头梁尾，边攀边诵《上梁词》。登上屋梁后，边诵边抛“上梁粑”，主人夫妇对跪在堂屋地面，用红被面接木匠师傅凿开的梁口木渣与从屋梁上抛下的上梁粑粑（木渣、粑粑象征金、银）。尔后，木匠师傅与礼官又向五方抛“上梁粑”。

三、服饰

苗族男女服饰差别不大，上穿花衣，下着百褶裙，头蓄长发，包花帕，脚穿船形花鞋，还配带银饰。“改土归流”后，朝廷明令“服饰宜分男女”，因而变化较大。男子服饰较女子服饰简单，头缠长 1 丈（3.3 米）至 3 丈（10 米）青棉布帕，缠成斜十字形。上身着白、青、蓝色或花格（或花条）的棉布料对襟衣，有 7 对扭扣，下身着青、蓝色棉布料大筒裤，脚裹 3 寸宽（10 厘米）、丈余长青棉布裹脚带，劳动时腰束布带。一般青年男子穿衣多到 7 件，最里层为白色。最外层衣服只扣最下面的一对纽扣，第二层衣服则扣下面的两对纽扣……以此类推，一直到扣完第七对纽扣为止。这样层层新衣服全能由外一眼看出，以显其富有和豪爽。

妇女服饰更为精美。女衣为满襟，过腰宽而长，袖大而短，无领，胸前袖口均滚有花边，并加栏杆花辨。有的在开岔和放摆前后两面边有刺花云钩。女裤较大而短，裤脚滚宽花边。不论衣裤花边，均喜欢黑底彩锈，花色尤为鲜艳。礼裙长而宽，围腰前面大团彩锈，下脚边缘满锈花纹，并滚栏杆大小花辨，五光十色，鲜艳夺目。鞋头尖，鞋口大，满绣花草，后跟缀有耳子，以便穿脱。头帕多喜青布长帕，缠叠如螺塔，左右呈角，未婚姑娘则稍露发辫和彩蝇。坪坝、山枣、河蓬等苗族则又喜欢白布青纱刺绣的花帕。

首饰种类繁多，造型精美，有金饰、银饰、铜饰、玉饰等，有银帽、银盆、银链、银牌、凤冠、苏山、耳不、项圈、手镯、戒指、牙签、扣绊等，还有各种各样的造型，如耳环吊耳瓜，银链与牌吊上牙签、刀矛，小孩的八仙帽和罗汉帽等。这些首饰佩戴起来，重达几斤，全身闪耀，铮铮有声。这种打扮，在龙鼻嘴等地苗族妇女中仍很盛行。

四、婚姻

婚姻，苗族历来比较自由。是男女青年相爱后，征得父母认可，有订婚、过礼、结婚、回门等习俗。

订婚　当男家看上某家女子，必须准备酒肉，请媒人先到女家去“讨口风”。媒人到女家后，女家如果非常热情，便说明女家有意。媒人便将此情形回告男家。隔几天，媒人又前往女家央求，正式向女家提及婚事。按习惯，央求次数越多越好，俗称“求多为贵”。倘若女家有心将女儿许配与求婚的男家，还需征得族人赞同，才算有效。于是男家需再备酒、肉、糖等礼物，由媒人送去，女家则请族人吃“放口酒”，就算正式订婚。

过礼　正式订婚后，男家择定吉日向女家过礼。在过礼前一个月，要先由媒人通知女家，女家又通知族人，届时前来吃礼酒。到吉期男方请叔伯弟兄三至八人陪同，挑糯米粑粑、肉、酒等礼品和礼金（多少不拘，尽力而为）去女家，女家亲族设宴热情接待。主客互致礼词（苗语谓“卜度秋度来”），然后就餐。第二天由女家亲族请吃排家饭，两天三晚方散客。女家要打发回礼，给女婿成套衣服鞋袜，给媒人送一段裤子布料和一个猪头。参加吃礼酒的亲族每家送一段裤子布料给男方。

结婚　过礼后，双方即可选定佳期娶亲。当娶亲队伍来到女方家门口时，女方要举行“拦门礼”，双方司礼人互相问答，娶亲人要献上礼钱一包，叫做“开门礼”。女方接受礼物，将门打开，才接客人入室，双方鞭炮齐鸣。稍事休息后吃饭，饭后按“吉时”发亲。新娘由胞兄弟背上花轿，除亲属陪同外，还有若干女伴。特别要请两个子女双全的妇人做“送亲娘”，手拿布伞走在前面，开路驱邪。到男方家还要“解煞”，才能请新娘下轿。新娘下轿前，男方须燃旺火一堆，象征吉祥兴旺。有的地方，还要在进门处放一只篾筛，陪新娘的子女绕筛而过，只有新娘踏筛而入。新娘进屋后，不拜堂，直走地楼火坑边，面朝内坐，主婚人斟两碗酒放在桌上，酒一口、肉一口，新娘新郎共饮共吃。接着又送煮过草药的洗脸水一盆，供新郎、新娘洗脸，据说洗了能驱除山神恶煞。洗毕，主婚人唱《合事歌》，歌词大意：“夫妻合好，地久天长；女是太阴，男是太阳；日月同明，诸事吉祥；口合口，心合心，夫妻相合创乾坤；手合手，脚合脚，夫妻相合同快乐；夫妻齐眉同到老，百子千孙福寿多”。唱完《合事歌》，婚礼完毕。

当天，新娘可同女伴出外游玩，熟悉环境，但不到男方同姓家里去。晚上，开场唱歌，由男方歌师起头，女方歌手应和。先是互相祝贺，极表谦虚，接着唱风土民情，盘根问古，你唱我和，别有风趣。唱到半夜，主人端出粑粑、甜酒之类供众人宵夜。随后唱收场歌，尽兴后休息。次日早餐后，又唱苗歌，一直唱过三天三天夜才完毕。有的地区，男家亲族家留客吃饭，苗语叫“龙列吐”或“龙列高”，意即“吃排家饭”。亲族众多的，一天安排七八餐，往往这里放碗，又去那里接着吃。“排家饭”的餐数越多，娘家越满意。在客人停留的期间，新郎新娘只能出面，不能同宿。满三朝后，新娘清早起来挑水一缸，表示从此在夫家殷勤劳动，决不偷懒，不让旁人耻笑。

回门　散客后，新娘新郎一同回娘家住三天，叫做“回门”。第四天返回男家，当晚才是花烛成婚之夜。三个月后，夫妇一人再一次回娘家休息三天，从此共同创家立业，白头到老。

五、丧葬

苗族老人寿终后，有如下丧事程序。

睡柳床　先用桃枝和水菖蒲浸水，为死者理发洗澡，再穿寿衣放上柳床，然后请一异姓老人去溪河边取水，并撮数个虾子，扯朝下河生的水菖蒲数片，同放在盆内，由苗老司“造水”洒于亡人及孝子身上。孝男孝女悲泣不能出声，待苗老司烧化纸钱送亡魂升天后，才能放声痛哭。

择定吉日入殓后，柩停中堂，再择吉日安葬。以前有停柩一年半载之久的，解放后只押三、五早。停柩期间，亲人日夜守灵，并在棺材下面点一盏菜油灯，叫“地府灯”。

绕棺开路　安葬前，在家门口扎孝堂数层，供亲友祭吊。请和尚或道士进行绕棺开路法事，引着孝男孝女绕着灵柩“破五方五位”“传排灯”“追魂解洗”。富有之家还于开吊之日行早、暮奠礼。

出柩　安葬吉日当天早晨出柩上山。届时要安排一人走在灵柩前，沿途放下纸钱，称“买路钱”。一人（亡人舅家中的亡人晚辈）披白戴白，挥动火把开路，走直不走弯，逢山翻山，遇水涉水，直达坟地，引导亡人上坟地。孝男孝女护送灵柩，一路火炮不断。葬后，凡脚踏新坟的人，一律要回丧家。丧家门外放有米饭一碗，每人取一粒放入口中，然后吐出，才能进屋，名叫“退新土”。

安坟穴　坟地请“地理先生”事先择定。开穴时孝子一人先动土三锄，然后由他人挖好坟穴。挖好穴后，“地理先生”用小米在穴内画八卦，并用鸡血淋地面，化钱纸，放朱砂安龙神。棺材入穴后，架罗盘拨正山向，唱“五谷歌”撒五谷，诸孝子呼唤死者大哭三声回家。留一正孝跪在棺材头上哭喊死者三声，挖三锄土盖坟，再由送葬人们把坟堆砌好。凡是踩了坟地新土的人，都要到孝家堂屋“退新土”。安葬后，孝子要去坟上点三夜灯。

招魂（苗语叫土昂）和安魂（苗语叫许香）　安葬后的卯日，请苗老司到家门槛边，敲打着竹柝招亡魂，让亡魂在祖先神位上归位，丧事方告结束。

一般成年人去世用杉树棺木敛尸，未成年人去世用木匣敛尸，置于屋外，随死随埋，并葬后在去途中烧三夜米糠烟火，让亡魂于火堆中逗留，免得回家作祟。凡惨死者（自缢、刀砍、枪杀、难产等）均不准进屋停放，死者家里以及家族家里都要立即将盛有酸茶的坛坛罐罐全都抛出屋外，摔个粉碎；至少要把酸茶全部倒出，置空坛罐于野外，过一段时日才拿回家里。

六、节庆

过年　腊月二十八日将磨、碓、筛子、簸箕等贴上钱纸封禁（苗语和柔），正月初六解禁。除夕日将大小门窗、房门、堂屋中柱、家具等都贴上钱纸，并备足新年用水。开年后第一次去水井挑水，要备带香纸点烧后打水（“送买水钱”）。正月初一凌晨吃年饭。吃年饭很有讲究，合家老少必须到齐，凡在远方的儿女，均赶回家团圆庆岁。象征“合家团圆”。过年要早，抢在别家前面，象征“新年老人”先迎到家，赐福赐贵。

三月三　每年农历三月三日，苗族人民自行集中到预定清明场，对歌、赛歌、听歌、跳舞，尽情欢乐。这一节日，现在野竹、坪坝等地还盛行。

四月八　每年农历四月八日赛歌，与“七月七”、“赶秋”等传统节日一样热闹。

吃新节　每年农历六月第一个“卯”日，清晨去稻田拔稻穗数枝，去地里打嫩苞谷数棒，回家蒸熟尝新。食前要先祭祀先祖（火化香纸供新食品敬奉先祖），然后全家分尝，一般新嫁出女儿都回娘家拜节尝新。

六月六　每年农历六月初六，苗族都要在本村举行盛大歌会，以纪念“盘瓠”祖先。这是苗族远古遗俗。相传“盘瓠”是神犬，为远古高辛氏的女儿所爱，与他结婚成亲，生下6男6女，均自相婚配，繁衍子孙。

七月七　每年农历七月七日，相传牛郎织女鹊桥相会。苗族人民为感谢织女凿洞引水之恩，每到这一天，都要身着盛装，向河蓬穿洞汇集，举行赛歌、跳舞、唱戏、舞狮、玩龙，尽情欢乐，通宵达旦。现在坪坝、河蓬等地还很盛行。

赶秋　每年立秋时，苗家人相邀集会赶秋。旧时有“秋公”“秋婆”端坐滑杆游秋场。现在主要是“八人秋”、唱苗歌、打苗鼓等。相传很久以前，一位叫巴贵达惹的苗族后生，长得英俊，头脑聪明，九十九寨苗家姑娘想嫁给他。一天，巴贵达惹外出打猎，见一只山鹰从空中掠过，一箭射中那只山鹰，同时坠下一只花鞋。这只花鞋绣工极为精美，一看便知出自聪明美丽的姑娘之手。巴贵达惹决定要找到这花鞋的主人，在乡亲们帮助下，制造一种可以同时坐八人的水车形秋千，取名“八人秋”。在秋场上，巴贵达惹找到那只花鞋的主人仰兰姑娘，通过对歌而建立感情，最终结成夫妻。从此之后，人们一年一度都要赶秋。现在，龙鼻嘴、坪坝、河蓬等地，还盛行赶秋。

跳香节　也称“过香”，为高峰乡、高望界乡、岩头寨乡等佤乡人（苗族一支）盛大节庆。时间为农历九月中旬至十月上旬的一天，因寨而异。大家蒸酒、打粑粑、做豆腐，欢度佳节。请跳香老司一班人，于夜晚举行跳香祭典，选 4 名后生手握竹竿，上捆苞谷壳，配合老司进行打筒，通宵达旦。第二天举行送瘟神仪式，以保村寨清洁，众人安康。

第三章　方言　谚语

第一节　土家语方言

古丈县土家族语言（土话）属汉藏语系藏缅语土话语支。县境内土家语区分布于断龙山乡、红石林镇和双溪乡部分村寨，交往时能互相通话；南部方言不能与北部方言区通话。口耳相传，有语言无文字。1949 年后，土家话逐渐失传。2010 年，仅有断龙山乡大龙热村、报吾列村和红石林镇科布车、小龙热等村老年人仍讲土家语。

一、语音

县内土家语语音共有 19 个声母、35 个韵母、4 个声调。

（一）声母

古丈县土家语声母表

表 25-1

<table>
<tr><th colspan="3" rowspan="2">发音方法
发音部位</th><th colspan="4">音塞</th><th colspan="3">擦音</th></tr>
<tr><th>不送气</th><th>送气</th><th>不送气</th><th>送气</th><th>擦音</th><th>鼻音</th><th>边音</th></tr>
<tr><td colspan="2" rowspan="2">双音</td><td>清</td><td>p（b）</td><td>ph（p）</td><td>—</td><td>—</td><td>—</td><td>—</td><td>—</td></tr>
<tr><td>浊</td><td>—</td><td>—</td><td>—</td><td>—</td><td>—</td><td>m（m）</td><td>—</td></tr>
<tr><td rowspan="4">舌尖音</td><td rowspan="2">舌尖前</td><td>清</td><td>—</td><td>—</td><td>ts（z）</td><td>tsh（c）</td><td>s（s）</td><td>—</td><td>—</td></tr>
<tr><td>浊</td><td>—</td><td>—</td><td>—</td><td>—</td><td>Z（）</td><td>—</td><td>—</td></tr>
<tr><td rowspan="2">舌尖中</td><td>清</td><td>t（d）</td><td>th（t）</td><td>—</td><td>—</td><td>—</td><td>—</td><td>—</td></tr>
<tr><td>浊</td><td>—</td><td>—</td><td>—</td><td>—</td><td>—</td><td>—</td><td>I（I）</td></tr>
<tr><td colspan="2" rowspan="2">舌面音</td><td>清</td><td>—</td><td>—</td><td>tG（j）</td><td>TGh（q）</td><td>G（x）</td><td>η（）你</td><td>—</td></tr>
<tr><td>浊</td><td>—</td><td>—</td><td>—</td><td>—</td><td>—</td><td>—</td><td>—</td></tr>
<tr><td colspan="2" rowspan="2">舌根音</td><td>清</td><td>k（g）</td><td>kh（k）</td><td>—</td><td>—</td><td>x（）</td><td>—</td><td>—</td></tr>
<tr><td>浊</td><td>—</td><td>—</td><td>—</td><td>—</td><td>ǒ（）</td><td>η（ng）岩</td><td>—</td></tr>
</table>

说明：（1）n–I 为变值音位，实际读音带鼻音情况较少，故定为 I。

（2）舌面鼻音声母“η”只与齐齿韵相拼，同 I 声母绝不相混。“η”，读音借用汉语方言“你”，“η”读音借用汉语方言“岩”。

（3）音标外加圆括弧者均为《汉语拼音方案》与国际音标相对应的音

（二）韵母

土家族语韵母共有 35 个。分三类。

古文县土家族语韵母表

表 25-2

韵尾 韵头	开尾韵母				元音尾韵母				鼻音尾韵母		
开口	I	a	o	e	ai	ei	au	eu	an	en	oη
齐齿	i	ia	ic	ie	—	—	iau	iu	ian	in	—
合口	u	ua	—	—	uai	uei	—	—	uan	un	——

说明：（1）韵母只与 ts、ths、s、z 四个声母相拼。

（2）a 的实际音值为央元音（a）。

（3）u 的实际音值为央元音（tt）。

（4）单项填空 e 除与 i 介音结合时实际音值为 e 外，出现在介音 i 与韵尾 u 之间以及出现在韵尾 i、u 之前时，实际音值为（・e）

（5）an 韵母鼻韵尾 n，发音时不上抵齿龈、实际读音为鼻化元音 e。ianuan 两韵也是一样，为了印制方便，都用 an、ian、uan 表示。

（6）en、in、un 三韵实际读音为鼻化音 e、i、uj、为了印刷方便，仍用 en、in、u 来表示

（三）声调

土家语有 4 个声调。

古文县土家语声调表

表 25-3

调名	调值	词例
第一声	55	o^1 洗 Phu^1 买 窝铺（床）
第二声	35	o^1 恶 ze^2 酒 Phu^2 媳 卧（惹）铺（店）
第三声	21	o^3 围 ze^3 鼠 恶热
第四声	41	o^4 蛇 ze^4 美 （窝）惹

说明：（1）在每一音节右上角标数码 1、2、3、4 表示调号。

（2）土家语复音词占优势，复音词最后一个音节往往声调模糊，有"轻声"现象。

（3）土家语音节结构有两种形式：一是声母 + 韵母 + 声调；二是韵母 + 声调

二、语法

（一）词类

名词 如：如：pǎ pié（爷爷）、pǎ pā（婆婆）、pǎo bā（爹、父亲）、ào bǎ（娘）、āng bài（叔叔）、á dà（姐姐）、sě zǒ（药匠或医生）等表称谓。qiě bǐ（碗）、bū zì（筷子）、cō kē（板凳）、xī bà（衣服）、xiē pù（鼎罐）、tá tù（锅子）、mì（火）、cě（水）、kǎ（柴）、tè tě（亮或灯）、hā cè（菜）、lá bú（盐）等表事物名称。

动词 如：gá（吃）、hǎ（打）、bà（看）、fǔ（喝）、ēi（去、走）等为单音节动词；bà bà（看看），ní bà bà（你看看）等迭音动词。

形容词 如：cá（好）单音节。一般为多音节形容词。如 hé bǎ（大或好大），jǐ lán（差或很

差）、gài qì bā（这么大），hái dì kuǎi（小或点点儿）、riè kǒ kuāi（乖、漂亮）。形容词后附迭音修饰，反映程度很高。如 miàn jié xián xián（红霞霞的）、lóng gà qiè qiè（黑黑的）、xién gà qiè qiè（清清的）等。

数量词 表基数，如 lá 那（一）、liē 捏（二）、sō 梭（三）、riě 惹（四）、ōng 翁（五）、ǒ 窝（六）、ié 也（七）、niě 列（八）、gè 格（九）、hēi 黑（十）。量词有表容量的 bà（石）、bò（斗）、xì（升）；有表重量的 qǐ（斤）、jí（两）等。表长度，如 lá 丈（一丈）、sō 尺（三尺）。

代词 如 ŋá（我）、ŋí（你）、gó（他）和 āng ŋà（我们）、sé ŋè（你们）、gēi zè（他们）。如 ōng dù（这里）、gě nài（这边）等近指，āo dù（那里）等远指。疑问代词 ǎ sè（谁或哪个）、qiē xì（什么）。

介词 土家语原有的介词很少，借用汉语的介词多。原有的介词有 liē（从）、pō（到）等，表示起止。在句中，使用或借用汉语的介词时，需要改变原句式的词序。如原式 ní niè gó niè tā biè（你的我的比不上）；变式 gó niè ní niè cá niè（你的比他的好）借用汉语“比”作土家语介词之用。

连词 土家语连词甚少。常常借用汉语连词，如“和、跟、同”土家语均可用连词 hiě 来表示。有时，表并列关系的连词 hiě 可略省不用，借助于副词 xú ní tà xǎ 来表示。

助词 土家语的助词多而复杂。结构助词如：nié（的）、mǒ（地）、cǐ（得）等。nié（的）一般在名词或人称代词之后，表示领属关系；mǒ（地）一般在谓语中心词后，这个中心词一般是动词，常作状语；cǐ（得）一般位于动词或形容词之后，表示程度及状况，作补语之用。语气助词位于句末，表陈述语气助词 fū（了），如 éi fù（去了），hǎ（呀），gá hā（吃呀）等。时态助词有 pǒ（着）、liàn（了）、lǎ（过）等。

叹词 土家语叹词有 ǎn hiě（哎呀）、iē xē（咦）、ǎn ān（唉）、ǒ xó（哦）、mé ē（天啦）等。

象声词 如：“cī kó lǒ”（哐啷）“wú uēi”，ày ě mǒ fong（鬼喊了）等。

（二）句子

主谓句

名词作谓语：如 gó bī jī kà lò

他‖ 土 家 族 人

主语 定 语 谓语

此句缺判断词“是”，是因为土家语无判断词。

形容词作谓语：如 sóng hé bǎ（土家语）

鱼‖ 好 大

主语 状语 谓语

动词作谓语：如① zi ga（土家语）

饭 | 吃（汉语）

主语 谓语

gó bà bǒ bà bǒ nié biè lào（土家语）

他‖看 着 看 着 睡 着 了

主语 状 语 谓语 补语

无主句

土家语无主句较多，在社会语言交往中，常常省主语使用无主句。

如：éi fù（去了），káo éi（哪里去）等。

独词句

土家语独词句很少，多在交往中用于应声。

如：cá（好）、k`（不）、tà（不是）。

倒装句

如：zǐ gà（饭吃）。

riě fǔ（酒喝）。

kǎ uò（柴背）。

wu ka lao（牛守去了）。

四、汉语对土家语的影响

儿化：

坑坑（儿）（kēn kèr）

堡堡（儿）（bāo bèr）

弯弯（儿）（uān uèr）

手板（儿）（sòu bèr）

宝宝（儿）（bào běr）

泥鳅（儿）（nǐ qēr）

潭潭（儿）（děn dēr）

借用汉语语词：

如：篮球 hǎ（篮球打）、东方 miàn jiāi（东方红）、ηí 钢笔 ηá là bà（你钢笔我看看）等。土家语中专有名词篮球、东方、钢笔，借用汉语名词。

五、词汇撷录

名词

帕配 pǎ píe—爷爷（祖父）阿大 á dà—姐姐 帕普 pǎ pā—婆婆（奶奶）袍巴 pǎo bā—爹（爸）噢巴 ào bǎ—娘（妈）比比 bǐ bí—小小 昂摆 āng bài—叔叔 裸必得 lò bǐ diě—男人 查且 cǎ qiè—嫂子 罗嘎得 lǒ gǎ dié—姑娘家（女人）昂么 ān mò—婶娘（婶婶）壳哈 kǒ hā—叫化子（乞丐）嘎公 gā gōng—外公 色桌 sě zǒ—药匠（医生）塔布 tǎ bǔ—嘎婆 摞 luò—人

且比 qiě bǐ—碗 壳搓 kō cò—脑壳（头）卜子 bū zì—筷子 托托 tǒ tǒ—菜刀（刀）灺普 xiē pù—鼎灌 帕树 pǎ sú—铁瓢（舀饭餐具）塔土 tá tù—锅子 灺它 xiē tà—青架（三角架）习爹 xǐ dié—桌子 铁铁 tiè tiě—亮（灯）

丝丝 sí sì—牙齿 翁起 wóng qì—鼻子 摞布 nō bù—眼睛 翁且 wǒng qié—耳朵 借 jié—手 及帕 jǐ pà—脚 这撇 zé piè—嘴巴 咱体 zá tì—头发

搓克 cō kè—板凳（凳子）西巴 xī bà—衣服 咪 mì—火 苦 kǔ—裤子 泽 cě—水 撮些 cuǒ xié—鞋子 卡 kǎ—柴 锵锵 qiàn qiǎn—铁钳 搓 cò—屋（房子）

利苦秃 lí kū tú—犁 帕 pá—耙 里呸尺 lì pěi cī—草锄（铲草工具）里嘎尺 lì gà cī—挖锄（挖土工具）抓沟 zuā gòu—钉耙（搭田坎等工具）

秃苦 tú kù—砂刀（柴刀）哦 wǒ—背笼（背篓）戊挫 wú cò—牛栏（牛牢）子挫 zì cò—猪栏（猪牢）鸦挫 riǎ cò—鸡笼

利卜 lí bù—谷子 兹 zǐ—饭 哈扯 hā cè—菜 那不 lá bú—盐色丝 sě sǐ—油 拉别 lā bié—萝卜 习垛 xǐ dó—大蒜 哈起起 hā qì qǐ—茄子 那土 lá tù—青瓜（南瓜）

食 sǐ—肉 戊食 wú sǐ—牛肉 弱食 riúo sǐ—羊肉 哈列食 hà liě sǐ—狗肉 鸦食 riá sǐ—鸡肉 惹 riě—酒

卡木kǎ mǔ—树 树西补乃sú xī bù lāi—板栗子（栗子）细细xī xí—梨子 毛脱西mǎo tǔo xī—桃子 卡配kā pèi—花 母mù—竹子

麦mé—天 劳尺lǎo zǐ—太阳 孰孰sú sǔ—月亮 西于xī yī—星子（星星） 麦翁mé wǒng—打雷（雷鸣）惹夫rié fù—云 麦于拉mié yǐ là—闪电（拉闪）

巴儿bǎ jí—泥巴（泥土） 啦là—路 阿壳ǎ kǒ—岩头（石头）阿梯ǎ tí—地 些勾xí gou—田 此配cī pèi—书

哈列hà liě—狗 哦ò—蛇 呃比è bí—猴 么mǒ—猫 么巴mǒ bà—公猫 西尼嘎xì nǐ gǎ—蚂蚁 卡乞巴kà qǐ bǎ—蛤蟆（青蛙）戊wú—牛 戊尼嘎wú nǐ gǎ—母牛 阮riuang—水牛 阮尼嘎riuang nǐ gǎ—水砂子（母水牛）弱尼嘎rió nǐ gǎ—水羊（母羊）弱rió—羊 阿也à yiě—鬼 抱气báo qì—野鸡（雉）压riǎ—鸡 压巴riǎ bǎ—鸡公 压比riǎ bí—鸡儿 送sóng—鱼 咪西mì xǐ—夜火儿（萤火虫）热riě—老鼠子 热比riě bǐ—老鼠儿

代词

阿舍ǎ sè—谁或哪个 厄ηā—我 尼ηí—你 过gó—他

翁咚夫ong dòng fǔ—这里（这儿） 靠堡kǎo bāo—哪里 嘎哈gǎ há—上头 巴堤bǎ tǐ—下头

动词

哈hǎ—打 撇pi è—踢 嘎gá—吃 欸é i—去或走 力lǐ—讲或说 垛dò—砍 巴bà—看

形容词

喳cá—好 曷八hé bǎ—大或好大 几烂jǐ lán—差或很差 改去八gà i q ì bā—这么大 亥地块hái dì kuài—小或点点儿 惹壳块riè kǒ kuāi—乖（漂亮）丝sí—肥 面孓闲闲miàn jié xián xián—红霞霞的 阿哧块ā cī kuǎi—白白的 弄嘎且且lóng gà qiè qiè—黑黑色的 信嘎且且xién gà qiè qiě—清清的

数量词

那lá—一，团tuǎn—元 那团—1元。捏liē—二，起qǐ—斤—翁起—5斤。梭sō—三，几jǐ—两—捏几—二两。热riē—四，把bà—石—哦把—6担。翁ōng—五，波bò—斗—梭波—3斗。窝ǒ—六，西xì—升—茶升—8斤。也yé—七，龙lōng—年—梭龙—3年。茶niě—八，尸子sī zǐ—月——那尸子—1月。圪gè—九，也lè—天（日）——窝也—6天。嘿hěi—十。改gài—几。

第二节 苗语方言

一、语音

（一）声母

古丈县苗话声母共48个，其中包括f用以拼汉语借词。

古丈县苗话声母表

表25-4

			双唇音	唇齿音	舌尖齿音	舌尖齿龈音	舌尖前腭音	舌面前腭音	舌根音	小舌音	喉音
塞音	清音	不送气	p*	—	—	t*	t*	tç*	k*	q	—
		送气	P ‘*	—	—	t ‘*	t ‘*	tç ‘*	k*	q ‘	—
	带鼻音	不送气	mp	—	—	nt	ηt	ntç	ηk	nq	—
		送气	mP ‘	—	—	nt ‘	ηt ‘	ntç ‘	ηk ‘	nq ‘	—

续表 25-4

			双唇音	唇齿音	舌尖齿音	舌尖齿龈音	舌尖前腭音	舌面前腭音	舌根音	小舌音	喉音
塞擦音	清音	不送气	—	—	ts*	—	—	—	—	—	—
		送气	—	—	ts ‘*	—	—	—	—	—	—
	带鼻音	不送气	—	—	nts	—	—	—	—	—	—
		送气	—	—	nts ‘	—	—	—	—	—	—
鼻音	浊	不送气	m*	—	—	n	h	（n）	η	—	—
	清化	送气	m ‘	—	—	n ‘	—	—	—	—	—
边音	浊	不送气	p λ	—	—	l	—	—	—	—	—
	清化	送气	p^{1} ‘	—	—	l ‘	—	—	—	—	—
	带鼻音	浊音	m^{1}	—	—	—	—	—	—	—	—
		不送气	mp^{1}	—	—	—	—	—	—	—	—
		送气	mp^{1} ‘	—	—	—	—	—	—	—	—
擦音	清音		—	f*	s*	—	ʒ*	ç*	—	—	h*
	浊音		—	—	—	—	z*	z*	—	—	—
半元音	浊音		w*	—	—	—	—	—	—	—	—

说明:（1）声母右上角有 ⋆ 号表示与《汉语拼音方案》读音相同相似。
（2）外加园括弧声母，因为它转移与别声合并，如 mpl 同 ml 合并，л 为 mj 代替，所以不计数。
（3）f 用以拼汉语借词、η 声母在湘西的汉语里仍然有，今在它右上角仍表 “⋆” 号

（二）韵母

古丈苗话韵母有 35 个。

古丈县苗话韵母表

表 25-5

尾头	无鼻音收尾										有鼻音收尾			
开头	—	——	α	o	e	a	ei	ɔ	ǒ	w	ε	en	α η	c η
齐齿	i	iu	i α	ic	ie	ia	——	iɔ	i ǒ	iw	i ε	eni	i α η	ic η
合口	——	u	u α	——	eu	ua	uei	——	u ǒ	uw	u ε	uen	n α η	——

苗语没有撮韵母。苗语的拼音方法与《汉语拼音方案》的拼音方法基本一致，直接采用两拼音。不把 i、u 作介音处理。

（三）声调

古丈苗话有 6 个声调。

古丈县苗话声调表

表 25-6

调序	1	2	3	4	5	6
调号	∧	√	—	—	—	—
调值	35	21	44	22	53	42
调例	tɕu^{1}	tɕu^{2}	tɕu^{3}	tɕu^{4}	tɕu^{5}	tɕu^{6}
	针	（鸡）笼	抱	完	年	（狗）叫

二、语法

（一）词类

合成词

联合式　由两个词素平等并列，互相融合而成。如：“品德”（na3lw4）。

偏正式　一词素受另一词素限制、修饰或说明。如：“茅屋”，由“茅”（p1lw3nt）“屋”（sw3）组成。

动补式　后面词素补充说明前面词素。如：“起来”（gǒ3lo4）。

动宾式　前一词素是动词，后一词素表示动作对象。如：“打谷”（pǒ2nw）。

附加式　如：“打”（pǒ2）—“互相打”（tçi3pǒ2）。在动词或形容词前加“mɑ2”，原词义便名物化，如：“吃”（noŋ2）—“吃的东西”（mɑ2noŋ2）。在动词后面加上两个重迭音节，如：“急急地跑”（te5—we1we1）。

此外，还有一种固定特殊词组，俗称“四字格”。这种词形式工整，音律和谐，语意简洁，其作用相当于一个词，和汉语成语有某些相似之处。如：“崇山峻岭”（pi3pǒ4—pi3zen2），“村村寨寨”（tgi1gǒ4—tgi1ŋ4）等。

（二）借词

意译　如：“打米”（pǒ2ntsɔ5），“打针”（pǒ2tçu1）。

音译　如：长度单位“米”（mi42），“电话”（tçε35hua35），“学校”（ço22çc35）。

意译加音译　如“胶鞋”（çɔ53tçɔ44hε22），“豆腐渣”（qa44tɔ35hɔ53）。

（三）词性

苗话词类分为名词、动词、形容词、数量词、代词、副词、介词、连词、助词、叹词10类。在句式中有着不同语法功能，充当不同句子成分。

名词　明显标志是词脚、头一般都带虚化音节qɘ1、tɑ1、ɑ3te1等。另有一个虚化音节mɑ1，冠在形容词前，就变成抽象化名词，如：“好”（zu5），“好词者”（mɑ1zu5）。名词在句子中经常充当主语或宾语；用作谓语时，一般要求前边有判断词“是”（ni6）。如“他是歌手”（wu4ni6pɑ3tçɑ ŋ6sɑ3）。

动词　在句子中常作谓语，如：“他犁田”（wu4ʒu3lɑ6）。跟副词结合，受副词修饰，如“他正在吃”（wu4ten5kin3noŋ2）。后边带上助词“完”（nts‘ɑ3）、“过”（kuɑ5）、“了”（zo3），表示动作完成。动词前可加上否定副词“不”（tçe2）、“莫”（qɑ3）。动词可以加上趋向动词表示一些附加意义，如：“倒下去”（qɔ6lɔ5moŋ4）。后面加上四音格加以修饰，如“东倒西歪地打瞌睡”（nt0tçi3qɑ2—tçi3qɔ6）。

形容词　如：“红”（ntç‘en5）、“硬”（tɑ3）。用在名词后作修饰，如“红花”（花红pen2ntç‘en5）；也可用在名词前作谓语，如“土硬了”（硬土了tɑ3tw1tçu4）。

数词　可分成基本数词，概数数词，秩序数词等。基本数词如“一”（ɑ3）、“二”（w1）、“三”（pu1）、“四”（plei1）、“五”（plɑ1）、“六”（tɔ5）、“七”（tçoŋ6）、“八”（zi4）、“九”（tço2）、“十”（ku4）、“百”（pa5）、“千”（ts1ε1）、“万”（wε1）、“亿”（zi1）。概数数词：个位数内，邻近数连用如“两三个”（w1pu1le1）、“五六个”（plɑ1tɔ5le1）；可以用“几”（tɑ1）代替，如“二十几天”（w1ku4tɑn‘e1）。秩序数词：如“一月”（l‘ɑ5ɑ5月一）、“二月”（l‘ɑ5w5月二）、“三月”（l‘ɑ5pu1月三）等。

量词　分物量词和动量词。物量词如：“尺”（tç‘i1）、“队”（tei1）。动量词如：“看一眼”（nqe‘3ɑ3me6）、“砍一斧”（q‘O5ɑ3tɔ5）。

代词 人称代词有单数和复数之别。如“我”（we4）、“我们”（pw1），“你”（mw2）、“你们”（me2）、“他”（wu4）、“他们”（tçi3mi2），人称代词后加“的”（nαη3），表示领属关系；加pα1tu3或再加nαη3，分别表示“自己”或“自己的”。指示代词如：“这”（nen3）、“那”（zi1）。

副词 苗话近年来逐渐借用汉语副词。表示时间，如“就”（tw1）、“先”（sα1）、“才”（t‘α3k‘i5）、“现在”（mαη5nen3）、“经常”（ntçaη）、“突然”（wu6tei2）、“永远”（kw4tw1）、“正在”（ten5kin3）。表示程度，如“有点”（me2αntç5te1）、“竭尽”（tçɔ6）、“极其”（nα6tçi2）、“果然”（çaη2mi1）、“最”（kiε1）。表示范围，如“统统”（zα3zα3）、“只是”（nα2ni6）、“都”（sα5）。表示情态，如“悄悄”（kiε‘kiε6）。表示肯定否定，如“不、没”（tçe2）、“莫”（qα）。表示关联，如“又……又”（zα1……zα1）“一……就”（α3……tw1）。

介词 苗语介词不多，有表示处、方向，如“由”（qɔ2）、“从”（tɔ6）、“在”（ni1）、“往”（qa5）、“到”（tε3）、“向”（hu1）。表示状态、方式，如“按照”（tçɔ1tɔ5）。表示原因，如“由于”（kiα5）、“因为”（wei1）。表示对象，如“对”（tei1）、“跟、和”（naη6）。表示比较，如“比”（pi5）。表示排除，如“除”（ntu2）。介词“把”（kO3）和“被”（tɔ6）用法与汉语相同。

连词 并列关系，如“和”（nαη）、“跟”（kɔ3）、“以及”（tçi3kɔ3）。选择关系，如“或”（pei5）。偏正关系，如“假如”（tα2ni6）、“如果”（zu4ko5）、“只要”（tsl5lie6）。

助词 结构助词：“的”（naη3）表示领属。前边词或词组作状语时，“的、地”（naη）经常省掉。动词后面不用“得”作补语；时态助词：在动词或形容词后边加tɔ6、nts‘α3、tçu4、kua5，表示形态。tɔ6表示动作、变化进行情况，nts‘α3、tçu4表示动作、变化已经完成，kua5表示动作、变化已成过去；语气助词。me2表示疑问语气，陈述句末尾可用zo4naη3表示肯定语气，lo2表示祈使语气。

叹词 根据说话环境，用不同叹词表达感情。如：ɔ1、ε1、e3、αη2、α3mi4、he1、o5ho1、hε2等。

四、词汇撷录

亲属称谓 曾祖父（tha35phɯ35）、曾祖母（tha35naη42）、祖父（a35phɯ35）、祖母（a35mi22或ne44）、伯父（a35pe22）、叔父（a35su22）、母亲（a35mi22）、兄（a35naη35）、弟（te35kɯ44ni53）、姊（a35za31）、妹（te35kɯ44bha44）、儿子（te35）、男孩（te35ni53）、女孩（te35bha44）、孙子（te35ca44）、男孙（ca44ni53）、女孙（ca44bha44）、外甥（te35pi44）、岳父（a35ne22）、岳母（a35mu22）、外祖父（a35ta35）、外祖母（a35ta44）、丈夫（po44）、妻子（ɯ44或bha44）、表兄弟姊妹（pa44tçhu35或pu53tçhu35）。

天地日月 山（qγ22）、天空（tα3ηα1ne）、太阳（ki5ne1）、月亮（lα5）、古代（ci1ηαηci2cinu6）、现在（wε2ne4）、前年（nw1tçu5）、去年（tçu5pie1）、今年（tçu5ne4）、明年（tαηtçu5）。

动物畜禽 虎（tço44）、鸟（nu42）、鱼（mlɯ22）、龙（ʒoŋ21）、蚂蚁（mpa44）、猪（mpa5）、黄牛（ta35zu22）、羊（zuŋ42）、鸡（qa35）、狗（qwɯ3）。

衣食起居 房屋（plɯ44）、纺车（tçho44）、锅子（wε22）、锄头（kho44）。

第三节　乡　话

一、语音及构词

乡话，又称瓦乡话，是一种主要分布在湖南省西北部山区的古老而独特汉语方言，古丈县乡话区分布于高峰、高望界、岩头寨、山枣、河蓬5个乡镇。语音特点声母多韵母少。除小舌音存在残缺不成套外，不管圆唇音还是腭化音都是成套的（一个浊音除外）。腭化音只出现在双唇音中，圆唇音除唇音以外都出现，而且很整齐。构词特点：一是有的词语音节多于汉语，如“太阳”读作“wŋ22ta35ko35”，有的词语音节少于汉语如“茶水”读作“tshyai25”；受汉语影响，基本无倒装词语。

二、声母（28个）

古丈县乡话声母表

表25-7

p 布把	p^h 破帕	b 婆埋	m 马望	—	f 斧皮	v 闻有
t 斗肚	t^h 拖桶	d 洞偷	—	l（n）脑桃	—	—
ts 树子	ts^h 在初	dz 字射	—	—	s 锁鼠	z 惹羊
tç 姐姜	$tç^h$ 千气	dz 墙球	ɳ 你银	—	ç 细新	—
k 鸡沟	k^h 口开	g 割渠	ŋ 岩砑	—	x 恨喊	ɣ 害学
h 含闲	o 家哑	—	—	—	—	—

中古全浊声母已处于由浊到清的变化之中。已清化的清声母中有送气音，也有不送气音。送气与否与声韵无关，却与调值的高低有关。声母保留或转入高调的送气，保留或转入低调的不送气；中古知组和端组的词均为[t][th][d]。很少有例外；中古泥母字在洪音前不分，[l]和[n]为自由变体。均记为[l]。

三、韵母（39个）

古丈县乡话韵母表

表25-7

1十石（榴）	i 衣履	u 萝阔	—
α 排筛	—	uα 瓦瓜	—
a 背师	ia 爹（面称）柱	ua 口（瘦）	ya 娘（白读）
o 马辣	io 爹（旁称）靴	—	—
ɣ 热菜	—	—	—
e 在是	—	—	—
ε 点扇	iε 面心	uε 困棍	yε 脆吹
ai 浅年	—	uai 犬椿	yai 船串
ei 妹飞	—	uei 柜	—
αu 刀东	iαu 苗中	—	—

续表 25-7

ɔɯ 牛瘦	iɔɯ 猪女	—	—
ɣ 五汗	iɛ 墙娘（旁称）	—	—
an 鞍凳	iɛn 欠墙	—	—
ɔn 搬双	—	—	—
ɛn 长场	—	—	—
in 劲抢	—	—	—
aŋ 升甑	iaŋ 挣口（耳朵）	—	—
ɔŋ 坑糖	—	—	—
ɔŋ 坑担	iɔŋ 娘墙	—	—

[ɑ]、[ai]、[a] 相对立，如筛 [sa55]、山 [sai55]、师 [sa55]。[a] 音接近于 [æ]。双韵母 [ai] 的韵尾很含混。鼻韵尾 [n] 和 [ŋ] 有向鼻化元音转化的趋势，例如 [in] 有时（有人）说成 [ĩ]，[ɔŋ] 说成 [ɔ̃]。[ɔɯ] 和 [iɔɯ] 的主要元音较中央 [ɔ] 后，韵尾在有些词中近于 [u]。

四、声调

古丈县乡话声调一览表

表 25-7

阴平	55	浇男
阳平	13	潭含
上声	25	哑女
去声	33	望进
入声	41	刮日

中古次浊平在乡话中一般归阴平。中古浊上声仍处于分化过程之中，其中已演变为送气清音的古浊声母依然保留在上声里，而保留着不送气浊音的已进入了去声。入声仍自成调类，但已经没有喉塞尾。有变调，最明显的是两个阴平在一起 [55+55] 会变 [55+33]。

五、日常词汇

（一）名词

人称　如：父亲（dia）、母亲（liu，a）、婆婆（aliang）、爷爷（apu）、姑母（哒嗒）、姑父（咕刁）、学生（ɣɔɯ13sɔn55）、老师（safu）、老人家（laŋ25ko55）、后生（a13sɔn13ko55-33）、老婆婆（ŋiɔɯ25-13tsa55laŋ25ko55）、双胞胎（sɔn55sɔn55-33）、男孩（tsa25-13tsa55）、女孩（ŋiɔɯ25tsa55）。

家畜　如：猪（diu）、牛（no）、羊（reng）、马（mo）、狗（kuai）、水牛（zuou）、黄牛（heng 去声 ou）、公牛（gaoou）、母牛（ouning）、鸡（ga）、鸭（wu）、鹅（ruo）、兔（toudi）、

谷物　如：水稻（guza）、麦子（mo）、荞（jiao）、高粱（zuza）、红薯（hao 去声 sao）、玉米（baomie）

蔬菜　如：白菜（poce）、青菜（qice）、萝卜（lubai）、冬瓜（daogua）、丝瓜（sagua）、大蒜

（luseng）、葱（cao）

水果 如：桃（lao）、李（cha 去声 zai）、梨（raizai）、枇杷（bipo）、柚子（gong）

竹木 如：竹子（jiuzai）、杉（suozai）、松（qaozai）、柏子树（sengmo 入声 zai）、青冈树（qigengzai）、楠木树（longhengzai）、板栗树（benglizai）、

农具 如：犁（nei）、耙（bo 去声）、挖锄（walengqao）、草锄（baiqao）、长把刀（tengbengdao）、斧头（tudao）、镰刀（niedao）

工匠 如：师傅（sa55fu55）、瓦匠（uα25dzin33）、木匠（pu41tshuai55）、岩匠（ηa55dzin33）、篾匠（miε33dzin33）、剃头匠（tha33lau25dzin33）、

用具 如：箪（饭篮）（da33）、装筷篓（tiɔɯ55da33）、背篓（phαu55tsαη 13）炕架（khɔŋ 55ko33）、簸箕（kɔɯ55）、粉筛（pai25sα55）、摇篮（u55tsa η13）、箩（lai25）、照鸡笼（ka55tsαu33tsa）、筲箕（sαu55tçi55）、吹火筒（tçhyε55fα25tiau13）、撮瓢（thγ55dzyε13）、升（tsaη55）、斗（ta25）、桶（thαu55）、洗衣槌（tsαu41i55piε55）、碓（tuα33）。

天文地理 如：天（ta 胎），地（te 透），太阳（engda 瓮打），月亮（uelin 曰林），云（yue 怨），雷（dui 堆），雨（洼）

（二）动词

如：遇（hóng）、跑（tuā）、跳（tǎo）、打（kuá）、踢（tie）、坐（jai 节）、去（kou 抠）、来（re 热）、走（ong 翁）、跑（tua）、唱（ceng 阳平）、跳（tao 去声）、抱（pao）、拖（tie）、吃（you）、推（xue）、骂（xai）、哭（lie）、笑（sāo）、讲（gáng）。

（三）形容词

如：大（lu）、小（liǎng）、长（těng）、短（qia）、香（qin）、臭（cao）、干净（kengci）、肮脏（pala）、高兴（hengkou）

（四）数词

基数 如：一（衣上声）、二（昨阳平）、三（梭阳平）、四（西阳平）、五（恩上声）、六（俩去声）、七（气去声）、八（巴去声）、九（jiia 阳平）、十（痴平）、十一（chiyi 去声）、二十（engchi）、二十一（engchiyi 去声）、三十（sengchi）、三十一（sengchiyi 去声）

序数 如：第一（tengda 上声）、第二（tengeng）、第三（tengseng）、第四（tengxi）、第五（tengeng）、第六（tengliia）、第七（tengqi 去声）、第八（tengba 去声）、第九（tengjiia 阳平）、第十（tengci）

第四节 汉语方言

一、语音

（一）声母

与普通话相比，县内汉语方言无舌尖后音 ts、tsh、s、z，却有双唇不送气浊塞擦音 b 声母、舌尖前不送气浊塞擦音 dz、舌尖前浊擦音 z 声母、舌尖中不送气浊塞音 d 声母、舌面不送气浊塞擦音 dz 声母、舌面浊擦音 z 声母、舌根不送气浊塞音 g 声母和舌根浊鼻音 η 声母。

古文县方言与普通话声母比较表

表 25-8

字例	普通话音	方言		
		中部	西北	东南
茶	ch á	z ǎ	z ǎ	zh á
苹	p í ng	b í ng	b ǐ ng	b ī ng
同	t ó ng	d ǒ ng	d ǒ ng	d ō ng
钱	qi á n	ji á n	ji ǎ n	qi à n
田	ti á n	di á n	di ǎ n	ti à n
瞎	xi ā	h á	h ǎ	h à
酸	su ā n	shu ā n	su ā n	sh ā n
溪	x ī	q ū	q ī	q ì
祥	xi á ng	ji á ng	ji ǎ ng	ji ā ng
去	q ù	q í	k ē i	k è i
呆	d ā i	ga í	ga ǐ	ga ì
球	qi ú	qi ǔ	ji ǔ	qi ù
城	c é ng	z é ng	z ě ng	c è ng
查	ch á	z á	z ǎ	z à
减	ji ǎ n	g ā n	g à n	g á ng
船	chu á n	zu á n	zu ǎ n	zhu à n
场	ch ǎ ng	zh á ng	zh ǎ ng	ch à ng
塘	t á ng	d á ng	d ǎ ng	d ā ng
讲	ji ǎ ng	g á ng	g ǎ ng	g ā ng
街	ji ē	g ā i	g ā i	g à i
吃	ch ì	q ī	q í	q ì
词	c í	z ī	z ǐ	z ì
穷	qi ó ng	ji ō ng	ji ǒ ng	ji ò ng
群	q ú n	j í n	j ǐ n	j ì n
团	tu á n	du á n	du ǎ n	du à n
奇	q í	j í	j ǐ	j ì

（二）韵母与声调

县境三个汉语方言片区，均无鼻音韵母 i η 、e η 、ue η 和单韵母 r，却有 io、ya 两个复韵母。声调共有四个，即“—、/、√、\”与普通话声调相同。

古文县方言与普通话韵母及声调比较表（1）

表 25-9

字例	普通话音	方言		
		中部	西北	东南
说	shu ō	su ā i	su ǎ i	su ā i
鱼	y ú	y ǐ	y ǐ	y ū
育	y ù	y ó u	y ǒ u	y ò u
得	d é	di é	di ě	di è
没	m é i	m ī	m ǐ	m è i
哥	g ē	g ō	g ǒ	g ò
学	xu é	x ú o	xu ǒ	xu ò
捧	p é ng	p ō ng	p ò ng	p ó ng
居	j ū	j ī	j ī	j ì
科	k ē	k ō	k ō	k ò
军	j ū n	j ī n	j ī n	j ì n
批	p ī	p ē i	p é i	p è i
缺	qu ē	qi ē	qi ě	qi è
说	shu ō	shu ā i	shu ǎ i	shu à i
约	yu ē	yu ō	yu ǒ	yu ó
听	t ī ng	t ē n	t ē n	t è n
圆	yu á n	y ā n	y ǎ n	y à n
雪	xu ě	xi ē	xi ě	xi è

古文县方言与普通话韵母及声调比较表（2）

表 25-9

语句	普通话	方言		
		中部	西北	东南
去了	q ù le	k ē i l á o	k ě i l à o	k è i l é
酸菜	su ā n c à i	su ā n c á i	su ā n c à i	s ā n c á i
这里	zh è i li	z ī k ē r	z ǐ k è r	z ǐ ch á ng
走路	zh ǒ u l ù	h ě n l ú	h ě n l ú	x ǐ n l ú

（三）er（儿）化音

er（儿）化音主要分布在县境西北和中部方言片区。

古文县方言（儿）化音表

表 25-10

例词	普通话音	方言 er（儿）音
棍棍	g ù ngun	g ū ngu è r

续表 25-10

例词	普通话音	方言 er（儿）音
棒棒	b à ngbang	b á ngb è r
瓶瓶	p í ngping	b í ngbi ě r
碗碗	w ǎ nwan	w à nw ě r
杯杯	b ē ibei	b ē ib è r
坎坎	k ā nkan	k à ngk ě r
弯弯	w ā nwan	w ā nw è r
堡堡	b ā obao	b ā ob è r
坑坑	k ē ngkeng	k ē ngk è r
尖尖	ji ā njian	ji ā nji ē r
长长的	ch á ngch á ngde	zh á ngz é rdi
宽宽的	ku ā nku ā nde	ku ā nku é rdi
酸酸的	su ā nsu ā nde	su ā nsu é rdi
甜甜的	ti á nti á nde	di ā ndi é rdi
苦苦的	k ǔ k ǔ di	k ù ku è rdi
红红的	h ó ngh ó ngdi	h ǒ ngh é rdi
绿绿的	l ǜ l ǜ di	l ú lu é rdi
手板	sh ǒ ub ǎ n	sh ò ub è r
脚板	ji ǎ ob ǎ n	j ǔ ob è r
口水	k ǒ ush ú i	k ò usu ě r
脸庞	li à np á ng	li à nb ě r

二、语法

1. 名词

人际称谓

爷爷 yě yē —祖父。

婆婆 bó bǒ —祖母。

爹 diē 或 diā —父亲，爸，江西籍的称 diā 。

娘 niǎ ng—母亲，妈。

干 lèr—干爸、干爹。

干娘—干妈。

伯伯 biě bi ē —伯父。

伯娘 biě niā ng—伯母。

叔叔 shǔ shū —叔父。

婶娘 shèn niǎng—婶母、婶婶。

幺叔 yāo sū —小叔
老把式 lào bà sī —指上年纪的男人；另，子对父的称呼。
幺幺 yāo yào—指称排行最小的。
肮矮 āng ài—排行大的称小的。
佬佬 lào lǎo—儿子。
妹妹 méi mèi—女子。
郎 lǎng—女婿。
嘎公 gā gòng—外公。
嘎婆 gā pǒ —外婆。
姑爷 gū yé —姑父或岳父、亲爷。
嬷嬷 mǎ mā —姑母、姑妈或岳母、亲娘。
大大 dǎ dà —姑妈。
姨爷 yǐ yě —姨父。
姨娘 yǐ niā ng—姨母。
姑娘家（gǎ）—未婚的女人。
后生家（gǎ）—未婚的男人。
其他事物名称
茏阔 lóng kò —草木荆棘丛生的地方。
孔岸 kòng nán—地点
廊场 lǎng cǎng—地点。
手行 sòn xǐn—指礼物中的食物。
蛤蟆 hě mǎ —青蛙。
螃嘎 bǎng gá —螃蟹。
挖孔雀 wā kòng qier—猫头鹰。
预口 yí koù —做某事未完所留的记号或正进行着而不能停止。
巴水 bā suèi—热水或开水。
茅厕 mǎo si —厕所。
泥巴 nǐ bā —泥土。
耳同 èr dǒng—耳朵。
颈根 jiàng gěn—脖子。
脑壳 lào kǒ —头。
面糊 mián fǔ —浆糊。
扫把 cáo bà —笤帚。
劁猪 qiāo zū —指与母猪性交的公猪。
猪娘 zū niǎng—指生猪儿的母猪。
水牯 sùi gù —指公水牛。
水沙 sùi sā —指母水牛。
水羊 sùi yǎng—母羊。
王牯 uǎng gù —黄毛公牛。
王沙子 uǎng sā zì —黄毛母牛。
老鸹 lào uǎ —乌鸦。

苞谷 bāo gǔ —玉米。

辣椒 lǎ zī —辣椒。

门年 měn nián—明年。

日里 rǐ lì —白天。

夜头 yié bǒu—晚上。

亥子 hǎi zǐ —鞋子。

卯头 mào dǒu—斧头。

名词重叠　如：子子儿｜坎坎儿｜底底儿｜包包儿｜渣渣儿。

2. 动词

一词多义

如：打水—提水　打田水—犁田　打牌—玩牌　打夜工—做夜工　打毛线衣—织毛线衣　打圈子—绕圈子　打草鞋—编草鞋　打老庚—认弟兄　打平伙—几人逗钱聚餐　打落了—丢失了　打渔鼓—拍渔鼓　打油—榨油　打补疤—补衣服等。

逮饭—吃饭　逮酒—喝酒　逮球—打球　逮生意—做生意　逮毛笔字—写毛笔字　逮老师—当老师　逮普通话—讲普通话　逮一件新衣—买、做一件新衣等。

多字同义

如：打、搞、逮、抖（tòu），都有打的意思。

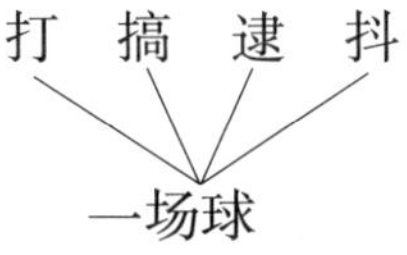

搞、逮、抖、干，都有吃、喝的意思

3. 形容词

索利 sǒ lì —清洁

派乃 pái lǎi—脏

尖、精尾 jiān、jīn wèi—吝啬

乖 guāi—美丽、漂亮、聪明

歪 wāi—瘦

邋遢 lǎ tǎ —不讲卫生

造孽 záo liě —可怜

值架 zǐ jiá —痛不哼，怕不抖

杀火 sǎ huò —厉害、狠

该歪 gāi wāi—犯错，下不了台

打乓 dà pàng—冷或怕得全身发抖

麻力 mǎ lǐ —速度快

里手 lì soù —内行

重叠式

ABB

直瞄瞄 zǐ miào miào—形容树或线很直

尖咴咴 jiān huī huī —形容刀尖或他物尖的锋利
热火火 rě huǒ huǒ —形容很温和
光刷刷 guáng suā suā —形容某物的外表很光滑
肥裸裸 hǔ lō lō —形容小孩或小动物很肥嫩
ABAB
清凉清凉 qīn liǎng qīn liǎng—形容水等很清很凉
冷清冷清 lèn qīn lèn qīn—形容寂静得使人畏惧
AABB
清清爿爿 qīn qīn pán pán—形容十分宁静
打打闹闹 dà dà láo láo—闹矛盾或小孩多
ABAC
呆头呆脑 gǎi dǒu gǎi lào—智力笨，动作缓慢
摞门摞路 lúo mǐn lúo lú —找事做或麻烦
4. 代词
哪口儿 là ker 等为疑问代词。
只口儿（儿）zhǐ kér—这儿，只里（这里）等近指。
那口儿（儿）lǎ kèr—那儿等远指，均为指示代词。
郎门 làng měn—怎。
哈、啊 hà 、 á —有‘什么’之意，表示没听准，要对方重复一次。
（“哈”多用于县境西北方言区，“阿”多用于中、东南区）。
5. 数量词
誊 tén—级或台，如阶檐有五誊、梯子有十誊。
餐 cān—顿，次，如吃一餐饭、挨一餐骂。
一派 pài——人两手向左右伸平的长度为一派，如这根绳子有两派。
一甲 jiǎ —指拇指与中指向相反的方向伸直的长度为一甲，如木棍有五甲。
运 yén—篾编的比背笼高大能装十斗谷的方言叫箩棕，一箩棕谷叫一运谷，如这丘田能收十运谷子。
斗 dòu—形如圆锥，底大口小，高若二尺，用于量米或谷等多少的容具。十升为一斗，如三斗米，四斗谷等。
升 sēn—形如正方体，底小口大，高若三寸，三碗为一升，他家一餐饭要煮三升米。
6. 副词
一港港 yī gàng（儿）— 一会儿。
跟到 gēn dào—马上、立刻
迷 mí —不或没，如：“没有”说成“迷有”。
一把捞捎 lǎo sāo—全部。如：“一把捞捎都归你”。
三麻兹 mǎ zer—有时。如：“三麻兹喝一次酒”。
7. 介词
跟 gēn—从、由、往。如：“你跟哪里来？”
戳 chuō —被，如：“他戳狗咬一口”。
8. 助词
助词在句中辅助句子表达的意思更准确。
如：沙 sǎ —表祈使疑问，相当于“呢、吧”。如“你吃沙！”“我教他沙”。

老 lào—如“你去老”,“等一下老”。

安 ān—表示停止。如“这事莫搞它安!”“你就走他安”。

“来 lǎi” 表示动作将要进行或状态将要发生，大至相当普通话“快，快要”。例如：戳打得吐血来了——他被打得快要吐血了。走拢屋来了——快走到家了。

“倒 dǎo”“起 qì” 表示动作正在进行或状态。持续，大致相当于普通话的“着”。例如：讲倒讲倒笑起来了—说着说着笑起来了。他追倒问—他追着问。学起个女声音讲话学着用女声说话。两个人邀起的—两个人邀着。他带起一拨乡巴佬—他带着一拨乡巴佬。

结构助词“得 diě” 表示动作完成。例如：一锅子饭只喫得一半一锅饭只吃了一半｜他喫得三斤肉他吃得三斤肉｜才写得三个字才写了三个字。例句中“得”也可说成“了 liào”。

句末语气助词 如“沙、佬”相当于“呀”。“你去佬 lào，你去沙 sà。”有等待之意，县境皆如此。

“子 zì” 表示动作时间的短暂。例如：到屋里坐下子到屋里坐会儿。｜自家想下子自己想想。

9. 叹词

叹词一般根据语句的前因后果而发出的感叹，此感叹所表达意思各不相同。

如：了了 liào liǎn—表示惊叹。如“了了，伤口那么大”。

敖嗬 ào húo—表示惊讶失望。如“敖嗬，我的手机打落了。”

阿了了 ā liǎo liǎo—表累而呻吟。“阿了了，歇一下气”。

也嘿 yè hái—表惊喜。如“也嘿，你穿新皮鞋了”。

三、俗语

理不称 lì bǔ cén—理不清

拐火 guài huò —事情搞糟了

抽火 cōu huò —夸讲

撑场 cén zǎng—闹矛盾

顺趟 sún táng—顺意、平安

当报应 dáng báo yìn—当蠢人

扯寡话 cè guà huà —讲闲话

吼啰悚 hòu luó sòng—指责人

讲苕话 gàng sǎo huā —蠢话或下流话

从（cóng）上去—往上移

从（cóng）火—怂恿

日弄人 rǐ lóng rěn—戏弄人

惹事 rè sí —制造事端

跑趟子 pào táng zì —跑步

抽二钹 coū ér bǒ —指打溜子的二钹，或帮别人说话论辩

耍狗 shuà goù —怂勇狗

起牯子劲 qì gù zì jín—做事认真

帮杠子 bāng gāng zì —帮人打不平

敲杠子 qiáo gāng zì —敲诈

卡肥猪 kā fěi zū —捉人质

卡僵 kà jiàng—喉咙阻塞、卡颈

扯裸壳 cè lō kuò —发生不正当的男女关系
扯水子 cè shùi zi—靠不住
扯飞火 cè fēi fò —靠不住
该歪 gāi wāi—该死，下不得台
叫劲 jiǎo jīn—不老实
充扩气 cōng kǔo qī —假充富裕
充痞象 còng pī xiáng—充狼
毛包 mǎo bāo—糊涂
枉蛋裸壳 wāng dàn lō kuò —做事不认真、懒
王横 wǎng hǔn—横蛮不讲理或糊涂
检梗 jiàn gèn—多人做的事由一人负责完成，并承担后果
凉拾人 liān shí rén—小看人
犟骡子 jiāng lǔo zì —任性
在行 zái háng—能干，听话
惯拾 guān sǐ —过分娇惯
铲耳拾 càn ěr sǐ —打耳光
嘎兜子 gǎ dōu zǐ —走，滚蛋
打弄稍 dà lōng sāo—走回头路
翻屎肚子 fān shì dù zǐ —揭人缺点
带厌 dái yàn 讨闲 tǎo xián—讨厌
不通皮 bǔ tōng pí —不通理
死码子 sì mà zǐ —必然如此
笔米汤 bǐ mì tāng—舀米汤
无罗头 wǔ luǒ dǒu—无主见
哈包子 hà bāo zì —欠思考，蛮横
不挺 bǔ tǐng—不好意思，对不住
不张司 bǔ zhāng sī —不理采
叙毛 xī máo—拿人开玩笑
车日子 chē rǐ zì —消磨日子
打哈喜 bà hā xǐ —疲倦或来瞌睡时张嘴呼长气的一种生理现象
着不得 zuǒ bǔ dǎi—容不得
不放着 bú fán zuǒ —划不来
不逗离 bú dóu lí —不对号
装苕 zuāng sǎo—假装不知
刹贴 sǎ tiē —打扫、收拾
刹转 sǎ zuàn—扫尾
嚷啰嗦 ràng luō suō —说不满意的话
香赢 xiāng yíng—便宜
尖 jiān 精尾 jīn wèi 命么 mīn mō —吝啬
撮狗咬 cǔo gǒu yǎo—被狗咬
却包 què bāo—滑稽、逗趣、恶作剧

耳咚背 èr dōng béi—耳朵聋
照孽 záo liě —可怜
派乃 pái lài—脏
港寡话 gàng guà huá —说闲话
显水 xiàn suèi—发现，发觉
化孙子 fá sūn zǐ —多指小孩或对未满花甲人的统称
了道 liào dào—完蛋了
蔸灾星 dōu zāi xiěn—害病
匝口 zā kǒu—裂口、张口
点麻点 diàn mǎ diàn—很少
预口 yí kǒu—做某件事不能停止或接做未完成的事

四、谚语

东扯日头西扯雨，南扯北扯干断溪。
云行东雨无踪，云行西雨凄凄。
罩子上坡，懒人唱歌；罩子下坪，晒死懒人。
天上起了菩萨云，今天不晴明天晴。
早晨起霞，等水开茶；夜头起霞，干死蛤蟆。
马干杆东，有雨不凶；马干杆西，天干到底。
磉墩出大汗，大雨在眼前。
鱼儿水上跳，大雨在今早。
蚂蚁忙搬窝，洪水漫山过。
一哇晴，二哇落，三哇四哇涨大河。
重阳无雨看十三,十三无雨一冬干。
不怕重阳十三雨，单怕立冬一日晴。
天黄有雨，人黄有病。
七晴八不晴，九晴开天门。
星子厚，有雨漏（星子密，雨滴滴）；星子稀，干断溪。
早冒日头夜冒雨，时冒时晴干到底。
初一晴，起灰尘；初一落，涨大河。
月亮披蓑衣，要涨大河水。
燕子低飞雨凄凄，燕子高飞雨无骚。
五月壬子破，洪水漫山过。
月亮生了毛，大雨有一泼。
天上无雨打空雷。
四月八落雨万人嫌。
六月六落雨，虾子螃嘎渴水。
六月三落雨，遍地是黄金。
一颗雨一颗泡，大雨快要到。
日晴夜雨，陈谷陈米。
秋风秋雨，烂谷烂米。

日围长流水，夜围草不生。
五月凉风涨大水，六月凉风干断溪。
头干撞破仓，尾干断种粮。
正月二十不见星，阴雨绵绵到清明。
三月清明不要忙，二月清明早下秧。
阳雀叫到六月六，茅草窝里摘小谷。
阳雀叫到七月半，吃的吃看的看。
两春夹一冬，十个牛栏九个空。
要得来年热，寒冬三场雪。
冬至前头七早霜，有米无碓糠。
枇杷黄，几头忙。
端午涨水是好年，芒种落雨是秋干。
六月秋样样收，七月秋万般丢。
十年难逢金满斗，百年难逢顺交春。
立夏小满，荞麦火烫。
清明有咬的，谷雨有饱的。
清明断雪，谷雨断霜。
清明要晴，谷雨要淋。
清明不明，沙蚊子咬死人。
清明三早阳雀叫。
交秋三日，土凉三尺。
交秋十日满田黄。
炸雷响在惊蛰前，一个月都无好天。
润年不种十月麦。
立秋落雨万般收，处暑落雨样样丢。
会龙的日头，分龙的雨。
九月重阳，打破牛栏。
立夏不下，犁耙高挂。
夏至在头，越吃越愁。
夏至在中，越吃越松。
夏至在尾，越吃越悔。
夏至下九港，跑到辰州买大碗。
干长根，水长芽，三天长高一大夹。
过了六月六，日子短一步。
芒种下种分早夜。
吃绿豆，耙六豆。
夏至栽秧不得吃，六十养儿不得力。
四月八，枞菌发；九月九，枞菌有。
顺秋十八日，拗秋十八日。
头伏有雨，伏伏有雨。
寒婆婆打得柴，四十八天脚不干 。

冬季毛雨不湿衣，春天毛雨湿全身。
穷人你莫夸，三月还有个桐油花。
八月凉水在缸里。
田里蛤蟆哇哇叫，抛粮下种季节到。
十月无霜，碓里无糠。
冬天不见霜，少吃又少穿。
冬天不见雪，锅儿鼎罐烧开坼。
伏天多下雨，桶里多装米。
雨水下雨千般好，大春小春都是宝。
明星照湿地，大雨在日里。
小孩不冷酒不凌，鸭儿不冷水上睏。
冬热晴，春热雨。
夯雪上树坐，定是丰年兆。
霜坐立冬前，来年要干旱。
霜降不见霜，来年闹灾荒。
六月下大雾，天干到白露。
正月二十不见星，毛风细雨到清明。
二十一二三，月出半夜间，
二十四五六，鸡啼月亮出，
二十七八九，月亮跟着太阳走。

五、歇后语

翻天盖被窝——害虱子走路。
瞎子打灯笼——糟蹋蜡烛。
脱裤子打屁——多个礼行。
水里打屁——过估。
两娘母赶场——未讲的。
猫攀燕子——好使狗。
嘴巴敉石灰——吃白。
青刚木雕菩萨——硬神。
癞子滚到火坑里——巴不得。
麻雀啄米汤——糊嘴。
驼子睡楼板——矫倒来。
王麻子舂火药——不得好脸。
叫化子赶夜路——假忙。
叫化子讨米——自摞的。
叫化子争油房——天亮是人家的。
门前挂粪桶——臭名在外。
落雨背稻草——越背越重。
马屁股后头着懿——迟了。
草纸包盐——久后透。

楼板上铺垫子——高一篾片。
懒婆娘屙尿——蹲（zhuaì）长了。
鸡抱鸭儿——汪费心。
竹篮打水——一场空。
鼎罐里取荞粑粑——现的。
癞蛤蟆打哈嘻——口气大。
癞蛤蟆跳到鼓上——不懂。
驼子走路——屁股翘上天。
矮子上楼——步步高。
麻布衣服——宜洗不宜浆。
油槌标刺笼——无挂无碍。
青菜炒豆腐——一清二白。
癞蛤蟆戴眼镜——假充地理先生。
满月狗儿朝天吠——不知天高地厚。
刨火棍——两头黑。
羊落虎口——该死。
捡螺丝——邀好伴。
老哇（鸦）莫笑挖孔雀——一样丑。
老鼠子出门——不打空枪。
阎王开会——尽讲鬼话。
隔山买羊——信估。
湖南的猴子——四川人耍。
软泥巴扎刺——得寸进尺。
老鼠子拖葫芦——大的到后头。
老鼠子钻牛角——有进无出。
土孔里扯蛇——难得。
鸡抓麻篮——理不清。
三十夜闹荞糊——没像过年相。
千百年道法——一瓜瓢浇丢。
捧到耳朵吃糖馓——装聋。
鼻孔流血——各有道路。
老鼠子上秤钩——自称自。
老鼠子虽小——尾巴长。
竹筒里倒黄豆子——直来直去。
山上打野肉——见者有份。
外甥打灯笼——照旧（舅）。
脑壳挂在裤腰带上——冒险。
砧板上的菜——任割。
磨骨头养肠子——糊口。
猴子得片姜——吃不是吐不是。
一颗胡椒——顺口气。

人 物

人物传记

李发卿

李发卿（1904—1988），汉族，古阳镇思源桥村人。

李发卿祖辈做面食生意，有着传统工艺。22 岁时，开始在古阳镇后街开面馆，属于“老字号”店铺。李发卿擅长制作水饺、包子、馒头、面条、米粉等，尤其又以制作水饺著称于县内外，制饺工艺属于祖传，饺皮、肉馅全部由自己加工，熬制配料的过程是封闭进行的，做的水饺，细软味美、配料齐全，食后留香。此外，他能在一分钟包 100 个饺子。

古丈解放初期，到古丈工作的外地人都到李发卿的水饺店吃。“文化大革命”中，李发卿下放到高峰公社陈家大队安家落户，党的十一届三中全会后返回县城，重新开水饺店，担任个体摊贩小组组长；1983 年，被评为全州个体饮食行业先进个人。由于水饺店地处县城闹市区，很多有钱的人家都想出高价收购他的店铺，买断他的工艺，都被他一一婉言谢绝。

1988 年，李发卿病逝。

田吉安

田吉安（1912—1990），男，土家族，断龙山镇溪龙车村人。

1912 年 1 月，田吉安出生于贫苦农民家庭，从小就给地主做长工、打短工，受尽压迫和剥削。1931 年 3 月，在永顺县沙坝参加红军，后编入红二军团 17 师 51 团，跟随贺龙转战湘鄂西、洪湖、黔东等地。1933 年 3 月，加入中国共产党，并提升为班长。1934 年 10 月，红二、六军团会师，发动“湘西攻势”，田吉安参加攻打永顺县城、龙山招头寨、常德、桃源和十万坪、陈家河、桃子溪等战斗，为开辟湘鄂川黔革命根据地做出贡献。

1935 年 6 月 18 日，在攻打龙山芭蕉坨战斗中，田吉安担任突击队长，和古丈籍红军战士田志仁一起夺得“捷克式”轻机枪一挺，使部队顺利冲过敌人封锁线，取得战斗胜利。1935 年 8 月 3 日，在板栗园战斗中，任排长的田吉安和班长田志仁机智地俘虏了一名敌军营长；战后，被提升为 51 团机枪连连长。

1935 年 11 月，随部参加长征，在转战大庸、石门、沅陵、辰溪等地，参加过大小 100 多次战斗。到达贵州后，为分散和钳制敌人，随部在毕节、黔西一带开展游击战争，建立地方政权。途中，因部队整编，改任班长，随部继续长征，参加抢渡金沙江、抢夺娘子关等著名战斗，冲破层层封锁，克服重重困难，以顽强的毅力爬雪山，过草地，历经艰险胜利到达陕北，后任红二方面军第六军团连长。

红军改编为八路军后，田吉安在八路军 120 师 717 团任连长，参加雁门关伏击战。后调任 717 团供给员、粮秣员和管理员等职，与日寇在山西一带作战，为部队筹措粮草、运送武器弹药。1937 年底至 1938 年春，随部队参加收复晋西北七城战斗。1938 年 12 月，随贺龙进入冀中，在警备旅部任管理员，后调入冀中军区警备旅，任第二团（团长林海清）一营二连连长。

1940 年 8 月，百团大战爆发，田吉安所在的警备旅第二团与军区特务团为左纵队，负责破袭微水至石家庄段公路和铁路，田吉安带领战士勇猛作战，先后参加平山、获鹿、微水、岩峰等战斗。1941 年，被评为模范连级干部，荣获冀中军区“建军骨干”奖章。1942 年 5 月，田吉安带连队参加冀中五一反“扫荡”战斗。1943 年，任冀鲁豫军区第四军分区司令部营级供管股长，参加围歼河北濮阳八方桥伪军第 2 方面军（孙良诚部）前沿指挥所等战斗。

解放战争时期，田吉安在冀鲁豫军区第四军分区（也称豫北分区）基干团供给部任管理员、管理主任、管理股长等职，转战华北。

1950 年，田吉安任副营级军务股长，负责部队的兵员补充。1951 年，任华北军区卫生部第 4 后方医院总务科供给股股长；后任华北军区卫生部第四机动医院任党委副书记，其间，田吉安所在的医院肩负在朝鲜抢救伤员的任务。1955 年 2 月，田吉安升准团级，被授予校官军衔，曾获三级独立自由奖章、三级解放勋章。

1958 年 10 月，离职休养，从华北军区所在地河北省张家口市回到吉首。此后，先后当选为吉首县第三届人大代表，自治州第二届、第三届人大代表；1979 年 4 月至 1983 年 12 月，当选州政协第四届委员会委员、常务委员。离休后，田吉安仍然关心和支持国家和军队建设，保持老红军高尚的革命情操，不忘初心，始终以老党员、老红军的标准严格要求自己。在“文化大革命”中，田吉安刚正不阿，对林彪、江青反革命集团的倒行逆施进行了抵制。拥护党的十一届三中全会以来的路线、方针、政策，经常反映群众的要求和呼声，为自治州的革命和建设建言献策。1986 年 7 月，经中共湖南省委批准，享受副州长待遇。

1990 年 4 月 4 日，田吉安在吉首病逝，在生命垂危之际，告诫家人丧事从俭。后葬于吉首市红军陵园。

李云飞

李云飞（1964—1991）男，汉族，高峰乡李家洞村人。1964 年 4 月出生，1989 年 6 月参加工作，古丈县高峰乡政府民政助理员，1991 年 11 月在扑灭山火中牺牲。革命烈士。

1991 年 11 月 14 日晚，古丈县高峰乡甘溪猪搂门一带发生山林火灾。李云飞随乡干部和群众赶往现场扑火，见乡干部田志生没带手电筒，将自己的手电筒送给田志生。眼前一片火海，李云飞冲向火势最猛的地方。经过 2 个小时的奋战，大火基本扑灭，只有一处峭壁上的烈火仍在燃烧，李云飞攀上峭壁，此时，坡上被大火烧炸的岩头顺着山势滚落下来，击中李云飞的头部、腿部，强大的冲击力将他推下 80 多米深的悬崖。当同事们找到他时，只见他被挂在一棵大树上，已停止呼吸。

1991 年 12 月 4 日，中共古丈县委、县政府作出《关于认真开展向李云飞同志学习的决定》,《决定》要求全县各族人民学习李云飞同志的先进事迹，以李云飞同志为榜样，发扬一不怕苦、二不怕死的奉献精神，为加速古丈县“两个文明”建设，尽快改变贫穷落后面貌而努力奋斗。

田仲达

田仲达（1906—1992），男，幼名志旺，土家族，红石林镇下布尺村人，1906 年 1 月 26 日出生。7 岁就读于本乡私塾。1924 年春，田仲达到长沙卫戍团学生连当兵，他苦练军事技术，尤以射击、拼刺最为突出，在一次射击比赛中，获特等射手称号，深得上司赏识。1925 年 6 月，卫戍团在常德攻击川军熊克武部的一次战斗中，对阵三天不分胜负，打到第四天争夺制高点时，田仲达冲锋在前，左眼负伤。

1926 年，田仲达到黔东锦屏，与贵州讲武堂毕业生李世魁、田开德相约，加入王天培的队伍。

王天培部编为国民革命军第十军后，田仲达任该军第三十师师部中尉联络参谋，随部北伐，经洪江、沅陵、常德，于同年10月进入鄂西，参加荆沙南岸渡江战役，歼灭直系军阀吴佩孚所属的卢金山部，缴获两艘军舰及大量武器弹药。1927年4月，江左北伐军从荆沙沿长江北岸东下，经安庆、舒城，占合肥，下蚌埠、宿州、夹沟，最后夺取徐州。此时唐生智东征讨蒋，直鲁联军乘势反攻，田仲达随部放弃临城、泰安、徐州、蚌埠，戍守合肥。龙潭血战后，田仲达随部北上，与直鲁联军再战徐州，因功升任上尉参谋。1928年年11月，田仲达考入南京中央陆军军官学校第六期。他刻苦学习，术科、体操、射击等在班上名列前茅。毕业时，教育长张治中组建教导师，将田仲达分到步兵营（营长汤恩伯）训练了三个月，学习三七战防炮、重机枪的使用。结业后，田仲达分任教导师警卫营中尉排长。1930年5月，中原大战爆发，田仲达随张治中的教导师沿陇海西路向开封推进。一天晚上，冯玉祥部骑兵袭击教导师，经过几个小时激战，冯军退走，遗尸80余具。田仲达所在连伤亡60多人，连长杨旭在肉搏中左膀受伤，作战勇猛的田仲达便升任连长。 10月15日，阎锡山、冯玉祥通电下野，中原大战结束，教导师在郑州休整后，便班师回京。不久，教导师警卫营编入教导总队，总队长桂永清刚从德国留学回来，按照德军模式改造部队。每月进行一次比赛，田仲达是连级射击第一名，马术第二名。他所在的连是射击优胜连、教育管理模范连，又是栖霞山城堡工事构筑的优胜连，曾得到总队长桂永清的嘉奖。

1932年1月，田仲达随第五军军长张治中开往上海参加“一·二八”抗战。初援川沙，后移防浏河口接替蔡廷锴部防务，在此守备了30多天才撤退，经太仓返回南京。此时，桂永清将教导总队扩编为三个团，田仲达调任第二团第一营副营长兼总队部军官队区队长，专门轮训军官。不久，田仲达调任国民政府财政部税警总团第五团少校团附，负责军士的训练工作。旋又调任税警总团第三团第一营营长。税警总团是财政部长宋子文组建的一支部队，辖4个团，包括直属部队共25000人。第四团团长孙立人自称第四团为射击优秀团，有一次在射击场，田仲达与第四团一个营长比赛，各打三枪，那名营长打了31环，田仲达打了34环，轰动赛场。不久在总团的射击比赛中，田又夺得总团的射击优胜锦标。参谋总长程潜到税警总团校阅时，孙立人任校阅总指挥，田为第三团的团值星官，在校阅场上，田仲达向孙立人举刀敬礼报告人数时，不料田所乘之马，前蹄双立起来，孙立人的马受惊，差点把孙甩下马来，因此孙对田仲达存有芥蒂。

1937年，上海“八一三”事变爆发，税警总团和国民革命军第一六六师编为第八军（军长黄杰），开赴上海参加淞沪会战。田仲达率部同孙元良的八十八师守备蒙古路、阿拉伯司托路一带阵地，与日军对峙。在两个月的激战期间，田部被日军冷枪伤亡50多人。为拔掉这颗眼中钉，一天夜晚，田仲达组织两个突击组携带浇透了煤油的棉被，摸到日军据点牛皮厂门口，堵住其通道，点燃熊熊大火，将50名日军全部烧死。不久，田部拨归孙元良指挥，奉命守护四行仓库；尔后，接替谢晋元部守卫苏州河据点，与日军激战四天，打退日军多次冲锋，全营800多名官兵伤亡殆尽，营指导员李闻藩和副营长朱毅夫受伤，三个连长阵亡，全营仅剩两个排长和23名士兵，田仲达将全营41名炊事兵组织起来编成两个排死守阵地。田不幸被日军炮弹击中臀部，因肛门被炸开而受重伤，被转往上海法租界广慈医院治疗；为安全起见，不久转入长沙、沅陵等地治疗。

1938年5月，湖南省主席张治中任田仲达为中央军校长沙分校军官大队中校大队附，旋任军校教导团中校营长。长沙大火后，田从长沙到沅陵，督促所部训练，以期将来战场杀敌。1940年春，田仲达任第八军第一〇三师（师长何绍周）师部参谋主任。不久，部队开到鄂西担任江防，田仲达奉命代理团长，率部渡江袭击日军，日军溃逃，田部缴获了大量战利品。渡江回防后，田仲达改任第一〇三师第三〇八团团长，到澧县王家厂整训。1942年春，田仲达参加远征军，在滇南文山、泸西一带整训，改归第八军第八十二师指挥，田任第二四六团团长。1944年3月，第八军由保山开赴怒江东岸接替七十一军防务。 6月下旬，在攻击松山后方阵地滚龙坡的战役中，田仲达部摧毁日军20

多个暗堡，歼敌300余，缴获战马60多匹，马枪300多枝，军衣军毯500多件，罐头食品百余箱，受到上司称赞。7月18日，田仲达团占领松柏坡高地和大垭口日军指挥部和后勤部、军妓所、军需仓库，缴获大炮两门和大量粮秣弹药，击落敌机一架。8月下旬，上司要田团进攻松山，田在进攻受阻后以坑道迫近作业。10月4日，坑道完成，田仲达将松山大坑道炸药点火爆炸，敌暗堡大部被摧毁，田仲达率部与日军血战，直到10月5日上午9时，敌军被歼灭，松山完全攻克。同年8月，日军宣布投降，田仲达任荣誉师第三团团长，开往广西南宁集结，然后乘火车到香港九龙，换乘海轮到青岛，执行对胶东日军受降任务和护路工作。9月中旬，田部至潍县，接受潍坊地区日军受降。受降那天，田看到垂头丧气的日军，吟道："守土驱倭庆凯旋，抗战功绩史无前，军民同心雪国耻，光复毋忘祭轩辕。"随后部队开至济南，担任守城。

1946年，田部调驻烟台，参加对胶东解放区的进攻。1947年春，田仲达部调驻葫芦岛，驻防锦西、秦皇岛一带，维护北宁路交通。1948年秋，蒋介石以李弥以第八军为骨干，编组了第十三兵团，李弥任兵团司令官，田仲达升任第八军第三师师长，驻蚌埠，后调徐州东郊大营房。淮海战役中田仲达被俘，经教育释放。李弥逃回来后，在京沪一带重新组建第八军，田仲达回到部队仍任第三师师长。师部架子虽然搭起来了，但士兵很少，每个班不过二三人，调赴云南整补。于是田仲达率部经衡阳、秀山、泸州，到云南宣威地区整训。11月22日，第八军开驻昆明以东20千米之大板桥，第三师驻曲靖。12月8日，卢汉将李弥等扣押，宣布起义。19日，蒋介石命令李弥部开赴蒙自，等待空运台湾。21日晨，田仲达率部沿陆良公路向蒙自进发，在天星关与解放军第二野战军入滇先遣支队遭遇，被击垮一个团。1950年1月1日，田仲达率余部到达蒙自。李弥宣布调升田仲达为少将副军长。解放军夺取蒙自机场后，国民党残余部队纷纷向西南逃跑，陈赓命令解放军第十三军第三十七、三十八师与解放军边区纵队追击，歼灭第二十六军万余人，继在宜得山区歼灭第八军第二三七师2000余人。

1950年1月5日，田仲达率领全师官兵在曲溪县东山镇附近与中国人民解放军边区纵队第十支队取得联系，立即通电起义。起义后，田仲达就任中国人民解放军第十军第二十八师师长。田仲达起义后因身体不适，请求进入中国人民解放军军政大学云南分校学习，深得陈赓、宋任穷的嘉许。1952年，田仲达复员返乡。1957年，田仲达当选为湘西州第二届政协常委，1961年5月，田仲达任湖南省政府参事室参事。"文化大革命"中田仲达受到冲击，党的十一届三中全会后，田仲达任第六届全国人大代表、第四届省政协委员、州人大常委会副主任、州政协副主席。1979年4月，田仲达当选为州政协主席。1988年3月，田仲达任黄埔军校湖南省同学会湘西土家族苗族自治州联络组顾问。

1992年5月22日，田仲达在州人民医院病逝，终年87岁。著有《田仲达诗文集》。

田光南

田光南（1900—1993），男，土家族，断龙山乡报吾烈村人，生于光绪二十六年（1900）农历十月二十八日。

田光南为五代梯玛传人，法名田发青，别号林乖梯玛，俗称社巴梯巴，即唱摆手歌梯玛。"人因戏而活，戏因人而传。"1958年，经田光南编排的《土家社巴舞》参加全州民族民间艺术会演，荣获嘉奖；并于当年国庆登上首都舞台。1962年，湖南省民族民间文学工作委员会调查组成员彭继宽、彭勃、田德凤等人到古丈专门采访田光南，田光南将全套社巴歌演唱出来。彭继宽等人说道："我们走遍湘西，终于在酉水河畔田家洞找到了正宗的摆手歌。"调查组将采访资料整理为《古丈田家洞的社巴巴》；1979年以记录较全的田光南讲唱的《摆手歌》为蓝本，进行初步整理并油印出来；1984年《摆手歌》被列入湖南省民族古籍整理出版计划，重新进行译释和整理；1989年作为"中国少数民族古籍土家族古籍之一"由岳麓书社公开出版。该书荣获全国第三届民间文学作品二等奖。

《摆手歌》又名《社巴歌》，是土家族梯马和掌坛师在摆手活动中所唱的古歌，随摆手舞而产生和得名，是土家族先民传承下来的珍贵的民族文化遗产。《摆手歌》以史诗的宏大结构、豪放的民族气派记录土家族历史来源、民族迁徙，英雄人物和不同时代的生产劳动及社会生活。摆手歌使用土家语编唱，有一定韵律，运用大量对偶、排比和重复句，语言口语化，通俗易懂。内容广泛，篇幅浩繁，民族特色浓厚，对研究土家族文化有重大作用，且对历史学、民族学、民俗学、语言学等研究提供珍贵资料。

1993 年 2 月 19 日，田光南病逝。

李中

李中（1895—1993），男，汉族，古阳镇人，1895 年出生，曾任国民党古丈县党部执行委员，老中医。

1927 年 1 月，任国民党古丈县党部录事；3 月，被派往中正乡组织农民协会；同月报考在常德的省立二师，因沿途土匪阻扰，误过考期。1927 年 5 月，按县党部张世衡的电示，以学生身份当选为省民代表，赴长沙开会；同年 11 月，赴长沙参加地方自治训练所学习，被指控为共产党，在长沙湘西工会被特务邓新民逮捕，关押于“铲共”监狱 3 个月，后经营救保释出狱；同时，在学习期间，和古丈县自治委员会委员罗应环等人向省府呼吁取消撤销古丈县的动议。1928 年 7 月，被作为异党分子清除出国民党。1930 年 10 月，任县政府筹募积谷委员。1931 年，任古丈县民众图书馆馆长。1936 年，任县立模范小学校长兼沅陵《沅涛报》特聘驻古丈办事处主任，在《沅涛报》上如实报道杨锡莲毒打丫头石爱梅一事，激起社会公愤。1945 年 4 月，与双景五、杨光耀、田农等人历举县长陈立馍十大罪状，向省政府告状。1947 年 5 月，参加“钟灵山集会”，策划“国大代表”竞选。

李中自学中医成才，成为古丈一代名医，在湘西州中医界久享盛名，当地人称他是“扁鹊妙手华佗神，思邈神药仲景论。神农本草时珍语，中医瑰宝救湘人”。古丈城里的人和偏僻的乡下人有病，常常都是慕名远道而来，千里百等，只求一诊。因为为人去病疗伤，送去健康平安，李中很受当地人的尊重。

1962 年，古丈县中医院成立，李中成为该院的中医师。其专长为小儿麻疹、妇科、舌癌。李中自学博览医学书籍，收集历代中医药典中的方剂，为治疑难杂症创立“冬病夏治”治疗方法，一直延续至今。同时为古丈培养了李泽润、杨进森等多名中医药人才。1993 年 8 月，李中病逝。

许厚禄

许厚禄（1971—1993），男，汉族，湖南省汉寿县西港镇人，

1971 年 7 月出生于农民家庭。1992 年 7 月，毕业于湖南公安专科学校，分配到怀化铁路公安处古丈车站派出所，任民警。

1993 年 1 月 9 日，许厚禄在古丈县排口火车站审理一起盗窃案件中，犯罪嫌疑人滕某自感罪行败露，顿生恶念，突然用一把利刃袭击，将许厚禄胸、腹部多处刺伤。许厚禄在身受 13 处刀伤的情况下，仍与行凶犯罪嫌疑人殊死搏斗，终因伤势过重，流血过多，壮烈牺牲，年仅 21 岁。滕某袭警杀人后仓皇潜逃，并于当天畏罪自杀。是年 5 月，中共湖南省委批准追认许厚禄为中共党员；同年 8 月，公安部为其追记一等功，省人民政府追认其为革命烈士。

许厚禄牺牲后，葬于怀化市革命烈士陵园。

戴荣庆

戴荣庆（1923—1995），男，苗族，山枣乡磨刀村茨秋坪组人，生于1923年8月。

戴荣庆祖上原本殷实，却因祖父戴光沅被土匪枪杀，家产瓜分殆尽，从此家道衰落。他九岁时仅读过不到一年私塾，但自幼聪慧，勤奋好学，终生致力钻研苗家医术。他继承祖上医术医风，师从叔父戴显月（1900年4月—1975年5月）研习中草药医，并购买《本草纲目》《神农本草经》《古今图书集成》《湖南药物志》等医学名著，一边学习，一边行医，一边搜集民间独方、偏方、秘方，对跌打损伤、风毒蛇伤，能手到病除，并善于治疗和调理疑难杂症及顽疾，为当时古丈、沅陵、泸溪、吉首四县市交界之地名医。20世纪60～70年代，古丈县常举行中草药比武，戴荣庆多次夺冠，被县里卫生界称为“中草药冠军”。1969—1973年，县人民医院聘请他坐诊。

1969年春，草潭大队一邓姓妇女出石灰时，石灰窑垮塌，将其压在生石灰下，造成高度烧伤，烧伤面积广、深度深，西医无能为力，不敢收留，戴荣庆将其留下，仅花40天将其治愈出院。1971年夏，泸溪县八什坪公社一田姓男子的手被五步蛇咬伤，因治疗不当，骨肉开始腐烂，后求治于戴荣庆。戴采用中西结合方式，用手术刀刮去腐肉，洗尽淤血，用草药外敷，打消炎针，不到1个月就痊愈出院。1980年，同村一刘姓男子患肺结核（民间称为痨病），由于无钱住院，拖延过久，出现呼吸困难，肺穿孔。戴荣庆用草药，在3个月时间内将其治愈。

戴荣庆不但医术高，而且医德好，其行医宗旨是“行善积德”。20世纪60～70年代，他自家常缺粮少食，但对到他家的病人，不仅供吃喝，还免收其治病费用。沅陵县棋坪公社茶溪潭一张姓男子，患结肠炎，住在戴荣庆家，免费治疗，免费吃住，半月后病愈才离开。一次，戴荣庆去河蓬公社苏家大队走亲戚，途中听说一对盲人夫妇的7岁儿子患急性肝炎，因无钱治疗，生命垂危，便买了1斤红糖，请亲戚带他去病人家治疗，之后又多次探访，直到病愈。

1995年3月，戴荣庆因病去世。

胡绵生

胡绵生（1911—1996）男，汉族，古丈县高峰乡李家洞村人，1911年3月出生。

胡绵生出生于贫苦农民家庭，深受官匪压迫，从小给地主张平做长工，过着牛马不如的生活。解放后，胡绵生积极拥护共产党和人民民主政权，参加当地剿匪和土改工作；于1953年8月加入中国共产党，积极投身于社会主义新农村建设，成立互助组。

1956—1977年，胡绵生担任农村基层干部，历任李家洞初级社社长、高级社社长、李家洞大队党支部副书记、书记等职。在担任农村基层干部期间，胡绵生为改变贫穷落后面貌，发扬愚公移山精神，为民造福，组织和带领群众劈山引水，修建杨家岭小二型水库（坝高18.5米、蓄水面积80公顷、蓄水量108万立方米）和张祖田、天台山等11口山塘、碾子山等21处其他小水利，打通200米长的岩隧洞，架设一条50米长的岩渡槽，开辟8条总15千米的盘山水渠，使旱涝保收田从解放前6.67公顷增至63.33公顷（全村稻田总面积123.33公顷），被群众称为“党和毛主席的好干部”。

胡绵生由于工作踏实肯干、吃苦耐劳，清正廉洁、亲民爱民，在群众中享有很高威望。1964年6月至1979年12月，当选为省、州贫下中农协会委员，古丈县第一、第二、第三届贫下中农协会常委，李家洞大队贫下中农协会主任。其间，胡绵生多次受到县、州、省的表彰奖励；1965年，被评为湖南省劳动模范。1968年3月至1980年10月，当选为古丈县革命委员会副主任。

1996年12月，胡绵生病逝。

萧离

萧离（1915—1997），原名向远宜，男，苗族，中共党员，河蓬乡白洋溪村人，资深记者、散文家。

1915年11月，萧离出生在一个乡绅之家，13岁随父母到武汉、长沙、北京等地求学，1936年考入北京大学中国文学系，并被授予学士学位。1938年3月，到西安参加中共地下党领导的平津同学会演剧队，在陕、甘一带从事抗日宣传工作。1938年10月，经中共地下党介绍，参加傅作义领导的“北路军”抗日宣传工作。1940年冬，到陕西凤翔师范教书一年，“皖南事变”时和妻子一同遭受国民党逮捕；1941年8月，出狱后去绥西，创办《文艺》刊物，担任主编。1943年10月，回到湘西，在古丈县立初级中学、乾城省立十三中任教；在古丈任教时教过国文、地理、音乐、体育等课程，任过一届教导主任，所教的歌基本是反映陕北一带劳动人民奋起抗战的歌曲，与校长肖涵熙合作谱写《古丈中学校歌》：“武陵之巅，洞庭之源，五溪十万云山，莘莘学子，无虑万千，纳于大麓，尽我俊贤。唯我教育，方开瘴雨蛮烟，抗战建国，重责何辞双肩。努力向前！努力向前！重责何辞双肩”。因警察局无理扣压学生，引导学生闹过一次学潮，矛头是对准当时警察局。要求学生要经常写日记，号召学生去他宿舍看他写的大量日记和在陕北时自办报纸等，引起国民党当局的注意。

1946年秋，离开湘西，在北平平明日报社任记者、采访部主任（同时在北京大学复学，1949年毕业，被授予文学学士学位）。1949年春天，在党组织的安排下，进入天津《大公报》驻京办事处，直到1966年北京《大公报》停办，任记者组组长、记者部副主任，从事新闻工作。1957年“反右扩大化”中被打成右派。1973年任北京出版社编辑，1977年后任北京市第五、六届政协委员等职。1993年离休，1997年6月9日病逝于北京，其骨灰运回家乡安葬。

萧离是一位忠诚为党工作的老报人。解放前，以高度的民族责任感、满腔的爱国热情和大无畏的精神描写旧中国劳动人民的苦难生活，控诉旧社会的种种黑暗现实，揭露帝国主义侵略行径，文章以极其丰富的思想内容和强烈的战斗精神见长。中华人民共和国成立后，又以大量文章报道祖国各地的巨变，讴歌祖国山川的美丽，笔触激情澎湃，跌宕有致，感人至深。特别是在《大公报》担任记者期间，采访东北反细菌战争，现场参与审判日本战犯，采访大陈岛事件，采访外国元首……

中共十一届三中全会后，萧离笔耕不辍。从《见茶豆，起乡思》开始，为湘西为家乡走出贫困和落后而呼吁呐喊，写出《崛起吧，湘西》《湘西是只金饭碗》等数篇振奋人心的文章。为了却牵挂故乡心愿，1979年、1982年、1984年先后三次回乡，在湘西群众中匆匆奔走，看到城镇和乡村变化，高兴异常，但思索和疑问也涌上心头。于是不顾年事已高，走乡串寨，开展调查研究，从发展经济治穷致富高度，对湘西建设提出自己的设想和建议。中共中央书记处办公室致信萧离，肯定他的精神和建议是难能可贵的，信中指出：“这位受委屈20多年的老同志，还能满怀对党和人民的深厚感情，不辞辛劳跋山涉水深入群众，了解下情，总结山区建设的历史经验，特别是贯彻三中全会以来的成功经验，热诚宣传治穷致富的道路，这是多么难能可贵，很值得我们敬佩学习”。

萧离又是一位杰出的散文家，写有不少文艺作品，代表作有《山城杂记》《湘西·湘西人》《城·山·水》等，出版有散文集《故园篇》和《昨日篇》。尤其以写故乡最感人，早期的有1947年写的《茶》，1957年发表在《人民日报》上的《见茶豆，起乡思》，后期的作品有《古丈茶》《故园又报茶消息》等，字里行间寄托着对家乡往事无限怀念，浸透着故园泥土气息。他的散文创作丰富了民族文学宝库，也为中国少数民族文学增添了异彩。

向显福

向显福（1915—1998），小名蛤蟆三，男，苗族，古阳镇天桥山村人，著名山歌手。

向显福10岁时，开始随向重华（向显福的大哥，著名山歌手）学唱山歌，后跟向重华到处赶歌会。

10岁那年，向重华新婚那晚，向显福闹洞房，对嫂子张重娣（山歌手）唱道："送亲送到我财门，想讨荷包无礼行；荷包做的七八个，又无龙王花手巾。荷包大嫂随身带，金钱连拢快开门；你的荷包不送我，闹你鸡啼到三更。"大嫂送他一个花荷包，但没有送荷包带子，于是又唱："得了荷包无带捆，荷包只好绑葛藤；带子拿来丢送我，人递明来树递荫"。大嫂马上给他送了带子，夸他是娃娃歌郎；向显福得了带子，接着唱道："带子荷包得上身，真心真意谢亲人；好事做到门前上，永远不忘大嫂恩"。

1931年那年，向显福四处赶歌会，在官坝山歌会、在古丈县城古历五月二十八歌会、泸溪芭蕉清明歌会、河蓬七月七歌会、保靖涂乍歌会均夺得银牌，一时名声大噪，成为古丈、保靖、吉首、泸溪四县市远近闻名的山歌手。

值得一提的是，向显福用山歌表达自己对生活的向往和爱慕之情，叩开一位湘潭客家女子的爱情之窗，一时传为佳话。1982年，老伴去湘潭探亲，一直未归，已经67岁的向显福便用山歌体写了一封家信寄往湘潭："老伴离家去湘潭，半年未归我孤单；腊月空守三十夜，口吃龙肉也不香；早也盼来夜也想，盼星星来盼月亮；就是不见老伴归，不由两眼泪汪汪；天天都去火车站，站在月台等老伴；总是不见下火车，只好闷闷回家转；想做鸟儿无翅膀，想去湘潭路又长；上天想找张果老，想借腾云鞋一双；写封书信寄湘潭，请求老伴快回乡；许多家务等你做，一人在家无主张"。鸿雁传书，老伴见歌如见人，泪如雨下，立即打点行装，踏上回苗山的路途，不几天就回到了家里。

1998年5月，向显福病逝。

龙清秀

龙清秀（1948--2001），女，苗族，默戎镇桐木人。1948年3月6日出生于湖南省吉首市。

龙清秀于1968年8月参加工作，1970年4月加入中国共产党。先后在湖南省计委办公室、乡镇企业处、农业处任科员、副科长、科长。1985年调整到刚组建的省计委以工代赈办公室，先后担任以工代赈办主任、湖南省西部开发办副主任。用以工代赈的方式进行扶贫是党中央作出的一项重大决策。当时，"七山二水一分田"的湖南省仍有800万群众生活在贫困线以下，于是，龙清秀抓住国家实施以工代赈和西部开发机遇，筹措27.21亿元以工代赈资金，投入贫困地区，建起一座座深受群众欢迎的"民心工程"。新建高速公路5700千米，架设桥梁2600座，改造低产田8万公顷，解决210万人口饮水，治理洞庭湖。在以工代赈岗位上工作15年里，龙清秀足迹遍及全省31个贫困县，每年下乡都在100天以上；桑植县到了38次，隆回县到了29次，永顺县到了24次，安化县到了21次，保靖县24个乡镇、到了70%的村。同时，走遍古丈县16个乡镇场120个村，为了解决古丈县断龙山乡历来缺水问题，六上断龙山，翻山越岭，查看水源，参与立项，协调资金1500万元修建接龙渠，解决21个村2万群众的生产和生活用水，接龙渠被当地群众称为"红旗渠"。15年中，由她经手的钱财有27亿多元，每个项目的立项，她都要亲自调查，精心审核，合理安排，使每一笔钱都尽可能发挥出最好的效益。

龙清秀对党和人民事业的一片赤诚之心。在党性、原则问题上，她绝对公私分明；但在对群众的爱与关怀上，她颇为"公私不分"：工作时以工代赈是扶贫，私下里她自掏腰包扶贫。她每次去著名的将军之乡——平江县长寿乡看扶贫开发项目，都要专门去住着革命烈士遗属的光荣院看望那里的老人家。1995年，她掏出随身的300元钱给了三位老人；1996年，她又向光荣院捐献了6600元；1997年，她带着许多衣物又来到光荣院……2000年12月27日，在龙清秀抱病参加完湖南省"十五"以工代赈规划座谈会后，她找到湘西州以工代赈办主任郭汉辉，向他托付自己最后一份爱心6600元钱：

“这笔钱是我住院时大家诚心来看我送的，在病床上推不脱，上缴又怕伤了人们的感情，请你拿去救助湘西的孩子们读书吧”。后来2000元捐给保靖县拔茅乡中心完小，4000元交到拔茅乡敬老院的老人们手里。

2001年2月15日，她穿着自己要求的用8元一米的土布做的本色衣离开人间，

龙清秀先后被评为“全国城镇妇女巾帼建功标兵”“全国民族团结进步模范个人”“湖南省‘三八’红旗手”。2001年6月，中共湖南省委授予龙清秀“模范共产党员”光荣称号；人事部、国家发展计划委员会追授龙清秀“模范公务员”荣誉称号。2002年2月27日，中共中央宣传部、国家计委、湖南省委在北京人民大会堂联合举办龙清秀先进事迹报告会，中共中央政治局委员、国务院副总理温家宝指出：“龙清秀用她短暂的一生，谱定了共产党人无私奉献的光辉篇章，最根本的一条就是她对人民群众有着深厚的感情，对人民群众爱得深沉。向龙清秀学习，就要像她那样热爱人民”。

何纪光

何纪光（1939—2002），男，苗族，1939年6月10日出生，古阳镇人。中国音乐家协会常务理事，湖南省文联副主席、省音乐家协会主席，省政协委员，省少数民族声乐学会会长，为国家一级演员，享受国务院特殊津贴。其代表曲目有《澧水船夫号子》《洞庭鱼米乡》《挑担茶叶上北京》《济公之歌》等。

何纪光自幼喜欢唱歌演戏，是县城业余汉剧团一名出色的小演员。1946年，7岁的何纪光在家乡的赛歌会上夺得奖牌。1952年冬，在古丈县城举行的文艺晚会上，以一曲《王大妈要和平》赢得全场掌声，时任县委书记张世乙当场奖给他一条白毛巾、一支钢笔和一个口琴。1953年，省歌舞团到古丈招生，他前去应试，演唱《晋察冀小姑娘》等2首歌曲，被考官当场拍板录取。在省歌舞团，以极大的兴趣和热情深入苗山瑶岭，学会汉、苗、瑶、侗、土家等民族的民歌。1956年，参加第一届全国音乐会中南海专场演出，领唱《澧水号子》《打硪歌》，演唱湘西渔鼓《小红军》，受到中央领导和专家赞赏，开始崭露头角。1960年向著名民歌舒黑娃学会独具一格的湖南高腔山歌唱法。

1962年，考入上海音乐学院，师从著名民族音乐家王品素，将西洋科学发声理论知识有机融合到湖南高腔演唱中，学习掌握一种既不同于我国戏曲，又不同于美声唱法的能充分表现其民族特色的美声唱法，歌声优美，粗狂豪放，真假声更换自如，从而使其在民族演唱艺术中达到一个新的高度，形成一种具有特殊色彩的高腔音色，在歌坛上独树一帜。1963年，参加“上海之春”音乐会，受到上海人民好评。1964年，在第五届“上海之春”音乐会上，演唱《挑担茶叶上北京》《洞庭鱼米乡》两首湘味醇浓的歌曲，轰动乐坛，风靡全国。1965年毕业后，深入三湘四水，遍访省内著名艺人和民间歌手，掌握地方戏曲和民歌的艺术特色，同时涉猎全国民族民间音乐。

1980年，再一次进入上海音乐学院进修。1981年，被上海音乐学院借调从事民族声乐教学。1983年，随文化部表演艺术团赴香港演出，登台献歌数首，轰动港岛，各家报纸纷纷载文惊叹：“何纪光是中国歌坛一绝”。是年春节，回古丈过年，下火车时看到山城变化，即兴赋诗一首：“山城腊月景如画，春节归来不识家；云中停车惊远客，桥头止步疑路岔。”1984年加入中国共产党。1988年，随湖南省艺术团赴日访问演出，声震异域扶桑，自编自唱的《应山岩》给观众留下深刻印象。同年春，回到古丈，配合湖南省电视台拍摄反映其艺术生涯的《那山·那水·那歌》音乐专题片，放声高歌《回苗山》，倾诉一位游子对家乡的眷恋之情。1995年5月，应邀首次赴台参加“歌颂流芳古到今”音乐作品演唱会，在“国父纪念馆”高唱《祖国颂》《蜀道难》等爱国主义歌曲，受到听众的好评。

何纪光在歌坛上奋斗四十多个春秋，参加各种演出3000场；演唱1000首，200首歌曲制成唱片和磁带发行全国，为电影《枫树湾》《瓜儿甜蜜蜜》和电视剧《济公》配唱主题曲；其中演唱的《济

公》为国内外广大听众所喜爱的歌曲，荣获首届全国影视十佳歌手称号；演唱的《洞庭鱼米乡》获首届金唱片奖。1987 年被评为全省尖子演员；1988 年获得全国首届新时期影视十佳歌手称号；1989 年，灌制的唱片《洞庭渔米乡》荣获首届金唱片奖。1990 年被授予“湖南省优秀中青年专家”的称号，1992 年经国务院批准享受政府津贴。何纪光的唱法既保留了湖南高腔山歌特有的高亢神奇的色彩，又兼容了戏曲“阳搭子”那种抒情优美的韵味，把假声唱得和真声一样强劲。著名音乐家贺绿汀评价何纪光：“他的声音起了质的变化，具有金属性和英雄气概的高腔音色，极强地丰富了他的表现力，使其歌声具备了前所未有的惊人魅力，将民歌演唱艺术推到了一个新的高度。”何纪光为国家培养了一批艺术上颇有造诣的中青年歌唱家。宋祖英、张也等歌唱家都曾得到过他的悉心指点。

2002 年 9 月 19 日，何纪光逝世于长沙，骨灰安葬于古丈县罗依溪镇枞树坪。

杨光耀

杨光耀（1907—2003），又名浚南，男，土家族，古阳镇人。

1920 年，考入陈渠珍创办于保靖县的“湘西十县联立中学”。1924 年，入长沙衡湘中学第一期，插入高二班。同年 9 月，考入黄埔军校第 4 期步兵科。1926 年参与北伐战争，在北伐军中任连长，攻克长沙后任营长；攻克武汉后，被唐生智推荐加入国民党中统组织，同年加入国民党。1929 年，晋升国民革命军第一军教导团团长；1930 年，调南京总局工作；1931 年，考入中央军校长沙分校军官教育班，毕业后分配到武汉大专学校任军事教官；后任陆军中央军校第三分校军事教官。1933 年，CC 派陈立夫派杨光耀任湖南中统局局长，筹备倒何（湖南省主席何健）活动。1935 年，兼任湖南党务组织部部长。1937 年，在武汉珞珈山将校团任军训教官。

1937 年 8 月初，湖南“倒何”派在杨光耀寓所——汉口鼎丰里十二号会商。之后，杨光耀以国民党中央党部特派员身份回到湘西，协助湘西七县屯务指挥龙云飞组织“抗日革屯倒何义勇军”，潜居凤凰县总兵营，筹划军务，提出：“当前日寇侵华，广大群众莫不义愤填膺，要求抗日救国。此值国难当头，我等举事，必须符合当今之潮流，适合人群之需要，出师有名”。以争取广大民众的支持，因此，他们的口号是“抗日、革屯、倒何”，他们的旗号是“湖南省抗日革屯倒何义勇军”的旗帜；他们的计划是“首先攻下乾城，驱逐专员兼保安暂编团团长余范传，拔掉何健在湘西安下的钉子，然后分兵攻取麻阳、凤凰、永绥、保靖等县”。9 月 8 日，杨光耀与龙云飞在总兵营约会凤凰十路人马，组建湖南省抗日革屯倒何义勇军总指挥部，就任副总指挥。1937 年 10 月，湖南革屯抗日倒何义勇军整编和湘西苗民革屯抗日军、湘黔川革屯苗民抗日军、湘鄂川黔革屯抗日救国军整编成湘鄂川黔四省边区革屯抗日救国军，杨任第八路司令。1938 年古历 2 月，杨光耀和龙云飞率领湘西抗日倒何革屯军 5 个团约 5000 人，加上家属上万人，路过古丈县城去永顺改编。县长李盘铭未露面，派镇公所和地方绅士燃放鞭炮迎送。龙、杨队伍多为苗族子弟，纪律严明，买卖公平。白天查街，扯一白布，上书“十斩”，如“奸淫妇女者斩”“拿老百姓东西者斩”等。在古丈驻扎一天，家眷过路陆续达一周时间。4 月，参加陈渠珍在沅陵县召开的湘西 21 个县军政首脑会议，商讨地方武装改编，响应陈渠珍提出的“团结一致，抗日救国，建设新湘西”的主张，愿意接受改编。是月，湘西凤、麻“革屯军”在桃源接受湖南省主席兼保安司令张治中改编，被编为湖南陆军新编保安第一旅，辖 5 个新编团，杨任副旅长。从而结束湘西“倒何革屯”运动。旋即，杨光耀率部开赴抗日前线。

1939 年 5 月，为增强第九战区抗日力量，湖南省主席兼第九战区司令官薛岳在桃源将湖南陆军新编保安第一旅和六个新编保安团编为国民革命军陆军新编第六军，杨光耀任新编六军暂编第六师副师长兼第三旅旅长。杨率部守卫湖北公安、松滋一带江防约两年。1939 年 9—10 月，在第一次长沙会战中，杨光耀率部驻守株洲，同其他 14 个师一起作为第九战区的总预备队，负责保护株洲渌口附近铁路线；关麟征的15集团军52军在新墙河一线阻击日军四昼夜后伤亡惨重。杨光耀带领第三旅下辖的第五团和第六团协助师长龙云飞火速赶赴前线。1940年3月，新编第六军番号被国民政府中央军事委员会撤销，暂编第六师改隶属国民革命军79军夏楚中部，杨光耀调任第73军暂编5师2旅少将旅长；1941年，调任73军政治部主任；1941年12月至1942年1月，在第三次长沙会战时，率部驻守长沙天心阁，与日军巷战两昼夜。1942年，任第79军步兵指挥官。1943年3月任第十集团军少将高参；1944年2月任第二十四集团军少将高参。1945年5月任陆军司令部第四方面军政治部主任。后离职闲居妻子汤佩文的娘家——湘潭县韶山如意亭杨家庄，后迁回古丈。

1945年8月，日寇投降后，奉命编遣，任第73军少将步兵指挥官。1946年7月31日，授陆军少将衔。1948年1月退役。是年3月，任古丈县县长，并组织地方武装。4月，兼任县自卫队总队长，有官兵432人、长短枪400支。因被人诬告与国民党革命委员会主席李济深有联系，仅任6个月，被撤职查办，迁居湘潭，在移交财务时账目不清。1949年1月，回古丈组织地方武装；2月，参加罗文杰在古丈组织的军事会议，参与赶走县长王天龙活动；3月5日，率古丈黄彬、宋太钧两部抢劫辰溪兵工厂；并就任湘鄂川黔边区自卫救国军副总司令；3月初和4月中旬，率部两次参与攻打沅陵战事；6月，受湘鄂边区绥靖副司令长官陈渠珍邀请，参加在乾城举行的“湘西善后会议”，任湘鄂边区绥靖司令部参谋长；10月，作为陈渠珍全权代表与中国人民解放军四十七军政治部联络部部长顾凌申进行“和平解放谈判”；尔后，随陈渠珍起义投诚；11月随陈渠珍到沅陵，住在沅陵一朋友家中。

1951年初，定居香港，在香港开办一家毛纺厂。其妻汤佩文及一子一女仍留在大陆。1975年，杨光耀与留在衡阳的亲人取得联系。中共十一届三中全会之后，与大陆亲人开始频繁来往；1983年10月，回古丈探亲。2003年5月，病逝于香港。

鲁清鳌

鲁清鳌（1915—2003），男，汉族，1915年9月出生，古阳镇人，旧军医转为地方医生。

1937年，任县卫生院助理员，参与1938年7—9月的霍乱防治。1941年6月，任龙鼻嘴卫生所主任，募集资金购置简易药3箱。之后，当选国民党古丈县党部监察委员会委员。1947年6月，任县卫生院院长，开展夏季种痘（将牛痘苗接种人体，使人体获得对天花免疫力的措施），初种1167人，复种741人。

1950年3月，古丈解放，原县政府卫生院转为古丈县人民委员会卫生院，由旧卫生所所长转为新社会卫生院院长。鲁清鳌拥护共产党的领导，积极靠拢人民政府。

1950—1953年，任县人民委员会卫生院院长。带徒授艺，协助县政府开展爱国卫生运动；在实行全民“公费医疗”和后来的“农村合作医疗”中起了作用。

1954—1957年，任县人民委员会卫生院副院长；1957年至1958年，任县人民医院副院长；1963年至1966年，任古丈县人民医院副院长。1976年成立古丈县中医院，调中医院工作。二十多年从事医疗卫生事业，致力于基层卫生院、医院建设。

鲁清鳌于1979年退休，2003年6月去世。

尚爱国

尚爱国（1962—2005），男，汉族，1962年12月26日出生，红石林镇白果树村人。

1992年8月，尚爱国从湘西自治州技工学校毕业后，分配在县汽车保修厂工作，1994年调县交通局工作，生前系古丈县交通局工程股股长，2005年9月10日病逝。

尚爱国在县交通局工作期间，把为百姓多修路、修好路作为自己的神圣职责，在长期身患胃穿孔、肾结石、肝硬化等多种疾病的情况下，以顽强的毅力坚持与病魔做抗争，十年如一日，带着药罐子不知疲倦、尽心尽职地带病奔波在土家苗寨的崇山峻岭，战斗在通村公路的建设工地，走遍了全县185个建制村中的160多个，测设和指挥施工的通村公路长达400多千米；通常一年的休息时间累计不到30天。

长年累月在莽莽群山中勘线、测量和施工，工作的艰辛可想而知，但具有强烈事业心的尚爱国，虽然多种疾病缠身，却没有因此而退缩，始终不知疲倦、争分夺秒地工作，直到他去世前的40天，还在工地上奔波。2005年7月30日，他在考核记事本上工工整整地写着“工作”二字。“他把工作看得比生命还重要”。尚爱国病逝后，认识他的群众和同事都伤心不已，说他是为修通村公路累死的。其事迹曾被《团结报》《湖南日报》《中国交通报》《湖南人民广播电台》等多媒体报道过，被喻为新农村建设的“山路英雄”。

尚爱国去世后，2006年被评为湘西州“十大新闻人物”；2月被省政府授予湖南省为民办八件实事先进个人，追记一等功。

李启富

李启富（1950—2007），男，苗族，古阳镇人，1950年8月10日出生。

1976年7月，毕业于湖南省农学院茶叶专业，同年8月分配到古丈县农业局，从事农技推广工作，致力于茶叶栽培与制作。1976年8月至1981年5月被聘为县农业局技术员，1979年6月，在牛角山茶场进行茶毛虫性激素捕杀雄虫实验，取得成功。1981年5月至1988年7月被聘为县农业局助理农艺师、农艺师；1982年5月，任古丈县第二届名茶评比会评委，此次评出的古丈毛尖参加在长沙青园宾馆举办的全国名茶评选会，被列为全国30种名茶之一。1985年5月，全国名茶评比会在江苏南京召开，古丈县先进行筛选，李启富担任评委，从53个样茶中选出前8名参评。1987年，参与州、县农业局经济作物站在河西镇科地坝指导茶叶专业户王锡凤改造旧式低产茶园1.15亩，茶园亩产由1983年的40千克提至203.5千克，创全县绿茶单产最高纪录，获全州茶叶高产竞赛一等奖。1988年7月至2007年9月，被聘任为县农业局高级农艺师。2005年12月至2007年11月，任县政协第六届副主席，湘西州第八届政协委员。2007年9月13日，李启富在高望界乡葫芦坪村指导茶叶开发时，突发疾病去世。

李启富是第一届（2000年6月）、第二届（2002年5月）、第三届（2005年5月）、第四届（2007年4月）“茶王杯”斗茶会评委；著有《古丈绿茶的采制技术》《毛尖茶的贮藏保管》《湘西茶树害虫及天敌资源调查》《古丈县茶毛虫生物学特性应用研究与无公害防治试验》等论文；同时为古丈培养出张远忠等多名制茶能手。

向光远

向光远（1920—2008）男，苗族，高峰乡岩排溪村人，共产党员，省劳动模范，多次被评为县、州林业劳动模范和优秀共产党员，1980年和1982年，两次出席湖南省劳模大会，当地群众称他为“大面山上不老松”。

1970年春，高峰公社组建大面山林场，年过50的向光远到公社“揭榜”，担任林场场长。这里原是一片杂草丛生的荒山野岭，无人居住。上任后，向光远带领30多个年轻人，挑着简单行李，扛着劳动工具，到大面山安家落户。在初建场时，向光远坚持自力更生、艰苦创业的精神，树立以林为主、以场为家的思想，热爱林场、建设林场，处处事事发挥一个共产党员的先锋模范作用。初建场时，在一没住房、二没菜吃、三没生产资金的困难情况下，向光远坚定信心，白手起家，组织和带领20多名林场员工经过一年的劳动，整地造林20公顷，修建木房100平方米，生产粮食14吨，领取造林补助费1700元，开垦1333.2平方米荒地种菜。多年来，向光远就是用这种精神，克服办林场中生产、生活中的一个又一个困难。劳动上，他出工在前、收工在后，晴天一身汗，雨天一身泥，从采种、育苗到整地造林和抚育管理，都坚持在第一线，参加生产，领导生产，每年出勤日在300天以上。生活上，从严要求自己，从不搞特殊，遵守林场制定的财务制度，不以任何借口多分1斤粮食和1分钱。向光远家离林场不远，有妻子、儿孙，春节时为让其他场员回家团圆，自己留守场部。

在任大面山林场场长的15年间，向光远依靠党的领导、依靠群众力量，使林场总面积达1109.33公顷，其中造林668.53公顷，木材蓄积量1.48万立方米，总价值148万元（按每立方米100元计算），场员45人；同时，发展粮食生产，收获粮食93吨、生产食油1.9吨、猪肉15吨、蔬菜26吨、收入现金11.81万元；修建4栋砖房建筑面积1500平方米，购买发电、打米、锯木等机械12台，固定资产12万多元。使大面山林场成为古丈县社（乡）林场的一面旗帜。

2008年2月，向光远因病去世。

彭祖贵

彭祖贵（1920—2009），男，土家族，生于1920年3月，红石林镇马达坪村人，老红军。

彭祖贵出身于一个贫困的农民家庭，6岁时母亲去世，13岁时父亲去世。因生活所迫，8岁左右开始替科布车村一家吴姓地主放牛。1934年11月7日，中国工农红军第六军团攻占永顺县城，在红军打土豪、分田地、打富济贫、人人均等等口号的感召下，1935年3月，在红军战士彭祖先（又名三皮哥）的发动下，彭祖贵与远房叔叔彭忠令以卖柴为名，躲过保安团哨卡的盘查，渡过酉水河，在王村参加红六军团，随即参加十万坪、陈家河战斗。不久，即任湘鄂川黔省军区第2军分区司令员刘子奇的勤务员；后因刘子奇在陈家河战斗（1935年4月13日至16日）中负伤，调红六军团53团工作，任团长贾秀文的警卫员。1935年11月随红二、六军团长征；是月，由红六军团十八师师部秘书黄彬森介绍加入中国共产党。因年纪小，扯着马尾巴走完长征，到达陕北。

抗日战争爆发后，红军进行改编，彭祖贵任三五九旅政治部主任袁任远的警卫员，随部队参加抗日战争。1937年10月，三五九旅横渡黄河，开赴晋西北抗日。成为活跃在抗日前线的一支劲旅。1938年末，参加旅长王震亲自指挥的攻打雁门关战斗。1940年4月至1945年1月，被选派到八路军驻重庆办事处（红岩村）担任周恩来的警卫队队长，负责周恩来等领导同志和整个红岩村的安全保卫工作，与周恩来共同度过了难忘的岁月，并结下了深厚的战斗情谊。1945年6月参加359旅9干队，第2批南下。后为适应全国局势变化，第2批南下部队由河南孟县地区奔赴东北。解放战争时期在东北第四野战军工作，任9干队警卫团营教导员，主要从事伪警察改造工作。

中华人民共和国成立后，彭祖贵随军南下，任47军湘西军政干校保卫股长。与中国人民解放军47军421、422团等广大指战员一起平息了湘西百年匪患，并留在湘西这块土地上工作。1950年3月，转入地方工作，任永顺县副县长兼公安局局长；1952年3月，任永顺专署公安处副处长；1952年8月任湘西苗族自治区公安处副处长。1953年春至1954年秋，带领公安武装5个连的兵力以及其他剿匪参战人员，歼灭桑植县、大庸县等股匪。1955年4月任湘西苗族自治州人民检察署首任检察长，仍兼公安处副处长。1955年5月，入湖南省行政学院学习。

1956年10月，湘西土家族民族区域自治问题提上中央、省委日程，出于民族团结等大局考虑，省里决定彭祖贵提前毕业，接受促成土家族和苗族成立联合自治州的任务；回到湘西后，彭祖贵与其他同志一道，深入吉首、保靖、永顺、龙山等地，对土家族干部耐心细致做工作，统一大家思想。1957年9月15—20日，湘西土家族苗族自治州第一届人民代表大会第一次会议在吉首召开，彭祖贵当选为州政府第一副州长。此后，彭祖贵足迹遍布整个湘西州，为经济和生产发展，从不计较个人得失，备受当地百姓爱戴，为民族地区经济社会发展做出了突出的贡献。

“文化大革命”初期，彭祖贵惨遭迫害。1971 年 2 月至 1973 年 7 月，从州“五七”干校带职下放到州良种畜牧繁殖厂劳动，担任副厂长。1973 年 9 月任湘西土家族苗族自治州革命委员会农村办公室党委副主任，分管林业。1975 年调任湖南省地质局副局长。1977 年至 1983 年 4 月当选为省政协第四届、第五届委员会常委。1983 年 2 月离休，1992 年 9 月享受副省级医疗待遇。

彭祖贵先后当选为第二届、第三届全国人民代表。1959 年 4 月，在北京出席第二届全国人民代表大会第一次会议期间，受到周恩来接见；以后赴北京开人大会，又多次受到周恩来和邓颖超接见；有一年开会期间，周恩来和邓颖超派人将两张彭祖贵和邓颖超的合影（一张是参观北京卢沟桥时的留影，另一张是在中南海住地的留影）送给彭祖贵。2009 年 6 月 8 日，彭祖贵在长沙逝世。

彭祖贵著有回忆录《风雨征程》，计 36 万字，记录了老红军彭祖贵的戎马生涯。2001 年开始撰写（口述），2005 年由湖南人民出版社出版。

向发泰

向发泰（1922—2016），男，苗族，高峰乡陈家村人，1922 年 2 月出生。

向发泰出生于贫苦农民家庭，在三兄弟中排行老二。1937 年初夏，壮丁名额下达到他家，遵从父意，代兄从军。是年，向发泰所在的国民革命军 103 师（属于黔军），在淞沪会战中遭到重创，在南京保卫战中再次受挫，被迫分散突围。1938 年 4 月，该师残部撤至湖南黄坡收容站，人员不足 1 个团建制，于 4 月和 6 月接受 4000 名湘西北和黔东南的新兵，向发泰是第二批补充兵源。

1938 年 7 月，103 师和黔军 121 师合编成立第 86 军，103 师由何绍周接任师长，向发泰编入第 618 团，团长陈永思。1940 年夏，103 师调属中央军第 8 军序列，脱离黔军系列，向发泰所在团改编为 309 团，团长仍是陈永思。此时，宜昌失陷，103 师配合友军实施反击未获成功，再次后调整补，转入枝江布防。何绍周以师部命令组建小分队，绕日军后方打游击，向发泰被编入小分队。1941 年 9 月，长沙第二次会战，103 师南渡，向发泰归属原 309 团 1 营 3 连，后在津市一带同湘西籍的新编第 7 师协同作战。此后 103 师一直驻防宜昌南岸，直到 1944 年，加入远征军系列。

1944 年春，向发泰所在部队从常德出发，在株洲上火车，到广西独山后改为步行，后乘汽车到云南河口。此时，向发泰由连队调入师部直属侦查分队。部队进入热带雨林，不久向发泰高烧不退，几个同乡把部队发的汽水，全部让他喝了退热；副师长郭惠苍在野外打得一头野鹿，给向发泰送来一碗熟鹿肉。

1944 年 6 月，第 8 军 103 师原是受命快速渡过怒江攻击龙陵，向发泰所在师部侦察队渡江通过已被炸毁仅剩铁链的惠通桥时，手握住一根铁链，脚踩一根铁链依次过桥。渡河后，第 8 军改为攻击松山，改变原计划。向发泰受命骑自行车到各团传达新命令，挎着一只美式冲锋枪，只身前往。第 8 军接管 71 军阵地后，对松山发动进攻，但只攻下 3 个小山头，主峰松子山高地仍被日军占领。8 月，部队伤亡与日俱增。由于松山受阻，严重影响进攻驻守腾冲和龙陵日军的作战进程，远征军司令长官卫立煌得知向发泰所在的 309 团攻下滚龙坡不到半天又丢失的消息，下令何绍周枪毙团长陈永思，何绍周没有执行，调军部高级参谋王光伟代理团团长，陈永思协作指挥。何绍周召开军事会议，决定采用爆破战术，让工兵打通通往松山高地日军堡垒下方的地道，在下方挖几个大坑装满炸药，摧毁日军堡垒。向发泰所在部队的工兵日夜挖坑道，同时要派人攻打，转移日军注意力，后来被日军发觉，跟着挖地道进行封堵。师部命令晚上不许休息，随时出击，阻住日军从上往下挖的进度。我军在速度上抢先一步，已挖到日军碉堡下面，放进美式炸药，随时准备引爆。8 月 20 日，何绍周下令进行爆炸，顿时整个松山动摇，主峰日军堡垒被炸翻，日军全部被炸为齑粉。主峰爆破后，103 师伙夫、勤杂等人员全部编入部队参战，再次攻击，持续 14 天。309 团和荣誉师 3 团、2 团负责发动对日军最后阵地—马鹿潭的攻击，我方部队遭重创。向发泰所在的 309 团，王光伟和陈永思均身负重伤。

1945 年春，103 师协同友军攻克畹町，27 日与驻印军会师，全面打通了滇缅公路与印度北进中国的国际交通线。之后，103 师在云南驻地接受美国军事顾问训练和管制，随着日本投降，103 师结束抗日战场上的使命。1946 年，103 师由广州乘美军舰开赴山东。内战爆发后，103 师从士兵到军官厌战情绪普遍。1948 年，向发泰在山东济南战役后，以探亲为由，离开部队，回到故乡。

从此，向发泰隐姓埋名，在家从事农业生产，直到 2016 年去世。

前志补遗人物

赵琴川

赵琴川（1903—1929），男，汉族，沅陵县利平乡十一保人（今属古丈县高峰乡三坪村），北伐军连长。

赵琴川，1903年3月18日出生于一个贫苦的农民家庭，在本乡读过2年私塾，喜欢听大人讲梁山好汉和太平天国故事，从中懂得许多道理。1921年9月，在泸溪县浦市参加贺龙任支队长的湘西巡防军第二支队（后改为川东边防军警备旅、四川陆军暂编第九混成旅、四川讨贼军第一混成旅、建国川军第一师），随贺龙转战四川，参加“南北争夺四川”战事；1924年9月，随贺龙由铜仁开往常德，参加围攻津市、澧州、石门等战斗。因作战勇敢，擢升为班长、副排长、排长、副连长、连长。

1925年3月，奉贺龙命令，回乡在三坪一带招兵，所招30多人在沅陵编入贺龙任团长的靖国军；1926年春，任国民革命军北伐军左翼军第九军第一师炮兵团（团长楚麟书）三营一连连长；是年夏，贺龙率部在铜仁誓师北伐，随部从铜仁出发，经沅陵、桃源、常德、澧州、公安，突破北洋军阀的长江防线，攻克重镇宜昌，1927年春东下武汉，部队驻防鄂城，任国民革命军独立第十五师（师长贺龙）炮兵连连长。蒋介石发动“四一二”反革命政变后，随贺龙参加第二次北伐，转战河南，屡立战功。1927年8月1日，随贺龙任军长的国民革命军第二十军参加南昌起义，后随部撤出南昌，南下广东；9月，在“三河坝”分兵时与部队失散。

1927年冬，赵琴川回到村里，面对革命形势处于低潮的局势不灰心，在三坪一带继续高举革命大旗，发动群众、组织群众。1928年初，在寺坪寨向明琪家成立“打富济贫，搞共产主义”的农民组织，向农民宣传共产主义思想。三坪原有十多人参加过贺龙的部队，大部分在战斗中牺牲，部分失散回乡的重新聚集在革命的旗帜下，组建一支有十多支枪的农民武装，经常军事操练，提出“拿起武装，打倒土豪，组织队伍，再投贺龙”的战斗口号。

1929年2月，赵琴川带领农民武装抄本村大土豪田华堂家，把粮食财产分给贫苦农民；田华堂逃往沅陵县城，哀求湘西巡防军统领陈渠珍派兵清剿。赵琴川得知消息后，将田华堂的儿子抓住后杀了，并分兵把守各个隘口，严阵以待。沅陵国民党当局派刘本周率兵侦缉，刘本周设局骗和谈，将赵琴川等人诱骗至沅陵县乌宿一带后，赵琴川被捕，之后被杀害于沅陵县城。

张世衡

张世衡（1904—1943），男，土家族，古阳镇人。

1923年秋，古丈县立高等小学毕业后，和孔韬同时考入常德省立第二师范学校，编入22班，在学校读书期间，参加马克思主义研究学会，到街头巷尾、郊区菜田中，向工农群众宣讲革命道理。1924年加入中国共产党。1926年4月，参加滕代远等人组织的省立二师声援桃源省立第二女子师范学校学潮。1927 年 2 月，受中共常德地委宣传部部长、国民党湖南省党部执委、湘西党务办公厅专员王基永和中共常德地委民运部部长、湘西党务办公厅秘书长许和钧的委派，以国民党党员公开身份回古丈接替孔韬工作，任古丈县党务特派员，并兼任保靖、永顺、龙山 3 县国民党务特派员。

张世衡回古丈后，依靠工农群众，打击贪官污吏和土豪劣绅。3 月底，建立古丈县工会；紧接着在县城和部分农村开展农民运动，4 月上旬，成立“古丈县县城农民协会”；同时还成立商会、教育会等群众组织，一时古丈局势翻新，革命烈火旺盛。县城农民在张世衡和县工会、农会的领导下，举行群众游行，召开 800 多人的群众大会，组织特别法庭，公审一贯作恶多端的县知事贾世安，并给其戴高帽子游街，后将其赶出古丈。此外，还斗争了奸商危平，被群众罚款 800 光洋用于修建县城南门桥。5 月 1 日，在县城秘密发展危云开、危云炎、陈金山、陈金生、杨万玉、向成良、印仕芳、梁玉泰等 8 人加入中国共产党，在千总衙门举行宣誓仪式。5 月，派工会向成良、教育会田锡畴、商会李承平、农会张文模、党务刘静安，在常德的古丈籍学生李中、何璞等为省民代表，赴长沙参加省民代会。“马日事变”后，古丈防务军总监刘谷卿积极配合，大开杀戒，镇压农民运动。张世衡到沅陵县寻找党组织，未能联系上，见沅陵也是血雨腥风；且省民政厅厅长冯天柱根据古丈县知事许炳元呈报，下训给保靖县县长李道煌令其协缉张世衡。于是，遭到通缉的张世衡便到凤凰陈渠珍处避难，并由其介绍到贵阳崇武学校学习，改名为张健。1930 年 7 月，结业后回凤凰，任陈渠珍部参谋，见自己仍在通缉名单上，于同年 7 月 10 日经向秋心（陈渠珍的参谋长）和何树藩力劝，在长沙《大公报》登报自首，声明脱离共产党。后在三十四师司令部参谋处任少校参军。

1933 年后，因病回古丈，1943 年病逝。

倪飞

倪飞（1924—1950），男，汉族，四川省江北县人（现重庆市渝北区），中国人民解放军 47 军 141 师 422 团侦察排长，1950 年 3 月在古丈剿匪战斗中牺牲。

1949年8月5日，长沙和平解放后，倪飞随47军挺进湘西。8月下旬，和班长王万仁巧装铁匠（倪为李师傅，王为汪铁匠），打入匪巢李家洞，取得张平信任，将其兵力部署和武器装备情况侦察的一清二楚，10 月在岩排溪神秘消失。1949 年 10 月下旬，随部进军大西南。1950 年 1 月，随部返回湘西，开展春季全面剿匪。2 月 22 日，随 422 团从龙山赴古丈参加剿灭张平匪部战斗。

1950 年 3 月 2 日下午 8 时，围剿匪首张平的战斗命令下达后，倪飞带领先遣排 40 名战士，从王村出发，渡过西水，经罗依溪，急速行军 30 千米，于凌晨 3 时到达高望界，一枪未发，拿下张平的第一道防线，生擒匪大队长张宝顺及匪徒 30 多名。于黎明时分，到达烂泥池，这里是张平的第二道防线，由匪大队长向开国带领 100 多名土匪防守，两挺机关枪架在五马破槽的两面山包上，组成一个交叉火力网，封锁着山沟和路口。倪飞组织一又一次冲锋，只花半个小时，突破了第二道防线。倪飞带领战士继续前进，来到梅子坡下的龙颈埂。这里离张平的大本营李家洞只有 2.5 千米，是李家洞的门户，张平在这里构筑第三道防线，派张大旺带领特务大队 300 多人防守，架设轻、重机枪六挺，控制着龙颈埂。龙颈埂是个天然险关，像天桥一样将花椒坨和梅子坡两座大山连接起来，形成一条不到三尺宽、足有五丈长的通道，两边是万丈悬崖。倪飞组织第一次冲锋，班长王万仁带领战士冲向龙颈埂，因匪徒火力凶猛被阻；后亲自带领一、二班发起第二次冲锋，三班负责掩护。匪徒们见解放军又冲过来，吓得心惊胆战，六挺机枪一齐向龙颈埂射击，再加上几百条步枪，打得龙颈埂尘土飞扬。倪飞率领战士们冒着枪林弹雨，避开路心，攀着两边岩沿，爬行到龙颈埂中部。这时，张大旺慌了手脚，一面派人向张平报信，一面组织火力死守。倪飞迅速向前方投去一枚手榴弹，趁着爆炸时升起的烟雾，平地跃起冲过龙颈埂，到了梅子坡山脚。在四十多支冲锋枪的掩护下，倪飞时左时右，避开匪徒火力，爬到山腰，手臂一挥，一枚手榴弹脱手而出，炸掉了匪徒的一挺机枪；接着，传来“轰”的一声巨响，匪徒的第二挺机枪又哑火了。当倪飞冲向匪徒第三挺机枪时，被侧面射来的一串子弹击中，仍挣扎着将最后一颗手榴弹投向匪徒阵地，最后壮烈牺牲。

为纪念在剿匪战斗中牺牲的烈士，古丈县人民政府在李家洞修建烈士纪念亭和烈士纪念塔，倪飞等英烈永垂不朽。

王万仁

王万仁（？—1950），男，汉族，四川省人。中国人民解放军47军141师422团2营侦察班长，1950年3月在古丈剿匪战斗中牺牲。

1949年8月5日，长沙和平解放后，倪飞随47军挺进湘西。8月下旬，和团侦察排排长倪飞巧装铁匠（汪铁匠），打入匪巢李家洞，取得张平信任，将其兵力部署和武器装备情况侦察的一清二楚。1949年10月下旬，随部进军大西南。1950年1月，随部返回湘西，开展春季全面剿匪。2月22日，随422团从龙山赴古丈参加剿灭张平匪部战斗。

1950年3月3日，在攻打张平匪部老巢李家洞时，参加团部先遣排，在夜袭高望界、突破五马破槽战斗中冲锋在前，连续突破土匪防线；在强攻龙颈埂战斗中，连续发起两次冲锋；第一次冲锋，因匪徒火力凶猛，未克；第二次冲锋，在龙颈埂中途受阻，后组织40名战士火力掩护排长倪飞炸毁对面匪徒的机枪，在排长倪飞牺牲后，继续率领战士们发起第三次冲锋，并一马当先，首先冲过龙颈埂，登上梅子坡；后率领先遣排战士包围张平司令部。

张平匪部被打散后，窜到李家寨，纠集1300多土匪企图攻打县城。为拔掉这颗“钉子”，王万仁随422团2营连续追踪张平4天4夜。李家寨易守难攻，422团2营决定“智取”，3月20日，王万仁带领40名战士身穿便衣、脚穿草鞋、每人挑着一担谷子，化妆成白岩、二岗的“送粮”老百姓，由当地贫苦农民李国昌和李印成当向导，进入土匪第一道哨卡，在进入第二道哨卡时，被一土匪认出是“汪铁匠”。王万仁迅速从箩筐里取出短枪，指挥战士们向土匪司令部冲去。听到枪响，2营营长狄进喜迅速组织部队从四面八方向李家寨冲来。王万仁将40名战士兵分三路搜查张平，当王万仁靠近张平藏身的吊脚楼时，躲在屋顶上的张平的侍卫队突然开枪，王万仁不幸中弹牺牲。此次战斗历时一个小时，活捉土匪200人，使张平匪部溃不成军。

为纪念在剿匪战斗中牺牲的烈士，古丈县人民政府在龙鼻嘴修建烈士纪念亭，王万仁等烈士永垂不朽。

彭光文

彭光文（1930—1951），又名彭官文，男，土家族，保靖县迁陵镇水坝园人，1930年3月出生在一个贫苦农民家庭，在家排行老三。

彭光文从小聪明伶俐，疾恶如仇，爱打抱不平。1948年，因“躲壮丁”随母迁居古丈县田家洞。1950年3月，47军141师422团炮2连奉命来到断龙山乡（当时叫仁爱乡）剿匪，彭光文积极为解放军通风报信、提供线索、指引道路，白天和解放军战士一起打土豪、闹土改、分田地，夜晚上门发动群众进行清匪反霸挤枪工作，因工作出色，深受部队连长和指导员喜爱。随后，彭光文参加中国人民解放军。

彭光文到部队后苦练军事技术和杀敌本领，在每次战斗中冲锋陷阵，英勇杀敌，被部队首长和战士们称为“拼命三郎”。1950年春，在“攻打杉木溪”战斗前夕，彭光文和一名东北籍战士利用出色的演技和军事技术，化妆成当地一对到李家寨去做客贺喜（当地人举行婚礼）的新婚夫妇，混过土匪岗哨，完成深入匪区侦查任务。1950年9月，古丈大规模的武装剿匪斗争基本结束，转入清匪挤枪阶段，422团离开古丈前往保靖，彭光文留在县民兵支队参加地方剿匪工作，在县城修整时与县公安队一起进行军训，晚上被安排在外围站岗放哨。12月15日，这天半夜时分，几个土匪趁彭光文转身时机，悄悄扑上来，掐住彭光文脖子直至停止呼吸，残忍的土匪将彭光文遗体抛进古阳河里。

彭光文牺牲时年仅21周岁。

刘坤

刘坤（1924—1952），男，土家族，古阳镇柑子坪村人，1924年出生。

刘坤出生在一个贫民家庭，8岁启蒙读书，15岁小学毕业，和父亲一起给财主打短工。1940年，为躲壮丁，到保靖县城一家商店当学徒。不久，被商店老板辞退，到常德一盐局当差；后被国民党军抓去当兵。1946年6月，刘坤所在部队北上参加内战，在一次战斗中，带领几个穷弟兄投奔解放军，编入38军112师炮兵团指挥连。刘坤在部队里认真学习，积极操练，服从命令，听从指挥，随部队参加过多次战斗，受到部队的表扬和奖励。

1950年10月，刘坤随中国人民志愿军第一批先遣部队跨过鸭绿江，参加抗美援朝战争，任某部队有线班副班长。10月20日拂晓，到达朝鲜北镇西北一小山沟，在战斗中荣立三等功。1951年1月下旬的一天，在美军疯狂进攻下，刘坤所在部队化整为零，以班、排为单位，主动袭击敌人。在战斗中，刘坤再立三等功。1952年6月，在江原道铁原郡战斗中，刘坤负责接通有线电话，一边报告敌情，一边和战友们顶住敌人的冲锋；在检查线路时，被敌人炮弹炸断左臂和右腿，但电线仍拿在手中。后因伤势过重牺牲。事后，部队根据刘坤的英雄事迹，给他追记一等功。

黄自泽

黄自泽（1933—1958），原名黄自国，男，土家族，保靖县迁陵镇人，1933年4月出生，革命烈士。

黄自泽出生于小商贩家庭，7岁入私塾启蒙，9岁转入保靖私立竞泽小学，12岁转入迁陵中心小学，13岁考入保靖县立中学，14岁转入省立八中初中部。1949年1月，初中毕业。3月，因“湘西事变”爆发被迫停学，回家给父亲当帮手，学做生意。

1949年11月，保靖县解放。黄自泽担任上团结街治安员，积极参加政权建设，宣传党的政策，协助解放军开展减租减息、挤枪、清匪、减租、退押工作。1951年，考入中国人民银行永顺支行训练班，结业后分配到古丈县支行工作，负责外勤。1953年5月调罗依溪储蓄所任副主任，同年6月至9月到省银行学校学习。1954年6—7月在湘西苗族自治区地委党校学习，加入中国共产党，学习结束后任县委组织部干事。1955年2月任县供销联社副主任。1958年10月任龙鼻嘴公社党委副书记。在此期间，多次被评为社、县、州模范干部。

1958年，全国掀起大办农业、大办工业高潮，县委、县政府组织三千劳力筹建大溪炼铁厂。同年10月，黄自泽带领默戎公社300多名民工奔赴大溪，建起默戎公社大溪炼铁厂分厂，任厂党委副书记兼厂长。同年11月5日上午，县总厂召开各分厂负责人会议，总厂车间突然起火，浓烟滚滚，钢铁厂将被大火毁于一旦。在这千钧一发之际，黄自泽冒着生命危险第一个冲进厂房，与相继冲进厂房的工人往外搬运机器和物资。突然一声巨响，距离焙矿车间6米远的两箱炸药和40多枚雷管爆炸，黄自泽身负重伤，当场昏倒在地。厂党委及时组织人员抢救，终因伤势过重而牺牲。在弥留之际，黄自泽还在说：“快救火，国家财产要紧，不要管我……”

黄自泽牺牲后，县委、县政府和大溪铁厂党委组织召开了3000多人参加的追悼会；同时发出通知：号召全县人民学习黄自泽爱护国家财产、不怕牺牲自己的高尚风格和积极工作的革命精神。1958年11月，被县政府追认为革命烈士。

李祖翰

李祖翰（1909—1964），男，土家族，罗依溪镇焦溪人。

5岁时母亲病逝，10岁时父亲去世，童年时代过着颠沛流离的生活。年青时从事过手工弹匠、撑过船。1935年，婚后不久，本地大户石召祥妻子死于难产，将孩子托付给李家，连续5年每月付稻田1担、油盐5斤。1940年后，李祖翰积得一点钱财便做起杀猪牛生意，开始时，由于本钱小，要想买回一头猪杀，事先得找本地人张安保担保。发家后新建铺面，雇有傅平如、杨宗夏、向顺云等账房先生和雇员，经营南杂、土特产。之后，与表兄罗孝通合伙做桐油生意，把货物运送到常德，由其三姐包销；钱财渐多，便在罗依溪墟场修建房屋，开设李祥盛商号，经营南杂、百货，并继续做桐油生意。

李祖翰生意越做越大，其货船下到沅陵、常德，货物脱销后，运回食盐、布匹、百货。永顺王村李二姐囤积大批食盐销不出去，便与李祖翰交换桐油；成交不久，常德、沅陵一带发生战乱，盐价上涨，李祖翰乘机抛售。到1948年，已拥有银洋近万元。由于家庭人口多（10人），花费了部分资金，1952年普查时为4350元，1953年普查时为4120元。

古丈县解放后，李祖翰积极参加社会主义建设。1956年，在罗依溪参加公私合营，投入股金2882元，担任商店副经理。后来被选为州政协委员、州人大代表。

邬树柏

邬树柏（1898—1966），男，汉族，古阳镇人，民主人士，1898年出生，古丈县著名老中医。

1935年，任县政府科员，支持县政府开征田谷捐和油碾榨捐，遭到油坊主和油工反对。1949年8月，任县政府第二科科长；年底，逃往外地。

1950年春，古丈解放后回到县城，与人民政府合作，成为有威望的民主人士，参加古丈县卫生工作者协会，带徒授艺。1955年，任古丈县卫生工作者协会副主任。1956—1959年，任城关镇联合诊所负责人，在实行全民“公费医疗”和后来的“农村合作医疗”中起了作用。1959年，在县人民医院任中医医师。1959年调州人民医院中医科任中医医师。1960年5月，参与抢救大庸县（今张家界市永定区）城郊公社解放大队刘家坡66名社员食物中毒，经72小时全力抢救后，全部治愈出院。

邬树柏是湘西州政协第一届、第二届、第三届委员会委员。

邬树柏在民国初年至中华人民共和国后从事中医工作，是古丈县中医学派老前辈，擅长运用中医的“辨证施治”治疗常见内科的疑难杂症，在古丈县及湘西州享有盛名。在中医工作中，论文“防治矽肺病”方剂得到州内外广泛运用和推广，在州内同行业中影响较大，人们敬服他的精湛医技。

1966年，邬树柏在湘西州人民医院病逝。

人物名录

（一）英名录

古丈县革命烈士名录

姓名	性别	族别	出生年月	籍贯	参加革命年月	牺牲年月	牺牲地点及原因	牺牲时所在单位	职务	安葬地点	备注
危云开	男	汉族	1884	古阳镇	1927.1	1927.6	被古丈县防务军总监刘谷卿杀害。参加组织工农运动	古丈商会	会长	古阳镇	有传
危云炎	男	汉族	1887	古阳镇	1927.1	1927.6.1	被古丈县防务军总监刘谷卿杀害。参加组织工农运动	古丈农会	县党部录事	古阳镇	有传
石光奎	男	土家族	1908	罗依溪镇石碧村	1925.3	1927.8.25	在江西会昌战斗中牺牲	国民革命军20军1师3团2营5连	战士	江西会昌	有传
田志仁	男	土家族	1903	断龙山乡溪龙车村	1930.4	1936.7.7	在长征途中牺牲	红6军团17师51团	战士	—	有传
田文成	男	土家族	1913	断龙山乡坐苦坝村	1933年	1940.8	在冀中抗日前线，与日寇作战时牺牲	冀中警备旅2团1营2连1排	副排长	—	有传
倪　飞	男	汉族	1924	四川省江北县	不详	1950.3.3	在古丈剿匪中牺牲（攻打李家洞）	解放军某团侦察排	排长	古丈县李家洞	有传
彭玉英	女	土家族	1930	保靖县涂乍乡涂乍村	1949.12	1950.4.23	在古丈剿匪中牺牲，地点罗依溪	解放军某团宣传队	战士	—	—
张　广	男	汉族	1924	山西省阳曲县	1937.6	1950.5.31	在古丈剿匪中牺牲	古丈县二区	区长	高望界乡石门寨村吴家坪	有传
江德宽	男	汉族	1928	江苏吴县人	不详	1950.5.31	在古丈剿匪中牺牲	古丈县二区	青年干事	高望界乡石门寨村吴家坪	—
高振江	男	汉族	不详	辽宁省铁岭市	不详	1950.5	在古丈剿匪中牺牲	解放军某团	战士	高峰乡李家洞村	—
谭玉奎	男	汉族	不详	山东省平原县	不详	1950.5	在古丈剿匪中牺牲	解放军某团机枪连	战士	高峰乡李家洞村	—
向正早	男	苗族	1904	高望界乡	1950.3	1950.6.29	在古丈剿匪中牺牲	古丈县二区	解放军剿匪向导，二区政府评议委员	高望界乡	有传

续表

姓名	性别	族别	出生年月	籍贯	参加革命年月	牺牲年月	牺牲地点及原因	牺牲时所在单位	职务	安葬地点	备注
王万仁	男	汉族	不详	四川省	不详	1950.3.22	在古丈剿匪中牺牲（攻打李家寨）	解放军某团	班长	默戎镇	有传
吴兴贵	男	汉族	不详	河北省鱼台县	不详	1950.3	在古丈剿匪中牺牲（在野竹剿匪）	解放军某团	战士	岩头寨镇	—
李建堂	男	汉族	不详	河北省密城县	不详	1950.3	在古丈剿匪中牺牲（攻野竹剿匪）	解放军某团	战士	默戎镇	—
黄自泽	男	土家族	1933.04	保靖县迁陵镇团结街	1951.4	1958.10.5	在大溪铁厂抢救国家财产牺牲	龙鼻嘴公社	党委副书记	保靖县	有传
胡长龙	男	汉族	1933	岩头寨镇湾坪村胡家溪	1950.11	1972	湖南省耒阳市.训练时受伤，后病逝	八三〇二三部队	副连长	耒阳市马郊河	1972年，古丈县革委会追认为烈士
包良科	男	土家族	1951	古阳镇南山村	1970	1977.11.7	在白溪关电站工程施工中抢救国家财产牺牲	城关公社	民兵施工连连长	白溪关	有传
李忠德	男	苗族	1952.09	岩头寨镇	1976.10	1978.6.16	在白溪关电站工程施工中牺牲	岩头寨公社	民兵	白溪关	有传
李云飞	男	汉族	1964	高峰乡李家洞村	1989.7	1991.11	在高峰乡干溪猪楼门扑灭山火牺牲	高峰乡政府	民政助理员	李家洞	有传
“老塘坊”二烈士	1949年9月中旬，中国人民解放军挺进湘西，47军140师418团2名化装成铜匠的解放军侦察员在老塘坊被张平的士兵抓住关押，旋即派县警察局督察长宋祥、古阳镇副镇长罗园等人在城郊雁形堡挖坑，将2名解放军侦察员活埋										
“三百洞”12勇士	1949年9月中旬，中国人民解放军挺进湘西，张平负隅顽抗，指示河防大队田安镇等人在酉水河三百洞一带截击解放军军用物资。10月1日，两只盐船和两只被服船等军用物资被田安镇等人枪窃，运往花篮、老司岩，护船的12名解放军战士全部牺牲，尸体被土匪抛入酉水河										

（二）先进个人名录

受国家部委表彰的先进个人名录

姓名	性别	民族	所在单位及职务	获奖名称	主要事迹	获奖时间	颁奖单位
向文英	女	苗族	双溪乡西岐村	全国三八红旗手	土改反霸运动中成绩突出	1950	全国妇联
张光玉	女	土家族	巨龙公社思源桥小学幼儿园教师	社会主义建设先进工作者	文化教育工作成绩突出	1960	国家教委
龙　英	女	土家族	古阳镇红星大队党支部书记	全国三八红旗手	发展农业生产	1966.3	全国妇联
					落实生产责任制	1979.3	
李凤荣	女	苗族	默戎镇李家寨村	全国三八红旗手	以兽医技术帮助村民发展养殖业	1983	全国妇联
张光英	女	土家族	古阳镇茶叶村	全国三八红旗手	以个人劳动收入养育3个孤儿	1983	全国妇联
杨玖华	女	汉族	古丈一中	全国优秀教师	教育工作成绩突出	1989	国家教委、全国总工会、人事部
邓雪英	女	汉族	坪坝乡叭喇小学教师	全国民族团结进步先进个人	从广东到湘西扎根苗山教学、成效显著	1990.10	国家教委、全国总工会、人事部
				民族团结进步模范	发展苗寨教育	1998.9	湖南省政府

续表

姓名	性别	民族	所在单位及职务	获奖名称	主要事迹	获奖时间	颁奖单位
向安民	男	苗族	双溪乡排若村小学负责人	全国优秀教师	让地建校舍且教学成效明显	1991.9	国家教委、人事部
向乃旺	男	土家族	古阳中学校长	全国优秀教师	在建校、指导教学中成效显著	1993.9	国家教委、人事部
黄自强	男	土家族	古丈二中体育老师	全国优秀体育教师	教育工作成绩突出	1990.8	国家教委 国家体委
康家喜	男	土家族	河南村主任	扶贫先进个人	在武陵山区扶贫工作中成绩突出	1996.4	农业部、湖南省政府
赵顺群	男	苗族	县公安局古阳镇派出所教导员	全国优秀人民警察	在思想教育、维护社会治安中成绩突出	1999.3	公安部
杜新民	男	汉族	古丈一中校长	全国模范教师	在建校、领导教学中成绩突出	2004.9	教育部、人事部
粟长江	男	苗族	县公安局刑侦大队大队长	全国优秀人民警察	在刑侦工作中成绩显著	2005	公安部
向永专	男	苗族	双溪乡排若村乡村医生	全国优秀乡村医生	热情为患者服务，深受村民欢迎	2008.12	卫生部

受中共湖南省委、省政府表彰的先进个人名录

姓名	性别	民族	所在单位及职务	获奖名称	主要事迹	获奖时间	颁奖单位
刘立凡	男	土家族	县老干局	湖南省劳动模范	主持两岔溪小学工作成绩突出	1959	省政府
叶传智	男	汉族	退休教师	全省优秀教师	教育工作突出	1985	省委、省政府
向德生	男	汉族	断龙山乡中学校长	全国优秀班主任	教育工作突出	1986	国家教委
				全省优秀教师		1989	省委、省政府
唐发权	男	汉族	县民贸局糖厂厂长	全省优秀企业家	办厂有方	1989	省政府
王锡玉	女	土家	河西村党支部书记	全省优秀教师	带领村民致富取得明显成效	1995.4	省政府
彭南海	男	土家	河南村党支部书记	湖南省劳动模范	带领村民致富取得明显成效	2000.4	省政府
王松林	男	汉族	县水泥厂锻烧车间	湖南省劳动模范	工作积极，成绩显著	2010.12	省政府
龙献文	男	苗族	毛坪村党支部书记	湖南省劳动模范	带领全村人民脱贫致富	2010.12	省政府

附　录

一、古文行政区划（补遗）

清朝时期

清道光二年（1822），从永顺县析出西英、罗依、冲正、功全4保，置古丈坪厅（为湖南省唯一散厅），全厅辖村228寨，其中苗村58寨。

冲正保 辖烂草坪、鲇鱼坪、铁匠寨、狗咬坪、子排、俄梨坪、岩坎寨、大坪、丹青寨、把夭寨、铜鼓坡、雷公界。以上12寨北、东、西三面与乾州厅交界，南面与泸溪县交界。暴木坪、洞上、狗矢寨、黄鹿坡、阿瓢溪、滥泥田、坪坝、天台山、溪口、雅家、窝塔、板栗寨、绿豆坪、大寨、窝米、桃花坪、黄雀寨、梁家寨、小古丈坪、夯窝渣、火烟冲、榔木坪、曹家坪、土蛮坡、下窝喇、上窝喇、碓春溪、叭喇、杉木岭、坨腰寨、田马寨、樵子庄、半坡、夯岔闹、屋场坪、老塘坊、柑子坪、新寨、长潭、岩它（坨）、大米地、磨子坪、毛田、洞上、宋家若、溪流墨、官坝、塘上、龙家坳、蔡家河、石铁寨、下达沙、中西歧。以上并厅治古丈坪，计65寨1城，共66处。新寨、岩坳、土蛮坡、曹家坪暨古丈坪本营，凡为营汛五。

功全保 辖亮它、山枣溪、磨刀岩、大鸡坡、新寨、丛树溶、别州、银坪、老寨、匾桶溪、洞坪、花岩、白羊坪、天门星、高寨、马草坪、永坪、相坪、万贯塘、筲箕田、鹊儿潭、团堡、火麻坪、穿坳、茨秋坪、青岩坳、剪刀洞、弯沟溪、床机坡、干溪、苏家寨、狗鸡坪、沙坪、熊溪、上河蓬、下河蓬、穿洞、大溪坪、福兴场、土溪、芭蕉溪、上鲇溪、下鲇溪、烟竹坨、瓦屋冲、野猪[竹]坪、擂钵寨、竹坪、麻坪、官坪、葛藤寨、岩寨、拱寨、沙山、桐木坪、蓑衣坡、柘皮溪、两岔溪、长冲、矮坳、两扇门、旦武营、岩头寨、棉花寨、坪家寨、豺狗寨、磨子坪、鸡婆寨、白洋溪、窝土田、银香坪、鲁家寨、桐油坪、烂泥田、告坡、梓木坪、中溪、岩嘴、黄牛溪、丫施溪、蒿根坪、长沙洞、岩它（坨）、高望界、分水界、上洞溪共86寨。

罗依保 辖罗依溪、下半溪、中半溪、上半溪、一碗水、箭潭口、杨家寨、青冈坡、狗耳岩、笼鸡寨、竹坪、上茅坡、大潭、龙家寨、猴儿、且茶下、猫儿潭、通明山、泥湾潭、黑潭坪、黑潭坪汛、下茅坡、龙潭坪、树栖柯、三道河、竹溪、文家寨、马路溪、茅坪、焦溪、小官坪、大官坪、丛树坪、王家堡、青鱼潭、达视坡、鲁牙溪、阿汉溪、舒家寨、黑脸岩、麻梨溪、茶山、尚家寨、张家寨（半插入功全境内）、枫香坡、龙家洞、康家寨、侯家寨、牛耳山、枫香坪、小茶坪、大茶坪、人溪，共53寨。

西英保 辖坳家湖、石壁溪、张家冲、舒家寨、柏梓樟、热溪、虾公塘、毛坪、排达牛、李家寨、龙鼻嘴、潭溪、坎着、卖若、九龙洞、响水洞、梨木山、尚家寨、吴家寨、扒有、高粱洞、白岩、天桥山，共23寨。

清道光三年（1823），功全保析为内功全保和外功全保，冲正保析为内冲正保（又称本城保）和外冲正保。

民国时期

民国2年（1913），废厅，置古丈县，所辖行政区划不变。

（一）1923—1933年

民国12年（1923），实行乡制，全县划为首乡（又称本城乡）、罗依乡、上功乡、下功乡、新民乡、西英乡、外功乡、外冲乡，计8个乡。其中首乡辖县城、田马、柑子坪、溪流墨、南山、蔡家河一带；罗依乡辖罗依溪、黑潭坪、树栖柯、龙家寨、冲天坪、康家寨一带，上功乡辖岩头寨、岩坨、高望界、野竹坪、千斤洞、梓木坪、凤鸣溪一带；下功乡辖山枣溪、磨刀岩、洞坪一带；外功乡辖河蓬、白洋溪、苏家、旦武营一带；西英乡辖龙鼻嘴、热溪、毛坪、李家寨、高粱洞一带；新民乡辖曹家坪、叭喇、对冲、九龙洞、板栗寨、龙潭、老寨一带；外冲乡辖坪坝、溪口、张家坪、丹青、窝瓢一带。

（二）1934—1938年

民国23年（1934），全县划为古阳镇、罗依镇和溪流墨、黑潭、岩头、磨子、坪坝、丹青、旦武、官坪、曹家、毛坪、李家、热溪、枞树、银坪14个村。后又划为4区16乡镇。一区辖古阳、罗依2镇和溪流墨、黑潭2乡，其中古阳镇辖6个保，罗依镇辖7个保，溪流墨乡辖3个保，黑潭乡辖5个保。二区辖岩头、尚公、枞树、银坪4个乡。其中：岩头乡辖5个保，尚公乡辖6个保，枞树乡辖3个保，银坪乡辖3个保。三区辖河蓬、旦武、丹青、中正4个乡。其中河蓬乡辖6个保，旦武乡辖5个保，丹青乡辖6个保，中正乡辖5个保。四区辖曹家、毛坪、热溪、李家4个乡，其中曹家乡辖9个保，毛坪乡辖7个保，热溪乡辖4个保，李家乡辖5个保。

（三）1938—1942年

民国27年（1938），撤区并乡，划为古阳镇、西英乡、银坪乡、中正乡、尚公乡、罗依乡、曹家乡、河蓬乡，共8个乡镇，75个保。

古阳镇　辖10个保，镇公所设古丈坪，一保为本城大田；二保辖本城新街、教场街、水田溪、中正街；三保辖柑子坪、竹溪、老寨坪、下溶湾等；四保辖屋场坪、坨腰寨、老寨、柏子樟等地；五保辖老塘坊、红沙溪、新寨等地；六保樵子庄、五十庄、田马寨等地；七保辖溪流墨、丈高湾、洞上等地；八保辖磨子坪、大面地、岩坨、李家河、蔡家河等地；九保辖大塘、茅坡、竹坪等地；十保辖官坝、石铁、中西歧、堂上等地。

西英乡　辖9个保，乡公所设龙鼻嘴。一保辖凼坨、排喜高、下潭溪、岩人溪等地；二保辖龙鼻嘴、猫儿厅、上潭溪等地；三保辖排几娄、鸡雀坨、桐木溪等地；四保辖尚家寨、吴家寨、李家坪、扒有等地；五保辖李家寨、排达牛、岩寨等地；六保辖上茅坪、下茅坪、排口等地；七保辖宋家若、旁山路、下达沙等地；八保辖白岩、二岗、栗木山、夯苦等地；九保辖热溪、舍塔、高粱洞、长潭等地。

银坪乡　辖6个保，乡公所设山枣溪，一保辖枞树溶、雄溪等地；二保辖背龙村、毛溪、赵家湾、大鸡坡、马草坪、竹山寨、亮坨等地；三保辖龚家寨、田坪、半坡、溶田、山枣溪、柒树界等地；四保辖边龙溪、筲箕田、碗沟溪、洞坪、万官潭、龙家等地；五保辖银坪、火麻坪、雀儿潭、毛栗坪、高寨等地；六保辖白洋坪、天门星、磨刀岩、别洲、茨秋坪等地。

中正乡　辖9个保，乡公所设溪口，一保辖上窝喇、绿豆坪等地；二保辖张家坪、瓦屋坪、石家寨等地；三保辖亚家、四方田、新寨等地；四保辖溪口、大寨、窝塔、排已堵等地；五保辖窝米、桃花坪等地；六保辖窝瓢、烂泥田、八什坪、江西寨等地；七保辖巴夭寨、枞树坪等地；八保辖铜鼓坡、画眉溪、下炉峰等地；九保辖丹青寨、大坪、俄梨坪等地。

尚公乡　辖10个保，乡公所设野竹坪，一保辖中溪、鲁家寨、岩坨、塘坡、岩嘴、岩坨等地；

二保辖银香坪、长沙洞、白岩坪、亮坪等地；三保辖蓑衣坡、老寨、构皮溪、岩头寨、庄上、桐木坪等地；四保辖朱岔溶、矮坳、梓木冲、半坡、马鞍山、竹皮溪等地；五保辖鲇溪、老屋场、田家、猫儿潭、上鲇溪、升子溪等地；六保辖瓦厂、桐油坪、坪家寨、沙子坨、烂泥田等地；七保辖蒿根坪、三羊洞、丫施溪、黄泥溪、告袍、中界等地；八保辖梓木坪、凤鸣溪、排柯、上洞溪等地；九保辖两岔溪、磨子坪、豺狗寨、龚寨等地；十保辖野竹坪、土溪坪、大米坳、芭蕉溪、烟竹坨、乌龟冲等地。

罗依乡 辖13个保，乡公所设罗依溪，一保辖罗依溪街；二保辖罗依溪上半街、中半溪、青冈坡、一碗水等地；三保辖青鱼潭；四保辖梓坊、毛坪、马路溪等地；五保辖姚孔湾、龙家洞、高椅岩、上下中岭、康家寨、茶山、麻栗铺、上顶头、侯家寨、尚家寨等地；六保辖猴儿潭、焦溪、小官坪、大官坪等地；七保辖且茶下、牛儿山、鲁家溪等地；八保辖老寨、毛凤坨、泥湾潭、枞树坪、窝汉溪、舒家寨、冲天坪等地；九保辖张家包、黑潭坪、王家包、营盘上等地；十保辖树栖柯、大茶坪、龙潭坪等地；十一保辖龙家寨、舒家寨、长田河、龙吉寨、坝塘等地；十二保辖下毛坡、张家村、张家冲等地；十三保辖石碧溪、坳家湖等地。

河蓬乡 辖9个保，乡公所设大溪坪，一保辖官坪、小官坪等地；二保辖上河蓬、大溪坪、穿洞等地；三保辖下河蓬；四保辖苏家寨、王家寨、向家寨、排斗寺、雄溪、报木坪、洞上、苟鸡坪等地；五保辖葛藤寨；六保辖丫角山；七保辖岩寨、麻坪、塘扎等地；八保辖白洋溪、岩坎寨、阿土田、符麻界等地；九保辖旦武营、唐家坪等地。

曹家乡 辖9个保，乡公所设曹家坪，一保辖曹家坪、榔木寨、大田坪等地；二保辖鱼塘冲、排阿溪、树坨、客人寨等地；三保辖对冲溪、毛坪、火烟冲等地；四保辖夯窝渣、叭喇等地；五保辖新寨、小古丈坪等地；六保辖龙潭、老寨、鬼溪等地；七保辖夯坝寨、排布坪、烂田、已棚等地；八保辖九龙洞；九保辖板栗寨、猫子溪、葛藤寨等地。

民国31年（1942），乾城县与古丈县调整边界，西英乡的卤坨、排喜高，中正乡的丹青寨、巴夭寨、朋潭、雷公界、岩坎寨、大坪、画眉溪、榔木坡、铜鼓坡、俄梨坪等地划归乾城县。乾城县仙标乡七、八保（今属吉首市排绸乡锦坪村、王腊村）划入古丈县（因当地人民反对，未实质划入，1946年，国民党湖南省政府下令，仍划归乾城县管辖）。保靖县葫芦、涂乍两乡的排若、夯水、上达沙、万岩溪、巴窝、翁草、夯娄、狗脑山、四方坡、摆角、燃大树、夯八拐、上下热家达、堂西歧等地划入。沅陵县保平乡属之岩牌溪、龚家村、李子埔、松溪坳、文家湾、三角塘、小溪、草潭、站潭溪、洞溪等地，益平乡属之会溪坪埔、河头、麻溪、汪洋溪、铁匠溪等地，利平乡属之巡枪坪、寺坪、岩坪、班什溪、岩排溪、桐木溪、什级溪、凉水坡、沙溪、瓦窑溪、葛连溪、桃江溪（即淘金溪）、血水潭、桐木溪溪北等地划入。

（四）1943—1945年

民国32年（1943），永顺县田家乡、王家乡及施溶中、下乡，下榔乡属河西、老司岩、沙湾、沙鱼溪、石马潭、公羊坪、焦坪、石门寨、浪泥池、铜厂、岩洞溪、鱼儿溪、李家洞等地划入。沅陵县利平乡属之船仓溪、陈家、滥仓垭、张家村、凉水坡划入。同年，田家乡梳头溪划入古阳镇。新成立亲民、保安、仁爱、西南、永宁5个乡。是年，全县辖古阳镇、西英乡、河蓬乡、曹家乡、中正乡、罗依乡、尚公乡、银坪乡、保安乡、仁爱乡、西南乡、亲民乡、永宁乡共12个乡1个镇。

亲民乡 辖8个保，乡公所设排若，一保辖夯八拐、热家达、夯水、上达沙、塘西歧等地；二保辖排若、米夯、塘夯坨、龙家等地；三保辖翁草；四保辖夯娄、燃大树等地；五保辖巴窝、四方坡、狗脑山、摆角等地；六保辖盘草；七保辖排土高、三岔河等地；八保辖万岩溪、小花园等地。

保安乡 辖8个保，乡公所设李家洞，一保辖烂泥池、岩洞溪、枞坨等地；二保辖中柱岭、老官坪、梅子坡、李家洞、徐家岭、杨家岭等地；三保辖桐木溪、岩排溪等地；四保辖镇溪、寺坪等地；

五保辖石门寨、焦坪等地；六保辖吴家坪、观音山等地；七保辖公羊坪、茶园等地；八保辖会溪坪。

永宁乡　辖5个保，乡公所设草潭。一保辖岩坳、黄连坨、蛮沙溪、大石溪、手足坪等地；二保辖八水坪、杀地里、化香包等地；三保辖占潭、洞溪、亮坡等地；四保辖松溪、长冲、文家湾、草潭等地；五保辖瓦窑溪、白洋洞、崩山、白竹坪、仲坪、湾坪溪等地。

仁爱乡　辖8个保，乡公所设田家洞，一保辖信必老、米多村、皮导、苦烈等地；二保辖田家洞、杨米叉库、界牌、大报、报吾烈、母尼毫、信寨等地；三保辖信风坪、溪龙车、利已冲、细塔、小报吾烈、阿姐冲、细塔河等地；四保辖龙叫河、茶叶坡、杨家河、泽土库、铺土泽等地；五保辖白果树、切塔烈、撮烈、里朝、上布尺、下布尺、耙平岩、乱热、业者湖、烈松等地；六保辖靴通、择龙坪、咱不车、体马洲等地；七保辖白溪、坐苦坝、西渣苦、田家朝、那铁枯、三百洞、哈立车等地；八保辖业必达、桐油窠、他业排、上寨、猛虎洲、胡家坪等地。

酉南乡　辖6个保，乡公所设河南。一保辖河西、科地坝、龙天坪、岩仁坪等地；二保辖河南、列夕坪、沙土湖、腊洞、干大坪、列夕溪、上马路、下马路、杜家坡等地；三保辖小田家洞、卡讨、张家坡、那铁包、小寨、大寨等地；四保辖花枯、泽禾溪、小龙热、马达坪等地；五保辖老司岩、麦他坪、花兰、咱车等地；六保辖科不车、大龙热等地。

中正乡　辖6个保，乡公所设溪口，一保辖上窝喇、绿豆坪等地；二保辖张家坪、瓦屋坪、石家寨等地；三保辖亚家、四方田等地；四保辖溪口、大寨、窝塔、排已堵等地；五保辖窝米、桃花坪等地；六保辖窝瓢、烂泥田、八什坪、江西寨等地；

古阳镇、西英乡、河蓬乡、曹家乡、罗依乡、尚公乡、银坪乡所辖行政区划不变。

民国33年（1944），调整西英、亲民、古阳三乡镇插花地。

（五）1946—1949年

民国35年（1946），曹家乡与中正乡合并，设忠孝乡；永宁乡与银坪乡合并，设和平乡；西英乡改为信义乡，撤销亲民乡，其辖地分别划入信义乡和古阳镇；尚公乡三、四保划入和平乡；永宁乡一、二保划入保安乡；保安乡八保划入罗依乡。是年，全县辖古阳镇、罗依乡、忠孝乡、和平乡、尚公乡、信义乡、酉南乡、仁爱乡、保安乡、河蓬乡，共9乡1镇，84个保。5月，沅陵县保平乡八家村请求划归古丈县，获准。

古阳镇　辖12个保。镇公所驻古丈坪，一保辖本城大田；二保辖本城新街；三保辖柑子坪、竹溪、老寨坪、桐枯堡、下溶湾、茶园、红沙溪、新寨、老寨、柏子樟等地；四保辖老塘坊、屋场坪、高粱洞、坨腰寨、桥子庄、田马寨等地；五保辖长潭、杜家坪、热溪、舍搭等地；六保辖宋家若、达沙、旁山路、桥太等地；七保辖排若、夯水、热家达、龙家、米夯、唐夯坨等地；八保辖官坝、龙家坳、堂上、石铁、中西歧、大西歧、夯八拐、唐西歧等地；九保辖梳头溪、源头等地；十保辖溪流墨、洞上、丈高湾、烂桥等地；十一保辖茅坡、大塘、竹坪等地；十二保辖南山、岩坨、拉其丘、大面地、磨子坪、蔡家河等地。

保安乡　辖7个保，乡公所设李家洞。一保辖八水坪、岩坳、杀地里、烂泥池、花椒坨、庙溪、枞坨、蛮沙溪、手足坪、鱼池界、化香包、杀地里等地；二保辖中柱岭、老官坪、李家洞、葛连溪、巡枪坪、杉树坡、门坎岩、徐家岭、向家岭、淘金溪等地；三保辖浪仓垭、凉水坡、竖岩冲、张家村、土人坡、八家、抱木坪、下抱木坪、冉家寨、沙溪、土匠坡、船仓溪、龙湾里、陈家、桐谷岭、刘家、土墙冲、楠竹界等地；四保辖赤溪坡、裁挡坳、溪底、坳口、铁匠坡、交椅坪、桐木溪、凤溪、岩排溪等地；五保辖那天坳、麻坪、寺坪、王连溪、岩坪、园厂、镇溪、小寨、坨坨溪、王家等地；六保辖石门寨、岩洞溪、沙鱼溪、小溪、赵家坨、茶头湾、麻头园、焦坪等地；七保辖葫芦坪、公羊坪、旧庄、江洋溪、铁匠溪、茶园、椿木垭等地。

尚公乡　辖8个保，乡公所设野竹坪。一保辖岩坨、鲁家寨、岩嘴、中溪等地；二保辖银香坪、长沙洞、亮坪、岩头寨等地；三保辖田家、猫儿潭、鲇溪、升子溪等地；四保辖烂泥田、瓦厂、桐油坪、坪家寨、沙子坨等地；五保辖蒿根坪、三羊洞、丫施溪、黄泥溪、告袍、中界等地；六保辖梓木坪、凤鸣溪、排柯、上洞溪、王竹坪等地；七保辖磨子坪、两岔溪、豺狗寨、龚寨等地；八保辖野竹坪、雷钵山、土溪坪、烟竹坨、芭蕉溪等地。

信义乡　辖9个保，乡公所设龙鼻嘴。一保辖卖若、上潭溪、龙鼻嘴、猫儿厅等地；二保辖喜鹊坨、排几娄、桐木寨、龙坪门、排达牛等地；三保辖万岩溪、米排、小花园等地；四保辖盘草；五保辖巴窝、四方坡、摆角等地；六保辖翁草、狗脑山、夯娄、燃大树、轿山等地；七保辖岩寨、上毛坪、下毛坪、排口等地；八保辖白岩、栗木山、扒夯、夯苦、二岗等地；九保辖中潭溪、下潭溪、吴家寨、向家寨、李家寨、扒有、李家坳等地。

忠孝乡　辖9个保，乡公所设溪口。一保辖叭喇、夯窝渣、新寨、小古丈坪等地；二保辖对冲溪、毛坪、火烟冲、窝夯南等地；三保辖曹家坪、榔木寨、大田坪、客人寨、树坨等地；四保辖上窝喇、绿豆坪、张家坪、瓦屋坪等地；五保辖龙潭、老寨、鬼溪等地；六保辖夯坝、排布坪、九龙洞、板栗寨、猫子溪、葛藤寨等地；七保辖亚家、四方田等地；八保辖坪坝、溪口、窝塔、大寨、排已堵、猫子坪、小古丈坪等地；九保辖桃花坪、江西寨、窝瓢、烂田、窝米溪等地。

和平乡　辖11个保，乡公所设草潭。一保辖磨刀岩、天门星、别洲等地；二保辖火麻坪、高寨、毛梨坪、雀儿潭、姚家坪、高河蓬、银坪等地；三保辖溶田、山枣溪、龚家寨、柒树界等地；四保辖毛溪、竹山、大鸡坡、马草坪、赵家湾等地；五保辖边龙溪、筲箕田、青岩坳、洞坪等地；六保辖枞树溶、龙背溶、相坪、坨坪、雄溪、新寨等地；七保辖占潭、洞溪、亮坡等地；八保辖松溪、文家湾、草潭等地；九保辖竹坪溪、朱岔溶、半坡、矮坳、千金洞、梓木冲、洞坪、万官潭、龙家等地；十保辖桐木坪、湾坪溪、老寨、构皮溪、棉花包、十五洞、桐木坡、干岩孔、复兴庄、蓑衣坡等地；十一保辖瓦窑溪、仲坪、白竹坪、崩山等地。

河蓬乡　划为7个保，实辖6个保，乡公所设河蓬大溪坪。一保辖白洋溪、窝土田、岩坎寨、符马界等地；二保无村寨；三保辖旦武营、丫角山等地；四保辖官坪、枞树坪、葛藤寨等地；五保辖岩寨、麻坪、塘扎等地；六保辖上河蓬、下河蓬、干溪、营盘山、大溪坪、穿洞等地；七保辖苏家、报木、苟鸡坪、王家、向家、雄溪等地。

罗依乡　辖8个保，乡公所设罗依溪。一保辖罗依溪街；二保辖半溪、青冈坡、青鱼潭、一碗水等地；三保辖会溪坪、姚孔湾、龙家洞、高椅岩、上下中岭、康家寨、茶山、麻栗铺、上顶头、侯家寨、尚家寨、五里坡、麻溪等地；四保辖梓坊、毛坪、马路溪、猴儿潭、焦溪、小官坪、大官坪、且茶下、牛儿山、鲁家溪等地；五保辖毛凤坨、泥湾潭、枞树坪、窝汉溪、舒家寨、冲天坪、张家包、黑潭坪、王家包、营盘上等地；六保辖树栖柯、大茶坪、龙潭坪等地；七保辖龙家寨、舒家寨、长田河、龙吉寨、坝塘、下毛坡、张家冲等地；八保辖石碧溪、坳家湖等地。

酉南乡、仁爱乡　所辖行政区划不变。

中华人民共和国时期

（一）1950—1955年

1950年3月18日，古丈县人民政府成立。全县划为四个区，一区辖古阳镇、罗依乡、酉南乡、仁爱乡，区政府设罗依溪；二区辖保安乡，和平乡第十、十一保，尚公乡第一保和第二保，区政府设李家洞；三区辖河蓬乡，和平乡第一、二、三、四、五、六、七、八、九保，尚公乡第三、四、五、六、七、八保，区政府设野竹坪；四区辖忠孝乡、信义乡，区政府设曹家坪。4月24日，古丈县二区血水潭、桐木溪溪北划入沅陵县第二区。1952年，从一区划出官坝和县城附近地域，设第五区，区政府驻古丈坪。

一区辖列溪乡、勤劳乡、和平乡、科布乡、河西乡、马达乡、茄通乡、米多乡、胡家乡、田家乡、细塔乡、溪龙乡、白溪乡、下布尺乡、白果乡、罗依乡、会溪乡、茅坪乡、大官坪乡、石碧乡、江洋乡、杨家乡，计22个乡。

二区辖岩坨乡、银坪乡、白竹乡、建设乡、寺坪乡、岩坳乡、石门乡、鱼儿乡、公羊乡、岩排乡、岩头寨乡、淘金乡、陈家乡、关坪乡，计14个乡。

三区辖窝土田乡、野竹乡、占潭乡、洞坪乡、筲箕田乡、芭蕉乡、鲇溪乡、坪家乡、磨子乡、梓木乡、蒿根乡、枞树乡、火麻乡、官坪乡、旦武乡、丫角乡、矮坳乡、河蓬乡、草潭乡、苏家乡、山枣乡、磨刀乡，计22个乡，1952年，区政府由野竹坪迁往河蓬。

四区辖龙鼻乡、忠义乡、潭溪乡、九龙乡、张家乡、亚家乡、坪坝乡、大寨乡、烂泥乡、曹家乡、对冲乡、叭喇乡、李家乡、排达乡、万岩乡、桐木乡、盘草乡、翁草乡、夯娄乡、毛坪乡、板栗乡、新窝乡，计22个乡。1952年，区政府由曹家坪迁往龙鼻嘴。

五区辖县城镇、岩坳乡、新建乡、革新乡、黑泥乡、太平乡、宋家乡、新昌乡、民主乡、新解乡、南山乡、新民乡、白岩乡、新隆乡、龙潭乡、屋场乡、柑子坪乡、老塘坊乡，计17个乡1个镇。

1953年6月30日，省政府批准，全县建乡数进行调整，由原来的98个调整为76个。

（二）1956—1958年

1956年，撤区并乡，由茅坪、黑泥、罗依、会溪、大官坪、石碧、江洋、新隆、龙潭9个乡合并，设罗依溪乡，乡人民委员会驻罗依溪，辖罗依溪、大官坪、龙家洞、会溪坪、江洋溪、五里坡、黑潭坪、大龙、石碧溪9个高级社。

由列溪、勤劳、和平、科布、河西、马达、茄通、白果、下布尺9个乡合并，设茄通乡，乡人民委员会驻茄通，辖泽禾溪、小龙热、小寨、下马路、科不车、老司岩、铁马洲、下布尺、小田家洞、烈溪、花兰、切塔烈、茄通13个高级社。

由米多、胡家、田家、细塔、溪龙、白溪、杨家7个乡合并，设田家乡，乡人民委员会驻田家洞，辖杨家河、米多、大龙热、猛虎洲、田家洞、田家槽、小白溪、哈立车、细塔、大报、溪龙车11个高级社。

由革新、太平、宋家、新昌、民主、新解、南山、新民、白岩9个乡合并，设官坝乡，乡人民委员会驻官坝，辖梳头溪、新解、团结、民主、岩坳、竹坪、南山、宋家、夯水、排若、白岩、大热溪、小热溪13个高级社。

由龙鼻、潭溪、九龙、李家、排达、万岩、桐木、忠义、盘草、翁草、夯娄、毛坪、新窝13个乡合并，设龙鼻乡，乡人民委员会驻龙鼻嘴，辖默戎、吉龙、九龙、潭溪、万岩、桐木、盘草、新窝、李家寨、夯娄、毛坪、排达牛、翁草13个高级社。

由张家、亚家、坪坝、大寨、烂泥、曹家、对冲、叭喇、板栗9个乡合并，设坪坝乡，乡人民委员会驻溪口，辖亚家、张家坪、叭喇、对冲、窝瓢、桃花坪、板栗、曹家坪、溪口、大寨10个高级社。

由窝土田、苏家、旦武、官坪、丫角山、矮坳、河蓬7个乡合并，设河蓬乡，乡人民委员会驻河蓬，辖新寨、丫角山、岩寨、苏家、河蓬、民族6个高级社。

由野竹、磨子、蒿根、鲇溪、梓木、坪家6个乡合并，设野竹乡，乡人民委员会驻野竹坪，辖野竹坪、磨子、蒿根、鲇溪、梓木、坪家、芭蕉溪7个高级社。

由草潭、洞坪、沾潭3个乡合并，设草潭乡，乡人民委员会驻草潭，辖沾潭、亮坡、草潭、洞坪、筲箕田5个高级社。

由磨刀、竹山、山枣、枞树、火麻5个乡合并，设山枣乡，乡人民委员会驻山枣溪，辖山枣溪、磨刀岩、银坪、樠溪、大马坪5个高级社。

由岩坳、关坪、淘金3个乡合并，设李家洞乡，乡人民委员会驻李家洞，辖关坪、凉水坡、陈家、八水坪、岩坳、淘金溪、葛连溪、烂泥池8个高级社。

由白竹、建设2个乡合并，设白竹乡，乡人民委员会驻白竹坪，辖白洋洞、老寨、岩山、白竹坪、湾坪5个高级社。

由岩头寨、岩坨、银坪3个乡合并，设岩坨乡，乡人民委员会驻银香坪，辖岩坨、岩头寨、鲁家寨3个高级社。

由石门、鱼儿、公羊3个乡合并，设石门乡，乡人民委员会驻吴家坪，辖吴家坪、石门寨、焦坪、公羊坪、葫芦坪5个高级社。

由岩排、陈家、寺坪3个乡合并，设岩排乡，乡人民委员会驻寺坪，辖寺坪、镇溪、岩排溪3个高级社。

由新建乡、县城镇合并，设县城镇，镇人民委员会驻古丈坪，辖思源桥、红星、樵子庄3个高级社。计14个乡1个镇115个高级社。

1957年，岩排乡并入李家洞乡；白竹乡与岩坨乡合并，设白岩乡，乡人民委员会迁往岩头寨。从官坝乡划出部分区域，从县城镇划出杉木岭、桥子庄、柑子坪等地，增设柑子坪乡，乡人民委员会驻柑子坪。河蓬乡旦武营划归坪坝乡。

（三）1958—1984年

1958年，建立人民公社，实行政社合一体制。李家洞乡改为高峰人民公社，辖凉水坡、李家洞、镇溪、公羊坪、三坪、岩坳、焦坪、石门寨8个大队。是年，建高望界林场，代管老实坪自然寨。

白岩乡改为青龙人民公社，辖白竹坪、白洋洞、岩头寨、岩坨、鲁家寨、老寨6个大队。

柑子坪乡和县城镇合并，改为巨龙人民公社，辖思源、柑子、红星、新建、高坳5个大队。

官坝乡改为红旗人民公社，辖排若、太平、南山、新民、革新、洞上、宋家7个大队。

山枣乡改为山枣人民公社，辖山枣、火麻、磨刀、枞树溶4个大队。

河蓬乡改为河蓬人民公社，辖河蓬、丫角山、苏家、官坪4个大队。

野竹乡改为东风人民公社，辖鲇溪、野竹、蒿根、磨子坪4个大队。

草潭乡改为英雄人民公社，辖占潭、草潭、洞坪、筲箕田4个大队。

罗依溪乡改为东方人民公社，辖江洋溪、五里坡、会溪坪、石碧溪、罗依溪、茅坪、官坪、黑潭、大龙9个大队。

龙鼻乡改为默戎人民公社，辖排布坪、龙鼻嘴、李家寨、万岩、盘草、翁草、毛坪7个大队。

坪坝乡改为超美人民公社，辖毛坪、曹家、桃花坪、溪口、板栗、亚家、张家坪、叭喇8个大队。

田家乡改为兴龙人民公社，辖田家洞、溪龙车、米多、坐苦坝、细塔、杨家河6个大队。

茄通乡改为星火人民公社，辖茄通、泽禾溪、茶场、先锋、列溪、花兰6个大队。计13个公社，78个大队。同年，建国营高望界林场。

1959年2月，兴龙人民公社与星火人民公社合并，设断龙山人民公社。红旗人民公社并入巨龙人民公社。青龙人民公社并入高峰人民公社。超美人民公社更名为坪坝人民公社。东风人民公社更名为野竹人民公社，英雄人民公社更名为草潭人民公社。是年，全县设东方、巨龙、断龙山、高峰、河蓬、山枣、野竹、坪坝、默戎、草潭10个公社。

1960年，山枣人民公社并入河蓬人民公社，草潭人民公社并入野竹人民公社，全县辖东方、巨龙、断龙山、高峰、河蓬、野竹、坪坝、默戎8个公社，78个大队。

1961年，调整体制，断龙山人民公社析出茄通人民公社，河蓬人民公社析出山枣人民公社，高峰人民公社析出岩头寨人民公社，巨龙人民公社分设为城关人民公社和官坝人民公社。全县辖东方、断龙山、茄通、城关、官坝、野竹、河蓬、山枣、坪坝、默戎、高峰、岩头寨 12 个公社。

东方公社辖坳家湖、石碧溪、大龙、龙潭坪、黑潭坪、冲天坪、牛儿山、康家寨、官坪、毛坪、罗依溪、青鱼潭、会溪坪、五里坡、麻溪、江洋溪 16 个大队，81 个生产队。

断龙山公社辖杨家河、细塔、报吾烈、田家洞、喜其哈、米多、胡家坪、溪龙车、猛虎洲、大龙热、小白、坐苦坝 12 个大队 74 个生产队。

茄通公社辖小龙热、列溪、张家坡、先锋、白果树、业者湖、下布尺、铁马洲、河南、河西、岩仁坪、泽禾溪、马达坪、茄通、老司岩、花兰、科布车 17 个大队 80 个生产队。

高峰公社辖吴家坪、公羊坪、石门寨、陈家、老官坪、园厂、烂泥池、凉水坡、焦坪、葛连溪、三坪、淘金、葫芦坪、李家洞、岩坳、八水坪、岩排溪、镇溪 18 个大队 90 个生产队。

岩头寨公社辖岩坨、岩咀、鲁家、银坪 、岩头寨、老寨、桐木坪、湾坪、白洋洞、崩山、白竹、岩山 12 个大队 50 个生产队。

野竹公社辖占潭、洞溪、筲箕田、蒿根坪、丫施溪、梓木坪、磨子坪、拱寨、巴蕉溪、碗沟溪、土溪、坪家寨、鲇溪、洞坪、千金、草潭、松溪 18 个大队 78 个生产队。

河蓬公社辖白洋溪、丫角山、凤鸣溪、官坪、岩寨、上河蓬、下河蓬、苏家 8 个大队 52 个生产队。

山枣公社辖磨刀岩、火麻坪、高寨、山枣溪、竹山、枞树溶 5 个大队 42 个生产队。

坪坝公社辖叭喇、上窝喇、张家坪、亚家、板栗、窝塔、溪口、大寨、窝米、窝瓢、旦武、曹家坪、对冲溪、毛坪 14 个大队 74 个生产队。

默戎公社辖九龙洞、排布坪、老寨、潭溪、李家寨、排达牛、龙鼻嘴、万岩、盘草、新窝、夯娄、翁草、桐木、茅坪 14 个大队 66 个生产队。

官坝公社辖革新、西歧、排若、夯水、宋家、白岩、二岗、洞上、溪流墨、官坝、蔡家、大塘、茅坡、竹坪、南山、太平、长潭 17 个大队 82 个生产队。

城关公社辖红星、田马、老寨、高坳、茶坪、树栖柯、新建、茶叶、蔬菜 9 个大队 38 个生产队。

1964 年，划出县直机关及县城内居民点，设城关镇。是年，全县辖 12 个公社、1 个镇、171 个大队。

1967 年，野竹公社占潭、洞溪、筲箕田 3 个大队 11 个生产队，划归山枣公社管理。1970 年，官坝公社南山、太坪、长潭 3 个大队 17 个生产队，划归城关公社管理。城关公社新建、茶叶、蔬菜 3 个大队 12 个生产队，划归城关镇管理。1974 年，城关镇更名为县城镇。

1976 年 12 月，保靖县仙仁公社白家、白溪、梅塔、尚家 4 个大队 19 个生产队，划归断龙山公社管理。

1979 年，从高峰公社划出焦坪、葫芦坪、公羊坪、吴家坪、石门寨、烂泥池 6 个大队；从岩头寨公社划出岩坨大队、鲁家寨大队丫竹坪生产队，银坪大队白岩坪生产队；从东方公社划出冲天坪大队、麻溪大队、康家寨大队候家寨生产队和茶山生产队，并归高望界林场管理。高望界林场升格为公社级林场，全场辖高望界（含长沙洞、丫竹坪、白岩坪、老实坪）、焦坪、葫芦坪、公羊坪、吴家坪、石门寨、烂泥池、岩坨、冲天坪、麻溪 10 个大队。

1979 年，从岩头寨公社划出桐木大队，白竹大队长冲生产队；从野竹公社划出草潭、松溪、千金 3 个大队；从山枣公社划出占潭、洞溪 2 个大队，设草潭林场，全场辖桐木、长冲、草潭、松溪、千金、占潭、洞溪 7 个大队。是年，全县辖 12 个公社、1 个镇、2 个公社级林场。

1982 年，官坝人民公社更名为双溪人民公社，县城镇更名为古阳镇。默戎人民公社老寨大队更名为己戎大队，东方人民公社官坪大队更名为且茶下大队，双溪人民公社革新大队更名为梳头溪大队，坪坝人民公社毛坪大队更名为排抽大队。草潭林场桐木坪大队更名为栋楸树大队。

（四）1984—1985 年

1984 年，行政体制改革，撤社建乡和撤队建村。其中双溪、坪坝、城关、高峰、岩头寨、野竹、河蓬、山枣、断龙山、茄通 10 个公社，在撤社建乡时，名称不变。4 月，东方人民公社改为东方乡，默戎人民公社改为龙鼻乡。12 月，撤东方乡，改为罗依溪镇；撤龙鼻乡，建默戎镇；撤草潭林场，改建草潭乡；从茄通乡划出河西、河南、龙天坪、列溪 4 个村及张家坡村沙土湖自然寨，新建河西镇。是年，全县辖古阳、默戎、罗依溪、河西 4 个镇，城关、双溪、坪坝、高峰、岩头寨、野竹、河蓬、山枣、断龙山、茄通、草潭 11 个乡和国营高望界林场。

1985 年，双溪乡白岩、二岗 2 个村划归城关乡；城关乡红星、树栖柯 2 个村划归古阳镇。古阳镇增设城东、城西 2 个居委会。

二、文件选录

中共古丈县委　古丈县政府
关于古丈县发展民营经济实施细则

（1998 年 11 月 12 日）

第一条　为了进一步加快我县民营经济发展步伐，根据州发 [1998]16 号文件基本精神，结合古丈实际，特制定《古丈县发展民营经济实施细则》（以下简称《细则》）。

第二条　放宽市场准入条件。凡要求从事民营经济的生产经营者，凭本人的身份证、流动人口计划生育证、就业证以及就业行业对口必办的证照，可直接申请办理工商营业执照。除开办有限责任公司和经营性私营企业外，个体工商户、私营企业的注册资金按申报数额核准，不需提供资信证明。对乡镇场所在地以外的农村山寨新开办的不成体系的小加工业、饮食业、经销店一律免办各种证照。

第三条　放宽经营范围。除木材和国家明令禁止生产、运输、储存、经营的行业和商品外，均予全部放开。

第四条　放宽经营形式。允许民营企业跨行业、跨地区经营和批零兼营。在当地工商所管辖区域内允许民营业主一照多摊（店、厂）经营，可以后厂前店进行生产和销售。

第五条　实行让利于民政策，降低税费标准。下列生产经营者已办理应办证照的，可享受以下优惠政策。

（一）对现有的个体工商户、私营企业在换证照、变更证照时，按政策规定收取证照的工本费，其他各项行政事业性收费一律按收费项目标准的 60% 收取。

（二）对新发展的个体工商户、私营企业（含外来户）以及党政机关、事业单位分流人员开办的民营经济，一律实行试营期一年。在试营期内免交除工本费和特种行业的特种规费以外的各项费用。一年后各种行政事业性收费均按收费项目的 60% 收取。

（三）对下岗职工从事民宫经济的，凭下岗优惠卡，只要缴纳各种证照工本费和特种行业的特种规费，其余各种费用一律免交三年，三年后视其情况再定。税收按州政发 [1998]16 号文件办。

（四）对农村群众上集贸市场销售自己生产的产品，各项费用一律按收费项目标准的 50% 收取。

（五）对从事农业开发性生产的民营企业，自实现销售收入起，前三年按 50% 征收特产税，后两年按 80% 征收特产税。

第六条　鼓励民营企业兼并、租赁、购买国有企业和集体所有制企业。企业债务由原企业承担，其兼并、租赁、购买所产生的各种缴费，由主管部门用来优先安排离退休人员工资、下岗人员生活费，归还集资、借款、欠税，然后再用来解决银行债务和偿还外部欠债。

第七条 鼓励党政机关人员分流从事民营经济。在从事民营经济三年内由原单位发给 70% 的工资，其他待遇与在职人员同等对待，并按在职人员标准由原单位和本人交纳保险金，工龄连续计算。三年期满后，本人要求回单位工作的，原单位负责安排；要求继续从事民营经济的，其工资待遇按 30% 再享受两年，两年后停发。

第八条 积极鼓励党政机关人员分流（在县内）从事开发性（种、养、加工、开矿）民营经济，三年内由原单位发给 100% 工资（由有关部门查实认定为准），三年后发 50% 的工资，其他待遇与在职人员同等对待。

第九条 提倡和鼓励 50 岁以下，工龄在 10 年以上的党政事业单位工作人员提前离岗从事民营经济（除按具体情况享受本细则第七条或第八条待遇之规定外），并由县财政一次性补助 2000 元。

第十条 对转业干部、国家统招统分的大中专毕业生，凡本人创办民营企业并经营 5 年以上或去民营企业工作已签订 5 年合同的，期满后，经组织人事部门考察考核，表现突出的，在提拔、任用上优先考虑，并计算工龄。

第十一条 凡外地过境车辆，除交警、农机检查无牌照车辆和处理交通事故、公安执行追逃、交通追缴规费、省批木材检查站和林清队执行稽查等特殊任务可以上路检查外，其他一律实行不检查、不罚款、不扣证、不扣车的“四不”制度。

第十二条 对年纳税 2 万元以上的重点民营企业和纳税 1 万元以上的个体工商户实行公开挂牌保护制度。凡需检查的，要经过县民营经济领导小组办公室批准，凭专用批文和执法证件、文件可以进行检查。未经批准，一律不准检查。

第十三条 县委、县政府决定在罗依溪镇将县生资仓库和航运码头等区域划为古丈县民营经济小区。小区实行更特殊、更优惠的政策，具体条款另外行文。

第十四条 对餐饮、住宿、美容美发、文化娱乐等特种服务行业实行卫生监督、指导和治安管理业主负责制。公安部门与业主签订治安责任状后不再入店检查，若遇特殊任务，确需检查，必须经分管政法工作的领导批准，而且检查人员要持警官证、治安检查证才能进店检查，其他人员不准进入店内检查。

第十五条 执收部门依法收费时，一律按“两卡”规定的项目、标准及“卡内要求”，并结合本《细则》第五条、第十二条之规定进行收取，违者按乱收费严肃查处。

第十六条 强化督促检查，确保政令畅通。县委、县政府确定，由县民营经济权益保护委员会办公室和县民营经济协调领导小组办公室负责督促检查州发 [1998]16 号文件和本《细则》的贯彻执行情况。对发展民营经济成绩突出的业主和部门要实行奖励。

第十七条 对违反本《细则》规定的直接责任人，第一次通报批评，第二次停岗检查，第三次办理辞退手续；对单位主要负责人，第一次通报批评，第二次黄牌警告，第三次免去实职。

第十八条 县民营经济协调领导小组办公室和县民营经济权益保护委员会办公室实行合署办公，负责指导、协调、服务、监督、维权和受理投诉案件。

第十九条 凡以前县委、县政府制定的有关发展个体私营经济、招商引资和国有企业改革方面的优惠政策，与本《细则》无矛盾的，可以继续执行，有抵触的，以本《细则》为准。

第二十条 本《细则》从公布之日起生效，县委、县政府委托县民营经济协调领导小组办公室负责解释。

中共古丈县委办公室　古丈县政府办公室
关于建设红星茶叶专业市场有关工作的通知

（2008年2月28日）

各乡镇党委、乡镇人民政府，县直机关各单位：

为了进一步加快我县城镇扩容提质步伐，积极建设湘西北旅游黄金走廊旅游定点购物一条街暨古丈茶文化一条街，着力创建“古丈毛尖”名茶品牌，切实规范提升我县茶叶经营市场，县委、县政府研究决定，从今年3月20日起，县城规划区内所有茶叶店户经营和鲜茶叶市场交易都要进入红星茶叶专业市场经营交易（《关于启动红星茶叶专业市场的通告》已于2008年1月1日发布）。现将有关工作事项通知如下：

一、指导思想

以打造“古丈毛尖”名茶品牌为宗旨，以建立集中、规范的茶叶经营专业市场为目标，不断提高我县茶叶产业化经营水平，使我县茶叶产业迅速成为富民强县的主导产业。通过对经营业主奖励政策扶持、提供良好宽松的经营服务环境和采取有力的行政推动措施，加快建成红星茶叶专业市场，使之加速成为湘西北旅游黄金走廊定点购物一条街。全县上下高度统一认识，坚定信心，精心组织，各职能部门积极配合，认真履责，严格执法，各级各部门着眼长远，制定实施长效管理机制，确保红星茶叶专业市场建设圆满成功。

二、组织领导

县委、县政府成立建设红星茶叶专业市场协调工作领导小组，由县委副书记、县长高文化任组长，县委副书记罗先东，县委常委、县纪委书记刘保国，县委常委、常务副县长宋贻华，副县长邓锋、王海波，县政协副主席邓长和任副组长，县政府办、县茶叶局、县财政局、县扶贫开发办、县建设局、县国土资源局、县劳动和社会保障局、县旅游局、县纪委、县消防大队、县公安局、县国税局、县地税局、县工商局、县质监局、县卫生局、县商务局、县农业局、县农发行、县电力公司、县委宣传部、县文化局、县交通局、县广电局、红星小区指挥部及古阳镇党委政府主要负责人为成员。领导小组下设办公室，符家学兼任办公室主任，石庭彪、向勇平任办公室副主任，办公室设在县政务服务中心。

三、工作部署

建设茶叶专业市场工作分三个阶段，工作时间从1月1日至6月30日。

（一）宣传发动和新市场筹建阶段（1月1日至3月20日）。

1. 出台《关于启动红星茶叶专业市场的通告》《关于建设红星茶叶专业市场有关工作的通知》《关于建设红星茶叶专业市场实行有关优惠奖励政策的通知》等政策文件。

2. 政策宣传。通过张贴标语、媒体发布、领导电视讲话、上门宣讲等多种途径进行深入持久的政策性宣传。

3. 市场宣传。通过设立永久性专业市场交通提示牌、大型广告宣传牌、宣传横幅、广告气球、媒体商业广告宣传等形式营造浓厚的市场氛围。

4. 做好茶叶经营大户和鲜茶叶销售大户搬迁的宣传发动工作。通过行政主管部门和责任领导上门入户的宣传引导，实行责任包干，确保搬迁对象按时搬迁。

5. 市场基础功能配套。截至 3 月下旬，完成公安警务室的设立、石板街路灯建设、垃圾池（箱）改造、下水道疏通等基础工程。

（二）启动红星茶叶专业市场暨关停老城区茶叶经营实施阶段（3 月 20 日至 4 月 30 日）。

1. 红星茶叶专业市场范围界定为红星小区石板街。

2.3 月 20 日起正式关停老城区现有市场一切茶叶经营交易活动，县城规划区内所有茶叶经营店户和茶叶鲜叶市场交易都必须集中到红星茶叶专业市场经营交易。

3. 开展关停老城区茶叶经营交易集中专项整治行动。

（三）建设红星茶叶专业市场完善巩固阶段（时间为 3 月底至 6 月底）。

1. 各职能部门及时办理相关手续。对进入红星茶叶专业市场经营的相关工商户允许边营业边补办手续，5 月底前办理相关手续的只收取工本费。

2. 兑现相关优惠政策。3 月 31 日集中兑现租金（装修）投入一次性补贴，4 月 30 日集中兑现终止茶叶经营一次性补贴。及时兑现其他奖扶政策。

3. 新市场的治安、交通、环卫、物业等综合管理相关部门要完善相关措施和机制。建设部门要加快推行红星小区商居楼的物业管理。

4. 实施古丈毛尖茶质量标准体系认证，规范等级标准认定。

5. 宣传、文化、体育等部门在新市场内组织开展经常性文体活动。

四、工作要求

（一）加大执法力度

各职能部门要尽快抽调专门力量，集中办公，制定具体而切实可行的工作方案和管理办法。建设、公安、工商、茶叶、质监等相关部门要尽快制定工作方案，联合下发通知文件，开展以“整治占道经营，规范工商市场，查禁滥用名牌商标、地理保护产品标志、QS 质量体系认证”等为主要内容的集中整治活动，加大执法力度。财政部门要及时制定公务用茶报账的管理办法。

（二）认真落实各项优惠政策

各相关职能部门要严格按照县委、县政府出台的相关文件精神，认真落实各项优惠政策，为茶叶经营户提供优质服务。

（三）创造良好宽松的经营服务环境

红星茶叶专业市场内严禁乱检查、乱摊派、乱罚款、乱收费等行为。

五、各部门工作职责（见附表）

附：建设红星茶叶专业市场部门职责表

建设红星茶叶专业市场部门职责表

部门	职责
政府办	组织协调各部门关系，上传下达县委、县政府指示精神，起草文件
指挥部	负责红星小区有关基础设施建设，设立永久性宣传广告牌、提示牌
财政局	制定并严格执行公务用茶财政报账管理办法，兑现税收奖返政策
扶贫办	落实有关茶叶产业扶贫政策、贷款贴息等
建设局	负责红星小区垃圾池（箱）改造设置，环卫保洁，个别下水管道改造工程，组织小区商居楼实行物业管理

续表

部门	职责
国土局	负责按优惠政策办理国土手续
劳动局	负责落实劳动部门有关政策，建立小区社会统筹机制
旅游局	负责红星小区旅游定点购物一条街的规划，联系引导途经旅游团队进入市场
监察局	监督各机关单位公务用茶规范采购，查处损害专业市场发展的有关行政单位及公职人员，
消防大队	负责消防设施建设，消防事故的处理
公安局	设立专业市场警务室，认真履行维护治安和有关交通管制的职责
国税局	提供盖有“专用章”的发票，税收按政策给予最大限度优惠
地税局	提供盖有“专用章”的发票，税收按政策给予最大限度优惠
工商局	按文件规定办理工商登记，严格执法清理整顿市场，严格“古丈毛尖”证明商标管理
质监局	按文件规定办理 QS 认证，严格执法清理整顿市场，严格“古丈毛尖”地理标志产品保护管理
卫生局	按文件规定办理卫生许可，严格执法清理整顿市场，严格卫生许可证管理
茶叶局	负责组织县内茶叶企业、经营大户入驻小区经营，落实有关茶叶产业政策，协助“古丈毛尖”品牌的市场监管及宣传报道
商务局	负责市场的对外招商工作
农业局	组织落实涉及农副产品进入市场有关政策
农发行	提供农业发展贷款
电力公司	支持亮化工程建设，保障电力供应稳定
宣传部	制定宣传方案，组织新闻媒体持续宣传报道
文化局	在小区内开展经常性的文化活动，提高小区文化氛围
体育局	在小区内开展经常性的街头体育活动，活跃市场氛围
广电局	按上级要求做好宣传报道工作
古阳镇	维护社会秩序，社区进行有效管理

三、碑刻标语

溪州铜柱铭文

复溪州铜柱记：

粤以天福五年，岁在庚子夏五月，天策上将军、江南诸道都统、楚王希范召天策府学士、江南诸道都统掌书记、通议大夫、检校尚书左仆射兼御史大夫、上柱国、赐紫金鱼袋李弘皋谓曰：我烈祖昭灵王，汉建武十八年，平征侧于龙编，树铜柱于象浦。其铭曰：金人汗出，铁马蹄坚，子孙相连，九九百年。是知吾祖宗之庆，胤绪绵远，则九九百年之运，昌于南夏者乎？今五溪初宁，郡师内附。古者天子铭德，诸侯计功，大夫称伐，必有刊勒，垂诸简编，将立标题，式昭恩信，敢继前烈，为吾纪焉。皋承教濡毫，载叙厥事。

盖闻牂牁接境，盘瓠遗风，因六子以分居，入五溪而聚族。上古谓之要服，中古渐尔羁縻，洎帅号精夫，相民泱氏。汉则宋均置吏，稍静溪山，唐则杨思兴师，遂开辰锦。迩来豪右，时恣陆梁，去就在心，否臧由己。

溪州彭士愁，世传郡印，家总州兵，布惠立威，识恩知劝，故能历三四代，长千万夫。非德教之所加，岂简书而可畏，亦无辜于大国，亦不虐于小民，多自生知，因而善处。无何忽乘间隙，俄自动摇。我王每示含弘，常加姑息，渐为边患，深入郊圻，剽掠耕桑，侵暴辰澧，疆吏告逼，郡人失宁。非萌作孽之心，偶昧戢兵之法，焉知纵火，果至自焚。

时晋天子肇创丕基，倚注雄德，以文皇帝之徽号，继武穆王之令谟，册命我王开天策府。天人降止，备物在庭。方振声明，又当昭泰。眷言僻陋，可俟绥怀。而边鄙上言，各请效命。王乃以静江军指挥使刘勍，率诸部将，付以偏师，钲鼓之声，震动溪谷。彼乃弃州保险，结寨凭高，唯有鸟飞，谓无人到。而刘勍虔遵庙算，密运神机，跨壑披崖，临危下瞰。梯冲既合，水泉无汲引之门；樵采莫通，粮糗乏转输之路。固甘钤甲，岂暇投戈？彭师杲为父输诚，束身纳款。我王愍其通变，受降招携。崇侯感德以归周，孟获畏威而事蜀。

王曰：“古者叛而伐之，服而柔之，不夺其财，不贪其土。前王典故，后代蓍龟。吾伐叛怀柔，敢无师古，夺财贪地，实所不为。”乃依前奏，授彭士愁溪州刺史，就加检校太保，诸子将吏，咸复职员，锡赍有差，俾安其土。仍颁廪粟，大赈贫民。乃迁州城，下于平岸。溪之将佐，衔恩向化，请立柱以为誓焉。

於戏！王者之师，贵谋贱战，兵不染锷，士无告劳。肃清五溪，震詟百越，底平疆理，保乂家邦。尔宜无扰耕桑，无焚庐舍，无害樵牧，无阻川途，勿矜激濑飞湍，勿恃悬崖绝壁。荷君亲之厚施，我不征求；感天地之至仁，尔怀宁抚。苟违诫誓，是昧神祇。垂于子孙，庇尔族类。铁碑可立，敢忘贤哲之踪；铜柱堪铭，愿奉祖宗之德。皋仰遵王命，谨作颂焉，其词曰：

昭灵铸柱垂英烈，手执干戈征百越。
我王铸柱庇黔黎，指画风雷开五溪。
五溪之险不足恃，我旅争登若平地。
五溪之众不足凭，我师轻蹑如春冰。
溪人畏威乃感惠，纳质归明求立誓。
誓山川兮告鬼神，保子孙兮千万春。

推诚奉节弘义功臣、天策府都尉、武安军节度副使、判内外诸司事、永州团练使、光禄大夫、检校太傅、使执节永州诸军事、行永州刺史兼御史大夫、上柱国、扶风县开国男侯食邑一千户马希广奉教监临铸造。

天福五年正月十九日，溪州刺史彭士愁与五姓归明，众具件状，饮血求誓。楚王略其词，镌于柱之一隅：

右据状，溪州静边都使，自古以来，代无违背。天福四年九月，蒙王庭发军收讨不顺之人，当都愿将本管诸团百姓军人及父祖本分田场土产，归明王化。当州大乡、三亭两县，苦无税课，归顺之后，请只依旧额供输。不许管界团保军人百姓，乱入诸州四界，劫掠滋盗，逃走人户。凡是王庭差纲，收买溪货，并都幕采伐土产，不许辄有庇占。其五姓主首，州县职掌有罪，本都申上科惩，如别无罪名，请不降官军攻讨。若有违誓约，甘请准前差发大军诛伐。一心归明王化，永事明庭。上对三十三天，下将神祇为证者。

王曰："尔能恭顺，我无科徭。本州税赋，自为供赡，本都兵士，亦不抽差。永无金革之虞，克保耕桑之业。皇天后土，山川鬼神，吾之推诚，可以玄鉴。"

静边指挥使、金紫光禄大夫、检校太保、使持节溪州诸军事、守溪州刺史兼御史大夫、上柱国、陇西县开国男食邑三百户彭士愁

武安军节度左押衙、开州都指挥使、金紫光禄大夫、检校司徒、守溪州刺史兼御史大夫、上柱国彭允滔

武安军节度左押衙、充静寇都指挥使、金紫光禄大夫、检校司徒、守溪州刺史兼御史大夫、上柱国田弘祐

武安军节度左押衙、金紫光禄大夫、检校司徒、守溪州刺史兼御史大夫、上柱国彭师佐

武安军节度左押衙、金紫光禄大夫、检校司徒、守溪州刺史兼御史大夫、上柱国田倖晖

武安军节度左押衙、银青光禄大夫、检校尚书、左仆射兼御史大夫、上柱国彭师梴

武安军节度左押衙、银青光禄大夫、检校尚书、左仆射兼御史大夫、上柱国龚朗芝

武安军节度左押衙、充溪州副使、银青光禄大夫、检校尚书右仆射、溪州三亭县令兼御史大夫、上柱国彭师裕

武安军节度左押衙、充金涧里指挥使、银青光禄大夫、检校尚书、左仆射兼御史大夫、上柱国覃彦胜

武安军节度左押衙、银青光禄大夫、检校尚书左仆射兼御史大夫、上柱国田弘赟

武安军节度左押衙、左义胜第三都都将、银青光禄大夫、检校刑部尚书、前守富州别驾兼御史大夫、上柱国彭师杲

武安军节度讨击副使、左归义第三都都将、银青光禄大夫、检校左散骑常侍兼御史大夫、上柱国彭师晃

武安军节度衙前兵马使、前溪州左厢都押衙、银青光禄大夫、检校太子宾客兼御史大夫、上柱国向宗彦

武安军节度副将、前溪州左厢都虞侯、银青光禄大夫、检校太子宾客兼监察御史、上柱国龚贵

前溪州大乡县令、将仕郎、试大理评事兼监察御史、赐绯鱼袋彭允臻

武安军同节度副使、摄溪州司马、银青光禄大夫、检校左散骑常侍兼御史大夫、上柱国覃彦仙

武安军同节度副使、前摄大乡县令、银青光禄大夫、检校左散骑常侍兼御史大夫、上柱国覃彦富

武安军节度摄押衙、充静寇都副兵马使、银青光禄大夫、检校右散骑常侍兼御史大夫、上柱国田思道

武安军节度副将、充溪州知后官、银青光禄大夫、检校国子祭酒兼御史大夫、上柱国朱彦蝺

大晋天福五年，岁次庚子七月甲子朔十八日辛巳铸，八月甲午朔九壬寅镌，十二月壬辰朔二十日辛亥立

溪州铜柱宋代加刻铭文：

金紫光禄大夫、检校兵部尚书、使持节溪州诸军事、溪州刺史兼御史大夫、上柱国、长沙县开国伯食邑九百户、五溪团练使彭儒猛

银青光禄大夫、检校国子祭酒、知溶州军州事兼监察御史、武骑尉彭□□

知夷州军州事彭君庸

知忠彭州军州事彭文绾

知南州军州事彭光明

知州彭文倪

团练彭如迁

前三亭县令彭如喜

三亭县令彭文雅

都监彭文威

溪州都监彭如兴

溶州都监彭仕明

统军使彭如武

都指挥使彭文仙

知万州军州事田彦存

高州巡检使彭如聪

巡检使彭如品

十洞彭如熹

统军彭仕进

排军指挥使陈文绾

巡检朱继显

教练使屈思

静边都指挥使彭文胜

溪州军事推官辛白

湘州罗文瞻

史军罗万能

巡检罗五贵

录事参军廖保俐

水南都指挥使罗文彦

金唐县田成益

教练使彭进

溪州知州彭君善
钤辖覃万富
五都彭如亮
五溪巡检使、知向化州彭□会
知保靖州军州事彭光陵
知来化州军州事彭允会
知感化州军州事覃文绾
团练向行仙
古州覃五贵
五溪都招安巡检使田思澜
左衙龚贵朋
知永州军州事彭君昌
溪洞巡检使、知武宁州军州事彭□□
知富州军州事覃文勇
知渭州军州事覃允赞
知州朱进通
知州符彦贵
钤辖彭如权
钤辖覃文思
知州田彦胜
通判田彦强
知州田思赵
施西知州彭允强
维天禧元年十一月十五日移，至十六日竖立
铜柱高壹丈贰尺，内入地陆尺，重伍千斤，并石莲花台，下有石赪

明溪新寨题名记

至和二年冬，辰军责蛮人之慢，焚其下溪州，取铜柱大钨而还。刺史彭仕羲以族奔向峡木浣洞。朝廷因止其进奉，及禁其市。后蛮中岁饥，且稍为边患。

嘉祐二年冬，简夫奉敕，视三州边事。十二月至辰。与本路转运使王绰、州将窦舜卿，议复取落鹤寨至石马崖、喏溪十年间蛮人所侵官地。三年二月，同州将兵驻明溪，筑上下两寨，自三月十七日版筑，至四月十四日城成。破山开路，抵石马崖，既尽复故地，又将进兵下溪州，用平其巢穴。六月，仕羲以状伏罪，乞命请降，遂止是行，犒兵于新城。因列随军官员姓名，勒于崖石，庶久其传也。

殿中丞、充辰、澧、鼎州体量公事雷简夫题。

西京左藏库使、荆湖北路驻泊兵马钤辖兼知辰州、充溪洞沿边都巡检使窦舜卿。

转运使兼本路劝农使、同管勾军马公事、尚书兵部员外郎王绰。

军官员：辰溪县主簿押土军徐骥，沅陵县主簿部粮王邦彦，借职押军戴恩，殿直天福寨监押军队刘明德，殿直四寨巡检押军队尹政，侍禁峡州巡检军队何怀寿，内殿崇班辰州驻泊提辖军队张萧，随

军指使殿侍韩清、姚升、顾承叆、李昱、田成、王有济，三班差使曹振，借职张宗瑾。

乡贡进士张颂监刊。

大理寿丞辰州佥判掌机密甄异书。

银湾潭跳香堂碑文

万古千秋

盖闻莫为之前，虽美弗彰；莫为之后，虽盛弗传。兹地五谷尊神，前辈曾建小殿耶，为以享以祀，而报赛于其间者，历有年耶。然规模狭隘，垣墉未备，阅数十载之风霜雨雪，几致于栋拆衰崩。吾辈欲扩而大之，振而起之，非数百金不可。捐修无力，遍募赀以生息，幸叨神功默佑，积至十余年，足敷修赀。遂可庇材鸠工，以观厥成，今兹告竣。既无解囊之费，犹省募化之烦。虽非宫殿盘郁，足壮大观，而神灵可享，聊小补于前人云尔。众士嘱序于予，不揣枵腹，勉成俚句，是为序。

会证　田大朝　田大凤　田大旺　田大发　田正恭

　　各贴币三千文

纠首　田大相　刘国兴　田大贵　刘洪尧　刘洪舜　刘正道

　　各贴币三千文

首　刘国发　田大兴　刘国朝　唐子铭　刘国明　刘国旺

　　刘洪发　田大龙　刘国珍　刘国达　宋学华　田大义

　　田大明　田大华　田大文

嘉庆二十四季榖旦

王村　黄宗瀚撰

老司岩伏波宫碑文

流芳古

将军扶风人也，姓马，讳援，字文渊。东汉建武十七年以征交趾封为伏波将军，故后世追祀者遂咸称为伏波宫焉。吾乡伏波神祠，旧在本乡东南隅。土人因其灵异，设坛奉祀而已。自乾隆四十七年，先祖儒臣公恐其久而废也，率同乡金公国安、向公宗龙，并书先、王公志富、王公荣贵、瞿公杰、张公之国，定纪诸大姓，同力移建于江西冲之地，并塑其神像，焕其祠宇，虽中无住持，而香火岁时不绝，诚盛举也。公殁后已八九十年，孳憨日久，而亏负颇多。至咸丰六年，执事者欲以杜后弊而光前烈也。因喙金勒石以列条规，而同请序于予，且问曰："辰沅以上属古蛮夷地。将军西北人，而其神独灵于东南，何哉？"予祷之曰："神之历久而常新者，岂必尽生于一域哉？黄舜以南巡而神寄于苍梧，禹以祷岳而庙祀于衡山，武侯之庙既常留于荆襄之地，昌黎之祠史续修于潮州之民。古之先圣先贤，或因其官，或因其卒，而其神遂集于此者，何可胜道？以将军立功汉世，守陇右，出塞，汉征羌戎，昭然史册，而晚年出征五溪，卒于壶头。其精神灵爽，必有眷眷于此者。故五溪之人，饮食必祭，水旱疾疫，凡有求必祷焉。由此观之，则谓将军之神之独灵于五溪也，固宜。而昧昧者乃以马王希范拟之，不亦谬乎？"马王五季时人，封武安静江节度使，其行事不概见于史。然吾尝过会溪，访马王遗迹，见其所立铜柱，亦令人摩挲不思去云。因援笔而为之序，以候后之好古者，或考据而得其实，以正吾误，是则吾之厚幸也。夫是为序。

黄文兴上土一处

祁德升上钱七千文

首士　瞿启观　瞿启义　瞿启益　瞿启柱　瞿启禹
瞿万元　瞿万英　瞿万昭　黄文兴　金正信
黄恩南　黄嘉燕　向启圣　曹正桐　曹开金
赵文明　彭光恕　彭光信　彭大朝　彭光裕
彭廷选　彭廷魁　彭光义　彭光凝　彭廷臣
彭选龙　彭选凤　向大富　张光德　李世占
祁　贵　祁大观　祁大富　祁大贵　祁启典

岩匠　李国魁

咸丰八年六月初八日候补儒学黄梦笔书丹

李家洞烈士纪念塔碑文

一九九一年冬，人民政府慰烈士之忠魂，悼烈士之英迹，在党的领导下秉意诚挚，于李家洞兴建烈士纪念塔，供万代敬仰。今书碑文，以兹纪念。

盖高峰乡李家洞，地处武陵山下，酉水河畔；层峦叠翠，地沃民殷。然昔日湘西大土匪张平盘踞于此，奸淫掳掠，草菅人命，暴虐之甚，罄竹难书。是时斯域民谣有云：“天见张平，日月不明；地见张平，草木不生；人见张平，九死一生。”悲哉！愤哉！

人民庆幸，一九四九年，中国人民解放军为拯救劳苦大众于苦海，铲除匪患，进军湘西，剿匪于此地，住草舍茅房，访贫问苦，村村寨寨，枯水逢春。然我军多少干部战士在剿匪中，蹈死不顾，艰辛历尽，不愿马革裹尸埋桑梓，仅凭伟躯葬高峰。功垂青史，万古长存。

烈士英迹，若日月经天，江河行地；暾暾光辉，永耀史册。禀诚恳告。凡我地民众，继烈士之遗愿，化悲痛为力量，在中国共产党领导下，四化征途，披荆斩棘，峥嵘岁月，继谱新篇。

公元一九九一年冬重建

团结亭记

湘西一隅，吉古边陲，唯此地以“喊娘坳”命者。古为苗疆重地，吉古咽喉，迄今边墙蜿蜒，碉卡犹存。乾嘉义举，重创清兵。雄鸡唱白，苗家翻身，南北耦俱无猜，弓月静穆，苗民齐心协力，共铸辉煌。然廿世纪末丙子岁初，双方隔阂陡起，煮豆燃萁，同室操戈。幸蒙州县市党政要员亲临布德修政，州县市民委及乡镇领导从中调处斡旋，于是南北修睦，团结如故亲。巳深秋，省民委授牌誉为典范，故民委斥资竖亭于此，命之为“团结亭”，以示不忘，彪炳千秋耳。

吉首市民族事务局
古丈县民族事务局
癸未夏立

说明：丙子岁：1996 年。巳深秋：应为辛巳深秋，即 2001 年深秋。癸未：2003 年

古丈“金钉子”碑文

全球标准层型剖面和点位，即国际地学界所称的“金钉子”，是按年代顺序对地球生命出现以来所形成的地层进行划分和对比的全球唯一标准。古丈阶是继芙蓉统和排碧阶之后，在中国建立的又一个寒武系的全球年代地层标准单位，以所在地古丈县命名。古丈阶是在距今约五亿年前所形成的地层，是寒武系第三统最上部的一个阶（第七阶），这里是划分古丈阶底界的“金钉子”所在地。

为确保这条界线的“金钉子”，世界各国地层古生物学家竞相研究。与他国相比，中国华南含此界线的地层尤为优越。1990 年中国科学院南京地质古生物研究所彭善池等发现河对岸的王村剖面并予以实测，2001 年张家界至吉首的公路新建期间，又将研究重点转移到本剖面。20 余年来，中、美、意科学家联合组队，在彭善池的主持下，将王村和罗依溪剖面进行了多学科的高精度调查，中国科学院南京地质古生物研究所，美国俄亥俄州立大学，堪萨斯大学和意大利比萨大学等单位的数十名专家参与过研究。

2007 年，中美意联合工作组正式提案，建议新建全球古丈阶，将古丈阶的底界确定在罗依溪剖面花桥组底界 121.3 公尺上的位置，与全球分布的光滑光尾球接子在罗依溪剖面首次出现的点位一致。提案经寒武系第七阶国际工作组、寒武系分会、国际地层委员会三轮投票表决通过，于 2008 年 3 月由国际地质科学联合会终审批准，至此，寒武系又一个新的年代地层标准单位和“金钉子”在中国被正式确立。

中国国家自然科学基金委员会、科学技术部、中国科学院、湖南省各级政府、湖南省地矿局 405 队曾予以本研究长期支持，谨致谢忱。

近廿年努力，成就辉煌，谨以此碑为记。

湖南省政府
国土资源部
中国科学院
全国地质委员会
古丈县政府
二〇一〇年十月　立

接龙渠工程纪念碑记

接龙渠乃全州以工代赈之样板工程，亦为古丈人民向建州四十周年大庆献礼之重点工程。渠长百里，状如巨龙。可灌田万亩，饮畜五千。自 1992 年 2 月 24 日开工，历时三载有余。掘山成洞，接管为虹，成就雄渠万米，整修山塘水库十余处，尽得长藤结瓜之奇。

断龙属于岩溶地带，天坑星罗棋布，水源奇缺，十年九旱，百姓惜水如油。解放后曾英雄三战断龙山，方有改观。奈何古丈财力薄弱，未能根治。

省委、省政府体察民情，恩庇僻壤，解决以工代赈项目资金 690 万元。1994 年 8 月，省委书记王茂林亲临视察，排忧解难。常务副省长王克英亲将“对门冲引水工程”更名为“接龙渠”。又仰仗州委、州政府的大力支持，州以工代赈办、州水电局等单位鼎力相助，群众多方配合，民工日夜苦战，终引甘泉于悬崖绝壁，圆好梦于崇山峻岭。进度之快，质量之好，气势之宏，工程之险，皆古丈之空前。省州领导，八方来客，观后俱赞。百姓欢欣，作歌赞扬：“当代英雄事，子孙万世福”。

千秋功业，百世流芳。沿途百姓，增产增收。变断龙干旱贫穷之旧貌，坚古丈脱贫致富之信心。特立此碑，昭彰盛举，传言雄恩。

古丈县委　古丈县政府

一九九五年十二月二十四日立

张氏祠堂重修碑记

尝闻江汉水自有其源，葱茏之木自有其根，绵绵之子孙忌非祖宗之支派哉！我等欲溯其本源，非修祠庙何识其宗哉！乃我始祖张无周，择居永居竹山寨，建立庙宇，装塑金容，每逢迎神之日，大牢祭奠，人安物阜，叨佑无穷。迄今数百载，子孙繁衍，散居不一，虽系同宗，诚恐异派，兼之祖修庙宇，年湮代远，柱腐墙衰。我辈目睹心惊，不忍神成陋宇，是以合族共议，量力捐资，于本年秋季将祖庙迁移五马坳地方，重修宗祠庙，新装神像，以为敬祖尊神之心，上可以延先人之烟祀，下可以达后人之良图，岂可以远近亲疏富贵贫贱而异其情乎！惟修剩余资，仍入祠生息，钱数注明簿内，代代择殷实之人合伙经营，不得侵吞肥己。俟本各满议数这日，追后生息钱，除延师教读及修葺、恤孤、济寡各项外，才准照丁分息，均不准持强暴魂争紊乱条义。所定支派开列于后，其有章程另载于书。刊碑永垂后代，是以为序。首士：张大艾邀约众等（族人63人名略）派云：印圣钟灵裕，贤裔毓秀长。书香能受禄，兰桂发庭芳。

同治七年季夏月（1868年7月）

杨大槐墓志铭

幼时气运不佳，多受千辛，身无常业营生，鲜术幸运，向时少贤，告诫不时提栖，多运朝夕，戒其疏墉，生理代为筹尽，翁性敏捷，入审警心，戴月披星奔驰，不惮夙夜，去奢崇检，繁荣不类俗情。行不昧夫良心，循规矩，利不取夫非义，积镏累铢及今家积千金，年运八秩而节俭，和康健无匹。人羡其福寿双全，而不知其德有以致之也。然息及一人，泽被一世，皆无不具论。至于水流浩瀚，人所病涉也，而公则修之以桥。山路崎岖，人所惮行也，而公则铺之，以后人人矣，泥涂之污世，世育康早之福德弥大也。宜其五福之毕集也，靓田施济人之余，转而自计卜吉地于本院。筑场于山林余地也，登场视之，见夫山来逶迤，龙何真也，水流屈曲，穴何的也，且虎伏龙降，前朝后应，其局亦何大也，非翁之大德，何由得此大地乎。

哲人处世乐易和平，守真抱朴，元气浑论，待人宽恕，持家俭勤，济无有惠及贫民，易危以安利薄乡临，立德不朽，直比古人。翁属曰：予手所买之产业，待吾夫妇三人养老归终后，侄等公管，以作墓田，不准分肥利己，其花息公收，作扫墓挂白焚包之费，余可均分尔。永远公管，则孝心纯，永远发达；倘若分肥利己，不顾余之裡，予固不安于地下，尔等亦不得昌盛。

序生：吴桂林拜撰谨书

沅陵石匠：杨逢良谨刻

栖凤亭碑记

巴楚边陲，北临酉水，西接蜀渝，奇山丽水，高峡平湖。大美栖止，有凤来仪，曰栖凤湖。湖水浩浩，青山渺渺，港湾罗列，涧溪纵横，晨昏旦夕，渔舟唱晚，烟村点点，流水自娱。内拥二岛，丹凤凤卵，白鹭翔集，锦鳞戏水，百鸟朝阳，渔歌鸟语，互为问答，天人合一，俨然仙境；依山通明，古刹颓垣，湮没荒草，钟鼓不鸣，禅意犹烈；九龙蹬踏，仙人屋居，婆娑岩悬，移步换景，熠熠生辉；溪洲故城，铜柱旧址，千年古物，遗风犹存，山川妖娆，诗情画意，平添几许。湖面荡荡，碧波万顷，舟篷游弋，观者如织。永玉清廉，泛舟感慨：“青山似画，碧水如诗”；名家萧离，蹈波咏叹：“山水迷离”；纪光祖英，放歌湖面，赤子情深。今建大坝，再添新景，渔游兼备，惠泽民生，湖之大幸，谨以记之。

2006 年 6 月

三坪抗日标语

三坪即高峰乡三坪村。在寺坪自然寨的一幢砖木结构硬山式封火山墙大院的一面墙上，用本地土红书写着两幅标语：一幅为“投笔从军，诛尽敌人”，落名“第八保学校宣”；一幅为“宁肯做战场死鬼，不肯做亡国奴隶”，落名“利平乡第一、四保国民学校宣传队制”。两幅标语共长 12.7 米，字高 0.35 米，宽 0.2 米，以繁体书写。

民国 32 年（1943），古丈与邻县调整插花地，调进古丈的有沅陵县的保平、益平、利平三乡。此三乡即为今古丈县高峰乡、岩头寨镇、高望界乡部分村寨。

康家寨剿匪标语

石灰书写在房屋木板上，全文为：“古丈人民决不替大土匪张平卖命！解宣”。

1950 年 3 月初，中国人民解放军 47 军组织部队，兵分四路，合围李家洞匪首张平老巢。此后，422 团团长郑波及团直机炮一连，进驻康家寨，开展清匪挤枪工作，为宣传政策，教育群众，写下上述标语。

古丈毛尖茶封广告

古丈茶，味微苦而甘，性微寒。因其制造出自天然，故能入五脏，大去浮热。又能明目清心，生津止渴，消食下气，和胃醒脾，除内烦，安心神，去痰火，醒昏睡，善解酒食、油腻、烧炙诸毒。更治偶然痰厥气冲、头痛如破，如服药味不效，煮此茶恣意频饮，吐出胆汁即愈。若以蓄储令陈，同生姜等分浓煎饮之，可治赤白痢。（参见古丈许介眉《茶封广告》）

四、文 选

小城山水

萧离

我是古丈人。

如果你稍稍熟悉一点湘西情况，不难在湖南省西北角的土家族苗族自治州里，找到那个笔画最简单的小县。但很遗憾，这个县名，几十年来曾给我不少麻烦。从五十年前我在长沙读初中时起，有时不得不和邮电局打点交道，有些邮局职员竟连这个本省范围内一个堂堂县治都数问不知。其实这并不足为怪。当我“抗战八年，休学九年”，于解放之初拿到那满贴印花的大学毕业证书时，籍贯一栏写的居然不是“古丈”而是“古文”，在手捧文凭的同时，我忽然想起《曾广》中那两句话：“贫居闹市无人问，富在深山有远亲”，继而一想也文不对题。这怪谁呢？只能怪我这个生身之地的边远、穷困、落后，因而不为人所知了。

还是平心静气地从这个县名说起吧，为了她，我这大半辈子里不知道多少次重复过这样的话：“古往今来的古，一尺一丈的丈”。如果对方进一步盘问这两个字作何解释？纵使你不怕多费唇舌，其结果也必然劳而无功。因为一种说法是：古代时在这里打过仗；另一种说法是：县境内无处不山，从古到今找不出一丈见方的平地。总而言之，不是毫不根据的牵强附会，就是过甚其词的信口开河，皆不足信。

且把这种暂时不会有任何结论的考证搁在一边，从现存的《古丈坪厅志》上找一点可得到的资料。

“（古丈）本苗地，土名古丈坪，在湖南省永顺县南百余里，逼进红苗，与乾城镇毗连，峡险山祟……。”

清置古丈坪抚民同知，属湖南省永顺府，民国改为古丈县，属湖南辰沅道，所属堡三、硐十五、苗寨五十八。

再看一看更早一些的历史：汉属酉阳县，隋、唐属大乡县地，明设田家洞长官司。

从以上这些历史可以看出，我的家乡，这个万山丛中的小小山城，千百年来基本上形同弃儿，在这家托孤两天，在那家寄食几日。直到新中国成立后，她的名字才不止一次在全国性报纸头版地位上出现。记得那是一九五七年，当时我曾为她的崭露头角欣喜莫名，写过一篇题为《见茶豆，起乡思》的小文章，岁月匆促，转眼已是二十五年了。

说古丈的无名和小，她和我都不会有什么委屈，本来就不大嘛。但是和我听过见过的旧时云南边地某县，县官老爷在堂上打板子，全城都听得见响，或者像我抗战初期经过的绥远省鄂尔多斯草原上的东胜县，据说是县里“算上县长太太只有一个女人”，对比起来，我不能不感到宽慰。

前不久，一位曾经漂洋跨海过的湘西同乡，头一回从我们县路过，他说那一天正赶上开全县运动会，县城里外实在找不出一块逾百米的场地，只得借用全县仅有的一条柏油马路当跑道，头几十米跑得还算顺当，到最后二三十米时，很抱歉，只好冲刺到城外去了……。讲到这里，大家眼泪水都笑出来了。对这类艺术性的夸张，前面讲，我这个古丈人是向来不以为忤的，因为她虽然小，我总是爱她的。我只有这么一个希望：在今后建设规划中，尽可能的因地制宜，变“小”这个不利因素为有利条件，不但考虑到她的山清水秀，同时考虑到她山重水复等特点，我们当然可以把她建设成一个别具风格而又引人入胜的世“内”桃源。

山城虽小，如今却也四通八达，焦柳铁路横穿县城而过，从北到南在县境内共设五个车站。三年前我回来时还没通车，汽车只能从桥柱下面穿来穿去，火车头接着工程车从山洞里出出进进，我也只能从远处可望而不可及地凝视着火车冒出来的白烟和山岚交织在一起。因此，这一回，我几乎不放过任何一次可乘坐火车穿过县境的机会。有人好心相劝：“坐汽车几好，火车上挤得很，煤烟子也多，山洞一个接着一个，会把脸上搞得黢黑黢黑的。”可我有我的想法：在这条穿行在家乡山山水水的铁路线上，听任火车一亮一黑地钻过一个又一个洞，和这村那寨似曾相识的男女乘客畅话乡情，目迎窗外一瞥而过的诸般景物，都使我情不自禁地喜形于色。对我，乡亲们先感到有点惊讶，但速即为亲切，因我头上早生白发，却乡音未改。至于煤烟子是多是少，他们和我一样，都好像根本没理会过。

由于平地奇缺，难免出现这样罕见的场景：县境内的车站和站台，很难在一个地平面上立脚。就以县城那个设在半坡上的车站为例，旅客下了火车，跟着就得一连气下几十个岩蹬子才得出站。有时你从远处可能看到：站长同志手拿红绿旗正在攀登，估计火车快要到了吧，不过你也不必着急，只要你有一双湘西人的脚杆，就一定能抢在站长之前进入站台，保险误不了车的。

以县城为中心，南来北往，都有火车、汽车平行前进。往东南方通向自治州首府吉首，过去紧赶慢赶一天多的路程，如今姑娘媳妇们跳上火车时，嘴里轻松地说声“我去州里要一牌（回）”，挥手告别，下午不等太阳落山又回来了。往西北方向呢？沿古丈河一出县境就是凤滩水库，著名的酉水一碧万顷，鱼船荡起的浆声和机帆船的轧轧声互相应合。但如果你往其他几个方向走呢，那你就必须做好思想准备，县城是个不折不扣的爬坡起点，什么五里坡、高望界、梯子岩、豺狗寨都在前面等着你呢。那些地方，有的有简易公路可达，有的你就得“洋洋坡、慢慢梭”，一脚一脚地去“梭”了。

三年前当我回到这里时，由于三十四年的久别，确乎是山河依旧，景象不同了。这回呢，突出的印象是新的建筑又向城外伸展了不少。原来，这个小小山城研制出一种名为“小砌块”的新型建筑材料。这种空心砖由砂石、水泥做成，可以不像过去那样取用田土，也省了烧砖烧瓦的大量燃料，对土层满、砂石多，水泥能在本县生产的山区小县的建设，起了大作用，并向全国推广。如今的古丈城，新颖精巧的各式各样的楼房一座一座矗立在水间水滨。在这些新建筑的边缘，旧式“三排两空”“四排三空”以及其他样式的木构小屋，因地制宜，错落其间。在我小住的那个面城背山的地方，因为地势较高，虽不能说一览无余，却也能看个十之六七：四周山色葱茏，晴日朝阳从远处雾山云海里徐徐升起，雨天看飞瀑如长空白练一泻而下。旧时著名的北泉，已覆盖上了新的凉亭，比三年前所见的滑滑细流变得畅旺多了。有名的古丈茶的茶园已向城郊范围内的狮子口，县城以外的龙天坪等地发展。可惜二龙庵已经荒废，如能略加整饰，并在那里着意经营几亩茶山，使往昔“二龙庵的茶、北泉的水”这山城一绝得有旧迹可寻，也是一件为故园生色的事。

“智者乐山，仁者乐水”，孔老夫子几千年前就讲过这个话，智、仁二者，都不过是我可望而不及的事，我对山水的感情，实源于童年生活那点薄薄的基础。故园山水给我以滋养和爱抚，给我以山民的性格，给我以顽健的躯体，给我以初步认识事物、辨别是非的能力。因此，几十年来，虽然我远离故土，无论身在草原大漠、燕赵平野，或者颠顿于六盘山脚下，放逐于七虎林河边，只要看到山，看到水，我的烦愁郁苦就可以霎时间一扫而空。因为只要一和它们作伴，我的心的空间，就实在没有容纳那些劳什子的地方了。

假如“不忘故剑”这个故典可以借用一下的话，我应该坦率的承认。尽我走南闯北几十年，时时萦回脑际的还是我们山水清明的故园风物。甚至前些年，当我遭遇到几乎是走投无路的磨难时，在千钧重压之下我还能挤出这么两句：

“梦里家山绿于染，

赚他风度将愁遣”

我的山高山大的家乡，曾不知一次留给这样的记忆：当我攀登到群山高处纵目四顾时，近边的山峦郁郁苍苍，时有炊烟从狭谷、绿树间袅袅升起；稍远处，那一列列层次分明的群峰，如大海波涛，起伏相接；再远处，山呈浅灰色，似在烟霭茫茫中浮沉闪动；那最远处和天相连接的，则恰如唐代诗人王维所描绘的已在“山色有无中”了。我不知道别人此时此境心里想些什么？而我呢，总这么想：天地多么大啊！山是多么庄严、凝重！山那边又是些什么地方呢？于是，“哀吾生之须臾，羡长江之无穷”那种带点哲学意味的感喟就会油然而起。

爱山，也还因为山是丰富的，是深邃的。说她丰富，大人们着眼于她的山林竹木、桐茶、粮谷，孩子们数着一年四季从山里获得的享乐和口福。说她深邃，因为谁也说不清她究竟有多富厚的蕴藏，由此想起旧日土地堂前那副“土能生万物，地可发千祥”的对联，它不只是对那两位和善可亲的“土地公公、土地娘娘”的赞颂，在旧的思想意识之外，似乎也还包含得有几分朴素唯物主义的道理。——这些，在湘西，特别是在古丈，既然触目皆山，一切的一切就不能不归之于山了。话说回来，对家乡的山的感情，我也并非一味如此。记得抗战期间，我不得不回到家乡暂在县城教书，当听到一些意在迫我离去的流言蜚语时也曾满腔愤懑，因而违心地写过这样一首小诗：

倦飞了，

让我在这里歇一歇翅膀。

仅仅是歇歇翅膀啊，

不是恋念这难见天日的狭谷。

明天，披一天金霞，

我将鼓起垂天的双翼。

傲然飞过——

浮云的远山。

这是我用“违心地”三个并非无故，要不，在三十四年久别之后，一旦条件可能时，我的第一个决定就不会是“白头作伴喜还乡”了。然而今天，时代变了，我寄望于年轻一代的不是一个一个的往外“飞”，而是要在本乡本土，结结实实地扎下根来，投入挖掉穷根，种上富苗这个时代的彻底改变家乡的面貌的斗争。

三年前回到家乡时，我听到的头一件新闻是古丈县已确定为“林业基地县”。这是天大的喜事！古丈是九山半水半分田的地方。既然九分都是山，就不应该把力气用在只不过半分的田头上，就应该“吃山靠山”，更应该“吃山养山”，这是先民们祖祖辈辈生于斯、食于斯、繁衍于斯，用血汗积累下来的宝贵经验。比方说，“一担桐油下江，十担粮食上山”就是其中之一。不幸的是在那些“大办”、“大炼”的日子里，家乡的松杉楠竹、桐林茶山，一片一片的在劫难逃，应声而倒。当时有的老年人也曾痛心地埋怨说：“你们砍吧、砍吧！二天连根讨米棍棍都会‘逻’（找）不到的啊。”有的地方最后只剩下一点点风景树了，那是旧时人鬼分居的标志——人住村寨，鬼住“禁山”，既然什么鬼都不怕了，那些千百年的古木老树顿时都填进灶孔。这样一来，山空了，水涸了，生态平衡破坏了。有的公社近年来每逢干旱严重时，每天靠十部八部汽车如同救火似地运水去维护群众生活，这可真是山穷水尽了！

这次回到家乡，我看到的是一派恢复发展的好势头，我见到几处林场都已从一片和尚头发展到绿树满山；我遇到不少已从桐油身上得到好处的笑逐颜开的社员，在林科所，我见到他们培育出来的八十多个很有发展前途的乡土树种；我还站在一株不过三年树龄的葡萄桐树前，亲手数过它的累累果实，当我一口气数到二百零三颗时，似乎看到家乡金色桐油的金色未来……。

家乡人说，在别处栽一颗树得“像服侍公公婆婆一样”，在我们这里，硬是“飞籽成林”，插一块“禁牌”，靠太阳和露水，树就自己往上“拱”了。一位乡亲的话使我感到生动难忘：“要讲搞别的，我们是‘麻布绣花，底子太差’，要讲搞山，搞树、搞桐油、茶子、嘿，天时、地利、人和我们硬是样样占全了。”山，我们的山，我期望着她。

前面谈山的时候已经不少地方涉及到水了。水是山城孩子们一年中不可须臾离分的恩物。如果你有机会到山城的四乡走走，你会发现我们家乡人和水的关系何等亲密！虽然现在生活、生产中的不少项目被“机械化”所代替，但有的至今优劣互见，因此，关于水的种种，也还不曾被人忘却。

少年时走在深山中的梯田之间，往往无意中在上下相接的“月口”处，见到一种结构极为简单的、木制的磨香粉的机械，就利用那么点点水力，不分昼夜的嗒嗒作响，更阑夜静，四野冥寂，甚至鸟儿都入睡了，它成为空谷中唯一的音响。今天，磨香粉的行当可能已被时代所淘汰，但水的低吟和那嗒嗒的节拍声，似仍在耳边不时回荡。

在溪流两岸，村头寨尾，水碾是到处可见的。那是靠水力推动的一种碾米、磨面的工具，水大的地方用“一把伞”，水力直接冲击到倒放着的“伞”上，带动旋转的立轴进行工作，水小的地方适用一种叫“鼓”的庞然大物，水冲“鼓”转，经过横、直两个大的木制龄轮转动，传导到上面的水磨或水碾上。

在较大的溪流两岸，你会见到一种原始提灌工具——筒车，一天到晚安祥地，吱扭吱扭转动。据说发明筒车的还是位姑娘，她和足智多能的父亲比赛，看谁能创造一种最理想的把水引向高处的东西，父亲制造出了龙骨水车，女儿制造出来的是筒车，筒车优越于水车之处是不需人力，只靠水力转动。父亲认输了，今天农村里安装筒车时还保留这么一种传统的规矩：必须穿好衣服裤子，不准赤身露体，这是为了表示对姑娘的尊重——这不仅说明人和水的关系，也说明人和水的感情。

山城山多水少，全县虽然说有溪河五十余条左右，但总的来讲脱不了一个“少”字。以全县的“首席”河流古丈河为例，在一般流量时是不能考虑通航的。记不清是哪一年的事情了，有如柳宗元说的“黔无驴，好事者载人”故事，有人趁着涨水，硬把一条小船从西水上顺古阳河口拖到县城边上。那是山城里一件了不起的大事，山溪的水易涨易退，后来那只船在城边上竟不知道搁浅了好久。

也正为“九山半水”，只要在有水的地方，山光水色总是迷人的地方，可见细流从碎石平沙间默默涌起：有的地方，可见滴滴清泉从巨岩浅洞里汇流而出，这些“在山泉水”，即使酷热盛夏，得之也凉彻心脾。

有的地方，水从悬崖绝壁处飞流而下，形成我们乡话所谓的“澎弄”（瀑布）。黄果树、大龙湫等瀑布，以壮阔、傲岸和它们不可一世的气概，而成为举世闻名的旅游胜地。我们这些呢，她们似乎只是自己奔腾澎湃，即令人们从她身边沾衣湿鬓而过，甚至连头也不多回一下，她也丝毫不会有寂寞之感。

有的地方，那小小的溪流为一条“阳沟”拦断，水被绕山绕岭地引向那一坝一坝的梯田，水再大的地方，洪水期则可供木材流放之用，乡亲们头戴斗笠，手拿丈余长矛般的“抓斧”，站在激流边，盯着那些不听话的木头，必要时给它一下子，迫令它们顺流而下，这是多少年前的事情了，那种动人心魄的场面却至今难忘。

于那些够资格称之为河的，在我们地图上大都榜上有名。前面介绍的古阳河之外，还有草潭河、坪坝河、河蓬河等，分别流入西水和沅水。这是否也可以说明：山城尽其所有利用自己的乳汁喂养别处的土地？如然，那应该是我们骄傲。

古丈境内是否也有像样的大河呢？当然也有，就是前面一再提到的酉水，这条横贯北面县境的大河，西起与保靖县相接的三百洞，东至与沅陵接界的土墙坡，全长约四十千米，现在全部属于凤滩水库区。旧时凤滩以下是酉水上著名的滩险区，流行两句令旅人、水手闻之胆颤的话：“凤滩茨滩不算凶，下面有个绕鸡笼”。如今青山夹岸，波平如镜，说她风景如画是毫不夸张的。凤滩上游这一带原是古丈县唯一的富庶之区。赶巧十二年前修建凤滩电站时，淹没区恰恰就选这里，而电站、坝址却又恰恰选在县界（也是自治州州界）以外的咫尺之间。这回，当我乘坐机船在水库区畅游并饱览电站壮阔景色，了解到这里发出的电力已经向省内几个新兴工业城市输送时，无论是在白浪如山的蒙蒙烟雨里，还是在导游人不无激动的絮语中，我的心情无限兴奋中总难免有些不安与遗憾。修建电站是件大好事，为此付出代价，家乡人认为是应该的，无话可说的。但是，为这项重大工程做出重大贡献的古丈县，至今可能还是全省唯一的“无电县”。听说水库淹没了移民的善后问题，至今尚未得到妥善的、彻底的解决，他们中间的一部分人，风风雨雨里还在水上讨生活。当那些打着短浆的鱼船从我们船边划过时，我能给予他们的只不过是无言的问候。但当七月五号“大端午”那天，在王村举行永顺、古丈、保靖三县边区龙舟竞赛会上，古丈县的龙船可出了风头。他们夺得了前两名。那些胸脯厚实、膀子粗壮的龙船手，有的可能就是我们在水库区里见过面的乡亲，在那个锣鼓喧天、欢声震地的时刻，想来他们是把沉重的心事暂时扔到一边，完全沉醉在胜利和欢乐之中了。

关于水，要讲的话不很多，这里用“木有本，水有源”来收个尾。这两句话不仅各有道理而且还是互相关联着的，换句话讲还得在山字上头大做文章，还靠我们的双手把封山育林、恢复植被踏踏实实地搞起来。荒山大改，绿水长流的日子就在不远！

到那时，“他乡生白发”的我，无论走到山城的任何地方，都可以“旧国是青山”地看到、享受到——

“绿树村边合，青山郭外斜。

开轩面场圃，把酒话桑麻。”

清明·清香

颜家文

清明雀儿迎着初春的雨雾，迎着寨子里锅盖下飘出的腊肉拌胡葱的香味，以及洒给先人坟前的苞谷烧，明亮亮地奏起了自己的乐曲。此时，小镇开始了采茶的日子。

小镇的茶园是散漫的，像一幅幅大大小小的壁画，不整齐地悬挂在那些山崖、陡坡。他们与梯田为伴，与桐林为伴，与云为伴。有一个时期，人们为一种壮观和排场的需要，想把这些一块块散乱的画幅连缀起来，无奈有太多的沟壑，太多的悬坎，于是，它们依然散漫着。

清晨，躺在青山怀里的小镇从酣睡中醒来，石板小巷两侧一扇扇木板门吱呀开了，穿着各色衣裙的人背着背篓、竹篮，像蚂蚁牵线一样，拉向了山坡。以笑骂间或一两句粗话作为相互间问候的声音，从这面山甩向那面坡，山和楼居然也会感兴趣地用回声重复这些戏谑。

“娘癞子，三妹，又想当冠军？”

“我昨儿只掐了几十斤。”

“哟，几十斤还少！”

“人家凤宝儿一百多斤你不讲。”

这是大忙时节的话。而在清明节前，难得有个太阳，地气热不过来，一簇簇茶树，还只冒出些毛茸茸的尖尖。得到清明以后好些日子，刚采完的茶树，当你第二天和它见面时，又齐刷刷地冒出一层绿油油的叶片来。“一年难老一个女，一夜老了一园茶”，说的就是这个时候。

学校放忙假了，机关干部也支援来了，人人都在山上染绿了自己的手指。

然而，正是毛茸茸的清明茶才是金贵的。值钱的必须由有经验的妇女采，一手提篮子，一手伸出两根纤细手指，对着绿叶中探出的如雀儿嘴一样的尖尖掐去，银亮的带着细细的白茸的毛尖就落到提篮中来了。倘若掐时，连雀儿嘴下的茶节也一起掐下，会给喝茶人展示一个板眼：当开水冲进杯子时，毛尖缓缓化开，一根根靠茶节的重量像针，直直地立在杯底。这不过是给人增加一点品茗时的玄乎感而已。人们采茶时，不像弹钢琴、绣花，这是一种灵巧的繁忙，总认为喝茶在于茶的级数——从特级、一级到八级，茶农们能分得极为准确。

细细地将毛尖采来，还得由有经验的师傅炒。从杀青、头锅、二锅……近十个环节，一一用手工操作，揉茶过去用布袋，现在用揉茶机。特等毛尖，还是靠万能的手。手工制作，这种原始、又是现代文明所猎奇和推崇的。

忘不了的是采茶的季节。小镇四周第一圈是山，是茶园；第二圈，坡脚是茶农的楼房。

环城而居的茶农，一旦在茶坊里开始炒茶，小镇的每一扇窗户内和唯一的那条大街上，都会飘来茶香。芬芳芬芳、浓郁浓郁的茶香，扑鼻而来，像一座水库，涨起了春水，荡漾来，荡漾去，就是流不走。仿佛抓起一把空气，用力一捏，也会有一撮清香，甚至放进茶杯可冲得开来。

小镇茶叶的特色，本地人做过许多解释。或得益于土壤的酸碱适度，或得益于茶园零星夹杂在草木花丛中，吸收有山川、花朵的灵气；还有的说，小镇四周山坡，经常云雾缭绕，“半山云雾若带然”，湿润的气候，云雾的精气滋养了它……

做酒讲究水，打豆腐讲究水，冲茶也讲究水。小镇有两大名产，一曰茶叶，二曰北泉。

北泉在小镇之北，是一座茶山浸出来的，清冽、透亮。炎夏的黄昏，小镇居民下河洗澡，人人都拎有热水瓶，回来，都要装上北泉水。这是小镇纯净的、质朴的、不加修饰、不受污染的“水果露”、“冰汽水”。仿佛这不是股泉水，而是一尊神灵，人们修了一座庙宇似的建筑把它保护起来了。

一壶滚开的北泉水，从火炉上提来，冲进杯里，茶叶即上下浮动起来。照例，第一杯水要倒去的，冲第二杯，水至一半，严严地将杯盖盖上，焖几分钟，才轻轻掀开盖子，试探地小口小口抿起来。

北泉冲茶究竟有何特点，我想三分可能是科学，七分则是小镇人心理的那一自豪、神圣、韵味。

如今，清明雀儿一叫，小镇的街头，摊摊担担，那一堆堆银灰的毛尖就一个劲地向你诱惑了。

城市里没有清明雀儿叫，故乡将清明茶送到身边的时候，我才想起，清明过了。

捧着茶杯，我又徜徉进小镇的画幅中去了。我看见了山头轻易不散开的一缕缕浮游的白雾，我提着篮子又挤进了采茶的行列，并随手将一片绿茶嚼在口里，甜丝丝的；我走过了北泉的小亭，天不热，没有去饮一回甘露；我游泳在清香的海洋里；我走过小桥，爬上了火车站，喘吁吁地登了九十多级陡峭的石阶，上到了月台，登上了火车。在小镇茶山中穿过的长龙，在弥漫的茶香中呼吸了几分钟之后，带着芬芳远远地去了……

家乡风景

彭学明

家乡的风景是从大山开始的。莽莽苍苍的大山，一座座连着，一峰峰挺着，一沟沟伏着，一壑壑犁着，把整个家乡裁剪得嵯峨雄奇，错落有致，浩浩荡荡。云雾升起的时候，白茫茫的诗情与画意也就浩浩荡荡地连绵起伏，纵横驰骋。白云深处，家家户户都像隐居在天堂的神秘旅客，只听得到狗在吠，牛在鸣，鸡在欢乐地高歌。而当阳光赶来做客时，展开在我们面前的就是一望无际的水墨画了，林海、松涛、竹山、小溪、吊脚楼、石板路、老城墙，由远及近，美不胜收。

在这一山连这一山的景致里，茶山是最有情致的。茶绿色的家乡到处都是茶的颜色和风景。一年四季，茶色都新绿绿的、鲜灵灵的，闪耀在茶城茶乡，让亿万双忙碌的指尖，采如许的颜色和风情。那些浑身上下都披满了民风的人，总是那样快乐地在春风里劳动，在劳动里歌唱，在歌唱里神采飞扬。那些茶歌都像会唱歌的百灵，在薄雾里抖动着翅膀，飞往每一座茶山茶岭，把炊烟和曙光，把牧笛和夕阳，把每一片苍茫的山光和水色都吟唱得绿油油的、翠生生的，一片比一片好看。数十羽翠鸟的翅，数十枚翠鸟的嘴，都在一杯清亮的水里浸泡出一种春色和神韵，一缕甘醇和清香，有庄稼成熟时爆裂的芳香，有阳光晒熟时透溢的味道，有清泉穿越肺腑时的甘洌绵长。有了如许意味深长的好茶，就有了如许意味深长的茶道茶史，有了茶道茶史永远的荣耀与辉煌。唐代，家乡的茶叶就是贡茶，唐王以我的喝家乡茶为最爱，满朝文武以喝我的家乡茶为最荣耀。而楚王马希范与土王鏖战多年，饮血议和时，也是以减免我祖先的茶税为代价，换取双方的和平与安宁。而慈禧太后，更是充满了对我家乡茶叶的赞许和厚爱，拨万两黄金，鼓励从家乡土生土长的清朝提督杨占鳌回乡广种茶叶。1955 年，家乡父老带着对毛主席和党中央的无限深情和爱戴，给毛主席寄了两斤茶叶，毛主席舍不得喝，分与外国首脑共享，从此，家乡茶便成了招待外宾的国茶。1957 年，在西德莱比锡国际博览会上，家乡茶又以其特有的美丽和美味，在国际上一举扬名，为古丈赢得了世界声誉。一代代的种茶人，就以茶为荣以茶为美，与茶有了血肉相连的筋脉。茶，不但是一道绣在家乡的风景线，也是一枚开着茶花飘着茶香的邮票，是家乡祖祖辈辈积淀的深厚的民风和民情。几千年茶水浸泡的民风民情呀，让茶乡万古流芳，世代流韵！

如果说茶是家乡品不完的滋味，那水就是家乡描不尽的表情，家乡的水实在是太丰富生动了，丰富生动得我不知道用什么词赞美。在一座座或大或小的山上山下，在一条条或深或浅的峡里峡外，家乡的水长如一匹匹飘飘欲飞的玉带，瘦如一根根浅吟低唱的丝弦，广如一片片烟波浩淼的湖泊，小如一潭潭光泽温润的碧玉。河流与小溪，湖泊与水巷，流泉与飞瀑，浅滩与深潭，都千娇百媚地别在家乡的胸口或裙脚，在家乡走亲访友、团结互助、相亲相爱，让家乡丰腴饱满、妩媚滋润、灿烂生动。家里家外，都是水的脚步溅起的水声水色水的身影。

很多故事不在于有什么惊天动地的情节，而在于一些感人的细节，因为细节在于无声处，所以细节最打动深处。于山于水于茫茫宇宙，家乡有的是感人的细节，有的是打动情人深处的地方。

坐龙峡，是家乡的第一个细节。说它是第一个细节，是因为它是山、水、生命完美结合的经典和榜样，是家乡表情深处最为丰富和敏锐的一根神经。

走在幽深而狭长的坐龙峡里，你会真切地感受到岁月在这里有多么狭窄、时光在这里有多么狭窄、宇宙在这里有多么狭窄。那么深广浩淼的岁月和时光，时光和宇宙，都在这条峡谷里被搓成一根坚韧细小的绳索，悬挂在大山深处。当岁月和时光在这里顽强地锉出一条深深的岁月遗痕、时光隧道时，那条从《诗经》里流出来的小溪，就不请自到地奔跑在岁月和时光的深处了。这是流淌在岁月深处的血脉，所以鲜活；这是刻在时光深处的音符，所以灵动；这是自然写就的唐诗宋词，所以美丽。其实，它也是岁月，也是时光，是奔跑着的岁月，奔跑着的时光。那么，让我们像这条小溪一样，从生命的谷底往上走走吧，让我们真切地感受一下这岁月与时光的深度，感受一下自然与生命的高度。

攀着这清冷的石壁，我们能够清晰地看到岁月和时光的颜色与力量。这闪着清光的岁月，这长着苔藓的时光，或深或浅地贴着石壁走着，爬着，直着，弯着，匍匐，躬耕，攀登，向上，前行！大山无语。岁月无语。时光无语。宇宙无语。生命无语。可是，当我们贴着大地的胸膛，与大自然对话时，我们不但真切地听到了这条小溪的欢乐的吟唱，更听到了大地深处熔岩奔突的声音，岁月雕刻的声音，时光呼啸的声音，生命轮回的声音，灵魂碰撞的声音。那是能摧枯拉朽、改变一切、创造一切的声音！是的，这峡谷很陡，这坡度很高，这地势很险，可是，它毕竟是通向山外，通向世界的，它毕竟是前程灿烂，前程似锦的！这不就是我们的生命与生活么？你看，当我们以为前面是死路一条时，却突然柳暗花明又一村了；当我们被艰难压抑得喘不过气时，头顶却露出了一线明亮的天光，一抹抹生命的阳光，一叶叶天空的笑脸，正从窄窄的峡谷里泻下来，那么灿烂，那么明媚，那么娇艳，那么挥洒自如！而当我们穿越了这一条危如累卵的峡谷，饱览了这美妙绝伦的绝地风景，到达顶峰时，我们不也达到了生命的高度、人生的高度，领略到了生命与人生的风景和真谛吗？我们的人生，不正是一样从一个高度到达另一个高度的吗？

第二个细节，栖凤湖。

栖凤湖，是家乡有名的一个湖泊。如果说坐龙峡里的坐龙溪是一个活泼可爱而又勇敢泼辣的湘西妹子，那栖凤湖就是一个端庄贤淑、文静秀美的湘西女人。它古典而新鲜，宁静而生动，不轻狂张扬，不粉饰做作，就那么清清秀秀的沐自然的天风，采自然的底色，显自然的本色。那水，真个是绿！上万亩的湖面，竟绿得那么纯粹那么彻底那么珠圆玉润那么清澈透明，几十米的水底我们都看得见！摘一叶轻舟，邀两三个朋友，一湖的春水就划开了。那春风吹皱的春水，那春雨染绿的湖面，那春光描摹的景色，都被我们的桨声一帧帧点开，一幅幅入画，一阵阵入梦。桃红斜过来，柳绿斜过来；金枝斜过来，玉叶斜过来；一丛丛的灌木斜过来，一片片的野花斜过来；一缕缕的炊烟斜过来，一阵阵的渔歌斜过来；还有一对对的鸳鸯、一群群的野鸭、一湖湖的水鸟，全都斜过来，斜过来，斜过来！

在这样空明碧澄的湖上泛舟，我们的心也会格外地宁静致远，那些世俗的私心杂念，那些功利的官场红场，那些飞来的烦人恼事，都会被这一湖博大的清水洗得干干净净，明明白白。是啊，千好万好，不如自己快乐好；千乐万乐，不如自己找找乐。管它的，到栖凤湖去，那里不但有我们的风景，还有我们的快乐甚至爱情！

其实，红石林上可能更容易产生爱情。在这不能漏掉的第三个细节里，爱情更适合生长，更具有浪漫，更富有情节。这红石林，是亿万年前燕山运动中，海陆对抗的一个杰出版本。茫茫滔滔的海水退去时，陆地露出了它的真切容颜，成就了一部新的《山海经》。一片片火红的石林，在这里像花儿一样幸福地开放着，若刀剑一样威武地挺立着，如灯笼一样灿烂地照耀着，似焰火一样缤纷地飞翔着。或固若金汤，或坚如城池，或险如华山，或深如沟壑，既金碧辉煌，雍容华贵，又清冷孤傲，鹤立鸡群。但不管红石林是何种姿态，何种表情，那些浪漫而新鲜的爱情，都可以在红石林上自由地坐着站着歇着跑着，可以亲密依偎，携手相行。而红石林的沧桑巨变，更能象征我们一辈子都期盼的海枯石烂。现在什么都容易变质，容易做假，我们多么渴望爱不变质爱不做假渴望爱的海枯石烂。红石林在激情燃烧，我们的爱在燃烧激情；红石林坚如磐石，我们的爱磐石般坚韧。这画笔一样根根直立的红石林，这画卷一样徐徐展开的红石林，这书籍一样整齐装订的红石林，都在等待着书写我们爱情的传奇。也许柳毅传书时曾经路过这里，也许黛玉葬花时曾经路过这里，也许许多的爱情早已传奇地路过了这里，不然怎么会有一堵堵铜墙铁壁一样的诗墙在这里耸立？怎么会有一排排沉默亿万年的石箫在这里吹响？那可是爱情的！

诗墙和爱情的石箫啊！爱情的诗墙里，走出的是一对对甜蜜的阿哥阿妹，飘飞出的是一种种浪漫而深厚的民风民情。端坐在古朴而新鲜的民风民情里，我们会发现民风是那么浪漫淳朴，民情是那么酽醇甘甜。一碗普通的米酒之所以能醉倒你，那因为这酒是民风酿造的。一句普通的话之所以能感染你，那是因为这话是最有人情味的。一帧简单的民俗画面之所以能打动你，那是因为这是最真实的。在土家山寨，在苗岭苗乡，都有我的父老和乡亲在唱歌跳舞，都有我的祖先和民族在醉酒还乡。

你听，有鼓声在青山绿水间响起了，我的那些早已远去的祖先，从白云深处的土家山寨里走来了。他们全身赤裸，他们披着稻草，从远古的记忆里，纵情欢呼着走来了。他们用歌用舞，给我们讲述祖先讲述历史讲述我们这个民族最初的故事了。迁徙啦，开荒啦，刀耕啦，火种啦，收割啦，狩猎啦，扫瘟啦，抢亲啦，生儿育女啦，传宗接代啦，我民族的家园就这样开垦出来啦，我民族的后裔就这样繁衍壮大了。

“红灯万盏人千叠，一片缠绵摆手歌”，在桃红满树的摆手堂上，我能歌善舞的父老乡亲们，正欢天喜地地调年盘歌，齐跳摆手舞。摆，是一种优雅的风度。跳是一种奔放的激情。这是他们的节日，是他们喜庆的时候，他们情不自禁，他们一齐摆跳。孩子结婚，他们要摆跳。添了儿孙，他们要摆跳。庄稼丰收，他们要摆跳。来了贵客，他们要摆跳。逢年过节，他们要摆跳。摆，摆来百花盛开，春光明媚；摆，摆来秋色阑珊，五谷丰登；摆，摆来风调雨顺，国泰民安；摆，摆来家庭幸福，爱情甜蜜。

而在高高的苗山，苗山的歌声远远飘来时，你就听到天籁一样的声音了。那又高又飘的苗歌，像是从遥远的天庭传来，有云雀飞过的身影，有百灵唱诗的神韵，天身丽质，清澈透明，没有一丝音乐的杂质。苗歌飞过的地方，你就会看见我那些比春天还好看的苗姐姐苗妹妹了，你就会看见我那些比秋色还成熟的苗哥哥苗弟弟了。我的那些苗姐姐苗妹妹们，既质朴无华又花枝招展；我的那些苗哥哥们苗弟弟们既老实巴交又是情场高手。他们都是苗乡儿女，他们总是几千几万地聚齐在一起去赶他们的春天歌会、去赶他们的边边场、去赶他们的秋日爱情。在一年一度的歌会上，他们赛歌，他们只要把最美好的爱情和愿望，在歌声里唱出来，那最美好的歌声和愿望就从歌声里来了。在一年一度的赶秋节上，只要他们去那赶秋节上走一遭，那爱情就跟秋天一样带着秋日的颜色成熟了、丰收了。

而在每五天一场的集市上，更是苗歌苗妹们酿造爱情的好借口、好日子。苗哥苗妹们假装带着山货和土特产去赶集，却是去找各自的情人去的。那些英俊而朴实的苗哥苗弟们和漂亮大方的苗姐苗妹们，就那么的在集市上走过来，又走过去，又走过来，又走过去。三个男的一群，五个女的一党。男的挑逗性地看着女的，女的挑逗性地看着男的。看一次，就会心一笑了。看二次，就触电了。看三次就情意绵绵了。于是就拿出早已准备好的勾勾闪一勾，就勾住了你的脖子或手臂，就勾住了对方的心和魂。于是，那些男人堆里和女人堆里都会一阵大笑。你和你的心上人就可以去集市外的小河滩边、庄稼地里或者灌木丛里去单独谈情说爱，完善你们的爱情了。

当这一对幸福的男女结婚时，整个苗山都会是一面大鼓，每一棵森林都会是一个鼓槌，所有的喜悦和祝福都会为他们敲响。篝火熊熊燃烧，苗鼓声声传情，苗乡彻夜欢腾。这云燕一样上山翻飞的苗鼓，这暴雨一样急风紧吹的苗鼓，这百灵一样纵情唱歌的苗鼓，就这样把星星敲落，把太阳敲升，把寒冷敲走，把温暖敲来，把一山山的庄稼敲得成熟饱满，把一对对年轻人的爱情敲得瓜熟蒂落。

就这样，我的家乡就是民风吹遍、民情尽染、民间最美的家乡了，你就一生都会记住和想念我的那个小小小小的家乡——湘西古丈了！

2006 年 4 月 8 日完稿

品读古丈

向启军

在湘西，武陵山脉的深处，有个地方，叫古丈，是个县。县小，是湖南之最，全县面积不过1300平方千米，人口亦不过14万。城更小，挨挨挤挤的那么点房子，坐落在峡谷中的一块小盆地里，四周固定了屏风似的青山。说是城，不如说更像一个城的模型。又有个稍加夸张的说法，一辆汽车，从城的东头进去，踩一脚刹车，待车停稳，已到城的西头了。但小归小，却是颇有特点的。特点之一就是一个县城应有的它都有，可谓五脏俱全，如若鸟类，就该是南美亚马逊雨林中的一只蜂鸟。二是朴素，或说古朴。它的街道，长不过三五丈，但两旁树木的林荫有如雨棚一样地遮护下来，飘叶处，闪亮的青石光滑如镜。房宇则井然有序，让条条通幽的小巷像豆腐那样划分。又多瓦屋民居，多吊脚楼，多茶楼。

因为城四周的山坡上俱是茶园，清明一过，白天街上多有赤脚背背篓采茶的茶农，夜里茶香则飘满了城中的每个角落。与山相连，树多，鸟自然多。所以城中人一般不养鸽子。一年四季，桑巴雀金丝雀阳雀子之类的鸟总在枝头嘻戏鸣叫，偶尔就有过山的野鸡或尾巴很长的五彩锦鸡飞到城里来。城中流淌着一条小河，名古阳河，是湘西酉水的一条小支流。水流清澈而明净，既倒映了山影及城影，又浇花一样地滋养着小城。喝茶及日常生活用水，又有大小井，曰北泉，南泉，西泉，皆以亭砌护，泉涌又都有腿肚子粗。但见雪浪翻泻，甘洌而爽极，又终日流响如琴。一座县城，城中人都有喝井水，这不惟在湘西或湖南，在中国，恐怕也算个特例。这样的环境，使小城成了一座天然的四季氧吧，空气的清亲是自然的，盖被子也是常有的事。又加之夏季凉爽，冬季则温润，偶有雪花落下来，未沾即化着了水。

说起来，古丈的环境又是古丈县的一个注脚，一个缩影。概括起来有三多，多山多树多水。出门见山，这是确切的。山多奇峰怪景，这也是确切的。树多，森林的面积达 16 万亩，覆盖率为 88.4%，其中还有 7 万多亩属原始森林，老早就是一个林业县。树种又多珍稀奇异，珙桐、水杉、红花木莲、香果树等国家挂了牌的，就有 30 余种。森林蓄水，便有无数的大小溪流。你很难想到，在这小县的重山里，就有一个宽约 3 平方千米的湖泊，名叫栖凤湖，与湘西的大河酉水相连，湖上行船，湖中养鱼。水中湖岛星罗棋布，环顾两岸则青山绿树，花香鸟语，景色是没有谈的。所以有人常说古丈是湘西武陵山中的一颗珠子，藏匿着，顾自地闪闪发着光的。

古丈是湘西的一部分，其主体民族是土家族和苗族，若论及历史人文，亦可谓久远。楚开汉中，汉设武陵，古丈自在其管辖之内，再又属酉阳县，属永顺府，清灭后，民国二年即公元 1913 年改厅为县。因临在酉水边，其境内的河西镇及罗依溪镇（该镇现已淹没）历来为酉水码头重镇，有楚蜀通津之称。上世纪 80 年代河西镇白鹤湾发掘的上百座战国楚墓，出土千余件珍贵历史文物，是湖南省继马王堆汉墓出土后又一重要考古发现，其“工师铭文戈”为国家一级保护文物，古钱币“大布皇千”为省内唯一发现。同为境内的会溪坪，实为湘西土家族文化的发祥地之一。公元 940 元，楚王马希范与土司彭士愁交战议和，即立“溪州铜柱”于此。至今境内酉水沿岸古城墙、古街、古井，乃至古店铺茶圃随处可见，自然村子老司岩就是湘西保存最完好的明清古民居建筑群落。其民俗纯厚、多样而独特，如土家有跳马，社巴，有挖土歌；苗族有七月七，赶秋，跳香，傩戏，苗鼓等。楚风习习，歌舞飘摇，民性强悍处，纯朴处，风情浪漫多彩处，既融合在整个湘西的民族文化氛围之内，又独具一个小县自己的特色。

最显著的特色，是茶，或曰茶文化，古丈历来是被称为茶乡的，源远流长，名副其实。去湘西，不去古丈品茶，便品不出湘西味，算是白来，因历史文化山水人情，俱在其中矣。古丈种茶的历史，也古老。先民即为茶农，但只是传说，无可考，人有先人与君山茶王斗法的故事。有据可查是在唐代，古丈茶是贡品。会溪坪有一株茶树王，股粗，高两丈余，树冠荫盖数丈。及至明清，全县种茶已经普及，到光绪三十二年，古丈同知董鸿勋再施改良与推广，茶业便一直兴盛不绝。古丈山水杂异，云蒸雾绕，出好茶，质优而特异，一杯在手，清香四溢。观之但见银毫闪烁，汤色碧透中显出缕缕金丝，品之则清神醒脑，甘醇满口又余味无穷。如此，古丈茶名声远播。长期以来，古丈毛尖取得过包括“莱比锡博览会金奖”、“中国十大名茶”在内的无数美誉，茶叶生产也成为古丈今日的支柱产业。至于喝茶，在古丈则是老少皆宜的一种极普遍的习惯。或许古丈人就特别注重衣食，讲实际，看重生命的调和养成乃至人与自然的和谐，遂由喝茶竟而就影响到了人的性情。因为即便在湘西，古丈人的实在与厚道，也是出了名的。

古丈小，人多勤劳，但限于山区条件与偏僻地域，历史上社会经济比较滞后，这是实情，又受其社会经济及地域的影响，所以人才俊杰较其他地方为少，但也不是没有。只近代一百多年来，军事上有参将、副将一类的人物，其中杨占鳌算一个代表，曾任甘肃提督。历史课本里在述及太平天国起义时，有任大贵打死萧朝贵一说，清廷将领任大贵即为古丈人，当然这不是个好例子。但抗战时期，湘西著名的128师逆溃退的国民党正规军而上，血战日寇于浙江嘉兴、江西牯塘等地，英勇不惧，赴死为任，其中古丈人占了一个团的比例，团长亦为古丈人。作为湘西的组成部分，湘西的气候直接作用到古丈。清末民初一个时期，就多有留学日本的青年，乃至受新风气影响，外出求学或径自投身革命进而建功立业的，更不乏其人。如原国民党中央第八军副军长、起义投诚将领田仲达，老红军彭祖贵，进步学生、原《大公报》著名记者萧离等。有道是尺有所短，寸有所长，古丈人受其山川环境民俗风物的熏染，养育，似乎又格外具备人文技艺的悟性与天分。譬如山歌，就格外发达，在路上随便碰上一个什么人，只要来兴致，就可以唱得山摇地动高亢婉转的。后来就出了一个何纪光，从古丈唱到长沙，唱到上海，再唱到北京，终于红遍大江南北，成为一代歌唱家，演唱的歌曲就有《挑担茶叶上北京》《洞庭鱼米乡》等，都是民歌风味。据说何纪光的歌喉，除去嘹亮、极富感染力穿透力外，其音域之宽广，至今无人企及，比意大利著名的男高音歌唱家帕瓦罗蒂还要高出几度音。到了20世纪80年代，又出了一个新秀宋祖英。宋祖英为青年歌唱家，时下正放歌于中国歌坛，其歌喉的甜美动人，品位的纯正，无需多说。艺术之于小小的古丈，有时候不免似有无独厚此的味道，其实是有其客观、必须的原因的。

富有山水泉林，小县独具特色，这也就是茶乡古丈了。这里尚须补充一点，现在的古丈，社会经济各方面正迅速发展。虽还保持着古朴的自然界风貌，又民风纯厚人性善良，但思想观念正变化翻新，逐步与时代趋一。同时也不能再说古丈县闭塞或偏远，因为交通已相当便利，古丈位居湘西中部，一条国家二级公路，纵贯县城，南接州府吉首，北连张家界，都只有数十千米，一条枝柳铁路又傍城而过。有篇短文就说到了乘车人到了古丈的感受，一辆列车驶来停下，东头钻进了前面的隧洞，车尾留给了后面的隧洞，单让一节节绿色车厢露在外面，像横在西山唇际的一管竹笛。那笛孔的车窗口探出一个个旅客的脑袋，他们望着山下小城，有了话题：“这是哪里？”“古丈！”“是个村镇？”“不，是个县城。”“哟，小巧玲珑哩！”接着汽笛长鸣，咣当一响，列车开动了，旅客却已将小城记在了心里，并带到很远，很远的地方去。

这样的感受，是真实的。

五、嘉善阻击战古丈籍阵亡官兵名录（部分）

姓名	性别	所在部队	军衔	阵亡时间
王贵清	男	国民革命军 128 师 382 旅 763 团	准尉军需	1937.11
刘观洪	男	国民革命军 128 师 382 旅 763 团	上等兵	1937.11
张加胜	男	国民革命军 128 师 382 旅 763 团	上等兵	1937.11
田家富	男	国民革命军 128 师 382 旅 763 团	上等兵	1937.11
杨桂生	男	国民革命军 128 师 382 旅 763 团	中士	1937.11
田远禄	男	国民革命军 128 师 382 旅 763 团	上等兵	1937.11
张付金	男	国民革命军 128 师 382 旅 763 团	一等兵	1937.11
鲁心长	男	国民革命军 128 师 382 旅 763 团	下士	1937.11
向先友	男	国民革命军 128 师 382 旅 763 团	下士	1937.11
张其泉	男	国民革命军 128 师 382 旅 763 团	下士	1937.11
田双武	男	国民革命军 128 师 382 旅 763 团	上等兵	1937.11
杜桂一	男	国民革命军 128 师 382 旅 763 团	上等兵	1937.11
李文华	男	国民革命军 128 师 382 旅 763 团	上等兵	1937.11
向正国	男	国民革命军 128 师 382 旅 763 团	上等兵	1937.11
龙培德	男	国民革命军 128 师 382 旅 763 团	上等兵	1937.11
张明礼	男	国民革命军 128 师 382 旅 763 团	上等兵	1937.11

资料来源：中国第二历史档案馆、浙江省嘉善县史志办公室

六、古丈县南下干部名录

来源或建制	姓名	性别	籍贯	南下时单位和职务	入湘后（第一站）的单位和职务	离（退）休前单位和职务（或去向）
中国人民解放军	唐春林	男	江苏省丹徒县	47 军解放团 1 连战士	县委会事务长	古丈县航运公司副经理
中国人民解放军	于德仁	男	东北	47 军 141 师	县委会通信员	回原籍
中国人民解放军	代绍先	男	云南省彝良县	47 军战士	县政府收发员	回原籍
中国人民解放军	吴汉清	男	浙江省嘉兴县	47 军解放团战士	县政府事物员	退休后回原籍
中国人民解放军	张　金	男	河北省冀县	47 军 141 师战士	县政府通信员	永顺专署
中国人民解放军	潘些高	男	四川省蓬安县	47 军 141 师战士	县政府炊事员	沅陵行署
中国人民解放军	赵富贵	男	东北	47 军 140 师通信员	县政府通信班班长	保靖县粮食局局长
中国人民解放军	陈玉彬	男	吉林省长春市	47 军 141 师战士	县公安局看守所	复员回原籍
中国人民解放军	王万清	男	内蒙古通辽县	47 军 141 师战士	县人民银行干部	—
中国人民解放军	马德本	男	辽宁省凤城县	47 军 141 师班长	县公安队班长	回原籍
中国人民解放军	张久成	男	北京市顺义县	47 军 141 师战士	县公安队通信员	退职回原籍
中国人民解放军	陈玉宾	男	山东省福山县	47 军 141 师战士	县公安局看守所干部	1951 年 2 月调回部队
中国人民解放军	杜彦修	男	山东省滕县	47 军 141 师排长	县公安局看守所所长	保靖县
中国人民解放军	郑清山	男	吉林省	47 军 141 师排长	县公安局副股长	回原籍
中国人民解放军	赵新峰	男	山东省	47 军 141 师排长	县公安队队长	转业回原籍
中国人民解放军	陈娥城	女	山西省定襄县	家属	县公安局收发员	湘西自治州汽车配件厂
中国人民解放军	兰文信	男	黑龙江省	47 军 141 师战士	县公安局炊事员	退职回原籍
中国人民解放军	刘玉俊	男	辽宁省宽甸县	47 军担架营	县粮食局保管员	退职回原籍
中国人民解放军	李志友	男	湖南省桃源县	47 军担架营	县粮食局仓库保管员	古丈县野竹粮店保管员
中国人民解放军	刘海清	男	吉林省蛟河县	47 军 141 师战士	县粮食局仓库保管员	调回部队
中国人民解放军	孙祥桐	男	吉林省	47 军 141 师战士	县粮食局保管员	调回部队
中国人民解放军	孟庆美	男	山西省原平县	47 军 140 师排长	县贸易公司保管员	古丈县肉食水产公司门市部主任
中国人民解放军	刘成金	男	黑龙江省富锦县	47 军 140 师副班长	县贸易公司押运员	永顺县车站负责人

续表

来源或建制	姓名	性别	籍贯	南下时单位和职务	入湘后（第一站）的单位和职务	离（退）休前单位和职务（或去向）
中国人民解放军	邱会芳	男	黑龙江省巴彦县	47 军后勤部助理员	县贸易公司门市部副主任	沅陵县大米厂
中国人民解放军	于合作	男	黑龙江省	47 军部警卫员	县贸易公司股长	1951 年，调往沅陵行署工商处
中国人民解放军	王　强	男	广西壮族自治区瑶山县	47 军 141 师战士	县贸易公司炊事员	古丈县粮食局退职回原籍
中国人民解放军	贾连祥	男	辽宁省凤城县	47 军 141 师战士	县供销联社人事股长	泸溪县
中国人民解放军	赵　麟	男	内蒙古呼和浩特市	47 军 141 师通信员	县税务局干部	内蒙古自治区呼和浩特市粮食局
中国人民解放军	孙　发	男	黑龙江省克东县	47 军 140 师战士	县大队区中队长	桑植县财委督导员
中国人民解放军	孔令文	男	山东省曲阜县	排长	一区税务所所长	古丈县招待所
中国人民解放军	韩朝君	男	河南省荥阳县	班长	一区治安助理员	古丈县粮食局工会主席
中国人民解放军	朱宝贤	男	浙江省嘉兴县	47 军 141 师战士	一区民兵大队长	退职回原籍
中国人民解放军	张　喜	男	辽宁省	47 军 141 师班长	二区民兵大队长	吉首市森工局副局长
中国人民解放军	李明林	男	辽宁省抚顺市	47 军 139 师战士	二区民兵干事	1950 年 10 月回部队
中国人民解放军	刘才照	男	江西省遂川县	47 军担架营战士	二区粮食仓库保管员	回原籍
中国人民解放军	李福星	男	黑龙江省拜泉县	47 军 141 师副排长	二区中队指导员	湘西州轻纺局副局长
中国人民解放军	高永久	男	黑龙江省海伦县	47 军 141 师战士	三区中队长	复员回原籍

七、建国前闻人表（补遗）

姓名	性别	族别	籍贯	出生	死亡	主要经历
黄虎臣	男	—	古丈人	不详	1856	湘军将领，属周凤山部，历任湘军把总、千总、守备、都司。1855—1856 年，曾国藩率湘军与石达开指挥的太平军在南昌决战。1856 年 2 月，湘军被石达开部打败，曾国藩将溃败的军队重新编排，凑成两支军队，其中一部由黄虎臣率领，有 3500 人。4 月 27 日，黄虎臣和彭玉麟的水师攻克建昌；7 月 3 日（农历六月初五），黄虎臣率领 3500 人再次攻打建昌，轻敌出击，被太平军斩杀，他的部队转移到抚州扎营，死后追授参将
曾启明	男	苗族	双溪乡官坝村	不详	不详	1916 年，统帅 58 寨苗弁苗民举行抗税斗争，杀猪盟誓，聚众赴城，进攻县署，被古丈营都司晏孝连督兵弹压而退。各寨苗弁苗民纳钱 2000 余串上控，请免税。辰沅府吴道尹派员临古查核，曾启明潜逃
张觉慧	男	苗族	岩头寨镇野竹村	1879	1924	11 岁出家，精通佛学、医学和武当、峨眉等多家武术。拜武当道人梁化明，练就黑刀掌绝技。20 世纪初期，住持天桥山寺；后住持诸天山。45 岁殁于肝炎病
向重华	男	苗族	古阳镇天桥山村	1905	1962	又名向显龙，著名山歌手。12 岁开始学唱山歌，16 岁开始出门唱山歌，到古丈的河蓬、坪坝、龙鼻嘴、野竹、官坝、山枣、县城等地唱山歌，到吉首的丹青、所里、排吼、乾州和保靖的映山台、葫芦寨，泸溪的梁家塘、八什坪等赶歌会。1922 年，在古丈、乾州、保靖、泸溪四县边境山歌会上大显身手，与本县歌手红沙溪的杨五姐、龙鼻嘴的龙二姐、保靖映山台的张三姐称为“三姐一龙”，成为四县名歌手。解放后，结合清匪反霸、土地改革和互助合作化等中心工作，编唱不少山歌，歌颂共产党的领导；还常给《湘西日报》《团结报》投稿
孙习林	男	土家族	罗依溪镇	192210	2002	小时跟罗幼林读书，12 岁进常德隽永新私立中学读书。15 岁进省立四中（先设常德、后迁泸溪）。18 岁从省立四中高中毕业，考入湖南大学电机系。1946 年大学毕业，分配到郑州铁路局，未到职；因从小孝敬父母，为照顾年老母亲，后受聘于省立八中（保靖民中）教书。1947 年 2 月，回古丈筹备三青团古丈分团部，任筹备处主任；同年 3 月，任三青团古丈分团部干事长，三青团员发展到 700 人。1947 年 12 月任古丈县立初级中学校长（1947 年 12 月至 1949 年 2 月）、国民党古丈县党部执行委员会候补委员；1949 年 2 月“湘西事变”中，参与赶走县长王天龙活动，3 月至 9 月任县长。1950 年春，古丈解放，在县政府监管下，创办罗依溪发电机械榨油厂；后被押解到西湖农场管教；刑满释放后，在野竹中学、城关中学教书；1978 年当选湘西州政协委员、常委。2002 年 5 月病逝
黄嘉谋	男	土家族	红石林镇老司岩村	1899	不详	字范生，自小攻读孔孟之学，长大后有远大的理想和抱负，思想进步，撰写一本《范生三讲》，一讲养殖，在农村中养蜂、养牛、养羊；二讲种植，种植板栗、五倍子、桐油籽、油茶籽；三讲手工艺、开铁矿、办纱厂。曾在武汉做生意
杨胜泰	男	土家族	罗依溪镇罗依溪	不详	不详	小名二胡子。旧时罗依溪商户，1926 年所开商号兴起，雇有账房先生和店员 10 人。经营品种有布匹、百货、文化用品（毛笔、毛边纸、墨块等）、小五金（元钉、锯条、鞋钉、并铁、土钢）、南货（糕点、冰糖、红糖、白糖等）、日用杂品（锅子、鼎罐、土碗等）和各种土特产品。本地商户刘紫珊（又名刘庆昌）想摸杨家家底，托人向杨家借光洋 1200 块，杨当场应允。当地有古丈三傅（县城最大商户）不及一杨之说。每年还收入租谷 1000 余担

续表

姓名	性别	族别	籍贯	出生	死亡	主要经历
黄嘉谋	男	土家族	红石林镇老司岩村	1899	不详	字范生，自小攻读孔孟之学，长大后有远大的理想和抱负，思想进步，撰写一本《范生三讲》，一讲养殖，在农村中养蜂、养牛、养羊；二讲种植，种植板栗、五倍子、桐油籽、油茶籽；三讲手工艺、开铁矿、办纱厂。曾在武汉做生意
刘鹄卿	男	土家族	古阳镇	不详	不详	任永绥屯务军1营营长。1936年春，奉陈渠珍之命，率2个大队进驻麻栗场镇压“反陈抗租”。6月，在与宋濂泉部战斗中，凭据地势，布置十挺机枪于山头，封锁道路，死守待援
张世炎	男	苗族	坪坝乡	1912	不详	毕业于湖南省立第二师范学校。任过古丈县小学校长、沅陵行署陈渠珍部下科员，后进西南游击干训班第二期、国民党中央训练团党政班第七期学习。1937年在长沙加入国民党中统特务，担任调查组组长，同年回古丈；12月，将原国民党直属古丈区党部改为国民党古丈县党部，任县党部书记长（1937—1944年）。1941年5月，举办“古丈县党务干部培训班”。1942年，组织县妇女会，其妻王茜、表妹王菊英、嫂子田瑞莲为主要成员。1942—1943年，主办《古丈民报》。1943年，倡议成立古丈县立初级中学。1944年9月，任湘西33县建设促进会常务委员。1945年，先后任国民党湖南省党部视察员、省建设厅视察员、湖南第一纺织厂监察员、省政府参议员。1947年3—11月，在古丈县与双景五、张剑初竞选“国大代表”。1948年，任古丈银行办事处主任。1949年，任国民党第十四兵团司令部秘书。1950年，经香港逃往台湾
何　真	男	汉族	湖北省黄冈市	不详	不详	湖北黄岗归根教道首。四次到古丈传教。1913年，在龙鼻嘴、万岩、九龙、张家、龙潭、曹家等地传教。1915年，在坪坝、龙鼻嘴、九龙等地传教。1917年，在老寨、曹家、张家传教。1920年，在古阳镇老寨龙巴德家设会仙堂，由天恩张修性负责念经拜佛
潘忠琳	男	土家族	红石林镇	不详	不详	原籍古丈县红石林镇老司岩村，后随父迁至永顺县列夕乡。黄埔军校第四期步科第一团第四连毕业。
罗万类	男	汉族	新宁县	不详	不详	美国华盛顿阿美利加大学研究员，国民党中央训练团、“革命实践研究院”“国防研究院”受训结业。1938年6月至1941年2月，任古丈县长。任职期间，重视教育，喜单身出巡，头带斗笠、身穿便衣、脚穿草鞋，走访民间，调查民情。禁止县党政军公务人员吸食烟毒。将全县重新划为八乡。著有《人事登记》《县政研究》等书。后到台湾，曾任台湾“考试院铨叙部政务次长”
宋竹清	男	土家族	断龙山乡田家洞村	1898	不详	又名宋友富、宋再丝。1938年，由黄埔军校研究班毕业，任国民党三十四师少校团副、中校团副、上校团长、师政治部副主任。后任新十三师师长，在徐州一带与解放军作战。1949年，逃回田家洞。1950年，拉拢乡农会主席罗时炎，得到通行证，经香港逃往台湾
游清泉	男	土家族	古阳镇	不详	1950.7.7	1944年，任县政府秘书。1947年3—11月，参与“国大代表”竞选活动。1949年6月，任湘西自卫军沅古泸边区剿匪副总指挥；8月，任县政府主任秘书、副县长，地位和权势仅次于张平，民间戏称古丈“二县长”。1950年3月，带着小老婆向金娥四处躲藏，后在夯岔闹被剿匪军民捉住；7月7日，经县政府公审后被枪决
向天锡	男	土家族	红石林镇下布尺村	1904	1944.9	又名向爱国。1935年2月，湘鄂川黔苏区永保县田王乡革命委员会成立，任副主席。1944年9月，领导田王二乡土家族农民反“土地呈报农民运动，任总指挥部总指挥，9月25日，在干田坳战斗中牺牲
田祖文	男	土家族	断龙山乡溪龙车村	1902	1944.9	又名田爱民。1935年2月，湘鄂川黔苏区永保县田王乡革命委员会成立，任主席（游击队长田祖祥，委员有向竹贤、罗喜庭、田云楼、李明浩、彭南阶；挑夫队长有唐顺汉、田祖其、田心南、梁光志、彭继里、田进达、向南成）。1944年任西南乡乡长；同年9月，任田王二乡土家族农民反抗土地呈报总指挥部副总指挥，9月27日，被县警察局警察枪杀，牺牲于梳头溪村自生桥

续表

姓名	性别	族别	籍贯	出生	死亡	主要经历
彭祖先	男	土家族	红石林镇马达坪村	不详	不详	出生于一户贫困农民家庭，小时为地主家放牛，成年后靠到王村卖柴为生。1933年10月在毛坝参加红三军，任宣传员，参加木黄、印江、松桃等战斗，奋不顾身，英勇杀敌。1934年10月，随部开创湘鄂川黔革命根据地，参加永顺大捷、十万坪大战等战斗。1934年11月7日，红二、六军团占领永顺后，在根据地积极开展打土豪、分田地活动，并为“扩红”做宣传发动工作；同年冬，奉永保县革命委员会主席田玉祥命令，回王家保小龙热一带扩红，宣传红军政策，动员青年参加红军。1935年3月，宣传和发动彭祖贵、彭忠令参加红军。1935年11月，随红6军团18师留守根据地，掩护主力红军突围，参加茅坪、苦竹坪、茨岩塘、洗车河等战斗。1935年12月15日，随部在陈家河誓师突围；1936年1月，在龙山凤鸣山战斗中负伤，与部队失去联系。后下落不明
田荣喜	男	土家族	断龙山乡	不详	不详	失散红军战士。1935年1月参加红二、六军团。1935年11月，红二、六军团长征突围，在突围时被打散，与所在部队失去联系。后下落不明
彭忠令	男	土家族	红石林镇马达坪村	不详	不详	失散红军战士。1935年3月，在红军战士彭祖先的宣传和引导下，带彭祖贵泅过酉水，在王村参加红二、六军团。参加高粱坪、王村、陈家河、桃子溪等一系列战斗。1935年11月，随红二、六军团参加长征突围，在突围时被打散，与所在部队失去联系。后下落不明
陈心传	男	汉族	湖南省武冈县城	1893	1971	少年时进武冈教会学校读书。民国6年（1917）在校加入中华基督教，并被保送进南岳圣经学院学习。民国8年结业后，参加中华基督教湖南巡回布道队，宣传基督教义。曾到乾城、古丈、保靖一带传教，并帮助苗族人民革除陋习。著有《五溪苗古今生活集》4卷。1971年逝世于吉首市。1920—1930年在古丈传教时对古丈茶业进行实地考察，在其所著的《五溪苗族古今生活集》中辑录古丈茶商许介眉的《茶封广告》并加案语，同时还辑录四首古丈采茶曲，这对于研究古丈茶文化具有极高的学术价值
田锡畴	男	土家族	古阳镇	不详	不详	1904年10月，参加黄兴、马福益等人领导的长沙起义，失败后，与古丈人罗忠珪到日本留学；1925年2月，创建古丈模范小学，任校长，学生90余人，后古丈模范小学改古丈坪小学，仍任校长，学生332人；1927年3月，任古丈县农民协会主席，协助国民党党务特派员张世衡（中共党员）开展农民运动，组织公开批斗县长贾世安，将其驱逐出县；奸商危平被处罚银洋800元；1942年8月，田锡畴与田海楼、双景吾、唐汉臣、张世炎等人一道倡议，成立“古丈县立初级中学”，得到县长张龠（第66任）的支持。1945年12月，当选为古丈县参议会候补副参议长。1949年湘西“三二事变”，代理古丈县立初级中学校长，组织复校，因局势未稳，只有32个学生报到，报请县政府批准，留其等3人守校
向筱琴	男	土家族	断龙山乡米多村	不详	不详	1945年12月，当选为古丈县参议会副参议长；1946年3月，竞选省参议员，后当选为省候补参议员

八、古文茶歌

夏劲风 词
龙伟华 曲

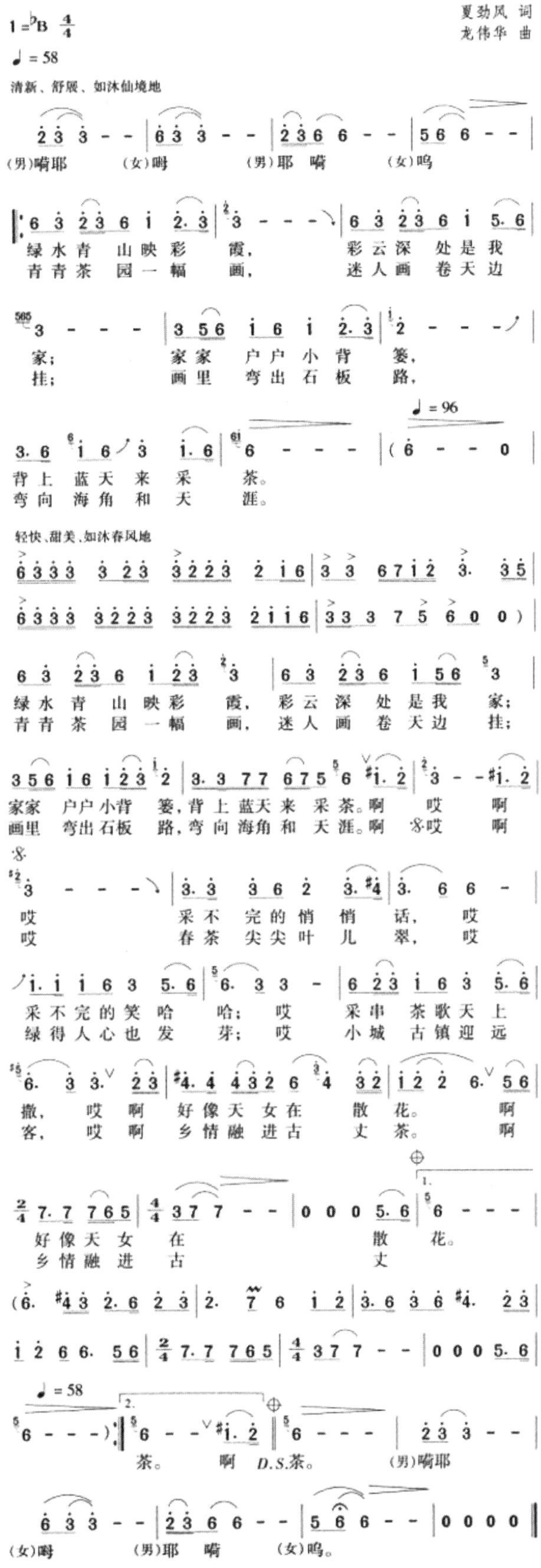

（演唱者：宋祖英，古丈籍著名女高音歌唱家）

索　引

H

J

X

Y

Z

人物

编后记

续编《古丈县志（1986—2010）》，是在中共古丈县委、古丈县人民政府直接领导和关怀下，大力实施的一项重要文化建设工程。历经七载寒暑，六易其稿，今日终于付梓出版。虽有不尽如人意之处，但毕竟全书修成，为父老乡亲和子孙后代留下了又一本工作与生活中可备查阅的新书，也是历史上第三部专记古丈改革开放时期的社会主义新方志。

盛世修志，继往开来，是中华民族的优良传统。根据湘西州第二轮县市志编纂工作统一安排，《古丈县志（1986—2010）》于本世纪初着手布置，2010 年全面启动，并成立古丈县志编纂委员会及其办公室，下设编辑部，与县地方志办合署办公。同年 4 月，县地方志办参鉴省内外优秀志书的编纂经验，结合县情实际，拟定出全志指导思想、体例结构、篇目框架、质量要求、工作步骤、资料征集范围和编纂说明与方案。全志篇目始设 27 篇，114 章，448 节。同年 4 月 21 日，召开二轮县志编纂动员会，举办编纂人员业务培训班。县直 98 个单位和全县 12 个乡镇按照县委、县政府工作部署，落实编纂人员 110 人，承担本单位资料征集、撰写任务；县地方志办根据县志编纂总体实施方案，广征博采，整理与汇编资料。2012 年 4 月，根据编纂工作进展需要，成立县志编辑部。分别聘请县委宣传部原副部长尹立柱，县文化局退休干部、县民间文艺家协会主席、州级非遗传承人伍秉纯，省民间文艺家协会会员、州级非遗传承人余善敏 3 名老同志为专职编辑；聘请县非遗保护中心主任、省作家协会会员、县文联兼职副主席吴善流，县委办副主任科员祁清林，县纪委宣教室主任、县作家协会副主席向卫华，县文化局干部、省民间文艺家协会会员李琳君，副科级干部、古阳镇司法所所长葛文前 5 名同志为兼职编辑。

巧妇难为无米之炊。修志之难，首在资料。在县志编纂工作中，县委、县政府始终紧抓资料征集环节不放松，严把资料征集关，把修志工作纳入全县经济社会发展规划；县长、常务副县长、主管副县长多次主持召开县志编纂工作推进会；县政府督查室对县直机关和乡镇县志资料征集工作进行督查；县、州地方志办联合开展业务指导，先后 4 次培训各单位修志人员、3 次培训县志编辑部人员；湖南省地方志编纂委员会领导易介南、邓建平、杨盛让和专家隆清华、杨帆、李章进、阳雍悦等到县调研，答疑解难；县志编辑部责任编辑深入各单位检查、督催、指导，与单位修志人员进行业务交流。2012—2013 年，县政府将修志工作列入县直单位和乡镇年度目标管理考核；2014 年，县政府又将修志任务分阶段纳入县预案销号工作管理。磨刀不误砍柴工。县志编辑部最终完成县志资料征集任务，先后征集到各类资料计 3000 万余字，为县志撰写奠定了扎实基础。

2012 年 5 月，全志进入初稿编纂阶段。按照“横排竖写、祥今略古、立足当今”的修志原则，突出时代特点和地方民族特色，县志编纂人员将所征集全部资料进行分类筛选，考证核准，甄别提炼，去粗取精，精编严审，同年 6 月，完成县志试写稿；6 月 8 日，召开县志试写稿讲评会。2013 年 5 月 15 日，全州第二轮县市志初稿讲评暨培训会在古丈县召开。2014 年 12 月，编辑部根据讲评会意见进行全面系统的修改和补充，完成 27 篇、128 章、150 万余字的县志初稿修改任务。同年 12 月 23 日，顺利召开《古丈县志 1986—2010）》县级评议会。会议指出县志初稿的前后内容重复较多，文字还不够精炼，一些篇章的编写不到位，质量不高，提升空间很大。会后，编辑部及时进行意见梳理归类，问题到篇到章，到节到人，由责任编辑葛文前、尹立柱、伍秉纯、向俊炎进行分篇修改。2015 年 10 月，完成县级评议稿的修改。同年 11 月 26—27 日，州地方志办主持召开《古丈县志（1986—2010）》州级评议会。与会省、州、县领导和修志专家严格要求，逐篇逐章、逐字逐句进行评议，从志书体例、篇目优化、入志资料、规范行文、保密要求等方面，有针对性地提出了下步修改和实施统编总纂的意见。2016 年 6 月，县志州级评议稿的修改告一段落。

2016 年 7 月，全志进入统编总纂阶段，分别由向卫华、葛文前、彭志斌负责。总纂人员对照州级评议会意见，对全稿进行查漏补缺，删繁就简，核对史料，纠缪正误，为志稿“消肿”，严守质量关口。在此期间，突出古丈作为全国重点产茶县这一特色，升章为篇，专设和新撰写出茶叶一篇。千淘万漉虽辛苦，吹尽狂沙始到金。2017 年 9 月，完成县志送省终审稿，报省地方志编纂委员会验收。2018 年 3 月，按省地方志编纂委员会提出的修改要求，由向卫华、彭志斌完成进一步精修。2018 年 9 月，完成民族地区与贫困地区志书出版资助工程项目申报，获得资助。2019 年 5 月，再经由方志出版社专家审稿修改定稿后付梓出版。全志成书 25 篇，118 章，计 180 余万字。依据二轮县市志编纂惯例，于卷首处专门设置古丈分类地图 4 幅、照片 160 余张。

一志在手，众人所帮，众手所成。在二轮县志编纂过程中，除县委、县政府正确领导，大力支持，推进实施，省、州方志主管部门倾心帮助和指导之外，还得到县档案局、县统计局、县民政局等成员单位和社会人士为志书提供的大量第一手资料，百余位修志人员为志书编纂尽心出力、伏案工作的事例不胜枚举。罗春波、向邦金、向代坤、熊泽金、张世德、田志信、李祖干、罗三多、张时红、向黎明等古丈摄影爱好者为志书提供了大量珍贵的图片资料，罗三多广告店承担了志书地图和入志照片的设计、制作与编排工作，增强了志书的视觉阅读效果。众人拾柴火焰高，县志的付梓问世，凝结了大家辛勤劳动的汗水，是集体智慧的结晶。在此，谨向各单位、各部门和社会各界人士致以真诚的谢意和崇高的敬意！

修志问道，以启未来；功在当代，利在千秋。但由于二轮志书编纂上下时限跨度长达 25 年，一些历史资料不全，加上编辑部编辑和各单位所定人员多为初次参与修志，经验不足，编辑水平有限，疏漏错误在所难免。在此，敬请各位领导、专家、同人和广大读者不吝赐教，批评校正，以使《古丈县志（1986—2010）》日臻完善，期冀下轮修志。

古丈县志编纂委员会办公室
2018 年 5 月

出版说明

根据国务院办公厅颁发的《全国地方志事业发展规划纲要（2015—2020年）》规定，到2020年必须全面完成第二轮地方志书规划任务。为确保这一目标顺利实现，针对当前部分民族地区与贫困地区志书出版经费困难的情况，在中国地方志指导小组组长王伟光、常务副组长李培林的亲自倡议和领导下，自2015年8月起中国地方志指导小组办公室启动民族地区与贫困地区志书出版资助工程，对经国务院扶贫开发领导小组办公室认定的国家级贫困县（区、旗、县级市），中西部地区、少数民族边疆地区、经济欠发达地区存在出版经费困难的省市县三级综合志书进行出版资助。

民族地区与贫困地区志书出版资助工程既是地方志系统的政治工程，又是全国地方志事业协调发展的促进工程，对于推进第二轮地方志书规划任务按期完成，实现地方志事业区域发展平衡，促进民族地区与贫困地区基础文化建设，具有重要的政治意义和文化意义。2016年4月，该工程入选国家新闻出版广电总局实施的“十三五”国家重点图书、音像、电子出版物出版规划项目。

本书经民族地区与贫困地区志书出版资助工程领导小组批准，入选民族地区与贫困地区志书出版资助工程。

民族地区与贫困地区志书出版

资助工程领导小组办公室

2015年9月